World Book 84
Victor Hugo
LES MISÉRABLES
레 미제라블 II
빅또르 위고/송면 옮김

동서문화사

디자인 : 동서랑 미술팀/표지그림 :「Cain」, Fernand Cormon, 1880

레 미제라블 Ⅰ Ⅱ
총차례

레 미제라블 Ⅰ

제1부 팡띤느

제1편 올바른 사람 … 19

미리엘 씨/미리엘 주교, 비앵브뉘 각하가 되다
착한 주교에 어려운 교구/말과 일치되는 행위
비앵브뉘 각하는 같은 법의를 너무 오래 입었다
그는 누구에게 집을 지키게 했나/크라바뜨
한 잔 뒤의 철학/누이가 말하는 오빠/미지의 빛 앞에 선 주교
하나의 한계/비앵브뉘 각하의 고독/주교의 신앙/주교의 사상

제2편 추락 … 97

온 하루를 걸은 날 저녁/문단속의 설교
다소곳한 복종/뽕따를리에의 치즈 제조소 이야기/정숙
장 발장/절망의 구렁텅이/물결과 어둠/새로운 피해
잠을 깬 사나이/그의 행위/주교의 온정/쁘띠 제르베

제3편 1817년의 일 … 174

1817년/두 개의 사중주/네 남자와 네 여자
흥겨워 스페인 노래를 부르는 똘로미에스
카바레 봉바르다/뜨거운 사랑/똘로미에스의 분별
말의 죽음/환락의 즐거운 끝맺음

제4편 맡김은 때로 주어버림이 된다 … 218

어머니와 어머니의 만남
수상쩍은 두 인물 최초의 소묘/'종달새'

제5편 전락 … 237

검은 구슬 신제조법 이야기/마들렌느 씨

라피뜨 은행에 예금한 액수/상복 입은 마들렌느 씨
지평선의 아련한 빛/포슐르방 영감
포슐르방, 수녀원의 정원사가 되다
빅뛰르니앵 부인은 품행 염탐에 35프랑을 쓰다
빅뛰르니앵 부인의 성공/성공의 계속/그리스도, 우리를 구하다
바마따브와 씨의 장난/몇 가지 경찰 문제의 해결

제6편 자베르 … 290
안식의 시작/장이 상이 되는 이야기

제7편 샹마띠외 사건 … 304
쌩쁠리스 수녀/스코플레르 영감의 짐작/머릿속의 폭풍
꿈에 나타난 고뇌의 형상/고장/쌩쁠리스 수녀의 시련
출발을 서두르다/특별 입장/유죄로 판정되어 가는 장면
부인하는 방식/더욱 어안이 벙벙해진 샹마띠외

제8편 반격 … 389
마들렌느 씨는 어떤 거울에 머리를 비춰 보았나/행복한 팡띤느
만족한 자베르/권력을 되찾은 관헌/어울리는 무덤

제2부 꼬제뜨

제1편 워털루 … 417
니벨에서 오는 길에 있는 것/우고몽/1815년 6월 18일
A/전세를 뒤덮는 어둠/오후 4시/유쾌해진 나쁠레옹
황제가 길잡이 라꼬스뜨에게 묻다/뜻밖의 일/몽 쌩 장 고지
나쁠레옹에게는 나쁜 길잡이, 뷜로우에게는 좋은 길잡이
근위대/파멸/마지막 방진/깡브론느
지휘관을 어떻게 평가할 것인가?
워털루를 시인할 것인가/신권설의 재기/밤의 싸움터

제2편 군함 오리옹 호 … 489
24601호가 9430호로 되다
도깨비가 지은 시 두 줄/쇠망치의 일격에 부서진 족쇄

제3편 죽은 여자와의 약속 … 508
몽페르메이유의 음료수 문제 / 두 인물의 완전한 묘사
사람에게는 술이, 말에게는 물이 / 인형의 등장
어린 소녀 홀로 / 블라트뤼엘의 짐작이 맞음을 증명하는 것
어둠 속에 낯선 사람과 나란히 걷는 꼬제뜨
부자인지 가난뱅이인지 알 수 없는 사나이를 숙박시키는 불쾌
떼나르디에의 흥정 / 허욕을 부리다가는 손해를 입는다
9430호가 다시 나타나고, 꼬제뜨가 그를 만나다

제4편 황폐한 집 … 584
고르보 선생 / 부엉이와 종달새의 둥지
불행한 두 사람이 함께 되어 행복을 만들어내다
셋집 주인 노파가 본 것
5프랑짜리 은화가 마룻바닥에 떨어져 소리를 내다

제5편 어둠 속 사냥 소리 없는 사냥개 … 608
계략의 지그재그
다행히도 오스떼를리쯔 다리는 차를 통과시키고 있다
1727년의 빠리 지도를 보라 / 암중모색하여 도망치다
가스등이 있었다면 불가능한 일 / 수수께끼의 시작
수수께끼의 계속 / 더욱 깊어지는 수수께끼
방울을 단 사나이 / 자베르가 실패한 까닭

제6편 쁘띠 삑쀠스 … 650
삑쀠스 골목 62번지 / 마르땡 베르가의 분원
엄격성 / 즐거움 / 기분전환 / 작은 수도원
그늘 속에 떠오르는 몇 사람의 실루엣 / 마음 다음에는 돌
베일 아래에서의 1세기 / 상시 성체조배의 기원 / 쁘띠 삑쀠스의 최후

제7편 빠렁떼즈 … 689
수도원, 그 추상적 개념 / 수도원, 그 역사적 사실
과거를 존중하는 것은 어떤 조건에서인가
원칙으로 본 수도원 / 기도 / 기도의 절대적인 정당성
비난할 경우에 필요한 주의 / 신앙, 법칙

제8편 묘지는 주는 대로 받아들인다 … 707
수도원에 들어가는 방법 / 곤경에 빠진 포슐르방
이노쌍뜨 원장 / 마치 오스띤 까스떨레호 수도사의 이야기처럼
술에 취하게 하는 것만으로는 충분치 않다 / 4면의 널빤지 속에서
'까르뜨를 잃어서는 안 된다'는 말의 기원 / 합격한 면접 시험
수도원 생활

제3부 마리우스

제1편 빠리의 미립자 연구 … 783
조그만 존재 / 부랑아의 몇 가지 특징 / 부랑아는 유쾌하다
부랑아는 유익할지도 모른다 / 그 경계 / 역사의 한 모습
인도 계급제도에나 있을 부랑아 계급 / 선왕의 멋진 말
고올의 옛 얼 / 빠리를 보라, 이 사람을 보라 / 조소하며 군림하다
민중 속에 잠재하는 미래 / 소년 가브로슈

제2편 대부르주아 … 813
90살에 32개의 이 / 그 주인에 그 집 / 뤼끄 에스프리
100살까지 살고 싶은 남자 / 바스끄와 니꼴레뜨 / 마뇽과 그녀의 두 아이
저녁 아니면 손님의 방문을 받지 않는 규칙
둘이 있다고 해서 반드시 한 쌍이 되지는 않는다

제3편 할아버지와 손자 … 828
옛날의 객실 / 빨간 유령의 한 사람 / '고이 잠드소서'
불한당의 최후 / 미사에 가면 혁명파가 된다
교구 위원을 만난 결과 / 어떤 염문 / 화강암과 대리석

제4편 'ABC의 벗' … 880
역사에 남을 뻔한 한 무리 / 보쒸에의 블롱도 추도 연설
마리우스의 놀라움 / 까페 뮈쟁의 깊숙한 방 / 퍼져가는 지평선 / 곤궁

제5편 불행의 뛰어남 … 923
무일푼의 마리우스 / 가난한 마리우스 / 성장한 마리우스

마뵈프 씨 / 가난은 비참의 이웃 / 대역

제6편 두 별의 마주침 … 952

별명―새 이름의 유래 / '빛이 있었느니라' / 봄의 탓
큰 번민이 시작되다 / 부공 할멈은 몇 번이나 놀라다
사로잡힌 몸 / 여러 가지로 읽히는 U자를 둘러싸고
늙은 상이군인도 행복해질 수 있다 / 일식

제7편 빠트롱 미네뜨 … 975

갱도와 광부들 / 밑바닥
바베 괼르메르 끌라끄수 몽빠르나스 / 한 패의 구성

제8편 마음씨 나쁜 가난뱅이 … 988

마리우스는 모자 쓴 처녀를 찾다 챙 넓은 모자 쓴 남자를 만나다
주운 것 / '네 개의 얼굴을 가진 괴물'
가난 속의 한 떨기 장미꽃 / 하늘의 도움으로 엿본 구멍
집에 웅크리고 있는 야수와 같은 인간 / 전략과 전술
움집에 비친 햇살 / 우는 소리 하는 종드레뜨 / 국영 마차 삯 1시간당 2프랑
가난한 자가 슬퍼하는 자에게 주는 도움 / 르블랑 씨가 준 5프랑의 용도
조용한 곳에서 그들 두 사람은 주님의 기도를 생각하지 않았다
경관이 변호사에게 '주먹' 두 개를 주다 / 종드레뜨가 물건을 사다
1832년에 유행한 영국식 가요가 다시 들려오다
마리우스가 준 5프랑의 용도 / 마주 보게 놓여진 마리우스의 의자 두 개
어두운 방 한구석이 마음에 걸리다 / 잠복
반드시 피해자부터 잡아놓고 봐야 한다
제2부에서 울고 있던 어린아이

레 미제라블 Ⅲ

제4부 쁠뤼메 거리 목가 쌩 드니 거리 서사시

제1편 역사의 몇 페이지 … 1107

훌륭한 마름질 / 서투른 바느질 / 루이 필립 / 토대 아래에 갈라진 틈
역사의 모태이면서 역사가 모르는 사실 / 앙졸라와 그의 부관들

제2편 에뽀닌느 … 1154
종달새 들판 / 감옥 속에서 싹트는 죄악
마뵈프 노인이 본 유령 / 마리우스가 본 유령

제3편 쁠뤼메 거리에 있는 집 … 1179
비밀의 집 / 국민병 장 발장/잎과 가지 / 철책의 변화
장미는 자신이 무기임을 깨닫는다/싸움이 시작되다
슬픔, 다시 그것을 넘어선 슬픔/사슬에 묶인 죄수들의 행렬

제4편 낮은 곳에서의 구원이 높은 곳에서의 구원이 되다 … 1222
외면의 상처, 내면의 회복
플루타크 할멈은 이상한 사건을 서슴없이 설명하다

제5편 그 결과가 시작이라니 얼토당토않은 일 … 1235
쓸쓸한 집과 병영의 관련 / 꼬제뜨의 공포
뚜쌩의 말이 공포를 더욱 자극하다/돌밑에 놓인 마음
편지를 읽은 꼬제뜨/노인은 적당한 때 나가 주었다

제6편 소년 가브로슈 … 1257
바람의 장난
어린 가브로슈가 대 나뽈레옹을 이용하는 일
탈주의 시작과 끝

제7편 은어 … 1309
기원 / 말의 뿌리 / 우는 은어와 웃는 은어
감시하고 희망하는 두 가지 의무

제8편 환희와 비탄 … 1340
넘치는 빛 / 완전한 행복에 도취하다
그림자의 징조 / 개는 은어로 짖는다 / 밤의 현실
마리우스는 현실로 돌아와 꼬제뜨에게 주소를 가르쳐 주다
마주 앉은 늙은 마음과 젊은 마음

제9편 그들은 어디로 가는가 … 1387
장 발장 / 마리우스 / 마뵈프 씨

제10편 1832년 6월 5일 … 1398
문제의 표면
문제의 밑바닥 / 장례식—부활의 기회
과거의 흥분 / 빠리의 특이한 점

제11편 미립자와 폭풍 … 1428
가브로슈가 쓴 시의 기원에 대한 두세 가지 설명—
어떤 아카데미 회원이 이 시에 미친 영향 / 행진하는 가브로슈
이발사의 당연한 분개 / 소년은 노인을 보고 놀라다 / 노인 / 새 가입자

제12편 꼬랭뜨 … 1447
꼬랭뜨 술집의 역사 / 전야제
'밤'이 그랑떼르를 덮치기 시작하다 / 위슐루 아주머니
준비 / 기다리면서 / 비예뜨 거리에서 참가한 사나이
까뷕이라는 사나이에 대한 여러 의문

제13편 마리우스 어둠 속으로 들어가다 … 1492
쁠뤼메 거리에서 쌩 드니 구역으로
올빼미가 내려다본 빠리 / 막다른 곳

제14편 고상한 절망 … 1505
깃발—제1막 / 깃발—제2막
가브로슈에겐 앙졸라의 기총이 더 좋았을 것을
화약통 / 장 프루베르의 시구의 끝
삶의 고통에 이은 죽음의 고통 / 거리 측정에 능숙한 가브로슈

제15편 롬므 아르메 거리 … 1530
수다스러운 압지 / 등불을 미워하는 부랑아
꼬제뜨와 뚜쌩이 잠든 사이에 / 가브로슈의 지나친 열의

제5부 장 발장

제1편 시가전 … 1557
쌩 땅뜨완느 바리케이드 뒤 땅쁠 바리케이드

심연 속에서나 이야기할밖에 / 양지와 음지
다섯이 줄고 하나가 불어나다 / 바리케이드 위에서 보이는 지평선
초조한 마리우스, 말 없는 자베르 / 악화된 상황 / 대포의 위력
옛 밀렵자 솜씨 1796년 유죄선고에 영향을 준 사격
여명 / 사람을 죽이지 않는 사격 / 질서의 편을 드는 무질서
지나가는 광명 / 앙졸라 애인의 이름 / 밖으로 나간 가브로슈
어떻게 형이 아버지 노릇을 하는가
'죽은 아버지는 머지않아 죽을 아들을 기다린다'
밥이 되어 버린 독수리 / 장 발장의 복수
죽은 자도 옳고 산 자도 잘못은 없다 / 용감한 사람들
한 걸음 한 걸음 / 굶주린 오레스트와 술취한 필라드 / 포로

제2편 레비아땅의 창자 … 1666
바다 때문에 메마르는 땅 / 오래된 지하수도로의 역사
브륀조 / 세상에 알려지지 않은 일 / 현재의 진보 / 장래의 진보

제3편 진창 속의 영혼 … 1690
지하수도로와 생각지 못했던 선물 / 해석 / 미행당하는 사나이
그도 십자가를 짊어지다 / 모래에도 교묘한 불성실이 있다 / 함몰
상륙한다고 생각할 때 이따금 좌초한다 / 찢어진 옷자락
누가 보아도 죽은 느낌을 주는 마리우스
아들의 귀환 / 절대자의 동요 / 조부

제4편 의무를 저버린 자베르 … 1742
자베르는 여유 있는 걸음으로 옴므 아르메 거리를 떠났다

제5편 손자와 할아버지 … 1756
생철을 댄 나무가 다시 나타나다 / 내란에서 벗어난 마리우스는 집안 싸움에 대비하다
마리우스 공세에 나서다
포슐르방 씨가 겨드랑이에 무언가 끼고 들어온 것을
질노르망 양도 나쁘게 생각하지 않다 / 돈은 공증인보다 숲에 맡기는 것이 좋다
두 노인은 저마다 나름대로 꼬제뜨의 행복을 위해 최선을 다하다
행복 속에 떠오르는 망상 / 사라진 두 남자

제6편 잠 못 이루는 밤 … 1796

1833년 2월 16일/장 발장은 여전히 팔을 달아매고 있다
가방 속의 물건/죽지 않는 마음

제7편 고배의 마지막 한 모금 … 1828
지옥의 제7옥과 천국의 제8천/고백 속에 숨겨진 어두운 그림자

제8편 황혼의 희미한 빛 … 1861
아래층 방/다시 몇 걸음 물러서다
그들은 쁠뤼메 거리의 정원을 회상한다/인력과 소멸

제9편 마지막 어둠, 마지막 새벽 … 1880
불행한 사람들에게 자비를, 행복한 사람들에게 관용을
기름이 다떨어진 램프의 마지막 흔들림
포슐르방의 짐수레를 들어올린 팔이 지금은 펜대 한 자루도 무겁다
하얗게 만드는 것에 불과한 잉크병
밤, 그 너머에는 여명이 있다/풀은 감추고, 비는 지운다

빅또르 위고의 생애 — 앙드레 모르아 … 1929
벌거벗은 사나이/소피와 세 아들/샤또브리앙이 되고 싶은 소년
사자의 용기를 준 사랑/이어지는 불행/순결한 아델
생뜨 뵈브와의 만남/야망의 나날/추종자들/예기치 못한 고통
조제쁘 들로름/사랑과 미움/자신을 유폐시키다/완전한 배신
폐허를 비추는 새벽빛/올랭피오를 덮친 비극/끝없이 괴롭히는 욕망
망명/게르느제로 쏟아지는 찬양/광야에서 외치는 위대한 목소리
인류 최고의 작품 레 미제라블/아델의 죽음/프랑스·프로이센 전쟁
샤를의 죽음/또 다시 다가오는 슬픔/멈출 줄 모르는 회전목마/오, 검은 빛이 보인다

빅또르 위고의 문학 — 이규식 … 2037

빅또르 위고의 연보 … 2109

주요인물

장 발장 가난과 굶주림 때문에 한 조각의 빵을 훔치다가 붙잡혀 뚤롱의 감옥으로 가게 된다. 탈옥을 거듭한 끝에 19년간의 형기를 마치고 석방되는 1815년이 이야기의 시작이다. 그뒤 그는 몽트뢰이유 쉬르 메르의 시장 마들렌느 씨가 된다. 그러나 운명은 그를 또다시 암흑의 세계로 들게 한다. 뒤에 르블랑, 윌띠므 포슐르방이라고 이름을 바꾼다. 그의 파란만장한 생애를 둘러싸고 펼쳐지는 이 이야기는 그의 죽음으로 끝난다.

샤를르 프랑스와 비앵브뉘 미리엘 디뉴의 주교(主敎). 덕망있는 인물로 도형수 장 발장에게 큰 정신적 영향을 준다.

바띠스띤느 미리엘 주교의 누이동생. 노처녀.

마글르와르 미리엘 주교와 그 누이동생을 보살피는 늙은 하녀.

쁘띠 제르베 굴뚝 청소를 하며 떠도는 사브와의 소년.

루이 18세 정통 왕조파 국왕. 프랑스 대혁명으로 처형된 루이 16세의 아우. 1814년 나뽈레옹 실각 후 왕위에 오른다. 1815년 나뽈레옹의 백일 천하 뒤에 중임. 1824년 사망. 아우 샤를르 10세가 그 뒤를 이음(1830년까지). 왕정 복고 시기의 국왕.

팡띤느 몽트뢰이유 쉬르 메르 출신의 고아. 빠리에서 재봉사 노릇을 함. 남자에게 버림받고 고향에서 여공 노릇을 하다가 끝내는 매춘부가 되어 마들렌느 씨의 진료소에서 폐병으로 죽는 불행한 여인. 꼬제뜨의 어머니.

펠릭스 똘로미에스 팡띤느를 유혹했다가 버린 빠리의 불량한 대학생.

꼬제뜨 팡띤느와 똘로미에스 사이에 태어난 사생아. 고아가 되어 시골에 맡겨져 '종달새'라고 불리며 학대받는다. 장 발장에게 구원되어 빠리로 나와 그의 딸이 된다. 라느와르라고도 불리며, 뒤에 행복한 결혼을 한다.

떼나르디에 부부 몽페르메이유의 여관 주인. 둘 다 냉혹하고 욕심이 많다. 남자는 워털루 참전 중사라고 하지만 꺼림칙한 과거가 있다. 꼬제뜨를 맡아 부려먹으며 학대한다. 가족은 뒤에 빠리로 나와 비천한 생활을 하게 된다.

자베르 장 발장을 철저히 추적하는 청렴 결백하고 냉혹한 경위.

포슐르방 몽트뢰이유 쉬르 메르에서 마차에 치었을 때 마들렌느(장 발장) 씨에게 구출된다. 뒤에 수도원의 정원사가 되어 장 발장을 헌신적으로 돕는다.

샹마띠외 장 발장으로 오인되어 처형당할 뻔한 노인.

쌩쁠리스 수녀 나사로회 수녀로, 마들렌느 씨의 진료소에서 일하는 자선 간호원. 병든 팡띤느를 헌신적으로 간호하며 그의 임종을 보살피는 성스러운 동정녀. 마들렌느 씨(장 발장)를 자베르의 손에서 벗어나게 하기 위해 평생 처음이자 마지막인 거짓말을 한다.

나뽈레옹 보나빠르뜨 워털루 전투에 대한 지은이의 회상에 등장한다.

이노쌍뜨 수도원장 늘 성체조배를 하는 르 쁘띠 뻭 쀠스 수도원 원장.

마리우스 뽕메르씨 나뽈레옹으로부터 남작 작위를 받은 군인과 빠리의 부르주아 딸 사이에 태어난 젊은이. 꼬제뜨의 연인이 되어, 바리케이드에서 장 발장에게 목숨을 구원받는다.

조르즈 뽕메르씨 마리우스의 아버지, 용맹 과감한 육군 대령. 나뽈레옹에게 헌신하였으며 워털루 전장에서 떼나르디에에게 구출받는 것처럼 된다. 왕정 복고 뒤 가족들과 떨어져 고독하게 살다가 죽는다.

뤼끄 에스프리 질노르망 마리우스의 외할아버지. 여자를 좋아하는 사교인으로 통했던 부르주아 노인. 완고한 왕당파.

에뽀닌느 떼나르디에 부부의 맏딸. 남몰래 마리우스를 사랑하여 그의 목숨을 구하려다 바리케이드에서 희생되어 죽는다.

가브로슈 떼나르디에 부부의 아들. 가족들의 사랑을 받지 못한 끝에 빠리의 부랑자 무리에 섞여든다.

루이 필립 왕 오를레앙 왕조파 국왕. 1830년 7월 혁명으로 프랑스 국민의 왕이 된다(1845년의 2월 혁명까지). 7월 왕정기(王政期)의 국왕.

마뵈프 쌩 쒵뻬스 성당의 교구 재산 관리 위원으로 식물 연구가. 마리우스에게 호의를 갖고 있는 노인. 뒤에 바리케이드에서 죽는다.

떼오뒬르 질노르망 씨 조카의 아들. 맏딸인 질노르망 양에게 귀염을 받는 육군 중위.

앙졸라, 꽁브페르, 프루뻬르, 꾸르페락, 푀이, 바오렐, 레글르(보쒸에), 졸리, 그랑떼르 정치 비밀 결사 'ABC의 벗'회의 회원. 정열적인 공화주의 혁명가들. 앙졸라는 그들의 우두머리격. 마리우스를 가입시켜 1832년 6월 5일의 반란을 일으키고 샹브리 거리의 바리케이드에서 농성하여 국민군에 저항하다가 전멸한다.

제4부 뺄뤼메 거리 목가 쌩 드니 거리 서사시

제1편 역사의 몇 페이지

훌륭한 마름질

 1831년과 1832년은, 7월 혁명과 직접 관련된 해로서 역사상 가장 특수하고 놀라운 시기 중 하나다. 이 2년은 그 전후 시기 사이에 마치 커다란 두 개의 산봉우리처럼 치솟아 있다. 이 산봉우리에는 혁명이라는 웅장한 광경과 절벽이 있다. 사회 집단, 문명이라는 지층, 층층으로 정착된 권리를 둘러싼 강고한 단결, 프랑스의 과거를 형성하는 연륜과 흔적, 이러한 것들이 갖가지 체계와 정열과 이론의 반란 속에서 시시각각 나타났다 사라지고 있다. 사람들은 이러한 것들의 출현과 소멸을 저항과 운동이라 부른다. 그리고 인간 영혼의 햇살이라 할 진리가 그 속에서 간헐적으로 빛나고 있음을 본다.
 이 주목할 만한 시기는 이미 그 한계가 분명해지고 멀리 조망할 수 있는 과거가 되기 시작하므로 현재의 우리들로서는 그 주요한 윤곽을 뚜렷하게 포착할 수 있다.
 그것을 이제부터 돌이켜보도록 하자.
 왕정복고는 일정한 판단을 내릴 수 없는 과도기의 한 예이다. 이 시기에는 피로와 동요와 속삭임과 졸음과 법석처럼, 모든 국민이 한꺼번에 어떤 숙박지에 도착한 것과 같다. 이 시기는 특수한 시기여서 이를 이용하고자 하는 정치가를 곧잘 속인다. 국민은 휴식만을 요구하고 평화만을 갈망하며 보통 시민이고자 한다. 바꿔 말하면 평안하게 지내고 싶다는 말이다. 국민은 큰 사건이니 위기니 모험이니 위대한 사람 같은 것을 실컷 봐서 이제는 진저리가 났다. 사람들은 시저보다는 차라리 무력한 프류시아스 왕을 바라고 나뽈레옹보다는 태평한 이브또 왕을 바랐다.
 '그는 얼마나 착하고 귀여운 왕이었던가(이브또 왕을 노래한 샹송의 후렴)!' 사람들은 새벽부터 걸어 이제야 겨우 괴롭던 하루 해를 넘겼다. 처음엔 미라보와 함께 뛰고 다음엔 로베스삐에르와 함께 뛰고 세 번째는 보나빠르뜨와 함께 뛰어 완전히 지쳐 버리고 말았다. 모든 사람이 잠자리를 요구하고 있었다.

지친 헌신, 늙은 영웅주의, 채워진 야심, 손에 들어온 행운이 찾고 구하고 간청하고 청원하는 것은 대체 무엇인가? 바로 하나의 안식처다. 이제 그런 안식처를 얻었다. 평화와 안정과 한가한 시간이 손에 들어온 것이다. 그것으로 만족했다. 그러나 그와 함께 또 다른 사실들이 불쑥 나타나면서 승인을 얻으려고 문을 두드린다. 이러한 사실들은 모두 혁명이나 전쟁에서 생겨나 사회에서 자리잡을 권리가 있으며, 또 실제로 자리잡고 있다. 그것은 대개 주거와 식량을 둘러싼 문제로 그런 모든 주의(主義)로 하여금 안주시킬 준비를 할 뿐이다.

이리하여 다음과 같은 사실이 정치 철학자의 눈에 분명해진다.

지친 인간이 휴식을 요구할 때 기정 사실들은 보증을 요구한다. 이 기정 사실에 대한 보증은 인간에게 필요한 휴식과 같은 것이다. 그것이야말로 크롬웰의 섭정 후 영국이 스튜어트 왕가에 요구한 것이고, 프랑스가 제정시대 뒤 부르봉 왕가에 요구한 것이다.

그러한 보증은 바로 시대가 요구하는 것이다. 이 보증을 정말 인정해야 한다. 형식적으로는 '왕'이 내리지만 실제로 그것을 주는 것은 사물의 필연적인 힘이다. 그것은 깊은 진리, 꼭 알아 두어야 하는 진리였으나 1660년 스튜어트 왕가는 그 진리를 생각하지 못했고, 1814년 부르봉 왕가는 그것을 예감하지 않았다.

나뽈레옹이 몰락한 뒤 프랑스로 돌아온 이 숙명의 왕가는, 주는 자는 자기고 자기가 준 것은 자기가 다시 빼앗을 수 있다고 믿을 정도로 아주 바보였다. 부르봉 왕가는 국왕의 권리는 신으로부터 부여받았다는 신수권(神授權)에 매달렸다. 즉 루이 18세의 헌법 속에서 국민에게 허용한 참정권은 신수권의 한 가지일 뿐이며 부르봉 왕가는 이 가지를 떼어서 왕이 도로 찾고 싶은 날까지 관대하게 국민에게 맡겨 두는 거라고 믿었던 것이다. 허나 설령 받아들이기 싫더라도 부르봉 왕가는 국민이 받은 그 선물이 실은 자기들이 보낸 게 아니라는 사실을 자각해야만 했다.

19세기 부르봉 왕가는 심술궂었다. 그리고 국민이 기뻐 어쩔 줄 몰라할 때마다 못마땅한 얼굴을 했다. 저속한 말, 다시 말해 통속적이면서도 진실된 말로 하면 얼굴을 찌푸렸다. 민중은 그것을 알았던 것이다.

부르봉 왕가는 제정(帝政)이 마치 극장의 무대 장치처럼 해체되어 나가는 것을 보고 스스로 힘이 있다고 믿었다. 왕가는 자기도 똑같은 식으로 떠밀려 가게 되리라는 것을 조금도 몰랐다. 자신 또한 나뽈레옹을 끌어내린 그 손아귀에 잡혀 있음을 깨닫지 못했다.

부르봉 왕가는 확고한 뿌리를 지닌 유서깊은 자기 가문을 믿었다. 그러나 그것은 잘못된 생각이었다. 왕가는 과거의 일부에 지나지 않고 과거 전체는 바로 프랑스 자신의 것이었다. 프랑스 사회의 뿌리는 부르봉 왕가 속에 있는 것이 아니라 국민 속에 있었던 것이다. 그 깊이 감추어진 튼튼한 뿌리는 왕가의 권리를 구성하는 것이 아니라 한 민족의 역사를 구성하는 것이었다. 그 뿌리는 사방에 가지를 뻗고 있었으나 왕가 속에는 단 한 가지도 뻗어 있지 않았다.

부르봉 왕가는 프랑스 역사에서 하나의 뚜렷한 피어린 매듭임엔 틀림없었으나 이미 그 운명의 중요한 요소도 아니었고 정치상 없어서는 안 될 토대도 아니었다. 이젠 부르봉 왕가가 없어도 아무런 문제가 없었다. 이미 부르봉 왕가 없이도 22년간이나 지낸 것이다. 그처럼 연속에 단절이 생겼지만 부르봉 왕가는 그것을 전혀 깨닫지 못했다. 사실은 루이 17세가 열월(熱月) 9일 (1794년 7월 27일 로베스 삐에르 실각의 날)에도 여전히 군림해 있었고 마렝고 전투의 날에도 루이 18세가 여전히 군림했다고 생각하던 부르봉 왕가가 어떻게 그런 것을 깨달을 수 있었겠는가? 역사가 시작된 이래 군주라는 것이 사실에 대해, 또 사실 속에 포함되어 있는 신수권의 분배에 대해 이처럼 분별없었던 적은 한 번도 없었다. 왕의 권력이라고 하는 지상의 주장이, 이토록 하늘의 권리를 부인하는 근거가 된 적은 일찍이 없었다.

1814년 국왕이 친히 제정한 보증을 근거로 부르봉 왕가가 자신들이 양도한 권리─그들 말로는─를 되찾겠다고 재차 손을 내민 것은 중대한 과오였다. 통탄할 일이 아닌가! 그들이 양도라고 이름붙인 것은 우리가 빼앗아 얻은 것이고, 찬탈당했다고 외치는 것은 실은 우리의 권리였다.

복고 정부(復古政府)는 때가 왔다고 생각하자 자기는 보나빠르뜨를 이겼고 국내에 뿌리를 박고 있다고 생각하고, 다시 말해 자기는 강하고 깊이 뿌리를 박고 있다고 믿고 강력한 공격을 시작했다. 어느 날 아침, 복고 정부는 프랑스에 정면으로 맞서 집단의 권리와 개인의 권리, 곧 국민의 주권과 시민의 자유에 대해 소리 높이 이의를 제기했다. 바꿔 말해 국민에 대해서는 그 국민의 권리를, 시민에 대해서는 그 시민의 권리를 부인했다.

이것이 7월 칙령(1830)이라고 부르는 저 유명한 법령이다.

그리하여 복고 정부는 무너졌다.

그것은 마땅히 무너질 만했다. 그러나 감히 말하거니와 복고 정부라 해서 진보적인 형식을 모두 다 적대했던 것만은 아니었다. 그것이 부수적인 힘이 되어 몇 개의 큰 사업을 완수한 것만은 부인할 수 없는 사실이다.

복고 정부 아래서 국민은 서로 조용히 의논하는 습관이 생겼다. 그것은 공화제 시대에는 볼 수 없던 일이었다. 또 평화의 위대함에 익숙해졌다. 이것도 제정시대에는 없던 일이었다. 강력하고 자유로운 프랑스는 유럽 여러 나라 민족에게 실로 고무적인 용기를 주었다. 로베스삐에르 밑에서는 혁명이 활개를 쳤고, 보나빠르뜨 밑에서는 대포가 활개를 쳤다. 그 활개가 지성의 편이 된 것은 루이 18세와 샤를르 10세의 시대가 되어서였다. 바람은 자고 햇불은 다시 높이 들렸다. 맑게 갠 산꼭대기마다 정신의 순수한 빛이 반짝이는 것을 사람들은 보았다. 장엄하고 유익하고 매혹적인 광경이었다.

평화가 가득한 15년 동안, 거리의 광장 한복판에서 위대한 주의들이 꿈틀대기 시작했다. 이 주의들은 사상가에겐 진부하기 짝이 없었지만 정치가에겐 퍽이나 참신하게 느껴졌다. 이 주의들은 법 앞에서 평등하고 신앙과 언론의 자유, 인쇄와 출판의 자유와 인재에게 직업을 개방하자는 것이었다. 이 상태가 1830년까지 계속되었다. 부르봉 왕가도 문명 앞에서는 하나의 도구였다. 그런데 그 도구조차 얼마 안 있어 신의 주먹 속에서 산산조각이 나고 만 것이다.

부르봉 왕가의 몰락은 그들 왕가 편에서가 아니라 국민의 편에서 볼 때 실로 장엄하고 엄숙했다. 그들은 숙연하나 아무런 권위도 없이 왕위를 떠났다. 그들의 퇴위는 역사에서 흔히 보듯 비참한 감동을 남기는 장대한 소멸이 아니었다. 샤를르 1세의 유령 같은 고요도 아니고 나뽈레옹의 독수리 같은 외침도 아니었다. 그들은 그냥 사라졌다. 그뿐이었다. 그들은 왕관을 벗어 놓았으나 후광은 깃들어 있지 않았다. 그들은 당당하긴 했으나 엄숙하진 못했다. 그들에게는 불행에 으레 따르는 장엄함조차 없었다.

샤를르 10세는 셰르부르 여행중, 둥근 테이블을 사각으로 자르도록 명령했는데 그것으로 미루어 그는 무너져 가는 왕정보다는 점점 궁지에 빠지는 예의범절에 더 신경을 쓴 것 같다. 왕의 그러한 타락은 왕가를 사랑하는 충성스런 신하와 그 가문을 존중하는 존엄한 사람들을 슬프게 했다.

한편 국민은 훌륭하게 행동했다. 국민은 어느 날 아침 갑자기 무장한 왕당파의 폭동이라고 할 수 있는 공격을 받았으나 자기들에게 힘이 있음을 느끼고 별로 분개하지 않았다. 국민은 저항하고 자제하고 그리고 흩어진 사물을 제자리에 돌려 놓았다. 정부를 법률 속에 돌려놓았다. 그리하여 부르봉 왕가는 다시 망명을 떠나고 만사는 일단락되었다.

국민은 늙은 왕 샤를르 10세를 전에 루이 14세가 좌정하고 있던 왕좌에서 끌어내어 땅바닥에 내려놓았다. 그들은 슬퍼하며 조심스럽게 왕가에 손을 대었다. 바리케이드 시가전이 있은 후 기욤므 뒤 베르(당시 웅변가로 유명했던 사법관)의 저 장엄한 말을 회상케 하고 세상 사람들의 눈앞에서 실행한 것은, 어떤 한 사람도 아니고 몇 사람도 아닌 프랑스였다. 승리를 거두고 그 승리에 도취한 프랑스 자신이요, 프랑스 전체였다. 기욤므 뒤 베르의 말은 이랬다.

"권세에 아부하여, 가지에서 가지로 날아다니는 작은 새처럼 비운의 문에서 행운의 문으로 재빨리 옮겨 앉는 사람들에게는 역경에 처한 군주에 대해 흔히 뻔뻔스러운 태도를 취하기가 쉽다. 그러나 나에게 군주의 운명은, 특히 비운에 처한 군주의 운명은 항상 경의를 표할 만한 것이었다."

부르봉 왕가는 존경을 받으며 떠나간 것이지 결코 애석하게 사라진 것은 아니었다. 앞에서도 말한 것처럼 왕가의 불행은 그들이 상대하기엔 너무 벅찼기 때문이다. 왕가는 지평선 저쪽으로 사라져 버렸다.

7월 혁명은 전세계에 즉시 우방과 적국을 만들었다. 우방은 기뻐 열광하며 몰려들었고 적국은 제각각 등을 돌렸다. 유럽 각국의 군주들은 처음에 새벽빛을 본 올빼미처럼 놀라움에 떨면서 눈을 감았다가 위협이라도 해보려고 다시 눈을 떴다. 하지만 그것은 이해할 수 있는 공포였고 용서할 수 있는 분노였다. 이 이상한 혁명에는 아무 충돌도 없었다. 이 혁명은 무너진 왕권이 혁명을 적으로 돌릴 명예도, 피를 흘리며 쓰러질 명예조차 주지 않았다. 자유인의 자유가 스스로 손상되는 걸 가장 즐기는 전제 정부로서는, 가공할 힘을 가졌으면서도 말없이 서서 팔짱이나 끼고 있는 것이 7월 혁명의 착오라고 믿었다. 게다가 7월 혁명에 대항해서 시험하고 계획한 것도 전혀 없었다.

하지만 누구보다 불만에 가득 차고, 누구보다 초조하고 누구보다 전율을 느꼈던 사람들조차 7월 혁명에는 고개를 숙였다. 인간의 이기심과 원한이 아무리 강한 것이라 해도, 인간을 훨씬 능가하는 어떤 절대자의 손이 협력하는 것을 느끼는 사건에 대해서는 항상 어떤 불가사의한 경의를 표한다.

7월 혁명은 사실을 쓰러뜨린 정의의 승리이자 찬란한 빛이 가득차 있던 사건이었다.

사실을 쓰러뜨리는 정의. 이 말뜻 속에 1830년 혁명의 눈부신 빛이 있고 온화함도 있다. 승리를 확신하는 정의는 난폭해질 필요가 조금도 없다.

정의(正義)란 바르고(正) 참되다(眞)는 뜻이다.

정의의 특질은 영원히 아름답고 순수한 데 있다. 그 반면 사실은, 겉모습이 아무리 필연적인 것으로 보이고, 동시대인이 아무리 훌륭하다고 인정해도 단순히 사실로만 있다면, 다시 말해 정의를 조금도 내포하고 있지 않다면, 시간이 지남에 따라 반드시 추해지고 더러워지고 심지어는 기괴한 꼴로 변모할 운명에 있다.

사실 이 몇 세기가 흐른 다음에 어느 정도 추해졌는가를 한 번에 알려면 마끼아벨리의 예로 알 수 있다. 마끼아벨리는 결코 악령도 아니었고, 악마도 아니었고, 비열하고 천한 저술가도 아니었다. 그는 하나의 사실에 지나지 않았다. 그것도 이탈리아의 사실만이 아니라 유럽의 사실이요 16세기의 사실이다. 그런데 19세기의 도덕관에 비추어 본다면 그는 추악한 것으로 보인다. 사실 그는 추악했다.

정의와 사실, 이 두 개의 투쟁은 사회가 시작된 후부터 줄곧 계속되어 왔다. 이 싸움을 그치게 하고 순수한 관념과 인간의 현실을 잘 융합해 정의를 사실 속에, 사실을 정의 속에 평화롭게 침투시키는 것, 그것이 바로 현명한 인간이 할 일이다.

서투른 바느질

그러나 현자(賢者)가 하는 일과 수완가가 하는 일은 전혀 다르다.

1830년의 혁명은 이내 걸음을 멈추었다.

혁명이 주저앉기 바쁘게 수완가들은 그 좌절을 촉진시킨다. 수완가들은 19세기에 스스로 정치가라는 칭호를 택했다. 이리하여 정치가라는 말은 조금은 은어같이 돼버리고 말았다. 사실 교묘함밖에 없는 곳에는 반드시 하찮음이 있는 것을 기억해야 한다. 수완가라는 말은 결국 시시한 사람이라는 말이 된다.

마찬가지로 정치가란 말은 때로는 반역자와 비슷하다.

그런데 수완가들의 말을 빌릴 것 같으면, 7월 혁명 같은 혁명은 단절된 동맥이어서 곧 이어 주지 않으면 안 된다는 것이었다. 정의를 너무 당당하게 부르짖다 보면 동요가 일어나기 쉽다. 그러므로 일단 정의가 확인되면 다음에는 국가를 공고히 해야 할 필요가 있다. 자유가 확보되면 다음엔 권력을 생각할 필요가 있다는 것이다.

여기까지는 아직 현자와 수완가의 구별은 서지 않으나 둘 사이에는 서로 경계하기 시작한다. 권력이란 좋은 것이다. 하지만 권력은 무엇인가? 어디서 오는 것인가?

수완가들은 현자의 이러한 반론은 들리지도 않는 듯 조금도 개의치 않고 자기 할 일만 계속해 간다.

자신에게 유리한 허구에다 필연이라는 가면을 씌우는 데 뛰어난 재능을 가진 정치가들의 말을 들을 것 같으면, 국민이 혁명을 겪고 난 뒤 제일 처음 필요로 하는 것은 그 국민이 군주 정치의 대륙에 속해 있는 경우, 대개는 하나의 왕조를 바란다는 것이다. 그럼으로써 국민은 혁명 뒤에 평화를 얻을 수가 있고, 다시 말해서 상처를 치료할 수 있고 부서진 집을 수리할 여유를 얻는다는 것이다. 왕조가 집의 토대를 숨겨 주고 부상자의 병원을 감싸 준다는 것이다.

그런데 하나의 왕조를 맞이하는 건 그렇게 쉬운 일이 아니다.

엄밀히 말하면, 재주 있는 사람이면 누구나, 큰 행운을 타고난 사람이면 누구나 왕이 될 수 있다. 첫째의 경우로는 보나빠르뜨가 있고 둘째로는 이뛰르비드(멕시코의 장군. 1821년부터 스스로 황제라고 했으나 3년 뒤 총살됨)가 있다.

그러나 그렇다고 어떤 가문이나 다 왕조를 이룩할 수 있다는 것은 아니다. 그것은 한 민족 속에서 어느 정도 오랜 역사를 가진 가문이 아니면 안 된다. 그런데 강력한 세월에 걸친 연륜이란 그렇게 쉽게 얻을 수 있는 게 아니다.

가령 '정치가'의 입장에서 본다면, 이런 경우에는 물론 여러 가지 조건이 붙는 얘기지만, 혁명 뒤에 나타날 수 있는 왕의 자격이란 대체 무엇일까?

만일 그 왕이 스스로 혁명에 가담한 혁명가라면, 그 때문에 위험을 겪고 도끼와 칼을 손에 들고 휘두른 일이 있는 사람이라면, 그로서는 대단히 유리한 일일 것이고 또 실제로 유리하다.

그러면 왕조가 될 가문의 자격은 대체 어떤 것일까? 첫째, 그 가문은 국민적이어야 한다. 즉 간접으로—행동함으로써가 아니라 사상을 받아들임으로써—혁명파여야 한다. 그 가문은 과거에 걸쳐 역사적이어야 하고 아울러 미래를 통해 시대에 공감하는 무엇을 갖고 있지 않으면 안 된다.

최초의 혁명이 왜 크롬웰이나 나뽈레옹 같은 인물을 발견한 것만으로 만족하는가. 또 두 번째 혁명이 왜 부룬스비크나 오를레앙 같은 가문을 애써 찾아내려고 했는가. 이 의문에 대해 충분히 설명이 됐을 줄 안다.

왕실이란 가지 하나하나가 땅에 늘어져 뿌리를 박고 그것이 다시 저마다 한 그루의 나무가 된다는 인도의 벵골보리수와 비슷하다. 갈라진 가지 하나하나가 왕조가 될 수 있다. 다만 국민의 한가운데까지 가지가 구부러지는 조건이어야 한다.

이런 것이 수완가들이 부르짖는 이론이다.

그런데 그러려면 다음과 같은 굉장한 기술이 필요하다. 성공에 약간의 파국을 섞어 그 성공을 이용하는 사람들까지 무서워 떨게 할 것, 일을 진전시키는 한 걸음 한 걸음에 공포의 맛을 뿌릴 것, 될 수록 일을 완만히 진행시켜 진보를 늦출 것, 그 여명(1830년 혁명의 새벽)의 빛을 약화시킬 것, 거칠게 날뛰는 열광을 적발하여 하루 빨리 그 기운을 감쇠시킬 것, 날카로운 뿔과 발톱을 자를 것, 승리를 가벼운 것으로 만들어 버릴 것, 정의를 대수롭지 않은 것으로 할 것, 거대한 인간이라고 할 수 있는 국민을 재빨리 잠옷을 입혀 재울 것, 지나치게 건강한 그에게 절식을 강요할 것, 헤라클레스 같은 그를 병자처럼 다룰 것, 사건을 술책 속에 얼버무릴 것, 이상을 갈망하는 정신에다 탕약을 섞은 감로수를 먹일 것, 지나치게 성공하지 않도록 주의할 것, 혁명에 차양을 달 것.

1830년에는 이 이론—이미 1688년 영국에서 명예혁명에 응용된—이 실행되었다.

1830년 혁명은 중단된 혁명이다. 진보는 중도에서 그치고 정의는 거의 실현될 단계까지 이르렀다. 그러나 논리는 '거의'를 인정하지 않는다. 결코 인정하지 않는다. 태양이 촛불을 모르는 것처럼.
그러면 혁명을 중단시키는 건 누군가? 다름아닌 부르주아지이다.
왜 그런가?
부르주아지 자체가 이미 만족할 만한 이익이기 때문이다. 어제는 욕망을 가졌으나 오늘은 이미 충족되었고 내일은 포만감을 느낄 것이다.
나뽈레옹이 무너진 후 1814년에 일어난 현상은 샤를르 10세가 사라진 후인 1830년에 재현되었다.
부르주아지를 하나의 사회 계급으로 만들려고 한 것은 잘못이었다. 부르주아지란 단순히 국민 속에서 만족해하는 일부에 지나지 않는다. 부르주아란 이제 겨우 의자에 걸터앉을 여유를 가진 사람이다. 의자는 사회 계급이 될 수 없다.
그러나 사람은 너무 성급히 편안해지려는 생각 때문에 곧잘 인류의 진행마저도 정지시키는 경우가 있다. 이것은 부르주아지가 곧잘 저지르는 과오였다.
그러나 과오가 하나뿐이라고 해서 그대로 하나의 계급이 될 수는 없다. 이기주의는 사회 조직의 분할된 한 부분이 될 수는 없다.
뿐만 아니라 이기주의에 대해서도 사람은 공평하지 않으면 안된다. 1830년에 있었던 동요 이후 부르주아지로 불리게 된 이 일부 국민이 절실하게 바랐던 상태는 무관심과 게으름, 그리고 얼마간의 불명예를 포함하는 무위의 상태가 아니었다. 꿈처럼 한때나마 잊어버릴 수 있는 잠도 아니었다. 그것은 정지였다.
정지란 말은 정말 기묘하고 모순에 찬 이중의 의미로 되어 있다. 진군하는 운동의 의미와, 주둔하는 휴식의 의미이다.
정지는 그러니까 힘의 회복이다. 무장을 풀지 않고 눈을 뜬 채 취하는 휴식이다. 보초를 세워 경계를 게을리하지 않는 기정 사실이다. 정지는 어제의 전투와 내일의 전투를 전제로 한다.
그것은 1830년과 1848년(2월혁명) 사이의 중간 시기였다.
여기서 전투라고 한 것은 또 진보라는 말로 바꿀 수도 있다.
그러므로 부르주아지도 정치가와 마찬가지로 이 '정지'라는 말을 입에 올리는 하나의 인간이 필요했던 것이다. '그러니까 하여튼' 어쩌고 하는 식의 인물이, 혁명을 의미함과 동시에 안정을 의미하는 타협적인 인물이, 바꾸어 말하면 과거와 미래를 확실히 양립시키면서 현재를 확고히 하는 사람 하나가.

마침 그런 인물이 '발견'되었다. 그가 루이 필립 도를레앙이었다.

221명의 인사(의회를 가리킴. 사실은 202명 투표)가 루이 필립을 왕으로 추대했다. 라파이예뜨가 그 대관식을 주관했다. 그는 왕을 '최상의 공화국'이라고 불렀다. 빠리의 시청은 랭쓰 대성당을 대신했다.

이 반왕위(半王位)를 완전한 왕위로 바꾸어 놓은 것이 바로 '1830년의 업적'이었다.

수완가들이 일을 다 마쳤을 때 그들의 해결 방법에 커다란 결함이 나타났다. 그들의 일은 모두 절대 정의를 도외시하고 이루어졌던 것이다. 절대 정의는 "나는 반대한다!"고 외쳤다. 그리고 절대 정의는 위험하게도 다시 어둠 속으로 사라져 버렸다.

루이 필립

무릇 혁명이란 놀라운 수완과 감탄할 만한 수단을 갖는다. 확실하게 타격을 가하며 훌륭하게 선택한다. 1830년의 혁명처럼 불완전하고 특이하며 복잡한데다가 유치한 상태에 이르더라도, 거기에는 한결같이 하늘의 뜻에 순응하는 명철함이 있어서 졸렬하게 붕괴되진 않는다. 따라서 혁명의 공백은 결코 사라지거나 포기되지는 않는다.

그러나 너무 자부하는 건 삼가기로 하자. 혁명 역시 과오를 저지르고 중대한 착오를 일으킨다.

이야기를 1830년으로 돌려 보자. 1830년은 비록 탈선하긴 했으나 퍽 행복했다. 중단된 혁명 이후 질서라는 것을 확립한 데에서 왕은 왕위보다 훨씬 탁월했다. 루이 필립은 그야말로 보기 드문 사람이었다.

뒷날 역사는 그의 아버지에게 어느 정도 정상을 참작해 주겠거니와 어쨌든 상당한 비난의 대상이 되는 아버지에 비해 아들인 루이 필립은 존경받을 만한 인물이었다. 그는 개인의 덕 못지않게 공인의 덕도 지니고 있었다.

루이 필립은 자기 건강과 재산과 풍채와 일에 상당한 주의를 기울였다. 1분의 가치를 무시하지 않을 뿐만 아니라 1년이라는 긴 세월의 가치도 결코

루이 필립

무시하지 않았다. 절제심이 있고 쾌활하고 온화했으며, 인내심이 강했고, 선량한 인간이었고, 선량한 군주였다.

  왕비와 늘 침상을 같이했고 부부가 같이 쓰는 침실을 궁정의 종복들이 볼 수 있도록 하고 있었는데, 그것은 올바른 부부의 애정을 과시하기 위한 것으로 종전의 왕가가 한결같이 방종한 생활을 해온 만큼 한층 유익한 것이었다. 루이 필립은 또 유럽 각국어에 능통했으며 모든 계급 언어에 능통해 마음대로 이야기할 수 있었던 것이 특히 뛰어난 점이었다. 그는 '중간 계급'의 훌륭한 대표자였고, 동시에 모든 점에서 그들보다 탁월했다. 자기의 혈통을 존중하면서도 특히 자기 안에 있는 가치를 스스로 평가할 줄 아는 뛰어난 정신의 소유자였다. 지극히 특수한 자기 가문에 대해서도 오를레앙 가(家)라고 했지 부르봉 가라고는 하지 않았다. 또한 전하(殿下)에 불과했던 시절에는 최고의 혈통을 자랑하는 왕족으로 처신했으나 폐하(陛下)가 되자 그는 쾌활하고 대범한 시민이 되었다.

  공석에서는 장황했으나 허물없는 사이에서는 간결했다. 인색하기로 유명했으나 꼬리가 잡힐 정도로 인색하지는 않았다. 그는 자기의 기분이나 의무를 위해서는 선선히 돈을 쓰는 그런 절약가였다. 그리고 문학은 이해했으나 감수성은 부족했다. 교양이 높은 귀인이면서도 무예에 뛰어난 기사다운 데는 없었다.

  지극히 단순하고 침착하고 또 강했다. 가족이며 친척들에게 지극한 사랑을 받았고, 사람의 마음을 사로잡는 화술이 있었으며, 환상을 갖지 않는 정치가였고, 마음은 냉정하고 직접적인 이해관계에 민감하게 좌우되고, 항상 유동성이 있는 정치를 하고, 남을 원망할 줄도 감사할 줄도 모르고, 아랫사람에 대해서는 윗사람의 우월권을 서슴없이 발휘하고, 왕에 대해 뒤에서 불평을 늘어놓는 여론에 대해서는 의회의 대다수를 조정하여 반대 의견을 내세울 줄도 아는 위인이었다.

  뭐든지 마음먹은 대로 말하는 인간으로 때로는 경망할 정도로 활발했으나, 그렇게 경망한 가운데도 놀라운 솜씨가 있었다. 여러 가지 수단을 마음대로 구사하고, 표정도 풍부하고, 가면을 쓰는 데도 능숙했다. 프랑스가 전 유럽을 두려워하게 하고, 동시에 전유럽이 프랑스를 두려워하게 했다. 나라를 사랑하는 건 의심할 여지가 없었으나 그것 이상으로 자기 가족도 사랑했다.

 권력보다는 지배권을, 위엄보다는 권력을 더 존중하는 이 성향은 만사를 성공하도록 만들었다. 따라서 교활한 수단이나 비열한 짓도 서슴지 않는 단점은 있었으나, 정치를 안정시키고 국가 붕괴를 막고 사회 전복을 막는 장점은 있었다.

 또 루이 필립은 지극히 세심하고 정확하고 조심성 있고 신중하고 민첩하고 피로를 모르는 인간이었다. 때로는 모순에 찬 말을 하는 때도 있고 이미 한 말을 뒤엎어 엉뚱한 결론을 내리는 때도 있었다. 앙코나에서는 대담하게 오스트리아에 대항하고, 스페인에서는 영국에 완강하게 대항하고, 앙베르를 포격하고, 프리차드에겐 배상금을 지불했다. 그리고 항상 신념을 가지고 마르세예즈를 노래했다.

 루이 필립은 낙심, 권태, 아름다움과 이상에 대한 취미, 무모한 감정, 유토피아, 공상, 분노, 허영심, 공포 따위와 전혀 인연이 없었고, 온갖 대담성만을 갖추고 있었다. 발미에서는 장군이었고 제마쁘에서는 일개 졸병이었으며, 여덟 번이나 암살당할 뻔했으나 그때마다 태연히 빙글빙글 웃었다. 투척병처럼 용감했고 사상가처럼 대담했다.

 그러나 전유럽이 동요했을 때에는 불안을 느꼈기에 정치의 대모험을 하기엔 적당치 못했다. 자기를 희생하는 것쯤이야 늘 각오하고 있었지만, 자기 사업이 위태로워지는 것만큼은 절대 참을 수 없었다. 국왕으로서보다는 지식인으로서 사람들을 이끌고 싶어하여 자기 의지에 감화의 가면을 덧씌우길 좋아했다.

 관찰력엔 뛰어났으나 통찰력은 부족했다. 인간의 정신에 대해서는 별로 주의를 기울이지 않았으나 인간 자체에 대해서는 통달했다. 다시 말해 우선 보지 않고는 아무것도 판단하지 않았으며, 날카롭고 깊은 양식, 실리에 밝은 총명과, 뛰어난 웅변술과, 놀랄 만한 기억력을 가지고 있었으며, 그 기억에서 끊임없이 뭔가를 이끌어내는 것은 그가 시저나 알렉산더나 나뽈레옹과 닮은 오직 하나의 공통점이었다.

 갖가지 사실, 상세한 일, 날짜, 고유 명사는 알고 있었으나 민중의 갖가지 경향이나 정열과 재능, 사람들이 간절히 바라는 소망이며, 인간 영혼의 은밀한 반발에 대해서는 전혀 무지했다. 간단히 말해서 인간 의식의 눈에 보이지 않는 흐름에 대해서는 아무것도 몰랐다. 프랑스 사회와 표면으로는 어울렸으나 이면의 프랑스와는 공통점이 없었다.

그러나 루이 필립은 타고난 기교로 그것을 잘 조정해 나갔다. 많은 것을 통치했으면서도 충분히 군림하지는 않았다. 스스로 자기 자신의 수상이 된 것이다. 하찮은 현실 문제를 가지고 광대한 사상을 저해하는 데에도 능숙했으며, 문명과 질서, 조직이 필요로 하는 참다운 창조적 능력에 어떤 정규적이고 소송절차적 정신을 혼합하고 있었다.

한 왕조의 창시자인 동시에 그 법정대리인이었기에 샤를르마뉴다운 어떤 점과 소송 대리인의 어떤 점이 있었다. 요컨대 고매하고 특이한 인물이며, 프랑스 정세가 불안했지만 전유럽이 질투할 만한 세력을 착실히 쌓아올린 군주였다. 때문에 루이 필립은 마침내 19세기의 뛰어난 사람들 속에 끼게 되었고, 만일 조금이라도 명예를 사랑하고 유리한 것에 대한 것만큼 위대한 것에도 관심이 있었다면, 역사의 가장 위대한 통치자 가운데 한 사람으로 평가되었을지도 모른다.

루이 필립은 잘생겼고 늙어서도 여전히 우아하였다. 언제나 국민의 마음에 든 건 아니었으나 군중에게 항상 존경을 받았다. 그는 누구에게나 호감을 사는 인물이었다. 타고난 매력이 있었지만 위엄만은 부족했다. 왕이면서 왕관을 쓰지 않았으며, 노인이 되어도 머리가 세지 않았다. 그의 태도는 구식이었으나 습성은 신식이어서 1830년에 어울리는 귀족과 부르주아지의 혼합체였다. 루이 필립은 과도기의 군주였다. 그는 옛날 발음과 옛 철자법을 그대로 쓰면서도 근대에 적합한 의견을 발표하였고, 폴란드와 헝가리를 사랑하였지만, 'les polonois'라고 쓰고 'les hongrais'라고 말하곤 했다. 샤를르 10세처럼 국민군 복장을 하고 있으면서 나뽈레옹처럼 레지옹 도뇌르 훈장을 달고 있었다.

루이 필립은 성당에는 거의 가지 않았고, 사냥도 전혀 하지 않았으며, 오페라 극장에도 결코 간 일이 없었다. 그러니까 성당지기나 개담당이나 무용가와 전혀 인연이 없었다. 바로 이 점이 그가 시민에게 인기를 얻는 데 많이 작용했다. 그의 주위에는 아첨하는 신하가 한 사람도 없었다. 그는 언제나 겨드랑이에 양산을 끼고 다녔기 때문에 그 양산은 오랫동안 그의 영광의 일부가 되었다. 석공이나 정원사나 의사에 대한 이해도 상당히 깊었다. 말에서 떨어진 마부에게 피를 나누어 준 일도 있었다. 때문에 그 후부터 그는 앙리 3세가 단도 없이는 외출하지 않은 것처럼 랜싯(수술용 메스)을 품지 않고는 다니지 않았다. 왕당파는 부상한 사람에게 처음으로 수혈해 준 이 왕에게 야유의 말을 던졌다.

그러나 루이 필립에 대한 역사의 비난에는 삭제해야 할 것이 있다. 왕권을 탓해야 할 것이 있고, 국정을 탓해야 할 것이 있고, 왕 자신을 탓해야 할 것이 있다. 이 세 가지 항목은 저마다 서로 다른 전체를 나타내 주고 있다. 민주 권리를 박탈한 것, 진보를 부차적으로 본 것, 항의를 폭력으로 탄압한 것, 폭동에 대해 무력을 행사한 것, 소란을 무기로 진압한 것, 트랑스노냉 거리의 사건, 군법 회의, 지배계급이 실제 국민을 흡수한 것, 30만 특권계급과 공동출자한 정부, 이 모든 것이 왕권의 소행이었다.

벨기에 왕위를 계승하려 한 것, 알제리아를 정복해 마치 영국군이 인도에 한 것처럼 문명 수단보다는 야만 수단으로 거칠게 다룬 것, 압 델 까데르에 대한 배신 행위, 블라이 사건, 매수한 도츠, 프리차드에 치른 배상, 이 모든 것 또한 왕정의 소행이었다. 그리고 국민을 위해서가 아니라 자기 집안을 위해 한 정치 또한 왕의 소행이었다.

이렇게 삭제하다 보면 왕 자신의 책임은 상당히 줄어든다.

루이 필립의 가장 큰 과실은 프랑스라는 이름 앞에서 너무 겸손했던 것이다.

그 과실은 대체 어디에서 기인하는가?

그것에 대해 잠깐 얘기해 보자.

루이 필립은 너무도 가정적인 왕이었다. 그래서 왕조다운 면목을 갖추기 위해 말없이 부화를 계속해 온 이 집안은 이념과 질서를 해치는 모든 것을 싫어하게 되었다. 그 때문에 생긴 지나친 소심증은 시민의 전통 속에 7월 14일을 낳았고, 군사 전통 속에 아우스테를리츠(나뽈레옹의 최대 승전)를 가져와 국민을 들볶고 귀찮게 했다.

사실 마땅히 맨 먼저 수행해야 할 공무를 제외하고 생각한다면, 루이 필립이 가족에게 그토록 깊은 애정을 쏟을 만한 충분한 가치가 있었다. 그 가정은 한 마디로 말해 훌륭했다. 거기엔 미덕과 재능이 흘러 넘쳤다.

루이 필립의 딸 마리 도를레앙은 옛날 샤를르 도를레앙이 가문의 이름을

시인 명부에 올렸듯이 자기 가문의 이름을 미술가 명부에 올렸다. 마리 도를
레앙은 심혼을 기울여 대리석 상(像)을 만들어 잔느 다르끄라고 이름붙였
다. 또한 루이 필립의 두 아들은 메테르니히에게서 민중에게 아첨하는 듯한
찬사를 들었다. '두 사람 다 보기 드물게 뛰어난 청년이고 뛰어난 왕자들이
다.'

이상은 루이 필립에 관하여 조금도 더하지도 덜하지도 않은 진실 그대로
이다.

평등의 군주요, 왕정 복고와 대혁명의 모순을 함께 품고 혁명가로서 사람
들에게 염려하고 두려워하는 마음을 주었던 반면, 통치자가 되면서 오히려
안심을 준 것, 이런 것들은 1830년 루이 필립에게는 상당한 행운의 원인이
되었다.

한 인간이 한 사건에 이보다 더 완전히 순응한 예는 일찍이 없었다. 인간
이 사건 속에 끼어들어 그대로 그 속에서 사건의 화신이 된 것이다. 루이 필
립, 그는 1830년의 화신이었다.

게다가 그는 왕위에 오를 만한 훌륭한 자격, 곧 망명이라는 조건을 갖추고
있었다. 그는 일찍이 추방되어 방랑하고 곤궁을 겪었다. 자기 스스로 일을
해서 살았다. 프랑스 왕가에서 가장 비옥한 소유지의 영주였던 그가 스위스
에선 입에 풀칠을 하기 위해 늙은 말을 팔아야 했다. 라테나우에선 직접 수
학 선생 노릇을 했고, 누이동생 아델라이드는 자수와 바느질을 했다.

왕에 얽힌 이러한 추억들은 부르주아지를 감격시켰다. 또 루이 11세가 건
설하고 루이 15세가 이용한 몽 쌩 미셸 성의 마지막 무쇠 감방을 손수 파괴
한 일도 있었다.

그는 뒤무리에의 전우이며 라파이예뜨의 친구이고 자꼬뱅 당에 가입한 일
도 있었고, 미라보는 친히 그의 어깨를 두드렸으며, 당똥은 그를 "여어, 젊
은이!" 하고 불렀다.

1793년 아직 샤르트르라고만 불리던 24살의 그는, 국민의회의 어두침침한
작은 방에서 열린, '가련한 폭군'으로 불린 루이 16세의 재판에 출석했다.

왕에게서 왕위를 빼앗아가고, 왕권과 함께 왕과 절교하며, 사상의 용서 없
는 분쇄 속에서 거의 인간을 인정하지 않던 대혁명의 분별없는 통찰력, 혁명
재판소의 폭풍과 같은 분위기, 심문하는 국민의 분노, 대답할 바를 모르는

까뻬(루이16세), 이 암울한 회오리 속에 왕의 머리가 지각을 잃은 듯 흔들리던 무서운 광경, 모든 것이 파괴된 그러한 마당에서는 유죄를 선고한 사람들이나 선고받은 사람이나 모두가 나름대로 결백하다는 사실, 그 혼돈을 그는 똑똑히 보았던 것이다.

루이 필립은 국민의회 법정에서 과거 몇 세기가 출두한 것을 보았다. 루이 16세의 배후에, 모든 책임을 짊어진 이 불행한 인간의 등 뒤 어둠속에서 왕정이라는 무시무시한 피고가 불쑥 일어서는 것을 보았다. 그리하여 그의 마음 속에는 거의 신의 심판과 다름없는 민중의 거대한 재판에 대한 깊은 경의와 함께 공포가 깊이 새겨졌다.

대혁명이 그의 마음속에 남긴 인상은 대단했다. 그는 그 위대한 시기를 1분도 남김없이, 각인처럼 생생하게 기억하고 있었다.

어느 날, 루이 필립은 우리들이 의심할 수 없는 한 목격자 앞에서 헌법 제정 의회의 알파벳 순 명부의 A부 전체를 기억만으로 낱낱이 바로잡았다.

루이 필립은 대낮 같은 왕이었다. 그의 통치 아래서는 출판도 자유였고, 언론도 자유였고, 신앙도 자유였다. 9월법(1835년 9월 제정된 언론 탄압의 반동 입법)은 이제 밝은 빛 속에 공개되었다. 빛이 특권층을 좀먹는 힘을 가지고 있다는 걸 알면서도 그는 태연히 자기 왕위를 햇빛에 드러내 놓았다. 역사는 언젠가 그의 그러한 공을 고려해야 할 것이다.

루이 필립은 무대를 떠난 역사의 인물이 다 그렇듯 오늘날 인류 양심의 재판에 부쳐져 있다. 그러나 그에 대한 재판은 이제 겨우 제1심이 끝났을 뿐이다.

역사가 존경할 만하고 자유로운 어조로 그에 대해 발언할 시기는 아직 시작되지 않았다. 이 왕에 대해 확정 판결을 내릴 시기는 아직 오지 않았다. 준엄하고 저명한 역사가 루이 블랑조차 그의 처음 판결을 요즘 와서 상당히 완화시켰다. 루이 필립은 이른바 221명과 1830년이라고 불리는 반의회와 반혁명, 이 둘에 의하여 선출됐다. 어쨌든 철학의 높은 견지에서 본다면, 이미 알다시피 다소의 주저 없이는 그를 지금 이 자리에서 절대 민주주의의 이름으로 비판할 수는 도저히 없다. 절대자의 눈으로 본다면, 인간의 권리와 민중의 권리를 제외한 나머지는 모두 부당하게 얻은 것이다.

오늘날 우리들이 할 수 있는 말은 다음과 같다. 즉 루이 필립의 인간적인 선량함만을 따진다면, 역사가 말해주듯 어떤 면에서건 왕위에 오른 역대 군주의 최상위급에 속할 것이다.

그러면 그의 가치를 떨어뜨리는 것은 무엇인가? 다름 아닌 왕위다. 루이 필립에게서 왕을 빼면 남는 건 인간뿐이다. 그리고 그 인간은 선량했다. 때로는 감탄할 정도로 선량했다.

가끔 갖가지 근심과 걱정 속에서 대륙 각국의 외교술사들과 일전을 벌인 후 저녁무렵 자기 방으로 돌아와 피로한 몸을 이끌고 그는 밀려오는 잠을 쫓으며 무엇을 했던가! 소송 기록을 꺼내 형사 재판 사건을 검열하며 하룻밤을 꼬박 새곤 했던 것이다. 유럽 대륙에 대항하는 것도 중요했지만, 한 인간을 사형 집행인의 손에서 구출하는 것도 대단히 중요한 일이라고 생각했기 때문이다. 그는 옥새를 담당한 관리의 지극한 간청도 단호히 물리친 채 '시끄러운 법률가'라고 그 자신 별명을 붙인 역대의 검찰총장과 세세한 점에까지 의견을 나누고, 단두대에 대한 자기 의견을 조금도 굽히지 않았다.

때로는 소송기록이 테이블 위에 산더미처럼 쌓이는 때도 있었으나 그는 하나도 빠짐없이 다 검열했다. 루이 필립은 비참한 기결수들을 그대로 방치해 두는 것을 견딜 수 없어 했다. 어느 날, 조금 전에 말했던 목격자에게 그는 "오늘 밤 나는 기결수 7명을 구했다"고 말한 일도 있다. 그의 통치 초기에는 사형은 거의 폐지된 것이나 다름없었다. 단두대가 다시 섰다는 얘기를 들었을 때, 왕은 굉장한 충격을 받았다. 그레브 형장은 왕의 가문과 더불어 사라졌으나, 그 대신 부르주아지의 그레브 형장이 쌩 자끄 성문이란 이름으로 세워졌다. '현실주의자들'은 거의 적법한 단두대의 필요성을 느꼈던 것이다. 그것은 부르주아지의 편협한 면을 대표하는 까지미르 뻬리에가 부르주아지의 자유로운 면을 대표하는 루이 필립을 이긴 승리의 하나였다.

루이 필립은 또 법학자 베까리아의 저서에 손수 주석(註釋)을 달았다. 그리고 피에스키의 기계(루이 필립을 암살하려 제작됨) 사건 후 그는 이렇게 부르짖었다.

"내가 부상하지 않은 것은 참으로 유감이오. 부상했더라면 그를 특사할 수 있었을 텐데."

그리고 어느 때는 대신들의 반대를 암시하면서 근대사에서 가장 고결한 어느 정치범에 대해 이렇게 기록했다.

'그의 특사는 이미 인정했다. 다만 승인을 얻는 일만 남았다.'

루이 필립은 루이 9세처럼 자비로웠고 앙리 4세처럼 선량했다.

그런데 우리로서는 역사 속에서 선량함이 진주보다도 더 희귀하기 때문에 선량했던 인간이 위대했던 인간보다 더 훌륭하다고 해도 지나친 말은 아닐 것이다.

루이 필립은 혹자로부터는 준엄하게 평가되고 혹자로부터는 가혹하게 평가되었으므로, 이 왕을 잘 아는 한 사나이가―그 사나이도 이미 망령과 다름없기는 하지만(위고 자신임)―역사 앞에서 그를 변호해 주는 것은 지극히 당연하다. 더구나 그 증언은, 내용은 어쨌든 무엇보다도 먼저 공평무사할 것이다. 죽은 자가 쓴 비문은 진지한 것이다. 나의 망령은 다른 망령을 위로해 줄 수 있다. 같은 어둠을 나누고 있어 당당하게 칭찬할 수가 있다. 망명지의 두 무덤에 관해서 "이 사람은 저 사람에게 아첨했다"는 말을 들을 염려가 전혀 없기 때문이다.

토대 아래에 갈라진 틈

지은이의 이야기가 차차 루이 필립 시대 초기를 덮고 있던 비극적인 구름 속으로 들어감에 따라, 모호한 점이 없도록 이 왕에 대해 좀 더 자세한 설명이 필요할 줄 안다.

루이 필립은 혁명이 본래 뜻했던 목적과 분명히 동떨어진 것이었으나, 폭력은 행사한 일도 없고 스스로 직접 행동에 참가한 일도 없이 혁명이 낳은 반전으로 말미암아 왕권을 획득했다. 오를레앙 공작이었던 그는 그 혁명 속에서 개인의 주도권은 전혀 쥐고 있지 않았다. 그는 타고난 군주이기 때문에 국왕이 되었다고 생각했다. 그는 결코 자기 스스로 자기에게 통치 위임권을 부여한 것은 아니다. 그는 절대로 그것을 빼앗아 가진 게 아니다. 다만 사람들이 제공했으므로 받아들였을 뿐이다. 그는 통치권이 그에게 제공된 것은 정의에 어긋남이 없고 수락해야 하는 것은 의무라고 믿었다. 비록 잘못된 견해였지만 루이 필립은 그것을 굳게 믿었다.

이리하여 선의에 의한 권리 획득이 행해졌다. 그런데 우리들에게 속마음을 얘기하라고 한다면 루이 필립이 통치권을 받아들인 것도, 민주주의가 공격한 것도 모두 선의에서 나온 것이므로 사회 투쟁에서 생겨나는 공황의 무거운 책임을 왕에게 돌리거나 민주주의에 전가해서는 안 되리라.

주의(主義)와 주의의 충돌은 자연의 요소들끼리 충돌하는 것과 비슷하다. 바다는 물을 지키고, 태풍은 공기를 지키고, 왕은 왕권을 지키고, 민주주의는 민중을 지킨다. 군주제라는 상대는 공화제라는 절대에 대항한다. 사회는 이런 알력 속에서 피를 흘린다.

그러나 오늘날 사회의 고통은 뒷날 그것의 구원이 될 것이다. 어쨌든 싸우는 양자를 여기서 비난할 이유는 하나도 없다. 양쪽 중에 어느 쪽인가 오류를 범하고 있는 것만은 확실하다. 정의란 로도스 섬의 거대한 상(像)처럼 한꺼번에 양쪽 해안을 다 밟고 서 있을 수는 없다. 즉 한쪽 발은 공화제에 놓고 다른 쪽 발은 군주제에 놓을 수 없는 것이다. 정의는 불가분의 것이어서 오직 한쪽에만 서게 마련이다.

그러나 어느 쪽이 오류를 범하고 있다 해도 그 모두는 진지한 것이다. 방데 당원이 강도가 아닌 것과 마찬가지로 장님을 죄인이라 할 수 없다. 따라서 그 무서운 투쟁은 다만 사물의 필연적인 귀결로 돌려 버릴 수밖에 없다. 그 태풍이 아무리 거센 것일지라도 거기에는 인간의 책임이 없다.

이상의 설명을 간추려 매듭지어 보자.

1830년의 정부는 이내 역경에 빠졌다. 어제 겨우 태어나서 오늘 벌써 싸우지 않으면 안 되었다.

겨우 자리잡은 정부는 세워진 지 얼마 안 돼 기초도 튼튼하지 못한 7월 기관(7월혁명)을 사방에서 무너뜨리려는 막연한 운동을 벌써부터 느끼고 있었다.

저항은 이튿날부터 발생했다. 아니 어쩌면 그 전날부터 발생해 있었는지도 모른다.

날이 갈수록 반대는 늘고 막연하던 것이 공공연한 것으로 되었다.

7월 혁명은 앞서도 말했듯이 프랑스 외 유럽 각국 왕들의 승인을 얻지 못했고 프랑스 국내에서도 갖가지로 해석되었다.

신(神)은 자기의 뜻을 사건을 통해 인간에게 나타내는데 그것은 신비한 말로 쓴 난해한 문장이다. 인간은 바로 그 문장을 여러 가지로 번역해 본다. 그러나 그것은 너무 성급하고 부정확하여 착오와 탈락과 모순으로 가득 찬 것뿐이다. 신의 말을 이해하는 자는 거의 없다. 가장 총명하고, 가장 침착하고, 가장 사려 깊은 사람은 그 말을 서서히 해득해 가는데, 그들이 올바른 번역을 다 마쳤을 때는 일이 이미 상당히 진전된 후이다. 광장에는 이미 수

많은 번역이 나와 있다. 그 번역 하나마다 당파가 생기고, 또 오역마다 하나씩 도당이 탄생한다. 그리고 각 당파들은 자기야말로 옳고 사기만이 광명을 얻고 있다고 확신하는 것이다.

때로는 권력 그 자체도 하나의 도당이 될 수 있다.

혁명이 한창 이루어지고 있을 때 그 흐름을 거슬러 올라가는 자들도 있다. 그것은 구당파(舊黨派)들이다.

신의 은총으로 세습제에 묶여 있던 구당파들은 혁명이 반항의 소산이므로 그 혁명에 대해서도 반항할 권리가 있다고 말한다. 그러나 그 생각은 잘못된 생각이다. 혁명에 반항하는 것은 국민이 아니라 왕이기 때문이다. 혁명은 바로 반항의 반대이다. 혁명이란 모두 정당한 수행이기 때문에 그 속에는 합법성이 들어 있다. 그 합법성은 때로 가짜 혁명가들에 의해 명예를 더럽히는 수가 있으나, 설사 더럽혀져도 엄연히 존재하고 또 설사 피투성이가 되어도 살아 남는다. 혁명은 하나의 사건에서 유발하는 것이 아니라 필연에서 생겨난다. 혁명이란 허구에서 현실로 돌아오는 것이다. 다시 말해 혁명은 존재하지 않으면 안되므로 존재하는 것이다.

그런데도 부르봉 왕가를 받드는 정통 왕조파는 그릇된 이론에서 빚어지는 갖은 폭력으로 1830년의 혁명에 덤벼들었다. 오류는 성능이 뛰어난 탄환과 같다. 그들은 아주 교묘하게 다치기 쉬운 곳, 갑옷을 입지 않은 곳이나 논리의 결함을 노려 공격한다. 그들은 왕위에 대해서 그 혁명을 공격했다. 그들은 이렇게 부르짖었다. "혁명이여, 이 왕은 대관절 무엇이냐?" 그러한 도당은 맹목적이면서도 겨냥은 지극히 정확했다.

공화주의자도 그와 똑같이 외쳤다. 그러나 그들이 그렇게 외치는 데는 충분한 이론의 근거가 있었다. 정통파들에게는 무지였던 것도 민주주의파들에게는 통찰력이었다. 1830년은 민중을 파산시켰다. 격분한 민주주의는 비난을 퍼부었다.

과거에서 오는 공격과 미래에 닥칠 공격 사이에 끼어 7월의 건설은 고투를 계속했다. 한편으로는 수세기에 걸친 왕정과 싸우고, 다른 한편으로는 영원한 정의와 싸우는 그런 순간을 나타내고 있었다.

게다가 대외적으로 1830년은 이미 혁명기가 아니라 왕정기였기 때문에 유럽과 보조를 맞추지 않으면 안되었다. 평화를 지키는 것은 오히려 분쟁을 초래하는 것이다. 상반된 화합을 보전해 나가려 함이 전쟁보다 더욱 부담이 큰 경우가 많다. 항상 암묵 속에 으르렁대는 그 투쟁에서 무장한 평화가 생겨났지만 그것은 반신반의의 문명을 무턱대고 달성하려는 파괴적인 방책이다. 7월 왕정은, 유럽 여러 나라의 내각에 매인 말〔馬〕이 되자 견딜 수 없어 뒷발로 일어섰다. 메테르니히는 스스로 거기에 고삐를 묶으려고 하였다. 프랑스 국내에서는 진보의 채찍을 받고 있는 이 왕위가 유럽에서는 걸음걸이가 느린 다른 군주국들을 채찍질하고 있었다. 스스로 끌려감과 동시에 끌어가고 있었다.

그동안에도 국내에서는 빈민, 프롤레타리아, 임금, 교육, 형벌, 매음, 여성의 지위, 빈부, 생산, 소비, 분배, 교역, 화폐, 신용, 자본가의 권리, 노동자의 권리 같은 모든 문제가 사회에 쌓여 있었다. 무서운 낭떠러지였다.

본래의 정치적 당파 외에 또 하나의 다른 운동이 나타났다. 민주주의의 동요는 사상의 동요와 부응하고 있었다. 사회의 의원 계급도 군중과 마찬가지로 불안을 느끼고 있었다. 물론 불안의 본질은 서로 달랐지만 정도의 차는 같았다.

지반(地盤)인 국민이 혁명의 물결에 휩쓸려 그 밑에서 뭔가 간질병 같은 막연한 발작에 몸부림치고 있는 한편에서 사상가들은 명상에 잠겨 있었다. 그러한 사색가들은 고립하거나 아니면 거의 한 단체로 집결하여 평화롭게, 그러면서도 심각하게 사회문제를 연구하고 있었다. 그들은 말하자면 마음을 비운 고요한 갱부들로 조용히 그 갱도를 화산의 밑바닥까지 파들어가 미약한 진동과 어렴풋한 용암의 불길에도 조금도 마음이 흔들리지 않았다.

그 조용한 움직임은 소란스러운 시대의 장관이었다.

그러한 사람들은 권리의 문제는 정당 사람들에게 맡기고 자신들은 행복의 문제에만 전념했다.

인간의 행복, 이것이야말로 그들이 사회에서 파내고자 하는 중요한 목적이었다.

그들은 물질적 문제들, 즉 농업이며 공업이며 상업 문제를 거의 종교와 같은 수준까지 끌어올려 생각했다. 오늘날의 문명처럼 신에 의한 것보다는 인간에 의하여 이루어지는 문명에서는, 갖가지 이해 관계가 정치의 지질학자라 할 수 있는 경제학자의 손에 의해 끈기있게 연구되고 있는, 하나의 역학

법칙에 따라 서로 결합하고 집합하고 혼합되어 하나의 단단한 암석을 형성했다.

갖가지 명칭 아래 모여 있는 그러한 사람들은 모두 사회주의자라는 통칭으로 부를 수 있다. 그들은 방금 말한 암석에 구멍을 뚫고 거기서 인류의 행복이라는 살아 있는 물을 끌어올리려 노력하였다.

단두대의 문제에서 전쟁의 문제에 이르기까지 그들의 작업은 사회의 모든 문제를 다 포함하고 있었다. 프랑스 대혁명이 선언한 인권에 그들은 여성의 권리와 아동의 권리를 덧붙였다.

사회주의 사상이 일으킨 모든 문제를 여러 가지 이유로 작자가 이론적인 입장에서 근본적으로 논하지 않더라도 별달리 놀랄 사람은 없을 것이다. 작자는 여기에서 그 문제들을 지적하는 것만으로 그치려 한다.

사회주의가 제기하는 문제는, 천지창조의 환상이며 몽상이며 신비설을 젖혀 놓는다면 이 두 가지 기본 명제로 집약될 수 있을 것이다.

제1의 명제, 부의 생산.

제2의 명제, 부의 분배.

제1의 명제에는 노동 문제가 포함된다.

제2의 명제에는 임금 문제가 내포된다.

제1의 명제에서는 노동의 사용 방법이 문제된다.

제2의 명제에서는 수익의 분배 방법이 문제된다.

노동의 올바른 사용에서 국민의 힘이 생긴다.

수익의 올바른 분배에서 개인의 행복이 생긴다.

올바른 분배란 평등한 분배를 의미하는 것이 아니라 공정한 분배를 의미한다. 가장 좋은 평등은 곧 공정이다.

이 두 가지, 즉 외부적인 국민의 힘과 내부적인 개인의 행복이 맺어지면 사회는 번영하게 마련이다.

사회의 번영이란 행복한 인간들, 자유로운 시민, 위대한 국민을 두고 하는 말이다.

영국은 이 두 가지 명제에서 제1의 문제를 해결하고 있다. 영국은 놀랄 만큼 부를 쌓아 올렸다. 그러나 분배는 서투르다. 한편만 완전한 그런 해결은 영국을 필연적으로 다음과 같은 양극단으로 몰고 갔다. 즉 어처구니없을 만큼의 부와 어처구니없을 만큼의 빈곤으로, 일부에게는 모든 수익이 주어지고 그 나머지에게는, 다시 말해 국민에게는 모든 것이 결여되는 것이다.

특권이며, 예외며, 독점이며, 봉건제는 노동에서 발생한다. 그것은 그릇되고 위험한 상태로 국민의 힘을 개인의 빈곤 위에 올려놓고, 국가의 위대성을 개인의 고통 속에 뿌리박게 하고 있다. 그것은 불완전하게 구성된 위대성이어서, 거기에는 물질적 요소가 모두 결합되어 있으나 정신적인 요소는 하나도 깃들어 있지 않다.

공산주의와 농지법 등을 내세우는 사람들은 자기야말로 제2의 문제를 해결할 수 있다고 믿고 있다. 그러나 잘못된 생각이다. 그들이 말하는 분배란 생산을 죽이는 짓이다. 평등한 분배는 경쟁심을 소멸시킨다. 따라서 노동도 소멸시킨다. 그것은 도살업자가 하는 분배 방법으로 스스로 분배하려는 심리를 말살시킨다. 그러니까 문제 해결은 그런 방법으로 가능한 것이 아니다. 부를 없애는 것이 부를 분배하는 것은 결코 아니다.

이 두 명제는 한번에 해결하지 않고서는 해결됐다고 할 수 없다. 말하자면 두 개의 해결이 하나로 결합되어야만 한다.

두 가지 문제 중 하나만 해결하면 베네치아나 영국처럼 될 것이다. 베네치아처럼 인위적인 힘을 갖든가 영국처럼 물질적인 힘을 갖든가 할 것이다. 사악한 부자가 될 것이다. 그리하여 마침내 베네치아처럼 녹슬어 폭동에 의해 멸망하든가 장차 영국처럼 파산의 형태로 몰락하든가 할 것이다.

그때면 세계는 그들 나라가 멸망하는 것을 멀리서 바라만 볼 것이다. 왜냐하면 세계는 그처럼 이기주의에 굳어 버린 나라를, 인류에 대해 아무런 미덕도 이념도 대표하지 못하는 나라를 멸망에서 구할 의무를 느끼지 않기 때문이다.

물론 우리가 여기서 베네치아니 영국이니 하는 것은, 그 나라의 국민을 가리키는 것이 아니라 그 나라의 사회기구를 가리키는 것이다. 즉 국민 위에 군림한 과두정치를 가리키는 것이지 국민 그 자체를 가리키는 것은 아니다. 어느 나라 어느 국민에게도 작가는 경의와 동정을 품고 있다. 베네치아는 이제 국민의 것이 됐기 때문에 이 나라는 점점 번영해 나갈 것이다. 귀족의 영국은 몰락하겠지만 국민의 영국은 영원히 불멸할 것이다. 이 이야기는 이제 여기서 그치기로 하고 앞서 하던 얘기를 계속하자.

두 명제를 해결하라. 부자를 격려하고 가난한 자를 보호하라. 빈곤을 일소하라. 강자에 의한 약자의 부당한 착취를 없애라. 성공한 자에 대한 실패한 자의 질투를 억누르라. 임금과 노동의 균형을 수학적으로, 그리고 우애를 가지고 조정하라. 자라는 아이들에게 의무 교육을 실시하고 학문이 노동력의 기초가 되게 하라. 손을 놓지 말고 지성을 계발시키라. 강력한 국민인 동시에 행복한 인간 가족이 되라. 소유권을 민주화하라. 그것을 폐지하지 말고 보편화하여 전국민이 예외없이 소유자가 되게 하라.

그것은 사람들이 생각하고 있는 것보다 훨씬 쉬운 일이다. 간단히 말해 부를 생각할 줄 알고 부를 분배할 줄 알라. 그러면 마침내 물질적인 위대함과 정신적인 위대함을 한꺼번에 손에 넣을 수 있을 것이다. 그때야말로 여러분은 명실공히 우리의 프랑스란 말을 입에 올릴 수 있을 것이다.

이상이 길을 헤매고 있는 몇몇 학파를 초월하여 사회주의가 부르짖고 있던 것이다. 이것이야말로 사회주의가 사회 속에서 찾아 헤매던 것이고 정신 속에 그리고 있던 것이다.

참으로 경탄할 만한 노력이요 신성한 시도였다.

그 주의, 그 이론, 그 저항, 철학자의 의견을 고려에 넣어야 한다는 그런, 정치가로서는 뜻밖의 필요성, 혼란 속에서도 자주 볼 수 있는 명백한 사실, 창조해야 할 새로운 정치, 혁명의 이상과 그다지 동떨어지지 않으면서도 구세계와 일치하는 조화, 뽈리냑77와 대립하여 라파이예뜨를 기용해야 했던 사정, 반란 아래 환히 예감되는 진보, 상하 양원과 시민 대중, 스스로 해결해야 할 주위의 세력분쟁, 혁명에 대한 자기 신념, 최고의 결정권에 결단을 내리지 않은 채 받아들인 결과 생긴 불안과 체념, 가문을 지키려는 의지, 가족정신, 국민에 대한 진심에 찬 경의, 타고난 성실성, 이러한 모든 것이 루이 필립의 마음을 거의 견딜 수 없을 만큼 사로잡아 때로는 그처럼 힘차고 씩씩했던 그도 왕 노릇하기 어려워 쩔쩔맸다.

루이 필립은 무서운 분열을 자기 발 아래 느끼고 있었으나 그때는 이미 전과 같은 프랑스가 아니었기 때문에 산산조각 날 염려는 전혀 없었다.

어둠이 앞길에 첩첩이 덮여 있었다. 기괴한 그림자가 서서히 다가와 사람들 위에, 사물 위에, 사상 위에 차츰 나래를 펴갔다. 분노와 주의(主義)에서 생긴 그림자이다. 이리하여 숨이 막힌 모든 사람들은 혼란에 빠지고 동요하기 시작했다. 그래서 이 성실한 인간(루이)의 양심은 이따금 숨결을 가다듬지 않으면 안 되었다. 궤변과 진리가 뒤섞여 있는 그 공기 속은 그처럼 독기로 가득 차 있었던 것이다. 사람들의 정신은 사회의 불안 속에서 마치 태풍 앞의 바람처럼 떨고 있었다. 전압이 너무 세기 때문에 이따금 정체를 알 수 없는 번개가 획 지나가곤 했다. 그리고 다시 어둠이 닥쳐왔다. 간격을 두고 길고 둔한 우레 소리가 들려오기 때문에 구름 속에 숨어 있는 커다란 우레를 예감할 수 있었다.

  7월 혁명 후, 채 스무 달도 못 되어서 절박하고 위협적인 양상으로 1832년이 시작되었다. 국민의 빈곤, 빵 없는 노동자, 어둠 속에 나타난 마지막 대공(大公) 꽁데, 빠리가 부르봉 왕가를 추방하듯 나쏘 왕가를 추방한 브뤼셀, 프랑스의 한 왕족을 바라다가 영국 왕족에게 왕위를 넘겨 버린 벨기에, 러시아 니꼴라이 1세의 원한, 우리들 배후에 있는 남방의 두 악마인 스페인의 페르디난드와 포르투갈의 미구엘, 이탈리아의 동요, 볼로냐에 손을 뻗친 메테르니히, 앙꼬나에서 갑자기 오스트리아에 대항하고 나선 프랑스, 북방에서는 폴란드를 관 속에 넣고 못질하는 처참한 망치 소리, 전유럽이 프랑스를 보는 분노에 찬 눈, 비틀거리는 것은 넘어뜨리고 쓰러진 것에는 덤벼들 준비를 하고 있는 뱃속을 알 수 없는 동맹국 영국, 법학자 베까리아의 그늘에 숨어 네 사람의 목을 법률에 넘겨주지 않으려 애쓰는 귀족원(貴族院), 왕이 타는 마차의 칠해 없애버린 백합꽃, 뽑혀 버린 노트르담 성당의 십자가, 거세당한 라파이예뜨, 파산 속에서 허덕이다 죽은 뱅자맹 꽁스땅, 실권 중에 죽은 까지미르 뻬리에, 사상의 도시와 노동의 도시에서 동시에 발생한 정치적 질병과 사회적 질병, 즉 빠리 내란과 리용의 폭동, 두 도시에서 보이는 똑같은 무서운 불길, 국민의 이마에 비친 분화구의 불꽃, 열광하는 남부, 혼란에 빠진 서부, 방데 지방에 숨은 베리 공작부인, 음모, 모반, 봉기, 콜레라, 이러한 모든 사태가 유발하는 뒤숭숭한 분란이 사상의 동요를 한층 더 가중시키고 있었다.

역사의 모태이면서 역사가 모르는 사실

  4월 말경에는 모든 것이 악화되어 있었다. 민심은 이제 단순한 동요가 아니라 물끓듯 끓었다. 1830년 이래 여기저기에서 국부적인 폭동이 일어나 곧 진압되었으나 곧 다시 되살아나곤 했다.

이것은 하층을 뒤덮을 광대한 봉화의 전조였다. 무언지 무서운 것이 서서히 나래를 펴가고 있었다. 충분히 불이 점화된 건 아니었으나 다시 한번 일어날지도 모르는 혁명의 윤곽이 흐릿하게 보였다. 온 프랑스가 빠리를 주시하고 빠리는 쌩 땅뜨완느 성 밖을 주시했다.

쌩 땅뜨완느 성 밖은 조용히 열기를 띠고 당장에라도 끓어넘칠 것 같았다.

샤론느 거리의 술집들은 진지하고 요란했다. 술집을 그렇게 표현하기엔 좀 기이한 느낌이 없지 않으나 사실이 그러했다.

거기서는 한결같이 정부가 문제였다. '한 번 맞붙어 싸울 것인가, 아니면 방관할 것인가.' 이런 문제가 공공연하게 논의되었다. 술집 뒷방에서는 노동자들에게 첫 경보를 듣는 즉시 거리로 뛰어나와 적이 많든 적든 싸울 것을 맹세하게 했다. 맹세가 끝나면 술집 한편 구석에 앉아 있던 한 사나이가 이렇게 '우렁찬 목소리'로 외쳤다.

"알았지! 자넨 이제 맹세했어!"

때로는 2층 방으로 올라가 문을 걸어 잠그고 거기서 거의 비밀 결사 같은 장면이 벌어지는 일도 있었다. 새로 들어온 가입자에게 '아버지를 섬기듯 섬길 것'을 맹세하게 했다. 그것이 그들의 규칙으로 되어 있었다.

아랫방에서는 사람들이 '파괴적' 팜플렛을 읽고 있었다. '그들은 정부를 비난하고 있었다'고 당시의 어느 비밀 결사 보고서에는 적혀 있다.

거기서는 다음과 같은 이야기를 들을 수 있었다.

"우린 우두머리의 이름도 모른다. 우리는 두 시간 전에야 겨우 그 날을 알 수 있다."

노동자 한 사람이 이렇게 말했다.

"우린 모두 300명이다. 한 사람이 10수씩만 내놓아도 총알과 화약 값으로 150프랑을 모을 수 있다."

또 한 사람이 말했다.

"여섯 달도 필요없다. 두 달까지도 필요없다. 반 달이 채 되기 전에 정부와 맞설 수 있을 것이다. 2만 5천 명이나 있으니까 정면으로 대결할 수 있다."

또 다른 한 사람이 말했다.

"난 밤중에 탄통(彈筒)을 만드느라고 요새 잠도 안 잔다."

이따금 '부르주아같이 보이는 잘 차려 입은' 사람들이 찾아와서는 '거만하게 위압하는 듯한 태도'로 '거물급들'에게 악수하고 사라지곤 했다. 그런 사람들은 결코 10분 이상 머물러 있지 않았다. 그들 사이엔 의미심장한 말들이 은근히 오고갔다.

"계획은 익어가고 있다. 만사 빈틈없다."
"거기 있는 모든 사람이 그런 이야기를 중얼거렸다."

이건 거기 합석했던 어떤 사람의 표현을 빌린 것이다. 어느 날 선술집 한복판에서 흥분한 노동자 하나가 이렇게 외쳤다.

"우리에겐 무기가 없다."

동료 중 한 사람이 이렇게 대답했다.

"군인들이 가지고 있잖아."

이 말은 한 당사자는 깨닫지 못했으나 나뽈레옹이 이탈리아를 상대로 포고할 때 쓴 말을 은연중에 흉내내고 있었다.

'뭔가 새삼 새로운 비밀이 있을 때 그들은 그 자리에서는 전달하지 않았다.'

어느 보고서는 이렇게 덧붙였다. 그러나 이상과 같은 말을 공공연히 한 그들이 뭔가를 숨기고 있었다는 것은 도저히 납득할 수 없는 일이다.

모임은 때에 따라서는 정기로 열렸다. 어떤 때의 모임은 8명 내지 10명을 결코 넘지 않았고 얼굴도 대개 일정했다. 그러나 다른 모임에서는 누구나 참석할 수 있었기 때문에 방안에 가득차서 서 있는 사람까지 있을 정도였다. 감격과 정열에 불타 참가하는 사람이 있는가 하면 '일하러 가는 도중'에 들른 사람도 있었다. 혁명중에 볼 수 있었던 것처럼 그러한 술집 중에는 애국심에 불타는 여자들이 있어 새로 가입하는 사람들에게 키스를 해주고 있었다.

그 외에도 여러 가지 의미심장한 일들이 있었다.

한 남자가 술집에 들어와 술을 마신 다음 이렇게 말하고 나갔다.

"주인 양반, 술값은 혁명이 치러 줄 거요."

샤론느 거리에 있는 한 술집에서 혁명실행위원이 지명되었다. 투표는 모자 속에다 했다.

노동자 몇 명은 꼬뜨 거리에서 검술을 가르치는 교사 집에 모였다. 거기에는 목도(木刀)며, 지팡이며, 몽둥이며, 연습용 칼로 만든 무기들이 진열되어 있었다. 어느 날 거기 모인 사람들은 모두 연습용 칼 끝을 씌우는 가죽 덮개의 단추를 모두 벗겨 버렸다. 한 노동자가 말했다.

"우린 모두 25명인데 아무도 상대해 주지 않는다. 우릴 허수아비로 알고 있는 거야."

그 허수아비야말로 후에 이름을 떨친 께니쎄였다.

미리 계획되고 있던 일들이 차츰 뭐라 말할 수 없는 이상한 소문으로 떠돌아다니고 있었다. 문 앞을 쓸고 있던 한 여자가 다른 여자에게 말했다.

"벌써 오래 전부터 모두 열심히 총알을 만들고 있어요."

또 각 지방의 국민군에게 호소하는 성명서를 큰길에서 공공연하게 읽고 있었다. 그런 성명서 중의 하나에는 '술집 주인 브뤼또'라고 서명이 되어 있었다.

어느 날, 르느와르 시장의 어떤 술집 앞에서 수염을 더부룩하게 기르고 이탈리아 사투리를 쓰는 한 남자가 경곗돌 위에 올라서서 뭔가 신비로운 마력에서 나온 것 같은 해괴한 글을 소리높여 읽고 있었다. 주위에는 사람들이 둘러서서 박수를 치고 있었다. 군중을 특히 감동시킨 것은 누군가 발췌한 다음과 같은 글이었다.

'……우리의 주의는 방해를 받고, 우리의 성명서는 찢기고, 우리 전단을 붙이던 동지들은 잠복한 경찰에게 체포되었다……'
'……최근에 면사(綿絲)의 폭락으로 많은 온건파들이 우리 진영으로 돌아왔다……'
'……민중의 미래는 우리의 지하 대열 속에서 준비되고 있다.'
'……당면한 문제는 이것뿐이다. 즉 행동인가 반동인가, 혁명인가 반혁명인가. 왜냐하면 현대에는 이미 무위(無爲)도 부동(不動)도 믿을 수가 없기 때문이다. 국민의 편이 되든가 아니면 국민과 적대 관계에 놓이든가, 문제는 그것뿐이다. 이외에 다른 문제는 없다.'
'……우리가 여러분의 마음에 들지 않는 날에는 우리를 쳐부숴 달라. 그러나 그날까지는 우리가 전진하는 것을 도와달라.'

이런 모든 말들을 공공연하게 대낮 큰 거리에서 외쳐댔던 것이다.

그 외에도 여러 가지 대담한 일들이 있었으나 그것들은 너무 대담해서 오히려 민중들이 믿지 않았다. 1832년 4월 4일, 한 행인이 쌩뜨 마르그리뜨 거리 한 모퉁이 경곗돌 위에 올라가 "나는 바뵈프 파다" 하고 외쳤다. 그러나 바뵈프라는 이름 뒤에서 민중은 지스께(당시 경찰)의 냄새를 맡았다.

그 행인은 또 특히 이런 말을 했다.

"소유권을 타도하라! 좌파의 반대당은 비열하게 배반했다. 좌익파는 그럴 듯한 말을 하고 싶을 때 혁명을 부르짖는다. 그들은 공격을 받고 싶지 않으면 민주파가 되고 싸우고 싶지 않을 때는 왕당파가 된다. 공화당은 날개가 달린 괴물이다. 공화당을 경계하라. 노동자 제군이여!"

"닥쳐, 이 밀정아!"

한 노동자가 외쳤다.

그 외침이 연설을 중단시켰다.

그외 의미심장한 일들이 차례로 일어났다.

해질 무렵, 한 노동자가 운하 부근을 지나려니까 '잘 차린' 한 남자가 이런 말을 건넸다.

"자네 어디 가는 중인가?"

"전 나리가 누구신지 모르겠는데요." 노동자는 대답했다.

"난 자네를 잘 알고 있네." 남자는 말하고 이렇게 덧붙였다.

"걱정 마. 난 위원회 회원이야. 자네는 믿을 수 없다는 혐의를 받고 있네. 알겠어? 자네가 뭘 받고 비밀을 누설하지 않나 눈총을 받고 있단 말야."

그리고 남자는 노동자의 손을 잡고 이렇게 말하며 사라졌다.

"언젠가는 다시 만날 걸세."

경찰은 따라다니며 엿들었다. 근래에 와선 선술집뿐 아니라 길가에서도 수상한 대화를 들을 수가 있었다.

"지금 곧 넣어달래." 한 기계공이 가구공에게 말했다.

"왜?"

"곧 총을 쏘게 될 테니까."

허름한 옷을 입은 행인 두 사람이 분명히 자끄리(농민 폭동) 말 같은 거친 말투로 심상치 않은 대화를 주고받고 있었다.

"우릴 통치하고 있는 게 누군가?"

"그야 필립 씨지."

"아냐, 부르주아야."

우리가 여기서 자끄리라는 말을 나쁜 의미로 썼다고 생각한다면 그건 잘못이다. 자끄란 빈민을 가리키는 말이다 (당시 자끄리라고 불렸던 가난한 농민들을 귀족들은 '어리석은 자끄'라고 불렀다). 그런데 굶주리는 자가 권리를 가지고 있는 것이다.

또 어느 때는 지나가던 두 남자 중 한쪽이 다른 쪽에게 이렇게 말했다.
"우린 아주 좋은 공격 계획을 가지고 있어."

또 네 남자가 트론느 성문 네거리 도랑 옆에 숨어 이런 말을 몰래 주고받는 것이 들렸다.
"이제부터 그 자가 빠리에 돌아다니지 못하게 모두 주의해야 해."
"'그 자'란 누군가?" 꺼림칙한 수수께끼다.

성밖 사람들의 말대로 '중요한 우두머리들'은 따로 행동하고 있었다. 그들은 협의할 때면 쌩 되스따슈 곳 부근 한 선술집에 모인다고 사람들은 생각하고 있었다. 몽데뚜르 거리에 있는 재봉사 원호협회 회장 오……뭐라는 사람이 그들 우두머리들과 쌩 땅뜨완느 성밖 사이에서 중개 역할을 하고 있다고 주목받고 있었다. 그러나 그 우두머리들은 항상 짙은 그림자에 싸여 있었다. 그로부터 얼마 안 되어 귀족원 법정에서 이상하게도 긍지에 가득찬 태도로 한 피고가 다음과 같이 답변했는데 그것을 뒤엎을 만한 사실은 하나도 없었다.
"피고의 우두머리는 누구였나?"
"전 우두머리가 누군지 전혀 모르고 얼굴도 본 일이 없습니다."

대충 짐작은 가지만 막연한 대답이었다. 가끔 풍문으로 듣는 소문과 다를 바 없었다. 그런데 또 다른 징조가 나타났다.

어느 목수 하나가 뢰이 거리에서 건축중인 건물 주위에 판장을 둘러치다가 그 근처에서 찢어진 편지 한 조각을 발견했다. 거기에는 다음과 같은 몇 줄이 똑똑히 적혀 있었다.
'……위원회는 각 반 회원이 다른 협회에 가입하지 않도록 특별한 방지책을 강구해야 한다……'
또 붙임으로,
'우리가 입수한 정보에 의하면 쁘와쏘니에르 거리 5번지에 있는 무기 상인 집 안뜰에 소총이 5, 6천 정 있다고 한다. 우리 소대는 한 정의 무기도 없

다.'

그 목수는 그 자리에서 대여섯 발짝 떨어진 곳에서 또 다른 쪽지를 발견하고 깜짝 놀라 근처 사람들에게 보여 주었는데, 그것은 아까 것과 다름없이 찢어지긴 했으나 편지 이상으로 뭔가 뜻깊은 것이 적혀 있었다. 역사에 대한 흥미에서 이상한 그 글을 여기 옮겨 보기로 하자.

Q	C	D	E	*Apprenez cette liste par coeur. Après, vous la déchirerez. Les hommes admis en feront autant lorsque vous leur aurez transmis des ordres.* *Salut et fraternité.* $u\ og\ a^1\ fe$	L

이 표를 암기하라. 그런 다음 찢어 버려라. 가입자들에게 명령을 전할 때도 마찬가지로 하라.
번영과 우애가 영원하기를.

그 당시 이것을 주운 사람들은 이제부터 적으려는 네 개의 대문자가 무엇의 약자인지, 또 왼쪽 아래에 있는 $u\ og\ a^1\ fe$ 라는 글자가 무슨 뜻인지 알지 못했다. 훨씬 후에야 알았는데 Q·C·D·E는 각각 'quinturions(500인 대장)', 'centurions(100인 대장)', 'décurions(10인 대장)', 'éclaireurs(정찰병)'의 약자이고 $u\ og\ a^1\ fe$ 는 날짜로 '1832년 4월 15일'을 뜻하였다. 각 대문자 아래에는 매우 특이한 지시가 딸려 있는 이름이 몇 개나 적혀 있었다. 예를 들어 Q·'반느렐', 소총 8, 탄통 83, 확실한 남자. C·'부비에르', 피스톨 1, 탄통 40. D·'롤레', 포일 1, 피스톨 1, 화약 1파운드, E·'떼씨에', 군도 1, 탄약상자 1, 정확. '떼뢰르', 소총 8, 용감 등등.

마지막으로 그 목수는 역시 같은 장소에서 세 번째 종이조각을 주웠는데 거기엔 연필로 다음과 같은 표가 마치 수수께끼처럼 똑똑히 적혀 있었다.

부대. 블랑샤르. 아르브르 쎄끄. 6.
바라. 쑤와즈. 쌀로꽁뜨.
코슈스코. 푸줏간 오브리?
J.J.R.

카이위 그라쿠스.
재심권(再審權). 뒤퐁. 푸르.
지롱드 당원들의 몰락. 데르바끄, 모뷔에.
워싱턴. 빵쏭. 피스톨 1. 탄통 86.
마르세예즈.
국민의 주권자. 미셸 깽깡쁘와. 사브르.
오슈.
마르쏘. 플라톤. 아르브르 쎄끄.
바르샤바. '인민보' 판매인 띠이.

이 쪽지를 입수해 간직해 온 시민은 마침내 그 의미를 알았다. 이 리스트는 인권 결사의 빠리 제4지구 각 반의 전체 명부로서, 반장의 이름과 주소가 적혀 있는 것으로 짐작되었다. 어둠 속에 가려 있는 이 사실도 오늘날에 이미 역사의 한 페이지가 되어버렸으므로 그것을 발표해도 상관 없을 것이다. 그러니까 위의 인권 결사가 발족한 것은 이 종이 조각이 발견된 훨씬 후인 모양이다. 여기 써 있는 것은 그것의 초안으로 생각된다.

어느덧 사람들의 소문과 문서의 증거에 뒤이어 구체적인 사실들이 차츰 나타나기 시작했다.

뽀뺑꾸르 거리 어느 고물 상점의 찬장 서랍에서 반듯하게 세로로 두 번 접은 회색 종이 7장이 압수되었다. 그런데 그 종이 밑에 역시 같은 회색 종이를 탄통 모양으로 오려 만든 27개의 상자와 다음과 같이 쓴 카드 한 장이 숨겨져 있었다.

초석 ··· 12온스.
유황 ··· 2온스.
숯 ··· 2온스 반.
물 ··· 2온스.

물품을 압류한 조서(調書)에 따르면 그 서랍에서 독한 화약 냄새가 풍기더라고 했다.

석공 한 사람이 어느 날 일을 마치고 돌아오는 도중 오스떼를리쯔 다리 가까이에 있는 벤치 위에 작은 꾸러미를 잊어버리고 놓고 갔다. 누군가가 그 꾸러미를 경비대로 가지고 갔다. 열어 보니까 그 속에는 '라오띠에르'라고 서명한 팜플렛과 제목이 '노동자여, 단결하라!'는 노래의 악보와 탄통을 넣은 양철 상자가 들어 있었다.

어떤 노동자 하나가 친구와 술을 마시면서 자기 몸이 얼마나 뜨거운가 만져 보라고 했다. 만져 본 친구는 그의 윗옷 밑에 피스톨이 감춰져 있는 것을 알았다.

뻬르 라셰즈 묘지와 트론느 성문 사이 큰 길가 도랑 속에서, 큰길이라곤 해도 거의 인적이 드문 곳이긴 하지만 그 근처에서 놀던 아이들이 나무 부스러기며 쓰레기가 산더미같이 쌓인 밑에서 자루 하나를 발견했다. 그 속에는 탄통을 만드는 데 쓰는 나무굴대, 사냥에 쓰는 화약 가루가 든 나무 그릇, 안에 납을 녹인 흔적이 분명한 작은 냄비 같은 것이 들어 있었다.

어느 날 새벽 5시, 빠르동이라는 남자 집에 경관들이 급습했다. 이 남자는 후에 바리까드 메르씨 반에 들어가 1834년 4월 폭동 때 죽은 사람인데, 그때 마침 침대 옆에 서서 만들다 만 탄환을 손에 든 채 발각되었다.

노동자들이 쉬는 시간에 뻭쀠스 성문과 샤랑똥 성문 사이, 문 앞에 샴놀이 시설이 있는 어느 술집과 접한 좁은 순찰 도로에서 두 노동자가 접선하는 것이 발견되었다. 한 사람이 작업복 밑에서 피스톨을 꺼내 상대에게 건네 주었다. 건네 줄 때 화약은 가슴에 밴 땀으로 약간 젖어 있는 것을 알았다. 그는 피스톨에 뇌관을 장치하고 약실에 이미 화약이 들어 있었지만 화약을 좀 더 넣었다. 그리고 두 남자는 헤어졌다.

갈라라는 사람은 나중에 4월 혁명 때 보부르 거리에서 죽은 남자로, 자기 집에 700개의 탄통과 24개의 부싯돌을 가지고 있다고 자랑하고 다녔다.

정부도 어느 날, 최근 성문 밖에서 무기와 20만 개의 탄통이 뿌려졌다는 정보를 입수했다. 다음 주일에는 또다시 3만 발의 탄통이 배급되었다. 그런데 이상하게도 경찰은 그것을 하나도 압류하지 못했다. 단지 편지 한 통만을 빼앗았는데 거기에는 이런 내용이 적혀 있었다.

'네 시간 안에 8만의 애국자가 완전 무장할 수 있는 날도 얼마 남지 않았다.'

한 사람이 작업복 밑에서 피스톨을 꺼내 상대에게 건네 주었다.

그런 불온한 움직임은 공공연하게 그러나 서두름없이 착착 진행되고 있었다. 바로 앞으로 닥쳐온 폭동은 정부 앞에서 태연히 그 폭풍을 준비하고 있었다. 아직 땅속 깊이 숨겨져 있기는 했으나 확실히 예감할 수 있는 그 위기는 여러 가지 점에서 조금도 빈틈이 없었다. 노동자들과 부르주아들은 태연자약한 얼굴로 준비되고 있는 이 일에 대해 얘기를 주고받았다. 그들은 "아주머닌 요새 좀 어떻습니까?" 하는 말이라도 하는 듯한 어조로 "폭동은 어떻게 돼갑니까?" 하고 태연히 물었다.

모로 거리의 한 가구 상인이 어떤 사람에게 이렇게 물었다.

"당신들은 대체 언제 공격합니까?"

그러자 역시 상점 주인인 그는 이렇게 대답했다.

"곧 공격할 것입니다. 전 확실히 알고 있습니다. 한 달 전에는 만 5천 명이었는데 지금은 2만 5천 명으로 불어났으니까요."

그는 자기의 소총을 제공했다. 그러자 옆집 남자도 7프랑에 팔려던 피스톨을 내놓았다.

혁명의 열기는 더욱 퍼져갔다. 빠리의 어느 곳도, 프랑스 전국 어느 곳도 그 예외는 아니었다. 동맥은 가는 곳마다 맥박치고 있었다. 어떤 염증으로 인해 인체에 생기는 점막처럼 각종 비밀 결사의 그물 같은 조직이 전국에 퍼지기 시작하고 있었다.

국민 협회라는 공공연하면서도 비밀 결사인 한 인권 결사가 생겼다. 이 결사의 한 의사록에는 '공화력(共和曆) 40년 우월(雨月)'이라고 써 있었다. 그 결사는 나중에 중죄재판소에서 해산 명령을 받고도 여전히 존속했는데, 각 반에 주저없이 다음과 같은 의미심장한 이름을 붙였다.

데 삐끄(창)
똑쌩(경종)
까농 달라르므(경포)
보네 프리지앙 (자유의 상징인 붉은 모자)
1월 21일 (1793년 루이 16세가 처형된 날)
데 괴 (거지)
데 트뤼앙 (곡아)

마르슈 앙나방(전진)
로베스삐에르
니보(수평)
싸 이라(혁명가의 하나)

　인권 결사에서 행동 결사가 발족했다. 그 결사대원은 무리에서 떨어져 나와 앞으로 내달리는 혈기찬 젊은이들이었다. 그 외 몇 개의 결사가 모체인 큰 결사에서 분리돼 뭉치려 하고 있었다. 반원들은 사방에서 끌어가려 하는 데 대해 불평을 늘어놓았다.
　이리하여 생긴 것이 '골(프랑스의 옛 이름) 결사'요 '자치 도시 조직위원회'이다. 또 이것이 원인이 되어 '출판의 자유'를 위한 단체, '개인의 자유'를 위한 단체, '국민 교육'을 위한 단체가 생겼다. 그리고 평등주의 노동자 결사가 생겼는데 이 결사는 평등주의자와 공산주의자와 혁신주의자 세 파로 나뉘었다. 그 다음 바스띠유 군(軍), 이것은 일종의 군대식으로 조직된 부대로 하사 4명, 상사 10명, 소위 20명, 중위 40명을 각각 거느리게 되어 있었다.
　그러나 그것은 지극히 주도면밀하고 대담한 조직으로 베니스 사람의 재능을 그대로 엿볼 수 있는 것인데 그 중 5명 이상은 절대로 서로 알 수 없게끔 짜여 있었다. 중앙위원회가 상부에 있어 그 밑에 양팔이라고 할 수 있는 행동 결사와 바스띠유 군이 있었다. 정통파 단체의 하나인 충성기사단(忠誠騎士團)은 이들 공화파 결사 사이에 끼어 동요하고 있었다. 이 단체의 멤버가 공화파 회합에 끼었다 적발되어 쫓겨난 일도 많았다.
　빠리의 여러 결사들은 각 주요 도시에도 그 가지를 뻗어 갔다. 리용, 낭뜨, 리유, 마르세이유 같은 도시에도 인권 결사며, 카르보나리당이며, 자유인 결사가 조직되었다. 액스에도 꾸구르드 당이라는 하나의 혁명 결사가 조직되었다. 여기에 대해서는 한 번 언급한 일이 있다.
　빠리에서는 쌩 마르쏘 성 밖도 쌩 땅뜨완느 성 밖 못지않게 소란스러웠고, 학교도 모두 이들 성 밖과 똑같이 동요하고 있었다. 쌩 띠아쌩뜨 거리의 한 까페와 마뛰랭 쌩 자끄 거리의 쎄 비야르 술집은 학생들의 집합소로 되어 있었다.
　'ABC 친목회'는 앙제 상조회(相助會)와 액스의 꾸구르드와 자매 결연을 맺고 있었는데 이들은 앞서 말한 까페 뮈쟁에서 모이고 있었다. 이들 젊은이들은 또 앞서 말한 바와 같이 몽데뚜르 거리 근방 꼬랭뜨 술집에서도 가끔 모이곤 했다. 그러한 집회는 대개 비밀리에 열렸다. 그런 반면에 매우 공공연하게 열린 집회도 있었는데 그것이 얼마나 대담했는가는 후일 재판에서 주고받은 신문의 일부만 보아도 알 수 있다.

"그 집회는 어디에서 열렸는가?"
"뻬 거리에섭니다."
"누구 집에서?"
"거리에섭니다."
"몇 반(班)이나 모였나?"
"한 반뿐입니다."
"그 반 이름은?"
"마뉘엘 반이라고 합니다."
"책임자가 누구였나?"
"접니다."
"자네 혼자 정부를 공격할 생각을 했다니 너무 젊은데. 어디서 명령을 받았나?"
"중앙 위원회섭니다."

군대도 민중과 마찬가지로 결사대에게 자극받아서 가라앉아 있던 울분들이 치밀어 올랐다. 훗날 벨포르며, 뤼네빌르며, 에뻬날 같은 데서 일어난 폭동이 그것을 증명한다. 제52, 제5, 제8, 제37, 각 연대와 경기병(輕騎兵) 제20연대 등이 민중의 기대를 한 몸에 모으고 있었다. 부르고뉴 지방이며 남부 여러 도시에는 '자유의 나무', 즉 붉은 모자를 씌운 깃대가 세워졌다.

이상이 당시의 정세였다.

이러한 정세는 처음에도 말한 바와 같이 다른 어느 민중 집단보다도 쌩 땅뜨완느 성 밖이 더욱 두드러지게 나타나고 있었다. 바로 그곳이 본거지였다. 개미집처럼 많은 사람들이 모여들고 벌집처럼 근면하고 용기 있고 격분한 이 낡은 성 밖은 폭동의 기대와 희망으로 부풀어 있었다. 일이 손에 잡히지 않을 정도는 아니었으나 너나없이 들떠 있었다. 어둡지만 생기에 찬 표정은 어떤 말로도 도저히 표현할 수 없을 것이다. 이 성 밖에는 가슴을 에는 빈곤이 지붕밑 방마다 도사리고 있었으나 동시에 일찍이 볼 수 없던 강렬한 지성이 넘치고 있었다. 양극단적인 것이 서로 마주치는 것은 대단히 위험한 일이었으나, 가난과 지성의 경우 그것은 더욱 두드러졌다.

쌩 땅뜨완느 성 밖은 이 외에도 사람을 전율케 하는 몇 가지 이유가 더 있었다. 그곳은 상업상의 위기, 파산, 파업, 휴업 등 대개 정치상 큰 동요가 있을 때는 으레 따르게 마련인 여러 현상의 반동(反動)을 그대로 받는 장소였기 때문이다. 혁명기에 빈곤은 그 원인인 동시에 결과이기도 하다. 혁명의 여파는 고스란히 민중에게 밀려오기 때문이다.

신념에 대한 자긍심으로 잠재된 열정을 최대한도로 끌어올려 언제든지 무기를 잡을 수 있는 자세로 금방이라도 폭발할 듯 초조하고 격렬하며 심각한 그 민중들은, 이제 어떤 불꽃이 떨어지기만을 기다리는 듯했다. 사건에 휘말린 불꽃이 지평선 위에 피어오를 때마다 사람들은 쌩 땅뜨완느 성과 그러한 고뇌와 사상의 화약고를 바로 빠리의 입구에다 놓은 무서운 그 우연을 생각지 않을 수가 없었다.

우리가 지금까지 읽어 온 묘사 속에 여러 번 되풀이해 나온 '앙뜨완느 성 밖'의 술집들은 역사상으로도 유명한 집들이다. 동란 시절엔 사람들은 거기에서 술에 취하기보다 말에 더 취했다. 예언자 같은 정신과 미래의 청신한 바람이 떠돌고 있어 사람들의 마음을 채워 주고 영혼을 살찌게 했던 것이다. 앙뜨완느 성 밖에 있는 술집들은 무녀의 동굴 위에 지어져서 항상 신성한 숨결로 통하고 있었다는 로마의 아벤티나 언덕 위 선술집과 흡사했다. 거기 있는 테이블은 그대로 신 앞에 놓인 삼각대를 연상시켰고, 거기에 모인 사람들은 로마의 시인 엔니우스가 '무녀의 술'이라고 부른 그런 술을 마시고 있었다.

쌩 땅뜨완느 성 밖은 그대로 민중의 저수지였다. 혁명의 동요는 거기에 틈을 내어 그 사이로 민중의 주권이 흘러나왔다. 이 주권은 해악을 끼치는 수도 있었다. 또 다른 것과 마찬가지로 과오를 범하는 수도 있었다. 그러나 설사 잘못이 있어도 역시 위대한 것임에는 틀림없었다. 그것은 외눈박이 거인 '잉겐스'와 같다고 할 수 있었다.

1793년 당시는 그 무렵 떠돌고 있던 사상의 옳고 그름에 따라, 또 그날이 광신의 날이었는지 감격의 날이었는지에 따라, 쌩 땅뜨완느 성 밖에서는 야만의 집단이 나오기도 하고 영웅다운 군중이 나오기도 했다.

여기서 나는 야만이라는 말에 대해 변명하고 싶은 게 있다. 혼돈스런 개벽과 같은 혁명기에 누더기를 걸치고, 성난 소리로 외치고, 사납게 날뛰고, 몽둥이를 휘두르고, 곡괭이를 둘러메고, 허둥지둥 낡은 빠리로 몰려와 민중들을 곤혹스럽게 했던, 머리칼이 곤두선 그 사람들은 대체 무엇을 바라고 있었던가?

압제가 끝나기를, 폭정이 끝나기를, 군주의 살생권이 없어지기를, 남자에게는 일을, 아이들에겐 교육을, 여자에게는 사회의 온정을, 만인에게 빵을, 자유를, 평등을, 우애를, 사상을, 세계의 낙원화를, 진보를 바라고 있었던 것이다.

모든 신성하고 선량하고 따뜻한 것, 즉 진보를 견딜 수 없을 정도로 압박당해 거의 이성을 잃은 그들은 무서운 얼굴로, 거의 벌거벗은 몸뚱이로 무섭게 으르렁대며 그것을 요구했던 것이다. 그들은 과연 야만인들이었다. 그러나 그들은 문명의 야만인들이었다.

그들은 맹렬하게 권리를 선언했다. 그들은 전율과 공포를 수단으로 하고 있긴 했으나, 있는 힘을 다해 인류를 낙원으로 끌어올리려고 애쓰고 있었다. 그들은 야만인처럼 보이지만 사실은 구원자였다. 그들은 밤의 복면을 쓰고 낮의 광명을 요구하고 있었다.

그러한 사람들, 확실히 거칠고 사납긴 하나 그것은 어디까지나 선을 위해 거칠고 사나운 이 사람들과 또 다른 종류의 사람들이 있었다. 그들은 미소를 띠고 수놓은 옷이며, 황금이며, 리본으로 몸을 장식하고, 보석을 뿌리고, 비단 양말을 신고, 흰 깃털을 달고, 노란 장갑을 끼고, 에나멜 구두를 신고, 대리석 난로 옆 비로드 의자에 앉아 과거와, 중세와, 신성한 권리와, 광신과, 무지와, 노예 제도와, 사형과, 전쟁, 이 모든 것들의 유지와 보전을 천연스런 말투로 주장하고, 군도와 화형장과 단두대를 조용한 목소리로 정중하게 칭송하고 있다.

그러나 우리의 경우 문명의 야만인과 야만의 문명인, 둘을 놓고 어느 한 쪽을 고르라면 서슴없이 야만인 쪽을 선택할 것이다.

그러나 다행히도 또 하나 선택이 가능하다. 전진하는 것이거나 후퇴하는 것이거나 곧바로 거꾸로 떨어질 필요는 없다. 전제주의도 필요없거니와 공포 정치도 필요없다. 우리는 다만 완만한 경사의 진보만을 바란다.

그것은 신이 준비하고 있다. 완만한 경사, 그것이야말로 신이 하는 정치의 핵심이다.

앙졸라와 그의 부관들

그 무렵, 앙졸라는 마침내 사건이 일어날 것이라는 어떤 예감 아래 모종의 비밀수사를 전개하고 있었다.

전원이 까페 뮈쟁에 모여 있었다.

앙졸라는 조금 모호하기는 하나 의미심장한 비유를 섞어 말하기 시작했다.

"지금 우리는 어떤 상태에 놓여 있는지, 누구를 믿어야 하는지를 알아 둘 필요가 있다고 생각해. 투사를 얻으려면 먼저 투사를 만들지 않으면 안 돼. 뿔을 만들어야 해. 뿔은 별로 방해가 되는 것이 아니니까. 길에 소가 없을 때보다 있을 때가 훨씬 지나가는 사람이 떠받칠 기회가 많지. 그러니 우리의 소가 전부 몇인가 한 번세어 봐야겠어. 우리 편은 대체 몇이나 되는지 말야. 일은 뒤로 미뤄서는 안 돼. 혁명가는 항상 재빨리 움직이지 않으면 안 돼. 진보는 낭비할 시간을 갖고 있지 않아. 급습을 받지 않도록 항상 경계해야 돼. 그리고 또 하나의 문제는 우리가 펴는 그물망이 한 군데라도 뚫린 곳이 없나 샅샅이 조사해볼 필요가 있다는 거야. 그 일만은 오늘중으로 철저하게 끝내 봐야겠어. 꾸르페락, 자네는 이공과 학생들을 조사해 주게. 오늘은 그들의 외출날이니까. 오늘이 마침 수요일이 아닌가. 푀이, 자네는 글라씨에르에 있는 사람들을 봐줘. 꽁브페르는 삑쀠스에 가기로 되어 있었지. 거긴 상당히들 많이 모여 있어. 바오렐은 에스트라빠드를 돌아보고, 프루베르는 요즘 석공들의 사기가 떨어진 것 같으니까 그르넬르 쌩 또노레 거리의 비밀 집회소를 한 번 삥 돌아보고 얘기해 주게. 졸리는 뒤뻬트랑 병원에 가서 의학생들을 진단하고 와. 보쒜에는 변호사 견습생들을 살펴보고. 난 꾸구르드당을 맡겠네."

"그럼 일단 다 정해진 셈이군."

꾸르페락이 말했다.

"아니지."

"뭐가 또 있나?"

"매우 중요한 게 남았지."
"그게 뭔데?"
꽁브페르가 물었다.
"멘느 성문."
앙졸라가 대답했다. 앙졸라는 잠시 무슨 생각에 잠겨 있는 듯하더니 다시 입을 열었다.
"멘느 성문에는 대리석공이며 화가며 조각가 조수들이 있어. 모두 감격파들이지만 곧잘 열이 식는 사람들이야. 요즘 그들의 정신상태가 어떤지 도무지 알 수 없어. 어쩐지 엉뚱한 생각들을 하고 있는 것 같아. 그전보다 열이 식어 가고 있어. 도미노 노름이나 하며 시간을 보내는 모양인데 빨리 가서 설득해야 할 것 같아. 그들이 모이는 곳은 주로 리슈쾨네 집이야. 12시에서 1시 사이에 가면 만날 수 있을 거야. 남은 불씨를 불어서라도 다시 불길을 일으켜야 해. 난 이 일을 몽상가 마리우스에게 시키려고 마음먹었어. 어쨌든 그는 쓸모가 있는 사람이야. 헌데 통 소식이 없단 말야. 그래 누가 대신 멘느에 다녀와야겠는데 이제 남은 사람이 없지?"
"내가 있잖아. 내가 하겠네." 그랑떼르가 말했다.
"자네가?"
"그래, 내가 하지."
"자네가 공화주의자를 설복하겠다고? 자네가 주의(主義)라는 이름으로 식어빠진 영혼에 다시 불을 지피겠다고!"
"왜 안 되나?"
"능히 할 수 있다고 생각하나?"
"하지만 내게도 양심은 있네."
그랑떼르는 대답했다.
"자네는 아무 신념도 없지 않나?"
"나는 자네를 믿고 있지."
"그랑떼르, 내 부탁을 들어 주겠나?"
"뭐든지 하겠네. 구두를 닦으라면 구두라도 닦겠어."
"좋아, 그럼 우리 일에 간섭하지 말아 주게. 한숨 자고 술이나 깨면 얘기하게."

앙졸라와 그의 부관들

"앙졸라, 자넨 정말 너무하는군."

"자네가 멘느 성문에 갈 수 있을까? 정말 할 수 있을까?"

"할 수 있고말고. 그레 거리로 내려가서 쌩 미셸 광장을 가로질러, 무슈르 프랭스 거리를 비스듬히 올라가 보지라르 거리를 지나, 까르므 수도원을 거쳐 다사스 거리를 돌아, 셰르슈미디 거리로 들어가 군법 회의소를 뒤로 몽빠르나스 큰길을 건너, 멘느 둑길로 올라가 성문을 지나 리슈뢰 집으로 들어가면 되지. 나도 그 정도의 일은 할 수 있어. 내 구두가 나를 곧장 데려다 줄 걸세."

"리슈뢰 집에 모이는 사람들을 좀 아나?"

"잘은 몰라도 서로 말은 터놓고 지내는 사이일세."

"가서 대체 무슨 얘기를 하겠다는 건가?"

"그야 물론 로베스삐에르 얘기를 해야지. 당똥 얘기도 하고. 그리고 또 주의(主義)에 대해서도."

"자네가?"

"그래, 날 왜 그렇게 인정해 주지 않나. 나도 하려고만 하면 잘하네.《프뤼돔》도 읽고《사회계약론》도 알고 공화국 제2헌법도 외고 있네. '민중의 자유는 다른 민중의 자유가 시작되는 데서 끝난다' 하는 것 말야. 자넨 날 바보로 아나? 난 옛날 아씨나(혁명 때의 헌 지폐) 한 장을 서랍에 간직해 두고 있네. 인간의 권리, 민중의 주권, 제기랄! 나는 약간 에베르 파이기도 해. 회중 시계를 들고 계속 6시간 동안 허튼 말을 지껄일 수도 있단 말야."

"농담은 말고 얘기해." 앙졸라가 말했다.

"난 진정으로 하는 말일세." 그랑떼르가 말했다.

앙졸라는 한참 생각한 뒤 마음을 결정한 듯 엄숙하게 말했다.

"그랑떼르, 좋아. 자네를 시험해 보세. 멘느 성문에 다녀오게."

그랑떼르는 까페 뮈쟁 바로 옆, 가구 달린 방에서 세를 살고 있었다. 그는 나갔다 5분쯤 뒤에 돌아왔다. 집에 가 로베스삐에르식 조끼를 입고 온 것이다.

"빨갱이야."

그는 들어오면서 앙졸라의 얼굴을 쳐다보며 말했다.

그리고 억센 손바닥으로 조끼의 새빨간 양쪽 깃을 가슴 위로 다독거렸다.

그는 앙졸라 옆으로 다가와 속삭였다.

"안심하게."

그는 모자를 푹 눌러쓰고 밖으로 나갔다.

15분쯤 지나자 까페 뮈쟁은 텅 비었다. 'ABC 회원'들은 저마다 자기 일을 보러 맡은 구역으로 떠났다. 꾸구르드 당을 맡은 앙졸라가 제일 마지막에 나갔다.

액스 꾸구르드 당의 빠리 회원들은 그 무렵 이씨 들판에 모여 빠리 근교에서 흔히 볼 수 있는 한 폐쇄된 채석장에서 회합을 하고 있었다.

앙졸라는 그 회합 장소를 향해 발걸음을 옮기며 머릿속으로 현재의 상황을 생각해 보았다. 시국의 중대성은 너무나 분명했다. 일종의 잠재적 사회병의 전조라고 할 수 있는 사실들이 무겁게 몸을 뒤척이는 동안에는, 사소한 병발증(竝發症)에도 쉽게 활동을 멈추고 혼란에 빠지게 마련이다. 그 현상에서 나오는 것은 붕괴이든가 재생이든가 둘 중의 하나다.

앙졸라는 미래의 어두운 치맛자락 밑에서 광명이 솟아오르는 것을 흘끗 보았다. 장차 어떻게 될 것인가? 때가 점점 가까이 다가오는 것을 느낄 수 있었다. 민중이 다시 권리를 획득한다. 이 얼마나 아름다운 광경인가! 혁명이 다시 당당하게 프랑스를 손에 쥐고 세계를 향해 '내일을 보라!'고 외치는 것이다.

앙졸라는 가슴이 뿌듯했다. 그는 이제 빠리 전체에 한 줄기의 도화선이라고 할 수 있는 동지들이 있다. 꽁브페르의 날카로운 철학적 웅변, 푀이의 세계주의적 정열, 꾸르페락의 기발한 착상, 바오렐의 웃음, 장 프루베르의 우수(憂愁), 졸리의 학식, 보쒸에의 풍자, 그는 이 모든 것을 머릿속에 결합하여 사방에서 한꺼번에 폭발하는 전광 같은 것을 상상했다. 모두 일에 전념하고 있다. 언젠가 일한 만큼 성과는 반드시 있을 것이다. 그것으로 족하지 않은가. 그렇게 생각하자 문득 그랑떼르의 일이 생각났다.

'그렇군. 별로 길을 돌지 않고도 멘느 성문을 들러올 수 있겠군. 리슈뢰 집에 잠깐 들러 볼까. 그랑떼르가 뭘 하고 있는지 가보자.'

보지라르 종탑이 1시를 칠 때 앙졸라는 리슈뢰 상점에 당도했다. 그는 문을 밀고 들어가 팔짱을 낀 채 테이블과 사람과 담배 연기로 가득 찬 방안을 둘러보았다.

뽀얀 연기 속에서 누가 고함을 질렀는가 싶었는데 곧 또 다른 고함소리에 묻혀 버렸다. 그것은 맞은편 사람과 얘기를 주고받고 있던 그랑떼르의 목소리였다.

그랑떼르는 왕겨를 뿌리고 도미노 패를 벌여놓은, 성 안의 대리석 테이블을 사이에 두고 어떤 사내와 마주 앉아 있었다. 그는 그 대리석을 주먹으로 탁탁 두드리고 있었다. 앙졸라가 들은 대화는 이런 것이었다.

"더블 6."

"4."

"제기랄! 벌써 다 없어졌잖아."

"자넨 죽었네. 2."

"6."

"3."

"포인트."

"내가 선이야."

"4점."

"곤란한데."

"자네 할 차례야."

"큰 실수를 했는데."

"괜찮은데 뭘 그래."

"15."

"7에 한 번 더."

"그럼 난 22가 되는데. (생각에 잠겨) 22!"

"자넨 더블 6을 주의하지 않았네. 내가 처음 그걸 쳤으면 판은 아주 정반대가 됐을 텐데."

"다시 한 번 2."

"포인트."

"포인트라고! 그럼 좋아. 5."

"난 아무것도 없어."

"선은 분명 자네였지?"

"응."

"백(白)."
"운이 좋은데, 쳇! (한참 생각한 후) 2."
"포인트."
"5도, 포인트도 없어. 큰일났는데."
"도미노."
"에잇, 제기랄!"

제2편 에쁘닌느

종달새 들판

마리우스는 자베르를 잠복시킨 그 사건이 엉뚱한 결과로 끝나는 것을 낱낱이 지켜보았다. 자베르가 체포한 악당들을 세 대의 마차에 나눠 싣고 그 집을 떠나자 마리우스도 곧 그곳에서 나왔다. 벌써 밤 9시였다. 마리우스는 꾸르페락한테로 갔다.

꾸르페락은 전처럼 라땡 구에서 한가하게 살지 않고 '정치적 이유'를 들어 베르리 거리로 이사를 했다. 그곳은 요즘 빈번히 폭동이 일어나고 있는 지역 중의 하나였다.

마리우스는 꾸르페락에게 말했다.

"좀 묵으러 왔네."

꾸르페락은 두 장의 매트리스 중 하나를 끌어내 마룻바닥에 펴주며 말했다.

"얼마든지."

이튿날 7시가 되자 마리우스는 전에 살던 집으로 되돌아가 부공 할멈에게 집세 등 밀린 돈을 치르고 책이며, 침대며, 테이블이며, 장롱이며, 의자 둘을 손수레에 싣고 주소도 알리지 않은 채 곧장 떠났다. 그래서 자베르가 어제 저녁 일어난 일에 대해 좀 더 알아보려고 이튿날 아침 마리우스를 다시 한번 찾아왔을 때는, 혼자 남은 부공 할멈한테서 이런 말밖에 들을 수 없었다.

"이사갔어요!"

부공 할멈은 마리우스도 어제 잡힌 도둑과 무슨 관계가 있다고 생각하고 있었다.

"정말 세상 일이란 모를 일이야. 그 젊은 남자가! 꼭 계집애 같던 남자가 그런 짓을 하다니!"

그녀는 옆에 사는 문지기 마누라들한테 떠들며 다녔다.

마리우스가 그토록 서둘러 집을 옮긴 데는 두 가지 이유가 있었다. 첫째

마리우스는 주소도 알리지 않은 채 곧장 떠났다.

는, 심보가 고약한 부자보다 더 무서운, 사회의 오점인 못된 빈민의, 더없이 사악하고 잔인한 뱃속을 너무나 똑똑히 보았기에, 그런 집이 싫어졌기 때문이었다. 둘째는 이제 곧 벌어질 재판에 출두하여 떼나르디에에게 불리한 증언을 해야 할 것이기 때문이다.

자베르는 청년이 무서워 도망쳤거나 아니면 잠복할 때 미처 집에 돌아오지 못했거나 둘 중 하나라고 생각했다. 그래도 그는 그를 찾으려 사방에 손을 뻗쳤으나 이름도 모르는 그를 도저히 찾을 수가 없었다.

한 달이 흘렀다. 또 한 달. 마리우스는 그동안 쭉 꾸르페락 집에 있었다. 그는 재판소 대기실을 출입하는 한 견습 변호사한테 떼나르디에의 면회가 금지되어 있다는 사실을 들었다. 월요일마다 마리우스는 떼나르디에를 위해 5프랑씩 포르스 감옥 사무실로 보냈다.

마리우스는 돈이 없었기 때문에 그 돈을 매번 꾸르페락한테서 꾸었다. 친구에게 돈을 꾸어 보기는 처음이었다. 꾸르페락도 마리우스가 주기적으로 돈 5프랑을 빌리는 것이 수상했지만 그걸 받는 떼나르디에도 이상했다.

'대체 누구한테 돈을 보내는 걸까?' 꾸르페락은 생각했다. '이 돈은 대체 누가 보내주는 걸까?' 떼나르디에도 의아해했다.

그러나 마리우스는 슬펐다. 모든 것은 어두운 나락으로 떨어져 버리고 말았다. 앞길에는 아무것도 보이지 않았다. 생활은 다시 그 신비 속으로 잠기고 그 속을 다만 손으로 더듬어 헤맬 뿐이었다. 이 넓은 세상에서 사랑하는 여자와 그녀의 아버지처럼 보이던 그 노인을 암흑 속에서 문득 찾아내어 두 팔을 벌리려는 순간, 바람이 그들의 그림자를 몰고 가 버린 것이다.

이제 와서 오직 확실하고 진실한 것은 그토록 무서운 사건을 겪었는데도 무엇 하나 아는 것이 없다는 사실이었다. 전혀 짐작도 가지 않았다. 이름만은 알았다고 생각했는데 그것조차 모르게 되고 말았다. 그녀의 이름이 위르쉴르가 아닌 것만은 확실했다. 그리고 '알루에뜨'라는 별명이 있다는 것만은 잊지 않았다.

그런데 그 노인에 대해서는 대체 어떻게 생각해야 좋을까? 정말 경찰의 눈을 피해 사는 사람일까? 문득 앵발리드 근처에서 만난 그 백발의 노동자가 생각났다. 어쩐지 그 노동자와 르블랑 씨가 같은 인물인 것처럼 생각되었다.

그렇다면 그때 그는 변장했던 것일까? 그 사람에겐 분명히 영웅적인 면과 수상한 면이 동시에 있었다. 왜 그는 도움을 청하지 않았을까? 왜 도망쳐 버렸을까? 정말 그녀의 아버지일까? 아니면 거짓일까? 그리고 떼나르디에가 본 기억이 있다고 했는데 그건 정말일까? 떼나르디에가 혹시 사람을 잘못 본 게 아닐까?

어느 것이나 다 해결이 안 되는 문제였다. 그러나 그렇다고 해서 뤽상부르 공원에서 만난 그녀의 청순한 매력이 조금이라도 줄어드는 건 아니었다.

비통한 슬픔. 마리우스의 마음에는 정열이 끓었으나 눈에는 밤 같은 어둠이 덮였다. 밀리고 당기고 하여 이제는 움직일 힘조차 없었다. 모든 것은 사라져 버리고 오직 남은 건 사랑뿐이었다. 하나 그 사랑조차도 그는 직관과 재빠른 영감을 잃어버렸다. 우리들 인간의 마음에 불붙는 불길은 인간 자신에게 빛을 주어 밖으로까지 빛이 새어 나가는 법이다.

그러한 정열의 내밀한 약속조차 마리우스에게는 전혀 들리지 않았다. 이제는 '거기에 가볼까'라든가 '이렇게 해보면 어떨까?' 하는 얘기를 그는 절대로 자신에게 하지 않게 되었다.

이제는 위르쉴르라고 부를 수 없는 그녀, 분명 어딘가에 있겠지만 그녀가 어디에 있는가를 가르쳐 주는 사람은 아무도 없었다. 그의 생활은 이제 캄캄한 어둠 속, 단 이 한 마디로 표현할 수 있었다. 만나기를, 그녀와 다시 만나기를, 그는 여전히 갈망하고 있었으나 정말로 만나게 되리라고는 믿지 않았다.

거기다 빈곤이 다시 찾아왔다. 몸 가까이, 바로 등 뒤에서, 얼음처럼 냉랭한 그 숨결이 느껴졌다. 온갖 고민 속에서 그는 이미 오래전부터 일손을 놓고 있었다. 사람이 일을 버리는 것만큼 위험한 일은 없을 것이다. 왜냐하면 어떤 습관 하나가 사라져 버리는 것이기 때문이다. 그 습관이란 게 버리긴 쉬워도 시작하기란 좀처럼 여의치 않으니까.

어느 정도의 몽상은 적당한 양의 마취제처럼 유익한 것이다. 그것은 지친 지성의 거칠고 살벌한 열기를 가라앉혀 주고, 정신 속에 신선하고 부드러운 윤기를 더해 주며 순수한 사색의 지나치게 날카로운 윤곽을 늦추고, 여기저기 공백이나 틈을 채워 주며 전체를 하나로 묶어 관념의 모서리를 무디게 해 준다.

그러나 지나친 몽상은 인간을 침몰시키고 만다. 사색에서 몽상으로 미끄러 떨어져 다시는 헤어나지 못하는 정신 노동자만큼 불행한 것은 없다! 그는 언젠가는 다시 떠오를 것이라고 생각하지만 그것은 틀린 생각이다.

사색은 지성의 노동이며 몽상은 지성의 쾌락이다. 사색을 따라가다 몽상에 빠져들면 독을 마시는 것과 마찬가지다.

독자들이 기억하는 대로 마리우스는 애초 그런 식으로 출발을 했던 것이다. 정열이 물밀듯 마리우스를 덮치며 끝모를 몽환 속으로 밀어넣었다. 꿈을 꾸기 위해서가 아니면 집에서 나가려고 하지 않았다. 생기를 잃고 무력해진 힘. 침착성을 잃고 그러면서도 침체돼 괴어 있는 늪. 일거리가 줄어들면서 결핍은 더욱 늘어만 갔다. 그것은 하나의 법칙이었다. 인간은 몽상에 빠져 있으면 자연 긴장이 풀리고 낭비를 하게 마련이다. 해이해진 정신은 긴축생활을 지탱하지 못한다. 그런 생활 방식에는 선악이 뒤섞여 있다. 게으른 생활은 좋지 않지만 인색하지 않은 생활은 건강하고 멋있는 것이다. 그러나 가난한 사람이 아무리 멋을 내고 건강하게 살려 해도 일을 하지 않으면 마지막이다. 재원은 말라붙고 필요한 것들은 자꾸 생긴다.

그것은 도저히 어쩔 수 없는 내리막길로, 아무리 착실한 사람, 꿋꿋한 사람이라도 무기력하기 짝이 없는 사람이나 불량한 사람과 마찬가지로 질질 미끄러져 내려가 나중엔 자살이나 범죄 둘 중의 한 구멍으로 빠지게 마련이다. 꿈을 꾸러 자꾸만 집에서 나오다 보면 나중엔 몸을 강물에 던질 날이 닥쳐오고야 만다. 꿈이 지나치면 에스꾸스나 리브라(1830년대 희곡을 공동으로 썼다가 무대에서 실패, 실의에 빠져 자살한 두 청년) 같은 인간이 되는 것이다.

마리우스는 그런 내리막길을 천천히 미끄러져 내려갔다. 이제는 보이지 않게 된 그녀 쪽을 물끄러미 바라보면서. 이렇게 표현하면 좀 이상할지 모르지만 그러나 그것은 사실이었다. 없는 사람에 대한 추억은 어두운 마음 속에 불을 피운다. 그리고 멀리 사라지면 사라질수록 그 빛은 더 밝게 빛난다. 희망을 잃어버린 어두운 영혼은 그런 빛을 영혼의 지평선 끝에서 본다. 인간 내부에 깃든 하나의 별빛처럼.

그녀, 그녀야말로 마리우스가 생각하는 전부였다. 그는 그 외의 것은 일체 생각하지 않았다. 낡은 옷이 입을 수 없이 떨어졌거나 새옷이 낡았거나 셔츠가 다 해졌거나 모자가 닳았거나 구두가 떨어졌거나, 다시 말해 생활 일체가 낡아 떨어졌다는 것을 막연히 느끼면서도 그는 다만 마음속으로 이렇게 말할 뿐이었다.

"죽기 전에 한 번만이라도 그녀를 만나봤으면!"

단 하나의 위안이 있었다. 그것은 그녀가 자기를 사랑하고 있던 것, 그녀의 눈이 그것을 말하고 있던 것, 그녀가 자기 이름도 모르고 있지만 자기 마음은 알고 있다는 것, 그리고 지금 그녀가 어디 있는지는 모르지만 틀림없이 그곳에서 계속 자기를 사랑하고 있을 것이라는 것이었다.

자기가 그녀를 생각하고 있듯이 그녀 역시 자기를 생각하지 않는다고 누가 말할 수 있겠는가? 그리고 사랑하는 사람이면 누구나 느끼는 것처럼 마리우스는 이따금 어디를 보나 슬퍼할 이유밖에 없는데도 억누를 수 없는 환희 속에서 이렇게 중얼거렸다.

"이건 그녀의 생각이 나에게 통한 거다!"

그리고 마리우스는 덧붙여 말했다.

"내 생각도 틀림없이 그녀에게 통할 거야."

그는 그러한 공상을 머릿속에서 서둘러 떨쳐 버렸지만 때로는 공상도 희망 비슷한 빛을 그의 가슴에 던져 주었다. 이따금 공상에 잠긴 사람을 더욱 슬픔 속에 빠지게 하는 저녁 무렵, 마리우스는 사랑으로 가득찬 머릿속에 떠오른 가장 순수하고 가장 몰아적이고 더없이 이상적인 그런 모든 것들을 수첩에 쓰곤 했다. 마리우스는 그것을 '그녀에게 보내는 편지'라고 불렀다.

그렇다고 해서 그의 이성이 갈피를 못 잡고 비틀거렸다고 생각해서는 곤란하다. 오히려 그 반대였다. 일하는 능력이나 목표를 향해 확실히 행동해 가는 능력은 잃었으나 그 어느 때보다도 통찰력과 정확성을 갖추고 있었다.

마리우스는 자기 눈앞을 스쳐가는, 자기와는 전혀 관계가 없는 사물이나 인간까지도, 좀 유난스럽기는 하지만 침착하고 현실적인 빛에 비추어 바라보았다. 모든 일에 대해 정직한 유약성과 순수한 천진성으로 판단을 내렸다. 그의 판단력은 일을 기대하는 심정에서는 완전히 떠나 지극히 높은 곳을 날고 있었다. 그러한 정신 상태에 있는 마리우스는 아무것도 잘못 보거나 잘못 생각함이 없이 인생과 인간성과 운명의 밑바닥을 끊임없이 투시하고 있었다. 사랑과 불행을 짊어지도록 태어난 사람은 비록 고민 속에 있어도 행복한 법이다. 이 세상의 사물과 인간의 마음을 사랑과 불행이라는 두 빛에 비추어

보지 못한 사람은 아직 진실한 것이 무엇인가를 모르고 아무것도 아는 것이 없다고 해야 할 것이다.

사랑하고 괴로워하는 영혼은 숭고한 상태에 있는 것이다.

그러나 하루하루 날은 흘러만 가고 별다른 일은 아무것도 일어나지 않았다. 다만 자기에게 남겨진 공간이 끊임없이 좁혀지는 듯한 느낌뿐이었다. 저 멀리 밑을 알 수 없는 깊디 깊은 절벽이 차츰 눈앞에 어른거리는 것 같았다.

"그래, 죽기 전에 그녀를 다시 한 번 만날 수 없단 말인가!"

그는 몇 번이고 되풀이해 중얼거렸다.

쌩 자끄 거리로 올라가서 성문 옆을 지나 한참 동안 성내의 옛 큰길을 오른쪽으로 돌아가면 쌍떼 거리가 나오고, 이어 글라씨에르에 다다르게 되면 고블랭의 조그만 내에 이르기 바로 전에 들판이 나온다. 그곳은 길고 변화 없는 빠리의 큰길 중에서 오직 하나, 뤼이스달이 앉고 싶은 충동을 느낄 만한 곳이다.

거기엔 어딘지 모르게 아담한 멋이 있었다. 줄에 널린 빨래가 바람에 나부끼는 초원, 루이 13세 시대에 세워진 커다란 지붕과 특이하게 생긴 지붕밑 방 창문이 달린 낡은 농가, 부서진 울타리, 포플러 나무 사이로 보이는 작은 연못, 아낙네들, 웃음소리, 애기 소리, 그리고 멀리 지평선에 보이는 빵떼옹, 농아원의 나무, 검고 육중하고 괴상하고 묘하고 재미있게 생긴 발 드 그라스 병원 건물, 그 모든 것들을 배경으로 네모지게 우뚝 솟은 노트르담 성당의 뾰죽탑.

그곳은 구경을 하기에 충분한 가치가 있는 곳이었지만 누구 한 사람 찾아 오는 사람은 없었다. 15분 동안에 마차 한 대, 마부 한 사람 지나가지 않을 정도였다.

어느 날 혼자 산책하던 마리우스는 우연히 그곳을 지나가게 되었다. 그날은 이상하게도 그 한길에 행인이 있었다. 황량하게 버려진 그 아름다운 풍경에 마음을 뺏긴 마리우스는 그 사람에게 물었다.

"여기를 뭐라고 부릅니까?"

"'종달새 들'이라고 합니다. 월바끄가 이브리의 양치는 소녀를 죽인 곳이 바로 여기죠."

그러나 '종달새'라는 말이 귀에 들어오자 마리우스에겐 그 외의 말은 아무것도 들리지 않았다. 깊은 생각에 잠겨 있을 때는 이처럼 단 한 마디만으로도 마음을 온통 응결시켜버리는 것이다. 모든 사고는 삽시간에 하나의 관념 주위에 모여들어 그 외의 것은 무엇 하나 지각할 수가 없는 것이다. '종달새', 그것은 마리우스가 위르쉴르라는 이름 대신 줄곧 마음속으로 불러온 이름이었다.

"그러나,"

그는 중얼거렸다. 영문모를 독백에서 흔히 볼 수 있듯이 조리가 전혀 없는 일종의 얼빠진 상태 속에서 그는 부르짖었다.

"아, 여기는 그녀의 들판이다. 그녀가 사는 곳도 여기서 알게 되겠지."

근거 없는 생각이었지만 그것을 억제할 수는 없었다. 이후 그는 매일같이 이 종달새 들판을 찾아오게 되었다.

감옥 속에서 싹트는 죄악

고르보 집에서의 자베르의 승리는 얼핏 완전한 것처럼 보였으나 사실은 그렇지 않다.

자베르가 무엇보다 원통해한 것은 거기서 포로가 되었던 남자를 체포하지 못한 것이었다. 피해를 입은 쪽이 도망치는 것은 가해자 쪽이 도망치는 것보다 더 수상하다. 그 사내는 악한들에게 그토록 소중한 포로였던 것으로 미루어 당국으로서도 상당한 노획물일 것이 분명했다. 게다가 몽빠르나스도 자베르의 손에서 도망쳐 버렸다.

그 '멋쟁이 악당'을 사로잡으려면 별수 없이 다른 기회를 기다리는 수밖에 없었다. 사실 몽빠르나스는 큰길가 가로수 밑에서 망을 보고 있던 에뽀닌느를 만나, 그녀의 아버지와 함께 쉰데르한네스(사형당할 도적)가 되기보다는 딸과 함께 네모랭(밤탕아)이 되는 쪽이 훨씬 낫다는 생각으로 그녀를 데리고 다른 곳으로 갔던 것이다. 다행이었다. 덕분에 몽빠르나스는 체포되지 않았던 것이다. 에뽀닌느는 자베르의 손에 붙잡혔다. 쓸데없는 분풀이였다. 에뽀닌느는 아젤마와 함께 마들로네뜨 감옥에 수감됐다.

또 하나, 고르보 집에서 포르스 감옥으로 이송 도중 붙잡은 주요한 포로 가운데 하나인 끌라끄수가 보이지 않았다. 어떻게 해서 사라져 버렸는지 순경도 반장들도 통 알 수가 없다고 했다. 수증기로 증발해 버렸는지, 아니면

수갑 속으로 스며들어 버렸는지, 혹은 마차 틈새로 새버렸는지, 아무튼 감옥
에 도착했을 때는 끌라끄수가 없어졌다는 것 외에 그 경위를 아는 사람은 하
나도 없었다.
　사건에는 요술이 개입했거나 아니면 경찰이 개입됐거나 둘 중 하나가 분
명했다. 끌라끄수는 눈이 물 속에서 녹아 없어지듯 어둠 속으로 녹아들어가
버리고 만 것일까? 그는 경찰들과 내밀히 통하고 있었던가? 그 남자는 무질
서와 질서, 두 수수께끼의 세계에 살고 있는 것일까? 범죄와 단속에 양다리
를 걸치고 있는 것일까? 그 스핑크스는 앞발을 죄악 속에, 뒷발을 당국 속
에 넣고 있었던가?
　자베르는 그런 연관설을 부인했고, 그런 밀착이 사실이라면 아마 대단히
화를 냈을 것이다. 그러나 그의 부하 중에는 다른 감찰관도 섞여 있었는데
그들은 자베르의 부하이긴 했으나 그보다 훨씬 경찰서 내부 사정에 밝았고,
또 끌라끄수는 지극히 유능한 형사가 될 수 있을 정도로 비상한 악한이었는
지도 모른다.
　그런 요술과 같은 내밀한 관계를 밤의 세계와 연결을 짓는다는 것은 강도
들에게는 지극히 소중한 일이거니와 경찰들로서도 상당히 환영할 만한 일이
었다. 확실히 그런 두 가지 방법을 쓰는 악한도 있다. 어쨌든 일단 사라져
버린 끌라끄수는 다시는 찾을 수 없었다. 자베르는 그 사실에 놀랐다기보다
오히려 화가 난 것 같았다.
　한편 마리우스―'틀림없이 겁이 잔뜩 난 그 멍청이 변호사'―에 대해서
자베르는 이름도 잊어버렸고 거의 관심 밖에 두었다. 게다가 변호사니까 언
제든 만날 기회는 생길 것이었다. 그건 그렇고 그 젊은이는 정말 단순한 변
호사였던가?
　수사가 시작되었다. 예심판사는 빠뜨롱 미네뜨 부하 중의 하나는 면회를
금지시키지 않는 것이 좋을 것이라고 판단했다. 그 한 사람으로 지목된 사람
은 쁘띠 방끼에 큰길에서 보았던 머리가 긴 사내, 브뤼종이었다. 그를 샤를
르마뉴 뜰에 풀어 놓고 잠시도 감시를 게을리하지 않았다.
　이 브뤼종이라는 이름은 포르스 감옥에선 퍽 낯익은 이름 중 하나이다. 보
통은 바띠망 뇌프 뜰이라고 부르고, 관리들은 쌩 베르나르의 마당이라 부르
고, 도둑들 사이에선 포스 리옹(사자굴)이라고 불리는 무시무시한 곳이다.

어느 날 혼자 산책하던 마리우스는 우연히 그곳을 지나가게 되었다.

그 뜰의 왼쪽은 지붕 높이에까지 이르러 때와 얼룩이 잔뜩 낀 벽 위, 지금은 죄수들의 침실로 변한 옛 포르스 공작 저택의 예배당으로 통하는 녹슨 낡은 철문 가까이에, 지금으로부터 12년 전 못으로 긁어 돌에 아무렇게나 새긴 감옥 그림 같은 것 밑에 다음과 같은 이름이 적혀 있었다.

브뤼종 1811년

1811년 브뤼종이란 1832년 브뤼종의 아버지이다.
고르보 누옥 사건이 있던 날 잠시 얼굴을 내밀었던 이 브뤼종이란 자는 겉보기엔 매우 멍청하고 가련한 인상을 주었으나 머리가 상당히 영리하고 교활하고 활발한 청년이었다. 그 멍청한 면만을 보고 예심판사는 그를 면회금지의 독방에 넣지 않고 샤를르마뉴의 마당에 풀어놓았던 것이다.
그러나 도둑이란 재판소에 들어갔다고 해서 완전히 손을 놓는 것은 아니다. 그런 것쯤엔 조금도 구애받지 않는다. 죄를 짓고 감옥에 들어간 것에 상관 없이 다시 새로운 범죄를 꾸민다. 그들은 말하자면 예술가와 같아서 한 장의 그림을 전람회에 내놓고도 다시 아틀리에에서 다른 그림에 착수하는 것이다.
브뤼종은 언뜻 보기에 감옥살이로 기분이 침울해진 듯 보였다. 이따금 몇 시간이고 샤를르마뉴 뜰 매점 창 옆에 서서 '마늘 62쌍띰'으로 시작해 '엽궐련 5쌍띰'으로 끝나는 가격표를 바보처럼 바라볼 때가 있었다. 또 어떤 땐 부들부들 떨며 "열이 난다"고 환자용 병실의 28개 침대 중 어느 것이고 비어 있는 것이 없느냐고 묻기도 했다.
그런데 1832년 2월 말경에 그 멍청한 브뤼종이 감옥의 사환들을 통해 자기 이름으로가 아니라 세 동료의 이름으로 모종의 제각기 다른 세 가지 일을 꾸미고 있었다는 것이 드러났다. 그 때문에 쓴 돈이 무려 50수로, 그 엄청난 액수가 간수의 주의를 끈 것이다.
수사가 시작되어 면회실에 붙은 수수료 요금표를 참조해 본 결과, 그 50수는 다음과 같은 세 가지 용건으로 쓰여졌다는 사실을 알았다. 하나는 빵떼옹에 10수, 하나는 발 드 그라스에 15수, 또 하나는 그르넬 성문 밖에 25수였다. 이 중 제일 마지막 것은 가장 단가가 높은 것이었다.

그런데 빵떼옹과 발 드 그라스와 그르넬르 성문에는 저마다 공교롭게도 시민들이 가장 무서워하는 세 악당, 즉 비자로와 크뤼이드니에와 석방된 죄수 글로리외가 살고 있었다. 이 사건 때문에 경찰의 눈은 그들에게 집중되었다. 이 세 사람은 바베와 괼르메르, 두 두목이 투옥되어 있는 빠트롱 미네뜨 파의 일당이라고 짐작되었다.

브뤼종의 편지는 그들에게 직접 전해지지 않고, 길에서 기다리던 어떤 자의 손을 통해 전해졌는데, 그 속에는 뭔가 좋지 못한 계획을 위한 정보가 씌어져 있는 것 같았다. 그 외에도 몇 가지 증거가 나왔다. 그래서 경찰은 이 세 악당을 체포하고, 그것으로 이 브뤼종의 뭔지 모를 계획을 사전에 막았다고 생각했다.

그런 조치가 있고 1주일쯤 지난 어느 날 밤, 야간 순찰 간수가 '신관' 지하층 침실을 돌아보고 난 다음 막 순찰표를 순찰함에 넣으려는 순간─이것은 간수들이 그들의 임무를 제대로 수행하는지를 확인하기 위한 방법으로 그들은 매시간 감방 바로 옆에 붙은 상자 하나하나에 순찰표를 넣게 되어 있었다─간수는 침실문에 난 구멍으로 브뤼종이 침대 위에 앉아 벽에 걸린 등잔불 밑에서 뭔가 쓰고 있는 것을 발견했다. 간수는 안으로 들어갔다. 브뤼종은 곧 1개월 간 특별 감방에 감금되었다. 그러나 그가 쓰던 것은 압류되지 않았다. 경찰은 그 이상 알지 못했다.

다만 확실한 것은 이튿날, '마부' 한 개가 샤를르마뉴 뜰에서 사자굴 마당으로, 그 두 마당을 가로막고 있는 6층 건물 너머로 던져졌다는 것이다.

죄수들은 솜씨 좋게 빚은 작은 빵 덩어리를 '마부'라고 부르고, 그것을 감옥 지붕 너머 한쪽 마당에서 다른 쪽 마당으로 던지는 것을 '아일랜드'로 보낸다고 했다. 그 어원은 영국을 건너 한 지역에서 다른 지역, 즉 '아일랜드'로 간다는 뜻이었다. 그 덩어리가 마당에 떨어져 그것을 주운 사람이 빵을 쪼개고 보면 그 속에서 그 뜰의 어느 죄수에게 보내는 편지가 나온다. 죄수가 발견하면 편지는 곧장 수취인에게 전해진다. 그러나 만일 간수가 발견하든가, 감옥에선 '양'이라고 부르고 유형장에선 '여우'라고 하는 매수된 죄수 중 한 사람이 발견하는 날이면 서기과(書記課)를 통해 경찰의 손에 넘어간다.

그날 마침 수취인은 '별장'에 가고 없었으나 편지는 제대로 잘 전해졌다.

수취인은 빠르통 미네뜨파의 세 두목 중 하나인 바베라는 사내였다.

그 마부 속에는 돌돌 만 편지 한 장이 들어 있었는데 그 편지에는 이런 짤막한 내용이 적혀 있었다.

—바베, 쁠뤼메 거리에 할 일이 있다. 정원 쪽 쇠창살.

그것은 브뤼종이 밤에 쓴 바로 그 편지였다. 바베는 그 편지를 검사관이 있는 포르스 감옥에서 역시 검사관이 있는 살뻬트리에르 감옥으로, 두 번 다 검사를 교묘하게 피해 거기 수용되어 있는 '친한 여자'의 손에 넘겼다. 그러자 또 그 여자는 그 편지를 마뇽이라는, 경찰이 단단히 주목하고 있으나 아직 체포하지 않은 한 여자에게 넘겼다. 이 마뇽이라는 여자는 독자도 이미 한번 만난 일이 있다. 뒤에 드러날 모종의 관계를 떼나르디에 집안과 맺고 있어, 에뽀닌느를 만나러 다니면서 살뻬트리에르와 마들로네뜨 두 감옥에 다리를 놓을 수 있었다.

바로 그 무렵, 떼나르디에의 예심이 있었는데, 그의 딸들에게는 증거가 불충분했기 때문에 에뽀닌느와 아젤마는 즉시 석방되었다.

에뽀닌느가 출옥하는 날, 마뇽은 마들로네뜨 감옥 문에 지켜 서 있다가 브뤼종이 바베에게 보내는 편지를 건네주며 일을 틀림없이 하라고 신신당부했다.

에뽀닌느는 쁠뤼메 거리로 가서 쇠창살과 마당을 확인하고 그 집을 엿보고 염탐한 다음 며칠 뒤에 끌로슈뻬르스에 살고 있는 마뇽한테 비스킷 하나를 가지고 갔다. 그러자 마뇽은 그것을 살뻬트리에르에 있는 바베의 정부(情婦)에게로 보냈다. 하나의 비스킷은 옥중에서 몰래 쓰여지고 있는 암호로 '도저히 안 되겠다'는 뜻이었다.

그 결과, 그로부터 1주일이 채 지나기 전에 바베와 브뤼종은, 한쪽은 '예심'에 가는 도중, 또 한쪽은 돌아오는 도중 라 포르스의 순찰로에서 서로 스칠 때 "P거리(쁠뤼메거리)는 어떻게 됐나?" 하는 브뤼종의 물음에 바베는, "비스킷" 하고 대답했다.

이리하여 브뤼종이 포르스 감옥에서 계획한 범죄의 태아는 유산되고 말았다. 그러나 그 유산은 브뤼종으로서는 전혀 예상할 수 없었던 엉뚱한 결과를 빚어냈다. 그것은 곧 드러날 것이다.

인간은 한 실의 매듭을 짓고 있는 동안 엉뚱하게도 다른 실의 매듭을 짓게 되는 경우가 있다.

마뵈프 노인이 본 유령

마리우스는 이제 아무도 찾아가지 않았지만 마뵈프 노인만은 가끔 만났다.

머리 위로 행복한 사람들의 발소리가 들리는 그 어두컴컴한 계단을, 굴로 내려가는 계단이라고 해도 좋을 그 음침한 계단을 마리우스가 천천히 내려가고 있는 동안, 마뵈프 노인 역시 그 계단을 내려가고 있었다.

《끄뜨레쯔 식물지(植物誌)》는 끝내 팔리지 않게 되었다. 게다가 쪽의 시험재배는 해가 잘 들지 않는 오스뗄리쯔의 마당에서는 잘 되지 않았다. 그곳에서 마뵈프 노인은 습기와 햇볕 없이도 잘 자라는 몇 가지 식물 재배에만 성공했을 뿐이었다. 그래도 그는 낙심하지 않았다. 햇볕 잘 드는 식물원의 한쪽 구석을 얻어 '자비(自費)'로 쪽의 시험 재배에 착수했다. 그것 때문에 끝내 《식물지》의 동판을 전당포에 잡혔다. 아침 식사는 대개 달걀 두 개로 때우고 그나마 한 알은 벌써 열 다섯 달이나 월급을 못 주고 있는 늙은 하녀 몫으로 내놓았다. 게다가 그 아침 식사만으로 그날 하루를 보내는 경우가 많았다.

마뵈프 노인한테서는 이제 어린아이 같은 천진한 웃음도 찾아볼 수 없었고 점점 침울해졌으며, 사람이 찾아가도 만나려 하지 않았다. 마리우스가 별로 찾아가려 하지 않은 것은 오히려 잘된 일이었다. 마뵈프 노인이 식물원으로 가는 시간에 노인과 청년은 오뻬딸 거리에서 이따금 스치는 때가 있었다. 두 사람은 말도 건네지 않고 다만 내키지 않는 기색으로 간단히 인사만 나눌 뿐이었다. 가난이 사람과 사람 사이를 갈라 놓는다는 것은 얼마나 슬픈 일인가! 전에는 친한 친구였던 두 사람이 이제는 서로 무심히 지나치는 행인에 불과하게 된 것이다.

책방 주인 르와이올은 이미 세상을 떠났다. 마뵈프 노인에게는 자기 책과 정원과 쪽 외에는 이제 가까이하는 게 없었다. 그것들만이 그에게 행복과 위안과 희망을 주는 전부였다. 그는 그것만으로 만족하며 살았다. 그는 마음속으로 이렇게 중얼거렸다.

"푸른 물감만 완성되면 부자가 된다. 그땐 동판을 전당포에서 찾도록 하자. 《식물지》의 인기도 도로 만회하자. 신문에 굉장한 광고를 내야지. 그리고 삐에르 드 메딘느의 《항해술》 1559년판 목판 한 부가 어디 있는지도 알았으니 그것을 사들이도록 하자."

마뵈프 노인은 그날이 오기를 기다리며 하루 종일 쪽 묘판에서 일하고, 저녁때 집에 돌아오면 정원에 물을 주기도 하고 독서도 하며 지냈다. 마뵈프 노인의 나이는 벌써 여든 가까이 되었다.

어느 날 저녁, 그는 괴이한 유령을 보았다.

집에 돌아올 때는 아직도 해가 남아 있었다. 플루타크 할멈은 몸이 아파 누워 있었다. 그는 살이 약간 붙은 뼈다귀와 부엌 식탁 위에 놓인 빵 한 조각으로 저녁 식사를 때우고 정원으로 나가 의자 대신 놓아둔 경곗돌 위에 걸터앉았다.

그 돌의자 옆에는 옛날 과수원에서 흔히 볼 수 있는 각목에 판자를 댄, 다 부서진 기다란 나무 상자 같은 헛간이 하나 있었는데, 밑은 토끼집으로 되어 있고 위는 과일을 넣는 창고로 쓰이고 있었다. 토끼집에는 토끼가 한 마리도 없었으나 과일 창고에는 겨울에 저장해 두었던 사과가 몇 알 남아 있었다.

마뵈프 노인은 안경을 끼고 책을 읽기 시작했다. 그는 나이에 어울리지 않게 두 권의 책에 완전히 몰두해 있었다. 그는 타고난 겁쟁이로 미신을 어느 정도 믿었다. 읽고 있는 책 중 한 권은 들랑크르 의장이 쓴 《악마의 변모에 대하여》라는 유명한 책이었다. 또 한 권은 뮈또르 드 라 뤼보디에르가 쓴 《보베르의 악마와 비에브르의 작은 요정》이라는 사절판이었다.

그의 정원도 옛날엔 마귀가 출몰한 곳 중 하나였던만큼 두 번째의 낡은 책은 특히 그의 흥미를 끌었다. 벌써 땅거미가 져 높은 곳은 희미해지고 낮은 곳은 시커멓게 보이기 시작했다. 독서를 하면서도 마뵈프 노인은 손에 든 책 너머로 그가 심어 놓은 화초를 바라보고, 특히 그의 큰 위안거리 중 하나인 석남화(石南花)를 바라보았다. 더운 열기와 바람과 맑은 날씨가 오늘까지 나흘이나 계속되었기 때문에 나무 줄기는 비틀어지고, 봉오리는 고개를 푹 떨구고, 나뭇잎은 축 늘어져 어느 식물이나 다 물을 줘야 할 판이었다. 석남화는 더욱 심했다. 마뵈프 노인은 식물에도 영혼이 있다고 생각하는 사람이었다.

노인은 하루 종일 쪽 묘판에서 일했기 때문에 지칠 대로 지쳤으나 책을 의자 위에 놓고 일어나 허리를 구부린 채 우물가로 비틀비틀 걸어갔다. 우물의 두레박줄을 잡기는 했으나 그것을 잡아당길 힘이 없었다. 그래서 그는 고개를 들어 걱정스러운 눈길로 하늘을 올려다보았으나 하늘엔 별이 가득 깔려 있을 뿐이었다.

적막한 우주의 영원한 환희 속에 인간의 모든 고뇌를 남김없이 덜어 줄 것 같은 끝없이 맑은 저녁 하늘이었다. 오늘 밤도 전날과 마찬가지로 이슬 한 방울 내릴 것 같지 않았다.

'하늘엔 온통 별이군! 구름이라곤 한 점도 없으니, 비는 한 줄기도 안 오겠군!' 노인은 생각했다.

그리고 힘없이 머리를 떨구었다.

잠시 후 그는 다시 고개를 들고 하늘을 보며 중얼거렸다.

"제발 이슬이라도! 자비를 베풀어 주소서!"

그는 다시 한번 두레박줄을 풀려 했으나 아무리 해도 풀리지 않았다.

그때 그의 등 뒤에서 누군가의 목소리가 들렸다.

"마뵈프 할아버지, 제가 정원에 물을 뿌릴까요?"

동시에 사슴이 숲 사이를 지나는 것 같은 소리가 울타리 쪽에서 들리더니, 덤불 속에서 키가 크고 여윈 처녀가 나타나 그의 앞으로 다가와 서슴없이 그를 쳐다보았다. 그것은 인간이라기보다는 어둠 속에서 갑자기 나타난 그림자 같았다.

마뵈프 노인은 웬만한 일에도 곧잘 놀랐다. 앞서도 말한 대로 매우 겁이 많은 사람이었기에 한 마디도 못하고 있으려니까, 그 그림자는 어두컴컴한 마당에서 이상하게 다급한 몸짓으로 재빨리 두레박을 끌어올려 물뿌리개에 물을 가득 채웠다. 그리고 노인이 보고 있는 앞에서 너덜너덜 떨어진 스커트에 맨발로 정원의 여기저기를 돌아다니며 사방에 생기(生氣)를 뿌리는 것이었다. 물뿌리개의 물이 나뭇잎에 쏴아 뿌려지는 소리가 들리자 마뵈프 노인의 가슴은 기쁨에 넘쳤다. 이제 석남화도 다시 싱싱해질 것이다!

가득 채운 물뿌리개의 물을 다 뿌리자 처녀는 다시 한 번 길어 올렸다. 그리고 정원 가득 물을 뿌렸다.

여윈 두 어깨에 실밥이 너덜너덜한 숄을 걸치고 정원의 사잇길을 너풀너풀 다니는 처녀의 그림자를 보고 있으려니까 꼭 한 마리의 박쥐를 보는 느낌이 들었.

처녀가 물을 다 주고 나자, 마뵈프 노인은 눈에 눈물을 글썽이며 이마에 손을 얹고 말했다.

"하느님이 아가씨를 축복해 주실 거요. 아가씨는 천사요. 꽃을 돌봐주니까."

"아니에요, 전 악마예요. 하지만 그런 건 아무래도 좋아요."

그녀는 대답했다.

노인은 그녀의 말을 기다리지도 들으려고도 하지 않고 외쳤다.

"내가 이렇게 가난해서 아가씨한테 아무것도 못해 주니 그게 참 섭섭하오."

"해주실 수 있는 게 있어요."

그녀는 말했다.

"무슨 일?"

"마리우스라는 분이 사시는 곳을 가르쳐 주세요."

노인은 말귀를 얼른 알아듣지 못했다.

"마리우스라니 누구?"

노인은 멍한 눈을 들어 뭔가 사라진 기억을 더듬는 것 같았다.

"그전에 여기 자주 오던 젊은 분 말예요."

마뵈프 노인은 잠깐 기억을 더듬더니 이내 소리쳤다.

"아아, 그 젊은이! 이제 알았어. 가만 있자, 마리우스…… 오라 그렇지. 마리우스 뽕메르씨 남작, 그 사람이 사는 곳이라면……. 아니, 이젠 거기 안 살지……. 잘 모르겠는데."

그렇게 말하고 허리를 굽혀 석남화 가지를 바로잡아 주며 그는 덧붙였다.

"그래, 이제 생각났다. 그 사람은 매일 가로수 길을 지나 글라씨에르 쪽으로 가더군. 크룰르바르브 거리. '종달새 들'이라고 하는 데지. 그리로 가보구려. 혹시 만날지도 모를 테니."

마뵈프 노인이 몸을 일으켰을 때엔 이미 그곳엔 아무도 없었다. 처녀는 벌써 사라졌다.

그는 이번에야말로 정말로 무서워졌다.

'정말, 정원에 물을 뿌리지 않았다면 유령이라고 생각하겠군' 하고 그는 생각했다.

마뵈프 노인이 한마디도 못하고 있으려니까……

한 시간쯤 지나 잠자리에 들자 또 다시 그 일이 생각나 스르르 잠이 들려는 찰나, 물고기가 되어 바다를 건넌다는 전설의 새처럼 생각이 차츰 꿈의 형태로 바뀌어 잠으로 빠져들어가는 혼돈의 순간에 이르렀을 때, 마뵈프 노인은 몽롱하게 이렇게 생각했다.

'그 아가씨는 어쩌면 그렇게 뤼보디에르가 쓴 작은 마귀와 똑같을까.'

마리우스가 본 유령

마뵈프 노인에게 '유령'이 찾아온 뒤 며칠이 지난 어느 날 아침, 마침 월요일이어서 마리우스가 꾸르페락한테 5프랑을 빌려 떼나르디에에게 보내는 날이었다. 마리우스는 그 5프랑을 주머니에 넣고 그것을 형무소의 서기과에 전해 주기 전에 '잠깐 산책을 하고 오면 일도 훨씬 잘되겠지'라고 생각하며 집을 나섰다.

집을 떠나기 전의 시간은 언제나 똑같았다. 일어나자마자 책과 원고지를 앞에 놓고 앉아 번역을 조금 해보려고 했다. 요즘은 독일 사람들 사이의 유명한 논쟁, 간스와 사비니라는 두 법률가의 소유권을 둘러싼 논쟁을 프랑스어로 번역하는 중이었다.

그래서 사비니를 쳐들어 보기도 하고 간스를 쳐들어 보기도 하며 넉 줄쯤 읽고 한 줄이라도 써보려 했으나 좀처럼 진전이 없고, 눈과 원고지 사이에 자꾸 별 하나가 나타나기 시작하므로 그는 마침내 이렇게 중얼거리며 일어났다.

"밖에 나가자. 그럼 좀 나아지겠지."

마리우스는 곧장 종달새 들로 나갔다. 거기에 가니 눈앞의 별은 한층 뚜렷해지고 사비니니 간스니 하는 것은 어디론가 사라져 버렸다.

집에 돌아와서 다시 일을 시작하려 했지만 역시 되지 않기는 마찬가지였다. 아무리 애를 써도 머릿속에 토막토막 잘려진 문장을 한 줄도 제대로 이을 수가 없었다. 그는 이렇게 중얼거렸다.

"내일은 나가지 말자. 외출하니까 일이 잘 안돼."

하지만 그렇게 되풀이 말하면서도 매일같이 외출했다.

그는 꾸르페락의 집보다 종달새 들에서 더 많이 살았다. 그의 주소는 이러했다.

'쌍떼 거리, 크룰르바르브 큰길에서 일곱 번째 나무.'

그날 아침, 마리우스는 그 일곱 번째 나무를 지나 고블랭 냇가 옆 나지막한 울타리에 걸터앉아 있었다. 화창한 햇빛이 새로 움튼 어린 풀잎에 눈부시게 쏟아졌다.

마리우스는 '그녀'를 생각하고 있었다. 그리고 몽상은 끝내 자책으로 변했다. 그는 괴로운 심정으로 영혼의 마비라고 할 수 있는 나태가 자기를 완전히 사로잡고 있다는 것, 그리고 밤의 어둠이 점점 자기를 짙게 싸고 있어 이제는 태양이고 뭐고 아무것도 보이지 않게 됐다는 것을 생각했다.

그러나 그러한 막연한 생각이 떠올라도 이제는 그것을 독백마저 할 수 없을 만큼 그의 활동력은 쇠잔하여, 자신도 어쩔 수 없는 회오리 속에 잠겨 있었다. 그러면서도 외부의 감각은 여전히 그에게 전해지고 있었다.

등 뒤 발 밑을 흐르는 냇가 양쪽에서는 고블랭 직조 공장의 처녀들이 앉아 빨래를 하고 있고, 머리 위에서는 작은 새들이 느릅나무 가지에 앉아 지저귀고 있었다. 이쪽엔 자유와 여유 있는 행복과 날개를 한껏 펼친 한가로움이 있고, 저쪽엔 노동의 울림이 퍼지고 있었다. 그를 깊은 사색으로 몰아넣은 것은 이 두 가지의 울림이었다.

이런 황홀경에 도취되어 있는 그의 뒤에서 문득 낯익은 목소리가 들려 왔다.

"아! 저기 계시네!"

고개를 드니 어느 날 아침 그의 방에 찾아왔던 그 불행한 처녀, 떼나르디에의 큰딸이었다. 이상하게도 그녀는 그때보다 훨씬 남루해 보였으나 얼굴은 몰라볼 만큼 아름다워져 있었다. 그녀가 그럴 수 있을까 싶을 정도의 전진. 빛을 향한, 아울러 가난을 향한 이중의 진보를 그녀는 이루고 있었다.

그녀는 그날과 똑같이 맨발에 누더기를 걸치고 있었는데, 그 누더기는 두 달 전보다 더욱 해지고 더러워져 있었다. 여전히 쉰 목소리에 햇빛에 그을려 윤기 없는 얼굴, 주름잡힌 이마, 침착하지 못한 코, 얼굴 전체에 뭔가 놀란 듯한 표정이 예전보다 짙게 감돌고 있었다. 그건 아마 가난한 생활에 감옥살이마저 겹쳐 그렇게 된 모양이었다.

머리카락에 마른 풀이 붙어 있었다. 그것은 오필리어처럼 햄릿에 미쳐서가 아니라 어느 마굿간에서 잤기 때문이었다.

그러나 그런데도 그녀는 아름다웠다. 아아, 정든 이여! 그대는 어쩌면 그렇게 반짝이는 아름다운 별인가!

그녀는 창백한 얼굴에 기쁜 빛을 띠고 미소를 지으며 마리우스 앞에 와 섰다. 한참 동안 말이 나오지 않는 모양이었다. 이윽고 그녀는 입을 열었다.

"겨우 찾았군요! 마뵈프 할아버지 말씀대로 정말 여기 와 계시군요! 몹시 찾았어요! 그동안 큰일이 있었어요! 아세요? 유치장에 들어가 2주일 살고 나왔어요. 무슨 증거가 있어야죠. 그리고 나이도 어리고, 아직 두 달이 모자라거든요. 아아, 정말 오래 찾았어요! 6주 동안이나 찾았어요. 이제 거기선 안 사시는군요?"

"응."

마리우스는 대답했다.

"아, 알았다. 그 일 때문에 그러시는 거죠? 그 일 때문에 이사를 해버리신 거죠? 어머, 그런데 왜 그런 다 해진 모자를 쓰고 계세요? 당신 같이 젊으신 분은 깨끗하고 예쁜 걸 쓰셔야 하는데. 그런데 말예요, 마리우스 씨, 마뵈프 할아버지는 당신을 마리우스 남작이니 뭐니 하셨는데 그건 거짓말이죠? 남작이라니, 남작이라면 뤽상부르 공원에 가 햇볕 잘 드는 곳에 앉아 꼬띠디엔느 신문이나 읽는 분이 아녜요. 전 그런 사람한테 한 번 편지를 전해 준 일이 있어요. 100살이 훨씬 넘은 사람이었어요. 그럼 당신은 지금 어디 사세요?"

마리우스는 대답을 하지 않았다.

그녀는 계속 떠들어 댔다.

"어머! 당신 셔츠에 구멍이 뚫렸군요. 제가 기워 드릴게요."

억지로 말을 이었으나 그녀의 표정은 차츰 어두워졌다.

"당신은 저를 만난 게 하나도 기쁘지 않은 모양이군요."

마리우스는 여전히 입을 다물고 있었다. 그녀는 잠시 입을 다물고 있다가 갑자기 커다란 소리로 외쳤다.

"하지만 제 이야기를 들으면 당신도 곧 기뻐할 거예요."

마리우스가 물었다.

"뭐라구? 무슨 말이오, 그게? 당신이 방금 한 말."

"어머! 요전엔 반말을 하시더니!"

그녀는 그날과 똑같이 맨발에 누더기를 걸치고 있었는데……

그녀는 말했다.
"좋아, 어쨌든 그게 무슨 말이야?"
그녀는 입술을 꼭 깨물었다. 마음속으로 뭔가와 싸우고 있는 듯 잠시 주저하는 기색이었다. 그러나 이윽고 결심한 듯 입을 열었다.
"하는 수 없군요. 하지만 당신은 여전히 우울한 얼굴을 하고 계시네요. 제발 좀 기쁜 표정을 지어 보세요. 먼저 이것만이라도 약속해 주세요, 웃으시겠다고. 전 당신이 웃으시는 걸 보고 싶어요. 그리고 참 잘했어 하고 칭찬해 주는 소리를 듣고 싶어요. 마리우스 씨, 당신은 기억하고 계시겠죠? 저하고 한 약속. 제가 원하는 건 뭐든 해주시겠다고 한 말씀……."
"응, 기억하고 있어. 그런데 어서 얘기해 봐."
그녀는 마리우스의 눈 속을 깊숙이 들여다보았다.
"주소를 알았어요."
순간 마리우스의 얼굴빛이 확 변했다. 온몸의 피가 심장으로 거꾸로 올라왔다.
"주소라니, 누구 주소?"
"찾아 달라고 하신 주소 말예요." 그녀는 억지로 밀어내듯 말했다. "그 주소…… 이제 기억나시죠?"
"응!"
마리우스는 더듬거리며 대답했다.
"그 아가씨의!"
이 말을 하고 그녀는 깊은 한숨을 내쉬었다.
마리우스는 걸터앉았던 울타리에서 벌떡 뛰어일어나더니 미친 듯 그녀의 손을 움켜쥐었다.
"그래! 그럼 데려다 줘! 주고말고! 뭐든지 갖고 싶은 걸 말해! 대체 거기가 어디야?"
"절 따라 오세요. 어느 거리의 몇 번지인지를 확실히 몰라요. 여기와는 아주 정반대쪽이에요. 하지만 집은 잘 알고 있으니까 안내해 드릴 수 있어요."
그녀는 잡힌 손을 뿌리치며 대답했다.
그 말은 옆에서 유심히 지켜본 사람이 있었다면 틀림없이 그 사람의 가슴을 엘 것 같은 그런 어조였으나 기쁨에 들떠 있는 마리우스의 귀에는 그 울림이 하나도 전해져 오지 않았다.

"어머! 어쩌면 그렇게도 기뻐하세요!"

마리우스의 얼굴이 잠시 흐려졌다. 그는 에쁘닌느의 팔을 잡았다.

"한 가지만 맹세해 줘!"

그녀는 의아한 얼굴로 쳐다보았다.

"맹세요? 뭘요? 뭘 맹세해요?"

"당신 아버지 말야. 약속해 주지 않겠어, 에쁘닌느? 제발 맹세해 줘. 당신 아버지한테 주소를 가르쳐 주지 않겠다고."

그녀는 놀란 듯 마리우스를 향해 돌아섰다.

"에쁘닌느라고요? 당신 제 이름이 에쁘닌느라는 걸 어떻게 아셨어요?"

"약속해 주지 않겠어, 내가 한 말?"

그러나 그녀에겐 들리지 않는 모양이었다.

"아, 고마워요! 절 에쁘닌느라고 불러 주셔서!"

마리우스는 그녀의 두 팔을 움켜잡았다.

"그러니까 대답해 줘! 제발 내가 말한 대로 맹세해 줘. 당신 아버지한테 그 주소를 절대 가르쳐 주지 않겠다고!"

"아버지한테요?" 그녀는 말했다. "옳아, 우리 아버지 말이죠? 그런 건 염려마세요. 지금 감옥에 계시니까. 그리고 제가 우리 아버지 같은 사람을 염두에나 두는 줄 아세요?"

"그래, 약속은 안 해 줄 작정이야?"

마리우스는 큰소리로 외쳤다.

"아아, 제발 이것 좀 놔주세요!"

그녀는 깔깔대며 말했다.

"사람을 막 쥐고 흔들고! 약속할게요, 하겠다니까요! 맹세할게요! 무슨 일이 있어도 아버지한테 주소를 가르쳐 주지 않겠다고! 이제 됐어요?"

"아무한테도 안 가르쳐 주겠지?"

마리우스는 말했다.

"네, 아무한테도요."

"자, 그럼. 안내해줘."

"지금 바로요?"

"그래, 지금 바로."

"그럼 절 따라오세요. 당신 무척 기쁘신 모양이군요!"

몇 발짝 걸어가다 그녀는 걸음을 멈추었다.

"너무 바싹 붙어 오지 마세요. 몇 걸음 제가 앞서 갈게요. 뒤따라오세요. 당신같이 훌륭한 남자가 저 같은 여자와 같이 가는 걸 남이 보면 안 되니까요."

이 나이 어린 처녀가 자신을 가리켜 스스로 '저 같은 여자'라 한 말에는 뭐라 표현할 수 없는 의미가 포함되어 있었다.

그녀는 열 발짝쯤 걸어가더니 다시 걸음을 멈추었다. 마리우스는 뒤따라갔다. 그녀는 고개를 돌리지 않은 채 그에게 말했다.

"제게 뭘 주시겠다고 약속하셨죠?"

마리우스는 주머니를 뒤졌다. 몸에 지닌 것이라곤 떼나르디에에게 보낼 5프랑밖에 없었다. 그는 그것을 에뽀닌느의 손에 쥐어 주었다.

그녀는 손바닥을 펴 보더니 동전을 땅바닥에 떨어뜨리고 서글픈 얼굴로 마리우스를 보며 말했다.

"저는 돈을 바란 게 아네요."

제3편 뽈뤼메 거리에 있는 집

비밀의 집

    18세기 중엽 빠리의 한 최고 재판소장이 정부(情婦)를 두었다. 귀족들은 첩을 공공연히 거느려도 중류 계급은 몰래 감추어 두던 시대였으므로 이 소장도 그 사실을 비밀로 하기 위해 쌩 제르맹 성 밖 쓸쓸한 블로메 거리, 오늘날 뽈뤼메 거리라고 불리는, 당시 꽁바 데 자니모에서 얼마 떨어지지 않은 곳에 집 한 채를 지었다.
    그 집은 2층까지만 있는 정자풍 건물이었다. 1층과 2층에 방이 두 개씩 있었다. 아래층에는 부엌이, 위층에는 부인용 거실이, 지붕밑에는 광 겸 하인 방이 있고, 길과 면한 집 앞의 넓은 정원은 철책이 삥 둘러싸고 있었다. 그 정원은 거의 1아르팡이나 되었다. 지나다니는 행인에게 보이는 것은 그뿐이었다. 그러나 건물 뒤에 또 하나 좁은 마당이 있고 그 한구석에 방 두 개와 지하실이 딸린 낮은 집 한 채가 있었다. 위급한 때 아이와 유모를 숨기기 위해 준비해 둔 집인 모양이었다. 그 집에서 뒤꼍에 붙은 비밀문을 열고 나서면 좁고 긴, 바닥에 돌을 깐 꾸불꾸불한 길로 나가게 되어 있었다. 지붕이 없고 양쪽으로 높은 돌벽 사이에 낀 그 길은 묘하게 사람 눈을 속이게 돼 있어, 여기저기 밭과 정원 사이로 사라져 버린 것같이 보이나 사실은 울타리 중 하나에서 끊기고 거기서 다시 꾸부러진 길을 따라 한 샛문에 이르게 된다. 이 문 역시 비밀문으로 집에서 500m나 떨어져 있었으며 구역도 다르고 바빌론느 거리의 한적한 거리와 통해 있었다.
    소장은 늘 그 문을 쓰고 있었기 때문에 설사 누가 그의 행동을 수상히 여겨 뒤를 밟아 그가 매일 살짝 들어가는 것을 보았대도, 바빌론느 거리로 나간 것이 설마 뽈뤼메 거리로 나가는 것인 줄은 꿈에도 몰랐을 것이다. 교묘하게 땅을 산 덕택으로 그 영리한 법관은 그런 비밀 통로의 공사를 모두 자기 집 안에서 했고, 따라서 누구의 방해도 받지 않고 끝낼 수 있었던 것이다. 그 뒤 그는 그 길에 인접한 땅을 조금씩 팔았는데 그 땅을 산 사람들은 길 어느 쪽에서 봐도 그냥 높은 담이 하나 있다고 생각했을 뿐, 그들의 원예장이나 과수원 사이가 긴 통로로 되어 있고 이중 벽으로 되어 있으리라고는 꿈에도 생각지 못했다. 오직 새들만이 이 묘한 길을 내려다 보았다. 아마 18세기의 멧새나 곤줄박이새들은 그것을 보고 상당히 시끄럽게 재잘댔으리라.

이 별채는 망사르식 석조 건물로 벽과 가구 장식은 와또풍, 실내는 로까이유식, 바깥은 덩굴식이었는데 꽃울타리로 둘러쳐 어딘가 은밀하고 요염하고 그러면서도 위엄이 있어 사법관이란 직위와 야욕의 분위기에 딱 어울리는 것이었다.

지금은 그 집과 길은 없어졌으나 15년 전까지만 해도 남아 있었다. 93년에 어떤 철물상이 그 집을 허물려고 샀으나 집값도 다 치르기 전에 파산해 버리고 말았다. 집이 오히려 그 철물상을 허물어 버리고 만 셈이다. 그 후 그 집은 사는 사람이 없어 조금씩 파괴되어 갔다. 사람이 생명을 불어넣을 수 없게 된 빈 집이 당연히 밟는 운명이었다. 가구는 그대로 보전되어 언제든지 팔거나 빌려 줄 수 있었고, 1810년 이래 줄곧 울타리에 걸려 있는, 누렇게 변색되어 읽을 수조차 없게 된 게시판이 지나가는 행인들에게 그런 운명을 말해주고 있었다.

왕정 복고 말기에 그곳을 지나가는 사람들은 그 게시판이 없어지고 2층의 덧문이 열려 있는 것을 보았다. 사람이 든 것이다. 창에 고운 커튼이 쳐진 것으로 보아 여자도 사는 모양이었다.

1829년 10월, 상당히 나이든 남자 한 사람이 찾아와서 그 집을 그대로, 물론 뒤꼍의 작은 집과 바빌론느로 통하는 통로까지도 포함해 모두 빌렸던 것이다. 남자는 그 길 양 끝에 있는 문을 고쳤다. 이미 말한 대로 집에는 소장이 살던 가구가 그대로 있었으나 새 주인은 여기저기 수리를 하고, 때우고, 마당에 깐 돌이며 통로의 벽돌이며 계단이나 마루의 판자며 유리창을 갈아 낀 다음, 어느 날 어린 소녀 하나와 나이든 하녀 하나를 데리고, 마치 이사 오는 사람이라기보다는 남의 집에 몰래 들어가듯 살짝 옮겨왔다. 이처럼 은밀하게 옮겨온 데다 그 근처에는 사람이 아무도 살지 않았기 때문에 그들의 이사는 전혀 남의 소문거리가 되지 않았다.

이 눈에 띄지 않은 주인은 장 발장이었고 소녀는 꼬제뜨였다. 하녀는 뚜쌩

비밀의 집

이라는 노처녀로 장 발장이 자선 병원과 가난에서 구했는데 나이들고 시골 여자인데다 말더듬이였기 때문에 고용하기로 한 것이다. 집은 연금 소유자 월띰므 포슐르방이라는 이름으로 빌렸다. 지금까지 읽어 오는 동안 독자들은 떼나르디에보다 먼저 그가 장 발장이라는 것을 알았을 것이다.

그럼 장 발장은 왜 쁘띠 뻭쀠스 수도원에서 나왔는가? 무슨 일이 있었는가? 무슨 일이 있었던 것은 아니었다.

사실 장 발장은 수도원에서 행복한 생활을 보내고 있었다. 너무 행복한 나머지 오히려 불안을 느낄 정도였다. 꼬제뜨를 매일 볼 수 있었고 차츰 부성애가 싹터 자라감에 따라 강한 애정을 느꼈다. 이 아이는 내 아이다, 이 애만은 내게서 뺏어가지 못한다, 언제까지나 이대로 계속되리라. 이렇게 그는 생각했다. 이 아이는 여기서 매일 조용히 교육을 받고 마침내 훌륭한 수녀가 될 것이다. 그러니까 이제부터 수도원만이 그애에게나 내게 유일한 세계이고, 나는 여기서 나이가 들고 그 애는 조금씩 자라리라. 이 아이는 여기서 나이를 먹고 나는 여기서 죽어갈 것이다. 그러니까 우리 두 사람은 결코 헤어지지 않으리라. 황홀한 희망. 그런 생각을 하고 있는 동안에 문득 그는 곤혹을 느꼈다. 그는 자신에게 물었다. 이 행복은 분명 내 것일까. 사실은 남의 행복, 이 애의 행복을 나 같은 늙은이가 가로채 내 것으로 만들어 보려는 것이 아닐까. 그는 마음속으로 물었다. 이것은 도둑질이 아닐까? 사실 이 애는 인생을 버리기 전에 먼저 인생이 뭐라는 것을 알 권리가 있는 것이 아닐까. 처음부터 본인의 의견도 듣지 않고 갖은 고통에서 구한다는 단 한 가지 핑계로 모든 기쁨을 이 애에게서 뺏는 것, 이 애가 아무것도 모르고 의지할 사람이 없는 것을 기화로 순수성만을 키운다는 것은 오히려 한 인간의 본성을 해치는 것이고 신을 모독하는 것이 아닐까. 언젠가 그런 모든 것을 알고 수녀가 된 것을 후회하는 날, 꼬제뜨가 나를 원망하지 않는다고 누가 장담할 수 있으랴?

이 마지막 생각은 이기적인 것으로 다른 무엇보다 사내답지 못한 생각이었으나, 그런 생각이 들자 그는 도저히 참을 수 없었다. 그는 수도원에서 나오기로 마음먹었다.

그는 그러기로 결심을 했다. 마음은 괴로웠으나 그렇게 해야 한다고 생각했다. 나가는 데 무슨 장애는 없었다. 5년이나 사방 벽으로 둘러싸인 곳에서 살았기 때문에 세상을 두려워할 이유는 다 사라진 터였다. 안심하고 나가도 되었다. 그는 늙고 세상은 완전히 변했다. 이제 누가 그를 알아보겠는가? 그리고 최악의 경우 위험한 것은 자기뿐이고 자기가 징역선고를 받는다고 해서 꼬제뜨를 수도원에 가둘 그런 권리가 자기에게는 없었다. 뿐만 아니라 의무 앞에 위험 같은 게 뭐란 말인가. 그리고 또 만사에 조심하면 되었다. 꼬제뜨의 교육은 거의 끝난 셈이고 마음에 걸릴 일은 아무것도 없었다.

한번 마음을 정하자 그는 기회를 기다렸다. 기회는 얼마 안 가서 곧 왔다. 포슐르방 노인이 죽은 것이다.

장 발장은 수도원장에게 면회를 청하고, 형님이 돌아가 그 유산을 어느 정도 받게 되었기 때문에 이제는 일하지 않고도 살아갈 수 있게 됐으니 수도원 일은 그만두고 딸과 함께 나갈 생각이라고 말했다. 그러나 서원(誓願)을 하지 않은 꼬제뜨가 지금까지 무료로 교육받은 것은 부당하므로 꼬제뜨가 여기서 보낸 5년간의 보상금으로 5천 프랑을 수도원에 기증할 생각이니 허락해 달라고 정중하게 덧붙였다.

이리하여 장 발장은 수시로 성체 조배를 하고 수도원에서 나왔다.

그가 항상 몸에 지니고 다니는 열쇠를 넣은 상자는 짐을 나르는 인부에게 맡기지 않고 나올 때 그가 직접 들고 나왔다. 그 상자는 안에서 좋은 향기를 풍기고 있었기 때문에 늘 꼬제뜨의 호기심을 자극했다.

그로부터 그 상자는 장 발장의 몸에서 한 번도 떠난 일이 없다는 것을 여기서 밝혀 둔다. 그는 그것을 언제나 자기 방에 두었다. 집을 옮길 때에도 무엇보다 먼저 그것을, 때로는 그것만을 들고 갔다. 꼬제뜨는 이상하게 생각해 그 상자를 주머니라 부르고 "시샘이 난다"고 말했다.

장 발장은 다시 자유의 공기를 마셨으나 역시 깊은 불안을 느끼지 않을 수 없었다.

그는 쁠뤼메 거리의 그 집을 발견하고 그곳에 몸을 숨겼다. 그때부터 그는 윌띰므 포슐르방이라는 이름을 썼다.

그는 빠리 시내 두 군데에다 방을 더 얻었다. 한군데에 붙박혀 있으면 다른 사람의 눈에 띄기 쉬웠고, 또 만일의 경우 조금이라도 불안하면 집을 떠날 수 있게끔, 그리고 자베르로부터 기적적으로 도망쳐 나온 그날 저녁처럼 아무 때나 피할 수 있도록 하기 위해서였다. 그 두 군데의 방이란 극히 초라하고 검소하였으며 되도록 멀리 떨어지기 위하여 하나는 웨스트 거리, 또 하나는 로마르메 거리에서 구했다.

그는 이따금 뚜쌩을 남겨둔 채 꼬제뜨만을 데리고 로마르메나 웨스트에 가서 한 달이고 두 달이고 보냈다. 거기서는 문지기에게 잔심부름을 시키고 있었으며 자기는 교외에 사는 연금 소유자인데 시내에 임시로 묵는 것이라고 말했다. 이 덕이 높은 인물도 경찰의 눈을 피해 빠리 시내에 세 군데나 있을 곳을 마련해야 했던 것이다.

국민병 장 발장

그러나 사실은 그는 쁠뤼메 거리에 있는 집에서 살면서 다음과 같이 살림을 꾸며 놓았다.

꼬제뜨는 하녀와 함께 본채를 썼다. 창 사이를 무늬 있는 종이로 바른 침실도, 벽에 금박을 바른 화장실도, 무늬 있는 휘장과 안락의자가 놓인 소장의 객실도, 정원도 전부 꼬제뜨 것이었다. 장 발장은 꼬제뜨 방에 삼색 다마스크 능직으로 만든 휘장이 달린 침대를 놓았고 피기에 쌩 뽈 거리의 고 셰 아주머니 상점에서 사온 아름다운 옛 페르시아 융단을 깔아 주었다. 그리고 그런 훌륭한 낡은 물건들이 풍기는 딱딱한 분위기를 부드럽게 하기 위해 아가씨다운 밝고 귀여운 가구들을 이것저것 들여놓아 그 골동품에 어울리게 했다. 옷장, 책상, 금박 찍힌 책, 문구류, 압지, 자개 박은 재봉 상자, 금도금한 은 상자며 갖가지 화장 도구가 마련되었고, 침대와 같이 빨간 바탕에 삼색으로 무늬를 놓은 다마스크 능직 커튼이 2층에 걸렸다. 아래층에는 수 놓은 커튼을 쳤다. 그래서 꼬제뜨의 집은 겨우내 조금도 추운 줄 몰랐다. 한편 장 발장은 정원에 있는 문지기 집에 기거했는데 거기엔 요 한 장을 깐 접는 침대와 테이블 하나, 짚의자 두 개와 사기 주전자 하나, 찬장 위에 책이 네댓 권, 그리고 그 소중한 상자가 한구석에 놓인 채 불은 한 번도 땐 일이 없었다. 식사는 늘 꼬제뜨와 함께 했으나 그를 위해 식탁에 나오는 것은 오직 빵 한 개뿐이었다. 뚜쌩이 들어왔을 때 그는 이렇게 일러 두었다.

"이 집 주인은 저 아가씨요."

"그럼 저, 나, 나으리는요?"

뚜생은 깜짝 놀라 물었다.

"나 말이오? 난 주인보다 더 높은 사람이지, 아버지니까."

꼬제뜨는 수도원에서 살림하는 법을 배웠기 때문에 꼼꼼하고 알뜰하게 꾸려갔다. 장 발장은 매일 꼬제뜨의 손을 잡고 산책하러 나갔다. 뤽상부르 공원에 가서 가장 한적한 오솔길을 거닐었다. 그리고 주일에는 미사에 참례했는데 집에서 멀리 있는 쌩 자끄 뒤 오 빠 성당이 좋아 그곳에 다니기로 했다. 그곳은 극히 가난한 동네였기 때문에 그는 많은 자선을 베풀어 성당에 가기만 하면 곧 가난한 사람들에게 둘러싸였다. 떼나르디에가 '쌩 자끄 뒤 오 빠 성당의 자비하신 나리님'이라고 쓴 것은 바로 그런 이유에서였다. 그는 즐겨 꼬제뜨를 데리고 가난한 집이나 병자를 찾아갔다. 그러나 쁠뤼메 거리의 자기집에는 절대로 남을 들이지 않았다. 식료품은 뚜쌩이 사왔고 물은 장 발장이 직접 큰길에 있는 우물에서 길어 왔다. 장작과 술은 바빌론느 거리로 통하는 쪽문 바로 옆, 앞이 바위로 가려진 반지하실 같이 생겨서 재판소장이 동굴처럼 쓰던 굴속에 저장되어 있었다. 계집질이며 첩살림이 성행하던 그 시대에는 정사라면 으레 동굴이 따라다니게 마련이었던 것이다.

바빌론느 거리로 잇닿은 문에는 신문이며 편지를 넣는 우편함이 하나 있었다. 그러나 현재 쁠뤼메 거리에 살고 있는 세 사람은 신문도 보지 않고 편지가 올 만한 데도 없었기 때문에 한때 정사의 중계 역할자요, 충실한 심복 노릇을 하던 우편함도 이제는 세금 고지서나 국민병 소집 영장 등을 받고 있었다. 연금 소유자 포슐르방 씨는 국민군에 편입돼 있었던 것이다. 그는 1831년에 행한 철저한 징병 검사에 걸렸다. 그때 시(市)에서 행한 조사는 쁘띠 뻭쀠스 수도원에까지 미쳤는데 속인은 출입할 수 없는 그토록 신성한 곳에서 나온 장 발장은 시 직원의 눈에는 매우 존경할 만한, 능히 시 경비병이 될 만한 충분한 자격을 갖춘 인물로 보였던 것이다.

일 년에 서너 번씩 장 발장은 군복을 입고 경비에 나갔다. 그는 국민병의 의무를 기쁜 마음으로 수행했다. 그것은 그에게 빈틈없이 위장할 기회를 주고 또 홀로 고립된 채 세상 사람과 관계를 가질 수 있는 기회였기 때문이다.

장 발장은 법적 병역 면제 나이인 60세에 달해 있었다. 그러나 보기엔 50세 정도로밖에 안 보였고, 게다가 그는 의무를 피하기 위해 담당 하사관의 명을 어긴다거나 로보 백작에게 이의를 제출할 생각은 조금도 없었다. 그는 시민으로서 호적이 등록되어 있지 않았다. 이름을 숨기고 신분을 감추고 나이를 숨기고, 온갖 것을 숨기고 있었다. 그래서 방금 말한 것처럼 기꺼이 자진해서 국민병이 되었다. 세금을 내는 일반인이 되는 것, 그것이야말로 그의 소원이었다. 그는 내면으로는 천사, 외면으로는 한 시민이 되는 것을 이상으로 하는 인간이었다.

또 한 가지 사소한 일이지만 여기 적어 두기로 한다. 앞에서 말했듯이 장 발장이 꼬제뜨와 같이 나갈 때는 퇴역 장교와 같은 차림을 했다. 그러나 혼자 나갈 때는, 대개 해질녘이었지만 언제나 노동복 윗도리에 바지를 걸치고 챙 넓은 모자로 얼굴을 깊숙이 가리고 나갔다. 사람의 눈을 꺼려서일까, 아니면 자기를 부끄럽게 생각해서일까? 두 가지가 다 이유였다. 꼬제뜨는 수수께끼 같은 자기의 운명에 익숙해져 있는지라 아버지의 이상한 행동은 조금도 마음에 두지 않았다. 뚜쌩은 장 발장을 존경하고 있었기 때문에 그가 하는 일은 뭐든지 옳다고 믿고 있었다.

어느 날, 지나가던 푸줏간 주인이 장 발장을 흘끗 보고 그녀에게 말했다.
"정말 이상한 사람이군."
뚜쌩은 대답했다.
"저 분은 성자세요."

장 발장도 꼬제뜨도 뚜쌩도 출입할 때는 늘 바빌론느 쪽 문을 사용했다. 그 때문에 철책 너머로 이따금 모습이 보이지 않았더라면 그들이 쁠뤼메 거리에 산다고는 아무도 생각지 못했을 것이다. 그 철책은 늘 잠겨 있었다. 장 발장은 남의 눈을 끌지 않기 위해 정원은 일체 손질을 하지 않고 그대로 두었다. 그러나 그것은 틀린 생각이었다.

잎과 가지

반세기 이상이나 제멋대로 내버려 둔 그 정원은 그대로 신비한 매력에 가득 차 있었다. 지금부터 40년 전에 그 앞을 지나가는 사람들은 그 정원이 싱싱하게 우거진 덤불 속 깊숙이 비밀을 간직하고 있는 줄은 꿈에도 모르고 발걸음을 멈추고 한참씩 들여다보고 가곤 했다. 그 당시 얼마나 많은 몽상가들이 그 정원 안을 들여다보며, 녹과 이끼가 낀 두 기둥 사이에 아치를 이루고 있는 기묘한 덩굴과 맹꽁이 자물쇠가 걸린 채 비틀어지고 흔들흔들 덜컹대는 철문이 달린 철책 너머로 얼마나 거침없는 호기심과 상상을 펼쳤는지 모른다.

 정원 한구석에는 돌걸상이 놓여 있고 이끼낀 입상이 한두 개 서 있었으며, 벽 바깥쪽 격자 울타리는 오랜 세월을 거치는 동안 못이 다 빠지고 썩어 있었다. 정원엔 오솔길도 잔디도 없이 온통 갯보리만 우거져 있었다.

 원예는 어딘가로 사라지고 자연만이 남아 있었다. 잡초가 제멋대로 무성하여 빈약하기 짝이 없는 이 구석진 땅에 훌륭한 풍정을 더해 주고 있었다. 정원에는 도꼬마리가 현란하게 피어 있었다. 이 정원 안에는 생명을 향해 뻗어가는 온갖 식물의 신성한 노력을 방해하는 것이라곤 아무것도 없었다. 모든 것이 그곳을 근거지로 생장하고 있었다. 나무들은 가시덤불 쪽으로 허리를 굽히고 가시덤불은 나무를 향해 뻗어 올라가고 덩굴은 타 오르고 휘어진 가지가 있고 땅 위를 뻗는 것은 공중에 꽃피는 나무를 만나려 하고 바람에 나부끼는 것은 이끼 사이를 누비며 뻗는 식물 쪽으로 잔뜩 굽히고 있었다. 나무 줄기며 가지, 잎사귀, 빽빽이 난 덩굴, 둘둘 말린 줄기, 가시 같은 것들이 서로 얽히고 섞이고 한덩이가 되어 뒤엉켜 있었다. 그 300피트 평방을 싸고 있는 울타리 안에서는 식물들이 창조주의 만족스런 미소 아래 서로 빈 틈없이 얽혀 인간의 우애를 상징하는 식물의 사랑을 한껏 기리고 있었다. 그 정원은 이미 단순한 정원이 아니라 하나의 거대한 덤불, 다시 말해 숲처럼 신비롭고 도시처럼 온갖 것들이 살고 있으면서 새둥우리처럼 잎들이 떨리고 대성당같이 침침하며 꽃다발같이 향기롭고 무덤같이 쓸쓸한가 하면 곤충같이 생기에 넘치는 그 무엇이 있었다.

 꽃피는 계절이 되면 철책 저 너머 사방 벽으로 둘러싸인 곳에서는 그 거대한 덤불의 집단이 마치 야수가 우주에 가득 찬 사랑의 냄새를 맡고 그 혈관 속에서 4월의 생기가 끓어오르는 것을 느끼듯 햇빛 속에 그 신비한 녹색 머리칼을 한껏 자유롭게 나부끼며 축축한 대지 위에, 닳아빠진 입상 위에, 가옥의 허물어져 버린 돌계단 위에, 그리고 한적한 한길에까지 별과 같은 꽃을, 진주 같은 이슬을, 윤기를, 아름다움을, 생명을, 환희를, 향기를 내뿜는 것이었다. 한낮에는 무수한 흰 나비가 그곳으로 모여들어 나무 아래에서 한여름에 살아 있는 흰 눈이 솜털처럼 펄럭이는 성스런 광경을 볼 수 있었다. 그리고 그 화려한 녹색 그늘 속에서는 무수한 맑은 소리로 뭔가를 끊임없이 영혼에게 속삭이고 있었는데 새가 다 하지 못한 이야기를 대신 해주고 있었다. 저녁이 되면 꿈 같은 안개가 피어올라 그 죽음의 옷자락으로 하늘의 은밀한 슬픔을 정원 가득 채우고, 인동덩굴과 메꽃의 취할 듯한 향기가 그윽하고 미묘한 독처럼 사방에서 피어올랐다. 나뭇가지 사이로 숨겨둔 둥지로 찾아든 나무발바리새며 할미새들이 하루를 마감하는 울음 소리도 들렸다. 거기에서는 새와 나무의 티없는 젊음이 느껴졌다. 낮에는 새의 날개가 나뭇잎을 즐겁게 해주고 밤에는 나뭇잎이 날개를 지켜 주었다.

겨울이 오면 덤불은 검은 색으로 변하고 축축해지고 머리카락을 곤두세우며 추위에 몸을 떠는데, 그런 덤불 사이로 집이 조금 들여다 보였다. 가지엔 꽃과 그 꽃잎에 맺힌 이슬이 없는 대신, 누렇게 시들어 떨어진 낙엽 위에는 민달팽이가 기어간 긴 은색 자국이 보였다. 봄, 여름, 가을, 겨울 사계절을 통해 갖가지 풍경으로 이 작은 땅은 애수와 명상과 고독과 자유와 인간의 부재와 신의 현존을 나타내고 있었다. 그리고 그 모든 것을 둘러싸고 있는 녹색 철책은, 정원은 내 것이라고 한껏 주장하고 있는 것 같았다.

빠리의 포장도로가 그 주위를 둘러싸고 있었으나 장 발장의 집만은 완전한 별천지였다. 부근에 바렌느 거리의 고전적인 훌륭한 주택가가 있고, 앵발리드의 둥근 지붕이 바로 옆에 보이고, 부르고뉴 거리와 쌩 도미니끄 거리의 포장 마차들이 화려하게 근처를 굴러다니고, 누렇고 노랗고 희고 빨간 승합마차들이 바로 옆 네거리를 지나다녔으나 여기만은 별천지였다. 쁠뤼메 거리는 항상 쓸쓸하고 조용했다. 옛 주인은 죽고, 혁명이 스쳐가고, 집의 부(富)는 무너져 버리고, 부재와 망각이 겹치면서 이 기묘한 거리는 양치류, 현삼, 독당근, 서양가새풀, 디기탈리스, 키 큰 잡초, 연록색 옷감 같은 넓은 잎을 가진 키 큰 식물과 도마뱀, 풍뎅이, 겁많고 재빠른 곤충들이 있는 대로 다 모여 들었다. 그리하여 벽으로 완전히 둘러싸인 이곳에는 뭔가 정체를 알 수 없는 야성적이고 거친 위대성이 땅 속 깊은 곳에서 천천히 올라오고 있었다. 인간의 보잘 것 없는 손질을 물리치고 개미에서 독수리에 이르기까지 일일이 손을 대는 신의 손길이, 빠리 한구석, 그 하잘것없는 정원에 신세계(아메리카)의 처녀림과 같은 거칠고 웅대한 자연을 한껏 꽃피게 하고 있었다.

그러고 보면 세상에 작은 것이라곤 아무것도 없다. 자연의 깊은 침투를 피할 수 없는 자는 누구나 이 사실을 알고 있다. 원인을 아무리 분명히 밝힌대도, 또 결과를 아무리 연구한대도 철학이 완전히 만족할 수는 없을 것이지만, 모든 개체에 작용하는 분산된 힘이 결국 하나의 통일에 도달하는 것을 보면서 관찰자는 형언할 수 없는 황홀감에 잠기게 된다. 모든 것은 모든 것에 작용하고 있는 것이다.

대수학(代數學)은 구름에도 적용된다. 별빛은 장미꽃을 피우는 데도 도움이 된다. 어떤 사상가도 아가위의 향기가 하늘의 성좌에 영향을 미친다는 것을 부정할 사람은 없을 것이다. 하나의 분자가 어디로 가는지 누가 예측할 수 있을 것인가? 천지 만물이 다 작은 모래알의 낙하로 결정되는지 어떤지 누가 알 수 있을 것인가? 무한대와 무한소(無限少)의 끊임없는 되풀이를, 존재의 심연에 깃들어 있는 갖가지 원인들의 관계를, 창조의 눈사태를, 대체 누가 알 수 있을 것인가? 진딧물 한 마리도 지극히 소중한 것이다. 작은 것도 큰 것이고 큰 것도 작은 것이다. 모든 것은 필연 속에서 어울리고 있다. 정신을 위협하는 환영, 생물과 무생물 사이에는 기적에 가까운 관계가 있다. 태양에서 작은 벌레에 이르기까지 그 무수한 전체 속에는 하나도 소홀히 할 것이 없다. 햇빛은 아무 목적 없이 지상의 향기를 공중으로 퍼지게 하는 것이 아니다.

밤은 별의 향유를 잠자는 꽃에 나누어 주며 다닌다. 하늘을 날아다니는 새는 모두 발에 무한한 실을 묶고 있다. 봄은 유성의 나타남과 알을 깨고 나오는 제비 무리의 울림과 때를 맞춘다. 지렁이의 생성과 소크라테스의 탄생은 동시에 이루어진다. 망원경의 도달점이 현미경의 출발점이다. 어느 쪽 세계가 더 큰가? 말할 사람이 있다면 해보라. 하나의 곰팡이는 많은 꽃들이 모인 별자리다. 하나의 성운은 수많은 별의 집합체이다.

똑같이, 아니 상상할 수 없을 정도로 정신계의 사물과 물질계의 사실 사이에는 훨씬 간격이 없는 것이다. 갖가지 요소며 원칙이 서로 용해되고 맺어지고 짜여지고 늘어나 마침내 물질계와 정신계를 하나의 빛에 도달케 한다.

현상은 영원히 반복된다. 광대한 우주적 교환 속에서 보편적 생명은 무한히 서로 오고가며 갖가지 눈에 보이지 않는 방사체(放射體)의 신비 속에 일체를 휘감고, 모든 잠의 꿈 하나도 잃지 않고 일체를 동원하여 여기서는 미생물을 태어나게 할 때, 저기서는 별을 부수고 흔들어 비틀고, 빛을 힘으로, 사색을 원소로 바꾸어 살포하면서도 분할되지 않게 하고, 자아라는 기하학적 일점을 제외하고는 모든 것을 용해하고, 모든 것을 원자적 영혼으로 끌어

올리고, 모든 것을 신 속에 꽃피게 하고, 가장 높은 곳에서 가장 낮은 데 이
르기까지 모든 활동을 현기증나는 기계적 운동의 암흑 속에 헝클어지게 하
고, 곤충의 비상을 지구의 운동에 연결하고, 법칙의 일치에 의해서 그러는지
어떤지는 알 수 없어도 창공 속의 혜성의 운행을 물방울 속의 플랑크톤의 선
회에 종속시킨다. 모든 것이 정신을 재료로 만드는 기계이다. 날벌레를 최초
의 기계로, 태양계를 최후의 바퀴로 하는 거대한 톱니장치인 것이다.

철책의 변화

  옛날 방탕의 비밀을 감추기 위해 만들어진 그 정원은 지금은 역할이 바뀌
어 순결한 비밀을 간직하기에 적당한 곳이 되었다. 이제는 아치 모양의 덩굴
시렁도 동굴도 없었다. 아무렇게나 얽힌 초목에 끝없는 어둠만이 깊은 장막
처럼 드리워져 있을 뿐이었다. 파포스 정원(비너스신 전의 뜰)이 에덴의 동산으로 바뀐
것이다. 뭔가 신비한 변화가 일어나 그 은신처를 청결하게 해놓았다. 그 꽃
파는 처녀도 이제는 사람의 영혼에 꽃을 바치고 있었다. 예전에는 매우 음탕
하고 한껏 요염했던 이 정원도 이제는 처녀성과 수줍음으로 돌아와 있었다.
재판소장은 한 정원사의 손을 빌렸는데, 라므와뇽(최초의 파리 고등법원장)의 후계자인 한 소
장의 우둔성과 르노트르(베르사유 공원을 설 계한 유명한 정원사)의 후계자연한 어느 설계사의 우둔성은
정원을 멋대로 비틀어 놓고 깎아 놓고 구겨놓고 처덕처덕 장식해 정사에 어
울리게 잔재주를 부렸으나 지금은 자연이 그것을 도로 찾아 나무 그늘을 살
찌게 만들고 고상한 사람에게 어울리는 장소로 만들어 놓았다.
  그 조용한 정원에 완전히 준비가 끝난 하나의 마음이 있었다. 이제 사랑만
모습을 나타내면 되었다. 그곳은 사랑에 필요한 모든 것을 갖추고 있었다.
푸른 나뭇잎과 풀과 이끼와 새의 한숨 소리와 부드러운 그림자와 흔들리는
나뭇가지로 된 하나의 성당, 그리고 정숙함과 신앙과 순진성과 희망과 동경
과 공상으로 된 하나의 영혼을.
  꼬제뜨가 수도원에서 나온 것은 아직 어릴 때였다. 13살이 조금 지난, 어
린애라고도 어른이라고도 할 수 없는 나이여서 꼬제뜨의 용모는 앞서도 말
한 대로 눈을 제외하고는 별로 아름다운 편이 아니었다. 그렇다고 해서 얼굴
의 어디가 어떻다는 얘기는 아니고 그냥 좀 어색하고 비쩍 마르고 수줍음도
잘 타고 그러면서도 이상하게 대담한 데가 있는, 말하자면 어른 같은 어린애

라고 할 수 있었다.

　그녀의 교육은 끝나 있었다. 종교를 배웠고 신앙을 몸에 익혔다. 그리고 수도원에서 '역사'라고 하는 지리며, 문법, 분사법(分詞法), 프랑스 왕조사, 음악, 그리고 사람의 옆얼굴을 그릴 정도의 데생을 조금 배웠다. 그 외는 아무것도 몰랐다. 그것은 매력이기도 했으나 또 위험한 것이기도 했다. 소녀의 영혼을 모호한 어둠 속에 두어서는 곤란하다. 그러면 거기에서 이따금 마치 암실 속처럼 지나치게 급격하고 지나치게 강렬한 신기루가 나타나게 마련이다. 그러니까 소녀의 영혼은 늘 현실의 뜨거운 직사광선보다는 오히려 그 반영에 의해서 적당히 조절해 주지 않으면 안 된다. 유익하고 다정하고 그러면서도 엄격한 엷은 광선만이 어린애 같은 공포심을 없애고 타락을 막아 준다. 그리고 처녀 시절의 기억과 아내로서의 경험이 혼합된 훌륭한 직관력인 모성본능만이 그 엷은 광선을 어디서 어떻게 만들어내야 하는가를 안다. 사실 그런 본능 이상 존귀한 것은 없다. 소녀의 영혼을 키우는 데는 세계의 모든 수녀를 다 하나로 모아도 한 어머니에 미칠 수가 없다.

　그런데 꼬제뜨에게는 어머니가 없었다. 수도원의 수녀는 얼마든지 있었으나 그것은 복수(複數)의 어머니에 불과했다.

　장 발장은 만사에 섬세한 신경과 애정을 쏟아 주기는 했으나 역시 나이든 노인이었고, 때문에 전혀 이해가 없었다. 그런데 교육이라는 것, 한 여성의 일생을 위해 준비시키는 중요한 작업에서 순진성이라는 크나큰 무지와 싸우는 데는 얼마나 많은 지식이 필요한가!

　수도원만큼 젊은 여자를 정열의 세계로 모는 곳은 없다. 수도원은 인간의 사고를 미지의 방향으로 향하게 하는 것이다. 내향적인 마음은 밖으로 흘러 넘치는 것이 있음을 전혀 모르고 안으로만 파들어간다. 그리고 꽃이 핀다는 것도 모르는 채 안으로 깊숙이 잠겨버리고 만다. 그 결과 환상, 가정, 억측, 공상의 로맨스, 소설의 초고, 모험에 대한 가공의 몽환 같은 상상의 누각이 정신 내부에 터를 잡고 세워져 그 어두운 집의 울타리를 넘어들어가는 순간 정열은 곧 자리를 잡고 주저앉아 버리고 마는 것이다. 그러므로 수도원 생활로 자기 마음을 억누른 사람은 그 수도원 생활을 평생 계속해야 한다.

　수도원을 나올 때, 꼬제뜨에게는 쁠뤼메 거리의 집만큼 안락하고 위험한 곳은 없었다. 고독은 여전했으나 자유가 시작된 것이다. 닫힌 정원, 그러나 자극적이고 풍부하고 평안과 향기가 가득한 자연. 꿈은 수도원에 있을 때와 마찬가지였으나 울타리 틈으로 가끔 보이는 젊은 남자들의 모습. 여기도 역시 격자 쇠살문이 있었으나 그것은 바깥 큰길 쪽으로 나 있었다.
 그러나 다시 되풀이 말하지만, 꼬제뜨가 여기 왔을 때는 아직 어린 아이였다. 장 발장은 그 손질 안 한 정원을 꼬제뜨 마음대로 하도록 맡겼다. 그는 말했다.
 "여기서 뭐든지 너 하고 싶은 대로 해라."
 그 말은 꼬제뜨를 기쁘게 했다. 꼬제뜨는 정원의 덤불이란 덤불을 모조리 헤치고, 돌이란 돌을 모조리 옮겨놓으며 '동물' 찾기를 했다. 거의 꿈에 취한 듯 돌아다니며 놀았다. 발 아래 풀 속에서 벌레를 볼 수 있는 이 정원을, 또 머리 위 나뭇가지 사이로 별을 올려다볼 수 있는 이 정원을 사랑했다.
 그리고 꼬제뜨는 아버지를, 장 발장을 어린애다운 순진한 애정으로 사랑하고 이 노인을 가장 가깝고 다정한 친구로 생각하고 있었다. 마들렌느 씨가 대단한 독서가라는 것을 독자도 기억하고 있겠지만 장 발장으로 돌아온 지금도 여전히 독서를 계속하고 있었기 때문에 그는 이야기에 상당히 능숙했다. 또 스스로 개발한 겸손하고도 진실한 지성으로 내용이 풍부한 대화와 연설을 할 수 있었다. 그 선량함을 조화시키는 준엄성도 곁들여 있었다. 그는 정신은 엄격했으나 마음은 지극히 부드러운 인간이었다. 뤽상부르 공원에서 꼬제뜨와 얘기를 주고 받을 때, 그는 책에서 읽은 것이며 자신이 경험했던 고통스러운 기억에서 이야기를 끌어내어 갖가지 일에 대해 자세한 설명을 해주었다. 그럴 때 꼬제뜨의 눈은 그 얘기에 귀를 기울이면서도 다른 곳을 방황하고 있었다.
 꼬제뜨가 놀기에 그 황량한 정원이 충분했듯이 꼬제뜨의 머리속에는 그 소박한 노인으로 충분했다. 꼬제뜨는 나비를 쫓아다니다 숨을 헐떡이며 그 옆으로 뛰어와 이렇게 말하곤 했다.
 "아아, 실컷 따라다녔어요."
 그러면 노인은 꼬제뜨 이마에 키스해 주었다.
 꼬제뜨는 노인을 존경하고 사랑했다. 그리고 언제나 따라다녔다. 장 발장 주위에는 늘 평안과 기쁨이 있었다. 장 발장은 본채와 정원에는 결코 오지 않았기 때문에 꼬제뜨는 꽃이 만발한 정원보다는 집 뒤의 돌이 깔린 안뜰에 있기를 더 좋아했다. 가죽을 씌운 안락의자가 있고 수놓은 커튼을 친 넓은 객실보다는 짚의자가 놓인 작은 외딴 방에 가기를 더 좋아했다. 장 발장은 꼬제뜨가 자기를 따르는 것에 무한한 행복을 느끼고 빙그레 웃으며 가끔 이렇게 말하는 것이었다.

"자아, 이제 네 방으로 가거라! 이제 나를 좀 혼자 있게 해다오!"

정다운 아버지와 딸 사이에 흔히 볼 수 있는 그런 불평을 꼬제뜨가 오히려 그에게 할 때도 물론 있었다.

"아버지, 여기 있으니까 무척 춥군요. 왜 양탄자를 깔고 난로를 들여놓지 않으세요?"

"나보다 훨씬 훌륭한 사람도 지붕 없는 집에 사는 사람이 얼마든지 있단다."

"그럼 왜 제 방엔 따뜻하게 불도 때고 필요한 건 뭐든지 갖추어 주셨어요?"

"너야 여자고 어린애니까 그렇지."

"어머, 왜 남자는 춥고 불행하게 살아야 하는지 모르겠어요."

"사람에 따라선 그래야 할 사람이 있단다."

"좋아요. 그럼 저도 여기 내내 아버지랑 같이 있으면서 불을 피우시게 만들겠어요."

또 이런 말도 했다.

"아버지, 아버진 왜 그렇게 나쁜 빵만 드세요?"

"왜? 그저 그러고 싶어서이지."

"그럼 아버지가 그걸 잡수시면 저도 그걸 먹겠어요."

그러자 장 발장은 꼬제뜨에게 검은 빵을 먹이지 않기 위해서 흰 빵을 먹었다.

꼬제뜨는 어린 시절을 어렴풋이 기억할 뿐이었다. 꼬제뜨는 얼굴도 모르는 어머니를 위해 매일 아침저녁으로 기도했다. 떼나르디에 부부는 꿈속에서 보았던 무서운 얼굴처럼 꼬제뜨 마음 속에 깊이 새겨져 있었다.

'캄캄한 어느 날 밤' 숲 속으로 물을 길러 갔던 일도 생각났다. 그곳은 빠리에서 훨씬 떨어진 곳이라고 꼬제뜨는 믿고 있었다. 지옥 같은 생활에서 장 발장이 구해 준 것도 어렴풋이 생각났다. 자기의 어린 시절은 마치 지네와 거미와 뱀으로만 둘러싸인 때같이 느껴졌다. 잠자기 전 이런저런 생각에 잠겨 있노라면, 자기와 장 발장이 아버지와 딸 사이라는 개념이 확실치 않아 어머니의 영혼이 노인한테로 옮아가 자기 옆에 머물러 있게 된 것이라고 상상하였다.

장발장이 앉아 있을 때면 꼬제뜨는 그의 백발에 볼을 바싹 대고 눈물을 떨어뜨리며 이렇게 중얼거리는 것이었다.

"이분은 틀림없이 내 어머니시다, 틀림없이!"

이런 말을 하면 이상하게 들릴지 모르지만 꼬제뜨는 수도원에서 자란 아직 철없는 소녀인데다, 처녀는 모성이라는 것을 도저히 이해할 수 없었기 때문에 자기에게는 어머니가 없는 것과 같다고 생각하게 되었다. 꼬제뜨는 어머니의 이름조차 몰랐다. 이따금 장 발장에게 물어보는 때도 있었으나 그때마다 장 발장은 입을 꽉 다물어 버렸다. 거듭 물으면 그는 빙그레 웃었다. 한 번은 꼭 듣고 싶다고 조른 적이 있었는데 그때 그의 미소는 끝내 눈물로 변해 버렸다.

장 발장의 이러한 침묵은 팡띤느를 완전히 어둠 속에 가려놓았다. 조심성 때문이었을까? 경의(敬意) 때문이었을까? 아니면 그 이름을 자기가 아닌 다른 사람이 기억하는 게 걱정이 되어서였을까?

꼬제뜨가 어렸을 때에는 오히려 그의 편에서 자주 그녀의 어머니에 대한 얘기를 꺼냈다. 그러나 꼬제뜨가 자라 제법 처녀가 되자 그는 그 얘기를 할 수가 없었다. 그럴 용기가 나지 않았다. 꼬제뜨를 위해서였을까? 아니면 팡띤느를 위해서였을까? 그는 꼬제뜨의 머리에 그 그림자를 아로새겨 넣는 것에, 또 자기들의 운명 속에 제삼자인 그 죽은 여인을 놓는 것에, 어쩐지 종교적인 외경감조차 느꼈다. 그 그림자가 그에게 신성하면 신성할수록 더욱더 무거워지는 것을 느꼈다. 팡띤느를 생각하면 그는 침묵을 강요당하는 기분이었다. 그러면서 늘 어둠 속에 입술을 대고 있는 손가락 같은 것이 흐릿하게 떠오르는 것이었다. 팡띤느의 가슴속에 깃들어 있던 수치심, 살면서 억지로 내던져야 했던 그 수치심이 이제는 죽은 그녀에게 되돌아와 분노로 떨리는 가슴을 달래며 무덤 속 평화를 지켜주고 있는 것 같았다. 그리고 그럴수록 장 발장은 자기도 모르는 사이 어떤 정체를 알 수 없는 압박감을 느꼈다. 죽음을 믿는 우리들로서는 이러한 신비한 생각에서 벗어날 수 없는 것이다. 그런 이유로 장 발장은 팡띤느의 이름을 꼬제뜨에게조차 꺼낼 수 없었던 것이다.
　어느 날, 꼬제뜨가 그에게 말했다.
　"아버지, 어젯밤 꿈속에서 어머니를 봤어요. 커다란 날개가 두 개 달려 있었어요. 어머닌 아마 이 세상에 계실 때부터 성녀이셨던 모양이죠?"
　"순교를 한 결과지." 장 발장은 대답했다.
　이것만 제외하면 장 발장은 늘 행복했다.
　그와 함께 외출할 때 꼬제뜨는 그의 팔에 매달려 자랑스럽고 행복하고 즐거워했다. 다른 아무것에도 마음을 두지 않고 자기만으로 만족하는 꼬제뜨를 보는 장 발장의 마음은 뭐라 말할 수 없이 기뻤다. 가엾게도 그는 천사같은 순진한 환희에 젖어 몸을 떨며 그러한 행복이 언제까지나 계속되리라고 굳게 믿고, 그런 티없는 행복의 은총을 받는 한 자기는 결코 불행한 인간은 아니라고 생각했다. 그리고 이처럼 순진한 한 인간으로부터 이토록 사랑받도록 허락해 주신 하느님께 진심으로 감사를 바쳤다.

장미는 자신이 무기임을 깨닫는다
　어느 날, 꼬제뜨는 문득 거울에 비친 자기 얼굴을 보고 놀랐다.
　"어머!"
　어쩐지 자기가 좀 예뻐진 것 같이 생각되었다. 그렇게 여기자 이상하게 가슴이 떨렸다. 그녀는 지금까지 한 번도 자기 얼굴에 대해 생각해본 일이 없었다. 거울은 가끔 들여다보았지만 유심히 이리저리 비춰본 적은 없었다. 게다가 사람들로부터 곧잘 밉다는 소리를 들어 왔다. 장 발장만이 다정한 목소리로 "천만에! 천만에" 하고 말해 주었다. 그러나 어쨌든 꼬제뜨는 자기를 밉다고 생각하고, 어린애처럼 간단히 체념하여 그렇게 믿으면서 자라왔다. 그런데 지금 갑자기 거울이 장 발장과 똑같은 소리를 했던 것이다. "천만에!" 그녀는 그날 밤 잠을 이루지 못했다.
　'정말 내가 예쁜 걸까?'
　그녀는 생각했다.
　'어머, 우습기도 해라. 내가 예쁘다니!'
　그리고 수도원에서 유난히 예뻤던 친구들의 얼굴을 하나하나 떠올려 보며 이렇게 생각했다.

'어머나, 나도 그 친구들같이 된단 말인가!'
이튿날, 이번엔 일부러 거울을 들여다보았다. 그녀는 자기 눈을 의심했다.
'어젠 어떻게 됐던 걸까?'
그녀는 중얼거렸다.
'역시 나는 보기 싫구나!'

사실은 잠을 충분히 자지 못해 눈이 좀 들어가고 얼굴빛이 창백했던 것이다. 어제 예쁘다고 생각했을 때는 그다지 마음이 기쁘지도 않았는데, 지금 그렇지 않다고 생각하자 이상하게 몹시 슬펐다. 그로부터 그녀는 2주일 이상이나 거울을 보지 않고 머리를 빗을 때도 되도록 거울 쪽은 보지 않으려고 애썼다.

저녁 식사가 끝나면 꼬제뜨는 대개 객실에서 수를 놓거나 수도원에 보내는 수예품을 매만지고, 장 발장은 그 옆에서 독서를 했다. 어느 날 문득 일거리에서 고개를 든 그녀는 근심스러운 눈길로 자기를 지켜보고 있는 아버지를 보고 깜짝 놀랐다.

또 어느 날은 그녀가 길을 가려니까 낯모르는 사람이 등 뒤에서 이런 소리를 하는 것 같았다. "상당히 예쁜 여자다. 한데 옷이 너무 초라하군." '어머, 어쩌면!' 그녀는 생각했다. '하지만 나보고 하는 소린 아닐 거야. 난 옷은 괜찮지만 얼굴이 못생겼으니까.' 그녀는 그때 벨벳 모자에 메리노 모직의 긴 옷을 입고 있었다.

그리고 또 어느 날, 꼬제뜨는 정원에서 하녀 뚜쌩이 이런 말을 하는 것을 들었다.
"나 나리, 아 아가씨가 예뻐지신 것을 아시나요?"
꼬제뜨는 아버지가 뭐라고 대답하셨는지 들을 수 없었다. 뚜쌩의 말은 그녀의 마음을 무섭게 흔들어 놓았다. 그녀는 정원에서 도망쳐 방안으로 뛰어들어가 벌써 석 달 동안이나 보지 않은 거울을 들여다보고 자기도 모르게 소리쳤다. 스스로 자기 얼굴에 황홀해져 버린 것이다. 예쁘고 아름다웠다. 그녀는 뚜쌩의 말에, 그리고 손에 든 거울을 향해 고개를 끄덕이지 않을 수 없었다. 키는 늘씬하게 컸고 피부는 하얗고 머리칼은 윤이 흐르고 푸른 눈동자에는 지금까지 보지 못했던 빛이 반짝이고 있었다. 아름답다는 확신이 활짝 갠 하늘처럼 삽시간에 마음에 퍼졌다. 다른 사람도 그렇게 생각하고 있다.

장미는 자신이 무기임을 깨닫는다.

뚜쌩도 그렇게 말했고 전에 거리를 지나는 사람이 한 말도 자기를 두고 한 말임에 틀림없었다. 이제 더 의심할 여지가 없다. 그녀는 정원으로 내려갔다. 마치 여왕처럼. 그러자 겨울인데도 그녀의 귀엔 새들의 지저귐이 들려왔고 올려다본 하늘은 황금 색으로 빛났으며 나뭇가지 사이로 환한 태양이 비치고 풀밭에는 꽃이 만발한 것 같았다. 그녀는 환희 속에, 뭐라 표현할 수 없는 도취감에 잠겼다.

한편 장 발장은 걷잡을 수 없는 깊은 실망에 빠져 있었다. 그는 오래 전부터 꼬제뜨의 얼굴에 날이 갈수록 더해 가는 아름다운 빛을 무슨 무서운 것이라도 보듯 지켜보고 있었다. 모든 사람에게 던지는 미소의 빛도 그에게는 어둡고 침울한 것이었다.

꼬제뜨는 자신이 깨닫기 훨씬 전부터 이미 아름다움이 나타나기 시작하고 있었다. 그 예기치 못했던 빛은 천천히 떠올라 그녀의 전신을 감싸기 시작하면서 장 발장의 우울한 눈을 아프게 찔렀다. 행복한 생활, 너무 행복한 나머지 행여나 뭔가 흩어지지나 않을까 두려워 몸 하나 까딱하지 않고 살아온 생활에 이제 커다란 변화가 일어난 듯 느껴졌다. 갖은 고통을 겪고 지금도 여전히 상처에서 피를 흘리고 있는 그, 전에는 악인이었던 그가 이제는 성인처럼 된 그, 형무소의 사슬을 질질 끌고 다닌 뒤에 지금은 끝없는 오욕과 눈에 보이지 않는 무거운 사슬을 끌고 다니는 그, 아직 법에서 완전히 벗어나지 못하고 언젠가 다시 붙잡혀 덕행을 쌓을 수 있는 숨은 집으로부터 만인의 눈 앞에 끌려나갈지도 모르는 그, 그러한 그가 모든 것을 감수하고 모든 것을 용서하고 모든 것을 허용하고 모든 것을 축복하고 모든 것을 위해 생각하며 하느님과 인간과 법률과 사회와 세상에 대해 바라는 것은 오직 하나, 꼬제뜨가 그를 사랑해 주는 것이었다.

제발 꼬제뜨가 자기를 계속 사랑해 주기를! 그 아이의 마음이 언제까지나 자기 옆에 있고 자기와 같이 머무는 것을 하느님이 막지 말아 주시기를! 꼬제뜨만 자기를 사랑해 주면 그는 위로를 받고 평안을 느끼고 부족함이 없고 모든 고통의 보상을 받고 천하를 다 얻은 마음으로 살아갈 수 있었다. 꼬제뜨만 사랑해 주면 만족했던 것이다. 그 외에는 아무 욕심도 없었다. 만일 누가 그에게 "당신은 좀더 행복해지고 싶소?" 하고 물었다면 그는 서슴없이 "아니오"라고 대답했을 것이다. 하느님이 "천국에 가고 싶으냐?" 하고 물었대도 그는 "여기를 떠나는 것은 쓰라린 일입니다" 하고 대답했을 것이다.

그러한 상태에서, 약간의 이상한 조짐만 있어도 그는 무슨 별다른 일이 일어나는 것이 아닌가 몸을 떨곤 했다. 그는 지금까지 여자의 아름다움이 어떤 것이라는 것을 잘 알지 못했으나 어쩐지 무서운 것이라는 것만은 본능으로 알고 있었다.

그 아름다움이 이제 그의 몸 가까이 바로 눈앞에서 어린애같은 딸의 순진한 이마 위에 차츰 넓게 꽃피어 가는 것을, 그는 자신의 늙음과 추함과 초라함과 형벌과 절망의 밑바닥에서 어리둥절한 눈초리로 지켜보고 있었다.

그는 마음속으로 혼자 중얼거렸다. "저앤 정말 아름답구나! 난 이제 어떻게 될 것인가?"

여기에 그의 사랑이 어머니의 사랑과 다른 점이 있었다. 그가 쓰라린 마음으로 보는 것을 어머니라면 기쁜 마음으로 지켜보았을 것이다.

얼마 안 있어 그 첫 징조가 나타났다. '난 정말 예쁘다!'고 생각한 날부터 꼬제뜨는 몸차림에 신경을 쓰기 시작했다. 그녀는 지나가던 사람의 말을 상기했다. "예쁘군, 하지만 옷이 너무 초라해." 그녀의 귓가에 바람처럼 속삭인 그 신탁은 스쳐 지나가지 않고 이제부터 그녀의 일생을 지배할 두 싹 중의 하나, 사치가 그녀의 마음속 깊이 뿌리를 내려 버렸다. 또 하나의 싹은 사랑이었다.

아름다움에 대한 자신과 더불어 여성의 마음이 그녀 안에 활짝 꽃을 피웠다. 이제는 메리노 모직 옷이 싫어지고 벨벳 모자가 부끄럽게 느껴졌다. 아버지는 그녀의 청이라면 뭐든지 거절하지 않고 들어주었다. 그녀는 곧 모자며 드레스며 케이프며 구두며 소매부리 장식이며 그 외 어울리는 옷을 장만하고 어떤 색이 가장 잘 어울리는가에 대한 지식을, 빠리 여자를 매력있게 만들고 세련되고 위험한 것으로 만드는 지식을 완전히 배웠다. '사람을 황홀하게 만드는 여자'란 바로 빠리 여자를 위해 만들어진 말이다.

한 달도 채 되기 전에 꼬제뜨는 바빌론느 거리에서 가장 아름다운 여성이 되었을 뿐만 아니라―이것만으로도 대단한 것이었는데―빠리에서 '가장 옷을 잘 입는다'는, 대단한 자격을 갖춘 한 여성이 되었다. 그녀는 틈만 나면 길에 나가 '지나가는 사람들'이 뭐라고 하는지 듣고 싶어 했다. 그녀가 얼마나 자기의 미모를 과시하고 싶어했던가! 사실 누가 보든지 그녀는 아름다웠고 제라르의 모자와 에르보의 모자를 훌륭하게 분간할 줄도 알고 있었다.
 장 발장은 이런 변화를 불안에 가득 찬 눈으로 지켜보았다. 땅을 기거나 겨우 발걸음이나 떼어놓는다고 생각했던 꼬제뜨에게 갑자기 날개가 돋치는 것을 보는 듯한 심정이었다.
 그러나 여자라면 꼬제뜨의 차림을 한 번만 보고도, 그녀에게 어머니가 없다는 것을 알았을 것이다. 이것저것 취미를 살린다든가, 특수한 차림을 한다든가 하는 것에 꼬제뜨는 완전히 빠져 있었던 것이다. 만일 어머니가 있었다면 젊은 여자는 다마스크 능직같은 건 입지 않는 것이라고 일러 주었을 것이다.
 새로 지은 새까만 다마스크 능직의 긴 옷에 케이프를 두르고 하얀 모자를 쓰고 외출하는 날, 꼬제뜨는 활짝 핀 밝은 얼굴에 자랑스러운 듯 눈부시게 명랑한 표정으로 장 발장의 팔에 살짝 손을 얹으며 말했다.
 "아버지, 저 어때요?"
 장 발장은 질투하는 사람의 신랄한 목소리로 이렇게 대답했다.
 "참 멋지구나."
 산책하는 동안 그는 여느 때와 다름없었으나, 집에 돌아오자 꼬제뜨에게 이렇게 물었다.
 "이제 저 옷이랑 모자는 안 입고 안 쓸거냐?"
 이렇게 물은 것은 꼬제뜨의 방안에서였다. 꼬제뜨는 옷장으로 고개를 돌렸다. 장 발장이 가리키는 옷걸이에는 수도원 시절에 입던 낡은 옷이 걸려 있었다.
 "어머, 저런 걸요?" 그녀는 대답했다. "아버지도 참, 저런 걸 어떻게 입으라고 그러세요. 저런 건 이제 못 입어요. 저런 모자를 쓰고 나가면 미친 사람이라고 할 거예요."
 장 발장은 깊이 한숨을 내쉬었다.
 이때부터 그는 전에는 언제나 "아버지, 전 아버지하고 같이 집에 있는 게 제일 좋아요" 하던 꼬제뜨가 자주 밖에 나가고 싶어하는 것을 알았다. 하긴 남에게 보이지 않고서야 아무리 얼굴이 아름다운들, 아무리 멋있는 차림을 한들 무슨 소용이 있겠는가?
 또 꼬제뜨가 이제는 전처럼 뒤뜰을 별로 좋아하지 않는다는 것을 알았다. 요즘은 정원으로 나가길 더 좋아해 하루 종일 싫증도 내지 않고 울타리 앞을 왔다갔다하는 것이었다. 장 발장은 세상의 눈을 꺼려 정원에는 절대로 발을 들여놓지 않았다. 여전히 개처럼 안뜰에서만 살았다.

자기가 아름답다는 것을 안 꼬제뜨는 그것을 몰랐던 때 지녔던 많은 사랑스러운 멋을 잃었다. 그런 사랑스러움이야말로 진정 절묘한 아름다움이다. 왜냐하면 천진난만한 마음으로 한결 북돋아진 아름다움은 이루 형언할 수 없는 것이며, 자기도 모르는 사이에 천국의 열쇠를 손에 들고 걸어가는 눈부신 순진성만큼 경탄할 만한 것은 아무것도 없기 때문이다. 그러나 꼬제뜨는 잃어버린 소박한 아름다움을 우수에 찬 의젓한 매력으로 채웠다. 그녀의 온몸은 청춘과 순결과 아름다움과 환희에 가득 차 있으면서도 그 밑바닥은 화려한 우수가 숨을 쉬고 있었다.

반년이 지나 마리우스가 뤽상부르 공원에서 꼬제뜨를 만난 것은 바로 이런 시기였다.

싸움이 시작되다

꼬제뜨는 그늘 속에 있었기 때문에 역시 그늘 속에 있는 마리우스와 같이 불타오를 준비가 되어 있었다. 정열의 격렬한 전류를 안고 서로 애타게 그리워하는 이 두 생명, 우레를 안은 두 개의 구름처럼 사랑을 품고 마치 번개가 구름과 구름을 가까이 끌어가듯 한 번 눈이 마주치기만 하면 곧 부딪쳐 버릴 게 틀림없는 이 두 생명을 운명은 그 신비로운 결정적인 인내력으로 천천히 가까이 끌어가고 있었다.

연애 소설이 걸핏하면 첫눈에 반해 사랑에 빠졌다는 표현을 써왔기 때문에 사람들은 마침내 그것을 진정으로 받아들이지 않게 되었다. 이제는 남녀가 서로 시선을 교환하자마자 곧 사랑에 빠졌다는 얘기를 하는 사람은 거의 없다. 그러나 사람이란 그런 식으로 사랑을 시작하는 것이고 사랑의 동기는 대개 그런 것이다. 뒷일은 역시 어디까지나 뒷일이고 또 뒤에 일어나는 일이다. 두 영혼이 마주쳐 불꽃이 튈 때 느끼는 동요만큼 진실한 것은 없다.

꼬제뜨의 무심한 눈길이 마리우스의 마음을 흔들어 놓은 순간, 마리우스는 자기의 눈길도 역시 꼬제뜨의 마음을 흔들어 놓았다는 것을 알지 못했다. 그러나 그 역시도 그녀에게 받은 것과 똑같은 마음의 혼란과 똑같은 행복을 주었던 것이다.

아가씨들이 으레 그렇듯 꼬제뜨는 훨씬 전부터 다른 곳을 보는 체하며 그를 살피고 관찰하고 있었다. 마리우스는 아직 꼬제뜨를 그리 아름답다고 생각지 않았으나, 꼬제뜨는 벌써부터 마리우스를 잘생긴 남자라고 생각하고 있었다. 그러나 그가 그녀에게 별로 관심을 두지 않은 것처럼 그녀 또한 그에 대해 그리 큰 관심을 갖지 않았다.

그러나 꼬제뜨는 그의 머리칼이 아름답고 눈도 아름답고 이도 아름답고, 친구들과 이야기를 주고받는 소리를 들은 바로는 목소리도 좋고, 걸음걸이는 약간 이상했으나 그런 대로 멋이 있고, 어디를 봐도 바보스러운 데가 없이 몸 전체에서 풍기는 품위와 정다움과 소박함과 그리고 기품, 즉 가난하긴 하나 어딘가 세련된 점이 있다고 인정하지 않을 수 없었다.

두 사람의 눈이 서로 마주쳐 뭐라 표현할 수 없는 그 은밀한 약속을 시선으로 교환한 날, 꼬제뜨는 처음에는 그것이 무엇을 뜻하는지 잘 알지 못했다. 그녀는 생각에 잠겨 웨스트 거리의 집으로 돌아왔다. 장 발장과 함께 그 전처럼 6주 동안 묵기 위해 그곳에 와 있었던 것이다. 이튿날 아침 눈을 뜨자 제일 먼저 그 청년의 얼굴이 떠올랐는데, 그가 오랫동안 자기에게 관심도 두지 않았으나 요즘 들어 점점 마음이 기울기 시작했다는 것을 생각해냈다. 그러나 그의 마음이 자기에게 기울어졌다고 해서 꼬제뜨는 기쁘지 않았다. 오히려 오랫동안 자기를 무시해 온 그 잘생긴 청년에게 분노를 느꼈다. 그러면서 갑자기 싸우고 싶은 욕망이 마음에 끓어올랐다. 그리고 마침내 분풀이할 수 있는 기회가 온 것 같아 어린애 같은 기쁨을 느꼈다.

자기가 아름답다는 것을 아는 꼬제뜨는 막연하나마 마음 한구석에서 자기에게 무기가 있다고 느꼈다. 여자란 어린애가 칼을 가지고 놀 듯 자기의 아름다움을 가지고 논다. 그것은 상처를 입는 원인이 되기도 한다.

마리우스가 주저하고 가슴을 두근거리며 공포를 느낀 것은 독자도 기억하고 있으리라. 그는 벤치에 앉은 채 좀처럼 꼬제뜨에게 접근하지 않았다. 그것이 꼬제뜨를 분하게 만들었다. 어느 날 꼬제뜨는 장 발장에게 말했다.

"아버지, 저쪽으로 좀 가보세요."

마리우스가 다가오지 않자 꼬제뜨 쪽에서 다가갔다. 이런 때 여자는 마호멧을 닮게 마련이다. 묘한 일이지만 참된 사랑의 첫 징조는 젊은 남자에게는 소심이요, 여자에게는 대담성이다. 이것은 얼핏 의외인 것 같으나 이것만큼 당연한 것은 없다. 남녀가 서로 접근할 때는 그 성격이 바뀌어 버리기 때문이다.

그날, 꼬제뜨의 시선은 마리우스를 황홀하게 하고 마리우스의 시선은 꼬제뜨를 떨게 만들었다. 마리우스는 줄곧 자신이 있었고 꼬제뜨는 초조한 마음이었다. 그날부터 두 사람은 서로를 그리워하게 되었다.

꼬제뜨가 제일 처음 느낀 감정은 혼란에 빠진 깊은 슬픔이었다. 마음속이 갑자기 캄캄한 어둠 속에 휩싸인 것 같았다. 그녀는 이제 자기 마음을 알 수 없게 되었다. 젊은 처녀의 영혼은 새하얗고 차디차고 티없는 눈과 같다. 그 눈은 사랑이라는 태양으로만 녹일 수 있는 것이다.

꼬제뜨는 사랑이 뭔가를 전혀 몰랐다. 사랑이라는 말이 세속의 의미로 발음되는 것을 한 번도 들은 일이 없었다. 세속의 음악책이 더러 수도원에 들어오는 일이 있었으나 그때는 '사랑—amour'이라는 글자는 모두 '북—tambour'이나 '헝가리 병사—pandour'라는 글자로 바뀌었다. 그 때문에 '상급생'의 상상력을 자극하는 여러 가지 수수께끼가 나왔다. 예를 들어 '아, 북이란 얼마나 즐거운 것인가?'라든가, '연민은 헝가리 병사가 아니다!' 같은 말이 있다. 그러나 꼬제뜨는 사랑을 북으로 생각하기엔 너무 일찍 수도원에서 나왔다. 그러므로 지금 느끼고 있는 감정을 뭐라고 해야 할지 몰랐다. 그렇다고 자기가 무슨 병에 걸린지를 모른다고 해서 그만큼 병이 가볍다고야 할 수 있겠는가?

그녀는 사랑에 대해 아무것도 모르는 채 사랑하고, 모르는만큼 더욱 정열을 쏟아 사랑했다. 그것이 좋은 것인지 나쁜 것인지, 그것이 유익한 건지 위험한 건지, 필요한 건지 치명적인 건지, 영원한 건지 일시적인 건지, 허용된 건지 금지된 건지, 아무것도 모르는 채 그저 사랑만을 하고 있었다. 만일 누가 이런 말을 했다면 그녀는 몹시 놀랐을 것이다.

"당신은 잠을 잘 잘 수 없다고? 거, 큰일났군요! 당신은 잘 먹을 수가 없다구요? 그거 매우 좋지 않은데! 가슴이 답답하고 두근두근거린다구요? 거 참 보통 일이 아니군요! 검은 옷을 입은 어떤 사람이 초록빛 오솔길에 나타나면 얼굴이 빨개졌다 파래졌다 한다구요? 거 참 야단이군요!"

그녀는 이런 말을 들어도 영문을 모르고 이렇게 대답했을 것이다.

"저로선 도저히 어쩔 수 없는 일이에요, 전 아무것도 모르는 일인데, 왜

제탓이라고 하시죠?"

꼬제뜨에게 싹튼 사랑은 그녀의 마음의 상태로 봐서 매우 적당한 것이었다. 그것은 멀리 떨어져서 품는 일종의 강한 동경, 말없는 응시, 미지의 인간을 신격화하는 그런 것이었다. 그것은 하나의 청춘이 다른 청춘 앞에 모습을 나타내는, 이미 소설이 다 돼 있으면서 여전히 꿈으로 남아 있는 그런 밤마다의 꿈, 동경이 실현되어 마침내 이런 현실 속에서 살을 붙인 환영, 그러나 아직 이름도 없고 죄도 없고 잘못도 없고 욕심도 없고 부족함도 없는 그런 환영이었다. 한마디로 말해 아득한 이상 속에 살고 있는 연인이었고 하나의 형태를 갖춘 몽상이었다. 만일 그들의 해후가 좀 더 직접적인 것이었다면 그림자를 사실보다 크게 보는 수도원의 안개 속에 아직 반쯤 잠겨 있는 꼬제뜨는, 처음부터 벌써 무서워 떨어 버리고 말았을 것이다.

그녀는 어린애가 품는 공포심과 수녀가 품는 공포심을 다같이 지니고 있었다. 5년 동안 지낸 수도원의 정신은 아직도 그녀의 전신에서 풍겨나오고 그녀 주위에 있는 모든 것을 떨게 했다. 그러한 상태에 있는 그녀에게는 연인도 애인도 하나의 환영이었다. 그녀는 매력적이면서도 밝게 빛나는 비현실적인 존재로 마리우스를 강하게 동경하기 시작했다.

극단적인 순진은 극단적인 애교에 가까운 것이다. 때문에 그녀는 서슴없이 그에게 미소를 보냈다. 천진난만이란 바로 이것을 두고 하는 말이리라.

그녀는 매일 산책 시간이 목마르게 기다려지고, 나아가 마리우스를 발견하면 형언할 수 없는 행복감을 느꼈다. 그리고 장 발장에게 자기가 느끼는 것을 남김없이 털어놓고 싶은 심정에서 이렇게 말하는 것이었다.

"어쩜 여긴 이렇게도 좋은가요, 이 뤽상부르 공원은!"

마리우스에게나 꼬제뜨에게나 상대는 다 어둠 속에 묻혀 있었다. 두 사람은 서로 말도 주고받지 않았고 인사도 없었고 가까워진 것도 아니었다. 그냥 서로 만나는 것뿐이었다. 몇 백만 마일 떨어진 하늘의 별처럼 서로 멀찌감치 바라보며 살고 있었다.

이리하여 꼬제뜨는 점점 여성적으로 되어 가고 아름다워지고 사랑을 배우고 자기의 아름다움을 의식했으나 자기가 사랑을 하고 있음은 깨닫지 못한 채 성장해 갔다. 그리고 무엇보다도 그녀에게는 애교가 있었다. 순진한 만큼.

슬픔, 다시 그것을 넘어선 슬픔

 사람은 어떤 경우에 처해도 곧 거기에 순응하는 본능이 생기게 마련이다. 영원한 늙은 어머니같은 자연의 가르침으로 장 발장의 직감은 벌써 마리우스의 존재를 느꼈다. 그는 어두운 마음 한구석에서 부르르 떨었다. 장 발장은 아무것도 모르고 아무것도 보지 못했으나 자기를 에워 싸려하는 어둠을 끈기 있는 강한 주의력으로 간파했다. 마치 한편에 쌓여 올라가는 무엇을 느끼며 다른 한편으로는 허물어져 가는 어떤 것을 느끼는 것처럼.
 헤아릴 길 없는 신의 법칙에 따라 마리우스 역시 같은 자연이라는 어머니의 가르침으로 되도록 상대 '아버지'의 눈을 피하려고 애썼다. 그런데도 이따금 장 발장의 눈길과 문득 마주치는 때가 있었다. 마리우스의 태도는 자연스럽지가 않았다. 묘하게 조심스러운가 하면 또 어색할 정도로 대담한 태도를 보였다. 이젠 전처럼 가까이 오려고도 하지 않고 멀찌감치 떨어져 앉아 책을 손에 들고 읽는 척했다. 누구를 위해 그런 짓을 하는 걸까? 전에는 낡은 옷을 입고 왔으나, 요즘은 매일 새옷을 입고 왔다. 머리도 약간 지진 것 같았고 눈치도 이상했으며 장갑까지 끼고 있었다. 한 마디로 말해 장 발장은 그 청년이 견딜 수 없이 미웠다.
 꼬제뜨는 되도록 마음속을 드러내보이지 않으려고 애썼다. 자기 기분을 정확하게 포착하고 있지는 못했으나 그것이 어떤 무엇이라는 것, 숨겨야 하는 무엇이라는 것만은 충분히 깨닫고 있었다.
 꼬제뜨가 맵시를 내기 시작한 것과 그 미지의 청년이 언제나 새옷을 입게 된 것 사이에는 장 발장을 화나게 하는 일치점이 있었다. 아마 우연이겠지, 우연일 거야, 틀림없이 그래. 그러나 그렇다고 해도 역시 마음에 걸리는 우연의 일치였다. 그는 그 미지의 청년에 대해 한 번도 꼬제뜨에게 입을 열지 않았다. 그러던 어느 날, 더 참을 수 없어 문득 자기 불행에 납덩이리를 던지는 것 같은 그런 걷잡을 수 없는 절망적인 심정으로 장 발장은 꼬제뜨에게 말했다.
 "정말 건방진 청년이군!"
 1년 전의 순진한 꼬제뜨라면 이렇게 대답했을 것이다. "어머, 아니에요, 정말 멋진 분이에요." 10년 후의 그녀라면 마리우스에 대해 진정한 사랑을 품고 이렇게 대답했을 것이다. "정말 건방져서 보기도 싫어요. 아버지 말씀이 옳아요." 지금의 그녀는 그 나이와 그 감정에 어울리게 침착한 목소리로 다만 이렇게 말했을 뿐이었다.

"저 젊은 분 말예요!"

마치 이제 처음으로 눈여겨본 듯한 어조였다.

'쓸데없는 짓을 했군.' 장 발장은 생각했다. '이 애는 아직 알지도 못하고 있는데, 내가 주의를 시킨 결과가 됐군.'

아아, 노인의 단순함이여! 어린 사람의 신중함이여!

대개 첫사랑에 사로잡힌 젊은이들이 고통이나 고뇌에 부딪치게 되면, 다시 말해서 최초의 장애에 부딪치게 되면 여자는 어떤 함정에도 빠지지 않으나 남자는 어떤 함정에나 쉽게 걸려들게 마련이다. 장 발장이 남몰래 전략을 꾸미고 있는 것을 젊고 정열에 도취돼 있는 마리우스는 꿈에도 몰랐다. 장 발장은 마리우스가 다니는 길에 갖가지 올가미를 쳐놓았다. 산책 시간을 바꾸기도 하고, 벤치를 바꾸기도 하고, 손수건을 떨어뜨려 보기도 하고, 혼자 뤽상부르 공원에 와보기도 했으나 마리우스는 그런 그물 하나하나에 모두 걸려들고 장 발장이 길가에서 던지는 질문 하나하나에 낱낱이 순진하게도 '네' 하고 대답했다. 그러나 꼬제뜨는 여전히 태연하고 아무렇지 않은 표정을 하고 있었기 때문에 장 발장은 마침내 이런 결론에 도달했다. '저 얼간이는 꼬제뜨에게 잔뜩 반해 있는 모양이지만, 꼬제뜨는 그가 있다는 것조차 모르고 있다.'

그렇게 생각해 보아도 역시 그의 마음은 쓰리고 아팠다. 꼬제뜨가 언제 사랑에 빠질지 모르는 것이다. 무엇이나 다 무관심에서 시작된다고 하지 않는가?

딱 한 번 꼬제뜨가 실수하여 그를 긴장시켰다. 3시간이나 앉아 있던 벤치에서 일어나 돌아가려고 하자 그녀가 말했던 것이다.

"벌써 돌아가요?"

장 발장은 특히 눈에 띄는 일은 아무것도 하고 싶지 않았고, 더구나 꼬제뜨에게 경계심을 주고 싶지 않아 뤽상부르에 가는 것을 중단하지 않았다. 그 시간은 두 연인에게는 감미로운 시간이었다. 꼬제뜨는 마리우스에게 미소를 보내고 그 미소에 도취한 마리우스가 이제 세상에서 유일하게 사랑하는 사람이 된 그녀의 빛나는 얼굴을 지켜보고 있는 동안, 장 발장은 마리우스를 타는 듯한 무서운 눈길로 보고 있었다. 이미 남에게 적의를 갖는 일은 절대로 없을 것이라고 자신을 하고 있던 장 발장도 마리우스를 볼 때마다 이따금 자기가 다시 그전처럼 잔인하고 난폭해지는 것같이 생각되고, 전에 그토록 분노를 품고 있던 옛 영혼의 심연이 남김없이 그 청년을 향해 끓어오르는 것같이 느껴졌다. 마치 마음속에 지금까지 몰랐던 새로운 분화구가 열린 듯했다.

아, 또 와 있군, 저 녀석. 뭣하러 와 있을까? 빙빙 돌고 냄새를 맡고 탐색을 하고 뭔가 더듬으려고 와 있는 거겠지! 아니 그게 아니라 "왜 오면 안 된단 말야?" 하는 말을 하러 와 있는 거겠지! 저 녀석은 바로 나의 생활 주변을 맴돌기 위해 와 있는 것이다. 나의 행복의 주위를 맴돌며 그것을 앗아 가지고 도망치려고 와 있는 것이다!

장 발장은 다시 생각했다. '그래 그렇고말고. 그럼 놈은 뭘 찾으러 오는가? 사랑의 모험을! 뭘 탐내고 있는가? 사랑의 유희를! 그럼 나는 어떻게 되는가? 말할 것도 없지 않은가! 나는 더없이 비참한 인간이고, 더없이 불행한 인간이고, 인생 60년을 굴종만 하며 보내 왔고 참을 수 있는 모든 것을 참아 왔고 젊은 시절도 가버렸고 가족도 친척도 친구도 아내도 자식도 없이 살아 오며, 온갖 돌 위에 들판 위에 벽 위에 피를 흘려 왔는데, 남에게 갖은 수모를 받고도 참고 어떤 심술궂은 일을 당해도 착하게 살아 왔는데, 모든 것을 극복하고 정직한 사람으로 걸어왔는데, 저지른 죄를 참회하고 남이 나에게 한 나쁜 짓을 용서하고 이제야 겨우 그 보답을 받고 있는 이때에, 만사가 끝이 난 이때에, 목적에 다다른 이때에, 바라던 것을 손에 넣은 지금, 댓가를 치르고 내것으로 만든 지금 그 모든 것이 가버리려 하는가? 모든 것이 사라져 버리려는가? 나는 꼬제뜨를 잃어버리고 마는 건가? 생명을, 기쁨을, 영혼을 잃어버리는 건가? 그것도 저 바보 천치 같은 녀석 하나가 뤽상부르 공원에 와서 얼쩡거리기 시작한 탓으로 말이다!'

그렇게 생각하자 그의 눈동자는 슬픔과 심상찮은 빛으로 가득찼다. 그가 마리우스를 보는 것은 이미 인간이 인간을 보는 것이 아니었다. 그렇다고 적이 적을 보는 것도 아니었다. 한 마리의 개가 도둑놈을 노려 보는 그런 눈이었다.

그리고 그 뒤의 일은 이미 우리가 다 아는 대로다. 마리우스는 변함없이 무분별했다. 그는 어느 날 꼬제뜨를 따라 웨스트 거리에까지 갔다. 그리고 또 어느 날 문지기에게 말을 걸었다. 그와 얘기를 나눈 문지기는 곧 장 발장에게 그 사실을 알렸다.

"나리, 이상한 젊은이가 나리에 대해서 꼬치꼬치 묻고 갔는데 대체 누구입니까?"

그 이튿날 장 발장은 마리우스를 무섭게 흘겨보았고 마리우스도 마침내 그것을 눈치챘다. 일 주일 뒤에 장 발장은 집을 옮겼다. 다시는 뤽상부르 공원에도 웨스트 거리에도 발을 들여 놓지 않겠다고 맹세했다. 그는 쁠뤼메 거리로 돌아갔다.

꼬제뜨는 불평 한 마디 하지 않고 무슨 일이냐고 묻지도 않았다. 이유를 알려고도 하지 않았다. 이미 눈치를 채고 속마음을 들킬까 봐 두려워하는 그런 단계에 이르렀던 것이다. 장 발장은 이와 같은 불행에는 전혀 경험이 없었다. 매력 있는 유일한 불행이었으며 동시에 그가 지금껏 알지 못했던 유일한 불행이기도 했다. 그렇기 때문에 장 발장은 꼬제뜨가 침묵을 지키고 있는 중대한 의미를 조금도 이해하지 못했다. 다만 그녀가 다소 슬퍼하는 것만을 보고 우울해졌다. 그후부터 그들은 서로 몸에 익지 않은 암투를 시작했다.

어느 때는 시험도 해 보았다. 그는 꼬제뜨에게 물었다.

"뤽상부르 공원에 가볼까?"

꼬제뜨의 창백한 얼굴에 한 줄기 빛이 스쳐 지나갔다.

"네." 그녀는 나직이 대답했다.

두 사람은 공원으로 갔다. 그들이 그곳에 발길을 끊은 지 벌써 석 달이 지난 뒤였다. 마리우스는 이미 공원에 나오지 않던 때였다. 마리우스는 없었다. 그 이튿날 장 발장은 또 꼬제뜨에게 물었다.

"뤽상부르 공원에 갈까?"

그녀는 힘없이 조용히 대답했다.

"아뇨."

장 발장은 그 슬픈 얼굴을 보자 마음이 무거웠고, 그 조용한 말씨에 가슴이 찢어지는 듯 아팠다.

이처럼 어린 나이에, 투시할 수 없는 정신을 가지게 된 이 아이의 내부에서는 지금 무슨 일이 일어나고 있는 걸까? 거기에선 지금 무엇이 형성되려고 하는 걸까? 꼬제뜨의 영혼엔 지금 무엇이 이루어지고 있는 걸까? 장 발장은 이따금 자리에 눕지도 않고 초라한 침대에 머리를 기대고 앉은 채 "꼬제뜨는 뭘 생각하고 있는 걸까?" 헤아려 보기도 하고 그녀가 생각할 만한 것을 이것저것 궁리하며 몇 날이고 밤을 꼬박 새우기도 했다.
 아아, 그런 때 그는 얼마나 괴로운 눈길을, 가장 순결한 천사의 집이며 가까이하기 어려운 덕의 빙하인 수도원 쪽으로 보냈던가! 세상에서 숨은 꽃들이며 유폐된 동정녀들로 가득 차 있고 온갖 영혼이 곧장 천국을 향해 올라가는 수도원 정원을 몇 번이나 절망적인 황홀감과 함께 회상했던가! 영원히 닫힌 에덴 동산, 그의 의지로 된 것이긴 하나 아득히 사라져 버린 낙원을 얼마나 그리워했던가! 헌신을 한답시고 오히려 사로잡힌 가엾은 영웅적인 자기 희생, 그는 자기를 버려서까지 꼬제뜨를 세상으로 끌고나온 것을 얼마나 후회했던가! 그는 얼마나 이런 생각을 되풀이했는지 모른다. '난 무슨 어이없는 짓을 한 건가?'
 물론 그런 기분은 결코 꼬제뜨에겐 나타내지 않았다. 불쾌한 빛이나 냉정한 빛을 조금도 띠지 않았다. 전과 다름없이 여전히 밝고 정다운 얼굴을 하고 있었다. 장 발장의 태도는 지금까지보다 훨씬 다정했고 아버지다웠다. 그의 마음이 조금이라도 침울해진 것을 나타내는 것이 있다면 그것은 그가 한층 너그러워진 것뿐이었다.
 한편 꼬제뜨는 고뇌에 잠겼다. 예전 마리우스가 있을 때 즐거웠던 것만큼 이제는 그가 없는 것이 슬펐다. 장 발장이 늘 가던 뤽상부르 공원에 가지 않기 시작했을 때, 그녀의 여성적인 본능은 뤽상부르 공원에 가고 싶은 표정을 띠어서는 안된다, 태연한 얼굴로 있노라면, 아버지는 다시 데리고 가주시겠지, 그런 생각을 마음속에 속삭여 주었다.
 며칠이 지나가고 몇 주일이 지나고 몇 달이 지나갔다. 그러나 장 발장은 꼬제뜨의 침묵을 말없는 동의로 받아들이고 말았다. 그녀는 후회했다. 이미 때는 너무 늦었다. 그녀가 뤽상부르 공원에 갔을 때는 마리우스는 이미 없었다. 마리우스는 모습을 감추어 버리고 만 것이다. 이제 끝장이다. 어떻게 하면 좋은가? 다시 만나는 날이 올까? 그녀는 가슴이 아파 왔다. 그 생각은 무엇으로도 풀리지 않고 하루하루 더해 가기만 했다. 지금이 겨울인가 여름인가, 맑은 날인가 비오는 날인가, 새가 지저귀는가, 달리아가 필 때인가, 아니면 국화가 필 때인가, 뤽상부르 공원이 뛸르리 공원보다 더 즐거운가,

세탁부가 가져온 옷에 풀이 너무 지나친가 부족한가, 뚜쌩이 장을 잘 봐 오는가 어떤가, 그녀는 이런 것을 하나도 분별할 수 없었다. 하염없이 생각에 잠겨 오직 한 가지에만 골몰했던 그녀의 눈은 마치 유령이 사라진 깊고 어두운 허공을 지켜보는 듯했다.

그러나 그녀 역시 장 발장에게는 조금도 내색을 하지 않았다. 그에 대해서도 예전과 조금도 다름없이 다정했다. 그러나 장 발장은 꼬제뜨의 안색이 나빠진 것만으로도 걱정이 되어 견딜 수 없었다. 그는 이따금 그녀에게 물었다.

"왜 그러느냐?"

그녀는 대답했다.

"아무것도 아녜요."

그러고는 잠시 후, 아버지가 슬퍼하는 것을 알고 이렇게 덧붙였다.

"아버지, 아버지는 왜 그러세요?"

"내가? 난 아무렇지도 않다." 그는 말했다.

그토록 단둘이만 서로 사랑하고, 그토록 서로 감동적으로 사랑하고, 그토록 오랫동안 서로 의지하며 살아 온 두 사람은 서로 상대방 때문에 괴로워하면서도 그 괴로움을 말로도 하지 않고 원망도 하지 않고 서로 미소를 나누는 것이었다.

사슬에 묶인 죄수들의 행렬

두 사람 중 더 불행한 쪽은 장 발장이었다. 청춘은 슬픔에 잠긴 때라도 언제나 젊은 명랑성을 지닌다.

때로 장 발장은 너무 괴로운 나머지 어린애처럼 되는 때가 있었다. 고통은 어른에게 어린애 같은 일면을 나타내게 하는 특성이 있다. 그는 꼬제뜨가 자기로부터 도망치지 않을까 그게 늘 걱정이었다. 그래서 그녀를 묶어 두기 위해 그는 뭔가 외부의 화려한 것으로 그녀의 마음을 뺏을 수는 없을까 생각했다. 그런 생각은 앞서도 말한 대로 어린애 같으면서도 노인다운 데가 있었지만 그는 그 어린애 같은 생각 덕분에 금몰이 젊은 여자의 상상력에 어느 정도 작용하는가를 꽤 정확하게 생각해냈다. 그는 어느 날 정장을 한 마상(馬上)의 장군, 빠리 사령관인 꾸따르 백작이 시내를 지나는 것을 본 일이 있다. 그는 온통 금빛으로 꾸며진 그 장군을 부럽게 생각하고 속으로 이렇게

사슬에 묶인 죄수들

말했다. '저렇게 나무랄데 없는 차림을 할 수 있으면 얼마나 행복할까. 꼬제뜨가 그걸 보면 무척 좋아하겠지. 저렇게 차리고 꼬제뜨의 팔을 끼고 뙬르리 궁전 철책 앞을 지나면 군인들은 틀림없이 받들어 총을 할 것이고, 그러면 꼬제뜨는 만족해 다시는 젊은 남자에게 마음을 뺏기지 않겠지.'

그렇게 장 발장이 슬픔에 잠겨 있는 동안 뜻밖의 일이 일어나 그의 마음을 강하게 흔들었다.

세상과 고립되어 쁠뤼메 거리에 살면서부터 두 사람에게는 하나의 습관이 생겼다. 이따금 들판으로 해돋이를 보러 가는, 인생을 맞는 사람이나 인생을 하직하는 사람에게 다 어울리는, 어디까지나 포근한 즐거움이었다.

아침 일찍 산책한다는 것은 고독을 사랑하는 사람들에게는 밤의 산책과 맞먹는 것일 뿐만 아니라 밤에는 맛볼 수 없는 자연의 기쁨까지 같이 맛볼 수 있다. 한길에는 인기척도 없고 새만 지저귄다.

꼬제뜨는 자신도 말하자면 작은 새 같았기 때문에 아침 일찍 일어나는 걸 무척 좋아했다. 그런 아침 산책의 준비는 대개 그 전날 해놓았다. 그가 먼저 제의를 해 그녀가 찬성한 것이다. 마치 음모나 하는 것처럼 만반의 준비를 해놓고 날이 새기 전에 출발하는 것이 꼬제뜨를 뭐라 말할 수 없이 기쁘게 해주었다. 그런 색다른 일들이 젊은 시절엔 언제나 즐거운 것이다.

이미 알다시피 장 발장은 사람이 잘 다니지 않는 거리나 외떨어진 한쪽 구석이나 잊혀진 곳에 가기를 좋아했다. 그 무렵 빠리 성문 부근은 빈약한 경작지가 시가지와 서로 엇갈려 있어 여름엔 연약한 보리가 자라고 가을 추수가 끝나면 퇴색한 자리 같은 빈 밭이 남았다. 장 발장은 그런 곳을 특히 좋아해 즐겨 찾아갔다. 그에게 고독한 장소는 그녀에게는 자유로운 장소였다.

거기에 가면 꼬제뜨는 어린애로 돌아가 뛰어다니기도 하고 놀기도 하고 모자를 장 발장의 무릎 위에 벗어 놓고 꽃을 따라 돌아다니기도 했다. 하지만 꽃에 앉은 나비를 보아도 잡으려 하지 않았다. 사랑과 함께 따뜻한 마음이 생겨 처녀는 떨리는 듯 가냘픈 이상을 가슴에 품기 시작하면서 나비의 날개에도 연민을 느끼게 되었다. 꼬제뜨가 개양귀비꽃을 엮어 머리에 쓰면 그 화환은 비쳐 드는 햇빛으로 타는 듯 빨갛게 물들어 그녀의 싱싱한 장밋빛 얼굴에 불꽃의 관을 씌우는 것이었다.

생활이 슬픔의 빛을 띤 뒤에도 두 사람은 여전히 아침 산책을 계속하고 있었다.
　그러던 10월 어느 날 아침, 1831년 가을의 더없이 맑은 날씨에 이끌려 두 사람은 새벽 일찍 멘느 성문 근처로 갔다. 아직 새벽빛은 비치지 않고 하늘이 훤해질 무렵이어서 시골 풍경이 마음을 빼앗을 시각이었다. 푸르스름한 하늘 여기저기에 별이 빛나고 땅 위는 검고 하늘은 흰빛으로 가득하고 풀들은 떨고 주위 전체가 신비한 여명의 감동에 싸여 있었다. 종달새 한 마리가 거의 별과 구별할 수 없을 정도로 높이 떠올라 지저귀고 있었다. 그 작은 생물의 무한에 대한 찬가는 끝없는 하늘에 평안을 안겨 줄 것 같았다. 동쪽에는 발 드 그라스의 건물이, 날카로운 칼날처럼 빛나는 지평선 위에 어둡고 커다란 그림자를 가로걸치고 있었다. 금성이 둥근 지붕 저쪽에서 마치 시커먼 건물 속에서 빠져나온 하나의 영혼처럼 빛나고 있었다.
　모든 것이 평화와 침묵에 잠겨 있었다. 길에는 사람의 그림자가 없고 이따금 저 아래 쪽으로 일하러 나가는 노동자의 모습이 드문드문 보일 뿐이었다.
　장 발장은 건설현장 입구 길가에 놓인 재목 위에 걸터앉았다. 얼굴을 길 쪽으로 돌리고 새벽빛을 등지고 앉아 해가 떠오르려는 것도 잊어버리고 있었다. 정신을 한군데에 집중하여 눈동자까지 내부로 가두는 벽으로 둘러싸인 듯한 깊은 사색에 잠겨 있었다. 명상 중에는 수직(垂直)이라고 해도 좋을 그런 것이 있다. 일단 밑바닥에 가라앉으면 위까지 떠오르는 데 상당한 시간이 걸린다. 장 발장은 그런 명상에 빠져 있었다. 꼬제뜨에 대한 것을 생각하고, 두 사람 사이에 끼어드는 것이 없으면 계속 행복할 것이라는 생각, 그녀가 자기 생활을 채워주고 있는 광명, 자기 영혼의 호흡이라고 할 수 있는 그 광명에 대해 생각했다. 그런 명상에 잠겨 있노라면 그는 행복했다. 꼬제뜨는 그 옆에 서서 하늘의 구름이 장밋빛으로 물드는 것을 올려다보고 있었다.
　갑자기 꼬제뜨가 소리쳤다.
　"아버지, 저쪽에 누가 오는 것 같아요."
　장 발장은 눈을 들었다. 꼬제뜨의 말은 옳았다.
　멘느의 낡은 성문을 통과하는 길은 다 알다시피 세브르 거리에서 시작되어 성내의 큰길과 직각으로 부딪친다. 그 길과 큰길이 마주쳐 구부러지는 곳, 길이 갈라지는 부근에서 이런 시각에 어울리지 않는 소리와 함께 어수선한 한 무리가 나타났다. 뭔지 알 수 없는 것이 큰길에서 나와 이쪽 길로 들어섰다.

그 그림자는 점점 커졌다. 그것은 아주 질서 정연하게 움직이고 있는 것 같았으나 어쩐지 제각기 흩어지기도 하고 흔들흔들 흔들리기도 했다. 마차 같이 보이기도 했으나 무엇이 실렸는지는 똑똑히 보이지 않았다. 말이 보이고 바퀴 소리가 들리고, 사람들의 외치는 소리며 채찍 소리가 울렸다. 그것들은 모두 아직 어둠 속에 묻혀 있었으나 점점 윤곽이 드러나기 시작했다. 역시 나타난 것은 마차였다. 한 대의 마차가 큰길에서 장 발장이 있는 쪽 바로 옆 성문을 향해 달려오더니, 또 한 대 똑같은 마차가 뒤이어 오고 다시 세 번째, 네 번째, 전부 일곱 대의 마차가 말머리를 앞마차 뒤에 바싹 대고 달려왔다. 마차 위에는 몇 개의 그림자가 움직이고 있었다. 새벽빛에 뭔가 번쩍이는 것은 사벨인 것 같았고 절거덕절거덕 소리가 나는 것은 사슬이 움직이는 소리 같았다. 점점 가까워짐에 따라 사람 소리가 들리고 마치 꿈의 동굴에서 나타나는 것 같은 무서운 광경이 보이기 시작했다.

가까이 다가오자 그것은 분명한 윤곽을 드러냈다. 나무 뒤에 나타난 유령처럼 창백한 모습이 보이고 전체가 하얗게 보였다. 이윽고 해가 떠오르자 마치 무덤 속에서 나온 것 같은, 그러면서도 쉴새없이 움직이는 그 집단 위에 엷은 빛이 비추기 시작했다. 보고 있는 동안에 그 그림자들은 송장의 얼굴로 변했다. 그것이 무엇인지는 곧 밝혀졌다.

일곱 대의 마차가 쭉 일렬로 늘어서서 길 위로 오고 있었는데 여섯 대째까지는 구조가 아주 색달랐다. 통장수의 짐마차 비슷한 것으로 긴 사다리가 두 개 차바퀴 위에 나란히 걸쳐져 있어 그 앞 부분이 마차채(마차 앞에 길게 뻗친 막대기)로 되어 있었다. 그 두 개의 차바퀴는, 다시 말해 그 사다리는 나란히 늘어선 네 필의 말이 끌고 있었다. 그리고 그 사다리 위에는 이상한 모습을 한 인간이 잔뜩 실려 있었다. 아침 햇빛이 흐릿해 아직 분명하게 보이진 않았으나 어쩐지 그런 것 같았다.

마차 한 대에는 스물 네 사람이 열 두 명씩 양쪽으로 갈라져 서로 등을 대고 통행인에게 보이도록 얼굴을 바깥쪽으로 향한 채 다리를 흔들흔들 흔들리며 실려가고 있었다. 그들의 등에 뭔가 소리가 나는 것이 달려 있었는데 그것은 사슬이었고, 목에 뭔가 번쩍이는 것이 달려 있었는데 그것은 쇠목리였다. 목고리는 사람마다 제각기 차고 있었으나 전원이 하나의 사슬에 연결되어 있었다. 때문에 만일 그 스물 네 사람이 마차에서 내려와 걷는다면 싫든 좋든 통일된 행동을 취해야 하고, 사슬이라는 척추를 가진 지네처럼 땅을 벌벌 기어가지 않으면 안 되었을 것이다.

마차마다 앞 뒤에는 두 사람의 남자가 총을 들고 서 있고 두 사람 다 사슬 끝을 발로 밟고 있었다. 목고리는 사각형이였다. 일곱 번째 마차는 옆에 난간이 붙은 커다란 짐마차였다. 그러나 지붕은 없고, 차바퀴는 네 개가 달리고, 여섯 필의 말이 끌고 있었으며, 무쇠 가마며, 주철 냄비며, 풍로며, 사슬이며, 소리가 요란한 물건을 산더미처럼 실은 한가운데에 병자 같은 남자 대여섯 명이 묶인 채 축 늘어져 누워 있었다. 그 짐마차는 속이 환히 들여다 보이게 만들어졌는데, 예전에 형벌에 쓰던 것 같은 다 떨어진 굵은 대발이 쳐져 있었다.

마차들은 길 한복판을 지나고 있었다. 그 양옆을 집정정부 시대의 병사 같은 삼각 모자에 험상궂은 얼굴을 한 호위병들이 두 겹으로 친 울타리처럼 걸어가고 있었다. 회색과 파란색으로 선명히 나뉜, 상이 군인 군복에 장례인부 바지를 입은 그들의 옷차림은 얼룩투성이, 구멍투성이였다. 해지고 때가 꾀죄죄하고 거의 누더기가 다된 옷에 빨간 견장, 누런 멜빵, 칼과 총, 곤봉을 갖고 있어 군인 중에서도 가장 초라한 무리였다. 그런 호위병들은 거지의 천덕스러움과 사형 집행인의 권력을 아울러 가지고 있는 것 같았다. 대장으로 보이는 남자는 마부용 채찍을 손에 들고 있었다. 그런 사소한 것들은 어슴프레한 여명으로는 잘 보이지 않았으나 햇빛이 점점 밝아짐에 따라 선명히 드러났다. 그리고 그 긴 행렬 앞과 뒤에는 기마 헌병들이 사벨을 쥐고 엄숙하게 따라가고 있었다.

행렬은 상당히 길었다. 선두 마차가 성문에 다다랐을 때 맨 끄트머리는 겨우 큰길로 나오고 있었다.

빠리의 흔한 구경꾼들이 삽시간에 모여들어 길 양옆에서 서로 밀고 당기며 구경하고 있었다. 가까운 골목에서는 사람을 부르는 소리, 구경하러 뛰어나오는 야채 장수들의 나막신 끄는 소리가 들렸다.

이륜 마차에 실린 사람들은 묵묵히 흔들리고 있었다. 으스스한 아침의 추위에 얼굴이 납빛이 되어 있었다. 모두 거친 무명 바지를 입고 맨발에 나막신을 신고 있었다. 그 외는 무엇 하나 걸쳤다고 생각할 수 없을 정도로 차림이 비참하고 지저분했다. 누더기를 걸친 광대만큼 참혹한 것은 없다. 구멍 뚫린 펠트 모자, 콜타르 칠한 챙 달린 모자, 더러운 털모자, 그리고 짤막한 작업복이며 팔꿈치가 떨어진 검은 옷, 대부분이 부인모를 쓰고 나머지는 바구니를 쓰고 있었다. 털이 부수수한 가슴이 드러나고 입은 옷 사이로 사랑의 전당이니, 불타는 심장이니, 큐핏이니 하는 문신이 보였다. 부스럼이며 병적인 붉은 반점도 보였다.

두세 명은 수레의 가름대에 노끈을 묶어 발걸이처럼 늘이고 그 속에 발을 걸치고 있었다. 그 중 한 사람은 뭔가 검은 돌덩이 같은 것을 들고 이따금 우물우물 씹고 있었다. 그 남자가 들고 있는 것은 빵이었다. 거기엔 메마르고 퇴색한 눈과 불길하게 빛나는 눈밖에 없었다. 호송하는 사람들은 꽥꽥 소리를 치고 사슬에 묶인 사람들은 묵묵히 입을 다물고 있었다. 이따금 어깨나 머리를 곤봉으로 후려치는 소리가 들렸다. 그 중엔 더러 하품하는 사람도 있었다. 무서운 누더기의 행렬, 다리는 축 늘어지고, 어깨는 마구 흔들리고, 머리와 머리가 부딪치고, 쇠사슬이 요란한 소리를 내고, 눈동자는 무섭게 타오르고, 팔은 바싹 당겨 묶여 죽은 사람의 손처럼 뻣뻣했다. 그리고 그 뒤로 한떼의 아이들이 킬킬대며 따라가고 있었다.

그 마차 행렬은 뭐라 말할 수 없이 침울했다. 내일이라도, 아니 한 시간 후에라도 곧 비가 쏟아질 것 같았다. 비는 그 후에도, 또 그 후에도 계속 내릴 게 틀림없었다. 찢어진 옷에 비가 스며들어 한 번 젖으면 다시는 말릴 수도 없는 사람들, 한 번 얼면 다시는 몸이 녹지 않는 사람들, 굵은 무명 바지는 비에 젖어 뼈에 철썩 달라붙고 나막신은 물에 잠기고 채찍에 맞은 턱이 쉴새없이 떨리는 사람들, 그래도 여전히 사슬에 묶여 있고 발은 축 늘어뜨린 채 있어야 하는 사람들, 그처럼 묶여 가을의 차디찬 구름 아래 다만 운명을 참고, 나무처럼, 돌처럼, 비와 북풍에 또 온갖 거친 바람에 견뎌야 하는 사람들을 보면 누구나 몸을 부르르 떨지 않을 수 없을 것이다.

일곱 번째 마차 위에 노끈에 묶인 채 꼼짝하지 않고 쓰러져 있는 병자들, 마치 비참을 담은 자루처럼 아무렇게나 던져져 있는 그들 위에 몽둥이는 사정없이 떨어졌다.

갑자기 태양이 모습을 드러냈다. 동쪽 하늘에서 망망한 아침 햇살이 쏟아지면서 삽시간에 그들 죄수 위에 불을 사를 것 같았다. 입들이 열리자 킥킥 웃는 소리며 악담이며 콧노래가 불을 지르는 것처럼 폭발했다. 수평으로 비치는 햇빛이 종대를 둘로 나누어 다리와 차바퀴는 어둠 속에 두고 머리와 몸을 환하게 비췄다. 생각하고 있는 것이 얼굴에 나타나 보였다. 무시무시한 순간이었다. 가면을 벗고 정체를 드러낸 악마들, 알몸이 된 광포한 영혼의 무리, 햇빛을 쐬면서도 그들 소란한 무리는 여전히 암흑 속에 묻혀 있었다. 몇 사람인가 새 깃털을 입에 문 채 구경꾼, 특히 여자들을 향해 욕설을 퍼붓고 있었다. 연민을 느끼게 하는 얼굴들이 아침 햇빛 속에 검은 그림자로 뚜렷이 떠올라 보였다. 그들 중 누구 하나도 겹친 비극에 삐딱해지지 않은 사람이 없고, 햇빛도 번갯불로 바꿔 버릴 것 같은 무서운 얼굴을 하고 있었다.

행렬 제일 앞 마차에 탄 사람들은 '웨스트의 무당'이라는 요즘 한창 유행하는 데조지에의 노래를 거칠고 쾌활한 목소리로 목청껏 부르고 있었다. 가로수는 몸을 떨고 길가에 늘어선 시민들은 한껏 만족한 듯한 멍청한 얼굴로 그 귀신들이 부르는 야비한 노래에 귀를 기울였다.

그 행렬에는 갖가지 비통한 참상이 마구 뒤섞여 있었다. 거기엔 온갖 짐승들의 얼굴이 있었다. 노인, 젊은이, 대머리, 희끗희끗한 반백의 머리, 잔뜩 비뚤어진 추한 얼굴, 까다롭게 생긴 체념한 얼굴, 잔인하게 일그러진 입술, 미친 것 같은 행동, 챙 올린 모자를 쓴 돼지코, 관자놀이에 고수머리를 늘인 계집애 같은 얼굴, 어린애 같아서 더욱 이상한 얼굴, 죽을 날만 기다리는 해골 같은 얼굴 등. 맨 앞 마차에는 흑인 하나가 있었는데 아마 노예 출신인 모양이었다. 어쩌면 그 죄수는 지금의 사슬과 옛날 노예의 사슬을 속으로 비교하고 있는지도 몰랐다.

무서운 밑바닥 생활이 골고루 나누어준 오욕이 그들의 이마에 나타나 있었다. 여기까지 전락해 온 사람은 누구나가 최후의 밑바닥에서 최후의 변모를 하게 마련이다. 즉 무지는 몽매로 변하고 지성은 절망이 되어 결국 도달하는 곳은 모두 같은 곳이다. 모든 시궁창이 한데 모인 것 같은 이 인간들에게서는 이제 무엇 하나 취할 것이 없었다. 한껏 더러운 행렬을 지휘하는 그 누구도 그들에게 등급을 매기려고는 하지 않았다.

그들은 아무렇게나 뒤섞여 알파벳 순도 없이 서로 묶여 몇 줄로 나뉘어 마차에 실렸던 것이다. 그러나 이런 혐오할 만한 인간들도 집단을 이루면 반드시 하나의 합성력을 발휘하기 마련이고 불행한 인간들도 함께 묶어 놓으면 얼마 안 가 곧 하나의 전체를 형성하게 마련이다. 때문에 여기서도 사슬마다 하나의 공통된 영혼이 나타나 마차마다 제각기 특징이 있었다. 노래를 부르고 있는 마차 뒤에 고함을 지르는 마차가 뒤따르고, 세 번째 마차는 울부짖고 있었으며, 이를 가는 마차가 있는가 하면 길가에 있는 사람들을 위협하는 마차도 있고, 하느님을 저주하는 마차도 있었다. 다만 마지막 마차 하나만은 무덤처럼 조용했다. 아마 단테였다면 지옥의 제7계 행진을 보는 것 같았으리라.

이것은 형장으로 가는 죄수들의 긴 행렬이었다. 그것도 묵시록에 나오는 것 같은 불꽃이 피어오르는 무시무시한 행렬이 아니라 더욱 비참하게 게모니에로 실려가는 시체를 태운 짐마차의 행렬이었다.

호위병 한 사람은 끝에 갈고리가 달린 몽둥이를 들고 가끔 인간 쓰레기더미를 휘저으려 하고 있었다. 구경꾼인 한 노파가 다섯 살쯤 난 어린 사내아이에게 그것을 가리키며 말했다.

"이 장난꾸러기야, 저걸 잘 봐 둬라!"

노래 소리와 욕지거리가 커지자 호송병 대장인 듯한 남자가 채찍을 울렸다. 그러자 그것을 신호로 일곱 대의 마차에는 일제히 무서운 채찍이 우박 쏟아지는 소리를 내며 사정없이 쏟아졌다. 대부분의 죄수들이 비명을 지르고 거품을 물었다. 그런 광경은 흡사 상처난 자리에 몰려든 파리같은 개구쟁이들을 견딜 수 없이 재미있게 만들었다.

장 발장의 눈은 무시무시하게 변해 있었다. 그것은 이미 인간의 눈이 아니고 어떤 불행한 인간이 흔히 가지는, 현실을 전혀 의식하지 않는 공포와 파국의 반사광이 무섭게 타고 있는 두꺼운 유리 같은 그런 눈이었다. 그는 이미 하나의 광경을 보고 있는 것이 아니었다. 환영을 보고 있었다. 그는 일어나자, 일어나서 도망치자, 멀리멀리 도망치자고 생각하면서도 한 발짝도 움직일 수 없었다.

눈앞의 환영에 붙잡혀 꼼짝도 못하는 수가 더러 있다. 그도 그처럼 그 자리에 못박혀 마치 돌처럼 모든 감각을 잃고 형언할 수 없는 고뇌에 뒤죽박죽이 되어, 이 죽음 같은 고통은 무엇을 의미하는가, 자기 뒤를 쫓아온 이 악마의 무리는 대체 어디서 나타난 걸까, 그것만을 되풀이 묻고 있었다. 그는 문득 이마에 손을 댔다. 갑자기 기억이 떠오른 사람이 흔히 하는 짓이었다. 그는 생각해냈다. 여기는 바로 그리로 가는 길가였다. 퐁뗀블로에서는 언제나 왕의 행렬과 부딪칠지 모르기 때문에 그것을 피하기 위해 이 길로 돌아가게 되어 있었다. 35년 전 자기도 이 길을 지난 일이 있었다.

그러나 꼬제뜨는 그와 달랐다. 그녀 역시 무서운 공포에 사로잡혔지만 그것이 무엇인지 잘 알지 못했다. 그냥 숨이 막혀 왔다. 눈 앞의 광경은 이 세상의 일이 아닌 것 같았다. 꼬제뜨는 겨우 정신을 차리고 이렇게 소리쳤다.

"아버지! 저게 뭐예요, 저 마차 속에 있는 게?"

장 발장은 대답했다.

"죄수들이란다."

"어머, 어디로 가는 건가요?"

"항구에 있는 감옥으로."

그때 채찍이 더욱더 무섭게 쏟아지고 군도의 매질까지 합쳐져, 그건 그대로 채찍과 몽둥이의 광풍과 같았다. 죄수들은 몸을 꾸부리고 있어서 추한 복종의 자세가 그 체형 속에 역력히 드러났다. 그리고 모든 죄수들은 마치 사슬에 묶인 늑대 같은 눈을 하고 입을 다물어 버렸다.

꼬제뜨는 온 몸을 부들부들 떨고 있었다. 그녀는 다시 입을 열었다.

"아버지, 저래도 인간이라고 할 수 있을까요?"

"때로는 저런 사람들도 있단다." 비참해진 장 발장은 대답했다.

그들은 과연 사슬에 묶인 죄수들로 새벽에 비세트르 감옥을 출발하여 국왕이 묵고 있는 퐁뗀블로를 피해 르 망으로 가는 길이었다. 그렇게 돌아가기 때문에 그들은 대개 3, 4일은 늦게 도착했다. 그러니 왕에게 형벌을 주는 것을 보이지 않기 위해서는 그 형벌이 연장되어도 상관 없다는 것이리라.

장 발장은 맥이 탁 풀렸다. 그런 광경은 그에게 커다란 충격을 주었고 온 몸이 부들부들 떨릴 정도로 깊은 인상을 남겨 주었다.

장 발장은 꼬제뜨와 함께 바빌론느 거리로 돌아오는 길에 그녀가 방금 본 광경에 대해 이것저것 묻는 말을 전혀 알아듣지 못했다. 그는 몸도 마음도 지칠 대로 지쳐 그녀의 말이 전혀 귀에 들어오지 않고 대답할 힘조차 없었던 것이다. 다만 그날 밤, 꼬제뜨가 침실로 돌아가기 위해 그 곁을 떠나면서 낮은 목소리로 이렇게 말하는 것만은 분명히 들었다.

"만일 길을 가다가 그런 사람을 한 사람이라도 만나면, 아마 난 까무러칠 거예요. 옆에서 보기만 해도 죽을지도 몰라요."

다행히도 이 비극적인 사건이 있었던 이튿날, 무슨 경축 행사인지 빠리에 축제가 벌어져 연병장에서는 사열식, 세느 강에서는 선상 창경기, 샹젤리제에서는 연극, 에뜨왈르 광장에서는 불꽃놀이가 벌어지고 곳곳마다 장식등이 내걸렸다.

장 발장은 관례를 깨뜨리고 꼬제뜨를 데리고 구경을 나가 전날 받은 인상을 지우고 그녀의 기분을 바꿔 주기로 했다. 빠리 천지가 들뜬 그 소동에 휩쓸게 하여 눈앞을 스쳐간 그 무서운 광경을 기억에서 떨쳐내주리라 마음먹은 것이다. 축제 행사의 일부로 사열식이 있을 예정이었기 때문에 군복을 입고 거리를 다녀도 조금도 이상하지 않았다. 그래서 장 발장은 도피하는 인간의 애매모호한 감정을 마음 속으로 맛보며 국민군 복장으로 차려입었다. 그 산책에서 노린 것은 적중한 것 같았다.

꼬제뜨는 아버지의 뜻을 받들리라 결정하고 있었다. 게다가 보고 듣는 모든 것이 신기한 것뿐이어서 젊은 여자답게 한껏 들뜬 가벼운 마음으로 그 분위기에 휩쓸려, 축제라는 이름 아래 벌인 수많은 행사에 조금도 경멸하는 빛을 나타내지 않았다. 이리하여 장 발장의 목적은 좋은 결과를 얻은 셈이 되었다. 이것으로 그 무서운 환영의 흔적은 자취도 없이 사라졌다고 생각하였다.

그리고 며칠이 지난 어느 날 아침, 아주 맑게 갠 날이어서 장 발장은 늘 지키는 규칙을 깨뜨리고, 언제나 슬픔 때문에 방에만 틀어박혀 있는 꼬제뜨를 데리고 정원 돌계단으로 나왔다. 꼬제뜨는 실내복 바람으로 나왔는데 막 잠자리에서 일어난 젊은 여자답게 마치 달을 스쳐가는 밤하늘의 구름 같은 모습으로 황홀하게 서 있었다. 그리고 잘 자고 난 뒤의 장밋빛 얼굴을 햇빛 속에 드러내고 장 발장의 감개 어린 다정한 시선을 받으며 국화꽃 잎을 하나하나 뜯고 있었다.

그렇다고 꼬제뜨가 "당신이 좋아요, 조금 좋아요, 아니 아주 좋아요" 하며 꽃잎을 뜯는 그 귀여운 풍습을 알고 있었던 것은 아니었다. 그런 것을 누가 가르쳐 주었겠는가? 그녀는 그냥 아무 생각 없이 순진하게 국화꽃 잎을 뜯는 것이 애정을 뜯는 것이라는 것을 알지도 못한 채 그 꽃을 뜯고 있었다.

'미의 세 여신' 외에 네 번째로 '우수의 여신'이 있었다면, 그리고 그 여신이 미소를 짓고 있었다면 꼬제뜨야말로 그 여신 같았을 것이다. 장 발장은 그 꽃 위에서 움직이는 손가락을 보며 황홀감에 사로잡혀 있었고 이 아이가 발산하는 눈부신 빛에 넋을 잃은 채 모든 것을 잊고 있었다.

돌계단 옆 덤불 속에서는 물새 한 마리가 작은 소리로 지저귀고 하늘에는 흰 구름덩이가 두어 개 빠르게 지나가고 있었다. 마치 지금 막 자유로운 천지로 해방되어 나왔다는 듯.

꼬제뜨는 열심히 꽃잎을 뜯고 있었다. 무엇을 생각하는지는 알 수 없었지만 모습으로 봐서 틀림없이 즐거운 생각을 하고 있는 것 같았다. 문득 꼬제뜨는 머리를 우아한 백조처럼 천천히 돌리고 장 발장을 쳐다보며 말했다.
"아버지, 대체 거기가 어디에요? 항구의 감옥이라는 데가?"

제4편 낮은 곳에서의 구원이 높은 곳에서의 구원이 되다

외면의 상처, 내면의 회복

두 사람의 생활은 이렇게 하여 점점 어두워져 갔다.

전에는 두 사람에게 커다란 기쁨이었던 것이 이제는 하나의 심심풀이로 남았을 뿐이었다. 그것은 배고픈 사람에게 빵을 주고 추위에 떠는 사람에게 옷을 가져다 주는 일이었다. 가난한 사람들에게 그런 것을 나누어 주러 갈 때는 꼬제뜨도 곧잘 장 발장을 따라갔기 때문에 두 사람은 예전의 그 격의 없는 기분을 어느 정도 맛볼 수 있었다. 이따금 하루를 잘 지내고 많은 가난한 사람을 돕고, 많은 아이들의 기운을 북돋아주고 돌아온 날 밤에는 꼬제뜨도 다소 명랑한 기분이 되었다. 두 사람이 종드레뜨의 집을 찾아간 것은 바로 그러한 때였다.

거기 갔다온 이튿날 장 발장은 아침 일찍 본채에 나타났다. 언제나 다름 없이 조용한 표정이었으나 왼쪽 팔에 몹시 짓무른 커다란 상처를 입고 있었다. 보기에는 화상 같았으나 장 발장은 다른 핑계를 대었다. 그 상처로 열이 올라 그는 한 달 이상이나 외출을 하지 못했다. 그래도 의사에게는 절대로 보이려고 하지 않았다. 꼬제뜨가 자꾸 조르자, "수의사나 데려오렴" 하는 것이었다.

꼬제뜨는 그를 도울 수 있는 것이 무척 기쁜 듯 천사같이 고결한 모습으로 아침 저녁 그 상처를 돌봐 주었다. 그래서 장 발장은 그전의 기쁨이 완전히 되살아나 근심도 불안도 모두 사라진 듯 꼬제뜨를 그윽히 바라보며 이렇게 말했다.

"아아, 고마운 상처야! 내겐 다행스런 재난이구나."

꼬제뜨는 아버지가 앓자 본채보다는 뒤뜰이며 별채에 자주 나오게 되었다. 매일 장 발장 옆을 지키고 앉아 그가 원하는 책을 읽어 주었다. 대개가 여행기였다. 장 발장은 나날이 생기를 되찾아 갔다. 행복이 다시 형언할 수 없는 빛을 띠고 다가왔다. 뤽상부르 공원이며, 배회하던 낯선 청년이며, 꼬제뜨의 태도가 냉랭해진 일이며, 먹구름같이 마음에 걸려 있던 이런 모든 일들이 삽시간에 사라져버렸다. 마침내 그는 이렇게 생각하게 되었다.

'그건 모두 부질없는 생각이었어. 나도 이제 나이를 먹은 모양이군.'

너무 행복한 나머지 그토록 뜻밖의 일이었음에도 불구하고 장 발장은 종드레뜨의 집에서 겪은 무서운 기억을 깨끗이 잊어버리고 말았다. 무사히 도망쳐 나왔고 흔적도 없이 자취를 감추었으니까 이제 마음에 걸릴 건 하나도 없지 않은가! 다만 그는 이따금 그들을 동정하는 마음에서 생각해 보는 때가 있었다.

'그들도 이제 잡혀 들어갔으니까 다시는 남을 해치지 못하겠지.'

그는 생각했다.

'그러나저러나 그들은 어쩌면 그렇게 불쌍하고 한심한 사람들인가!'

멘느 성문 근처에서 본 그 무서운 광경에 대해서 꼬제뜨는 다시는 입을 열지 않았다.

꼬제뜨는 수도원에 있을 때 쌩뜨 메끄띨드 수녀한테서 음악을 배웠다. 꼬제뜨는 영혼을 가진 멧새 같은 목소리로 저녁때면 이따금 상처 때문에 앓는 아버지의 방에서 슬픈 노래를 불러 장 발장을 위로했다.

봄이 다가왔다. 바깥 정원은 이 계절이 되면 정말 아름다웠기 때문에 장 발장은 꼬제뜨에게 말했다.

"왜 정원엔 통 안 나가느냐? 산책을 좀 하고 오렴."

"네, 아버지가 원하시면 그러죠." 꼬제뜨는 대답했다.

아버지의 말을 좇아 꼬제뜨는 다시 산책을 시작했는데 대개는 혼자 거닐었다. 앞서도 말했듯이 장 발장은 철책 너머에서 남이 볼 것을 두려워하여 거의 정원에는 나가지 않았다.

장 발장의 상처는 하나의 전환이 되었다.

아버지의 고통이 차차 줄어들고 회복되어 가는 것과, 그가 전에 없이 행복해하는 것을 본 꼬제뜨는 스스로 의식하지 못할 정도로 자연스럽게 우러나오는 어떤 만족감을 느꼈다. 게다가 계절은 3월이었다. 해가 길어지고 겨울은 멀어져 갔다. 겨울은 언제나 인간에게서 어떤 슬픔을 가지고 사라진다.

이어 4월이 왔다. 저 여름의 새벽, 모든 여명처럼 소란스럽고 모든 유년기처럼 쾌활한 4월이 왔다. 하긴 4월이라는 어린애는 갓 태어났기 때문에 다소 울보가 되는 때가 종종 있긴 하지만, 이 계절에 자연은 매혹에 찬 빛을 띠고 있어, 그 빛을 하늘이며, 구름이며, 나무들이며, 목장이며, 꽃들로부터 사람의 마음에 전달해 준다.

아직 젊은 꼬제뜨의 마음에 그녀와 비슷한 이 4월의 기쁨이 스며들지 않을 리가 없었다. 알지 못하는 사이 어둠은 그녀의 마음에서 멀어져 갔다. 봄에는 슬픈 마음도 밝아진다. 한낮에는 굴 속도 밝아지는 것처럼. 꼬제뜨도 이제는 예전처럼 그렇게 슬퍼하지 않게 되었다. 게다가 그렇게 된 것을 그녀 스스로는 전혀 의식하지 못했다.

아침 10시쯤, 식사가 끝난 뒤 꼬제뜨는 가까스로 아버지를 바깥 정원으로 이끌어내 아픈 팔을 부축하고 햇빛이 잘 드는 계단 앞을 15분 정도 거닐 때 끊임없이 미소를 짓고 퍽 행복해 보였으나 자신은 그것을 전혀 깨닫지 못했다.

장 발장은 황홀한 눈으로 그녀가 그전처럼 싱싱해지고 볼이 빨개진 것을 바라보았다.

"아아! 고마운 상처야!"

장 발장은 낮은 소리로 되풀이하여 중얼거렸다.

그리고 오히려 떼나르디에 가족에게 감사하는 마음조차 들었다.

상처가 다 낫자 그는 또 해질녘 산책을 시작했다.

그처럼 혼자 외진 길을 산책하면 그 어떤 사건과 부딪치는 일은 없을 것이라고 생각했으나 사실은 잘못된 생각이었다.

플루타크 할멈은 이상한 사건을 서슴없이 설명하다

어느 날 저녁, 소년 가브로슈는 아직 아무것도 먹지 못하고 그 전날도 식사를 하지 못했다는 것을 생각하자 맥이 탁 풀렸다. 그래서 어떻게 해서든지 저녁을 먹어야겠다고 결심했다. 그는 살뻬트리에르 쪽, 사람이 별로 살지 않는 곳을 더듬어 보려고 나갔다. 거기엔 가끔 뜻밖의 횡재가 있었다. 사람이 없는 곳에서는 곧잘 무엇을 얻을 수가 있었다. 그는 오스떼를리쯔인 성싶은 마을까지 갔다.

그는 전에도 그 근처를 몇 번 방황한 일이 있는데 그때 노인과 한 노파가 살고 있는 오래된 정원에 제법 잘 자란 사과나무 한 그루가 있는 것을 보아 두었다. 그 사과나무 옆에 문이 잘 맞지 않는 과일 창고 같은 것이 있었는데 거기 가면 사과 한 알쯤은 얻을 수 있을 것 같았다. 사과 한 개는 한 끼의 저녁 식사가 되었다. 사과 한 알이 생명인 것이다. 아담을 타락시킨 그 사과 한 알이 어쩌면 가브로슈를 구해 줄지도 몰랐다. 그 정원은 앞으로 주택가가 되기를 기다리는 듯 포석도 깔지 않은 오솔길 양 옆에 풀숲이 이어진 오솔길과는 생울타리 하나를 사이에 두고 있었다.

가브로슈는 그 정원을 향해 걸어갔다. 그는 오솔길을 찾고 사과나무를 찾고 과일 창고를 확인한 다음 울타리를 살폈다. 말들이 단번에 건너뛸 수 있을 낮은 울타리였다. 해는 이미 졌고 오솔길에는 고양이 새끼 한 마리 없는 아주 적당한 시간이었다. 가브로슈는 울타리를 넘으려고 가까이 다가갔다. 그러다가 문득 걸음을 멈추었다. 정원 쪽에서 사람의 말소리가 들렸던 것이다. 가브로슈는 생울타리 사이로 안을 들여다보았다.

그의 바로 앞 울타리 아래쪽에 언뜻 보기에는 출입구같이 보이는 울타리와 울타리 사이의 약간 벌어진 부근에 벤치 대신으로 굴려다 놓은 돌이 있고, 그 위에 그 정원 주인인 노인이 앉아 있고 그 맞은편에 노파가 서 있었다.

노파는 뭔가 불평을 늘어놓고 있었다. 가브로슈는 무례하게도 그들의 말을 엿들었다.

"마뵈프 영감님!"

노파가 말했다.

'마뵈프라고! 참 괴상한 이름도 있군.' 가브로슈는 생각했다.

이름을 불린 노인은 꼼짝도 하지 않았다. 노파는 다시 말했다.

"마뵈프 영감님!"

노인은 떨어뜨린 눈길을 들지 않은 채 한참 후에 대답했다.

"뭐요, 플루타크 할멈?"

'플루타크 할멈이라고? 그것도 참 이상한 이름이군.'

가브로슈는 다시 생각했다.

플루타크 할멈은 말을 계속했다. 그러자 노인도 말을 하지 않을 수 없었다.

"집 주인이 화가 잔뜩 났어요."
"왜?"
"집세가 3기분이 밀렸대요."
"이제 석 달만 더 있으면 4기분이 밀리겠군."
"집주인이 쫓아내겠대요."
"나가지 뭐."
"채소 가게에서도 돈을 빨리 갚으래요. 장작도 이제 가져오지 않고요. 겨울이 되면 뭘 때려고 그러세요? 장작이라곤 집에 하나도 없어요."
"해가 있지 않나."
"고기 장수도 외상을 안 주겠대요. 이제 고기는 안 줘요."
"상관없어. 난 고기를 잘 소화 못하니까. 자꾸 걸려서."
"그럼 뭘 잡수시겠단 말예요?"
"빵을 먹지."
"빵장수도 외상 독촉이에요. 돈 안 주면 빵도 안 주겠대요."
"그래도 상관없어."
"그래, 도대체 뭘 드시려고 그러세요?"
"우리한텐 사과가 있지 않나."
"하지만 영감님, 이렇게 한푼도 없어 가지곤 도저히 살 수 없어요."
"그러나 한푼도 없는 걸 어떡하나."

노파는 가버리고 노인 혼자 남았다. 그는 뭔가 궁리하기 시작했다. 가브로슈는 생각에 잠겼다. 이미 밤이 되어 있었다.

가브로슈는 생각 끝에 우선 울타리를 넘지 않고 그 밑에 웅크리고 앉아 있기로 했다. 덤불 밑은 나뭇가지가 더러 엉성한 데가 있었다.

"쳇, 잠자리로는 딱이잖아!" 가브로슈는 속으로 소리쳤다. 그리고 그 자리에 쪼그리고 앉았다. 마뵈프 노인과 서로 등을 대고 있는 셈이었다. 바로 지척이라 여든 살 된 노인의 숨소리가 들려 왔다.

그는 그렇게 하고 식사를 기다리는 사이 한숨 자기로 했다.

고양이의 잠, 한 눈만을 감고 자는 선잠이었다. 꾸벅꾸벅 졸며 가브로슈는 노인의 동정을 살폈다.

어슴푸레한 저녁빛이 땅 위를 희뿌옇게 비춰 오솔길은 두 줄기 어두운 숲 사이에 희고 푸른 띠처럼 보였다.

문득 그 희뿌연 띠 위에 사람의 그림자가 둘 나타났다. 한 사람은 앞서 걷고 또 한 사람은 조금 떨어져 뒤따라 오고 있었다.

"두 사람이군." 가브로슈는 중얼거렸다.

앞 사람의 그림자는 언뜻 보기에 늙은 사람인 듯 검소한 차림이었는데 허리를 약간 구부리고 생각에 잠겨 별이 총총한 밤길을 산책이라도 나온 듯한 걸음걸이로 걷고 있었다.

뒤따라 오는 그림자는 몸이 꿋꿋하고 힘이 세 보였고 호리호리한 것 같았다. 앞서 가는 그림자와 보조를 맞추고 있었으나 일부러 천천히 걷는 그 걸음걸이에서는 유연함과 재빠름을 엿볼 수 있었다. 그 그림자에는 어딘지 모르게 잔인한, 사람을 불안하게 만드는 구석이 있었는데 겉모습만은 그 당시 가장 멋쟁이의 옷차림을 하고 있었다. 멋진 모자, 잘 지은 검은 프록코트, 상당히 좋은 옷감인 듯 몸에 꼭 붙었다. 점잖은 남자답게 머리를 들고 있었는데 모자 아래에는 젊은 얼굴이 어둠 속에 화사하게 보였다. 그는 한 송이 장미꽃을 입에 물고 있었다. 두 번째 사람은 가브로슈가 잘 아는 얼굴이었다. 몽빠르나스였다.

또 한 사람은 나이가 많다는 것밖에 누군지 전혀 알 수 없었다.

가브로슈는 즉시 관찰하기 시작했다.

길을 걸어오는 두 사람 중 한 사람은 분명히 다른 한 사람에 대해 어떤 흉계를 품고 있는 것 같았다. 가브로슈는 그 상태를 지켜보기에 아주 적당한 위치에 있었다. 자려고 누운 자리가 공교롭게도 숨어 살피는 자리가 된 것이다.

몽빠르나스가 남의 뒤를 쫓고 있다. 더구나 이런 시간에 이런 곳에서. 그건 매우 걱정스런 일이었다. 가브로슈는 부랑아였으므로 그 나이먹은 사람에 대해 동정이 끓어오름을 느꼈다.

그럼 어떻게 하면 좋을까? 그들 사이에 뛰어들까? 하지만 약한 자가 약한 자에 가세해 봤자 몽빠르나스는 코웃음이나 칠 것이다. 18살난 이 무서운 악당이 먼저 노인을 해치고 난 다음 어린애를 해치우는 것쯤은 식은 죽 먹기라는 것을 가브로슈는 너무나 잘 알고 있었다.

가브로슈가 주저하고 있는 사이에 별안간 무시무시한 격투가 벌어졌다.

당나귀를 노리는 호랑이의 습격이라 할까, 파리를 노리는 거미의 습격이라 할까. 몽빠르나스는 갑자기 장미꽃을 뱉어 버리더니 노인에게 달려들어 멱살을 움켜잡고 바싹 죄기 시작했다. 가브로슈는 하마터면 소리를 지를 뻔했다. 눈 깜박할 사이에 두 사람 중 한 사람은 상대방 밑에 깔리고 무거운 대리석 같은 무릎에 가슴이 눌려 숨을 헉헉대며 발버둥을 쳤다. 그러나 가브로슈의 예상과는 정반대였다. 밑에 깔린 자가 몽빠르나스이고 위에서 누르는 쪽이 노인이었다.

이런 일들은 모두 가브로슈가 엎드린 바로 대여섯 걸음 앞에서 벌어졌다.

노인은 공격을 받는 즉시 반격을 했던 것이다. 그리고 그 반격이 놀랄 만큼 맹렬했기 때문에 순식간에 사태는 역전되고 만 것이다.

'저 노인 기운이 대단한데!' 가브로슈는 생각했다.

그리고 자기도 모르게 손뼉을 쳤다. 그러나 그 박수는 무의미하게 끝나고 말았다. 아무것도 들을 수 없을 정도로 싸움이 격렬해서 가쁜 숨을 토해 내며 마주 엉켜 붙은 두 사람에게 박수 소리가 들릴 리가 없었다.

잠시 후 조용해졌다. 몽빠르나스는 버둥대기를 그쳤다. 가브로슈는 혼자 중얼거렸다.

"죽었나?"

노인은 그때까지 말 한 마디 하지 않고 소리도 지르지 않았다. 그는 일어났다. 그리고 몽빠르나스에게 이렇게 말하는 소리가 들렸다.

"일어나."

몽빠르나스는 일어났으나 노인은 여전히 손을 놓지 않았다. 몽빠르나스는 양한테 붙잡힌 늑대처럼 창피해하면서 분해 어쩔 줄 몰라했다.

가브로슈는 눈과 귀에 온 신경을 기울여 그의 말을 들었다. 그는 통쾌해서 견딜 수 없었다.

온 신경을 집중한 보람이 마침내 나타났다. 주위가 어두워 왠지 예사롭지 않게 들리는 그들의 대화를 엿들을 수 있었던 것이다. 묻는 것은 노인이고 대답하는 쪽은 몽빠르나스였다.

"몇 살이냐?"

"열 아홉이오."

"넌 힘도 세고 몸도 튼튼한데 왜 일을 하지 않지?"

노인은 공격을 받는 즉시 반격을 했던 것이다.

"일하기가 싫어서요."

"직업은 뭔가?"

"놀고 먹는 놈이오."

"사실을 얘기해 봐. 뭘 도와주면 좋겠어! 뭐가 되고 싶으냐?"

"도둑놈."

잠시 이야기가 끊어졌다. 노인은 깊은 생각에 잠긴 것 같았다. 그는 꼼짝도 하지 않고 서서 몽빠르나스를 놓아 주지 않고 있었다.

이따금 젊은 악당은 힘껏 몸부림을 치며 올가미에 걸린 짐승처럼 요동치곤 했다. 몸을 흔들기도 하고 다리를 꼬기도 하고 팔다리를 마구 비틀며 도망치려고 하였다. 노인은 거기엔 상관도 하지 않은듯 상대의 두 팔을 꽉 움켜잡은 채 절대 우세한 힘으로 침착하게 서 있었다.

노인은 잠시 생각에 잠겨 있다가 이윽고 몽빠르나스에게 눈길을 돌리며 부드러운 어조로 입을 열었다. 그의 목소리는 꽤 컸기 때문에 어둠 속에 분명히 울려 왔다. 가브로슈는 그 엄숙한 훈계를 한 마디도 놓치지 않고 다 들었다.

"알겠나, 넌 게으르기 때문에 이런 쓰라린 생활을 하면서 고생을 하는 거다. 아아, 넌 네 입으로 말하고 있다. 놀고 먹는 놈이라고. 하지만 일을 할 생각을 가져야 해. 아느냐? 이 세상엔 무서운 기계가 있다는 걸. 금속을 늘이는 압연기라는 기계다. 조심하지 않으면 안돼. 아주 심보가 더럽고 잔인한 놈이지. 만일 어쩌다 옷자락이라도 끼는 날이면 그대로 몸뚱이째 그 밑으로 들어가 버리고 말아. 그 기계가 바로 아무것도 안하는 '무위'라는 거다. 알겠나.

그러니까 걸음을 멈추어야 해. 한시라도 늦기 전에 말이야. 그리고 그 자리에서 도망쳐야 한다. 그렇지 않으면 끝장이야. 그대로 톱니바퀴에 말려 들어가고 말아. 한번 말려들어가면 다시는 살아나기 어렵지. 알겠나, 그렇게 되면 다시는 쉴 수 없게 된다. 끊임없이 빙빙 도는 무쇠손이 너를 움켜잡고 나면 말이야. 넌 네가 빵을 벌고 일을 하고 의무를 다하는 걸 바라지 않고 있다! 세상 사람처럼 사는 걸 싫다고 한다! 좋아, 그럼 다른 생활을 해보는 것도 좋아. 노동은 하느님의 명령인데 그걸 싫다고 하는 놈은 당연한 벌을 짊어지게 된다.

넌 노동자가 되기 싫다고 했는데 그렇다면 노예가 되는 수밖에 없어. 노동은 일단은 사람을 내버려두는 것 같지만 언젠가는 반드시 그 사람을 잡고야 만다. 넌 노동의 친구가 되기 싫다고 했으니 당연히 노동의 노예가 되는 거야. 아아, 넌 인간다운 정직한 땀방울을 피하고자 죄인의 이마에 흐르는 땀을 구하려 하는구나. 그때는 너는 다른 사람들이 노래를 부를 때 옆에서 고통에 몸부림치게 될 거다. 멀리 아래쪽에서 다른 사람들이 일하는 것을 올려다보게 될 것이다. 그리고 그 일하는 모습은 네게 마치 쉬고 있는 것처럼 보일 것이다. 땅을 일구는 사람, 추수하는 사람, 뱃사람, 대장장이가 네게는 마치 천국의 복을 타고 난 사람으로 보일 것이다.

대장간의 모루가 얼마나 찬란하게 보일지 아느냐? 삽질을 하고 보릿단을 묶는 것, 그게 바로 기쁨이란다. 돛 하나 가득 바람을 싣고 달리는 배, 그게 얼마나 즐거운 건지 아느냐? 한데 너는, 게으른 너는 곡괭이를 휘두르고, 밧줄을 당기고, 수레를 끌고 나란히 걸어가게 된다. 목은 밧줄에 묶여 지옥에서 마차를 끄는 말이 되는 것이다. 아아, 아무것도 하지 않는 것, 그게 바로 네 소원이라고 했는데 그땐 그렇게 안 될 거다.

1주일, 하루, 아니 한 시간도 허덕이지 않고는 보낼 수 없을 것이다. 무엇 하나 쳐드는 데도 죽기보다 괴로울 것이다. 흘러가는 한 순간 한 순간이 네 살을 조각조각 내는 것 같을 것이다. 다른 사람에게는 깃털 같은 것도 네게는 무거운 바위처럼 느껴질 것이다. 아무것도 아닌 일이 엄청난 대공사처럼 느껴질 테지. 산다는 것이 어디로 보든 괴롭기 짝이 없는 것이 될 것이다. 가고 오는 것이며 숨쉬는 것조차 대단한 일이 될 것이다. 네 심장이 마치 100파운드짜리 납덩이처럼 생각될 것이다. 이리 갈까 저리 갈까 정하는 것까지 어려운 문제가 될 것이다.

누구나 밖에 나가고 싶으면 문만 열면 된다. 문제없이 곧 나갈 수 있어. 하지만 너는 밖으로 나가려면 벽에 구멍을 뚫어야 한다. 또 밖에 나왔을 때 일반 사람들은 어떻게 하지? 계단을 내려가기만 하면 돼. 그런데 너는 시트를 찢어서 그것을 조금씩 이어 긴 밧줄을 만들어 그것을 창 너머 깊은 연못 위에 늘어뜨리고 그 밧줄 하나에만 의지해 매달려야 한다. 그것도 폭풍이 몰아치거나 비가 오거나 태풍이 부는 밤에 말이다. 그리고 그 끈이 너무 짧을 것 같으면 내리는 방법은 오직 하나, 뛰어내리는 수밖에 없다. 운을 하늘에 맡기고 아슬아슬하게 높은 데서 깊은 연못을 향해 뛰어내려야 한다. 어디로? 아래 뭐가 있는지 모르는 곳으로. 그게 싫으면, 타 죽을 각오를 하고 난로 굴뚝으로 기어내리든가 아니면 빠져 죽을 각오로 변소의 배수관을 타고 기어나와야 한다. 출입구를 막아놓는 것이며, 하루에 스무 번도 더 돌을 치웠다 놓았다 해야 하는 것이며, 벽에서 뗀 돌을 짚방석 밑에 숨겨야 하는 것은 더 말할 것도 없다.

가령 자물쇠가 채워져 있다고 하자. 보통 사람 같으면 자물쇠 집에서 만든 열쇠가 주머니에 들어 있게 마련이다. 하지만 너는 문을 열고 나오려면 아주 정교한 연장을 하나 만들어야 한다. 먼저 2수짜리 동전 하나를 구해 그걸 옆으로 잘라 두 쪽으로 낸다. 무얼 써서 하느냐고? 그 도구도 네 손으로 만들어야 해. 두 쪽이 완성되면 밖에 흠이 나지 않도록 잘 신경을 쓰며 안을 파내 가장자리에 돌아가며 나사식으로 도려내고 두 쪽을 합치면 한 쪽이 밑바닥이 되고 한쪽이 뚜껑이 되게 만든다.

그렇게 해서 위와 아래를 맞추면 그게 뭔지 모르게 된다. 넌 감시를 당하고 있겠지만 그 감시인들이 볼 때 그건 그냥 2수짜리 동전에 불과해. 하지만 너한텐 훌륭한 하나의 상자지. 그 상자 속에 뭘 넣는지 아나? 작은 쇠조각이야. 시계 태엽에 날을 세워 톱으로 만든 거지. 동전 속에 숨길 수 있는 바늘 길이만한 그 톱으로 너는 자물쇠의 빗장을 잘라야 하고 문빗장의 굴대를 잘라야 하고 맹꽁이 자물쇠의 손잡이를 잘라야 하고 창살이며 족쇄를 잘라야 해.

그런 기묘한 작품을 만들고 그런 놀라운 일을 하여 기술과 솜씨로 연구와 인내를 거듭해서 설사 그런 기적을 실현했다고 해도 만일 네가 그런 걸 만들었다는 사실이 알려지면 넌 어떤 형벌을 받는지 아나? 그 자리에서 감방행이야. 이게 네 장래다. 나태니 쾌락이니 하는 것이 얼마나 위험한 절벽인지 아느냐? 아무것도 하지 않노라면 자연 끔찍한 결심을 하게 되는 거다.

알겠느냐? 사회에 기생하여 놀고 먹는다는 것은, 무용한 인간, 즉 해로운 인간이 된다는 것은 그대로 비참한 밑바닥으로 떨어지는 길이다. 얻어 먹으려는 것이 바로 불행의 원인이다. 그런 인간은 결국 기생충으로 전락해버리지. 아아, 자네는 방금 일이 하기 싫다고 했는데, 그럼 자네가 생각하고 있는 건 배불리 먹고 마시고 실컷 자는 것뿐인가? 하긴 그때도 물을 마시고 빵을 먹고 잠은 자지. 마루 위에 손발을 쇠고랑에 묶인 채 살을 파고 드는 그 쇠고랑의 차거움을 밤새도록 느끼면서! 쇠고랑을 끊고 도망친다고 하자. 그것도 좋지. 하지만 넌 가시덤불을 벌벌 기어 도망쳐야 하고 숲 속의 짐승처럼 풀을 씹어야 한다. 그리고 또 붙잡힌다.

이번엔 지하 감옥에 처박히게 되지. 벽에 바싹 묶이고 물을 마실 때도 주전자를 손으로 더듬어 찾아야 하고 개도 먹지 않을 더러운 빵을 먹어야 하고 벌레 먹은 콩을 먹어야 한다. 그것도 몇 년을 그렇게 살아야 해. 말하자면 지하실의 쥐며느리가 되는 거지.

아아, 너 자신을 불쌍히 생각해야 한다. 참 불쌍한 놈이군. 그 어린 나이에, 어머니 젖을 뺀 지가 20년도 안 지났는데. 아직 살아 있겠지, 너희 어머닌. 제발 부탁이니 내 말을 명심해 들어라. 넌 고급 양복을 입고 에나멜 구두를 신고 머리를 지지고 곱슬거리는 머리에 향수를 바르고 창녀를 기쁘게 해주는 멋쟁이라고 생각하고 있다. 그런 네가 붉은 옷을 입고 머리를 박박 깎고 나막신을 신는다는 걸 한 번 생각해 봐라.

지금은 손에 반지를 끼고 싶어하겠지만 그때는 목에 쇠고리를 차게 된다. 그리고 여자한테 한눈이라도 파는 날이면 곧장 몽둥이가 날아오지. 20살에 거기 들어간 사람이 50이나 되어야 나온다. 들어갈 때는 젊고 볼이 장밋빛이고 기운차고 눈이 반짝반짝 빛나고 쪽 고른 하얀 이에 젊은이답게 머리가 아름다웠으나 나올 때는 늙어서 허리는 굽고 주름투성이이고 이는 하나도 없고 보기에도 징그러운 백발이 되지.

아아, 정말 넌 불쌍한 놈이구나. 잘못된 길을 걷고 있는 거다. 놀고 먹는 생활이 너를 나쁘게 만드는 거야. 일 중에 뭐가 제일 힘들고 괴로운 일인지 아느냐? 그건 바로 도둑질하는 일이다. 내 말을 믿어라. 놀고 먹는 놈이 되겠다는 그런 쓰라린 일을 택해서는 안된다. 그게 그렇게 쉬운 일이 아니다. 오히려 정직한 인간이 되는 편이 훨씬 쉽지. 자아, 이제 가거라. 그리고 내가 한 말을 곰곰이 생각해 봐라. 그래 참, 뭘 가지려고 했지? 내 지갑? 옛다, 가져 가거라."

그리고 노인은 몽빠르나스를 놓아 주고 그 손에 지갑을 쥐어주었다. 몽빠르나스는 그 무게를 잠깐 손으로 달아보고 나서 마치 훔친 물건이라도 되는 듯 아주 조심스럽게 프록코트 안주머니에 넣었다.

할 말을 다하자 노인은 돌아서 천천히 산책을 계속했다.
"바보 같은 늙은이." 몽빠르나스는 중얼거렸다.
그 노인이 누구였을까? 독자는 아마 벌써 짐작이 갔을 것이다.
몽빠르나스는 얼이 빠진 표정으로 노인이 어둠 속으로 사라지는 것을 지켜보았다.
생각에 잠긴 것이 그로서는 대단한 실수였다.
노인이 멀어지는 사이에 가브로슈가 가까이 다가오고 있었다.
가브로슈는 주위를 힐끗 둘러보고 마뵈프 노인이 돌 위에, 아마 보나마나 잠이 들었겠지만, 앉아 있는 것을 확인했다. 그리고 그 덤불 속에서 나와 꼼짝하지 않고 서 있는 몽빠르나스의 뒤로 어둠을 타고 가만히 접근하기 시작했다. 이처럼 모습도 들키지 않고 소리도 나지 않게 몽빠르나스 옆으로 다가가 그의 프록코트 안주머니에 넌지시 손을 넣어 지갑을 빼낸 다음 다시 기어서 마치 뱀처럼 어둠 속으로 슬그머니 도망쳐 버렸다. 몽빠르나스는 조심해야 할 이유는 하나도 없었고 게다가 난생 처음 깊은 생각에 잠겨 있었기 때문에 아무것도 몰랐다. 가브로슈는 마뵈프 노인이 있는 곳까지 돌아오자 그 지갑을 울타리 너머로 던지고 자기는 쏜살같이 도망쳤다.
지갑은 마뵈프 노인의 한쪽 발 위에 떨어졌다. 그 바람에 노인은 눈을 번쩍 떴다. 그는 허리를 굽혀 지갑을 주워 들었다. 그리고 어떻게 된 영문인지 모르면서도 어쨌든 안을 들여다보았다. 지갑은 두 쪽으로 벌어져 있었는데 한쪽에는 동전이, 한쪽에는 나뽈레옹 금화가 여섯 닢이나 들어 있었다.
마뵈프 노인은 몹시 놀라 그것을 가정부에게 보이려고 가지고 갔다.
"하늘에서 떨어졌군요."
플루타크 할멈은 말했다.

제5편 그 결과가 시작이라니 얼토당토않은 일

쓸쓸한 집과 병영의 관련

꼬제뜨의 고뇌는 4, 5개월 전만 해도 가슴을 찌르는 것 같았는데 지금은 자기도 모르는 사이에 서서히 회복기로 접어들고 있었다. 자연이, 봄이, 청춘이, 아버지에 대한 애정이, 새와 꽃이 티없이 순수한 이 영혼 속에 뭔가 망각 비슷한 것을 조금씩, 하루하루 한 방울 한 방울씩 스며들게 하고 있었다.

그럼, 마음 속의 불까지 완전히 꺼져 버린 것일까? 아니면 그냥 재만 살짝 덮인 것일까? 그거야 어쨌든 그녀의 괴롭고 바작바작 타는 것 같던 아픈 상태는 이제 거의 자각할 수 없게 된 것만은 사실이었다.

어느 날 그녀는 문득 마리우스를 생각했다. "어마, 어쩐 일일까, 난 벌써 그이를 잊기 시작한 걸까." 그녀는 혼자 중얼거렸다.

바로 그 주일에 그녀는 정원 철책 너머로 정말 잘생긴 창기병 장교 한 사람이 지나가는 것을 보았다. 늘씬한 몸매, 구김없이 반듯한 군복, 젊은 여자 같은 볼, 허리에 찬 군도, 기름 바른 콧수염, 에나멜 군모, 거기에 금발머리, 커다랗고 푸른 눈, 교만해 보이나 잘생긴 둥근 얼굴, 모든 점에서 마리우스와 정반대의 인상을 주는 사람이었다. 입에는 여송연을 물었다. 꼬제뜨는 그가 틀림없이 바빌론느 거리 병영에 있는 장교일 거라고 생각했다.

이튿날도 그 사람이 지나가는 것이 보였다. 그녀는 그 시간을 기억해 두었다. 그날부터 우연이었을까? 거의 매일같이 그가 지나가는 것이 눈에 띄었다.

그 장교의 동료들은 그 장교가 지나갈 때쯤 되면 '손질이 전혀 안된' 한 정원, 보기에 별로 좋지 않은 로꼬꼬풍 철책 뒤에 꽤 아름다운 처녀가 꼭 정해 놓고 나와 있다는 것을 알았다. 그 장교는 중위였는데 독자들도 기억하고 있는 떼오뒬르 질노르망이라는 바로 그 사람이었다.

"저것 봐. 널 사모하는 예쁜 여자가 있는데, 좀 봐주지그래."

동료들은 그에게 말했다.

"내가 그럴 틈이 어디 있어. 여자가 본다고 일일이 돌아볼 틈이 말이야."
창기병은 대답했다.

이 때 마침 마리우스는 죽음과 같은 고통 속에 무거운 발걸음을 옮겨 놓으면서 이렇게 중얼거렸다. "죽기 전에 한 번만이라도 좋으니 그 여자를 꼭 만나 봤으면." 마리우스의 이 소원이 이루어져서 만일 그때 마리우스가 창기병을 보고 있는 꼬제뜨를 보았더라면 그는 아마 너무 슬픈 나머지 한 마디도 하지 못하고 그 자리에서 기절해 쓰러졌을지도 모른다.

그럼 누가 나쁜 건가? 아무도 나쁜 사람은 없었다.

마리우스는 고뇌의 밑바닥에 언제까지나 잠겨 있는 그런 기질이 있고 꼬제뜨는 고뇌에 잠겼다가도 얼마 안 있어 곧 뛰어일어나는 그런 기질이 있었다.

게다가 꼬제뜨는 여자에게 가장 위험한 한 시기, 여자가 생각나는 대로 몽상을 계속할 때 반드시 통과하는 한 단계를 지금 지나가고 있었다. 그런 때 고독한 젊은 여성의 심리란 하나의 포도덩굴과 같아서 되는 대로 대리석 기둥에 얽히기도 하고 술집 간판에 가 엉겨붙기도 하게 마련이다.

갑자기 찾아와 운명을 결정해 버리는 그러한 시기는 특히 부모가 없는 처녀에게는 더욱 위험을 내포하고 있다. 그녀가 가난해도 마찬가지이지만 설사 돈이 있는 부자라도 마찬가지다. 왜냐하면 재산이 있다고 좋은 상대만을 고른다는 법이 없으므로 그렇게 되면 마찬가지로 그 위기에선 벗어날 수 없다. 극히 신분이 낮은 사람이 극히 신분이 높은 사람과 결혼하는 수도 있다. 그러나 정말로 어울리지 않는 결혼이란 숭고한 영혼과 저속한 영혼의 결합이다. 별로 알려져 있지 않고 가문도 시원치 않고 재산도 없는 청년 속에도, 숭고한 감정과 위대한 이념으로 된, 신전을 받치고 있는 대리석 기둥 같은 인물이 적지 않다. 반면에 생활은 무척 윤택하고 사치스럽고 번쩍이는 구두에 말재주가 뛰어난 사교계의 인물 속에도 여자를 생각하는 부분을 잘 살펴보면 살벌하고 더럽고 술냄새가 물씬 나는 욕정으로 가득 차 있는, 술집 간판과 같은 존재가 있다.

그럼 꼬제뜨는 영혼 속에 뭘 간직하고 있었을까? 가라앉은, 아니 잠든 정열, 정처없이 떠다니는 애정, 표면은 투명하게 빛나고 있으나 어느 단계까지 들어가면 불투명한, 그리고 거기서 더 들어가면 흐릿하고 어두운 무엇이 있었다. 미남 장교의 그림자가 바로 그 표면에 비쳤던 것이다. 그럼 밑바닥에는 하나의 추억이 잠겨 있지 않았던 걸까? 아주 밑바닥에는? 물론 잠겨 있었다. 그러나 꼬제뜨 자신은 그것을 알지 못했다.

그때 갑자기 기묘한 사건이 일어났다.

꼬제뜨의 공포

4월 첫무렵 장 발장은 여행을 떠났다. 그런 일은 상당한 기간을 두고 이따금 있었다. 하루나 이틀, 아니면 기껏해야 사흘 가량 집을 비웠다.

그럼 가는 곳은 어딘가? 그건 아무도, 꼬제뜨까지도 알지 못했다. 꼭 한번 꼬제뜨는 길 떠나는 장 발장을 배웅하여 길모퉁이에 '앙빠스 드 라 쁠랑셰뜨'라는 푯말이 붙은 곳까지 간 일이 있다. 그는 거기서 내리고 역마차는 꼬제뜨를 태운 채 바빌론느 거리로 돌아왔다. 장 발장이 그런 짧은 여행을 하는 것은 대개 집에 돈이 떨어졌을 때였다.

그런 연유로 장 발장은 집에 없었다. 그는 "사흘 후에 돌아오마" 하고 길을 떠났다.

그날 밤, 꼬제뜨는 혼자 살롱에 있었다. 심심풀이로 피아노 올갠의 뚜껑을 열고 많은 노래 중 가장 아름다운 《숲을 헤매는 사냥꾼》이라는 외리앙뜨의 합창곡을 직접 반주하며 노래하기 시작했다. 노래가 다 끝나자 그녀는 오랫동안 생각에 잠겼다.

그때 문득 정원에서 사람의 발소리가 들린 것 같았다. 아버지일 리가 없었다. 아버지는 집에 안 계시니까. 그러나 뚜쌩 같지도 않았다. 그녀는 자고 있었다. 밤 9시였다. 꼬제뜨는 잠긴 덧문 옆으로 가서 귀를 기울였다. 역시 사람의 발소리에 틀림없었다. 누군가 몰래 걷고 있는 것같이 생각되었다.

그녀는 급히 이층 자기 방으로 올라가 덧문에 난 작은 창으로 정원을 내려다보았다. 때마침 보름달이 빛나고 있었다. 정원은 대낮같이 밝았다. 그러나 그곳엔 아무도 없었다.

그녀는 창문을 열었다. 정원은 고즈넉하고 한길을 보아도 늘 그렇듯이 사람의 그림자 하나 없었다.

꼬제뜨는 자기가 잘못 들은 것이라고 생각했다. 소리는 분명히 난 것 같았으나 그것은 웨버의 이상하게 우울한 합창곡이 자아낸 환각이었던 것이다. 그 노래를 부르고 있노라면 마음속에 음침한 깊은 연못이 펼쳐지고 곡조는 현혹의 숲처럼 떨리고 황혼에 싸인 숲 사이로 사냥꾼들의 모습이 아슴푸레 보이고 그들의 불안한 발밑에서 마른 나뭇가지가 꺾이는 소리가 들리는 것이었다.

그녀는 더 이상 발소리에 대해서는 생각하지 않았다.

그리고 본래 꼬제뜨는 그렇게 쉽게 무슨 일에 겁을 내는 성격이 아니었다. 그녀의 혈관에는 보헤미안의, 맨발로 여행을 다니는 모험가의 피가 흐르고 있었다. 독자도 기억하고 있겠지만 그녀는 비둘기라기보다 종달새였다. 야성적이고 용감한 성질을 가지고 있었다.

이튿날, 해가 지고 얼마 안 되었을 때 꼬제뜨는 정원을 산책하고 있었다. 멍하게 생각에 잠겨 걷고 있노라니까 그리 멀지 않은 어두운 숲 속을 누군가가 걷고 있는 것 같은 소리, 어젯밤 들은 것과 같은 소리가 일정한 간격을 두고 들려 오는 것 같았다. 그러나 나뭇가지가 서로 부딪쳐 비비적대는 소리가 사람의 발소리와 흡사하다고 생각하고 별로 신경을 쓰지 않았다. 게다가 아무것도 보지 못했다.

꼬제뜨는 나무들 사이에서 나왔다. 거기에서 집 돌계단까지 가려면 조그만 푸른 잔디밭을 질러야만 했다. 달이 막 떠올라 꼬제뜨 등 뒤에 있었으므로 나무 사이에서 나오자 잔디밭 위에 그녀의 그림자가 비쳤다.

꼬제뜨는 깜짝 놀라 발걸음을 멈추었다.

자기 그림자 바로 옆에 달이 또 하나의 그림자를 뚜렷이 비춘 것이다. 둥근 모자를 쓴, 등골이 오싹할 정도로 괴상한 그림자였다. 꼬제뜨의 등 뒤, 몇 발짝 떨어진 숲가에 남자 하나가 서 있는 것 같은 그림자였다.

그녀는 순간 소리를 지를 수도 사람을 부를 수도 없었고 움직이거나 뒤돌아볼 수도 없었다. 그래도 용기를 내어 큰 마음 먹고 획 고개를 돌렸다. 아무도 없었다. 앞의 땅을 내려다보았다. 그림자는 이미 사라지고 없었다.

그녀는 숲으로 돌아가 대담하게 샅샅이 살펴보고 철책까지 가보았으나 아무것도 없었다.

심장이 얼어붙는 것 같았다. 이번에도 환각이었을까? 참 이상하다. 이틀이나 계속되다니. 한 번은 환각이라 해도 두 번째까지 환각이라고 생각할 수 있을까? 자꾸 마음에 걸리는 것은 그 그림자가 아무리 생각해도 유령 같지 않은 점이었다. 유령이라면 둥근 모자 같은 걸 쓸 리가 없었다.

보니까 정말 둥근 모자를 쓴 남자의 그림자와 똑같았다.

이튿날 장 발장이 돌아왔다. 꼬제뜨는 자기가 들은 소리와 본 그림자 얘기를 모조리 했다. 그녀는 장 발장이 안심시켜 주길 바랐고 어깨를 으쓱하며 "참 바보구나" 하고 말해주길 바랐다. 그러나 장 발장은 미간을 찌푸렸다.

장발장은 "별일 아닐 거다"라고만 했다.

장 발장은 어떤 핑계를 대고 꼬제뜨를 남겨두고 정원으로 나갔다. 꼬제뜨가 내다보니까 아버지가 철책을 아주 면밀하게 조사하고 있었다.

그날 밤 꼬제뜨는 자다가 눈을 번쩍 떴다. 이번에야말로 틀림없었다. 창 아래 돌계단 바로 옆에서 사람이 걷는 발소리가 분명히 들려 왔다. 그녀는 작은 창 곁으로 달려가 열었다. 정원에는 과연 건장한 남자 한 사람이 커다란 몽둥이를 들고 서 있었다. 그녀가 '앗' 하고 소리지르려는 찰나, 달빛이 그 남자의 옆얼굴을 비추었다. 아버지였다. 꼬제뜨는 다시 잠자리에 들면서 중얼거렸다.

"아버지 역시 마음에 걸리시는 모양이지."

장 발장은 연 이틀 밤을 정원에서 보냈다. 꼬제뜨는 덧문 구멍으로 아버지의 모습을 지켜보았다.

사흘째 밤에도 달이 많이 기울어 늦게 떴다. 새벽 1시쯤 됐을 때였다. 꼬제뜨는 정원에서 커다란 웃음소리와 함께 자기를 부르는 아버지의 목소리를 들었다.

"꼬제뜨!"

꼬제뜨는 침대에서 뛰어일어나 실내복을 걸치고 창문을 열었다.

아버지는 잔디밭에 서 있었다.

"널 안심시키려고 깨웠다. 봐라, 이게 바로 네가 본, 둥근 모자 쓴 그 그림자다."

그리고 달빛을 받고 잔디 위에 뚜렷이 나타나 있는 한 그림자를 가리켰다. 보니까 정말 둥근 모자를 쓴 남자의 그림자와 똑같았다. 그것은 바로 옆집 지붕 위에 있는 뚜껑을 씌운 양철 난로 굴뚝이 던지는 그림자였다.

꼬제뜨도 함께 깔깔대고 웃었다. 불길한 상상은 단번에 사라졌다. 날이 새고 아버지와 같이 아침을 들면서 꼬제뜨는 그 굴뚝 그림자를 가지고 농담까지 주고받았다.

장 발장도 완전히 평정을 되찾았다. 꼬제뜨도 그것이 정말 굴뚝의 그림자였을까, 자기가 본, 아니 보았다고 생각한 그림자와 같은 방향일까, 또 하늘의 달은 과연 그날과 같은 위치에 있었던가 하는 것을 별로 주의해서 생각하지 않았다. 그 그림자는 꼬제뜨가 고개를 돌렸을 때에는 이미 사라지고 없었다. 그 점만은 확실하다고 꼬제뜨도 생각하고 있었으나 그렇다면, 그 난로 굴뚝은 범행 현장에서 잡히는 것을 두려워하여 그림자가 들키자 곧장 사라졌다는 얘기가 되는데, 그런 기괴한 점에 대해서는 조금도 이상하게 생각하지 않았다. 꼬제뜨는 완전히 기분이 명랑해졌다. 아버지의 증명이 완전하다고 믿고 있었기 때문에 그날 밤 누군가가 정원을 걷고 있었다는 의심은 머리에서 깨끗이 사라졌다.
그런데 며칠 뒤, 또 새로운 사건이 일어났다.

뚜쌩의 말이 공포를 더욱 자극하다

정원 한구석, 한길에 면한 철책 옆에는 돌벤치가 하나 놓여 있었다. 자작나무로 가려 있기 때문에 밖에서 들여다보이지는 않았으나 길에 지나가는 사람이 철책과 자작나무 사이로 억지로 손을 뻗으면 간신히 닿을 수도 있었다.
같은 4월 어느 날 저녁, 장 발장은 외출을 하고 꼬제뜨 혼자 어두운 그 벤치에 앉아 있었다. 나무가 바람에 살랑댔다. 꼬제뜨는 깊은 생각에 잠겨 있었다. 영문 모를 슬픔이 그녀의 마음을 휩쌌다.
해질녘이 되면 억제할 수 없이 다가오는 슬픔, 잘 모르지만 아마도 그 시각이면 살며시 열리는 신비한 무덤에서 스며나오는 슬픔 같았다.
그러한 어둠 속에 어쩌면 팡뜨느가 있었을지도 모른다.
꼬제뜨는 일어나 천천히 정원을 한 바퀴 돌았다. 이슬에 젖은 풀숲을 거니는 동안 어쩐지 슬픈 몽유병자 같은 생각이 들어 혼자 이렇게 중얼거렸다.
"이런 시간에 정원에 나오려면 나막신을 신어야할까봐. 어쩐지 감기에 걸릴 것 같아."
그녀는 벤치로 돌아왔다. 다시 앉으려고 하다가, 지금까지 앉았던 자리에 꽤 큰 돌 하나가 놓여 있는 것을 보았다. 꼬제뜨는 그 돌을 보자 의아하게 생각했다. 그동안에 이 돌이 저절로 이 벤치 위에 올라왔을 리는 없었다. 분명히 누군가 올려놓은 게 틀림없었다. 어떤 사람의 손이 철책 사이로 들어왔다는 데 생각이 미치자 그녀는 깜짝 놀라 공포감을 느꼈다. 이번엔 진짜 공포였다. 이제 더 의심할 여지가 없었다. 돌이 눈앞에 있는 것이다. 그녀는 돌을 만져 보지도 않고 뒤돌아보지도 않은 채 곧장 도망쳐 집 안으로 뛰어들어가 돌계단 위에 있는 덧문을 닫고 가로대를 걸쳐 빗장을 질렀다. 그리고 뚜쌩에게 물었다.

"아버지 돌아오셨어?"

"아직 안 오셨는데요, 아가씨."

(뚜쌩이 말더듬이라는 것은 앞에서 말했지만 다시 강조하지 않기로 했으니 용서해 주기 바란다. 말더듬이의 말을 일일이 표시한다는 것은 매우 귀찮다.)

장 발장은 밤새 생각에 잠겨 밖을 거니는 버릇이 있었기 때문에 거의 밤이 새도록 돌아오지 않는 일이 종종 있었다.

"뚜쌩." 꼬제뜨가 입을 열었다. "저녁에 다른 건 몰라도 정원 쪽의 덧문만은 가로대를 걸고 빗장을 잘 질렀겠지? 그리고 쇠고리도 잘 걸고?"

"그러믄요, 아가씨. 염려 마세요."

뚜쌩이 문단속을 게을리하는 일은 없었다. 꼬제뜨는 그것을 잘 알고 있었으나 그래도 덧붙여 말하지 않을 수가 없었다.

"정말 여긴 너무 쓸쓸한 데라 말이야."

"정말 그래요. 찍소리도 못하고 죽을 거예요. 게다가 나리는 또 이 집에서 주무시지도 않고. 하지만 뭐 걱정하실 건 없어요, 아가씨. 제가 창을 모두 바스띠유 감옥문처럼 단단히 단속하고 있으니까요. 하긴 여자들만이라 그것만으로도 떨리긴 하지요. 눈을 번쩍 떠보니까 한밤중에 남자들이 들어와서 아가씨보고 '조용히 해' 하며 아가씨 목을 자르려고 하는 광경을 한 번 상상해보세요. 죽는 거야 별거 아니지요. 사람은 누구나 죽는 거고 또 언젠가는 죽어야 한다는 건 누구나 다 아는 거니까요. 다만 아가씨 몸에 그 따위 사내들이 손을 댄다는 게 생각만 해도 몸서리가 쳐져서 하는 소리입니다. 게다가 그 단도라는 것도 보나마나 잘 안 들 게 뻔해요. 아아, 그러면!"

"아아, 그만. 어디고 문단속이나 잘해요."

꼬제뜨는 뚜쌩이 늘어놓는 수다에 그만 오싹해지고 또 지난 주에 나타난 유령 생각도 나고 해서 "뚜쌩, 잠깐 보고 와. 누가 벤치 위에 돌을 올려놓았어" 이렇게 말할 용기조차 없었다.

이제 정원으로 난 문을 열고 나가면 어떤 남자들이 몰려들어오지 않을까 걱정이 되었기 때문이다. 그녀는 대문이며 창문을 일일이 잠그게 하고 뚜쌩에게 지하실에서 지붕밑 방까지 샅샅이 살피게 한 다음 자기 방에 들어가 고리를 잠그고 침대 밑을 들여다보고 나서 자리에 누웠으나 잠은 통 오지 않았다. 그녀는 한밤 내내 산처럼 커다랗고 구멍이 잔뜩 뚫린 돌을 꿈에서 보았다.

아침의 특성은 밤중에 무섭게 생각되었던 것이 무엇이나 다 우습게 생각되는 데 있고 우스운 것은 그때까지의 공포에 정비례하게 마련이어서 눈을 뜬 꼬제뜨는 어젯밤 공포가 한낱 악몽처럼 생각되어 이렇게 혼자 중얼거렸다.

"꿈이었어, 지난 주일 정원에서 발소리가 났다고 생각한 것과 같아. 그리고 그 난로 굴뚝의 그림자와도 같고! 난 요새 왜 이렇게 마음이 약해진 걸까?"

햇빛이 덧문 틈새로 빨갛게 비치고 다마스 능직 커튼을 붉게 물들인 것을 보자 그녀는 완전히 마음을 놓고 지금까지 생각했던 모든 것, 돌에 대한 것까지 깨끗이 잊어버렸다.

"둥근 모자 쓴 남자가 없었던 것처럼 벤치 위에도 돌멩이는 없었을 거야. 다른 것과 마찬가지로 그 돌멩이도 그냥 꿈이 틀림없어."

그녀는 옷을 입고 정원으로 내려가 벤치 쪽으로 달려갔다. 벤치를 보는 순간 등골에 식은땀이 흐르는 것을 느꼈다. 돌이 놓여 있었던 것이다. 그러나 놀란 것은 한순간뿐으로 밤에는 그토록 무서웠던 것도 해가 밝은 곳에서 보니까 호기심을 자극했다.

"뭘! 한 번 보기나 하자."

꼬제뜨는 상당히 큰 그 돌을 들어올렸다. 아래에 종이 같은 것이 놓여 있었다. 하얀 봉투였다. 그녀는 그것을 집어들었다. 수신인의 이름도 없었고 뒤를 보니까 봉해 있지도 않았다. 그러나 빈 봉투는 아니었다. 그 속에 몇 장의 종이가 보였다.

꼬제뜨는 알맹이를 끄집어냈다. 무서워서도 아니고 호기심이 나서도 아니었다. 그냥 마음에 걸렸기 때문이었다.

꼬제뜨가 봉투에 든 것을 꺼내 보니까 그것은 작은 수첩이었다. 페이지마다 번호가 매겨 있고 대여섯 줄씩 글이 써 있었다. 상당히 잘 쓴 자잘한 필적이라고 꼬제뜨는 생각했다.

꼬제뜨가 보낸 사람의 이름을 찾았으나 없었다. 서명을 찾았으나 그것도

꼬제뜨는 상당히 큰 그 돌을 들어올렸다.

없었다. 대체 누구한테 보낸 편질까? 틀림없이 그녀에게 보낸 것일 것이다. 누군가 그녀가 앉았던 벤치 위에 놓고 갔으니까. 그럼 대체 누가 보낸 걸까? 걷잡을 수 없는 유혹을 느낀 그녀는 떨리고 있는 손 안에 든 그 수첩에서 눈을 떼기 위해 하늘을 올려다보고 길을 내려다보고 햇빛이 가득 쏟아지는 아카시아 나무를 보고 옆집 지붕 위에 앉은 비둘기를 올려다보았으나, 잠시 후 퍽 진지한 눈으로 그 수첩을 내려다보며 어쨌든 내용을 한 번 읽어 봐야겠다고 생각했다.

그녀가 읽은 것은 다음과 같다.

돌밑에 놓인 마음

우주를 단 한 사람에게로 환원시키고 그 사람을 신으로까지 확대시키는 것, 그것이 사랑이다.

사랑, 그것은 별들에 대한 천사들의 인사다.

영혼이 사랑 때문에 슬퍼할 때, 그 영혼의 슬픔은 얼마나 큰가! 세상을 가득 채우는 그 유일한 사람이 가까이 없을 때 세상은 얼마나 공허한가! 오오, 사랑받는 사람은 신이 된다는 말의 진실함이여! 만물의 아버지가 천지 만물을 창조한 것은 영혼 때문이고, 그 영혼을 창조한 것은 사랑 때문이라는 것이 명백치 않다면 신은 사랑받는 사람을 질투하고 있다고 오해를 받으리라.

연보랏빛 리본 달린 흰 크레이프 모자 아래 힐끗 보이는 미소만으로도 영혼은 벌써 꿈의 궁전으로 들어간다.

신은 만물 뒤에 숨어 있고 만물은 신을 감추고 있다. 사물은 암흑이고 피조물은 불투명하다. 한 사람을 사랑하는 것, 그것은 그 사람을 투명하게 하는 것이다.

어떤 종류의 사색은 기도이다. 육체의 자세가 어떻든 영혼이 무릎꿇고 있는 순간이 있다.

서로 떨어져서 사랑하는 두 사람은, 그 두 사람에게 현실 그 자체인 수많은 몽상으로 서로의 부재를 잊는다. 만날 수 없고 서로 소식을 전할 수조차 없어도 두 사람은 서로 생각을 전달하는 온갖 신비한 방법을 찾아낸다. 두 사람은 서로 주고받는다. 새의 노래를, 꽃의 향기를, 어린아이들의 웃음소리를, 태양빛을, 바람의 한숨 소리를, 별빛을, 천지 만물을. 그게 어째서 불가능하단 말인가? 신이 만든 건 모두 사랑에 쓰기 위해 만든 것이다. 사랑의 힘이라면 온 자연에 소식을 전할 수 있다.

오오, 봄이여! 그대에게 쓰는 한 통의 편지 같은 봄날이여!

미래는 재기(才氣)보다는 오히려 정(情)의 것이다. 사랑하는 것, 그거야말로 영원을 소유하고 영원을 채우는 유일한 것이다. 무한하게 살기 위해서는 그처럼 영원한 것을 소유하지 않으면 안 된다.

사랑은 영원의 일부분이다. 사랑은 영혼과 같은 성질을 가지고 있다. 사랑은 영혼처럼 신성한 불꽃이고 영혼처럼 불변이며 불가분하고 불멸이다. 그건 우리 안에 타는 한 점의 불꽃이라 죽지 않고 무한하며, 어떤 것도 막을 수 없고 무엇으로도 끌 수 없는 것이다. 사람들은 그 불꽃이 골수에까지 타드는 것을 느끼고 그 불꽃이 하늘 끝까지 빛나는 것을 본다.

오오, 사랑! 열애! 서로 이해하는 두 정신과 하나가 되는 두 마음과 서로를 지켜보는 눈동자의 기쁨이여! 언젠가는 나에게도 찾아오겠지, 그 행운이! 호젓한 길을 걷는 단둘만의 산책과 축복받아 빛나는 나날들이. 나는 여러 번 꿈을 꾸었다. 이따금 천사들의 시간이 이 세상으로 내려와 인간들의 운명 사이를 지나는 것을.

신도 서로 사랑하는 두 사람의 행복에 무한한 생명을 끊임없이 베푸는 것 이외에는 아무것도 해줄 수 없다. 생애가 끝난 후에도 계속되는 사랑의 영원함, 그건 과연 신만이 덧붙여 줄 수 있는 권능이다. 그러나 사랑이 이 세상에서 영혼에게 주는 행복, 형언할 수 없는 그 행복을 강화시키고 증대시키는 것은 신도 할 수 없다. 신은 하늘에 충실하고 인간은 사랑에 충실하다.

그대가 별을 올려다보는 데는 두 가지 이유가 있다. 하나는 그것이 빛나기 때문이고, 또 하나는 그것이 불가해하기 때문이다. 그러나 그대 옆에는 그보다 훨씬 부드러운 광채, 훨씬 신비한 존재가 있다. 그것은 여성이다.

우리는 누구나 호흡 기관의 도움을 받고 있다. 그것이 없어지는 건 곧 공기가 없어지는 것과 같으므로 질식해 버린다. 그때 사람은 죽는다. 그것보다 더 무서운 것은 사랑이 없어지는 영혼의 질식이다.

사랑이 두 인간을 용해하고 서로 섞어 천사 같은 거룩한 한몸을 만들었을 때, 그 두 사람은 인생의 비밀을 꿰뚫어본다. 그들은 이제 동일한 운명의 두 표현에 지나지 않는다. 동일한 정신의 두 날개에 지나지 않는다. 서로 사랑하라! 그리고 비상하라.

어느 날 한 여자가 그대 앞을 지나며 빛을 발산하면 그대는 그만 사랑에 빠진다. 그렇게 되면 그대가 할 수 있는 일은 오직 한 가지, 그녀를 생각하고 생각하다 끝내 그녀까지도 그대를 생각하지 않고는 견딜 수 없게 만드는 것뿐이다.

사랑이 시작해 놓은 일은 신만이 완성시킨다.

진정한 사랑은 장갑 하나를 잃고 손수건 하나를 얻는 데도 비탄과 환희가 교차된다. 또 그것을 위한 헌신과 희망을 위해서는 영원이 필요하다. 그러므로 진정한 사랑은 무한대와 무한소가 서로 어울려서 이루어지는 것이다.

그대가 돌이라면 자석이 되라(자석의 원어 aimant은 형용사로 '사랑하는' '애정 깊은'의 뜻으로 쓰임). 그대가 풀이라면 함수초가 되라(함수초의 원어 sensitive에는 '과민한' '느끼는 힘이 있는'의 뜻이 있음). 그대가 인간이라면 애인이 되라(애인의 원어 amour는 '사랑의신' '연애' '사랑'이라는 뜻도 있음).

그 무엇도 사랑에는 미치지 못한다. 사랑은 행복을 얻으면 낙원을 꿈꾸고 낙원을 얻으면 천국을 꿈꾼다.

오오, 사랑하는 그대들이여! 이 모든 것은 사랑 속에 있다. 사랑 속에서 이것을 찾아내도록 하라. 사랑에는 천국과 같은 명상이 있고 천국과 맞먹는 쾌락이 있다.

"그 아가씨는 요즘도 뤽상부르 공원에 오십니까?"—"아니요."—"그 아가씨가 미사를 드리러 오는 교회는 이 교회가 아닙니까?"—"이제 오시지 않아요."—"그 아가씨는 지금도 여기 살고 계십니까?"—"아니요. 이사갔어요."—"어디로 가셨습니까?"—"그건 말씀하지 않으셨어요."
자기 영혼이 어디 있는지 모르는 것은 얼마나 슬픈 일인가!

사랑에는 어린애다운 점이 다소 있지만 다른 정열에는 비열한 점이 있다. 인간을 비열하게 만드는 정열은 수치스럽다! 인간을 어린애로 만드는 정열이여, 길이 찬양 받으라!

참 기묘한 일이다. 그대는 이것을 아는가? 나는 지금 한밤중에 서 있다. 어떤 사람이 사라져 버리자 하늘도 같이 사라져 버린 것이다.

아아, 우리 두 사람. 서로 손을 꼭 마주잡고 같은 무덤 속에 누워 이따금 어둠 속에서 서로의 손가락을 다정하게 어루만지는 그것만으로도 내 영원은 충족될 것이다.

사랑 때문에 고민하는 그대여, 더욱더 사랑하라. 사랑에 죽는 것은 곧 사랑에 사는 것이다.

사랑하라. 사랑의 고통과 함께 찬란한 별로 꾸미자. 은밀한 변신이 이루어진다. 사랑이 사라지는 고통 속에는 황홀이 있다.

아아, 새들의 즐거움이여! 새들이 노래를 하는 건 보금자리가 있기 때문이다.

사랑이란 낙원의 공기를 천상에서 호흡하는 것이다.

깊은 마음이여, 슬기로운 정신이여! 신이 만든 대로 인생을 살라. 그것은 길게 사는 시도이며 아직 모르는 운명에의 측량할 길 없는 준비이다. 그러한 운명, 진정한 운명은 인간이 무덤에 한 발짝 들여놓는 순간부터 시작된다. 그때 비로소 뭔가가 나타나 그는 결정적인 것을 깨닫게 되는 것이다. 결정적인 것, 이 말을 잘 음미하라. 산 인간은 무한을 본다. 그러나 결정적인 것은 죽은 자만이 볼 수 있는 것이다. 그때까지는 사랑을 하고, 그리고 고민하는 게 좋다. 희망을 품으라. 그리고 조용히 바라 보아라. 아아, 오직 육체와 외형만을 사랑하다 죽는 사람의 불행이여! 죽음은 그런 것들을 모두 벗겨 버릴 것이다. 될 수 있는 대로 영혼을 사랑하도록 하라. 그대들은 죽은 뒤에도 영혼을 발견할 수 있다.

나는 사랑하고 있다는 지극히 가난한 청년을 길에서 본 일이 있다. 모자는 낡고 옷은 다 떨어져 있었다. 팔꿈치는 구멍이 뚫리고 신에는 물이 새어 들어갔다. 그러나 그의 영혼을 통해서는 별이 반짝이고 있었다.

얼마나 위대한 일인가, 사랑을 받는다는 것은! 더욱이 사랑한다는 것은! 마음은 정열의 힘으로 한껏 영웅이 된다. 마음은 오직 순수한 것으로만 가득 찬다. 고귀한 것, 위대한 것만을 의지한다. 빙하 위에 쐐기풀이 자라지 않는 것처럼 사랑에 어울리지 않는 생각은 그 마음에 싹트지 않는다. 높이 승화된 영혼은 천한 정열이나 정서에 흔들리는 일 없고 광기며 증오며 비참 같은 이 세상의 온갖 구름과 그림자를 굽어보며 높푸른 하늘에 떠 이제는 다만 땅속 깊이 일어나는 운명의 격동만을 느낄 뿐이다. 높은 산봉우리가 깊은 지층의 지진을 느끼듯이.

누군가를 사랑하는 사람이 없다면 태양도 빛을 잃으리라.

편지를 읽은 꼬제뜨
이 편지를 읽으면서 꼬제뜨는 차차 깊은 생각에 잠겼다. 수첩의 마지막 줄을 읽고 났을 때는 예의 미남 장교가 늘 다니는 시각이어서 바로 그가 의기양양하게 철책 앞을 지나갔다. 꼬제뜨는 그러한 그를 추하다고 생각했다.

그녀는 다시 수첩을 들여다보았다.

필적이 황홀할 정도로 아름답다고 생각했다. 한 사람이 쓴 글씨에 틀림없었으나 어떤 데는 까맣고 어떤 데는 잉크병에 물을 섞어 쓴 듯 희끄무레한 것으로 봐서 며칠을 두고 쓴 것이 틀림없었다. 아마 한숨을 쉬며 불규칙하고 잡다하게 말을 선택도 하지 않고 생각나는 대로, 붓가는 대로 쓴 모양이었다.

꼬제뜨는 지금까지 이런 걸 한 번도 읽은 일이 없었다. 그녀는 그 수첩에서 어두운 것보다는 밝은 것을 많이 보고 마치 어느 신성한 성전 안을 들여다보는 듯한 기분이었다. 수수께끼 같은 글들은 어느 것이나 찬란하게 보였고 마음을 이상한 광채로 휩쌌다. 그녀가 지금까지 받은 교육은 마치 불씨에 대해서는 가르치면서 불길에 대해서는 말하지 않은 것처럼, 영혼에 관해서는 언제나 얘기했으나 사랑에 대해 얘기한 일은 한 번도 없었다.

그런데 이제 그 15페이지에 달하는 글이 갑자기 사랑과 고뇌와 운명과 인생 그리고 영원과 발단과 결말을 부드러운 어조로 그녀에게 남김없이 설명해 주었던 것이다. 마치 손바닥이 펼쳐지면서 한 무리의 빛을 그녀에게 던진 것 같았다. 그녀는 그 몇 줄의 글에서 타는 듯 정열적이고 고결하며 성실한 성품과 거룩한 의지와 한없는 고뇌와 한없는 희망을, 그리고 슬픔에 잠긴 마음과 황홀한 희열을 느꼈다.

이 수첩은 한 통의 편지와 같다. 발신인의 이름도 없고 수신인의 이름도 없고 날짜도 없고 서명도 없는 절실하고 사심 없는 편지요, 진실이 모여 이루어진 수수께끼요, 처녀에게 읽으라고 천사가 가져다준 사랑의 전갈이요, 천상에서 약속된 밀회요, 어느 환영이 어떤 그림자에게 보낸 사랑의 편지였다.

조용히 시들어 가는 한 남자가, 금방 죽음 속으로 사라져 버릴 것 같은 한 남자가 한 여자에게 운명의 비밀을, 인생의 열쇠를, 사랑을 써보낸 것이었다. 그것은 한쪽 발을 무덤 속에 넣고 손가락을 하늘에 놓고 쓴 것이다. 그 글은 종이 위에 한 방울 한 방울 떨어뜨린 영혼의 진액이라고 할 수 있었다.

그럼 이런 게 대체 누구한테서 온 걸까? 이런 글을 쓸 사람, 그게 누구일까? 꼬제뜨는 조금도 주저하지 않았다. 단 한 사람밖에 생각할 수 없었다.

그분!

꼬제뜨 마음의 밤은 밝아졌다. 모든 것이 마침내 환히 뚜렷하게 드러났다. 이상한 기쁨과 함께 깊은 고뇌를 느꼈다. 그분이다! 그분이 써 보낸 것이다! 그분이 여기에 왔었다! 그분이 철책 사이로 팔을 넣었던 것이다. 꼬제뜨가 그를 잊고 있는 사이에 그는 끝내 그녀를 찾아낸 것이다! 그러나 꼬제뜨가 정말 그를 잊고 있었던 걸까? 그럴 리가 없다! 절대로! 잠시 그런 일이 있긴 했지만 그건 진심이 아니었다. 그녀는 여전히 변함없이 그를 사랑하고 있었다. 열렬히 사랑하고 있었던 것이다. 불꽃은 오랫동안 가려 있었으나 이제 그녀는 그 불꽃을 분명히 보았다. 불은 전보다 훨씬 깊은 곳에서 타고 있었을 뿐이다. 그것이 이제 새로운 불길로 일어나 그녀의 온몸을 태우기 시작했다. 그 수첩은, 말하자면 마리우스의 영혼이 꼬제뜨의 영혼에 뿌린 하나의 불똥 같은 것이었다. 온몸에서 불길이 확 타오르는 것을 꼬제뜨는 느꼈다. 수첩에 써 있는 글 한 마디 한 마디가 마음에 사무쳐 왔다.

"아아, 그래!" 꼬제뜨는 중얼거렸다. "이미 다 알고 있던 거야! 이미 그분의 눈 속에서 다 읽었던 거야."

꼬제뜨가 세 번 되풀이해 읽었을 때 떼오딜르 중위가 돌아오는 길에 문앞을 지나며 포도 위에서 박차를 울렸다. 꼬제뜨는 자연히 눈을 들어 그를 쳐다보았다. 그리고 속으로 생각했다. 참 흥미 없고 바보같이 얼빠진 남자, 교만하고 뻔뻔하고 정말 추한 남자라고. 장교는 그걸 의무라고 알고 있는지 그녀에게 미소를 던졌다. 그녀는 모욕을 당한 것처럼 화가 나 얼굴을 돌렸다. 뭔가 그의 머리에 던져 주고 싶었다.

꼬제뜨는 참을 수 없어 집으로 뛰어들어가 자기 방으로 올라갔다. 수첩을 다시 읽고 암기하고 상상하기 위해. 충분히 읽고 나자 그녀는 그 위에 키스하고 품속에 간직했다.

그런 다음 꼬제뜨는 청순하고 깊은 사랑에 다시 빠졌다. 에덴 동산의 심연이 다시 입을 벌린 것이다.

그날 온종일 꼬제뜨는 어떤 현기증 속에 있었다. 아무것도 생각할 수 없고 여러 가지 생각이 머릿속에서 마구 뒤섞여서 무엇하나 실마리를 잡을 수가 없었다. 그리고 부들부들 떨리는 마음으로 뭔가를 막연히 기대했다. 종잡을 수 없는 여러 가지를. 얼굴엔 핏기가 싹 가시고 몸은 부들부들 떨리고 있었다. 그리고 환상 속으로 들어갈 것 같아 이따금 스스로 "이게 사실일까?"

하고 몇 번이고 중얼거리곤 했다. 꼬제뜨는 품속에 간직한 그 수첩을 더듬어 수첩 모서리가 피부에 닿는 것을 느꼈다. 만일 장 발장이 이때 꼬제뜨를 보았더라면 전에 없이 기쁨의 빛이 넘쳐흐르는 그녀의 눈동자를 보고 전율을 느꼈을 것이다. "그래, 틀림없어." 꼬제뜨는 되풀이해 중얼거렸다. "그분이 보낸 게 틀림없어. 이건 그분이 내게 보낸 거야."

그리고 꼬제뜨는 천사들이 특별한 배려로 그를 자기에게 보내 준 것이라고 생각했다.

오, 색다른 사랑이여, 오오, 꿈이여! 하늘의 도움과 천사들의 이 놀라운 배려는 포르스 감옥 지붕 너머로, 샤를르마뉴의 마당에서 사자굴로, 한 도적에게서 또 한 도적에게로 던져진 저 한 덩어리 빵 뭉치 바로 그것이었다.

노인은 적당한 때 나가 주었다

저녁때가 되자 장 발장은 외출했다. 꼬제뜨는 옷을 갈아입었다. 머리를 가장 잘 어울리는 모양으로 빗고 좋아하는 드레스를 꺼내 입었다. 그것은 다른 옷보다 가슴이 1인치 정도 더 파인 것으로 목 아래까지 환히 들여다보여 젊은 여자들 사이에선 꽤 대담한 옷으로 통하는 것이었으나 결코 그렇게 대담한 것은 아니고 다른 옷보다 훨씬 귀엽게 보이는 드레스였다.

그녀는 별 이유도 없이 그렇게 차렸다.

외출하려는 것일까? 그렇지는 않았다. 그럼 누가 찾아오기를 기다리는 건가? 그것도 아니었다. 해가 지자 그녀는 정원으로 내려갔다. 뚜쌩은 안뜰로 면한 부엌에서 부지런히 일하고 있었다.

꼬제뜨는 낮게 드리운 나뭇가지를 이따금 손으로 젖히며 걸어갔다.

이윽고 벤치 옆까지 갔다. 돌은 여전히 놓여 있었다. 그녀는 벤치에 걸터앉자 그 돌 위에 부드러운 흰 손을 올려놓았다. 마치 그것을 어루만지면서 감사를 표시하기라도 하는 듯이.

잠시 후 문득 인기척을 느꼈다. 모습은 보이지 않으나 누군가 뒤에 섰을 때 느끼는 형언할 수 없는 느낌. 그녀는 고개를 돌리며 일어섰다.

그가 서 있었다.

그는 모자를 쓰지 않았다. 얼굴이 창백하고 약간 여윈 것 같았다. 어둠 속에 까만 옷을 입은 게 어렴풋이 보였다. 잘생긴 이마가 황혼 속에 창백하게 떠보이고 눈이 침울하게 어두워 보였다. 그 모습은 비할 데 없이 부드러운 어스름에 싸여 어쩐지 죽음과 밤을 짙게 암시하는 것 같았다. 그의 얼굴은 스러져가는 낮의 미명과 사라져 가는 영혼의 빛을 받고 있었다. 아직 유령은 아니었으나 이미 사람도 아닌 것 같은 그런 모습이었다.

그의 모자는 몇 발짝 떨어진 덤불 속에 던져져 있었다.

꼬제뜨는 하마터면 기절할 뻔했으나 그래도 소리는 지르지 않았다. 그리고 자꾸 끌어당기는 것 같아 주춤주춤 뒤로 물러섰다. 그는 꼼짝도 하지 않고 서 있었다. 그녀는 잘 보이지 않았으나 그를 싸고 있는 뭐라 말할 수 없이 슬픈 분위기 속에서 그의 눈동자가 꼼짝도 하지 않고 자기를 지켜보는 것을 알 수 있었다.

꼬제뜨는 뒷걸음질치다 나무 하나에 부딪쳐 거기 기대섰다. 나무에 부딪치지 않았으면 쓰러져 버렸을지도 모른다.

그때 꼬제뜨는 들었다, 그의 목소리를. 그때까지 한 번도 들어 본 일이 없는 그의 목소리를. 나뭇잎이 우수수 흔들리는 소리에 섞여 나직이 울리는 목소리는 그녀의 귀에 이렇게 속삭였다.

"용서해 주십시오, 이렇게 찾아왔습니다. 가슴이 터지는 것 같아 더 이상 그냥은 살 수 없어 찾아온 것입니다. 읽으셨습니까? 제가 여기, 이 벤치 위에 놓은 걸? 그리고 나를 조금은 이해하셨습니까? 제발 두려워하지 마십시오. 우리가 만난 지도 꽤 오래 됐지요? 기억하십니까, 당신이 저를 처음 보신 그 날을? 뤽상부르 공원에 칼을 든 투사의 동상 옆에서였죠. 당신이 제 앞을 스쳐 지나가신 그 날도 기억하십니까? 6월 16일과 7월 2일이었죠. 그때부터 벌써 1년이 돼갑니다. 정말 오래 못 뵈었습니다. 거기 의자 빌려 주는 여자한테 물어보았지요. 그랬더니 당신은 이제 나오시지 않는다고 하더군요. 당신은 웨스트 거리 새집 4층에 사셨죠. 뒤를 쫓아가 봤습니다. 그 외에 무슨 방도가 있었겠습니까? 그후 당신은 종적을 감추고 마셨습니다. 한번은 오데옹의 아케이드에서 신문을 읽고 있으려니까, 흘긋 당신이 지나가시는 것 같아서 곧 뒤쫓아가 봤지요. 그러나 당신이 아니었습니다. 모자가 당신 것과 비슷했던 거예요. 밤만 되면 전 여기 옵니다. 하지만 걱정은 마세요. 아무한테도 들키지 않으니까요. 당신의 방 창문을 가까이에서 보려고 오는 것입니다. 당신이 알아듣지 못하게 살짝 다가가곤 합니다. 당신이 듣고 혹시 놀라실까 봐.

　어느 날 밤엔 당신 바로 뒤에 서 있었는데 당신이 고개를 돌리는 바람에 도망쳐 버리고 말았습니다. 또 어느 날은 당신이 노래부르는 걸 들은 일이 있었습니다. 그날은 정말 기뻐더군요. 당신이 노래하시는 걸 덧문 사이로 듣고 제가 기뻐했다고 해서 당신에게 나쁠 게 뭐겠습니까? 별 상관 없지 않습니까? 그렇지 않습니까? 당신은 제 천사이십니다. 이따금 이렇게 찾아오는 것쯤은 용서해 주십시오. 전 얼마 안 있어 죽을 것 같아요. 이 심정을 당신이 제발 알아 주셨으면! 전 당신을 사모하고 있습니다. 저를 용서해 주십시오. 전 지금 이렇게 얘기하고 있어도 무슨 얘기를 하고 있는지 전혀 모릅니다. 기분이 상하셨을지 모르겠군요. 기분 상하셨습니까?"

　"아아, 어머니(원어 O ma mèrd 는 어머니를 부른 것이 아니고 극에 달한 감동의 표현임)!" 꼬제뜨는 부르짖었다.

　그리고 곧 기절할 듯 비틀거렸다.

　그는 꼬제뜨를 붙잡았다. 그녀는 그 자리에 쓰러질 것 같았다. 그는 꼬제뜨를 잡고 자기가 무엇을 하고 있는지도 의식하지 못한 채 바싹 껴안았다. 그 자신도 비틀거리며 그녀를 받치고 있었다. 마치 머릿속이 연기로 가득 찬 것 같았다. 번갯불 같은 것이 몇 번이나 눈꺼풀 속을 스쳐갔다. 마음 속에 가득 차 있던 생각들은 모두 사라져 버리고 말았다. 뭔가 종교적인 행위를 하고 있는 것 같기도 하고 신을 모독하는 행위를 하고 있는 것 같기도 했다. 그렇다고 해서 지금 자기 가슴에 기대 서 있어 탄력이 느껴지는 아름다운 이 아가씨에게 털끝만큼도 욕망을 느낀 건 아니었다. 그는 사랑에 취해 자기를 잊고 있었다.

　꼬제뜨는 그의 손을 잡아 자기 심장 위에 올려놓았다. 감촉으로 그가 꼬제뜨에게 보낸 사랑의 편지라고 느꼈다. 그녀는 중얼거리듯 말했다.

　"그럼 저를 사랑해 주시는 거군요?"

　그녀는 마치 한숨을 쉬듯 거의 들릴 듯 말 듯 낮은 소리로 대답했다.

　"아무 말 마세요! 다 아실 텐데요."

　그러고 그녀는 빨개진 얼굴을 사랑에 도취한 청년의 가슴에 묻었다.

　그는 쓰러지듯 벤치에 앉았다. 그녀도 그 옆에 앉았다. 두 사람은 이제 말도 할 수 없었다. 별이 하늘에서 반짝이고 있었다. 두 사람의 입술이 서로 닿은 것은 어찌된 일인가? 어떻게 해서 새가 지저귀고 눈이 녹으며 장미는

"그럼 저를 사랑해 주시는 거군요?"

활짝 벌어지고 5월은 한껏 기쁨에 넘치고 저 멀리 검은 나무가 우뚝우뚝 선 언덕 너머로 새벽이 밝게 빛나기 시작했던가?

한 번의 키스, 그것이 전부였다. 두 사람은 몸을 떨며 어둠 속에서 빛나는 눈으로 서로 쳐다보았다. 써늘한 밤공기도, 차디찬 돌도, 축축한 땅도, 젖은 풀잎도 전혀 느끼지 못한 채 두 사람은 서로 눈과 눈을 보며 감회에 젖었다. 서로 손을 잡고 있다는 것도 느끼지 못한 채.

꼬제뜨는 그에게 아무것도 묻지 않았고, 또 물으려고도 하지 않았다. 어디로 들어왔느냐고도, 어떻게 정원으로 숨어 들어올 수 있었느냐고도 묻지 않았다. 그만큼 그가 찾아온 것은 당연한 일로 생각되었던 것이다.

이따금 마리우스의 무릎이 꼬제뜨의 무릎과 부딪치면 두 사람은 몸을 떨었다. 한참 후에 꼬제뜨는 더듬더듬 말하기 시작했다. 그녀의 영혼은 입술 위에서 마치 꽃잎에 앉은 한 방울의 이슬처럼 떨고 있었다.

두 사람은 조금씩 이야기를 나누게 되었다. 충만했던 침묵이 떠난 자리에 대화가 넘쳐 흘렀다. 밤은 그들의 머리 위에서 맑게 빛나고 있었다. 정령처럼 순결한 두 생명은 서로 이야기를 주고받았다. 그들의 꿈을, 그들의 도취를, 황홀이며 공상이며 절망이며 멀리서 얼마나 사모했던가를, 얼마나 그리워했던가를, 그리고 또 서로 만날 수 없을 때 느꼈던 그 절망을. 그들은 더할 수 없는 극도의 친밀 속에서 가장 은밀하고 가장 비밀스러운 것까지 흉금을 터놓고 얘기했다. 그리고 자기들의 몽상을 순진하게 믿으며 사랑이, 청춘이, 또 아직 그들 사이에 남아 있는 어린애 같은 마음이 일러주는 모든 것을 얘기했다. 두 사람의 마음은 서로 상대의 마음 속으로 흘러들어가고 그리하여 마침내 한 시간 뒤에 젊은이는 아가씨의 영혼을, 아가씨는 젊은이의 영혼을 완전히 소유하게 되었다. 두 사람은 저마다 상대의 마음에 깊이 파고들어 매혹되고 현혹돼 있었다.

두 사람이 이야기를 다 끝내고 더 할 얘기가 없어지자 꼬제뜨는 마리우스의 어깨에 머리를 기대며 물었다.

"이름을 뭐라고 하시죠?"

"마리우스입니다. 당신은?"

그가 물었다.

"꼬제뜨예요."

제6편 소년 가브로슈

바람의 장난

　1823년 이래 몽페르메이유의 싸구려 음식점은 점점 경영난에 빠져 파산까지는 가지 않았더라도 빚더미 위에 올라앉게 되었다. 그런데 떼나르디에 부부에게는 또 어린애가 둘 생겼다. 둘 다 사내아이였다. 전부 합해 다섯 명인데 계집아이가 둘, 사내아이가 셋으로 아무리 생각해도 너무 많았다.
　떼나르디에의 아내는 아주 기묘한 행운을 맞아 그 두 어린 것을 아직 어린 나이에 깨끗이 떼어 버릴 수가 있었다.
　떼어 버렸다는 말은 아주 적당한 말이다. 이 여자는 성격이 아주 편벽된 여자였다. 이것은 흔히 있는 일이다. 라 모뜨 우당꾸르 원수의 부인처럼 떼나르디에의 아내는 딸한테만 어머니였다. 그녀의 모성은 그것으로 끝이었다. 사내아이를 대했을 때는 인류에 대한 증오가 끓어오르는 것이었다. 아들에 대한 증오심은 대단한 것으로 그녀 마음의 그런 부분은 하나의 무서운 절벽을 이루고 있었다. 이미 알다시피 그녀는 큰아들을 대단히 싫어했는데 새로 태어난 애들도 거기에 못지않게 미워했다. 왜 그런 것일까? 이 어머니가 '그거야 뭐' 하고 얼버무린 이 말은 더없이 무서운 이유이며 또 아주 단호한 대답이었다. "그거야 뭐. 깩깩거리는 어린앤 나한테 필요없어."
　떼나르디에 부부는 대체 어떤 방법으로 이 두 아이를 감쪽같이 버릴 수 있었고 또 그것으로 어떤 이득을 보았는가. 이제부터 설명해 보기로 한다.
　몇 페이지 앞에 잠깐 얼굴을 내민 마뇽이라는 여자는 자기 아이 둘을 미끼로 질노르망 영감에게서 매달 생활비를 받아내고 있던 바로 그 여자이다. 그녀는 쎌레스땡 강둑의 쁘띠 뮈스끄라는 오래된 거리에 산 덕택으로 자기에 대한 나쁜 평판을 오히려 인기로 뒤바꿀 수 있었다.
　지금부터 35년 전, 빠리 세느 강변 일대에는 크루프성 후두염이 맹위를 떨치며 유행한 일이 있다. 의학이 이것을 기회로 백반 흡입법의 효과를 대규모로 실험한 일은 세상이 다 아는 일이다. 오늘에 와선 많이 달라져 매우 효과적인 요오드팅크를 바르는 법을 쓰고 있지만 어쨌든 그때 마뇽은 아직 어린 두 아들을 하루 동안에, 하나는 아침에 하나는 저녁에 다 잃었다. 이것은 커다란 타격이었다. 어머니로선 귀중한 아이들이었다. 아무튼 이 아이들 앞으로 한 달에 80프랑씩 받고 있었던 것이다. 그 80프랑이라는 돈은 질노르망 씨 명의로 그의 집사이며 전에 집달리였던 르와 드 시실르 거리에 사는 바르즈 씨로부터 꼬박꼬박 지불되고 있었다.

그런데 아이가 죽은 걸 알면 이 80프랑은 하루 아침에 사라지게 될 게 뻔했다. 그래서 마뇽은 한 가지 계책을 생각해냈다. 그녀가 몸을 담고 있는 암흑 세계에서는 서로 모르는 것이 없었고, 또 비밀은 어디까지나 지켜졌으며 동료끼리는 서로 도왔다. 마뇽이 어린애를 구해야 할 판에 떼나르디에의 아내에게는 마침 두 아이가 있었다. 똑같이 남자애였고 나이도 같았다. 한편은 감쪽같이 될 것이고 한편은 좋은 흥정거리가 생긴 셈이었다. 떼나르디에의 어린애들은 마뇽의 어린애가 되었다. 마뇽은 쎌레스땡 거리에서 끌로슈뻬르스 거리로 집을 옮겼다. 빠리에서는 이 거리에서 다른 거리로 옮겨앉으면 생판 모르는 사람이 되어 버리는 것이다.

호적에도 올라 있지 않았기 때문에 그쪽에서도 말썽이 없었고 교환은 아주 간단히 이루어졌다. 다만 떼나르디에가 어린애들을 빌려 주는 대신 한 달에 10프랑씩 내라고 했으나 마뇽은 그것을 순순히 받아들여 매달 지불했다. 질노르망 씨가 계약을 계속 이행한 것은 더 말할 것도 없다. 그는 여섯 달에 한 번씩 아이들을 보러 왔으나 아이들이 바뀐 것을 전혀 눈치채지 못했다. "나리, 정말 어쩌면 이렇게 나리를 꼭 닮았을까요?" 마뇽은 그에게 말했다.

떼나르디에가 변장을 하는 건 식은 죽 먹기였기 때문에 그는 이 기회에 아주 종드레뜨로 이름을 바꿔 버렸다.

그의 두 딸과 가브로슈는 어린 두 동생이 있었다는 것을 거의 잊고 있었다. 생활이 어느 정도를 넘어 너무 비참해지면 인간은 유령처럼 무신경해져 다른 사람까지도 유령처럼 보이는 법이다. 바로 옆에 사는 사람까지 그림자처럼 흐릿해져 인생의 어둑한 한구석에 겨우 모습이 보였는가 하면 다시 곧 사라져 버리는 상태가 곧잘 있다.

떼나르디에의 아내는 어린 자식들을 영원히 버릴 심산으로 마뇽의 손에 넘겨주긴 했으나 막상 그날 저녁이 되자 다소 속이 상했다. 아니 속이 상한 척했다. 그녀는 남편에게 말했다.
"그 아이들은 이제 아주 버린 자식이나 같군요."
그러나 떼나르디에는 억센 악당답게 냉정한 면을 보여 다음 한 마디로 그녀의 기분을 눌러 버렸다.
"장 자끄 루소는 그보다 몇 배 더한 짓도 했어."
마음이 가라앉자 어머니는 이번엔 불안해졌다.
"하지만 우리가 한 일을 경찰이 알면 어떻게 하죠? 네? 여보, 잘될까요?"
떼나르디에는 대답했다.
"누가 봐도 상관 없어. 아무도 이상하게 생각할 사람 없어. 게다가 동전 한푼 없는 아이 녀석들에게 누가 눈독을 들이겠어?"
마뇽은 악당들 중에서는 품위가 있는 축에 속했다. 게다가 옷차림도 그럴싸했다. 그녀는 완전히 프랑스인이 다 된, 머리가 비상하고 손버릇이 나쁜 어떤 영국 여자와 한집에서 같이 살았다. 그녀의 방은 억지로 고상한 척 애쓴 조잡한 장식들로 가득했다. 빠리 여자처럼 차린 이 영국 여자는 부자들과 교제하였고 도서관 소장의 고대 화폐며 마르스 양의 다이아몬드와도 은밀한 관계를 가졌는데 얼마 후 법정 재판 기록에서 유명해졌다. 사람들은 그녀를 Mademoiselle Miss(미스 양)라고 불렀다.
마뇽의 자식이 된 두 아이는 슬퍼할 필요가 없었다. 80프랑이나 벌어들이는 대상이었으므로 귀한 대접을 받고 있었다. 옷이며 먹는 것이며 결코 소홀하지 않고 마치 '도련님' 같은 대우를 받고 있었기 때문에 친어머니가 있는 곳보다 양어머니가 있는 곳이 훨씬 살기가 좋았다. 마뇽은 상당한 부인 행세를 하며 아이들 앞에서는 동료간에 쓰는 은어같은 건 절대로 입에 담지 않았다.
이렇게 하여 몇 년이 흘렀다. 떼나르디에는 그 후에도 잘되어 나갈 줄 알았다.
어느 날 달마다 주는 10프랑을 가지고 온 마뇽에게 그는 불쑥 말했다.
"이제 '아버지'한테 그애들의 교육을 시키라고 해야 할걸."
그런데 뜻밖에도 불쌍한 이 두 아이들은 그때까지 비록 불행한 처지라곤 하나 충분한 보호를 받고 있다가 하루 아침에 세상에 내던져져 자기들 스스로 인생을 걸어가지 않으면 안되게 되었다.

종드레뜨의 움막 사건 같이 악당이 일제히 검거될 때는 수사와 투옥이 반드시 몇 번씩 반복되게 마련인데 그런 때는 공공연한 사회 그늘에 서식하는 무서운 비밀 사회는 큰 재난을 입는다. 그런 종류의 뜻밖의 사건은 숨겨진 세계에 갖가지 의미의 붕괴를 가져온다. 떼나르디에의 끝장은 그대로 마농의 끝장이 되었다.

어느 날 마농이 쁠뤼메 거리의 정보를 에뽀닌느에게 전해 준 지 얼마 안되어 끌로슈뻬르스 거리에 느닷없이 경찰이 급습했다. 그리고 마농이며 미스 양이며 혐의를 받고 있던 그 집안 사람들을 깡그리 체포했다. 두 아이는 마침 뒤뜰에서 놀고 있었기 때문에 경찰이 온 걸 전혀 알지 못했다.

얼마 후에 집에 들어가려니까 문이 잠기고 집이 텅 비어 있었다. 맞은쪽 구둣방 남자가 두 아이를 불러 '어머니'가 두 아이에게 써 놓고 간 쪽지 한 장을 주었다. 종이에는 르와 드 시실르 거리 8번지, 연금 수취인 바르즈 씨라는 주소가 적혀 있었다.

구둣방 남자는 두 아이에게 말했다.

"너흰 이제 여긴 못 들어간다. 거기로 가거라. 멀지 않다. 저기 왼쪽으로 꾸부러져서 첫 골목이다. 이 쪽지를 갖고 길을 물어서 가거라."

두 아이는 떠났다. 형이 동생의 손을 끌고 한 손에 쪽지를 꼭 쥔 채. 매우 추운 날이었기 때문에 아이는 손이 곱아 종이를 꽉 쥘 수 없었다. 끌로슈뻬르스 거리 모퉁이를 막 돌려고 할 때 바람이 불어와 아이의 손에서 종이를 빼앗아갔다. 주위는 벌써 캄캄하게 어두웠기 때문에 아이는 끝내 그 종이를 찾지 못했다.

두 아이는 이 거리에서 저 거리로 정처없이 헤매기 시작했다.

어린 가브로슈가 대 나쁠레옹을 이용하는 일

빠리의 봄은 이따금 살을 에는 듯한 북풍으로 변해 사람들을 떨게 할 뿐 아니라 거의 나아가던 동상까지 덧나게 했다. 이 바람은 아무리 맑은 날도 침울하게 만들었고 따뜻한 방 창틈이나 문틈으로 불어들어오는 찬 외풍 같았다. 마치 겨울의 음침한 문이 다시 빠끔히 열리고 그리로 바람이 흘러들어

두 아이는 떠났다. 형이 동생의 손을 끌고 한 손에 쪽지를 꼭 쥔 채.

오는 것 같았다.

1832년 봄은 19세기에 들어와 유럽에서 최초로 대유행병(콜레라)이 발생한 시기인데 그때 불어온 북풍은 그전까지 불어왔던 그 어떤 바람보다도 심하게 살을 에었다. 겨울 문보다도 몇 배 차디찬 문이 살짝 열린 것이다. 바로 무덤의 문이었다. 이 북풍에서는 콜레라의 숨결이 느껴졌다.

기상학적 입장에서 보면 그 매서운 바람에는 고전압을 마다하지 않는 특수한 성질이 있었다. 번개와 천둥을 안은 소나기가 그 무렵 줄곧 내렸다.

그러한 북풍이 몹시 몰아쳐 1월로 다시 돌아간 듯싶은 어느 날 밤, 시민들은 다시 외투를 꺼내 입고 있었는데 소년 가브로슈는 여전히 누더기를 걸친 채 벌벌 떨면서도 무슨 기운이 나는지 오르므 쌩 제르베 근처에 있는 한 이발소 앞에 버티고 서서 뭔가를 열심히 들여다보고 있었다. 어디서 주웠는지 털로 된 여자용 숄을 목도리 대신 두른 가브로슈는 유리창 안을 빙빙 돌다 램프 앞에 오면 통행인에게 미소를 던지는, 가슴이 푹 파인 옷에 오렌지꽃을 꽂은 새신부 모양의 밀랍 인형을 아주 홀린 듯이 들여다보는 척하고 있었다. 사실은 진열장 안에 놓인 비누를 하나 '훔쳐낼' 수 없을까 하고 상점 안을 살피는 중이었다. 만일 잘만 훔쳐낼 수 있으면 시외에 있는 이발사에게 1수를 받고 팔 작정이었다. 그는 그렇게 해서 손에 넣은 비누 한 개로 아침 한 끼 값을 버는 일이 곧잘 있었다. 그는 이런 일에 매우 재주가 있었는데 그것을 두고 "이발사의 수염을 깎아 준다"고 말했다.

신부 인형을 보았다, 옆눈으로 비누 쪽을 보았다 하며 그는 입 속으로 이렇게 중얼거렸다. "화요일, 아니 화요일이 아니야. 화요일이었던가? 아마 화요일일 거야, 그래 화요일이야."

이 혼잣말은 무슨 뜻인지 전혀 알 수 없었다. 어쩌면 이 혼잣말은 사흘 전 저녁밥을 마지막으로 먹은 것과 관계가 있는지도 몰랐다. 왜냐하면 그 날이 바로 금요일이었으니까.

이발사는 난로불을 피워 따뜻한 가게 안에서 손님의 얼굴을 면도질하며 이따금 추워서 오들오들 떨면서도 뻔뻔스러워 보이는 그 부랑아, 두 손을 주머니에 찌르고는 있으나 언제 칼을 빼들고 달려들지 모를 기세가 분명한 그 부랑아에게 힐끔힐끔 시선을 던졌다.

가브로슈가 인형과 원더 비누를 번갈아보며 생각에 잠겨 있을 때 하나는 나이가 5살쯤 돼보이고 하나는 7살쯤 돼보이는 키가 서로 다르고 옷차림이 깔끔한 사내아이 둘이 주저주저하며 문을 열고 안으로 들어갔다. 그리고 뭘 애원하는 듯, 보나마나 구걸을 하는 것이겠지만 간청하기보다 거의 비명을 지르는 것 같은 가련한 소리로 중얼거리고 있었다. 둘이 함께 중얼대고 있었으나 작은애는 흑흑 흐느끼느라고 말이 토막토막 끊겼고 큰애는 추위에 이가 딱딱 마주쳐 무슨 소리를 하고 있는지 전혀 알아 들을 수가 없었다. 이발사는 험악한 얼굴로 돌아보더니 면도칼을 그냥 든 채 큰애는 왼손으로, 작은애는 무릎으로 밀어 두 아이를 한꺼번에 쫓아낸 다음 이렇게 중얼거리며 문을 꽝 닫았다.
"참 별게 다 들어와서 손님을 춥게 만드는군!"
두 아이는 울며 다시 걷기 시작했다. 아까부터 구름이 끼어 있더니 비가 내리기 시작했다. 가브로슈는 달려가 두 아이에게 말을 걸었다.
"애들아, 왜 그러니?"
"우리 어디서 자면 좋아요?" 큰애가 대답했다.
"그것 때문에 그러니? 그따위 것 때문에 우는 애가 어디 있어? 아직 어린애들이구나."
가브로슈는 말했다.
그리고 조금 놀려 주고 싶은 듯한 우월감을 나타내면서도 인정스러운 상냥한 어조로 자신만만한 보호자인 듯 말했다.
"꼬마야, 날 따라와."
"네." 큰애가 대답했다.
두 아이는 마치 대주교를 따라가듯 그 소년의 뒤를 쫓아갔다. 두 아이는 이제 울지 않았다. 가브로슈는 쌩 땅뜨완느 거리를 걸어 바스띠유 감옥 쪽으로 올라갔다.
가브로슈는 걸어가다 문득 생각난 듯 이발소 쪽을 노려보았다.
"인정머리도 없어, 그 백정놈." 그는 계속 중얼거렸다. "영국 놈이야."
가브로슈를 선두로 세 아이가 한 줄로 나란히 서서 가는 것을 보고 거리의 한 여자가 깔깔거리고 웃었다. 그들에 대해 너무 실례되는 웃음이었다.
"안녕하세요, 마드무아젤 옴니뷔스(승합마차 아가씨라는 뜻. 나쁜 뜻으로 쓴 것임)."
가브로슈가 응수했다.

그리고 곧 다시 이발사를 생각하고 덧붙였다.
"아니야, 그 새낀 백정놈이 아니야, 뱀이야. 이제라도 자물쇠 장수를 불러다가 네놈 꼬리에 방울을 달아 줄 테다(방울뱀을 만들어 구경/거리로 만들겠다는 뜻)."

그 이발사 때문에 가브로슈는 화가 잔뜩 나 있었다. 파우스트가 브록켄 산에서 만났는가 싶은 수염난 한 문지기 여자가 빗자루를 들고 서 있는 것을 보고 가브로슈는 도랑을 건너뛰며 놀렸다.
"아주머님, 말을 타고 나오셨나이까?"
그는 말했다.
그러다가 가브로슈는 지나가던 남자의 에나멜 구두에 흙탕물을 튀겼다.
"이놈!"
남자는 화가 나 소리쳤다.
가브로슈는 숄 위로 코끝만을 내밀었다.
"나리, 뭐 고소하실 일이라도?"
"너 말이야, 너."
"관공서는 문을 다 닫았습니다요. 전 이제 접수하지 않겠어요, 고소 같은 것."

그렇게 말하고 올라가는 길에, 어느 집 문 아래, 열 서넛쯤 돼보이는 거지 소녀 하나가 무릎을 다 드러내 놓은 채 짧은 옷을 입고 벌벌 떨고 서 있는 것을 보았다. 그 소녀는 그런 모습으로 서 있기에는 너무 컸다. 신체의 성장은 가끔 그런 장난을 하는 수가 있다. 함부로 몸을 굴리게 되면 치마는 짧아지게 마련이다.
"가엾게도! 반바지도 없냐? 자아, 하여튼 이걸 써."
가브로슈는 말했다.
그러고 목에 감았던 털로 짠 고급 숄을 벗어들더니 그것을 거지 소녀의 보랏빛으로 물든 어깨에 던져 주었다. 이리하여 목도리는 본래대로 숄이 되었다. 소녀는 멍청한 표정으로 그를 쳐다보고는 말없이 숄을 받아들었다. 생활이 지나치게 궁핍해지면 가난한 사람은 감각을 잃게 되어 재난을 당해도 탄식할 줄 모르고 행운을 만나도 감사할 줄 모르게 된다.
숄을 줘 버리자, "부르르르!" 하고 가브로슈는 소리를 내며 외투의 반을 벗고 있는 성 마르땡 이상으로 몸을 떨었다.

두 아이는 마치 대주교를 따라가듯 그 소년의 뒤를 쫓아갔다.

'부르르르' 떠는 소리가 마음에 안 들었는지 소나기는 더욱 소리를 내며 쏟아졌다. 심술궂은 날씨는 가끔 이렇게 착한 일에 벌을 내리는 수가 있다.

"제기랄. 이게 대체 어떻게 된 거야. 또 쏟아지기 시작하잖아. 이대로 쏟아지면 하느님이고 뭐고 다시는 믿지 않을 테다."

가브로슈는 소리쳤다.

그러고 다시 걷기 시작했다.

"저기도 나하고 똑같은 처지가 있는데, 근사한 걸 걸치긴 했지만." 그는 숄을 뒤집어쓰고 있는 거지 소녀를 돌아보며 말했다.

그러고는 구름을 올려다보며 소리쳤다.

"이거 잘못 걸렸는데!"

두 아이는 그의 뒤를 어정어정 걸어서 따라갔다.

그들은 마침내 쇠창살이 있는 창문 앞에 이르렀다. 쇠창살은 빵집이라는 표시였다. 빵은 금처럼 쇠창살 속에 넣어 두는 것이다. 그것을 보고 가브로슈는 뒤를 돌아보았다.

"야야, 꼬마들, 저녁은 먹었냐?"

"아니오. 아침부터 아무것도 못 먹었어요."

큰애가 대답했다.

"그럼 어머니도 아버지도 없냐?"

가브로슈는 점잖은 어조로 꾸며서 말했다.

"아빠도 엄마도 있기는 다 있어요. 하지만 어디 있는지 몰라요."

"하긴 때론 모르는 편이 낫지."

제나름대로 사상을 가진 가브로슈는 말했다.

"벌써 말예요." 큰애가 계속해서 말했다. "두 시간 이상이나 골목 모퉁이랑 구석구석을 뭐가 없나 뒤졌지만 아무것도 찾지 못했어요."

"그야 그럴 수밖에. 개가 전부 뒤져 먹고 다니니까."

가브로슈가 말했다.

잠시 입을 다물었다. 그는 계속해 말했다.

"아아, 우린 우릴 낳은 사람을 잃어버렸어. 어디에 처박혔는지 몰라. 이렇게 될 리가 없는데 말야. 안 그래? 이렇게 어린 것들을 길바닥에서 헤매게 하다니 될 말이야? 쳇, 그건 그렇고 하여튼 배는 채워야 할 텐데."

가브로슈는 그 이상은 일체 묻지 않았다. 잘 곳이 없다. 그 이상 간단명료한 설명이 있겠는가? 두 아이 중 큰애는 곧 만사에 태평해지는 어린애다움을 완전히 회복하여 커다란 소리로 이렇게 말했다.

"하지만 참 이상한데, 엄마가 성지 주일(부활제 전 주일)에 회양목 가지를 얻으러 데리고 가주신다고 했는데."

"Neurs(가브로슈는 많은 은어감탄사를 씀. 어떤 것은 번역할 수 없어 그냥 씀)."

가브로슈는 대답했다.

"엄마는 말예요, 아주 훌륭한 분이고 미스 양 아주머니와 같은 집에 사셨어요."

큰애가 말했다.

"Tanflûte(땅플뤼뜨)."

가브로슈는 대답했다.

그렇게 말하는 동안 그는 발걸음을 멈추고 아까부터 누더기 옷을 샅샅이 뒤지며 뭔가를 찾고 있었는데 이윽고 무척 기쁜 듯―사실 대단히 만족했지만―고개를 번쩍 쳐들었다.

"아, 이제 걱정 없다. 꼬마들아, 셋이 다 저녁을 먹게 됐어."

이렇게 말하고 그는 주머니 하나에서 1수짜리 동전 한 닢을 꺼냈다. 아이들이 놀랄 틈도 없이 그가 아이들을 몰고 빵집으로 들어가 그 1수를 카운터에 놓으며 큰소리로 외쳤다.

"보이! 빵 5쌍띰어치만 주슈."

빵집 주인이 직접 나와 빵과 나이프를 꺼내 들었다.

"셋으로 나눠 주슈, 보이!"

가브로슈는 어깨를 으쓱하며 덧붙였다.

"세 사람이니까."

그런데 빵집 주인이 세 사람을 깔보고 검은 빵을 집어든 것을 보자, 그는 손가락을 코구멍에 푹 찌르고 마치 엄지손가락 끝에 프레데릭 대왕의 코담배라도 묻어 있는 것같이 씩씩대며 몇 번 숨을 들이마시더니 빵집 주인을 향해 욕설을 퍼부었다.

"Keksekça(계세끄사)?"

어인가 아니면 인적 없는 넓은 광야에서 큰 강을 사이에 두고 요웨이 족이나 보토큐도스 족(둘 다 아메리카 인디언 부족) 같은 야만족이 서로 부르는 소리가 아닌가 하고 생각하는 사람도 있을지 모른다. 그러나 사실 이 말은 사람들이(즉 독자가) 매일 입에 올리는 소리로 다음과 같은 뜻이다. "qu'est-ce que c'est que cela(그게 뭐야)?" 빵집 주인은 그 말을 알아듣고 대답했다.

"뭐긴 뭐야. 빵이지. 2급품 중에서 제일 좋은 빵이야."

"larton brutal(더러운 놈-빵을 가리킴)을 먹으라 이거지?" 가브로슈는 태연히, 그러면서도 사뭇 깔보는 듯한 어조로 불쑥 말했다. "흰 빵을 줘, 보이. larton savonné(깨끗한 것) 말이야. 내가 한턱 내는 거니까."

빵집 주인은 우스워 죽겠다는 듯 얼굴을 찌푸리고 빵을 자르며 동정하는 눈초리로 세 사람을 힐끔힐끔 보았다. 그것이 가브로슈의 비위를 건드렸다.

"여보슈, 빵집 주인! 왜 우릴 그렇게 힐끔힐끔 보는 거요?"

가브로슈가 소리쳤다.

그러나 세 사람의 키를 다 합해도 1뜨와즈가 채 안됐을 것이다.

빵을 다 자르자 빵집 주인은 1수 동전을 금고에 넣고 가브로슈는 두 아이를 향해 말했다.

"채워(뱃속에 채워 넣는다는 뜻)."

아이들은 어떻게 할지 몰라 그를 올려다보았다. 가브로슈는 깔깔거리고 웃었다.

"아, 그렇지 참. 이런 꼬마는 아직 모르겠지."

그리고 고쳐 말했다.

"먹어."

그러고 가브로슈는 두 아이에게 한 쪽씩 빵을 나누어 주었다.

큰애는 꽤 얘기 상대가 될 듯했기 때문에 다소 기운이 나게 해줄 필요가 있었다. 그래서 어느 정도 식욕을 채워 주기 위해 제일 큰 쪽을 주며 말했다.

"이걸 총구멍에 채워 넣어(뱃속에 채워 넣는다는 뜻)."

가브로슈는 남은 두 쪽 중에서 작은 쪽을 자기가 집어들었다.

불쌍한 이 아이들은 셋 다 주릴 대로 주려 있었다. 빵을 게걸스레 먹기 시작했다. 한편 상점을 점령당한 빵집 주인은 돈을 받고 나자 이번엔 화난 얼굴로 세 사람을 노려보았다.

"먹어." 가브로슈는 두 아이에게 빵을 한쪽씩 나누어 주었다.

"밖으로 나가자."

가브로슈는 말했다.

그들은 다시 바스띠유 쪽을 향해 걷기 시작했다.

이따금 불이 환한 상가 진열장 앞을 지날 때마다 작은애는 걸음을 멈추고 끈으로 목에 매단 납시계를 꺼내 시간을 보았다.

"정말 철없는 아이로군."

가브로슈는 말했다.

그리고 생각에 잠긴 얼굴로 중얼거렸다.

"내가 만일 어린애를 갖는다면 좀더 잘 거둘 텐데."

세 사람이 빵을 다 먹고 막 포르스 감옥의 도전하는 듯한 낮은 쪽문이 저만큼 보이는 음산한 발레 거리 모퉁이까지 갔을 때였다.

"야, 너 가브로슈 아냐?" 하는 소리가 들렸다.

"야, 몽빠르나스."

가브로슈는 말했다.

이 부랑아 옆으로 한 남자가 다가왔다. 그는 몽빠르나스로 푸른 안경을 쓰고 변장하고 있었으나 가브로슈는 곧 알아보았다.

"이야!" 가브로슈는 계속해 소리쳤다. "뭐야, 그 옷이? 거무스름한 아마 옷에 퍼런 안경을 쓰고, 꼭 의사 같잖아. 꽤 멋을 부렸는데."

"쉿. 큰소리 내지 마!"

몽빠르나스는 말했다.

그리고 그는 상점에서 나오는 불빛을 피해 급히 가브로슈를 한옆으로 끌고 갔다.

두 아이도 손을 잡고 그의 뒤를 따라갔다.

그들은 어떤 집 컴컴한 문간으로 들어갔다. 그곳에 들어가자 사람 눈에 띄지도 않았고 비도 피할 수 있었다.

"나 지금 어디 가는지 아니?"

몽빠르나스가 물었다.

"몽 따 르그레 대수도원(교수대)에 가겠지 뭐."

가브로슈가 대답했다.

"농담하지 마!"

이렇게 말하고 몽빠르나스는 다시 계속했다.
"바베를 만나러 가는 거야."
"호오! 여자 이름이 바베야?"
가브로슈는 말했다.
몽빠르나스는 목소리를 낮추었다.
"여자가 아니야, 남자야."
"아아! 그 바베!"
"응, 그 사람."
"그 사람 지금 들어가 있잖아."
"도망쳤어."
몽빠르나스가 대답했다.
그리고 그는 부랑아에게, 어제 재판소 부속 감옥으로 옮겨진 바베가 예심을 받으러 복도를 지나가던 도중 오른쪽으로 가지 않고 왼쪽으로 해서 대담하게 탈주했다는 것을 간단히 설명했다.
가브로슈는 그 솜씨에 감탄했다.
"과연 재빠른 사람이야!"
그는 말했다.
몽빠르나스는 바베의 탈주에 대해 몇 가지 더 자세한 얘기를 덧붙인 다음 마지막으로 이렇게 말했다.
"얘기는 그것만이 아니야."
가브로슈는 이야기에 귀를 기울이며 몽빠르나스의 지팡이를 만지고 있었는데 무심코 그 끝을 잡아당기니 안에서 작은 단도가 나왔다.
"야아! 시민으로 둔갑한 헌병을 데리고 다니는 꼴인데."
부리나케 뚜껑을 닫아 칼을 숨기고 가브로슈가 말했다.
몽빠르나스는 눈을 껌뻑해 보였다.
"아이쿠, 개를 상대로 한바탕 해볼 참이야?"
가브로슈는 말했다.
"그야 모르지, 어떻게 될지. 하여튼 핀을 하나 가지고 있으면 아무 때고 편리하지."
몽빠르나스는 태연히 대답했다.

가브로슈는 다시 물었다.

"그래, 오늘 밤 뭘 하려고 그래?"

몽빠르나스는 다시 목소리를 가다듬어 말꼬리를 흐리며 대답했다.

"이것 저것."

그리고 갑자기 말을 바꾸었다.

"그런데 말야."

"뭐?"

"요전 일인데 말야, 어떤 시민을 하나 만났어. 그런데 그녀석 한바탕 설교를 하고 나더니 지갑 하나를 주잖아. 난 그 지갑을 주머니에 넣었지. 그런데 조금 있다 주머니를 만져보니까 글쎄 아무것도 없었어."

"남은 건 설교뿐이더라, 이거지."

가브로슈가 말했다.

"그건 그렇고 너야말로 말해 봐. 어디 가니?"

몽빠르나스가 물었다.

가브로슈는 데리고 가는 두 아이를 가리키며 말했다.

"얘들을 재워 주려고."

"어디로 데리고 가서 재워 주려고?"

"우리 집."

"너희 집이 어디야?"

"우리 집이라니까."

"집이 있냐, 너?"

"그럼, 있고말고."

"어디?"

"코끼리 안에."

가브로슈는 대답했다.

몽빠르나스는 별로 놀라는 성격이 아니었으나 그 말을 듣자 자기도 모르게 소리쳤다.

"코끼리 안이라고?"

"응, 그래. 코끼리 안!" 가브로슈는 대답했다. "KeKçaa(께끄싸아)?"

이 말도 역시 문장 속에서는 쓰지 않으나 말할 때는 누구나 쓰는 말이다.

께끄싸아의 뜻은 바로 이런 것이다. Qu'est-ce que cela a? (께스끄 슬라 아? 그게 어떻단 말야?)

이 부랑아의 의미심장한 말을 듣고 몽빠르나스는 마침내 침착과 판단력을 되찾았다. 그는 가브로슈의 집을 그럴 듯하다고 생각하기 시작한 모양이었다.
"그래?" 그는 말했다. "코끼리 속이라, 과연…… 그래, 살긴 좋으냐?"
"응, 아주 좋아. 최고야, 다리 밑처럼 바람도 없고."
가브로슈는 말했다.
"어떻게 들어가는데?"
"다 들어가는 수가 있지."
"구멍이 있는 모양이군?"
몽빠르나스가 물었다.
"물론이지! 하지만 아무한테도 말하지 마. 앞다리 사이에 있어. coqueurs (경찰)는 아직 몰라."
"응, 그러니까 기어오르는 거구나, 이제 알았다."
"잠깐 쿵쾅거리면 돼. 그 이상 아무것도 없어. 아무도 못 찾지."
잠시 입을 다물었다가 가브로슈는 다시 말했다.
"애네들한텐 사다리를 놔주어야 할 거야."
몽빠르나스는 웃음을 터뜨렸다.
"대체 어디서 잡아왔냐, 이 꼬마들은?"
가브로슈는 간단히 대답했다.
"애네들? 이발사가 준 선물이야."
몽빠르나스는 잠시 생각에 잠겨 있다 말했다.
"너 조금 전에 날 금방 알아보았지?" 그는 중얼거리듯 말했다.
그는 주머니를 뒤져 뭔가 조그만 것을 집어냈다. 그건 그냥 깃털대에 솜을 도르르 만 것인데 그것을 양쪽 콧구멍에 찌르자 그의 코는 완전히 모양이 달라졌다.
"아주 딴 사람 같은데." 가브로슈는 말했다. "훨씬 좋아 보이는데. 늘 그러고 있는 게 좋겠어."
몽빠르나스는 상당한 미남이었는데 가브로슈가 놀리느라고 한 소리였다.
"놀리지 말고 바른 대로 말해. 이래도 난 줄 알겠어?"

몽빠르나스는 물었다. 그 목소리도 전혀 딴 사람 같았다. 눈깜짝할 사이에 몽빠르나스는 누군지 모르게 되었다.

"야아! 꼭 Porrichinelle 같구나!" 하고 가브로슈는 소리쳤다.

두 아이는 그동안 아무 말도 듣지 않고 줄곧 손가락으로 콧구멍을 후비고 있었는데 뽀리쉬넬라는 말을 듣자 처음으로 재미있는 듯 감탄한 얼굴로 몽빠르나스를 쳐다보았다.

바로 그때 몽빠르나스는 안절부절못하는 표정이 되었다.

그는 가브로슈의 어깨에 손을 얹고 한 마디 한 마디에 힘을 주어 말했다.

"야, 내가 만일 광장에 내 dogue(불독)와 dague(단도)와 digue(깔치)와 함께 있으면 말야, 그리고 또 내가 만일 dix gros sous(2수짜리 동전 열 닢) 만 선뜻 prodiguer(내주면) 말이야, 나도 d'y goupiner(출동하지) 않을 수 없다 이거야. 하지만 오늘은 Mardi gras(사육제의 마지막 날)가 아니라서 말야."

이 이상한 말을 듣자 부랑아는 갑자기 묘한 태도를 지었다. 그는 반짝반짝 빛나는 손으로 고개를 획 돌려 주위를 둘러보고 약 대여섯 걸음 떨어진 데 순경 하나가 이쪽을 등지고 서 있는 것을 보았다. 가브로슈는 자기도 모르게 "아, 그렇군" 하고 중얼거리다 당황하여 그 소리를 죽인 다음 몽빠르나스의 손을 쥐고 흔들었다. 그는 말했다.

"자, 그럼 안녕! 난 이제부터 이 꼬마들을 데리고 코끼리로 갈 테니까. 만일 한밤중에라도 무슨 일이 있으면 그리로 와. 언제든지 있으니까. 2층에 살고 있어. 문지기 같은 게 있을 리 없고, 언제든지 와서 찾으면 만날 수 있어."

"그래, 알았어."

몽빠르나스는 대답했다.

그들은 거기서 헤어져 몽빠르나스는 그레브 쪽으로, 가브로슈는 바스띠유 쪽으로 걷기 시작했다. 5살 난 어린애는 가브로슈의 손을 잡은 형의 손에 끌려가며 'Porrichinelle'가 멀어져 가는 것을 보려고 몇 번이나 고개를 돌렸다.

경관이 있다는 것을 알리기 위해 몽빠르나스가 쓴, 그 뜻이 애매한 말은 갖가지 형태로 대여섯 번이나 되풀이하여 'dig'이라는 발음이 든 말을 썼다는 것 이외엔 아무 의미도 없었다. 그 말 하나만을 집어 발음하지 않고 묘한 단어로 만들어 쓴 그 'dig'라는 말의 연결은 바로 이런 내용이었다. "조심해, 함부로 지껄여선 안 돼." 그뿐 아니라 몽빠르나스의 말에는 가브로슈는 채 알지 못했으나 문학적인 아름다움이 있었다. 그것은 바로 '내 불독과 단도와 깔치'라는 말이다. 이것은 땅뺄 근방에서 흔히 쓰는 은어로 '내 개와 칼과 여자'라는 의미인데 몰리에르가 희극을 쓰고 깔로가 그림을 그린 저 위대한 세기의 어릿광대나 요술쟁이 사이에선 흔히 쓰던 말이다.

지금부터 20년 전까지만 해도 바스띠유 감옥 동남쪽 한구석, 감옥의 옛 성채 구덩 속에 꿰뚫린 운하 선창가에 가까이 가면 하나의 이상한 기념관을 볼 수 있었다. 그것은 벌써 빠리 사람들의 기억 속에서 사라져 버렸지만 조금은 인상에 남아 있어도 좋을 그런 것이었다. 왜냐하면 그것은 '학사원 회원, 이집트군 총사령관(나뽈레옹)'이 생각해 낸 것이기 때문이다.

그것은 사실 단순한 모형에 불과했지만 감히 기념 건물이라고 해두기로 하자. 그러나 모형이라고 해도 나뽈레옹의 놀라운 창의성의 당당한 잔해로 연이어 발생한 시대의 풍운으로 우리들 곁에서 멀리 사라져 부서지고 말았지만, 이 모형물 자체는 역사적 가치를 지니게 되었으므로 어떤 영구적인 성격을 띠기 시작했다. 그것은 높이 약 40피트의 코끼리 모형으로 나무와 벽돌로 만들었고 등에는 집모양의 탑이 놓여 있었는데 처음엔 칠쟁이 손으로 파랗게 칠했으나 지금은 비와 시간의 흐름으로 시커멓게 변색돼 있었다. 그것은 인적이 없는 광장 한 구석에 우뚝 서서 거대한 이마와 코와 이빨과 등의 탑과 궁둥이와 기둥같은 네 다리를, 별이 빛나는 밤하늘에 깜짝 놀랄 만큼 무서운 그림자를 던지고 있었다.

그것이 무엇을 의미하는지는 아무도 아는 사람이 없었다. 그것은 민중의 힘을 상징하였다. 음산하고 신비롭고 거대했다. 뭐라고 해야 좋을지 모르는 강대한 환영이 바스띠유 감옥의 그늘에 보이지 않는 망령 한 옆에 눈에 보이는 모습으로 우뚝 서 있었던 것이다.

그것을 구경하러 오는 외국인은 거의 없었고 지나가는 사람도 누구 하나 쳐다보지 않았다. 그것은 나날이 황폐해지기만 했다. 시간이 갈수록 옆구리에서 회덩어리가 떨어져 보기 흉한 상처가 커져만 갔다. 그것을 관리하는, 그럴듯한 말로 소위 '영선관리(營繕官吏)'라고 하는 사람들도 1814년 이래 그것을 완전히 잊어버렸다. 그것은 전과 조금도 다름없이 외진 한구석에 음울하고 병든 모습으로 차차 허물어지며 취한 마부들의 손에 쉴새없이 더러워지는 울타리에 둘러싸인 채 우뚝 서 있었다. 배 언저리에 온통 틈이 갈라지고 꼬리 근처로 판자가 들여다보였으며 다리 사이엔 풀이 무성했다.

그리고 어느 도회지나 다 그렇듯 사람이 채 깨닫지 못하는 사이에 차차 지반이 높아지는, 지극히 완만하나 쉬임없는 지각 변동 때문에 그 광장의 지면도 30년 동안에 상당히 높아져서 코끼리는 마침내 움푹하게 내려앉아 마치 아래로 푹 꺼진 것처럼 보였다. 그 모습은 극히 불결하고 불쾌하고 그러면서도 한껏 교만해 보였기 때문에 시민들의 눈에 추하게, 사상가의 눈에는 우울하게 보였다. 언제고 걷어치워야 할 불결한 물건으로도 보이고 참수될 날을 기다리는 뭔가 고귀한 것으로 보이기도 했다.

그러나 이 물건은 밤만 되면 완전히 모습이 바뀌었다. 밤은 그늘의 존재였던 모든 것이 활약하는 무대이다. 땅거미가 지기 시작하면 이 늙은 코끼리는 완전히 모습이 바뀌었다. 어둠의 무서운 정적 속에서 꼼짝도 하지 않고 뭔가 무척 음산한 분위기를 풍겼다. 그것은 과거의 물건이었고, 때문에 밤의 것이기도 했다. 매우 어울리는 구석이 있었다.

그 기념 건조물은 거칠고 뭉툭하고 육중하고 어마어마하고 흉하게까지 보였으나 한편 매우 당당하고 위엄있고 야성적인 무게를 가지고 있었다. 그것이 사라지고 난 다음엔 (1864년에 철했다) 굴뚝 달린 커다란 난로 같은 것이 매우 의젓한 모습으로 섰다. 이 커다란 난로는 부르주아 사회가 봉건 사회를 대신해 나타나듯 아홉 개의 탑을 가진 음산한 요새(감옥) 대신 생긴 것이다. 동력이 가마솥 속에 있는 시대엔 난로가 그 시대의 상징이 되는 것이 지극히 당연하다. 그러나 그 시대도 어느 땐가는 사라질 것이다. 아니 나날이 사라져가고 있다.

동력은 큰 가마솥 속에 있을지 몰라도 진짜 힘은 두뇌 속에만 있다는 걸 사람들은 차차 깨닫기 시작한 것이다. 다시 말해 세상을 이끌어 나가는 것은 기관차가 아니라 사상이라고 깨닫기 시작했다. 기관차를 사상과 연결시키는 건 좋다. 그러나 말을 기수와 혼동해서는 곤란하다.

그건 어쨌든 얘기를 바스띠유 광장으로 돌려서, 회로 코끼리를 만든 건축 기사는 위대한 것을 만드는 데 성공했으나, 난로 굴뚝을 만든 기사는 청동으로 매우 천한 것을 만드는 데 성공했다.

그것은 높이 약 40피트의 코끼리 모형으로 나무와 벽돌로 만들었고······.

그 난로 굴뚝은 '7월의 기둥'이라는 거창한 이름이 붙은 것으로 좌절된 혁명(7월혁명)의 만들다 만 기념비였는데, 1832년에는 애석하게도 아주 커다란 판자 울타리에 둘러싸여 코끼리를 완전히 고립시켜 놓고 있었다.

부랑아가 두 '꼬마'를 데리고 간 것은 바로 이 광장, 가로등 불빛이 희미하게 비치는 한구석이었다.

이야기 도중이지만 여기서 잠깐 주의해 두고 싶은 것이 있는데 우리는 지금 사실을 그대로 얘기하고 있는 것이다. 지금부터 약 20년 전 경범 재판소가, 바스띠유 동상 안에서 자다가 현장에서 잡힌 한 소년을 부랑아 내지 공공 기념물 파손 혐의로 재판한 일이 있는데 독자는 그것을 회상해주기 바란다. 이 사실을 확인한 다음 이야기를 계속하자.

코끼리 옆에 왔을 때 상당히 큰 것이 상당히 작은 것에게 어떤 인상을 줄 것인가를 짐작하고 가브로슈는 이렇게 말했다.

"얘들아! 무서워하지 마."

그리고 그는 판자 울타리 틈을 비집고 코끼리 울 안으로 들어가 아이들이 판자의 벌어진 틈을 넘게 했다. 두 아이는 약간 놀란 기색이었으나 자기들에게 빵을 주고 게다가 잘 곳까지 마련해 주겠다고 약속한 그 누더기를 걸친 작은 보호자를 완전히 믿고 있었으므로 가브로슈가 하라는 대로 따라 했.

거기엔 낮에 건설현장에서 인부들이 쓰던 사다리 하나가 판자 울타리 옆에 놓여 있었다. 가브로슈는 있는 힘을 다해 그 사다리를 들어올려 코끼리 앞다리에 걸쳐 세웠다. 사다리 끝이 닿은 곳에 코끼리 배에 뚫린 시커먼 구멍이 보였다. 가브로슈는 두 손님에게 그 구멍을 가리키며 말했다.

"사다리를 타고 올라가."

두 아이는 겁에 질려 서로 쳐다보았다.

"왜, 무섭냐? 꼬마들아!"

가브로슈는 소리쳤다. 그리고 덧붙였다.

"자, 이봐."

그는 코끼리의 꺼칠꺼칠한 다리에 바싹 달라붙더니 눈깜짝할 사이에 사다리도 딛지 않고 구멍 속으로 기어올라갔다. 그리고 마치 뱀이 바위 틈으로 미끄러져 들어가듯 구멍 속으로 들어가 보이지 않게 되었다. 그러나 잠시 후 시커먼 구멍 속에서 다시 그의 하얀 얼굴이 마치 유령처럼 불쑥 나타났다.

두 아이는 멍하니 가브로슈를 올려다보았다.
"자아," 그는 외쳤다. "이리 올라와, 꼬마들아! 굉장히 좋은 데야. 어서 올라오라니까! 자, 너부터!" 그는 먼저 큰애한테 말했다. "손을 잡아 줄게."

아이들은 어깨로 서로를 밀었다. 부랑아가 무섭기는 했으나 믿을 만했고 더욱이 비는 억수같이 퍼붓고 있었다. 큰애가 결심하고 앞으로 나섰다. 동생은 형이 올라가는 것을 보고 자기만이 그 커다란 동물의 발 아래 남겨진 것을 생각하고 거의 울상이 되었다.

큰애는 비틀거리면서도 한 단 한 단 사다리를 밟고 올라갔다. 가브로슈는 그동안 학생을 격려하는 검술 교사나 노새를 부리는 노새주인처럼 커다란 소리로 아이를 격려하고 있었다.

"무서워하지 마!"
"잘 하는데!"
"응, 그렇게!"
"거기 발 디뎌!"
"손은 이리 내밀고."
"꽉 잡아!"

그리고 아이가 손이 미치는 곳까지 올라오자 그는 힘껏 그 팔을 잡아올렸다.

"자, 뛰어넘어!"
가브로슈가 말했다.
아이는 구멍 속으로 넘어 들어갔다.
"잠깐 기다려. 우선 여기 걸터 앉으시지."
가브로슈는 말했다.

그리고 들어올 때와 똑같은 몸짓으로 구멍 밖으로 나가 코끼리 다리 옆으로 가볍게 뛰어내렸다. 가브로슈가 5살 난 아이의 허리를 잡고 사다리의 중턱쯤에 세우자 큰애한테 소리치며 자기도 뒤따라 오르기 시작했다.

"내가 밀 테니까 넌 잡아당겨."

순식간에 아이는 들어올려져 밀리고 당겨지고 끌려서 자기도 모르는 사이에 구멍 속까지 밀려 들어갔다. 가브로슈는 뒤따라 구멍 속으로 들어가며 뒤꿈치로 사다리를 힘껏 차서 풀밭에 넘어뜨리고 손뼉을 치며 말했다.
"잘됐다! 라파이예뜨 장군 만세!"
흥분이 가라앉자 그는 덧붙였다.
"꼬마들아, 바로 여기가 우리 집이다."
가브로슈는 그곳을 집으로 삼고 있었다.
아아, 엉뚱한 폐물 이용! 위대한 물건의 자비! 거인의 호의! 지난 날 나뽈레옹의 뜻을 담고 있던, 이 엉뚱한 기념물은 이제 한 부랑아를 담고 있는 상자가 돼버린 것이다. 이 소년은 말하자면 거대한 코끼리의 보호를 받고 있었다. 바스띠유 동상 앞을 지나는 잘 차려 입은 부르주아들은 그 동상을 경멸하는 듯한 시선으로 힐끔힐끔 보며 곧잘 이렇게 말하곤 했다.
"이런 건 뭣에다 쓰나?"
그런데 그것은, 부모도 없고 빵도 없고 옷도 없고 집도 없는 한 소년을 추위에서, 이슬과 우박과 비에서 구해 주고, 겨울의 찬바람에서 지켜 주며 열병을 초래하는 시궁창 속에서 잠을 면하게 해주고 죽음을 부르는 눈 속의 잠을 피하게 해주는 데 쓰이고 있었다. 사회가 젖혀놓은, 죄도 없는 생명을 받아 주는 데 쓰이고 있었던 것이다. 세상의 죄를 속죄하는 곳이었다. 그곳은 일체의 문이 닫힌 사람 앞에 열린 오직 하나의 은신처였다.
그 비참한 늙은 마스토돈은 벌레에 먹히고 망각되고 무사마귀와 곰팡이와 부스럼에 뒤덮여 비틀거리고, 썩어빠지고, 버림받고, 죽음의 선고를 받은, 마치 거대한 거지처럼 네 거리 한복판에 서서 찌그러진 얼굴로 한 사람의 눈길을 기다리는 신세였으나 한편으론 다른 하나의 거지, 신발도 없고, 들어갈 집도 없고, 언 손을 입김으로 녹이며 누더기를 걸치고 남이 버린 것을 집어먹는 한 소년에게는 동정을 베풀고 있었다. 정말 바스띠유 동상은 그런 데에 소용되었다. 인간들은 나뽈레옹의 그 생각을 외면했으나 신은 다시 받아들였다. 다만 유명한 것으로 끝날 줄 알았던 그것이 이리하여 존귀한 것이 되어 있었다.
황제는 그 계획을 실현하기 위해서 반암이며 청동이며 쇠며 금이며 대리석이 필요했을 것이다. 그러나 신은 판자와 들보와 석회를 이어붙인 고물덩어리만으로 충분했다. 황제는 천재적인 꿈을 가지고 있었다. 그는 이 무장한 놀라운 거상의 코를 세우고 탑을 세우고 기쁨에 찬 생명수를 주위에 가득 내

가브로슈는 뒤꿈치로 사다리를 힘껏 차서 풀밭에 넘어뜨리고……

뿜는 모습으로 국민 그 자체를 구현하려고 했다. 그러나 신은 그것을 그보다 훨씬 위대한 것으로 변형시켰다. 신은 그 안에 소년을 살게 했던 것이다.

가브로슈가 기어들어간 구멍은 이미 말한 대로 코끼리의 배 부분에 해당한다. 고양이나 애들이 아니면 들어갈 수 없을 정도로 좁은 틈이었기 때문에 밖에서는 거의 보이지 않았다.

"우선 문지기에게 안엔 아무도 없다는 보고부터 해두자."

가브로슈는 말했다.

그리고 오래 산 자기 집처럼 침착하게 어두컴컴한 안으로 들어가 판자 하나를 내다 입구를 막았다.

그리고 가브로슈는 다시 한 번 어둠 속으로 사라졌다. 인(燐)을 담은 병 속에 집어넣은 성냥이 쉭 하고 발화하는 소리를 아이들은 들었다. 그 무렵 화학을 응용한 성냥은 아직 나오지 않아서 퓌마드 점화기가 가장 발달한 형태였다.

주위가 갑자기 밝아지자 아이들은 눈을 가늘게 떴다. 가브로슈는 보통 실촛불이라고 하는, 기름에 적신 짧은 삼실에 불을 붙였다. 그 실촛불은 빛보다는 연기가 더 많이 났으나 그래도 코끼리 내부를 흐릿하게나마 비춰주었다.

가브로슈의 두 손님은 주위를 휘둘러보고 자기들이 마치 하이델베르크 성의 큰 통 속에 들어가 있는 듯한 느낌을, 아니 좀 더 자세히 말하자면 성서에서 고래 뱃속에 들어간 요나가 느꼈을 듯싶은 그런 걸 느꼈다. 거대한 골격이 그들의 눈에 비치고 그것이 그들을 뼁 둘러싸고 있었다. 머리 위에는 긴 갈색 가름대가 하나 걸려 있고 그 가름대 군데군데에서 활 모양의 단단한 골대가 나와 있어 마치 갈비뼈가 붙은 척추 같은 모양을 하고 있었다. 그리고 굳어진 석회의 종유석이 그 사이에 내장처럼 늘어져 있고, 그 위 전체를 거미줄이 마치 먼지투성이 횡격막처럼 뒤덮고 있었다. 구석 여기저기에는 커다란 반점이 꺼멓게 보이고 그것들은 마치 살아 있는 것처럼 부산하게 허둥대는 동작으로 재빨리 위치를 바꾸며 움직이고 있었다.

코끼리 등에서 배 쪽으로 떨어진 파편이 움푹 파인 부분을 메워 완전히 평평하게 해놓았기 때문에 바닥은 마치 마루 위를 걷는 듯한 기분이었다.

동생이 형 옆으로 다가가 말했다.

"아이, 어두워."

이 말을 듣자 가브로슈는 꽥 소리쳤다. 두 꼬마가 생경한 분위기에 기가 죽은 것을 보고 호통을 한 번 쳐야겠다고 생각한 것이다.

"무슨 소릴 지껄이는 거야?" 그는 소리쳤다. "날 놀리는 거야? 정 이러기야, 응? 뚤르리 궁전이 아니면 안되겠다 이거야? 이런 맹추들이 있나 원. 자아, 말해 봐. 일러두지만 난 바보 멍텅구리는 아니야. 그래, 너희들은 뭐 교황의 어린 시종들이라도 된단 말이냐?"

상대가 무서워할 때는 조금 거칠게 다루는 것이 매우 효과적이다. 그것은 마음을 침착하게 만든다. 두 아이는 가브로슈 옆으로 다가왔다.

가브로슈는 매달리는 그 태도에 아버지처럼 마음이 누그러져 금세 '강(剛)에서 유(柔)로' 변했다. 그리고 작은애를 향하여 말했다.

"참 바보 같은 자식." 그의 목소리에는 정이 담뿍 서려 있었다.

"어두운 건 이 안이 아니고 밖이야. 밖엔 지금 비가 오고 있지만 여긴 안 와. 그리고 밖은 춥지만 여긴 바람이 없고 밖엔 사람이 우글거리지만 여긴 아무도 없어. 또 밖엔 지금 달도 안 떠 있지만 여긴 우리들의 촛불이 있지 않니, 얼마나 근사하냐!"

두 아이는 이제 그렇게 무섭지 않은 듯 주위를 둘러보았으나 가브로슈는 그런 두 아이에게 그렇게 오래 주위를 둘러보도록 내버려두지 않았다.

"자아, 빨리." 그는 말했다.

그리고 두 아이를 방 한구석—이렇게 말하는 걸 용서해 주길 바란다—으로 밀고 들어갔다. 거기엔 그의 침대가 있었다. 가브로슈의 침대는 제법 완전하게 갖춘 것이었다. 요에 이불에다가 커튼을 드리운 알꼬브까지 있었다. 요는 짚으로 엮은 자리였으나 이불은 올이 굵은 회색 담요로 꽤 넓고 또한 상당히 새것이었다.

알꼬브란 꽤 긴 세 개 기둥의 회가 떨어져 쌓인 바닥에, 즉 코끼리 배에 앞으로 두 개 세우고 뒤에 하나를 고정시켜 그 기둥 끝을 한데 모아 노끈으로 묶어 마치 피라밋 모양으로 걸어 총같이 세운 것이었다. 그리고 그 기둥 위에 커다란 철망을 위에서 덮어씌우듯이 했는데, 군데군데 철사로 묶었기 때문에 세 기둥은 나온 데 없이 완전히 덮여 있었다. 그리고 커다란 돌로 그 철사 아래쪽을 쭉 눌러 놓았기 때문에 아무것도 들어가지 못하게 만들어 놓았다. 그 철망은 사실은 동물원에서 새집을 씌워 놓았던 철망의 한쪽이었다. 가브로슈의 침대는 마치 새집처럼 완전히 그물에 둘러싸여 있었던 것이다. 전체의 모양은 그대로 에스키모의 텐트와 비슷했다. 커튼 대신 친 것은 바로 그 철망이었다.

가브로슈가 철망 앞쪽을 누르고 있던 돌을 조금 비켜놓자 두 겹으로 겹쳐져 있던 철망이 좌우로 벌어졌다.

"꼬마들, 이리 기어들어가."

가브로슈가 말했다.

그는 손님들을 먼저 새장으로 밀어 넣고 자신도 뒤따라 들어갔다. 그리고 먼저대로 돌을 나란히 놓고 입구를 완전히 막았다.

세 아이는 짚자리 위에 누웠다. 세 아이 다 어린애들이었으나 알꼬브 안에서는 편안하게 서 있을 수가 없었다. 가브로슈는 실촛불을 들고 서 있었다.

"자아, 이불 속에 들어가, 불을 끌 테니까."

그는 말했다.

"저어, 이게 뭐예요?"

형 쪽이 철망을 가리키며 가브로슈에게 물었다.

"이거 말이야?"

가브로슈는 엄숙하게 대꾸했다.

"이건 쥐를 막는 거야. 자아, 이불 속에 들어가라니까!"

말은 이렇게 했지만 그는 어린애 교육을 위해 다소 부언해 둘 필요가 있다고 생각하고 이어 말했다.

"이건 식물원에서 쓰던 거야. 맹수용으로 사용하던 거지. 창고에 하나 가득 쌓여 있어. 벽을 타고 올라가 창으로 들어가서 꺼내 오기만 하면 돼. 얼마든지 있어."

이렇게 그는 떠들면서 이불 한 귀퉁이로 작은애의 몸을 푹 싸주었다. 작은애는 중얼거렸다.

"아! 좋다! 참 따뜻해."

가브로슈는 만족한 눈으로 담요를 보았다.

"이것도 식물원에 있던 거야." 그는 계속했다. "원숭이 것을 뺏어 왔지."

그리고 요로 쓰는 짚자리를 가리키며 — 그건 무척 두툼하고 훌륭한 것이었

"꼬마들, 이리 기어들어가." 가브로슈가 말했다.

다—덧붙였다.

"이건 기린한테 있던 거고."

그는 잠시 입을 다물었다가 다시 지껄이기 시작했다.

"동물에게는 없는 게 없어. 그래, 걔들한테서 빼앗았지. 짐승들은 화내지 않던데. 난 그놈들한테 말해 주었지. 이거 모두 코끼리한테 갖다 줄 거라고."

그는 또 한참 입을 다물고 있다가 말했다.

"벽만 타고 올라가면 돼. 정부나 나라 같은 건 문제도 아니야. 그뿐이야."

두 아이는 조심조심 겁에 질린 듯 존경하는 눈초리로 대담하고 창의력에 넘친 소년을 쳐다보았다. 소년은 그들과 똑같이 집이 없고 외톨이이며 똑같이 초라했으나 어쩐지 만능의 힘을 갖추고 있는 초인처럼 느껴졌다. 더구나 그 얼굴은 늙은 풍각쟁이처럼 쪼글쪼글하지만, 말할 수 없이 천진하고 매혹적인 웃음이 얼굴 가득 넘치고 있었다.

"그럼 아저씬," 큰애가 주저주저하며 말했다. "순경도 무섭지 않아요?"

가브로슈는 이렇게만 대답했다.

"애, 꼬마야, 순경이라고 하는 게 아냐. 개라고 하는 거야, 개."

작은애는 눈을 동그랗게 떴으나 한 마디도 하지 못했다. 큰애가 한가운데 눕고 작은애가 자리 끝에 누워 있었기 때문에 가브로슈는 어머니 같은 손길로 작은애에게 이불을 덮어주고 베개 대신 머리 밑에 넝마 조각을 포개어 높이 괴어 주었다. 그리고 큰애 쪽으로 고개를 돌렸다.

"어떠니, 여기 근사하지?"

"네, 그래요!"

큰애는 구원받은 천사 같은 표정으로 대답하며 가브로슈를 올려다보았다. 비에 흠씬 젖은 두 아이의 가련한 몸이 차츰 따뜻해지기 시작했다.

"얘들아." 가브로슈가 다시 입을 열었다. "너희들 아까 왜 그렇게 울었니?"

그리고 큰애에게 작은애를 가리키며 말했다.

"이런 꼬마라면 또 몰라도 너같이 큰애가 그게 뭐냐. 꼭 송아지처럼."

"하지만 갈 집이 아무 데도 없는 걸요."

아이는 대답했다.

"야, 꼬마야! 집이라고 하는 게 아냐, 그런 때는 하숙이라고 하는 거야."
가브로슈는 말했다.
"그것만이 아니에요. 우리 둘만 있는 게 무서웠어요. 밤은 자꾸 깊어 가는데."
"밤이 또 뭐야. 깜깜이라고 해, 깜깜이."
"가르쳐 줘서 고마워요."
아이는 대답했다.
"알겠어?" 가브로슈는 말했다. "이제부터는 아무 일에나 뻑뻑 울어선 안 된다. 내가 너희를 돌봐 줄 테니까. 그리고 굉장히 재미있는 일들이 많아. 여름이 되면 내 친구 나베와 같이 우리 글라씨에르로 가서 선창에서 미역감고 알몸으로 오스떼를리쯔 다리 앞에 있는 뗏목 위를 뛰어다니자. 그러면 빨래하는 여자들이 막 화낸단다. 그 여자들, 뻑뻑 소리치고 발을 동동 구르는 게 얼마나 재미있는지 아니? 해골 인간도 보러 가자. 아직 살아 있는 거야. 샹젤리제에 있지. 몸이 무섭게 말랐어. 그리고 연극 구경도 데리고 가줄게. 프레데릭 르메트르를 구경시켜 주지. 난 입장권도 있고 배우하고도 친하고 한 번 직접 연극에 나간 일도 있어. 우린 그때 아주 꼬마였는데 막 아래를 뛰어다니며 바다를 연출했지. 내가 나갔던 그 극장에 너희를 데려가 줄게. 야만인도 보러 가자. 야만인이라고 진짜 야만인을 말하는 게 아냐. 주름이 있는 분홍빛 속옷을 입고 있지. 팔꿈치를 하얀 실로 누비고 말야. 그 다음엔 오페라 극장에 가자. 돈 받고 박수치는 사람들하고 같이 가는 거야. 오페라 극장에서 박수치는 사람들은 꽤 똑똑한 사람들이지. 큰길만 나오면 난 그들과 한패가 아니야. 20수나 내고 극장 구경을 가는 사람들은 참 바보야. 그런 녀석들을 멍텅구리라고 하는 거야. 그리고 또 형장에도 가보자. 망나니를 소개해 주지. 마레 거리에 살아. 상송이라는 사람이야. 문에 우편 상자가 달려 있는 집이야. 정말 얼마나 재미있는지 모른다."
이때 가브로슈는 촛농 한 방울이 손가락 위에 떨어지자 깜짝 놀라 현실로 돌아왔다.
"쳇." 그는 혀를 찼다. "심지가 다 닳았어. 안되겠는데! 한 달에 실촛불 값으로 1수 이상은 쓸 수 없어. 누워 자야겠다. 오늘은 뽈 드 꼬끄 선생의 소설을 읽을 틈이 없겠는걸. 그리고 또 만일 틈으로 불빛이라도 새는 날이면 그땐 개보고 여기 보라고 하는 거나 마찬가지니까."

"그리고," 가브로슈의 얘기 상대가 될 수 있는 건 큰애였기 때문에 큰애는 주저주저 가브로슈에게 주의를 주었다.

"불똥이 짚자리 위에 떨어질지도 몰라요. 집에 불이 나지 않도록 주의해야 하니까요."

"집에 불이 난다고 하지 않는 거야. 그을린다고 하는 거야."

가브로슈는 말했다.

비바람은 점점 더 심해졌다. 뇌성벽력이 치고, 세찬 빗발이 코끼리 등을 무섭게 때리는 소리가 들렸다.

"막 쏟아져라, 비야!" 가브로슈는 중얼거렸다. "참 재미있는걸. 집의 다리에 물병의 물을 좍좍 퍼붓는 것 같은 소릴 들으니까. 겨울은 참 바보란 말이야. 뭣하러 비싼 물을 없애며 저렇게 애쓰는지 몰라. 우리 셋을 적시지 못해 투덜거리고 있어. 늙다리 물장수놈 같으니라고!"

가브로슈가 그런 식으로 천둥을 야유하며 19세기 철학자처럼 공격해 올 놈이 있으면 얼마든지 공격해 오라는 투로 한바탕 떠들어대자 거기에 대답이라도 하듯 마침 굉장한 번개가 번쩍 비치며 코끼리 배의 갈라진 틈으로 뭔가가 들어온 것 같이 세 아이의 눈을 아찔하게 만들었다. 그리고 거의 같은 시간에 천둥이 무서운 소리를 내며 울려퍼졌다. 두 아이는 악 소리를 지르며 철망이 쳐들릴 정도로 벌떡 일어났다. 그러나 가브로슈는 태연한 얼굴로 천둥 소리에 맞춰 껄껄 웃었다.

"왜들 이래. 그러다 텐트가 쓰러지면 어떻게 하려고 그래. 멋진 천둥인데. 시시한 천둥하고는 아주 달라. 정말 훌륭해. 좋아! 앙비귀 극장에 못지 않게 멋있어."

그리고 그는 철망을 바로잡고 두 아이를 편안히 베개에 눕힌 다음 무릎을 눌러 다리를 쭉 뻗게 하고 이렇게 큰소리로 말했다.

"하느님이 촛불을 켜주시니까 우리 것은 꺼도 괜찮겠지. 자, 이제 자야 해. 우리 꼬마들, 안 자면 안 돼요. 안 자면 복도에서 구린내가 나니까. 아니 상류사회에서 쓰는 말대로 하면 입에서 구린내가 나. 껍데기를 잘 뒤집어 써라! 그럼 끈다. 됐냐?"

"네. 아주 기분이 좋은데, 머리 밑에 깃털을 놓은 것 같아요."

큰애가 중얼거렸다.

"머리라고 하는 게 아냐. 대가리라고 하는 거야."

가브로슈는 소리쳤다.

두 아이는 몸을 꼭 붙이고 누웠다. 가브로슈는 두 아이를 자리 위에 편안히 눕히고 담요를 귀밑까지 덮어준 다음 세 번째로 엄숙하게 명령을 내렸다.

"이제 곯아떨어져!"

그리고 타다 남은 촛불을 불어 껐다.

불이 꺼지기가 무섭게 이상한 진동이 일어나며 세 아이가 누워 있는 위쪽 철망이 흔들리기 시작했다. 뭔가 가늘게 스치는 듯한 금속성의 소리가 무수하게 일어났다. 동물이 발톱이나 이빨로 철사를 갉아 대는 듯한 소리였다. 동시에 갖가지 작은 날카로운 소리도 들려 왔다.

5살 난 꼬마는 그 소리를 듣자 무서워 몸을 움츠리고 형을 팔꿈치로 쿡쿡 찔렀으나, 형은 가브로슈의 명령대로 벌써 '곯아떨어진' 후였다. 꼬마는 무서워 견딜 수가 없어서 숨을 죽여 작은 소리로 용기를 내 가브로슈를 불렀다.

"아저씨."

"응?"

가브로슈는 눈을 감은 채 대답했다.

"저게 무슨 소리예요?"

"쥐소리야."

가브로슈는 대답했다.

그러고 그는 다시 짚자리에 머리를 기댔다.

사실 그 코끼리 안에는 쥐들이 무수히 번식하고 있었다. 앞서 말한 검은 반점이란 바로 이 쥐들을 말한 것이다. 쥐들은 촛불이 비치고 있는 동안은 조심스럽게 들어가 있으나 그들의 도시 같은 굴 속이 캄캄해지면 곧 뛰어난 동화작가 뻬로가 '신선한 고기'라고 표현한, 사람의 냄새를 맡고 가브로슈의 천막에 떼지어 달려들어 그 맨 윗부분에까지 기어올라가 그 큰 신형 새장에 구멍을 뚫으려고 열심히 갉아 대는 것이었다.

꼬마는 그래도 잠을 이룰 수가 없었다.

"아저씨!"

아이는 다시 불렀다.
"응?"
가브로슈는 대답했다.
"쥐는 어떤 쥐예요?"
"생쥐야."
이 설명을 듣고 아이는 조금 안심했다. 그는 전에 생쥐를 본 일이 있었지만 조금도 무섭지 않았다. 그래도 그는 다시 소리를 높여 물었다.
"아저씨!"
"응?"
가브로슈는 또 대답했다.
"왜 고양이를 키우지 않으세요?"
"한 마리 있었어. 한 마리 데려왔는데, 고만 저놈들한테 먹히고 말았어."
가브로슈는 대답했다.
이 두 번째 설명은 첫 번째 설명을 완전히 소용없는 것으로 만들어 아이는 다시 공포에 떨었다. 아이와 가브로슈 사이에 네 번째 대화가 시작되었다.
"아저씨?"
"왜?"
"누가 누구를 잡아 먹었어요?"
"고양이를 말야."
"누가, 누가 고양이를 먹었냐구요?"
"쥐가."
"생쥐가요?"
"응, 그래 쥐가."
아이는 고양이를 잡아먹는다는 생쥐에 깜짝 놀라 다시 물었다.
"그럼, 아저씨. 그 생쥐가 우리도 잡아먹을까요?"
"그야!"
가브로슈는 대답했다.
아이의 공포는 극도에 달했다. 그러나 가브로슈는 덧붙였다.
"무서워하지 마! 안으로 못 들어오니까. 그리고 또 내가 있잖니. 자아, 내 손을 꼭 잡아라. 그리고 아무 말 말고 자!"

가브로슈는 그렇게 말하며 큰애 너머로 작은애의 손을 꼭 잡아 주었다.

아이는 그 손을 가슴에 얹자 안심이 되었다. 용기나 힘은 그처럼 사람에게서 사람에게로 전달이 되는 것이다. 주위는 다시 조용해졌다. 사람 목소리를 듣고 쥐들이 재빨리 도망친 것이다.

잠시 후에 쥐는 다시 날뛰었으나 그때 세 아이는 이미 깊이 잠들어, 아무 소리도 듣지 못했다.

밤은 깊어갔다. 어둠이 넓은 바스띠유 광장을 휩싸고 비 섞인 한겨울 같은 찬바람이 이따금 휙 지나가곤 했다. 순찰 경관들은 집집의 대문이며 골목이며 울타리 안이며 으슥한 구석구석을 샅샅이 살피고 다녔으나 코끼리 앞에만은 소리없이 그냥 지나갔다. 어둠 속에 꼼짝 않고 눈을 뜬 채 서 있는 그 괴물은 자기의 선행을 만족하게 생각하는 듯 침입한 세 아이를 밤의 날씨와 바깥 인간으로부터 안전하게 감싸주고 있었다.

그런데 이제부터 일어나는 사건을 이해하기 위해 한 가지 기억해 둬야 할 일이 있다. 당시 바스띠유 파출소는 광장 저쪽 한구석에 있어서 코끼리 근처에서 일어나는 일은 거기 있는 경관에게 전혀 보이지도 들리지도 않았다는 것이다.

동이 트기 직전에 한 사나이가 쌩 땅뜨완느 거리에서 뛰어나와 광장을 가로질러 '7월의 기둥'을 둘러싸고 있는 넓은 울타리를 빙 돌아 울타리 틈새로 코끼리 배 아래에 기어들어갔다. 어떤 빛이 그 사나이를 비췄다면 흠씬 젖은 꼴로 봐서 밤새도록 빗속에 서 있었다는 것을 알 수 있었을 것이다. 사나이는 코끼리 아래에 다다르자 전혀 사람의 소리라곤 할 수 없는, 앵무새만이 흉내낼 수 있는 그런 이상한 소리를 질렀다.

그는 그런 소리를 두 번 질렀는데 그걸 여기 문자로 표현한다면 아마 이렇게 쓸 수 있을 것이다.

"Kirikikiou(끼리끼끼우)!"

두 번째로 외치자 코끼리 배 안에서 젊고 쾌활한 목소리가 대답했다.

"응, 그래."

그리고 곧 구멍에 덮였던 판자가 젖혀지고 거기에 한 소년이 나타나더니 코끼리 다리를 타고 내려와 사나이 옆으로 풀쩍 뛰어내렸다.

소년은 가브로슈였다. 사나이는 몽빠르나스였다.

조금 전에 "끼리끼끼우!" 하고 소리친 것은 바로 어제 저녁 소년이 '가브로슈 씨, 계십니까, 하기만 하면 돼' 한 말의 신호였던 것이다.

그 신호를 들은 그는 깜짝 놀라 눈을 뜨고 철망을 조금 쳐들어 알꼬브 밖으로 나와 다시 철망을 조심스럽게 닫아 놓은 다음 문을 열고 내려왔던 것이다.

사나이와 소년은 묵묵히 어둠을 통해 서로의 얼굴을 확인했다. 몽빠르나스는 꼭 한 마디 이 말만을 했다.

"일이 좀 생겼어. 우릴 좀 도와 줘."

부랑아는 그 이상 설명을 요구하지 않았다.

"응, 좋아."

그는 대답했다.

그리고 두 사람은 방금 몽빠르나스가 나온 쌩 땅뜨완느 거리를 향해 때마침 시장으로 나가는 야채 장수의 긴 마차 행렬을 누비고 급히 내려갔다.

야채 장수들은 저마다 마차에 가득 실은 샐러드용 채소며 야채류 사이에 웅크리고 앉아, 억수같이 퍼붓는 비를 피하기 위해 눈 위까지 작업복을 뒤집어쓰고 꾸벅꾸벅 졸고 있었기 때문에 이 수상한 두 행인을 눈여겨보지도 않았다.

탈주의 시작과 끝

같은 날 밤, 포르스 감옥에서는 다음과 같은 사건이 일어났다.

바베와 브뤼종과 괼르메르와 떼나르디에 네 사람 사이에—떼나르디에는 면회 금지가 되어 있었으나—탈옥이 계획되었다. 몽빠르나스가 가브로슈에게 한 말로 이미 알고 있듯이 이들 중 바베 혼자서 그날 탈옥해 버리고 말았다.

몽빠르나스는 외부에서 그들을 도와 주기로 되어 있었다.

브뤼종은 징벌 감방에서 한 달을 보내는 동안 시간이 넉넉해서 밧줄을 하나 꼬고, 탈옥 계획을 세웠다. 감옥의 벌칙에 따라 기결수를 독방에 가두는 그 엄중한 장소는, 예전엔 돌벽과 돌천장과 돌바닥에 간이 침대 하나가 놓여 있고 천장에 쇠창살이 쳐진 창과 이중의 쇠문이 달려 있었는데 보통 땅굴이라고 불렀다.

그러나 이윽고 땅굴 감방은 너무 지독하다는 생각을 하게 되었다. 현재 그것은 쇠문 하나와 천장에 붙은 창살문 하나, 한 대의 간이 침대, 돌바닥, 돌천장, 사면이 돌벽으로 되어 있어 결국 하나도 변한 것이 없으나 이름만은 바뀌어 '징치 감방'이라고 불렀다. 거기엔 오전에만 조금씩 해가 들었다.

이처럼 땅굴 감방을 면하게 된 그 감방의 불합리한 점은 본래 노동을 시켜야 하는 사람들에게 공상을 하도록 한 데 있었다.

그리하여 브뤼종은 몽상을 한 끝에 밧줄을 하나 들고 징치 감방에서 나왔다. 그는 샤를르마뉴 뜰이 매우 위험하다고 해서 신관으로 옮겨졌다. 브뤼종이 신관에서 발견한 것은 첫째 괼르메르였고, 둘째 한 개의 못이었다. 다시 말해 괼르메르는 죄악이었고 못은 자유를 상징했다.

이제 여기서 브뤼종에 대해 완전한 개념을 얻어 둘 좋은 기회라고 생각한다. 그는 언뜻 보기에 아주 유순해보이는 인상으로 사악한 본심을 숨기고 늘 허약한 척 가장하고 있었으나 사실은 매우 세련된, 머리가 좋고 용기 있는 남자였고 아첨하는 듯한 눈과 잔인한 미소를 가진 도둑이었다. 그의 눈은 그 의지의 표현이었고 그의 미소는 그의 천성의 표현이었다. 그가 제일 처음 기술을 발휘한 것은 지붕으로, 우선 납을 벗기는 작업, 즉 '양철판'이라고 불리는 방법으로 지붕을 벗기고 홈통을 뜯어내는 일을 은밀히 진행시켰다.

탈출 계획에 좋은 기회를 준 것은 마침 그때 지붕 고치는 사람들이 감옥의 슬레이트 지붕을 고치고 벌어진 틈을 회로 바르고 있었는데, 그 때문에 쌩 베르나르 뜰은 아직 샤를르마뉴 뜰과 완전히 격리되어 있지 않았다.

지붕 위에는 발판과 사다리가 늘 있었다. 다시 말해 해방으로 가는 다리와 계단이 놓여 있었던 것이다.

신관은 말할 수 없을 정도로 헐어빠진 건물이어서 이 점이 바로 이 감옥의 약점이었다.

4면 벽의 주춧돌이 하얀 반점으로 얼룩지고 벽면은 낡고 헐어서 침대 위에서 자고 있는 죄수 위에 부서진 돌이 떨어졌기 때문에 침실 천장을 온통 나무로 싸야 할 정도였다. 그렇게 낡은 건물에, 즉 소위 그 신관에 가장 감시를 게을리할 수 없는 피고를 넣었다는 것은, 다시 말해 감옥에서 흔히 쓰는 말로 중죄인을 넣었다는 것은 하나의 실수였다.

'신관'에는 4층까지 쭉 침실이 있고 그 맨 위 옥상에 '발코니'라고 하는 방

하나가 있었다. 그리고 굵직한 연통 하나가—옛날엔 틀림없이 라 포르스 공작댁의 부엌 굴뚝이었겠지만—1층에서 5층까지 굵은 기둥 같은 모양으로 층마다 침실을 둘로 나누며 뻗어 지붕 위로 나와 있었다.

필르메르와 브뤼종은 한 침실에 들어 있었다.

두 사람은 엄중히 경계해야 했기 때문에 맨 아래층 침실에 가둔 것이다. 그런데 공교롭게도 그들이 들어 있는 방 침대머리는 바로 난로 연통과 붙어 있었다. 떼나르디에는 그들 바로 위 '발코니'라고 하는 제일 윗방에 있었다.

뀔뛰르 쌩뜨 까뜨린 거리 '목욕탕' 바로 문 앞에서 소방서 쪽을 바라보면 화초며 상자에 심어 키우는 관목이 그득 들어찬 정원이 보인다. 그 정원 한 구석에는 둥근 지붕에 비바람을 막는 초록색 덧문의 밝고 하얗고 자그만 집이 양쪽 날개를 펴고 마치 장 자끄 루소의 목가적 꿈을 실현한 듯 우뚝 서 있다.

그런데 지금부터 10년 전까지만 해도 둥근 그 지붕 위에는 시커멓고 커다란, 무시무시한 벽이 높이 치솟아 있어 그 앞 집은 마치 거기에 기대 있는 듯이 보였다. 그것이 바로 라 포르스 감옥 순찰 도로의 벽이었다.

둥근 지붕 뒤에 우뚝 서 있는 그 벽은 그대로 뻬르껭 뒤에 보이는 밀턴 같은 모습이었다.

그 벽은 무척 높았는데 또 그 너머로 시커먼 지붕이 보였다. '신관' 지붕이었다. 그 지붕에는 창살을 댄 네 개의 창문이 천장으로 뚫려 있었다. 그것이 바로 발코니의 창이었다. 굴뚝 하나가 지붕 위에 솟아 있었다. 그것이 바로 각층 침실을 통해 올라온 연통이었다.

'발코니'라고 하는 '신관'의 옥상은 커다란 지붕밑 방으로 세 겹 쇠창살과 엄청나게 큰 못이 박힌 이중 쇠문으로 밀폐되어 있었다.

북쪽 끝에서 들어가면 왼쪽에는 네 개의 천장에 뚫린 창이 있고 바른쪽에 그 창문과 마주 보듯 꽤 넓은 감방 네 개가 가운데 좁은 복도를 사이에 두고 늘어서 있었다. 넷 다 가슴 높이까지 돌로 되어 있고 그 위는 지붕까지 쇠창살이 달려 있었다.

떼나르디에는 2월 3일 저녁부터 쭉 그 감방에 감금되어 일체 면회가 금지되어 있었다. 어떤 수단으로인지, 아니면 누구와 공모한 것인지 끝내 알려지지 않았지만, 그는 거기서 데류(18세기 유명한 독살범)가 발명했다는 포도주 한 병을 손에 넣어 숨겨 놓았다. 이 포도주에는 마취제가 섞여 있고 '앙도르뫼르'의 일당이 써서 유명해진 바로 그것이었다.

대개 감옥에는 당국을 배반하는 직원이 몇 명쯤 있다.

그들은 간수와 도둑의 양면을 다 갖추고 있는데 죄수가 도망치는 것을 도와 주는 반면 경찰에게는 불충실한 직원을 고발하여 부당한 돈을 받고 있다.

소년 가브로슈가 두 아이를 길에서 만난 그날 밤, 브뤼종과 괼르메르는 그날 아침 탈옥한 바베가 몽빠르나스와 함께 길에서 기다리고 있다는 것을 알고, 살짝 일어나 브뤼종이 얻어둔 못으로 그들 침대와 붙은 난로 연통에 구멍을 뚫기 시작했다.

파편은 브뤼종의 침대 위에 떨어지기 때문에 아무한테도 들키지 않고 끝낼 수 있었다. 게다가 다행히도 뇌성벽력과 함께 비가 문설주를 요란하게 흔들었기 때문에 감옥 안은 온통 소란스러웠다. 죄수들은 모두 깨어 있었으나 자는 척하여 괼르메르와 브뤼종을 그대로 내버려 두었다. 브뤼종은 재치가 있었고 괼르메르는 힘이 세었다.

격자창으로 방 안이 들여다보이는 좁은 침실에는 감시인이 자고 있긴 했으나 그 감시인이 미처 모르는 사이에 그들은 벽에 구멍을 뚫고 굴뚝을 기어올라 그 굴뚝 구멍을 막고 있는 쇠창살을 부쉈다. 그리고 두 무서운 악당은 지붕 위로 올라갔다. 비와 바람은 점점 더 심해져 지붕은 미끄러져 내려가기 좋게 되어 있었다.

"도망치기엔 아주 좋은 밤인데!"

브뤼종이 말했다.

폭 6피트, 깊이 약 80피트의 심연이 그들과 벽 사이에 가로놓여 있었다. 그 심연에는 한 감시인이 어둠 속에 총을 번쩍이며 지키고 서 있었다.

두 사람은 방금 비틀어 놓은 연통 쇠창살 한끝에 브뤼종이 땅굴 감방 속에서 만든 밧줄을 묶고 다른 한 끝을 벽 저쪽에 던져 심연을 훌쩍 건너뛰었다. 벽을 타고 한 사람씩 '목욕탕'과 붙은 작은 지붕 위로 미끄러져 내려 '목욕탕' 마당으로 내려간 다음 그 마당을 가로질러 문지기방 창문을 밀어 열고 그 안에 늘어진 끈을 잡아당겨 정문을 열고 큰길로 나갔다.

이 일은 그들이 머릿속에 계획을 세우고 나서 못을 집어들고 침대 위에 일어나 앉은 후 45분도 채 되지 않아 일어났다.

한참 후에 그들은 부근을 배회하는 바베와 몽빠르나스와 만났다.

밧줄은 그들이 잡아당겼을 때 뚝 끊어져 한끝은 지붕 위 굴뚝에 매인 채 그대로 남아 있었다. 두 사람은 다 손바닥 살갗이 훌렁 벗겨진 것 이외에는 상처 하나 입지 않았다.

그날 밤, 떼나르디에는 어떻게 알았는지 미리 탈주 소식을 듣고 자지 않고 있었다. 새벽 한 시쯤, 떼나르디에는 그의 감방 맞은쪽 창문 앞으로, 비바람이 쏟아지는 어둠을 통해 두 그림자가 지나가는 것을 보았다. 한 그림자는 그가 보고 있는 사이 창문 앞에 잠시 걸음을 멈추었다.

브뤼종이었다. 떼나르디에는 브뤼종을 보고 고개를 끄덕였다. 그것만으로 그는 충분했다.

떼나르디에는 강도범으로 알려진 데다 야간폭행을 하려고 잠복했다는 혐의로 구속된 만큼 삼엄한 감시를 받고 있었다. 두 시간마다 교대하는 간수가 장전한 총을 들고 그의 감방 앞을 왔다갔다 하고 있었다.

'발코니'는 벽에 건 촛불 빛으로 환했다. 죄수는 무게가 50파운드나 되는 무거운 족쇄를 양쪽 발에 하나씩 차고 있었다. 매일 오후 4시가 되면 간수가 개 두 마리를 데리고—이 습관은 당시에도 여전히 있었다—그의 감방으로 와서 검은 빵 2파운드와 물주전자, 그리고 콩이 대여섯 알 든, 고기 없는 수프 접시를 침대 옆에 놓고 그가 달고 있는 족쇄를 조사한 다음 쇠창살을 두드려보고 갔다.

개를 끌고 오는 이 남자는 한밤중에도 두 번이나 왔다.

떼나르디에는 쇠로 된 쐐기를 소지품으로 가질 것을 허가받아 그것으로 벌어진 벽 틈에 빵을 밀어넣곤 했다. 그의 말에 의하면 '빵을 쥐한테 뺏기지 않기 위해서'라는 것이었다.

떼나르디에에게는 늘 감시가 따라다니기 때문에 그런 것쯤 허가해도 상관없을 것이라고 생각했던 것이다. 그러나 당국은 한 간수가 다음과 같이 말한 것을 훗날에 가서야 납득했다.

"그놈한텐 나무쐐기밖에 허락하지 말았어야 하는 건데."

그런데 그날 새벽 2시에 간수가 바뀌어 그때까지 지키던 늙은 간수 대신 새로 들어온 풋내기 간수가 왔다. 잠시 후에 개를 데리고 다니는 간수가 순찰을 왔으나 'tourlourou(간수)'가 너무 어리고 아직 '시골뜨기 냄새'가 물씬

두 사람은……심연을 훌쩍 건너뛰었다. 벽을 타고 한 사람씩……

난다는 것을 느꼈을 뿐 별 생각없이 가버렸다.

그로부터 두 시간 후에 교대할 간수가 와보니 풋내기 간수는 떼나르디에 감방 앞에 웅크리고 누운 채로 곯아떨어져 있었다. 깜짝 놀라 떼나르디에를 살펴보니 그는 이미 없었다. 망가진 쇠고랑이 돌바닥에 떨어져 있었다. 감방 천장에 구멍이 뚫려서 그 위를 보니 지붕에까지 구멍이 뚫려 있었다. 침대 널빤지가 하나 떨어져 나가고 없었는데 그가 가지고 갔는지 아무리 찾아도 없었다. 또 감방 안에서 병 하나가 발견되었다. 간수가 마시고 곯아떨어진 마취제 섞인 포도주가 반쯤 남아 있었다.

이상의 모든 것이 발견되었을 때는 이미 떼나르디에가 먼곳으로 도망쳤을 것으로 생각되었다. 그러나 사실은 '신관' 안에는 없었지만 대단히 위험한 곳에 있었다. 그의 탈주는 결코 다 이루어진 것은 아니었다.

떼나르디에는 '신관' 지붕 위에 올라갔을 때 브뤼종이 남긴 밧줄이 연통 입구의 창살에 아직 매달려 있는 것을 보았으나 그 밧줄은 너무 짧아 브뤼종과 필르메르가 한 것처럼 순찰도로를 건너뛰어 도망칠 수 없었다.

오늘날, 발레 거리에서 르와 드 시실르 거리를 돌아가면 얼마 안 가 곧 한 쪽 구석에 아주 지저분한 장소가 나온다.

18세기엔 거기 집이 한 채 있었으나 지금은 구석에 벽밖에 남아 있지 않다. 형편없이 낡은 벽이 양쪽 건물 사이에 거의 4층 높이로 세워져 있다. 집이 있던 흔적이라고는 그 벽에 지금도 남아 있는 네모난 두 개의 큰 창이었다. 가운데, 즉 오른쪽 박공에 가까이 있는 창은 벌레먹은 굵은 나무로 막혀 있었다. 전에는 이 창으로 포르스 감옥의 그 높고 음산한 순찰도로 바깥의 일부가 보였다.

집이 헐린 길 쪽 빈터에는 이제 다섯 개의 푯말에 의지해서 썩은 판자 울타리가 반 이상을 차지하고 있었다.

그 울타리 안에는 허물어지다 남은 폐옥을 등지고 작은 판잣집이 하나 숨듯이 서 있었다.

그 집은 몇 년 전까지만 해도 그냥 빗장 하나만으로 잠겨 있었다.

떼나르디에가 오전 3시 조금 지나 당도한 곳은 바로 그 폐옥 꼭대기였다.

그는 대체 어떻게 해서 거기까지 왔을까? 그 점은 끝내 설명이 되지 않고 또 납득도 되지 않았다. 다만 번개가 그를 방해하기도 했고 돕기도 했을 것이라는 것만이 확실했다. 그럼 그는 지붕에서 지붕으로, 울타리에서 울타리로, 이 구역에서 저 구역으로, 샤를르마뉴 뜰에 있는 건물에서 쌩 루이 뜰에 있는 건물로, 다시 외벽으로, 그 외벽에서 르와 드 시실르 거리의 판잣집에 이르기까지 지붕 고치는 사람의 사다리와 발판을 쓴 것일까? 그러나 그 과정에는 군데군데 지층이 어긋나 있기 때문에 그것을 넘기는 도저히 불가능하다고 생각되었다.

그럼 '발코니' 지붕에서 순찰 도로 위로 침대 널빤지를 다리처럼 걸치고 순찰 도로 지붕에 배를 깔고 기어 감옥을 한 바퀴 돌아 그 판잣집에 당도한 것일까? 그러나 포르스 감옥의 순찰 도로는 이빨 모양의 불규칙한 선을 그리고 있는 데다 기복이 많고 소방서 옆에서는 낮아지고 군데군데 건물에 가로막혀 라므와뇽 건물과 빠베 쪽에서는 높이가 다르고 가는 곳마다 경사와 수직이 있었다.

게다가 보초가 몇 명이나 있어 그들의 눈을 피하기란 도저히 불가능했다. 때문에 이렇게 생각해도 떼나르디에가 도망친 경로는 결코 설명이 되지 않는다. 이상의 두 방법으로는 탈출이 불가능하다는 것이다.

그러나 자유에 대한 무서운 갈망은 심연을 단순한 시궁창으로, 쇠창살을 버드나무 발로, 앉은뱅이를 운동가로, 절름발이를 새로, 어리석음을 본능으로, 본능을 지력으로, 지력을 천재로 바꾸어 놓을 만큼 강한 것이다. 떼나르디에도 그런 갈망의 힘을 입어 제3의 방법을 생각해 내어 곧바로 실행에 옮긴 것일까? 그러나 그것이 어떤 방법이었는지 끝내 밝혀지지 않았다.

탈주의 놀라운 방법이란 반드시 남이 납득할 수 있는 것은 아니다. 되풀이하여 말하지만 도망치는 사람은 일종의 영감을 받는다. 도망이라는 신비한 계시에는 별이 있고 번개가 있다.

해방을 지향하는 노력은 숭고한 것을 지향하는 날개짓에 못지않게 경이롭다. 그러니까 사람들은 도망간 도둑에게 "대체 어떻게 해서 저 지붕을 타고 넘었을까?" 하고 말하는 것이다. 마치 꼬르네이유에 대해서 "그가 '죽는 게 낫다'고 한 구절을 어디서 발견해냈을까?" 하는 것처럼.

하여간에 땀투성이에, 비에 흠뻑 젖고, 옷은 다 찢어지고, 손바닥은 훌렁 벗겨지고, 팔꿈치는 피투성이가 되고, 무릎을 다친 떼나르디에는 판잣집 벽 위—아이들이 비유하는 말로—소위 '칼날' 위에 기진맥진한 채 기다랗게 누위 있었다. 4층 높이로 치솟은 벽이 그와 길 사이에 가로막혀 있었다.
 떼나르디에가 가지고 온 밧줄은 짧아 아무짝에도 소용이 없었다.
 그는 그 자리에서 꼼짝 않고 기다렸다. 창백한 얼굴로 한껏 지쳐 지금까지 품어온 희망을 모두 잃은 채, 다만 '어둡지만 곧 날이 밝겠지, 그리고 얼마 안 있어 근처에 있는 쌩뽈 교회의 큰 시계가 4시를 치겠지' 하고 생각하며 몸을 부르르 떨었다. 4시가 되면 교대하는 간수가 와서 먼저 간수가 구멍 뚫린 그의 감방 앞에서 잠에 곯아떨어진 것을 발견할 것이다.
 떼나르디에는 등골이 오싹해질 정도로 깊은 저 아래, 가로등에 희미하게 비치는 비에 젖은 돌바닥을, 죽음이 될 수도, 자유가 될 수도 있는, 뛰어내리고 싶기도 하고 무섭기도 한 그 돌바닥을 멍하니 내려다보고 있었다. 세 공모자는 용케 도망쳤을까, 자기를 기다려 줄까, 자기를 구해 주러 올까. 그는 스스로에게 묻고 있었다. 그리고 귀를 바싹 기울였다. 떼나르디에가 거기 오고 나서 순찰 경관이 한 사람 지나갔을 뿐 길을 지나간 사람은 아무도 없었다.
 몽트뢰이유며, 샤론느며, 뱅센느며, 베르시 등지에서 시장으로 내려가는 채소 장수들은 거의 모두가 쌩 땅뜨완느 거리로 지나갔다.
 4시를 치는 소리가 들렸다. 떼나르디에는 몸을 부르르 떨었다. 얼마 안 있어 탈주가 밝혀진 직후에 일어나는 소동 소리가 감옥 안에서 들려 왔다. 위아래 문이 열렸다닫혔다 하는 소리, 쇠창살이 경첩 위에서 삐걱대는 소리, 경찰관 대기실에서 법석대는 소리, 감시인들의 목쉰 외침 소리, 총대가 각 마당 돌바닥에 부딪치는 소리, 그런 모든 소리가 그의 귀까지 들려 왔다.
 몇 개의 등불이 층마다 침실 창으로 올라갔다내려왔다 하는 것이 보이고, 횃불 하나가 신관 옥상으로 뛰어올라가고 근처 소방서의 소방수가 모두 소집되었다. 그들이 쓴 소방 모자가 빗속에서 횃불 빛을 받으며 옥상에서 이리저리 왔다갔다하는 것이 보였다. 동시에 떼나르디에는 바스띠유 저쪽 나지막한 하늘이 차츰 허옇게 밝아오는 것을 보았다.
 떼나르디에는 폭이 약 10cm 정도 되는 벽 위에서 세찬 비를 맞으며 엎드려 있었다. 좌우에 두 개의 깊은 심연을 놓고 꼼짝하지 못한 채 그는 떨어지지 않을까 생각하면 눈앞이 캄캄해지고, 잡히지 않을까 생각하면 공포에 떨려 마음은 마치 시계추처럼 이 두 생각 사이를 오락가락하고 있었다. '떨어지면 죽고 여기 있다간 잡힌다.'

그는 그 자리에서 꼼짝 않고 기다렸다.

이 불안의 도가니 속에서 그는 문득 보았다. 아직 캄캄한 길 위에 한 남자가 서 있는 것을. 그 남자는 벽에 몸을 바싹 붙이고 빠베 거리 쪽에서 걸어와 떼나르디에가 엎드린 그 아래 구석진 자리에 와서 걸음을 멈추었다. 그러자 두 번째 남자가 역시 조심스럽게 걸어와 첫번째 남자와 합치고 뒤이어 세 번째, 네 번째의 남자가 나타났다. 네 사람이 다 모이자 그 중 한 남자가 판자 울타리의 빗장을 떼고 넷이 나란히 판잣집이 있는 울타리 안으로 들어왔다.

그들은 떼나르디에가 엎드려 있는 바로 그 아래까지 왔다. 그들이 선 곳은 지나가는 행인에게도, 또 포르스 감옥 문을 지키는 초소에서도 보이지 않는 곳으로, 분명히 뭘 의논하기 위해 그런 으슥한 장소를 고른 것이었다. 그리고 또 비가 보초를 초소 속에서 꼼짝 못하게 만들었다는 것도 덧붙이지 않을 수 없는 사실이다.

아래 서 있는 사람들의 얼굴을 똑똑히 볼 수 없는 떼나르디에는 이제 다 틀렸다는 절망적인 기분을 안고 열심히 그들의 말에 귀를 기울였다.

떼나르디에는 문득 어떤 희망이 눈앞에 떠오르는 듯이 느껴졌다. 아래 선 사나이들은 은어를 쓰고 있었던 것이다.

첫 번째 남자가 낮으면서도 아주 분명한 소리로 이렇게 말했다.

"꺼지자, 요게 뭘 하니?"

두 번째 남자가 이 말에 대답했다.

"되게 쏟아지는군. 게다가 개들도 곧 지나갈 거고. 바로 요게 보초가 서 있잖아. 요고데 서 있다간 채일걸."

이 '요게'와 '요고데'란 말은 둘 다 '여기'라는 뜻으로 앞의 것은 성문 근방의 은어에 속하고, 뒤엣것은 땅뻘 근방의 은어에 속하는 것이었다.

그것을 들은 떼나르디에는 광명을 찾은 것 같았다. '요게'라는 말로 그가 성문 근방의 부랑자인 브뤼종이라는 것을 알고 '요고데'란 말로 그가 여러 가지 장사 중에서도 특히 땅뻘 근방에서 고물 장사를 한 일이 있는 바베라는 것을 알았다.

대세기(루이 14세 시대) 시대의 오랜 은어는 이미 땅뻘 지방 이외에서는 쓰지 않고 있었으나 바베는 그것을 순수하게 말하는 오직 유일한 사람이었다.

바베가 만일 '요고데'란 말을 쓰지 않았다면 떼나르디에는 그가 바베라는 것을 몰랐을지도 모른다. 왜냐하면 바베는 완전히 목소리를 바꾸어 말하고 있었기 때문이다.
　그러는 동안에 세 번째 남자가 입을 열었다.
　"그렇게 서두를 거 없어. 좀 더 기다려 보자. 그 녀석에게 우리가 필요하게 될지 어떻게 알아."
　이 표준 프랑스 말을 듣고 떼나르디에는 곧 그가 몽빠르나스라는 것을 알았다. 몽빠르나스는 못하는 은어가 없었으나 점잔을 빼느라고 자기가 말할 때는 전혀 쓰지 않았다.
　네 번째 남자는 입을 다물고 있었으나 떼나르디에는 떡 벌어진 어깨로 보아 그가 누구라는 것을 금방 알 수 있었다. 괼르메르였다.
　브뤼종은 여전히 목소리를 낮추고 있었으나 매우 격한 소리로 대답했다.
　"지금 무슨 소릴 까고 있는 거야? 여관 주인(떼나르디에)은 아직 내빼지 못했어. 그 녀석이 그런 수단이 있나. 셔츠랑 시트를 찢어 밧줄을 만들고, 문에 구멍을 뚫고, 가짜 증명서를 만들고, 열쇠를 만들고, 쇠고랑을 끊고, 밧줄을 밖으로 늘이고, 숨고 변장할 줄 아는 빈틈없는 놈이 아니면 안 돼. 보나마나 그 늙다린 못했을 거야. 아직 일할 줄 모르니까."
　그 말에 바베가 덧붙였다. 그는 옛날 쁠라이에나 까르뚜슈가 쓰던 정통 고전 은어를 그대로 쓰고 있었다. 그의 은어는 브뤼종이 쓰고 있는 대담하고 새롭고 다채로운 은어에 비해 바로 앙드레 셰니에의 말에 대한 라신의 말과 같은 위치를 차지하고 있었다.
　"날다가 아마 중간에서 잡혔을 거야. 빈틈없는 인간이 아니면! 녀석은 아직 숙맥이야. 한통속인 체하는 앞잡이한테 감쪽같이 넘어간 모양이야. 저봐, 몽빠르나스. 감옥 안이 온통 벌컥 뒤집혔잖아? 저 촛불을 봐. 녀석, 틀림없이 잡혔어. 뭐, 한 20년 살면 되지. 난 무서워서 하는 말도 아니고 고집이 없어서 하는 말도 아닌데 이제 할 수 없어. 잘못하단 이쪽까지 되게 당할 테니까 말야. 자, 화내지 말고 우리하고 같이 가. 가서 고급 술이나 한 병 마시도록 하자구."
　"동료가 곤경에 빠졌는데 모르는 체하는 법이 어디 있어."
　몽빠르나스는 중얼거렸다.
　그러나 브뤼종이 말했다.
　"녀석은 틀림없이 잡혔어. 이렇게 되면 이제 그 녀석은 1리야르의 가치도 없어. 게다가 우리로서는 도저히 어쩔 수 없잖아. 자아, 돌아가지. 금방이라도 개가 쫓아올 것 같아 견디겠나 어디!"

몽빠르나스도 이젠 그렇게 강경하게 반대하지는 않았다.

사실 그들 네 사내는 무슨 일이 있어도 결코 서로 버리지 않는다는 도둑 간의 강한 의리에서 떼나르디에가 혹시 어디 벽 위에라도 나와 있지 않은가 싶어, 위험을 무릅쓰고 포르스 감옥 주위 어두운 거리를 배회하고 있었던 것이다.

그러나 밤은 적당한 때를 지나 차츰 밝아가고, 비는 사람이 지나다니기도 어렵게 억수같이 쏟아졌다. 추위는 점점 더 몸에 스며오고, 옷은 비에 흠뻑 젖고, 구두 속까지 물이 괴고, 감옥 안에선 불안한 소동이 일어나고, 시간은 점점 흐르고, 순찰 경관과 몇 번이나 부딪치고, 희망은 차츰 사라지고, 공포는 점점 쌓여 도저히 물러나지 않을 수 없었다.

떼나르디에의 사위라고 할 수 있는 몽빠르나스조차 마침내 물러날 결심을 하게 되었다. 그들은 곧 떠날 기세였다. 떼나르디에는 벽 위에서 숨을 헐떡였다. 저 멀리 나타났던 배가 다시 수평선 저쪽으로 사라지는 것을 바라보는 조난자, 저 뗏목을 탄 메뒤즈 호의 조난자처럼.

그러나 떼나르디에는 소리쳐 그들을 부를 용기가 나지 않았다. 소리를 냈다가 들키는 날이면 그것으로 만사는 끝장이었다. 순간 그의 마음속에 한 가지 생각이, 마지막 수단이, 광명이 번쩍 떠올랐다.

그는 주머니를 뒤져 '신관' 굴뚝에서 떼온 브뤼종이 걸어 놓았던 밧줄을 그들이 선 울타리 안쪽을 향해 힘껏 던졌다.

밧줄은 바로 그들 발 아래 떨어졌다.

"내 밧줄인데!"

브뤼종이 말했다.

"밧줄이다."

바베가 말했다.

"여관 주인이 여기 어디 있는 모양이야."

몽빠르나스가 말했다.

네 사람은 고개를 들었다. 떼나르디에는 살짝 머리를 들어 약간 내밀었다.

"빨리 서두르자!"

몽빠르나스가 말했다.

"브뤼종, 자네 나머지 밧줄을 가지고 있나?"

"응, 있어."

"둘을 이어서 녀석에게 던져 주지. 벽에 매면 충분히 내려올 수 있어."

떼나르디에는 용기를 내어 말을 했다.

"난 꽁꽁 얼었어."

"곧 따뜻하게 해줄게."

"그게 아니야, 움직일 수가 없어."

"미끄러져 내려오기만 하면 되는데 뭘 그래, 받아 줄게."

"손이 곱아서 그래."

"밧줄을 벽에 묶기만 하면 돼."

"그것도 못해."

"우리들 중에 누가 올라가야겠는데."

몽빠르나스가 말했다.

"4층 높인데?"

브뤼종이 말했다.

전에 판잣집에서 쓰던 난로용 낡은 석고관 하나가 벽을 따라 떼나르디에의 모습이 보이는 근처까지 뻗어 있었다.

그 관은 그즈음 이미 갈라지고 벌어져 나중에는 완전히 허물어져서 떨어져 버렸으나 오늘날에도 아직 그 흔적은 남아 있었다. 그것은 무척 좁은 관이었다.

"저걸 타고 올라갈 수 있을까?"

몽빠르나스가 말했다.

"저 관을 타고?" 바베가 소리쳤다. "안 돼, 안 돼. 애라면 또 몰라도 어른은 안 돼."

그러자 브뤼종도 입을 열었다.

"아주 꼬마 아니면 안 될 거야."

"꼬마를 어디서 갑자기 구한다?"

필르메르가 말했다.

"기다려." 몽빠르나스가 말했다. "내게 맡겨."

그는 울타리 문을 빠끔히 열고 밖에 아무도 없다는 것을 확인한 다음 조심스럽게 밖으로 나가 뒤로 문을 닫고 바스띠유 쪽을 향해 쏜살같이 달려갔다.
약 7, 8분이 흘렀다. 그 시간은 떼나르디에게는 거의 8천 세기처럼 생각되었다. 바베와 브뤼종과 괼르메르는 입을 다물고 있었다. 이윽고 문이 다시 열렸다.
그리고 몽빠르나스가 숨을 헐떡이며 가브로슈를 데리고 나타났다. 비는 여전히 쏟아지고 있어 길에는 사람의 그림자가 하나도 없었다.
소년 가브로슈는 울타리 안에 들어오자 악당들의 얼굴을 침착하게 둘러보았다. 머리에서 빗물이 뚝뚝 떨어졌다. 괼르메르가 그에게 말을 걸었다.
"꼬마, 너도 어른 축에 드니?"
가브로슈는 어깨를 으쓱하며 대답했다.
"나 같은 꼬마가 어른이고, 당신들 같은 어른이 꼬마지."
"야, 이 새끼 봐라. 쬐끄만 게 제법 혀가 잘 돌아가는데!"
바베가 소리쳤다.
그러자 브뤼종이 덧붙였다.
"빠리에 사는 꼬마라면 허수아비 아니지."
"할 일이란 뭐요?" 가브로슈가 물었다. 이 말에 몽빠르나스가 대답했다.
"저 관을 타고 올라가는 거야."
바베가 말했다.
"이 밧줄을 가지고 말야."
그러자 브뤼종이 이어 말했다.
"그리고 그 밧줄을 묶는 거야."
"벽 꼭대기에."
바베가 다시 말했다.
"저 창문 가로대에."
브뤼종이 덧붙였다.
"그 다음엔?"
가브로슈가 물었다.
"그것뿐이야."
괼르메르가 대답했다.

부랑아는 밧줄과 관과 벽과 창을 눈으로 가늠해 본 다음 입술로 사뭇 깔보는 듯 이상한 소리를 냈는데, 그건 이런 뜻이었다.
"겨우 이런 거야!"
"위에 사람이 있어. 그 사람을 구해내야 해."
몽빠르나스가 말했다.
"해 내겠어?"
브뤼종이 물었다.
"쳇! 누굴 어떻게 보는 거야."
소년은 당치도 않은 질문이라는 듯 대답했다. 그리고 구두를 벗었다.
괼르메르가 가브로슈의 팔을 붙잡아 판잣집 지붕 위에 올려 놓았다. 다 썩은 지붕이라 소년의 무게에도 삐걱댔다.
그리고 괼르메르는 몽빠르나스가 없는 동안에 브뤼종이 이어 놓은 밧줄을 가브로슈에게 넘겨 주었다. 부랑아는 관 옆으로 다가갔다. 관에는 지붕에 붙은 커다란 구멍이 있었기 때문에 기어오르기가 쉬웠다.
그가 올라가기 시작하자 떼나르디에는 구원과 생명이 가까이 다가오는 것을 보고 머리를 벽 밖으로 구부렸다. 엷은 새벽빛이 땀에 젖은 그의 이마와, 창백한 광대뼈와, 잔인하게 생긴 뾰죽한 코와, 곤두선 잿빛 수염을 어렴풋이 비추고 있었다. 가브로슈는 그가 누구라는 것을 알았다.
"쳇! 우리 아버지 아냐? ……하긴 아무렴 어때."
가브로슈는 중얼거렸다.
그리고 밧줄을 입에 물고 기어오르기 시작했다.
그는 폐옥 맨 꼭대기에 올라가 말타듯 낡은 벽을 타고 앉아 밧줄을 창 맨 위 가로대에 단단히 잡아맸다.
얼마 안 있어 떼나르디에는 길 위로 내려왔다.
돌바닥에 발을 딛는 순간, 위험에서 빠져났다고 생각하는 순간, 그는 이미 모든 피로도 추위도 공포도 잊어버렸다. 간신히 모면한 무서운 일은 모두 연기처럼 사라지고, 뛰어나고 잔인한 통찰력이 다시 움직이기 시작하면서 그는 자유로워진 몸을 벌떡 일으켜 벌써 앞으로 전진할 태세를 갖추었다. 이 남자가 땅에 내려오자 제일 처음 한 소리는 이런 것이었다.
"자아, 이제 어떤 놈을 해먹을까?"

이 말의 뜻은 무척 무섭고 잔인한 것으로 죽인다, 살해한다, 뺏는다는 세 가지 말을 한꺼번에 표현한다는 것은 두말할 필요도 없다. '해먹는다'의 참뜻은 '마구 먹어치운다'는 것이다.

"오늘은 일단 돌아가기로 하자." 브뤼종이 말했다. "이야기를 끝내고 곧 헤어지세. 쁠뤼메 거리에 일이 하나 있긴 있는데, 외진 거리에 달랑 한 채 있는 집이야. 정원엔 다 낡은 철책이 있고 집안엔 여자들만 살고 있어."

"호오, 그런데 왜 안 된다는 거야?"
떼나르디에가 물었다.
"자네 딸이 살피러 갔었어."
바베가 대답했다.
"그런데 에쁘닌느가 마뇽한테 비스킷 하나를 가지고 왔어."
괼르메르가 대답했다.
"그 아이가 바보는 아니지. 하지만 일단 다시 가보는 게 어때?"
"그래, 그래." 브뤼종이 말했다. "일단 부딪치고 볼 일이야."
그동안 이들 중 누구 한 사람 가브로슈를 돌아보지 않았다. 가브로슈는 그들이 떠드는 동안 판자 옆다리를 받치고 있는 포석 하나에 걸터앉아 아버지가 자기를 돌아봐 주려니 기다리고 있었다. 한참 후에 그는 구두를 신었다. 그리고 말했다.

"다 끝났소? 이제 내가 할 일은 없소? 잘됐다, 이거죠. 그럼 나는 가겠소. 가서 우리 꼬마들을 깨워야 하니까."

가브로슈는 말하고 일어났다. 다섯 남자는 하나씩 판자 울타리에서 나왔다.
가브로슈가 발레 거리 모퉁이로 사라지자 바베는 떼나르디에를 옆으로 불렀다.

"자네, 저 꼬마 자세히 봤나?" 바베가 물었다.
"꼬마라니, 누구?"
"벽을 타고 자네한테 밧줄을 가지고 올라간 그녀석 말이야."
"잘 못 봤는데."
"나도 자세히는 모르지만 그녀석 아무래도 자네 아들녀석 같단 말이야."
"흥, 그래?" 떼나르디에가 대답했다.
그리고 저쪽으로 사라져 갔다.

제7편 은어

기원

  Pigritia(나태)는 무서운 말이다. 이 말에서 'la pègre' 즉 'le vol(도둑질)'이라는 하나의 사회와 'la pégrenne' 즉 'la faim(굶주림)'이라는 하나의 지옥이 발생한다.

  이처럼 나태는 어머니이다. 이 어머니는 도둑질이라는 한 아들과 굶주림이라는 한 딸을 데리고 있다. 작자는 지금 무슨 말을 하고 있는 건가? 바로 이 은어를 두고 하는 말이다.

  은어란 대체 무엇인가? 은어는 국민이며 동시에 관용어이다. 은어는 스스로 갖고 있는 두 개의 면 즉 민중과 언어 그 뒤에 퍼져 있는 오묘한 힘이다.

  지금부터 34년 전, 이 심각하고 어두운 이야기의 지은이(_{이 책의 저자 위고})가 이것과 같은 목적으로 쓴 한 작품(_{사형수 최후의 날}) 속에서 은어를 쓰는 한 도둑을 등장시킨 결과 독자들 사이에 상당한 소동이 일어났다.

  "뭐, 뭐라고? 은어라고? 은어를 쓰다니 너무 지독하군. 그건 항구의 감옥이나 유형장이나 형무소 등 사회의 가장 천한 곳에서 쓰는 말 아냐?"

  그러나 지은이는 그런 비난을 절대로 인정하지 않았다. 그 뒤 강력한 두 소설가—이 중 한 사람은 인간 심리에 대한 깊은 관찰자이고 또 한 사람은 민중의 대담한 친구이다—즉 발작과 외젠느 쉬가, 1828년 《사형수 최후의 날》의 작자가 한 것과 똑같이 악한들에게 그들이 쓰는 그대로의 말을 쓰게 했을 때도 똑같은 소동이 벌어졌다.

  그때도 사람들은 이렇게 말했다.

  "이런 불쾌한 특수어를 꺼내어 이 지은이들은 대체 어떻게 하자는 건가? 은어를 보면 몸서리가 쳐진다. 은어는 이제 신물이 나!"

  누가 그것을 부정하겠는가? 그들의 말은 어디까지나 타당하다.

  그러나 하나의 상처를, 하나의 심연을, 하나의 사회를 탐구하려고 할 때,

너무 깊이 파고 들어가서는 안 된다고, 밑바닥까지 들어가서는 안 된다고 대체 누가 정해 놓았는가?

지은이인 나로서는 이거야말로 가장 용감한 행위이며, 순진하고 유익한 행위로 동정적인 주의를 받을 만한 대단한 의무라고 항상 생각해 왔다.

무엇이고 철저히 탐구해서는 안 된다, 철저히 연구해서는 안 된다. 모든 것은 중도에서 끝내야 한다는 이유가 대체 어디 있는가? 정말 중도에서 끝내야 하는가 어떤가는 추에 관한 문제이지 추를 던진 사람의 문제는 아니다.

물론 사회조직의 밑바닥, 땅이 끝나고 진창이 시작되는 곳에 탐색의 발걸음을 내디디고 그 깊은 늪을 뒤져 햇빛 속에 바로 꺼내면 진창물이 뚝뚝 떨어지는 관용어를, 한 마디 한 마디가 진흙과 암흑과 괴물이 웅크리고 있는 것 같은 그 썩은 국물이 뚝뚝 흐르는 어휘를 쫓고 잡아, 꿈틀꿈틀 움직이고 있는 것을 꺼내 길에 내던지는 작업은 확실히 마음내키는 일도 아니거니와 쉬운 일도 아니다. 은어의 그 굉장한 무리를 그처럼 모두 드러내 사상의 빛에 비추어 관찰하는 것만큼 우울한 작업은 없는 것이다. 사실 시궁창에서 막 꺼내 놓은 그것들은 밤을 위해 태어난 무시무시한 동물처럼 생각된다. 마치 가시를 곤두세운 무시무시한 가시나무와 같은 생물이 몸을 부르르 떨며 어둠을 찾아 몸부림치고, 위협하며 눈을 흘기고 있는 것을 바로 눈앞에 보는 듯한 느낌이다. 어떤 말은 짐승의 발톱 같고, 어떤 말은 핏발이 선 흐리멍덩한 눈 같다. 또 어떤 말은 게의 집게발처럼 움직이는 것같이 보인다. 그것은 모두 무질서 속에서 형성된 사물의 그 끔찍한 생활력에 의해 살아 가고 있는 것이다.

그런데 언제부터 혐오할 대상에 대한 연구는 삼가도록 되어 있는가? 언제부터 병은 의사를 멀리하게 되었는가? 박물학자가 살무사며, 박쥐며, 전갈이며, 지네며, 독거미에 대한 연구를 거부하고 '야아, 이건 정말 싫은데!' 하고 그것들을 어둠 속에 내던져 버리는 일을 상상할 수 있는가?

은어를 외면하는 사상가가 있다면 그것은 종기나 사마귀를 외면하는 외과의사와 같다고 할 수 있을 것이다. 언어의 어떤 사실을 조사하기 주저하는 언어학자도, 인류의 어떤 사실을 탐색하기 주저하는 철학자도 역시 마찬가지다. 왜냐하면 은어란 전체적으로 문학상의 한 현상이며 사회상의 한 결과이므로, 그것을 모르는 사람들에게는 자세히 설명해 줄 필요가 있는 것이다.

위고가 최종 원고에 덧붙인 위대한 탈선의 한 장인 「은어(隱語)」의 삽화

은어란 적절히 말해 무엇인가? 은어란 비참을 나타내는 말이다.

이렇게 말하면 사람들은 작자의 논리를 가로막을지도 모른다. 문제를 일반화하는지도 모른다. 그것은 어느 경우엔 문제를 완화시키는 한 방법일 수도 있다. 그리고 사람들은 모든 직책, 모든 직업, 나아가 사회 계급의 온갖 국면이며 지식의 온갖 형태에까지 모두 저마다 은어를 가지고 있다고 할는지도 모른다.

상인들은 흔히 말한다. 'Montpellier disponible; Marseille belle qualité(몽뻴리에 덕용품(德用品), 마르세이유 고급품).'

주식 중개인은 말한다. 'report, prime, fin courant(이익금, 프리미엄, 매달 지불).'

도박꾼은 말한다. 'tiers et tout, refait de pique(트럼프놀이의 종류인데 분명하지 않음).'

집달관은 말한다. 'l'affieffeur s'arrêtant à son fonds ne peut clâmer les fruits de ce fonds pendant la saisie héréditale des immeubles du renonciateur(토지 양수인은 그 토지에 관한 한, 포기자의 부동산 상속 압류 때는 그 지역의 수익금을 요구할 수 없음).'

보드빌의 작자(作者)는 말한다. 'on a égayé l'ours(곰이 놀림을 당했다; 작품은 실패했다는 뜻).'

배우는 말한다. 'j'ai fait four(나는 실패했다는 뜻).'

철학자는 말한다. 'triplicité phénoménale(현상(現象)의 삼중성).'

사냥꾼은 말한다. 'voileci allais, voileci fuyant(개를 몰 때 쓰는 말).'

골상학자는 말한다. 'amativité, combativité, sécrétivité(애정성, 투쟁성, 은폐성).'

보병은 말한다. 'ma clarinette(내 클라리넷; 총을 말함).'

기병은 말한다. 'mon poulet d'Inde(나의 말이라는 뜻).'

검술 선생은 말한다. 'tierce, quarte, rompez(제3의 자세, 제4의 자세, 공격중지).'

인쇄공은 말한다. 'parlons batio(무슨 말인지 분명치 않음).'

이와 같이 인쇄공이거나, 검술 선생이거나, 기병이거나, 보병이거나, 골상학자거나, 사냥꾼이거나, 철학자거나, 배우거나, 보드빌의 저자거나, 집달관이거나, 도박꾼이거나, 주식 중개인이거나, 상인이거나 다 저마다 자기들의 은어를 쓰고 있다.

화가는 말한다. 'mon rapin(내 애제자).'
공증인은 말한다. 'mon saute-ruisseau(나의 심부름꾼 서생).'
이발사는 말한다. 'mon commis(나의 점원).'
구두 수선공은 말한다. 'mon gniaf(나의 직공).'
이들도 모두 은어를 쓰고 있다.

엄밀히 말하자면, 또 꼭 그래야 한다면 단순히 좌우라는 말 하나만 가지고도 이렇다.

선원은 'bâbord, tribord(좌현, 우현)'이라고 한다.
연극에서는 'côté cour, côté jardin(오른쪽, 왼쪽)'이라 한다.
교회지기는 'côté de l'épître, côté de l'évangile(오른편, 왼편)' 의 말을 쓴다.

이것들도 모두 은어라고 할 수 있다. 또 프레시외즈의 은어가 있는 것처럼 하류사회의 멋부리는 여자들 간에 쓰는 은어도 있다. 이 점에서는 랑부이에 저택이나 꾸르 데 미라끌이나 다 매일반이다. 공작부인 사이에도 은어가 있었음은 왕정복고 시대에 상당히 신분이 높은 한 귀부인이 쓴 다음과 같은 구절이 이를 증명하고 있다.

'Vous trouverez dans ces potains-là une foultitude de raisons pour que je me liberetis. (당신은 그런 쑥덕공론 속에서 내가 헤어지지 않／을 수 없는 많은 이유를 발견하시게 될 겁니다).'

또 외교상의 암호도 은어다. 예를 들어 교황의 비서관이 '로마'를 가리켜 '26'이라 하고 '파견'을 'grkztntgzyal'이라고 하고, '모데나 공작'을 'abfxustgrnogrkzutuxi'라 하는 것도 모두 은어다.

중세의 의사들이 당근, 무, 순무 등을 'opoponach, perfroschinum, reptitalmus, 혹은 dracatholicum angelorum, postmegorum'이라고 한 것도 은어다.

설탕 제조업자가 사탕의 종류를 'vergeoise, tîte, claircé, tape, lumps, mélis, bâtarde, commun, brûlé, plaque'라고 하는 것도 성실한 공장주로서 쓰는 은어다.

20년 전, 비평가의 일파는 이런 말을 했다―'La moitié de Shakespeare est jeux de mots et calembours(세익스피어의 절반은 말장난이나 재담이다)'―이

것도 은어다.

만일 몽모랑시 씨가 시와 조각에 능통하지 않았더라면 시인이나 미술가는 이 대귀족에 대해 의미심장한 말로 'un bourgeois(부르주아)'라고 불렀을 텐데 이것도 은어이다.

고전파 아카데미 회원은 꽃을 'Flore(플로르)'로, 과일을 'Pomone(포몬느)'로, 바다를 'Neptune(넵뛴느)'로, 사랑을 'les feux(불꽃)'으로, 아름다움을 'les appas(색향)'으로, 말〔馬〕을 'un coursier(준마)'로, 백색 또는 삼색의 모표를 'la rose de Bellone(벨로나의 장미)'로, 삼각 모자를 'le triangle de Mars(마르스의 삼각)'이라고 한다.

이와 같이 고전파 아카데미 회원들도 은어를 쓰고 있는 것이다. 대수학이며 의학이며 식물학도 저마다 은어를 가지고 있다. 또 배 위에서 쓰는 말, 장 바르며 뒤껜느며 쉬프랑이며 뒤뻬레가 쓰던 그 완전하고 생기에 찬 말, 배에서 쓰는 기구들이 서로 스치는 소리며 통화관의 잡음이며 계선구(繫船具)의 삐걱대는 소리며 흔들리는 소리며 바람 소리며 돌풍 소리며 대포 소리며 모든 것이 뒤섞인 그 말, 그것들도 모두 우렁차고 빛나는 은어들이며 도적패들의 야만적인 은어에 비하면 마치 이리에 대한 사자와도 같은 것들이다.

이러한 말들은 모두 타당하다. 그러나 은어라는 말은 이런 식으로 해석한다면 너무 의미가 넓어지니까 모든 사람의 인정을 받는 학설은 될 수 없다. 작자는 이 말에 가장 정확하고 협소하고 한정되고, 고래로 내려오는 의미만을 부여하여 은어가 갖는 본래의 의미를 밝혀 볼까 한다.

참된 은어, 뛰어난 은어, 이 두 낱말이 한쌍이 될 수 있다면, 다시 말해 한 왕국을 이루고 있던 아득한 옛날의 은어는 되풀이 말하자면 가장 추하고 불안하고 심술사납고 엉큼하고 독살스럽고 잔인하고 수상하고 야비하고 속이 깊고 숙명적인 말, 비참을 나타내는 말일 뿐이다.

모든 극단적인 굴욕과 불행에는 반드시 행복한 진실과 지배적인 권리 전체에 대해 반항하고 투쟁하려는 최대한의 비참한 결의가 있게 마련이다. 그 비참이 벌이는 무서운 투쟁은 어떤 때는 계획으로 또 어떤 때는 폭력으로 유해하고도 광포하게 되어 악덕의 바늘이나 죄악의 몽둥이를 휘둘러 사회 질서를 공격한다. 그런 투쟁의 필요에서 비참한 은어라는 하나의 전투 용어를 만들어 낸 것이다.

인간이 일찍이 쓰던 말, 그리고 언젠가는 쓰지 않게 될지도 모르는 말을, 다시 말해 문명을 구성하고 있는 선하고 악한 갖가지 요소 중의 하나를 망각의 세계 위에, 심연 위에 떠오르게 하고 그것을 그대로 유지시키는 것은 일종의 사회 관찰의 여건을 넓히는 일이며 문명 그 자체에 봉사하는 일이다. 플로뤼스는 두 카르타고 병사로 하여금 페니키아 말을 하게 함으로써 자기가 희망했든 안 했든 그러한 봉사를 했다. 몰리에르는 그의 많은 작중 인물로 하여금 근동 여러 나라 국어며 갖가지 종류의 방언을 쓰게 함으로써 그러한 봉사를 했다.

이렇게 말하면 또 다른 이론이 나올 것이다.

"페니키아 말은 정말 멋있다! 근동 여러 국어도 정말 재미있다! 방언도 나쁘다고 할 수 없다! 그것은 각 민족 각 지방 나름대로 그 지방 그 민족에 속해 있는 말이다. 그러나 은어는 어떤가? 은어를 보전해서 무엇에 쓰겠단 말인가? 은어를 '표면화'시킨다고 무슨 이득이 있는가?"

그 말에 대해 작자는 꼭 한 마디만 하기로 한다. 확실히 한 민족 한 지방에서 쓰는 말은 흥미의 대상이 될 만한 가치가 있는 것만은 분명하다. 그러나 그 이상으로 주의와 연구의 대상이 될 가치가 있는 것이 꼭 한 가지 있다. 그것은 하나의 '비참'이 사용한 말이다.

예를 들어 프랑스에서 4세기 이상이나 계속된 비참한 생활, 아니 인간이 생각할 수 있는 모든 '비참' 그 자체가 써오던 말인 것이다.

다시 강조하고 싶은 것은 사회적 기형과 질병을 연구하는 것, 그것을 고치기 위해 그것들을 지적하는 것은 절대로 선택의 여지가 없는 일이다. 풍속과 사상을 연구하는 역사가는 사건을 다루는 역사가에 결코 지지 않는 무거운 사명을 띠고 있다. 사건의 역사가는 문명의 표면만을 대상으로 한다. 왕위의 쟁탈, 제왕과 제후의 출생, 국왕의 결혼, 전쟁, 의회, 그 시대의 위인, 만인이 목격하는 혁명 등 모든 외면적인 것을 대상으로 한다.

그러나 한편 풍속과 사상의 역사가는 문명의 내부를, 즉 밑바닥을, 노동하고 고통받으며 뭔가를 기다리는 민중을, 지칠 대로 지친 부인을, 다 죽어 가는 아이를, 사람들의 은밀한 싸움을, 숨겨진 잔인한 행위를, 편견을, 묵인된 부정을, 법률에 대한 지하의 반동을, 눈에 보이지 않는 영혼의 진화를, 군중의 가냘픈 전율을, 아사를, 거지를, 가난뱅이를, 무산자를, 고아를, 불행한 사람들을, 암흑 속을 헤매는 모든 원귀를 대상으로 한다. 그 때문에 그는 형제처럼, 또는 재판관처럼, 자비와 동시에 엄격성을 갖추고 그 밑모를 깊은 굴속까지 피를 흘리는 자며, 때리는 자며, 우는 자며, 저주하는 자며, 굶주림을 참는 자며, 배가 터지도록 먹는 자며, 악을 입는 자며, 악을 행사하는 자가 서로 섞여 헤매고 있는 굴속까지 내려가지 않으면 안 된다. 그러한 마음과 영혼의 역사가가 해야 할 임무가 외면적인 사실의 역사가가 해야 할 임무보다 가볍다고 할 수 있을 것인가? 단떼가 마키아벨리보다 할 말이 적다고 믿는 사람이 있을 것인가? 문명의 하부는 상부보다 어둡고 깊으니까 상부만큼 중요하지 않다고 할 수 있을 것인가? 동굴 속을 잘 모르는 인간이 진정 산을 잘 안다고 할 수·있을 것인가?

이렇게 말하면 혹시 이 두 역사가 사이에는 확연한 구별이 있다고 생각할 사람이 있을지도 모르나 작자는 그렇게 생각하지 않는다. 민중의 명백하게 드러난 공공연한 생활을 다루는 역사가라도 동시에 어느 정도까지는 그 숨겨진 깊은 생활에 대한 역사가가 아니고서는 결코 뛰어난 역사가라고 할 수 없다. 또 내면을 다루는 역사가라도 필요에 따라서 언제든지 외면의 역사가가 될 수 없다면, 역시 결코 뛰어난 역사가라고 할 수 없다.

풍속과 사상, 또 사건의 역사 간에는 서로 얽히고 섞히는 부분이 생긴다. 이것은 사실을 바라보는 정반대되는 시각이기도 하고, 서로 의존하는 면이기도 하며, 또 항상 연관성을 갖는 것이지만 어쨌든 서로에게 영향을 미치거나 작용하게 되는 것을 말한다. 하늘이 한 국민의 표면에 그려내는 온갖 모습들은 그 국민들의 본성과 은밀하면서도 정연한 평형을 유지하면서 저변에서 일어나는 모든 동요를 표면에 파급시킨다. 참된 역사는 모든 것과 관계하며 참된 역사가는 모든 것과 교섭한다.

인간은 하나의 중심을 가진 원이 아니다. 두 개의 중심을 가진 타원이다. 사실이 하나의 중심이고 사상이 또 하나의 중심이다.

은어는 언어가 뭔가 나쁜 일을 하기 위해 변장하는 하나의 탈의실일 뿐이다. 언어는 거기서 언어라는 가면과 비유라는 누더기를 걸치게 되는 것이다.

이렇게 해서 언어는 무서운 모습으로 바뀌게 된다.

일단 그렇게 바뀌면 이전의 모습은 전혀 찾아볼 수 없게 된다. 이것이 정말 프랑스 어인가? 인류의 위대한 국어인가?

 이 언어는 이미 무대 위에 올라가 악역을 연기할 모든 준비를 갖추고 있다. 어떤 악역도 연출할 수 있게끔 만반의 태세를 갖추게 된다. 그것은 이미 똑바로 걷지 못하고 절름거리며 걷는다. 라 꾸르 데 미라끌의 목발을 의지해, 금방 몽둥이로 바뀔 수 있는 목발을 의지해 절름거리며 걷는다. 그것은 스스로 거지라고 칭한다. 갖가지 괴물이 그것의 의상 담당자가 되어 분장시킨 것이다. 그것은 기기도 하고 뻣뻣이 서 있기도 한다. 즉 벌레가 걷는 두 가지 형태의 걸음걸이를 다 가지고 있는 것이다.

 이렇게 하여 그것은 어느 역이나 다 연기할 수 있게 만들어지고, 위조자의 손에서 모호한 색채를 띠게 되기도 하고 독살자의 손에서 청록색을 띠게 되기도 하고, 방화범에 의해 그을음 같은 색을 띠게 되기도 한다. 또 살인범은 그것을 빨간색으로 물들여 버린다.

 착실하고 정직한 사람들 편에 서서 사회로 들어가는 입구에서 귀를 기울이면 밖에서 지껄이는 사람들의 대화를 엿들을 수 있다. 그들이 서로 묻고 대답하는 소리를 들을 수 있다. 한 마디 한 마디 그 의미는 다 알 수 없어도 뭔가 등골이 오싹해지는 시끄러운 소리를 들을 수 있다. 그것은 언뜻 인간의 말소리 같이 들리나 사실은 인간의 말소리보다는 짐승들의 외침에 더 가까운 소리다. 이것이 바로 은어이다. 그 한 마디 한 마디는 지극히 추하고 뭔가 알 수 없는 묘한 짐승의 성질을 띠고 있다.

 그것은 어둠속에 깃드는 불가해한 것이다. 그것은 그것이 지닌 신비한 수수께끼로 어둠을 더욱 짙게 하면서 이를 갈기도 하고 속삭이기도 한다. 불행 속은 어둡지만 죄악 속은 더욱 캄캄하다. 그 두 개의 어둠이 서로 융합되어 은어를 만드는 것이다. 대기도 어둠이고 행위도 어둠이고 목소리도 어둠이다. 그 무서운 두꺼비 같은 말은 비와, 밤과, 굶주림과, 악덕과, 허위와, 부정과, 알몸과, 질식과, 겨울로 이루어진 그 넓은 안개 속을 왔다갔다하고, 이리저리 뛰어다니고, 기어다니고, 침을 질질 흘리고, 괴물처럼 우글거리고 있다. 그러나 그것은 비참한 그들에게는 햇볕이 쨍쨍 내리쬐는 대낮이다.

 징벌받은 자들을 동정하자. 아아! 우리는 대체 무엇인가? 나는, 지금 여러분에게 얘기하고 있는 이 나는 대체 무엇인가? 여러분들은, 또 현재 내 말을 듣고 있는 여러분은 또 무엇인가? 우리는 대체 어디서 왔는가? 우리가 이 세상에 태어나기 전에 과연 아무 일도 하지 않았다고 누가 장담할 수 있는가? 이 지상은 감옥과 다른 것이 무엇인가? 인간은 신에게 심판받은 전과자가 아니라고 대체 누가 장담할 수 있는가?

인생을 가까이 다가가 살펴보라. 인생은 사람이 가는 곳마다에서 징벌을 느끼게끔 되어 있다.

여러분은 자신을 행복한 몸이라고 생각하는가? 그래도 역시 여러분은 슬퍼할 것이다. 하루에는 하루의 큰 고통과 또 작은 걱정거리들이 있다. 어제는 친한 사람의 건강을 걱정하였고 오늘은 또 자신의 건강을 걱정한다. 내일은 금전상의 불안이, 모레는 중상모략하는 자의 가혹한 평가가, 또 그 다음 날엔 친구의 불행이 닥쳐 올 것이다. 그리고 다음엔 날씨가, 뭔가 부서진 것이며 잃어버린 물건이, 그리고 양심과 등뼈의 가책을 받는 쾌락이, 또 어떤 때는 세상 일이, 게다가 마음의 고뇌까지 계속 밀려 온다. 하나의 구름이 걷히면 또 하나의 구름이 나타난다. 백일 중 하루도 완전한 기쁨과 완전한 태양을 갖춘 날이라곤 없다. 그래도 여러분은 지극히 혜택받은 소수의 인간 중의 한 사람인 것이다! 그 외의 사람들 머리 위에는 캄캄한 밤만이 펼쳐져 있다.

사려 깊은 정신의 소유자는, 행복한 사람이라느니 불행한 사람이라는 말을 별로 쓰지 않는다. 이 세상에는, 분명히 다른 세상으로 들어가는 현관인 이 세상에는, 행복한 사람이 한 사람도 없다.

인간의 진정한 구별은 그런 것이 아니다. 광명을 지닌 인간과 암흑의 인간, 이 두 구별밖에 있을 수 없는 것이다.

그러므로 암흑의 인간의 수를 줄이고 광명을 지닌 인간의 수를 늘리는 것, 거기에 바로 목적이 있는 것이다. '교육이다! 학문이다!' 하고 우리들이 외치는 것도 다 이 때문이다. 문자를 배우는 것은 곧 불을 켜는 것과 같다. 읽는 철자 하나하나가 광명을 내뿜는 것이다.

그러나 광명이라고 해서 꼭 기쁨을 의미하는 것은 아니다. 광명 속에서도 인간은 괴로워한다. 지나친 광명은 불길을 내뿜는다. 불길은 날개의 적이다. 비상을 그치지 않고 타오르는 것, 그것이야말로 천재의 불가사의다.

인간은 무엇인가를 알아도 또 무언가를 사랑해도 역시 괴로움이 계속된다. 광명은 눈물 속에서 생기는 것이다. 광명을 지닌 인간은 설사 상대가 암흑의 인간에 지나지 않더라도 거기에 대해 눈물을 흘리는 것이다.

말의 뿌리

은어, 그것은 암흑 속에 사는 인간들의 언어이다.

낙인이 찍히면서도 여전히 반역하는 이 신비한 방언에 직면하게 되면, 인간의 사상은 제일 깊고 어두운 밑뿌리부터 흔들리고 사회 철학은 가장 비통한 반성이 촉구된다. 이 언어 속에야말로 눈에 보이는 분명한 징벌이 나타나 있다. 모든 언어 하나하나가 다 낙인이 찍힌 것과 같다. 속어로 흔히 쓰는 말도 여기서는 모두 사형 집행인의 빨갛게 단 무쇠형틀의 세례를 받고 타버린 주름잡힌 흔적처럼 보인다. 몇몇의 언어는 아직도 연기를 내고 있는 것 같다. 또 어떤 글귀는 벗은 도둑의 어깨에 선명히 드러난 백합꽃 모양의 낙인 같기도 하다. 전과자의 심판을 받은 그러한 이름에는 관념적인 표현이 거의 거부되어 있다. 여기서 비유는 지극히 뻔뻔한 것이고 마치 말뚝에 쇠고리로 목을 매고 있는 죄인과 같이 느껴진다.

물론 그렇긴 해도, 또 그렇기 때문에 이 기괴한 특수 용어는, 녹슨 1리야르 동전과 황금메달이 동등한 위치를 차지하는 그 공평한 큰 진열장에, 문학이라고 불리는 큰 진열장 안에 당연히 한 자리를 차지하는 것이다. 은어에는 인간이 찬성하든 안하든 그것 나름의 어법과 시가 있다. 그것은 하나의 언어이다. 설사 단어 몇 개의 추악성으로 그것이 망드랭이 지껄이던 언어라는 것을 인정했다 하더라도 훌륭한 몇 개의 비유적인 말을 보면 틀림없이 비용이 쓰던 말이라는 것을 알 수 있다.

Mais où sont les neiges d'antant? (그러나 작년의 눈은 지금 어디 있는가?)

이 유명하고 절묘한 시구는 그대로 은어이다. antan—'ante annum'—'작년'이라는 말은 뛴느에서 쓰던 은어의 하나로 'l'an passé(작년)'라는 뜻이고, 이것이 변하여 'autrefois(옛날)'이라는 뜻이 된다. 지금부터 30년 전, 1827년 많은 노역수(勞役囚)의 무리들이 출발할 때는 아직 비세트르 감옥 한 땅굴 감방 속에 징역형을 받은 뛴느 단의 한 '왕'이 벽에 못으로 파 새긴 다음과 같은 격언을 읽을 수 있었다. 'Les dabs d'antan trimaient siempre pour la pierre du Coësre.' 이 말의 뜻은 이렇다. 'Les rois d'autrefois allaient toujours se faire sacrer(옛날의 왕들은 반드시 대관식에 갔었느니라.).' 이 뛴느 단의 왕이 생각한 대관식이란 도형장을 말하는 것이다.

또 'décarade'라는 말은 육중한 마차가 구보로 출발함을 나타내고 있는 말로, 이 말도 비용이 만들었다는데 과연 그다운 말이다. 네 개 말굽에 불을 일게 하는 이 말은 퐁뗀느의 다음과 같은 시구 전체를 하나의 대담한 의성어로 요약하고 있다.

Six forts chevaux tiraient un coche. (여섯 마리의 튼튼한 말 이 한 대의 마차를 끌다)

순수한 문학의 견지에서 보면 은어의 연구만큼 흥미 깊고 또 결실이 많은 연구도 그리 많지 않다. 은어는 언어 속의 한 언어이며 병적인 혹이며 비대증을 일으킨 불건전한 접목이며 오래된 골 지방의 줄기 속에 뿌리를 내리고 언어 쪽으로 무수한 가지를 뻗는 하나의 기생식물이다. 그러나 이것은 은어가 갖는 첫 인상, 그 통속적인 겉모습에 불과하다.

언어를 완전하게, 즉 지질학자가 지질을 연구하듯 연구하는 사람의 눈에 은어는 어김없는 하나의 충적층으로 보인다. 캐들어감에 따라 은어 속에는, 즉 옛 프랑스 통속어의 밑바닥에는 프로방스 어, 스페인 어, 이탈리아 어, 지중해 연안 여러 항구의 말인 근동어, 영어, 독일어, 프랑스 로망과 이탈리아 로망 및 로마 로망의 세 종류의 로망 어, 라틴 어, 마지막에는 바스크 어, 켈트 어 등 갖가지 언어까지 발견된다.

심원하고 기기묘묘한 형성이다. 모든 비참한 것들이 모여 힘을 합해 땅 속에 세운 건물이다. 저주받은 종족이 제나름의 지층을 이루고 고뇌가 제각각의 돌을 떨어뜨리고 마음이 저마다 자갈을 깐 지층이다. 일생을 거쳐 영원으로 사라져 버린 악의 영혼이며, 분노한 악의 영혼의 무리가 괴이한 말의 형태로 조금도 변함없는 본래의 모습을 그래도 간직한 채 지금도 역력히 볼 수 있게끔 거기 존재하는 것이다.

스페인 어는 어떤가? 오래된 고트의 은어는 스페인에서 많이 나왔다.

예를 들어서 'boffette(손바닥으로 치기)'는 'bofeton'에서, 'vantane(창)'은 (후에는 vanterne가 됐지만) 'vantana'에서, 'gat(고양이)'는 'gato'에서, 'acite

(기름)'는 'aceyte'에서 나왔다.

그럼 이탈리아 어는 어떤가?

예를 들어 'spade(검)'는 'spada'에서, 'carvel(배)'는 'caravella'에서 나왔다.

영어는 어떤가?

가령 'bichot(주교)'는 'bishop'에서, 'raille(스파이)'는 'rascal' 'rascalion(부랑자)'에서, 'pilche(지갑)'는 'pilcher(칼집)'에서 나왔다.

독일어는 어떤가?

가령 'caleur(소년)'은 'kellner'에서, 'hers(우두머리)'는 'herzog(공작)'에서 나왔다.

라틴 어는 어떤가?

예를 들어 'frangir(부순다)'는 'frangere'에서, 'affurer(훔친다)'는 'fur'에서, 또 'cadène(사슬)'은 'catena'에서 나왔다.

유럽 대륙 모든 국어 중에서 신비로운 권위와 힘을 가진 한 마디가 있다. 'magnus'라는 말인데 스코틀랜드 사람들은 'mac'이라 하고, 씨족의 추장을 Mac-Farlane, Mac-Callummore, 즉 대(大) 파레인, 대(大) 칼모어라고 하는데(mac은 켈트 어로 아들을 뜻한다) 은어는 그것을 'meck', 후에는 'meg', 다시 말해 신이라는 뜻으로 쓰고 있다.

바스크 어는 어떤가?

가령 'gahisto(악마)'는 'gaïztoa(사악한)'에서, 'sorgabon(잘 자라)'는 'gabon(안녕)'에서 나왔다.

켈트 어는 어떤가?

예를 들어 'blavin(손수건)'은 'blavet(뿜어오르는 물)'에서, 'ménesse(나쁜 의미의 여자)는 'meinec(돌투성이의)'에서, 'barant(시냇물)'은 'baranton(샘)'에서, goffeur(자물쇠 장수)'는 'goff(대장장이)'에서, 'guédouze(죽음)'는 'guenndu(희고 검은 것)'에서 나왔다.

마지막으로 역사 관계는 어떤가? 은어에서도 에뀌화(貨)를 'les maltaises'라고 하는데 이것은 말타 항구에 있는 감옥에서 통용되던 화폐에서 나온 말이다.

이상 지적한 언어학상의 기원 외에도 은어는 다시 자연스러운 다른 어근을, 말하자면 인간 정신 자체에서 나온 어근을 갖고 있다.

첫째로 언어의 직접적인 창조이다.

여기에 언어가 갖는 신비성이 있다. 어떻게 해서인지, 또 왠지 그 이유를 알 수 없지만 아무튼 어떤 형상을 갖게 되는데 이런 말로 표현하는 것, 그것이야말로 인간의 모든 언어의 원시적 기반 곧 하나의 화강암층이라고 할 수 있다.

은어는 그러한 종류의 언어로 가득 차 있다. 그것은 가장 직접적인 언어이며 어느 누군가의 힘으로 갑자기 창조된 것이기 때문에 어원도 없고 유추도 없고 파생도 없고 고립되고 야만적인, 때로는 추하게 일그러진 언어이나 대단히 강한 표현력을 가지고 싱싱하게 살아 있다.

예를 들어 사형 집행인은 'le taule', 숲은 'le sabri', 공포와 도주는 'taf', 하인은 'le larbin', 장군, 지사, 대신들은 'pharos', 악마는 'le rabouin'이라고 한다. 사물을 은폐하는 동시에 사물을 나타내는 이들 은어만큼 불가사의한 것은 없다. 몇 가지 말, 예를 들어 'le rabouin' 같은 말은 기괴한 동시에 매우 무서워 마치 외눈박이 거인의 찡그린 얼굴을 보는 듯한 느낌이 든다.

두 번째는 비유이다.

모든 것을 표현하는 동시에 모든 것을 은폐하려는 이 언어의 특징은 비유적 전용이 매우 풍부하다. 비유는 하나의 일을 꾸미는 도둑과 탈주를 계획하는 죄수가 도망쳐 숨는 수수께끼이다. 은어만큼 비유가 풍부한 관용어는 다시 없다. 'Dévisser le coco(야자나무 열매를 뽑는다)'는 목을 비튼다로, 'tortiller (비튼다)'는 먹다로, 'être gerbé(다발로 묶는다)'는 재판을 받다로, 'un rat (쥐)'는 빵도둑으로, 'il lansquine'는 비가 온다로 표현한다.

이 제일 마지막 말은 매우 오래되고 기발한 비유적 전용으로 그것이 만들어진 연대도 밝혀져 있다. 그것은 비스듬히 쏟아지는 긴 빗발을 lansquenets(15세기 무렵 독일 병졸)가 밀집해 서서 창을 비스듬히 들고 서 있는 모습에 비유한 말로 'il pleut des hallebardes(비가 창처럼 쏟아진다)'는 속어의 환유를 한 마디로 표현하고 있다. 때로는 은어가 제1기에서 제2기로 옮겨감에 따라 그 말도 야만과 원시 상태에서 비유 상태로 변하는 수가 있다.

예를 들어 악마는 'le rabouin'이 아닌 것이 되고 'le boulanger(빵집)', 아궁이에 넣는 사람으로 변한다.

새로운 말은 낡은 것에 비해 매우 재치가 있긴 하나 웅장한 맛에서는 대단히 떨어진다. 그건 마치 꼬르네이유 뒤에 나타난 라신 같기도 하고, 에스킬로스 다음에 나타난 유리피데스 같기도 하다. 또 몇 개의 은어는 그 두 시기에 걸쳐 야만의 성격과 비유의 성격을 함께 갖추고 있어 마치 환상을 보는 것 같은 경우도 있다.

예를 들어, 'Les sorgueurs vont sollicer des gails à la lune'(les rôdeurs vont voler des chevaux la nuit)'(부랑자들은 한밤중에 말을 훔치러 간다). 이러한 말은 꼭 유령의 무리처럼 사람의 마음 앞을 통과한다. 무엇이 지나갔는지 눈에는 보이나 정체는 알 수 없다.

셋째로 연구다.

은어는 일상 쓰는 말에서 생긴다. 은어는 보통 쓰는 말을 멋대로 응용하고 재료를 닥치는 대로 끌어내와 필요에 따라서 이따금 그 의미를 조작하고 간단하게 바꾸어 버린다. 그리고 때로는 그처럼 형태를 바꾼 상용어와 순수한 은어를 서로 혼합하여 앞서 말한 직접적인 창조와 비유의 두 요소를 동시에 느낄 수 있는 생생한 글귀로 만들어내는 일도 있다.

예를 들어, 'Le cab jaspine, je marronne que la roulotte de Pantin trime dans le sabri,'는 le chien aboie, je soupçonne que la diligence de Paris passe dans le bois(개가 짖는다. 빠리로 가는 역마차가 숲속을 지나는 모양이다).를 뜻한다. 또 'Le dab est sinve, la dabuge est merloussière, la fée est bative.'는 le bourgeois est bête, la bourgeoise est rusée, la fille est jolie(주인은 바보다. 마누라는 교활하다. 딸은 예쁘다).는 뜻이다.

대부분의 경우, 듣는 사람을 속이기 위해 은어는 보통 쓰는 온갖 말에 일종의 천한 꼬리, aille, orgue, iergue, uche 같은 모호한 어미를 붙인다. 예를 들어 'Vousiergue trouvaille bonorgue ce gigotmuche?'는 Trouvez-vous ce gigot bon? (이 지고(양의 볼기/다리 고기)가 마음에 드오?)를 뜻한다. 이 말은 도둑 카르뚜슈가 간수에게, 탈옥하기 위해 그 간수에게 바친 금액이 마음에 들었는가 어떤가를 물어본 말이다. 또 최근에 와서는 'mar'라는 어미도 쓰이기 시작했다.

은어는 부패의 관용어이기 때문에 급속히 부패해 간다. 더구나 은어는 항상 몸을 감추려 하고 있으므로 세상이 다 알았다고 생각되면 그 즉시 변형한다. 다른 모든 식물과 반대로 이 식물은 조금만 햇빛을 받으면 곧 말라 버리고 마는 것이다. 그 때문에 은어는 끊임없이 분해되고 다시 조직된다. 결코 쉬는 법 없이 숨어서 작업을 바쁘게 계속하는 것이다. 보통 말이 10세기나 걸려 도달하는 수많은 길을 은어는 겨우 10년에 도달해 버린다.

이렇게 하여, 예를 들어 larton(빵)은 lartif가 되고 gail(말[馬])은 gaye가 되고, fertanche(짚)은 fertille, momignard(꼬마)는 momacque, siques(헌옷)은 frusques, chique(교회)는 égrugeoir, colabre(목)은 colas가 되었다. 또 악마는 처음엔 gahisto였던 것이 rabouin이 되고, 다시 boulanger로 변했다. 사제는 ratichon에서 sanglier로 변했다. 단검은 vingtdeux에서 surin으로, 다시 lingre로 변했다. 경관은 railles에서 roussins로, 다시 rousses로, 다시 marchands de lacets로, 다시 coqueurs로, 다시 cognes로 변했다. 사형 집행인은 taule에서 Charlot로, 다시 atigeur로, 다시 becquillard로 변했다.

17세기에는 se battre(서로 치고 받는다)는 'se donner du tabac(담배를 주고 받는다)'였는데, 19세기에는 'se chiquer la gueule(입을 서로 물어뜯는다)'로 되었다. 이들 새것과 낡은 것 두 표현 사이에는 몇 번인가 변화를 거쳤다. 까르뚜슈의 말을 라스네르는 잘 모를 것이다. 이 언어(은어)에 속한 모든 말은 그것을 쓰는 사람들과 똑같이 어디까지나 도망쳐 돌아다니는 것이다.

그러나 이따금 이 변화 때문에 오히려 낡은 은어가 다시 나타나 새로운 것이 되는 경우도 있다. 은어가 유지되는 중심지가 몇 군데 있다. 땅뻘 지방에는 17세기의 은어가 그대로 간직되어 있다. 비세트르 지방은 감옥이 있는 동안은 뛴느 단의 은어가 그대로 남아 있었다. 거기서는 옛날 뛴느 단이 사용하던 'anche'라는 어미를 들 수 있었다. 이를테면 Boyanches-tu? (bois-tu? 마실래?), 'il croyanche' (il croit. 그는 믿는다)와 같은 것이 있다. 그러나 역시 끝없는 변화는 은어가 갖는 법칙이다.

만일 철학자가 끊임없이 소멸해가는 이 말들을 잠시 고정시켜 관찰해 보면 그는 아마 대단히 가슴 아픈, 그러나 퍽 유익한 명상에 잠길 수 있을 것이다. 이처럼 유효하고 시사하는 바가 풍부한 연구는 다시 없다. 은어의 비유나 어원은 모두 하나의 교훈을 내포하고 있다. 은어를 얘기하는 사람들 사이에서 'battre(친다)'는 'feindre(~체하다)'는 뜻이다. 그래서 on bat une maladie. '사람이 병을 친다', 즉 '병든 체한다'고 한다. 책략이 그들의 힘인 것이다.

 그들에게 인간에 대한 관념은 어둠의 관념과 불가분의 관계에 있다. 그들은 밤을 'la sorgue'라고 한다. 그리고 인간은 'l'orgue'라고 한다. 인간이란 말은 밤이란 말에서 파생된 것이다.

 그들은 사회를 자기들이 살해당하는 대기로 보고 거역할 수 없는 힘으로 보는 습관이 몸에 배어 있기 때문에 보통 사람이 자기 몸의 건강을 얘기하듯 자기들의 자유에 대해 얘기한다. 체포된 자는 하나의 'malade(병자)'이며 언도를 받은 사람은 하나의 'mort(죽은 사람)'이다.

 사방 돌벽 속에 갇힌 죄수에게 무엇보다 무서운 것은 금욕을 강요당하는 차디찬 얼음처럼 순결한 생활이다. 때문에 죄수들은 땅굴 감방을 가리켜 'castus(순결)'라고 한다. 그 음울한 장소에 외부 생활의 환영이 나타날 때, 그 환영은 언제나 형언할 수 없는 즐거운 모습을 띤다. 죄수는 발에 쇠고랑을 차고 있다. 그런 죄수들이 인간은 발로 걷는다고 생각한다고 보는가? 천만에. 죄수들은 발로 춤을 춘다고 생각한다. 때문에 그들은 족쇄가 용케 끊어졌을 때 제일 먼저 '자아, 이제 나는 춤을 출 수 있다'고 생각한다.

 그래서 죄수들은 줄칼을 'bastringue(춤출 수 있는 싸구려 선술집)'라고 부른다. 또 'nom(이름)'이란 말은 'centre(중심)'라고 하는데 이것은 깊은 동화(同化)이다. 악한은 두 개의 머리를 가지고 있다. 하나는 자신의 행동을 생각하는 머리, 곧 일생 동안 그를 이끌어주는 머리이고, 또 하나는 죽는 날 어깨 위에 놓인 머리이다. 악한은 죄악을 자극하는 머리를 'sorbonne(소르본느)'라고 하고, 죄악을 보상하는 머리를 'tronche(크리스마스 전날 밤에 때는 장작)'라 한다.

 인간이 몸에 누더기밖에 걸친 것이 없고 마음에 악덕밖에 품은 것이 없게 됐을 때, 물질적인 타락과 정신적인 이 두 타락 곧 'gueux'라는 말이 뜻하는 두 가지 의미(거지, 건달)로 타락했을 때, 그 인간은 죄악 일보 직전에까지 가 있다.

 그는 말하자면 날이 잘 선 칼과 같다. 그는 빈곤과 악의라는 두 칼을 가지고 있다. 그 때문에 은어는 그러한 인간을 'un gueux'라 하지 않고 'réguisé(잔뜩 날이 선 것)'라고 한다. 도형장이란 무엇인가? 영겁을 두고 벌의 불길이 타오르는 장소, 바로 지옥 그것이다. 때문에 도형수들은 스스로 자신을 'fagot(장작 다발)'라고 부른다.

마지막으로 악인들은 감옥에 어떤 명칭을 붙였는가 알아보자. 그들은 감옥을 'le collège(학원)'라고 부른다. 모든 감옥 조직은 이 말에서 나왔다고 해도 좋다.

도둑에게도 그의 육탄(肉彈)이 있다. 즉 도둑의 먹이가 되는 것으로 도둑질할 수 있는 재료, 곧 여러분, 나, 그 외 누구나 그곳을 지나가는 사람을 가리킨다. 그것을 그들은 'pantre'라고 한다('pan'이란 모든 사람이라는 뜻이다).

독자들은 노역장에서 부르는 노래의 대부분, 즉 특수한 용어로 'lirlonfa'라 하는 후렴이 어디에서 생겼는지 알고 싶다고 생각한 일이 없는가? 거기에 대해서는 다음 얘기를 들어 주기 바란다.

빠리 샤뜰레 감옥에는 길고 큰 하나의 굴이 있었다. 그 굴은 세느 강의 수면보다도 8피트나 낮았다. 창도 없거니와 환기구도 없고 출입구만이 하나 달랑 열려 있었다. 사람은 안에 들어갈 수 있었으나 바깥 공기는 전혀 통하지 않았다. 그 굴의 천장은 돌로 둥글게 되어 있었고 바닥은 10인치 정도 두께의 진창이었다. 옛날엔 돌이 깔려 있었으나 물이 스며나오기 때문에 바닥 돌이 썩어 산산이 갈라져 있었다.

바닥에서 3피트쯤 높이에 길고 둥근 들보가 지하도 한 쪽에 이 끝에서 저 끝으로 가로 걸려 있었다. 그 들보에 일정한 간격을 두고 길이 약 3피트의 사슬이 늘어져 있고 그 사슬 끝에는 쇠 목고리가 달려 있었다.

징역 언도를 받은 죄수들은 뚤롱 항으로 출발하는 날까지 그 굴속에 갇혔다. 그들은 그 들보 밑으로 내몰려 한 사람씩 어둠 속에 흔들리는 사슬에 묶였다. 사슬은 꼭 팔처럼 늘어져 있고 목 매다는 쇠고리는 손처럼 벌려 비참한 그들의 목을 꽉 잡았다. 자물쇠를 채워 그들은 거기에 갇히게 되었다. 사슬이 짧기 때문에 그들은 누울 수도 없었다. 그들은 그 어두운 굴속 들보 밑에 꼼짝도 못하고 선 채 마치 매달린 것 같은 모양으로 빵이며 물병을 잡는 데도 무척 애를 쓰지 않으면 안되었다.

머리 위에는 둥근 천장이 덮여 있고 진창에 무릎까지 빠지고, 배설물은 발위로 그대로 흘러 내리고, 허리와 무릎도 겨우 굽히고 극도로 피로에 지쳐 쉬기 위해서는 두 손으로 사슬을 움켜쥐고 있어야 했으며, 잠도 선 채로 자야 했고, 그것도 쇠목고리가 목을 조르는 아픔 때문에 쉴새없이 깨어야 했다.

그들은 그 들보 밑에 들어가 한 사람씩 어둠 속에 흔들리는 사슬에 묶였다.

몇 사람은 끝내 눈을 뜨지 않았다. 뭘 먹으려면 진창에 던져진 빵을 발뒤꿈치를 이용해 정강이로 손이 미치는 곳까지 끌어올려야 했다. 그들은 얼마나 그러고 있어야 했던가? 한 달, 두 달, 아니, 어떤 때는 반 년이나 있었다. 한 사람은 1년이나 남아 있었다.

그곳은 말하자면 항구 감옥의 대기실이었다. 국왕의 토끼를 훔쳤다는 죄목으로 거기 갇힌 사람도 있었다. 그 지옥의 무덤 구덩이 속에서 그들은 대체 무엇을 하고 있었을까? 무덤 속에서 할 수 있는 일을 하고 있었다. 모두 죽어 가고 있었다. 또 지옥 속에서 할 수 있는 일을 하고 있었다. 즉 노래를 부르고 있었다. 이미 희망이 사라진 곳에도 노래는 남아 있기 때문이다.

말타 섬의 바다에서는 징역선이 가까이 오면 노젓는 소리보다도 노래 소리가 먼저 들려왔다. 샤뜰레 지하 감옥을 거쳐온 가련한 밀렵자 쉬르뱅쌍은 다음과 같이 말했다. '나를 지탱해 준 것은 운율이다.' 시는 아무 소용이 없다. 운율이 무슨 소용이란 말인가? 하고 사람들은 말할지 모른다.

그러나 대부분의 은어의 노래가 생긴 것은 바로 이 지하실이었다. 'Timaloumisaine, timoulamison(띠말루미젠느, 띠물라미종)'이라는 몽고메리 항구의 저 슬픈 후렴이 생겨난 것도 바로 이 빠리의 대 샤뜰레 감옥 지하 감방이다. 그러한 샹송의 대부분은 우울하나 개중에는 명랑한 것도 있고 또 때로는 다음과 같이 부드러운 사랑의 노래도 있다.

    Icicaille est le théâtre
    Du petit dardant.
    여기는 무대로다
    작은 사수의(큐피드)

누가 어떻게 하든 인간의 마음에 영원히 남는 것, 사랑을 없앨 수는 없을 것이다.

어두운 행위로 가득 찬 그 사회에서는 누구나 자기의 비밀을 지킨다. 비밀, 그것은 모든 사람의 공유물이다. 비밀은 그런 비참한 사람들에게는 단결을 이루는 하나의 기초가 된다. 비밀을 누설하는 것은 그러한 거친 공동체의 정원에서 뭔가를 뺏어내는 것과 같다. 그래서 밀고하는 것을 강한 은어로는 'manger le morceau(한 조각을 먹는다)'고 한다. 밀고자란 마치 수 명의 몸뚱아리에서 살점을 뜯어내 제 몸을 살찌우는 것과 같다는 뜻이다.

따귀를 맞는 것은 무엇인가? 평범한 비유는 대답한다. 'C'est voir trente-six chandelles(그것은 서른 여섯 자루의 촛불을 보는 것과 같다.)' 그러면 은어는 옆에서 이와 같이 말한다. 'Chandelle(촛불)는 'camoufle'라고 한다.' 그 말을 들으면 일상어도 곧 'soufflet(따귀 때리는 것)'의 동의어로서 'camouflet'라는 말을 쓰기 시작한다. 이처럼 아래에서 위로 침투하여, 또 비유라는 예측할 수 없는 과정의 부축을 받아 은어는 동굴에서 아카데미까지 올라간다. 그리하여 뿔라이에가 'J'allume ma camoufle(나는 촛불을 켠다)' 하니까 그 영향을 받은 볼떼르는 곧 'Langleviel La Beaumette mérite cent camouflets(랑글르비엘 라 보메뜨는 100번 따귀를 맞아 마땅하다)'고 썼다.

은어를 조사하다 보면 여기저기에서 뭔가가 발견된다. 이 불가사의한 관용어를 연구하며 차츰 깊이 들어가노라면 마침내 정상적인 사회와 저주받은 사회의 신비한 교차점에 도달하게 된다.

은어, 그것은 그대로 노역수가 된 말이다. 인간의 사고력이 이토록 깊은 구렁텅이에 떨어져 그 깊은 곳에서 암담한 운명의 학대에 질질 끌려다니고 꼼짝 못하게 묶이고 정체를 알 수 없는 사슬에 묶이게 되다니 정말 생각만 해도 놀라운 일이다.

아아, 비참한 인간들의 가련한 사상이여!

이 어두운 그늘 속의 영혼을 구해 줄 사람은 아무도 없는가? 정신의 지도자를, 해방자를, 페가수스와 히포크리프스를 탄 거대한 기수를, 날개를 벌리고 푸른 하늘에서 날아 내려오는 빛나는 전사를, 찬란한 미래의 기사를 언제까지나 기다려야 하는 것이 그들 영혼의 운명인가? 이상이라는 빛나는 창을 향해 늘 헛된 구원만을 빌어야 하는가?

'악'이 깊숙한 심연 속으로 무서운 발소리를 내며 가까이 다가오는 소리를 듣고, 그 냉혹한 머리와 거품을 문 무서운 입이, 발톱과 퉁퉁한 몸뚱이와 둘둘 감은 꼬리를 가진 괴물이 더러운 물 속으로 차츰차츰 가까이 다가오는 것을 보는 것이 그러한 영혼에게 정해진 운명인가? 그 영혼은 빛도 없고, 희망도 없고, 무서운 괴물에게 쫓기며 공포에 떨고 머리를 풀어헤치고 팔을 비틀며 밤의 바위에 영원히 묶인 채 있어야 하는가? 아아, 암흑 속에 흰 알몸을 띄우고 있는 비참한 안드로메다여!

우는 은어와 웃는 은어

이상에서 알게 된 것처럼 400년 전의 은어나 오늘날의 은어나 모든 은어는, 슬픈 모습을 주기도 하고 혹은 위협하는 모습을 주기도 하여 내내 상징의 어두운 정신으로 일관되어 있다. 거기에서는 꾸르데 미라끌의 무뢰한들 이후 줄곧 차지해 온 오래된 거친 비애가 느껴진다.

그들은 그들만의 트럼프로 노름을 하고 있었는데 그 중 몇 장은 오늘날까지 보존되어 있다. 예를 들어 클로버의 8은 클로버의 커다란 잎사귀 여덟 장을 이어 붙인 큰 나무를 그린 것인데 그대로 숲속의 환상적인 의인화 같았다. 이 나무의 뿌리 근방에는 불이 붙어 있고 토끼 세 마리가 한 사냥꾼을 꼬챙이에 꿰어 굽고 있다. 그리고 그 뒤에는 또 한 무더기 불이 타고 있는데 그 위에 걸려 있는 김이 무럭무럭 나는 냄비에는 개 대가리가 나와 있다. 밀수입자를 화형에 처하고 위조지폐자를 가마솥에 삶는 형벌을 비유한 트럼프의 그런 복수화(復讐畫)보다 더 처참한 것은 없다.

은어의 왕국에서 사상이 갖는 갖가지 형태는 그것이 비록 노래이거나 야유이거나 위협이거나 모두 억눌려 무력한 성질을 띠고 있다. 그런 노래의 선율 몇 개는 아직도 남아 있으나 그것들은 어느 것 할 것 없이 은근하고 눈물이 날 정도로 처량한 것들뿐이다.

도둑들은 스스로 '불쌍한 놈들'이라고 한다. 그들은 항상 숨어야 하는 토끼이며, 도망치는 생쥐이며, 달아나는 작은 새이다. 그들은 저항하는 소리도 거의 내지 않는다. 다만 한숨만을 내 쉴 뿐이다. 한탄하는 그 소리 하나가 지금까지 전해 내려오고 있다. Je n'entrave que le dail comment meck, le daron des orgues, peut atiger ses mômes et ses momignards et les locher criblant sans être atigé lui-même(어찌하여 인간의 아버지이신 신이, 자기 아들이며 손자가 괴로움에 슬피 우는 소리를 들으면서도 자기는 조금도 괴로워하지 않는지 알 수 없다.)

비참한 자는 생각에 잠길 여가가 있을 때마다 법률 앞에서는 몸이 오그라들고 사회 앞에선 비굴해진다. 그는 엎드리고 애원하며 자비의 얼굴을 우러

러본다. 그가 자신의 죄를 알고 있다는 것을 충분히 느낄 수 있다.

그러나 18세기 중엽쯤 되자 하나의 변화가 일어났다. 감옥의 노래, 즉 도둑들의 노래가 갑자기 명랑하고 뻔뻔스런 모습을 띠게 된 것이다. 후렴도 한탄조의 슬픈 'maluré(말뤼레)'에서 갑자기 'larifla(라리플라)'로 바뀌었다. 18세기에는 항구의 감옥이거나 노역장이거나 징역선에서 흘러나오는 노래 거의 모두가 악마의 신비한 쾌활성을 띠었다. 이러한 노래 중에는 마치 인광(燐光)처럼 어렴풋이 빛나고 또 피리를 부는 도깨비에 홀려 숲속에 던져진 것 같이 팔딱팔딱 뛰고 날카로운, 다음과 같은 후렴도 들을 수 있다.

Mirlababi, surlabado,
Mirliton ribon ribette,
Surlababi, mirlababo,
Mirliton ribon ribo.
미를라바비 쉬를라바도,
미를리똥 리봉 리베뜨,
쉬를라바비, 미를라바보,
미를리똥 리봉 리보.

이것은 감옥과 숲 한구석에서 죄수들이 목이 터져라 부르던 노래이다.

중대한 징조가 나타났다. 18세기가 되자 이 우울한 계급에서 옛 우수는 말끔히 사라져 버렸다. 그들은 웃기 시작했다. 그리고 위대한 meg(신)와 위대한 dab(왕)을 비웃었다. 루이 15세 시대가 되자 그들은 프랑스 국왕을 'le marquis de Pantin(빵땡 후작)'(빵땡은 은어로 빠리를 가리 / 키므로 빠리 후작이라는 뜻)이라고 불렀다. 그들은 명랑성을 거의 되찾은 것이다. 이미 양심의 가책 같은 건 전혀 받지 않는 듯 쾌활한 빛마저 그들 마음에서 발산되었다.

그러한 어두운 그림자 종족들은 이제는 단지 행위면에서만 절망적인 대담성을 갖게 된 것이 아니라 정신면에서도 무신경한 대담성을 갖게 되었다. 그것은 그들이 죄의식을 잃었다는 증거이고 사상가들이며 몽상가들 사이에서조차 그들에 대한 어떤 무의식적인 지지가 나타난 것을 그들 자신도 느꼈다는 증거이다. 도둑질이나 약탈이 주의(主義)나 궤변 속에까지 침입하기 시작하여 마침내는 그 자체의 추악함을 얼마간 상실하고 그 대부분을 주의나 궤변으로 옮기게 된 증거이다. 또 마지막으로 만약에 아무런 전환도 일어나지 않는다면 그 어떤 놀라운 시대가 차츰 다가오고 있다는 증거이기도 하다.

잠시 다른 얘기지만 작가는 여기서 지금 누구를 비난하고 있는 건가? 18세기를? 그 철학을? 물론 그건 아니다. 18세기의 사업은 지극히 건전하고 훌륭하다. 디드로를 위시한 백과전서파, 뛰르고를 위시한 중농주의자들, 볼떼르를 위시한 철학자들, 루소를 위시하여 유토피아를 꿈꾸는 사람들, 이들은 네 개의 신성한 군단이다. 광명을 향한 인류의 위대한 전진은 바로 그들의 힘이다. 그들은 진보의 네 기본 방향을 향해 전진하는 인류의 네 개 전위이다. 디드로는 아름다운 것을, 뛰르고는 유일한 것을, 볼떼르는 진실한 것을, 루소는 올바른 것을 지향하고 있다.

그런데 철학자 옆과 밑에는 궤변학자라고 하는 건전한 생장 과정에 섞인 유독 식물이, 즉 처녀림 속의 독당근이 있다. 사형 집행인이 재판소의 계단 위에서 세기를 해방하는 수많은 대저서를 태우고 한편에서는 오늘날 이미 잊혀진 저술가들이 국왕의 특허를 받고 이상하게 질서를 흩뜨리는 정체를 알 수 없는 책을 출판하고 또 비참한 자들은 그것을 정신없이 읽고 있는 것이다.

괴이하게도 군주의 보호를 받고 간행된 그러한 책 몇 권은 지금도 《비밀 총서》에 남아 있다. 이러한 의미깊은 사실들은 세상에 알려지지 않았고 또 표면에도 전혀 나타나지 않았다. 어떤 경우에는 사실이 세상에 알려지지 않았기 때문에 오히려 위험한 것도 있다. 그것은 땅속 깊이 감추어져 있기 때문에 세상에 알려지지 않은 것이다. 그러한 저술가 중 당시 민중 속에 가장 해로운 갱도를 파들어간 자는 아마 레스띠프 드 라 브로똔느였을 것이다.

그러한 작업은 전유럽에 걸쳐 일어났으나 특히 독일에 피해를 더 많이 입혔다. 독일에서는 실러가 유명한 희곡 《군도》 속에서 요령 있게 그리고 있는 동안, 도둑질과 약탈이 마치 사유권과 노동에 대한 항의인 양 횡행하고, 그럴 듯하지만 그릇되고, 겉보기엔 정당한 듯 하나 실제는 부조리한 몇 개의 기초 관념을 흡수하여 그런 관념에 휩싸여 그 속에서 정체를 감추는 추상 명사의 특색을 띠고 학설의 위치에 올라, 마침내 그 혼합제를 조합한 화학자들도 모르는 사이에, 또 그것을 복용하는 민중들도 모르는 사이에, 근면하고 고민하는 착실하고 정직한 민중 속으로 널리 퍼져 갔던 것이다. 이러한 사실이 발생할 때 그 결과는 항상 매우 중대하게 마련이다.

고뇌는 분노를 낳고 그리고 부유한 계급이 맹목에서인지 아니면 잠이 들어서인지 어쨌든 눈을 감고 있는 동안, 불행한 계급의 증오는 한쪽에서 몽상하는 비통한 정신, 악질의 정신에 불을 붙여 철저하게 사회를 조사하기 시작한다. 증오로 실행하는 조사. 참으로 무서운 일이다!

그러한 때 만일 시대가 불행을 요구한다면 전에 자끄리라는 명칭이 붙은 저 무서운 난리가 일어날 것이다. 그러한 난리와 비교하면 단순한 정치적 동요 같은 건 아무것도 아니다. 그러한 난리는 이미 압제자에 대한 피압제자의 싸움이 아니고 안락에 대한 곤궁의 반란인 것이다. 그때 모든 것은 붕괴한다.

자끄리는 민중의 전율이다.

18세기 말 거의 전유럽에 절박했던 그 위험을 프랑스 대혁명이, 그 거대한 성실의 행위가 한꺼번에 끊어 버리고 만 것이다.

칼을 든 이상이라고 할 수 있는 프랑스 대혁명은 벌떡 일어나 재빠른 동작으로 단숨에 악의 문을 밀폐하고 선의 문을 활짝 열어놓았다.

대혁명은 곧 문제를 해결하고 진리를 선포하고 독기를 쓸어버리고 시대를 밝혀 민중에게 왕관을 씌웠다.

대혁명은 인간에게 제2의 영혼이라 할 수 있는 권리를 줌으로써 인간을 재창조했다고 할 수 있다.

19세기는 그 위업을 계승하고 그 덕을 입었다. 그 때문에 오늘날에는 방금 지적한 것과 같은 사회의 파국은 절대로 일어나지 않게 되어 있다. 오늘날 그러한 파국이 일어날 것이라고 예고하는 자는 장님이다. 그러한 파국을 두려워하는 자는 어리석은 자이다. 혁명은 자끄리를 예방하는 종두(種痘)인 것이다.

대혁명으로 사회는 일변했다. 봉건 제도와 군주 정치의 질병은 이미 우리들 피 속에는 배어 있지 않다. 우리의 국가 조직에는 이미 중세적인 것은 내포되어 있지 않다. 어떤 무서운 것이 무리져 내부에 만연하고, 발밑에 뭔가 괴상한 것이 이리저리 뛰어다니는 소리가 들리고, 두더지가 땅을 파듯 문명의 표면이 꿈틀꿈틀 솟아오르고, 땅이 갈라지고, 동물의 입이 떡 벌어지고,

괴물들의 머리가 땅속에서 쑥 나타나곤 하던 시대, 우리는 이미 그러한 시대에 있지 않다.

혁명의 의의는 곧 도덕의 의의이기도 하다. 권리에 대한 자각이 발달할 때 그건 또한 의무에 대한 자각을 발달시킨다. 로베스삐에르의 감탄할 만한 정의에 의하면 만인의 법칙은 자유라고 했는데 자유는 타인의 자유가 시작되는 데서 끝난다. 1789년 이래 민중 전체는 숭고한 개인이라는 틀 속에 확대해 왔다. 권리를 가지고 있으면서 빛을 가지고 있지 않은 가난한 사람은 이미 없다. 벌거숭이 가난뱅이조차 프랑스 인의 도리를 느끼고 있다. 시민의 품위는 곧 정신의 갑옷이다. 자유로운 자는 양심에 따르기 마련이다.

그리고 투표하는 자가 지배하는 것이다. 이로부터 결백성이 생기고 불건전한 갈망이 유산되며 비로소 사람들이 유혹 앞에서 영웅의 용기로 눈을 감을 수 있게 된다. 혁명이 인심을 정화시키는 힘은 대단한 것으로 7월 14일과 8월 10일 같은 해방의 날에는 더 이상 천민이라는 것은 없었다.

계몽되고 성장하는 민중이 제일 먼저 외치는 소리는 "도둑놈들에게 죽음을!"인 것이다. 진보란 정직한 인간이므로 이상이니 절대니 하는 것이 사람의 주머니를 노리지는 않는다. 1848년 뛸르리 궁의 보물을 실은 마차는 누가 호송했던가? 쌩 땅뜨완느 성 밖의 넝마주이들이었다. 넝마가 보물의 파수를 섰던 것이다. 덕(德)이 그 누더기를 걸친 자들을 찬연하게 비추었던 것이다. 그 마차들 속에는 거의 뚜껑이 닫히지 않은 궤짝, 그 가운데는 반쯤 열린 궤짝도 있었는데 그 속에는 찬란한 수많은 보석과, 왕위를 상징하는 석류석과 3천 프랑의 가치를 지닌 수정다이아몬드와 그 외에 온통 다이아몬드가 박힌 프랑스의 옛 왕관도 있었다. 그들은 맨발로 이 왕관을 지켰던 것이다.

따라서 자끄리는 다시는 일어나지 않는다. 책사들에겐 매우 안된 얘기이긴 하지만. 이리하여 낡은 공포는 마지막 일을 다 끝내고 이후 다시는 정치에 이용되지 않을 것이다. 붉은 유령을 조종하고 있던 그 커다란 용수철은 이미 망가지고 없다. 이제는 만인이 다 그것을 알고 있다. 이 허수아비는 이제 아무도 위협할 수 없게 되었다. 새들은 그 허수아비에 익숙해지고 풍뎅이는 그 위에 올라앉고 시민들은 그것을 비웃었다.

감시하고 희망하는 두 가지 의무

그렇다면 사회적 위험은 완전히 사라져 버린 것일까? 물론 그렇지는 않다. 자끄리는 일어나지 않는다. 사회는 그 점에서 안심할 수 있다. 이미 피가 거꾸로 머리 위로 올라가는 일은 없을 것이다. 그러나 사회는 이제 어떻게 숨을 쉴까 하는 문제로 고민하고 있다. 이제 기절할 걱정은 없으나 폐병은 아직 남아 있다. 사회의 폐병을 빈곤이라고 부른다.

사람은 순간의 충격으로 죽을 수도 있지만 또 차츰 쇠약해져 죽는 일도 있다.

작자는 지칠 줄 모르고 되풀이 말하고자 한다. 무엇보다 먼저 아무것도 없이 고생하는 사람들의 처지를 생각할 것, 그들을 위로할 것, 그들에게 공기와 빛을 줄 것, 그들을 사랑할 것, 그들을 위해 넓찍하게 지평선을 펼쳐 줄 것, 온갖 형식으로 아낌없이 교육을 베풀어 줄 것, 그들에게 부지런한 예를 보여 줄 것, 결코 게으른 예를 보여 주지 말 것, 보편된 목적의 관념을 증대하는 동시에 개인의 짐을 덜어줄 것, 부를 제한하지 말고 가난을 제한할 것, 공중을 위한, 민중을 위한 넓은 활동 분야를 만들 것, 브리아레우스의 100개의 손처럼 피로하고 여윈 자들을 사방에서 어루만져 줄 것, 공장을 모든 기술자에게 개방하고 학교를 모든 재능에 개방하고 실험실을 모든 지력에 개방하는 위대한 의무를 수행하기 위해 집단의 힘을 쓸 것, 임금을 높일 것, 노고를 덜어 줄 것, 채무와 채권을 평균화시킬 것, 다시 말해 향락을 노력과 균형을 이루게 하고 만족을 요구와 맞게 할 것, 한 마디로 말해 고통을 당하는 사람과 무지한 사람들을 위해 한층 큰 광명과 복리를 사회 조직에서 끌어낼 것, 이것이야말로 동정심 많은 사람들이 잊어서는 안되는 국민의 첫째 가는 의무이며 이기적인 사람들이 알아야 하는 정치의 급선무이다.

다시 말하거니와 이상과 같은 모든 일은 아직 시작일 뿐이다. 진정한 문제는 노동이 하나의 권리가 되지 않는 한 절대로 하나의 법칙은 될 수 없다는 것에 있다.

그러나 지금은 그것을 역설하지 않겠다. 여기는 그런 장소가 아니니까.

자연을 섭리라고 부른다면 사회는 선견(先見)이라고 불러야 할 것이다.

지성과 도덕의 발달은 물질적 개선과 마찬가지로 반드시 필요하다. 지식은 하나의 양식이며 사상은 하나의 필요물이며 진리는 곡식 같은 영양분이다.

학문과 지혜를 섭취하지 않는다면 이성은 여위어 버린다. 굶은 위와 마찬가지로 굶은 정신도 불쌍히 여겨야 한다. 빵을 못 먹어 죽어 가는 육체보다 더 애처로운 것이 있다면 그것은 광명에 굶주려 죽어 가는 영혼일 것이다.

모든 진보는 그 해결을 지향하고 있다. 언젠가 사람들은 깜짝 놀라게 될 것이다. 인류가 향상해 가는 한 깊은 지층도 반드시 궁핍의 지대를 탈출해 나올 것이다. 가난과 고통을 없애는 길은 오직 민중의 수준을 높여야만 가능하다.

이 축복받은 문제 해결, 이것을 의심함은 잘못이다.

과거는 실로 현재에도 역시 강한 힘을 미치고 있다. 과거는 여전히 숨을 쉬고 있다. 죽은 시체의 이러한 소생은 정말 놀라운 일이다. 이제 그것은 걸음을 떼어 이리로 차츰 다가오고 있다. 그는 언뜻 승리자처럼 보인다. 그 죽은 자는 정복자인 것이다. 그는 그의 군사인 미신을 이끌고 그의 칼인 전제주의를 휘두르며 그 깃발인 무지를 내걸고 쳐들어오고 있다. 그는 벌써 열 번이나 전쟁에서 승리를 거두었다. 그는 전진하고 위협하고 비웃으며 우리들 문앞으로 육박해 온다. 그러나 그렇다고 우리는 절망하진 않는다. 한니발이 야영하는 들판은 팔아 버리면 그만이다.

신념을 가진 우리가 무엇을 두려워할 것인가?

강물이 거슬러 흐르지 않는 것처럼 사상도 역행하는 법이 없다.

그러나 미래를 바라지 않는 사람들은 이 자리에서 반성해야 할 것이다. 진보를 향해 "아니"라는 말을 할 때 그들이 받는 벌은 미래가 아니라 그들 자신이다. 그들은 자신에게 어두운 병을 주는 것이다. 과거에 감염되는 것이다. '내일'을 거부하는 길은 오직 하나, 죽는 길밖에 없을 것이다.

그러나 작자는 어떠한 죽음도 오지 않을 것을, 육체의 죽음은 될 수 있는 대로 늦어지고 영혼의 죽음은 영원히 오지 않기를 바라고 있다.

그렇다. 머잖아 그 수수께끼는 풀릴 것이고 스핑크스는 입을 열기 시작하고 문제는 해결될 것이다. 그러나 18세기에 소묘된 '민중'은 결국 19세기에 와서 완성될 것이다. 그것을 의심하는 자는 백치다! 미래의 개화, 차츰 다가오는 만인행복의 개화, 그것은 신이 정한 지극히 당연한 현상이다.

전체의 측량할 길 없는 추진력은 인류의 모든 행위를 통치하고 정해진 시간에 그것들을 논리적인 상태로, 안정되고 공정한 상태로 이끌 것이다. 땅과 하늘이 이루어낸 하나의 힘이 인류에게 생겨 마침내 인류를 지배할 것이다.

그 힘이야말로 기적을 낳는 힘이다. 그 힘이라면 이상한 급변과 함께 힘 안 들이고 놀랍게 해결할 수 있다.

인간의 학문과 신의 도움을 받아 이루어지는 그 힘은 속인이 해결할 수 없는 문제 설정 속의 모순에도 거의 놀라지 않는다. 그 힘은 몇 개의 관념을 연결지어 하나의 해결을 하는 데 능숙하고 또 몇 개의 사실을 연결지어 교훈을 이끌어내는 데도 능숙하다. 그러므로 사람은 그 신비한 진보의 힘에서 모든 것을 기대할 수가 있는 것이다. 언젠가 그 힘은 무덤 밑바닥에서 동양과 서양을 대면시키고 대 피라미드 속에서 이맘(회교국의 군주들)과 보나빠르뜨를 서로 얘기하게 할 것이다.

그때까지는 정신의 웅장한 전진에는 잠깐의 정지도 없고 주저도 없고 멈추어 설 틈도 없다. 사회 철학은 본질적으로 평화의 학문이다. 그것은 적대 행위를 연구하여 분노를 해소할 것을 목적으로 하고, 또 그 결과를 실현하지 않으면 안된다. 그것은 조사하고 연구하고 분석하고 그 다음 재조직한다. 그것은 환원의 방법을 실행하면서 모든 것에서 증오를 제거한다.

하나의 사회가 인간을 덮치는 광풍 때문에 침몰해 가는 것은 이미 여러 번 보아왔다. 역사는 민족이며 제국이 난파된 기록으로 가득차 있다. 풍속이며 법률, 종교 같은 모든 것이 하루 아침에 큰 회오리라는 미지의 것이 닥쳐와 흔적도 없이 쓸어가 버리는 것이다.

인도, 갈리아, 페르시아, 아시리아, 이집트의 문명은 차례차례 사라져 갔다. 왜인가? 우리는 그것을 모른다. 그 재난들의 원인이 무엇인가? 그것도 우리는 모른다. 그 사회들은 끝내 구출될 수 없었는가? 그들 자신에게 과오가 있었는가? 뭔가 치명적인 악덕을 고집하여 그것 때문에 파멸한 것인가?

한 국가나 한 종족의 그러한 파멸 속에는 얼마만큼 많은 자살이 내포되어 있는가? 이러한 모든 질문에 대답은 없다. 그림자가 처형된 문명들을 덮고 있다. 그것들은 물속으로 가라앉아 버렸다. 왜냐하면 지금은 바다 깊이 잠겨 있으니까. 그 이상 우리가 할 수 있는 말은 아무것도 없다.

바빌론, 니네베, 타르스, 로마 같은 거대한 배들이 과거라는 깊은 바다 밑으로, 세기라는 커다란 물결 속으로 사라져 가는 것을 상상할 때 우린 전율을 느끼지 않을 수 없다. 거기엔 어둠이 있으나 여기엔 광명이 있다. 우리는 고대 여러 문명의 병세를 알지 못하나 현대 문명의 병약점은 알고 있다.

우리는 그 문명 위에 골고루 빛을 비출 권리가 있다. 우리는 그것에서 아름다운 점을 찾아내고 추악한 점을 노출시킨다. 그리고 고통이 있는 데는 존데(sonde)를 넣어 진찰한다. 그래서 일단 병이 확인되면 그 원인을 규명하여 약을 발명한다. 우리의 문명은 과거 20여 세기가 만들어 낸 것이고 그것이 낳은 괴물인 동시에 기적이기도 하다. 그런 만큼 우리의 문명은 구원을 받을 만한 충분한 가치가 있다. 그것은 마침내 언젠가는 구원될 것이다. 그것을 구원하는 일은 대단히 힘들다. 그것에 빛을 더해주기는 더욱더 큰 일이다.

현대 사회 철학의 모든 노력은 남김없이 이 하나의 목적에 집중되지 않으면 안된다. 사상가는 오늘날 하나의 큰 의무가 있다. 그것은 문명을 제대로 진단하는 일이다.

되풀이하거니와 이 진단이야말로 사람을 격려한다. 그리고 우리는 비통한 드라마 사이에 낀 준엄한 간주곡인 이 몇 페이지를 이 격려의 강조로 끝을 맺을까 한다. 언젠가는 죽을 운명에 놓인 사회에서도 인류의 불멸은 느낄 수 있다. 여기저기 상처 자국 같은 분화구며 습진 같은 유기공(硫氣孔)이 있다 해도, 또 썩은 고름이 흐르는 화산이 있다 해도 그 때문에 지구가 죽는 일은 없다. 민중의 병이 인간을 죽일 수는 없다.

그런데도 사회의 임상 강의에 귀를 기울이는 사람은 누구나 이따금 머리를 흔들지 않고는 견딜 수 없다. 아무리 강한 사람이라도, 아무리 마음 착한 사람이라도, 아무리 논리적인 사람이라도 기력을 잃을 때가 있다.

미래는 과연 찾아올 것인가? 이토록 무서운 숱한 그림자를 보면서 우리는 실로 이렇게 자문하지 않을 수 없다. 이기주의자들과 비참한 자들의 어두운 대면이다. 이기주의자들의 내심에는 편견, 돈들인 교육이 초래하는 암흑, 도취로 인해 쌓여 가는 욕망, 번영에 빼앗긴 눈과 귀, 때로는 괴로워하는 사람들이 미워질 정도의 고통에 대한 공포, 충족되지 않는 욕망, 영혼을 막아 버릴 정도로 팽창한 자아 같은 것이 있다. 또 비참한 자들의 내심에는 갈망, 질투, 남이 즐거워하는 것에 대한 증오, 인간의 동물적 본능에 깊이 뿌리 박은 포만(飽滿)에 대한 욕구, 안개에 싸인 마음, 비애, 결핍, 불운, 불순하고 단순한 무지 같은 것이 있다.

그래도 여전히 눈을 들어 하늘을 봐야 하는가? 하늘에는 빛이 빛나고 있으나 그것도 마침내 사라져 갈 것인가? 이상이 그토록 넓고 깊은 곳에서,

혼자 눈에 보이지 않을 정도로 조그마하게 고립하여 빛나고는 있으나 무섭게 주위를 둘러싸고 있는 거대한 먹구름의 위협을 받으며 떠 있는 것은 참으로 보기에도 무섭다. 그래도 그것은 구름의 입에 삼켜질 듯 삼켜지지 않는 별처럼 사실은 전혀 위험한 것이 아니다.

제8편 환희와 비탄

넘치는 빛

독자도 이미 알다시피 에뽀닌느는 마뇽의 부탁으로 쁠뤼메 거리에 가서 거기 살고 있는 처녀가 누구인지 철책 너머로 확인하자 우선 악당들을 그 거리에서 멀리해 놓고 그 뒤 마리우스를 그리로 데리고 갔다. 마리우스는 그 철책 앞에서 며칠이나 황홀하게 서 있던 끝에 마치 자석에 끌리는 쇠붙이처럼, 사랑하는 사람을 그 애인 집 돌벽으로 이끄는 힘에 의해 줄리엣의 집에 들어간 로미오처럼 마침내 꼬제뜨의 정원 안으로 들어갔다. 그러나 마리우스의 경우는 로미오보다 훨씬 쉬웠다. 왜냐하면 로미오는 벽을 타고 넘어야 했지만 마리우스는 녹슨 구멍으로 노인의 이빨처럼 건들건들하는 삭은 철책 하나만 약간 밀어젖히면 되었기 때문이다. 마리우스는 몸이 호리호리했기 때문에 그리로 쉽게 들어갈 수 있었다.

그 거리에는 사람이 거의 다니지 않았고 게다가 마리우스는 밤에만 들어갔기 때문에 사람 눈에 띌 염려는 전혀 없었다.

한 번의 키스로 두 영혼이 굳게 맺어진 그 시간부터 마리우스는 매일 밤 그곳을 찾아갔다. 인생의 이 시기에 꼬제뜨가 분별없는 난잡한 남자와 사랑에 빠졌더라면 틀림없이 파멸해 버리고 말았을 것이다. 왜냐하면 여자 중엔 곧잘 몸을 내맡기는 관대한 성격의 소유자가 있는데 꼬제뜨도 그러한 여자 중의 한 사람이었기 때문이다. 여성의 관대함 가운데 하나는 상대에게 몸을 내맡기는 것이다. 사랑은 절대높이에 이를 때 정절(貞節)에 대해 이 세상 것이 아닌 맹목성을 내포하게 된다. 아아, 고귀한 영혼을 가진 여자들이여! 그대들은 얼마나 많은 위험을 당하는가? 그대들은 마음을 바치는데 남자들은 곧잘 육체만을 빼앗는 일이 있다. 그러면 마음은 여전히 그대들 안에 머물고 그대들은 몸을 떨며 어둠 속에서 그것을 지켜본다. 사랑에 중용은 없다. 사랑은 사람을 파멸시키든가 아니면 구원하든가 둘 가운데 하나다. 인간의 운명은 모두 이 딜레마로 끝나 있다. 그러나 파멸이냐, 구원이냐 하는 이 딜레마를 사랑만큼 가차 없이 인간에게 내리는 숙명은 또 없다. 사랑은 죽음이 아니면 삶이다. 요람도 되고 무덤도 된다. 똑같은 감정이 인간의 마음속에서 예라고도 하고 아니라고도 한다. 신이 만든 모든 것 가운데서 인간의 마음은 가장 풍부한 빛을 발산하기도 하려니와 가장 깊은 어둠을 낳기도 한다.

신의 뜻으로 꼬제뜨에게 주어진 사랑은 인간을 구원하는 사랑 가운데 하나였다.

1832년 그해 5월 내내 매일 밤마다 황량하고 쓸쓸한 이 정원에는 나날이 향기 높아가며 무성해지는 그 관목 덤불 아래서 모든 순결과 모든 순수로 이루어진 두 사람이 하늘의 온갖 축복을 받으며, 인간이라기보다는 거의 천사에 가까운 모습으로 청순하고 성실하게 도취되어 환하게 빛나면서 어둠 속에서 서로를 비추고 있었다. 꼬제뜨는 마리우스가 왕관을 쓰고 있는 것같이 보이고, 마리우스는 꼬제뜨 뒤에 후광이 비치고 있는 것같이 보였다. 두 사람은 서로 어루만지고 바라보고 몸을 가까이 댔다. 그러나 거기에는 늘 그 이상 넘을 수 없는 어떤 거리가 있었다. 그렇다고 서로 피하는 것은 아니었다. 두 사람은 그냥 그 이상은 알지 못했던 것이다.

마리우스는 순결이라는 장애를 꼬제뜨에게서 느끼고 있었고, 꼬제뜨는 성실이라는 지주를 마리우스에게서 느끼고 있었다. 최초의 키스는 그대로 최후의 키스가 되었다. 마리우스는 그 후 꼬제뜨의 손이나 목덜미나 머리카락에 가볍게 입술을 대는 이상의 일은 결코 하지 않았다. 그에게 꼬제뜨는 하나의 향기이지 한 사람의 여성은 아니었다. 그는 말하자면 그녀를 호흡하고 있었다. 꼬제뜨는 아무것도 거부하지 않았으나 마리우스는 아무것도 원하지 않았다. 꼬제뜨는 다만 행복하기만 했고 마리우스는 충족감에 가득 차 있었다. 두 사람은 영혼과 영혼의 도취라고 할 수 있는 황홀함 속에서 살아가고 있었다. 그것은 두 동정(童貞)이 이상 속에서 서로 껴안는 저 형언할 수 없는 최초의 포옹과 같은 것이었다. 두 마리의 백조가 융프라우 산정에서 만난 것이다.

사랑의 그러한 시기에, 즉 육욕이 황홀함 속에서 질식해버리듯 천사처럼 순결해진 마리우스가 만일 꼬제뜨의 드레스를 복사뼈까지 들어올릴 심정이 되었더라면, 그는 차라리 창녀의 집을 찾아갔을 것이다. 어느 날, 달빛이 환한 정원에서 꼬제뜨가 땅에 떨어진 무엇을 집어올리려고 몸을 굽혔을 때 벌어진 앞 가슴이 슬쩍 보이자 마리우스는 당황하여 눈길을 돌렸다.

그럼 이 두 사람 사이엔 어떤 일이 일어나고 있었는가? 아무 일도 없었다. 다만 서로 깊이 사랑하고 있을 뿐이었다.

밤에 그들이 거기 있을 때, 그 정원은 살아 있는 신성한 장소와 같았다. 온갖 꽃이 그들 주위에 활짝 피어 향기를 내뿜고 그들은 또 그들대로 영혼을 활짝 펴 꽃들 위에 펼쳤다. 분방하고 정열적인 식물들은 순결한 그 두 사람을 둘러싸고 바르르 떨고, 두 사람은 또 두 사람대로 사랑의 말을 주고받아 나무들을 떨게 만들었다.

그 이야기란 어떤 것이었을까? 그것은 하나의 숨결이었다. 그것뿐이었다. 그 숨결만으로 모든 자연을 휘젓고 흔들어 놓는 데 충분하였다. 나뭇잎을 흔들고 지나가는 바람에 연기처럼 사라져 가는 그러한 덧없는 속삭임에는 단순히 책 같은 걸 읽어서는 이해할 수 없는 하나의 마법과 같은 힘이 있었다. 두 연인의 그러한 속삭임에서 영혼이 연주하는 선율을, 하프처럼 그 속삭임에 반주를 하는 그 영혼의 선율을 빼앗아 버린다면 남는 것은 다만 그림자뿐이다. 사람들은 이렇게 말할 것이다. "아니! 겨우 그것뿐이야?" 그렇다. 그 속삭임은 지극히 유치하고 쓸데없는 반복이요, 하잘것없는 웃음이요, 바보 같은 농담이었지만 더없이 숭고하고 더없이 뜻깊은 말이었다. 말하고 또 들을 가치가 있는 오직 유일한 것이었다.

그런 하잘것없는 농담, 그런 쓸데없는 말을 한 번도 들은 일이 없는 인간, 한 번도 얘기해 본 일이 없는 인간이 있다면 그 인간이야말로 가장 바보스런 인간이며 재미없는 인간일 것이다. 꼬제뜨는 마리우스에게 이렇게 말했다.

"당신 알아요?"

(그 순결한 처녀성을 잃지 않은 채 이상과 같은 사이에서 두 사람은 서로 어떻게 얘기할지 몰라 고민하다가 이제는 완전히 서로 허물없는 말투를 쓰게 되었다.)

"제 진짜 이름은 외프라지예요."

"외프라지? 아니야, 당신 이름은 꼬제뜨야."

"아니에요! 꼬제뜨란 제가 어렸을 때 부르던 이름이에요. 진짜 이름은 외프라지에요. 외프라지란 이름, 당신 안 좋아요?"
"좋아⋯⋯. 하지만 꼬제뜨란 이름도 나쁘지 않은데."
"외프라지보다 그게 더 좋아요?"
"글쎄⋯⋯. 그런 것 같애."
"그럼 저도 그게 더 좋아요. 그러고 보니 참 귀여운 이름이에요, 꼬제뜨란. 이제부터 꼬제뜨라 불러 주세요."
 그러고 꼬제뜨는 방그레 웃었기 때문에 이 대화는 천국의 숲 속에 어울리는 목가가 되었다.
 또 어느 날, 그녀는 마리우스를 그윽이 바라보다 이렇게 소리쳤다.
"당신 정말 잘생기셨어요. 재치도 있고 조금도 빈틈이 없고 저보다 학식도 훨씬 많아요. 하지만 이 한 마디 말만은 저도 당신한테 결코 지지 않아요. '당신을 좋아해요!'"
 마리우스는 이 순간 푸른 하늘 한가운데로 올라가 하나의 별이 노래하는 소리를 듣는 것 같았다.
 또 어느 날, 그녀는 마리우스가 기침을 했다고 해서 살짝 때리는 시늉을 했다.
"기침하면 안 돼요. 저희 집에서 제 허락없이 기침을 하시면 어떻게 해요. 기침을 해서 저를 걱정하게 하다니 너무하시는군요. 난 당신이 늘 건강하시길 바라거든요. 당신이 건강하시지 않으면 전 무척 불행해요. 그렇게 되면 전 어떻게 하죠?"
 그러한 말도 전혀 꾸밈이 없는 청순한 말로 들리는 것이었다. 어느 날, 마리우스는 꼬제뜨에게 이렇게 말했다.
"난 말이오, 한참 동안 당신 이름이 위르쉴르인 줄 알았소."
 이 말은 두 사람을 밤새도록 웃게 만들었다.
 또 다른 말을 하던 도중 마리우스는 갑자기 소리쳤다.
"아아! 언젠가 뤽상부르 공원에서 말이오, 한 상이 군인을 때려 죽이고 싶은 때가 있었소!"
 그러고는 깜짝 놀라 입을 다물고 그 이상 얘기하지 않았다. 이 이야기를 하려면 꼬제뜨에게 양말 대님 얘기를 하지 않을 수 없었기 때문이다. 그로서는 할 수 없는 이야기였다. 그 이야기에는 어떤 미지의 면, 즉 육체적인 면이 있어 그의 순결한 사랑이 그것을 용납하지 않았던 것이다.

마리우스는 꼬제뜨와 함께 하는 생활에 그 이상의 생각을 섞으려 하지 않았다. 매일밤 쁠뤼메 거리로 와서 그 옛날 재판소장 댁의 철책을 비틀고 들어가 벤치에 나란히 걸터앉았다. 나무 사이로 저물어가는 밤하늘의 반짝이는 별빛을 올려다보며 자기의 바지 주름과 꼬제뜨의 드레스 주름이 겹치게 하고 앉아 그녀의 엄지손톱을 어루만지고 그녀를 당신이라고 부르며 둘이서 같은 꽃내음을 끝도 없이 들이마시고 있었다.

그동안 구름은 두 사람의 머리 위를 흘러갔다. 바람은 불어올 때마다 하늘의 구름보다도 훨씬 더 많은 인간의 꿈을 싣고 왔다.

그렇다면 이 수줍고 정숙한 사랑에는 육욕이 전혀 섞여 있지 않았느냐 하면 그렇진 않았다. 사랑하는 여자의 비위를 맞추는 것은 애무로 옮겨가는 첫 걸음이요, 대담한 행동에 가까이 다가가는 예행 연습이다. 비위를 맞추는 것은 말하자면 베일을 넘어 키스하는 것과 같다. 육욕을 내면 깊숙이 감추고 있으면서 그 날카로운 칼 끝을 살짝 내미는 것이다. 육욕 앞에서 마음은 약간 뒷걸음치는 것 같으나 그것은 한층 더 사랑하기 위해서일 뿐이다.

마리우스의 다정한 말은 한 마디 한 마디가 온통 꿈에 젖어 있었는데, 말하자면 푸른 하늘에 잠겨 있었다. 새가 천사 가까이 푸른 하늘을 날아올라갈 때는 반드시 그런 소리를 들을 것이다. 그러나 그 말에는 생명이, 인간성이, 마리우스가 한껏 품을 수 있는 적극성이 융합되어 있었다. 그것은 동굴 속에서 주고받는 말이며, 언젠가 알꼬브 속에서 주고받을 다정한 말의 서곡이며, 서정적인 진정의 토로이며, 하나로 융합된 스트로프와 소네트이며, 비둘기의 귀여운 외침이며, 꽃다발로 묶어서 미묘한 천국의 향기를 내뿜는 온갖 세련된 사랑의 이야기며, 마음에서 마음으로 전달되는 형언할 수 없는 지저귐이었다.

"아아!" 하고 마리우스는 나직하게 속삭였다. "당신은 어쩌면 그렇게 아름답소! 감히 쳐다볼 수도 없을 정도요. 그래서 난 마음으로 당신을 바라보오. 당신은 바로 미의 여신이오. 난 지금 내가 무슨 생각을 하고 있는지도 모를 지경이오. 당신의 드레스 밑으로 구두 끝이 보이기만 해도 난 마음이 견딜 수 없이 산란하오. 그리고 또 당신의 마음이 살짝 들여다보이기만 해도 나는 말할 수 없이 기쁘오. 당신은 어쩌면 그렇게 옳은 소리만 하오. 나는 이따금 당신이 하나의 꿈이 아닌가 생각할 때가 있소. 자, 내게 무슨 말을 들려주오. 듣고 있을 테니까. 그리고 당신을 찬미할 테니까. 아아, 꼬제뜨. 어쩌면 이렇게 황홀하고 매력적인 기분일까. 나는 거의 미칠 것 같소. 당신은 정말 멋진 아가씨요. 나는 당신의 발을 현미경으로 연구하고 당신의 영혼을 망원경으로 연구하고 있소."

그러면 꼬제뜨는 이렇게 대답했다.

"난 당신을 사랑하고 있어요. 아침부터 쭉 당신만을 생각했어요."

물음과 대답은 이러한 대화 속에서 허용되는 한 자유로이 오고갔으나 끝은 언제나 같은 생각으로 사랑에 귀착되었다. 마치 자동인형이 그 밑바닥의 중심부로 가서 떨어지듯이.

꼬제뜨의 인품은 어디까지나 순진하고, 솔직하고, 투명하고, 깨끗하고, 천진하고, 광휘에 싸여 있었다. 꼬제뜨는 한껏 맑은 빛이라고 할 수 있었다. 그녀는 보는 사람으로 하여금 4월과 새벽을 느끼게 했다. 그 눈동자에는 이슬의 정령이 맺혀 있었다. 꼬제뜨는 새벽빛이 모여 여성의 모습으로 나타난 것 같았다.

마리우스가 그녀를 열렬히 사랑하고 감탄한 것도 결코 무리는 아니었다. 사실 수도원의 기숙사를 갓 나온 이 소녀는 뛰어난 통찰력을 가지고 얘기를 했고, 모든 일에 대해 진실하고 세련된 말을 썼다. 그래서 아무것도 아닌 얘기도 매우 훌륭한 회화가 되었다. 무엇에 대해서도 착각하지 않고 사물을 올바르게 관찰했다. 여성이란 바로 이런 과오없는 부드러운 심정의 본능을 가지고 느끼거나 이야기한다. 여성만큼 다정하고 깊이 있는 얘기를 할 수 있는 존재는 또 없다. 다정함과 깊이, 이것이야말로 여성의 전부이다. 또 그것이야말로 하늘의 전부이기도 하다.

그런 완전하고 더없는 행복 속에서 두 사람의 눈에는 끊임없이 눈물이 괴었다. 짓밟힌 무당벌레 한 마리만 보아도, 보금자리에서 떨어진 새털 한 가닥, 꺾어진 아가위나뭇가지, 어느 것에서도 두 사람은 연민을 느끼고 애수를 느끼고 눈물을 흘렸다.

더없는 사랑의 표시는 이처럼 이따금 억제할 수 없이 용솟음치는 다정한 감상에 있다.

그러는 한편—이러한 모순은 모든 사람의 유희에 으레 있는 것이지만—

두 사람은 아무것도 아닌 것에도 거리낌없이 자유롭게 웃었기 때문에, 어떤 때는 꼭 두 소년같이 보일 정도였다. 그러나 순결에 취한 마음이 스스로 깨닫지 못하는 사이에도 인간의 본성은 잊지 않고 그 밑에 숨어 있게 마련이다. 이러한 본성은 동물적이고도 숭고한 목적을 안고 그 밑바닥에 숨어 있으므로, 영혼이 아무리 티가 없을지라도 또 단순한 우정이 아닌 남녀의 애정이 그 이상 결백할 수 없을 정도로 느껴지는 것이다.

그들은 영혼 밑바닥에서부터 서로 사랑하고 있었다.

영원토록 변하지 않는 것은 분명 존재한다. 서로 사랑하고, 미소를 나누고, 웃고, 뾰족 입술을 내밀며 토라지고, 손을 서로 깍지 끼고 이야기를 나누어도 역시 영원은 존재한다. 두 연인은 황혼 속에, 어스름 속에, 보이지 않는 것 속에, 새와 더불어, 장미꽃과 더불어 몸을 숨기고, 눈동자 속에 마음을 담아 그늘 속에서 서로 매혹하고 속삭이고 소곤거렸다. 그리고 그러는 동안에 하늘에서는 수많은 별들이 흔들거리며 무한한 공간을 채우고 있었다.

완전한 행복에 도취하다

두 사람은 행복에 도취해 멍하니 나날을 보내고 있었다. 바로 그 달에 빠리에서는 많은 사람들이 콜레라로 죽어 갔으나 두 사람은 그것도 전혀 몰랐다. 두 사람은 서로 밝힐 수 있는 모든 것을 밝혔으나, 그래도 서로의 이름을 안 것 외에는 아무것도 알지 못했다. 마리우스는 꼬제뜨에게 자기는 고아라는 것, 이름은 마리우스 뽕메르씨라는 것, 변호사라는 것, 서점의 주문으로 글을 써서 먹고 살고 있다는 것, 아버지는 대령이었는데 용사였다는 것, 그 자신은 부자인 할아버지와 사이가 나쁘다는 것을 밝혔다. 그는 또 자기가 남작이라는 사실도 약간 비쳤으나 꼬제뜨에겐 아무런 효과도 주지 않았다. 마리우스가 남작이라고? 그녀는 이해가 되지 않았다. 그녀는 남작이라는 말이 무엇을 의미하는지 잘 알지 못했다. 마리우스는 어디까지나 그냥 마리우스였다.

한편 꼬제뜨는, 자기는 뻭뻭스 수도원에서 자랐다는 것, 마리우스와 마찬가지로 어머니가 돌아가셨다는 것, 아버지 이름은 포슐르방 씨이고 무척 친절한 사람으로 가난한 사람을 많이 돕는다는 것, 그러나 아버지 자신은 매우 가난한 사람으로 자기에게는 무엇 하나 부족함이 없이 해주시나 자신은 퍽 검소한 생활을 한다고 그에게 들려주었다.

이상하게도 마리우스는 꼬제뜨를 만난 이후, 마치 교향악에 둘러싸인 것 같은 생활을 하고 있어 과거의 일은, 바로 엊그제 일어난 일까지도 흐릿하게 잊어 버려 꼬제뜨가 하는 말은 무엇이나 그대로 만족했다. 그래서 그 움집에서 밤에 일어난 일이며, 떼나르디에 식구들의 일이며, 그녀의 아버지가 화상을 입은 일이며, 그의 이상한 태도며, 도망간 일에 대해 꼬제뜨에게 전혀 얘기하지 않았다. 마리우스는 그 모든 일을 잠시 완전히 잊고 있었던 것이다. 그리고 또 그는 저녁때가 되면 그날 아침에 자기가 무엇을 했는지, 어디서 아침을 먹었고 누가 말을 걸었는지조차 완전히 잊어버렸다. 귀에는 언제나 노래 소리가 울리고 있어 그 밖의 것은 일체 머리에 남아 있지 않고, 오직 꼬제뜨와 만났을 때만 살아 있는 것 같았다. 꼬제뜨와 만나면 마리우스는 천국에 있는 것 같으니까, 지상의 모든 일을 잊는 것도 결코 무리는 아니었다. 두 사람 다 육체적이 아닌 육욕의 형언할 수 없는 무게를 사랑의 고민 속에 질질 끌며 가고 있었다. 사람들이 연인들이라고 부르는 이 몽유병 환자들은 이렇게 살고 있었다.

아아, 이러한 무수한 경험을 하지 않은 사람이 있을까? 왜 인간은 이런 창공에서 내려와야 할 때가 오는 것일까? 왜 인생은 그 뒤에도 끊이지 않고 계속되는 것일까?

사랑하는 것은 생각하는 것과 마찬가지다. 사랑은 사랑 외의 것을 잊게 만드는 맹렬한 불길이다. 정열에서 논리를 구할 수 있는가 찾아보길 바란다. 천체 역학에 완전한 기하학적 도형이 없는 것처럼 사람의 마음속에도 이미 어떤 절대적인 논리의 줄거리는 찾아볼 수 없다. 꼬제뜨와 마리우스에게는 이미 마리우스와 꼬제뜨 이상의 것은 아무것도 존재하지 않았다. 주위에 펼쳐진 우주 같은 것은 모두 구멍 속으로 떨어져 버리고 만 것이다. 두 사람은 황금 같은 한순간 속에서 살고 있었다. 앞에도 아무것도 없고 뒤에도 아무것도 없었다. 꼬제뜨에게 아버지가 있다는 사실조차 마리우스는 거의 잊고 있었다. 그의 머릿속에 있는 것은 도취로 인해 모두 흔적 없이 사라져 버렸다.

그럼 이 연인들은 무슨 얘기를 하고 있었는가? 앞서도 말했듯이 꽃이며, 제비며, 석양이며, 달이며, 온갖 소중한 얘기를 주고받고 있었다. 그들은 온갖 애기를 주고받으며 사실은 아무것도 애기하지 않았다. 사랑하는 사람에게 사랑 이외의 것은 모두 없는 것과 같다. 아버지니, 현실이니, 움집이니, 악당들이니, 그날 일어난 일이니, 하는 것들이 무슨 뜻이 있단 말인가? 그것보다 그 악몽 같은 일은 사실일까? 지금은 두 사람뿐이다. 그리고 서로 열렬히 사랑하고 있다. 그 외에는 아무것도 없었다. 그와 같이 뒤에 있는 지옥이 차츰 쓰러져감은 천국이 가까워지는 징조이다. 자기는 정말 악마를 보았는가? 악마란 정말 있는 걸까? 자기는 정말 그때 무서워 떨었던가? 괴로워했던가? 지금은 아무런 기억도 없었다. 장밋빛 구름이 머리 위에 떠 있을 뿐이었다.

이같이 두 사람은 하늘 높이, 진실이라고 생각되지 않는 것에 둘러싸여 살고 있었다. 그들이 있는 위치는 땅 밑도 아니고, 하늘 꼭대기도 아니고, 인간과 천사의 중간이며, 진창 위 하늘 아래이며, 구름 속이긴 하나 뼈와 살을 갖춘 인간은 아니었고, 머리 끝에서 발끝까지 다만 영혼과 황홀로만 둘러싸여 있어, 이미 땅 위로 걸어다니기에는 너무 숭고했고 하늘 속으로 사라지기엔 너무 인간적이었다. 그들은 마치 침전성을 지닌 원자(原子)처럼 중간쯤 떠 있었기에, 남의 눈에는 운명에서 완전히 떨어져 나간 것처럼 보이고, 어제와 오늘과 내일의 궤도를 모르는 채 다만 감탄하고 황홀해져서 때로는 무한 속으로 날아갈 듯 가벼워지기도 하고, 때로는 거의 영원 속으로 뛰어들 것 같기도 했다.

두 사람은 이러한 요람 속에서 눈을 뜬 채 자고 있었다. 아아, 이상의 무게에 눌린 현실의 빛나는 혼수(昏睡) 상태여! 이따금 마리우스는 꼬제뜨가 더할 수 없이 아름다운데도 그 앞에서 눈을 감는 때가 있었다. 그것은 상대의 영혼을 보는 가장 좋은 방법이었기 때문이다.

마리우스와 꼬제뜨는 현재 생활이 장차 자기들을 어디로 끌고 갈 것인가를 조금도 생각하지 않았다. 두 사람은 이미 목적지에 도달한 것 같은 심정이었다. 사랑의 방향을 정하고 싶어하는 사람이 있다면 그것은 어이없는 요구일 것이다.

그림자의 징조

장 발장은 아직 아무것도 모르고 있었다.

꼬제뜨는 마리우스만큼 그렇게 도취되지 않았고 또 쾌활했기 때문에 장 발장은 그것만으로 충분히 만족했다. 꼬제뜨가 품고 있는 생각이며, 가슴속에 품고 있는 연정이며, 마음속에 가득 차 있는 마리우스의 모습도, 그녀의 순결한 미소가 감돌고 있는 이마의 비할데 없는 청순함을 조금도 덜하게 하지는 못했다. 그녀의 나이는 천사가 백합을 바치듯 처녀가 사랑을 바칠 그러한 나이였다. 그렇기 때문에 장 발장은 조금도 불안하게 생각하지 않았다. 게다가 사랑하는 두 연인이 서로 조심하는 한 만사는 잘되어 가게 마련이고, 또 설사 사랑을 방해하는 제삼자가 있다 하더라도 연인이면 누구나 아는 조그마한 주의로 그의 눈을 완전히 덮어 버릴 수가 있는 것이다. 이런 이유로 꼬제뜨는 절대로 장 발장의 뜻을 거스르지 않았다.

장 발장이 산책을 하자고 했다.

그러면 꼬제뜨는 "네 아버지."라고 대답했다. 그리고 장 발장이 집에 있고 싶다고 하면 꼬제뜨는 "그래요, 그게 좋습니다." 하고 대답했다. 또 장 발장이 저녁 시간을 네 옆에서 지내고 싶다고 하면 꼬제뜨는 쾌히 그것을 승낙했다. 장 발장은 언제나 밤 10시가 되면 자기 방으로 돌아가기 때문에 그런 때면 마리우스는 10시가 지날 때까지 한길에 서서 꼬제뜨가 돌계단으로 문을 열고 나오는 소리가 들리기 전에는 결코 정원으로 들어가지 않았다.

물론 하루 종일 마리우스를 본 사람은 한 사람도 없었다. 장 발장은 마리우스라는 사람이 있다는 것조차 한 번도 생각하지 않았다. 꼭 한 번 그는 어느 날 아침 문득 꼬제뜨에게 "아니, 네 등에 웬 흰 게 묻어 있냐!"고 말한 일이 있었다. 그건 그 전날 밤, 마리우스가 자기도 모르게 꼬제뜨를 벽으로 밀었을 때 묻은 것이었다.

일하는 할멈 뚜쌩도 초저녁잠이 많아 일만 끝나면 잠잘 생각만 하기 때문에 장 발장처럼 아무것도 알지 못했다.

마리우스는 결코 집안에는 들어가지 않았다. 꼬제뜨와 함께 있을 때는 지나가는 사람 눈에 띄지 않도록, 또 말소리가 들리지 않도록 후미진 돌계단 옆에 숨어 앉아, 이야기 대신 1분 동안 스무 번이나 서로 손을 마주 잡는 것으로 만족하는 일이 때때로 있었다. 그런 때는 설사 서너 걸음 앞에 벼락이 떨어졌대도 두 사람은 몰랐을 것이다. 그만큼 그들은 한편의 몽상이 다른 편의 몽상에 흡수되어 깊이 잠겨 있었던 것이다.

맑디맑은 순수함. 순백의 시간. 거의 한결같은 시간. 이런 사랑은 백합 꽃잎과 비둘기 깃털을 모은 것과 같다. 정원 전체가 그들 두 사람과 한길 사이에 놓여 있었다. 마리우스는 드나들 때마다 철책을 바로잡아 지나온 자리가 남의 눈에 띄지 않도록 했다.

그는 대개 밤이 이슥한 뒤에야 일어나 꾸르페락의 집으로 돌아갔다. 꾸르페락은 바오렐에게 이렇게 말했다.

"어떤가, 자네 생각엔? 마리우스는 요새 매일 밤 새벽 1시가 돼야 돌아오는데."

바오렐은 대답했다.

"그게 어떻단 말야? 신학 선생이라도 염문은 있는 거야."

이따금 꾸르페락은 팔짱을 끼고 마리우스를 점잖게 나무랐다.

"자네 요새 너무 거친 생활을 하는군."

꾸르페락은 현실주의자였기 때문에 마리우스에게 깃든, 눈에 보이지 않는 낙원을 좋게 해석하려 하지 않았다. 그는 숨겨진 정열이라는 걸 잘 이해하지 못했다. 그는 초조해하며 이따금 마리우스에게 현실로 돌아오라고 설교하곤 했다.

어느 날 아침 그는 마리우스에게 이런 경고를 했다.

"자넨 요즘 마치 달나라나, 꿈의 왕국이나, 공상의 나라나, 비누거품 세계에라도 처박혀 있는 것 같군 그래. 대체 그 여자의 이름이 뭔가?"

그러나 끝내 마리우스의 입을 열게 하지는 못했다. 그가 만일 말할 수 없이 신성한 3음절로 된 꼬제뜨라는 이름을 기어코 입에 올려야 했다면 차라리 손가락에서 손톱을 뺐을 것이다. 진실한 사랑이란 이토록 여명처럼 빛나고 무덤처럼 굳게 침묵을 지켜야 하는 것이다. 꾸르페락의 눈에도 마리우스에게는 뭔가 전과는 전혀 다른 점이 있었다. 그는 말은 없을망정 무척 명랑해 보였다.

그 감미로운 5월 한 달 동안 마리우스와 꼬제뜨는 다음과 같은 무한한 행복을 맛보았다.

말다툼을 하며 서로 서먹서먹하게 부르는 일이 있었는데 그것도 단지 나중에 좀 더 친밀하게 부르기 위해서였다.

두 사람과 아무 관계도 없는 사람의 이야기를 꼬치꼬치 화제에 올리는 것,

그것은 또 사랑이라고 부르는 그 황홀한 오페라에서 대사는 거의 아무래도 좋다는 증거였다.

마리우스가 꼬제뜨에게서 옷에 대한 얘기를 듣는 것.
무릎을 꼭 맞대고 앉아 쁠뤼메 거리를 지나가는 마차 소리를 듣는 것.
하늘의 별과 풀숲의 개똥벌레를 지켜보는 것.
함께 묵묵히 입을 다물고 있는 것. 그것도 이야기를 하는 것보다 훨씬 큰 즐거움이었다.
그외 여러 가지 일들.
그러는 동안에 이것저것 복잡한 일들이 일어났다.
어느 날 밤 마리우스는 밀회 장소로 가기 위해 앵발리드 큰길을 지나가고 있었다. 마리우스는 늘 그렇듯 고개를 푹 숙이고 걸어갔다. 쁠뤼메 거리 모퉁이를 막 돌아섰을 때 바로 옆에서 이런 소리가 들려 왔다.
"안녕하세요, 마리우스 씨?"
고개를 들어보니 에뽀닌느였다.
마리우스는 묘한 기분이 되었다. 에뽀닌느가 쁠뤼메 거리로 안내를 해준 날부터 마리우스는 그녀를 한 번도 생각한 일이 없었고 또 모습도 본 일이 없었기 때문에 지금은 완전히 그녀를 잊고 있었다. 마리우스는 오늘의 행복이 모두 에뽀닌느로 인한 것 같아, 그녀에 대해서는 오직 고마운 마음뿐이었으나, 그녀를 만나는 것은 역시 거북한 일이었다.
정열은 행복하고 순수할 때 흔히 인간을 무척 원만하게 만든다고 생각하나 그것은 틀린 생각이다. 앞서도 말한 대로 정열은 다만 인간을 망각의 상태로 이끌 뿐이다. 그러한 처지에 놓이면 인간은 확실히 악의를 잊어버리나 동시에 또 선의도 잊어버린다. 감사니 의무니 하는 소중하나 귀찮은 생각 같은 것은 모두 사라져 버리고 만다.
다른 때 같았으면 마리우스도 에뽀닌느에 대해 전혀 다른 태도를 취했을지도 모른다. 그러나 지금은 꼬제뜨에게 온통 정신을 빼앗기고 있었기 때문에 에뽀닌느의 이름이 에뽀닌느 떼나르디에라는 것도, 떼나르디에라는 이름이 자기 아버지의 유언에 써 있는 이름이라는 것도, 또 몇 달 전만 해도 그 이름을 위해서는 생명까지 바칠 각오가 돼 있었다는 것도 마리우스는 모두 잊어버리고 말았다. 작자는 지금 마리우스를 있는 그대로 말하고 있는 것뿐이다. 이제 그에게는 아버지의 일조차 사랑의 빛 아래로 서서히 사라져 가고 있었다.

마리우스는 약간 당황해하며 대답했다.
"아아! 난 누구라고, 에뽀닌느 씨가 아니오?"
"왜 또 경어를 쓰고 그러세요? 제가 뭐 비위에 거슬리는 일이라도 했나요?"
"아니, 그런 건 아니지만."
마리우스는 대답했다.

물론 그가 에뽀닌느에게 나쁜 감정을 가지고 있을 리는 없었다. 절대로 그렇지 않았다. 다만 꼬제뜨와 친밀해진 지금 에뽀닌느와는 그래야만 될 것 같은 생각이 들었을 뿐이었다.

마리우스가 입을 다물어 버렸기 때문에 에뽀닌느는 소리를 높여 말했다.
"저어……."

그리고 문득 입을 다물었다. 전에는 그토록 깝신대고 뻔뻔스럽던 에뽀닌느도 적당한 말이 떠오르지 않는 모양이었다. 방긋 웃으려 했으나 그것도 잘 되지 않았다. 그녀는 되풀이 말했다.

"저어……."

그리고 다시 주저하다 그대로 눈을 내리깔고 말았다.
"안녕히 가세요, 마리우스 씨."
에뽀닌느는 불쑥 이렇게 말하고 휙 가버렸다.

개는 은어로 짖는다

이튿날은 6월 3일이었다. 이 1832년 6월 3일은 마침 그 무렵 빠리 지평선 위에 먹구름처럼 피어오른 중대 사건으로도 기록해 둘 만한 날이다. 마리우스는 해질녘에 여전히 황홀한 생각에 잠겨 어제 지나간 길과 같은 길을 지나 가려니까 큰길 가로수 사이로 에뽀닌느가 이쪽을 향해 다가오는 것이 보였다. 이틀이나 계속해 만나다니 이상한 일이었다. 마리우스는 휙 몸을 돌려 큰길을 벗어나 무슈 거리로 해서 쁠뤼메 거리 쪽으로 갔다.

그 때문에 에뽀닌느는 오히려 지금까지 한번도 그런 일이 없었는데 마리우스의 뒤를 쫓아 쁠뤼메 거리까지 갔다. 그녀는 지금까지 그냥 큰길에서 마리우스가 지나가는 것을 보는 것만으로 만족해했고 절대로 그 앞에 나서려고는 하지 않았다. 어제 처음으로 마리우스에게 말을 걸어보고 싶은 충동을 느꼈던 것이다. 에뽀닌느는 마리우스 모르게 뒤쫓아갔다. 마리우스는 에뽀닌느가 보고 있는 앞에서 철책을 빼고 살짝 정원 안으로 들어갔다.

"어머! 집안으로 들어갔잖아!"

그녀는 중얼거렸다.

에뽀닌느는 철책으로 다가가 하나하나 만져본 다음 마리우스가 빼었던 쇠막대기를 곧 발견했다. 에뽀닌느는 우울한 어조로 낮게 중얼거렸다.

"이러면 안 돼, 리제뜨!"

에뽀닌느는 철책 주춧돌 위의 그 쇠막대기 바로 옆에, 그 쇠막대기를 지키기라도 하려는 듯 쭈그리고 앉았다. 그곳은 철책이 바로 이웃집 담과 이어지는 곳이었다. 마침 거기에는 에뽀닌느가 몸을 숨기기에 적당한 어두운 장소가 있었다.

에뽀닌느는 그렇게 한 시간 동안이나 꼼짝도 하지 않고 숨을 죽인 채 깊은 생각에 잠겨 있었다. 밤 10시쯤 쁠뤼메 거리를 드문드문 지나가는 행인 중 밤늦게 이 쓸쓸한 거리를 부지런히 지나가던 한 늙은 시민이 이 철책, 벽과 철책이 맞닿은 곳까지 왔을 때, 기분 나쁜 어떤 나직한 목소리가 이렇게 말하는 것을 들었다.

"그이가 여기 밤마다 온대도 놀랄 것 없어!"

노인은 주위를 둘레둘레 둘러보았으나 사람이라곤 그림자도 없어서 그만 간이 콩알만해지고 말았다. 그는 걸음을 재촉해 그 자리를 떠나 버렸다.

그 노인이 재빨리 떠난 것은 다행이었다. 왜냐하면 6명의 남자가 하나씩 차례차례 벽 옆으로 다가왔기 때문이다. 그들은 마치 비밀 정찰대처럼 쁠뤼메 거리로 살짝 숨어 들어왔다.

제일 처음 철책 옆으로 다가온 남자는 걸음을 멈추고 뒤에 오는 사람을 기다렸다. 얼마 안 있어 여섯 사람은 한곳에 다 모였다. 그들은 뭔가 수군수군 은어로 얘기하기 시작했다. (다음에 나오는 대화는 모두 은어로 이루어짐)

"요고데다."

한 사람이 말했다.

"마당에 cab(개)이 있나?"

다른 남자가 물었다.

"모르겠어. 하여튼 먹일 비상떡은 가져왔으니까."

"유리창 깨는 데 쓸 퍼티도 가져왔나?"

"응, 가져왔어."

"철책이 꽤 낡았는데."

다섯 번째 남자가 굵은 소리로 말했다.

"거 잘됐군. 톱질을 해도 소리가 안 나고 잘 잘라질 테니까."

두 번째로 말한 남자가 입을 열었다.

여섯 번째 남자는 아직 입을 열지 않았으나 한 시간 전에 에뽀닌느가 한 것처럼 쇠막대기 하나하나를 쥐고 주의깊게 흔들어 보았다. 이윽고 마리우스가 뺐던 쇠막대기 있는 데까지 왔다. 그가 그 쇠막대기를 쥐려고 하는 순간 어둠 속에서 불쑥 손 하나가 나와 그 손을 툭 쳤다. 그러자 남자는 가슴 한복판을 세게 얻어맞은 것처럼 중얼거렸다.

"개가 있는데!"

동시에 그 남자는 안색 나쁜 한 처녀가 눈앞에 서 있는 것을 발견했다.

남자는 뜻밖의 일을 당했을 때처럼 흠칫 몸을 떨었다. 그는 공포에 질려 무서운 얼굴이 되었다. 불안해진 맹수만큼 보기에 무서운 것은 없다. 겁에 질린 맹수의 모습은 오히려 사람을 두렵게 만드는 것이다. 남자는 뒷걸음질 치며 중얼거렸다.

"뭐야, 이 말괄량이 계집애는?"

"당신 딸이에요." 과연 떼나르디에에게 말을 건 여자는 에뽀닌느였다.

에뽀닌느가 나타난 것을 알자 다른 다섯 남자, 끌라끄수, 괼르메르, 바베, 몽빠르나스, 브뤼종은 아무 소리도 없이 서두르지 않고 천천히, 그런 밤의 인간 특유의 여유가 있는 무시무시한 동작으로 가까이 다가왔다.

그들이 손에 뭔가 심상치 않은 도구를 쥐고 있는 것이 보였다. 괼르메르는 부랑자들이 머리 수건이라고 부르는 구부러진 쇠지렛대를 하나 들고 있었다.

"야, 너 거기서 뭘 하고 있는 거냐? 대체 어쩌자는 거지? 애가 혹시 미친 게 아냐? 우리 일을 방해할 생각이야?"

떼나르디에는 소리를 죽인 채 한껏 소리쳤다.

에뽀닌느는 깔깔 웃으며 그의 목에 매달렸다.

남자는 가슴 한복판을 세게 얻어맞은 것처럼 중얼거렸다. "개가 있는데."

"제가 여기 있는 건 그냥 있게 돼서 있는 거예요, 아버지. 요샌 돌 위에도 맘대로 못 앉게 하나요? 여긴 뭘 하러 오셨어요? 비스킷이라고 하는데. 마뇽한테 잘 일러 보냈잖아요. 여기서 할 일은 하나도 없어요. 그건 그렇고 잠깐 키스해 주세요, 네? 아버지, 상당히 오래간만이네요. 거기선 나오셨어요?"

떼나르디에는 에뽀닌느의 팔을 뿌리치며 투덜투덜 말했다.

"그래그래, 네가 나한테 키스하지 않았니? 거기선 나왔다. 그런 데 내가 처박혀 있을 것 같으냐? 자아, 저리 비켜라."

그러나 에뽀닌느는 손을 놓으려고 하지 않고 점점 더 바싹 달려들었다.

"아버지, 대체 어떻게 하셨어요? 거기서 도망쳐 나오시다니 머리가 보통이 아니시군요. 제게 들려 주세요. 그리고 어머닌 어떻게 되셨어요? 어머닌 지금 어디 계세요? 그것도 가르쳐 주세요."

떼나르디에는 대답했다.

"응, 잘 있어. 너도 잘 알지 않니. 자, 이거 놔라, 저리 비키라니까."

"그렇게 쉽겐 안 물러나요." 에뽀닌느는 어리광부리는 애처럼 떼를 쓰며 말했다. "넉 달이나 만나지 못했다가 겨우 키스를 하고 나니까 금세 비켜나라고 하시네요."

그러고 에뽀닌느는 또 아버지의 목에 바싹 매달렸다.

"아니 이게 무슨 바보 짓이야."

바베가 말했다.

"서둘러야 해. 개가 지나갈지도 몰라."

괼르메르가 말했다.

굵직한 목소리의 남자가 이런 노래를 불렀다.

  오늘은 설날도 아닌데
  엄마 아빠보고 떼를 쓰네

에뽀닌느는 다섯 악당 쪽을 향해 돌아섰다.

"어마, 브뤼종 씨. 안녕하세요? 바베 씨, 안녕하세요? 끌라끄수 씨, 안녕하세요? 괼르메르 씨 날 잊었어요? 어마, 몽빠르나스 씨는 또 어떻게 된 거예요?"

"아니, 아무도 널 잊은 사람은 없어. 자, 인사는 그쯤 해두고 이제 길을 비켜라. 우리 일을 방해하지 마."

떼나르디에가 대답했다.

"여우님들 행차에 암탉일랑 비켜라."

몽빠르나스가 말했다.

"우린 여기서 지금 한몫 보려는 거야."

바베가 덧붙여 말했다.

에쁘닌느는 몽빠르나스의 손을 잡았다.

"조심해!" 그는 말했다. "손 다쳐, 단도를 가지고 있으니까."

"이봐요, 몽빠르나스 씨." 에쁘닌느는 한결같이 조용한 어조로 말했다. "한패를 믿지 않고 어떻게 해요. 난 이분의 딸이죠. 게다가 바베 씨, 그리고 괼르메르 씨, 이 일의 조사를 맡은 건 처음부터 내가 아니었어요?"

주의해야 할 말인데도 에쁘닌느는 은어를 쓰지 않고 있었다. 마리우스를 알고부터는 그런 무서운 말은 쓸 수 없었던 것이다. 에쁘닌느는 해골처럼 바싹 마른 가냘프고 작은 손으로 괼르메르의 거칠고 굵은 손을 잡고 말을 계속했다.

"제가 바보가 아니라는 건 잘 아시잖아요? 보통 땐 절 믿어 주시더니. 당신도 제가 여러 번 도와 주었잖아요. 아주 샅샅이 조사했어요. 그리고 위험한 짓은 해본들 아무 소용이 없다는 걸 알았어요. 틀림없어요. 이 집엔 일거리가 될 만한 게 하나도 없어요."

"하지만 여자들만 사는 집 아냐."

괼르메르가 말했다.

"아니에요. 전부 이사갔어요."

"촛불만 이사를 가지 않았단 말인가?"

바베가 말했다.

그리고 바베는 나뭇가지 너머로 본채 지붕밑 방에서 왔다갔다하는 불빛을 에쁘닌느에게 가리켰다. 그것은 뚜쌩이 밤에 빨래를 해서 너느라고 켜 놓은 불이었다.

에쁘닌느는 마지막으로 다시 한번 우겨 보았다.

"하지만 몹시 가난한 집이에요. 1수도 없는 판잣집이에요."

"냉큼 저리 비켜! 우리가 들어가서 집안을 발칵 뒤집어 본 다음 안에 뭐가 있는지 네게 가르쳐 주마."

떼나르디에가 소리쳤다.

그는 안으로 들어가려고 에쁘닌느를 옆으로 떼밀었다.

"제발 몽빠르나스 씨." 에쁘닌느는 애원했다. "제발 당신은 좋은 사람이니까 안에 들어가지 마세요."

"조심하라니까, 손 베어!"

몽빠르나스가 버럭 화를 냈다. 떼나르디에가 그 특유의 단호한 어조로 말했다.

"시끄러워, 저리 가! 남자 일에 간섭하지 마!"

에쁘닌느는 잡고 있던 몽빠르나스의 손을 놓으며 말했다.

"그럼 무슨 일이 있어도 이 집안에 꼭 들어가겠단 말예요?"

"그렇다!"

굵은 목소리의 남자가 비웃으며 대답했다.

그러자 에쁘닌느는 재빨리 문을 가로막고 서서 어둠 때문에 더욱 악마처럼 보이는 6명을 향해 날카로운 소리로 나지막하게 말했다.

"흥, 하지만 내가 그렇게는 못하게 할 걸."

그들은 어리둥절하여 멈추어 섰다. 다만 굵은 목소리의 남자만이 여전히 웃고 있었다. 에쁘닌느는 계속해서 말했다.

"잘들 들어요. 그렇게 마음대로 안 될 거예요. 미리 일러두지만 만일 이 마당 안으로 들어가는 날이면, 아니 이 담에 손가락 하나만 대어도 난 소리를 지르고 이 근처 문이란 문은 모조리 두드려 사람들을 깨워 놓을 테니까. 여섯 사람 몽땅 잡히게 순경을 불러올 테니까."

"정말 그럴지도 모르겠는걸."

떼나르디에가 브뤼종과 굵은 목소리의 남자에게 말했다.

에쁘닌느는 머리를 흔들며 덧붙였다.

"아버질 제일 먼저 잡겠어요."

떼나르디에가 한 걸음 다가갔다.

"가까이 오지 마세요, 아버지!"

에뽀닌느는 소리쳤다.

떼나르디에는 속으로 투덜투덜하며 도로 물러났다. "그래 대체 어쩌겠단 말야!"

그리고 덧붙여 이렇게 말했다.

"개 같은 년!"

에뽀닌느는 굉장히 큰소리로 깔깔 웃었다.

"그야 당신들 마음대로. 하지만 안에는 못 들어가요. 그리고 난 개의 딸년이 아니라 늑대의 딸년이에요. 당신들은 모두 합해 6명이지만 그게 어떻단 말예요? 당신들은 남자죠? 흥, 난 여자예요. 하지만 난 조금도 무섭지 않아요. 알겠어요? 당신들을 절대로 이 안에 들여보내지 않을 테니까. 옆에 가기만 해보세요. 당장 짖어 대겠어요. 아까 말했죠? 개가 있다고. 그게 바로 나예요. 당신들 같은 건 문제 없어요. 곧장 돌아가세요. 이렇게 귀찮게 굴지 말고, 어디든 좋은 데로 가세요. 하지만 여기만은 절대로 오지 마세요. 내가 용서 안 할 테니까! 당신들이 단도를 가지고 있다면 난 발로 차는 수가 있어. 그런 건 아무래도 좋아, 자아, 해볼 테면 해봐!"

에뽀닌느는 악당들 쪽으로 한 걸음 다가갔다. 무시무시한 모습으로 그녀는 또 웃기 시작했다.

"흥! 무섭긴 뭐가 무서워. 어차피 올여름에도 또 배를 곯을 테고 겨울이 되면 추위 벌벌 떨 텐데. 정말 웃기는군. 이 사내들의 어리석은 꼴이라니 참. 계집애니까 무서워할 거라 이거지. 뭐, 무서워 떤다고? 흥, 천만에. 소리지르면 맨날 쩔쩔매는 계집들하고만 살아 봐서 그런 줄 알지만 어림도 없어. 난 아무것도 무서운 게 없다 이거야!"

에뽀닌느는 떼나르디에를 똑바로 쏘아보며 말했다.

"아버지도 무섭지 않아요!"

그리고 에뽀닌느는 유령처럼 핏발 선 눈으로 악당들을 쭉 둘러보고 계속해서 말했다.

"쁠뤼메 거리 돌바닥에서 아버지의 단도에 맞아 죽더라도, 설사 내일 실려 나가는 한이 있더라도 말예요. 또 1년 후 쌩 끌루 다리 아래 쓰레기를 건지는 그물 속이나, 씨뉴 섬에서 썩은 병마개랑 물에 빠져죽은 개에 섞여 발견된대도 그게 나하고 무슨 상관이 있어요?"

여기서 에뽀닌느는 잠시 말을 끊지 않을 수 없었다. 마른 기침이 나오면서 좁고 허약한 가슴에서 숨넘어갈 때나 나는 소리가 나왔기 때문이다.

에뽀닌느는 다시 계속했다.

"내가 소리만 지르면 사람들이 우르르 달려올 거야. 당신들은 6명이지만 여긴 세상 사람 다야."

떼나르디에는 그녀 옆으로 조금 다가갔다.

"가까이 오지 마세요!"

에뽀닌느는 소리쳤다. 떼나르디에는 멈춰서서 부드러운 목소리로 말했다.

"그래 그래, 안 갈게. 안 갈 테니까 그렇게 소리치지 마. 그런데 애야, 너 왜 우리 일을 못하게 하지? 우리도 벌어야 할 게 아니냐? 네가 이 아비한테 그렇게 야속하게 굴 수 있니?"

"그런 소리 싫증이 나도록 들었어요."

에뽀닌느는 소리쳤다.

"우리도 살아야 할 게 아니냐, 먹고 살아야 할 게 아니냐구······."

"차라리 뒈지는 게 나아요."

그렇게 말하고 에뽀닌느는 철책 아래 주춧돌에 쭈그리고 앉더니 이런 노래를 흥얼거리기 시작했다.

포동포동하던 팔
날씬하던 다리
옛날은 헛되이 지나갔네

에뽀닌느는 무릎 위에 두 손으로 턱을 괴고 될 대로 되라는 듯, 다리를 흔들흔들하며 앉아 있었다. 떨어진 옷 사이로 바싹 여윈 쇄골이 들여다보였다. 옆에 있는 가로등 불빛이 그러한 에뽀닌느의 옆얼굴과 앉아 있는 모습을 비췄다. 참으로 배짱 있고 대담한 태도였다.

6명의 강도는 한 조그만 처녀에게 일을 방해받고 잔뜩 기분이 상해 불쾌한 얼굴로 가로등 그늘로 가서 이마를 맞대고 의논했다.

에뽀닌느는 그동안 태연하면서도 무척 거친 태도로 그들을 지켜보았다.

"저 계집애에게 무슨 일이 있는 모양인데." 바베가 말했다. "어떤 개자식한테 반한 건가? 하지만 이대로 고분고분 물러나긴 참 억울한데. 여자 둘만 살고 뒤뜰에 늙은 노인 하나가 사는 모양이야. 창에 친 커튼도 그렇게 싸구려는 아니지? 그 늙은이 틀림없이 유대인일 거야. 그러니까 참 좋은 일거리인데……."

"좋아, 그럼 자네들은 들어가." 몽빠르나스가 소리쳤다. "그리고 일을 해. 난 저 계집애하고 여기 남아 있을 테니까. 만일 저 년이 소란을 피우거나 하면 그냥……."

몽빠르나스는 옷소매 속에 감추었던 칼을 가로등 불빛에 번쩍 비춰 보였다. 떼나르디에는 말없이 동료들의 의향을 따를 모양이었다.

브뤼종은 늘 결정을 잘 내리는 사람이고 또 알다시피 이 일을 '제의한 사람'이기도 했으나 아직 한 번도 입을 열지 않았다. 그는 곰곰이 생각하고 있는 것 같았다. 브뤼종은 어떤 일에도 후퇴하는 일이 없는 남자로 통하고 있었고, 언젠가는 단순히 허세를 부리기 위해 경찰서에서 소란을 피운 것으로도 유명했다. 게다가 시구며 샹송의 구절을 묘하게 비꼬기를 잘해 그것으로 또 크게 인정을 받고 있었다.

바베가 브뤼종에게 물었다.

"자넨 왜 아무말도 안 하나, 브뤼종?"

브뤼종은 그래도 여전히 입을 다물고 있더니, 한참 후에 고개를 이쪽 저쪽으로 이상하게 갸웃거리고 나서 마침내 결심한 듯 소리를 높여 말했다.

"이렇게 하지. 오늘 아침엔 참새 두 마리가 서로 싸우는 것이 보이더니 이젠 또 계집년이 싸우자고 덤벼드니 아무래도 재수가 없는 모양이야. 돌아가도록 하세."

그리하여 그들은 돌아갔다.

돌아가며 몽빠르나스는 중얼거렸다.

"모두가 찬성만 했다면 난 그년을 그냥 목 졸라 죽여 버리고 말았을 거야."

바베가 그 말에 대답했다.

"난 싫어. 난 여자한텐 손 안 대."

길모퉁이에서 그들은 발걸음을 멈추고 다음과 같은 이상한 말을 수군수군 나누었다.

"오늘 밤은 어디서 잘까?"
"빵땡(빠리) 아래."
"쇠울타리 열쇠는 가지고 있나, 떼나르디에?"
"물론 가지고 있지."

에뽀닌느가 꼼짝 않고 지켜보고 있으려니까 그들은 방금 온 길을 다시 돌아갔다. 에뽀닌느는 일어나 살짝 벽을 따라 그들의 뒤를 밟기 시작했다. 큰길까지 쫓아갔다. 거기서 그들은 제각기 헤어졌다. 그리고 여섯 남자가 어둠 속으로 빨려들어가듯 사라지는 것을 보았다.

밤의 현실

악당들이 가버리자 쁠뤼메 거리는 다시 밤의 고요한 상태로 되돌아갔다.

방금 이 거리에서 일어난 일도 나무들을 놀라게 하지는 못했다. 큰 나무며, 잡목이며, 히드며, 멋대로 엉킨 나뭇가지며, 키 큰 식물이며, 모두 깊은 정적에 잠겨 있었다. 멋대로 돋아난 야생 식물들은 거기 눈에 보이지 않는 가운데 나타난 것을 똑똑히 본다. 인간 이하에 존재하는 것이 안개를 통해 인간 저쪽에 있는 것을 식별한다. 또 거기에는 우리 살아 있는 사람들이 모르는 온갖 것들이 어둠 속에 서로 이마를 맞대고 있다. 털을 곤두세운 야수 같은 자연은, 초자연으로 느껴지는 그 무엇이 다가 오는 것을 느끼고 질겁을 한다. 갖가지 그림자는 서로의 힘을 알고 저들끼리 신비한 균형을 이루고 있다. 야수의 이빨도 발톱도 그 잡을 수 없는 것을 무서워한다. 피를 빼는 잔인무도한 기질, 먹이를 찾아 헤매는 탐욕, 발톱과 턱만을 무기로 삼아 배를 불리는 것만이 근원이며 목적인 본능은 수의를 걸치고 어슬렁거리며, 폭이 넓은 그 옷의 소리를 내며 서서 냉엄한 유령 같은 윤곽을 불안한 눈초리로 바라보며 냄새를 맡고 있다. 이것들이 보기에 이 유령 같은 윤곽은 죽어 있는 끔찍한 삶을 살고 있는 듯하다. 단순한 물질에 지나지 않는 이 잔인무도한 기질은 응결된, 뭔가 정체를 알 수 없는 어둠과 상대하는 것을 어쩐지 두려워하는 듯하다. 길을 막는 어두운 그림자는 맹수의 걸음을 단숨에 멈추게 한다. 무덤에서 나오는 것은 굴에서 나오는 것을 위압하고 당황하게 한다. 흉포한 것이 불길한 것을 두려워한다. 늑대가 시체를 뜯어 먹는 마귀를 만나 어쩔 줄 몰라 쩔쩔 매는 것이다.

마리우스는 현실로 돌아와 꼬제뜨에게 주소를 가르쳐 주다

인간의 탈을 쓴 암캐가 철책을 지키는 바람에 여섯 악당이 한 여자 앞을 물러나는 동안 마리우스는 꼬제뜨 옆에 있었다.

마리우스에게는 이때만큼 별이 가득 깔린 하늘이 아름답게 보이고, 나무의 흔들림이며 풀의 향기가 폐부 깊숙이 스며듦을 느껴 본 일이 없었다. 그리고 이때만큼 새가 나뭇잎 사이에서 조용히 잠든 일이 없었다. 이때만큼 우주의 맑디맑은 화음이 사랑의 내적 음악과 하모니를 이룬 때가 없었고, 이때만큼 도취되고 행복에 취하고 황홀감에 잠긴 일도 없었다. 그러나 마리우스는 이윽고 꼬제뜨가 슬픔에 잠겨 있는 것을 알았다. 꼬제뜨는 울고 있었던 것이다. 눈이 빨갛게 충혈되어 있었다.

그것은 이 멋진 꿈속에 처음으로 낀 구름이었다. 마리우스가 처음 한 말은 이런 것이었다.

"웬일이오?"

그러자 그녀는 대답했다.

"이제 얘기할게요."

그리고 꼬제뜨는 돌계단 바로 옆 벤치에 걸터앉아 마리우스가 떨며 옆에 앉는 동안 말을 이었다.

"아버지가 오늘 아침 말씀하셨어요. 준비를 해 두라고요. 일이 생겨서 어쩌면 곧 어디론가 떠나게 될 거라고요."

마리우스는 머리끝에서 발끝까지 부르르 떨었다.

인생을 다 산 사람에게 죽는다는 것은 떠남을 의미한다. 그러나 인생 초기에 있는 사람에게 떠난다는 것은 곧 죽는 것을 의미한다.

6주일 전부터 마리우스는 하루 하루 조금씩 꼬제뜨를 제것으로 만들어 가고 있었다. 물론 관념뿐이었으나 깊숙이 제것으로 만들어 가고 있었다. 이미 말했듯 첫사랑에서는 육체보다 영혼을 먼저 소유하는 것이다. 나중에는 영혼보다 육체를 더 소유하게 되고 또 때로는 영혼을 전혀 소유하지 않게 되는 경우도 있지만, 포블라며 프뤼돔 같은 사람은 이렇게 말할 것이다.

"그야 뭐, 영혼이란 애초부터 없는 거니까."

그러나 그런 빈정거림은 다행히도 단순한 폭언에 지나지 않는다. 마리우스는 순전히 정신적인 의미에서 꼬제뜨를 제것으로 만들어 가고 있었다. 그의 영혼 전체로 꼬제뜨를 감싸고 믿어지지 않을 정도의 확신으로 갖가지 마음을 쓰며 사로잡고 있었다. 꼬제뜨의 미소와 숨결과 체취와, 푸른 눈에 감도는 깊은 광채, 꼬제뜨의 손이 닿을 때 느껴지는 부드러운 감촉, 목덜미에 있는 귀여운 점, 꼬제뜨가 생각하는 온갖 것을 마리우스는 자기 것으로 만들어 가고 있었다.

두 사람은 잘 때는 꼭 서로의 꿈을 꾸자고 약속하고 또 그것을 실행에 옮겼다. 그래서 마리우스는 꼬제뜨가 꾸는 꿈까지도 전부 소유하고 있었다. 끊임없이 꼬제뜨의 목덜미에 난 솜털을 바라보고 입김으로 불며 그 중 어느 하나도 자기 것이 아닌 것이 없다고 단언했다. 꼬제뜨가 몸에 지니고 있는 모든 것, 리본이며 장갑이며 커프스며 구두까지도 마치 자기가 가지고 있는 신성한 것인 양 쉴새없이 바라보며 열렬히 사랑했다. 그녀가 머리에 꽂고 있는 자라 껍질로 만든 아름다운 빗도 자기 것이라고 생각하고, 또 차츰 고개를 들기 시작하는 육욕의 둔하고 막연한 속삭임 속에서는 그녀의 드레스 끈 하나도, 그녀의 양말 코 하나도, 그녀의 코르셋 주름 하나도 모두 제것 아닌 게 없다고 생각할 정도였다. 마리우스는 꼬제뜨 옆에 있으면 마치 자기의 부(富) 옆에, 소유물 옆에, 폭군 옆에, 노예 옆에 있는 것처럼 생각되었다. 두 사람의 영혼은 너무 얽혀 있었기 때문에 이제 그것을 도로 나누려 해도 거의 분별하기 어려울 정도였다.

"이게 내 영혼이야."

"아니에요, 그건 제것이에요."

"아니야, 당신은 착각을 하고 있어. 이건 확실히 내것이야."

"당신이 자기라고 생각하는 것 그게 사실은 저예요."

마리우스는 꼬제뜨의 일부가 된 그 무엇이었으며, 꼬제뜨는 마리우스의 일부가 된 그 무엇이었다. 마리우스는 꼬제뜨가 자기 내부에 살고 있음을 느끼고 있었다. 꼬제뜨를 소유하고 꼬제뜨를 내것으로 하는 것은 바로 그가 숨쉬는 것과 같았다.

그런데 그러한 신뢰, 그러한 도취, 비할 데 없는 그 순결한 소유, 그러한 권리를 누리고 있는 이때 갑자기 '떠나게 될 것이라'는 말이 떨어지고, 그러한 현실의 당돌한 목소리가 '꼬제뜨는 네 것이 아니다' 하고 그에게 소리친 것이다.

마리우스는 꿈에서 깨어났다. 6주일 전부터 사실 마리우스는 현실 밖에서 살고 있었다. 그런데 이제 이 '떠난다'는 한 마디가 그를 냉혹한 현실로 돌아오게 한 것이다.

그는 할 말을 한 마디도 찾지 못했다. 꼬제뜨는 마리우스의 손이 무척 차가운 것을 느꼈다. 꼬제뜨가 먼저 입을 열었다.

"왜 그러세요?"

마리우스는 대답했으나 그 목소리는 꼬제뜨가 거의 알아들을 수 없을 정도로 낮았다.

"무슨 말인지 잘 못 알아 듣겠소."

꼬제뜨는 되풀이 말했다.

"오늘 아침 아버지가 자질구레한 걸 모두 챙겨서 떠날 준비를 해 놓으라고 하셨어요. 그리고 나중에 아버지의 내의를 줄 테니까 트렁크에 넣으라고, 곧 떠나게 된다고요. 제것은 큰 트렁크를 마련하고 아버지는 작은 트렁크를 마련해서 이제부터 1주일 동안 준비를 다 끝내 가지고 영국으로 떠난다나 봐요."

"그건 너무해!"

마리우스는 소리쳤다.

이때 마리우스의 심정으로는, 잔인하다는 면에서 어떤 권력의 남용도, 어떤 폭력도, 또 어떤 무서운 전제 군주의 만행도, 부시리스나 티베리우스나 헨리 8세의 어떤 행위도, 포슐르방 씨가 일이 생겼다고 딸을 데리고 영국으로 가려는 것에 비할 게 못 되었다.

마리우스는 힘없는 목소리로 물었다.

"그래 언제 출발한대요?"

"아직 말씀하시지 않았어요."

"그럼 돌아오는 건 언제래요?"

"그것도 말씀하시지 않았어요."

마리우스는 일어나며 냉랭한 목소리로 말했다.

"꼬제뜨, 당신도 갈 테요?"

꼬제뜨는 슬픔에 젖은 눈을 마리우스 쪽으로 돌리며 당황하여 대답했다.

"어디 말예요?"

"영국 말이오, 당신도 가느냐 말이오?"

"왜 갑자기 그렇게 서먹서먹하게 말씀하세요? 저에게."

"당신도 가느냐고 묻지 않았소?"

"그럼 저보고 어떻게 하란 말씀이세요?"

꼬제뜨는 깍지를 끼면서 대답했다.

"그럼 그대로 당신은 가겠단 말이오?"

"아버지가 가시면……."

"그냥 떠나겠단 말이오?"

꼬제뜨는 아무 대답도 없이 마리우스의 손을 꼭 잡았다.

"좋아. 그럼 나도 다른 데로 떠나지."

마리우스는 말했다.

꼬제뜨는 이 말을 이해했다기보다 느낌으로 알아들었다. 그녀의 얼굴은 갑자기 창백해졌기 때문에 어둠 속에 하얗게 보였다. 꼬제뜨는 더듬거리며 말했다.

"그게 무슨 뜻이에요?"

마리우스는 꼬제뜨를 바라보다 천천히 눈을 들어 하늘을 올려다보며 대답했다.

"아무것도 아니오."

그리고 눈을 내리깔다 그녀가 미소짓는 것을 보았다. 사랑하는 여자의 미소는 밤에 보는 광명과 같은 것이다.

"우리는 참 바보들이에요, 마리우스 씨. 한 가지 좋은 생각이 떠올랐어요."

"무슨?"

"당신도 같이 가는 거예요. 우리가 떠나면 곧! 가는 데를 알려 드릴게요. 그럼 우리 가는 곳으로 만나러 오시면 될 거 아녜요?"

마리우스는 이제 완전히 꿈에서 깨어난 인간이었다. 그는 다시 냉혹한 현실을 절감했다. 그는 꼬제뜨에게 소리쳤다.

"같이 떠나자고? 당신 그거 제정신으로 하는 말이오? 그러려면 돈이 있어야 하는데 난 지금 한푼도 없는 신세요. 영국에 간다고? 난 지금 10루이도 더 되는 돈을 꾸르페락이라는, 당신은 잘 모르는 친구한테 꾸어 쓴 형편이오. 게다가 내 낡은 모자는 3프랑도 채 안 나가는 것이고, 윗도리는 단추가 다 떨어졌고, 와이셔츠는 너덜너덜 팔꿈치가 다 나가고, 구두는 물이 들어오는 형편이오. 그래도 난 이런 걸 6주일 전부터 하나도 신경을 쓰지 않기로 하고 있소. 그리고 꼬제뜨, 당신한테 아직 말하지 않았지만 난 참 초라하고 보잘것없는 인간이오. 당신은 밤에만 나를 보고 나를 사랑하고 있소. 그러나 만일 낮에 보게 되는 날이면 아마 거지라고 1수짜리 동전을 던져 줄 거요. 영국에 간다고? 그건 도저히 불가능한 일이오. 난 지금 패스포트를 살 돈도 없소."

마리우스는 나무 옆으로 다가가 두 손을 머리 위로 올리고 이마를 나무에 댄 채 꼼짝 않고 서 있었다. 그리고 나무가 살갗을 찌르는 것도, 뜨거운 열이 관자놀이에서 맥박치는 것도 느끼지 못하는 듯 당장에라도 쓰러질 듯 마치 절망의 조상(彫像)처럼 서 있었다.

마리우스는 한참 동안 그렇게 서 있었다. 누구나 그러한 절망의 심연에 빠지면 금세 헤어나올 수 없다. 그러나 마침내 그는 돌아섰다. 등 뒤에서 숨이 막힌 듯한 부드럽고 나지막한 소리가 들려 왔기 때문이다.

꼬제뜨는 흐느껴 울고 있었다.

그녀는 벌써 두 시간 이상이나 생각에 잠긴 마리우스 옆에서 울고 있었던 것이다.

마리우스는 꼬제뜨 옆으로 다가가 무릎을 꿇고 앉아 천천히 엎드리며 드레스 밑으로 나온 그녀의 발끝을 잡고 거기에 입술을 댔다. 그녀는 묵묵히 그가 하는 대로 내버려 두었다. 여성은 이따금 이처럼 우수에 잠긴 체념의 여신같이 사랑의 예배를 말없이 받아들일 때가 있다.

"울지 마오."

마리우스는 말했다.

꼬제뜨는 중얼거렸다.

"전 틀림없이 가게 될 텐데 당신은 못 오신다니!"

마리우스는 계속해 말했다.

"날 사랑하고 있소?"

그녀는 흐느껴 울며, 그 어느 때보다도 눈물을 흘리며 말할 때 가장 매혹적인 저 천국의 말로 대답했다.

"당신을 진심으로 사랑해요!"
그는 말할 수 없이 애틋한 애정이 담긴 어조로 말했다.
"울지 말아요, 응? 나를 위해서 울음을 그쳐 주지 않겠소?"
"당신도 저를 사랑하고 계세요?"
꼬제뜨는 말했다.
마리우스는 꼬제뜨의 손을 잡았다.
"꼬제뜨, 난 지금까지 아무한테도 명예를 걸고 맹세해 본 일이 없소. 왜냐하면 그런 맹세가 무섭기 때문이오. 난 언제나 내 바로 옆에 아버지를 느끼며 사오. 그러나 나는 지금 당신에게 가장 신성한 맹세를 하겠소. 알겠소? 당신이 가면 나는 죽어버릴 거라고."
이 말을 하는 마리우스의 어조에는 무척 엄숙하고 조용한 우수가 서려 있었기 때문에 꼬제뜨는 자기도 모르게 몸을 떨었다. 어두운 진실에 찬 그 무엇이 퍼뜩 스치고 지나갈 때 주는 그 섬뜩한 느낌을 받은 것이다. 꼬제뜨는 등골이 오싹해 울음을 뚝 그쳤다.
"자, 잘 들어봐." 마리우스는 말했다. "내일은 나를 기다리지 마."
"왜요?"
"모레 기다려."
"어마, 왜요?"
"곧 알게 돼."
"하루를 못 만난다니 그럴 순 없어요."
"일생을 위한 일이 될지 모르니 하루만 희생해요."
그리고 마리우스는 목소리를 낮추어 혼잣말처럼 이렇게 덧붙였다.
"습관을 절대로 바꾸는 일이 없는 사람이고, 게다가 밤이 아니면 아무도 만나지 않는 사람이니."
"지금 누구 얘기를 하고 계시는 거예요?"
꼬제뜨가 물었다.
"나 말이야? 아니 아무것도 아니야."
"무슨 희망이라도 있어요?"
"모레까지 기다려 봐요."
"꼭 그렇게 하라는 말씀이군요."

"그래요, 꼬제뜨."

꼬제뜨는 두 손으로 마리우스의 머리를 싸안고 그의 키에 닿도록 발꿈치를 든 다음 그의 눈을 들여다보며 그 눈 속에서 희망이란 게 무엇인가 읽어내려 하였다.

마리우스는 다시 입을 열었다.

"참 그렇군. 당신한테 우리 집 주소를 가르쳐 줄 필요가 있겠군. 무슨 일이 일어날지 모르니까 말이야. 난 조금 전에 말한 그 꾸르페락네 집에 있소. 베르리 거리 16번지야."

마리우스는 주머니를 뒤져 칼을 찾아내더니 칼끝으로 회벽에 '베르리 거리 16번지'라고 새겼다. 꼬제뜨는 그 동안 여전히 그의 눈 속을 살폈다.

"네, 마리우스 씨. 말씀해 주세요, 뭘 생각하고 계신지. 제게 말씀해 주세요, 네? 제가 오늘밤 잠을 잘 수 있게 말씀해 주세요."

"내가 생각하고 있는 건 바로 이거요. 하느님은 절대로 우릴 떼어놓지 않으실 거라고. 모레 기다려요."

"그때까지 전 뭘하고 있으면 좋아요? 당신은 밖에 나가서 여기저기 돌아다닐 수가 있지만! 남자란 참 행복한 존재예요. 전 하루 종일 혼자 여기 있어야 해요. 아아, 얼마나 쓸쓸할까! 그래, 내일 저녁엔 뭘 하실 작정이에요?"

"응, 뭘 좀 해볼 일이 있어."

"그럼 전 그 일이 잘되도록 하느님께 빌며 만날 때까지 계속 당신만을 생각할게요. 이제 아무것도 묻지 않겠어요. 당신이 대답해 주시지 않으니까. 당신은 제 주인이에요. 전 내일 밤, 당신이 좋아하는 《외리앙뜨》 노래를, 언젠가 당신이 제 창밖에서 들으셨다는 그 노래를 부르며 지내겠어요. 하지만 모레는 일찍 오셔야 해요. 밤이 되면 곧 기다리고 있을 테니까요. 정각 9시에 와야 해요. 아아, 해는 왜 그렇게 긴지! 9시를 치면 마당에 나와 있겠어요. 아시겠죠?"

"틀림없이 올게."

그리고 서로 입 밖에 내어 말은 하지 않았으나 같은 생각에 움직여 두 연인 사이를 끊임없이 오가는 전류의 충동으로 고뇌 속에서도 역시 쾌감을 느끼면서 두 사람은 서로의 팔에 몸을 던졌다. 언제 입술이 마주 닿았는지도 느끼지 못한 채 황홀감으로 눈물이 가득한 눈을 들어 하늘의 별을 올려다보았다.
 마리우스가 나갔을 때 길에는 사람이 하나도 없었다. 마침 에뽀닌느가 악당들의 뒤를 따라 큰길까지 나간 바로 뒤였다.
 조금 전에 마리우스가 나무에 기대어 생각에 잠겨 있을 때 그의 마음에는 문득 한 생각이 떠올랐다. 생각이라지만, 그 자신이 생각해도 그것은 도저히 불가능하고 얼토당토않은 것이었다. 그러나 마리우스는 단호히 결심했다.

마주 앉은 늙은 마음과 젊은 마음

질노르망 노인은 그때 이미 만 91살이었다. 그는 여전히 딸과 함께 피유 뒤 깔베르 거리 6번지 그 낡은 집에서 살고 있었다. 그는 독자의 기억에도 남아 있듯이 꼿꼿한 자세로 죽음을 기다리는, 나이를 먹어도 끄떡 없고 여전히 약해질 줄 모르는, 슬픔에도 굴복하지 않는 그런 구식 노인의 한 사람이었다.
 그러나 근래에 와서는 그의 딸이 '아버님도 이제 상당히 약해지셨다.'고 할 만큼 변했다. 질노르망 노인은 이제 하녀의 뺨을 때리는 일도 없고 또 어쩌다 바스끄가 문을 늦게 연다고 무서운 얼굴로 층계참을 지팡이로 두드리는 일도 없어졌다.
 7월 혁명에 대한 분노도 겨우 6개월밖에 가지 않았다. 〈모니왜뙤르〉 신문에 '프랑스 귀족원 의원 옹블로 꽁떼 씨' 운운하고 나온 것을 보아도 그전처럼 그렇게 화를 내지 않았다. 사실 노인은 무척 쇠약해진 것이다. 좀처럼 기가 죽는 일이 없고 약한 소리를 하지 않는 것은 육체적으로나 정신적으로나 그의 특징이었지만, 마음속으로는 확실히 쇠잔해 가는 자신을 느끼고 있었다.
 4년 전부터 그는 기를 쓰고 마리우스를 기다렸다. 그 만만치 않은 놈이 언젠가는 대문의 벨을 누르며 찾아올 것이라고 굳게 믿었다. 그러나 요즘엔 곧잘 침울한 기분 속에서 문득 '마리우스가 이대로 나를 내내 기다리게 한다면……' 하고 생각하게 되었다. 가장 견딜 수 없는 것은, 자기가 얼마 안 있어 죽을 거라는 것보다 어쩌면 마리우스와 두 번 다시 만날 수 없을지도 모른다는 생각이었다. 그것은 최근까지 그의 머리에 한 번도 떠오른 일이 없는 생각이었다. 그러나 요즘은 그 생각이 자주 떠오르기 시작해 그 때문에 그를 오싹 소름끼치게 만들었다. 자연스럽고 진실한 감정이 언제나 그렇듯, 그런 식으로 집을 뛰쳐나간 배은망덕한 손자에 대한 할아버지의 애정은 당사자가 없는 만큼 날이 갈수록 더해갔다. 사람이 가장 태양을 그리워하는 때는 어느 때보다도 섣달 영하 10도의 밤이다. 질노르망 씨로선 할아버지인 자기가 손자를 찾아간다는 것이 도저히 있을 수 없는 일이었고, 또 그렇게 굳게 믿고 있었다.

"그러느니 차라리 죽는 게 낫지."

이렇게 중얼거리곤 했다. 자기가 나빴다고는 결코 생각하지 않았으나 마리우스를 생각할 때마다 그 어둠 속으로 사라지려는 노인 특유의 깊은 감상과 절망을 느끼지 않을 수 없었다.

질노르망 씨는 마침내 이도 빠지기 시작하여 그를 한층 더 서글프게 만들었다.

어쨌든 화가 나고 부끄럽기도 하여 스스로 인정하진 않았으나, 질노르망 씨는 지금껏 마리우스를 사랑하는 것만큼 정부를 사랑한 적은 없었다.

질노르망 씨는 눈을 뜨면 바로 보이게끔 자기 방 침대 머리맡에 죽은 딸인 뽕메르씨 부인의 초상화를 세워 놓았다. 이 딸이 18살이었을 때 그린 것으로 질노르망 씨는 그것을 밤낮으로 들여다보았다. 어느 날 그는 그 초상화를 들여다보다가 문득 중얼거렸다.

"꼭 닮았어."

"동생하고 말씀이죠?" 질노르망 양이 말했다. "네, 꼭 닮았어요."

노인은 덧붙여 말했다.

"그리고 그 녀석하고도."

어느 날, 질노르망 노인이 무릎을 꼭 맞대고 거의 눈을 감은 듯 침울한 모습으로 앉아 있는 것을 보고 딸이 물었다.

"아버지, 아직도 그애를 미워하고 계세요?"

질노르망 양은 더이상 말할 용기가 없어 입을 다물고 말았다.

"누구 말이냐?"

질노르망 씨가 물었다.

"그 가엾은 마리우스 말예요."

어느 날, 그가 무릎을 꼭 맞대고 거의 눈을 감은 듯 침울한 모습으로 앉아 있는 것을 보고……

그는 늙은 얼굴을 쳐들고 주름투성이 손을 테이블 위에 올려놓으며 한껏 화가 난 듯한 떨리는 목소리로 외쳤다.
"마리우스가 가엾다고! 그놈은 못된 놈이야. 악당이야. 뻔뻔하고, 인정머리 없고, 피도 눈물도 없는 건방진 놈이야. 저밖에 모르는 고약한 놈이야."
그러고 그는 눈물 괸 눈을 보이지 않으려고 딸에게서 고개를 돌렸다. 사흘 뒤, 4시간이나 침묵을 지키던 질노르망 씨는 문득 딸에게 이렇게 말했다.
"결코, 그놈 얘기는 말라고 너한테 진작부터 부탁해 두었을 텐데."
질노르망 양은 완전히 체념하고 다음과 같이 결론을 내렸다.
'아버지께서는, 동생이 그런 어리석은 일을 저지르고부터는 별로 사랑하시지 않게 된 데다, 또 마리우스도 미워하고 계시는 게 틀림없구나.'
'그런 어리석은 일을 저지르고부터'라는 말은 딸이 대령과 결혼하고 나서부터라는 뜻이다.
그래서 독자도 이미 알았을 것으로 생각되지만 질노르망 양은 자기 마음에 드는 창기병 장교 떼오뒬르를 마리우스 대신 잡아두려고 끈질기게 노력하다 그만 실패하고 말았다. 이 대역(代役) 계획은 결국 성공을 거두지 못했다. 질노르망 씨는 대역을 받아들이지 않았던 것이다. 마음의 공허는 대용품으로 메울 수 없는 것이다.
한편, 떼오뒬르도 유산에는 침을 흘렸으나 노인의 비위를 맞추는 것은 질색이었다. 노인은 창기병을 질리게 만들었고 그 창기병도 노인의 기분을 상하게 만들었다. 떼오뒬르 중위는 꽤 쾌활한 남자이기는 했으나 말이 너무 많았다. 싹싹하긴 했으나 너무 평범했다. 유쾌하긴 했으나 예의가 없었다. 당연한 것처럼 정부를 몇 명씩이나 두었고, 또 당연한 것처럼 그 이야기를 즐겨 떠벌렸다. 게다가 그 말투가 몹시 천하고 비열했다. 그의 장점에는 무엇이나 다 하나씩 단점이 곁들여 있었다. 바빌론느 거리 병영 근처에서 여자들이 줄줄 따른다는 얘기는 질노르망 노인을 아주 질리게 만들어 버렸다. 게다가 떼오뒬르 중위는 이따금 삼색 모표에 군복을 입고 나타났다. 그것으로 그는 완전히 낙제였다.
질노르망 노인은 마침내 딸에게 이렇게 말했다.
"떼오뒬, 그 녀석은 이제 아주 지긋지긋하다. 네 마음에 들거들랑 너나 상대해라. 난 평화로울 때 군인을 볼 취미는 없다. 그냥 군도를 늘이고 다니는 놈보다는 차라리 군도를 휘두르는 놈이 훨씬 나을지도 모르지. 전쟁에서 칼싸움을 하는 편이 길에서 칼집을 덜거덕거리는 것보다는 보기에 덜 흉하다. 게다가 영웅이기나 한 듯 으스대고 다니며 여자처럼 가죽 벨트로 허리를 죄고 가슴에 코르셋을 하고 다니니 정말 웃기는 얘기야. 진짜 사내라면 허세 부리는 것도, 사랑하는 것도 다 삼가는 법이야. 너무 잘난 체해서도 안 되고, 너무 온순한 체해도 안 되는 거야. 좋거들랑 떼오뒬르는 이제 너나 상대해라."

"하지만 아버지의 종손이 아니에요?"

딸은 이렇게 말해 보았으나 아무 소용이 없었다. 결국 질노르망 씨는 발끝에서 머리끝까지 틀림없는 할아버지였으나 조금도 종조부가 될 수 없는 사람이었다.

사실, 질노르망 노인은 재주도 있고 사람을 알아보는 눈도 있어 떼오뒬르를 보면 마리우스 생각이 더욱 간절했다.

어느 날 밤이었다. 이미 6월 4일인데도 질노르망 노인은 여전히 난로에 불을 벌겋게 피워 놓고 있었다. 딸은 옆방에 들어가 바느질을 하고 있었다. 노인은 목가풍으로 꾸민 방에 꼬로망델 나무로 만든 커다란 9폭짜리 칸막이에 반쯤 숨어 난로 장작 받침대에 발을 올려놓고 앉아 있었다. 그는 녹색 갓 아래 두 개의 촛불이 켜진 테이블에 팔꿈치를 괸 채 안락의자에 몸을 파묻고 책을 들고 있었으나 읽지는 않았다. 언제나처럼 옷은 집정관 정부 시절의 멋쟁이 차림을 하고 있어 언뜻 보면 가라(제정 시대의 정치가)의 오래 된 초상과 똑같았다. 만일 그런 차림으로 거리를 걸어갔다면 틀림없이 많은 사람들이 줄줄 따라 다녔겠지만 다행히도 그가 외출할 때마다 언제나 딸이 주교가 입는 것 같은 커다랗고 긴 망토를 입혀 주었기 때문에 그 옷은 사람들 눈에 띄지 않았다. 집에서는 일어날 때와 잘 때 외에는 절대로 실내복을 입지 않았다.

"그걸 입으면 너무 늙어 보여서 말이야."

노인은 곧잘 말했다.

질노르망 노인은 사랑하면서도 괴로운 심정으로 마리우스를 생각하고 있었다. 그날 밤도 언제나처럼 괴로운 심정이 더 앞섰다. 그의 초조한 애정은 언제나 마지막엔 부글부글 끓다가 분노로 변해 버렸다. 요즘은 아예 마음을 굳게 먹고 가슴아픈 일도 감수하려고까지 했다.

이제 마리우스가 돌아올 까닭은 하나도 없었다. 돌아오려면 이미 옛날에 돌아왔을 게 아닌가. 단념하는 수밖에 없었다. 노인은 지금도 자신에게 이렇게 타이르고 있었다. 이제 모든 것은 끝났다, 두 번 다시 '그놈'을 만나보지 못하고 죽을 것이라는 생각에 애서 익숙해지려고 노력했다. 그러나 본심은 언제나 그런 생각에 반발했다. 늙은 할아버지의 애정은 늘 종잡을 수가 없었다. '기어코' 그런 때면 언제나 하듯 슬픈 어조로 이렇게 중얼거렸다.
"그 녀석은 안 돌아올지도 몰라."
그러면 머리카락이 다 빠진 질노르망 씨의 머리는 앞으로 푹 숙여지고, 가련하고 초조한 눈은 멍하니 난로의 재를 바라보곤 했다.
질노르망 씨가 그런 깊은 생각에 잠겨 있을 때 늙은 하인 바스끄가 들어와 물었다.
"나리, 마리우스 씨가 와서 뵙자고 하는데요."
노인은 얼굴이 하얗게 질려 마치 시체가 전기 충격에 벌떡 일어나듯 의자에서 일어났다. 전신의 피가 한꺼번에 심장으로 역류했다. 그는 더듬더듬 말했다.
"마리우스, 누구래?"
"그건 잘 모르겠습니다." 바스끄는 주인이 너무나 놀라는 모습에 오히려 당황했다. "제가 만난 게 아닙니다. 니꼴레뜨가 저한테 와서 마리우스라는 젊은 분이 나리를 만나뵙겠다고 해서."
질노르망 노인은 작은 소리로 중얼거렸다.
"들여보내."
그리고 그는 아까와 똑같은 자세로 머리를 좌우로 흔들흔들하며 눈도 깜짝하지 않고 문 쪽을 바라보았다. 문이 열렸다. 한 청년이 들어왔다. 마리우스였다.
마리우스는 들어오라는 말을 기다리는 듯 입구에서 발을 멈추었다. 그의 옷차림은 초라하기 짝이 없었으나 램프의 갓 그늘에 가려 노인의 눈에는 잘 보이지 않았다. 다만 침착하고 진지한, 그러면서도 이상하게 슬퍼 보이는 그의 얼굴만이 흐릿하게 보였다.
질노르망 노인은 놀람과 기쁨으로 멍청해져 마치 귀신에 홀린 듯 한참 동안은 환하게 밝은 빛만 보았다. 노인은 거의 정신을 잃을 것 같았다. 그는 그 환한 빛 속에서 마리우스의 모습을 알아보았다. 확실히 그였다. 틀림없는 마리우스였다! 드디어! 4년 만에! 노인은 한눈에 마리우스를 알아보았다. 그리고 마리우스가 무척 늠름하고, 기품 있고, 고상하고, 늘씬하게 자라, 예의바르고 호감이 가는 어른 모습을 하고 있다는 것을 알았다. 노인은 두 팔을 활짝 벌리고 마리우스의 이름을 부르며 뛰어가고 싶었다. 마음은 한없이 기쁨에 떨리고 하고 싶었던 말들이 한꺼번에 부풀어 올라 가슴에서 그대로 넘쳐흐를 것 같았다. 그 애정은 마침내 표면으로 나타나 입술까지 치밀어 올랐다. 그러나 항상 본심과 동떨어진 말을 하는 것이 그의 뿌리깊은 버릇이었기 때문에 입술 사이로 튀어나온 말은 냉혹하기 짝이 없는 말이었다. 거친 목소리로 불쑥 뱉었다.

"여긴 뭣하러 왔느냐?"

마리우스는 당황하며 대답했다.

"저어……."

질노르망 씨는 마리우스가 먼저 자기 품에 뛰어들기를 바랐던 것이리라. 그는 마리우스에게도 자기 자신에게도 다 불만을 느꼈다. 자기를 무정하다고 생각하고 마리우스를 냉정하다고 생각했다. 마음속에선 그토록 사랑하고 눈물을 흘리고 있으면서 겉으로는 무뚝뚝하고 매정한 태도밖에 취할 수 없는 것이 노인에게는 견딜 수 없는 고통이었다. 못마땅한 감정이 다시 그의 마음을 차지했다. 그는 불쾌한 어조로 마리우스의 말을 가로막았다.

"그래, 왜 왔냐 말이다?" 이 '그래'는 '나를 포옹하러 온 것이 아니라면' 하는 뜻이었다. 마리우스는 기가 질려 마치 대리석 같은 얼굴로 할아버지를 바라보았다.

"저어……."

노인은 험악한 목소리로 말했다.

"나한테 빌러 왔냐? 잘못했다는 걸 깨달았냔 말이다?"

그는 마리우스에게 기회를 주려고 이렇게 말하고, 이 말을 들으면 '아이'는 꺾이리라 생각했다. 마리우스는 몸을 부르르 떨었다. 마리우스가 지금 듣기로는 바로 아버지를 부인하라는 얘기 같았다. 마리우스는 눈을 내리깔고 대답했다.

"아닙니다."

질노르망 노인은 팔을 활짝 벌리고 마리우스의 이름을 부르며 뛰어가고 싶었다.

"그럼?" 할아버지는 분노에 찬 슬픈 목소리로 부르짖었다.
"그럼 대체 내게 무슨 볼일이 있어 왔느냐?"
마리우스는 손을 마주 잡고 한 걸음 다가가 떨리는 소리로 말했다.
"저, 저를 불쌍히 여겨 주세요."
이 말은 질노르망 씨를 한껏 흥분시켰다. 조금만 이 말을 일찍 말했어도 질노르망 씨는 곧 마음을 풀었을지 모르나 때는 이미 늦었다. 노인은 입술이 파랗게 질리고 이마를 부들부들 떨며 자리에서 일어났다. 두 손으로 지팡이를 짚고 선 그의 큰 키가 머리를 숙이고 서 있는 마리우스를 위압했다.
"너를 불쌍히 여기라고! 새파랗게 젊은 놈이 91살 늙은이한테 동정을 구하는 거냐! 넌 지금 한참 인생으로 들어가는 길이고 나는 인생에서 나오는 길이다. 너는 연극 구경이고 무도회고 당구장에고 마음대로 들락거릴 수 있고, 재주도 있고 여자한테도 인기가 있는 훌륭한 놈이야. 그런데 나는 이렇게 한여름에도 불을 쬐고 있어야 해. 너는 이 세상 모든 것을 가지고 있지만 나는 늙은이의 온갖 초라함과 여윈 몸뚱이와 고독밖에 가진 게 없어. 너는 32개의 이와, 튼튼한 위와, 잘 보이는 눈과, 힘과, 식욕과, 건강과, 쾌활함과, 숱많은 검은 머리를 가지고 있다. 하지만 나는 이제 백발마저 다 빠지고, 이도 빠지고, 다리는 약하고, 기억력도 흐려져 샤를르 거리와 숌므 거리와 쌩 끌로드, 이 세 거리를 늘 혼동하는 형편이다. 너는 햇빛 찬란한 미래를 앞에 놓고 있지만 나는 이제 아무것도 보이지 않는 나이야. 그만큼 나는 어둠에 깊이 빠져 있는 거야. 넌 여자한테 반해 있어. 그건 말하나마나 뻔한 노릇이지. 그런데 나는 지금 세상에서 아무한테도 사랑을 못 받고 있다. 그런데 네가 나한테 동정을 구한다는 거냐? 흥, 이건 참 몰리에르도 못 다 쓴 희극이구나. 만일 이런 우스운 소리를 법정에서 한다면, 변호사 여러분. 난 참 진심으로 경의를 표하겠어. 정말 우스운데."
오래 전에 팔십 고개를 넘어선 이 노인은 노기 띤 엄숙한 목소리로 계속 말했다.
"흥, 그래 나한테 부탁하겠다는 게 뭐야?"
"저어," 마리우스는 말했다. "제가 찾아오면 역정을 내시리라는 건 알고 있었습니다만 한 가지 부탁이 있어 왔습니다. 끝나면 곧 돌아가겠습니다."
"넌 참 바보구나. 누가 돌아가라고 했냐?" 노인은 말했다.

이 말은 그의 마음 깊이 숨어 있는 '애야, 용서해 달라고 한 마디만 다정하게 말해 보렴. 그리고 내 목에 매달려 보렴!' 하는 말을 바꾸어 한 것이었다. 질노르망 씨는 마리우스가 곧 여기에서 나갈 것 같다는 것을, 자기가 거칠게 맞아들여 그를 실망시킨 것을, 자기의 냉대가 끝내 그를 내쫓게 되리라는 것을 느끼고 있었다. 그는 그것을 속으로 생각했다. 그러자 그의 마음은 갑자기 슬픔에 싸였다. 또 노여움으로 변하기 쉬운 그 슬픔은 그를 더욱 냉혹하게 만들었다. 그는 마리우스가 자기 마음속을 살펴주길 바랐으나 마리우스는 살펴주지 않았다. 이것이 또 이 노인을 화나게 만들었다. 노인은 말했다.

"뭐라고? 넌 나를, 이 할애비를 내팽개치고 집을 뛰쳐나가 소식도 없이 있었지? 너 하나 편하자고 혼자 살며 마음대로 사치를 부리고 아무때고 상관없이 돌아다니며 놀아댔지. 난 네가 말 안해도 다 알아. 그리고 내겐 상의 한 마디도 없이 빚을 지고 망나니 노릇을 하며 다녔다. 그리고 4년이 지나서야 내 앞에 나타나서 한다는 소리가 기껏 이거란 말이냐!"

억지로 마리우스의 사랑을 요구하는 이 난폭한 말투는 반대로 마리우스의 입을 다물게 만들었을 뿐이었다. 질노르망 씨는 팔짱을 꼈다. 그러자 더욱 거만해 보였다. 노인은 씹어 뱉듯 마리우스에게 말했다.

"자, 그 말은 이제 그쯤 해두고, 나한테 부탁이 있다고 했지? 그 부탁이란 뭐냐? 말해 봐라."

"저어," 마리우스는 심연에 빠지기 직전의 사람 같은 눈으로 말했다. "결혼을 승낙해 주십사고 왔습니다."

질노르망 씨는 벨을 눌렀다. 바스끄가 문을 열었다.

"마님을 불러."

문이 다시 열리고 질노르망 양이 문간에 모습을 드러냈다. 마리우스는 죄 지은 사람처럼 입을 다물고 팔을 축 늘어뜨리고 서 있었다. 질노르망 씨는 방안을 왔다갔다하다 딸 쪽을 돌아보며 말했다.

"별일 아니다. 마리우스가 왔다. 결혼한다나. 그것뿐이야. 물러가거라."

노인의 무뚝뚝하고 쉰 목소리는 무척 화가 나 있다는 것을 나타내고 있었다. 질노르망 양은 깜짝 놀라 마리우스를 쳐다보고 겨우 그라는 것을 알아보았으나 아무런 행동도, 말 한 마디도 못한 채 마치 노인의 콧김에 날려가는 지푸라기처럼 얼른 사라져 버렸다.

그동안 질노르망 노인은 난로 곁으로 가서 거기에 등을 돌리고 서 있었다.

"결혼한다고? 21살에! 너 혼자 정해 버렸냐? 그리고 이제 승낙만 받으면 된다 이거지! 형식적인 절차로 말이야. 자, 그건 그렇고 거기 앉거라. 너를 못 보는 동안 혁명이 일어났다. 그래 자꼬뱅 당이 이겼지. 넌 아마 꽤 만족했을 게다. 넌 남작이 된 후로 줄곧 공화주의자가 아니었냐? 공화제가 되면 남작이라는 자리도 훨씬 유리해지는 건가. 7월 혁명에선 뭐 훈장이라도 탔냐? 루브르 궁전에 들어가서 소란도 피우고? 바로 요 옆 노냉 디에르 맞은쪽 쌩 땅뜨완느 거리에 있는 어느 4층집 벽에는 탄환 하나가 박혔는데 1830년 7월 28일이라고 씌어 있더라. 한번 가보아라, 유익할 테니. 야, 너희 친구들은 참 훌륭한 일을 하더구나. 베리 공 기념비 광장에다 분수도 만든다면서? 그래서 너도 결혼하고 싶어진 거냐? 그게 누구냐? 이름을 묻는다고 실례될 건 없겠지?"

그는 잠깐 말을 끊었다가 마리우스가 대답할 틈도 없이 목소리를 높여 계속했다.

"어떻게 지위는 좀 높아졌냐? 돈도 좀 모았고? 변호사해서 얼마나 벌었냐?"

"수입은 전혀 없습니다."

마리우스는 단호한 어조로 거칠게 대답했다.

"전혀 없어? 그럼 내가 주는 1천 200프랑에만 매달려 사는 거냐?"

마리우스는 대답하지 않았다. 질노르망 씨는 계속 말했다.

"응, 알겠다. 그 처녀가 부자구나."

"저와 같은 처지입니다."

"뭐라고? 지참금도 없단 말이냐?"

"네."

"유산받을 희망은 있냐?"

"아마 없을 것입니다."

"몸뚱이뿐이라! 그래 아버지는 뭐하는 사람이냐?"

"모릅니다."

"처녀 이름은?"

"포슐르방이라고 합니다."

"포슈 뭐라고?"

"포슐르방."

"쯧쯧쯧!"

노인은 혀를 찼다.

"할아버지!"

마리우스는 소리쳤다.

질노르망 씨는 독백하듯이 마리우스의 말을 가로막았다.

"그래, 21살에 작위도 없고, 수입이라곤 1년에 1천 200프랑, 그래 가지고는 뽕메르씨 남작 부인이 채소 가게로 2수어치 파슬리를 사러 갈 참이겠구나."

"저, 할아버지." 마리우스는 마지막 희망마저 사라져 가는 것을 느끼며 어쩔 줄 몰라하며 말했다. "제발 부탁입니다. 하늘에 맹세코 두 손 모아 할아버지 발 아래 엎드려 부탁드립니다. 이 결혼을 승낙해 주세요!"

노인은 불쾌한 듯 껄껄 웃으며, 이따금 기침을 쿨룩쿨룩 했다.

"핫, 핫, 핫! 네놈은 이렇게 생각했지. 한번쯤 그 구식 바보 늙은이를 찾아가 주자! 25살이 못 돼 참 유감이다! 25살만 됐으면 결혼 승낙 요구서만 던져 주면 되는 건데! 늙은이 신세를 지지 않아도 되는 건데. 뭐 상관 있나. 이렇게 말해 주지 뭐. 바보 늙은이! 나를 보면 틀림없이 기뻐할 거야. 난 결혼하고 싶소. 어느 집 처녀를, 뭐라는 사람의 딸을 맞아들이고 싶소. 난 구두도 없고 그 여자는 슈미즈도 없소. 하지만 상관 없소. 나는 직업이고, 장래고, 청춘이고, 생활이고, 모두 강물에 던져 버릴 참이오. 여자 목을 끌어안고 가난 속에 뛰어들 참이오. 그러니 당신도 승낙해야 하오. 그러면 그 화석 같은 늙은이도 승낙하겠지. 오냐, 오냐. 네 좋을 대로 해라. 그 뿌슬르방인지 꾸뽈르방인지 하고 맘대로 살아라 할 줄 알았지? 하지만 어림도 없어! 절대로 안 돼!"

"아버지!"

"절대로 안 돼!"

이 '안 된다'는 말을 듣자 마리우스는 모든 희망을 잃었다. 그는 고개를 푹 숙이고 천천히 비틀비틀 물러가는 사람이라기보다는 죽어 나가는 사람

같은 모습으로 방을 나갔다.

질노르망 씨는 그를 눈으로 좇다 마리우스가 문을 열고 나가려 하자 거만하고 고집 센 노인 특유의 재빠른 솜씨로 네댓 걸음 다가가 마리우스의 뒷덜미를 덥석 움켜잡았다. 그러고는 힘껏 방으로 끌고 들어와 안락의자에 앉히며 이렇게 말했다.

"어디 얘기해 봐라!"

이 변화를 일으킨 것은 마리우스의 입에서 얼떨결에 나온 '아버지'라는 한마디였다. 마리우스는 멍하니 그를 쳐다보았다. 질노르망 씨의 변하기 잘하는 얼굴엔 이제 형언할 수 없는 호인의 표정 외엔 아무런 감정도 나타나 있지 않았다. 그는 엄격한 할아버지에서 단숨에 다정한 할아버지로 변한 것이다.

"자, 말해 봐라. 네 그 연애 얘기를 해봐. 무슨 말이든 해. 다 털어놓아 봐라! 에잇 참! 젊은 놈이란 할 수 없군!"

"아버지!"

마리우스는 또 말했다.

노인의 얼굴엔 무어라 형언할 수 없는 빛이 확 스치고 지나갔다.

"그래 그래, 나를 아버지라고 불러라! 네 얘기를 들어 주마!"

그 무뚝뚝한 언동 속에도 선량하고 다정하고 허물없는 아버지다운 그 무엇이 나타나 있었다. 마리우스는 절망에서 갑자기 희망을 품게 되었으나 너무나 놀라 얼떨떨해 멍해진 것 같았다. 마리우스가 테이블 옆에 앉자 불빛에 다 떨어진 그의 옷이 드러났다.

질노르망 노인은 그것을 보고 깜짝 놀랐다.

"그럼, 아버지."

마리우스는 말했다.

"아니, 애야."

질노르망 씨는 중간에서 그의 말을 가로막았다.

"넌 정말 한푼도 없는 모양이구나. 거지 같은 꼴을 한 걸 보니."

그는 서랍 속을 뒤져 지갑을 꺼내 테이블 위에 놓았다.

"옛다, 백 루이다. 모자라도 사서 쓰거라."

"아버지." 마리우스는 하던 말을 계속했다. "아버지, 제발 이해해 주십시오. 전 정말 사랑하고 있습니다. 도저히 상상도 못하시겠지만 그 여자와 처음 만난 건 뤽상부르 공원이에요. 그 여자도 거기 나온 거죠. 처음엔 별로 주의해서 보지 않았는데 어떻게 해서 그렇게 됐는지 차츰 좋아하게 됐습니다. 아아, 그것이 얼마나 저를 불행하게 만들었는지 몰라요. 하지만 이젠 그 여자 집에 만나러 갈 수 있게 됐습니다. 그 여자 아버지는 아직 몰라요. 그런데 어제 갑자기 그 부녀는 여행을 떠난다고 했어요. 저희가 만나는 곳은 그 집 정원인데 밤이 돼야 합니다. 그 여자 아버지는 그 여자를 영국으로 데리고 갈 참이래요. 그래서 전 할아버지를 만나 모든 걸 얘기하기로 작정했습니다. 만일 그 여자가 가버리면 전 죽어 버리고 말 겁니다. 병이 나거나 물에 빠져 죽거나 할 거예요. 전 무슨 일이 있어도 그 여자하고 결혼하지 않으면 안 돼요. 만일 그렇게 안 되면 전 미쳐 버리고 말 거예요. 제가 얘기하려던 건 이겁니다. 하나도 숨김없이 말씀드렸습니다. 그 여자는 쁠뤼메 거리의 철책으로 둘러싸인 정원 안에 살고 있어요. 앵발리드 쪽입니다."

질노르망 노인은 환하게 밝은 얼굴로 마리우스 옆에 앉아 있었다. 그리고 그의 이야기에 귀기울이고, 그의 목소리의 울림을 즐겁게 들으며 코담배를

저희가 만나는 곳은 그 집 정원인데……

한 줌 집어 냄새를 맡고 있었다. 그러나 쁠뤼메 거리라는 말을 듣자 그는 담배 쥔 손을 문득 멈추었다. 그 서슬에 손에 쥐었던 담배 가루를 조금 무릎 위에 흘렸다.
"쁠뤼메 거리라! 쁠뤼메 거리라고 했지? 혹시 그 근방에 병영이 있지 않더냐? 응, 바로 네 외사촌 떼오뒬르가 말한 그 여자구나. 그 창기병 장교로 있는 애 말이다. 어린 소녀지? 응, 소녀지? 그래 맞았어. 쁠뤼메 거리라고 했어. 옛날에 블로메 거리라고 하던 데지. 네 말을 들으니까 생각나는구나. 쁠뤼메 거리의 철책으로 둘러싸인 정원 안에 사는 소녀 얘기라면 나도 들은 바가 있다. 빠멜라하고 비슷한 여자라며? 네 취미도 보통이 아니구나. 예쁜 처녀라고 하더라. 이건 비밀이다만 그 창기병 멍청이 녀석도 잔뜩 눈독을 들이고 있는 모양이야. 어느 정도의 관계인지는 모르지만 뭐 그런 거 마음에 둘 거 없다. 첫째 그놈의 말은 통 믿을 수 없으니까. 그녀석은 허풍쟁이야.
마리우스! 너 같은 젊은애가 연애를 한다는 건 퍽 좋은 일이다. 이제 그럴 만한 나이 아니냐. 난 자꼬뱅 당원인 너보다 연애에 빠진 네가 더 좋다. 로베스 삐에르한테 반한 것보다는 여자한테 반한 네가 더 좋단 말이야. 여자야 될 수 있는 대로 많이 사귈수록 좋지. 난 지금도 쌍 뀔로뜨들하고 어울렸을 때 여자를 좋아한 것밖에 자랑으로 생각하는 게 없다. 예쁜 처녀는 역시 예쁜 거니까. 거기에 무슨 다른 의견이 있을 수 있겠니. 그런데 그 처녀 얘기다만, 저희 아버지도 모르게 몰래 너를 끌어들이고 있구나. 흔한 얘기지. 나한테도 그런 일이 있었다. 한두 번이 아니야. 그런 땐 어떻게 해야 하는지 아냐? 너무 빠지지 않게 해야 해. 꼼짝 못하게 되지 않도록 조심해야 해. 무엇보다 결혼 약속이니 혼인 신고 같은 걸 해서는 안 된다. 분별을 잃지 않고 살짝 빠져나올 수 있게 기술적으로 해야 해. 알겠느냐? 또 절대로 결혼은 해선 안 돼. 그리고 언제든지 나를 만나러 오너라. 이 할애비한테. 마음 좋고 언제든지 서랍에 잔돈푼을 장만해 놓고 있는 이 할애비한테 말이야.
그리고 다 털어놓는 거야, 이렇게. 할아버지, 사실은 여차여차합니다. 그러면 이 할애빈 이렇게 말하지. '그야 아주 간단한 얘기지' 하고 말이야. 청춘이란 흘러가는 것이고 노인은 차츰 시들어 가게 마련이다. 나도 옛날엔 그랬고 너도 이제 얼마 안 있어 늙을 거다. 그리고 늙으면 너도 나처럼 손자한테 이런 소리를 하게 되는 거야. 옛다, 200삐스톨. 이걸 가지고 가서 실컷 즐기고 오너라. 그러면 다 끝나는 거야. 만사는 원래 이렇게 돼 가게 마련이야. 결혼 같은 건 안 해도 상관없어. 알았냐?"

마리우스는 멍하니 한 마디도 하지 못하고 무슨 말인지 모르겠다는 듯 머리를 흔들었다. 노인은 껄껄 웃고 늙은 눈을 반짝이며 마리우스의 무릎을 한 대 탁 치더니 은근하고 쾌활한 모습으로 그의 얼굴을 들여다보며 어깨를 으쓱하고 말했다.

"이 바보! 정부로 삼으란 말이야."

마리우스는 얼굴이 창백해졌다. 지금 할아버지가 한 말은 도무지 이해가 가지 않았다. 쁠뤼메 거리니, 빠멜라니, 병영이니, 창기병이니 하는 말이 나온 그 장광설은 마치 그림자처럼 그의 앞을 스치고 지나갔을 뿐이었다. 그런 것은 백합꽃 같은 꼬제뜨와 하등 관계가 없는 것들로 여겨졌다. 노인은 그냥 우스갯소리를 한 것이다. 그러나 그 우스갯소리는 마리우스가 분명히 이해했으나 꼬제뜨에게는 극도의 모욕이 되는 한마디였다. '정부로 삼으란 말이야' 하는 이 한 마디 말은 근엄한 청년의 마음을 칼로 찌르듯이 푹 찔러 놓았다.

마리우스는 벌떡 일어나 마루에 떨어진 모자를 집어들고 결연한 걸음으로 문 쪽을 향해 걸어갔다. 거기서 그는 돌아서서 할아버지를 향해 정중하게 인사를 한 다음 고개를 똑바로 들고 말했다.

"5년 전, 할아버지는 아버지를 모욕하셨습니다. 그런데 오늘은 또 제 아내될 사람을 모욕하셨습니다. 이제 다시는 아무것도 부탁하지 않겠습니다. 안녕히 계십시오."

질노르망 노인은 깜짝 놀라 입을 멍하니 벌리고 팔을 벌리며 벌떡 일어나려고 했다. 그러나 입을 열기도 전에 이미 문이 닫히고 마리우스는 사라져 버렸다.

노인은 한참 동안 꼼짝 못하고 벼락이라도 맞은 듯한 모습으로 말도 못하고 숨도 쉬지 못하여 마치 힘찬 팔목으로 목이라도 졸린 것 같았다.

잠시 뒤 그는 의자에서 일어나 91살 노인이 할 수 있는 최대한의 빠른 동작으로 문 쪽으로 뛰어가 문을 확 열었다. 그리고 목청껏 소리쳤다.

"거기 아무도 없느냐? 아무도 없어?"

딸이 나오고 이어 하인이 뛰어나왔다.

노인은 숨을 헐떡이며 말했다.

"저놈을 쫓아가 잡아라! 내가 저한테 뭘 잘못했다는 거야? 저놈은 미친 놈이야. 아아, 이제 아주 가버릴 거다. 이번에 가면 다시 안 올 거야."

노인은 길 쪽으로 난 창으로 달려가 늙은 손으로 창문을 힘껏 열고 바스끄와 니꼴레뜨가 뒤에서 붙잡는데도 불구하고 몸을 창밖으로 반쯤 내밀고 소리쳤다.

"마리우스! 마리우스! 마리우스! 마리우스!"

그러나 마리우스의 귀엔 이 소리가 들릴 리 없고 그는 이미 쌩 루이 거리 모퉁이를 돌아가고 있었다.

팔십 고개를 오래 전에 넘긴 노인은 고뇌에 찬 표정으로 두 손을 관자놀이에 대고 비틀비틀 뒷걸음질쳤다. 이윽고 노인은 의자에 푹 주저앉더니 의식을 잃고 소리도 눈물도 나오지 않는 듯 머리만 좌우로 흔들고 입술을 부들부들 떨며, 멍하니 의자에 앉아 있었다. 그런 그의 눈과 마음에는 밤같이 음울하고 깊은 어둠 외에는 아무것도 없었다.

제9편 그들은 어디로 가는가

장 발장

  같은 날 오후 네 시경, 장 발장은 홀로 연병장의 가장 호젓한 둑 뒤에 앉아 있었다.

  조심하기 위해서인가, 조용히 생각에 잠기고 싶어서인가, 아니면 누구의 생활에나 조금씩 일어나는 그 단순한 습관의 변화에서인가. 아무튼 그는 요즘 꼬제뜨를 별로 데리고 나가지 않았다. 장 발장은 노동복 상의를 입고 굵은 잿빛 무명 바지에 챙 넓은 모자를 눌러 쓰고 얼굴을 가리고 있었다. 그는 요즘 꼬제뜨 옆에서 평화롭고 행복한 생활을 보내고 있었으므로, 오랫동안 그를 불안하게 하던 걱정도 완전히 사라져 버렸다. 그런데 한두 주일 전부터 그것과 성질이 다른 불안이 또 생겼다.

  어느 날 큰길을 지나다가 우연히 떼나르디에를 발견한 것이다. 변장하고 있었기 때문에 떼나르디에 쪽에서는 그를 알아보지 못했다. 그러나 그 후로 장 발장은 그를 여러 번 보았기 때문에 이제는 떼나르디에가 그 근방을 배회하고 있다고 확실히 믿게 되었다. 이것이 그에게 일대 결심을 하게 만들었다. 떼나르디에가 가까이 있다는 것은 온갖 위험이 일시에 다가와 있는 것을 의미했다.

  그뿐 아니라 빠리의 공기도 매우 심상치 않았다. 정치적 불안으로 인해 뭔가 꺼림칙한 구석이 있는 사람에게는 매우 불리하게 되었다. 삐뺑이며 모레 같은 사람을 노리고 수색하다가 장 발장 같은 사람을 끄집어 낼 우려가 있었기 때문이다.

  이런 모든 일을 종합해 그는 만일을 경계하고 대비해야 했다.

  바로 조금 전만 해도 한 불가사의한 일로 인해 장 발장은 매우 흥분하고 또 그것 때문에 경계심은 더욱 커졌다. 그날 아침 장 발장은 집안의 누구보다도 일찍 일어나 꼬제뜨 방의 덧문이 열리기 전에 정원을 산책했다. 그때 그는 문득 벽 위에 못으로 새긴 다음과 같은 글귀를 발견했다.
'베르리 거리 16번지'
이 글은 새긴 지 얼마 안되는 듯 낡고 시커먼 몰타르 위에 하얗게 드러나 있고 그 벽 밑에 난 한 무더기 쐐기풀 위에는 하얀 횟가루가 떨어져 있었다. 틀림없이 어젯밤에 새긴 것 같았다. 이것은 무엇을 의미하는 건가? 누구의 주소일까? 아니면 어떤 인간에 대한 신호일까? 그렇지 않으면 자기에 대한 경고일까? 어쨌든 정원은 누구의 침입을 받은 것이 틀림없었고 알지 못하는 사이에 이런 일이 일어난 것이 확실했다. 그는 전에도 이상한 사건이 일어나 온 집안이 불안해했던 것을 떠올렸다. 장 발장의 머리는 이 문제를 놓고 갖가지 추측을 했다. 그는 꼬제뜨가 놀랄 것을 생각해 벽에 못으로 새긴 이 글에 대한 얘기를 그녀에게는 하지 않았다.
그런 모든 것을 생각한 결과 장 발장은 일단 프랑스를 떠나 영국으로 건너가자고 굳게 결심했던 것이다. 꼬제뜨에게도 벌써 말해 두었다. 1주일 후에 떠나리라 마음먹었다. 지금도 장 발장은 연병장 둑에 앉아 떼나르디에며, 경찰이며, 벽에 써 있는 그 이상한 글이며, 이제부터 할 여행, 패스포트를 어떻게 손에 넣을까 하는, 갖가지 상념에 잠겨 있었다.
여러 가지 근심에 마음을 빼앗기고 있던 장 발장은 문득 한 줄기 그림자가 비치는 것을 보고 그의 뒤편 둑 위에 누가 서 있는 것을 알았다. 그가 고개를 돌리려는 순간 네 겹으로 접은 종이 한 장이 그의 무릎 위에 떨어졌다. 누군가가 그의 머리 위로 던진 모양이었다. 장 발장은 그 종이를 집어 펴 보았다. 안에는 이런 간단한 글이 연필로 커다랗게 씌어 있었다.
'이사 가시오.'
장 발장은 벌떡 일어났으나 둑 위엔 이미 아무도 없었다. 주위를 둘러보니 아이라고 하기엔 좀 크고 어른이라고 하기엔 좀 작은 회색 작업복 상의에 검은 우단 바지를 입은 어떤 사람이 담벼락을 넘어 저편 연병장 참호 속으로 미끄러져 들어가는 것이 보였다.
장 발장은 깊은 생각에 잠겨 그 길로 집으로 돌아왔다.

마리우스

마리우스는 모든 희망을 잃고 질노르망 씨 집에서 나왔다. 그는 실낱 같은

정원을 산책하던 그는 문득 벽 위에 못으로 새긴 글귀를……

희망을 안고 할아버지 댁을 찾았으나 이제는 한없는 절망을 안고 거기에서 나왔다.

그러나 인생 초기를 관찰해 본 사람이라면 누구나 잘 알겠지만, 창기병 장교인 얼간이 외사촌 떼오뒬르는 마리우스의 정신에 아무런 그림자도 던져 주지 못했다. 아주 작은 그늘 하나 드리워 주지 못했던 것이다. 극작가라면 할아버지가 손자에게 불쑥 털어놓은 그 비밀에서 뭔가 복잡한 줄거리의 전개를 기대했을지도 모른다. 그러나 그렇게 되면 연극은 재미있을지 몰라도 진실은 결여된다.

마리우스는 아직 악에 대해선 아무것도 믿지 않는 나이였다. 조금 있으면 그도 모든 것을 믿는 나이가 될 것이다. 그러니까 의혹은 말하자면 얼굴에 생기는 주름과 같은 것이다. 젊은 청춘에 주름이 있을 리 없다. 오델로의 마음을 번민에 빠뜨린 일도, 깡디드의 마음 위로는 그냥 흘러가 버릴 뿐이었다. 꼬제뜨를 의심하다니! 그보다는 차라리 숱한 죄악을 범하는 것이 마리우스의 마음에 훨씬 편했을 것이다.

고민에 빠진 사람이 곧잘 그렇듯 마리우스는 이 거리에서 저 거리로 정처없이 돌아다녔다. 나중에 생각해도 그때 무엇을 했는지 전혀 알 수 없었다. 새벽 2시에 그는 꾸르페락한테 돌아와 그대로 옷을 입은 채 요 위에 쓰러졌다. 그리고 머릿속에 멋대로 떠오르는 갖가지 생각을 따라가다가 곤히 잠에 떨어졌을 때는 이미 해가 중천에 떠 있었다. 눈을 떴을 때 그는 방안에서 꾸르페락과 앙졸라와 푀이와 꽁브페르가 모자를 쓰고 외출 준비를 하느라고 바쁘게 왔다갔다하는 것을 보았다.

꾸르페락이 그에게 말했다.

"넌 라마르끄 장군 장례식에 안 갈래?"

그는 꾸르페락이 알아들을 수 없는 중국어라도 지껄이고 있는 것 같았다.

마리우스는 친구들보다 조금 늦게 집에서 나왔다. 주머니엔 2월 3일 소동 때 자베르한테서 받은 권총 두 자루가 들어 있었다. 두 자루 다 장전이 되어 있었다. 그가 어떤 생각에서 그것을 지니고 나왔는지 설명하기는 매우 어렵다.

하루 온종일 그는 정처없이 돌아다녔다. 이따금 비가 뿌리곤 했으나 마리우스는 그것도 알아차리지 못했다. 저녁 대신 1수를 내고 플뤼뜨(가늘고 긴빵)를 하나 샀으나 그것도 주머니에 찔러 둔 채 잊었다. 확실한 기억은 없으나 세느

그가 고개를 돌리려는 순간 네 겹으로 접은 종이 한 장이……

강에 가서 미역을 감은 것 같기도 했다. 사람은 누구나 머릿속이 훨훨 타는 것 같은 때가 있다. 마리우스는 지금이 그런 때였다. 이제 그는 아무것도 바라지 않고 또 아무것도 무서워하지 않았다. 어젯밤부터 쭉 그런 상태가 계속되었다. 그는 열에 들뜬 것처럼 안절부절못하며 저녁이 되기를 기다렸다. 확실한 것은 오직 밤 아홉 시에 꼬제뜨를 만난다는 사실뿐이었다. 그 마지막 희망만이 이제 그의 미래의 전부였다. 이따금 인적이 없는 거리를 지나갈 때도 빠리 전체가 이상하게 소란스러운 것같이 느껴졌다.

마리우스는 마치 꿈에서 깨어난 듯 머리를 쳐들고 중얼거렸다.

"전쟁이라도 일어난 건가?"

해가 지고 아홉 시 정각이 되자 그는 꼬제뜨와 약속한 대로 쁠뤼메 거리로 갔다. 철책 가까이 가자 그는 모든 것을 잊어버렸다. 48시간이나 만나지 못한 꼬제뜨와 이제 재회하는 것이다. 그 외의 생각은 모두 사라지고 지금까지 느껴 보지 못한 깊은 기쁨만이 넘쳐 흘렀다. 오랜 세월을 산 것 같은 그러한 몇 분간은, 그것이 사라질 때 비로소 사람의 마음을 채워 주는 감탄할 만한 높은 특성을 갖춘다.

마리우스는 쇠창살을 떼고 마당 안으로 뛰어들어갔다. 언제나 그를 기다리고 있던 그 자리에 꼬제뜨는 없었다. 그는 덤불을 헤치고 돌계단 옆 으슥한 곳으로 갔다. '거기 있나 보다.' 그러나 꼬제뜨는 거기에도 없었다. 올려다보니 집엔 덧문이 모조리 닫혀 있었다. 정원을 한바퀴 돌아보았으나 인기척이 전혀 없었다. 그는 집 앞으로 가서 거의 실성한 사람처럼 슬픔과 불안에 떨며 마치 밤늦게 돌아온 주인처럼 덧문을 마구 두드렸다. 계속해 두드렸다. 창문이 열리고 그녀의 아버지가 무서운 얼굴로 "무슨 일이오?" 하고 물을지도 모른다는 생각도 하지 않고, 그런 것은 지금 그가 예감하고 있는 것에 비교하면 아무것도 아니었다.

그는 한참 두드리다가 이번엔 소리를 내어 꼬제뜨의 이름을 불렀다.

"꼬제뜨!" 그는 소리쳤다.

"꼬제뜨!" 그는 명령하는 투로 계속 소리쳤다.

대답이 없었다. 이제 모든 것은 끝장이었다. 정원에는 아무도 없었다. 집 안에도 아무도 없었다.

마리우스는 무덤처럼 고즈넉하고 무덤보다도 더 공허한 그 집을 절망한 눈으로 올려다보았다. 꼬제뜨와 함께 충만한 시간을 보낸 돌벤치를 쳐다보았다. 그리고 돌계단 위에 쭈그리고 앉아 마음 깊이 사랑하는 사람을 축복하고, 꼬제뜨가 가버린 이상 이제 자기는 죽을 수밖에 없다고 굳게 결심했다.
 그때 문득 누군가 분명 길 쪽에서 나무 사이로 자기를 부르는 소리를 들었다.
 "마리우스 씨!"
 그는 벌떡 일어났다.
 "네?" 그는 대답했다.
 "마리우스 씨 거기 계세요?"
 "네, 여기 있어요."
 "마리우스 씨." 그 목소리는 다시 말했다. "친구들이 모두 샹 브르리 거리 바리케이드에서 기다리고 있어요."
 아주 생소한 목소리는 아니었다. 약간 쉰 듯하고 귀에 거슬리는 에쁘닌느의 목소리와 아주 비슷했다. 마리우스는 울타리 쪽으로 달려가 흔들흔들 하는 쇠막대기를 빼고 목을 늘여 소리의 임자를 찾았다. 젊은 남자같이 보이는 사람이 저쪽 어둠 속으로 부리나케 숨는 것이 보였다.

마뵈프 씨

 장 발장의 지갑은 마뵈프 씨에게는 아무 소용이 없었다. 마뵈프 씨는 어린애 같은 존경할 만한 엄격성을 가지고 하늘에서 내린 선물을 결코 받아들이지 않았다. 별이 돈으로 변한다는 것은 그로서는 생각할 수도 없는 일이었다. 더구나 하늘에서 떨어진 것이 사실은 가브로슈가 던져 준 것이라고는 상상도 못했다. 그는 그 지갑을 잃어버린 사람이 찾아갈 수 있게 그 지방 경찰서에 맡겼다. 그 지갑은 분실물이었다. 그러나 찾아가는 사람은 없고 그렇다고 해서 마뵈프 씨에게 도움이 되지도 못했다.
 마뵈프 씨는 여전히 곤란을 겪고 있었다.
 쪽의 시험 재배는 오스떼를리쯔의 정원에서와 똑같이 식물원에서도 성공을 거두지 못했다. 가정부의 지난해 월급도 다 지불하지 못했고 이미 독자도 알다시피 집세도 몇 기분(1기분이 보통 3개월)이나 밀려 있었다. 공설 전당포는 그의 《식물지》의 동판을 열세 달이나 맡고 있었으나 끝내 매각해 버리고 말았다. 어떤 철물상이 그걸 사다가 냄비로 만들어 버렸다. 동판이 없어졌기 때문에 아직 수중에 남아 있는 《식물지》의 부족분도 보충할 수 없고 하여 그는 목판과 본문을 책방에 싸게 넘겨 버렸다. 그가 평생을 걸려 만든 책은 이렇게 하여 완전히 흔적도 없이 사라지고 말았다.

마뵈프는 그렇게 들어온 돈을 야금야금 써버렸다. 그리고 돈이 떨어지자 정원도 돌보지 않고 되는 대로 내버려 두었다. 이따금 습관삼아 먹던 달걀 두 개와 고기 한 조각도 벌써 오래 전부터 끊었다. 요즘은 저녁 식사도 빵과 감자로만 때웠다. 마지막 남은 가구까지 팔고, 침구며 옷이며 담요도 한 벌씩만 남겨 놓고 모조리 팔고, 다음엔 식물 표본이며 판화까지 팔았다. 그래도 무척 희귀한 책은 몇 권 가지고 있었다. 그 가운데에는 특히 1560년 판 《성서역사연표》, 삐에르 드 베쓰가 쓴 《성서용어색인》, 나바르 여왕에게 바치는 헌사가 붙은 장 드 라에의 저서 《레 마르그리뜨 드 라 마르그리뜨》, 빌리에 오뜨망이 쓴 《대사의 직책과 위엄에 대하여》, 1644년 판 《유대 사화집》 한 권, 《베네치아 마누차누스 가(家)에서》라는 화려한 제목이 붙은 1657년 판 티불루스의 시집 한 권, 마지막으로 1644년 리용에서 인쇄된 디오게네스 라에르튜스의 저서 한 권도 있었다. 그 속에는 바티칸에 있는 13세기의 사본 제411번의 유명한 진본이 몇 종류나 있고, 앙리 에띠엔느가 참조해 수많은 것을 얻은 베네치아 사본 제393번과 제394번의 두 진본도 들어 있으며, 게다가 나뽈리 도서관에 있는, 12세기의 유명한 사본에서만 볼 수 있는 도리스 방언의 문장이 거의 빠짐없이 들어 있었다. 마뵈프 씨는 방에 절대로 불을 피우지 않았으며 촛불도 켜지 않고 해가 저물면 곧 자리에 누웠다. 옆집 사람들과 전혀 왕래를 하지 않아 사람들은 그가 나가도 못 본 척 피했으며, 또 그 자신도 그런 줄을 알고 있었다.

아이의 초라함은 어머니의 주의를 끌고, 청년의 초라함은 젊은 처녀의 주의를 끄나, 노인의 초라함은 그 누구의 주의도 끌지 못했다. 그것은 모든 고뇌 중에서도 가장 무정한 것이었다. 그래도 마뵈프 노인은 천성적인 그 순진성을 아주 잃어버린 것은 아니었다. 그의 눈동자는 몇 권 남은 장서를 볼 때마다 반짝반짝 빛났으며, 이 세상에 꼭 한 권밖에 없는 디오게네스 라에르튜스를 볼 때는 미소까지 떠올랐다. 유리창이 달린 책장은, 필수품을 제외하고는 그가 가지고 있는 유일한 가구였다.

어느 날 플루타크 할멈이 마뵈프 노인에게 말했다.

"저녁 지을 돈이 없는데요."

할멈이 저녁 식사라고 하는 것은 빵 한 조각과 감자 네댓 개를 말한다.

"외상으로 하지 그래?"

"줄 리가 만무하지 않습니까?"

마뵈프 씨는 책장문을 열고 마치 자식 하나를 죽여야 하는 아버지가 어느 놈으로 할까 하고 둘러보듯 한참 동안 장서를 한 권 한 권 들여다보다가 한 권을 쑥 빼서 겨드랑이에 끼고 나갔다. 두 시간쯤 지나자 그는 겨드랑이에 아무것도 없이 돌아왔는데 대신 책상 위에 30수를 놓으며 말했다.

"저녁밥을 준비하우."

그때부터 플루타크 할멈은 노인의 천진한 얼굴에 검은 베일이 덮인 것을 보았는데, 그 베일은 두 번 다시 걷히지 않았다.

이튿날도 그 이튿날도 매일 같은 일을 반복하지 않으면 안되었다. 매일 마뵈프 씨는 책 한 권을 가지고 나가서는 얼마 안 되는 돈을 가지고 돌아왔다. 헌책방 주인은 그가 무슨 일이 있어도 팔아야 한다는 걸 알고 20프랑이나 들여 산 책을 단돈 20수라는 헐값에 샀다. 어떤 때는 그 책을 산 바로 그 집에서조차 그랬다. 장서는 한 권 한 권 차례로 남의 손에 넘어갔다.

마뵈프 씨는 이따금 장서가 다 없어지기 전에 자기 생명이 끊어지길 바라는 듯, "나도 이제 나이가 팔십이 됐으니까" 하고 중얼거렸다.

그의 슬픔은 날이 갈수록 쌓일 뿐이었다. 그러나 꼭 한 번 기쁨을 맛본 때가 있었다. 그것은 로베르 에스띠엔느 한 권을 가지고 나가 말라케 강둑에서 35수에 팔아 가지고 돌아오는 길에 그레 거리에서 40수에 알드 판 책 한 권을 사가지고 돌아왔을 때였다.

"5수는 빚졌어." 그는 기쁨에 넘친 얼굴로 플루타크 할멈에게 말했다.

그날 마뵈프 씨는 저녁을 먹지 않았다.

마뵈프 씨는 원예 협회 회원이었다. 거기서도 마뵈프 씨가 생활의 곤란을 받고 있다는 것을 다 알고 있었다. 그곳 협회장이 마뵈프 씨를 찾아와 그의 얘기를 농상무 장관에게 상신하겠다고 약속하고 곧 그대로 실행해 주었다.

"아이구 그렇습니까?" 장관은 소리쳤다.

"그래요. 그 연로한 학자가, 식물학자이고 점잖은 그 노인이 말씀이죠. 어떻게든 해드려야죠."

이튿날, 마뵈프 씨는 장관의 저택에 초청을 받았다. 마뵈프 씨는 너무 기뻐서 몸을 떨며 초대장을 플루타크 할멈에게 보였다.
"이제 우린 살게 됐어!" 그는 말했다.
 그날 그는 장관의 저택으로 갔다. 그가 들어가자 집안에 있는 사람들이 모두 그의 꾸깃꾸깃한 넥타이며 헐렁헐렁하고 낡은 상의며 달걀을 이겨붙인 구두를 보고 입을 딱 벌렸다. 그리고 누구 한 사람, 장관 자신까지도 그에게 말을 걸려고 하지 않았다. 밤 10시경, 행여나 무슨 얘기가 있으려나 기다리던 마뵈프 씨는 감히 자기 쪽에선 가까이 갈 용기도 없었던, 목이 넓게 파인 드레스 차림의 아름다운 장관 부인이 "저 늙은 분은 누구예요?" 하고 묻는 소리를 들었다. 마뵈프 씨는 밤 12시, 억수 같은 비를 맞으며 집으로 돌아왔다. 그는 갈 때 마차 삯을 내기 위해 엘제비르 판 책 한 권을 팔았던 것이다.
 마뵈프 씨는 매일밤 잠자리에 들기 전에 그 디오게네스 라에르튜스를 몇 페이지씩 읽는 것이 습관이 되었다. 그는 원문의 특수성을 즐기기에 충분한 그리스 어 지식을 가지고 있었다. 이제는 다른 낙이라곤 아무것도 없었다. 이렇게 하여 몇 주일이 흘러갔다.
 플루타크 할멈이 갑자기 병에 걸렸다. 빵집에서 빵을 사올 수 없는 것보다 더 괴로운 일이 또 한 가지 늘었다. 그것은 약방에 가서 약을 지어올 수 없는 일이었다. 어느 날 밤, 의사는 무척 값비싼 물약 처방을 내렸다. 게다가 중세가 매우 악화되었기 때문에 간호사를 한 사람 부르지 않으면 안되었다. 마뵈프 노인이 책장을 열어 보았으나 아무것도 없었다. 마지막 한 권까지 다 팔아 버린 것이다. 남은 것은 오직 디오게네스 라에르튜스 한 권 뿐이었다.
 마뵈프 씨는 더할 수 없이 소중한 그 책을 옆에 끼고 밖으로 나갔다. 1832년 6월 4일의 일이었다. 그는 쌩 지프 성문 근방에 있는 르와이올 서점 후계자한테 가서 100프랑을 받아 들고 돌아왔다. 그는 5프랑을 늙은 하녀의 머리맡에 놓아두고 아무 말도 없이 자기 방으로 돌아왔다.
 이튿날, 날이 밝기가 무섭게 마뵈프 씨는 정원 경계석 위에 나와 있었다. 그리고 오전 내내 꼼짝도 않고 고개를 푹 숙인 채 바싹 마른 화단을 멍하니 바라보는 것이 울타리 너머로 보였다. 이따금 비가 후드득 뿌리곤 했으나 그는 그것도 모르는 것 같았다. 오후가 되자 심상치 않은 소리가 빠리 쪽에서 일어났다. 언뜻 듣기에 총소리와 많은 군중의 외침소리 같았다.

마뵈프 노인은 고개를 들었다. 정원사 한 사람이 지나가는 것을 보고 그는 말을 걸었다.
"저게 무슨 소리요?"
정원사는 삽을 멘 채 태평스런 어조로 대답했다.
"폭동이 일어났어요."
"뭐라고! 폭동이?"
"네, 지금 한창 싸우고 있어요."
"왜 싸운대요?"
"글쎄요, 저도 잘 모르겠는데요."
정원사는 대답했다.
"어느 쪽이오?" 마뵈프 노인은 다시 물었다.
"병기창 쪽이에요."
마뵈프 노인은 집 안으로 들어가 모자를 집어들고 겨드랑이에 낄 책을 무심코 찾다 한 권도 없는 것을 알고 "오, 참 그렇지" 하고 황급히 나갔다.

제10편 1832년 6월 5일

문제의 표면

폭동은 무엇에서 성립되는가? 무(無)에서, 그리고 또 모든 것에서 성립된다. 조금씩 방전되는 어떤 전기에서, 갑자기 내뿜는 어떤 불꽃에서, 떠돌아다니는 어떤 힘에서, 지나가는 어떤 바람에서 성립된다. 이 바람은 생각하는 머리나, 꿈꾸는 두뇌나, 괴로워하는 영혼이나, 타오르는 정열이나, 성난 빈곤 등에 부딪쳐 그것을 모두 휩쓸어 간다.

어디로?

아무 데로나. 국가를 넘어, 법률을 넘어, 타인의 번영과 교만을 넘어.

조급한 신념, 급진적인 열광, 끓어오르는 분노, 억눌린 투쟁 본능, 흥분된 청춘의 객기, 용감한 맹목의 행동, 호기심, 변화를 좋아하는 마음, 생소한 것에 대한 갈망, 새로운 연극 광고나 극장에서 연극을 지시하는 호각 소리를 듣고 좋아하는 감정, 애매모호한 증오, 원망, 실의, 운명이 자기를 망쳤다고 생각하는 허영심, 불쾌, 허황한 꿈, 벽에 부딪친 야심, 붕괴가 출구를 내줄 것을 기대하는 마음, 그리고 마지막으로 맨 밑바닥에 있는 하층민, 즉 성냥을 그어 대기가 무섭게 불이 붙는 시궁창, 이런 모든 것이 폭동의 요소다.

가장 위대한 것과 가장 천한 것, 모든 것에서 소외되어 기회를 기다리며 떠돌아다니는 사람들, 방랑자, 부랑자, 이 거리에서 저 거리로 떠돌아다니는 노숙자, 하늘의 싸늘한 구름밖에는 지붕도 없는 사막에서 자는 사람들, 하루하루의 빵을 운에 맡길 뿐 일을 해서 얻으려고 하지 않는 사람들, 빈곤과 허무에 빠진 이름도 없는 사람들, 팔을 다 드러내고 맨발인 사람들, 이러한 사람들이 폭동에 참가하는 것이다.

국가나 인생이나 숙명에 대해 남모르는 반항심을 품은 자는 모두 폭동 일보 직전에 있다고 할 수 있어, 폭동이 일어나기가 무섭게 온몸을 떨며 자기가 그 소용돌이 속으로 빠져드는 것을 느끼기 시작한다.

폭동은 사회의 대기가 어떤 기압 상태에 도달하면 갑자기 일어나는 회오리바람 같은 것으로, 그것은 소용돌이치며 상승하고, 질주하고, 번개가 일어나고, 모든 것을 찢어 발기고, 파괴하고, 짓뭉개고, 뒤집어엎고, 뿌리째 뽑아놓고, 위대한 본성을 가진 사람이나 비천한 사람이나, 강자나 약자나, 큰 나무나 지푸라기나 뭐든지 다 휩쓸어 가버린다.

폭동에 휩쓸린 사람이나 거기에 맞서 대항하는 사람이나 다같이 불행하도다! 폭동은 그 양자를 충돌시켜 산산조각을 낸다.

이 폭동은 거기에 휘말린 사람에게 뭔가 알 수 없는 이상한 힘을 준다. 어떤 인간도 사건이 갖는 힘으로 채워 주고 모든 것을 탄환으로 바꾸어 버린다. 단순한 돌도 포탄으로 만들고 짐꾼을 장군으로 만든다.

엉큼한 정치가가 내리는 어떤 판단을 믿는다면 권력에는 다소의 폭동이 바람직한 일이라고 한다. 즉 이런 이론인 것이다. 폭동은 정부를 뒤엎지 않는 한 정부를 강화시키는 것이 된다. 폭동은 군대에 시련을 주고, 부르주아를 단결시키고, 경찰의 근육을 부드럽게 하고, 사회의 골격이 얼마나 강한가 시험한다. 그것은 말하자면 체조이다. 아니 거의 건강법에 가깝다. 권력은 폭동을 경험하고 나면 마치 피부 마찰을 하고 난 사람처럼 기운이 솟구치는 것이다.

지금부터 약 30년 전에는 폭동을 전혀 다르게 보았다.

무슨 일에든지 스스로 '양식'이라 주장하는 하나의 이론이 있다. 그것은 알쎄스뜨(몰리에르의 희곡 르 미장트로프의 주인공. 성미가 까다롭고 염세적인 벽창호를 비유함. 필랭뜨는 사교적이고 타협을 잘하는 사람임.)에 대한 필랭뜨이다. 진실과 허위 사이에 끼어드는 중재이며 설명이자 충고이다. 그것은 비난과 변명을 함께 내포하고 있으므로 스스로 현명하다고 믿지만 대개는 무식한 유식에 불과한 것이다. 중용주의자라고 불리는 정치상의 일파는 모두 여기에서 생겨난 것이다. 냉수와 열탕 사이에 있는 미온수 같은 당파이다. 이 일파는 매우 신중한 척하나 사실은 겉보기만 그럴 뿐 원인을 살피지 않고 결과만을 분석하여 교만한 자세로 광장의 소동을 질책한다.

이 일파가 하는 말을 들어보기로 하자.

"1830년의 사건을 복잡하게 한 몇 가지 폭동은 저 위대한 사건에서 순수성의 일부를 상실케 했다.

7월 혁명은 기분좋게 확 불어온 민중의 바람이었고 그 뒤엔 갑자기 푸른 하늘이 되었다. 그러나 몇 개 폭동이 또 다시 하늘을 흐리게 만들었다. 폭동은 처음 그토록 멋있게 국민을 단결시켰던 저 혁명을 커다란 싸움판으로 만들어 버렸다.

급격한 진보가 항상 그렇듯 7월 혁명에서도 표면에 드러나지 않는 파괴가 일어났다. 그리하여 폭동은 그것을 사람들의 눈에 뜨이게 했다. 아아, 여기가 파괴되었구나 하고 사람들이 말하게 되었다. 7월 혁명 후에 사람들은 해방감만을 맛보았지만 폭동 뒤에는 파국을 느꼈다."

폭동이라는 것은 상점을 닫게 하고, 자금 유통을 막고, 주식시장을 혼란에 빠지게 하고, 상업을 정지시키고, 사업을 저해하고, 파산을 촉진시킨다. 그 때문에 금융은 정지되고, 사유 재산은 위협당하고, 신용은 떨어지고, 공업은 혼란되고, 임금은 저하되고, 자본은 후퇴되고, 가는 곳마다 공황이 생겨 모든 도시에 그 반동이 나타난다. 거기에서 큰 손실이 일어난다.

폭동의 첫날은 프랑스에 2천만 프랑의 손실을 주고 둘째 날은 4천만 프랑, 셋째 날은 6천만 프랑의 손실을 주는 것으로 계산되고 있다. 폭동이 사흘간 계속되면 1억 2천만 프랑의 손실이 되므로 재정상의 영향만 따져도 60척의 함대를 전멸시키는 패전 같은 재난과 맞먹는 꼴이 된다.

역사적으로 보면 과연 폭동에도 어떤 아름다움이 있다. 시가전은 산이나 들판의 게릴라전에 못지않는 웅대하고 비장한 맛이 있어, 한쪽에는 숲의 정신이 깃들어 있다면 다른 한쪽에는 도시의 마음이 구비되어 있다.

한쪽에는 장 슈앙이 있고 다른 한쪽에는 잔느가 있다.

폭동은 또 이따금 빠리의 가장 근본적인 여러 가지 성격들, 곧 대범함, 열성, 폭풍우 같은 쾌활성, 용기가 지성의 일부라는 걸 성실하게 입증하는 학생들, 꿈쩍도 않는 국민군, 상인들의 노점상, 부랑아들의 요새, 죽음을 두려워하지 않고 지나가는 행인들의 모습을 환하면서도 대단히 훌륭하게 드러내 놓았다.

폭동에서는 학생과 군대가 충돌했다. 요컨대 싸우는 사람들에게는 나이 차이밖에 없었다. 적도 동지도 한 민족이었다. 스무 살에 사상을 위해 죽는 사람이나, 마흔 살에 가족을 위해 죽는 사람이나 자기를 버렸다는 면에서는 다 같았다.

군대는 내란이 일어날 때마다 언제나 괴로운 처지에 놓이지만 상대의 대담성에는 언제나 신중한 태도로 맞섰다. 폭동은 민중의 대담성을 나타내는 동시에 부르주아들에게는 용기를 가르쳤다.

그건 매우 좋은 일이다. 하지만 그런 것 때문에 피를 흘릴 가치가 있을까. 게다가 피만 흘리는 것이 아니라 미래는 암담하고, 진보는 위험에 처하고, 가장 선량한 사람들 사이에 불안이 퍼지고, 성실한 자유주의자는 절망하고, 외국의 전제주의는 혁명이 스스로에게 상처를 입히는 것을 보고 기뻐하고, 1830년의 패자는 그것 보라는 듯 그러니까 우리가 뭐라고 했느냐 하고 말한다.

그뿐 아니라 빠리는 전보다 커졌는지는 몰라도 프랑스 전체는 확실히 작아졌다. 그리고 뭐든지 다 폭로해야 하니까 하는 말이지만, 광기로 변한 자유에 대한 광포해진 질서의 승리가 학살에 의해 너무 자주 더럽혀진 것을 생각해 볼 필요가 있다. 요컨대 폭동은 유해한 것이다.

가짜 국민인 부르주아지는 이런 가짜 지혜를 즐겨 입에 올린다.

우리는 이 폭동이라는 너무나 의미가 넓고 편리한 말은 쓰지 않기로 하자. 한 민중 운동과 다른 민중 운동을 구별하기만 하자. 하나의 폭동이 하나의 대전과 같은 정도의 손실을 가져오는지 어떤지 하는 것은 캐내지 말기로 하자.

첫째 왜 전투를 끄집어 내는가? 여기에서 전쟁의 문제가 나온다. 폭동이 재앙인 이상 전쟁은 바로 천재가 아닌가? 그런데도 폭동을 모두 재앙이라고 할 수 있을 것인가? 설사 7월 14일 1억 2천만 프랑의 손실을 가져왔다 해도 그게 어떻단 말인가?

필립 5세를 스페인 왕으로 앉히기 위하여 프랑스는 20억 프랑을 썼다. 가령 이것과 맞먹는 지출이 있었다 할지라도 7월 14일 쪽이 나을 것이다. 그리고 그럴듯해 보이기는 하지만 결국 말뿐인 이런 숫자를 우리는 인정하지 않는다.

하나의 폭동이 문제가 될 때 우리는 그것을 폭동 자체로서 검토하기로 하자. 앞서 열거한 공리공론의 반대론에서는 결과만이 문제가 되었는데 원인을 캐보기로 하자.

이제부터 그것을 더듬어 보기로 한다.

문제의 밑바닥

폭동이라는 것이 있고 반란이라는 것이 있다. 둘 다 분노의 폭발이나 하나는 부당한 것이고 하나는 정당한 것이다. 정의를 기초로 하는 유일한 국가인 민주국가에서도 한 당파가 권력을 부당하게 획득하는 일이 가끔 있는데, 그런 때는 전체가 들고 일어나고 때로는 전체의 권리를 꼭 되찾아야 할 경우엔 무기를 잡는 것도 불사한다.

집단의 주권과 관계되는 모든 문제에 대해 한 당파에 대한 전체의 투쟁은 반란이고, 전체에 대한 한 당파의 공격은 폭동이다. 뛸르리 궁전의 주인이 국왕인가 국민의회인가에 따라 궁전에 대한 공격은 정당한 것이 되기도 하고 부당한 것이 되기도 한다. 마찬가지로 군중을 겨냥한 대포도 8월 10일에는 부당했고 포도월 14일에는 정당했다. 겉보기에는 비슷하나 그 바탕은 다르다. 루이 16세의 호위병은 허위를 방위하고 보나빠르뜨는 진실을 방위했다. 보통 선거가 그 자유와 주권에 의해 형성한 것을 도시의 군중이 해체해서야 되겠는가? 순수한 문명의 문제도 똑같다.

대중의 본능은 어제는 깊은 통찰력을 갖추고 있을지 몰라도 내일은 어떻게 흐려질지 모른다. 똑같은 분노의 폭발도 떼레에 대해서는 정당했으나 뛰르고에 대해서는 부조리했다. 기계가 파괴되고, 창고가 부서지고, 철도가 막히고, 뱃도랑이 파괴되고, 군중이 그릇된 길을 걷고, 국민이 진보의 이름으로 심판받기를 거부하고, 라뮈가 학생에게 암살되고, 루소가 돌팔매를 맞고 스위스에서 쫓겨 나는 이런 것들이 폭동의 실태다. 이스라엘이 모세에게 반항하고, 아테네가 포키온에 거역하고, 로마가 스키피오를 배반한 것, 이것이 폭동이다. 빠리가 바스띠유 감옥을 공격하는 것, 그것은 반란이다. 알렉산더에게 반항한 병사, 크리스토퍼 콜럼버스에게 반항한 선원, 이들은 똑같이 모반자들이다. 아주 충성스럽지 못한 모반자들이다. 왜 그런가? 알렉산더는 크리스토퍼 콜럼버스가 나침반으로 아메리카를 대한 것처럼, 칼로 아시아를 대했기 때문이다. 알렉산더도 콜럼버스와 마찬가지로 신세계를 발견했기 때문이다. 이처럼 신세계에 문명을 제공하는 것은 곧 문명을 넓히는 일이며 따라서 그에 거역하는 반항은 모두 유죄이다.

국민은 이따금 자기 자신에 대해 성실하지 못한 경우가 있다. 군중이 국민의 의지를 배반하는 것이다. 예를 들어 오랫동안 피를 흘리며 항의해 온 소금 밀매업자들의 투쟁만큼 기묘한 결과를 낳은 일이 또 있을까? 그것은 만성화한 합법적 반항이었으나 결정적인 순간에, 구원의 순간에, 민중이 승리하는 순간에 이르러 갑자기 왕과 결탁하여 올빼미당(반혁명 농)으로 변절하고, 적대하는 반란에서 편을 드는 폭동이 된 것이다. 무지가 낳은 슬픈 걸작이다! 소금 밀매업자들은 국왕으로부터 교수형을 사면받자 아직 밧줄 끝을 목에 건 채 흰 모표(왕당)를 달았다. 염세(鹽稅)를 폐지하라는 주장이 국왕 만세라는 소리를 낳게 한 것이다. 성 벨르뗄르미 제(祭)의 학살, 9월의 참살, 아비뇽의 살육, 꼴리니의 살해, 랑발르 부인의 살해, 브륀느의 암살, 미끌레 산적의 난, 녹색 리본당의 난, 변발당의 난, 츄위 일당의 난, 완장 기사의 난, 이 모든 것이 폭동이다. 방데의 난은 가톨릭 교도가 일으킨 가장 큰 폭동이다.

  정당한 권리가 움직이는 소리는 곧 식별이 되는 것이지만 그렇다고 혼란에 빠진 군중의 몸부림에서 항상 그 소리가 들리는 것은 아니다. 미친 격노라는 것이 있다. 금이 간 종이 있다. 모든 종소리가 청동의 맑은 소리를 내는 것은 아니다. 감격과 무지의 진동은 진보의 충동과 별개다. 사람들이여 일어나라 하고 외치는 것은 좋지만 거기엔 언제나 향상을 목적으로 하지 않으면 안된다. 방향의 진로를 결정하지 않으면 안된다. 반란엔 오직 전진이 있을 뿐이다. 그 외의 반대운동은 모두 부정이다. 폭력에 의한 역행은 모두 폭동이다. 후퇴하는 것은 인류에 대한 폭력 행위이다. 반란은 노한 진리의 발작이다. 반란이 파서 뒤집는 돌바닥은 권리의 불꽃을 튀긴다. 그러나 똑같은 돌바닥도 폭동에는 진탕을 튀길 뿐이다. 루이 16세에 대한 당똥의 행위는 반란이고 당똥에 대한 에베르의 행위는 폭동이다.

  따라서 반란이 어떤 경우에는 라파이예뜨가 말한 것처럼 더없이 신성한 의무가 될 수 있는 데 반해 폭동은 더없이 잔인한 폭력 행위가 될 수 있다.

  그 열의 강도에도 차이가 있어 반란은 때로 커다란 화산이 될 수 있는 데 반해 폭동은 한낱 짚불에 그치는 수가 많다.

  이미 말했듯이 모반은 때로 권력의 내부에 숨어 있는 일이 있다. 뽈리냐끄는 폭동의 장본인이며 까미유 데물랭은 통치자이다.

  그러나 때로 반란은 부활이다.

  모든 것을 보통 선거로 해결하게 된 것은 극히 최근의 일이지만, 그 이전의 역사는 4000년에 걸친 권리의 침해와 민중의 고통으로 점철되어 있었기 때문에 역사의 각 시대는 당시로서 가능한 범위에서 항의를 제출하고 있다.

로마의 여러 황제 아래서는 반란은 없었으나 유베날리스가 있었다.

'분노는 만든다'(분노는 시를 만든다는 유베날리스의 말)라는 말이 그라끄 형제 대신으로 쓰이게 된 것이다.

로마의 여러 황제 시대에는 시에나의 망명자(유베날리스)가 있고 또 연대기의 지은이(타키투스)가 있다.

빠뜨모스 섬의 거대한 망명자(성요한)에 대해서는 말할 것도 없다. 그도 역시 이상 세계의 이름으로 현실 세계에 항의를 퍼붓고, 환상에 의해 뛰어난 풍자시를 지었으며, 로마와 맞먹는 니네베며, 바빌론이며, 소돔 위에 불 같은 《묵시록》의 빛을 던졌던 것이다.

바위 위의 요한은 받침돌 위의 스핑크스와 같이 수수께끼이다. 그의 말을 이해할 수는 없다. 그는 유대인인데 그가 하는 말은 희랍어이다. 그러나 연대기를 쓴 사람은 라틴 사람, 자세히 말해 로마 인이다.

네로와 같은 폭군들이 암흑 통치를 할 때는 그들을 역시 어둡게 묘사하지 않으면 안된다. 끌로 모양만 새겨서는 효과가 나지 않을 것이다. 새김 하나 하나에 인간의 마음에 스며들 농후한 산문을 흘려넣어야 된다.

전제 군주도 사상가에게는 다소 의미가 있는 존재이다. 사슬에 묶인 말, 그것은 무서운 말이다. 지배자가 국민에게 침묵을 강요할 때 저술가는 그 문체에 이중 삼중의 의미를 섞게 된다. 그 침묵에서 어떤 불가사의한 충실감이 생겨 그것이 사상 속에 스며들고 하나로 응결하여 맑은 소리를 내는 청동이 된다. 역사상의 압제는 역사가의 문장을 극히 간단하고 명백한 것으로 만들어 놓고 있다. 그러한 종류의 유명한 산문이 지닌 화강암 같은 단단함은, 모두 다름아닌 폭군에 의해 압축되어 일어난 결과인 것이다.

전제 군주 정치는 저술가에게 어쩔 수 없이 대상의 범위를 좁혀 주나 그 때문에 오히려 그들의 필력은 한껏 커진다. 키케로와 같은 문장은 벨레스에게는 대충 어울리나 칼리굴라에게는 무디기 짝이 없다. 문장의 규모가 작아질수록 읽는 사람에게 주는 충격은 커지게 마련이다. 타키투스는 전력을 기울여 생각을 짜낸다.

위대한 마음의 성실성은 정의와 진리로 응축될 때 상대를 분쇄하는 힘이 된다.

이왕 나왔으니 하는 말이지만 타키투스가 역사상 시저와 겹쳐지지 않은 것은 매우 주목할 만한 일이다. 타키투스에게는 티베리우스 같은 폭군이 할 당되었다. 시저와 타키투스의 경우는 연이어 나타난 두 현상이지만, 긴 세월을 연출할 때 등장 인물의 입장과 퇴장을 정하는 신은 생각하는 바가 있어 이 두 사람의 만남을 피하게 한 것 같다. 시저도 위대하고 타키투스도 위대하다. 신은 이 두 인물의 위대함을 아껴서 서로 충돌하지 않게 하였다. 이 심판자(타킹투스)가 시저를 공격하면 공격이 너무 심하여 불공평하게 될지도 모른다. 신은 그것을 바라지 않는다. 아프리카나 스페인에서 벌어진 대전쟁, 실리시아의 해적 토벌, 골 지방과 브르따뉴와 게르마니아로의 문명 도입, 이들 수많은 영광이 시저가 루비콘 강을 건넌 죄악을 보상해 주고 있다. 여기에 심판하는 신의 섬세한 배려가 있다. 신은 뛰어난 권력 횡령자에게 무서운 역사가를 대결시킬 것을 주저하고, 시저에게 타키투스의 비판을 피하게 함으로써 천재에게 정상 참작의 여지를 주었다.

물론 전제 정치는 어디까지나 전제 정치로, 천재가 전제 군주가 되어도 변함은 없다. 뛰어난 폭군의 치하에도 타락은 있다. 그러나 정신의 페스트는 비열한 폭군 밑에서는 더욱 굉장한 것이다. 그러한 통치에서는 아무것도 수치를 감추지 않는다. 때문에 타키투스나 유베날리스처럼 세상을 응집하려는 자는 인류의 눈앞에서 그 치욕을 변명할 수 없을 만큼 공격하여 한층 더 효과를 높일 수 있다.

로마는 실라 시대보다 비텔리우스 시대에 한층 더 악취를 풍겼다. 클로디우스나 도미티아누스 시대에는 추악한 폭군에 어울리는 하층민의 추악성이 있었다. 노예의 비천한 행위는 전제 군주 자신에 의해 빚어진 것이다. 지배자의 성격을 그대로 나타내고 있는 그 시궁창 같은 의식에서 독기가 오르고 있다. 공권은 더럽혀지고, 사람의 마음은 보잘것없게 되고, 의식은 평범해지고, 영혼은 구린내가 난다. 카라칼라 시대가 그러했고, 코모디우스 시대가 그러했고, 헤리오가발레우스 시대가 그러했으나, 그 반면 시저 시대에는 로마 원로원에서 독수리집의 냄새 같은 분뇨 냄새가 풍겼을 뿐이다.

그래서 타키투스나 유베날리스 같은 인물이 약간 늦게 나타나지 않았나 생각하게 되나, 사실의 증명자가 나타나는 것은 명증의 시대가 된 후이다.

그런데 유베날리스도 타키투스도 구약시대의 이사야와 마찬가지로 또 중세의 단떼처럼 개인이다. 한편 폭동이나 반란은 군집이다. 부당해질 수도 있고 정당해질 수도 있는 군집이다.

　대개의 경우 폭동은 물질적인 문제에서 일어나나, 반란은 언제나 정신적인 현상이다. 폭동은 말하자면 마사니엘로와 같은 것이고 반란은 이를테면 스파르타쿠스와 같은 것이다. 반란은 정신과 나란히 있고 폭동은 먹는 것과 관련하여 위장과 나란히 있다.

　가스떼르는 곧잘 화를 낸다. 물론 그 가스떼르라고 해서 다 잘못을 저지르는 것은 아니다. 굶주림이 문제가 되면, 예를 들어 뷔장쎄의 경우가 그런 건데, 폭동은 하나의 진실한 비극적이면서도 극히 정당한 출발점을 가지고 있다. 그렇다곤 해도 역시 폭동임엔 틀림없다. 왜인가? 내용은 정당했지만 형식이 부당했기 때문이다. 권리는 있었으나 야만적이었고, 힘은 있었으나 과격했고, 닥치는 대로 공격했기 때문이다. 그것은 마치 눈먼 코끼리처럼 아무 거나 깔아 뭉개며 전진했다. 노인과 아녀자의 시체를 함부로 남겨 놓았다. 덮어 놓고, 해도 끼치지 않고 죄도 없는 사람의 피를 흘리게 했다. 민중에게 먹을 것을 준다는 목적은 좋았으나 그 때문에 국민을 학살한 수단은 나빴다.

　무력에 의한 항의가 가장 옳은 것이라 할지라도, 가령 8월 10일(1792년)이나 7월 14일(1789년)처럼 정당한 것이라도 모두 똑같은 혼란에서 비롯된다. 권리에서 사슬이 풀릴 때까지는 동요가 있고 소란이 있다. 큰 강도 처음엔 계곡의 급류였듯이 반란도 폭동과 다를 바 없었다. 대개 그것은 혁명이라는 큰 바다로 흘러들어가게 된다. 그러나 때로는 정신의 지평선에 우뚝 솟은 정의나, 지혜나, 이성이나, 권리 같은 높은 봉우리에 원천을 두고, 이상이라는 더 없이 순결한 눈을 녹이며 오랫동안 바위에서 바위로 계속 떨어져 내린 뒤, 많은 지류가 합쳐 큰 강을 이루고 그 맑은 수면에 푸른 하늘이 비치게 되자, 마치 라인 강이 늪지대로 흘러들어가듯이 반란은 갑자기 부르주아지의 늪으로 흘러들어가는 수도 있다.

　그러나 이상과 같은 일은 모두 과거의 일이므로 미래는 또 다르다. 보통 선거는 폭동을 자기 원칙 속에 용해시켜 버리고, 반란에 투표권을 주는 대신 무기를 몰수한다는 감탄할 만한 장점을 지니고 있다. 전쟁이라는 것이 시가전에서 국경 분쟁에 이르기까지 완전히 없어진다는 것, 그것은 불가피한 진보이다. 오늘날이 어떻든 '미래'에는 평화만 있을 것은 명백한 사실이다.

　그런데 이 부르주아는 반란과 폭동이라는 것이 어떤 점에서 어떻게 다른

가를 전혀 모른다. 부르주아들이 보기엔 어느 것이나 다 폭동이고, 단순한 모반이고, 주인에 대한 개의 반항이고, 주인을 물려고 하기 때문에 사슬로 묶어 개집에 처넣어야 하는 광포성이고, 시끄럽게 짖어 대는 소리이고, 귀찮은 울음소리이다. 그러나 부르주아가 그렇게 생각하고 천연스레 있을 수 있는 것도, 개의 대가리가 갑자기 커져 사자의 얼굴이 되어 어둠 속에 희미하게 떠오르게 되는 날까지다.

그때에야 비로소 부르주아는 부르짖는다. "국민 만세!"

여기서 한 가지 생각해 보기로 하자. 그럼 1832년 6월 동란은 역사의 관점에서 무엇이었는가? 폭동일까, 아니면 반란일까?

그것은 반란이다.

앞으로 이 사건을 무대에 올릴 때 작자는 혹시 이따금 폭동이라는 말을 쓸지도 모른다. 그러나 그것은 다만 표면적인 사실을 부를 때뿐이고, 폭동이라는 형식과 반란이라는 실질적 차별은 항상 둘 생각이다.

이 1832년의 동란은, 그 급속한 반발과 슬픈 종말에도 불구하고 대단히 위대한 요소들을 지니고 있기 때문에, 단순한 폭동으로 보는 사람들조차 그것에 대해 얘기할 때는 반드시 경의를 표한다. 이 동란은 그들에게 1830년의 여파와 같다. 그들의 말에 따르면 한 번 흔들린 상상력은 하루 아침에 가라앉진 않는다는 것이다. 혁명은 일시에 중단되지는 않는다. 평화로운 상태로 돌아갈 때까지는, 예를 들어 산에서 평야로 내려가는 길처럼 반드시 몇 개의 기복이 있다. 쥐라 산맥에 이어지지 않은 알프스 산맥과, 아스투리아스 산맥에 이어지지 않은 피레네 산맥은 없다.

빠리 시민이 '폭동의 시기'라고 회상하는 저 현대사의 비장한 위기는 확실히 금세기의 폭풍우와 같은 여러 시기 중에서도 독특한 시기이다.

이야기로 들어가기 전에 마지막으로 한 마디만 더해 두기로 하자.

이제부터 하는 얘기의 줄거리는 지극히 극적이고 생생하나 역사가는 시간과 지면이 없다는 이유로 대개 쓰기를 등한시한다. 그러나 사실은 거기에, 거기야말로 인간의 생명이, 고동이, 전율이 있는 것이라고 역설하고 싶다. 언젠가도 얘기한 일이 있지만 자질구레한 부분이란 이른바 큰 사건의 지엽과 같은 것이므로 역사의 원경 속에 휩쓸려 들어가 사라진다. 말하자면 폭동 시기에는 그런 종류의 자질구레한 일들이 많다. 재판소의 심리도 역사와는 별개의 이유로 모든 것을 밝히지 않았고, 또 모든 것을 깊이 파고들지도 않았을 것이다. 그러므로 우리는 세상에 알려지고 공표된 사실들 중에서 아무에게도 알려지지 않은 사실이나, 알고 있던 사람도 잊어버렸거나 죽어버렸기 때문에 묻히고 만 사실들을 덧붙여 표면화시킬 생각이다. 이 거대한 장면을 연출하던 사람들은 대부분 이미 사라져 버렸다. 또 그렇지 않으면 그 이튿날부터 그들은 입을 봉해 버렸다. 그러나 이제부터 하려는 얘기에 대해서는 작자인 나 자신이 그것을 직접 목격했다고 해도 좋을 것이다.

역사는 얘기하는 것이지 고발하는 것은 아니니까. 몇 사람의 이름은 바꿀 생각이나 사건 그 자체는 있었던 그대로 묘사할 생각이다. 다만 이 책의 조건으로 1832년 6월 5일과 6일 사이에 일어난 일면만을, 하나의 에피소드만을, 그것도 가장 알려지지 않은 사건을 이야기하게 될 것이다. 그러나 작자는 이제부터 그 어두운 베일을 쳐들어 거기에서 연출된 무서운 사건의 진상을 독자 자신이 직접 목격하도록 최선의 노력을 기울일 작정이다.

장례식—부활의 기회

1832년 봄, 석달 전부터 콜레라가 사람들의 마음을 얼어붙게 만들어 불안한 정세를 음울하게 진정시키고 있었으나 빠리는 상당히 오래 전부터 곧 터질 것 같은 기운이 감돌고 있다. 이미 말한 것처럼 대도시는 하나의 대포와 비슷하여 장전되어 있을 때는 불똥만 떨어져도 그 총알은 발사된다.

1832년 6월, 그 불똥이란 라마르끄 장군의 죽음이었다.

라마르끄는 유명한 행동형 인물이었다. 그는 제정기와 왕정 복고기에 걸쳐 이 두 시대에 필요한 두 가지 용기를 계속 발휘했다. 즉 전장에서 갖는 용기와 단상에서 갖는 용기이다. 그는 처음에 용감했던 것처럼 뒤에는 웅변가가 되었다. 그의 말에서는 칼날과 같은 날카로움이 느껴졌다. 선배인 프와와 마찬가지로 지휘권을 높이 쳐든 다음엔 자유의 깃발을 높이 쳐들었다. 그가 차지한 의석은 좌파와 극좌파의 중간 위치였으며 미래가 어찌되든 두려워하지 않았기 때문에 국민에게 사랑을 받았고, 황제를 위해 충성을 다했기 때문에 대중에게 사랑을 받았다. 제라르 백작과 드루에 백작과 함께 그도 나뽈레옹의 '가슴속'에 있는 원수(元帥)의 한 사람이었다. 1815년의 조약은 마치 개인의 치욕이기나 한 것처럼 그를 격분케 했다. 그는 웰링턴을 증오했는

1832년 6월 동란은 역사의 관점에서 무엇이었던가?

제10편 1832년 6월 5일 1409

데 그것이 대중의 뜻에도 맞았다. 그리고 17년 전부터 그동안에 일어난 갖가지 사건에도 불구하고 오직 한결같은 마음으로 위털루의 슬픔만을 잊지 않고 지켰다. 임종할 때도 그는 '백일천하'의 장군들이 보낸 칼을 가슴에 꽉 안고 있었다. 나뽈레옹은 '군대'라는 말을 하며 숨을 거두었으나 라마르끄는 '조국'이라는 말을 하며 죽었다.

라마르끄의 죽음은 벌써부터 예상되었으나 국민은 그것을 손실이라고 해서 두려워하고, 정부는 무슨 사건의 계기가 되지 않을까 해서 두려워하고 있었다. 그의 죽음은 만인이 애통해 마지않는 죽음이 되었다. 그러나 모든 슬픈 일이 다 그렇듯 죽음도 모반으로 변하는 일이 있다. 과연 그대로 되었다.

라마르끄 장군의 장례날로 정해진 6월 5일의 전날 밤과 그날 아침, 장례 행렬이 지나가기로 되어 있는 쎙 땅뜨완느 성 밖에는 무시무시한 분위기가 감돌았다. 이 혼란스런 그물코 같은 거리는 심상치 않은 기색으로 술렁거렸다. 사람들은 최대한 무장하고 있었다. 목수들은 '성문을 부수기 위해' 작업대의 꺾쇠를 휴대했다. 그들 중 한 사람은 제화공의 코바늘 끝을 꺾어 그것을 갈아 단도를 만들었다. 또 어떤 사람은 열병이 걸린 것처럼 '공격하고 싶다'는 생각에 사흘 전부터 옷도 벗지 않고 잤다.

롱비에라는 목수는 길에서 만난 친구들에게 이런 질문을 받았다.
"어디 가는 거야?"
"글쎄, 무기로 쓸 게 없어서 말야."
"그래서 어떡하려고?"
"작업장에 컴퍼스를 가지러 가."
"그걸로 뭘 하려구?"
"글쎄, 나도 모르겠어."
롱비에는 대답했다.
자끌린느라는 민첩한 남자는 노동자가 지나갈 때마다 가까이 다가갔다.
"자네, 잠깐 이리 오게!"
그리고 포도주를 10수어치 대접하고 나서 말했다.
"일거리는 있나?"
"없습니다."
"피스뻬에르네 집에 가보게. 몽트뢰이유 성문과 샤론느 성문 중간이야.

라마르끄 장군의 장례 행렬은 경계 때문에 군대에 둘러싸여 빠리를 통과했다.

거기 가면 일이 있네."

그래 피스뻬에르네 집에 가보니까 탄약과 무기가 있었다.

몇 명의 유명한 두목들은 '우편 배달을 하고 있었다.' 즉 동지들을 모으기 위해 집집마다 뛰어다니고 있었다.

트론느 성문 옆 바르뗼르미 집과 쁘띠 샤뽀의 까뻴 집에서도 술꾼들이 무시무시한 모습으로 서로 이마를 맞대고 있었다. 그들의 이야기에서 이런 소리가 들렸다.

"자네 권총 어디에 간직하고 있나?"

"작업복 밑에."

"자네는?"

"셔츠 속에."

롤랑 공장 앞 트라베르시에르 거리와 공구상 베르니에의 공장 앞 메종 브륄레 안뜰에서는 사람들이 여기저기 모여 쑤군대고 있었다. 그 중 가장 열성 있는 사람으로 마보라는 사내가 특별히 사람들의 시선을 끌었다. 그는 한 공장에 1주일 이상 있었던 적이 없다. 그것은 주인이 '매일 그와 논쟁을 해야 하기 때문에' 견딜 수 없어 모가지를 잘랐기 때문이다. 이 마보라는 사내는 그 이튿날 메닐몽땅 거리 바리케이드에서 죽었다. 역시 이 전투에서 마보를 돕다가 죽은 프로또라는 남자가 마보에게 "자네 목적이 뭔가?" 하고 묻자 그는 "반란을 일으키는 거야." 하였다.

베르시 거리 한 모퉁이에 모여 있던 노동자들은 쌩 마르소 성 밖 담당 혁명 지도자인 르마랭이라는 남자를 기다리고 있었다. 그들 사이엔 암호가 거의 공공연하게 교환되고 있었다.

6월 5일은 비가 오락가락하는 고르지 못한 날씨였다. 라마르끄 장군의 장례 행렬은 경계 때문에 인원수를 훨씬 늘린 군대에 둘러싸여 빠리 시내를 통과했다. 북에 검은 천을 드리우고 총을 거꾸로 멘 2개 대대, 군도를 찬 만 명의 국민군, 국민군 포병대 등이 관을 호위하고 있었다.

영구차는 청년들이 손으로 끌고갔다. 그 바로 뒤를 상이 군인 장교들이 월계수 가지를 받쳐들고 따라갔다. 그 뒤에는 이상하게 흥분한 무수한 군중이 쫓아갔다. '국민의 벗'의 대원, 법학도들, 의학도들, 각국에서 온 망명객들, 스페인, 이탈리아, 독일, 폴란드 등의 국기, 수평으로 든 삼색기, 갖가지기, 푸른 나뭇가지를 휘두르며 가는 아이들, 마침 파업을 일으키던 석공들이며 목수들, 종이 모자로 금방 알 수 있는 인쇄공들, 이들이 모두 삼삼오오 떼를 지어 걸으며 함성을 지르기도 하고, 몽둥이를 휘두르기도 하고, 어떤 자는 군도를 휘두르기도 하여, 질서는 없으나 하나의 정신으로 뭉쳐 떼지어 가기도 하고, 일렬종대로 전진하기도 했다. 그리고 어느 집단에나 다 지휘자가 있었다. 권총 두 자루를 밖으로 찬 남자 하나가 다른 패들을 사열하고 있었는지 대오는 그 앞에서 싹 길을 비켰다. 큰 길가며, 가로수 나뭇가지며, 집집의 발코니며, 창이며, 지붕에도 남자와 여자와 아이들의 얼굴이 옹기종기 붙어 있었다. 그들의 눈은 모두 불안에 싸여 있었다. 무장한 군중이 지나가는 것을 겁에 질린 군중이 지켜보고 있었다.

정부 쪽에서도 감시하고 있었다. 칼자루에 손을 대고 감시하고 있었다. 루이 15세 광장에는 중기병 4개 중대가 말을 타고 나팔을 선두로 탄약통에 탄약을 잰 다음, 소총이며 기병총에 장전을 한 완전무장 태세로 전진 명령만을 기다리는 모습이 보였다. 라틴 구역과 식물원에는 시의 위병들이 거리거리에 사다리꼴로 배치되어 있었다. 알로 뱅(포도주 시장)에는 용기병 1개 중대가 있었고, 그레브에는 제12 경기병 대대의 절반, 나머지 반은 바스띠유에, 또 쎌레스뗑에는 용기병 제6 대대, 루브르 궁전 안뜰에는 포병이 가득 들어차 있었다. 이 외의 부대는 모두 병영에 주둔하고 있었으며, 또한 빠리 외곽에도 몇개의 연대가 배치되어 있었다. 불안해진 정부는 압도적인 군중에 대한 대비로 시내에 2만 4천, 교외에 3만의 병력을 준비해 놓았다.

행렬 속에는 온갖 소문이 떠돌아다녔다. 정통 왕조파가 책동하고 있다는 소문도 있고, 군중이 제국의 왕으로 추대하려고 지명한 바로 그 순간 신에 의해 죽음이 결정된 라이히쉬타트 공작에 대한 소문도 있었다. 지금껏 그 이름이 밝혀지지 않은 어떤 남자는, 매수된 감독 두 사람이 정한 시각에 병기 공장 문을 민중에게 열어 주기로 되어 있다고 알리며 다녔다. 참석자 중 모자를 쓰지 않은 대다수 사람들의 얼굴에는 고민과 흥분이 뒤섞여 있었다. 과격하긴 하나 고귀한 감동에 사로잡힌 이들 군중 속에는 틀림없이 악한으로 보이는 얼굴이며, "약탈하자!" 하고 외치는 듯한 야비한 자들의 입모습도 여기저기 보였다. 이런 경우엔 수렁 밑바닥을 휘저어서 흙탕물을 일으키는 것 같은 그런 선동 행위가 흔히 있다. 그러한 현상에는 '잘 훈련된' 경찰도 전혀 관계가 없지 않다.

행렬은 열병에 걸린 것처럼 느릿느릿, 고인의 집을 떠나 몇 개의 큰 길을 거쳐 바스띠유에 이르렀다. 이따금 빗방울이 떨어졌으나 군중은 아랑곳하지 않았다. 그동안 몇 가지 사건이 이 장례 행렬을 장식했다. 관이 방돔므 광장에 왔을 때는 기념탑 주위를 몇 번이나 끌려서 돌았다. 모자를 쓴 채 발코니에 나타난 피츠 제임스 공작에게는 돌이 날아갔고, 골의 닭(7월 왕정의 표지)이 어느 민중의 깃발에서 뽑혀서 시궁창에 던져졌다. 쌩 마르땡 성문에서는 순경 한 사람이 칼에 찔려 부상했으며, 제12 경기병 대대의 한 장교는 큰 소리로 "나는 공화주의자다" 하고 외쳤다. 이공과 학생들은 저지를 뚫고 밀려나와 "이공계 학교 만세! 공화제 만세!"를 외치는 등 갖가지 사건이 일어났다. 바스띠유에 이르자 행렬엔 쌩 땅뜨완느 성문 근방에서 몰려나온 구경꾼들의 긴 행렬이 합류하여 군중 사이에 무시무시한 흥분을 불러일으켰다.

한 남자가 다른 남자에게 이렇게 말하는 소리가 들렸다.

"저기 수염이 빨간 남자가 있지. 그 남자가 신호하면 발사해."

그 수염이 빨간 남자는 그 후 또 하나의 사건, 즉 케니세 사건 때도 똑같은 역할을 맡고 현장에 나왔다.

영구차는 바스띠유를 통과하여 운하를 따라가다 조그만 다리를 건너 오스떼를리쯔 다리 앞 광장에 다다랐다. 영구차는 거기서 멎었다. 그때 군중을 하늘에서 내려다보았다면 꼭 혜성처럼 보였을 것이다. 머리는 광장에 있고 꼬리는 부르동 운하 가에 펼쳐져 바스띠유를 꽉 메우고 쌩 마르땡 문까지 뻗어 있었다.

영구차 주위에 사람들이 둥글게 둘러섰다. 군중은 갑자기 소리를 죽였다. 라파이예뜨가 입을 열어 라마르끄에게 고별 인사를 시작하였다. 가슴을 치는 엄숙한 순간이었다.

일제히 모자를 벗은 사람들의 가슴에 감동이 굽이쳤다. 그때였다. 갑자기 검은 옷에 말을 탄 한 남자가 붉은 기를 들고, 또 어떤 사람의 말로는 붉은 모자를 끝에 매단 창을 들고, 한가운데로 뛰어나왔다. 라파이예뜨는 깜짝 놀라 고개를 들었다. 에그젤망(제국시대의 원수)은 재빨리 행렬에서 떠났다.

그 붉은 기는 군중 사이로 삽시간에 폭풍을 일으키고 사라져 버렸다. 부르동 거리에서 오스테를리쯔 다리에 걸쳐 파도 같은 소란이 군중 사이를 흔들

청년들은 군중의 환호성 속에…… 라파이예뜨를 짐마차에 태워 모를랑 강 쪽으로 끌고 갔다.

고 지나갔다. 순간 두 개의 묘한 함성이 터졌다.

"라마르끄를 빵떼옹으로!"

"라파이예뜨를 시청으로!"

청년들은 군중의 환호성 속에 라마르끄를 실은 영구차의 수레채를 잡아 오스떼를리쯔 다리로 끌기 시작했고, 라파이예뜨를 짐마차에 태워 모를랑 강 쪽으로 끌고 갔다.

라파이예뜨를 둘러싸고 환성을 지르고 있는 군중 속에서 사람들은 루드비히 쉬니데르라는 독일 사람을 발견하고 손가락질했다. 그는 후에 100살까지 장수한 남자로 1776년 전쟁(미국 독립 전쟁)에도 참가한 일이 있었다. 그는 워싱턴의 부하로 트렌턴에서 싸웠으며, 라파이예뜨의 부하로 브랜디와인에서 싸운 일도 있다.

그동안 세느 강의 왼쪽 강변에서는 시의 기병대가 출동하여 다리를 막기 시작했고, 오른쪽 강변에서는 용기병이 쎌레스땡에서 나와 모를랑 강둑을 따라 산개(散開)하고 있었다. 라파이예뜨의 마차를 끌고 가던 군중은 강변 모퉁이에서 갑자기 그들이 오는 것을 보고 소리쳤다.

"용기병이다! 용기병!"

용기병들은 말없이 권총을 가죽주머니에 간직하고, 군도를 칼집에 꽂고, 기병총은 안장 주머니에 찌른 채 어두운 얼굴로 줄을 지어 전진해 오고 있었다.

작은 다리에서 약 200보 떨어진 지점에서 용기병들은 걸음을 멈추었다. 라파이예뜨를 태운 마차가 다가오자 그들은 길을 비켜 마차를 통과시킨 다음 곧 다시 막아섰다. 용기병과 군중은 그대로 맞닥뜨렸다. 여자들은 겁을 먹고 도망쳤다.

이 숙명적인 순간에 무슨 일이 일어났는가? 아무도 분명한 대답은 할 수 없을 것이다. 그것은 두 개의 먹구름이 마주치는 캄캄한 순간이다. 공격의 나팔 소리가 병기창 쪽에서 들려 왔다는 사람도 있고, 한 아이가 단도로 용기병을 찔렀다고 하는 사람도 있다. 사실은 돌연 세 발의 총소리가 나면서 한 발은 숄레 중령을 쏴 죽이고, 또 한 발은 꽁트르까르쁘 거리로 날아가 창문을 닫고 있던 벙어리 노파를 죽이고, 나머지 한 발은 장교의 견장을 태웠다.

한 여자가 고함을 질렀다.

"어머나, 벌써 시작됐네!"

그러자 갑자기 모를랑 강변 반대쪽 병영에 남아 있던 1개 중대의 용기병이 칼을 빼들고 바송 삐에르 거리와 부르동 큰길 쪽에서 전속력으로 달려와 군중을 해산시키는 것이 보였다.

그러나 사태는 이미 수습하기 어렵게 되었다. 폭동은 미친 듯 일기 시작하고, 돌팔매가 비처럼 쏟아지고, 총소리가 사방에서 울려퍼졌다. 대부분의 군중은 방죽 아래로 쏟아져 내려가고, 오늘날엔 메워져 버린 센느 강의 좁은 지류를 건너갔다. 루비에 섬에 있는 원목장은 순식간에 대요새가 되어 병사들로 가득 찼다. 말뚝은 뽑히고, 권총은 난사되고, 눈깜짝할 사이에 바리케이드를 쳤다.

밀린 청년들은 영구차를 끈 채 오스떼를리쯔 다리를 뛰어 건너가 시위병에 공격을 가했다. 중기병은 돌격해 오고 용기병은 군도를 휘둘렀다. 군중들은 사방으로 흩어졌다.

충돌이 일어났다는 소식은 삽시간에 온 빠리에 퍼졌다. "무기를 잡아라!" 하는 외침이 사방에서 터졌다. 사람들은 뛰어가고, 넘어지고, 도망치고, 저항했다. 마치 바람이 불길을 부채질하듯 분노가 폭동을 자극했다.

과거의 흥분

폭동 시초의 혼란만큼 기묘한 것은 없다. 모든 것이 곳곳에서 동시에 폭발한다. 그것은 미리 알려져 있었는가? 그렇다. 그럼 준비되어 있었는가? 아니다. 어디에서 나오는가? 길바닥에서. 어디에서 쏟아지는가? 하늘의 구름에서. 반란은 어떤 장소에서는 음모의 성격을 띠고 다른 장소에서는 급습의 성격을 띤다. 누군가 군중의 흐름을 지배하여 멋대로 끌어가 버린다.

공포에 찬 첫걸음이지만 거기엔 놀랄 만한 유쾌함도 섞여 있다. 제일 먼저 소란이 일어나고, 상점의 문이 모두 닫히고, 진열장의 물건들이 자취를 감추어 버린다. 그 다음 여기저기서 총소리가 난다. 사람들은 이리저리 도망친다. 총의 개머리판이 집집의 문을 두드리고 안뜰에서는 하녀들이 웃으며 "한바탕 할 모양이야!" 하고 떠드는 소리가 들린다.

15분도 채 지나기 전에 빠리 전역에서는 거의 동시에 다음과 같은 사건이 일어났다.

쌩뜨 크르와 드 라 브로똔리 거리에서는 수염과 머리를 더부룩하게 기른

20여 명의 청년이 한 선술집으로 들어가더니 곧장 상장을 단 삼색기를 들고 한 사람은 군도를, 한 사람은 소총을, 한 사람은 창을 든 세 남자를 앞세우고 나왔다.

노냉 디에르 거리에서는 배가 불룩 나오고, 목소리가 우렁차고, 넓은 이마에 머리가 벗어지고, 구레나룻이 시커멓고, 수염이 뻣뻣하고, 제법 잘 차린 부르주아 한 사람이 지나가는 사람들에게 탄약을 공급하고 있었다.

쌩 삐에르 몽마르트르 거리에서는 소매를 걷어붙인 남자들이 검은 바탕에 하얀 글씨로 '공화제냐 죽음이냐'라고 쓴 기를 들고 걸어가고 있었다. 죄뇌르 거리며, 까드랑 거리며, 몽또르괴이유 거리 들에서는 금빛 글자로 부대와 부대의 번호를 쓴 기를 휘두르는 집단이 몇 나타났다. 그 기들 가운데 하나는 빨간 색과 파란 색이 대부분을 차지하고 중간의 하얀 색은 거의 알아볼 수 없을 정도로 좁았다. (삼색기중 부르봉 왕가의 상징인 흰색을 일부러 작게 한 것).

쌩 마르땡 큰길에 있는 병기 공장 하나와 보부르 거리와 미셸 르 꽁뜨 거리와 땅쁠 거리에 있는 세 무기 상점이 완전히 아수라장이 되었다. 불과 몇 분 동안에 2연발인 230정의 소총과 64자루의 군도와 83정의 권총이 무수한 군중의 손에 약탈됐다. 될 수 있는 대로 많은 사람이 무장할 수 있도록 한 사람이 소총을 잡으면 다른 한 사람은 거기에 붙은 총검을 빼들었다.

그레브 강둑 맞은 쪽에서는 화승총을 든 젊은이들이 총을 쏘기 위해 여자들만 남아 있는 곳에 진을 치러 갔다. 젊은이들 가운데 하나가 바퀴식 방아쇠가 달린 화승총을 가지고 있었다. 그들은 벨을 누르고 안으로 들어가자 곧장 탄약을 만들기 시작했다. 그곳에 있던 여자들 가운데 한 사람이 뒤에 이렇게 말했다.

"전 탄약이 어떤 것인지 몰랐는데 남편이 가르쳐 주었어요."

군중의 한 무리는 비에이유 오드리에뜨 거리에 있는 한 골동품상으로 들어가 야따강(긴칼)이며 그밖의 터키 무기를 빼앗았다. 사살된 한 석공의 시체가 뻬를르 거리에 뒹굴고 있었다.

또 강 오른쪽과 왼쪽 강변, 큰길, 라틴 구역, 시장 주변 등에는 노동자와 학생과 각 지구의 대원들이 떼를 지어 거친 목소리로 성명서를 낭독하고 "무기를 들라!"고 외쳤다. 그들은 가로등을 부수고 마차에서 말을 놓아 주고, 포장 도로에서 돌을 빼고, 집집의 대문을 때려부수고, 가로수를 뽑고,

쌩뜨 크르와 드 라 브로또느리 거리에서는…… 한 사람은 군도를, 한 사람은 소총을, 한 사람은 창을 든 세 남자를 앞세우고……

지하실을 뒤지고, 술통을 굴려내오고, 돌이며 가구며 판자를 쌓아올려 바리케이드를 만들고 있었다.

부르주아들도 강제로 동원되었다. 사람들은 여자들만 남은 집으로 몰려들어가 외출한 남편의 군도며 소총을 약탈하고, 그 집 입구에 백묵으로 '무기 징발 완료'라고 썼다. 개중에는 소총이며 군도를 맡은 영수증에 자기 이름을 적고 "내일 구청에 가서 찾아 가세요"라고 말하는 사람도 있었다. 길에서는 닥치는 대로 뿔뿔이 흩어진 보초병들이며 시청으로 가는 국민병의 무장을 해제시켰다. 장교들은 견장까지 뜯겼다. 씨메띠에르 쌩 니꼴라 거리에서 한 국민군 장교는 손에 손에 곤봉이며 칼을 든 한 떼의 군중에 쫓겨 간신히 어떤 집으로 도망쳤다가 밤이 되어 변장을 하고서야 겨우 거기서 나올 수 있었다.

쌩 자끄 구역에서는 하숙집에서 몰려나온 학생들이 몇 패로 나뉘어 쌩 띠아쌩뜨 거리로 올라가 까페 프로그레에 가기로 하고, 마뛰랭 거리에 있는 까페 세 비야르로 내려가기도 했다. 그런 까페 앞에는 청년들이 진을 치고 서서 무기를 나누어 주었다. 트랑스노냉 거리에 있는 원목장에서는 바리케이드를 치기 위해 재목을 다 빼앗겼다. 오직 한 군데, 생뜨 아브와 거리와 씨몽 르 프랑 거리가 교차하는 지점에서는 주민들이 스스로 바리케이드를 허물고 있었다. 또, 꼭 한 군데 폭도측에서 항복한 곳이 있었다. 땅쁠 거리 바리케이드에 진치고 있던 군중이 국민군 1개 별동대에 발포한 다음 꼬르드리 거리쪽으로 도망친 것이다. 승리한 별동대는 바리케이드로 들어가 붉은 기 하나와 탄약 한 무더기와 권총 탄환 3백 발을 거두었다. 국민군은 그 기를 갈가리 찢어 그 조각을 총검 끝에 매달고 그곳을 떠났다.

우리가 지금 여기서 천천히 차례차례 얘기하고 있는 모든 일들은, 모두 한 번의 우레 소리와 함께 사방으로 퍼지는 무수한 번개처럼, 커다란 혼란을 야기하며 시내 전역에서 한꺼번에 일어나고 있었다.

한 시간도 채 되기 전에 중앙 시장 부근에서만도 27개의 바리케이드가 마치 땅에서 솟아난 듯 나타났다. 그 한가운데 잔느와 106명의 동지가 요새로 쓰던 저 유명한 50번지 집이 있었다. 그 집은 쌩 메리 바리케이드와 모베뷔에 거리의 바리케이드를 각각 옆에 끼고 아르씨스 거리와 쌩 마르땡 거리, 그리고 정면의 오브리 르 부셰 거리 등 세 거리를 한꺼번에 지휘하고 있었다. 직각을 이룬 두 개의 바리케이드가 하나는 몽르꾀이유 거리에서 그랑드

청년들이 진을 치고 서서 무기를 나누어 주었다.

트뤼앙드리 쪽으로, 또 하나는 조프르와 랑즈뱅 거리에서 쌩 뜨아브와 거리 쪽으로 구부러져 이어져 있었다. 그밖에도 무수한 바리케이드가 빠리의 다른 20개 지역과 마레 교외며 쌩 뜨즈에브 언덕에 배치되어 있었다. 그 중의 하나인 메닐 몽땅 거리의 바리케이드에는 방금 떼어온 문짝을 사용하고 있었다. 또 시립 병원 앞으로 나오는 쁘띠 퐁 다리 부근에 있는 바리케이드에는 옆으로 쓰러뜨린 커다란 마차가 놓여 있었는데 경찰서에서 300걸음밖에 떨어져 있지 않았다.

메네트리에 거리에 있는 바리케이드에서는 잘 입은 남자 한 사람이 일하는 사람들에게 돈을 나누어 주고 있었다. 글르네따 거리의 바리케이드에는 한 남자가 말을 타고 와서 바리케이드의 지휘자같이 보이는 남자에게 뭔가 둘둘 만 것을 주었는데 아무래도 돈 꾸러미 같았다. 말을 탄 남자는 말했다.

"이걸로 비용과 술값, 그밖에 여러 가지 잡비를 지불하시오."

넥타이도 매지 않은 금발의 청년 하나가 각 바리케이드를 찾아다니며 암호를 전달하고 있었다. 푸른 경찰모에 칼을 빼든 한 남자는 보초를 배치하며 돌아다녔다.

바리케이드 안쪽에는 선술집이며 문지기 집이 위병실로 변해 있었다. 그뿐 아니라 폭동은 또 실로 교묘한 전술을 사용하고 있었다. 좁고 울퉁불퉁하고 꾸불꾸불한 구석과 골목이 많은 거리가 교묘하게 이용되었다. 그 중에도 특히 숲속보다 더 복잡한 도로망이 있는, 중앙 시장과 가까운 곳이 선택되었다. 소문에 따르면 '국민의 벗' 협회가 쌩 따브와 지역에서 반란을 지휘하고 있는 것 같았다. 뽕소 거리에서 피살된 남자의 시체를 뒤졌더니 주머니에서 빠리 시가의 지도가 나왔다.

그러나 실제로 폭동을 지휘하고 있었던 것은 주위의 공중에 가득 차 있는, 뭐라 표현할 수 없는 일종의 격정이었다. 반란은 한 손으로 갑자기 바리케이드를 세움과 동시에 다른 한 손으로 수비군 거의 대부분을 봉쇄해 버렸다. 세 시간도 되기 전에 도화선에 불이 붙은 것처럼 폭도들은 각처를 습격하여 점령했다. 오른쪽 강변에서는 라르스날과 르와이알 광장에 있는 구청, 마레의 전지역, 뽀뺑꾸르 병기 공장, 갈리오뜨 샤또 도, 중앙 시장 부근의 모든 도로를 점령했고, 왼쪽 강변에서는 베떼랑 병영, 쌩뜨 뻴라지 감옥, 모베르 광장, 되 물랭의 화약고와 모든 성문을 점령했다. 오후 다섯 시에는 바스띠유 광장과 랭즈리 거리와 블랑 망또 거리도 그들 손에 떨어졌다. 그들의 척후병은 빅뜨와르 광장까지 전진하여 프랑스 은행이며, 쁘띠 뻬르 병영이며, 중앙 우체국을 위협했다. 빠리의 3분의 1이 폭도들 손에 들어갔다.

빠리의 모든 지역에서 싸움이 아주 크게 벌어지고 있었다. 무장 해제를 시키기도 하고, 가택 수색을 하기도 하고, 무기 상점에 떼지어 몰려들어 가기도 한 결과 돌팔매로 시작된 싸움이 총격전으로 이어지게 되었다.

오후 6시쯤에는 소몽 골목이 전쟁터로 변했다. 폭도와 군대가 제각기 맞은 쪽에 대치했다. 한쪽 철책에서 다른 쪽 철책으로 총격이 가해졌다. 그 분화구를 직접 보러 갔던 관찰자이며 몽상가, 즉 이 책의 작가는 알고 보니 양쪽 군의 총화로 에워싸인 그 골목 안에 있었다. 탄환으로부터 몸을 숨길 수 있는 곳이라곤 상점과 상점 사이를 잇는 반원형으로 불쑥 나온 기둥뿐이어서 작자는 반 시간 가깝도록 그 위태로운 위치에 있었다.

그러는 동안에 집합을 알리는 북이 울려 국민병들은 급히 무장을 했고, 헌병대는 각 구청에서, 각 연대는 병영에서 출동했다. 앙크로 골목 맞은 쪽에서 북잡이 한 사람이 단도에 찔려 죽었다. 또 한 북잡이는 씨뉴 거리에서 약 서른 명 되는 청년의 습격을 받고 북이 찢기고 군도를 뺏겼다. 또 한 사람은 그르니에 쌩 라자르 거리에서 피살되었다. 미셸 르 꽁뜨 거리에서는 세 명의 장교가 차례차례 전사했다. 시내에 있는 대부분의 경비병들이 롱바르 거리에서 부상을 입고 후퇴했다.

꾸르 바따브 앞에서는 국민군 1개 별동부대가 '공화 혁명 제127호'라고 쓴 붉은 기 하나를 발견했다. 이것이 과연 혁명이었을까?

반란은 빠리의 중심부를 꼬불꼬불하고 복잡한 거대한 하나의 성채로 만들어 놓고 있었다. 거기야말로 분명히 사건의 중심이며 문제의 핵심지였다. 그 밖의 것은 모두 어린애의 불장난에 불과했다. 그곳이야말로 만사가 귀착되는 곳이라는 증거는 거기에서 아직 전투가 벌어지지 않고 있는 것으로 알 수 있었다.

몇몇 연대에서는 병사들의 태도가 심상치 않았다. 그로 말미암아 무서운 위기의 어둠이 더욱 심각하게 다가왔다. 병사들은 1830년 7월에 보병 제53연대의 중립이 얼마나 민중의 환영을 받았는가를 생생하게 기억하고 있었던 것이다. 큰 전쟁을 몇 번이나 치른 대담한 두 인물, 로보 원수와 뷔조 장군이 같이 지휘를 맡고 있었다. 국민병의 각 부대는 전열대로 편성되고, 견장을 단 한 경찰서장을 앞세운 다수의 순찰대가 폭도의 거리를 정찰하러 나가 있었다. 폭도측에서도 원형 교차로에 보초를 세우고 대담하게도 자기들의 정찰대를 바리케이드 밖으로 파견했다. 양쪽이 다 상대방의 동정을 살피고 있었던 것이다. 정부는 군대를 장악하고 있으면서도 주저하고 있었다. 밤이 이슥했을 때 쌩 메리 성당에서 경종 소리가 울려 왔다. 당시 육군 장관이며 아우스테를리츠 전투의 경험자이기도 했던 쑬뜨 원수는 어두운 얼굴로 사태를 지켜보고 있었다.

정확한 조종에 익숙하고 전술이라는 전투의 나침반만을 유일한 수단과 안내자로 생각하는 그러한 늙은 선원들도, 민중의 분노라는 이 거대한 파도 앞에서는 당황할 뿐이었다. 혁명이라는 바람만은 그들도 어쩔 수 없었던 것이다.

교외에 있던 국민병들은 숨을 헐떡이며 뿔뿔이 흩어져 달려왔다. 경기병 제12대대는 쌩 드니에서 말을 타고 달려왔다. 보병 제14연대는 꾸르브브와에서 왔다. 사관학교의 포병대는 어느 새 까루셀 광장에 진을 쳐 놓았다. 뱅센느에서도 대포가 속속 도착했다.

뛸르리 궁전만이 적막에 싸여 있었다. 루이 필립은 태연하고도 침착한 태도를 취하고 있었다.

빠리의 특이한 점

이미 말했듯이 근 2년 동안에 빠리는 여러 번 반란을 경험해 왔다. 폭동이 일어난 지역을 제외한 빠리의 각 지역은 폭동이 일어나고 있는 동안 으레 묘한 정적에 싸이곤 했다. 빠리는 무슨 일에나 곧잘 익숙해지는 것이다. 고작해야 폭동에 지나지 않았으니까. 게다가 빠리는 그 정도의 일에 구애되기에는 너무나 많은 문제를 내포하고 있었다. 그건 또 빠리가 대규모의 도시인만큼 그런 상태를 유지하는 것이라고 해석할 수도 있다. 이러한 광대한 지역만이 그런 내란과 동시에 어떤 묘한 정적을 함께 가질 수가 있는 것이다. 보통 내란이 시작되어 북소리나 집합 나팔소리나 비상신호가 울려와도 상점 주인들은 이렇게 말할 뿐이었다.

"쌩 마르땡 거리에서 한바탕 하는 모양이지."

"쌩 땅뜨완느 성 밖 같은데……."

또 어떤 때는 이렇게 태평스럽게 덧붙였다.

"뭐 그 근처 어딘가 봐."

한참 후 일제 사격과 분대 사격의 찢어지는 듯한 처참한 소리가 분명히 들려오기 시작하면 상점 주인들은 말한다.

"진짜 붙은 모양인가? 어, 진짜 붙었는데."

곧 이어 폭동이 점점 기승을 부리며 가까이 다가오면 그들은 재빨리 상점 문을 닫고 평상복으로 갈아입는다. 말하자면 상품을 안전한 곳에 두고 몸은 위험한 곳에 두려는 생각에서이다.

전투가 벌어진 원형 교차로며, 골목이며, 막다른 골목에서는 바리케이드를 점령하기도 하고, 점령당했다 다시 되찾기도 하는 속에 피가 흐르고, 산탄이 집 앞을 구멍투성이로 만들고, 유탄이 침대에서 자고 있던 사람들을 죽이고, 시체가 길 위에 산더미처럼 쌓인다. 그런데 그 바로 건너 한길 당구장에서는 당구 치는 소리가 들려왔다.

구경꾼들은 전투가 한창 벌어진 거리에서 불과 얼마 떨어지지 않은 곳에서 서로 농담을 주고받고 있었다. 극장은 언제나처럼 통속 희극을 상연하고 있었고, 역마차는 왔다갔다하고, 사람들은 밖으로 식사를 하러 나왔다. 때로는 전투가 벌어지고 있는 바로 그 지역에서도 이런 형편이었다. 1831년에는 결혼식 행렬을 통과시키기 위해 소총 사격이 일시 중단된 일도 있었다.

1839년 5월 12일의 반란 때는 쌩 마르땡 거리에서 병자같이 보이는 자그마한 한 노인이, 음료수 병과 삼색기를 손수레에 싣고 바리케이드에서 군대쪽으로, 또 군대 쪽에서 바리케이드 쪽으로 왔다갔다하며, 음료수를 따른 컵을 정부측에도 무정부주의자측에도 골고루 나누어 주었다.

세상에 이보다 더 기묘한 광경은 없을 것이다. 이거야말로 다른 나라에서는 절대로 볼 수 없는 빠리 폭동의 특성이다. 그리고 거기에는 두 가지, 즉 빠리의 위대함과 쾌활함이 동시에 필요하다. 그것은 볼떼르의 도시이기도 하고 나뽈레옹의 도시이기도 할 필요가 있었던 것이다.

그러나 이번 1832년 6월 5일의 소동에서는 이 대도시도 뭔가 힘에 겨운 강력한 것을 느끼고 있었다. 빠리는 삽시간에 공포를 나타냈다. 가장 먼 곳, 가장 관계가 없는 지역에서도 대낮부터 대문과 창문과 덧문이 닫혀 있는 것이 보였다. 용감한 자는 무기를 잡고, 겁쟁이는 슬금슬금 숨었다. 태연히 볼일을 보러 다니던 사람도 곧 모습을 감추었다. 대부분의 거리는 새벽 4시경처럼 텅 비었다. 불안한 정보가 오고 불길한 뉴스가 흘러나왔다.

"그들은 프랑스 은행을 점령했다."

"쌩 메리 성당 한 군데에만도 600명이 들어가 성당 안에서 방비를 갖추어 총구멍을 만들고 있다."

"일선 부대는 믿을 수 없다."

"아르망 까렐이 끌로젤 원수와 회견했는데 원수는 '우선 1개 연대를 확보하라'고 했다."

"라파이예뜨는 지금 병중이지만 그래도 그들에게 '나는 제군들의 편이다. 의자 하나만 놓을 여지가 있는 곳이라면 나는 어디라도 제군들을 따라 가겠다'고 말했다."

"각자 경계하지 않으면 안된다. 해가 지면 빠리 변두리, 인기척 없는 외딴 집을 약탈하는 자가 나올지도 모른다(이것은 아무래도 경찰의 지나친 망상 같다. 아무튼 경찰은, 안느 래드클리프(영국의 여류 괴기 소설가)와 정부가 합쳐진 것 같았으므로)."

"오브리 르부셰 거리에는 대포가 설치되었다."

"로보와 뷔조가 협상중이다. 밤 12시에는, 늦어도 새벽까지는 4개 종대가 동시에 폭동 중심부를 향해 돌격할 것이다. 제1 종대는 바스띠유에서, 제2 종대는 쌩 마르땡 성문에서, 제3 종대는 그레브에서, 제4 종대는 중앙 시장에서 출동할 것이다."

"어쩌면 군대는 빠리에서 퇴각하여 샹 드 마르스로 후퇴할지도 모른다."

"어찌 될지는 전혀 짐작이 안 가지만 어쨌든 이번엔 대단하다."

"사람들은 특히 쑬뜨 원수가 주저하고 있는 것을 걱정하고 있다."

"그는 왜 곧 공격하지 않을까?"

"원수는 확실히 신중하게 생각하고 있는 것 같다. 늙은 사자는 벌써 이 어둠 속에서 뭔가 정체를 알 수 없는 괴물의 냄새를 맡은 것 같다."

저녁때가 되었다.

극장은 열지 않았다.

정찰대는 초조한 듯 돌아다녔다. 통행인들은 몸수색을 당하고 수상한 자는 모조리 체포되었다. 9시에는 체포된 자가 무려 800명이 넘었다. 경찰서는 만원이 되고, 꽁씨에르쥬리 감옥과 포르스 감옥도 모두 꽉꽉 들어찼다. 특히 꽁씨에르쥬리 감옥에서는 빠리 거리라고 불리는 기다란 지하실에 짚단을 깔고 죄수들이 거기에 모두 겹겹이 누워 있었는데, 리용의 라그랑쥬라는 한 남자는 그 속에서 대담하게도 연설을 하고 있었다. 죄수들이 움직일 때마다 짚단에서는 꼭 소나기가 쏟아지는 것 같은 소리가 났다. 다른 감옥에서는 죄수들이 지붕도 없는 마당에 포개어 누워 있었다. 가는 곳마다 불안이 넘치고 어떤 전율이 흐르고 있었다. 여느 때 빠리에는 없던 전율이.

사람들은 문을 굳게 닫고 틀어박혀 있었다. 어머니나 아내들은 거의 제 정신이 아니었다. 그들 사이에는 이런 소리만이 들렸다.

"아아, 어떻게 하지! 그분은 아직 돌아오시지 않았는데!"

가끔 생각난 듯이 멀리서 마차가 지나가는 소리가 들려왔다. 문밖 계단 위에 나와 선 사람들은 소란스런 소리며, 함성이며, 소음이며, 둔하고 분명치 않은 소리에 귀를 기울이고, 그때마다 "저건 기병대다" "저건 탄약 운반차가 달리는 소리다" 하고 주고받았다. 나팔이 울리고, 북소리가 울려 퍼지고, 소총 소리가 메아리치고, 특히 쌩 메리의 슬픈 경종 소리가 들렸다. 사람들은 모두 대포가 한 발 터지기를 고대하고 있었다.

무장한 사람들이 길모퉁이에 불쑥 나타나 "집 안으로 들어가쇼!" 하고 소리치며 사라졌다.

그러자 모두 황급히 집안으로 들어가 문을 잠갔다. 그리고 "결국 어떻게 될까?" 하고 중얼거렸다. 밤이 깊어감에 따라 빠리는 폭풍의 살벌한 불길에 점점 더 음산하게 물드는 것 같았다.

제11편 미립자와 폭풍

가브로슈가 쓴 시의 기원에 대한 두세 가지 설명―어떤 아카데미 회원이 이 시에 미친 영향

병기창 앞에서 민중과 군대가 충돌함으로써 겉으로 드러난 반란의 물결이 영구차 뒤를 따르며 몇 개의 큰길을 꽉 메우고, 장례 행렬 선두에 강한 압력을 주고 있던 군중의 움직임을 앞에서 뒤로 방향을 바꾸게 한 순간, 무서운 역류로 변했다. 군중은 갑자기 동요하며, 행렬에서 빠져나와 너나 없이 황급히 달리며, 어떤 사람은 공격의 고함을 지르고, 어떤 사람은 새파랗게 질려 도망쳤다. 큰길을 꽉 메우고 있던 큰 강줄기는 삽시간에 좌우로 갈라져, 마치 둑이 무너진 탁류처럼 소용돌이치며 한꺼번에 200개의 길로 들이닥쳤다. 그때 누더기를 걸친 한 소년이 벨르빌 언덕에서 만발한 금작화 한 가지를 꺾어들고 메닐몽땅 거리 쪽에서 내려오다 여자가 앉아 있는 한 골동품 상점 앞에서 문득 헌 승마용 권총 한 자루를 발견했다. 소년은 들고 있던 꽃가지를 포장한 도로 위에 던지고 큰소리로 말했다.

"아주머니, 이것 좀 빌려 주세요."

그리고 그는 권총을 쥐자 뺑소니를 쳤다.

잠시 후, 아믈로 거리와 바쓰 거리를 겁에 질려 도망치던 부르주아들은 권총을 휘두르며 노래 부르는 한 소년을 만났다.

밤에는 안 보이나
낮에 보면 분명하다
이크, 가짜 문서
부르주아 깜짝 놀라네
쌓아요, 쌓아요, 미덕
뾰족 뾰족 고깔 모자!

미립자는 큰 회오리바람에 휩싸인다.

제11편 미립자와 폭풍

그는 막 전쟁터로 가고 있는 소년 가브로슈였다.

큰길에 나왔을 때 그는 권총에 노리쇠가 없는 것을 알았다.

지금 그가 발걸음에 맞추어 부르는 노래와 가끔 그가 즐겨 부르는 노래는 대체 누가 지은 것인가? 그건 알 수 없다. 누가 그것을 알 수 있을 것인가? 아마 그 자신이 지은 것일 게다. 가브로슈는 원래 민중 사이에 유행되는 콧노래를 거의 다 알고 있었기 때문에 거기에 자기 나름대로 가사를 붙여 부르는 것이다. 요정이기도 하고 장난꾸러기이기도 한 그는 자연계의 소리에 빠리의 소리를 섞어 혼성곡을 만들었다. 새들의 노래에 공장의 노래를 맞추는 것이다. 가브로슈는 또 그의 무리들과 친척이라고 할 수 있는 미술과 학생들과 친분이 두터웠다. 약 석 달 전에는 인쇄소의 수습 사원으로 들어간 일도 있었다. 또 언젠가는 불멸의 40인의 한 사람인 바우르 로르미앙 씨에게 심부름을 간 일도 있었다. 가브로슈는 문자 그대로 부랑아였다.

가브로슈는 두 아이를 코끼리 속에 재워준 저 비 내리는 그날 밤, 자기가 구원의 손길을 뻗친 그 아이들이 사실은 친동생들이었다는 것을 꿈에도 몰랐다. 가브로슈는 하룻 동안 밤에는 동생들을 구하고, 아침에는 아버지를 구한 것이다. 동녘 하늘이 훤하게 밝아올 무렵 발레 거리를 떠난 그는 곧장 코끼리가 있는 곳으로 돌아와 두 아이를 능란한 솜씨로 꺼내 주고, 어렵게 변통해서 마련해 온 아침을 나누어 먹은 다음, 자기를 키워 준 다정한 어머니라고 할 수 있는 거리에 아이들을 맡기고 자기는 어디론가 사라져 버렸다. 헤어질 때 그는 바로 그 자리에서 기다리겠다고 약속하고 이런 말 한 마디를 남겼다.

"난 지팡이를 꺾겠다. 다른 말로 하면 내빼겠단 말야. 점잖게 말해서는 이만 실례하겠다는 것이고. 꼬마야, 만일 아빠랑 엄마를 만나지 못하걸랑 오늘 밤 또 이리 오렴. 밥도 먹여 주고 잠도 재워 줄 테니까."

그러나 두 아이는 순경한테 잡혀 수용된 것인지, 곡예사한테라도 잡힌 것인지, 아니면 커다란 수수께끼 같은 빠리의 민중 속으로 빨려들어간 것인지 끝내 돌아오지 않았다. 현대 사회의 밑바닥은 이런 불분명한 발자국으로 가득 차 있다. 가브로슈는 두 번 다시 두 아이와는 만나지 못했다. 그날 밤으로부터 벌써 10주, 아니 12주나 지났다. 그는 몇 번이나 머리를 긁적이며 '그 아이들은 대체 어디 있을까?' 하고 중얼거렸다.

"아주머니, 이것 좀 빌려 주세요."

가브로슈는 권총을 움켜쥔 채 뽕 또 슈 거리로 갔다. 그 거리에는 상점이라곤 꼭 한 집밖에 문을 열지 않았는데 공교롭게도 그건 과자가게였다. 미지의 세계로 뛰어들기 전에 다시 한 번 애플 파이를 먹을 수 있게 된 것은 하느님이 준 좋은 기회였다. 가브로슈는 발걸음을 멈추고 옆구리를 뒤지고 바지 주머니를 훌렁 뒤집어 보았으나 1수도 없는 것을 알고 이렇게 비명을 질렀다.

"아이구, 살려줘요!"

마지막으로 과자를 먹을 수 있는 기회를 놓친 것은 참으로 유감천만이었다.

그대로 가브로슈는 계속 걸음을 재촉했다.

얼마 안 가 쌩 루이 거리로 나갔다. 빠르끄르와이얄 거리를 가로지를 때 그는 애플 파이를 못 먹은 분풀이로 한낮에 공공연하게 연극 포스터를 찢어 기분을 풀었다.

그는 바로 앞으로 부자같이 보이는 한 떼의 사람들이 기운차게 지나가는 것을 보았다. 가브로슈는 어깨를 으쓱하며 그 즉시 다음과 같은 철학적인 분노를 터뜨렸다.

"저 부자놈들, 어느 놈이나 똑같이 돼지처럼 살쪘군. 산해진미에 파묻혀 배가 터지도록 먹으니까 그렇지. 그 돈을 다 무엇에다 쓸 거냐고 묻고 싶군. 아마 저희들도 잘 모를 거야. 어쩌면 돈을 씹어 먹는지도 모르지! 정말이지, '밥통의 가스와 함께 사라지다'인데 (성서의 〈바람과 함께 사라지다〉를 흉내낸 것임)."

행진하는 가브로슈

노리쇠가 없는 권총을 길 한복판에서 오늘만은 마음대로 휘두를 수 있으므로 가브로슈는 한 걸음 걸을 때마다 정열이 솟구치는 것을 느꼈다. 그는 '라 마르세예즈'를 띄엄띄엄 부르며 그 사이사이에 이렇게 소리쳤다.

"아아, 기분 좋은데. 하긴 왼쪽 다리는 좀 아프군. 전에 류머티즘을 앓은 일이 있어서 말이야. 하지만 난 만족해. 시민 여러분, 부르주아는 조금만 더 버티는 게 좋을 거야. 내가 곧 훌렁 뒤집어 놓을 노래를 불러 줄 테니까. 스파이가 뭐지? 개 아니야, 개. 제기랄! 개한테 실례를 해선 안되지. 하긴 이 권총에 개가 꼭 한 마리 필요하긴 한데 (개 Chien이란 말은 권총의 노리쇠란 뜻도 됨). 여러분, 나는 방금 큰 길에서 오는 길이오. 거긴 지금 한창 열이 올라 거품이 일고 부글부글 끓고 있는 참이오. 슬슬 냄비의 거품을 걷어도 될 때지. 사람들이여, 전진하라! 불순한 피가 밭고랑에 넘치게 하라! 나는 이제부터 조국에 목숨을 바치련다. 다신 정부와 만나지 않을 테다. 이것으로 마지막이다, 끝장이다, 알았니?…… 니니! 아니, 이 따위 말장난은 아무래도 좋아, 정말 신바람 나는구나! 자, 싸우자! 이제 전제 정치는 지긋지긋해."

이때 옆을 지나가던 국민군 창기병을 태운 말이 넘어지는 것을 보자 가브로슈는 권총을 길바닥에 놓고 쓰러진 남자를 일으켜준 다음 말도 일으켜 주었다. 그러고는 자기 권총을 집어들고 다시 걷기 시작했다

또리니 거리로 나가자 주위는 갑자기 평온하고 조용해졌다. 마레 지구 특유의 그 정적은 부근 일대의 소동과는 아주 대조적이었다. 아낙네 넷이 문앞 돌계단 위에 서서 이야기를 주고받고 있었다. 스코틀랜드에는 세 마녀가 있었지만 (셰익스피어의 《맥베스》에 나오는 마녀. 맥베스가 임금이 된다고 예언함) 빠리에도 네 아낙네가 있다. "당신은 장차 왕이 될 것입니다" 하는 말은 아르뮈르의 황야에서 맥베스에게 던져질 때와 똑같이 불길한 어조로 보드와이에 원형 교차로에서 나뽈레옹에게 던져질지도 모른다. 그것은 거의 뜻이 비슷한 악담이 될 것이다.

그러나 또리니 거리의 아낙네들은 사실 자기네 일밖에 다른 것은 염두에도 없었다. 그들은 세 문지기 마누라와, 바구니와 갈고리를 든 한 넝마주이 여인이었다.

네 여인 모두 노쇠와, 쇠약과, 영락과, 비애라는 늙은이의 네 문턱에 서 있는 것 같았다.

넝마주이 여인은 저자세였다. 똑같이 거친 이 사회에서도 넝마주이는 저자세이고 문지기 마누라들은 고자세였다. 그건 쓰레기와 관계되는 일로, 즉 쓰레기가 좋고 나쁘고는 문지기의 마음에 달렸으며, 쓰레기를 받아모으는 사람의 기분 여하에 달려 있기 때문이다. 비질을 하는 데도 호의는 있을 수 있다.

넝마주이 아낙네는 전신이 감사의 바구니가 되어 세 문지기 마누라에게 말할 수 없는 애교 띤 웃음을 흘리고 있었다. 그들 사이엔 이런 말이 오가고 있었다.

"그럼 댁의 고양이는 버릇이 몹시 고약한 모양이군요?"

"글쎄 그래요, 고양이는 본래부터 개하곤 원수지간 아녜요? 으르렁대는

건 언제나 개죠."

"사람도 똑같아요."

"하지만 고양이 벼룩은 사람한테는 안 옮아요."

"정말 개는 위험해요. 어느 해인가는 개가 너무 불어나서 신문에까지 난 일이 있지 않아요. 뜰르리 궁전에서 큰 양을 키워 로마 왕의 작은 마차를 끌게 하던 때죠. 로마 왕 생각나우?"

"난 보르도 공작을 좋아해서."

"난 루이 17세를 본 일이 있어. 루이 17세가 좋더라."

"빠따공 아주머니, 고기 값이 무척 올랐죠?"

"아아! 말도 말아요. 푸줏간 얘기만 들으면 소름이 끼쳐요. 소름이 끼칠 정도가 아니라 아주 치가 떨려요. 요즘은 어디 뼈밖에 더 팝니까?"

그러자 넝마주이 여자가 끼어들었다.

"요즘은 장사도 잘 안돼요. 쓰레기통 속도 아주 형편없어졌어요. 뭐 하나 버리려고들 해야죠. 몽땅 먹어치우니까."

"당신보다 더 가난한 사람도 있다우."

"하긴 그건 그래요." 넝마주이는 겸손하게 대답했다. "전 어엿한 직업도 가지고 있으니까요."

여기서 잠깐 말을 끊었으나 넝마주이는 인간의 본능인 자랑하고 싶은 기분을 억제할 수 없어 덧붙였다.

"아침에 집으로 돌아가면 바구니를 조사하고 일일이 골라내지요. 그럴 때면 방안에 산더미같이 쌓인답니다. 넝마는 바구니에 넣고 야채 부스러기는 양동이에 담고, 내의 같은 건 선반에, 모직물은 옷장에, 휴지는 창문 구석에, 먹을 수 있는 건 그릇에, 유리 조각은 난로에, 헌 구두는 문 옆에, 뼈는 침대 밑에 각기 챙겨 넣죠."

가브로슈는 걸음을 멈추고 엿듣다가 입을 열었다.

"할머니, 할머니들은 정치 얘기 같은 걸 뭣하러 해요?"

그러자 아낙네들이 일제히 욕설 사격을 가브로슈에게 퍼부었다.

"이 망할 놈, 또 왔구나!"

"뭘 들고 있는 거야? 아니 권총 아냐!"

"이 거지 새끼, 네가 뭔데 참견이야!"

"저런 게 다 정부를 뒤엎으려고 하니, 참."

가브로슈는 사뭇 경멸하듯 대답 대신 엄지 손가락으로 코끝을 번쩍 밀어 올릴 뿐이었다.

넝마주이 여인이 꽥 소리쳤다.

"이 고약한 거지 녀석 같으니!"

조금 전에 빠따공 아주머니라고 부르니까 대답했던 여인이 사뭇 대단한 얘기라는 듯 손뼉을 탁 치며 말했다.

"아무래도 무슨 일이 나긴 날 모양이에요. 거 왜, 요 옆에 염소수염을 기른 남자 있잖아요. 그 사람 매일 아침 분홍 모자를 쓴 젊은 여자를 데리고 요 앞을 지나다니더니 오늘 아침 지나가는 걸 보니까 글쎄, 총을 메고 있잖겠어요. 바슈 아주머니가 그러는데 지난 주일에는 혁명이 일어났대요. 뭐라더라? 아이고, 어디라고 하더라. 아, 그래. 뽕뜨와즈라든가. 그런데 어떻게 되어 가는 세상인지 이런 놈의 새끼까지 권총을 들고 다니니! 쎌레스땡은 대포가 꽉 차서 발들여 놓을 틈이 없대요. 아마 정부도 이젠 손을 들고 말았나 봐요. 하긴 워낙 상대도 세상을 시끄럽게 할 줄밖에 모르는 녀석들이니까. 먼저 난리가 좀 가라앉아 조용해졌는가 했더니 또 이런 소동이니, 참. 난 그 가엾은 왕비가 짐마차를 타고 지나가는 걸 봤다우! 그건 그렇고, 이렇게 되면 또 담배 값이 뛰어오를 텐데. 에끼, 이 녀석. 너도 이제 그렇게 목이 뎅강 잘릴 거다. 그땐 내가 구경을 가주마, 이 나쁜 놈!"

"아이구, 할머니 콧물이 나오네요." 가브로슈가 말했다. "코나 좀 푸시지."

이렇게 말하고 가브로슈는 아낙네들 앞을 떠났다. 빠베 거리로 나왔을 때 조금 전에 넝마주이 여인이 한 말을 생각하고 그는 이렇게 혼자 중얼거렸다.

"넝마주이 할머니, 혁명가를 욕하지 마우. 이 권총은 알고 보면 할머니 편이라우. 이것 때문에 할머니 바구니엔 먹을 게 훨씬 많이 담길 테니까."

그때 가브로슈는 문득 등 뒤로 인기척을 느꼈다. 돌아보니까 문지기 마누라 빠따공이 쫓아오고 있었는데 멀리서 주먹을 휘두르며 소리치고 있었다.

"이 후레자식 같으니라구!"

"난 또 뭐라고." 가브로슈는 말했다. "그런다고 내가 끄떡이나 할 줄 알고."

얼마 안 되어 가브로슈는 라므와뇽 저택 앞을 지나갔다. 그곳에서 그는 고함을 질렀다.

"자, 싸우러 나가자!"

그러다가 그는 문득 우울한 생각에 사로잡혔다. 매정한 권총을 나무라는 듯한 얼굴로 내려다보았다.

"나는 출발하려는데," 그는 권총에 대고 말했다. "너는 출발하지 않는구나."

한 마리 개가 나타나 또 다른 한 마리 개(권총의 노리쇠)에게 마음을 떠나게 해 주는 수가 있는 법이다. 비쩍 마른 개 한 마리가 지나가는 것을 보자 가브로슈는 문득 동정이 갔다.

"가엾은 멍멍이," 그는 개에게 중얼거렸다. "물통이라도 삼켰냐? 물통 테 같은 갈비가 훤히 들여다보이게."

그리고 그는 로르므 쌩 제르베 쪽으로 걸어갔다.

이발사의 당연한 분개

가브로슈가 코끼리의 따뜻한 배 속에 데리고 간 두 아이를 전에 내쫓은 일이 있는 그 건방진 이발사는, 이때 마침 가게에서 제정 시대에 복무하다 레지옹 도뇌르 훈장까지 받은 일이 있는 한 늙은 병사의 수염을 밀어 주고 있었다.

이야기 꽃이 피었다. 이발사는 늙은 병사에게 당연한 순서로 우선 폭동에 대해 들은 얘기를 한 다음 라마르끄 장군 얘기를 하다 끝내 나뽈레옹 얘기로까지 옮아갔다. 그것은 어디까지나 이발사와 병사에게 어울리는 대화였다. 만일 프뤼돔므가 그 자리에 있었다면 틀림없이 그 얘기에 아라비아 풍의 색채를 넣어 '면도칼과 군도의 대화'라는 제목을 붙였을 것이다.

"나리!" 이발사가 말했다. "황제께서 말타시는 게 어땠습니까?"

"서투르셨어. 낙마를 할 줄 아셔야지. 하긴 그래. 한 번도 낙마를 안하시긴 했지만."

"말은 좋았겠죠? 보나마나 말은 좋았을 거예요."

"황제께서 십자훈장을 내리시는 날 그 말을 자세히 보았어. 아주 잘 달리는 흰 암말이더군. 귀 사이가 넓고 안장 자리가 깊고, 영리해 보이는 얼굴엔

가브로슈는 사뭇 경멸하듯 엄지 손가락으로 코 끝을 번쩍 밀어올릴 뿐이었다.

까만 점이 하나 있고, 목이 길고, 무릎 뼈가 튼튼하고, 옆구리가 툭 불거지고, 어깨가 늘씬하고, 방둥이는 탄탄하더군. 키는 열 댓 뼘도 더 되겠어."

"굉장한 말이군요." 이발사는 대답했다.

"그렇지 않겠나, 폐하의 애마인데."

이발사는 폐하라는 말이 나왔으니까 침묵을 좀 지키는 것이 예의라고 생각한듯 잠시 기다렸다가 다시 입을 열었다.

"황제께선 꼭 한 번 밖에 부상하신 적이 없으시다죠. 아마?"

늙은 병사는 그 자리에 있었던 사람답게 조용하고 엄숙한 어조로 대답했다.

"발꿈치를 다치셨지. 라티스본느에서였어. 난 황제께서 그날만큼 잘 차리신 걸 다시 본 일이 없네. 정말 갓 나온 1수짜리 동전 같으셨어."

"하지만 나리같이 전쟁터에 오래 계셨던 분은 아마 상처도 많이 입으셨을 걸요."

"나 말이야?" 병사는 대답했다. "아니야, 뭐 대단치 않았어. 마렝고에선 칼로 목덜미를 좀 찔리고, 아우스떼를리쯔에선 오른팔에 총알을 한 방 맞고, 이예나에선 왼팔에 한 방, 프리들란드에선 총검으로 찔렸지. 그리고 또 뭐가 있더라. 아, 그래. 모스끄바 강에선 전신에 창으로 일고여덟 군데나 찔리고, 루쩬에서는 포탄의 파편에 맞아 손가락이 달랑 달아났지……. 아아, 그리고 참 워털루에서는 허벅지에 산탄을 맞은 일도 있어."

"얼마나 멋있을까요?" 이발사는 과장된 감격조로 소리쳤다. "전쟁터에서 죽는다는 것이! 정말이지 저도 약이다, 찜질이다, 주사다, 의사다 하고 떠들썩하게 굴던 끝에 하고 난 침대에서 시들시들 앓다 죽는 것보다는 배에 폭탄이라도 한 방 맞고 죽는 것이 소원이랍니다."

"자넨 참 재미있는 사람이야." 늙은 병사는 대답했다.

그가 말을 채 마치기도 전에 요란한 소리가 가게를 뒤흔들었다. 진열장의 유리가 커다랗게 금이 가며 깨진 것이다. 이발사는 얼굴이 새파래졌다.

"아이구! 또 한 방 터졌는데!" 이발사는 소리쳤다.

"뭐가?"

"대포 말예요."

"이것 말인가?" 노인이 말했다.

그리고 마룻바닥에 떨어진 걸 주워 올렸다. 작은 돌멩이였다.

이발사는 깨진 창으로 뛰어가 가브로슈가 쌩 장 시장 쪽으로 정신없이 도망치는 것을 보았다. 마침 이발소 앞을 지나던 가브로슈는 두 아이의 일이 마음에 걸리던 참이라 한 마디 인사라도 해주지 않고는 직성이 풀리지 않아 창 유리에 돌을 던진 것이다.

"저놈 봐라! 나쁜 짓을 해도 분수가 있지. 원, 내가 제놈한테 무슨 짓을 했다고 이러지?" 약간 화색이 돌아온 이발사는 소리쳤다.

소년은 노인을 보고 놀라다

그럭저럭하는 동안 가브로슈는 초소가 이미 완전히 무장 해제된 쌩 장 시장까지 와서 거기서 앙졸라, 꾸르페락, 꽁브페르, 푀이 등이 이끄는 일단에 가담했다. 그들은 거의 전부가 무장하고 있었다. 바오렐과 장 프루베르도 그들과 합류했다. 앙졸라는 2연발 사냥총을 들고 있었고, 꽁브페르는 부대 번호가 붙은 국민군의 소총에다 단추를 끌러 놓은 프록코트 밑으로 혁대에 권총 두 자루를 찼다. 장 프루베르는 낡은 기병 단총을 들고, 바오렐은 기총을 들고 꾸르페락은 칼을 장치한 지팡이를 휘두르고 있었다. 푀이는 군도를 빼들고 "폴란드 만세!"를 외치며 이쪽으로 오고 있었다.

그들은 넥타이도 매지 않고, 모자도 쓰지 않고, 숨을 헐떡이며, 비에 흠뻑 젖은 눈을 번쩍번쩍 빛내며, 모를랑 강변 쪽에서 걸어왔다. 가브로슈는 침착하게 그들 옆으로 다가갔다.

"어디로들 가십니까?"

"너도 따라와." 꾸르페락이 말했다.

푀이의 뒤로 바오렐이 오고 있었다. 바오렐은 걸어온다기보다 폭동이라는 물을 만난 고기처럼 펄쩍펄쩍 뛰어오고 있었다. 그는 빨간 조끼를 입고 아주 과격한 말을 외치며 왔다. 그 조끼를 보고 지나가던 한 사람이 깜짝 놀라 자기도 모르게 이렇게 소리쳤다.

"빨갱이들이 온다!"

"빨갱이지, 빨갱이들이지!" 바오렐은 마주 소리쳤다. "거 이상하게 겁을 내는데, 부르주아 양반. 난 빨간 양귀비를 봐도 아무렇지 않고, 더구나 조그만 빨간 모자 같은 건 하나도 무섭지 않던데. 부르주아 양반, 알겠소? 빨간색을 무서워하는 건 뿔난 짐승뿐이란 말이오."

바오렐은 어떤 벽 한구석에 평화스런 방이 한 장 나붙은 것을 보았다. 그 것은 빠리의 대주교가 사순절을 맞아 '어린 양들'(교구 사람들)에게 달걀을 먹어도 된다는 교서였다.

바오렐은 그것을 보자 소리쳤다.

"양이라고? 거위라는 말을 빗대놓고 한 말이겠지(거위 oies에는 바보라는 뜻이 있는데 양 ouailles과 음이 비슷해서 한 말)."

그리고 벽보 교서를 잡아뜯었다. 그 행동은 가브로슈의 존경을 샀다. 그 순간부터 가브로슈는 바오렐을 열심히 관찰하기 시작했다.

"바오렐," 앙졸라가 주의를 주었다. "거 왜 그런 짓을 하나. 그 교서는 그냥두는 게 나을 뻔했어. 우리가 싸우는 상대는 그런 게 아니야. 자네는 괜히 쓸데없는 것에 곧잘 화를 낸단 말이야. 힘을 아끼게. 전쟁터 밖에서 함부로 총을 쏴선 안돼. 소총알만이 아니야, 정신의 총알도 마찬가지지."

"제각기 생각이 다 다른 거지 뭐." 바오렐은 대답했다. "그 주교의 말투가 영 비위에 거슬린단 말야. 달걀을 먹는 데도 일일이 누구의 지시를 받아야 하나. 자네는 가슴이 타더라도 냉정하게 있을 수 있는 성격이지만 난 그걸 즐기는 편이야. 그리고 난 지금 정력을 낭비하고 있는 게 아니라 기운을 돋구고 있는 거야. 내가 그 교서를 찢어 버린 것은 헤르클레, 말하자면 일종의 소화 운동이지."

이 '헤르클레'라는 말이 가브로슈의 주의를 끌었다. 그는 기회 있을 때마다 무엇이든지 배우려고 노력하고 있었고 또 이런 벽보를 찢은 사람을 존경하고 있었다. 그는 바오렐에게 물었다.

" '헤르클레'라는 게 무슨 뜻이에요?"

바오렐은 대답했다. "라틴 어인데 제기랄이란 뜻이야."

그때 바오렐은 구레나룻이 시커멓고 안색이 창백한 한 청년이 어느집 창가에 서서 그들이 지나가는 것을 내려다보고 있는 것을 보았다. 그것은 틀림없이 ABC 회원 같았다. 바오렐은 그 남자에게 소리쳤다.

"빨리, 탄약통을! '빠라 벨룸'(라틴 어로 '전쟁준비를 하라'라는 뜻)"

"벨롬므(프랑스 어로 '미남'이라는 뜻)라고, 정말 그렇군." 가브로슈는 중얼거렸다. 그도 이제 라틴 어를 어느 정도 알아들을 수 있게 된 것이다.

소란스런 행렬이 그들 뒤를 쫓아오고 있었다. 학생 예술가, 엑스의 호리병 당에 가입한 청년들, 노동자, 뱃사람 등으로 손에 손에 곤봉이며 총검을 들고, 어떤 사람은 꽁브페르처럼 권총을 바지 속에 찬 사람도 있었다. 나이 많은 노인 한 사람이 그들과 섞여 걸어오고 있었다. 무기라곤 아무것도 들지 않고 근심스런 얼굴로, 그러면서도 뒤떨어지지 않으려고 재빨리 발걸음을 옮겨 놓았다. 가브로슈는 노인을 쳐다보았다.
"저게 뭐야?" 그는 꾸르페락에게 말했다.
"노인이야."
그 사람은 마뵈프 씨였다.

노인
그때까지 일어났던 일을 여기서 잠깐 적어두기로 하자.
앙졸라와 그의 친구들은 용기병이 쳐들어왔을 때 부르동 거리 공설 양곡 창고 가까이에 있었다. 앙졸라와 꾸르페락과 꽁브페르는 "바리케이드로 가자!" 하고 외치며 바쏭삐에르 거리 쪽에서 다가오는 한 떼의 사람들과 합세했다. 레디기에르 거리에서 그들은 터벅터벅 걸어오는 한 노인과 만났다.
그들의 주의를 끈 것은 노인이 술에 취하지도 않았는데 비틀비틀 걸어오는 것이었다. 게다가 노인은 오전 내내 비가 오고 지금도 몹시 쏟아지고 있는데도 모자를 쓰지 않고 손에 들고 있었다. 꾸르페락은 그가 마뵈프 노인이라는 것을 곧 알아보았다. 꾸르페락은 마리우스를 전송하느라 몇 번 그의 문 앞에까지 간 일이 있기 때문에 노인을 알고 있었던 것이다. 그리고 책에 미친 늙은 교구위원이 지극히 평온하고 조용한 생활을 하고 있다는 것을 알기 때문에, 지금 이 소동 중에, 그것도 기병의 습격으로 바로 코앞에 총알이 튀는 가운데 모자도 쓰지 않은 채 헤매는 것을 보고 깜짝 놀라 노인 옆으로 다가갔다. 그리하여 스물 다섯 살 난 청년과 여든을 넘은 노인 사이에 다음과 같은 대화가 오고갔다.
"마뵈프 씨, 집으로 돌아가십시오."
"왜 그러오?"
"한바탕 소동이 날 겁니다."
"그것 좋죠."
"막 치고 쏘고 할 겁니다, 마뵈프 씨."
"그것도 좋고."

"대포도 터질 텐데요."
"그건 더욱 좋소. 그런데 당신들은 어디 가오?"
"정부를 때려 엎으러 갑니다."
"그거 대단히 좋군."

그리고 노인은 그들 뒤를 따르기 시작했다. 그때부터 그는 한 마디도 입을 열지 않았다. 마뵈프 노인의 발걸음은 갑자기 확고해지고 노동자들이 팔을 부축하려 해도 머리를 흔들어 거절했다. 그는 행렬 가장 앞으로 나가 걸었는데 그 동작은 행진하는 사람 같으면서도 꼭 자는 사람 같았다.

"저 노인 굉장히 살기등등한데!" 학생들은 이렇게 중얼거렸다. 소문이 삽시간에 군중 사이에 퍼졌다.

"저 사람 전에 국민의회 의원이었어."
"루이 16세를 처형할 때 찬성표를 던진 사람이지."

군중은 베르리 거리 쪽으로 향했다. 가브로슈는 있는 대로 고함을 지르고 노래를 하며 나아갔기 때문에 꼭 나팔수 같은 모습이었다. 그는 이렇게 노래했다.

이크, 달이 떴네
언제 갈까, 둘이서 숲속으로
샤를로뜨한테 샤를로가 물었네.

뚜 뚜 뚜
샤뚜로 가세
하느님 하나, 왕 하나, 동전 한 닢, 장화 한 짝, 가진 건 그것뿐.

아침부터 감로주
사향 나무에서 직접 마시고
두 마리 참새 곤드레가 되었네.

지 지 지
빠지로 가세

소년 가브로슈는 있는 대로 고함을 지르고 노래를 하며 나아갔기 때문에 꼭 나팔수 같은 모습이었다.

하느님 하나, 왕 하나, 동전 한 닢, 장화 한 짝, 가진 건 그것뿐.

가엾은 두 마리 이리 새끼
곤드레만드레 취해 버렸네
호랑이가 굴 속에서 웃고 있었네.

동 동 동
뫼동으로 가세
하느님 하나, 왕 하나, 동전 한 닢, 장화 한 짝, 가진 건 그것뿐.

한 사람은 욕하고 한 사람은 저주했네
언제 갈까? 둘이서 숲속으로
샤를로뜨한테 샤를로가 물었네.

땡 땡 땡
빵땡으로 가세
하느님 하나, 왕 하나, 동전 한 닢, 장화 한 짝, 가진 건 그것뿐.

그들은 쌩 메리 쪽으로 걸어갔다.

새 가입자

군중은 쉴새없이 불어났다. 비예뜨 거리 근처에서 키가 크고 머리가 희끗희끗한 남자 한 사람이 끼어들었다. 너무나 대담한 얼굴에 꾸르페락도, 앙졸라도, 꽁브페르도, 그 남자를 유심히 보았으나 모르는 사람이었다. 가브로슈는 노래를 하고 휘파람을 불면서 시끄럽게 떠들고 앞으로 나아갔다. 노리쇠 없는 권총으로 상점 덧문을 두드리는 데 정신이 팔려 그 남자를 주의해 보지 않았다.

베르리 거리로 들어가자 마침 꾸르페락의 집 앞을 지나가게 되었다.

"마침 잘됐군." 꾸르페락은 중얼거렸다. "지갑도 잊고 모자도 놓고 나왔는데……." 그리고 군중을 떠나 곧장 계단을 네 개씩 뛰어 자기 방으로 들어갔다. 그리고 낡은 모자와 지갑을 집어들고 빨랫감 사이에 숨겨둔 대형 슈트케이스만한 커다란 상자 하나를 꺼내들었다. 꾸르페락이 아래로 뛰어내려가자 문지기 여자가 그를 불러 세웠다.

"드 꾸르페락 씨!"
"가만있자, 문지기 아주머닌 이름이 뭐였더라?"
꾸르페락은 되물었다.
문지기 여자는 어이가 없어 입을 벙긋 벌렸다.
"잘 아시면서, 저 문지기예요. 이름은 뵈뱅이구요."
"그렇지. 그런데 아주머니가 날 드 꾸르페락 씨라구 하면 나도 이제부터 드 뵈뱅 씨라 부르겠소. 그건 그렇고, 왜 그러시오? 무슨 일이오?"
"꾸르페락 씨를 만나려는 사람이 있어요."
"누군데요?"
"모르겠어요."
"어디 있는데?"
"저희 방에 있어요."
"쳇!" 꾸르페락은 혀를 찼다.
"하지만 벌써 한 시간이나 됐어요, 기다린 지가!"
문지기 여자는 말했다.

마침 그때, 노동자 차림을 한 청년 하나가 문지기 방에서 나왔다. 여위고, 안색이 나쁘고, 키가 작고, 얼굴엔 주근깨가 있고, 해진 작업복에 허리를 군데군데 기운 기병 비로드 바지를 입고 있었는데, 남자라기보다 남자 옷을 입은 젊은 여자같이 보였다. 그러나 꾸르페락에게 말을 건 목소리에는 여자같은 데가 하나도 없었다.

"실례합니다만, 마리우스 씨가 어디 계신지 모르십니까?"
"지금 집에 없는데요."
"오늘 밤 돌아오실 건가요?"
"글쎄 모르겠는데요."
그리고 꾸르페락은 덧붙여 말했다.
"난 안 돌아올 겁니다."
청년은 똑바로 그를 쏘아보았다.

제11편 미립자와 폭풍 1445

"왜요?"
"그냥, 그럴 일이 좀 있습니다."
"그럼 어디로 가실 겁니까?"
"그런 건 왜 묻는 거요?"
"그 상자를 들어다 드릴까요?"
"난 지금 바리케이드로 가는 중이오."
"같이 가도 되겠습니까?"
"좋으실 대로!" 꾸르페락은 대답했다.
"길은 누구에게나 자유고, 포장한 도로는 모든 이의 것이니까요."
　꾸르페락은 동료들을 따라가려고 급히 그 자리에서 나왔다. 군중 속으로 들어가자 그는 그 중 한 사람에게 그 상자를 맡겼다. 그리고 그로부터 불과 15분 후에, 그는 조금 전의 그 남자가 정말로 따라온 것을 알았다.
　군중이란 꼭 처음 목표했던 길로 정확하게 가는 것은 아니다. 바람부는 대로 아무데나 간다는 것은 앞서도 설명한 바이다. 그들은 쌩 메리를 지나자 어떻게 된 건지 자기들도 모르는 사이에 쌩 드니 거리로 나와 있었다.

제12편 꼬랭뜨

꼬랭뜨 술집의 역사

오늘날 중앙 시장 쪽 랑뷔또 거리로 발을 들여놓는 빠리 시민은 몽데뚜르 거리 맞은편 오른쪽에 광주리가게 하나가 있는 것을 볼 것이다. 간판에는 나뽈레옹 황제의 모습을 본뜬 광주리에 다음과 같은 글이 새겨져 있다.

나뽈레옹의 온몸은
버들가지로 만들어져 있다.

그러나 오늘날 빠리 시민들은 불과 30년 전 바로 그 자리에서 무시무시한 광경이 벌어졌으리라고는 꿈에도 생각하지 않을 것이다.
그곳은 예전의 샹브르리 거리—옛날 이름으로는 샹베르리라고 씌어 있다—꼬랭뜨(그리스의 지명 코린토스란 뜻)라는 유명한 술집이 있던 곳이다. 쌩 메리의 바리케이드 그림자에 가려 눈에 띄지는 않지만 이곳에 세웠던 바리케이드에 관해서는 앞에서 말한 적이 있음을 독자들은 기억하고 있을 것이다. 오늘날에는 깊은 어둠 속에 가라앉아 버린 샹브르리 거리의 이 유명한 바리케이드에 이제부터 빛을 조금 비추어 보려고 한다.
이야기의 줄거리를 명확하게 하기 위해 이미 워털루 때에 사용했던 간편한 방법에 다시 한번 의지하는 것을 용서해 주기 바란다. 당시 쌩 뙤스따슈 성당 가까이에 있던, 오늘날 랑뷔또 거리의 입구가 있는 빠리 시장 북동쪽 모퉁이에 늘어서 있던 일부 집들을 꽤 정확하게 상상하려고 하면, 맨 위는 쌩 드니 거리에 접하고, 아래는 시장에 접하고 있는 N자를 상상하고, 그 두 줄의 세로로 그은 획을 그랑드 트뤼앙드리 거리(왼쪽 세로로 그은 획)와 샹브르리 거리(오른쪽 세로로 그은 획)로 생각하고, 쁘띠뜨 트뤼앙드리 거리를 비스듬히 그은 획으로 보면 될 것이다. 낡은 몽데뚜르 거리는 꼬불꼬불하게 꼬부라진 거리 모퉁이를 만들고, 이들 세 획을 가로지르고 있다. 그 결과 이 네 개의 거리가 미로처럼 서로 얽혀 있기 때문에 한편으로는 시장과 쌩 드니 거리 사이에 끼이고 다른 편은 씨뉴 거리와 프레쉐르 거리 사이에 끼인 200정보 남짓한 땅 위에 작은 섬 같은 집이 일곱 채나 세워져 있었다. 일곱 채가 모두 기묘한 형태로 구획되어 크기는 달랐으나 아무렇게나 늘어서 있어 마치 돌산의 돌덩어리처럼 좁다란 틈바구니로 간신히 구분되어 있었다.

지금 좁다란 틈바구니라고 했지만, 어둡고 좁아서 답답하고 모퉁이가 많은 9층 건물의 낡은 집 사이를 통하는 뒷길을, 이보다 더 바르게 표현할 수는 없다. 그러한 낡은 집들을 이미 완전히 헐어서 샹브르리 거리나 쁘띠뜨 트뤼앙드리 거리에서는 가옥의 정면을 이 집에서 저 집으로 대들보를 질러서 받쳐 놓고 있었다. 길이 좁고 도랑이 넓기 때문에 지나가는 사람들은 지하실 같은 상점이며 쇠고리를 끼운 커다란 차를 막는 돌이며, 엄청난 쓰레기 더미며, 매우 낡고 거대한 쇠창살이 달린 문 등을 따라서 일 년 내내 젖어 있는 잔돌을 깐 길 위를 걸었다. 그러나 랑뷰뜨 거리가 생겼을 때 이것들은 모조리 헐려 버렸다.

이 몽데뚜르라는 이름은 꼬불꼬불한 그 길을 참으로 잘 표현하고 있다. 좀 더 앞으로 가면, 몽데뚜르 거리로 나가는 '피루에뜨 거리'라는 이름이 그것을 한층 더 훌륭하게 나타내고 있다.

쌩 드니 거리에서 샹브르리 거리로 접어든 통행인은 그 길이 차츰 좁아지기 때문에 마치 길쭉한 깔때기 속에라도 들어가는 것 같았다. 대단히 좁은 그 끄트머리는 시장 쪽으로, 한 줄로 늘어선 높은 집이 길을 막았는데, 오른쪽과 왼쪽에 두 줄기의 컴컴한 문이 있어서 이 문으로 빠질 수가 있다는 것을 알아채지 못하면 막다른 골목으로 들어선 인상을 주었다. 그것이 바로 몽데뚜르 거리로, 한편은 프레쉐르 거리로 통하고, 다른 편은 씨뉴 거리와 쁘띠뜨 트뤼앙드리로 통하고 있었다. 이 막다른 골목 같은 거리의 막다른 곳, 오른편 골목 모퉁이에 다른 집들보다 낮고, 곶처럼 한길로 돌출한 집 하나가 있었다.

겨우 3층밖에 안 되는 그 집 안에는 300년 전부터 번창해 온 유명한 선술집이 있었다. 그 술집은 늙은 떼오필르가 다음의 두 줄의 시구로 표현한 바로 그 자리에 세워져 명랑한 소리를 만들어 내고 있었다.

유명한 술집 꼬랭뜨

목매어 죽은 불쌍한 연인의
무서운 해골이 여기서 흔들거린다.

장소가 좋았으므로 이 술집은 아버지로부터 아들에게로 몇 대를 이어 오고 있었다.

마뛰랭 레니에 시절, 이 집은 '뽀 또 로즈(장미꽃 화분)'라고 불리고 수수께끼가 유행했었으므로 말뚝(뽀뜨)을 장밋빛으로 칠해서 간판으로 하고 있었다. 18세기에는 오늘날 완고파로부터 멸시받고 있는 기인인 대가 나뜨와르가 몇 번이나 이 선술집에 들어와서, 레니에가 취하도록 마신 바로 그 테이블에 자리를 잡고 기분이 좋아서 그 사례로 장밋빛 말뚝 위에 꼬랭뜨의 포도 한 송이를 그렸다. 이를 기뻐한 주인은 그것을 기념하여 간판을 바꾸고 포도송이 밑에 금빛으로 '꼬랭뜨의 포도집'이라는 말을 쓰게 했다. 이것이 '꼬랭뜨'라는 이름의 기원이다. 말을 생략하는 것은 주정꾼들에게 흔히 있는 일이다. 글귀의 생략은 문장이 비틀대는 것과 마찬가지이다. 꼬랭뜨라는 이름은 차츰 뽀 또 로즈라는 이름을 물리쳐 버렸다. 이 유서 깊은 상점의 마지막 주인인 위슐루 영감은 이런 전통도 모르고 말뚝을 파랗게 칠해 버렸다.

계산대가 있는 아래층 홀, 당구대가 있는 2층 홀, 천장을 꿰뚫은 목조 나선형 계단, 테이블 위의 포도주, 벽에 붙어 있는 그을음, 대낮에도 켜 있는 촛불, 이러한 것들이 이 술집의 정경이었다. 아래층 홀 바닥에 들어 올리는 뚜껑이 달린 계단은 지하실로 통하게 돼 있었다. 3층에는 위슐루네가 거처하는 방이 있었다. 출입구는 2층 홀에 있는 비밀문 하나뿐이고, 거리로부터 계단을, 아니 계단이라기보다는 사다리를 올라가는 것이었다. 지붕 밑에는 두 개의 고미다락방이 있고, 하녀들이 거처하고 있었다. 그리고 부엌은 계산대가 있는 넓은 방과 함께 아래층에 있었다.

위슐루 영감은 아마 화학자다운 소질을 타고난 듯했으나 현재는 요리사였다. 그의 술집에서는 술만 마실 수 있는 게 아니라 밥도 먹을 수 있었다. 위슐루는 이곳이 아니면 먹을 수 없는 훌륭한 음식을 하나 발명하고 있었다. 그것은 다진 고기를 뱃속에 쟁여 놓은 잉어로, 위슐루는 'carpes au gras'로 불렀다. 손님들은 그것을 동물 기름초나 루이 16세 시대의 남폿불을 켜놓고, 테이블보 대신 기름 먹인 상보를 못으로 박아 놓은 식탁에서 먹었다. 손님은 먼 데서도 왔다. 위슐루는 어느 날 아침, 그의 '명물요리'를 행인들에게도 광고하는 게 좋겠다고 생각했다. 그래서 즉석에서 먹물에 붓을 적셔 그만의 고유한 요리와 마찬가지로 자기 특유의 철자법으로 눈을 끌 만한 글을 벽에다 썼다.

CARPES HO GRAS(잉어 요리)

어느 겨울, 소나기와 우박 섞인 폭풍우가 변덕스럽게도 첫 단어의 어미 S자와 셋째 단어의 머리글자 G를 지워 버려서 다음과 같은 글자만이 남았다.

CARPE HO RAS(라틴어로 '모든 시간'을 향락하라'는 의미)

세월과 비바람 덕택으로 대수롭잖은 요리광고는 깊은 충고가 된 셈이다. 이리하여 위슐루 영감은 프랑스어는 잘 몰랐지만 라틴어는 할 줄 아는 셈이 되었고, 부엌에서 철학을 만들어내고 다만 사순절의 육식 금지를 없애려고 했을 뿐인데, 결국 호라티우스와 같은 대시인과 어깨를 견주게 된 셈이었다. 더욱이 놀라운 것은 이 한 구절은 '우리 술집에 들어오시오'라는 뜻이 되기도 했다.

그러나 그러한 것은 오늘날 아무것도 남아 있지 않다. 몽데뚜르의 미로는 1847년에는 이미 크게 절개되어 내장을 도려냈으므로 현재에는 아마도 없어졌을 것이다. 샹브르리 거리도 꼬랭뜨도 랑뷔또 길 위에 까는 돌 밑으로 모습을 감추어 버렸다.

앞서도 말한 바와 같이 꼬랭뜨는 꾸르페락과 그 친구들의 집합 장소라고까지는 말할 수 없더라도 서로 약속하고 만나는 곳의 하나였다. 꼬랭뜨를 발견한 것은 그랑떼르였다. 처음에는 '시간을 향락하라'에 이끌려 들어갔으나 두 번째부터는 '고기가 든 잉어 요리' 때문에 다녔다. 거기서는 마시기도 하고 먹기도 하고 떠들 수도 있었다. 돈을 조금밖에 지불하지 못하거나 지불을 미루거나 전혀 지불하지 않아도 언제나 변함없는 환대를 받았다. 위슐루 영감은 호인이었다.

위슐루가 과연 호인이라는 것은 지금 말한 그대로인데, 그는 싸구려 요리

집 주인인 주제에 콧수염까지 기른 재미있는 괴짜였다. 일 년 내내 언짢은 듯한 얼굴로 손님을 놀라게 해주려는 태도를 보이고, 상점에 들어오는 사람들에게 투덜대고 음식을 주는 것보다는 싸움을 걸려고 하는 듯싶었다. 그럼에도 불구하고 거듭 말하지만 손님들은 언제나 환영을 받았다. 이러한 괴상한 점이 오히려 그의 가게를 번창하게 하고, 특히 청년들을 끌어들여 그들은 "위슐루 영감이 투덜거리는 것을 보러 가자"고 말하곤 했다. 그는 이전에 검술 교사였으며 느닷없이 너털웃음을 터뜨리는 일이 곧잘 있었다. 목소리가 굵은 호걸이었다. 겉보기에는 비극 배우 같았지만 사실은 희극 배우처럼 재미있는 위인이었다. 잠깐 손님을 겁나게 해주려고 할 뿐, 마치 권총 모양으로 만든 담배갑 같은 사나이였다. 고함을 쳤다고 생각한 것이 재채기로 끝나는 것이다.

그의 아내 위슐루는 남자처럼 수염이 난 못생기고 나이든 여자였다. 1830년경에 위슐루 영감은 죽었다. 그와 함께 잉어 고기 요리의 비결도 사라져 버렸다. 혼자 남은 그의 아내는 위로받을 수 없는 심정이었지만 그래도 선술집을 계속했다. 그러나 요리맛은 떨어져서 형편없이 되었고, 원래부터 좋지 않았던 술은 마실 수가 없어졌다. 꾸르페락과 그 친구들은 그래도 꼬랭뜨에 계속해서 다녔다. "불쌍하니까" 하고 보쒸에는 말하였다.

위슐루 아주머니는 곧잘 숨을 헐떡거리는 못생긴 여자로 걸핏하면 시골의 추억을 지껄이곤 했다. 하찮은 이야기를 그녀의 독특한 발음으로 메우곤 했다. 시골 봄날의 회고담에 흥취를 돋우는 그녀 특유의 말투가 있었다. 옛날에는 '아가위나무 밑에서 여새가 지저귀는' 소리를 듣는 것이 즐거웠다고 그녀는 입버릇처럼 되뇌었다. '레스토랑'이 되어 있는 2층 홀은 크고 기다란 방인데, 등받이며 가로대가 없고 둥그렇거나 네모진 걸상, 의자, 벤치, 식탁 따위를 가득 늘어놓았고 절름발이 낡은 당구대가 하나 있었다. 아래층에서 나선형 계단을 올라가면 갑판의 승강구와 같은 네모난 구멍을 지나 넓은 방의 한편 구석으로 나오는 것이었다.

이 넓은 방의 조명은 단 하나의 좁은 창문과 언제나 켜놓은 남폿불 하나뿐이어서 마치 고미다락방과 같았다. 네 발 달린 가구들은 모두 세 발밖에 없는 것처럼 덜거덕거렸다. 석회를 하얗게 칠한 벽의 장식으로는 위슐루 아주머니에게 바쳐진 다음과 같은 4행시뿐이었다.

열 걸음 밖에서는 놀라고 두 걸음 밖에서는 기겁을 하네.
사마귀 하나 박힌 험악한 콧대,
콧물이 흐를세라, 또 언젠가는 그 콧물이 입속으로 떨어질세라 날마다 근심한다네.

이것은 벽에 숯으로 써 있었다.
그 시구 그대로인 위슐루 아주머니는 이 4행시 앞을 태평하게 아침부터 밤까지 왔다 갔다 했다. 마뜰로뜨(생선으로 만든 스튜 요리)와 지블로뜨(토끼 고기를 백포도주와 섞어 만든 요리)란 이름으로밖에 알려지지 않은 두 하녀가 위슐루 아주머니를 도와서 적포도주 병이며, 시장한 손님들에게 권하는 여러 가지 수프를 사기 그릇에 담아서 테이블 위에 늘어놓는 것이었다. 마뜰로뜨는 살이 쪄서 오동통하고 붉은 머리칼에 쇳소리를 내는 여자로 세상을 떠난 위슐루가 매우 마음에 들어 했지만, 그 못생긴 얼굴은 신화 속에 나오는 어떤 괴물보다 더 흉악할 정도였다. 그렇지만 하녀란 항상 여주인보다 밉상이듯, 그녀는 위슐루 아주머니보다 더 못생겼다. 지블로뜨는 키가 껑충하니 크고 가냘프고 해맑은 여자인데 눈 가장자리가 푹 꺼지고 눈꺼풀은 무겁게 늘어져 있어 만성 피로증이라는 병에라도 걸린 것 같았다. 그래도 누구보다도 일찍 일어나고 제일 늦게 자며 심지어 동료 하녀의 일까지 보살펴주는 말없고 다정한 여자였다. 그녀는 항상 피곤한 얼굴에 조는 듯한 생기없는 미소를 띠고 있었다.
계산대 위에는 거울이 하나 걸려 있었다.
레스토랑으로 되어 있는 홀에 들어가는 사람은 누구나 입구에 꾸르페락이 백묵으로 써놓은 다음의 시구를 읽었다.

가능하면 남에게 한 턱 써라, 용기가 있으면 네가 먹어라.

전야제
아시는 바와 같이 레글르 드 모는 다른 어느 곳보다도 졸리네 집에 있는 때가 많았다. 새에게 나뭇가지가 있듯 그에게도 보금자리가 있었다. 이 두 친구는 함께 살고, 함께 먹고, 함께 잤다. 무엇이든 두 사람이 공유하여 뮈지셰따(졸리의 애인)까지도 누구의 애인인지 분간하기 어려울 정도였다. 그들은 수습 수도사들 사이에서 '짝패'라고 불리는 그런 사이였다. 6월 5일 아침, 그들은 꼬랭뜨에 아침을 먹으러 갔다. 졸리는 심한 코감기에 걸려서 코가 막혔는데 그것도 사이좋게 나누려는지 레글르에게도 감기 기운이 있었다. 다만 레글르의 윗도리는 다 닳아빠졌지만 졸리의 옷차림은 단정했다.

그들이 꼬랭뜨의 문을 연 때는 아침 9시 무렵이었다. 그들은 2층으로 올라갔다. 마뜰로뜨와 지블로뜨가 그들을 맞이했다.

"굴하고 치즈, 그리고 햄." 레글르가 말했다. 그들은 식탁에 앉았다. 술집 안은 텅 비어 있었다. 두 사람 외에 다른 손님은 없었다. 지블로뜨는 졸리와 레글르가 단골 손님이었으므로 포도주를 한 병 식탁 위에 내놓았다.

그들이 막 굴을 먹으려 했을 때 누군가가 계단 승강구에 머리를 내밀면서 말했다.

"마침 이 앞을 지나가던 참에 문 밖으로 브이리산 치즈 냄새가 기막히게 풍기지 않겠어? 들어가도 좋겠나?"

그랑떼르였다. 그랑떼르는 둥그런 걸상을 끌어당겨 식탁에 앉았다. 지블로뜨는 그랑떼르를 보자 포도주 두 병을 식탁에 놓았다. 모두 세 병이 되었다.

"자네 두 병이나 마실 작정인가?" 레글르가 그랑떼르에게 물었다.

그랑떼르는 대답했다.

"모두 다 영리한데 자네만 멍청하군. 겨우 두 병쯤으로 놀란다면 남자가 아니지."

다른 사람은 식사부터 했지만 그랑떼르는 마시기부터 했다. 반 병 가량을 단숨에 들이켰다.

"밑이 빠졌나 보군, 자네 밥통은." 레글르가 또 말했다.

"뚫린 건 자네 팔꿈치일세." 그랑떼르가 말했다.

그리고 단숨에 술잔을 비우고는 덧붙였다.

"이봐, 조사(弔辭)의 레글르(17세기 《弔辭》의 작자. 보쉬에와 같은 이름을 별명으로 쓰고 있다), 자네 옷은 꽤 낡았군그래."

"이편이 좋아." 레글르가 대꾸했다.

"이래야만 어울린단 말일세, 옷하고 나하구는 말이야. 내 버릇을 알아 주어 거북한 데가 없구 몸에 잘 맞아서 움직이기 편하거든. 또 따뜻하게 해주어 비로소 내가 겨울 옷을 입고 있다는 걸 깨닫게 될 정도야. 헌 옷이란 오

그들은 식탁에 앉았다.

래 사귄 친구와 같거든."

"딴은 그래." 졸리가 대화에 끼어들며 외쳤다. "낡은 아비(옷)는 낡은 아미(친구)지."

"더군다나 코감기가 든 사람이 발음하면 그렇지." 그랑떼르가 말했다.

"그랑떼르, 자넨 큰길에서 오는 길인가?" 레글르가 물었다.

"아니."

"졸리와 나는 장례 행렬의 선두가 지나가는 걸 봤네."

"정말로 볼 만하던걸." 졸리가 말했다.

"이 거리는 참 조용하군 그래!" 레글르가 외쳤다. "지금 빠리가 벌컥 뒤집혔다고 생각할 수 있겠나? 옛날에 이 근처에는 수도원이 들어서 있었다더니 과연 그렇군 그래! 뒤브륄과 소발이 그런 수도원 이름을 하나하나 열거했고, 르뵈프 대수도원장도 역시 그렇게 썼어. 이 근처 일대는 수도사들이 개미떼처럼 모여 있었다더군. 구두를 신은 사람, 맨발인 사람, 머리를 깎은 사람, 수염을 기른 사람, 회색 옷을 입은 사람, 흰 옷을 입은 사람, 프란체스코회 수도사, 미니모회 수도사, 카프신회 수도사, 카르멜회 수도사, 소 아우구스티누스회 수도사, 대 아우구스티누스회 수도사, 구 아우구스티누스회 수도사…… 수두룩했다더군."

"수도사들 이야기는 집어치우세." 그랑떼르가 가로막았다. "몸이 답답해진단 말야."

그리고 큰소리를 질렀다.

"웩! 상한 굴을 삼켰군. 아아, 또 기분 잡쳤어. 굴은 상한 데다가 하녀는 못생겼으니, 원. 사람들이 싫어졌단 말야. 바로 조금 전에 슐리외 거리의 그 큰 공공 도서관(왕립 도서관) 앞을 지나왔네. 도서관이라고 부르는 그 굴껍질의 무더기를 보자 아무것도 생각하기가 싫어지더군. 그 산더미 같은 종이! 그 많은 잉크! 그 시시한 책! 그걸 모두 인간이 썼단 말일세! 인간은 쁠륌므(깃털과 펜이란 의미가 있다) 없는 두 발 짐승이라고 한 숙맥은 대관절 어느 놈이야?

도서관을 지난 뒤, 난 알고 있던 예쁜 아가씨를 만났다네. 봄처럼 아름답고, 꽃의 요정처럼 빛나고, 날아갈 듯 행복한 천사같은 여자앤데 알고보면 서글픈 인생이라네. 그 여자애는 어제 곰보자국이 형편없는 은행가에게 넘어가고 말았거든. 하긴 여자란 건 꼭 도둑놈이나 바람둥이에게만 관심을 보이니까, 암코양이가 쥐나 작은 새만 쫓아 다니는 거나 별반 다를 게 없지. 그 계집애도 바로 2달 전에는 고미다락방에서 얌전하게 살면서 코르셋 단추 구멍에 조그마한 구리쇠 고리를 다는 일을 했단 말일세. 알겠나? 삯바느질을 하고 접는 침대에서 자고 화분의 꽃을 들여다보는 것으로 만족했었단 말일세. 그랬는데 지금은 은행가의 부인이란 말야. 어젯밤에 그렇게 변했단 말일세. 나는 오늘 아침에 바로 그 희생자를 만났는데 매우 만족해 있더란 말야.

견딜 수 없는 건 그녀의 모든 것이 오늘도 어제와 변함없이 아름답다는 걸세. 얼굴에는 험상궂은 그 은행가의 그림자조차도 비치지 않더란 말일세. 장미꽃이 여자와 달리 좋은 점이기도 하고 나쁜 점이기도 한 건, 벌레가 먹으면 뚜렷하게 흔적이 남는다는 점일세. 아! 이 지상에 윤리 따위란 없네. 그 좋은 증거로는 사랑의 상징 뮈르뜨(도금양), 전쟁의 상징 월계수, 평화의 상징인 그 어리석은 감람나무, 하마터면 아담의 목에 씨가 걸릴 뻔했던 사과나무, 페티코트의 선조인 무화과나무, 그런 것들을 보면 알걸세.

권리만 해도 그래. 권리가 무언지 가르쳐 줄까? 곧 사람들은 클류지옴(에트루리아의 옛도시)을 탐내고 로마는 클류지옴을 보호하며 클류지옴이 너희들에게 무슨 해를 끼쳤냐고 골 사람에게 묻지. 그러면 브레뉴스는 대답하네. '그렇다면 알바는 여러분들을 해쳤는가, 피데네는 해를 입혔는가, 에키 사람이나 볼스키 사람이나 사비니 사람은 어떤 해를 끼쳤는가. 그것과 마찬가지다. 그들은 여러분의 이웃이었다. 클류지옴 사람들은 우리들의 이웃 사람이다. 우리들은 이웃관계라는 것을 여러분과 마찬가지로 생각하고 있다. 여러분은 알바를 빼앗았다. 우리들은 클류지옴을 차지한 것이다.' 로마는 또 말한다. '너희들이 클류지옴을 차지할 수 있을 것 같은가!' 그러나 브레뉴스는 로마를 차지했다. 그리고 외쳤네. '패자에게 재난 있으라!' 이것이 권리라는 걸세. 아아! 이 세상에는 너무나 육식 동물이 많아! 너무나 독수리가 많아! 독수리가 너무 많단 말야! 그걸 생각하면 소름이 끼치네."

그랑떼르는 술잔을 졸리에게 내밀어 철철 넘치도록 술을 붓게 하여 단숨에 쭈욱 들이키더니, 말을 중단하지 않고 계속했다. 지금 방금 따르게 한, 한 잔의 포도주를 그가 마신 것을 아무도 눈치채지 못했고, 그 자신도 깨닫지 못했을 정도였다.

"로마를 차지한 브레뉴스는 독수리일세. 마음이 달뜬 처녀를 차지한 은행가도 독수리야. 모두 다 뻔뻔한 놈들이지. 그러니까 아무것도 믿지 않으려네. 현실은 단 하나, 즉 술이 있을 뿐일세. 자네들의 의견이 어떻든 유리 주(州)처럼 여윈 닭의 편을 들건, 글라리스 주처럼 살찐 닭의 편을 들건 그런 것은 아무래도 좋아, 우선 마시게나.

 자네들은 큰길에서 있었던 일, 장례 행렬이 있었다는 것, '그런' 일들을 얘기했겠다. 그래, 다시 혁명이라도 일어난단 말인가? 놀랐는걸, 그 서투른 수단을 신께서 하신 일이라곤 생각할 수도 없지 않은가. 신께선 끊임없이 사건의 가느다란 홈에 기름을 다시 칠해야만 하는 게 아닌가. 걸려서 잘 굴러가지 않기 때문이야. 빨리 혁명을 일으키라는 거지. 그런 고약한 기름 때문에 신께선 언제나 손을 시커멓게 더럽히고 있게 마련이지.

 내가 신이라면 좀더 간단하게 해치우겠네. 나라면 끊임없이 기계의 나사를 죄는 일을 하지 않고, 인류를 대번에 목적지로 데리고 가겠어. 실을 끊지 않고 사실의 그물코를 짜 나가겠어. 결코 미리 준비하지 않겠네. 절대 필요 없는 걸 쌓아두지 않을걸세. 자네들이 진보라고 부르는 것은 인간과 사건이라는 두 가지 발동기로 움직이는 걸세.

 그러나 슬픈 일이지만 이따금 예외가 필요하게 되네. 인간에게나 사건에서나 상비군만으로는 충분치가 못하네. 인간 속에는 천재가 필요하고, 사건 속에는 혁명이 섞여야만 하네. 큰 참사가 일어나는 것은 당연한 법칙일세. 그것 없이는 사물의 질서가 성립되지 않네. 혜성이 나타나는 것을 보면, 하늘에도 배우 역할을 하는 사람이 필요하구나, 하고 생각하게 되네. 사람이 전혀 예기치 못할 때 신은 창공이라는 벽 위에 유성을 내어 거네. 어떤 이상야릇한 별이, 길고 큰 꼬리를 끌며 갑자기 나타나네. 그리고 그 때문에 카이사르(시저)가 죽네. 브루투스는 카이사르에게 단도를 들이대고, 신은 혜성을 후려치네 (시저를 암살할 때 로마 하늘에 혜성이 나타났다 함). 쾅 하는 소리와 함께 북극광이 나타나고 혁명이 터지고 위인이 태어나네.

 대서 특필 93은(1793년), 표제가 되는 나뽈레옹 전단(傳單) 첫 머리에 쓰이는 1811년의 혜성. 아아! 아름다운 푸른 전단, 뜻밖의 불꽃으로 빛나는 전단! 쾅! 쾅! 참으로 볼만한 장관이 아닌가. 눈을 들고 보게나, 건달 제군들. 모든 것은 뒤죽박죽이네. 별도 연극도. 아아, 그건 좀 지나치다, 그리고 동시에 불충분해. 그러한 수단들은 예외로 취해지는 것이고 겉보기에는 화려하지만 사실은 참으로 보잘것없는 것이네.

　여러분, 신은 궁여지책을 쓰고 있는 걸세. 혁명, 그것은 무엇을 증명하고 있는가? 신께서 나갈 길이 막혔음을 말하는 걸세. 쿠데타가 일어나는 것은 현재와 미래 사이가 단절되었기 때문이며, 신이 그 양쪽 끝을 연결시키지 못했기 때문일세. 요컨대 그것은 여호와(신)의 재산 상태에 대해서 내가 내린 추측을 입증해 주네. 천상에도 지상에도 이토록 많은 곤궁을 보고, 좁쌀 한 톨도 없는 새로부터 10만 프랑의 연금조차 없는 나에게 이르기까지 하늘과 땅에 이토록 많은 초라함과 인색한 탐욕과 궁핍을 보고, 형편없이 닳아버린 인류의 운명을 보고, 더욱이 또 목매어 죽은 꽁데 대공이 그 본보기지만, 목을 매다는 새끼를 늘어뜨리는 왕가의 운명을 보고, 찬바람이 불어오는 꼭대기의 파열구에 불과한 겨울을 보고, 언덕 위를 물들이는 신선한 아침의 진홍빛 옷자락 속에 이토록 많은 누더기를 보고, 이슬 방울이라는 저 가짜 진주를 보고, 얼음꽃이라는 저 인조 다이아몬드를 보고, 산산이 떨어져 나간 인류와 남루한 사건을 보고, 태양이 얼룩투성이이고 달이 구멍투성이인 것을 보고, 또 곳곳에 이토록 많은 비참함을 보면 신도 그다지 부자가 못 된다고 나는 생각하네. 분명히 겉보기에는 훌륭하지만 사실은 궁색하다는 것을 알 수 있네. 신이 사람에게 혁명을 주는 것은 마치 금고가 텅 비어 있는 부자가 무도회를 여는 것 같은 거란 말일세. 신들은 겉으로 보는 것만으로 평가해서는 안 되네. 금빛으로 빛나는 하늘 밑에 가난한 우주가 들여다보이네. 삼라만상 속에는 파산이 있네. 그러니까 불만인 걸세, 나는. 알겠나?

　오늘은 6월 5일인데 아직 밤이야. 나는 아침부터 해가 솟는 것을 기다리고 있네. 그러나 해는 아직 솟지 않았네. 나는 장담하네, 하루 종일 해는 떠오르지 않을 걸세. 급료가 적은 고용인은 알뜰한 일꾼이 못된다는 걸세. 아무렴, 그렇구말구. 모든 것이 제대로 정리되어 있는 게 없고 무엇 하나 조화가 이루어진 게 없어. 이 늙어빠진 세계는 모든 게 엉망이야. 그렇기 때문에 나는 반대한다. 모든 게 비스듬히 걸어가고 있네. 우주는 비꼬여 있어. 마치 아이들의 세계와 흡사해. 갖고 싶어하는 아이는 얻지 못하고 도리어 갖기를 원하지 않는 아이는 얻는다. 요컨대 나는 울화통이 터져서 죽을 지경이란 말일세.

게다가 말이야, 레글르 드 모, 자네의 대머리를 보면 나는 서글퍼지네. 비참한 기분이 든단 말일세. 이런 대머리하구 동갑인가, 하고 생각하면 말일세. 그렇다고는 하지만 나는 비평을 하는 것이지 절대로 모욕하고 있는 게 아닐세. 우주는 생겨난 그대로 우주일세. 내가 조금이라도 악의가 있어서 이런 말을 하는 게 아닐세. 이건 다만 마음을 편하게 쉬자는 것뿐이야. 오! 신이여, 나의 깊은 존경을 받아 들이소서. 오! 올림포스의 모든 성인, 천국에 계시는 모든 신께 맹세코 말해도 좋다.

나는 원래 빠리 시민으로 태어난 건 아니다. 다시 말하면 두 개의 라켓 사이를 왕복하는 셔틀콕처럼, 게으름뱅이와 수선스러운 사람들 사이를 언제까지나 뛰어다니도록 태어나지는 않았단 말일세! 나는 터키 사람으로 태어났단 말야. 순결한 사람들이 보는 꿈처럼, 동양의 말괄량이 처녀들이 추는, 저 형용할 수 없는 음란한 이집트 춤을 하루 종일 바라보며 사는 터키 사람으로 말일세.

그렇지 않다면 뽀쓰 평야의 농민이거나 귀족 처녀들에게 둘러싸인 베니스의 왕이거나 보병의 절반을 독일 연방에 보내 놓고 자기의 울타리 위에서, 즉 국경선 위에서 젖은 양말을 말리는 것으로 여가를 보내고 있는 독일의 작은 군주로 태어났단 말일세! 그러한 운명에 맞도록 태어났어! 그렇지, 지금 나는 터키 사람이라고 했는데 그것을 취소하지는 않네. 어째서 사람들이 언제나 터키 사람을 좋지 않게 말하는지 나는 모르겠더군. 마호메트에게는 좋은 점이 있네. 아름다운 후궁들이며 오달리스크의 낙원을 생각해 낸 인물에게 경의를 표할지어다! 이슬람교를 모욕하는 것은 그만두게. 암탉들로 장식된 유일한 종교다!

그런 까닭에 나는 술마실 것을 역설하네. 이 세상은 어리석기 짝이 없네. 그들 미련한 놈들은 이 녹음 짙은 좋은 여름에 아름다운 여자와 팔짱을 끼고 시골로 가면 꼴을 벤 향기로운 풀 냄새를 만끽할 수 있을 텐데도 서로 치고 받고 죽이려고만 하고 있네! 그야말로 어리석은 짓만 하고 있다 그 말일세. 아까도 골동품점 앞에서 낡고 찢어진 램프가 굴러다니고 있는 것을 보고 나는 문득 생각했네. 지금이야말로 인류에게 광명을 줘야 할 때가 왔다고. 그렇다네, 나는 또 서글퍼졌네! 굴과 비뚤어진 혁명을 집어삼켰기 때문일세! 나는 또 우울해지네. 아아! 늙어 추해빠진 세계여! 인간은 정력과 근기(根

氣)를 온통 써 버리고 생업을 잃고 절개를 팔고 자살하고 그리고 거기에 타성이 되어 버리고 있네!"

그랑떼르는 웅변의 발작이 끝나자 이번에는 거기에 어울리는 듯한 기침의 발작에 사로잡혔다.

"혁명이라고 한다면 마리우스는 아주 사랑에 빠진 모양이지(마리우스는 아주 사랑에 빠진 모양이지)." 졸리가 말했다.

"그 상대가 누군지 아나?" 레글르가 물었다.

"'보'르지(모르지)."

"몰라?"

"'보'른다고 했잖아(모른다고 했잖아)!"

"마리우스의 사랑 말인가?" 그랑떼르가 외쳤다. "나는 여기 앉아서도 환하게 알지. 마리우스는 안개 같은 놈이니까 아지랑이 같은 여자를 발견했을 테지. 마리우스는 시인 기질이야. 시인이란 미치광이란 말일세. '팀브라 에우스 아폴로.' 마리우스와 그 연인 마리인지 마리아인지 마리에뜨인지 마리옹인지 모르지만 그들은 묘한 연인일 게 뻔해. 어떤 연애를 하는지 안 봐도 나는 다 알지. 키스하는 것조차도 잊어버린 황홀경일 거야. 지상에서는 순결하고 무한 속에서 포옹하는 그런 관계. 관능을 남모르게 숨기고 있는 영혼이지. 그들은 별하늘 속에서 함께 자고 있는 거야."

그랑떼르가 두 번째 병의 마개를 열고 또다시 두 번째 긴 사설을 늘어놓기 시작하려 했을 때, 새로운 얼굴이 계단의 네모진 구멍에 나타났다. 그것은 10살도 채 못된 누더기를 걸친 소년이었는데, 아주 조그맣고 빛이 누런 개처럼 생긴 얼굴에 눈은 날카롭고 머리는 더부룩하고 몸은 비에 젖었으나 명랑한 표정을 짓고 있었다.

소년은 분명히 세 사람 모두 다 낯설었지만, 서슴지 않고 레글르 드 모를 골라잡고 말을 걸었다.

"아저씨가 보쒸에 씬가요?" 소년은 물었다.

"그건 내 별명이다. 무슨 일이지?" 레글르가 대답했다.

"저 말이죠, 저 큰길에서 금발머리의 키 큰 사람이 '너 위슐루 아주머니를 아느냐?' 하고 묻더군요. 나는 '네, 알아요, 샹브르리 거리의 유명한 할아버지네 과부댁이죠.' 했더니, 그 사람은 '그럼 거기에 좀 갔다오너라. 거기에 보쒸에란 사람이 있을 테니 그 사람에게 A—B—C라고 그러더라구 전해라.' 그러더군요. 아마 아저씨를 놀리는 게 아닐까요? 내게 10수 주었지만요."

"졸리, 10수 빌려주게." 레글르가 말했다.

그리고 그랑떼르를 보고 말했다. "그랑떼르, 자네도 10수 빌려 주게."

모두 합해서 20수를 레글르는 소년에게 주었다.

"고맙습니다." 소년이 말했다.

"넌 이름이 뭐냐?" 레글르가 물었다.

"나베예요. 가브로슈하구 친구예요."

"이리로 오렴." 레글르가 말했다.

"이것 좀 먹구 가거라." 그랑떼르는 말했다.

소년은 대답했다.

"그럴 수가 없어요. 난 장례 행렬에 참가하고 있어요. 뽈리냐끄를 타도하라, 하는 구호를 외쳐야 하거든요."

그리고 한쪽 발을 뒤로 빼어 큰 절을 하고는 가버렸다.

소년이 가버리자 그랑떼르가 입을 열었다.

"저놈은 순수한 빠리의 가맹(부랑아 똘마니)이다. 가맹에는 여러 종류가 있지. 공증인의 가맹을 서기라 하고, 요리사의 가맹은 접시닦기라 하고, 빵집의 가맹은 사환이라 하고, 하인의 가맹은 머슴애라 하고, 선원의 가맹은 수습 선원이라 하고, 병사의 가맹은 북잡이라 하고, 화가의 가맹은 제자라 하고, 장사꾼의 가맹은 사환이라 하고, 궁정 조신의 가맹은 시동이라 하고, 국왕의 가맹은 황태자라 하고 신의 가맹은 밤비노(이탈리아어. 어린 그리스도)라고 한다네."

그동안 레글르는 곰곰이 생각하고 있었다. 그는 조그만 목소리로 말했다.

"A—B—C, 라마르끄의 장례식이란 말이로군."

"키 큰 금발머리 사나이란" 그랑떼르가 말했다. "앙졸라가 자네에게 말을 전한 거군."

"우리도 갈까?" 보쒸에가 말했다.

"비가 오는걸. 나는 불 속에는 뛰어들겠다고 했지만, 물 속은 싫네. 감기 들면 싫네." 졸리가 대답했다.

"나는 여기 남겠네. 영구차보다는 식사하는 편이 훨씬 좋으니까." 그랑떼르가 말했다.

"나베예요, 가브로슈하구 친구예요."

"그럼 결론은 모두 남는 거다. 좋아, 그렇게 정해진 바엔 마시자구. 장례식엔 가지 않더라도 폭동에는 참가할 수 있으니까." 레글르가 말했다.

"야아! 폭동인가? 그것 참 좋은데" 하고 졸리가 외쳤다.

레글르는 손을 비볐다.

"자아, 이제야말로 1830년의 혁명을 손질할 때가 왔군. 요컨대, 그 혁명은 민중을 속박하고 있으니까."

"자네들이 말하는 혁명 같은 것은 나는 아무래도 좋아." 그랑떼르가 말했다. "나는 현재의 정부가 싫은 건 아닐세. 그것은 무명 모자로 교묘하게 꾸민 왕관이야. 끝에 우산을 붙들어 맨 왕의 홀이라고나 할까. 요컨대 오늘날 같은 형세 아래서 생각하면 루이 필립은 그의 왕위를 두 가지 목적으로 사용해서 왕의 홀로 되어 있는 쪽을 민중들에게 뻗치고, 우산으로 되어 있는 쪽을 하늘로 펼 수가 있는 셈이지."

방안은 어두컴컴했다. 커다란 구름이 해를 가리고 있었다. 술집 안에도 길 위에도 아무도 없었다. 모두 '사건을 보러' 간 것이다.

"지금 대관절 대낮이야, 한밤중이야? 전혀 아무것도 보이지 않아. 지블로뜨, 불 좀 켜라구!" 보쒜가 외쳤다.

그랑떼르가 울적한 얼굴로 술을 마시고 있었다. 그는 중얼거렸다.

"앙졸라는 나를 경멸하고 있어. 앙졸라는 이렇게 말했어. 졸리는 아프고 그랑떼르는 술에 취했을 거라구. 그래서 나베를 보쒜에게로 보낸 거야. 나를 부르러 왔다면 따라가 주었을걸. 앙졸라에겐 참 안됐는걸! 나는 그런 장례식엔 안 가네."

그렇게 마음을 정해 버리자 보쒜와 졸리와 그랑떼르는 이제는 술집에서 떠나려 하지 않았다. 오후 2시경에는 그들이 팔꿈치를 짚고 있는 식탁은 빈 병으로 가득 찼다. 두 자루의 촛불이 한 자루는 시퍼렇게 녹이 슨 구리 촛대에서, 또 한 자루는 깨져서 금이 간 물병 끝에 꽂혀서 타고 있었다. 그랑떼르는 졸리와 보쒜를 술 마시는 쪽으로 끌어들이고 보쒜와 졸리는 그랑떼르를 유쾌한 마음으로 되돌아가게 했다.

그랑떼르는 정오쯤부터 차츰 포도주라는 몽상의 인색한 샘물로는 만족할 수 없게 되었다. 포도주란 진정한 술꾼에게는 그다지 환영을 받지 못한다. 술에 취하면 희고 검은 환상들이 보인다. 포도주를 마시고 취하는 것은 흰 환상이다. 그랑떼르는 그런 환상들을 겁도 없이 탐했다. 환상의 끄트머리에 무시무시한 암흑이 얼핏 모습을 드러냈지만 멈추기는커녕 오히려 빨려들어 갔다. 마침내 그랑떼르는 포도주병을 내던지고 커다란 맥주 조끼를 집어들었다. 커다란 맥주 조끼, 그것은 곧 깊은 웅덩이와 같았다. 아편도 마약도 갖고 있지 않았으므로 머리 속을 황혼의 어스름으로 채우기 위해, 그는 저 무서운 혼수 상태를 빚어내는 브랜디와 스타트와 압쌩뜨의 독한 혼합주의 힘을 빌렸다. 영혼을 납덩이처럼 무겁게 만드는 것은 맥주와 브랜디, 압쌩뜨, 이 세 가지가 발산하는 증기이다. 그것은 세 가지 암흑이어서 천상을 나는 나비도 거기에서는 빠져 죽게 된다. 또한 어렴풋이 박쥐의 날개로 응결된 피막의 연기 속에 '악몽'과 '밤'과 '죽음'의 말없는 복수의 세 여신이 잠든 프시케 위를 날아다니면서 모습을 나타낸다.

그랑떼르는 아직 그렇게 심한 상태까지는 이르지 않았다. 거기까지는 아직도 멀었다. 그는 오히려 쾌활했고, 보쒸에와 졸리가 그의 상대가 되어 주고 있었다. 그들은 계속해서 술잔을 비웠다. 그랑떼르는 말과 사상을 지나칠 만큼 과장한 데다가, 열에 들뜬 듯한 몸짓을 덧붙이고 있었다. 그는 위풍당당하게 왼손 주먹을 무릎 위에 놓고, 그 팔을 직각으로 구부리고, 넥타이를 풀고, 걸상에 말을 타듯 걸터앉아 철철 넘치게 따른 술잔을 오른손으로 들고서 뚱뚱한 하녀 마뜰로뜨에게 이런 위엄있는 말을 던졌다.

"궁전의 문을 열어라! 모든 사람을 아카데미 프랑세즈의 회원이 되게 하고 위슐루 아주머니에게 키스할 권리를 갖게 하라! 자아, 마음껏 마시자."

그리고 위슐루 아주머니 쪽을 돌아다보고 덧붙였다.

"오랜 동안의 습관에 의하여 축복받은 낡은 세대의 여성이여, 자아, 이리로 가까이 와서 나에게 그대의 얼굴을 바라보게 할지어다!"

또 졸리는 외쳤다.

"바뜰로뜨(마뜰로뜨), 지블로뜨, 이제 그랑떼르에겐 바(마)시게 하지마. 꼭 비(미)친 녀석처럼 돈을 쓰고 있어. 아침부터 공연히 벌써 2프랑 95쌍띰이나 바(마)셔 버렸잖아."

그랑떼르도 말을 계속했다.

"내 허락도 받지 않고 하늘에서 별을 떼다가 촛불 대신 식탁에 놓은 게 도대체 어느 놈이야?"

보쒸에는 매우 취했지만 평소의 침착성은 잃지 않았다.

그는 열어젖힌 창문 난간에 걸터앉아서 떨어지는 빗방울에 등을 적시며 두 친구를 지켜보고 있었다.

갑자기 그는 등 뒤에서 떠들썩한 소리를, 황급한 발자국 소리를, "무기를 들어라!" 하는 외침소리를 들었다. 돌아보니 샹브르리 거리를 벗어나 쌩 드니 거리를 앙졸라가 총을 들고 지나가는 것이 보였다. 그리고 권총을 든 가브로슈, 군도를 가진 푀이, 긴 칼을 가진 꾸르페락, 단총을 가진 장 프루베르, 소총을 든 꽁브페르, 기병총을 가진 바오렐, 이어서 그들을 뒤따르는 무장한 폭풍우와 같은 군중들의 모습이 보였다. 샹브르리 거리는 겨우 기병총의 사정거리 정도의 길이밖에 되지 않았다. 보쒸에는 갑자기 입에 두 손을 갖다 대고 즉석에서 손나팔을 만들어 큰소리를 질렀다.

"꾸르페락! 꾸르페락! 여어이!"

꾸르페락은 자기를 부르는 목소리를 듣고 보쒸에를 알아 보았다. 그래서 샹브르리 거리 쪽으로 대여섯 걸음을 들여놓고 "무슨 일인가?" 하고 외쳤다. 그 소리는 보쒸에의 "어디로 가는 건가?" 하는 외침소리와 엇갈렸다.

"바리케이드를 만드는 걸세." 꾸르페락이 대답했다.

"그렇다면 여기로 하게! 장소가 좋아! 여기에 만들어!"

"정말 그렇군, 레글르." 꾸르페락이 말했다.

그리고 꾸르페락의 신호와 함께 군중들은 샹브르리 거리로 쏟아져 들어왔다.

'밤'이 그랑떼르를 덮치기 시작하다

거기는 확실히 다시없는 장소였다. 거리 입구는 넓고 안으로 들어갈수록 좁은 막다른 골목이요, 꼬랭뜨 술집이 그 길목을 차지하고 있어, 몽데뚜르 거리 좌우를 모두 쉽게 차단할 수 있었다. 공격은 아무것도 가려져 있지 않은 쌩 드니 거리 정면으로부터 이쪽의 총격을 받으면서 할 수밖에 없었다. 술취한 보쒸에는 정신이 말똥말똥한 한니발과 같은 기막힌 혜안을 지니고 있었던 셈이다.

군중들이 몰려든 바람에 이 거리 일대는 공포에 사로잡혔다. 지나가던 사람들은 모조리 자취를 감추었다. 순식간에 거리 안쪽도, 오른쪽도, 왼쪽도,

상점, 일터, 대문, 창문, 덧문, 고미다락방에 채광창 크기가 각각인 겉창, 모든 것이 아래층부터 꼭대기까지 단단히 닫혔다. 겁을 집어먹은 한 노파는, 총알의 피해를 막기 위해 창문 앞 빨래 너는 장대 두 개에 요를 걸쳐 놓았다. 다만 술집만이 문을 열어놓고 있었다. 그것도 무리가 아닌 것이 군중들이 몰려들었기 때문에 어쩔 수가 없었다.

"아이구, 이를 어째! 어떡하면 좋아!"

위슐루 아주머니는 한탄을 거듭했다.

보쒸에는 꾸르페락을 맞으러 이미 아래로 내려와 있었다.

창가에 나와 있던 졸리가 외쳤다.

"꾸르페락, 우산을 갖고 왔더라면 좋았을걸. 감기 들겠어."

잠시 동안에 술집의 창살달린 진열대가 뽑히고 거리에 깔아 놓는 포석이 10칸 가량 벗겨졌다. 가브로슈와 바오렐은 앙쏘라는 석회 장수의 이륜 마차가 지나가는 것을 빼앗아 뒤집어 엎고, 그 마차에 실었던 석회를 가득 넣은 큰 통 세 개를 나란히 놓고, 그 위에 길에서 뜯어낸 돌을 쌓아올렸다. 앙졸라는 지하실의 뚜껑을 들어올리고, 위슐루 미망인의 빈 술통을 모조리 거두어다가 석회통 옆에 나란히 놓았다. 푀이는 부드러운 부채살을 채색하는 데에 익숙한 손가락으로 두 곳에 돌을 쌓아 큰 통과 마차를 괴었다. 돌이며 그밖의 것들은 그 자리에서 생각해 내고 어디에선가 가져온 것이다. 이웃집 정면을 받쳐 놓은 대들보를 몇 개씩이나 뽑아 통 위에 가로놓았다. 보쒸에와 꾸르페락이 돌아다보았을 때는 이미 거리의 절반이 사람의 키보다도 높은 보루로 막혀 있었다. 파괴하면서도 건축하는 데에서는 민중의 손재주를 당해낼 건 아무것도 없다.

마뜰로뜨와 지블로뜨도 한데 섞여 일하고 있었다. 지블로뜨는 건물이 헐린 덩어리를 짊어지고 왔다갔다했다. 생기없이 보이는 지블로뜨는 바리케이드 만드는 일을 돕고 있었다. 조는 듯한 얼굴이면서도 손님에게 포도주를 가져다 줄 때처럼 길에서 뜯어낸 돌을 날라왔다.

세 마리 흰 말이 끄는 승합 마차가 거리 한쪽 끝을 지나갔다.

보쒸에는 길에서 뜯어낸 돌을 타고 넘어 쫓아가서, 마부를 불러세워 승객을 내리게 하고, 귀부인을 부축해 내려주고 마부를 돌려 보내어 마차와 말을 끌고 돌아왔다.

"승합 마차는 꼬랭뜨 앞을 통과할 수 없다. '코린토스에 접근하는 것은 아무에게도 허용되어 있지 않다'니까(라틴어를 인용함. 라틴어의 Omnibus'만인'에 프랑스 어의 Omnibus'승합 마차'를 비유하고, '코린토스'에 '꼬랭뜨'를 비유하고 있다. '코린토스에서는 돈이 비싸게 먹히므로 접근하는 것은 아무나 할 수 있는게 아니다'라는 그리스의 속담이 있다)" 하고 보쒸에가 말했다.

수레에서 떼낸 말은, 곧 아무렇게나 제멋대로 몽데뚜르 거리로 달려가 버리고, 옆으로 넘어진 마차는 가로의 바리케이드로 보강했다.

위슐루 아주머니는 울먹울먹하면서 2층으로 피해 들어갔다. 그녀는 공허한 눈으로 주위를 불안하게 두리번거리면서 억누른 목소리로 울부짖고 있었다. 그 외침은 너무 놀라서 목구멍 밖으로 감히 나오지도 못했다.

"이 세상의 마지막이야." 위슐루 아주머니는 중얼거렸다.

졸리는 위슐루 아주머니의 주름잡힌 빨갛고 굵은 목덜미에 키스해 주고 나서 그랑떼르에게 말했다.

"이봐, 자네, 나는 여자의 목덜미란 한없이 섬세한 거라고 생각했었는데 말야."

그러나 그랑떼르는 취흥이 극에 달해 있었다. 마뜰로뜨가 다시 2층으로 올라오자, 그랑떼르는 그녀의 허리를 끌어안고 창문이 울릴 만큼 한참 웃어 댔다.

"마뜰로뜨는 못생겼어!" 그는 떠들어 댔다. "마뜰로뜨는 추악한 꿈이다! 마뜰로뜨는 쉬메르(환상의 괴물)이다. 이 여자가 태어난 비밀을 털어놓아야지. 대성당의 홈통 주둥이(괴물의 얼굴 모양을 본떠서 만들어졌음)를 만들던 어떤 고딕의 피그말리온(그리스신화 속의 조각가, 자기 자신이 만든 갈라테의 상에 반하여, 비너스에게 부탁해서 상에 생명을 불어넣어 그것을 아내로 삼았음)이 어느 날 아침 그 홈통 속에서 가장 흉한 것에 반해 버렸다. 그는 그것에 생명을 불어넣어 달라고 사랑의 신에게 부탁하여 마뜰로뜨가 태어났단 말일세. 이 여자를 좀 보게나, 동지 여러분! 티치아노가 그린 애인처럼 머리칼이 크롬산납의 빛일세. 그리고 매우 다정한 처녀일세. 이 여자가 잘 싸우리라는 것은 내가 보증하네. 친절한 처녀는 반드시 가슴속에 영웅을 숨기고 있네.

위슐루 아주머니는 어떤가 하면, 실로 용감한 할머닐세! 그분의 수염을 보게나, 그것은 주인 어른에게서 물려받은 거라네. 여자 경기병, 바로 그걸세! 그분 역시 잘 싸울 걸세. 그들 두 사람만으로도 교외에 공포를 불러일으키기에 충분할 걸세. 동지 여러분, 우리는 정부를 정복할 것이오. 마가린산(酸)과 포름산 사이에 15종류의 산이 있다는 게 진실이듯 그것은 확실한

길의 까는 돌을 벗기고…… 빈 술통을 모조리 거두어다가…… 돌을 쌓아 마차를 괴었다.

진실이다. 아니, 그런 건 아무래도 상관없어.
 여러분, 아버지는 내가 수학을 모른다고 언제나 나를 미워했네. 나는 사랑과 자유밖에는 모르네. 나는 점잖고 독실한 그랑떼르라네! 도무지 돈하고는 인연이 없어서 돈을 가져본 적이 없으니 돈의 결핍을 느껴 본 적도 없네. 그러나 만약 내가 부자였다면 가난한 사람은 깡그리 없어졌을 걸세! 세상을 깜짝 놀라게 했을 테지! 아아! 만약에 선량한 마음을 지닌 사람이 두둑한 돈지갑을 갖고 있다면, 만사는 잘되었을 걸세! 나는 로스차일드(유대인 대부호)의 재산을 가진 예수 그리스도를 상상한다! 그 그리스도는 얼마나 많은 선을 행할 것인가! 마뜰로뜨, 나에게 키스해 주게나. 너는 육감적이면서도 수줍구나. 그대는 누이동생의 키스를 부를 뺨과 애인의 키스를 요구할 입술을 갖고 있구나!"
 "닥쳐, 이 술통아!" 꾸르페락이 말했다.
 "나는 까삐뚤(툴루즈 시 관리의 옛 호칭)이고 플로르(툴루즈에서 매년 한 차례씩 열리던 詩花會)의 위원이란 말일세!" 그랑떼르는 대답했다.
 바리케이드 꼭대기에 소총을 들고 서 있던 앙졸라는 엄격하고 긴장된 아름다운 얼굴을 번쩍 쳐들었다. 독자들도 아시는 바와 같이 앙졸라에게는 스파르타 사람이나 청교도를 닮은 데가 있었다. 그는 테르모 필라이에서 레오나다스(페르시아군과 싸우고서 죽은 스파르타의 왕. 테르모 필라이는 그 옛 싸움터)와 함께 죽기도 하고 크롬웰과 함께 도르게다(크롬웰에게 정복된 아일랜드의 도시)를 불살라 버림직한 그런 사나이였다. 그는 외쳤다.
 "그랑떼르! 술이 깰 때까지 어디 다른 데 가서 자고 오게나. 여기는 감격스러운 장소지 술주정하는 장소가 아니야. 바리케이드의 명예를 손상시키지 말게!"
 이 분노의 말은 그랑떼르에게 이상한 효과를 미치게 했다. 마치 그의 얼굴에 한 잔의 찬물을 끼얹은 것 같았다. 취기가 대번에 깨어난 듯했다. 그는 자리에 앉아서 창가의 식탁에 팔꿈치를 짚고, 말할 수 없는 다정한 눈빛으로 앙졸라를 바라보며 말했다.
 "나는 자네를 믿고 있어."
 "어서 가라구."
 "여기서 자게 해 줘."
 "딴곳에 가서 자." 앙졸라는 외쳤다.

그래도 그랑떼르는 역시 애정이 담긴 정다운 눈초리로 가만히 그를 보면서 말했다.
"여기서 자게 해 주게, 죽을 때까지."
앙졸라는 경멸하는 듯한 눈으로 그를 바라보았다.
"그랑떼르, 자네는 믿을 수도, 생각할 수도, 하려고 하는 일도, 살 수도, 그리고 죽을 수도 없단 말일세."
그랑떼르는 묵직한 목소리로 대꾸했다.
"이제 두고 보면 알게 돼."
그랑떼르는 여전히 알아 들을 수 없는 말을 중얼거렸으나, 이윽고 머리가 테이블 위에 떨어졌다. 느닷없이 앙졸라가 그를 거칠게 떠밀어서 한층 더 취한 경지로 내몰았다. 그럴 때면 으레 그런 결과가 나타나게 마련이지만, 그는 금세 잠들어 버렸다.

위슐루 아주머니

바리케이드를 만드느라고 열중했던 바오렐이 외쳤다.
"이젠 거리를 환히 내다보게 됐구나! 참 잘되었다."
꾸르페락은 술집의 일부를 부수면서도 안주인인 과부를 위로하려고 애썼다.
"위슐루 아주머니, 언젠가 지블로뜨가 창문에서 침대 요를 털었다고 아주머니께서 경찰조사를 받고 경범죄로 처벌되었다고 투덜거리신 일이 있었죠?"
"그랬어요, 꾸르페락. 아니! 당신은 그 식탁도 그 끔찍한 데로 끌어가려는 건가요? 그리고 말예요. 침대 요도 그랬지만, 꽃화분 하나가 고미다락방에서 한길로 떨어졌을 때도 말예요, 그걸 트집 잡고 100프랑의 벌금을 뺏겼답니다. 정말 지독해요!"
"그러니까 위슐루 아주머니, 저희들이 그 보복을 해 드리는 거예요."
그러나 위슐루 아주머니는 이렇게 해서 보복을 해주는 거라고 해도, 그것이 어째서 자기를 위한 일이 되는지 도무지 이해되지 않았다. 그녀가 화풀이할 수 있는 것은 어떤 아라비아 여자와 같은 방법뿐이었다. 그 아라비아 여자는 남편에게 뺨을 맞고 아버지한테 달려가 울면서 앙갚음해 달라고 이렇게 말했다. "아버지, 남편한테서 받은 모욕을 보복해 주세요." 아버지가 물었다. "도대체 어느 쪽 뺨을 맞았느냐?" "왼쪽 뺨이에요." 아버지는 딸의 오른쪽 뺨을 때리고 말했다. "자, 이제 남편에게 돌아가서 말해라, 그는 내 딸을 때렸지만 나는 그의 아내를 때렸다고 말이다."

어느덧 비가 그쳤다. 새로 참가한 사람들도 있었다. 노동자들은 작업복 밑에 화약통이며 황산병을 담은 광주리며, 두서너 자루의 횃불, '국왕 탄생 축일'에 쓰다남은 등을 넣은 바구니 따위를 감추어 가지고 왔다. 탄생 축일은 바로 최근, 5월 1일이었던 것이다. 이 물건들은 포부르 쌩 땅뜨완느의 뻬빵이라는 식료품점 주인이 보낸 것이라고 했다. 샹브르리 거리의 단 하나밖에 없는 가로등이며, 그와 마주보고 서 있는 쌩 드니 거리의 가로등, 그리고 몽데뚜르 거리, 씨뉴, 프레쉐르, 그랑드 트뤼앙드리, 쁘띠뜨 트뤼앙드리 등 인근 거리의 가로등도 모조리 부수어 버렸다.

앙졸라와 꽁브페르와 꾸르페락이 모든 것을 지휘하고 있었다. 두 곳의 바리케이드가 동시에 만들어졌다. 이 두 곳 모두 꼬랭뜨를 기점으로 직각을 이루고 있었다. 커다란 쪽은 샹브르리 거리를 막고, 또 하나는 씨뉴 거리를 향하여 몽데뚜르 거리를 막고 있었다. 이 제2의 바리케이드는 대단히 좁고, 통과 포석으로만 쌓아막았다. 거기에는 약 50명의 작업 인원이 있었고 30명 정도는 소총을 지니고 있었다. 그들은 이곳으로 오는 길에 어떤 무기 상점의 물건을 고스란히 징발해 왔던 것이다.

이 군중들만큼 기묘하고 잡다한 것은 또 없다. 한 사람은 짧은 윗도리 차림으로 기병의 군도와 두 자루의 승마용 권총을 가지고 있는가 하면, 한 사람은 셔츠바람으로 모자를 쓰고 화약통을 옆구리에 늘어뜨리고 있었다. 또 한 사람은 회색 종이를 아홉 장 겹쳐서 가슴의 방패막이로 하고 마구를 만드는 직공용 가죽 뚫는 송곳을 갖고 있었다. "마지막 한 놈까지 무찌르고, 우리들의 총검으로 죽자!" 하고 외치는 사나이가 있었다. 그는 총검을 갖고 있지는 않았다. 또 다른 사나이는 프록코트 위에 국민군의 혁대와 탄약통을 자랑하고 있었는데, 그 탄창 뚜껑에는 빨간 털실로 '공공 질서'라고 수를 놓았다. 대부분의 소총에는 국민군의 부대 번호가 붙어 있었다. 모자도 쓰지 않고 넥타이도 매지 않은 사람들은 팔을 드러내 놓고 있었는데 그들은 창을 들고 있었다. 게다가 그들은 나이도 다르고 얼굴 생김새도 달랐다. 혈색이 좋지 않은 자그마한 청년, 볕에 그을은 부두 노동자. 그들 모두는 작업을 서두르고 서로 도우면서 성공의 가능성을 이야기하고 있었다. "새벽 3시경에나 구원대가 오겠지. 연대 하나쯤이야 문제 없을 거야. 온 빠리가 모두 들고 일어날 거니까." 무서운 화제인데도 그들의 말에는 친밀한 쾌활함이 섞여 있었다. 마치 형제 같았다. 그러나 그들은 서로 이름도 모르는 것이다. 커다란 위험은 낯모르는 사람들이 서로 우정을 갖게 하는 장점을 지니고 있다.

술집의 부엌에서는 불을 피워, 국자며 스푼이며 포크며 그밖에 모든 양은 그릇을 탄환 거푸집에 넣어서 녹이고 있었다. 그리고 일하는 사이사이 술을 마셨다. 뇌관이며 산탄이 포도주잔과 섞여서 식탁 위에 흩어져 있었다. 당구대가 있는 넓은 방에서는 위슬루 아주머니와 마뜰로뜨와 지블로뜨가 저마다 공포 때문에 일그러진 모습으로, 한 사람은 멍청하고, 한 사람은 헐떡이고, 한 사람은 평소와 달리 눈이 말똥말똥해서, 헌 행주를 찢어 붕대를 만들고 있다. 세 사람의 폭도가 이 세 여성들을 돕고 있었다. 머리를 길게 기르고 콧수염과 구레나룻을 기른 세 사람의 건장한 사나이가 여공 같은 솜씨로 폭발물을 가려 놓고 있었는데 그것이 더욱 여자들을 겁먹게 했다.

꾸르페락과 꽁브페르와 앙졸라가 조금 전에 비예뜨 거리 모퉁이에서 군중 쪽으로 다가오는 것을 발견한 키 큰 사나이는 작은 바리케이드에서 작업을 하고 있었고 가브로슈는 큰 바리케이드에서 일하고 있었다. 꾸르페락이 돌아올 것을 기다리다가 마리우스 씨가 계시느냐고 묻던 청년은 모두가 승합마차를 뒤엎던 그 무렵쯤에 자취를 감추었다.

가브로슈는 일에 열중해서 명쾌한 얼굴로 추진기 구실을 하고 있었다. 왔다갔다 올라갔다 내려갔다 다시 올라갔다 시끄러운 소리를 냈다 하면서 불꽃이 튀는 것처럼 뛰어다니고 있었다. 마치 모든 사람을 격려하기 위해서 와 있는 것 같았다. 박차를 갖고 있는 것일까? 그렇다, 분명히 그는 비참이라는 박차를 지니고 있었다. 날개를 지녔을까? 그렇다, 그는 분명히 쾌활이라는 날개가 있었다. 가브로슈는 회오리바람 같았다. 늘 그곳에 있었고 언제나 그의 목소리가 들려왔다. 또한 가는 곳마다 그가 나타났고 심지어는 공중으로도 흘러넘쳤다. 실로 놀랍도록 보편적인 존재로, 어느 한 곳에 가만히 머물 줄 몰랐다.

거대한 바리케이드는 자기 등에 가브로슈가 올라타고 있음을 느끼고 있었다. 가브로슈는 게으른 자를 자극하고, 등한한 자를 선동하고, 피로한 자에게 기운을 불어넣고, 생각에 잠긴 자를 격려하고, 어떤 사람은 명랑하게 만들고 어떤 사람에겐 의욕을 북돋우고 어떤 사람은 화를 돋구어 주고, 전원을 활동하게 하고, 어느 학생을 노하게 하고, 어느 노동자에게는 덤벼들고, 우뚝 서고, 발을 멈추고, 또 뛰기 시작하고, 시끄러움과 노력 위를 뛰어다니고, 이쪽 사람들에게서 저쪽 사람들에게로 뛰어다니고, 중얼거리고, 잔소리를 하고, 모두에게 채찍질을 해댔다. 가브로슈는 거대한 혁명의 승합 마차에 앉은 한 마리 파리였다. 그의 작은 양팔은 끊임없이 움직이고, 그의 조그마한 폐는 끊임없이 고함을 지르고 있었다.

"기운을 내요! 길바닥 돌을 더! 통을 좀 더! 저것을! 그건 어디 있지요? 석회 반죽을 가득 부어, 내가 이 구멍을 막을 테니. 아주 작구나, 저쪽 바리케이드는. 좀 더 높여야겠는걸. 무어라도 좋으니 모조리 쌓아올려요. 옆을 더 단단히 다져, 콱 막으라구. 집을 헐어. 바리케이드를 하나 더 만들어야겠어요. 지부 아주머니네 차 마시는 방이다. 자, 유리 창문이 왔구나."

이 말을 듣자 일하던 사람들은 외쳤다.

"유리창이라구? 유리 창문을 어쩌려는 거야, 뛰베르뀔르(작은 감자)!"

"뭐라구요, 헤르뀔르(헤라클레스, 거대한 힘의 소유자. 운 맞추어서 대꾸함)!" 하고 가브로슈는 곧바로 반격했다.

"유리 창문은 바리케이드에 그만이예요. 공격을 막을 수는 없지만 점령을 막을 수는 있거든. 야, 너희들은 병 조각을 꽂아 놓은 담장 너머로 사과를 훔쳐본 일이 없나? 유리 창문은 바리케이드 위로 기어올라가려는 국민군의 발바닥을 베어 버린단 말야. 유리는 안심이 안 되는 물건이거든요. 이봐! 이봐! 기발한 생각은 엄두를 못 내는군!"

말은 그렇게 했지만 가브로슈는 노리쇠가 떨어진 권총 때문에 화가 나 있었다. 그는 이 사람 저 사람에게 부탁하고 다녔다.

"소총 없나? 소총이 필요해요! 어째서 모두들 나한테 소총을 주지 않는 거야?"

"네게 말인가!" 꽁브페르가 말했다.

"그래요!" 가브로슈가 대꾸했다.

"어째서 안 되지요? 1830년에 샤를르 10세와 싸웠을 때는 나도 한 자루 가졌었어요!"

앙졸라는 어깨를 으쓱했다.

"어른들에게 모두 돌아가고 나면 아이들에게도 주겠네."

가브로슈는 화가 나서 돌아보면서 그에게 대답했다.

"당신이 나보다 먼저 죽으면 당신 것을 가질 거야."

"이 녀석 봐!" 앙졸라가 대꾸했다.

"이런 풋내기!" 가브로슈가 말했다.

이때 길을 잘못 접어든 듯한 멋쟁이가 거리 저쪽에서 우물쭈물하는 것을 보자 그들의 관심은 곧 그쪽으로 쏠렸다.

가브로슈는 그 사나이에게 외쳤다.

"우리 패에 끼게, 젊은 친구! 어때, 이 늙어빠진 조국을 위해 뭔가 해보지 않겠는가?"

멋쟁이는 달아나 버렸다.

준비

당시의 신문은 샹브르리 거리의 바리케이드가 '거의 난공불락의 구축물'―2층집 높이에 달하고 있었다고 보도했으나 사실은 그렇지 않다. 6, 7피트 높이에 지나지 않았다. 그것은 전투원이 그 뒤에 숨을 수도, 장벽 전체를 내려다볼 수도 있었으며, 또 안쪽에 쌓아올려 계단 모양으로 늘어놓은 네 줄의 포석을 딛고 꼭대기로도 마음대로 올라갈 수 있도록 만들어져 있었다. 바깥쪽을 보면 바리케이드 정면은 앙쏘의 짐마차와 뒤집어 놓은 승합 마차의 바퀴에 대들보며 판자를 얽어놓고 길에 까는 돌이며 통을 쌓아올려 비끄러 매놓아 얼핏 보기에 고슴도치처럼 보이게 했다.

어른 하나가 충분히 빠져나갈 수 있을 정도의 틈새가 집들의 벽과 술집에서 가장 먼 바리케이드의 끝 사이에 있어서 밖으로는 나갈 수 있도록 되어 있었다. 승합 마차의 수레채는 똑바로 세워져서 고삐로 단단히 묶였고, 그 앞채에 비끄러 맨 붉은 깃발이 바리케이드 위에서 펄럭였다.

몽데뚜르 쪽 작은 바리케이드는 술집 건물에 가려 보이지 않았다. 한데 연결된 두 개의 바리케이드는 진짜 보루와 아주 비슷했다. 앙졸라와 꾸르페락은 프레쉐르 거리에서 중앙 시장으로 통해 있는 몽데뚜르 거리의 또 하나의 옆골목에는 바리케이드를 만들지 않는 편이 좋다고 판단했다. 아마도 될 수 있는 대로 외부와 연락을 가져야겠다고 생각한 때문이고, 또 위험하고, 지나다니기 어려운 프레쉐르 뒷길로부터 공격당할 걱정은 그다지 느끼지 않았기 때문이다.

폴라드(18세기의 군인, 병법가)라면 그의 전술 용어로 톱니형 연락호라고 이름붙였음직한 그런 모양이 되어 있는 그 방치된 출구를 제외하고, 또 샹브르리 거리에 마련된 극히 좁은 틈을 그대로 둔다면 바리케이드 내부는 술집이 툭 불거져 나와 있으므로 사방이 모두 막힌 불규칙한 네모꼴의 요새를 이루고 있었다. 큰 바리케이드 쪽 장벽과 막다른 길에 있는 높은 집들 사이엔 스무 걸음 정도의 거리밖에 없어, 그 때문에 바리케이드는 사람이 살지만 위에서 아래까지 모조리 닫아 건 그 집들을 뒷방패로 삼고 있다고 해도 좋을 법했다.

이상의 작업은 한 시간도 채 못 되는 사이에 별 지장 없이 진행되고, 얼마 되지 않는 극소수의 대담한 사람들은 그 동안에 국민군의 군모나 총검의 얼씬거림 없이 일을 끝낼 수 있었다. 폭동이 일어날 이 무렵에 아직 겁없이 쌩드니 거리를 거니는 시민도 간혹 보였지만 모두 샹브르리 거리를 흘끗 보고 바리케이드가 눈에 띄자 황망히 달아나 버렸다.

두 개의 바리케이드가 완성되고 깃발이 꽂히자, 모두들 탁자 하나를 술집 밖으로 끌어냈다. 그리고 꾸르페락이 탁자 위에 섰다. 앙졸라가 네모난 상자를 가져오자 꾸르페락은 그것을 열었다. 상자에는 탄환이 가득 들어 있었다. 탄환을 보자, 가장 용감한 사람들 사이에선 전율이 흐르고 한순간 조용해졌다. 꾸르페락은 웃음을 띠면서 그것을 나누어 주었다.

전원이 저마다 30발씩 탄환을 받았다. 화약을 가지고 있는 사람도 많았으므로 그들은 그것과 주조한 탄환을 사용해서 또 탄환을 만들기 시작했다. 화약통은 문 옆 탁자 위에 보관해 두었다.

온 빠리를 뛰어다니며 국민군의 집합을 알리는 목소리는 계속됐지만 어느 틈엔지 단조로운 소리로밖엔 들리지 않게 되어 누구의 주의도 끌지 않게 되었다. 그 소리는 어떤 때는 멀고 어떤 때는 가깝게 기분 나쁜 파동을 전하고 있었다.

사람들은 일제히 서두르지 않고 위엄 있고 엄숙한 태도로 소총이나 기총에 총알을 장전했다. 앙졸라는 세 보초를 바리케이드 밖에 세웠다. 한 사람은 샹브르리 거리에, 또 한 사람은 프레쉐르 거리에, 다른 한 사람은 쁘띠뜨 트뤼앙드리 거리 모퉁이에.

　바리케이드를 구축하자 부서를 정하고 소총을 장전하고 보초를 세웠다. 이제는 아무도 지나가지 않는 이 무시무시한 거리에 머물러서 인기척도 없이 고요하기만 한 죽은 듯한 집들에 둘러싸인 것이다. 차츰 다가드는 황혼의 그림자에 휩싸여서 무언지 모르게 비극적인 공포를 지닌 그 분위기에 고립되었다. 그들은 무장하고 더 한층 각오를 굳히며 무언가 다가오는 것이 느껴지는 어두움과 침묵 속에서 조용히 다가올 무언가를 기다렸다.

기다리면서

　그렇게 기다리는 몇 시간, 그들은 무엇을 했겠는가?
　이것은 역사의 일부이므로 말해 둘 필요가 있다.
　남자들이 탄환을 만들고 여자들이 붕대를 만드는 동안, 녹인 주석을 탄환 거푸집에 붓는 동안, 납으로 가득 찬 큰 냄비가 거세게 타오르는 화톳불 위에서 그을리고 있는 동안, 보초가 무기를 들고 바리케이드 위에서 경계하고 있는 동안, 그리고 마음을 놓을 수 없는 앙졸라가 보초들을 돌아보고 있는 동안, 꽁브페르와 꾸르페락, 장 프루베르, 푀이, 보쒸에, 졸리, 바오렐, 그 밖의 몇 사람은 학생들끼리 여느 때처럼 서로 잡담의 꽃을 피워 가며 한군데 모여 있었다. 그리고 성채로 바뀐 술집 한구석, 자기들이 만든 보루와 아주 가까운 곳에서 뇌관을 달고 탄환을 잰 기병총을 의자 등받이에 기대놓고, 이들 유쾌한 젊은이들은 마지막 순간이 임박해 있는데도 사랑의 시구를 읊기 시작했다.
　어떤 시일까? 그것은 이런 것이다.

　　그대 기억하는가, 즐거웠던 우리 삶을.
　　우리들이 함께 나눈 풋풋한 시절을.
　　오직 예쁜 옷과 사랑만을
　　꿈꾸던 그 시절을!

　　너와 나의 나이를 합쳐도
　　마흔이 채 안되던 젊은 시절에

조촐하고 아늑한 보금자리에는
겨울에도 언제나 봄만 있었지.

아름다운 날들이여! 마뉘엘은 거만하고
빠리는 거룩한 향연의 연속이며
프와는 열변을 토하고 그대 가슴에
꽂힌 핀은 늘 내 가슴을 찔렀다네.
(마뉘엘은 왕정복고 시대의 대의원, 프와는 나뽈레
옹 휘하 장군으로 나중에 자유주의파 대의원이 됨)

모두들 그대에게 넋을 잃고 있었지.
찾는 사람 하나 없는 변호사인 내가
프라도의 만찬에 함께 갔을 때
그대의 미모,
장미꽃도 뒤돌아보았다네.

그 장미가 말하길 "오, 아름다운 소녀여!"
향기로운 그대! 아름다운 머리칼은 물결치고!
케이프 밑에 날개를 숨겼으리,
귀여운 모자는 피기 시작한 꽃봉오리같구나!

부드러운 그대 팔 끼고 함께 거닐면
아무것도 부러울 게 없었네.
다정한 4월과 화려한 5월 같은 사이라고
행인들도 부러워했다네.

달콤한 금단의 과일을, 사랑을 먹으며
세상 밖에서 우리들은 행복했다네.
내 입술에 떠오르는 수많은 말들은
이미 그대 마음이 화답해준 것들뿐.

소르본느는 목가의 동산
나는 밤낮으로 그댈 사랑해.
하염없이 타오르는 이내 사랑은
라땡 거리를 연인의 고장이라 하네.

오오, 모베르 광장! 오오, 도핀느 광장!
파릇파릇한 봄내음 가득한 오두막에서
갸날픈 무릎으로 양말을 끌어올릴 때,
나는 다락방 창문으로 별을 본다오.

탐독한 플라톤도 내 마음엔 남지 않았네.
말브랑슈나 라므네보다 더 잘
그대는 가르쳐 주었네, 하느님의 은혜를
그대가 내게 준 한 송이 꽃으로.

(말브랑슈는 17세기말의 유신론자.
 라므네는 19세기초의 신학자)

나 그대 따르고 그대 나를 믿었네.
오오, 그대 옷끈 매는 금빛 다락방!
아침 일찍 속옷바람으로 왔다갔다 하면서
젊은 이마 낡은 거울에 비춰보는 그대 모습!

아, 어찌 잊으랴, 그 추억을.
어둑 새벽과 푸른 하늘,
리본과 꽃과, 엷은 비단과 므와레의 그 시절을.
사랑이, 즐거운 은어를 속삭이던 그날을!

우리들의 정원은 튤립 화분.
그대는 속옷으로 창문을 가렸네.
질그릇은 내가 쓰고
그대에겐 사기 그릇 주었지.

그리고 또 둘이서 웃어 버린 큰 불행!
그대의 토시가 불타고 그대의 털목도리 없어졌네!
또 어느 날 저녁거리를 위해 팔아버린
소중한 셰익스피어의 초상화!

나는 구걸하고 그대는 베풀었네.
나는 입맞추었네, 그대의 생기있고 포동포동한 팔에.
2절판의 단떼 책을 식탁삼아
우리는 흥겹게 먹었네, 수북이 쌓인 밤을.

즐거웠던 나의 오두막에서 처음으로
그대의 불 같은 입술을 빼앗았을 때
그대 머리를 흩뜨린 채 새빨개져 뛰어나가고
창백해진 나는 하느님만 불렀지.

그대 기억하는가, 무수한 우리의 행복을
누더기로 변해 버린 저 목도리를!
아아, 얼마나 많은 탄식들이
우리들 깜깜한 가슴에서 뛰쳐나와 하늘 저 멀리 날아올랐던가!

   시간, 장소, 회상되는 청춘의 추억, 하나씩 둘씩 반짝이기 시작한 별들의 모습, 적막한 거리의 불안한 고요, 바야흐로 일어나려고 하는 냉혹한 사건의 절박감, 그것들은 앞에서도 말한 것처럼 서정 시인 장 프루베르가 어둠 속에서 나지막하게 읊조리는 이 시에 어떤 감동적인 매력을 곁들이고 있었다.
   어느덧 작은 바리케이드에는 칸데라 불이 켜지고 큰 바리케이드에는 사육제 마지막 날, 가면을 싣고 꾸르띠유로 가는 마차 앞에 달려 있는 것 같은 밀초칠을 한 횃불이 하나 켜졌다. 그 횃불은 이미 말한 바와 같이 쌩 땅뜨완느에서 가져온 것이다.
   횃불은 길에 까는 돌로 삼면을 가려서 바람을 막을 우리 속에 놓여 불빛이 그대로 깃발에 비추도록 마련되어 있었다. 거리도 바리케이드도 어둠 속에 잠겨 있어서 마치 거대한 어둠침침한 등불의 강렬한 빛을 받고 있는 듯한 붉은 깃발 외에는 아무것도 보이지 않았다.
 그 빛은 진한 붉은 색 깃발에 어떠한 두려움을 더해 주는 듯한 주홍색을 띠고 있었다.

비예뜨 거리에서 참가한 사나이

 날은 이미 완전히 저물었지만 아무 일도 일어나지 않았다. 다만 분명치 않은 소요가 들리고 이따금 총소리가 일어났지만 그것도 드문드문 간간이, 어렴풋이 들렸다. 이토록 시간이 길어지는 것은 정부가 그 틈을 타 병력을 모으는 증거였다. 여기에 모인 50명은 6만의 적을 기다리고 있었다.
 앙졸라는 무서운 사건이 일어나기 직전에 굳센 영혼을 지닌 사람을 괴롭히는 초조감에 자신이 사로잡혀 있는 것을 느꼈다. 그는 가브로슈를 만나러 갔다. 가브로슈는 아래층 홀에서, 식탁 위에 화약이 널려 있기 때문에 계산대 위에 놓인 두 개의 희미한 촛불 아래서 조심스럽게 탄환을 만들고 있었다. 그 촛불빛은 외부에 전혀 새어나가지 않았다. 폭도들은 위층에서는 절대로 불을 켜지 않도록 주의하고 있었다.
 가브로슈는 이때 매우 몰두하고 있었다. 그러나 분명히 탄환에 몰두한 것은 아니었다. 비예뜨 거리에서 대열에 참가한 사나이가 아래층 홀로 들어와서 불빛이 가장 비치지 않는 식탁에 가서 앉았던 것이다. 그는 어느 틈엔가 커다란 보병총을 입수하여 그것을 두 다리 사이에 끼고 있었다. 가브로슈는 그때까지 가지가지 '재미있는' 일에 정신이 팔려 있어서 그 사나이에게 주의하지 않았다.
 사나이가 들어왔을 때, 가브로슈는 그 총에 감탄하여 무의식적으로 눈길을 주었다가 그가 앉자 갑자기 일어섰다. 만약 그때까지 그 사나이를 눈여겨본 사람들이 있었다면, 그가 바리케이드며 폭도들의 여러 가지 일들을 이상하리만큼 주의해서 샅샅이 관찰하고 있다는 것을 알아냈을 것이다. 그러나 홀에 들어와서부터는 그 사나이는 무언가 깊은 생각에 잠겨 주위에서 벌어지고 있는 일들을 하나도 보고 있지 않는 것 같았다.
 가브로슈는 생각에 잠겨 있는 사나이에게 가까이 가서 곁에서 잠든 사람을 깨우지나 않을까 조심하며 걸을 때처럼, 발뒤꿈치를 들고 그 주위를 돌기 시작했다. 그와 동시에 뻔뻔스럽고도 진지한, 경박하면서도 생각이 깊은, 명랑하면서도 침울한, 그의 어린아이 같은 얼굴은 이러한 의미의 갖가지 찡그린 얼굴이 되었다. 설마! 그럴 리가 있나! 잘못 본 거겠지! 꿈이야! 어쩌면? ……아니, 그렇지 않다! 역시 그렇다! 아니, 그렇지 않아!

가브로슈는 발뒤꿈치로 몸의 균형을 잡고 두 주먹을 호주머니 안에서 움켜쥐고 작은 새처럼 고개를 끄덕이며 아랫입술을 쑥 내밀고 자못 영리한 표정을 지었다. 그는 어리둥절해하며 망설이고 반신반의하였다. 그 표정은 노예 시장에서 뚱뚱한 여자들 속에서 한 사람의 비너스를 발견한 내시의 우두머리 같았고, 또 서투르기 짝이 없는 그림 가운데서 라파엘의 그림 한 점을 발견한 미술 애호가와 같았다. 가브로슈에게서 냄새를 맡는 본능도, 계책을 세우는 지능도, 모두 활동하고 있었다. 분명히 어떤 사건이 가브로슈에게 일어난 것이다.

앙졸라가 그에게 다가간 것은 그가 그처럼 한창 몰두해 있던 때였다.

"자네는 조그마하니까 눈에 잘 뜨이지 않을 걸세. 바리케이드에서 나가 집 그늘을 따라 슬그머니 한 바퀴 돌고 잠깐 저쪽 거리의 동정이 어떤지 살펴서 내게 알려 주게나." 앙졸라가 말했다.

가브로슈는 허리를 폈다.

"꼬마도 무언가에 써먹을 데가 있군그래! 좋아! 갔다오지. 어쨌든 꼬마는 믿어도 좋지만 어른은 조심하는 게 좋아."

그리고 가브로슈는 고개를 들고 낮은 목소리로 비예뜨 거리에서 참가한 사나이를 가리키면서 덧붙였다.

"저기 어른이 있잖아?"

"그래서?"

"저건 개야."

"정말인가?"

"2주 전쯤에 내가 르와얄 다리에서 바람을 쐬고 있자니까 저 작자가 난간에서 나를 끌어내리지 않겠어. 귀를 잡고 말야."

앙졸라는 얼른 소년의 곁을 떠나서 가까이 있던 술통 나르는 인부에게 두서너 마디 수군거렸다. 그 노동자는 홀을 나가더니 세 동료들을 데리고 돌아왔다. 모두 어깨가 떡벌어진 네 짐꾼들은 비예뜨 거리의 사나이가 팔을 괴고

있는 식탁 뒤로 가서 상대가 알지 못하도록 살그머니 늘어섰다. 그들은 당장
에라도 사나이에게 덤벼들 자세를 취했다.
 그때 앙졸라가 사나이에게 다가가서 물었다.
 "당신은 누구요?"
 이 갑작스런 질문에 사나이는 꿈틀했다. 사나이는 앙졸라의 순진한 눈동
자를 깊숙한 바닥까지 들여다보고, 그 생각을 알아낸 듯했다. 그는 말할 수
없이 건방지고 힘세고 다부진 미소를 띠었다. 그리고 위압적인 목소리로 대
답했다.
 "자네가 묻는 뜻은 알겠네…… 자네가 생각한 그대로일세!"
 "당신은 밀정이지?"
 "그 계통의 사람이지."
 "이름은?"
 "자베르."
 앙졸라는 네 사나이에게 눈짓을 했다. 눈 깜짝할 사이에, 돌아다 볼 겨를
도 없이 자베르는 목덜미를 잡혀서 넘어지고 꽁꽁 묶여서 몸수색을 당했다.
 두 장의 유리 사이에 붙은 한 장의 조그맣고 둥근 카드가 자베르 품 안에
서 발견되었다. 그 한편에는 프랑스 문장(紋章)과 '감시와 경계'라는 문구가
박혀 있고, 또 한편에는 '자베르 경위 52세'라고 써 있고 당시의 시경 국장
지스께 씨의 서명이 있었다.
 그밖에 그는 시계와 금화가 대여섯 닢 든 지갑을 가지고 있었다. 지갑과
시계는 그에게 돌려주었다. 시계가 나온 안주머니 속을 더 뒤지자 봉투에 넣
은 한 장의 종이가 나왔다. 앙졸라는 그 종이를 펴서 시경 국장의 자필로 되
어 있는 다음과 같은 몇 줄의 글을 읽었다.

 '자베르 경위는 정치상의 임무를 수행한 다음에는 곧 특별감시에 임하여
세느 강 오른쪽 제방 위 이예나 다리 부근에서 폭도들이 불온한 움직임을 보
이고 있다는 정보가 사실인지 여부를 확인하라.'

 몸수색이 끝나자 사람들은 자베르를 일으켜 세우고 양팔을 등 뒤로 돌려
맨 아래층 홀 중앙, 일찍이 술집 이름의 기원이 된 그 유명한 기둥에 붙들어

맸다.

가브로슈는 줄곧 그 자리에 있으면서 말없이 모든 일에 고개를 끄덕이고 있다가 자베르에게 다가서서 말했다.

"생쥐가 고양이를 잡은 거야."

이 모든 일은 매우 신속하게 진행되었기 때문에 술집 주위에 있는 사람들이 알게 되었을 때에는 이미 사건은 끝나 있었다. 자베르는 한 번도 고함을 치거나 하지 않았다.

자베르가 기둥에 매인 것을 보고 꾸르페락, 보쒸에, 졸리, 꽁브페르, 그밖에 두 바리케이드에 흩어져 있던 사람들이 그 자리에 달려왔다.

자베르는 기둥에 등이 옴짝달싹할 수 없을 정도로 매여 있으면서도 평생한 번도 거짓말을 한 적이 없는 사람답게 용감하고 태연하게 머리를 젖히고 있었다.

"이놈은 밀정이야."

앙졸라는 말했다.

그리고 자베르 쪽으로 돌아서면서,

"바리케이드가 점령되기 2분 전에 너를 총살한다."

자베르는 타고난 극히 건방진 어조로 대꾸했다.

"왜 당장 그렇게 하지 않는 거냐?"

"화약을 절약하기 위해서야."

"그렇다면 칼로 해치우지!"

"이봐 밀정, 우리는 심판자지 도살자는 아냐."

앙졸라는 말했다.

그리고 나서 앙졸라는 가브로슈에게 말했다.

"이봐! 넌 일하러 가! 내가 말한 대로 해."

"응, 갈께."

가브로슈는 외쳤다.

그리고 뛰어나가려다가 갑자기 멈춰 서면서,

"그런데 저 작자의 총을 나한테 주세요!"

그리고 이렇게 덧붙였다. "악사는 당신한테 맡기겠지만 클라리넷은 내가 갖고 싶어."

"생쥐가 고양이를 잡은 거야."

부랑아는 군대식 경례를 하고 우쭐거리면서 큰 바리케이드 틈바구니로 빠져 나갔다.

까뷕이라는 사나이에 대한 여러 의문

가브로슈가 나가고 얼마 안되어 바로 일어난 그 장렬하고 놀라운 사건을 생략해 버린다면 우리들이 여기서 시작하고자 하는 비장한 계획은 불완전한 것이 되고 말리라. 또 경련과 노력으로, 사회가 깔아놓은 요 위에서 출산하려 하는 혁명과의 위대한 시간을 있는 그대로 정확하게 부각시켜 독자에게 전해줄 수 없게 될 것이다. 그래서 우리들은 그 사건을 여기에 덧붙이려 한다.

잘 알다시피 군중들은 눈사람과 비슷해서 구르는 데 따라서 여러 사람들이 몰려든다. 그들은 서로 어디서 왔느냐고 묻지 않는다. 앙졸라와 꽁브페르와 꾸르페락이 이끄는 집단에도 지나가던 사람들이 참가했는데 그 가운데 한 사람, 어깨가 닳아 떨어진 짐꾼의 윗도리를 입고 무턱대고 몸짓을 하면서 고함을 지르고 있는, 얼핏 보기에 주정꾼처럼 보이는 거친 사나이가 섞여 있었다. 그 사나이는 진짜 이름인지 별명인지 아무튼 르 까뷕이라고 불렸는데, 그를 안다는 사람들도 사실은 전혀 그에 대해 몰랐고, 곤드레만드레 취해서 또는 취한 체하고, 여러 사람들과 함께 술집 밖으로 끌어낸 탁자를 에워싸고 앉았다. 르 까뷕은 마주앉은 사람들에게 술을 따라 주면서 골똘한 생각에 잠긴 듯한 모습이었다. 그는 바리케이드 안쪽에 있는 커다란 집을 유심히 바라보는 듯했다. 그 집은 6층 건물로 쌩 드니 거리를 향하여 거리 전체를 내려다보고 있었다. 그는 갑자기 외쳤다.

"여러분! 저 집에서 총을 쏘면 어떻겠소? 저 집 창문 안에 진을 치면 어느 놈도 감히 쳐들어오지 못하겠는걸!"

"그렇군, 그러나 집이 닫혀 있는걸" 하고 술을 마시던 한 사람이 말했다.

"문을 두드리세!"

"안 열어 줄 거야."

"그럼 부수지!"

르 까뷕은 몹시 큰 문고리가 달려 있는 문 옆으로 달려가서 두드렸다. 문은 열리지 않았다. 그는 다시 한 번 두드렸다. 아무런 대꾸도 없었다. 세 번째 두드렸다. 역시 조용하기만 했다.
"누구 없소?"
르 까뷕이 고함을 쳤다.
아무런 기척도 없었다.

그러자 그는 총의 개머리판으로 문을 두드리기 시작했다. 그것은 둥근 아치형의 낮고 좁고 단단한 떡갈나무로 만든 낡은 통용문인데, 안쪽에는 철판과 철끈으로 단단히 묶여 있어서 마치 감옥 문과 비슷했다. 개머리판으로 두드려 대는 바람에 집이 울렸으나 문은 끄떡도 하지 않았다.

그러나 집안에 있던 사람들은 몹시 동요했던 모양이었다. 마침내 4층 조그마한 네모진 채광창에 불빛이 보이더니 그 창문이 열리고 촛불 하나와 머리가 희끗희끗한 노인의 조용하고도 겁에 질린 얼굴이 나타났다. 문지기였다.

문을 두드리던 사나이는 손을 멈추었다.
"당신네들, 무슨 일인가요?"
문지기는 물었다.
"문 여시오!"
르 까뷕이 말했다.
"열 수 없어요."
"아무튼 여시오!"
"안 됩니다!"

르 까뷕은 총을 고쳐 잡고 문지기를 겨누었으나, 르 까뷕은 아래에 있었고, 더욱이 아주 어두워서 그에게는 문지기가 보이지 않았다.
"열겠어, 못 열겠어?"
"못 열겠소!"
"못 열겠다구?"
"못 엽니다. 당신……."

문지기가 끝까지 말할 겨를도 없었다. 총은 발사되었다. 총알은 노인의 턱 밑으로 해서 목의 정맥을 뚫고 목덜미로 빠졌다. 노인은 소리도 지르지 못하고 쓰러졌다. 촛불은 떨어져 꺼지고 채광창 가장자리에 걸린 채 움직이지 않는 머리와 지붕 쪽으로 흘러가는 희끄무레한 연기 외에는 아무것도 보이지 않았다.

"그것 보라구!" 르 까븩은 총의 개머리판을 땅바닥에 내려놓으면서 말했다.

그러나 이 한 마디를 채 하기도 전에 그는 누군가의 손이 독수리 발톱처럼 어깨에 콱 파고드는 것을 느끼고, 이렇게 말하는 소리를 들었다.

"꿇어 앉아."

살인자는 뒤돌아서 눈앞에 서 있는 앙졸라의 희고 차가운 얼굴을 보았다. 앙졸라는 권총을 손에 들고 있었다.

총소리를 듣고 앙졸라가 달려왔던 것이다. 그는 왼손으로 르 까븩의 멱살과 작업복과 셔츠와 바지 멜빵을 한꺼번에 움켜쥐고 있었다.

"꿇어 앉아."

앙졸라가 거듭 말했다.

그리고 20세의 연약한 이 청년은 위엄에 찬 동작으로 몸집 큰 늠름한 부둣가 노동자를 한 줄기 갈대처럼 잡아 꺾어 진창 속에 무릎을 꿇게 했다. 르 까븩은 대들려고 했으나 무언가 초인간적인 손에 눌린 것 같았다.

창백한 안색에 목을 드러내 놓고 머리칼이 흐트러진 앙졸라는 여자 같은 얼굴에 어딘지 고대의 테미스(정의의 여신)를 생각나게 하는 위엄을 띠고 있었다. 부풀어오른 콧구멍과 내리뜬 눈은 엄격한 그리스 사람의 옆얼굴에, 옛날 사람들의 사고방식으로 말한다면, 정의에 알맞는 노여운 표정과 순결의 표정을 띠고 있었다.

바리케이드 안의 모든 사람들이 달려왔으나, 이제부터 일어나는 일에 한 마디도 참견할 수 없음을 느끼고 모두 약간 떨어진 곳에 뺑 둘러섰다.

르 까븩은 짓눌린 채 버둥거리려고도 하지 않고 온몸을 떨고 있었다. 앙졸라는 그에게서 손을 떼고 시계를 꺼냈다.

"조용히 반성해라. 기도를 드려라, 그렇지 않으면 생각을 해라. 앞으로 1분 동안." 앙졸라가 말했다.

"용서해 주십시오!" 살인자는 중얼거렸다. 그리고 고개를 떨어뜨리고 무언가 분명치 않은 주문을 중얼중얼 외었다.

앙졸라는 시계에서 눈을 떼지 않았다. 1분이 지나자 시계를 안주머니에 넣었다. 그리고 나서 그는 울부짖으면서 무릎 사이에 몸을 웅크리고 있는 르 까

웅크리고 있는 르 까뷕의 머리카락을 움켜쥐고 그 귀에 권총을 들이댔다.

벅의 머리카락을 움켜쥐고 귀에 권총을 들이댔다. 더할 나위 없이 무서운 모험에 태연하게 뛰어든 많은 대담한 사람들도 놀라서 숨을 멈추고 눈을 돌렸다.

발사하는 소리가 들리고 살인자는 돌바닥 위에 쓰러졌다. 앙졸라는 몸을 일으키고 확신에 찬 엄격한 눈길로 주위를 둘러보았다.

그리고 나서 그는 시체를 발로 밀어내며 말했다.

"이걸 바깥으로 내던져라."

숨이 끊어지는 생명의 마지막 기계적인 경련으로 꿈틀거리는 처참한 한 사나이의 몸뚱이를 세 남자가 들어올려, 작은 바리케이드 너머 몽데뚜르의 뒷골목에 던졌다.

앙졸라는 골똘히 생각에 잠겨 서 있었다. 무언가 숭고한 어둠이 그의 무섭고 해맑은 얼굴 위에 천천히 퍼져갔다. 문득 그는 소리를 질렀다. 모두들 조용했다.

"여러분. 그 사나이가 한 것은 무서운 짓이오, 내가 한 짓은 심하오. 그는 사람을 죽였소. 그렇기 때문에 나는 그를 죽였소. 나는 그렇게 하지 않을 수가 없었소. 반란에는 무엇보다도 규율이 필요했기 때문이오. 반란에서 살인이란, 다른 어떤 경우보다도 더욱 큰 죄악이오. 우리는 혁명의 감시를 받고 있소. 우리는 공화제도의 사제인 것이오. 우리는 의무를 위하여 바쳐진 거룩한 제물이오. 우리의 투쟁에 한 점이라도 오점을 남겨서는 안 되오. 그래 나는 그 사나이를 심판하고 사형에 처했소. 싫었지만 하는 수 없이 그렇게 했소. 그러나 동시에 나 자신도 심판했소. 내가 나 자신에게 어떤 형벌을 내렸는가는 이제 곧 알게 될 것이오."

귀를 기울이고 있던 사람들은 몹시 가슴을 찔린 듯했다.

"우리도 자네와 운명을 같이 하겠네." 꽁브페르가 외쳤다.

"좋아." 앙졸라는 말했다. "한 마디 더 하겠소. 그 사나이를 처형했을 때, 나는 필연에 복종한 것이오. 그러나 필연이란 낡은 세대의 괴물이오. 필연은 '숙명'이라고 불리오. 그런데 진보의 법칙은 괴물이 천사 앞에서 꺼져 없어지는 일이며, '숙명'이 우리 앞에 몸을 감추는 일이오. 지금은 사랑이라는 말을 하기에는 적당치 못한 때이지만 상관없소. 나는 사랑을 찬미하고 사랑을 소리 높여 부르오. 사랑이여, 그대가 미래를 짊어지고 있는 것이다. 죽음이여, 나는 그대를 이용하지만 그러나 그대를 증오한다. 여러분, 미래에는 어둠도 불의의 습격도 광포한 무지도 피비린내나는 복수도 없을 것이오. 사탄(악마의 우두머리)이 없어짐과 동시에 미카엘(천사의 하나로 신의 전사)도 없어질 것이오. 미래에는 사람이 사람을 죽이는 일이 없을 것이고, 지상은 빛나고 인류는 사랑을 알게 될 것이오. 여러분, 모든 것이 화합이요, 조화요, 빛이고, 기쁨이며, 생명일 그런 날이 올 것이오. 그날은 틀림없이 오는 것이오. 그리고 우리가 지금 죽어가는 것은, 그날을 오게 하기 위해서인 것이오."

앙졸라는 말을 그쳤다. 그는 소녀와 같은 입술을 다시금 꽉 다물었다. 그리고 그의 손으로 피를 흘리게 한 그 자리에 대리석처럼 움직이지 않고 한동안 서 있었다. 응시하는 그의 눈초리에 압도되어서 주위에 둘러선 사람들은 목소리를 죽였다.

장 프루베르와 꽁브페르는 말없이 손을 서로 움켜쥐고 바리케이드 구석에서 서로 몸을 바싹 대고 사형 집행인인 동시에 사제이며, 수정 같은 빛인 동시에 바위이기도 한 엄숙한 그 청년을 동정어린 찬탄의 마음으로 지켜보고 있었다.

잊기 전에 말해 두겠는데, 전투가 끝나고 몇 사람의 시체가 검시장에 운반되어 소지품 검사를 받았을 때, 르 까뷕의 몸에는 경찰관의 신분 증명서가 있었다. 이 책의 작자는 이에 대해서 1832년 당시 시경 국장에게 제출된 특별 보고문을 1848년에 입수했다.

한 가지 더 덧붙이면 기묘하기는 하나 근거가 있는 경찰이 전하는 바를 믿는다면, 르 까뷕은 끌라끄수였다. 사실 르 까뷕이 죽은 뒤로 끌라끄수는 두번 다시 사람들의 입에 오르지 않게 되었다. 끌라끄수는 실종의 어떤 흔적도 남기지 않았다. 마치 보이지 않는 세계에 녹아들어가 버린 것 같았다. 그의 생애는 어둠이었고, 그의 최후도 어두운 밤이었다.

앙졸라가 그토록 재빠르게 심판하고 종결한 비극적인 재판에 모든 폭도들이 여전히 감동하고 있었을 때, 꾸르페락은 아침에 그의 집으로 마리우스를 찾아왔던 몸집 작은 청년의 모습을 바리케이드 속에서 다시금 보았다.

제13편 마리우스 어둠 속으로 들어가다

쁠뤼메 거리에서 쌩 드니 구역으로

 저녁 어둠 속에서 샹브르리 거리의 바리케이드로 가도록 부른 그 목소리가 마리우스에게는 바로 운명의 소리라고 느껴졌다. 죽음을 바라는 이때에 기회가 찾아온 것이다. 무덤의 문을 두드리고 있는 그에게 어둠 속의 손이 그 열쇠를 내밀었던 것이다. 깜깜한 절망 속에서 열리는 처절한 문은 늘 사람들의 마음을 끌어당긴다. 마리우스는 그토록 몇 번이나 자신을 지나가게 한 철책문을 밀어내고 정원에서 나왔다. 그리고 말했다. "가자!"
 고통으로 마음이 미칠 듯하고, 머릿속에 아무런 확고부동한 것도 느낄 수 없고 청춘과 사랑의 도취 속에서 지낸 그 2달이 지나버린 뒤, 이제는 운명의 어떠한 유혹도 받아들일 힘이 없고 절망이 그려내는 여러 가지 몽상에 한꺼번에 짓눌린 그는 이제 단 하나의 소망밖에 없었다. 즉 결말을 서두르는 것이다. 그는 재빠르게 걷기 시작했다. 마침 자베르에게서 받은 권총을 지니고 있어 무기도 갖춘 셈이었다.
 얼핏 보였던 것 같은 그 청년의 모습은 이미 거리 속으로 사라지고 말았다.
 큰 거리에서 쁠뤼메 거리로 나온 마리우스는 에스쁠라나드(廢兵館 건물 앞의 대광장)를 가로질러 앵발리드 다리를 건너고, 다시 샹젤리제와 루이 14세 광장(현재의 콩 꼬르드 광장)을 지나서 리볼리 거리로 들어갔다. 그곳 상점들은 아직 열려 있어서, 아케이드 밑에는 가스등이 켜지고 상점에서 물건을 사는 여자들과 까페 레떼르에서 시원한 것을 마시는 사람들과 영국 과자점에서 조그마한 케이크를 먹는 사람들의 모습도 볼 수 있었다. 다만 여러 대의 역마차가 호텔 데 프랑스와 호텔 뫼리스에서 뛰는 걸음으로 출발하는 것이 눈에 띄었다.
 마리우스는 드로르 골목에서 쌩 또노레 거리로 들어섰다. 그 근처 상점은 이미 닫혀 있었지만 상인들은 아직 채 닫히지 않은 문 앞에서 잡담을 주고받고, 거리엔 행인들이 지나가고, 가로등엔 불이 켜지고 2층 이상의 어느 창문에도 여느 때와 마찬가지로 불빛이 보였다. 빨레 르와얄 광장에는 기병이 있었다.

마리우스는 쌩 또노레 거리를 걸어갔다. 빨레 르와얄에서 멀어짐에 따라 불빛이 보이는 창문은 점점 적어졌다. 상점들은 문을 단단히 닫고 문 앞에 나와서 이야기하는 사람도 없었다. 거리는 어두워지고 동시에 군중들은 점점 불어났다. 왜냐하면 통행인들은 이제 하나의 집단이 되어 있었기 때문이다. 그 군중들 속에서 아무도 이야기하는 사람은 없었으나, 어떤 둔하고 깊은 소요가 들리고 있었다.

아르브로 세끄의 분수 근처에는 여기저기에 '집단'이 형성되어 있었다. 그것은 움직이지 않는 음침한 무리와 같은 것이어서 마치 지나가는 사람들 사이로 흘러가는 물 속의 돌무더기처럼 보였다.

프루베르 거리 입구에 오자 군중은 더 앞으로 나아가지 않았다. 끈질기고 육중하고 단단하게 밀집되어 거의 꿰뚫고 들어갈 수 없는 무리지은 사람들이 혼잡하게 나지막한 소리로 말을 주고받고 있었다. 거기에서는 더 이상 검은 옷이나 둥근 모자는 찾아볼 수 없었다. 윗도리, 작업복, 챙 달린 모자, 더벅머리의 꾀죄죄한 얼굴. 그런 군중이 밤 안개 속에서 막연히 동요하고 있었다. 그들의 속삭임에는 몸서리를 치고 있는 듯한 황폐한 구석이 있었다. 아무도 걷고 있지 않는데 진창을 밟는 소리가 들리고 있었다. 이 빽빽한 군중들 저쪽, 룰르 거리에도 프루베르 거리에도 쌩 또노레 거리 끝에도 촛불이 켜 있는 창문이라곤 하나도 없었다. 그 거리에는 가로등의 열이 저쪽 깊숙이까지 쓸쓸하게 드문드문 이어져 있었다. 당시의 가로등은 커다란 붉은 별을 줄에 매단 것 같았으며, 그것이 커다란 거미 같은 모양의 그림자를 돌이 깔린 길바닥 위에 늘어뜨리고 있었다. 그 거리에 사람들이 전혀 없는 것은 아니었다. 서로 맞대어 세운 총이 보이고 움직이는 총검이며 야영하는 군대가 보였다. 그러나 호기심에 끌려서 그 한계선으로 나가는 사람은 없었다. 그곳에서 교통은 끊겨 있었다. 그곳에서 군중은 끝나고 군대가 시작되고 있었다.

마리우스는 이미 아무런 목적도 없는 인간의 의지로 걸어가고 있었다. 누가 부른 것이다, 그러니까 가야만 한다. 그는 애를 써서 군중을 헤치고 군대의 야영지를 넘어 척후대를 피하고 보초의 눈을 피했다. 길을 돌아서 베띠지 거리에 이르자 다시 시장 쪽을 향했다. 부르도네 거리 모퉁이로 나오자 이미 가로등은 켜 있지 않았다.

군중들이 모여 있는 지대를 돌파한 그는 군대의 영역도 넘을 수가 있었다. 그리고 지금은 무서운 장소에 들어가 있었다. 지나가는 행인도 없고 병사도 없고 불빛도 없다. 고독, 침묵, 밤, 그리고 으스스한 냉기. 하나의 거리로 들어갈 때마다 지하실에 들어가는 듯한 기분이었다.

그는 계속 전진했다.

몇 걸음 나갔다. 누가 그의 곁을 뛰어갔다. 남자인지 여자인지 많은 사람들이었는지 그는 알 수 없었다. 그것은 순식간에 지나갔고 곧 사라져 버리고 말았던 것이다.

길을 돌아가기를 거듭한 끝에 그는 어떤 뒷골목으로 들어갔다. 뽀뜨리 거리인가싶었다. 그 뒷골목 중간쯤에서 장애물에 부딪쳤다. 그는 팔을 뻗쳐 보았다. 짐마차가 하나 뒤엎어져 있었다. 발밑 웅덩이며 진창구덩이에는 포석이 흩어지기도 하고 쌓이기도 한 것을 알 수 있었다. 그것은 만들다 만 채로 버려진 바리케이드였다. 그는 포석이 잔뜩 쌓인 곳을 타고 넘어 통행이 막혀 있는 저편으로 나갔다. 그리고는 풋돌에 되도록 바싹 붙어 집집의 벽을 따라 걸었다. 바리케이드 조금 앞까지 가자 앞에 무언가 허연 것이 얼핏 보인 듯싶었다. 가까이 다가감에 따라 그 형태는 뚜렷해졌다. 두 마리의 흰 말이었다. 오전에 보쒸에가 승합 마차에서 풀어놓은 말인데, 하루 종일 이 거리 저 거리를 무턱대고 돌아다닌 끝에 드디어 이곳에서 걸음을 멈추고, 인간이 자연의 섭리를 이해하지 못하듯 인간의 행위를 이해하지 못하는 이 짐승은, 지칠 대로 지쳤으면서도 참을성 있게 기다리고 있었던 것이다.

마리우스는 두 필의 말을 뒤로 하고 걸었다. 꽁트라 쏘시알 거리라고 생각되는 거리에 닿았을 때 한 발의 총탄이 어디선가 발사돼 난데없이 어둠을 뚫고 그의 귀밑을 '쌩' 하며 스쳐가 바로 머리 위 어떤 이발소 앞에 매달려 있는 구리쇠로 만든 면도 접시를 꿰뚫었다. 1846년까지만 해도 꽁트라 쏘시알 거리 시장에 늘어서 있는 기둥 한편 구석에서 구멍 뚫린 그 면도 접시를 볼 수가 있었다.

총탄이 발사된 것은 아직 근처에 사람이 있다는 증거였다. 그러나 그때부터 그는 아무도 만나지 못했다.

그가 걸어가는 길은 마치 어두운 계단을 내려가는 것과 같았다.

마리우스는 여전히 앞으로 나아갔다.

올빼미가 내려다본 빠리

그때 빠리의 상공을 박쥐나 올빼미의 날개에 올라타고 날아본 이가 있었다면, 눈 아래 음울한 광경이 펼쳐져 있는 것을 볼 수 있었을 것이다.

낡은 시장 일대는 시내에서 또 하나의 도시를 이룬 곳으로 쌩 드니 거리와 쌩 마르땡 거리가 관통하고 있고, 시가지의 주요 거리가 얼기설기 얽혀 있어서, 폭도들은 그것을 보루와 요새로 삼고 있었다. 그 일대를 하늘에서 내려다보면 빠리 한복판에 파인 거대한 검은 구멍 같았을 것이다. 그곳을 들여다보면 마치 심연 속을 보는 듯했다. 가로등은 파괴되었고 창문은 모조리 닫혀 있었기 때문에 빛도 생명력도 소음도 움직임도 완전히 멈춰 있었다. 은밀히 조직된 폭도들의 경계가 곳곳을 감시하고 질서를, 즉 밤의 어둠을 유지하고 있었다. 소수의 동지를 광대한 어둠에 섞어 넣어 두는 것, 그 어둠이 남모르게 간직하고 있는 가능성의 도움을 받아서 전투원 하나하나를 몇 사람씩으로 보이게 하는 것, 그것은 반란에서 빠뜨릴 수 없는 전술이다. 해가 지자 촛불을 켜 놓은 창문엔 총알이 날아들었다. 불은 꺼지고 때로는 주민들이 살해되었다. 이리하여 아무것도 움직이지 않게 되었다. 집집마다 오직 공포와 근심과 망연자실한 놀라움이 있을 뿐이고 거리에는 일종의 성스러운 전율이 흐를 뿐이었다. 창문과 집채들의 긴 행렬도, 굴뚝과 지붕이 하늘에 그리는 울퉁불퉁한 기복도, 포석이 진창과 비에 젖어 희미한 빛을 반사하는 것도 전혀 구별할 수 없었다. 그 깊은 어둠을 높은 곳에서 내려다본다면, 아마도 여기저기에 군데군데 간격을 두고 토막토막 끊어진 이상한 선이나 야릇한 건축물의 윤곽을 떠오르게 하는 무언가 어렴풋한 빛이—폐허 속을 왔다갔다하는 희미한 불빛과도 비슷한 무엇인가가—보였을 것이다. 그곳에 바로 바리케이드가 있었던 것이다. 그 밖에는 안개가 자욱이 낀 답답하고 음침한 어둠의 호수였고, 그 위에는 쌩 자끄의 탑이나 쌩 메리 성당이나 그밖에 인공적으로 거인이 되거나 밤이면 요괴처럼 보이는 광대한 두어 개의 건축물이 꼼짝도 않고 불길한 그림자처럼 솟아 있었다.

쓸쓸하고 불안한 미궁을 에워싼 주위 일대의 빠리 교통은 아직 여느 때와 같이 멈추어지지 않고 가로등도 드문드문 빛나고 있었지만 그곳을 공중에서 관찰하면 군도와 총검의 금속에서 생기는 번쩍임, 굴러가는 포차의 둔탁한 소리, 시시각각 늘어가는 말없는 군대의 집결 따위가 역력히 보였을 것이다. 그것은 폭동의 주위를 천천히 죄어 가면서 간격을 좁혀 가는 무서운 띠였다.

포위된 지구는 이제 처참한 동굴에 지나지 않았다. 그곳에는 모든 것이 잠들어 있든가, 움직이지 않는 것처럼 보였다. 그리고 지금 본 것처럼 어느 거리나 모두 어둠으로 덮여 있었다.

그것은 함정투성이의 잔인한 어둠이고, 무서운 기습에 찬 숨겨진 암흑이며, 침입하기도 무섭고 머물러 있기도 소름 끼치는 그런 장소이며, 그곳에 들어가는 사람들은 기다리는 사람들 앞에서 떨고, 기다리는 사람들은 침입해 들어오는 사람들 앞에 몸서리쳤다. 눈에 띄지 않는 전투원이 거리 구석구석마다 진을 치고 무덤 구멍 같은 함정이 밤의 짙은 어둠 속에 가려져 있었다. 모든 것은 끝나 있었다. 이제는 총부리에서 번쩍이는 불 외에는 빛을 기다릴 것이 없고 눈 깜짝할 사이에 느닷없이 나타날 죽음 외에는 아무것도 만날 것이 없었다. 어디서 죽음을 만날 것인가? 어떻게 해서? 언제? 아무도 모른다. 그러나 그것은 확실하고도 피할 수 없는 일이었다. 그곳에 전투를 벌이게끔 정해진 그 장소에, 정부와 반란군 측이, 국민군과 민중 결사가, 부르주아지와 폭도가 서로 손으로 더듬어 가면서 접근하고 있는 것이었다. 어느 쪽이고 피할 수 없는 운명은 똑같았다. 죽어서 그곳을 나갈는지 이기고 그곳을 나갈는지, 그것만이 지금 남겨진 유일한 출구였다. 너무도 험악한 정세와 너무도 강하고 엄청난 어둠 속이라 겁많은 사람일지라도 굳은 각오를 하게 되고, 또 아무리 대담한 사람일지라도 공포를 느낄 정도였다.

뿐만 아니라 어느 쪽에도 서로 똑같은 분노와 고집과 결의가 있었다. 한편에게는 전진은 곧 죽음이었으나 아무도 물러서려고 하지 않았다. 다른 편에게는 머물러 있음은 곧 죽음이었으나 아무도 달아나려고 하지 않았다.

내일은 필연적으로 결판이 나고, 승리는 둘 중 어느 편이든 차지하게 되고, 반란이 혁명이 되느냐 폭동으로 끝나고 마느냐가 정해질 것이다. 정부도 폭도도 똑같이 그런 것을 알고 있었고, 한낱 보잘것없는 시민까지도 그것을 느끼고 있었다. 그렇기 때문에 바야흐로 모든 것이 결정되려는 그 구역의 깊이를 알 수 없는 어둠에는 고뇌와 같은 분위기가 감돌고 있었다. 때문에 큰 재난을 앞둔 침묵의 주위에는 불안한 마음이 늘어가고 있었다. 거기에는 다만 한 가지 소리밖에 들리지 않았다. 그것은 죽음의 헐떡임처럼 비통하고 저주와도 같은 위협적인 소리, 쌩 메리 성당의 경종(警鐘)이었다. 광란하고 절망하면서 어둠 속에서 탄식하고 있는 그 종소리의 외침만큼 듣는 사람을 소름끼치게 하는 것은 없었다.

 흔히 있는 일이지만, 지금 인간이 행하려 하는 일에는 자연도 보조를 맞추고 있는 듯했다. 아무것도 양자의 불길한 조화를 흩뜨리지 않았다. 별들은 자취를 감추고 묵직한 구름은 음침하게 겹겹이 쌓여 땅 위를 뒤덮고 있었다. 그 죽음의 거리 위에 암흑의 하늘이 있고, 그 광대한 무덤 위에는 마치 끝없는 수의 자락을 펼친 듯했다.

 아직 충분히 정치적인 면을 벗어나지 못한 전투가 이미 허다한 혁명 사건을 보아 온 이 지역에서 준비되어 갈 때, 청년층과 비밀 결사와 학교가 주의(主義)의 이름 아래, 중류 계급은 이해(利害)라는 이름 아래 서로 충돌하고 달려들어 싸우고 격투하기 위하여 쌍방에서 접근하고 있을 때, 또 저마다 위기의 마지막 순간을 재촉하고 그것을 맞으려고 할 때, 이 숙명적인 구역 밖 멀리에서는, 행복하고 번화한 빠리의 광휘 아래 숨어 있는 비참하고 낡은 빠리의 깊이를 헤아릴 수 없는 공동(空洞)의 밑바닥에서는 민중의 음산한 목소리가 은은히 신음하고 있는 것이 들렸다.

 그것은 야수들의 포효와 신의 언어로 된 무섭고도 신성한 목소리, 약자를 떨게 하고 현명한 자를 경계하는 소리, 사자의 울음 소리처럼 지상에서 오는 것과 동시에 천둥 소리처럼 천상에서 오는 소리였다.

막다른 곳

 마리우스는 시장까지 와 있었다.

 그곳은 부근의 거리에 비해서 한결 조용하고 어둡고 또 괴괴했다. 마치 썰렁한 무덤의 고요가 땅에서 솟아올라 하늘 밑에 퍼져 있는 듯했다.

 그러나 오직 한 곳 불그레한 불이 샹브르리 거리의 쌩 뙤스따슈 쪽으로 가는 길을 막고 있는 집들의 높은 지붕을 검은 배경 위에 뚜렷하게 비추어내고 있었다. 그것은 꼬랭뜨 주점의 바리케이드 안에서 타고 있는 횃불의 반사였다. 마리우스는 그 붉은 빛을 목표로 걸어갔다. 마르셰 오 쁘와레까지 오자 프레쉐르 거리의 캄캄한 입구가 어렴풋이 보였다. 그는 그 거리로 들어갔다.

저편 끝에는 폭도 측의 보초가 서 있었으나 그를 보지 못했다. 그는 자신이 찾아온 곳이 바로 가까이 있음을 깨닫고 뒤꿈치를 들고 살금살금 걷기 시작했다. 그는 이렇게 해서 독자들도 기억하다시피 앙졸라가 외부와 유일한 연락 통로로 남겨 놓은 몽데뚜르 골목의 그 짧고 좁은 길 모퉁이에 다다른 것이다. 마지막 끝의 집 모퉁이에 서서 왼편으로 머리를 내밀고 그는 몽데뚜르 거리 속을 엿보았다.

그 옆골목과 샹브르리 거리 사이의 어두운 모퉁이에 지금 그 자신이 숨어들어 널따란 그림자를 던지고 있는 조금 앞에는 희미한 불빛이 포석 위에 비치고 있고, 주점의 일부분과 그 뒤쪽으로 일그러진 성벽 속에 깜박거리는 등불과 총을 무릎 위에 놓고 웅크리고 있는 사람의 그림자가 보였다. 그것들은 그에게서 불과 10뜨와즈 거리쯤에 있었다. 그것은 바리케이드 내부였다.

옆골목 오른편에는 집이 늘어서 있으므로 주점의 다른 부분과 큰 바리케이드와 붉은 깃발은 그의 눈에 띄지 않았다.

마리우스는 이제 한 발짝만 내디디면 되었다. 그때 불행한 청년은 경계석 위에 걸터앉아 팔짱을 끼고 아버지를 생각했다.

그는 참으로 자랑스러운 병사였던 저 영웅 같은 뽕메르씨 대령을 생각했다. 그 대령은 공화 정부 밑에서는 프랑스 국경을 지키고, 황제 아래서는 아시아의 경계까지 진격하고, 제노아, 알렉산드리아, 밀라노, 튜린, 마드리드, 빈, 드레스덴, 베를린, 모스끄바 같은 도시를 보고, 유럽의 모든 전승지에 마리우스 자신의 혈관에 맥박치고 있는 것과 같은 그 피를 몇 방울 흘리고, 군의 규율과 지휘 때문에 나이보다도 빨리 백발이 되었고, 항상 가죽띠를 매고 견장을 가슴 위에 늘어뜨리고, 모표를 화약에 그을려 시커멓게 하고, 이마에 군모 자국을 내고 임시 막사, 야영지, 야전 병원에서 한평생을 보내고, 20년 뒤에는 뺨에 상처 자국을 남긴 채 빙긋이 웃으면서 단순하고 평온하고 감탄할 만큼 어린아이 같은 순결한 인간이 되어서, 오로지 프랑스를 위하여 행동했으며 프랑스를 반대하는 짓은 아무것도 하지 않고 수많은 전쟁을 치르고 돌아왔던 것이다.

그는 생각했다. 이제 나의 날도 찾아온 것이다. 이제 나의 때도 드디어 닥쳐온 것이다.

아버지에 이어서 나도 또한 용감하고 대담하게 탄환 앞을 뛰어다니고 가

마리우스는 그 붉은 빛을 목표로 하여 걸어갔다.

제13편 마리우스 어둠 속으로 들어가다

슴을 총검 앞에 내밀고, 내 스스로 피를 흘리고 적을 찾고 죽음을 찾으려고 하는 것이다. 이번에는 내가 싸울 차례다, 싸움터로 나설 차례다. 그리고 내가 나가는 그 싸움터는 거리이며 내가 하려는 전쟁, 그것은 내란인 것이다!

마리우스는 내란이 눈앞에 깊은 심연처럼 열리는 것을 보고 그곳에 자신이 빠져들어가려 하는 것을 알았다. 그러자 그는 몸을 부르르 떨었다.

할아버지가 고물상에 팔아 버린 아버지의 장검, 대단히 아까워했던 그 긴 칼을 그는 생각했다. 그 용감하고 순결한 장검이 그의 곁을 떠나 분연히 어둠 속으로 사라져 버린 것은 차라리 잘된 일이었다. 그 장검이 그렇게 해서 없어져 버린 것은 미래를 꿰뚫어 보았기 때문이다. 폭동을, 시궁창 속의 전쟁을, 돌바닥 위의 전쟁을, 지하실의 환기 구멍에서의 사격을, 서로 뒤에서 별안간 습격하는 것을 예감했기 때문이다. 마렝고나 프리들란트의 여러 전쟁을 치른 장검을 갖고 샹브르리 거리 같은 곳에 나가기를 원하지 않았기 때문이다. 아버지와 더불어 치러낸 분투 뒤에 똑같은 일을 그 아들과 함께 할 것을 원치 않았기 때문이다!

생각컨대 그 장검이 여기에 있었다면, 그리고 자신이 그것을 죽은 아버지의 머리맡에서 가지고 와서 지금 그것을 몸에 지니고 프랑스 사람끼리 네거리에서 벌이는 이 밤의 전투를 위해서 들고 나왔다면, 아마도 그 장검은 자기의 손을 태우고 또 천사의 장검처럼 눈앞에서 불길이 오르기 시작할 것이다! 정말 그 장검이 없어져 지금 여기에 모습을 나타내지 않은 것은 참으로 다행한 일이다. 그것으로 족한 것이다. 그게 옳은 것이다. 할아버지야말로 아버지 명예의 참다운 수호자였던 것이다. 대령의 장검은 경매에 붙여지고 고물상에 팔려서 고철 속에 던져지는 편이 오늘날 조국의 옆구리를 피로 물들이는 것보다 훨씬 나을 것이다.

그렇게 생각하고 마리우스는 쓰디쓴 눈물을 흘리기 시작했다.

그것은 가슴 아픈 일이었다. 그러나 어떻게 하면 좋단 말인가? 꼬제뜨 없이 산다는 것은 도저히 불가능한 일이다. 그녀가 떠나 버린 이상 그는 죽어야 하는 것이다. 자신은 반드시 죽을 것이라고 그녀에게 맹세하지 않았던가? 꼬제뜨는 그것을 알면서도 떠난 것이다.

결국 그녀는 마리우스가 죽어도 좋다고 생각한 것이다. 꼬제뜨는 이미 그를 사랑하지 않는 것이 분명하다. 왜냐하면 그녀는 이렇게 아무런 예고도 하지 않고, 한 마디 말도 없이, 한 통의 편지도 보내지 않고 가버리지 않았는가? 더욱이 그의 주소를 알고 있으면서도 말이다! 이런 지금 더 살아서 무엇하겠는가? 무엇 때문에 더 살아간단 말인가?

그리고 또 이 무슨 일인가! 여기까지 와서 뒷걸음질치다니! 위험에 접근하고 달아난단 말인가! 바리케이드 안을 들여다보고 돌아서 버린단 말인가? "그런데 이런 건 이제 지긋지긋하다. 나는 보았다. 그것으로 충분한 것이다. 이것이 내란인 것이다. 나는 물러 가야겠다." 하고 떨면서 물러선단 말인가! 자신을 기다리는 친구들을 버린단 말인가! 틀림없이 나를 필요로 할 친구들을 말이다! 다수의 군대에 비해서 극히 적은 수에 불과한 친구들을! 모든 것을 동시에 배신하잔 말인가. 사랑도 우정도 맹세까지도! 자신의 비겁함을 애국심이라고 핑계댈 것인가! 아니 그럴 수는 없다. 아버지의 영혼이 아들인 그가 꽁무니를 빼는 것을 본다면 그의 허리를 장검의 등으로 치면서 외칠 것이다. "자아, 전진하라, 비겁한 놈!" 하고.

그는 어느 쪽으로도 마음을 정하지 못하고 점점 고개를 떨어뜨렸다. 그러다 갑자기 그는 머리를 번쩍 들었다. 빛나는 신념이 다시 마음 속에서 일어난 것이다. 죽음이 다가오기 직전에 머릿속은 특히 맑아지는 법이다. 죽음이 가까워졌을 때 인간은 진실을 본다. 자신이 거기에 끼여들려고 하는 것을 느낀다. 그러한 행동의 환영은 이미 한심스런 것이 아니라 장대한 모습으로 그에게 떠올랐다. 시가전에 대한 관념은 영혼의 어떤 작용에 의하여 그의 사상의 눈앞에서 갑자기 변모했다. 몽상에서 오는 온갖 혼란된 의문이 일시에 마음에 되돌아왔으나 그는 이미 망설이지 않았다. 그는 어떤 의문에 분명히 대답했다.

첫째 아버지가 격분하는 이유는 어디에 있단 말인가? 반란이 의무의 존엄성에까지 다다를 경우가 절대로 없단 말인가? 바야흐로 시작되려고 하는 전투에 뽕메르씨 대령의 아들의 품위를 떨어뜨릴 무엇이 있단 말인가? 이미 몽미라이유나 샹뽀베르(1814년 나뽈레옹이 러시아와 프 러시아의 군대를 무찌른 전승지)의 시대는 아니다. 시대는 아주 달라졌다. 신성한 국토 탈환이 문제가 아니라 성스러운 사상의 운명이 문제인 것이다. 조국은 한탄하겠지. 그러나 인류는 찬양할 것이다. 그런데 조국이 진정 한탄할 것인가? 프랑스는 피를 흘리지만 자유는 빙긋이 웃을 것이다. 그리고 자유의 이 웃음 앞에서 프랑스는 자신의 상처를 잊을 것이다. 그리고 또 사물을 한층 높은 관점에서 볼 때, 내란에 대해 어떻게 말해야 할 것인가?

내란? 그것은 무엇을 의미하는가? 외란이란 것이 있을까? 인간끼리 하는 전쟁은 모두 형제끼리의 전쟁이 아니겠는가? 전쟁의 성질은 다만 그 목적에 의해서 정해진다. 외란도 내란도 없다. 다만 불의의 전쟁과 정의의 전쟁이 있을 뿐이다.

전 인류의 대협약이 체결되는 날까지는―퇴보적인 과거에 대하여 진보적인 미래의 노력인―전쟁은 아마도 필요할 것이다. 그러한 전쟁의 무엇을 비난할 것인가? 전쟁이 치욕이 되고 검이 비수가 되는 것은 권리와 진보와 이성과 문명과 진리를 말살하는 경우뿐이다. 그런 경우 내란이든 외란이든 전쟁은 죄악이라고 한다.

그러나 정의라고 하는 신성한 한 마디를 제쳐두고 어떤 권리로 싸움의 한 형식이 또 다른 형식을 경멸할 수 있겠는가? 무슨 권리로 워싱턴의 검이 까미유 데물랭(바스띠유 감옥의 공격을 지휘한 사람)의 창을 부인한단 말인가? 외적에 대항한 레오니다스와 폭군에 대항한 티몰레온(친형인 폭군 티모파네스를 죽인 코린토스의 장군) 가운데 어느 쪽이 더 위대하단 말인가? 전자는 수호자이고 후자는 해방자이다. 도시 내부에서 일어나는 무장 봉기를 그 목적조차 묻지 않고 누구나가 모욕할 것인가? 그렇다면 브루투스도 마르셀(황태자 샤를르에게 반항한 14세기의 빠리시장)도 블랑켄하임의 아르놀드(스위스 통일의 영웅 뷩펠리트의 아르놀드인지 불확실)도 꼴리니(16세기 프랑스 신교도의 장군으로 성 빠르토로메오의 학살의 희생자가 되었음)도 모두 치욕을 가하는 낙인을 찍으라. 게릴라전은 나쁜가? 시가전은 나쁘단 말인가?

어째서 그것은 암비오릭스(로마군에 대항하여 싸운 가리아의 수령)나 아르뜨벨드(14세기 플랑드르의 反 프랑스 일파의 지도자)나 마르닉스(16세기 네덜란드의 스페인 왕에 대한 반란 주모자)나 뻴라즈(아랍의 침입을 막아낸 8세기 아스투리아스 왕)가 했던 전쟁과 다른가? 아니 암비오릭스는 로마에 대항했고 아르뜨벨드는 프랑스에 대항했고 마르닉스는 스페인과 싸웠고 뻴라즈는 이슬람교도에 대항하여 모두 외적을 상대했던 것이다.

그러나 왕정도 외적이다. 압제도 외적이다. 신권(왕권 신수설에 의한 군주권)도 외적이다. 외적이 침입하여 지리상의 국경을 침략하듯이 전제 정치는 정신의 국경을 침략한다. 전제 군주를 몰아내는 것도 영국 사람을 쫓아내는 것도 다 국토를 도로 찾는 일이다. 이미 항의만으로는 충분치 못하다고 할 때도 오는 것이다. 철학 뒤에는 행동이 필요하다. 발랄한 힘은 관념을 묘사한 작품을 완성한다. 쇠사슬에 묶인 프로메테우스(에스퀼로스의 희곡. 하늘의 불을 훔치고 제우스에 의하여 바위에 묶여서 독수리에게 간을 파먹힌 신)가 시작한 것을 아리스지톤(하루 모디우스와 함께 아테네의 참주 히빠르코스를 쓰러뜨 렸음. 실제는 그 행동이 에스퀼로스의 희곡보다도 먼저임)이 완성했다. 백과사전은 인간의 영혼을 밝히지만 1792년 8월 10일은 사람들에게 전기를 준 것과 같다. 에스퀼로스의 뒤에는 트라지불로스(5세기말에 아테네의 민주정치를 재현했음)가 나타나고 디드로 뒤에는 당똥이 나타난다.

대중이란 지배자를 받아들이기 쉽다. 그 집단은 무감각에 빠진다. 군중들은 쉽게 하나로 뭉쳐서 복종한다. 그러니까 그들에게 충동을 주고 뒤를 밀어 주고 해방의 덕을 줌으로써 그들을 질타하고 진실로써 그들의 눈을 아프게 해주고 무서운 힘으로 광명을 던져 줘야 하는 것이다. 그들도 그들 자신의 구원에 대해 다소 충격받을 필요가 있다. 그러한 눈부신 빛으로 눈이 뜨이는 것이다. 거기에서 경종이나 전쟁의 필요성이 생겨난다. 위대한 투사들이 일어나서 대담한 행위로 국민을 계몽하고 신권과 시저의 영광과 세력과 광신과 무책임한 권력이나 절대적인 존엄 등이 어둠으로 덮여 있는 이 슬픈 인류를 흔들어야 한다. 황혼빛에 휩싸인 어두운 밤의 승리에 멍청하게 정신을 빼앗기고 있는 군중들을 흔들어 주어야 한다.

전제 군주를 타도하라!

그러면 사람들은 말할 것이다. 누구를 가리켜 하는 말인가? 루이 필립을 전제 군주라고 하는 건가? 아니다. 그는 루이 16세와 같은 전제 군주는 아니다. 그들은 둘 다 역사가 보통 선량한 왕이라고 부르는 인물이다. 그러나 주의는 분할할 수 없는 것이고, 진실이 갖는 논리는 직선적이고, 진리의 특성은 아첨하는 말을 쓰지 않는 점에 있다.

그러므로 양보 따위는 있을 수 없다. 인간에 대한 온갖 침해를 막아야 한다. 루이 16세도 신권을 띠고 있고, 루이 필립도 부르봉 왕가 출신으로의 특권을 지니고 있다. 둘 다 어느 정도는 권리의 찬탈을 대표하고 있다. 그리고 일체의 왕위 찬탈을 뿌리뽑기 위해서는 그들과도 싸워야 하는 것이다. 프랑스는 항상 새로운 시대를 시작하는 나라이므로 그렇게 해야 한다. 프랑스에서 지배자가 쓰러질 때는 모든 나라에서도 지배자가 쓰러진다.

요컨대 사회적 진리를 재건하고, 왕위를 자유에게 돌려주고, 민중을 본래의 민중에게 돌려주고, 인간에게 주권을 돌려주고, 붉은 빛 옷을 프랑스의 머리 위에 돌려주고, 이성과 공정을 완전한 모습으로 회복하고 각자를 그 본래의 위치로 되돌아가게 함으로써, 모든 적의의 싹을 근절하고 왕권이 광대한 세계적 화합을 방해하고 있는 장애를 제거하고, 인류를 정당한 권리의 수준으로 되돌리는 것, 그 이상 올바른 대의가 또 있을까? 그 이상의 위대한 전쟁이 또 있을까? 그와 같은 전쟁이 평화를 건설하는 것이다. 편견, 특권, 미신, 허위, 착취, 권리의 남용, 폭력, 부정, 어둠 따위로 이루어지는 거대한 요새는 아직도 증오의 탑을 세우고 세계 위에 솟아 있다. 그것을 타도하지 않으면 안 된다. 괴물과 같은 거대한 덩어리를 허물어뜨려야 한다.

아우스테를리츠에서 승리한 것은 위대했으나, 바스띠유 감옥을 점령한 것은 의미있는 일이었다.

누구라도 자신에게 비추어 보면 분명한 것처럼 영혼은—이것이야말로 보편성과 통일성을 아울러 가지고 있는 신비로운 것이지만—아무리 심한 궁지에 처해서도 거의 냉정하게 추리하는 이상한 능력을 갖추고 있다. 그리고 종종 비통한 감정과 심각하고 깊은 절망이 더없이 우울한 독백의 고뇌 속에서조차 주제를 끌어내어 문제를 의논할 여지가 있을 때가 있다. 논리는 경련과 뒤섞이고, 논법의 실〔糸〕은 생각의 비통한 폭풍우 속에 끊기지 않고 떠돈다. 마리우스의 정신 상태가 바로 그러했다.

마리우스는 이러한 상념에 잠겨 기력을 잃어 가면서도 결심을 하고, 더욱이 망설이면서 자기가 하려고 하는 일 앞에 떨면서도 그의 눈은 바리케이드 내부를 방황하고 있었다. 그곳에서는 폭도들이 꼼짝도 않고 낮게 수군수군 이야기를 주고받고 있고, 기다리는 마지막 단계에 온 것을 말해 주는 야릇한 정적이 감돌았다. 그들의 머리 위 4층의 한 채광창을 올려다본 마리우스는 방관자인지 증인인지 이상하게 주의를 기울이고 있는 듯한 사람의 그림자를 보았다. 르 까뷕에게 살해된 문지기였다.

포석에 횃불이 반사되어 그 머리가 어렴풋이 보였다. 어둡고 희미한 불빛에 비친 놀란 듯 곤두선 머리카락, 부릅뜨고 응시하는 눈과 헤벌린 입, 그 모든 것이 호기심에 끌린 듯 거리 위로 몸을 기울이고 있었다. 이 얼굴보다 더 기괴한 것은 없었다. 이미 죽은 것이 이제부터 죽으려고 하는 것들을 지켜보고 있는 듯했다. 그의 머리에서 흐른 기다란 핏줄기는 붉은 실처럼 채광창에서 2층까지 흘러 거기에서 멎어 있었다.

제14편 고상한 절망

깃발—제1막

아직 아무 일도 일어나지 않았다. 벌써 쌩 메리 성당의 종은 10 시를 친 뒤였다. 앙졸라와 꽁브페르는 기총을 들고 큰 바리케이드의 틈바구니 옆으로 가서 앉아 있었다. 그들은 아무 말도 하지 않았다. 다만 희미하게 멀리서 들리는 행진 소리를 놓치지 않으려는 듯 귀기울이고 있었다.

그러자 갑자기 그 음침한 고요 속에서 밝고, 젊고, 쾌활한 노랫소리가 일어났다. 그것은 쌩 드니 거리에서 들려오는 듯한 '달 밝은 밤에'라는 오래된 민요('달 밝은 밤에' Auclair de la lune로 시작되는 민요)의 곡조를 빌려 수탉 울음 소리와 비슷한 외침으로 끝나는 노래였다.

> 우리는 울고 싶다
> 여보게 뷔조(당시 프랑스 원수)
> 헌병을 보내 주게
> 한 마디 하고 싶네
> 푸른 빛 외투에
> 군모 쓴 그 암탉
> 여기는 교외로세!
> 꼬꼬 꼬끼요!
>
> (뷔조는 프랑스 원수로 7월 왕정의 열광적 지지자. 골의 수탉은 7월 왕정의 표지로 그 군대를 암탉에 비유해서 야유하고 있음)

두 사람은 손을 서로 움켜쥐었다.
"가브로슈야." 앙졸라는 말했다.
"우리에게 신호를 보내고 있는 거야." 꽁브페르가 말했다.
급히 뛰어오는 발소리가 쓸쓸한 거리의 정적을 깨뜨리면서 누군가 곡예사보다도 가볍게 몸을 날려 승합 마차 위로 기어오르더니, 가브로슈가 숨을 헐떡이며 바리케이드 안으로 뛰어들어왔다.
 "내 총을! 놈들이 오고 있어."
 전류가 흐르듯이 전율이 일시에 온 바리케이드 안을 휩싸고 사람들이 총을 찾는 소리가 들렸다.
 "내 기총을 줄까?" 앙졸라가 가브로슈에게 물었다.
 "큰 총이 필요해." 가브로슈가 대답했다.
 그리고 가브로슈는 자베르의 총을 들었다.
 두 사람의 보초도 후퇴해서 거의 가브로슈와 동시에 돌아왔다. 거리 맨 끝에 서 있던 보초와 쁘띠뜨 트뤼앙드리에 서 있던 보초였다. 프레쇠르 옆골목의 보초는 그 자리에 남아 있었다. 부근의 다리와 시장 쪽은 아무런 움직임이 없다는 증거였다.
 샹브르리 거리 쪽은 깃발을 비추고 있는 불빛의 반사로 포석 몇 개가 희미하게 보일 뿐이었으나, 폭도들의 눈에는 안개 속에 어렴풋이 열려 있는 커다란 현관처럼 비쳤다.
 모두 각자의 전투 위치에 자리잡았다.
 앙졸라, 꽁브페르, 꾸르페락, 보쒸에, 졸리, 바오렐, 그리고 가브로슈를 포함한 43명의 폭도들은, 큰 바리케이드 속에서 무릎을 꿇고 장벽 꼭대기와 같은 높이로 머리를 내밀고, 포석 사이를 총구멍으로 하여 소총이며 기총을 늘어놓고 긴장하여 입을 다물고 언제라도 발사할 자세를 갖추고 있었다. 6명은 푀이의 지휘 아래 꼬랭뜨의 2층 창문에 진을 치고 총을 겨누고 있었다.
 다시 몇 분인가 지났다. 이윽고 정연하고 묵직한 여러 사람의 발자국 소리가 쌩 뢰 교회 쪽에서 분명하게 들렸다. 그 발소리는 처음에는 희미하게, 다음에는 뚜렷하게, 다음에는 묵직하고 우렁차게 울리면서 조용하고 무시무시하게 계속 천천히 다가왔다. 그 이외에는 아무런 소리도 들리지 않았다. 마치 기사의 석상이 걷는 듯한 정적과 울림이었으나, 그 석상의 발소리에는 하나의 유령과 동시에 많은 군중을 상상하게 하는 무언가 알 수 없는 거대하고 무수한 울림이 있었다. 마치 무시무시한 1개 연대의 석상이 행진하는 소리를 듣는 것 같았다. 그 발소리는 가까이 다가왔다. 더욱더 가까이 다가왔다. 그리고 멈추어 섰다.

거리 맨 끝에서 수많은 사람의 숨소리가 들리는 것 같았다. 그러나 아무것도 보이지 않았다. 이 짙은 어둠 저 너머로 제대로 보이지도 않는, 바늘처럼 가느다란 금속 빛만이 무수히 희끗대고 있었다. 마치 사람들이 잠을 자려고 금방 눈을 감았을 때 떠오르는 인광(燐光)과도 같은 희뿌연 빛조각처럼, 금속 빛들이 어지럽게 흩어지기 시작했다. 그것은 햇불의 먼 반사광에 비추어진 총검과 총신이었다.

다시금 한동안 멈추었다. 쌍방이 모두 상대가 먼저 나올 것을 기다리는 양. 갑자기 그 어둠 밑바닥에서 하나의 목소리가, 사람이 보이지 않는만큼 더욱 불쾌한, 마치 어둠 그 자체가 말을 했는가 싶을 정도의 목소리가 외쳤다.

"누구냐?"

동시에 총을 겨누는 금속성 소리가 들렸다.

앙졸라는 우렁차게 대답했다.

"프랑스 대혁명이다!"

"발사!" 하고 그 목소리가 외쳤다.

일시에 불빛이 번쩍이고 거리에 있는 집들의 정면을 새빨갛게 물들였다. 마치 용광로의 문이 갑자기 열렸다가 닫힌 것처럼.

굉장히 큰 폭음이 바리케이드 위에서 울려 퍼졌다. 붉은 깃발은 넘어졌다. 그 일제 사격은 참으로 격렬하고 조밀했기 때문에 붉은 기의 깃대를, 다시 말해서 승합 마차의 앞채 끝을 꺾어 버린 것이다. 건물 박공에 맞았다가 튀어 날아온 총알이 바리케이드 안으로 뛰어 들어 여러 사람에게 상처를 입혔다.

그 최초의 일제 사격은 사람들의 간담을 서늘케 했다. 적의 공격은 맹렬하여 아무리 용감한 사람이라도 겁먹을 정도였다. 상대는 적어도 1개 연대쯤 되는 것이 틀림없었다.

"동지들, 화약을 허비하지 말라. 놈들이 거리에 들어오기를 기다렸다가 반격해야 한다."

꾸르페락이 소리쳤다.

"우선 깃발을 다시 세우자." 앙졸라가 말했다. 그는 마침 자기 발 밑에 떨어져 있던 깃발을 주워 올렸다.

밖에서는 꽂을대를 총에 밀어넣는 소리가 들렸다. 적의 군대가 다시 총을 장전하고 있는 것이다. 앙졸라는 말을 계속했다.

"누구 용기 있는 사람 없는가? 바리케이드 위에 깃대를 다시 세울 사람은 없는가?"

아무도 대답하지 않았다. 틀림없이 다시금 바리케이드를 겨누고 있을 것이 뻔한 지금 그 위에 올라가는 것은 죽음과 다름 없는 일이었다. 아무리 용감한 사람이라도 자신에게 죽음을 선고하기는 망설여지는 법이다. 앙졸라 자신도 부르르 몸을 떨었다. 그는 거듭 말했다.

"아무도 나올 사람 없나?"

깃발—제2막

그들이 꼬랭뜨 주점에 도착해서 바리케이드를 구축하기 시작했을 때 마뵈프 영감에게 주의하는 사람은 아무도 없었다. 그러나 마뵈프 영감은 폭도들 곁에서 떠나지 않았다. 그는 술집 1층에 들어가 계산대 뒤에 앉아 있었다. 그곳에서, 말하자면 그는 자신 속에 풀썩 주저앉아 있었던 것이다. 그는 이미 아무것도 보지 않고 아무것도 생각하지 않는 듯했다.

꾸르페락이나 그밖의 사람들이 두어 번 가까이 와서 위험을 알리고 물러가도록 권했으나 그 말도 들리지 않는 것 같았다. 남이 말을 걸지 않을 때엔 그의 입은 마치 누구에게 대답이라도 하는 듯 우물거리고 움직였지만, 남이 말을 걸라치면 그 입술은 굳어 버리고 눈은 생기를 잃어버리는 것이었다. 바리케이드가 공격당하기 몇 시간 전부터 그는 줄곧 똑같은 자세를 흐트리지 않고 두 주먹을 무릎 위에 얹고, 깊은 못 속을 들여다보는 양 고개를 앞으로 숙이고 있었다. 어떠한 것도 그 자세를 흩뜨릴 수는 없었다. 그의 마음은 바리케이드 안에 있다고만 볼 수 없었다. 전원이 제각기 전투 위치로 돌아가자 이미 아래층 홀에는, 기둥에 매여 있는 자베르와 군도를 빼들고 자베르를 감시하는 한 폭도와 마뵈프밖엔 없었다. 공격받은 순간 폭발음에 놀란 마뵈프 영감은 흠칫 몸을 떨고 나서 간신히 정신을 차린 듯 불쑥 일어나서 홀을 가로질러 갔다. 그리고 앙졸라가 "아무도 나올 사람 없나?" 하고 되풀이했을 바로 그때, 이 노인의 모습이 술집 입구에 나타났다.

마뵈프 영감의 출현은 사람들에게 동요를 일으켰다. 누군가가 외쳤다.

"저분은 투표자(루이 16세의 사형에 찬성 투표를 한 사람)다! 국민의회 의원이다! 민중의 대표자다!"

아마도 마뵈프 영감은 이 외침도 듣고 있지 않았을 것이다.

마뵈프 영감은 곧장 앙졸라에게로 다가갔다. 폭도들은 무언가 종교적인 외경심을 느끼고 그에게 길을 내주었다. 마뵈프 영감은 어리둥절하여 뒤로 물러서는 앙졸라의 손에서 깃발을 뺏어 들었다. 그리고 아무도 말리거나 도우려 하기 전에 80고개를 넘어선 이 노인은 머리를 건들거리면서도 확고한 걸음걸이로 바리케이드 안에다 포석으로 만들어 놓은 계단을 천천히 오르기 시작했다. 이 모습이 너무나도 침통하고 위대한 광경이어서 주위의 사람들은 다같이 외쳤다.

"모자를 벗어라!"

그가 올라가는 한 계단 한 계단은 실로 무섭게 느껴졌다. 백발의 노쇠한 얼굴, 벗겨져 올라가고 주름이 파인 넓은 이마, 움푹 들어간 눈, 놀란 듯 벌어진 입, 붉은 깃발을 쳐들고 있는 늙은 팔, 그것들이 어두운 그림자 속에 나타나서 피처럼 붉은 횃불의 불빛 속에 커다랗게 떠올랐다. 마치 1793년의 망령이 공포 시대의 깃발을 들고 땅밑에서 나온 것을 보는 듯싶었다.

마뵈프 영감이 마지막 계단 위에 올라섰을 때, 비틀거리는 무시무시한 이 유령이 보이지 않는 1200개의 총을 앞에 두고 온갖 잡동사니를 쌓아올린 산더미 위에 올라가서 죽음보다도 더욱 굳센 것처럼 죽음 앞에 늠름하게 섰을 때, 바리케이드 전체는 어둠 속에서 초자연적인 거대한 형상을 나타냈다. 다만 기적의 주위에서만 생겨나는 그러한 침묵이 그곳에 있었다.

그 침묵 한복판에서 노인은 붉은 기를 흔들면서 외쳤다.

"대혁명 만세! 공화국 만세! 사랑! 평등! 그리고 죽음!"

바리케이드 안의 사람들은 황급히 기도를 드리는 사제의 중얼거림과 같이 낮고 재빠른 속삭임을 들었다. 아마도 거리 저편 끝에서 해산 권고를 하고 있는 경찰서장의 목소리일 것이다. 이어서 "누구냐?" 하고 고함치던 저 깨진 종소리와 같은 목소리가 다시 외쳤다.

"물러가라!"

마뵈프 영감은 창백하고 격분한, 혼란스럽고 비통한 결의로 눈을 빛내면서 깃발을 머리 위에 쳐들고 거듭 외쳤다.

"공화국 만세!"

"발사!" 하는 목소리가 들렸다.

다시금 산탄 같은 일제 사격이 바리케이드 위로 집중되었다.

노인은 풀썩 무릎을 꿇고 주저앉더니 다시 몸을 일으켜 세웠으나 깃발을 떨어뜨리고 뒤로 나둥그러지면서 포석 위에 몸을 길게 뻗고 팔짱을 낀 채 한 장의 널조각처럼 쓰러졌다.

피가 얕은 냇물처럼 몸 밑에서 흘러나왔다. 주름진 얼굴은 창백하고 슬픈 듯이 하늘을 올려다보고 있었다.

사람들에게 자기 몸을 지킬 것조차 잊게 만드는, 저 본능을 초월한 감동이 폭도들을 사로잡았다. 그들은 존경에 찬 두려움을 안고 시체 옆으로 다가갔다.

"시역자(루이 16세를 처형한 국민의회 의원들)들은 실로 대단하군!" 앙졸라가 말했다.

꾸르페락은 앙졸라의 귀에 입을 대고 말했다.

"이건 자네에게만 말해 두겠네. 감격을 식히고 싶지 않으니까 말일세. 이 노인은 왕의 시역자도 아무것도 아닐세. 난 이 사람을 알고 있어. 마뵈프 영감이라고 하네. 어쩐 일로 그랬는지 나는 모르겠네. 착한 늙은이야. 머리를 보게나."

"머리는 늙었지만 마음은 브루투스일세."

앙졸라가 대꾸했다.

그러고 나서 앙졸라는 목소리를 높였다.

"여러분! 이것은 노인이 청년들에게 보여 준 본보기오. 우리들이 망설이고 있을 때 그가 왔소! 우리들이 뒷걸음질칠 때 그는 앞으로 나아갔소! 이것이야말로 늙음 앞에 떠는 사람들이 공포 앞에 떠는 사람들에게 주는 가르침이오! 이 노인은 지금 조국 앞에 존귀한 분이 되었소. 그는 장엄한 죽음으로 영생을 얻은 것이오! 자, 이 유해를 모십시다. 우리는 각자 생존해 있는 자신의 아버지를 지키듯 죽은 이 노인을 지킵시다. 우리들 속에 이분이 계심으로 해서 부디 바리케이드를 적에게 빼앗기지 않도록 합시다!"

침통하고 굳센 찬성의 속삭임이 이 말에 뒤따랐다.

앙졸라는 몸을 굽혀 노인의 머리를 들어올려 우악스럽게 그 이마에 키스했다. 그러고 나서 두 팔을 벌리게 하고 마치 아프지 않도록 마음을 쓰는 듯 세심한 주의로 시체를 다루면서, 윗도리를 벗기고 몇 군데나 뚫려 있는 피투성이의 구멍을 모두에게 가리키며 말했다.

"자, 이제 이것이 우리의 깃발이오."

가브로슈에겐 앙졸라의 기총이 더 좋았을 것을

　사람들은 마뵈프 영감의 유해 위에 위슐루 아주머니의 길고 검은 숄을 덮었다. 6명의 남자가 총을 엮어 들것을 만들어서 그 위에 유해를 놓고 모두 모자를 벗고 장중하고 느린 걸음으로 주점 아래층 홀의 커다란 탁자 위로 옮겼다.

　그들은 자신들이 지금 하고 있는 엄숙하고 신성한 일에 완전히 마음을 빼앗겨서 그들이 처해 있는 위험한 상황을 잊고 있었다.

　여전히 태연하게 있는 자베르의 곁을 시체가 지날 때 앙졸라는 말했다.

　"너도 이제 멀지 않았어!"

　그동안 소년 가브로슈는 맡은 부서에서 떠나지 않고 계속 망을 보고 있었는데, 문득 몇 사람인가의 그림자가 살금살금 바리케이드로 다가오는 것을 본 듯했다. 별안간 그는 외쳤다.

　"조심해!"

　꾸르페락, 앙졸라, 장 프루베르, 꽁브페르, 졸리, 바오렐, 보쒸에가 모두 주점에서 뛰쳐나갔다. 실로 위태로운 순간이었다. 빽빽하게 들이댄 총검이 바리케이드 위에서 번쩍번쩍 물결치고 있었다. 키가 큰 시의 경비병들이 일부는 승합 마차를 타고 넘고, 일부는 바리케이드의 틈바구니로 돌입해서, 뒤로 물러서면서도 달아나려고 하지 않는 가브로슈에게 다가서고 있었다.

　정말 위험한 순간이었다. 강물이 제방 높이까지 불어올라 막 제방의 틈바구니에서 새기 시작하는 저 홍수 때의 최초의 무서운 한순간이었다. 1초만 늦었더라도 바리케이드는 점령당하고 말 참이었다.

　바오렐은 맨 먼저 들어온 경찰대원에게 달려들어 기총을 들이대고 단 한 발에 쏘아 죽였다. 그러나 뒤따른 경찰대원이 총검으로 바오렐을 찔러 죽였다. 꾸르페락은 다른 병사에게 걸려 넘어져서 "이리로 와주게!" 하고 외치고 있었다. 한층 키가 큰 거인 같은 병사가 총검을 내밀고 가브로슈에게 다가가고 있었다. 가브로슈는 조그만 양팔에 자베르의 커다란 총을 안고 용감하게 거인을 노리며 방아쇠를 당겼다. 그러나 총알이 나오지 않았다. 자베르는 탄알을 재어두지 않았던 것이다. 경찰대원은 웃음을 터뜨리고 총검을 소년 위로 번쩍 치켜들었다.

　그러나 그 총검이 가브로슈의 몸에 닿기 전에 총은 병사의 손에서 털썩 떨어졌다. 한 발의 총알이 경찰대원의 이마 한복판에 명중했던 것이다. 그는 벌렁 나자빠졌다. 다시 두 번째 총알이 꾸르페락에게 덤벼들었던 병사의 가슴 한복판을 뚫고 그를 포석 위에 쓰러뜨렸다.

그것은 순간 바리케이드 안에 들어온 마리우스가 쏜 것이었다.

화약통

마리우스는 줄곧 몽데뚜르 거리 모퉁이에 숨어서 마음을 정하지 못한 채 떨면서 전투가 벌어지는 형세를 지켜보고 있었다. 그러나 심연의 부름이라 일컫는 저 신비롭고 숭고한 유혹에 끝내 거역할 수가 없었다. 절박한 위기 앞에서, 마뵈프 영감의 죽음이라는 저 처참한 수수께끼를 보고 바오렐의 죽음과 "이리로 와주게!" 하고 외치는 꾸르페락과 위협당하고 있는 저 소년과, 구해내야 할, 또는 복수해야 할 친구들을 보자 망설임은 모두 다 사라져 버려 마리우스는 권총 두 자루를 손에 쥐고 싸움 속으로 뛰어들었다. 한 발로 가브로슈를 구하고 두번째 총알로 꾸르페락을 구했다.

사격 소리와 부상한 병사들의 고함소리를 듣고 공격군은 방어 진지로 기어올라왔다. 이제 그 꼭대기에는 경찰대원이며 제1선의 현역병이며 교외의 국민병들이 총을 움켜쥐고 상반신을 내밀고 떼를 지어 있는 것이 보였다. 그들은 이미 보루의 3분의 2 이상을 덮고 있었지만 무언가 함정이 있을 것을 두려워해서인지 망설이며 보루 안으로 뛰어들지는 않았다. 마치 사자굴이라도 들여다보는 듯 어두운 바리케이드 안을 들여다볼 뿐이었다. 횃불의 불빛은 총검과 털모자와 불안해하는 초조한 얼굴 윗부분만을 비추고 있을 뿐이었다.

마리우스는 이제 무기가 없었다. 실탄을 다 쏘아버린 권총을 던져 버렸다. 그러나 아래층 홀 문 옆에 화약통이 놓여 있는 게 눈에 띄었다.

마리우스가 그쪽을 엿보면서 돌아섰을 때 한 병사가 그를 겨누었다. 그 겨냥이 마리우스 위에 멈춰지려는 순간 어떤 손이 총신의 끝을 누르고 총구멍을 막았다. 옆에서 비로드 바지를 입은 한 젊은 노동자가 달려든 것이다. 총알은 발사되어 막고 있는 손을 뚫고, 또 노동자의 몸도 뚫은 모양이었다. 노동자는 맥없이 쓰러졌지만 마리우스는 맞지 않았다. 이러한 것은 포연 속에서 생긴 일이어서 흘끗흘끗 보였을 뿐 분명히 보이지는 않았다.

뒤따른 경찰대원이 총검으로 바오렐을 찔러 죽였다.

아래층 홀로 들어가려던 마리우스도 그것을 거의 깨닫지 못했다. 다만 자기를 향했던 총구멍과 그것을 막은 손이 어렴풋이 보였고, 또 총소리만 들었다. 그러나 그런 경우 눈에 띄는 것은 어른거리다가 순식간에 사라져 버리고 말아, 무엇 하나 유심히 볼 수 없는 것이다. 다만 자신은 더욱 깊은 어둠 속으로 밀려가는 것을 막연하게 느낄 뿐, 모든 것이 구름처럼 희미하게 보이는 것이다.

폭도들은 급습을 받으면서도 두려워하지 않고 진용을 가다듬었다. 앙졸라는 "기다려! 무턱대고 쏘지 마!" 하고 외쳤다. 처음 혼란 속에서는 실제로 자칫 잘못하면 자기 편끼리 상처를 입힐 우려가 있었다. 대부분의 사람들은 2층의 창문이나 다락방 창문에 올라가서 공격군을 내려다보고 있었다. 그 중에서도 특히 용감한 사람들은 앙졸라, 꾸르페락, 장 프루베르, 꽁브페르와 함께 대담하게 안쪽 집들을 방패삼아 몸을 드러내 놓고 바리케이드 위에 몰려 있는 병사들과 경찰대원들을 마주 보고 있었다.

이러한 일은 허둥거림 없이, 혼전에 앞선 기이한 엄숙 속에서 일어났다. 쌍방은 모두 총구를 들이대고 대치한 채 서로 목소리가 들릴 만큼 접근해 있었다. 그리하여 이제 막 불꽃이 튀려는 순간 보병 근무장과 커다란 견장을 단 한 장교가 칼을 뻗치고 말했다.

"무기를 버려라!"

"발사!" 앙졸라가 말했다.

양편에서 동시에 사격 소리가 일어나고 모든 것은 포연 속에 가려졌다. 매캐하고 숨막히는 연기 속에서 죽어가는 사람들과 부상한 사람들이 약하디약한 신음 소리를 내고 있었다.

연기가 사라지고 보니 쌍방의 전투원은 수가 줄어 있었으나 여전히 자리를 지킨 채 묵묵히 다시 총알을 장전하고 있었다. 갑자기 우레 같은 목소리가 울리며 외쳤다.

"물러가라, 바리케이드를 폭파시킬 테다!"

모든 사람이 소리나는 쪽을 돌아보았다.

마리우스는 아래층 홀로 들어가서 화약통을 들고는 연기와 보루 가득히 차 있는 어두운 안개를 이용하여, 횃불을 켜놓고 포석이 둘러쳐진 곳까지 바리케이드를 따라서 살그머니 다가왔다. 그리고 횃불을 뽑아들고 그 자리에

그는 횃불을 화약통에 가까이 가져갔다.

화약통을 내려놓고 포석 몇 장으로 밑부분을 치자 화약통은 대번에 밑바닥이 뽑혀나갔다. 이 모든 것을 마리우스는 약간 몸을 구부렸다가 일으키는 사이에 해치웠다. 그리고 지금 모든 사람, 국민병도, 경찰대원도, 장교도, 병사도, 바리케이드 저편 끝에 둥그렇게 뭉쳐서, 마리우스가 포석 더미에 한 발을 올려놓고 횃불을 들고 있는 모습을, 마지막 결의에 빛나는 그 얼굴을 지켜보고 있었다. 마리우스는 망가진 화약통이 보이는 그 무시무시한 포석 더미 쪽으로 횃불을 들이대고 무섭게 외쳐댔다.

"물러나라! 그렇지 않으면 바리케이드를 폭파시킬 테다!"

80세가 넘은 노인에 이어서 바리케이드 위에 나타난 마리우스, 그는 늙은 혁명의 망령 뒤에 나타난 젊은 혁명의 환영이었다.

"폭파시켜 봐라! 너도 없어질걸!" 한 상사가 말했다.

마리우스는 대답했다.

"물론 나도 함께다."

마리우스는 횃불을 화약통 가까이로 가져갔다.

그러나 그때 이미 장벽 위에는 아무도 없었다. 공격군은 사상자와 부상자를 내버려 둔 채 한꺼번에 개미 흩어지듯 거리 저편 끝으로 물러가서 다시 어둠 속으로 사라져 버렸다. 그야말로 앞을 다투는 도주였다.

바리케이드는 해방되었다.

장 프루베르의 시구의 끝

사람들은 마리우스를 에워쌌다. 꾸르페락은 그의 목을 얼싸안았다.

"자네였군그래!"

"정말 다행이었네!" 꽁브페르가 말했다. "참 잘 와 주었어!" 보쒸에가 말했다.

"자네가 오지 않았다면 난 죽었을 거야!" 꾸르페락은 다시 말을 이었다.

"아저씨가 안 오셨다면 난 뻗을 뻔했어요!" 가브로슈도 덧붙였다.

마리우스는 물었다.

"대장은 어디 있나?"

"그건 자넬세." 앙졸라가 말했다.

마리우스는 하루 종일 머릿속이 화로 속처럼 뜨거웠으나 지금은 회오리바람처럼 혼란스러웠다. 더욱이 자신의 내부에 있다고만 생각했던 회오리바람이 이젠 외부에서 자신을 휩쓸어 가는 것처럼 느껴졌다. 이미 생명에서 아주 멀리 떨어져나온 것 같았다. 기쁨과 사랑으로 빛나던 두 달이 갑작스럽게 이 무서운 낭떠러지에 다다랐다는 것, 꼬제뜨가 없어져 버린 것, 이 바리케이드 공화국을 위해 쓰러진 마뵈프 영감, 게다가 자기 자신이 폭도의 대장이 된 것, 그 모든 것들이 마치 기괴한 악몽처럼 느껴졌다. 지금 자기를 에워싸고 있는 모든 것이 현실이라는 것을 깨닫기에는 정신적 노력이 필요했다. 가장 절박한 일은 불가능한 일이고, 또 예측할 수 없는 일이야말로 항상 예측하지 않으면 안 된다는 것을 깨닫기에는 마리우스는 아직 인생을 그다지 알지 못했다. 그는 마치 이해할 수 없는 연극을 보듯이 자기 자신의 연극을 보고 있었다.

그와 같은 몽롱한 안개 속에 젖어 있었으므로 마리우스는 자베르를 알아보지 못했다. 자베르는 기둥에 묶인 채 바리케이드 공격이 일어나는 동안 고개 한번 꼼짝 않고, 주위에 소용돌이치는 반란을 순교자와 같은 인내와 심판자와 같은 위엄으로 지켜보고 있었다. 마리우스는 그를 거들떠보지도 않았다.

그동안 공격군은 아무런 움직임도 보이지 않았다. 다만 거리 끝에서 행진을 하기도 하고 다시 모여들기도 하는 발소리가 들렸지만 명령이 내리기를 기다리고 있는지, 아니면 다시 그 함락시키기 어려운 보루에 돌입하기 전에 원병을 기다리고 있는지 쳐들어오지 않고 있었다. 폭도들은 보초를 세우고 또 몇 사람의 의학생들은 부상자들을 치료하고 있었다.

붕대와 탄약통을 올려놓은 두 개의 식탁과 마뵈프 노인의 시체가 있는 식탁을 제외하고는 모든 식탁을 주점 밖으로 끌어냈다. 그것으로 바리케이드를 보강하고, 텅 빈 아래층 홀에는 위슐루 아주머니와 하녀들의 침대요를 펴놓았다. 그 요 위에는 부상자들을 뉘었다. 주점에서 사는 가엾은 세 여인은 도대체 어찌되었는지 아무도 알지 못했다. 나중에야 지하 창고 안에 숨어 있는 그녀들을 발견했다.

이윽고 어떤 비통한 감동이 해방된 바리케이드의 기쁨을 어둡게 했다.
점호를 하고 보니 한 명이 빠졌다. 누가? 가장 귀중한 사람, 가장 용감한 사람 장 프루베르가 없는 것이다. 부상자 속을 찾아보았으나 없었다. 사상자들 속을 뒤져 보았으나 그곳에도 역시 없었다. 포로가 되었음에 틀림없었다.
꽁브페르가 앙졸라에게 말했다.
"놈들은 우리 친구를 납치한 걸세. 그러나 우리도 놈들의 앞잡이를 잡고 있어. 자넨 무슨 일이 있더라도 기어코 이 밀정놈을 죽일 생각인가?"
"암" 앙졸라는 대답했다. "그러나 장 프루베르의 생명이 더 소중해."
이 의논을 아래층 홀, 자베르가 묶여 있는 기둥 옆에서 하고 있었다.
"좋아." 꽁브페르가 말했다. "내가 지팡이 끝에 손수건을 붙들어 매고 사자가 되어 포로 교환의 담판을 하러 가겠네."
"저것 좀 들어봐!"
앙졸라가 꽁브페르의 팔에 손을 얹으면서 말했다.
거리 끝에서 총이 딸가닥거리는 소리가 심상치 않게 들렸다.
그러자 씩씩한 고함소리가 들렸다.
"프랑스 만세! 미래 만세!"
틀림없는 프루베르의 목소리였다.
순간 불빛이 번쩍이고 총소리가 울렸다.
주위는 다시금 고요해졌다.
"그를 죽였구나." 꽁브페르가 외쳤다.
앙졸라는 자베르를 노려보면서 말했다.
"네놈의 패들이 지금 너를 총살한 거야."

삶의 고통에 이은 죽음의 고통

이러한 싸움의 한 가지 특징은 바리케이드는 언제나 거의 정면에서 공격받는다는 것이며, 일반적으로 공격군은 복병을 경계해서인지 아니면 구불구불한 길 속으로 빠져들 것을 염려해서인지 적진의 등 뒤를 공격하기를 피한다. 그러므로 폭도측의 주의력은 모두 큰 바리케이드 쪽으로 향해 있었다. 그곳이 언제나 위협받을 확실한 지점이고 반드시 그곳에서 전투가 다시 벌어질 것이 분명했다. 그러나 마리우스는 문득 작은 바리케이드 쪽이 마음에 걸려서 그곳으로 갔다. 그곳엔 아무도 없었고 다만 포석 사이에서 흔들리는 등불만이 지키고 있을 뿐이었다. 뿐만 아니라 몽데뚜르 옆골목도 쁘띠뜨 트뤼앙드리 거리와 씨뉴 거리와의 갈림길도 깊은 정적에 싸여 있었다.

마리우스가 한 바퀴 돌아보고 되돌아가려 했을 때, 가냘픈 목소리가 어둠 속에서 그의 이름을 부르는 것이 들렸다.

"마리우스!"

그는 몸이 오싹했다. 분명히 그것은 두 시간 전에 쁠뤼메 거리의 철책 너머에서 그를 불렀던 목소리였다. 그러나 지금 그 목소리는 다 죽어 가는 숨소리로밖에는 생각되지 않았다.

그는 주위를 둘러보았으나 사람의 그림자는 보이지 않았다. 마리우스는 잘못 들은 거겠지 생각하고, 자기 정신이 둘레의 이상한 현실에 덧붙인 환각이려니 생각했다. 그는 바리케이드의 움푹한 곳에서 나오려고 한 걸음 내디뎠다.

"마리우스!" 그 목소리는 되풀이되었다.

이번에는 의심할 여지가 없었다. 분명히 들었다. 그는 유심히 찾아보았으나 역시 아무것도 보이지 않았다.

"당신 발밑이에요."

목소리가 말했다.

마리우스가 몸을 구부리고 살펴보니, 어떤 그림자가 자기 쪽으로 기어오고 있었다. 그 그림자는 포석 위를 기고 있었다. 마리우스에게 말을 건 것은 그 그림자였다.

등불 빛이 작업복과, 찢어진 허술한 비로드 바지와, 맨발과, 피의 웅덩이 비슷한 것을 비추고 있었다. 마리우스는 어렴풋이 창백한 얼굴이 자기 쪽을 향해 일어나며 말하는 것을 보았다.

"제가 누군지 아시겠어요?"

"모르겠는데."

"에뽀닌느예요."

마리우스는 얼른 몸을 굽혔다. 과연 그 불행한 소녀였다. 그녀는 남장을 하고 있었다.

"어떻게 여기에? 여기서 무얼하고 있소?"

"전 이제 죽어요."

고뇌에 짓눌린 사람들까지도 퍼뜩 정신을 차리게 하는 말과 사건이 세상에는 있는 법이다. 마리우스는 깜짝 놀라 부르짖었다.

"상처를 입었군그래! 잠깐 기다려요, 내가 홀로 옮겨 줄 테니. 치료를 받아야지. 상처는 심하오? 아프지 않도록 하려면 어떡하면 좋겠소? 어디가 아프오? 아, 그러나 도대체 뭣하러 여기엔 왔소?"
 그렇게 말하고 마리우스는 에쁘닌느의 몸 밑으로 팔을 집어넣어 안아 일으키려고 했다.
 안아 일으킬 때 그녀의 손을 건드렸다.
 에쁘닌느는 가냘픈 신음소리를 냈다.
 "아프게 했소?" 마리우스가 물었다.
 "조금."
 "손을 건드렸을 뿐인데."
 에쁘닌느는 자기 손을 마리우스의 눈앞으로 들어올렸다. 손바닥 한복판에 검은 구멍이 난 것을 마리우스는 보았다.
 "어떻게 된 거요?" 마리우스는 말했다.
 "뚫렸어요."
 "뚫리다니!"
 "네."
 "무얼로?"
 "총알에."
 "어쩌다가?"
 "당신 보았어요? 당신을 노리던 총 말예요."
 "아, 보았소! 그리고 총구멍을 막은 손도."
 "그건 제 손이었어요."
 마리우스는 몸을 떨었다.
 "그게 무슨 어리석은 짓이야, 가엾게도! 그러나 참 다행이군. 그것뿐이라면 아무것도 아니오. 자, 침대에 옮겨 주리다. 치료를 해줄 테니까. 손을 꿰뚫은 것만으로는 죽지 않아."
 그러자 에쁘닌느는 중얼거렸다.
 "총알은 손을 뚫고 등으로 나갔어요. 소용없어요, 저를 여기서 옮기는 건. 전 오히려 당신의 치료를 받는 편이 의사에게 보이는 것보다 훨씬 좋아요. 내 곁에, 이 돌 위에 앉아 주세요."

그는 에쁘닌느의 몸 밑으로 팔을 집어넣어 안아 일으키려고 했다.

마리우스는 그녀가 하라는 대로 했다. 에뽀닌느는 마리우스의 무릎 위에 머리를 올려놓고 그를 보지 않은 채 말했다.

"아, 어쩌면 이렇게 기분이 좋을까! 아주 편안해요! 보세요, 이젠 괴롭지 않아요."

에뽀닌느는 한동안 잠자코 있다가 힘껏 고개를 돌려 마리우스를 바라보았다.

"마리우스 씨, 저는 당신이 그 정원에 들어가시는 걸 싫어했어요. 하지만 바보였어요. 그 집을 당신에게 가르쳐 준 건 저였으니 말예요. 그리고 사실 저는 좀더 잘 생각했어야 했어요. 당신 같은 젊은 남자 분은……."

에뽀닌느는 말을 끊었다. 그리고 마음속에 우울한 생각이 떠오른 모양이었으나 그것을 억누르고 침통한 미소를 띠면서 말했다.

"당신은 저를 못생겼다고 생각하셨지요, 그렇죠?"

에뽀닌느는 말을 계속했다.

"당신은 이젠 살아나지 못할 거예요! 이제는 아무도 바리케이드에서 나가지 못해요. 당신을 이곳으로 불러들인 것은 저예요! 당신은 이제 머지않아 죽어요. 저는 그걸 바라고 있어요. 그런데도 누군가가 당신을 겨누는 것을 보았을 때 전 그 총구멍에 손을 댔어요. 우습죠! 하지만 전 당신보다 먼저 죽고 싶었던 거예요. 그 총알을 맞고 여기까지 기어왔어요. 아무도 저를 보지 않았고 아무도 도와주지 않았어요. 전 당신을 기다렸어요. 그리고 생각했죠. 그분은 오시지 않을지도 몰라 하고요. 아, 알아주세요. 아까부터 나는 이 작업복을 물어뜯으면서 정말 괴로워했어요! 하지만 이젠 아무렇지도 않아요. 기억하세요? 제가 당신의 방에 들어가서 당신의 거울을 들여다보았던 그날 일을? 그리고 큰 거리에서 날품팔이 여자들 앞에서 당신을 만났던 날을 말예요. 새가 지저귀고 있었어요! 그렇게 오래된 일도 아녜요. 당신은 제게 5프랑을 주셨지만 전 당신의 돈도 싫다고 했죠. 당신, 그 돈 주웠나요? 당신도 부자가 아닌걸요. 나중에야 그 돈 주우란 말을 하지 않았던 걸 깨달았어요. 맑게 갠 날이어서 춥지 않았어요. 생각나세요? 마리우스 씨? 아아, 전 행복해요! 모두 죽어가는 거예요."

그녀는 실성한 듯하면서도 진지하고 침통했다. 찢어진 작업복 사이로 드러난 젖무덤이 봉긋이 엿보였다. 이야기를 하면서 뚫어진 손을 가슴 위에 올려놓고 있었는데, 가슴에도 구멍이 하나 뚫려 있어서 이따금 그곳에서 포도주가 쏟아져 나오듯이 피가 솟았다.
　마리우스는 그 불행한 소녀를 깊은 동정심을 가지고 지켜보고 있었다. 별안간 그녀가 말했다.
　"아아! 또 시작되었어요. 아, 숨막혀!"
　에뽀닌느는 작업복을 움켜쥐고 물어뜯었다. 그녀의 다리는 포석 위에서 굳어 가고 있었다.
　그때 쁘띠 가브로슈의 수탉 같은 소리가 바리케이드 안에 울려 퍼졌다. 소년은 총알을 재기 위해 탁자 위에 올라앉아 당시 매우 유행했던 노래를 쾌활하게 부르고 있었다.

　라파이예뜨를 보자마자
　헌병은 되뇌네
　달아나! 달아나라! 달아나라고!

　에뽀닌느는 몸을 일으켜서 귀를 기울이더니 중얼거렸다.
　"그애예요."
　그리고 마리우스 쪽을 되돌아보며 말했다.
　"동생이 와 있어요. 그애가 보면 안돼요. 책망을 할 테니까요."
　"동생이라고?" 마리우스는 물었다. 그는 지금 더없이 가슴 아프고 괴로운 심정으로 아버지가 유언으로 남긴 떼나르디에 집안에 대한 의무를 생각하고 있었다.
　"동생이라니, 누구?"
　"조그만 애가 있었죠?"
　"지금 노래하는 애?"
　"네."
　마리우스는 몸을 움직였다.
　"아아, 가지 마세요!" 에뽀닌느는 말했다. "이제 얼마 남지 않았어요!"
　그녀는 거의 윗몸을 일으키고 있었다. 목소리는 극히 낮았고, 더욱이 딸꾹질로 자주 끊어지곤 했다. 이따금 죽음의 헐떡임이 말을 가로막았다. 그녀는 자신의 얼굴을 마리우스의 얼굴에 되도록 가까이 가져갔다. 그리고 이상한 표정을 띠고 말을 덧붙였다.

"들어주세요, 당신을 속이고 싶지 않아요. 내 호주머니에 당신에게 드리는 편지가 어제부터 들어 있어요. 우체통에 넣어 달라고 어떤 사람이 부탁했어요. 하지만 난 넣지 않았어요. 보내고 싶지 않았는걸요, 당신에게. 하지만 당신은 틀림없이 그 때문에 나를 원망하실 거예요. 그렇죠? 자, 편지를 꺼내세요."

에쁘닌느는 구멍 뚫린 손을 떨면서 마리우스의 손을 잡았다. 그러나 이미 고통은 느끼지 않는 것 같았다. 그녀는 작업복 호주머니에 마리우스의 손을 넣도록 했다. 마리우스는 거기에 과연 편지가 한 장 들어 있음을 느꼈다.

"꺼내세요." 에쁘닌느는 말했다.

마리우스는 편지를 꺼냈다. 그녀는 만족과 동의를 나타냈다.

"자, 그 대신 약속해 주세요……."

갑자기 그녀는 입을 다물었다.

"무엇을?" 마리우스는 물었다.

"약속해 주세요!"

"약속하지."

"약속해 주세요. 제가 죽으면 제 이마에 키스해 주시겠다고. 죽더라도 그것은 알 테니까요."

에쁘닌느는 다시금 마리우스의 무릎 위에 머리를 떨어뜨리고 눈을 감았다. 그리고 마리우스는 이 불쌍한 영혼이 이미 떠나가 버린 줄 알았다.

에쁘닌느는 움직이지 않았다. 영원히 잠들었다고 마리우스가 생각한 순간에, 문득 그녀는 죽음의 깊은 그림자가 깊이 어린 눈을 천천히 뜨고 이미 저 세상에서 울려오는 듯한 부드러운 음성으로 말했다.

"그리고 저, 마리우스 씨, 전 당신을 조금 사랑했었던가봐요."

에쁘닌느는 다시 한번 미소를 지으려고 하다가 그대로 숨을 거두었다.

거리 측정에 능숙한 가브로슈

마리우스는 약속을 지켰다. 그는 차디찬 땀방울이 맺혀 빛나고 있는 창백한 이마에 키스했다. 그것은 꼬제뜨에 대한 배신은 아니었다. 그것은 불행한 영혼에게 주는 다정한 고별이었다.

에쁘닌느는 다시 한번 미소를 지으려고 하다가 그대로 숨을 거두었다.

에쁘닌느가 준 편지를 받았을 때 마리우스는 몸을 떨지 않을 수 없었다. 그는 곧 중대한 의미가 그 편지에 들어 있음을 느꼈다. 당장에라도 읽어보고 싶었다. 사람의 마음이란 그런 것이었다. 불행한 소녀가 눈을 감자마자 마리우스는 그 종이 쪽지를 펴보려고 했다. 그는 에쁘닌느의 몸을 살그머니 땅 위에 내려놓고 자리를 떴다. 그 편지를 시체 앞에서 읽어서는 안될 것 같았다. 그는 아래층 홀로 들어가서 촛불 앞으로 다가갔다. 편지는 조그맣게 접어서 여자다운 아름다운 솜씨로 봉해져 있었다. 겉봉에는 여자의 필체로 이렇게 씌어 있었다.

'베르리 거리 16번지 꾸르페락 씨 댁 마리우스 뽕메르씨 님'
마리우스는 봉투를 뜯었다.

'사랑하는 님이여! 아버지께선 곧 출발하신다 합니다. 우리는 오늘 밤 롬므 아르메 거리 7번지로 갑니다. 일주일 뒤에는 런던으로 가게 됩니다. 꼬제뜨 6월 4일'

꼬제뜨의 필적을 마리우스가 아직 잘 모를 만큼 그들의 사랑은 순진했다. 이제까지의 경과를 간단히 요약할 수 있다.
에쁘닌느가 모든 것을 꾸몄던 것이다. 6월 3일 저녁부터 그녀는 두 가지 생각을 품었다. 쁠뤼메 거리의 집에 대한 자기 아버지와 그밖에 불한당들의 계획을 좌절시키고, 마리우스를 꼬제뜨로부터 떼어놓는 일이 그것이었다. 에쁘닌느는 지나가던 한 부랑배와 누더기 옷을 바꾸어 입었다. 부랑배가 재미있어하면서 여자 옷을 입고 있는 사이에 에쁘닌느는 남장을 했다. 샹 드 마르스에서 장 발장에게 '거처를 옮기시오'라고 의미심장하게 경고를 한 것은 에쁘닌느였다.
과연 장 발장은 집으로 돌아오자 꼬제뜨에게 말했다.
"오늘 밤 출발해서 우선 뚜쌩과 함께 롬므 아르메 거리로 가도록 하자. 다음 주에는 런던으로 가야겠다."
꼬제뜨는 갑작스런 일에 놀라 서둘러 마리우스에게 짧은 편지를 썼다. 그러나 편지를 어떻게 우체통에 넣으면 좋을지 몰랐다. 꼬제뜨는 혼자서는 외출하지 않았고, 또 그렇다고 해서 뚜쌩에게 부탁하면 놀라서 틀림없이 편지를 포슐르방 씨에게 보일지도 모른다.

　이렇게 불안 속에 있을 때 꼬제뜨는 철책 너머에 있는 남장한 에뽀닌느를 발견했다. 에뽀닌느는 이 무렵에 자주 정원 주위를 서성거렸다. 꼬제뜨는 마침내 '그 젊은 노동자'에게 말을 걸고 5프랑의 돈과 편지를 건네 주며 "이 편지를 곧 겉봉에 쓰인 곳으로 전해주세요" 하고 부탁했다. 에뽀닌느는 편지를 호주머니에 넣었다.

　다음날 6월 5일 그녀는 마리우스를 만나러 꾸르페락의 집으로 갔다. 편지를 전하기 위해서가 아니라, 질투심을 품은 사랑을 지닌 사람이라면 누구나 이해할 수 있듯이 '상태를 보기 위해서'였다. 그곳에서 그녀는 마리우스를, 아니면 하다못해 꾸르페락이라도—역시 '상태를 보기 위해서'—기다렸다.

　"우리는 바리케이드로 간다" 하고 꾸르페락이 말했을 때 한 가지 생각이 그녀의 마음을 스쳐갔다. 어차피 죽을 바에는 그 죽음에 몸을 던지고 마리우스도 함께 가게 하리라. 에뽀닌느는 꾸르페락을 따라가서 바리케이드가 구축되어 있는 장소를 확인하고, 편지는 자기가 갖고 있으니 마리우스는 아직 아무것도 모르고 있으므로 해가 지면 틀림없이 저녁마다 만나는 밀회 장소로 가리라 확신하고, 쁠뤼메 거리로 가서 마리우스를 기다리다가 그를 바리케이드로 오라고 하는 말을 친구 대신 전한다 하여 불러냈다.

　에뽀닌느는 마리우스가 꼬제뜨를 만나지 못했을 때의 절망을 기대했던 것이다. 그 예상은 적중했다. 에뽀닌느는 곧 샹브르리 거리로 되돌아왔다. 그곳에서 그녀가 한 일은 조금 전에 본 그대로이다. 에뽀닌느는 사랑하는 사람을 죽음의 동반자로 만들어 놓고 "이제는 아무도 이 사람을 뺏어 갈 수 없겠지!" 하며 질투심에 불타는 비극적인 기쁨을 가슴에 안고 죽어 간 것이다.

　마리우스는 몇 번이나 꼬제뜨의 편지에 입술을 댔다. 그녀는 역시 자기를 사랑하고 있는 것이다! 그는 순간적으로 이제는 죽을 필요가 없다고 생각했다. 그러나 뒤이어 다시 생각했다. '아니, 꼬제뜨는 떠난 것이다. 그녀의 아버지는 꼬제뜨를 영국으로 데리고 가고 나의 할아버지는 결혼을 받아들이지 않는다. 불행한 숙명에는 아무런 변함도 없다.' 마리우스와 같은 몽상가는 때로 이런 극도의 번민 속에서 자포자기하게 된다. 삶의 괴로움은 견디기 어렵고 죽음이 오히려 손쉬운 것이다.

　그때, 그는 수행해야 할 두 가지 의무가 남아 있음을 생각했다. 즉 꼬제뜨에게 자신의 죽음을 알리고 마지막 고별을 할 것과, 저 불쌍한 소년, 에뽀닌느의 동생이며 떼나르디에의 아들인 저 소년을 다가오는 파멸에서 구출하는 것이다.

그는 조그만 수첩을 몸에 지니고 있었다. 꼬제뜨에 대한 사랑을 써 모은 기록이 들어 있는 수첩이다. 그는 그곳에서 종이 한 장을 뜯어내어 연필로 다음과 같이 몇 줄을 적었다.

'우리들의 결혼은 불가능해졌습니다. 나는 할아버지께 허락해 주실 것을 간절히 말씀드렸으나 거절당했습니다. 나는 아무것도 가진 게 없고 당신도 마찬가집니다. 나는 당신 집으로 달려갔습니다만 당신을 만날 수가 없었습니다. 내가 당신에게 약속했던 것을 잊지 않으셨겠죠. 나는 그것을 지키겠습니다. 나는 죽으렵니다. 당신을 사랑합니다. 당신이 이 편지를 읽으실 때 나의 영혼은 당신의 곁에 가서 당신에게 미소지어 보일 겁니다.'

그 편지를 봉할 방법이 없었으므로 그는 다만 종이를 넷으로 접어 그 위에 다음과 같은 주소를 적었다.

'롬므 아르메 거리 7번지 포슐르방 씨 댁, 꼬제뜨 포슐르방'

편지를 접자 그는 잠깐 생각에 잠기다가 다시 수첩을 꺼내어 같은 연필로 첫장에 다음과 같이 썼다.

'내 이름은 마리우스 뽕메르씨. 내 시체를 마레 지구 피유 뒤 깔베르 거리 6번지 나의 조부 질노르망 씨에게 보내주시오.'

마리우스는 수첩을 윗도리 주머니에 넣고 나서 가브로슈를 불렀다. 가브로슈는 마리우스의 목소리를 듣자 자못 기쁘고 충성스런 얼굴을 하고 달려왔다.

"나를 위해서 심부름 한 가지 해주겠니?"

"네, 뭐든지! 정말이에요! 아저씨가 아니었더라면 난 이미 저 세상에 갔을걸요."

"이 편지를 말이야."

"네."

"이걸 줄 테니 지금 곧 바리케이드에서 나가거라(가브로슈는 불안스러운 얼굴로 귀를 긁기 시작했다). 그리고 내일 아침 여기 적힌 롬므 아르메 거리 7번지의 포슐르방 씨 댁 꼬제뜨 양에게 이 편지를 전해 다오."

용감한 소년은 대답했다.

"하지만 말예요! 그 동안에 바리케이드를 점령당하면 나는 여기에 없었던 게 될 것 아녜요?"

"이런 상태라면 바리케이드는 아무리 보아도 내일 아침까지는 공격받지 않을 거다. 내일 정오 때까지는 절대로 점령되지 않아."

공격군이 바리케이드에 준 새로운 유예는 확실히 오래 끌었다. 이러한 유예는 야간 전투에는 흔히 있는 일이고 그러한 유예가 있은 뒤에는 반드시 한층 더 치열한 전투가 벌어지는 법이다.

"그렇다면 내일 아침 이 편지를 전하러 가면 어때요?"

가브로슈가 말했다.

"그러면 너무 늦다. 아마 바리케이드는 포위되고 어느 거리도 막혀 버려서 갈 수 없을 거다. 지금 곧 가거라."

가브로슈는 대꾸할 말이 없어서 결단을 내리지 못하고 우울한 듯이 귀를 긁고 있었다. 그러더니 가브로슈는 갑자기 작은 새처럼 민첩하게 편지를 받아들었다.

"좋아요." 소년은 말했다.

가브로슈는 한 가지 생각이 있어서 그렇게 결심했으나 말은 하지 않았다. 마리우스가 또 반대하지나 않을까 두려웠던 것이다.

그 생각이란 이런 것이었다.

'아직 한밤중은 되지 않았다. 롬므 아르메 거리는 멀지 않으니까 지금 곧 편지를 전하러 가자. 알맞은 시간에 곧 돌아올 수 있겠지.'

제15편 롬므 아르메 거리

수다스러운 압지

 도시의 동란도 영혼의 격동에 비하면 무어 그리 대단하겠는가? 한 인간은 한 도시의 민중보다도 더욱 커다란 깊이를 가지고 있다. 장 발장은 마침 그때 무서운 번민에 사로잡혀 있었다. 온갖 심연이 그의 내부에서 다시 입을 벌리고 있었다. 장 발장도 빠리와 마찬가지로 무서운 어둠의 혁명 어귀에서 떨고 있었다. 불과 몇 시간 사이에 그렇게 되어 버린 것이다. 그의 운명과 양심은 갑자기 어둠에 덮여 버렸다. 그에게도 빠리와 마찬가지로 두 개의 원칙이 마주 보고 있다고 할 수 있었다. 즉 흰 천사와 검은 천사가 심연에 걸려 있는 다리 위에서 서로 맞붙어 싸우려 하고 있는 것이다. 어느 쪽이 상대를 떨어뜨릴 것인가? 어느 쪽이 이길 것인가?
 바로 이 6월 5일의 전날, 장 발장은 꼬제뜨와 뚜쌩을 데리고 롬므 아르메 거리로 옮겼다. 그곳에서는 뜻하지 않은 사건이 그를 기다리고 있었다.
 꼬제뜨는 쁠뤼메 거리를 떠날 때, 다소 저항해 보았었다. 두 사람이 함께 생활한 뒤 처음으로 꼬제뜨의 의지와 장 발장의 의지는 분명하게 나뉘어 충돌까지는 아니더라도 대립되었다. 한편에는 반대가 있었고 다른 한편에는 고집이 있었다. 알지 못하는 사나이가 장 발장에게 던진 '옮기시오' 하는 느닷없는 충고는 그를 몹시 완고하고 불안하게 만들었다. 그는 경찰에 실마리를 잡혀서 추적당하고 있는 거라 생각했다. 꼬제뜨는 양보할 수밖에 없었다.
 두 사람 다 입을 굳게 다물고 한 마디도 하지 않은 채 제각기 자신의 걱정에 잠겨 롬므 아르메 거리에 도착했다. 장 발장은 너무 걱정이 되어서 꼬제뜨의 슬픔이 보이지 않고, 꼬제뜨 역시 너무 슬퍼서 장 발장의 근심이 보이지 않았다.
 장 발장은 뚜쌩까지 데리고 갔다. 그때까지는 외출하는 경우 이런 일은 한 번도 없었다. 그는 아마도 쁠뤼메 거리에는 다시 돌아오지 못할 거라고 생각했지만, 그렇다고 뚜쌩을 남게 할 수도, 그녀에게 비밀을 털어놓을 수도 없었다. 게다가 뚜쌩은 충실하고 믿을 만하였다. 주인에 대한 하인들의 배신은 호기심에서 비롯되는 것이다. 그러나 뚜쌩은 마치 장 발장의 하녀가 되기 위하여 태어난 듯 호기심이 전혀 없었다. 그녀는 떠듬거리면서 바르느빌르 농사꾼의 말 그대로 사투리로 말하는 것이다.

"나야, 이런 사람이드라고. 그저 내 헐 일뿐이 모른당게. 딴 걸랑 내 알 바 아니드라고."

뻘뤼메 거리를 떠난 것은 거의 야반도주와 같아서 장 발장은 꼬제뜨가 '허리에 찬 주머니'라고 이름 붙인 향기로운 조그만 가방 외에는 아무것도 들고 나오지 않았다. 물건이 잔뜩 든 몇 개의 짐가방을 나르자면 짐꾼이 필요할 것이다. 짐꾼이란 뒤에 증인이 된다. 그래서 바빌론느 거리의 문에 역마차를 한 대 오게 해서 그것을 타고 떠났다.

뚜쌩은 얼마되지 않는 속옷이며 옷가지며 약간의 화장품을 보통이에 싸가지고 갈 것을 간신히 허락받았다. 꼬제뜨는 편지지와 압지만을 들고 나왔다.

장 발장은 되도록 감쪽같이 행방을 감추기 위해 해가 진 뒤에 뻘뤼메 거리의 집을 떠나기로 했다. 때문에 꼬제뜨는 마리우스에게 짧은 편지를 쓸 겨를이 있었다. 그들은 완전히 어두워진 뒤에야 롬므 아르메 거리에 도착했다. 그리고 말없이 잠자리에 들었다.

롬므 아르메 거리의 집은 뒤켠에 서 있는 3층 건물로 침실 둘과 식당, 식당에 이어진 부엌, 그리고 뚜쌩에게 배당된 접는 침대가 있는 다락으로 되어 있었다. 동시에 응접실로도 쓰이는 식당은 두 개의 침실 사이에 있었다. 실내에는 필요한 도구가 다 갖추어져 있었다.

사람은 공연히 걱정하는가 하면, 어리석게도 마음을 놓는다. 인간의 본성이란 그런 것이다. 장 발장의 불안도 롬므 아르메 거리로 옮기고 나니 곧 엷어져서 차츰 기분이 좋아져 갔다.

사람의 마음에 기계적으로 작용해서 불안을 가라앉게 하는 그런 장소가 있다. 어두컴컴한 거리, 침착한 주민, 장 발장은 그러한 낡은 빠리의 뒤안길에서 형용할 수 없는 평화로움이 스며드는 것을 느꼈다. 그 뒤안길은 극히 좁아서 두 개의 말뚝에 두꺼운 널빤지를 가로질러 마차를 차단하고, 시끄러운 도시 한복판에 있으면서도 귀머거리에 벙어리 같은 데다가, 대낮에도 어둠침침하고 노인처럼 잠자코 있는, 좌우의 100년이 넘은 높은 집들 사이에서 희로애락의 감정을 느끼지 않게 돼 있는 것 같았다. 그 거리에는 망각의 공기가 감돌고 있었다. 장 발장은 안도의 숨을 크게 내쉬었다. 그가 이런 곳에 있는 것을 어떻게 발견해 내겠는가?

장 발장이 우선 유의한 것은 '허리에 찬 주머니'를 자기 곁에 두는 일이었다.

그는 푹 잘 잤다. 밤은 지혜를 준다지만 또한 마음을 가라앉힌다고도 할 수 있다. 이튿날 아침 그는 유쾌한 기분으로 눈을 떴다. 그는 식당을—실제로는 보기 흉한 방으로 가구라곤 낡고 둥근 테이블 하나와, 비스듬히 거울이 달려 있는 낮은 찬장과, 헐어 빠진 팔걸이의자 하나와, 뚜쌩의 짐이 쌓여 있는 의자가 몇 개 있을 뿐이었다—그래도 기분좋은 방이라고 느꼈다. 뚜쌩의 보통이 틈으로 장 발장의 국민군 제복이 보였다.

꼬제뜨는 뚜쌩에게 수프 한 그릇을 방으로 갖다 달라고 했을 뿐 저녁때까지 얼굴을 내밀지 않았다.

5시경에 이삿짐을 정리하느라고 부산하게 왔다갔다하던 뚜쌩이 식당 테이블 위에 찬 닭고기를 내놓았으나, 꼬제뜨는 아버지에 대한 예의로 자리에 나와 앉아 보기만 했을 뿐 먹지는 않았다.

그러고 나서 꼬제뜨는 여전히 두통이 낫지 않는다는 핑계로 장 발장에게 저녁 인사를 하고 자기 침실로 들어가 버렸다. 장 발장은 닭의 죽지 하나를 맛있게 먹고 나서 식탁에 팔꿈치를 괴자, 차츰 차분하게 가라앉은 기분이 되어 다시 안도감을 되찾아갔다.

조촐하게 저녁을 먹는 동안에 그는 뚜쌩이 이런 말을 더듬거리는 것을 두서너 번 어렴풋이 들었다.

"나리, 난리가 났다는구먼요. 빠리 한복판에서 싸움을 한대요."

그러나 장 발장은 마음속으로 이 일 저 일을 깊이 생각하고 있었기 때문에 그 말에 전혀 주의를 기울이지 않았다. 사실 그는 듣고 있지도 않았다.

장 발장은 일어나서 더욱 차분해진 마음으로 창문에서 문으로, 문에서 창문으로 걷기 시작했다.

마음이 놓임과 동시에 유일한 근심거리인 꼬제뜨의 생각이 다시 머릿속에 되살아났다. 아까 말하던 두통이 걱정스러워서가 아니다. 그것은 대단치도 않은 신경의 발작으로 젊은 처녀들에게 흔히 있는 불쾌감이고 일시적인 우울증이어서 하루나 이틀 지나면 나을 것이다. 그는 오히려 먼 장래를 생각하고 있었다. 그것도 언제나처럼 곰곰이 차분한 마음으로 생각하고 있었다.

요컨대 행복한 생활이 다시금 시작되는 데에 아무런 장애도 없는 것처럼 여겨졌다. 어떤 때에는 모든 것이 불가능해 보였으나 또 어떤 때는 모든 것이 지극히 용이하게 보이는 것이다. 지금 장 발장은 그런 행복한 한때에 있었다. 그러한 때는 언제나 불행 뒤에 찾아온다. 마치 밤이 지난 뒤에 낮이 오는 것과 같이 천박한 학자들이 반립(反立)이라 부르는 것, 즉 자연의 밑바탕을 이루고 있는 계승과 대비의 법칙에 따르는 것이다. 이 조용한 거리에 피난함으로써 장 발장은 오래 전부터 그를 불안하게 했던 모든 근심거리에서 해방될 수 있었다. 지금까지 많은 암흑을 보아온 그는 이제 조금씩 푸른 하늘을 볼 수 있게 되었다. 아무런 어려움 없이 무사히 쁠뤼메 거리를 떠난 것만으로도 이미 좋은 징조였다.

몇 달 동안이라도 빠리를 떠나서 런던으로 가 있는 것도 아마 현명한 방법이리라. 그렇다, 꼭 가자. 꼬제뜨만 옆에 있어 준다면 프랑스에 있든 영국에 있든 나쁠 게 뭐 있겠는가? 꼬제뜨야말로 그의 모국이었다. 그는 꼬제뜨만으로 충분히 행복했다. 그 자신은 아마도 꼬제뜨의 행복에 그다지 충분하지 않으리라는, 예전에 그의 초조감과 불면증의 원인이었던 그 생각이 이제는 마음에 떠오르지도 않았다. 그는 과거의 모든 고민에서 회복되어 완전한 낙관 속에 잠겨 있었다. 꼬제뜨가 곁에 있는 이상, 자신의 것이라고 생각되었다. 이것은 누구나 경험하는 착각이다. 그는 마음속으로 갖가지 안이한 공상을 그려보면서 꼬제뜨와 함께 영국으로 떠날 계획을 세웠다. 그리고 몽상이 펼쳐 놓는 앞날을 전망하면서 어디에서고 자신의 행복이 이루어지는 것을 마음 속에 그려보고 있었다.

이렇게 생각하면서 방안을 천천히 거니는 동안에 그의 눈에 이상한 것이 띄었다. 그가 마침 찬장 위에 비스듬히 세워진 거울 앞에 왔을 때 그 거울 속에서 다음과 같은 몇 줄의 글이 눈에 띄었고 분명히 읽을 수 있었다.

'사랑하는 님이여! 아버지께선 곧 출발하신다고 합니다. 우리는 오늘 밤엔 롬므 아르메 거리 7번지로 갑니다. 일주일 뒤에는 런던으로 가게 됩니다. 꼬제뜨 6월 4일.'

장 발장은 깜짝 놀라 걸음을 멈추었다.

꼬제뜨는 이곳에 도착했을 때 압지를 끼운 노트를 찬장 위 거울 앞에 놓은 채, 너무나도 상심한 나머지 까맣게 잊어 버리고 그것이 활짝 펴져 있는 것을 깨닫지 못했다. 펴 놓은 곳은 어제 꼬제뜨가 사연을 쓴 뒤 편지의 잉크를 말리려고 눌렀던 곳이었다. 그 편지의 사연은 전날 쁠뤼메 거리를 지나가던 젊은 노동자에게 급히 부탁했던 것이다. 글씨는 압지 위에 고스란히 남아 있었다. 거울은 그 글씨를 비추었던 것이다.

그 결과는 기하학에서 말하는 이른바 대칭형이 되어 압지에 거꾸로 박힌 글씨가 거울 속에서 다시 올바른 위치로 되돌아가서 본래의 방향을 나타내고 있었다. 그래서 장 발장은 어제 꼬제뜨가 마리우스에게 써 보낸 편지의 내용을 그대로 본 것이다. 별로 이상스러울 것도 없었지만 그는 벼락을 맞은 것 같았다.

장 발장은 거울 앞으로 다가갔다. 몇 줄의 글을 다시 읽었으나 믿어지지 않았다. 그 글씨들은 번갯불 빛 속에 나타난 것만 같았다. 이것은 착각이다. 있을 수 없는 일이다. 현실이 아니다.

그러나 차츰 그의 지각이 또렷해졌다. 꼬제뜨의 압지를 가만히 바라보자 차츰 현실감이 되살아났다. 그는 압지를 집어들고 "이거군" 하고 말했다. 그리고 압지에 스며들어 있는 몇 줄의 글씨를 열심히 살펴보았다. 글씨는 거꾸로 되어 있어 기묘한 낙서처럼 보여 아무런 의미도 찾을 수 없었다. 그래서 그는 "이런 건 아무 의미도 없다. 여기에는 아무것도 씌어 있지 않다" 하고 자기 자신에게 말했다. 그리고 형용할 수 없는 안도감으로 가슴 가득히 숨을 들이마셨다. 무서운 순간에 그 누가 그러한 어리석은 기쁨을 맛보지 않겠는가? 영혼은 모든 환영을 완전히 쫓아버리지 않는 한, 절망에 몸을 맡기지 않는다.

장 발장은 압지를 손에 든 채, 터무니없이 기뻐하고 그를 속인 착각을 생각하며 하마터면 웃음까지 터뜨릴 뻔하면서 그것을 바라보고 있었다. 그러자 갑자기 그의 시선은 다시 거울 위에 떨어지고, 그곳에 비친 환영을 다시 보았다. 몇 줄의 글씨는 무정하게도 뚜렷하게 나타나 있었다. 이번에는 미몽이 아니었다. 환영도 두 번 나타나면 현실이다. 손으로 만질 수 있었다. 거울에 반영되어 올바르게 된 글씨였다. 그는 알았다.

그가 마침 찬장 위에 비스듬히 세운 거울 앞에 왔을때……

장 발장은 비틀거리며 압지를 손에서 떨어뜨리고, 찬장 옆의 낡은 팔걸이 의자에 쓰러지듯 주저앉아 고개를 떨어뜨리고, 눈을 흐리멍덩하게 뜨고 착란에 빠졌다. 틀림없는 일이다, 이 세상의 광명은 영원히 사라졌다. 꼬제뜨는 이 편지를 누군가에게 써보낸 것이다 하고 그는 생각했다. 그러자 자신의 영혼이 다시금 무서운 모습으로 되돌아와서 어둠 속에서 낮게 신음하는 소리를 들었다. 우리 안에 가두어 둔 자기 강아지를 사자의 먹이로 만들 수는 없다. 뺏어와야 한다!

괴이하고도 슬픈 일이지만 그때 마리우스는 아직 꼬제뜨의 편지를 받아 보지 못했었다. 우연은 마리우스를 배신하여 그 편지가 제대로 전달되기 전에 장 발장에게 건너가 버린 것이다.

장 발장은 오늘날까지 어떠한 시련에도 져 본 적이 없었다. 그는 가지가지 무서운 시련을 겪어 왔다. 불운의 길목이란 길목은 모조리 지나왔다. 처절한 운명은 모든 수단과 사회적 박해를 가하며 그를 덮쳐왔다. 그러나 그는 어떠한 것 앞에서도 물러나거나 굴하지 않았다. 부득이한 경우가 아니면 어떤 곤경도 달게 받았다. 간신히 회복한 인권을 희생하고, 자유도 버리고, 목숨을 걸고, 모든 것을 잃고, 모든 것을 참아내고, 그러면서도 언제나 공정하고 욕심없이 금욕을 지켜왔기 때문에, 때로는 순교자같이 자신을 돌보지 않는 것이나 아닌가 생각할 정도였다. 그의 양심은 갖은 역경의 습격에 익숙해져서 이제는 영원히 난공불락인 것 같았다. 그러나 지금 그의 양심을 들여다보면 매우 약해져 가고 있음을 인정하지 않을 수 없다.

즉 운명이 가한 오랜 심문에서 그가 받은 온갖 고문 가운데 이번 고문이 가장 무섭고 견디기 힘든 것이었다. 일찍이 이처럼 무참한 고문 기구에 접해 본 일이 없었다. 그는 온갖 내적 감각의 이상한 동요를 느꼈다. 미지의 신경이 곤두서는 것을 느꼈다. 아아, 마지막 시련이란, 아니 유일한 시련은 사랑하는 사람을 잃는 일이다.

불쌍한 장 발장은 물론 아버지로서 꼬제뜨를 사랑하고 있었다. 그러나 앞서도 지적했던 것처럼 홀아비 생활의 쓸쓸함은 그 부성애에 온갖 애정을 심어 주었다. 그는 꼬제뜨를 딸처럼 사랑하고, 어머니처럼 사랑하고, 누이동생처럼 사랑했다. 그리고 또 이제까지 애인이나 아내를 가져본 적이 없으므로, 어떠한 지불 거절도 받아들이지 않는 채권자 같은 본성에 의하여, 모든 감정

가운데서 가장 강력한 그 부성애의 감정은 다른 여러 감정과 섞여 있었다. 애매하고, 무지하고, 맹목적으로 순결하고, 무의식적이고, 천국 같고, 천사 같고, 신성해서 감정이라기보다는 오히려 본능에 가깝고, 본능보다는 느껴지지도 보이지도 않는 인력에 더 가까웠다. 그러나 진실된 것이었다. 이른바 사랑이라는 것도 꼬제뜨에 대한 그의 넓고 큰 애정 속에 놓일 때에는 마치 어두운, 아직 사람의 발이 닿지 않은 산중의 금광맥이 숨겨져 있는 것과 같았다.

이미 앞에서 말한 마음의 상태를 상기해 주기 바란다. 어떠한 결혼도 그들 사이에는 있을 수 없었다. 설사 영혼의 결혼일지라도. 그렇지만 그들의 운명이 결부돼 있음은 분명하다. 꼬제뜨가 없었다면, 다시 말해 한 아이가 없었다면 장 발장은 그 길고 긴 인생 속에서 사랑할 수 있는 것을 아무것도 알지 못하고 지냈을 것이다. 계속해서 일어나는 정열이나 사랑은, 겨울을 넘긴 나뭇잎이나 50고개를 넘긴 사람에게서 흔히 볼 수 있듯이, 거무스름한 녹색 위에 연한 녹색을 빚어내 주지만 그의 마음에는 전혀 그런 현상은 일어나지 않았다. 요컨대 여태까지 되풀이 말했듯이 모든 내적 융합은—서로 모여서 하나의 높은 덕이 된 이 총체는—장 발장을 꼬제뜨의 아버지가 되게 했다. 장 발장 내부에 숨어 있는, 할아버지와 아들과 오빠와 남편이 뒤섞인 이상한 아버지, 모성애마저도 가지고 있는 아버지, 꼬제뜨를 사랑하고 꼬제뜨를 숭배하는 아버지, 이 아이를 오로지 광명으로 삼고 집으로, 가족으로, 조국으로, 그리고 천국으로 삼고 있는 아버지였다.

그러므로 지금 모든 것이 끝나 버렸음을 알았을 때, 꼬제뜨가 자기의 손에서 빠져나가 달아나 버리려고 함을 알았을 때, 믿었던 것이 구름 같고 물 같음을 알았을 때, 그리고 다른 남자가 꼬제뜨의 마음을 사로잡고 있고 다른 남자가 그녀의 평생 소망이며 사랑하는 사람이 되어, 자기는 그저 아버지에 지나지 않으며 없는 거나 다름없다는 견딜 수 없는 증거를 보았을 때, 그로서는 의심할 여지가 없다고 생각했을 때, "저 아이는 내 손이 닿지 않는 곳으로 가버리는 것이다!" 하고 생각했을 때, 그가 느낀 고통은 견딜 수가 없었다. 여태껏 온갖 짓을 다 해온 결과가 이렇게 되다니! 아, 이 무슨 일이란 말인가! 자기는 이제 아무것도 아니라니! 그렇게 생각하자 그는 격심한 반항심으로 온 몸을 떨었다. 머리카락의 뿌리 속까지 이기심이 뭉게뭉게 일어나는 것을 느꼈다. 자아가 이 사나이 마음의 깊은 심연에서 무섭게 포효했다.

　내적인 붕괴라는 게 있다. 절망적인 확증이 인간의 마음을 꿰뚫을 때, 그것은 어떤 심오한 요소를 분리시키고 깨뜨려 부순다. 그 요소는 때로 인간의 본질이 될 만큼 중요하다. 고통이 그러한 단계에 달할 때 양심의 모든 힘은 한꺼번에 무너진다. 그야말로 치명적인 위기이다. 우리 인간 가운데서 평소와 다름없는 마음을 지니고 의무를 굳게 지키면서 그런 위기에서 탈출할 수 있는 사람은 거의 없다. 고뇌의 한계를 넘었을 때에는 아무리 덕이라 해도 흔들리게 마련이다. 장 발장은 다시 압지를 집어 들고 다시금 사실을 확인했다.

　그는 몸을 구부린 채 화석처럼 되어 부정할 수 없는 몇 줄의 글씨를 가만히 응시하고 있었다. 그리고 영혼의 내부가 모두 붕괴되는 것이 아닌가 생각될 만큼 의혹의 구름덩이가 마음 속에 솟아올랐다.

　장 발장은 그 계시를, 공상의 확대경을 통해서 겉으로는 태연한 척하면서 살펴보았으나 마음속은 처절했다. 인간의 침착성도 세워 놓은 동상 같은 냉혹에 도달할 때에는 무서운 형상을 띠기 때문이다.

　그는 자신이 깨닫지 못하는 사이에 운명이 내디딘 무서운 발자취를 돌아다보았다. 지난해 여름의 걱정. 극히 어리석은 해결로 얼버무린 그 걱정을 상기했다. 그는 다시금 심연을 보았다. 역시 똑같은 일이었다. 다만 장 발장은 그 심연의 가장자리에 있는 것이 아니라 그 밑바닥에 떨어져 있었다.

　비통하게 가슴을 찌르는 분노는 미처 깨닫기도 전에 이미 그곳에 떨어져 있었던 것이다. 자기는 여전히 태양을 보고 있는 줄 알았는데 어느 틈에 인생의 모든 빛은 사라져 버렸던 것이다.

　그의 직감은 주저하지 않았다. 몇 가지 사정과 날짜와 시간, 그리고 꼬제뜨의 얼굴이 때로는 붉어졌다 파래졌다 하던 그 변화, 이런 것들을 맞추어 보고 그 사나이라고 생각했다. 절망한 인간의 추측은 결코 빗나가지 않는 신비로운 활이다. 그는 처음부터 마리우스를 맞혔다. 이름은 알지 못했으나 어떤 남자인가는 곧 짐작이 갔다. 억누를 수 없이 되살아나는 기억 속에 뤽상부르 공원을 거닐던 낯선 배회자, 거리에서 사랑을 찾아 다니는 그 하찮은 사나이가, 사랑의 노래에 나오는 것 같은 그 건달이, 그 어리석은 파렴치한이 분명히 보였다. 아버지 사랑을 받으며 아버지 곁에 있는 처녀에게 추파를 던져오는 행위는 파렴치가 아니고 무엇이겠는가?

이러한 사태 밑바닥에 그 청년이 숨어 있고, 모든 것은 그 사나이에게서 비롯되었다는 것을 분명히 확인했을 때, 거듭난 인간이며 그토록 줄곧 영혼을 숭고하게 하려고 수양을 쌓았던 인간이며, 인생의 모든 것, 비참한 모든 것, 불행의 모든 것을 사랑으로 해결하기 위해 그토록 노력을 거듭했던 인간 장 발장은 자신의 마음에 눈을 돌리자 거기에 하나의 괴물이, 즉 증오가 웅크리고 있는 것을 보았다.
 커다란 고통은 심신을 때려눕힌다. 살아갈 용기를 빼앗는다. 그러한 고통에 빠진 인간은 무언가 자기한테서 빠져 나가는 것을 느낀다. 그러한 고통은 젊었을 때는 비통한 일이고 만년에는 처참한 일이다. 아아, 피는 뜨겁고, 머리는 검고, 불꽃이 횃불 위에 타오르는 것처럼 머리가 꼿꼿이 몸통 위에 서고, 운명의 두루마리는 아직도 두껍고, 희망 있는 사랑에 가득 찬 마음은 더욱 강한 고동소리를 전하고, 과거를 보상하기에 충분한 앞날이 있고, 온갖 미소, 온갖 미래, 온갖 지평이 눈앞에 있고, 생명력이 팽창해 있는 그런 때에도 절망은 무서운 것이어늘, 하물며 세월이 갈수록 창백해지면서 황망히 사라져 가는 노년, 무덤 위의 별이 보이기 시작하는 인생의 황혼기에는 그 절망이 어느 만큼이겠는가?
 그가 깊은 생각에 잠겨 있노라니까 뚜쌩이 들어왔다. 장 발장은 일어나서 물었다.
 "어느 쪽인지 알겠소?"
 뚜쌩은 깜짝 놀라 이렇게 대답하는 수밖에 없었다.
 "네?"
 장 발장은 말을 이었다.
 "아까 나더러 싸움이 벌어졌다고 하지 않았소?"
 "아! 그것 말씀요? 그건 쌩 메리 쪽이에요."
 우리에게는 자신도 모르는 사이에 가장 깊은 생각의 밑바닥에서 일어나는 무의식적인 충동이 있다. 아마도 그런 충동에 이끌렸으리라. 장 발장은 5분 뒤에 이미 거리에 나와 있었다.
 그는 모자도 쓰지 않고 집 문 앞에 있는 경계석 위에 앉아 있었다. 벌써 한밤중이었다.

등불을 미워하는 부랑아

그로부터 얼마만큼 시간이 흘렀을까? 그 비통한 명상의 간만(干滿)은 어땠을까? 그는 다시 일어섰겠는가, 굴복한 채로 있었겠는가? 짓눌려 버릴 만큼 녹초가 되어 버렸을까? 다시 한번 일어서서 무언가 확고한 것에 양심의 발을 올려 놓을 수 있었는가? 아마 그 자신, 그 가운데 어느 것이었다고 말할 수 없었을 것이다.

거리는 조용했다. 이따금 황망히 집으로 돌아가는 불안스러워 보이는 시민도 간혹 있었으나 그는 거의 쳐다보지도 않았다. 위험이 임박했을 때에는 누구나 자신의 일만을 생각한다. 불을 켜는 사람은 여느 때와 마찬가지로 7번지 앞문 정면에 있는 가로등에 불을 켜고 가버렸다. 이 불빛 그늘 속에 있는 그를 아무도 산 사람이고는 하지 않을 것이다. 장 발장은 앞문의 경계석에 앉아 얼음 귀신처럼 꼼짝도 하지 않았다. 절망하면 결빙(結氷)도 생기는 법이다. 멀리서 경종 소리며, 폭풍과 같은 요란한 소리가 어렴풋이 들려왔다. 폭동에 휩쓸린 요란한 종소리 속에 쌩 뽈 성당의 큰 시계가 둔중하고 유유히 11시를 쳤다. 인간은 요란한 경종을 울리지만 신(神)은 유유히 시간의 종을 친다. 그러나 시간의 경과는 장 발장에게 아무런 영향도 미치지 못했다. 장 발장은 여전히 움직이지 않았다. 그렇게 11시가 조금 지났을 무렵, 갑자기 일제 사격 소리가 시장 쪽에서 울려 퍼지고 다시 더욱 격렬한 사격 소리가 뒤따랐다. 아마도 조금 전에 본 것처럼, 마리우스가 격퇴시킨 샹브르리 거리의 바리케이드를 공격하는 소리였을 것이다. 밤의 정적으로 한층 더 광포하게 울리는 두 차례의 일제 사격 소리를 듣고 장 발장은 몸을 떨었다. 그는 소리가 나는 쪽을 바라보며 몸을 일으켰다. 그러나 다시 경계석 위에 털썩 주저앉아, 팔짱을 끼고, 고개는 다시금 천천히 가슴 위로 떨어졌다.

그는 다시 암흑 속의 상념에 잠겼다.

갑자기 그는 눈을 들었다. 누가 거리를 걸어오는지 발소리가 바로 가까이에서 들렸다. 가로등 불빛에 바라보니 자르쉬브로 나가는 거리 쪽에 창백하고 어리고 쾌활해 보이는 얼굴 하나가 보였다.

가브로슈가 롬므 아르메 거리에 막 다다른 것이다. 가브로슈는 위를 쳐다보며 무언가 찾는 모양이었다. 그는 분명히 장 발장을 봤으나 그에게 눈길을 멈추려고 하지 않았다.

가브로슈는 위를 올려다보다 아래를 둘러보았다. 그는 발돋움하여 집집마다 아래층의 문과 창문을 더듬었으나 모두가 닫혀 빗장이나 열쇠가 채워져 있었다. 그렇게 단단히 닫혀 있는 대여섯 집의 전면을 모조리 살펴보고 나서 가브로슈는 어깨를 움츠리며 혼자 뇌까렸다.

"흥, 제기랄!"

그러고 나서 그는 다시 위를 올려다보기 시작했다.

장 발장은 조금 전까지의 심경이었다면 아무하고도 말도 않고 대답도 하지 않았을 테지만, 지금은 그 소년에게 어쩐지 말을 걸어보고 싶었다.

"꼬마야, 무슨 일이냐?"

"배가 고픈 거야." 가브로슈는 짤막하게 대답했다. 그리고 덧붙였다. "꼬마는 당신이에요."

장 발장은 안주머니를 뒤져서 5프랑짜리를 한 닢 꺼냈다. 그러나 할미새처럼 동작이 날쌘 가브로슈는 어느새 돌을 한 개 집어들고 있었다. 그는 가로등을 보았던 것이다.

"요런. 아직 여기에 등불이 켜 있군. 규칙 위반이야, 내가 부숴버려야지."

그렇게 말하고 그는 가로등에 돌을 던졌다. 유리는 요란한 소리를 내며 깨져 흩어졌다. 맞은편 집 커튼 아래 쭈그리고 있던 시민들은 외쳤다.

"이크, 93년이 왔구나!"

가로등 불은 몹시 흔들리더니 꺼졌다. 거리는 갑자기 어두워졌다.

"이젠 됐다, 이 늙은 거리야! 밤의 모자를 써야지."

가브로슈는 말했다.

그러고는 장 발장을 돌아보며 말을 이었다.

"저기 길 끝에 있는 터무니없이 큰 건물을 뭐라 하죠? 자르쉬브인가? 저 굵은 기둥을 뽑아서 멋진 바리케이드를 만들면 좋겠는 걸."

장 발장은 가브로슈에게 다가갔다.

"가엾게도 배가 고픈 게로군."

그는 나직이 혼잣말로 중얼거렸다.

그리고 소년의 손에 5프랑짜리 돈을 쥐어주었다.

가브로슈는 어마어마한 큰 돈에 놀라 얼굴을 들었다. 어둠 속에서 하얗게 반짝이는 돈을 들여다보았다. 5프랑짜리 화폐에 대해선 전부터 소문을 들어 알고 있었다. 그 평판은 듣기만 해도 즐거웠다. 그런데 지금 바로 가까이에서 보고 소년은 황홀해졌다. "어디 호랑이 좀 봐야지." 소년이 말했다.

　소년은 한참 동안 넋을 잃고 돈을 들여다보았다. 이윽고 장 발장 쪽으로 돌아서서 돈을 내밀며 의젓하게 말했다.

　"부자 어른, 난 가로등을 부수는 게 더 좋아. 이 사나운 짐승은 집어넣어요. 난 매수되지 않아요. 이 호랑이는 발톱이 다섯 개나 있지만 나를 할퀼 수는 없어."

　"너 어머니가 계시냐?" 장 발장이 물었다.

　가브로슈는 대답했다.

　"글쎄, 당신보다 많을 거야."

　"그렇다면 네 어머니를 위해서 받아 두어라."

　장 발장은 다시 말했다.

　가브로슈는 마음이 움직였다. 게다가 말하고 있는 남자가 모자를 쓰지 않은 것을 보고 마음을 놓았다.

　"그럼 돈을 주고 가로등을 부수지 못하게 하려는 게 아니었군?"

　"부수고 싶거든 네멋대로 부수렴."

　"당신은 좋은 분이야." 가브로슈는 말했다.

　그리고 5프랑짜리 화폐를 주머니에 넣었다.

　더욱 마음이 놓인 가브로슈가 덧붙여 말했다.

　"이 거리에서 사시나요?"

　"그런데, 왜 그러지?"

　"7번지가 어딘지 가르쳐 주세요."

　"7번지는 어째서?"

　그러자 소년은 입을 다물었다. 좀 지나치게 말하지 않았나 싶었다. 가브로슈는 손톱으로 힘껏 머리를 쓱쓱 긁으면서 다만 이렇게 대답했다.

　"아아, 여기군요."

　문득 어떤 생각이 장 발장의 머리에 떠올랐다. 고민은 그러한 투시력을 갖추고 있다. 그는 소년에게 말했다.

　"난 지금 편지를 기다리는데, 네가 전하러 온 게 아니냐?"

　"당신요? 당신은 여자가 아닌걸." 가브로슈는 말했다.

"편지는 꼬제뜨 양한테로 되어 있지?"
"꼬제뜨? 그래요, 그거 비슷한 이름 같았어요."
가브로슈는 중얼거렸다.
"자, 그 편지는 내가 전하게 되어 있다. 이리 다오."
장 발장은 말했다.
"그러면 당신은 내가 바리케이드에서 심부름 온 걸 아시는군요?"
"물론 알구말구." 장 발장은 말했다.
가브로슈는 돈을 넣은 쪽과는 다른 호주머니에 손을 집어넣어 넷으로 접은 종이를 꺼냈다.
그러고 나서 그는 거수경례를 했다.
"급한 공문서에 경례! 이건 임시 정부에서 온 거니까."
가브로슈는 말했다.
"이리 다오." 장 발장이 말했다.
가브로슈는 종이를 머리 위로 올렸다.
"이것을 사랑의 편지쯤으로 생각해선 안돼요. 여자에게 보낸 거지만 민중에게 보낸 거요. 우리 남자들은 싸우고 있지만 여성을 존경하지. 낙타에게 수탉을 붙여주는 사자들이 있는 그런 상류사회와는 다르니까."
"어서 이리 주려무나."
"요컨대, 당신은 좋은 분이라고 나는 보았어요."
가브로슈는 계속했다.
"자, 어서."
"자요."
그는 장 발장에게 종이를 주었다.
"빨리 가져다줘요, 뭐라고 하는지 모르는 아저씨. 기다리실 테니까요. 쇼제뜬가 뭔가 하는 아가씨가요."
가브로슈는 자기가 운을 맞추어 한 말에 만족했다.
장 발장은 말했다.
"회답은 쌩 메리로 하면 되겠지?"
"웬걸요. 당치도 않은 소릴. 이 편지는 샹브르리 거리의 바리케이드에서 온 거예요. 나는 그리로 다시 가야 해요. 그럼 안녕."

그렇게 말하고 가브로슈는 가버렸다. 아니 조롱에서 달아난 새처럼 말하고 가브로슈는 왔던 길 쪽으로 날아갔다. 어둠 속에 구멍이라도 뚫려 있는 양 총알처럼 날쌔게 사라졌다. 롬므 아르메의 뒤안길은 다시 고요하고 쓸쓸해졌다. 그림자와 꿈을 한몸에 숨긴 그 이상한 소년은 눈 깜짝할 사이에 새까만 집들을 둘러싼 안개 속에 섞여 어둠 속 연기처럼 사라져 버렸다. 몇 분 뒤 유리창 깨지는 소리와 길바닥 위로 부서지는 가로등의 요란한 소리가 나서, 다시 또 느닷없이 시민들의 잠을 깨게 하고 화나게 했으나, 그런 소리가 없었다면 소년은 어둠 속에 안개같이 스러져 버렸는가 싶을 정도였다. 그것은 숌므 거리를 지나가던 가브로슈의 짓이었다.

꼬제뜨와 뚜쌩이 잠든 사이에

장 발장은 마리우스의 편지를 들고 집으로 들어갔다.

그는 먹이를 움켜쥔 부엉이처럼 어둠에 만족하면서 손으로 더듬어 계단을 올라가서 방문을 살그머니 열었다가 다시 가만히 닫은 뒤, 무슨 소리가 나지 않나 잠시 귀를 기울여 여러 모로 보아 꼬제뜨와 뚜쌩이 잠든 듯한 낌새를 확인하자, 퓌마드 등에 성냥개비를 집어 넣어 불을 켜려고 했으나 도무지 잘 되지 않아 서너 개비를 허비했다. 그의 손은 떨리고 있었다. 그의 거동은 마치 도둑질이나 하는 것 같았다. 가까스로 촛불을 켜자 그는 테이블 위에 팔꿈치를 괴고 종이를 펴서 읽었다.

격정에 사로잡힌 사람은 아무것도 읽을 수가 없다. 들었던 종이를 땅바닥에 내동댕이쳐 마치 잡아온 짐승처럼 잡아 누르고, 조르며, 분노의 손톱을, 혹은 미칠 듯한 기쁨의 손톱을 그 속에 세우는 것이다. 그는 한달음에 글말미로 달려갔다가 다시 서두로 뛰어왔다. 격정으로 흥분해서 대충 요점만을 이해하고 어느 한 점을 움켜쥐면 나머지는 사라지고 말았다. 마리우스가 꼬제뜨에게 준 짧은 글 가운데 장 발장은 다음의 말밖에는 보이지 않았다.

'나는 죽습니다. 당신이 이 편지를 읽을 무렵 나의 영혼은 당신 곁에 있을 겁니다.'

이 몇 줄을 읽고 그는 심한 현기증을 느꼈다. 마음 속에 일어난 감정의 변화에 짓눌린 듯 한참 동안 그대로 우두커니 서서 놀라움을 느끼면서 마리우스의 편지를 바라보고 있었다. 미운 인간이 죽어 가는 통쾌한 장면이 눈앞에 그려졌다.

장 발장은 내심으로 무서운 환성을 질렀다. 이것으로 만사는 끝났다. 결말은 기대 이상으로 빨리 왔다. 그의 운명의 장애물이 되어 있던 바로 그 사나이가 사라져 가고 있다. 그놈은 스스로 멋대로 사라져 가고 있다. 장 발장이 아무런 손도 쓰기 전에, 아무런 죄도 저지르기 전에 '그 사나이'는 죽어 가고 있다. 아니 벌써 죽어 있을지도 모른다.

이렇게 생각하자 그의 걱정은 추측을 하기 시작했다. 아니, 그놈은 아직 죽지 않았다. 편지는 분명히 내일 아침에 꼬제뜨가 읽을 것을 생각하고 쓴 것이다. 11시부터 12시 사이 두 차례의 일제 사격 소리가 들린 뒤로는 아무 소리도 나지 않았다. 바리케이드는 새벽까지는 본격적인 공격을 받지 않을 것이다. 그러나 어쨌든, 마찬가지다. '그 사나이'는 일단 전투에 참가한 이상 살아날 길은 없다. 톱니바퀴에 휩쓸려 들어간 것이다. 장 발장은 살아난 듯한 느낌이었다. 이제는 또다시 꼬제뜨와 둘만이 남게 되리라. 싸움은 끝났다. 장래는 다시 양양하게 열려 왔다. 자기는 이 편지를 호주머니 속에 넣어 두기만 하면 된다. 꼬제뜨는 그 사나이가 어떻게 되었는지 언제까지고 모르리라.

"일이 되어 가는 대로 내버려 두면 된다. 그 사나이는 도저히 빠져나올 수 없을 것이다. 아직은 죽지 않았다 해도 머지않아 죽을 게 틀림없다. 이 얼마나 다행한 일이냐!"

그런 것을 속으로 중얼거리자 장 발장은 침울해졌다. 그는 아래로 내려가서 문지기를 깨웠다.

약 한 시간 뒤에 장 발장은 국민군 제복을 입고 무장을 하고 나섰다. 문지기가 가까운 곳에서 쉽사리 그의 몸차림에 필요한 것을 찾아다 주었던 것이다. 그는 장전한 총과 탄약이 잔뜩 들어 있는 탄창을 가지고 있었다. 그는 시장 쪽을 향했다.

가브로슈의 지나친 열의

그 사이에 하나의 사건이 가브로슈에게 일어나고 있었다.

가브로슈는 일부러 솜므 거리의 가로등에 돌을 던져 깨뜨린 뒤, 비에이유 오드리에뜨 거리로 접어들어 '고양이 새끼 한 마리'도 얼씬하지 않는 것을 보고, 그 기회를 타서 알고 있는 노래를 모조리 부르기 시작했다. 그의 발걸음은 노래 때문에 늦어지기는커녕 점점 더 빨라졌다. 모두 잠이 들었는지 아니면 공포 때문인지 쥐 죽은 듯 고요한 집들을 따라가며, 마음을 태우는 이런 노래를 마구 불러대기 시작했다.

울타리 안에서 새들이 쑤군대네
아딸라는 바로 어제 바로 어저께
러시아 사나이와 달아났다네

  아가씨들 어디로 가는 거지?
    롱 라

요놈의 수다쟁이 삐에로 녀석아
창문너머로 날 불러낸걸
그리도 떠들고 다니다니!

  아가씨들 어디로 가는 거지?
    롱 라

더할 나위없이 사랑스런 여자애들
나를 취하게 만드네
그 독기에 오르필라 (당시의 유명한 독물학자)

  아가씨들 어디로 가는 거지?
    롱 라

좋더라 다정한 말 사랑의 싸움
아네스도 파멜라도 모두 좋더라

나에게 불을 질러 몸을 살라버린 리즈여!

  아가씨들 어디로 가는 거지?
    롱 라

그 옛날 쉬제뜨와 제일라를 감싸주던
가리개를 보았을 때 그 주름 사이로
내 영혼 녹아 버렸네

  아가씨들 어디로 가는 거지?
    롱 라

어둠 속에 빛나는 사랑이여
장미꽃 너울을 롤라에게 씌워
나의 가슴 애타게 하려느냐

  아가씨들 어디로 가는 거지?
    롱 라

거울 앞에 마주 앉아 치장하는 잔느여
언젠가 날아간 내 마음을
잔느 그대는 갖고 있겠지

  아가씨들 어디로 가는 거지?
    롱 라

그날 밤 카드릴을 추고 나오다
별들에게 스텔라를 가리키면서
나는 말하였지 "보라, 이 여인을"

아가씨들 어디로 가는 거지?
롱 라

가브로슈는 노래를 부르면서 사뭇 손짓 몸짓을 했다. 몸짓은 후렴을 지탱한다. 다양하게 변하는 그의 표정은 구멍뚫린 셔츠가 강한 바람에 나부끼는 것보다 더 괴상망측하게 온갖 변덕스러운 상을 만들었다. 다만 불행하게도 그는 혼자인데다가 밤중이었으므로 아무도 보아 주지 않았고 또 보이지도 않았다. 세상에는 묻혀 있는 이런 보물도 있는 것이다.

갑자기 가브로슈는 노래를 뚝 그쳤다.

"노래는 이 정도로 해두자." 그는 말했다.

그의 고양이 같은 눈은, 어떤 집 대문 안쪽에서, 그림에서 앙상블이라고 불리는 것을 발견한 것이다. 즉 하나의 인물과 하나의 정물을 본 것이다. 정물이란 다름아닌 손수레였고, 인물이란 그 속에서 잠자고 있는 오베르뉴 부근의 시골뜨기였다.

손수레의 손잡이는 포석 위에 내려놓여 있고 오베르뉴 사나이의 머리는 수레 앞부분의 판자 위에 기대어 있었다.

몸뚱이는 비스듬히 기울어진 수레 위에 웅크리고 있었고, 두 다리는 땅바닥에 닿아 있었다.

가브로슈는 이런 사람들의 습성을 잘 알고 있는만큼 그 사나이가 술에 곯아떨어져 있다는 것을 알아차렸다. 그는 너무 술을 많이 먹고 취해, 깊은 잠에 떨어져 있는 어느 변두리의 짐꾼이었다.

'이렇게' 가브로슈는 생각했다. '여름 밤이란 편리한 데가 있구나. "오베르뉴 사나이 수레 속에 잠들다"로군. 그렇다면 나는 수레를 공화국을 위해 징발하고 오베르뉴 사나이는 왕정에 맡기기로 하자.'

그의 머리에서는 다음과 같은 번갯불이 번쩍 빛났다.

"이 수레를 우리 바리케이드에 올려놓으면 금상첨화겠는걸."

오베르뉴 사나이는 코를 골고 있었다.

가브로슈는 살그머니 수레를 뒤에서 잡아당기고 오베르뉴 사나이를 앞에서, 다시 말해 발을 잡고 끌었다. 그리하여 1분 뒤에는 태평한 오베르뉴 사나이는 포석 위에 기다랗게 뻗었다. 수레는 해방되었다.

뜻밖의 경우에 부딪치는 데 익숙해 있는 가브로슈는 항상 온갖 것을 몸에 지니고 있었다. 그는 호주머니를 뒤져서 한 장의 종이 쪽지와 어떤 목수에게서 뺏은 붉은 색연필 토막을 꺼냈다.
그는 이렇게 썼다.

'프랑스 공화국'은
그대의 수레를 받았음.

그리고 서명했다. '가브로슈'

쓰기를 마치자 여전히 코를 골고 있는 오베르뉴 사나이의 비로드 조끼에 종이쪽지를 넣고 수레채를 두 손으로 잡고 시장 쪽을 향하여 전속력으로 밀면서 의기양양 내달렸다.
그것은 무모한 짓이었다. 왕립 인쇄소에는 초소가 있었다. 가브로슈는 그것을 미처 생각지 못했다. 그 초소는 교외의 국민군들이 주둔하고 있었다. 지금껏 심상치 않은 분위기가 그 분대를 동요하게 하여 몇 사람인가 야전 침대 위에서 머리를 들고 있었다. 연속해서 깨진 가로등 두 개, 목청껏 부른 그 노래, 이런 것들은 해가 지기만 하면 자려고 일찍부터 촛불을 꺼버리는 거리의 겁많은 주민들을 놀라게 하기에 충분했다.
한 시간 전부터 가브로슈는 그 평온한 지구에서 마치 병 속의 날벌레 같은 소동을 벌이고 있었던 것이다. 교외 부대의 중사는 귀를 기울이며 기다리고 있었다. 그는 신중하고 조심스러운 남자였다.
미친 사람이 끄는 듯한 요란한 수레 소리에 중사는 가만히 앉아 있을 수가 없어서 마침내 그 정체를 확인하려고 마음먹었다.
"저 소리라면 아마 1개 부대는 되겠는걸! 어디 살그머니 가보자." 그는 중얼거렸다.
분명히 '무정부파의 뱀들'이 우리에서 나와 거리에서 날뛰고 있음에 틀림없다. 그렇게 생각한 중사는 가만히 발소리를 죽여 초소 밖으로 나갔다.
수레를 밀어 가브로슈는 비에이유 오드리에뜨 거리에서 나오려던 찰나, 느닷없이 군복과 군모와 깃털 장식과 소총에 부딪쳤다. 그래서 그는 발을 멈추었다.

"아, 난 또 누구라고. 안녕하시오? 군인 아저씨." 가브로슈는 말했다.

그의 놀라움은 잠시였다.

"어디 가는 거냐, 떠돌이 녀석?" 중사가 외쳤다.

"동지, 난 아직 당신을 부르주아라고 하지 않았는데 어째서 당신은 사람을 그렇게 모욕하시오?" 가브로슈는 말했다.

"어디 가는 거야, 이 망할 녀석아?"

"여보시오. 당신은 틀림없이 어제까지는 재치 있는 분이었겠는데 오늘 아침부터 직업을 바꾼 모양이군요."

"어디를 가느냐 말이야, 이 부랑아 놈아?"

가브로슈는 대답했다.

"당신은 퍽 점잖은 말투를 쓰시는군요. 아무리 봐도 나이에 어울리지 않는데. 그 머리카락을 팔아 버리면 좋겠군요. 모두 500프랑은 벌 수 있겠소."

"어딜 가는 거야? 어디 가는 거냐 말야? 어디 가냐고 묻잖아, 이 녀석아?"

가브로슈는 말했다.

"말씀이 아주 더러운데. 젖을 먹을 때엔 입을 좀 깨끗하게 씻어야만 하겠어요."

중사는 총검을 들이댔다.

"말하지 않겠나? 어딜 가느냐 말이다, 이 불한당 녀석아?"

"대장 나리, 우리 부인께서 산기가 있어 의사를 부르러 가는 거요." 가브로슈가 말했다.

"전투 개시!" 중사가 소리쳤다.

자신을 위험 속에 끌어넣은 것을 방패로 삼아 탈출하는 것이야말로 강자의 솜씨이다. 가브로슈는 대뜸 모든 정세를 알아차렸다.

그를 위험에 빠뜨린 것은 수레였다. 그를 보호하는 것도 수레가 할 일이었다.

중사가 가브로슈에게 덤벼들려는 순간 수레는 총알처럼 힘껏 내밀려서 미친 듯이 중사에게로 굴러갔다. 중사는 배 한복판을 맞고 도랑 속에 나둥그러지며 총은 공중을 향해 발사되었다.

중사의 고함소리에 와르르 쏟아져 나온 초소의 병사들은 이 총소리를 신

가브로슈는 수레채를 두 손으로 잡고 시장 쪽을 향하여 전속력으로 밀면서 의기양양 달렸다.

호로 무턱대고 마구 일제 사격을 했다. 그러고는 다시 총을 장전하여 또 발사했다.

그 동안 가브로슈는 정신없이 왔던 길로 뛰어가 그곳에서 대여섯 구획 떨어진 곳에 이르러서야 걸음을 멈추고 숨을 헐떡거리면서 앙팡 루즈 거리 모퉁이에 있는 경계석 위에 앉았다. 그는 귀를 기울였다.

잠시 숨을 돌리고 나서 가브로슈는 총성이 맹렬하게 들리는 쪽을 향하여 왼손을 코 높이로 들고 오른손으로 뒷머리를 두드리면서 왼손을 서너 번 앞으로 내밀었다. 이것은 빠리의 부랑아들이 프랑스적 야유를 몽땅 줄여놓은 최고의 몸짓인데, 벌써 반 세기나 계속되는 것을 보면 분명히 효과가 있는 모양이다.

그러나 이 장난기 어린 마음은 문득 씁쓰레한 생각으로 혼란해졌다.
"그렇군. 정말 울음을 터뜨리기도 하고, 배를 움켜쥐고 기뻐서 펄쩍 뛰기도 했지만 이거 길을 잃고 말았는걸. 돌아서 가는 수밖엔 없겠군. 시간에 알맞게 바리케이드에 도착하면 좋겠는데!"

그래서 가브로슈는 또 달리기 시작했다. 달리다가 "아니, 대체 여기가 어디람?" 하고 말했다.

가브로슈는 서둘러 이 거리 저 거리로 뛰면서 아까 부르던 노래를 다시 부르기 시작했다. 노래 소리는 차츰 어둠 속으로 멀어져 갔다.

　　허나 감옥들은 아직도 남아 있다오
　　그런 질서라면
　　내가 입다물게 해 주리오

　　아가씨들 어디로 가는 거지?
　　　롱 라

　　누군가 나인핀스(아홉 개의 핀을 세워 놓고 공을 굴려 쓰러뜨리는 실내경기) 놀이 안하겠는가?
　　엄청나게 큰 공이 굴러가면
　　낡아빠진 세상은 온통 깨지리

아가씨들 어디로 가는 거지?
　　　롱 라

이 후덕한 늙어빠진 사람들아
루브르 궁의 빌어먹을 왕위를
지팡이를 휘둘러 때려 부수자꾸나

　　아가씨들 어디로 가는 거지?
　　　롱 라

우리들은 철문을 부숴버렸지
그제서야 샤를르 10세도
위험을 느끼고 내 목을 쳤다네

　　아가씨들 어디로 가는 거지?
　　　롱 라

　위병들의 발포 소동은 그대로 가라앉지 않았다. 수레는 포획되고 주정꾼은 포로가 되었다. 수레는 빼앗기고 주정꾼은 나중에 공범자로 군법회의에서 한동안 심문을 받았다. 그때의 검사는 그 기회에 사회 방위에 대한 지칠 줄 모르는 그의 열성을 증명했다.
　가브로슈의 모험은 땅뼘 구역 사람들에게 오래도록 전해 내려왔고, 마레 구역의 나이든 시민들에게 가장 무서운 추억의 하나가 되어 그들 기억 속에는 '왕립 인쇄소 초소의 야습'이라는 이름이 붙었다.

제5부 장 발장

JEAN VALJEAN

제1편 시가전

쌩 땅뜨완느 바리케이드 뒤 땅쁠 바리케이드

  사회적인 병폐를 관찰하는 사람이 우선 손꼽게 되는 가장 중요한 두 개의 바리케이드는 이 책의 이야기가 벌어지는 시대와는 아무런 관계도 없다. 그 두 바리케이드는 서로 다른 모습으로 무시무시한 사태를 상징하며, 다같이 유사 이래 가장 큰 시가전인 1848년 6월의 숙명적인 반란이 벌어졌을 때 땅에서 솟구치듯 갑자기 출현했다.
  어떤 주의 주장을 부정하고, 자유와 평등과 박애에 반대하며, 보통선거를 반대하고, 만인에 의한 만인의 정부까지도 반대하면서 스스로의 고민과, 실의와, 결핍과, 흥분과, 빈곤과, 독기와, 무지와, 암흑의 밑바닥으로부터 절망하는 위대한 사람들이라고 할 수 있는 천민들은 항의의 소리를 지르고, 하층민들은 일반 민중에 도전하는 사태가 때때로 일어난다.
  불량배들은 대중의 권리를 공격하고, 오클로크라씨(위대한 정치)는 데모스(민중)에게 반항하는 것이다.
  이것이야말로 비통한 싸움이다. 그 광란 속에서도 어느 정도의 정당성이 있고, 사사로운 싸움에는 자살 행위가 포함되어 있기 때문이다. 그리고 부랑자니, 천민이니, 우매한 무리니, 하층민 따위의 모욕적인 단어들은 비참하게도 고통받는 자들의 죄보다는 통치하는 자들의 죄를, 즉 무산자들의 죄보다는 통치자들의 죄를 입증하는 것이다.
  그러므로, 우리들은 그러한 단어에 대해 고통과 경의를 느끼지 않을 수가 없다. 왜냐하면 철학은 그와 같은 단어의 의미 속에서 비참함과 함께 종종 많은 위대함을 발견하기 때문이다. 아테나는 우매한 무리였다. 부랑자는 네덜란드를 건설했고, 하층민들은 한 번뿐이 아니라 여러 번 로마를 구출했다. 또 천민들은 예수 그리스도의 뒤를 따랐다.
  때때로 하층 사회의 위대함을 지켜보지 않은 사상가는 없다.

아마도 성 제롬이 생각했던 것도 바로 그러한 천민이었을 것이다. 그가 '도시의 찌꺼기야말로 이 세상의 법이다'라는 저 신비로운 말을 했을 때, 그는 사도(使徒)들이며 순교자를 낳은 그 모든 빈민들이며, 부랑아며, 비참한 사람들을 염두에 두었던 것이다.

고통 때문에 피를 흘리는 이 군중들의 분노, 스스로의 생명과도 같은 주의에 반대하는 그 폭력, 법에 항거하는 폭력, 이런 것들이 민중의 쿠데타이며, 그것은 마땅히 저지되어야 한다. 성실한 인간은 그것을 저지하기 위해 헌신하고, 군중에 대한 사랑 때문에 오히려 군중과 싸운다. 그러나 대항하면서도 군중을 용서해야 한다고 느끼는 것이다! 저항하면서도 그 군중을 존경하는 것이다! 그야말로 자기가 해야 할 바를 하면서도 아주 가끔은 자기의 발목을 낚아채듯 알 수 없는 불안의 그림자를 느끼는 것은 그 때문이다. 인간은 고집한다. 또 응당 고집하지 않으면 안된다. 하지만 고집을 부리면 본심은 만족하지만 가슴 한 구석은 씁쓸하다. 그러니 의무를 수행하면서도 찢어질 듯한 슬픔이 교차하는 것이다.

1848년 6월의 폭동은—서둘러 이 이야기를 해둬야겠다—특수한 사건이어서 역사 철학 속에서 다른 것과의 비교가 거의 불가능하다. 우리가 앞에서 설명한 모든 말은, 신성한 노동권에 대한 주장과 자신의 권리를 요구한 이 특이한 폭동을 문제삼을 경우 제외시켜야 한다. 이 폭동을 사람들은 진압하지 않을 수 없었다. 그것은 의무였다. 왜냐하면 그 폭동은 공화국을 공격했기 때문이다. 그러면 근본적으로 1848년 6월이란 무엇이었던가? 그것은 민중의 자기 자신에 대한 반항이었다.

주제를 잃지 않는 한 이야기는 탈선되지 않는다. 그래서 잠시 동안 독자의 주의를, 지금 말한 정말로 특이한 두 개의 바리케이드, 이 반란의 특색을 나타나게 한 바리케이드에 대하여 돌리게 함을 이해하기 바란다. 이 두 가지 바리케이드야말로 1848년 6월의 반항적 특성을 보여주는 것이다.

그 중 하나는 쌩 땅뜨완느 성채의 담 밖에 있는 입구를 막고 있었고, 다른 하나는 뒤 땅쁠 성채의 담 밖을 방어하고 있었다. 빛나는 6월의 창공 아래 그 두 개의 무시무시한 내란의 걸작품인 바리케이드가 솟아 있는 것을 눈앞에 직접 본 사람들은 평생토록 그것을 잊지 못할 것이다.

쌩 땅뜨완느의 바리케이드는 괴물 같았다. 높이는 4층 건물 정도나 되었고 폭은 700피트에 달하고 있었다. 성채의 담 밖에 있는 넓은 입구인, 세 개의 거리를 한 모퉁이에서 다른 모퉁이까지 막고 있었다. 움푹 패고, 잘리고, 톱니 모양이고, 토막나고, 커다란 파열구가 총을 쏠 수 있는 구멍이 되어 있고, 그것들이 저마다 보루를 이루고 있는 여러 개의 돌더미로 받쳐져 여기저기 돌출부가 내밀어져 있고, 뒤에는 큰 집 두 채가 돌출되어 있었는데, 이미 7월 14일(1789년)의 무대가 되었던 그 무서운 장소 안쪽에 거대한 제방처럼 솟아 있었다. 그 주된 바리케이드 저편, 거리 안쪽에는 19개의 작은 바리케이드가 겹쳐져 있었다. 그것은 보기만 해도 고뇌가 스스로 죽음을 바라는, 저 마지막 순간에 달한 죽음의 커다란 고통을 그 성채 담 밖에서 느낄 수 있었다.

그 바리케이드는 무엇으로 만들어졌는가?

7층 건물 세 채를 일부러 허물어서 만든 것이라고 어떤 사람은 말했다. 또 어떤 사람은 온갖 분노가 낳은 기적의 산물이라고 말했다. 그것은 모든 증오의 건조물이 지닌 처참함을 띠고 있었다. 폐허의 양상이었다.

누가 바리케이드를 세웠는가 하고 물을 수 있다면, 누가 그것을 파괴했는가 하고 물을 수도 있다. 바리케이드는 즉흥적인 흥분의 산물이었다.

보라! 저 문을! 저 철책을! 저 차양을! 저 문턱을! 저 부서진 화로를! 저 금간 냄비를! 모든 것을 드러내라! 모든 것을 던져 넣어라! 모든 것을 밀어내라! 굴려라, 파헤쳐라, 벗겨 버려라, 뒤엎어라, 무너뜨려라! 바리케이드는 포석과 깨진 돌과 들보와 철봉과 걸레 조각이며 유리의 파편, 짚이 빠진 의자, 양배추의 속대, 누더기, 그리고 저주의 합작이었다.

바리케이드는 위대하고도 왜소했다. 혼돈스런 것들이 즉석에서 만든 깊은 심연이었다. 좁쌀만한 것들 옆에 놓인 커다란 덩어리, 뜯어진 벽 조각에 깨진 화분도 있었다. 모든 파편의 위협적인 융화였다. 시지프는 그곳에 바위를 던져 넣었고, 욥은 유리병 조각을 던져 넣었다. 요컨대 참으로 무시무시한 것이었다. 그것은 거지들의 아크로폴리스였다. 뒤집힌 짐마차가 그 경사진 면을 울퉁불퉁하게 만들고 있었다. 거대한 이륜 마차 하나가 차바퀴의 굴대를 위로 뻗치고 옆으로 내던져져서 그 여러 가지가 뒤섞여 있는 정면에 상처 자리처럼 보이게 했다. 마치 야만스러운 건축 기사들이 공포에 장난을 덧붙이려 한 듯, 사람의 힘으로 잡동사니 산의 꼭대기까지 끌어올려서 지금은 끝어당길 말도 없는 채를 공중에 있는 말에게라도 내밀고 있는 것 같았다. 그 거대한 퇴적물, 폭동의 더미는 보는 사람에게 모든 혁명의 펠리온 산 위에 오싸 산을 겹쳐 놓은 것을 연상케 했다.

　1789년 위에 올려놓은 1793년, 8월 10일(1792년) 위에 겹쳐진 공화(共和) 열월(熱月) 9일(1794년 7월 27일), 1월 21일(1793년) 위에 겹쳐진 공화 무월(霧月) 18일(1799년 11월 9일), 공화 초월(草月)(1795년 5월) 위에 겹쳐진 공화 장월(檣月)(1795년 10월), 1830년 위에 겹쳐진 1848년들이었다. 그곳은 그만한 노력을 할 만한 가치 있는 장소이고, 그 바리케이드는 바스띠유 감옥이 모습을 감춘 바로 그 장소에 나타나기에 손색이 없었다. 만일, 대양이 방파제를 만든다면 아마 꼭 이렇게 구축할 것이다. 미친 듯이 물결치는 파도가 그 기형의 장애물에 달라붙어 있었다. 성난 파도란 무엇인가? 바로 하층의 군중들이었다. 그 앞에 서면 마치 돌처럼 굳어버린 힘찬 함성을 보는 듯했다.

　이 바리케이드 위에서 벌이 윙윙거리는 소리가 들리는 듯했다. 마치 엄청난 검은 벌의 대군이 벌집에서 윙윙거리는 것 같았다. 가시덤불이었는지? 바커스 제삿날이었는지? 요새였는지? 현혹하는 날갯짓으로 구축한 듯했다. 그 각면보(角面堡) 속에는 쓰레기더미가 있고, 그 퇴적물 더미에는 올림포스의 전당(殿堂)이 있었다. 그 절망에 찬 혼란 속에는 지붕의 서까래, 벽지가 붙은 고미다락방의 벽 조각, 파괴된 잡다한 물건 속에 포탄을 막으려고 세워진 유리가 온전히 붙어 있는 창틀 벽에서 뜯어낸 벽난로, 옷장, 테이블, 의자, 요란하게 뒤죽박죽이 되어 있는 큰 혼잡, 그리고 거지조차도 돌아보지 않을 만큼 분노와 허무를 동시에 내포한 헤아릴 수 없는 남루한 잡동사니가 있었다. 그것은 민중의 누더기, 나무와 쇠붙이와 구리와 돌로 된 누더기 같았으며, 또 쌩 땅뜨완느가 거리의 그 비참한 생활의 먼지를 바리케이드로 만들어서 그것을 거대한 빗자루로 쓸어 입구에 막아 놓은 것 같았다.

　목 자르는 작두 비슷한 쇠붙이, 풀어진 쇠사슬, 교수대처럼 그대로 가름나무가 붙어 있는 판자틀, 부서진 굴대에서 수평으로 튀어나온 수레바퀴, 그러한 것들이 그 무정부 상태의 건축물에 민중들이 참고 견디어 온 오랜 고통의 어두운 그림자를 곁들이고 있었다. 쌩 땅뜨완느의 바리케이드는 온갖 것을 무기로 삼고 있었다. 내란이 사회의 머리 위에 던질 수 있는 모든 것이 그곳에서 나오고 있었다. 그것은 전투가 아니라 분노의 발작이었다. 그 각면보를 지키고 있는 기총들은 그 총 속에 섞여 있는 몇 개의 구식 산탄총과 더불어, 사기 그릇 조각이나 뼈다귀, 윗도리 단추나 더욱이 구리의 독 때문에 위험한 탄환이 되는 침실의 탁자 다리에 붙어 있는 바퀴까지도 마구잡이로 쏘아댔다.

그 바리케이드는 제정신을 잃고 있었다. 말로 표현할 수 없는 울부짖음이 구름 속까지 치솟았다. 때로는 군대에 도전하면서 군중과 폭풍 같은 광란 속에 뒤덮일 때도 있었다. 타오르는 듯한 얼굴들이 그 꼭대기까지 뒤덮여 있었다. 개미 떼 같은 무리가 그곳에 넘치고 있었다. 그 꼭대기에는 총, 사벨, 곤봉, 도끼, 창, 총검으로 가시가 돋친 듯했다.

커다란 붉은 깃발 하나가 바람에 펄럭이고 있었다. 호령소리, 진격의 노래, 북소리, 부녀자들이 울부짖는 소리, 허기진 사람들의 공허한 웃음소리가 들려왔다. 그 바리케이드는 정상을 벗어나 활기에 넘쳐 있고, 마치 천둥치는 검은 구름처럼 번갯불을 번쩍이고 있었다. 혁명 정신으로 시작된 검은 구름이 그 꼭대기를 덮고 있었는데 신의 목소리와 흡사한 민중의 소리가 울려퍼지고 있었다. 터무니없이 허물어진 쓰레기더미에서 이상하게 장엄한 공기가 새어 나왔다. 그것은 쓰레기더미였고 또한 시나이 산이었다.

앞서 말한 대로 그 바리케이드는 대혁명의 이름으로 혁명을 공격한 게 아니고 무엇이랴. 그 바리케이드는 우연이었고, 무질서였고, 동요였고, 오해였으며, 입헌 의회를, 민중의 주권을, 보통 선거를, 국민을, 공화국을 적으로 삼았다. 그것은 '라 마르세예즈(프랑스 국가)'에 도전하는 '까르마뇰(프랑스 혁명가)'이었다.

무모한 도전이었지만 용맹스러웠다. 왜냐하면 이 역사 깊은 성채는 영웅 같았기 때문이다.

성채의 울타리와 각면보는 서로 돕고 있었다. 성채 울타리는 각면보에 의지하고, 각면보는 성채 울타리를 거점으로 삼고 있었다. 넓은 바리케이드는 아프리카 장군들의 전술까지도 깨뜨릴 낭떠러지처럼 펼쳐져 있었다. 그 동굴, 그 혹, 그 돌출물, 그 솟아오른 것들이 얼굴을 찡그리고 화약 연기 밑에서 비웃고 있었다. 산탄은 형체도 없이 사라지고, 포탄은 헛되이 그 속에 떨어져 삼켜지고, 탄환은 그저 구멍을 뚫는 것에 불과했다. 혼돈된 것들에 포격한들 무엇하겠는가? 더없이 잔인한 전쟁 광경에 익숙한 여러 연대들도 산돼지처럼 털을 곤두세우고, 산처럼 거대한 그 야수와 같은 각면보를 불안한 눈으로 지켜볼 따름이었다.

그곳에서 1킬로미터 가량 떨어진 샤또도 분수 가까이의 큰길로 나가는 땅뻘 거리의 모퉁이에 서서, 달르마뉴 상점의 진열창이 튀어나온 돌출부 밖으로 대담하게 머리를 내밀고 보면, 멀리 운하 저편 벨르빌르의 언덕길을 올라가는 거리 중간, 언덕 윗쪽 지점에 3층 집 높이의 이상한 장벽이 보였다. 그 벽은 좌우의 집들을 연결하는 것 같았는데 마치 거리를 갑자기 막아 버리기 위해서 가장 높은 벽을 꺾어 놓은 것처럼 보였다. 그러나 그 벽은 사실상 길에 까는 포석으로 만들어져 있었다. 반듯하고 규칙적이며, 냉엄하고, 수직으로 되어 있고, 자로 재서 먹줄로 선을 긋고, 추를 매달아 곧게 쌓아올린 벽 같았다. 시멘트는 사용되지 않았으나, 그렇다고 해서 로마식 벽처럼 건축상의 견고함에는 결함이 없었다. 그 높이로 보아 그 안의 깊이도 상당할 것으로 여겨졌다. 꼭대기는 수학적으로 땅바닥과 평행을 이루고 있었다. 잿빛 표면 군데군데에 거의 눈에 띄지 않을 만큼 검은 실과 같은 총구멍 줄들이 보였고, 그 총구멍 사이는 일정한 간격으로 뚫려 있었다.

거리에는 인적이라곤 없었다. 창이며 문들은 모조리 닫혀 있었다. 그리고 안쪽 깊숙이 솟은 장벽이 그 거리를 막다른 골목으로 만들었다. 벽은 조용하고 요지부동이었다. 아무도 보이지 않고 아무 소리도 들리지 않았다. 외치는 소리도, 물건 소리도, 숨소리도 들리지 않았다. 마치 무덤 속 같았다.

6월의 눈부신 태양이 그 무서운 곳에 빛을 쏟고 있었다.

그것은 땅뻘 성채 울타리 밖에 있는 바리케이드였다.

그 지역에 발을 들여놓고 그것을 바라보면, 제 아무리 대담한 사람이라도 그 신비로움 앞에서 깊은 생각에 잠기지 않을 수가 없었다. 그것은 균형잡히고, 꼭 들어맞게 끼워지고, 기왓장을 엎어 놓은 듯 나란히 놓여 있어서 직선적이고, 좌우 틀이 꽉 짜여 있었지만 음산한 분위기가 있었다. 그곳에는 과학적인 이론과 암흑이 가득찼다. 그 바리케이드의 우두머리는 기하학자이거나 아니면 유령일 거라고 느껴졌다. 사람들은 그것을 바라보고, 낮은 소리로 말을 주고받았다.

이따금 병사나 장교, 또는 민중의 대표인 대의원이 대담하게 그 쓸쓸한 대로를 가로지르려 하면, 날카롭고 희미한 바람을 끊는 소리에 그 통행인은 부상당하거나 죽어 쓰러졌다. 다행히 모면한 경우에는 어딘가 닫힌 덧문이나 돌벽 사이, 또는 회반죽한 벽 사이에 탄알이 박히는 것을 보았다.
　때로는 머스켓 총탄도 있었다. 그것은 바리케이드에 있던 많은 사람들이 두 개의 무쇠로 만든 가스 관의 한 끝을 베 오라기와 진흙으로 막아서 두 자루의 작은 총대를 만들었기 때문이다.
　쓸데없이 화약을 낭비하는 일은 없었다. 총알은 거의 명중했다. 시체가 여기저기에 구르고 피가 흥건히 포석 위에 괴어 있었다. 작가는 한 마리의 흰나비가 거리 여기저기를 날던 것을 기억하고 있다. 여름은 어느 곳에서도 평소와 다름 없었다.
　부근의 집 대문 아래에는 부상자들로 들끓고 있었다. 거기서는 모습이 보이지 않는 그 무엇엔가의 표적이 되고 있음을 스스로 느끼고, 분명히 총맞아 죽을 것 같았다.
　땅뿔 성채의 울타리 밖, 입구에서 운하의 아치형 다리 모양의 나귀 등처럼 솟아오른 장소 뒤에는 공격 종대의 병사들이 모여 그 음침한 각면보를, 그 요지부동의 물체를, 죽음의 그림자가 어른대는 그 비정한 곳을 엄숙하면서도 충실히 감시하고 있었다. 몇 사람은 배를 깔고 엎드려서 모자가 보이지 않도록 조심하면서 다리의 굴곡 꼭대기까지 기어올라갔다.
　용감한 몽떼나르 대령은 몸을 떨면서 그 바리케이드를 찬탄하고 있었다.
　"참으로 잘 만들었군요!" 하고 어떤 대의원에게 말했다. "포석이 비어져 나온 곳은 아무데도 없습니다. 마치 도자기처럼 매끈매끈하군요."
　이때 한 발의 탄환이 그의 가슴에 매달려 있는 십자 훈장을 꿰뚫었다. 대령은 쓰러졌다.
　"비겁한 놈들!" 하고 누군가가 말했다. "얼굴을 내밀어 보라! 모습을 보여라! 겁쟁이 놈아! 숨어만 있지 말고 나와라!"
　80명이 지키던 땅뿔 성채 울타리 밖의 바리케이드는 만 명의 공격을 받으면서 사흘을 견뎠다. 나흘째가 되자 공격측은 잣차와 콘스탄틴의 경우와 같은 전법으로 집집마다 구멍을 뚫고 지붕을 따라 올라가서 바리케이드를 점령했다. 80명의 '비겁자'는 한 사람도 도망치려 하지 않았다. 그들은 조금 뒤에 이야기할 우두머리 바르뗄르미만이 탈출하고, 모두 그곳에서 전사했다.

쌩 땅뜨완느의 바리케이드는 천둥 소리처럼 요란하게 울렸고 땅쁠의 바리케이드는 침묵 그것이었다. 이 두 개의 각면보 사이에는 잔인함과 처참함의 차이가 있었다. 하나는 사나운 짐승의 입이었고 다른 하나는 가면과 같았다.

이 대규모적이고 어두운 6월의 반란이 하나의 분노와 하나의 수수께끼로 되어 있었다고 한다면, 전자의 바리케이드 속에서는 용을, 후자의 바리케이드 배후에서는 스핑크스를 느낄 수 있었다.

이 두 요새는 꾸르네와 바르뗄르미라는 두 사나이에 의해서 구축된 것이다. 꾸르네는 쌩 땅뜨완느의 바리케이드를 만들고 바르뗄르미는 땅쁠의 바리케이드를 만들었다. 양쪽의 바리케이드는 그것을 구축한 사람의 모습을 지니고 있었다.

꾸르네는 키가 큰 남자였다. 넓은 어깨, 붉은 얼굴, 억센 손에 용감하고 성실한 영혼과 진지하고 무서운 눈을 가지고 있었다. 또 대담하고, 정력적이며, 화를 잘 내고, 격렬한 성품이었다. 인간으로서는 더없이 진실이 넘쳤으나, 전투원으로서는 더없이 무서웠다. 전쟁, 투쟁, 격투는 그에게 어울리는 분위기였으며 그를 기분좋게 만들어 주는 것이었다. 예전에 해군 장교였던 그의 거동이나 목소리만 들어도 그가 대양에서 왔다는 것, 폭풍우에 휩쓸리면서 살아왔다는 것을 짐작할 수 있었다. 그는 바다 위의 큰 회오리 바람을 육지 위의 전투에 불어 넣었다. 신성(神性)을 제외하고, 당똥 속에 헤라클레스적인 것이 있었던 것처럼, 천재성(天才性)을 제외한다면 꾸르네 속에는 당똥적인 요소가 있었다.

바르뗄르미는 깡마르고, 허약하고, 창백하며, 말이 없는 이른바 불우한 부랑아였다. 어느날, 한 순경에게 따귀를 맞은 것을 큰 원한으로 생각하고 그 순경을 노리고 기다렸다가 살해했다. 그래서 17살에 감옥에 들어갔다. 그는 곧 석방되자 이 바리케이드를 만들었던 것이다.

뒷날, 그들은 함께 추방되어서 런던으로 망명했는데 어떤 일에서였는지, 바르뗄르미는 꾸르네를 살해했다. 처절한 결투였다. 그 뒤 얼마 안 있다가 야릇한 치정 관계에 얽혀들어서 프랑스 재판은 정상 참작의 여지를 인정했지만, 영국의 재판은 사형을 인정하여 결국 바르뗄르미는 교수형을 받았다.

완벽한 지성과 강직한 성품의 인물이었고 위대한 인간일 수도 있는 이 불행한 인간은 불합리한 사회 제도, 물질적 결핍과 정신적 암흑 때문에 프랑스

80명이 지키는 뒤 땅쁠 바리케이드는 만 명의 공격을 받으면서 사흘을 견뎠다.

감옥에서 출발하여 영국의 교수대에서 생애를 마친 것이다. 바르텔르미는 어떤 경우에도 단 한 가지 깃발만을 내걸었다. 그것은 검은 깃발이었다.

심연 속에서나 이야기할밖에

16년이란 세월은 폭동을 위한 지하 교육 기간으로서는 상당히 긴 기간이므로 1848년 6월은 1832년 6월보다도 폭동에 대해서 더 많은 지식을 갖추고 있었다. 따라서 샹브르리 거리의 바리케이드는 지금 묘사한 두 개의 거대한 바리케이드에 비하면 하나의 시작에 불과했고 태아에 불과했다. 그러나 당시로선 두려워할 만한 것이었다.

마리우스는 아무 일에도 마음을 쓰지 않고 있었으므로, 폭도들은 앙졸라의 감시 아래 어둠을 타서 활동했다. 바리케이드는 수리되었을 뿐 아니라 전보다도 증축되었다. 높이도 2피트나 높아졌다. 작은 자갈밭 가운데 세워진 철구조물은 마치 꽂아 놓은 창 같았다. 온갖 종류의 파괴된 부스러기들을 여기저기서 날라다가 덧붙였기 때문에 외형은 점점 더 복잡했다. 각면보의 내부는 벽처럼, 외부는 가시덤불처럼 교묘하게 개조되었다.

성벽처럼 위로 올라갈 수 있는 자갈밭의 계단도 다시 축조되었다.

모두들 바리케이드를 수리하고, 술집 아래층의 홀을 정리하고, 주방을 야전 병원으로 만들어 부상자들을 치료하고, 마룻바닥이며 탁자 위에 흩어져 있는 화약을 모아 탄환이나 탄약통을 만들고, 붕대를 만들고, 적이 떨어뜨리고 간 무기를 분배하고, 각면보 내부를 청소하고, 파편을 주워 모으고, 시체를 치웠다.

시체는 아직도 그들이 차지하고 있는 몽데뚜르 골목 안에 놓여 있었다. 그곳의 자갈밭은 그 뒤 오랫동안 빨갛게 물들어 있었다. 사상자 가운데는 시골 출신의 국민병 넷이 끼어 있었다. 앙졸라는 그들의 군복을 벗겨서 보관해 두도록 했다.

앙졸라는 두 시간 동안 모두 잠을 자도록 권했다. 앙졸라의 권고는 명령이었으나 서너 명만이 그 명령에 따랐다. 푀이는 술집 맞은편 벽에 이런 글귀를 새기면서 그 두 시간을 보냈다.

민중 만세!

그 글씨는 돌에 못으로 새겼는데, 1848년까지도 아직 그 벽 위에 그대로 남아 있었다.

술집의 세 여자들은 휴전 상태를 틈타 밤 사이 모습을 감추고 다시 돌아오지 않았다. 그래서 폭도들은 더 마음이 홀가분해졌다. 그녀들은 어딘가 근처 인가로 피신했던 것이다.

부상자의 대부분은 아직도 싸울 능력과 의지를 지니고 있었다. 야전 병원이 된 주방의 이불이나 짚더미 위에는 다섯 명의 중상자가 누워 있었다. 그 중 두 사람은 시민병이었다. 시민병은 우선적으로 치료를 받았다.

아래층 홀에는 천으로 덮여 있는 마뵈프와 기둥에 묶여 있는 자베르밖에 남아 있지 않았다.

"여기가 시체실이야." 하고 앙졸라는 말했다.

촛불 하나로 희미하게 비추어진 그 홀 안에는 안쪽 깊숙이 시체를 안치한 탁자가 기둥 뒤에 가름대처럼 놓여 있고, 서 있는 자베르와 가로놓여 있는 마뵈프는 마치 커다란 십자가처럼 어렴풋이 보였다.

합승 마차의 채찍은 총을 맞아서 끝이 부러져 버렸지만, 아직 깃발을 걸 만큼의 길이는 남아 있었다.

자신이 한 말은 꼭 실행한다는 지도자다운 자질을 가진 앙졸라는 전사한 노인의 구멍 뚫린 피투성이 옷을 깃대에 붙들어 매었다.

일체 식사는 할 수 없었다. 빵도 고기도 없었다. 바리케이드 안의 50명 남자는 그곳에 와서 16시간 사이에 술집에 남아 있던 빈약한 음식물들을 먹어 치워 버린 것이다. 어느 때가 되면 완강하게 저항하던 바리케이드 사람들도 메듀즈 호의 뗏목처럼 무력하게 되기 마련이다. 그들은 굶주림을 참을 수밖에 없었다. 그들은 자신의 욕심이나 이기심을 극복해야 하는 비장한 6월 6일을 맞고 있었다. 그날 쌩 메리의 바리케이드에서 빵을 달라는 폭도들에 둘러싸인 잔느가, "먹을 것을!" 하고 외치는 그들 전투자들에게 "뭐라구요! 지금이 3시예요. 4시에는 우린 죽을 거요." 하고 대답했던 것이다.

이미 먹을 것이 없기 때문에 앙졸라는 마실 것을 금했다. 포도주를 금지하고 브랜디를 조금씩 나누어 주었다.

술집 지하 창고에서 소중하게 밀봉된 술병을 15병이나 발견했다. 앙졸라와 꽁브페르가 그것을 검사해 봤다. 꽁브페르는 지하실에서 나오면서 말했다.

"향료품 장사하던 위슐루 영감의 옛날 밑천이야."

"그건 진짜 포도주임에 틀림없어" 하고 보쒸에가 말했다. "그랑떼르가 잠들어 있길 다행일세. 그가 깨어 있었다면 병이 남아나기 어려웠을걸."

여러가지 불평도 있었으나 앙졸라는 15병의 마개를 뗄 것을 허락하지 않고 아무도 손을 대지 못하게 해서 신성한 것으로 여겨지도록 모조리 마뵈프 노인이 누워 있는 탁자 밑에 놓게 했다.

오전 2시경에 점호를 했다. 아직 37명이 있었다.

날은 차차 밝기 시작하고 있었다. 자갈밭으로 둘러싸인 상자 속에 켜져 있던 횃불도 지금 막 꺼버린 참이었다. 거리에서 동떨어진, 조그마한 안마당 같은 바리케이드 내부는 어둠에 둘러싸여 새벽녘의 어렴풋한 어둠속에서 파괴된 배의 갑판과도 같은 모습을 드러내고 있었다. 왔다갔다하는 전우들은 검은 그림자처럼 움직였다. 그 무시무시한 어둠의 소굴 위쪽에는 높은 집들이 푸르스름하게 떠올라 보였고, 맨 꼭대기에는 굴뚝이 희끄무레하게 보였다. 하늘은 희지도 푸르지도 않은 미묘하고 매혹적인 몽롱한 색조를 띠고 있었다. 새들이 즐겁게 지저귀면서 그 하늘을 날고 있었다. 바리케이드의 배경이 되어 있는 높은 집들은 동쪽을 향해 있었으므로 지붕에 장밋빛 광선을 받고 있었다. 4층 창문에는 어제 죽은 노인의 잿빛 머리카락이 아침 바람에 나부끼고 있었다.

"누군지 횃불을 꺼 주어서 고맙군" 하고 꾸르페락이 푀이에게 말했다. "횃불이 바람에 일렁이는 게 못마땅했어. 꼭 겁을 먹고 있는 것 같았어. 횃불 빛은 비겁자의 지혜와도 같아. 떨리기 때문에 도무지 밝게 비치지도 못하니 말이야."

새벽은 새들과 함께 사람들의 정신도 눈뜨게 한다. 모두가 이야기하기 시작했다.

졸리는 물받이 위를 어슬렁거리는 고양이 한 마리를 보고 거기에서 철학을 끌어냈다. "고양이란 뭔가?" 하고 그는 외쳤다. "하나의 수정물(修正物)이지. 하느님이 쥐를 만들어 놓고 나서, '내가 실수했군' 하고 고양이를 만드신 걸세. 고양이, 그것은 쥐의 정오표(正誤表) 같은 거야. 쥐에다 고양이를 합쳐야 비로소 천지창조의 교정(校正)이 되는 거지!"

꽁브페르는 학생들과 노동자에 둘러싸여 장 프루베르, 바오렐, 마뵈프에

그 홀 안에는 시체를 안치한 탁자가 기둥 뒤에 가름대처럼 놓여 있고, 서 있는 자베르와 가로놓여 있는 마뵈프는 마치 커다란 십자가처럼 어렴풋이 보였다.

대해서, 심지어 르 까뷕 같은 죽은 사람에 대해 이야기하고 있었으며, 또 앙졸라의 엄숙한 비극에 대해서도 이야기했다.
꽁브페르는 말했다.
"하르모디우스와 아리스토게이톤, 브루투스, 케레아스, 스테파누스, 크롬웰, 샤를로뜨, 꼬르데, 쌍드, 이들은 모두 죽이고 난 후에 고통의 순간을 가졌단 말이야. 우리 인간의 마음이란 참으로 상처받기 쉽고 인생이란 참 불가사의한 거야. 공덕(公德)을 위한 살인에서조차, 심지어 해방이나 구제를 위해 살인을 하기에 이르렀다 하더라도, 한 인간을 죽였다는 양심적인 가책은 인류에게 공헌했다는 기쁨보다 훨씬 큰 법이야."
그리고 이런저런 이야기가 오고갔는데, 이윽고 장 프루베르의 시(詩)에 관한 이야기 다음에, 빌길리우스의 작품인 《게오르지크》의 여러 번역자들을 비교한 다음, 말필라트르가 번역한 몇 구절을, 그 중에서도 특히 시저의 죽음에 대한 유명한 문장을 지적하면서 로를 꾸르낭을 드릴르와 비교했다. 그리고 이 시저라는 한 마디에서 화제는 다시 브루투스에게로 되돌아갔다.
"시저는," 하고 꽁브페르가 말했다. "정당하게 죽은 거야. 키케로는 시저에게 가혹하게 말했지만 그건 정당한 일이었어. 그 가혹한 말은 절대로 혹평이 아니야. 조일루스가 호메로스를 욕하고, 메비우스가 빌길리우스를 욕하고, 비제가 몰리에르를 욕하고, 교황이 셰익스피어를 헐뜯고, 프레롱이 볼떼르를 욕한 것은 예로부터의 증오의 표현이야. 천재는 욕을 먹고 위인은 다소 혹평을 받게 마련이지. 그러나 조일루스와 키케로는 달라. 키케로는 사상에 의한 심판자인 거야. 마치 브루투스가 칼에 의한 심판자인 것처럼. 나는 후자의 심판, 즉 칼을 비난하지. 그러나 옛날엔 칼의 심판을 인정했거든. 명령을 어기고 루비콘 강을 건넌 시저는 민중으로부터 나온 여러 가지 권위를 마치 자기가 만든 것처럼 사람들에게 주고 원로원에 나타나지도 않고 유트로프스가 말했듯이, 왕처럼 그리고 폭군같이 행동했지. 그는 위대한 인간이었기 때문에 그런만큼 불행하기도 했고 행복하기도 했지. 교훈은 위인인 경우 높고 원대한 것이었으니까. 그러나 그가 받은 스물세 군데의 상처는 사람들이 그리스도의 이마에 뱉은 침만큼 나를 감동시키지 못해! 시저는 원로들의 손에 살해되었지만, 그리스도는 하인들에게 뺨을 얻어 맞은 거야. 모욕이 심할수록 사람들은 하느님을 느끼게 되는 법이지."

보쒸에는 이야기하는 사람들을 포석더미 위에서 내려다보면서 기총을 들고 외치고 있었다.
"오, 시다테네움, 미리누스, 프로발린트여! 에안티드의 미의 여신이여! 아아, 그 누가 나에게 로리움이나 에다프테온의 그리스 인처럼 호메로스의 시구를 읊을 수 있는 능력을 줄 것인가?"

양지와 음지

앙졸라가 정찰을 하러 나갔다. 그는 처마 밑을 따라서 몽데뚜르 골목길을 빠져 나갔다.

폭도들은 희망에 차 있었다. 지난 밤의 습격을 쉽게 물리친 솜씨에 자신이 생겨서 새벽의 공격도 처음부터 문제시하지 않았다. 오히려 습격을 기다리며 미소까지 띠고 있었다. 자신들의 명분과 함께 성공할 것을 믿어 의심치 않았다. 게다가 지원군은 틀림없이 올 것이다. 그들은 그것을 믿고 있었다. 싸우는 프랑스 사람의 저력의 하나인, 저 매우 낙관적인 승리의 예감에 의하여 그들은 바야흐로 시작되려고 하는 하루를 세 번의 확실한 단계로 나누어 생각하고 있었다. 즉 오전 6시에 '미리 손을 써 놓았던' 1개 연대가 귀순해 올 것이고, 정오에는 전 빠리가 봉기하고 저녁 무렵엔 혁명이 일어날 것이다.

전날부터 잠시도 쉬지 않고 울리는 쌩 메리의 경종 소리가 지금도 들려 오고 있었다. 그것은 또 하나의 큰 바리케이드인 잔느의 바리케이드가 아직도 버티고 있다는 증거였다.

그런 모든 희망은 벌집 속의 벌들이 싸우는 날개 소리와도 흡사한 일종의 쾌활하고 무서운 속삭임이 되어 이 무리에서 저 무리로 옮겨 갔다.

앙졸라가 다시 모습을 보였다. 그는 밖의 어둠 속을 몰래 독수리처럼 한 바퀴 돌고 온 것이다. 그는 팔짱을 끼고, 한 손은 입에 대고, 한동안 유쾌한 이야기에 귀를 기울이고 있었다. 그러고는 밝아 오는 새벽의 뿌연 빛 속에서 신선한 장밋빛 모습으로 그는 말했다.

"빠리의 모든 군대가 움직이고 있소. 그 3분의 1은 이 바리케이드로 공격해 올 거요. 거기에는 국민군도 포함되어 있소. 나는 보병 제5연대의 군모와 국민군 제6연대의 깃발을 보았소. 이곳은 한 시간 후에 공격받을 거요. 민중들은 어제는 들끓었지만 오늘 아침엔 꼼짝도 하지 않소. 이제는 아무것도 기다릴 것이 없고, 아무것도 희망할 게 없소. 이제는 성채 밖의 울타리도 연대도 없소. 우리는 고립된 것이오."

이 말은 여기저기 몰려 있는 사람들의 웅성거리는 소음 위에 떨어져서, 폭풍우를 예고하는 빗방울이 벌집 위에 떨어진 결과를 빚었다. 모두들 굳게 입을 다물었다. 죽음의 날갯짓 소리가 들리는 듯한, 뭐라 말로 표현할 수 없는 침묵의 한순간이었다.

그 순간은 짧았다. 군중의 가장 어두운 안쪽에서 앙졸라에게 외치는 소리가 들렸다.

"좋소, 바리케이드를 20피트로 높이고 모두 여기 끝까지 남아 있읍시다. 여러분, 시체가 되어 대항합시다. 민중이 공화주의자를 버리더라도 공화주의자는 민중을 버리지 않는다는 것을 보여 줍시다."

이 말은 모든 사람들의 생각을, 개인적인 불안의 답답한 구름을 날려버렸다. 그리고 열광하는 환호성을 받았다.

이 이야기를 한 사나이의 이름은 끝내 알 수 없었다. 그는 작업복을 입은 사나이였고, 이름없는 사나이였고, 잊혀진 사나이였으며, 지나가는 영웅이었다. 인류의 위기나 사회의 개벽에는 언제나 섞여서 때가 오면 의젓한 태도로, 결정적인 한 마디를 하여 번갯불 속에서 민중과 신을 대표한 뒤, 다시 암흑 속으로 모습을 감추는 익명의 위인이 있었다.

이런 굳은 결의가 1832년 6월 6일의 분위기 속에 짙게 감돌고 있었으므로, 거의 같은 시각에 쌩 메리의 바리케이드에서는 폭도들이 역사에도 남아 있고 재판 서류에도 기록된 이와 같은 고함을 지르고 있었다.

"원군이 오건 말건 상관없다! 마지막 한 사람까지 여기에 남아 싸우다 죽자!"

이것으로도 알 수 있듯이 두 개의 바리케이드는 사실상 고립되어 있었으나 마음은 서로 통하고 있었다.

다섯이 줄고 하나가 불어나다

'시체의 대항'을 외친 이름 모를 사나이가 영혼이 통하는 말을 끝냈을 때, 모든 사람들의 입에서 이상하게도 만족스러운 무서운 외침 소리가 쏟아져 나왔다. 그 뜻은 비장했고 어조는 의기양양했다.
"전사 만세! 전원 이곳에 끝까지 남자."
"어째서 전원이야?" 하고 앙졸라가 말했다.
"전원이야, 전원!"
앙졸라는 계속했다.
"위치도 좋고, 바리케이드는 견고하오. 30명이면 충분하오. 왜 40명을 모두 희생한단 말요?"
사람들은 대꾸했다.
"아무도 떠나기가 싫기 때문이오."
"여러분," 하고 앙졸라는 외쳤다. 그 목소리는 거의 분노 때문에 떨리고 있었다. "공화국은 인원이 넉넉하지 못하오. 쓸데없이 허비할 수 없소. 허세는 낭비요. 어떤 사람에게 있어서 떠나는 것이 의무라면 그 의무도 다른 의무처럼 달성하여야 하오."
주체성이 강한 인간인 앙졸라는 사람들의 불만스런 태도를 보고 언성을 높였다. 그는 오만하게 말했다.
"30명만 남는 것이 두려운 사람은 그렇게 말하시오."
불평 소리는 한층 더 심해졌다.
"첫째," 하고 군중들 속에서 한 목소리가 튀어나왔다. "떠난다는 것은 말로는 쉽소. 그러나 바리케이드는 포위되어 있소."
"시장 쪽은 포위되지 않았소" 하고 앙졸라는 말했다. "몽데뚜르 거리는 자유롭소. 그러니까 프레쉐르 거리를 거쳐서 이노쌍 시장으로 나갈 수 있소."
"그리고 거기서," 하고 그 무리들 속의 다른 목소리가 대꾸했다.
"붙들리기 십상이오. 보병이나 교외병의 전방부대와 부딪칠 거요. 놈들은 노동복을 입고 테 없는 모자를 쓴 사나이가 지나가는 것을 보고, 어디서 왔느냐? 바리케이드에서 온 놈이 아닌가 하고 심문하겠죠. 그리고 화약 냄새를 풍기면 총살할 거요."
앙졸라는 그 말에 대답하지 않고 꽁브페르의 어깨에 손을 얹고 둘이서 아래층 홀로 들어갔다.
그들은 곧 나왔다. 앙졸라는 보관했던 네 벌의 군복을 양손 가득히 안고 있었다. 꽁브페르는 혁대와 군모를 들고 뒤따라 나왔다.
 "이 군복을 입으면," 하고 앙졸라가 말했다. "병사들 속에 섞여서 도망갈 수 있을 거요. 네 사람 몫이오."
 그렇게 말하고 포석이 벗겨진 땅바닥에 네 벌의 군복을 던졌다.
 결의를 굳힌 군중 가운데서는 조그만 동요도 볼 수 없었다. 꽁브페르는 입을 열었다.
 "자," 하고 그는 말했다. "조금은 연민의 정을 가져야 하오. 지금 무엇이 문제인지 아시오? 여자가 문제인 거요. 어떻소? 아내가 있는 사람은 없소? 아이가 있는 사람은 없소? 발로 요람을 흔드는 많은 애들이 매달려 있는 어머니가 있는 사람은 없소? 어머니의 젖을 한 번도 못 본 사람이 있다면 손을 들어 주오. 아아! 여러분들은 죽기를 바라고 있소. 나도, 여러분에게 이야기하고 있는 나 자신도 그것을 바라고 있소. 그러나 나는 나의 주위에서 비탄에 잠겨 팔을 비트는 여자의 환상을 보고 싶지 않소. 죽는 것은 마음대로요. 그러나 남을 죽게 해선 안되오. 여기서 여러분이 행하려는 자살은 숭고한 거요. 그러나 자살은 좁은 범위에서 한정되어야지 넓게 파급되어서는 안되오. 만약 가까운 사람에게까지 확대되면 자살도 살인으로 불리게 되는 거요. 금발의 어린애를 생각해 보시오. 그리고 백발의 노인을. 좀 들어 보시오. 바로 조금 전에 앙졸라가 내게 이야기했는데, 씨뉴 거리의 한 6층 모퉁이에 촛불이 비치는 초라한 창문이 눈에 띄었다고 하오. 창문 유리에, 밤새도록 자지 않고 누군가를 기다리는 듯한 늙은 여인의 머리 그림자가 흔들리며 비치는 걸 봤다는 거요. 여러분 가운데 누군가의 어머니인지도 모르오. 자, 떠나 주오. 그런 사람은 서둘러 어머니에게 말씀드리러 가시오. '어머니, 접니다!'라고. 아무것도 근심할 것 없소. 이곳의 일은 조금도 염려할 필요 없소. 자기의 노동으로 가족을 부양하는 사람은 함부로 목숨을 내던질 권리가 없소. 그것은 가족을 버리는 행위요. 또 딸을 가진 사람도, 누이동생이 있는 사람도, 그녀들 걱정을 안 한단 말요? 여러분은 죽을 거요, 여러분은 죽소. 그건 좋소, 그러나 내일은 어찌되겠소?
 먹을 것이 없는 어린 딸, 그건 무서운 일이오. 남자는 구걸을 하고 여자는 몸을 팔게 되오. 아아, 저 얌전하고 상냥하고, 사랑스러운 아가씨들을. 꽃모자를 쓰고 노래하고, 재잘거리며 온 집안을 순결로 가득 채우고, 살아 있는 향기와도 같고, 지상에서 처녀의 순결로 하늘에 있는 천사들의 존재를 증명하는 아가씨들. 저 잔느, 저 리즈, 저 미미. 여러분의 축복이며 자랑인 저 사랑스럽고 찬양해야 할 정숙한 아가씨들. 아아, 그녀들이 굶주리게 되오! 뭐라고 해야 좋겠소? 이 세상엔 몸을 파는 인육 시장이란 게 있소. 그리고 이미 죽어서 망령이 되어 버린 여러분의 손이 그녀들의 주위에서 저지하려 해도 그녀들이 그곳에 들어가는 것을 막을 수는 없소!

통행인으로 가득 찬 거리에서 목덜미를 드러내 놓고 진흙칠한 여자들이 서성거리는 상점 앞을 상상해 보시오. 그 여자들도 전에는 순결했었소. 누이동생이 있는 사람은 누이동생을 생각하시오. 빈곤, 매춘, 경찰서, 쌩 라자르 감옥, 그러한 곳에, 그야말로 화사하고 아름다운 처녀들이, 저 5월의 라일락 꽃보다도 신선한 순결과 아름답고 연약한 보물들이 떨어져 갈 것이란 말요.

아아, 여러분이 죽어 버린다면! 아, 여러분이 없어진다면! 여러분은 그것으로 족할 거요. 민중을 왕권으로부터 탈취하려고 스스로 택한 일이오. 그러나 여러분은 딸을 경찰의 손에 넘겨주는 것이오. 여러분, 조심하시오. 동정심을 가지시오.

여자들, 불행한 여자에 대해서 세상에선 그다지 생각지 않는 관습이 있소. 여자들이 남자들과 같은 교육을 받지 못한 것을 기화로 책을 읽지 않고 사색을 방해하여 정치에 관심을 갖지 못하게 하오. 그녀들이 오늘 저녁 시체 수용소에서 여러분의 시체를 찾아내는 불행을 안겨 주지 않도록 하는 게 어떻소? 가족이 있는 사람은 잘 생각하고 우리들과 악수를 나누고 떠나, 우리에게 이 일을 맡겨 주었으면 좋겠소. 떠나는 데 용기가 필요하다는 것은 잘 아오. 그건 어려운 일이오. 그러나 어려운 일인만큼 가치가 큰 것이오.

이렇게 말하는 사람도 있을 거요. '난 총을 들고 있다, 나는 바리케이드 안에 있다, 그러니까 하는 수 없다, 그러니 남기로 하자' 라고 말요. 그러나 여러분, 내일이라도 날이 있소. 그 내일에 여러분은 살아 있지 않더라도 여러분의 가족은 살아 있을 거요. 얼마나 고통이 크겠소! 한 건강하고 귀여운 어린애가 있다고 합시다. 빨은 사과 같고, 한두 마디 서투른 말을 하기도 하고, 재잘거리고, 이야기도 하고, 키스하면 신선한 냄새를 풍기는 아이가 말요. 그 아이가 버림을 받았을 때 어떻게 되겠소?

난 그런 아이를 하나 본 일이 있소. 아주 작은, 요만한 애였소. 그애 아버지가 죽은 거요. 가엾어서 가난한 사람들이 그애를 데려다 길렀지만, 그들도 먹을 것이 없는 사람들이었소. 아이는 언제나 배가 고팠소. 겨울이었는데 아이는 울지 않았소. 그 아이가 일년 내내 불이라곤 때어 보지도 않은, 누런 진흙으로 연통의 틈을 막은 난로 옆으로 가는 것을 이따금 보았소. 아이는 조그만 손가락으로 그 흙을 조금씩 뜯어서 먹었던 거요. 숨이 가쁘고 얼굴은 파리하고 다리는 축 늘어지고 배는 부어 있었소. 한 마디도 말을 하지 않았소. 말을 걸어 보아도 대답을 하지 않았소. 그애는 죽었소. 넥케르의 구호원에 실려가서 죽었소.

나는 그애를 거기서 보았소. 난 마침 그 병원의 조수였지요. 자아, 여러분 가운데 아버지 된 사람이 있다면, 튼튼한 손으로 어린아이의 조그마한 손을 잡고 일요일에 산책을 하는 행복한 아버지가 있다면, 지금 이야기한 그 아이가 내 자식이라고 생각해 보시오. 그 불쌍한 아이를 나는 잊을 수 없소. 지금도 눈에 보이는 것 같소. 해부대 위에 벗겨진 채 뉘어 있을 때 그 갈빗대는 무덤을 덮은 풀 속의 흙더미처럼 피부에서 튀어나와 있었소. 위 속에서 진흙 같은 것이 나왔고, 이 사이에는 재가 가득했었소.

자, 양심을 돌이켜보고 마음에 물어봅시다. 통계에 의하면 고아의 사망률은 55퍼센트에 달하고 있소. 거듭 말하지만 문제는 아내며, 어머니며, 어린 딸이며, 꼬마들이오. 여러분 자신에 대한 말인 줄 아오? 여러분이 모두 용감하다는 것을 잘 알고 있소. 그렇고말고요! 여러분이 대의(大義)를 위해서 목숨을 내던지는 기쁨과 명예를 지니고 있다는 것을 잘 아오. 여러분 스스로가 유익하고 당당히 죽는 거라고 느끼고 있으며, 한 사람 한 사람이 승리의 몫을 소중하게 생각한다는 것도 잘 알고 있소. 훌륭한 일이오! 그러나 여러분은 이 세상에 혼자 있는 게 아니오. 생각해 줘야 할 사람들이 얼마든지 있소. 이기주의자가 되어서는 안되오."

모두들 어두운 얼굴을 하고 고개를 숙였다.

가장 숭고한 순간에 나타나는 모순된 인간의 마음! 꽁브페르는 이렇게 말했으나 그 자신은 고아가 아니었다. 그는 남의 어머니를 생각하면서도 자신의 어머니는 잊고 있었다. 그리고 죽을 작정이었다. 그야말고 그는 '이기주의자'였다.

마리우스는 아무것도 먹지 않고, 몸이 달아서 모든 희망을 차례차례로 잃어가는 괴로움에 좌초되어 더없이 음울한 조난자가 되었다. 그는 격정에 쫓겨 최후가 다가온 것을 느끼면서 인간 스스로가 감수하는 마지막 시간 직전에 반드시 찾아오는 저 환각적인 마비 속으로 점점 빠져들고 있었다.

생리학자라면 이때의 그를 대상으로 하여 과학적으로 잘 알려져 있고 분류되어 있는 그 열성 흡수(熱性吸收)에 의한, 육체적 쾌감과 같은 고통에 대한 증세가 점점 커가는 징후를 연구할 수 있었을 것이다. 절망에도 황홀감이 숨겨져 있다. 마리우스는 그러한 상태에 있었다. 그는 모든 것을 방관하고 있었다. 이미 말한 것처럼 눈앞에서 일어나고 있는 일도 그에게는 먼 곳의 일처럼 여겨졌다. 전체는 분명하게 보였지만, 그 세부적인 것은 전혀 보이지 않았다. 오가는 사람들의 모습을 마리우스는 불꽃 속에서 보고 있었다. 사람들의 목소리도 심연의 밑바닥에서 들려오는 듯했다.

그러나 이같은 현상은 마리우스의 정신을 작동시켰다. 그 정경 속에는 날카로운 바늘처럼 가슴을 찌르는 게 있어 그의 눈을 뜨게 했다. 마리우스는 죽으리라는 일념밖에는 없었다. 그러나 지금, 음울한 봉유 상태 속에서 자신을 희생함으로써 누군가를 구출하는 것은 금지되어 있지 않다고 생각했다.

마리우스는 음성을 돋구었다.

"앙졸라나 꽁브페르의 말이 옳소" 하고 그는 말했다. "쓸데없는 희생은 삼가야 되오. 나는 두 사람의 의견에 찬성이오. 급히 서둘러야 하오. 꽁브페르는 결정적인 말을 했소. 여러분 가운데는 가족이, 어머니나 아내나 누이동생이나 아이들이 딸려 있는 사람이 있을 거요. 그런 사람은 대열 밖으로 나오시오."

아무도 움직이지 않았다.

"결혼한 사람과 가족을 부양하는 사람은 열 밖으로 나오시오!" 하고 마리우스는 거듭 말했다.

그의 권위는 컸다. 앙졸라는 바리케이드의 지도자였으나 마리우스는 그 바리케이드의 구출자였다.

"나는 그것을 명령하오!" 하고 앙졸라는 외쳤다.

"나는 여러분에게 간청하오" 하고 마리우스는 말했다.

그때 꽁브페르의 말에 감동하고, 앙졸라의 명령에 동요되고, 마리우스의 간곡한 부탁에 마음이 움직여서 용사들은 서로 이름을 지적하기 시작했다.

"정말 그렇소" 하고 한 젊은이가 나이 지긋한 사나이에게 말했다. "당신은 한 가족의 아버지오. 나가시오."

"아니, 나보다는 자네일세" 하고 그 사나이는 대답했다. "자네는 두 누이동생을 돌보고 있잖나."

이상한 싸움이 시작되었다. 모두 묘지의 문에서 밀려나지 않으려는 싸움이었다.

"서둘러야 해." 꾸르페락이 말했다. "15분 뒤엔 때가 늦습니다."

"여러분," 앙졸라가 뒤를 이었다. "여기는 공화국이오. 보통 선거가 모든 것을 결정하오. 여러분 자신이 떠나야 할 사람을 지명하시오."

사람들은 그 말에 복종했다. 몇 분 뒤에 다섯 명이 전원일치로 지명되어 열 밖으로 나왔다.

"다섯 명이군!" 마리우스가 외쳤다.

군복은 네 벌밖에 없었다.

"그럼 한 사람 남아야겠군."

다섯 명이 이구동성으로 말했다.

이번에는 서로 남으려는 싸움이, 서로 다른 사람이 남아서는 안될 이유를 끌어냈다. 고결한 싸움이 시작되었다.

"자네에겐 자네를 사랑하는 아내가 있지 않은가."

"자네에겐 늙으신 어머니가 계셔."

"어머니도 아버지도 없는 자네의 어린 세 동생은 어떻게 할 건가?"

"자넨 다섯 아이의 아버질세."

"자넨 살아야 할 권리가 있어. 아직 열일곱 아닌가? 죽기엔 너무 일러."

그 위대한 혁명의 바리케이드는 영웅주의의 집결지였다. 이상한 일이 여기서는 당연한 일로 여겨졌다. 그들은 서로 꼼짝도 하지 않았다.

"빨리 하시오." 꾸르페락은 되풀이했다.

누군가가 한 무리 속에서 마리우스에게 외쳤다.

"당신이 남을 사람을 지명해 주시오."

"그게 좋겠소." 다섯 명이 말했다. "골라 주십시오. 당신의 명령에 따르겠소."

마리우스는 이제 아무것도 자신을 감동시키지 않을 것이라고 생각하고 있

그 순간 다섯 번째 군복이 마치 하늘에서 떨어진 듯 네 벌의 군복 위에 던져졌다.

었다. 그러나 지금 죽어야 할 한 사람을 선택해야 한다고 생각하자 온몸의 피가 심장으로 역류했다. 그때까지도 창백해져 있던 마리우스는 더욱 새파랗게 질렸다.

마리우스는 자기에게 미소짓고 있는 다섯 사람 쪽으로 갔다. 그들은 모두 테르모퓔라이의 역사 이야기에서 볼 수 있었던 저 불꽃을 눈에 가득 담고 그에게 외쳐댔다.

"나를! 나를! 나를!"

마리우스는 어처구니없어 그들을 세어 봤다. 역시 다섯 명이었다. 이어서 그의 눈길은 네 벌의 군복 위에 떨어졌다. 그 순간 다섯 번째의 군복이 마치 하늘에서 떨어진 듯 다른 네 벌의 군복 위에 던져졌다. 다섯 번째 사나이는 구출된 것이다.

마리우스는 눈을 들었다. 포슐르방 씨가 보였다. 장 발장은 방금 바리케이드 안으로 들어왔던 것이다.

사람들에게서 들었는지 본능에서인지 아니면 우연으로인지 그는 몽데뚜르 골목으로 해서 왔다. 국민병 복장을 한 덕분에 쉽사리 통과할 수 있었다.

폭도측이 몽데뚜르 거리에 세웠던 보초는, 단 한 사람의 국민병 때문에 경보를 울릴 책임은 없었다. 그래서 그는 '지원병이겠지, 아니면 항복자든가' 하고 생각하면서 그대로 거리를 통과시켰다. 자기가 그런 일로 감시의 의무를 소홀히 하거나, 맡은 자리를 떠나기엔 너무나 중대한 때였다.

장 발장이 각면보 안에 들어섰을 때는 아무도 그를 알아보지 못했다. 모든 사람들의 눈은 선택된 다섯 명과 네 벌의 군복 위에 쏠려 있었다. 장 발장은 모든 것을 보고 듣고 나자 잠자코 자기 옷을 벗어 그것을 쌓여 있는 네 벌의 군복 위에 던졌던 것이다.

사람들의 감격은 이루 형용할 수 없을 정도였다.

"저건 누구지?" 보쒸에가 물었다.

"저분은," 하고 꽁브페르가 대답했다. "남을 살려 주는 분이지."

마리우스는 엄숙한 목소리로 덧붙였다.

"내가 아는 분이오."

이 한 마디로 모두들 만족했다. 앙졸라는 장 발장에게 몸을 돌리면서 말했다.

"잘 와 주셨습니다."
그리고 다시 덧붙였다.
"아시는 바와 같이 우리는 모두 죽을 각오입니다."
장 발장은 아무 대답도 하지 않고 그가 구해낸 폭도가 그의 군복을 입는 것을 도와 주었다.

바리케이드 위에서 보이는 지평선

이런 위급한 순간에 이런 비정한 장소에서 표출된 상태에는, 앙졸라의 침통함을 초월하는 단결심과 그같은 심리의 극대화가 있었다.

앙졸라의 마음은 혁명 정신으로 충만되어 있었다. 그러나 절대자일지라도 불완전하듯이 그에게도 결점이 있었다. 즉 쌩 쥐스뜨 같은 행동적인 요소가 강한 반면, 아나카르시스 클로츠 같은 이성적인 면이 부족했다. 그래도 그의 정신은 'ABC의 벗'이라는 비밀 결사에서 꽁브페르의 사상으로부터 큰 영향을 받았다. 최근들어 그는 독단적인 사고방식으로부터 점차적으로 탈피하여 폭넓은 진보적 목표를 지향하게 되었다. 위대한 프랑스 공화국을 광대한 인류 공화국으로 바꾸어 놓는 것이 가장 이상적인 최후의 혁신이라고 인정하게 되었다. 다만 현실적인 방안에 대해서는 심각한 상황 아래 있기 때문에, 수단 역시 과격한 것이어야 한다고 여기고 있었다. 이 점에서 그의 생각은 확고부동했다. 그리고 그는 '93'[1793]년이라는 한 마디에 요약되는 저 서사시적인 무서운 유파에 속해 있었다.

지금 앙졸라는 포석을 쌓아올린 계단 위에 서서 기총의 총구에 한쪽 팔꿈치를 짚고 있었다. 그는 깊은 생각에 잠겨 있었다. 그리고 이따금 어떤 숨결을 느끼는 듯 부르르 몸을 떨었다. 죽음이 있는 곳에는 귀신이 점쟁이 책상을 진동시키는 것과 같은 징조가 나타나는 것이다. 영혼의 눈길이 가득찬 그의 눈에서는 불꽃 같은 빛이 넘쳐 쏟아지고 있었다. 문득 앙졸라는 고개를 들었다. 그의 금발머리는 별을 박아넣은 검은 마차에 탄 천사의 머리처럼 뒤로 휘날렸다. 그것은 마치 불꽃 빛을 휘날리는 성난 사자의 갈기와도 같았다. 앙졸라는 외쳤다.

"여러분, 여러분은 미래를 마음속에 상상해 보았소? 도시의 거리에는 빛이 넘쳐 흐르고, 집집마다 초록빛 나뭇가지가 우거지고, 모든 국민들은 형제

자매가 되며, 정직한 사람이 되고, 노인은 아이들을 귀여워하고, 과거는 현재를 사랑하고, 사상가는 완전한 정신적 자유 속에 살며, 신앙을 가진 사람은 완전한 평등 속에 살고, 하늘이 종교가 되며, 하느님이 직접 사제가 되고, 인간의 양심이 제단이 되고, 증오는 없어지고, 공장이나 학교에도 우애의 정이 넘치고, 형벌과 포상이 명확해지고, 모든 사람에게 일거리가 있고, 권리가 있고, 평화가 있고, 피를 흘릴 일도, 전쟁도 없어지며 모든 어머니들은 행복해지는 거요! 물질을 정복하는 것이 첫걸음이요, 이상을 실현하는 것이 둘째 걸음이오. 발전이라는 것이 무엇을 남겼는지 생각해 보시오.

일찍이 최초의 인류는 물 위에서 으르렁대는 괴상한 뱀, 불을 뿜는 괴상한 용이며, 독수리의 날개와 호랑이의 발톱을 가지고 날아다니는 공중의 괴물 새 등등 인간보다 강한 짐승들이 눈앞에 지나가는 것을 공포에 떨면서 지켜보고 있었소. 그러나 이윽고 인간은 지혜라는 신성한 함정을 파서 드디어 그 괴물들을 사로잡고 말았소.

우리는 괴상한 뱀을 정복했소. 그것이 큰 배인 기선이라는 거요. 우리는 괴상한 용을 정복했소. 그것이 기관차라는 거요. 우리는 다시 괴상한 새를 정복하려 하고 있소. 아니 이미 그것을 손아귀에 쥐고 있소. 그것은 경기구(輕氣球)라 불리고 있소. 이 프로메테우스적인 일을 완수하고 이들 세 가지 고대 괴물들을 인간의 의지대로 다룰 수 있는 날, 인간은 물과 불과 바람을 지배하게 되고, 다른 생명 있는 만물에 대해서 일찍이 고대의 신들이 인간에 대하여 가지고 있던 것 같은 존재가 될 것이오. 용기를 내시오, 그리고 전진합시다! 여러분, 우리는 어디로 갈 것입니까? 정부 구실을 할 과학을 향하여, 유일하게 대중의 힘이 되는 필연적인 권력을 위하여, 상벌 규정을 만들어 명확하게 적용하는 자연의 법칙을 향하여, 해가 솟아오르는 것과 같은 진리의 새벽을 향하여 가는 것이오. 우리들은 여러 민족의 단결을 향하여 가는 것이고, 인간의 단결을 향하여 가는 것이오. 여기엔 거짓이나 남에 대한 해악이 용서될 수 없소. 진실에 의하여 통치되는 현실, 이것이 목표요. 문화가 그 심판의 법정을 유럽의 꼭대기에, 그리고 머지않아 저 대륙의 중앙에 위대한 지혜의 의회에서 회의를 개최하게 될 것이오. 이와 비슷한 일이 일찍이 한 번 있었소. 고대 그리스의 연방 회의의 대표는 1년에 두 번, 한 번은 신의 땅인 델포이에서, 또 한 번은 영웅의 땅인 테르모퓔라이에서 회의를 열었소. 머지않아 유럽도 그 연방 회의의 대표를 갖게 될 것이고, 지구 전체도 그 대표를 갖게 될 것이오. 프랑스는 이 숭고한 미래를 잉태하고 있소. 이것이 바로 19세기가 잉태하고 있는 것이오. 그리스가 구상한 밑그림은 프랑스에 의해 충분히 완성될 만한 가치가 있소.

잘 들으라, 푀이여. 자네는 용감한 노동자, 민중을 대표하는 인간, 세계의 민중을 대표하는 인간일세. 나는 그대를 존경하네. 그렇다, 그대는 미래를 정확하게 내다보고 있네. 그렇다, 그대의 행동은 옳아. 푀이, 그대에겐 아버지도 어머니도 없었다. 그대는 인의(仁義)를 어머니로 하고 권리를 아버지로 삼았네. 자넨 이곳에서 죽으려고 하네. 말하자면 승리를 원하고 있네.

여러분, 오늘 일이 어떻게 되건, 승리를 얻게 되건 패배하건 우리가 완수하려는 것은 혁명이오. 화재가 온 도시를 환하게 비추듯이 혁명이 전 인류를 비추어줄 것이오. 그럼 우리는 어떤 혁명을 할 것인가? 아까도 말했듯이 '진실'의 혁명이오. 정치적 견지에서 보면 원칙은 단 하나, 즉 인간에 대한 인간의 주권인 것이오. 자기에 대한 자기의 주권을 '자유'라고 부르오. 주권이 두 개나 여러 개 서로 결합되는 곳에 '국가'가 시작되는 것이오. 그러나 그 결합에는 어떠한 권리의 포기도 포함하지 않소. 개인적인 주권은 만인 공동의 권리를 위해서 어느 정도 자기를 양보해야 하오. 그 분량은 만인에게 동등하오. 각자가 만인에 대하여 행하는 그 동등한 양보를 '평등'이라고 부르오.

공동의 권리란 각자의 권리 위에 빛나는 만인을 위한 보호일 뿐인 것이오. 이 각자에 대한 만인의 보호를 '우애'라고 부르오. 한곳으로 모이는 그 모든 주권의 교차점을 '사회'라 하오. 이 교차는 하나의 연결이므로 그 교차점은 하나의 매듭이오. 거기서 사회적 관계라는 게 생기는 것이오. 어떤 사람은 그것을 사회적 계약이라고도 하오. 어떻게 말하건 마찬가지요. 약속이란 말은 어원적으로도 관계라는 관념으로 만들어진 것이오. 여기서 평등이라는 것을 이해해 둡시다. 왜냐하면 자유를 정점이라고 한다면 평등은 그 밑변이기 때문이오. 평등이란 높이가 같은 식물을 말하는 것이 아니오. 키 큰 풀잎이나 키 작은 떡갈나무로 만들어진 사회가 아니오. 서로 거세하려는 질투의 이웃 관계가 아니오. 그것을 일반적으로 말하면, 모든 능력이 동등한 기회를 갖게 되는 것을 말하며, 정치적으로 말하면 모든 투표가 동등한 무게를 갖는 것이고, 종교적으로는 모든 양심이 동등한 권리를 가지는 일이오.
 평등은 하나의 기관을 갖고 있소. 그것은 돈이 들지 않는 의무 교육이오. 초보적 권리, 우선 거기서부터 출발해야 하오. 초등학교 교육을 만인에게 의무적으로 실시하고 중학교를 만인에게 개방할 것, 이것이야말로 마땅한 법률이오. 동등한 학교에서 평등 사회가 이루어지는 것이오. 그렇소, 교육 문제가 중요하오! 광명을! 모든 것은 광명에서 나와서 광명으로 돌아가오.
 여러분, 19세기는 위대하오. 그러나 20세기도 행복할 것이오. 그곳에는 낡은 역사와 닮은 것이 아무것도 없을 것이오. 오늘날처럼 정복, 침략, 왕위 찬탈, 무력에 의한 각 국민간의 대립, 여러 국왕간의 정략적 결혼에 따른 문화적 장해, 세습적인 폭력 정치를 계속시키는 왕자의 탄생, 국제 회의에 의한 민중 분할, 왕조의 붕괴로 인한 국가의 분열, 어둠 속의 두 마리 염소처럼 끝이 보이지 않는 다리 위에서 뿔을 마주대고 싸우는 두 개의 종교 분쟁 같은 것도 이제는 두려워할 필요는 없을 것이오. 굶주림도, 착취도, 빈곤으로 인한 매춘 행위도, 파업으로 당면하게 되는 비참한 생활고도, 교수대도, 칼도, 전쟁도, 또 사건의 숲 속에서 나타나는 날치기도 다시는 두려워할 필요가 없을 것이오. 이제 비참한 사변은 아무데도 없다고 사람들은 말할 것이오. 사람들은 행복해질 거요. 지구가 그 법칙을 지키듯이 인류는 인류의 법칙을 지킬 것이오. 인간의 영혼과 하늘의 별 사이에서는 조화를 되찾을 것이오. 별이 태양의 주위를 돌듯이 인간의 영혼은 진리의 주위를 돌 것이오. 벗들이여, 우리가 살고 있는 이 시대, 내가 여러분에게 이야기하고 있는 이 시대는 암흑의 시대인 것이오. 그러나 이것이야말로 미래를 획득하기 위해 우리가 지불해야 할 당연한 보상금이오. 혁명은 하나의 세금이오. 오오! 이리하여 인류는 해방되고 훌륭하게 위로받을 것이오! 우리들은 이 바리케이드 위에서 그것을 인류에게 단언하오. 사랑의 외침소리는 높은 희생정신이 아니면 어디서 나올 수 있겠소?
 형제들이여. 여기는 생각하는 자와 괴로워하는 자가 서로 결합되는 곳이오. 이 바리케이드는 포석이나 대들보나 쇠부스러기로 만들어진 것이 아니오. 사상(思想)의 무더기와 고통의 무더기인 두 퇴적물로 되어 있는 것이오. 이곳에서 비참함과 이상(理想)이 서로 만날 것이고, 낮은 여기서 밤을 포옹하며 이렇게 말할 것이오, '나는 그대와 함께 죽고, 그대는 나와 함께 재생하는 것이오'라고. 온갖 고통을 끌어안는 데서 굳은 신념이 솟구쳐 나오는 거요. 괴로움이 여기에 굳은 고통을 가져왔고, 사상은 그 불멸의 역사를 실어 오고 있소. 그 고통과 불멸은 융합되어서 머지않아 우리들의 죽음을 이룩해 줄 것이오. 형제들이여, 이곳에서 죽는 자는 미래의 광명 속에서 죽는 것이오. 우리들은 새벽에 떠오르는 태양 빛으로 가득찬 무덤 속으로 들어가는 것이라오."

앙졸라는 입을 다물었다기보다는 말을 멈추었다. 그의 입술은 아직도 자기 자신에게 무언가 말을 계속하는 듯 소리없이 움직이고 있었다. 그렇기 때문에 모두들 주의를 집중하고 다시금 그의 이야기를 들으려고 그를 지켜보았다. 박수 갈채는 일어나지 않았으나 속삭임 소리는 오래 계속되었다. 말은 입김과 같아서 그것을 받아들이는 사람들의 지성적인 전율은 나뭇잎이 흔들리는 것과 흡사하다.

초조한 마리우스, 말 없는 자베르

마리우스의 가슴속은 과연 어떠했는가 이야기하기로 하자.

그의 심리적 상태를 상기해 주기 바란다. 조금 전에 표현했듯이 모든 것은 이미 그에게 있어 환상에 불과했다. 그의 판단력은 혼란에 빠져 있었다. 거듭 말했지만 마리우스는 죽어 가는 사람 위에 펼쳐지는 커다란 날개 그늘에 있었다. 그는 무덤 속에 들어간 것처럼 느끼고, 이미 인생의 벽 저편으로 나간 것 같았으며, 살아 있는 사람들의 얼굴을 이미 죽은 사람의 눈으로밖에 보고 있지 않았다.

포슐르방 씨가 어떻게 이곳에 왔는지, 왜 왔는지, 무엇하러 왔는지? 마리우스는 그런 의문조차 품지 않았다. 더구나 인간의 절망에는 묘한 요소가 있어 그 스스로는 물론, 다른 사람까지도 기정사실화해버린다. 현재의 그에게는 모든 사람이 죽으러 오는 것이 당연하게 생각되었다.

다만 마리우스는 고통스러울 만큼 꼬제뜨를 생각했다.

또한 포슐르방 씨도 그에게 말도 걸지 않고 거들떠보지도 않았으며, 마리우스가 소리를 높여 "내가 잘 아는 분이오"라고 했을 때도 그 목소리를 듣는 것 같지 않았다.

마리우스는 포슐르방 씨의 그러한 태도에 오히려 마음이 놓였다. 솔직한

느낌을 말한다면 그를 즐겁게 하는 듯 했다. 마리우스는 포슐르방 씨에 대해
'도무지 정체를 파악할 수 없고 위압적인 그 수수께끼의 인물에게 말을 건넨
다는 것은 절대로 불가능한 일이다'라고 느끼고 있었다. 더욱이 꽤 오랫동안
보지 못했기 때문에 소심하고 조심성 깊은 마리우스로서는 더욱 말을 건넬
수가 없었다.

지명된 다섯 사나이는 몽데뚜르 옆 골목을 지나 바리케이드를 빠져나갔
다. 그들은 정말 국민병과 똑같은 모습을 하고 있었다. 그 중의 한 사람은
울면서 떠나갔다. 바리케이드를 떠나기 전에 그들은 그곳에 남은 사람들과
포옹했다.

삶의 길로 돌려보내어지는 다섯 명이 출발해 버리자, 앙졸라는 죽음을 선
고받은 한 사람 생각이 떠올랐다. 앙졸라는 아래층 홀로 들어갔다.

자베르는 기둥에 묶인 채 깊은 생각에 잠겨 있었다.

"뭐, 원하는 건 없나?" 앙졸라가 물었다.

자베르는 대답했다.

"언제 나를 죽일 텐가?"

"기다려, 지금 우리는 탄약이 아무리 많아도 모자랄 지경이니까."

"그럼 물이나 주게" 하고 자베르는 말했다.

앙졸라는 손수 물을 떠다가 묶여 있는 자베르에게 주어 마시게 했다.

"이젠 됐나?" 앙졸라가 말했다.

"이 기둥은 거북하군." 자베르는 대답했다. "여기서 밤을 새우게 한 건 너
무 무정하오. 마음내키는 대로 묶는 것은 좋지만 탁자 위에 뉘어 주어도 좋
을 텐데, 이 사람처럼 말요."

그러면서 그는 고갯짓으로 마뵈프 씨의 시체를 가리켰다.

독자들도 기억하고 있듯이 홀 안쪽에는 탄환을 만들기도 하고 녹이는 데
쓰였던 커다랗고 긴 탁자가 있었다. 탄약은 다 만들어져 있었고, 화약도 다
써버렸기 때문에 그 탁자는 비어 있었다.

앙졸라의 명령으로 네 명의 폭도가 자베르를 기둥에서 풀었다. 푸는 동안
또 한 사람의 폭도가 그의 가슴에 총검을 대고 있었다. 뒤로 두 손을 묶인
채 발에는 교수대에 올라가는 사람처럼 15인치밖에 걸음을 뗄 수 없을 정도
의 가늘고 튼튼한 회초리 끈을 맸다. 그러고는 홀 안쪽의 탁자 옆까지 걷게

바리케이드를 나서기 전에 그들은 남은 사람들과 포옹했다.

해서 그 위에 눕히고 몸통 가운데를 단단히 졸라맸다.
 어떤 짓을 해도 탈주할 수 없도록 단단히 맨 데다가, 더욱 완전히 하기 위해 한 가닥의 밧줄을 목에 걸고 감옥에서 마르탱갈라고 불리는 그런 방법으로 묶었다. 그 방법은 목에 건 뒤에 배 위에서 밧줄을 둘로 나누어 양쪽 다리 사이로 꿰어서 두 손을 마주 얽어매는 것이다.
 자베르가 묶이는 동안 한 사나이가 홀 입구에 서서, 이상하게도 주의깊게 그를 지켜보고 있었다. 그 사나이의 기다란 그림자를 알아보고 자베르는 고개를 돌렸다. 눈을 들고 보니 장 발장이었다. 자베르는 전율도 느끼지 않고 거만하게 눈을 내리깔고 이렇게 말할 뿐이었다. "그랬었군."

악화된 상황

 밤이 지나고 새벽이 되었다. 그러나 창문 하나 열리지 않았고 어느 문도 단단히 닫혀 있었다. 새벽이었지만 깨어난 것은 아무것도 없었다. 바리케이드를 향한 샹브르리 거리 끝에는 이미 말했듯이 군대가 후퇴한 뒤여서 지금은 자유롭게 보였으나 음침한 정적에 휩싸여 사람들이 지나다니고 있었다. 쌩 드니 거리는 테바이의 스핑크스 거리처럼 잠잠했다. 하얗게 햇볕을 받고 있는 네거리에는 숨쉬는 것이라곤 하나도 없었다. 인적 없는 시가지의 밝음처럼 불길한 느낌을 주는 것은 없다.
 보이는 것이라곤 아무것도 없지만 소리는 들렸다. 약간 떨어진 곳에 수상한 움직임이 일어나고 있었다. 위기가 닥쳐오고 있는 것은 확실했다. 전날 밤처럼 보초가 돌아왔다. 다만 이번에는 보초 전원이 돌아온 것이다.
 바리케이드는 맨처음 공격 때보다 강화되어 있었다. 다섯 사나이가 떠난 뒤에 더욱 높이 쌓아놓았던 것이다.
 시장 일대를 감시하던 보초의 의견에 따라, 앙졸라는 배후에서 기습당할 것을 염려하여 중대한 결심을 했다. 그때까지 자유롭게 터져 있던 몽데뚜르 옆골목의 좁은 길을 막아버렸다. 그 때문에 또다시 몇 채의 집에 있던 포석들을 운반했다. 이리하여 바리케이드는 앞쪽의 샹브르리 거리, 왼편의 씨뉴 거리와 쁘띠뜨 트뤼앙드리 거리, 오른편의 몽데뚜르 거리, 이렇게 세 길과 통하는 통로를 차단했기 때문에 그야말로 거의 난공불락이 되었다. 분명히 그들은 결정적으로 갇히고 만 것이다. 바리케이드는 세 곳의 정면을 가지고 있었으나 나갈 곳은 한 군데도 없었다.
 "요새는 요새지만 꼭 쥐덫 같이 생겼군!" 꾸르페락은 웃으면서 말했다.
 앙졸라는 주점 문 앞에 포석을 높게 쌓아올리게 했다.
 "너무 많이 쌓아올렸군" 하고 보쒸에가 말했다.
 공격받을 것이 틀림없는 쪽이 너무나 고요했기 때문에 앙졸라는 각각 전투 위치로 가도록 지시했다.
 전원에게 정해진 양의 브랜디가 배급되었다.
 습격에 대비하는 바리케이드만큼 묘한 광경은 없다. 각자가 무대에 설 때처럼 자기 자리를 골라 잡는다. 몸을 기대거나 팔꿈치를 괴거나 어깨로 밀어낸다. 포석을 쌓아서 특별한 자리를 만드는 사람도 있다. 벽 모퉁이는 위험하다고 해서 멀리한다. 이 좁은 모퉁이에서 탄환을 피할 수 있다면서 몸을 숨기기도 한다. 왼손잡이는 유리했다. 다른 사람들에게는 불편한 자리를 차지할 수 있기 때문이다. 대개는 궁둥이를 밑에 깔고 앉은 자세로 전투대열에 참여하려고 한다. 편하게 적을 죽이고 기분좋게 죽기를 원하기 때문이다. 1848년 6월의 처참한 싸움이 벌어졌을 때, 어떤 테라스 위에서 싸웠던 놀랄만한 사격 솜씨를 지닌 한 폭도는 안락의자를 놓고 앉아 있었는데, 총알이 그 의자에 앉아 있는 그에게 명중했다.
 지휘자가 전투 준비를 명령하자마자 모든 무질서한 움직임은 중지되고, 의견이 하나로 일치되면서 동료간의 사소한 갈등도 분화 행동도 사라졌다. 머릿속에 있는 생각은 오직 하나로 집중되고 적의 습격을 기다리는 마음으로 바뀌었다. 위험이 닥치기 전까지의 바리케이드는 혼돈 상태에 있지만 위험 속에서는 규율적이 된다. 위급한 분위기가 질서를 만드는 것이다.
 앙졸라가 2연발의 기총을 들고 전투할 장소를 정하자 모든 사람들은 일시에 침묵했다. 달가닥거리는 낮고 메마른 소리가 포석 벽을 따라 여러 군데서 섞여 울렸다. 그것은 총탄을 장전하는 소리였다.
 그리고 그들의 태도는 전에 없이 고매하고 자신에 차 있었다. 고도의 희생 정신은 신념을 굳힌다. 그들은 이미 희망을 포기했지만 절망을 갖고 있었다. 절망이 때로는 승리를 가져다 주는 마지막 무기가 된다고 빌길리우스가 말한 바 있다. 가장 좋은 수단은 최후 순간의 마지막 결심에서 생겨난다. 죽음이라는 배에 올라타는 것은 때로는 난파를 모면하는 방법이 되기도 하고, 관

뚜껑이 구조의 널빤지가 되기도 한다.

　전날 밤과 마찬가지로, 모든 사람들의 신경은 이제 날이 밝아 분명하게 보이기 시작한 거리 끝을 향하고 있다기보다는 거의 빨려들고 있었다.

　기다리는 시간은 길지 않았다. 떠들썩한 소리가 다시금 쌩 뢰 거리 쪽에서 분명히 들려왔다. 그러나 그것은 최초의 공격 때와는 움직임이 전혀 달랐다. 쇠사슬 소리, 거대한 집단이 움직이는 소리, 포석 위를 구르는 청동소리, 일종의 장엄한 소음, 그것들은 어떤 무시무시한 무쇠의 무기가 가까워지는 것을 예고하는 소리였다. 많은 이해관계와 사상이 잘 유통되도록 하기 위해 건설된 거리, 전차 바퀴의 무서운 회전을 위해서 만들어진 것이 아닌 평화로운 옛 거리에 큰 진동이 일어난 것이다.

　거리의 끝에 집중된 모든 전투원들의 시선이 일시에 긴장했다. 대포 하나가 나타났다.

　포병들이 포차를 밀고 다가왔다. 포문은 발사대 속에 있었다. 앞 수레는 떼어져 있고 두 명의 포수가 포가를 떠받치고 네 명이 바퀴 옆에 붙어 있었다. 불이 붙어 화약심지가 타는 연기가 보였다.

　"발사!" 하고 앙졸라가 외쳤다.

　온 바리케이드는 불을 내뿜었고 사격은 맹렬했다. 눈사태와도 같은 연기가 포차와 병사들을 뒤덮고 그 모습을 가려 버렸다. 몇 초 뒤에 연기가 사라지자 대포와 병사들은 다시 모습을 나타냈다. 포수들은 천천히 정확하게 덤비지 않고 포차를 바리케이드 정면으로 돌려놓고 있었다. 한 사람도 총에 맞지 않았다. 이윽고 포수장은 포구를 올리기 위해 대포 끝에 올라가서 마치 망원경을 별에게 맞추는 천문학자와 같은 침착한 태도로 조준을 맞추기 시작했다.

　"잘한다, 포수들!" 보쒸에가 외쳤다.

　바리케이드의 모든 사람들은 일제히 손뼉을 쳤다. 잠시 후 포차는 거리 한복판에 도랑을 타고 앉듯이 단단히 놓이고 발사 준비를 갖추었다. 무시무시한 포구가 바리케이드를 향하여 입을 벌리고 있었다.

　"자, 한바탕 하자!" 꾸르페락이 말했다. "무지한 놈들, 손가락으로 퉁기고 나더니 주먹다짐이로군. 군대는 우리에게 코끼리 발 같은 어마어마한 힘으로 덤벼오는군. 이번엔 바리케이드도 상당히 흔들리겠는걸. 소총은 스칠

뿐이지만 대포는 덮칠 거야."
 "80밀리짜리 포군그래. 신형 청동포야" 하고 꽁브페르가 말을 거들었다. "저 포문은 동과 주석이 100대 10의 비율을 초과하면 폭발하기 쉬워. 주석이 많으면 약해져서 포문 속에 구멍과 틈이 생기게 마련일세. 그것을 예방하고 무리하게 장전하기 위해선 14세기 때의 방법으로 되돌아가서 테를 끼울 필요가 있을 걸세. 즉 이어댄 곳이 없는 강철테를 많이 끼워서 포문을 바깥쪽에서 보강하는 걸세. 하긴 지금은 되도록 그와 같은 결점을 고치고 있지만 말일세. 즉 탐지기를 이용하면 어디에 구멍이나 파인 곳이 있는가를 알아내는 걸세. 그러나 가장 좋은 방법은 그리보발이 개발한 동성기(動星器)일세."
 "16세기에는," 하고 보쒸에가 말참견을 했다. "포신 안쪽에 나선 모양의 홈을 팠었지."
 "그렇지," 꽁브페르가 대답했다. "그렇게 하면 탄도력(彈道力)은 증가되지만 사격의 정확성은 줄어. 게다가 가까운 거리일 때는 탄도가 생각하는 대로 똑바로 나가지 않고 포물선이 커져서, 중간에 있는 물체를 맞힐 수 있을 만큼 똑바로 날아가지 않게 되지. 그렇지만 중간에 있는 물체를 맞히는 게 전투에 필요한 일이어서, 그 중요성은 적에게 접근해서 사격을 서두를 때에는 더욱더 커지네. 16세기 때, 나선 모양의 홈을 판 대포의 탄도곡선 결점은 장전이 약한 데 있었지. 그런데 약한 장전은 이 종류의 병기에서, 이를테면 포가의 보전을 위한 탄도학상의 필요성에서 생긴 일이야. 요컨대 대포라는 이 폭군은 바라는 대로 무엇이나 다 되는 건 아닐세. 힘에는 커다란 약점도 있는걸세. 포탄은 한 시간에 6천리밖에 날지 못하지만 광선은 1초 동안에 70만 리를 달리네. 이것이 그리스도가 나뽈레옹보다 훌륭한 점일세."
 "다시 총을 재어" 하고 앙졸라가 말했다.
 포탄에 바리케이드의 돌담은 어떻게 될 것인가? 포격에 구멍이 날 것인가? 거기에 문제가 있었다. 폭도들이 총에 다시 장전을 하는 동안에 포병들도 포탄을 재고 있었다. 불안감이 각면보 안에 깊숙이 감돌았다. 대포가 발사되고 폭음이 울려퍼졌다.
 "다녀왔습니다!" 라는 쾌활한 목소리가 들렸다.
 포탄이 바리케이드에 떨어짐과 동시에 가브로슈가 안으로 뛰어들어왔다. 그는 씨뉴 거리 쪽에서 와서 쁘띠뜨 트뤼앙드리의 작은 길 쪽을 바라보고 있는 보조 바리케이드를 쉽게 타고 넘어왔던 것이다.
 가브로슈는 포탄 이상으로 바리케이드 안을 웅성거리게 만들었다.
 포탄은 산더미 같은 잡다한 파편 속에 파묻히고 말았다. 겨우 합승 마차의 바퀴를 하나 파괴하고 앙쏘의 낡은 짐수레를 부수었을 뿐이었다. 그것을 보고 바리케이드 안의 사람들은 웃음을 터뜨렸다.
 "계속해라!" 하고 보쒸에는 포병대를 향해서 고함쳤다.

대포의 위력

 모두들 가브로슈를 둘러쌌다. 그러나 그는 전혀 이야기를 할 겨를이 없었다. 마리우스가 몸을 떨면서 그를 옆으로 불러냈다.
 "뭣하러 되돌아왔어?"
 "뭐라구요?" 하고 소년은 반문했다. "그럼 당신은요?"
 그렇게 말하고는 사내다운 뻔뻔스러운 태도로 마리우스를 뚫어지게 쳐다 보았다. 가브로슈의 두 눈은 확신에 가득차 커다랗게 빛나고 있었다. 엄격한 말투로 마리우스가 말했다.
 "누가 돌아오라고 했어? 편지는 제대로 전했나?"
 가브로슈는 그 편지에 대해서는 약간 꺼림칙한 기분이 없지도 않았다. 바리케이드에 돌아오는 것을 서둘렀기 때문에 편지를 전했다기보다 귀찮아서 처치해 버린 격이 된 것이다. 모르는 남자에게 얼굴도 확인하지 않고 다소 경솔하게 편지를 내맡긴 것을 인정하지 않을 수 없었다. 사실 그 남자는 모자를 쓰지 않았지만, 그런 사실은 이유로서 불충분했다. 요컨대 이 문제에 대해서는 그는 내심 양심이 가책되어 마리우스의 꾸지람을 두려워했다. 그는 곤경에서 빠져나가기 위해 가장 간단한 방법을 선택했다. 즉 지독한 거짓말을 한 것이다.
 "편지는 문지기에게 주고 왔어요. 그 부인은 벌써 자던걸요. 깨면 편지를 받을 거예요."
 마리우스는 그 편지를 보낼 때 두 가지 목적을 가지고 있었다. 그 한 가지는 꼬제뜨와 작별하는 일이며, 또 하나는 가브로슈를 구하는 일이었다. 그는 바라던 일을 절반만으로 만족하지 않으면 안되었다.
 편지를 전하는 것과 포슐르방 씨가 바리케이드에 나타난 것, 이 대조가 그의 머리속에 떠올랐다. 그는 가브로슈에게 포슐르방 씨를 가리키며 물었다.
"저 사람을 알겠니?"
"몰라요." 가브로슈는 말했다.
가브로슈는 사실 조금 전에 말했듯이 어둠속에서 장 발장을 보았을 뿐이었다.
마리우스는 마음속에 일어나려 했던 막연하고 불안한 억측은 이것으로 씻은 듯 사라졌다. 그는 포슐르방 씨의 정치적 의견을 알고 있었던가? 포슐르방 씨는 아마도 공화주의자일 테지. 그렇다면 이 전투에 그가 참가한 것은 당연한 일이다.
그 사이에 가브로슈는 벌써 바리케이드 저쪽 끝으로 가서 "내 총!" 하고 외치고 있었다. 꾸르페락은 그에게 총을 돌려주었다.
가브로슈는 소위 그가 부르는 '동지'에게 바리케이드가 포위된 사실을 알렸다. 여기까지 오는데 무척 힘이 들었다는 것이다. 제일선 대대가 쁘띠뜨 트뤼앙드리에 걸어총을 하고 씨뉴 거리 쪽을 감시하고 있었다. 맞은쪽에서는 경찰 대원이 프레쉐르 거리를 점령하고 있었다. 그리고 정면에는 군대의 주력부대가 있었다.
이상의 정보를 전하면서 추가하여 말했다.
"내가 허락할 테니 놈들을 혼내 주어."
한편 앙졸라는 자기의 총쏘는 자리에서 귀를 기울이며 전투 상황을 살피고 있었다.
공격측은 아마도 아까의 포격이 그다지 만족스럽지 못했는지 다시 그것을 반복하지 않았다.
제일선 보병의 1중대가 거리 끝에서 포차 뒤에 자리를 잡았다. 그들 병사들은 포석을 벗겨 거기에 높이 18인치쯤의 바리케이드에 대항할 수 있는 장벽과 같은 작고 낮은 흉벽을 구축했다. 그 흉벽의 왼쪽 모퉁이에는 쌩 드니 거리에 집결했던 교외병 대대의 종대 선두가 보였다.
경계에 임하고 있던 앙졸라는 탄약차에서 산탄 상자를 끌어내리는 듯한 소리를 들었다. 또 포수장이 조준을 바꾸어 포구를 약간 왼쪽으로 비스듬히 눕히는 것을 보았다. 다음에 포수들은 대포를 포탄에 재기 시작했다. 포수장은 손수 불방망이를 들고 화문에 갖다댔다.

"머리를 숙여라, 벽에 붙어라!" 하고 앙졸라가 외쳤다. "전원 바리케이드에 붙어서 주저앉아!"

가브로슈가 도착했을 때, 전투 위치를 떠나서 주점 앞에 흩어져 있던 폭도들은 한꺼번에 바리케이드 안으로 달려들어왔다. 그러나 앙졸라의 명령이 하달되기도 전에 대포는 무시무시한 신음 소리와 함께 발사되었다. 과연 산탄(霰彈)이었다.

탄환은 각면보의 갈라진 틈을 향해서 발사돼, 그곳의 벽 위에 튀어오르고 일시에 사방으로 흩어져 두 사람을 죽이고 세 사람에게 부상을 입혔다. 만약 사격이 계속된다면 바리케이드는 더 이상 견디어 내지 못할 것이다. 산탄은 날아들고 있었다. 낭패한 속삭임이 일었다.

"아무튼 제이탄을 막읍시다"라고 앙졸라가 말했다.

그러고는 기총의 위치를 내려 지금 막 대포 뒤쪽에 웅크리고 앉아 조준을 하고 있는 포수장을 겨냥했다.

그 포수장은 잘생긴 포병 중사로, 젊고 금발의 부드러운 얼굴이었지만, 공포의 무기도 만들 수 있고 결국에는 전쟁을 없애 버릴 수 있는 숙명적인 무서운 병기를 다룰 만큼 유능한 모습을 지니고 있었다.

꽁브페르는 앙졸라의 곁에 서서 그 젊은이를 관찰하고 있었다.

"유감이야!" 하고 꽁브페르는 말했다.

"이런 살육이야말로 저주받을 일이야! 안 그런가, 여보게? 국왕이라는 게 없어지면 이제 전쟁도 없어질 거야. 앙졸라, 자넨 총으로 저 중사를 겨누고 있지만, 저 청년을 잘 알 수 없을 거야! 참으로 호감가는 청년 아닌가. 용감하고 생각도 깊은 것 같아. 상당한 교육도 받았을 거야. 저런 포병대의 젊은이에게는 아버지도 있고, 어머니도 있고, 가족도 있고, 아마 애인이 있는지도 몰라. 스무댓 살이나 됐을까? 자네의 형제인지도 모르지."

"자네 말대로야." 앙졸라는 말했다.

"그래," 하고 꽁브페르가 대답했다. "또 내 형제이기도 하지. 여보게, 죽이지 말게."

"내게 맡겨. 해야 할 일은 해야 해."

그리고 눈물 한 방울이 천천히 앙졸라의 대리석 같은 뺨에 흘러내렸다.

동시에 그는 기총의 방아쇠를 당겼다. 섬광이 스쳤다. 포수는 빙그르르 두 번 돌더니 두 팔을 앞으로 벌리고 마치 공기를 빨아들이듯 고개를 들더니 포차 위에 옆으로 쓰러져서 피가 곧게 뿜어오르는 것이 보였다. 탄환은 가슴을 꿰뚫었던 것이다. 그는 죽었다.

공격하는 쪽은 그를 운반하고 후임자로 대치해야만 했기 때문에 몇 분 동안의 시간을 벌 수 있었다.

옛 밀렵자 솜씨 1796년 유죄선고에 영향을 준 사격

바리케이드 안에서는 의견이 분분했다. 포격이 다시 시작되려 하고 있었다. 그 산탄 세례를 받으면 15분도 견디지 못할 것이다. 무슨 수를 쓰든지 그 공격의 위력을 줄일 필요가 있었다. 앙졸라는 이런 명령을 내렸다.

"여기를 이불로 덮는 것이 좋겠어."

"이불은 없어." 꽁브페르가 말했다. "부상자가 다 누워 있다네."

장 발장은 혼자 우두커니 소총을 무릎 사이에 놓고 주점 모퉁이의 표석(標石) 위에 앉아서 그때까지 주위에서 일어난 것에 상관하지 않았다. 전투원들이 주위에서 "아무짓도 하지 않은 포수로군" 하는 소리도 들리지 않는 듯했다.

그러던 그가 앙졸라의 명령을 듣고 일어섰다.

군중들이 샹브르리 거리에 모여들었을 때 한 노파가 총알이 날아올 것을 예상하고 이불을 창문 앞에 내걸었던 것을 독자들은 기억할 것이다. 그 창문, 고미다락방의 그 창문은 바리케이드의 조금 바깥쪽에 있는 7층 건물의 지붕 위에 나 있었다. 이불은 가로 놓여 있는데, 밑은 두 개의 바지랑대가 받치고 위는 양쪽이 동아줄로 매달려 있었다. 멀리서 보아 두 가닥의 끄나풀 같은 그 동아줄은 고미다락방 창틀에 박힌 못에 붙들어 매어져 있었다. 바리케이드에서 볼 때 공중에서 그 두 가닥의 줄은 가느다란 머리카락처럼 뚜렷이 보였다.

"누가 2연발 기총을 빌려주게나." 장 발장은 말했다.

때마침 자기의 기총에 총알이 장전된 앙졸라가 그것을 내밀었다. 장 발장은 고미다락방을 겨누어서 발사했다. 이불을 매달고 있는 밧줄이 한 가닥 끊겼다. 이불은 이제 한 가닥의 끈에 걸쳐 있을 뿐이었다. 장 발장은 두 발째를 쏘았다. 두 번째 동아줄은 고미다락방의 창유리를 쳤다. 이불은 두 바지랑대 사이를 미끄러져서 길 위에 떨어졌다. 바리케이드에서는 박수갈채가 터졌다. 모두들 외쳤다.

"이불이 생겼다."

"그래," 꽁브페르가 말했다. "그런데 누가 가지러 가지?"

이불은 사실 바리케이드 밖에, 방어군과 공격군 사이에 떨어진 것이다. 그런데 포병 중사의 죽음에 격분한 병사들은 조금 전부터 쌓아올린 포석의 선 뒤에 엎드려서 후임자가 새로 임명될 때까지 부득이 침묵을 지켜야 하는 대포를 대신해서 바리케이드를 향하여 사격하고 있었다. 그러나, 폭도들은 탄약을 절약하기 위하여 그 일제 사격에 응하지 않았다. 총탄은 바리케이드에 맞고 부서졌다. 그러나 거리는 날아오는 총탄으로 무시무시한 상태였다.

장 발장은 바리케이드의 틈바구니를 지나 거리에 들어서자, 빗발치는 탄환 속을 뚫고 이불 옆으로 가서 그것을 주워올려 등에 업고 바리케이드로 되돌아왔다. 그는 손수 그 이불로 바리케이드의 갈라진 틈바구니를 막았다. 그는 그것을 포병들이 눈치채지 못하도록 벽에 갖다 대었다.

일이 끝나자 모두들 산탄을 기다렸다. 아니 기다릴 것도 없었다.

대포는 폭음을 울리며 산탄 한 덩어리를 토해냈다. 그러나 이번에는 튀어오르지 않았다. 산탄은 이불 때문에 힘이 꺾였다. 예상한 대로의 효과를 얻었다. 바리케이드 사람들은 무사했다.

"동지여." 앙졸라가 장 발장에게 말했다.

"공화국은 당신께 감사드립니다."

보쒸에는 감탄하고 깔깔 웃었다. 그는 외쳤다.

"이불이 이처럼 위력을 지니고 있다니, 참으로 어처구니없는데! 맹렬하게 부딪쳐 오는 놈을 부드럽게 받아내서 이기는구나. 아니 어쨌든 대포를 맥 못추게 하는 이불에 영광 있으라!"

여명

그 무렵 꼬제뜨는 잠에서 깨어났다.

그녀의 방은 좁고 청결하고 조촐하였는데, 동쪽을 향해 좁고 긴 창문이 하나 뒤뜰에 열려 있었다.

꼬제뜨는 지금 빠리에서 일어나고 있는 일을 전혀 모르고 있었다. 전날 밤

이불은 두 바지랑대 사이를 미끄러져서 길 위에 떨어졌다.

은 밖에 나가지 않았었고, 뚜쌩이 "소동이 일어났어요" 하고 말했을 때는 이미 자기 방에 들어가 있었다.

꼬제뜨는 몇 시간이지만 푹 잘 잤다. 그녀는 달콤한 꿈을 꾸었다. 아마 그녀의 작은 침대가 눈처럼 새하얗던 것도 도움이 됐으리라. 마리우스인 듯한 누군가가 빛에 싸여서 자기에게 나타났다. 그녀는 눈에 햇빛을 느끼고 눈을 떴다. 처음에는 아직 꿈의 연속처럼 느껴졌다.

그 꿈에서 깨어나 먼저 한 첫 생각은 상쾌하다는 일이었다. 꼬제뜨는 마음이 안정되는 것을 느꼈다. 그녀는 몇 시간 전의 장 발장과 마찬가지로 절대로 불행을 원치 않는 그런 영혼의 반동 상태를 겪고 있었다. 왠지는 모르지만 온갖 힘을 기울여서 희망을 갖기 시작했다. 그러다가 가슴이 죄는 듯이 답답해졌다. 오늘로 사흘째 마리우스를 만나지 못했다. 그러나 그분은 틀림없이 내 편지를 받아 보았겠지. 내 주소를 알았을 거야. 게다가 그처럼 영리한 분이니까 어떻게 하든지 여기까지 와주시겠지 하고 생각했다. 그것도 반드시 오늘 오전중이겠지. 벌써 해가 완전히 뜬 것 같지만 햇빛은 수평으로 비치고 있어 아직 꽤 이르다고 그녀는 생각했다. 그러나 마리우스를 맞기 위해서는 일어나야만 했다.

그녀는 마리우스 없이는 살아갈 수 없다는 것을, 그리고 또 마리우스는 틀림없이 온다고 믿고 있었다. 아무도 그렇지 않다는 말을 못할 것이다. 이미 그것은 확실한 사실인 것이다. 사흘 동안이나 괴로워한 것이 무서울 만큼 지긋지긋했다. 마리우스가 사흘 동안이나 딴 곳에 있다니, 하느님도 무심했다. 그러나 지금은 그토록 잔인한 짓궂은 장난도 지나가 버린 시련이 되었다. 마리우스는 오고 있을 것이다. 더욱이 좋은 소식을 갖고 올 것이다. 이것이 청춘이라는 것이다. 청춘은 곧 눈물을 닦아 준다. 청춘은 고뇌를 쓸데없는 것이라고 생각하고 받아들이지 않는다. 청춘은 어떤 미지의 세계에 대해 제공되는 미래의 미소이고, 그 미지의 세계는 청춘 자기 자신이다. 행복은 청춘에 있어서 자연적인 것이다. 그것의 숨결은 마치 희망으로 만들어진 것과 같은 것이다.

그뿐이랴. 꼬제뜨는 마리우스가 하루만이라고 약속한, 그가 못 오는 이유를 뭐라고 했는지 또 어떻게 설명을 덧붙였는지, 도저히 생각나지 않았다. 땅에 떨어뜨린 동전이 얼마나 교묘하게 숨어 버리는지, 얼마나 훌륭하게 모습을 감추어 버리는지 누구나가 알 것이다. 마찬가지로 관념 속에는 그같은 짓궂은 장난 같은 것이 있는 것이다. 그러한 관념이 한 번 머리 한 구석에 숨어 버리면 만사는 끝장이다. 그것은 다시는 발견되지 않는다. 기억하려 해도 되돌아오게 할 수는 없다. 꼬제뜨는 기억해 내려고 애써 보았으나 허사인 것에 약간 짜증스러웠다. 마리우스가 한 말을 잊다니, 그래서는 안되는 일이고 미안한 일이라고 생각했다.

그녀는 침대에서 내려와서 영혼과 육체를 깨끗하게 재계(齋戒)하는 심정으로 기도하고 아름답게 화장했다.

필요하다면 독자들을 결혼한 신방으로 안내할 수는 있지만 처녀의 방으로는 안내할 수 없다. 시구(詩句)로도 어려운 일이거늘 산문으로는 더욱 묘사가 어렵다.

처녀의 방은 아직 단단히 도사리고 있는 꽃의 내부인 것이다. 그림자 속의 흰 빛이다. 태양의 빛이 들기 전에는 사람이 들여다보아서는 안되는 꼭 다문 백합의 은밀한 방인 것이다. 봉오리로 있는 동안 여성은 신성하다. 이불을 걷어 젖히고 드러나는 때묻지 않은 침대, 스스로도 두려운 그 황홀한 반나체, 실내화 속으로 살그머니 숨어 버리는 하얀 발, 그 거울이 마치 남의 눈이기라도 한 양 거울 앞에서 얼른 감추어지는 젖무덤, 가구들이 덜거덕거리는 소리나 마차의 지나가는 소리에도 놀라서 화닥닥 끌어올려져 어깨를 감추는 슈미즈, 매어진 리본, 꼭 끼어 있는 혹, 꼭 붙들어맨 끈, 깜짝 놀라는 그 전율, 추위와 부끄러움으로 생기는 잔 소름, 갖은 움직임으로 불러 일으켜지는 기묘한 두려움, 조금도 겁낼 일이 없는데도 날벌레의 엷은 날개처럼 차분하지 못한 불안, 새벽녘의 구름처럼 차례차례 변색되는 매혹적인 의복의 주름, 그 모든 것들을 이야기하기에는 부적당하고 열거하는 것만으로 충분하다.

사람의 눈은 젊은 처녀 앞에서 별이 떠오를 때보다 더 경건해야만 한다. 손이 닿을 수 있는 가능성이 있는 만큼 눈은 한층 두려운 마음을 가져야 한다. 복숭아의 솜털, 매실 껍질의 털가루, 방사상(放射狀)의 눈의 결정, 가루에 덮인 나비의 날개 같은 것들도 스스로 순결하다는 것을 모르는 소녀의 순결에 비하면 하찮은 것이다. 젊은 처녀는 꿈 꾸고 있는 것에 불과하므로 아직 하나의 뚜렷한 실상(實像)은 아니다. 그 침실은 이상적인 어둠침침한 분위기 속에 숨겨져 있다. 분별없는 눈은 그 넓고 희미한 빛을 거칠게 만든다. 거기에서는 바라본다는 것도 모독이 된다.

그러므로 우리는 꼬제뜨의 잠에서 깨어나는 달콤한 사랑의 흩뜨러진 법석을 눈감아 주기로 하자.

동방의 이야기에 의하면, 장미꽃은 신의 손으로 희게 만들어졌지만, 그 봉오리가 막 피려고 할 때 아담이 들여다보았기 때문에 수줍어서 붉어졌다고 한다. 우리는 젊은 처녀와 꽃을 존중하기 때문에 그것들 앞에서 말이 없어짐을 느낀다.

꼬제뜨는 재빨리 옷을 입고 머리를 풀어서 잘 빗었다. 그 무렵의 여성들은 가발 같은 것을 써서 굽슬굽슬하게 하거나 동글게 말아 올리거나 봉긋하게 부풀려 심을 넣거나 하지 않았기 때문에 머리를 빗는 것은 극히 간단했다. 그것이 끝나자 그녀는 창문을 열고, 길가의 어느 한 편이나, 집 모퉁이든가 포석의 구석이든가 마리우스를 기다릴 수 있을 만한 장소는 없을까 하고 여기저기를 둘러보았다. 그러나 바깥은 아무것도 내다볼 수가 없었다. 뒤뜰은 상당히 높은 돌벽으로 둘러싸여서 몇몇 집의 정원이 보일 뿐이었다. 꼬제뜨는 그 정원들이 보기 싫게 느껴졌다. 난생 처음으로 꽃들이 밉다고 느껴졌다. 네거리의 도랑 한끝이 조금이라도 보이는 것이 지금의 그녀에게는 훨씬 고마웠다. 그녀는, 마리우스라면 하늘로도 날아올 수 있다고도 생각했는지, 하늘을 우러러보았다.

갑자기 그녀는 쓰러져서 울었다. 마음이 변덕스러워서가 아니다. 희망의 실이 무거운 괴로움으로 탁 끊어진 것이다. 그것이 지금 그녀의 심정이었다. 그녀는 막연히 뭔지 모를 두려움을 느꼈다. 사실 모든 것이 허공을 감돌고 있었다. 그녀는 아무런 확신도 가질 수 없다고 생각하고 서로 만나지 못하는 것은 서로를 잃는 것이라고 생각했다. 그러자 마리우스가 하늘로 와 주리라는 생각은 이제 조금도 즐거운 일이 아니고 슬프게 여겨졌다.

그러자 이런 우울한 마음이 으레 그렇듯이 곧 차분한 마음으로 되돌아가 희망과 무의식적이지만 하느님을 믿는 미소가 되살아났다.

집안 사람은 아직 자고 있었다. 시골과 같은 고요가 감돌고 있었다. 어느덧 문도 열려 있지 않았다. 문지기의 방도 닫혀 있었다. 뚜쌩은 아직 일어나지 않았기 때문에 아버지도 주무시고 계시다고 자연스럽게 꼬제뜨는 생각했

위에서 그 조그마한 낙원 속을 내려다볼 수 있었다.

다. 그녀는 몹시 고민했음에 틀림없었다. 왜냐하면 그녀는 아버지가 심술궂다고 생각하고 있었기 때문이다. 그러나 지금은 마리우스가 찾아올 가망성이 있었다. 그러한 광명이 사라져 버리리라는 것은 절대로 생각할 수 없다. 그녀는 기도를 드렸다. 이따금 상당히 먼 곳에서 둔한 진동음이 들려왔다. 그래서 꼬제뜨는 이렇게 아침 일찍부터 문을 열었다 닫았다 하는 건 이상하다고 생각했다. 그것은 바리케이드를 공격하는 대포 소리였다.

꼬제뜨 방의 창문 밑 몇 피트 되는 벽에 붙어 있는 낡고 시커먼 처마 밑에 제비 둥지가 하나 있었다. 그 제비 둥지의 봉긋한 부분은 처마 끝에서 약간 나와 있기 때문에 위에서 그 조그마한 낙원 속을 내려다볼 수 있었다. 어미 제비는 날개를 새끼 제비 위에 부채처럼 벌리고 있었고, 아비 제비는 날아갔다가 곧 주둥이에 무언가 먹을 것과 키스를 물고 돌아왔다. 아침 해는 그 행복한 무리를 금빛으로 물들이고 번식하라는 위대한 자연법칙이 미소를 띠고 엄숙하게 그곳에 있었으며, 그 부드러운 신비는 아침의 광명 속에 꽃피고 있었다.

꼬제뜨는 머리에 아침 햇살을 받고 영혼은 환상에 잠겨서, 마음속은 사랑으로, 밝은 서광으로 빛나면서 자신도 모르게 몸을 구부려, 자신이 지금 마리우스를 생각하고 있다는 사실조차 느끼지 못하면서 그 제비들, 그 가족들을, 그 수컷과 암컷을, 그 어미와 새끼들을, 제비 둥지가 처녀에게 주는 깊은 곤혹감을 느끼면서 지켜보기 시작했다.

사람을 죽이지 않는 사격

공격군의 포화는 계속되고 있었다. 소총의 일제 사격과 산탄이 번갈아 덮쳤지만 실제로 커다란 피해는 없었다. 꼬랭뜨 주점의 정면 윗부분만이 피해를 입었다. 2층 창문과 고미다락방의 창문은 산탄을 맞고 수많은 구멍이 뚫려 점점 형태가 허물어져 갔다. 그곳에 자리잡고 있던 전투원들은 옆으로 물러나야만 했다. 그러나, 이것은 바리케이드 공격의 전술이어서 오래도록 쏘아대는 것도, 폭도측을 응전에 끌어들여 탄약을 다 써버리게 하기 위한 것이었다. 폭도들의 사격이 뜸해지고 이제는 탄환도 화약도 떨어져 버렸다는 것을 알았을 때 돌격하자는 것이었다. 그러나 앙졸라는 그 계략에 빠지지 않았다. 바리케이드는 전혀 반격하지 않았다.

일제 사격이 있을 때마다 가브로슈는 혀로 볼을 불룩하게 만들어서 거만스럽게 그들을 경멸했다.

"좋아, 좋아" 하고 가브로슈는 말했다. "헝겊을 찢어주게. 우리는 붕대가 필요하니까."

꾸르페락은 산탄의 효과가 전혀 없음을 놀려 대며 대포를 향해 말했다.

"끈덕지군그래, 아저씨들."

전쟁중에도 무도회에서처럼 사람은 호기심을 일으킨다. 아마도 각면보가 지니는 침묵에 공격군은 불안해져 무슨 뜻밖의 사건이 생기지 않았나 하고 두려워하는 듯했다. 그래서 포석더미 담 저편을 살피면서, 응하지도 않고 사격을 받는 그 태연한 장벽 뒤에서 일어나고 있는 일이 궁금했던 모양이다. 폭도들은 돌연히 가까운 지붕 위에서 햇빛에 반짝이는 하나의 철모를 보았다. 소방병 하나가 높은 굴뚝에 기대서서 이쪽을 엿보는 모양이었다. 그 눈길은 바로 위에서 바리케이드 안을 똑바로 내려다보고 있었다.

"이거 귀찮은 감시병인걸."

앙졸라가 말했다.

장 발장은 앙졸라의 기총을 돌려주었으나 자신의 소총을 가지고 있었다.

한 마디 말도 없이 그는 소방병을 겨누고, 그리고 1초 뒤에 소방병의 철모는 총알에 통겨 요란한 소리를 내며 길 위로 떨어졌다. 놀란 병사는 허둥지둥 사라졌다.

두 번째 정찰병이 그 자리에 나타났다. 이번에는 장교였다. 재빠르게 다시 총을 잰 장 발장은 다시 나타난 장교를 겨누었고 그의 철모를 병사의 철모가 떨어진 곳에 통겨 떨어뜨렸다. 장교는 더 이상 머무르지 않고 총총히 물러갔다. 이것으로 이쪽의 충고가 통한 셈이었다. 다시는 아무도 지붕 위에 나타나지 않았다. 상대는 바리케이드를 살필 것을 단념했다.

"왜 그 사나이를 죽이지 않나요?"

보쒸에가 장 발장에게 물었다.

그러나, 장 발장은 대답하지 않았다.

질서의 편을 드는 무질서

보쒸에가 꽁브페르의 귀에 대고 속삭였다.

"저 사람은 내 질문에 대답을 하지 않았어."

"사격으로 선심을 쓰는 사람이야."

꽁브페르가 말했다.

이미 옛날 이야기가 되어 버렸지만 그 시대의 사실을 아직 기억하고 있는 사람들은, 교외의 국민병이 폭동에 대해서 용감하게 싸운 것을 알고 있을 것이다. 그들은 그 중에서도 특히 1832년 6월의 전투에서 완강하고 대담했다. 폭동으로 가게를 휴업해야만 했던 빵땡, 베르뛰, 혹은 귀네뜨 부근의 음식점 주인 가운데는 자기 카바레가 텅 빈 것을 보고 분격하여, 교외 음식점의 질서를 유지하기 위해 결국 전사한 사람도 있었다. 부르주아적이면서도 동시에 영웅적이었던 그 시대에는 다양한 사상에 자기 몸을 희생하려는 용감한 사람과, 어떤 이익을 위해 스스로를 고집하는 용사도 있었다. 동기의 비굴함이 행동의 용감성을 감소시키지 않았다.

화폐의 감소가 축적되자 은행가들도 '라 마르세예즈'를 노래했다. 그들은 계산대를 위해서 서정시적(敍情詩的)으로 피를 흘렸다. 그리고 국민들은 조국의 극히 작은 축도인 상점을 스파르타적인 열정으로 지켰다.

근본적으로, 이상에서 말한 진실 속에는 극히 진지한 것 이외에 아무것도 숨겨진 것이 없다. 즉, 사회의 각 요소가 평등적인 영역 속에 들어가기 전, 먼저 투쟁의 영역에 들어갔던 것이다.

무엇보다도 이 시대의 한 가지 특징은 착실한 한 당파에 대하여 적절할지 모르지만, 정부주의(政府主義) 속에 혼합된 무정부주의였다는 것이다. 사람들은 규율도 없으면서 질서를 지키려고 했다. 국민군의 모 대령의 명령 아래 돌연 임의로 집합의 북소리가 울렸다. 어떤 대위는 개인적인 감각으로 전투에 뛰어들기도 하고, 어떤 국민병은 '자기 나름의 생각으로', 더욱이 자기 개인의 이익을 위해서 싸우고 있었다. 위기의 순간인 '소란' 속에서 병사는 사령관의 명령보다는 자기의 본능에 따랐다. 질서 있는 군대 속에 진짜 단독 행동의 병사가 많았다. 어떤 자는 파니꼬처럼 칼로, 또 어떤 자는 앙리 퐁프레드처럼 펜으로 활동했다.

문명은 불행하게도 그 당시 신념에 가득찬 집단보다 이해 관계로 모여 있는 집단 때문에 위험한 상태에 있었고, 또 처해져 있다고 모두가 믿었다. 문명은 경고의 소리를 외치고 있었다. 사람들은 저마다 자신을 중심으로 선두에 서서 문명을 지키고 돕고 옹호했다. 누구나가 사회구제의 책임을 모두가 자각하고 있었다.

　열광은 때로 상대방을 잔인하게 무찔러 죽이기에 이르렀다. 국민군의 어떤 중대는 그 사사로운 권리로 군법 회의를 구성하고 포로가 된 한 폭도를 5분 만에 재판하고 처형했다. 장 프루베르를 죽인 것도 그런 종류의 즉석 재판이었다. 잔인한 사형법(私刑法)에 대하여는 어느 당파도 다른 사람을 비난할 권리를 가지고 있지 않았다. 왜냐하면 그것은 유럽의 군주국도 아메리카의 공화국도 다 적용하고 있었기 때문이다. 이 사형법은 당시 많은 오해를 내포하고 있었다. 폭동이 있던 어느 날, 뽈 에메가르니에라는 한 젊은 시인이 르와얄 광장에서 병사의 총칼에 쫓기다가 6번지의 대문 안으로 피해서 가까스로 위기를 모면했다.

　병사들은 이렇게 외치고 있었다.

　"저기 쌩 시몽 주의자가 또 한 놈 있다!"

　그래서 그를 죽이려고 했던 것이다. 그런데 그는 다만 쌩 시몽 공작의 《회상록》 한 권을 겨드랑이에 끼고 있었던 것이다. 한 국민병이 그 책에서 '쌩 시몽'이라는 단어를 보기만 한 것으로 "사형이다!"라고 소리쳤던 것이다.

　1832년 6월 6일 교외에서 온 국민병 일대는 조금 전에 이름이 나왔던 파니꼬 대위의 지휘 아래 멋대로 변덕을 부리다가 샹브르리 거리에서 큰 피해를 입었다. 이 사실은 실로 기묘하지만, 1832년의 반란 뒤에 열린 법정 신문에서 확인되었다.

　파니꼬 대위는 성미가 급하고 대담한 소시민으로 질서 있는 용병 대장이라고 부를 만한 사나이였다. 지금 말한 바와 같은 광신적이고 굽힐 줄 모르는 정부주의자였는데, 때를 기다리지 않고 발포하고 싶은 심정, 즉 자기 혼자서, 자기 중대만으로 바리케이드를 점령하고 싶은 야심에 혈안이 되어 있었다. 붉은 깃발에 이어 낡은 옷이 올라간 것을 검은 깃발로 잘못 판단하고 흥분한 그는 장군이나 부대장을 큰소리로 비난했다. 회의를 열고 있던 장군들은 결정적인 공격의 시기는 아직 오지 않았다고 판단하고 그들 중 한 사람의 말대로 '반란을 부글부글 끓게' 두려고 했던 것이다. 그러나 그는 바리케이드는 완전히 '익어' 버렸다고 생각하고 완전히 '익은' 것은 떨어지는 게 당연했으므로 공격을 시도하려고 했다.

그는 그와 똑같이 과감한 병사들을, 어떤 목격자의 말에 의하면 '열광적인 병사'들을 지휘하고 있었다. 그의 중대가 바로 시인 장 프루베르를 총살한 중대로, 거리 모퉁이에 배치된 대대의 선두 부대였다. 전혀 생각지도 않았던 때에 대위는 그의 부하들을 바리케이드로 돌진하게 했다. 그 행동은 전략보다는 방자한 태도로 행해졌는데 파니꼬 중대에 큰 손실을 안겨주었다. 거리의 3분의 2도 채 이르기 전에 바리케이드로부터 일제 사격을 받았다. 선두를 달리고 있던 네 명의 가장 대담한 병사들이 각면보 바로 밑에서 총격을 받았다. 그리고 용감한 국민병의 무리는 용맹스러웠지만 군인의 강인성이 없었기 때문에 얼마간 망설이다가 15구의 시체를 포석 위에 남긴 채 퇴각하지 않으면 안 되었다. 그 순간의 망설임이 폭도들에게 총을 다시 장전할 겨를을 주어, 두 번째의 맹렬하기 짝이 없는 일제 사격이 피난처인 거리 모퉁이에 다다르기 전에 중대를 덮쳤다. 한때 중대는 양군의 사격전 사이에 끼어서, 또 명령이 없었기 때문에 사격을 중지하지 않았던 포병의 연발되는 산탄 세례를 받았다. 대담하고 무모한 파니꼬도 그 산탄으로 죽은 전사자 중 한 사람이었다. 그는 대포에 의해서, 즉 질서에 의해서 살해되었다.

진지했다기보다 광란적인 그 공격은 앙졸라를 격분시켰다.

"바보자식들!" 하고 그는 말했다. "쓸데없이 자기 부하들을 죽이고 우리 탄약을 없애게 하는군. 아무 소용도 없는데 말야."

앙졸라는 폭동군의 진짜 장군 같은 말을 했는데 실제로 그러했다. 반란군과 진압군은 대등한 무기로 싸우는 것은 아니었다. 반란군은 곧 소모되는 것으로서 쏠 탄약도 적었고 희생되는 전투원도 극히 적었다. 빈 탄약통 하나, 전투원 하나 죽어도 보충할 도리가 없다. 한편 진압군은 군대를 가지고 있어서 인원도 아깝지 않고, 뱅센(병기창화약고)이 있어 탄약도 문제될 게 없었다. 진압군은 바리케이드 인원만큼의 연대가 있고, 바리케이드의 탄약통만큼 병기고를 보유하고 있다. 그러므로 반란은 일 대 백의 싸움이어서 마침내 바리케이드는 분쇄되고 말 것이다. 다만 혁명이 돌연 일어나서 천사의 불꽃의 검을 전운의 저울 위에 던진다면 모르지만.

그러한 경우가 있기도 하다. 그때 모든 것은 일어서고, 포석은 뒤끓고, 민중의 각면보가 도처에 생겨나고, 빠리는 더없는 전율을 느끼고, '신성한 그 무엇'이 나타나고, 8월 10일(1792년)이 하늘에 떠오르고, 7월 29일(1830

년)이 공중에 떠오르고, 신기한 광선이 비치고, 커다랗게 열렸던 권력의 입은 닫혀지고, 사자 같은 군대는, 그의 눈앞에 예언자 프랑스가 말없이 서 있는 것을 본다.

지나가는 광명

하나의 바리케이드를 지키는 감정과 정열의 혼돈 속에는 온갖 것이 있다. 용기가 있고 청춘이 있고 명예에 관한 기개가 있고 감격이, 이상이, 확신이 있으며, 도박꾼들의 열정이 있고, 그리고 그 중에서도 특히 간헐적인 희망이 있다.

그 한때 희망의 막연한 전율의 하나가, 가장 의외일 때에 샹브르리의 바리케이드를 꿰뚫었다.

"들어 보시오." 계속해서 경계하고 있던 앙졸라가 느닷없이 외쳤다. "빠리가 눈을 뜬 것 같소."

분명히 반란은 6월 6일 아침, 한두 시간 동안에 얼마큼 기운을 되찾았다. 쌩 메리의 집요한 경종 소리는 망설이고 있던 사람들을 격려했다. 쁘와리에 거리와 그라빌리에 거리에 바리케이드가 만들어져 가고 있었다. 쌩 마르땡 개선문 앞에서는 한 청년이 기총을 들고 혼자서 1개 중대의 기병을 공격했다. 엄폐물도 없는 큰 거리 한복판에서 그는 땅에 한쪽 무릎을 짚고 총을 어깨에 대고, 방아쇠를 당겨 중대장을 쓰러뜨리고 나서 "이제 우리를 괴롭히는 또 한 놈이 줄었다" 하면서 뒤를 돌아보았다. 그 순간 그는 군도에 맞아 쓰러졌다.

쌩 드니 거리에서는 한 여자가 블라인드를 내린 창문 뒤에서 시의 경비대를 저격했다. 한 발씩 쏠 때마다 블라인드의 널빤지가 흔들리는 것이 보였다. 14살 난 소년이 호주머니에 탄약을 잔뜩 집어 넣고 꼬쏜느리 거리를 걷다가 체포되었다. 많은 초소가 습격되었다. 베르땡 프와레 거리의 입구에서 전혀 예기치 않았던 치열한 소총 사격이 흉갑기병 1개 연대를 맞혔다. 연대의 선두에는 까베냐끄 드 바라뉴 장군이 앞장서 진군하고 있었다. 쁠랑슈 미브레 거리에서는 집집마다 지붕 위에서 군대를 향해서 낡은 접시 조각이며 살림도구 등을 마구 던졌다. 그것은 좋지 못한 징조였다. 이 사실이 쑬뜨 원수에게 보고되었을 때, 이 옛 나뽈레옹의 참모였던 그는, 쒜셰가 싸라고쓰 공격 때에 한 말을 생각해 내고 깊은 생각에 잠겼다.

"할머니들이 우리 머리 위에 요강을 붓게 되면 우리도 마지막이다."

폭동이 국부적인 것이라고 생각되던 바로 그때, 돌연 나타난 여러 곳의 징조, 기운을 되찾은 그 분노의 열, 빠리의 문밖이라 부르고 교외의 잔뜩 쌓아올린 연료더미 위에서 여기저기로 튀어 옮는 불티, 그 모든 것들이 군의 지휘관들을 불안하게 했다. 그들은 막 불붙기 시작한 불을 끄려고 애썼다. 그러한 조그만 불을 꺼버리기까지 모뷔에나 샹브르리, 쌩 메리 등의 바리케이드 공격은 연기되었다. 마지막에 이것들만을 목표로 해서 단번에 분쇄하기 위해서였다. 부대마다 큰 거리를 소탕하고 작은 거리를 정찰하면서, 평온하지 않은 거리거리를 주의깊게, 천천히, 혹은 일제히 기습했다. 군대는 총을 쏘는 사람들이 있는 집들의 문을 부수었다. 동시에 기병의 행동대가 큰 거리의 군중들을 분산시켰다. 그런 진압은 소요를 야기시키고, 군대와 민중과의 충돌에 으레 뒤따르는 굉장한 소란을 일으켰다. 그것이야말로 앙졸라가 포성과 총성 소리 사이사이에 들은 바로 그 소리였다. 게다가 들것에 실려서 지나가는 부상자들을 거리 앞쪽에서 보고 꾸르페락에게 말했다.

"저 부상자들은 우리 당의 사람들이 아냐."

희망은 오래 계속되지 않았다. 광명은 재빨리 사라져 버렸다. 반 시간도 채 못되어서 공중에 떠돌던 것은 사라졌다. 마치 천둥 소리없는 번갯불 같았다. 폭도들은 버려진 채 저항하는 사람들에게 민중의 무관심이 던져주는 납처럼 무거운 덮개와도 같은 것이 다시금 자기들 위에 떨어지는 것을 느꼈다.

윤곽만이 희미하게 그려진 것처럼 보이던 전반적인 움직임은 실패로 끝났다. 이제는 육군 대신의 주의와 장군들의 전략은 바야흐로 남아 있는 4개의 바리케이드 위에 집중되었다.

태양이 지평선 위에 솟아올랐다.

한 폭도가 앙졸라에게 물었다.

"모두 배고파합니다. 정말 이대로 굶어서 죽는 겁니까?"

여전히 그의 총구멍 앞에 팔꿈치를 짚고 있던 앙졸라는 거리 끝에서 눈을 떼지 않고 시인하듯 고개를 끄덕여 보였다.

앙졸라 애인의 이름

꾸르페락은 앙졸라 곁의 포석 위에 앉아서 대포에다 대고 계속 욕을 하고 있었다. 산탄이라는 포탄의 어두운 구름이 무서운 소리를 내며 스쳐갈 때마다 야유를 퍼부으면서 그것을 맞았다.

"목소리를 망치겠어, 이 늙은 망나니야. 쓸데없이 고함만 쳐도 소용 없어. 오히려 걱정이 되는군. 천둥은커녕 기침 소리 같군."

그 말을 듣고 주위 사람들이 웃어댔다.

꾸르페락과 보쒸에는 위험에 처했음에도 불구하고 북돋아주는 용감성을 발휘해서, 스카롱 부인처럼 농담으로 배를 불려주고, 또 포도주 대신 사람들에게 쾌활한 기분을 나누어 주고 다녔다.

"앙졸라는 훌륭해."

보쒸에는 말했다.

"태연하게 버티고 있는 용기는 정말 훌륭해. 독신이니까 아마 조금 비관적인 때가 있을지 몰라. 앙졸라는 자기가 위대하니까 애인이 생기지 않는다고 불평하고 있어. 우리들은 모두 우리를 바보로 만들거나 용감하게 만들어 주는 애인을 하나나 둘쯤은 갖고 있지. 호랑이처럼 사랑을 하면 적어도 사자처럼 싸울 수가 있지. 그것은 아가씨들에게 속은 데 대한 복수의 한 가지 방법이거든. 롤랑은 앙젤리끄에 대한 화풀이를 위해 전사했어. 우리의 용맹은 모두 여자들로부터 비롯된 거야. 여자가 없는 남자는 격철이 없는 권총과 같아. 그런데 앙졸라에게는 여자가 없어. 사랑을 하지 않는데도 용맹하고 과감하거든. 얼음처럼 차고 불처럼 용감한 사나이란 좀처럼 있을 수 없는 일이야."

앙졸라는 듣고 있지 않았다. 그러나 만약 누군가가 곁에 있었다면, 낮게 '파트리아'(주) 하고 중얼거리는 것을 들었을 것이다.

보쒸에가 아직도 웃고 있을 때 꾸르페락이 외쳤다.

"또 왔군!"

그리고 손님이 온 것을 알리는 접대원 같은 목소리로 덧붙였다.

"80밀리 포라고 합니다."

과연 새로운 인물이 막 등장한 참이었다. 그것은 제2의 포문이었다. 포병들은 재빨리 조종하여 제2의 포차를 제1의 포차 옆에 고정시켰다. 그것으로 바리케이드의 최후는 짐작이 갔다.

잠시 후 재빨리 조작된 두 포문은 정면에서 일제히 각면보를 포격하기 시작했다. 제일선 보병이며 교외 부대의 일제 사격이 포병대를 엄호했다.

조금 떨어져서 다른 포성이 울려 오고 있었다. 두 포문이 샹브르리 거리의 각면보를 덮침과 동시에 다른 두 포문이 쌩 드니 거리와 오브리 르 부셰 거리에 자리를 잡고 쌩 메리의 바리케이드에 포탄을 퍼붓고 있었다. 네 개의 대포가 음산한 메아리를 서로 주고받고 있었다. 그 음산한 전투견들의 짖어 대는 소리는 서로 호응하고 있었다.

지금 샹브르리 거리의 바리케이드를 공격하는 대포는 두 문이 있는데 그 중의 하나는 산탄을, 다른 하나는 유탄을 쏘고 있었다.

유탄을 쏘는 포문은 약간 높이 조준되어 탄환이 바리케이드 맨 위쪽 모퉁이 끝에 맞도록 겨누어져 있어, 꼭대기를 파괴하고, 포석을 분쇄하고, 그것을 산탄의 파편처럼 폭도들 위에 뿌렸다.

이 사격의 목적은 전투원들을 각면보 꼭대기에서 내쫓고 그 내부에 집중시키려는 것이다. 즉 돌격 준비였다. 전투원을 유탄으로 바리케이드 위에서 또는 산탄으로 술집 창문에서 쫓아 버리기만 하면, 공격군은 저격되지 않고, 눈치 채이지 않게 거리 안으로 돌입하여, 전날 밤처럼 돌연 각면보를 기어올라가서, 그리고 운이 좋으면 기습으로 점령할 수가 있을 것이다.

"저 귀찮은 포차를 조금 침묵시킬 필요가 있어" 하고 앙졸라는 외쳤다. "포병을 쏘아라!"

모두들 준비를 갖추고 있었다. 참으로 오랫동안 침묵을 지켜 오던 바리케이드는 미친 듯이 불을 뿜었다. 일고여덟 번의 일제 사격이 일종의 분노와 환희로 계속되었다. 거리는 앞이 보이지 않을 만큼 연막이 가득 찼다. 몇 분 뒤 불꽃의 섬광이 오락가락 달리는 그 안개 속에서 포병의 3분의 2가 포차 밑에 쓰러져 있는 것이 희미하게 보였다. 쓰러지지 않은 포병들은 엄숙하게 침착성을 갖고 포차를 계속 조작하고 있었다. 그러나 포화는 훨씬 속도가 느려졌다.

"잘 됐어. 성공이야" 하고 보쒸에는 앙졸라에게 말했다.

앙졸라는 고개를 가로저으며 대답했다.

"성공인지 어떤지는 앞으로 15분 뒤면 결정되네. 그러나 그때는 이 바리케이드 안엔 탄약통이 10개밖에 남지 않을 걸세."

가브로슈가 이 말을 들은 모양이다.

밖으로 나간 가브로슈

꾸르페락은 문득 누군가가 바리케이드 밑, 총알이 비오듯 하는 바깥 거리에 있는 것을 발견했다.

가브로슈였다. 주점에서 술병을 담는 데 쓰는 바구니를 들고 바리케이드의 갈라진 틈으로 해서 밖으로 나가, 보루 옆에 쓰러져 있는 국민병들의 탄약통에서 탄약을 꺼내어 태연하게 바구니에 채우고 있었다.

"뭘 하는 거야, 거기서?"

꾸르페락이 물었다.

가브로슈는 고개를 들었다.

"바구니를 채우고 있어요."

"아니, 너 산탄이 보이지 않니?"

가브로슈는 대답했다.

"왜요, 비오듯 하는데요? 그래서 어쨌다는 거죠?"

꾸르페락은 고함을 쳤다.

"들어와!"

"금방 돼요."

가브로슈는 말했다. 그리고 깡충 뛰어서 거리로 나갔다.

파니꼬의 부대가 퇴각하는 도중 시체를 버리고 갔다는 것을 기억할 것이다. 20구 가량의 시체가 거리의 포석 위에 여기저기 즐비하게 늘어져 있었다. 가브로슈에게는 20여 개의 탄약통이었다. 바리케이드를 위해서는 20개의 보충 탄약통이었다.

화약연기는 안개처럼 거리에 감돌고 있었다. 깊은 절벽 사이의 낭떠러지에 내려앉은 구름을 본 일이 있는 사람이라면, 두 줄로 늘어서 있는 높은 집들로 말미암아 한층 더 짙어진 자욱한 검은 연기를 상상할 수 있을 것이다. 초연은 서서히 올라가고 끊임없이 다시 들어찼다. 그래서 주위는 차츰 어두워지고 대낮의 햇빛조차도 창백하게 보였다. 거리의 양 끝에 있는 쌍방의 전투원들은—거리 길이는 극히 짧았지만—거의 상대편을 알아볼 수 없었다.

그 어둠은 바리케이드를 공격하려는 지휘관들이 바라던 바였고 계산에 넣고 있던 기회였으나, 가브로슈에게도 역시 다행이었다.

그 연막 속에 섞여서, 몸집이 작은 덕택에 가브로슈는 들키지 않고 거리로 상당히 앞에까지 진출할 수 있었다. 그리고 우선 7, 8개의 탄약통을 대단한 위험 없이 빼앗아냈다.

가브로슈는 엎드려서 기고, 뛰고, 바구니를 입에 물고, 몸을 틀고, 미끄러지고 꿈틀거리며, 시체에서 시체로 타고 넘어다니면서 원숭이가 호두를 까듯이 탄약통이며 탄약 주머니 속에 든 것을 끄집어냈다.

바리케이드에서는, 아직 꽤 가까이에 있는 가브로슈에게 아무도 감히 되돌아오라고 단호하게 외치지 않았다. 적의 주의력을 끌까 두려웠던 것이다.

어느 하사의 시체를 뒤져 화약통을 발견했다.

"목이 마를 때를 위해서" 하고 가브로슈는 말하면서 그것을 주머니에 집어 넣었다.

너무 앞으로 나갔기 때문에 초연이 걷혀 적에게 보이는 지점까지 나가 버렸다. 그 때문에 포석의 방벽 뒤에 나란히 숨어 있는 제일선의 저격병과 거리 모퉁이에 집결해 있는 저격 국민병들은 돌연 연기 속에 움직이고 있는 무언가를 발견하고 서로 손가락질을 했다.

가브로슈가 경곗돌 옆에 쓰러져 있는 상사에게서 탄약을 벗겨내고 있을 때 한 발의 총알이 날아와 그 시체에 맞았다.

"헤이!" 가브로슈는 외쳤다. "자기네 시체들을 또 죽이는군."

두 발째의 총알이 바로 옆의 포석에 맞아서 불꽃을 날렸다. 세 발째가 그의 바구니를 뒤엎었다. 가브로슈는 그쪽을 바라보고 탄환이 국민병에게서 날아오는 것임을 알았다.

가브로슈는 불쑥 몸을 일으켜 버티고 서서 머리칼을 바람에 날리며 두 손을 허리에 대고 총을 쏘고 있는 국민병 쪽을 노려보며 노래를 불렀다.

얼굴이 못생겼더군, 낭떼르 놈들은
그것은 볼떼르의 탓.
머리가 나쁘더군, 빨레조 놈들은
그것은 모두 루소의 탓

그리고 나서 가브로슈는 바구니를 주워 올려 쏟아져 있던 탄약을 하나 남김없이 바구니에 넣고, 총알이 날아오는 쪽으로 전진하면서 다른 탄약통을

보루 옆에 쓰러져 있는 국민병들의 탄약통에서 탄약을 꺼내어 태연하게 바구니에 채우고 있는 것이다.

탈취하러 갔다. 그때 네 발째의 총알이 날아왔으나 빗나갔다. 가브로슈는 노래했다.

> 공증인이 아니라네, 나는
> 죄는 볼떼르의 탓.
> 나는 참새, 작은 참새라네,
> 죄는 모두 루소의 탓.

다섯 번째 탄환도 그에게 제3절을 노래부르게 하는 일밖엔 하지 못했다.

> 쾌활하기 짝이 없네, 내 성격은
> 죄는 바로 볼떼르의 탓.
> 초라하기 짝이 없네, 내 옷차림은
> 죄는 모두 루소의 탓.

이런 상태가 한동안 계속되었다.

무시무시하면서도 유쾌했다. 가브로슈는 사격을 받으면서도 사격을 놀려대고 있었다. 그는 몹시 즐기고 있는 듯했다. 마치 참새가 사냥꾼을 주둥이로 쪼아대는 것과 같았다. 그는 총알이 날아올 때마다 노래를 1절씩 부르는 것으로 대답했다. 적은 끊임없이 그를 겨냥했지만 총알은 번번이 빗나갔다. 국민병들과 현역병들도 웃으면서 그를 겨누고 있었다. 그는 엎드렸다가 다시 몸을 일으키고, 문 한쪽 구석에 숨었다가 다시 튀어나가고, 숨었다가 다시 나타났다. 또 달아났다가 다시 되돌아오고, 산탄을 놀려대는 시늉을 하며, 그러면서도 탄약을 탈취하여 차례차례로 탄약통을 쏟아 바구니를 채웠다. 폭도들은 불안으로 숨을 헐떡이며 그를 눈으로 쫓고 있었다. 바리케이드는 떨고 있었으나 당사자는 노래를 부르고 있었다. 그는 소년이 아니었다. 그렇다고 어른도 아니었다. 그것은 이상한 부랑아 요정이었다. 대접전에서의 불사신의 난쟁이라고도 할 수 있었다. 탄환이 그를 쫓았으나 그는 탄환보다 날쌨다. 그는 죽음과 함께 당치도 않은 무서운 숨바꼭질을 하고 있었다. 도깨비의 얼굴이 가까이 다가올 때마다 부랑아는 손가락으로 퉁기고 있었다.

그러나 한 발의 총알이 그때까지의 탄환보다도 정확하게 겨누어졌던지, 아니면 가장 음험했던지, 마침내 도깨비불 같은 소년을 잡아 버리고 말았다. 가브로슈가 비틀거리다가 쓰러지는 것이 보였다. 온 바리케이드 안의 사람들이 신음소리 같은 외침을 올렸다. 그러나 그 난쟁이에게는 안테우스(쓰러져 땅바닥에 닿자 다시 목숨이 되살아난다는 거인)가 있었다. 부랑아가 포석에 쓰러지는 것은 거인이 땅에 쓰러지는 것과 같다. 가브로슈가 쓰러진 것은 다시 일어서기 위한 것에 불과했다. 그는 그 자리에 주저앉았다. 기다란 한줄기의 피가 뺨으로 흘러 내리고 있었다. 그는 두 팔을 허공에 쳐들고 총알이 날아온 방향을 지켜보며 노래를 시작했다.

　　나는 쓰러졌네, 땅바닥에.
　　죄는 볼떼르의 탓.
　　나는 코를 처박았네, 도랑 속에.
　　죄는 모두 루소의……

　가브로슈는 끝을 맺지 못했다. 같은 사격수가 쏜 제2탄이 그의 노래를 잘라 버렸다. 이번에는 그의 얼굴이 포석 위에 축 처지고 다시는 움직이지 않았다. 그 위대한 어린 넋은 날아가고 만 것이다.

어떻게 형이 아버지 노릇을 하는가

　바로 그때 뤽상부르 공원에는—사변을 보는 눈은 곳곳에 돌려져야 하기 때문에 말하겠는데—두 어린애가 손을 맞잡고 있었다. 한 아이는 7살 정도이고 또 한 아이는 5살 정도였다. 비에 젖었기 때문에 그들은 햇빛이 비치는 작은 길을 걷고 있었다. 나이먹은 아이가 나이 어린 아이의 손을 잡고 있었다. 둘 다 남루한 옷을 입고 핏기가 없었다. 마치 야생의 작은 새처럼 보였다.
　작은 아이가 말했다. "배고파."
　나이 많은 아이는 벌써 어느 정도 보호자다운 태도로 왼손에 동생의 손을 잡고 오른손에 가느다란 나뭇가지를 들고 있었다.
　공원 안에는 그들 둘뿐이었다. 인적이 없고 철책문은 폭동으로 인한 경찰의 조치로 닫혀 있었다. 그곳에서 야영하던 군대는 전투에 불려 나갔다.

그 아이들은 어떻게 그곳에 오게 됐을까? 어느 파출소에서 틈을 타 도망친 것일까? 또는 이 근처의 앙페르 문이나 롭세르바뜨와르(천문대) 언덕이나 아니면 '그들은 강보에 싸여 있는 갓난아이(어린 그리스도)를 발견했다'고 씌어 있는 박공이 솟아 있는 근처 네거리, 아니면 광대들의 바라크가 있어서 그곳에서 도망쳐 나온 것일까? 또는 어젯밤 문을 닫는 시간에 문지기의 눈을 피해서 사람들이 신문 같은 것을 읽는 저 감시 초소에서 하룻밤을 보냈는지?

사실 그들은 떠돌아다니고 있었으며 얼핏 보기에 자유롭게 보였다. 떠도는 몸으로 자유롭다는 것, 그것은 버려졌다는 것이다. 그 가엾은 두 어린 아이들은 집이 없었던 것이다.

이 두 아이는 가브로슈가 언젠가 돌보아준 애들이었음을 독자도 기억할 것이다. 떼나르디에 집안의 아이들로 마뇽에게 빌려주어 질노르망 씨의 친자식처럼 되어 있었으나, 지금은 뿌리 없는 나뭇가지에서 떨어진 나뭇잎처럼 바람부는 대로 땅 위를 떠돌아다니는 신세가 되어 있었다.

마뇽네 집에 있던 시절, 깨끗해서 질노르망 씨에 대한 선전물이었던 그들의 옷도 지금은 누더기가 되어 버렸다.

그들은 그 뒤, 경찰이 빠리의 길거리에서 발견하고 수용했다가 다시 놓쳤다가 발견하곤 하는 '기아'의 통계표 속에 끼어 있었다.

그 불쌍한 아이들이 이 공원에 들어오게 된 것은 그날의 소동 덕분이었다. 만약 공원지기의 눈에라도 띄었다면 누더기를 걸친 그들은 쫓겨났을 것이다. 가난한 어린애는 공원 안에 들어가지 못한다. 그러나 그들도 꽃을 볼 권리가 있다는 것을 잊지 말아야 할 것이다.

그들은 철문이 닫혀 있었기 때문에 그곳에 있을 수 있었다.

그들은 규칙을 어기고 있었다. 공원에 몰래 기어들어와서 그곳에 머물러 있었기 때문이다. 철문이 닫혔다고 감시인의 임무가 없어지는 것이 아니고, 경비를 계속하게 되어 있지만 그러나 역시 경비를 늦추고 쉬게 마련이다. 게다가 공원지기들도 세상의 소요에 마음이 걸려서 이미 공원에 주의하지 않았으므로 그들 위반자를 보지 못했던 것이다.

그 전날엔 비가 왔고, 그날 아침에도 한 줄기 내렸다. 그러나 6월의 소나기는 대수로운 것이 못 된다. 폭풍우가 지난 한 시간 뒤면 언제 비가 내렸던가 할 정도로 말끔히 개어 버린다.

그는 두 팔을 허공에 쳐들고 총알이 날아온 방향을 지켜보며 노래를 시작했다.

하지가 가까운 지금, 한낮의 햇볕은 살을 찌르는 것 같다. 그것은 모든 것을 덮친다. 그것은 집요하게 대지에 달라붙어 수분을 빨아낸다. 태양은 목이 타는 것 같았다. 저녁에 쏟아지는 소나기는 한 잔의 음료에 불과했다. 한 줄기의 비는 곧 말라 버리고 만다. 오전중에 억수같이 쏟아졌어도 오후에는 또다시 모든 게 먼지로 뒤덮인다.

비에 씻기고 햇빛에 닦인 나뭇잎의 초록만큼 아름다운 것은 없다. 그것은 무더위 속의 청량한 맛이다. 정원이나 목장의 나무뿌리는 물을 머금고 꽃은 햇빛을 받아 향로처럼 모든 향기를 한번에 내뿜는다. 온갖 것이 웃고 노래하며 몸을 내민다. 사람들은 달콤한 도취감을 느낀다. 초여름은 한동안 낙원이고 태양은 사람들의 마음을 한가롭게 해준다.

세상에는 그 이상 아무것도 바라지 않는 사람이 있다. 푸른 하늘을 바라보며, "이것으로 충분하다!" 하는 태평한 사람, 자연의 경이에 몰두하여 자연을 찬미하는 나머지, 선과 악에 대해 무관심해지는 몽상가, 한가하게 인간사를 잊어버리는 명상가, 나무 그늘에서 꿈을 꿀 수가 있는 데도 불구하고, 남의 굶주림이나, 목마름이나, 겨울에 가난한 사람이 헐벗은 것을 보는 것이나, 어린아이의 등뼈의 임파성 만곡(淋巴性彎曲, 꼽추)이나, 더러운 침대, 다락방, 지하 감옥, 그리고 추위에 떠는 소녀의 누더기옷 등을 일일이 근심하는 인간을 이해할 수 없다는 우주의 명상가. 그들은 모두 평화롭지만 혹독하고 박정하고 무자비한 마음이 차 있는 정신의 소유자이다.

이상한 일이지만 무한한 것만으로도 그들에게는 충분한 것이다. 인간의 가장 큰 욕구인 포용할 수 있는 유한한 것을 그들은 모른다. 진보를 가능하게 하는 유한이며, 그 숭고한 작용을 그들은 생각지 않는다. 무한과 유한과의 인간적이고도 신적인 결합에서 생기는, 확실치 못한 것을 그들은 보지 못한다. 광대 무변한 것을 대하기만 하면 그들은 미소짓는다. 결코 환희를 맛볼 수 없지만 항상 황홀해 있다. 무엇엔가 빠지는 것, 그것이 그들의 삶인 것이다. 인류의 역사도 그들에게는 그저 사소한 일에 지나지 않는다.

'모든 것'은 그곳에 포함되어 있지 않다. 참다운 '모든 것'은 밖에 있다. 인간 따위의 하찮은 일에 마음을 써서 무엇하겠는가? 인간은 괴로워하고 있다. 과연 그런지도 모른다. 그러나 떠오르는 알데바란 별을 바라보거나. 어머니에게 젖이 없든, 갓난아이가 죽어가든 내 알 바 아니다. 그러나 어쨌든 현미경에 나타나 보이는 전나무의 백목질의 테가 만드는 이 훌륭한 장미 모양의 무늬를 들여다보게나! 무엇보다도 아름답다는 벨기에의 말린 산(産) 레이스를 이것과 비교해 보게나! 그러나 사상가는 사랑을 잊고 있는 것이다.

하늘의 황도대는 그들을 사로잡아 우는 아이들을 보는 것마저 허락치 않는 것이다. 신은 그들의 영혼을 가리고 있다. 그것은 비소함과 동시에 위대한 정신의 일종이다. 호라티우스는 그런 사람 중의 하나이고 괴테도 그 중 한 사람이며 라 뽕뗀느도 그렇다. 그들은 무한을 쫓는 그야말로 훌륭한 이기주의자이며 인간의 고통에 대한 냉정한 방관자여서 날씨만 좋으면 폭군 네로는 안중에도 없고, 태양에 눈을 뺏겨서 화형대를 깨닫지 못하고, 사람이 단두대에 세워지는 것을 오직 빛의 작용을 탐구하기 위하여 구경하고, 외침도, 흐느껴 우는 소리도, 죽음의 헐떡임도, 경종 소리도 듣지 않고, 5월이 있는 이상 모든 것이 좋고 붉게 물드는 황금빛의 구름이 머리 위에 떠 있는 한 만족하다고 말하고, 빛나는 별빛과 새들의 노래가 다할 때까지는 행복한 마음으로 있으리라 여기고 있는 것이다.

그들은 기쁨으로 얼굴을 빛내는 암흑 속 사람들이다. 그들은 자신이 한심스러운 인간이라고는 조금도 생각지 않는다. 그러나 분명히 그들은 불쌍하게 여겨야 할 존재이다. 눈물을 흘리지 않는 자는 진실을 모른다. 눈썹 밑에 눈을 갖지 않고 이마 한복판에 별을 지니고 있는 밤과 낮으로 동시에 되어 있는 그들이야말로 불쌍한 동시에 찬미해야 할 사람들이다.

그러한 사상가의 무관심은 어떤 사람들의 말로는 고매한 철학에서 오는 것이라고 한다. 그런지도 모른다. 그러나 그 고매함 속에는 불구자와 같은 점이 있다. 사람은 불멸임과 동시에 절름발이일 수도 있다. 불카누스 신이 그 예이다. 사람은 인간 이상일 수 있으며 또한 인간 이하일 수 있다. 자연 가운데는 광대한 불완전성이 있다. 태양이 장님이 아니라는 것을 누가 안단 말인가?

그렇다면 글쎄 무엇을 믿어야 한단 말인가! '태양이 허위라고 누가 감히 말할 수 있을까?' 그렇다면 천재도 '존귀한 인간'도 별과 같은 사람도 과오를 범할 수 있단 말인가? 아득히 높은 곳에, 꼭대기에, 맨 끝에, 하늘 꼭대기에 있는 자, 지상에 많은 빛을 보내는 자, 그의 눈이 거의 보이지 않는가,

잘 보이지 않는가, 전혀 안 보이는가? 그렇다면 절망적이 아니겠는가? 아니, 그렇다면 태양 위에는 대체 무엇이 있단 말인가? 이른바 신이 있는 것이다.

 1832년 6월 6일, 오전 11시경 뤽상부르 공원은 쓸쓸하고 인기척이 없었지만 매혹에 차 있었다. 여러 가지 형으로 심어진 나무와 화단의 꽃은 빛 속에 눈이 부실 만큼 찬란하고 서로 향기를 풍기고 있었다. 나뭇가지들은 정오의 햇빛에 취해서 서로 포옹하는 양 보였다. 큰 단풍나무에서는 멧새가 떠들어 대고, 참새들은 자랑스럽게 재재거리고, 검은 딱따구리는 너도밤나무의 나무 줄기를 기어오르면서 나무 껍질의 구멍을 부리로 딱딱 찍었다. 화단엔 백합꽃이 정통적인 왕위를 누리듯 피어 있었다. 가장 존엄한 향기는 흰 빛에서 풍겨지는 향기다. 카네이션의 콕 찌르는 향기도 감돌고 있었다. 마리 드 메디치가 사랑한 새는 옛날 그대로 큰 나무의 숲 속에서 사랑을 속삭이고 있었다. 태양은 꽃으로 만들어진 불꽃처럼 튤립을 금빛과 붉은 빛으로 빛나게 하고 타오르게 했다. 튤립 주위에는 꿀벌이—불길처럼 피는 그 꽃들의 불꽃처럼—날아다니고 있었다. 모든 것이, 다시 쏟아질 비조차도 우아하고 명랑했다. 그 비도 꽃을 침범한다고는 하지만 은방울꽃이나 인동덩굴을 위해서는 좋은 비이므로 조금도 걱정스럽지 않았다. 제비는 낮게 날면서 사랑스럽게 주위를 놀라게 했다. 그곳에 있는 것은 행복을 마시고 생명은 좋은 향기를 뿜고 주위의 자연은 모두 순진함과 구제와 보호와 온정과 애무와 여명을 발산하고 있었다. 하늘에서 내려오는 사상은 어린아이의 조그마한 손에 입맞춤할 때의 감촉처럼 부드러웠다.

 나무 밑 나체의 흰 조각들은 빛의 반점이 박혀진 그림자의 옷을 입고 있었다. 그들의 여신은 태양의 누더기에 싸여 있었다. 태양은 팔방에서 그녀들에게 광선의 화살을 쏘아 대고 있었다. 커다란 연못 주변은 타는 듯이 땅바닥이 바싹 말라 있었다. 그래도 다소 바람이 불어 여기저기에 잔 먼지를 말아 올리고 있었다. 지난해 가을부터 남겨졌던 얼마의 누런 낙엽이 즐거운 듯이 쫓기면서 장난치는 듯 하였다.

 풍부한 빛은 무언가 마음을 가라앉혀 주는 힘을 지니고 있었다. 생명과 수액과 열과 증기가 넘쳐 있어서 천지 만물 밑에 그 원천의 광대함을 느낄 수 있었다. 사랑이 스며 있는 숨결 속에, 반사와 반영과의 교차 속에, 그 놀라운 광선의 방출 속에, 유동하는 황금의 끝없는 유출 속에, 무한한 것의 낭비가 느껴졌다. 그리고 불빛 뒤에서는 무수한 별을 지어내신 하느님을 은밀히 느낄 수 있었다.

　모래를 깔았기 때문에 진흙의 얼룩이라곤 아무데도 없고, 비가 왔기 때문에 흙먼지는 조금도 일지 않았다. 풀숲은 막 씻어낸 듯해서 꽃 모양을 하고 땅에서 튀어나온 온갖 비로드, 사땡, 에나멜, 황금은 꽃 모양으로 땅에서 솟아 나와 한 점의 더러움조차 없었다. 그 호화로움은 청결 그것이었다. 행복한 자연의 침묵이 공원을 가득 채우고 있었다. 보금자리 속에 들어앉은 비둘기의 울음소리, 벌떼의 날개 소리, 바람부는 소리 같은 무수한 음악이 들려오고 있었다. 계절의 조화가 전체를 하나의 우아한 융화 속에 완성하고 있었다.

　봄이 다가왔다 물러감이 적당한 질서 속에 행해지고 있었다. 라일락은 생명을 다해 가고 자스민이 피려 하고 있었다. 어떤 꽃은 철이 늦은 듯했고 어떤 곤충은 좀 이른 듯했다. 유월의 전위(前衞)인 붉은 나비들이 후위(後衞)인 5월의 흰 나비와 화합하고 있었다. 플라타너스는 새 껍질을 보이고 있었다. 미풍이 너도밤나무의 거목에 물결치는 움직임을 주고 있었다. 그야말로 장관이었다. 근처 병사에 있는 한 노병이 철문에서 공원 속을 들여다보며 말했다. "정장으로 차려 입은 봄이로군."

　온 자연이 아침 식사를 하고 있었다. 천지 만물이 식탁에 앉아 있었다. 바로 식사 시간이었다. 커다란 푸른 식탁보가 하늘에 쳐지고 큰 초록빛의 식탁보가 땅에 펼쳐졌다. 태양은 휘황하게 빛나고 있었다. 신은 만물의 식사를 돌보고 있었다. 생명 있는 것들은 모두 저마다의 사료나 모이를 먹고 있었다. 산비둘기는 대마 열매를 차지하고, 되새는 좁쌀을 차지하고, 방울새는 별꽃을 차지하고, 울새는 벌레를 발견하고, 꿀벌은 꽃을 찾아내고, 파리는 미생물을 발견하고, 깊은 산의 멧새는 파리를 발견했다. 서로 잡아먹는 일도 다소 있었다. 그것은 선에 악이 섞이는 신비다. 그러나 배가 고픈 것은 하나도 없었다.

　버림받은 두 아이는 커다란 분수 옆에 와 있었다. 그런데 너무도 눈부신 주위의 빛에 당황하여 어딘가에 숨으려고 했다. 그것은 비록 비인간적이라 할지라도 모든 장대한 것을 대했을 때의 불쌍한 자나 약한 자의 본능이었다. 그래서 그들은 백조의 집 뒤에 숨어 있었다. 여기저기에서 이따금 바람에 실려 고함 소리, 왁자한 소요, 불규칙하고 요란한 총소리, 바람 소리 사이사이에 막연히 둔한 포성이 들리고 있었다. 시장 쪽으로 늘어선 집들의 지붕 위에는 연기가 자욱했다. 사람을 부르는 듯한 종소리가 멀리서 들려 왔다.

그 아이들은 그 소리가 들리지 않는 모양이다. 동생은 이따금 낮은 목소리로 되풀이했다.

"배고파."

두 아이와 거의 동시에 다른 두 사람이 분수 가까이로 걸어왔다. 50살 가량의 노인이 6살쯤 난 사내아이의 손을 잡고 있었다. 아마 부자간인 듯했다. 6살짜리 사내아이는 커다란 빵과자를 들고 있었다.

당시 마담 거리나 알페르 거리 등 세느 강변을 따라 서 있는 집들은 뤽상부르 공원의 열쇠를 가지고 있어서 셋방살이 하는 사람들은 철문이 닫혀 있을 때도 드나들 수 있었다. 그 뒤에 폐지된 관대한 조치였다. 그 부자도 아마 그러한 집에서 나왔을 것이다.

두 가엾은 아이는 그 '신사'가 오는 것을 보고 조금 더 안쪽으로 숨었다.

그 사람은 중류 계급의 사람이었다. 언젠가 이 큰 분수 옆에서 "너무 뛰면 안 된다" 하고 아들에게 타이르는 것을 사랑에 들뜬 마음으로 마리우스가 들은 일이 있는 그 사람인지도 모른다. 그 사람은 친절해 보였으나 좀 거만한 듯한 태도였고, 그 입은 다무는 일 없이 언제나 미소를 띠고 있었다. 그 기계적인 미소는 턱뼈가 나온데다 피부가 얇아서 생기는 미소여서 마음보다는 이를 보이고 있다는 편이 좋을 것이다. 아이는 뜯어먹다 만 빵과자에 벌써 배가 부른 모양이었다. 아이는 폭동 때문에 국민병의 복장을 하고 있었으나 아버지는 조심성있게 평상복을 입고 있었다.

부자는 백조 두 마리가 떠 있는 연못 옆에 발을 멈추었다. 그 중류 시민은 백조에 대해서 특별히 친밀감을 품고 있는 듯했다. 그는 백조와 같은 걸음걸이를 한다는 의미에서 백조를 닮았다. 한데 지금 백조는 헤엄을 치고 있었다. 헤엄은 백조의 중요한 재능이었다. 그 모습은 근사했다.

만약에 두 가련한 애들이 귀를 기울이고 있었다면, 또 사물을 이해할 수 있는 나이에 달해 있었다면, 그들은 진중한 한 인간의 말을 들을 수 있었을 것이다. 아버지는 아들에게 말했다.

"현명한 사람은 적은 것에 만족하며 산다. 나를 보렴. 나는 화려한 것을 좋아하지 않는다. 아무도 내가 돈이나 보석으로 마구 장식한 옷을 입은 것을 본 적이 없지. 그런 허식은 잘못된 마음을 가진 사람이 하는 짓이다."

그때 강한 고함 소리가 시장 쪽에서 종소리와 소란 속에 뒤섞여 들려왔다.

"저건 뭐야?" 아이가 물었다.

"축제 때문이야." 아버지는 대답했다.

문득 그는 초록빛 백조의 집 뒤에 서 있는 누더기를 걸친 두 아이들을 보았다.

"저것이 시초지." 그는 말했다. 그리고 잠깐 입을 다물었다가 덧붙였다.

"무정부주의가 이 공원에 들어와 있구나."

그 사이에 아들은 빵과자를 뜯어 먹다가 그것을 뱉더니 갑자기 울기 시작했다.

"왜 우는 거냐?" 아버지가 물었다.

"배가 고프지 않아." 아이가 말했다.

아버지의 미소가 유난히 눈에 띄었다.

"배가 부르더라도 과자 한 개쯤은 먹을 수 있어."

"이 과잔 싫어. 딱딱해."

"먹기 싫으냐?"

"응."

아버지는 백조를 가리켰다.

"저 새들한테 던져 주렴."

어린아이는 망설였다. 과자가 먹기 싫다고 하여 과자를 반드시 남에게 주어야 할 이유는 없었다.

아버지는 말을 계속했다.

"인정이 있어야 해. 동물을 가엾게 여겨야 한다."

그리고 아들에게서 과자를 빼앗아서 그것을 연못 속에 던졌다. 과자는 가까운 연못 수면 위에 떨어졌다. 백조는 저쪽 연못 한가운데서 무언가 찾고 있었다. 그러나 중류 시민도 과자도 쳐다보지 않았다.

중류 시민은 과자가 헛되이 될 것 같아서, 그 무익한 손실에 안달이 나서 맹렬한 신호로 몸짓을 해 보였기 때문에 겨우 백조의 주의력을 끌었다.

백조는 무언가 떠 있는 것을 발견하고 마치 배처럼 연못가를 향하여 빵과자

쪽으로 천천히 하얀 동물에 어울리는 태연한 위엄을 보이면서 헤엄쳐 왔다.
"씨뉴(백조)는 씨뉴(암호)를 아는구나."
중류 시민은 자신의 기지를 기뻐하며 말했다.
그때 멀리서 들려 오던 소란한 소리가 다시 갑자기 커졌다. 이번에는 불길한 소리로 들려왔다. 특히 무언가를 뚜렷하게 말해 주는 바람이 불어왔다. 그 순간, 불어온 바람은 북소리며 고함소리며 일제 사격 소리며 경종과 대포 사이를 오가는 침통한 응답의 울림 등을 실어왔다. 그것과 호흡을 맞추는 듯 검은 구름이 갑자기 태양을 가렸다.
백조는 아직 빵과자에까지 와 있지 않았다.
"돌아가자" 하고 아버지는 말했다. "뛸르리 궁을 공격하는구나."
그는 다시 아들의 손을 잡았다. 그러고 나서 말을 이었다.
"뛸르리 궁에서 뤽상부르 공원까지는 왕족과 귀족들 사이의 거리밖엔 떨어져 있지 않다. 이제 총알이 비오듯 쏟아질 거다."
그는 구름을 보았다.
"게다가 또 비가 올 것 같구나. 하늘까지 한몫을 하는군. 분가한 집의 운명은 정해졌군. 자, 빨리 돌아가자."
"백조가 빵과자 먹는 걸 보고 싶어요."
어린애가 말했다.
"그건 경솔한 짓이다."
아버지는 대답했다. 그리고 그는 자기의 어린 시민을 데리고 갔다. 아들은 백조에게 미련이 남아서 여러 가지 모양으로 심어 놓은 꽃밭에 가려져서 보이지 않게 될 때까지 연못 쪽을 돌아보았다.
그러는 동안, 백조와 동시에 두 떠돌이 아이들이 빵과자에 접근했다. 빵과자는 물 위에 떠 있었다. 동생은 빵과자를 보고 있었고 형은 사라져 가는 시민을 바라보고 있었다.
아버지와 아들은 마담 거리 쪽 나무가 우거진 꼬불꼬불한 오솔길로 들어서서 커다란 계단을 올라갔다.
그들의 모습이 보이지 않게 되자 형은 얼른 둥그런 연못 가장자리에 배를 깔고 엎드렸다. 오른손으로 가장자리를 짚고 당장 물에 떨어질 만큼 몸을 내어밀어 왼손에 가진 가느다란 막대기를 과자 쪽으로 뻗쳤다. 백조는 경쟁자

형은 얼른 둥그런 연못 가장자리에 배를 깔고 엎드려서……

를 보고 서둘렀다. 그러나 가슴을 내민 작은 낚시꾼에게는 오히려 다행이었다. 백조 앞에서 둥근 물결이 일어 빵과자를 어린아이의 막대기 쪽으로 조용히 밀어주었다. 백조가 가까이 왔을 때 막대기는 과자에 닿았다. 아이는 철썩 물을 때려서 빵과자를 끌어당기고, 백조를 위협하고, 빵과자를 움켜쥐고, 그리고 몸을 일으켰다. 과자는 젖어 있었다. 그러나 그애들은 배도 고팠고 목도 말랐다. 형은 빵과자를 큰 것과 작은 것 두 쪽으로 나누어서 작은 쪽은 자기가 갖고 큰 쪽은 동생에게 주면서 말했다.
"자아, 이걸 총 속에 집어 넣으렴(좋은 뱃속)."

'죽은 아버지는 머지않아 죽을 아들을 기다린다'
마리우스는 바리케이드에서 뛰쳐나갔다. 꽁브페르가 뒤를 따랐다. 그러나 이미 늦었다. 가브로슈는 죽어 있었다. 꽁브페르는 탄약 바구니를 나르고 마리우스는 가브로슈의 시체를 운반했다.
아아! 그는 생각했다. 이 아이의 아버지가 나의 아버지에게 해주었던 일을 지금 그 아들에게 돌려주고 있구나. 다만 떼나르디에는 나의 아버지가 살아 있을 때 메고 왔으나 나는 그의 죽은 아이를 메고 오는구나.
가브로슈를 안고 각면보에 돌아왔을 때 마리우스는 소년과 마찬가지로 얼굴이 피투성이가 되어 있었다. 가브로슈를 안아 일으키려고 몸을 굽혔을 때 총알 한 발이 그의 머리를 스쳤던 것이다. 그는 그것을 알아차리지 못했다.
꾸르페락은 자기 넥타이를 끌러 마리우스의 이마를 동여매어 주었다.
사람들은 가브로슈를 마뵈프가 누워 있는 탁자 위에 눕히고, 두 시체 위에 검은 숄을 씌웠다. 그것으로 노인과 아이의 몸은 충분히 덮여졌다.
꽁브페르는 들고 돌아온 바구니의 탄약을 모두에게 분배했다. 한 사람당 15발씩이었다.
장 발장은 여전히 자리를 뜨지 않고 경곗돌 위에 가만히 앉아 있었다. 꽁브페르가 그에게 15발의 탄환을 내밀자 그는 고개를 저었다.
"정말 보기드문 괴짜야."
꽁브페르는 낮은 목소리로 앙졸라에게 말했다.
"이 바리케이드에 있으면서도 싸우려 하지 않다니."
"그렇다고 바리케이드를 지키지 않는 것도 아니지."

앙졸라는 대답했다.

"영웅에도 괴짜가 있군."

꽁브페르는 말했다.

꾸르페락이 그 말을 듣고 덧붙였다.

"마뵈프 노인과는 종류가 다르군."

특기해야 할 일은 바리케이드를 공격하고 있는 사격이 그 내부를 거의 혼란케 하지 않는다는 것이다. 이러한 싸움의 회오리바람을 단 한 번이라도 뚫고 지난 적이 없는 사람은, 그 동란에 섞여 있는 이상하게도 고요한 순간을 감히 상상할 수가 없을 것이다. 사람들은 왔다갔다하고 지껄여대고 장난을 하고 여기저기 서성거리고 있다. 어떤 사람은 한 전투원이 산탄이 쏟아지는 속에서 "우린 여기서 홀아비들만이 아침 식사를 하고 있는 것 같군" 하고 말하는 것을 들었다. 샹브르리 거리의 각면보 내부는 무척 조용했다. 온갖 변화, 온갖 국면이 다 나와 있었다. 또는 다 나오려고 했다. 상황은 위기에서 곧 험악해지고, 그 험악은 차츰 절망적으로 되어 가려고 했다. 사태가 암담해짐에 따라서 영웅적인 빛이 차츰 바리케이드를 붉게 물들여 갔다. 앙졸라는 엄숙하게 바리케이드를 지배하고 있었다. 마치 음산한 정령 에피도타스에게 빼어든 칼을 바치는 한 젊은 스파르타 인 같은 태도였다.

꽁브페르는 앞치마를 배에 두르고 부상자들을 돌보고 있었다. 보쒸에와 푀이는, 가브로슈가 하사의 시체에서 탈취한 화약통의 화약으로 탄약을 만들고 있었다.

보쒸에는 푀이에게 말했다.

"우리는 머지않아 다른 행성으로 가는 승합 마차에 타려 하고 있지."

꾸르페락은 앙졸라 옆에 잡아 놓은 포석들 위에 자신의 길들인 단장이며 소총, 두 자루의 기병용 권총 등 가지고 있는 모든 병기를, 젊은 처녀가 재봉 상자를 정리하듯이 정성들여 가지런히 정리해 놓았다.

장 발장은 말없이 무뚝뚝하게 정면 벽을 지켜보고 있었다. 한 노동자는 위슐루 아주머니의 커다란 밀짚모자를 끈으로 머리 위에 붙들어 매고 "일사병이 무서워서요" 하고 뇌까리고 있었다.

액스의 꾸구르드의 젊은이들은 지금 사투리를 마지막으로 해두려는 듯이 동료들끼리 쾌활하게 서로 말을 주고받고 있었다. 졸리는 위슐루 과부의 거울을 떼어다가 제 혀를 살펴보고 있었다. 몇몇의 전투원들은 서랍 속에서 거의 곰팡이 슨 빵조각을 발견해 내고 정신 없이 그것을 뜯어먹고 있었다. 마리우스는 죽은 아버지가 머지않아 자기에게 무어라고 할 것인가 생각하니 불안스러워졌다.

밥이 되어 버린 독수리

여기서 바리케이드 특유의 심리적 사실을 하나 말해 두겠다. 이 놀라운 시가전을 특징지어 주는 것을 하나라도 놓쳐서는 안 되기 때문이다.

지금 말한 것 같은 내부의 정적이 어느 정도이든, 그 안에 있는 사람들에게 바리케이드는 역시 하나의 환상에 지나지 않았다.

내란에는 묵시록적인 신비가 있다. 미지의 온갖 안개가 그들의 잔인한 불길에 섞여 있다. 혁명은 스핑크스이다. 바리케이드를 빠져나온 사람은 누구든 꿈속을 빠져나온 듯한 느낌을 갖는다.

우리들이 마리우스에 대해 이야기했듯이, 또는 이제 곧 서술하고자 하는 그 결과처럼, 그런 곳에서 사람들이 절감하는 것은 사실 목숨이 아니다. 바리케이드 밖으로 나가면 이미 자기가 무엇을 보았는지 모른다. 무서웠지만 그것이 무엇이었는지 알지 못한다. 인간의 얼굴을 가진 투쟁의 관념에 에워싸여 있었던 것이다. 머리를 미래의 빛 속에 집어넣고 있었던 것이다. 시체가 가로놓이고, 유령이 우뚝 서 있었다. 시간은 거대하며 영원한 것 같았다. 사람은 죽음 속에 살아 있었던 것이다. 여러 가지 망령이 지나갔다. 그것은 무엇이었을까? 피묻은 손도 보았다. 귀청을 찢을 것 같은 굉장한 소란도 있고, 무서운 침묵도 있었다. 떠들어대는 벌어진 입도 있었고, 말없이 벌려진 입도 있었다. 사람은 연기 속에, 아마도 어둠 속에 있었는지도 모른다. 헤아릴 길 없는 깊은 곳에서부터 스며 나오는 처참한 것에 닿는 듯한 기분이다. 손톱 속에 낀 무언가 붉은 것이 보였다. 더 이상 생각나지 않았다.

그럼 여기서 샹브르리 거리로 되돌아가자.

돌연 두 차례 일제 사격의 틈 사이에, 때를 알리는 먼 종소리가 들렸다.

"정오군." 꽁브페르가 말했다.

열두 번째의 종이 채 끝나기 전에 앙졸라는 벌떡 일어나서 바리케이드 위에서 터질 것 같은 목소리로 외쳤다.

"포석을 집 안으로 날라 와. 창문 가와 다락방 창문에 그것을 대 놓아. 반은 총을 쏘고, 나머지 반은 포석을 날라. 1분도 헛되이 해선 안돼!"

도끼를 어깨에 멘 소방병의 일대가 거리 끝에 전투 태세로 나타난 순간이었다.

그것은 한 종대의 선두에 불과했다. 물론 그 종대는 공격 종대였다. 왜냐하면 바리케이드의 파괴를 명령받은 소방병은 항상 바리케이드에 돌입할 것을 명령받은 병사들의 앞에 서 있어야 하기 때문이다.

끌레르몽 똔네르 전하가 1822년에 '목에 맨 줄을 조른 것'이라고 불렀던 위기의 순간이 닥쳐오고 있었다.

앙졸라의 명령은 즉시 실행되었다. 배와 바리케이드는 탈출이 불가능한 유일한 두 전투장이었다. 1분도 채 못되어서 앙졸라가 꼬랭뜨의 입구에 쌓아 놓게 했던 포석의 3분의 2는 2층과 다락방으로 운반되고, 2분이 경과하기 전에 그 포석은 교묘하게 쌓아서 2층의 창문과 다락방의 채광창을 절반 가량 막았다. 건축 책임자 쾨이는 군데군데 몇몇 틈을 만들어 총신을 내밀 수 있게 했다. 그 창문의 방비는 산탄 발사가 멈추어졌기 때문에 쉽게 할 수 있었다. 그러나 지금 2개의 포문은 습격하기 좋은 구멍이 아니면 좁은 틈이라도 뚫기 위해 장벽 중앙에 유탄을 쏘아 대고 있었다.

마지막 방어전에 쓰일 포석이 지정 장소에 배치되었을 때, 앙졸라는 마뵈프의 시체가 놓인 탁자 아래 있던 병을 모두 2층으로 운반하게 했다.

"도대체 누가 그걸 마셔?" 하고 보쒸에가 물었다.

"놈들이지" 하고 앙졸라가 대답했다.

그리고 나서 모두들 아래층 창문을 굳게 닫고, 밤에 주점 문을 안에서 잠그는 데 사용하는 쇠빗장을 언제라도 꽂을 수 있도록 했다. 요새는 완전해졌다. 바리케이드는 성벽이 되었고 주점은 성탑이 되었다.

남은 포석으로 사람들은 바리케이드의 틈새를 막았다.

바리케이드 방위군은 항상 탄약을 절약해야 했고, 또 공격군은 그런 사실을 잘 알고 있으므로 일부러 상대를 초조하게 만드는 술책을 써서, 그럴 시기도 아닌데 사격 속에 뛰어들지만, 그것도 진짜라기보다는 그렇게 보이기 위한 것이어서 태연하게 행동하는 것이었다. 공격 준비는 언제나 일정하게 느린 속도로 진행되고, 그런 다음에 번개처럼 쳐들어온다.

그 느린 준비 시간 동안에 앙졸라는 모든 것을 다시 살펴보고 완전하게 할 수가 있었다. 이토록 용감한 사람들이 죽는 데에는 그 죽음 또한 위대한 것이어야 한다고 그는 생각하고 있었다.

그는 마리우스에게 말했다.

"우리 둘은 우두머리일세. 나는 안에서 마지막 명령을 내리겠네. 자네는 밖에서 감시해 주게."

마리우스는 바리케이드의 꼭대기에 올라가서 감시를 했다. 앙졸라는 독자들도 기억하고 있듯이 야전 병원이 되어 있는 주방의 입구를 못질하게 했다.

"부상자들에게까지 화를 입혀선 안돼" 하고 그는 말했다.

그는 아래층 홀로 가서 짤막한, 그러나 매우 침착한 목소리로 마지막 명령을 내렸다. 푀이는 귀를 기울이고 모든 사람을 대표해서 그것에 대답했다.

"2층 계단을 잘라 버릴 도끼를 몇 개 준비해. 도끼는 있나?"

"있어" 하고 푀이가 말했다.

"몇 자루?"

"보통 도끼 두 자루하고, 소 잡는 도끼 한 자루일세."

"좋아. 싸울 수 있는 사람은 25명이야. 총은 몇 자루 있나?"

"서른 넷."

"여덟 자루가 더 있군. 그 여덟 자루도 똑같이 장전해서 손 가까이에 두어. 군도와 권총은 혁대에 차라. 20명은 바리케이드로 가라. 6명은 다락방과 2층 창문에 숨어서 포석의 총구멍으로 공격군을 겨누어 쏘고. 일을 할 수 있는 사람은 한 사람도 가만 있어선 안돼. 이제 곧 공격의 북이 울리면 아래층의 20명은 바리케이드로 달려가라. 먼저 도착한 사람부터 좋은 자리를 잡아라."

그와 같은 배치가 끝나자 그는 자베르 쪽을 돌아보고 말했다.

"너에 대해서도 잊지 않았어."

그러고 나서 탁자 위에 권총 하나를 놓고 덧붙였다.

"마지막에 이곳을 나가는 자가 이 밀정의 머리를 쏘기로 한다."

"여기서?" 하고 한 목소리가 물었다.

"아니, 이런 놈의 시체를 우리 시체와 함께 해선 안돼. 몽데뚜르 거리의 작은 바리케이드는 타고 넘을 수 있는 높일세. 4피트밖에 안되니까. 이 사나이는 묶여 있으니 그곳까지 데리고 가서 거기서 처형하는 게 좋아."

그때 앙졸라보다 더 태연한 자가 한 사람 있었다. 그것은 자베르였다. 거기에 장 발장이 나타났다. 그는 지금까지 폭도의 무리에 섞여 있었다. 장 발장은 앞으로 나가서 앙졸라에게 물었다.

"당신이 지휘자요?"

"그렇소."

"당신, 아까 내게 감사했었지요?"

"공화국의 이름으로. 이 바리케이드는 두 사람이 구해냈소. 마리우스 뽕메르씨와 당신이오."

"당신은 내가 그 보상을 받을 가치가 있다고 생각하시오?"

"물론이오."

"그렇다면 한 가지 요구하리다."

"무엇이오?"

"저 사나이를 내 손으로 쏘게 해주시오."

자베르는 고개를 들어 장 발장을 보며 보일 듯 말듯하게 몸을 움직이더니 말했다.

"당연하지."

앙졸라는 벌써 자신의 기총에 탄환을 장전하고 있었다. 그는 주위를 둘러보았다.

"이의 없소?"

그렇게 말하고 그는 장 발장을 돌아보았다.

"그럼 밀정을 데려가시오."

장 발장은 사실상 그렇게 해서 탁자 끝에 앉으면서 자베르를 자기것으로 만들었다. 그는 권총을 움켜쥐고, 그리고 딸그락하는 희미한 소리로 장전된 것을 알았다. 거의 동시에 나팔소리가 들렸다.

"적의 습격이다!" 하고 바리케이드에서 마리우스가 외쳤다.

자베르는 그의 독특한 소리 없는 웃음으로 웃기 시작하더니 폭도들을 뚫어지게 쳐다보면서 입을 열었다.

"너희들은 나 이상 안전하지 못할걸."

"전원 밖으로!" 앙졸라가 외쳤다.

폭도들은 소란스럽게 뛰쳐나갔다. 나갈 때, 그들은 등 뒤로 —이런 표현을 용서해 주기 바란다—자베르의 말을 받았다.

"그럼, 곧 또 만납시다!"

장 발장의 복수

장 발장은 자베르와 둘이 남게 되자 포로의 몸을 묶어 탁자 밑에 비끄러맸던 동아줄을 풀었다. 그리고 일어서라는 눈짓을 했다. 자베르는 쇠사슬에 묶인, 정부의 권위가 집중되어 있는, 무어라 이해할 수 없는 미소를 띠면서 일어섰다.

장 발장은 말고삐를 쥐고 자베르를 끌고가듯 배 아래 띠를 묶은 자베르를 뒤따라오게 하면서 천천히 주점 밖으로 나갔다. 자베르는 발도 묶여 있어 잔걸음으로밖에 걸을 수 없었기 때문에 느릿하게 따라 걸어갔다.

장 발장은 권총을 들고 있었다. 두 사람은 이렇게 해서 바리케이드 안의 네모진 빈터를 지나갔다. 폭도들은 절박한 공격에 정신을 뺏겨서 이쪽으로 등을 돌리고 있었다.

다만 마리우스만은 바리케이드 왼쪽 끝에 혼자 자리잡고 있었기 때문에 그들이 지나가는 것을 볼 수 있었다. 사형수와 집행인 한 쌍은 마리우스가 떠올리고 있는 죽음의 빛으로 비추어졌다.

장 발장은 묶인 자베르에게, 몽데뚜르 옆골목의 작은 방벽을 타고 넘게 했다. 꽤 귀찮은 일이었지만 그 사이에 잠시도 손을 늦추지 않았다. 그 방벽을 타고 넘자 골목길에는 그들 두 사람만이 있게 되었다. 아무도 그들을 보고 있지 않았다. 집의 모퉁이가 그들을 폭도들의 눈에서 가리고 있었다. 바리케이드에서 끌어낸 시체가 바로 거기에 무시무시한 더미를 이루고 있었다.

그 시체더미 한복판에서 창백한 얼굴에 흐트러진 머리, 구멍이 뚫린 손과 반쯤 드러난 여인의 가슴이 보였다. 에뽀닌느였다.

자베르는 여자의 시체를 곁눈으로 자세히 살펴보더니 매우 침착하게 작은 목소리로 중얼거렸다.

"낯익은 계집애로군."

그러고 나서 그는 장 발장 쪽으로 몸을 돌렸다.

장 발장은 권총을 겨드랑이에 끼고, 시선을 똑바로 자베르에게 쏟았다.

"자베르, 나요."

자베르는 대답했다.

"복수해라."

장 발장은 안주머니에서 나이프를 꺼내어 그것을 폈다.

"단도로군!" 하고 자베르는 외쳤다. "하긴, 그게 자네한테 어울리는군."

장 발장은 자베르의 목에 걸려 있는 십자로 묶인 밧줄을 자르고, 다음에는 손목에 걸려 있는 밧줄을 끊고, 그리고 몸을 구부려 발을 묶은 가느다란 줄을 끊었다. 그리고 몸을 일으키면서 말했다.

"당신은 자유요."

자베르는 쉽게 놀라지 않았다. 그러나 충분히 자제하고 있었음에도 불구하고 충격을 누를 수가 없었다. 그는 어리둥절해서 입을 벌린 채 움직이지 않고 서 있었다.

장 발장은 말을 계속했다.

"나는 여기서 빠져나갈 수 있으리라고 생각지 않소. 그러나 만일 빠져나갈 수 있다면, 나는 포슐르방이라는 이름으로 롬므 아르메 거리 7번지에 살고 있겠소."

자베르는 입을 약간 벌리고 호랑이처럼 얼굴을 찌푸리며 입속으로 중얼거렸다.

"조심해."

"가시오" 하고 장 발장은 말했다.

자베르가 다시 뇌까렸다.

"포슐르방이라고 했지, 롬므 아르메 거리의?"

"7번지요."

자베르는 낮은 목소리로 되풀이했다.

"7번지."

자베르는 자기의 윗도리 단추를 끼우고 양 어깨에 군인같이 힘을 주고, 뒤로 돌아서자 팔짱을 끼고, 한 손을 턱에 괴고, 그리고 시장 쪽으로 걷기 시작했다.

장 발장은 그를 눈으로 쫓았다. 대여섯 걸음을 가자 자베르는 뒤돌아보며 장 발장에게 외쳤다.

"당신은 나를 괴롭히는군. 차라리 나를 죽여 주시오."

자베르는 자신이 장 발장에게 이제 반말을 하지 않는 것을 깨닫지 못했다.

"어서 가시오" 하고 장 발장은 말했다.

자베르는 느린 걸음으로 멀어져 갔다. 잠시 뒤에 그는 프레쉐르 거리 모퉁이로 돌아갔다.

자베르가 보이지 않게 되자 장 발장은 권총을 하늘로 향하여 쏘았다. 그러고 나서 그는 바리케이드로 돌아와서 말했다.

"해치웠소."

그 사이에 이런 일이 있었다.

마리우스는 안의 일보다도 밖의 일이 더 근심이 되어서 아래층 홀의 어둠침침한 안쪽에 묶여 있던 밀정을 그때까지 주의해서 보지 않았었다.

그러나 그 밀정이 죽기 위해서 바리케이드를 타고 넘어가는 것을 밝은 대낮에 보았을 때, 그는 언젠가 본 적이 있는 얼굴이라고 여겼다. 어떤 기억이 문득 마음에 되살아났다. 마리우스는 뽕뜨와즈 거리의 경위와 그에게서 받아 자신이 이 바리케이드에서 사용하고 있는 두 자루의 권총을 생각해 냈다. 그리고 얼굴뿐만 아니라 이름도 생각해 냈다.

그러나 그 기억은 그의 온갖 상념과 마찬가지로 희미하고 혼란스러웠다. 그는 스스로 단정을 내린 것이 아니라 의문을 일으켰던 것이다. "저 사나이는 자베르라고 내게 말했던 그 경위가 아닐까?"

그 사나이를 위해서 아직 조정할 겨를은 있지 않을까? 그러나 우선 첫째로 그 사람이 분명히 자베르인지 아닌지를 알 필요가 있었다.

마리우스는 마침 바리케이드의 저편 끝에 와서 자리잡은 앙졸라에게 말을 걸었다.

"앙졸라!"

"뭔가?"

"저 사나이의 이름이 뭐지?"

"누구 말인가?"

"경찰관 말일세. 그의 이름을 아나?"

"물론, 제 입으로 말해 주었어."

"뭐야?"

"당신은 자유요."

"자베르."

마리우스는 일어섰다.

그때 권총 소리가 났다. 장 발장이 돌아와서 외쳤다.

"해치웠소."

마리우스의 마음 속에는 검은 오한이 일었다.

죽은 자도 옳고 산 자도 잘못은 없다

바리케이드에서 임종의 고통이 드디어 시작되려 하고 있었다.

모든 것이 최후의 순간처럼 비장한 분위기를 조성하고 있었다. 하늘에 떠도는 무수한 신비로운 소리, 보이지 않는 거리거리에서 행동하기 시작한 밀집한 군대의 입김, 때때로 높아지는 기병들이 질주하는 소리, 행진하는 포병대의 무거운 진동, 빠리의 미로 안에서 교차되는 총화와 포화, 겹쳐진 지붕 위에 감도는 황금빛 전쟁의 연기, 듣는 사람으로 하여금 막연히 떨게 하는 멀리서 들려 오는 아득한 고함 소리, 곳곳에 번쩍이는 위협적인 섬광, 이제는 흐느끼는 음조를 띤 쌩 메리의 경종, 계절의 온화함, 태양과 구름으로 가득 찬 하늘의 빛, 햇빛의 아름다움, 집들의 무서운 침묵.

그도 그럴 것이 어제부터 샹브르리 거리를 끼고 늘어서 있는 집들은 두 개의 장벽으로 바뀌어져 있었던 것이다. 현관문은 닫히고 창문도 닫히고 덧문까지도 닫혀 있었다.

현대와 지극히 판이했던 그 당시, 너무 오랫동안 계속된 상태나 군주가 제정한 헌법이나 법치국이란 미명을 민중이 내팽개치려고 희망하는 시기가 올 때, 만인의 분노가 공기 중에 퍼질 때, 시가 포석을 벗기기를 동의할 때, 반란이 그 암호를 중류 계급의 사람들의 귀에 소곤거리고 미소짓게 할 때, 그때 폭동의 감정에 사로잡힌 주민들은 전사의 후원자가 되고, 집들은 즉석 요새가 되는 데 협력했던 것이다. 그러나 정세가 무르익지 않았던 때에는, 반란이 결정적인 동의를 얻지 못했던 때에는, 군중들이 행동하기를 거부할 때에는, 전투원들은 버림받고 도시는 반항의 주위에서 사막으로 바뀌고, 사람들의 마음은 냉정해지고, 피난할 곳은 닫히고, 거리는 바리케이드를 점령하는 군대를 돕기 위해서 차단되는 것이었다.

민중은 아무리 강요한다 해도 그들이 바라는 것 이상 빨리 전진시킬 수는 없다. 민중을 강제적으로 움직이려는 자에게 재난 있으라! 민중을 조종할 수는 없다. 그러므로 억지로 강요하면 민중은 반란을 방치해버린다. 폭도들을 페스트 환자처럼 보게 되는 것이다. 민가는 절벽이 되고, 대문은 거절을 의미하고, 눈 앞에는 벽만 보일 것이다. 그 벽은 보고 듣지만 스스로 원하지는 않는다. 그래도 약간 열려서 폭도들을 구할 것인가? 아니다. 그것은 심판자인 것이다. 폭도들을 지켜보고, 폭도들을 심판한다.

그 굳게 닫힌 집들은 그야말로 음산했다. 그것은 죽은 듯이 보이지만 사실은 살아 있다. 생명은 거기서 끊겨 있는 것 같지만 사실은 그곳에 뿌리를 뻗고 있다. 24시간 동안 그곳에서 아무도 나오지 않았지만 어느 집에도 있을 사람은 다 있다. 그 바윗돌 같이 조용해진 집 안에서 사람들은 왔다갔다하고 자고 일어나고 한다. 그곳에는 가정이 있다. 그곳에서 사람들은 마시고 먹고 한다. 그러나 공포에 대해서만큼은 그들도 전전긍긍한다. 이 공포심이 폭도들에 대한 그들의 싸늘한 무관심을 덮어주는 역할을 하는 것이다. 공포에 놀라움이 섞여 있는 것도 이해해 주어야 한다. 때로는 현실에서 보았던 것처럼, 공포는 정열로 변하는 일이 있다. 조심성이 분노로 변할 수 있듯 공포는 격정으로 변할 수 있다. 그래서 '온건한 과격파'라는 의미심장한 말이 생겨난 것이다. 불길한 연기처럼 노여움을 뿜어내는 더없는 공포의 불길이 있다. '그들은 무엇을 바라는 것인가? 그들은 결코 만족을 모른다. 그들은 평화로운 사람들까지 끌어넣으려 한다. 아직도 혁명이 모자란다는 듯이. 그들은 무엇을 하려고 여기에 왔는가? 맘대로 해보라지. 종말은 어떻든 정해져 있다, 안됐지만 하는 수 없다. 자기들 탓이지. 자업자득이다. 될대로 되는 거야. 우리에겐 아무런 상관도 없다. 이 거리도 총알 세례를 받겠지. 저들은 무뢰배들이다. 아무튼 문은 열어 주지 말아야겠다.'

이렇게 말하고 인가는 무덤과 같은 표정을 띤다. 폭도는 그 문 앞에서 죽음의 고통을 맛본다. 산탄이나 뽑아든 군도가 다가오는 것을 본다. 고함을 치면 사람들은 듣고 있지만 도우러 오지는 않을 것이다. 그곳에 보호해 줄 벽이 있다. 그곳에 구해 줄 사람들이 있다. 그 벽은 인간의 귀를 가지고 있는데도 사람들은 돌 같은 마음밖에 없다.

누구를 책망하랴?

아무도 탓해서는 안된다. 모든 사람들을 탓해야 하는 것이다.

우리들이 살고 있는 이 불완전한 시대를 탓해야 한다.

유토피아가 반란으로 바뀌고, 철학적 항의가 무장 항의가 되고, 미네르바가 팔라스로 변하는 것은 (미네르바는 시의 신이고, 팔라스는 전쟁의 신. 둘 다 여신임) 항상 자신을 위험에 내놓는 일이다. 참지 못하고 폭동으로 화하는 유토피아는 무엇이 자신을 기다리고 있는 운명인지 스스로 잘 알고 있다. 대개 유토피아란 너무 일찍 앞을 내달리는 것이다. 그래서 체념해 버리고, 조용히 승리 대신 파국을 과감하게 받아들인다. 오히려 변호까지 하면서, 자신을 부인하는 자들을 원망하지 않고 그들에게 봉사한다. 관대하게도 버림받는다는 데에 동의한다. 그것은 장해에 대해서는 고집스럽고, 망은에 대해서는 아주 유순하다.

그것은 과연 망은일까?

그렇다, 인류라는 견지에서 말하자면.

그러나 개인의 견지에서라면 그렇지 않다.

진보란 인간의 양식이다. 인류 일반의 생명을 '진보'라고 부른다. 인류의 집단적인 걸음을 '진보'라고 부른다. 진보는 전진한다. 진보는 천국적인 것, 신적인 것을 향하여 인간의 지상에서 대여행을 한다. 그러나 진보는 낙오자를 기다리기 위해서 이따금 걸음을 멈춘다. 돌연 휘황한 가나안의 땅을 눈앞에 두고 명상에 잠기기 위한 휴식처를 가지고 있다. 잠자기 위한 밤도 가지고 있다. 인간의 영혼을 에워싼 어두운 그림자를 보고 잠자고 있는 진보를 암흑 속에서 찾으면서 각성시키지 못한다는 것은 사상가의 뼈저린 아픈 마음의 하나이다.

"신은 틀림없이 죽고 말았다" 하고 어느 날 제라르 드 네르발은 나에게 말했다. 그러나 그것은 진보를 신과 혼동하고, 운동의 중단을 '존재'의 죽음으로 착각하고 한 말이다.

절망하는 자는 옳지 못하다. 진보는 반드시 눈을 뜬다. 또, 진보는 잠자고 있는 동안에도 성장한 것을 본 이상 역시 전진했다고 할 수 있을 것이다. 진보가 다시금 일어선 것을 볼 때 언제나 전보다 높아져 있는 것을 알 수 있다. 항상 평온을 유지한다는 것은 강이 스스로 어쩔 수 없는 것처럼 진보도 마찬가지이다. 그러므로 둑을 쌓아서는 안되고 바위나 돌을 던져서도 안된다. 장애물은 물에 거품을 일으키고, 인류를 들끓게 한다. 거기에서 혼란이 생긴다. 그러나 그 혼란이 지나면 다소 전진한 것을 볼 수 있다. 일반적 평화인 질서가 확립될 때까지는, 조화와 통일이 지배할 때까지는 진보는 혁명을 과정으로 삼을 것이다.

그럼 '진보'란 무엇인가? 그 대답은 조금 전에 말했다. 민중의 영원한 생명이다.

그런데 개인의 일시적 생명이 인류의 영원한 생명에 상반되는 일이 이따금 일어난다.

솔직히 말한다면, 개인은 각기 다른 이해(利害)를 가지고 있으며, 그 때문에 서로 약속을 하고, 그것을 지키지 않는다 해도 반역죄는 되지 않는다. 현재란 허용되는 만큼의 이기심을 가지고 있다. 일시적인 생명도 그 나름대로 권리를 가지고 있어서 항상 미래를 위하여 희생될 의무는 없다. 현재 지상을 통과할 차례가 된 세대는, 머지않아 차례가 올 다른 세대, 요컨대 자신과 동등한 여러 세대를 위하여 자신의 통과 기간을 단축시킬 필요는 없다.

'모든 사람'이라고 불리는 어떤 사람이 말한다. '나는 존재한다. 나는 젊고 사랑을 하고 있다. 나는 늙었고 휴식을 바라고 있다. 나는 한 집안의 아버지이고 일하고 번창하고 사업도 성공하고 있다. 집을 세주고 돈을 국가에 예금하고 있고, 행복하고, 아내와 자식이 있고, 그 모든 것을 사랑하고 살아가기를 바라고 있다. 나를 가만히 놓아 다오.' 이런 심정에서 어느 경우에는 인류의 고결한 전위(前衛)에 대한 깊은 냉담이 생겨나는 것이다.

그리고 또 드높은 이상은 전투적인 자세로 나오면 그 빛나는 영역을 떠나 버린다는 것을 인정하자. 내일의 진리인 유토피아는 전투라는 방법을 어제의 허위에서 빌려온다. 미래인 유토피아는 그렇게 되면 과거처럼 행동한다. 순수 이념인 유토피아는 폭력행위가 되어버리고 만다. 유토피아는 그 영웅주의에 폭력을 끌어넣어 스스로 그 책임을 져야 한다. 그것은 편승적인 폭력, 방편으로서 폭력, 주의에 배반한 폭력으로 유토피아는 벌을 피할 수가 없다. 유토피아에서 반란은 낡은 병법으로 전쟁한다. 밀정을 총살하고 배신자를 처형하고 산 사람들을 잡아서 미지의 암흑 속에 던져 버린다. 죽음을 이용하는 것이다. 그것은 심각한 문제다. 유토피아는 이미 불가항력적이고 항구적인 힘인 광명을 믿고 있지 않는 것 같다. 그것은 칼로 사람을 마구 벤다. 그러나 어떠한 칼날도 그렇게 단순한 것은 아니다. 모든 칼은 양쪽에 날이 있다. 한쪽 칼날로 남을 상하게 하는 자는, 다른 쪽 칼날로 자기 자신에게 상처입힌다.
 이러한 조건을 붙여서, 더욱이 엄중하게 붙이고도, 미래의 명예로운 전사들을, 유토피아의 사제들을, 그들의 성공 여부에 관계없이 찬미하지 않을 수 없다. 그들은 비록 실패할 경우라도 존경해야 한다. 아니, 그들이 보다 더한 존엄성을 띠는 것은 성공하지 못하는 경우인 것이다. 승리가 진보의 방향에 따를 때에는 민중의 갈채를 받을 가치가 있다. 그러나 영웅적인 패배는 민중의 감동을 일으킬 가치가 있다. 전자는 장대하고 후자는 숭고하다. 성공보다는 순교를 더 사랑하는 우리에게는 존 브라운(1859년에 처형된 미국의 노예 해방 운동가)은 워싱턴보다 더욱 위대하고, 피자카네(Carlo Pisacane, 1818년~1859년, 나폴리 왕국 원정에서 죽은 이탈리아의 애국자)는 가리발디보다 위대하다.
 누군가는 패자의 편을 들어 줄 필요가 있다.
 미래를 계획하는 위대한 사람들이 실패할 때, 사람들은 흔히 그들을 부당하게 취급한다.
 사람들은 혁명가들이 공포의 씨를 뿌렸다고 비난한다. 틀림없이 바리케이드는 범죄계획처럼 보인다. 사람들은 그들의 이론을 규탄하고, 그들의 목적을 의심하고, 그들의 속셈을 두려워하고, 그들의 양심을 비난한다. 현재의 사회 현실에 대하여 비참과 고통과 부정과 비탄과 절망을 쌓아올리고, 밑바닥에서 암흑의 덩어리를 끌어내어 거기에 총구멍을 만들어서 싸운다고 비난한다. 사람들은 그들에게 외친다. "너희들은 지옥의 포석을 벗기고 있다!" 그러나 그들은 이렇게 대답할 수 있을 것이다.
 "우리의 바리케이드가 선의로 만들어져 있기 때문이다(지옥의 포석은 선의로 만들어져 있다는 속담이 있어서 선행을 하려고 생각만 하고 실행하지 않으면 아무 소용 없다는 뜻을 가짐)."
 최선의 방법은 물론 평화로운 해결이다. 요컨대 포석을 보면 곰을 연상하게 되며(라퐁텐의 옛 이야기에 의하여 '곰의 포석'이라는 말은 선의가 있어도 수단이 나쁘면 위험하다는 뜻으로 쓴다), 어떤 선의는 오히려 사회를 불안하게 한다는 것을 인정하지 않을 수 없다. 그러나 사회의 구제는 사회 자신에 달려 있다. 우리가 호소하는 것은 사회 자신의 선의인 것이다. 난폭한 치료가 필요한 것은 아니다. 폐단을 연구하고, 확인하고, 그것을 시정하는 일, 우리가 사회에 권하는 것은 바로 이것이다.
 어떻든간에 비록 쓰러지더라도, 아니 쓰러짐으로 인해 더욱 세계 곳곳에서는 프랑스에 눈길을 떼지 않는 것이요, 굴하지 않는 이상을 갖고 위대한 사업을 위해 투쟁하는 그들은 더욱 숭고하다. 그들은 진보를 위한 순수한 선물로서 자신의 생명을 바친다. 그들은 신의 의지를 실현하고 종교적 행위를 수행한다. 일정한 시기가 오면, 대사를 주고받는 배우와 같은 사심 없는 태도로 신이 꾸며놓은 시나리오대로 그들은 무덤 속으로 들어간다. 그들은 희망없는 투쟁과 금욕을 통한 일신의 소멸을 받아들인다. 1789년 7월 14일에 불가항력적으로 시작된 장대한 인류의 운동을 찬란한 최상의 보편적인 결과로 이끌어 오기 위해서 그들 전사들은 사제이며, 프랑스 대혁명은 신의 몸짓인 것이다.

그밖에 다른 장에서 지적한 여러 가지 구별에 다음의 구별을 덧붙이는 것이 마땅할 것이다. 즉, 혁명이라고 불리는 시인된 반란과 폭동이라고 불리는 부인된 혁명이 있다는 것이다. 폭발한 반란, 그것은 민중 앞에서 시험을 받는 하나의 사상이다. 만약 인민이 검은 공(반대를 뜻한다)을 던지면 그 사상은 버려진 꽃이 되고, 반란은 무모한 짓이 되고 만다.

요청이 있을 때마다 일일이 대답하고, 또 유토피아가 그것을 원할 때마다 전쟁 상태로 들어간다는 것은 민중이 하는 짓이 아니다. 어떠한 국민도 항상 영웅이나 순교자의 기질을 지니고 있다고는 할 수 없다.

국민은 실리적이다. 선천적으로 반란을 싫어한다. 그 이유는 첫째, 반란은 파멸을 가져오기 때문이며 둘째, 반란은 항상 하나의 추상적인 개념을 출발점으로 하기 때문이다.

아름다운 일이지만 자신을 바치는 사람들은 항상 이상을 위해서, 다만 이상을 위해서만 자기를 바치기 때문이다. 반란은 하나의 열광이다. 열광이 분노로 치달을 때가 있다. 때문에 무기를 들게 되는 것이다. 그러나 하나의 정부이든 제도이든간에 총부리를 겨누게 되는 반란은 좀 더 높은 곳을 목표로 하고 있다. 이를테면 1832년의 반란의 지도자들, 특히 샹브르리 거리의 젊은 열광자들의 목표는 반드시 루이 필립은 아니었다.

솔직히 말해서 대개의 사람들은, 왕정과 혁명의 중간 존재인 이 왕의 자격을 인정하고 있었던 것이며, 아무도 그를 미워하지 않았다. 그러나 그들은 일찍이 샤를르 10세가 대표하는 부르봉 종가를 공격했듯이 루이 필립이 대표하는 부르봉 분가(分家)를 공격했다. 그리고 그들이 프랑스에 있는 왕권을 전복시켜 뒤엎으려 한 것은 앞서 말했듯이, 일부 인간에 의한 '모든 인간의 권리'의 박탈과, 일부 특권에 의한 '전세계의 권리'의 박탈이었다.

왕이 없는 빠리는 그 반동으로 전제자 없는 세계를 낳는다. 그들은 그렇게 추론했던 것이다. 그들의 목적은 물론 원대하고 대개는 모호했고 인간의 노력으로 쉽게 이루어질 수 없는 것이었다. 그러나 그것은 위대한 목적이었다.
 바로 그렇다. 그리고 사람들은 그와 같은 환상에 몸을 바친다. 그와 같은 환상은 희생자들에게는 항상 환각으로 끝난다. 그러나 모든 인간적 확신이 섞인 환각인 것이다. 폭도는 반란을 싯적인 것으로 미화하고 금빛으로 빛나게 한다. 그는 자신이 하고자 하는 일에 도취되어 그 비극적인 일에 몸을 던진다. 누가 알겠는가? 성공할지도 모른다. 이쪽은 소수이고 모든 군대를 적으로 삼고 있다. 그러나 이쪽은 권리를, 자연 법칙을, 굽힐 수 없는 각자의 주권을, 정의를, 진리를 지키는 것이며, 필요하다면 300명의 스파르타인처럼 죽을 것이다. 그들은 돈키호테를 꿈꾸는 것이 아니라 레오니다스를 꿈꾸고 있다. 그들은 전진하고, 일단 싸움을 시작하면 물러서지 않고 전대미문의 승리를, 완성된 혁명을, 자유로워진 진보를, 인류의 성장을, 세계의 해방을 희망으로 삼고 머리를 숙이고 돌진한다. 그리고 최악의 경우에는 테르모필라이 (Thermopylai, 페르시아 전쟁 중 스파르타의 왕 및 병사 3000인이 이곳에서 전멸함)에 불과한 것이다.
 이러한 진보를 위한 투쟁은 종종 실패하게 되는데 그 이유는, 군중들은 모험 기사(騎士―돈끼호테와 같은)의 유도에 따르지 않기 때문이다. 둔하고 굼뜬 무리, 무수한 대중들은 스스로의 무게 때문에 깨어지기 쉽고 또 모험을 두려워한다. 더욱이 이상 속에는 다소의 모험이 숨어 있다.
 게다가 잊어서는 안될 것은 이해관계가 얽히는 것이다. 이해관계에 이상이나 감상은 쉽게 화합되지 않는다. 이따금 위장은 심장을 마비시키는 것이다.
 프랑스의 위대함과 아름다움은 다른 국민만큼 배고픔을 크게 개의치 않는 점에 있다. 필요하다면 프랑스는 기꺼이 자기의 허리를 졸라 매리라. 제일 먼저 눈을 뜨고 맨 나중에 잠든다. 그리고 전진한다. 프랑스는 탐구자인 것이다.
 그것은 프랑스가 예술가라는 데 기인하다.
 이상은 논리의 정점 이외에 아무것도 아니다. 마치 아름다움이 진실의 절정 이외에 아무것도 아닌 것처럼. 예술가인 국민은 또 합리적인 국민이기도 하다. 미를 사랑하고, 광명을 소망한다. 그러니까 유럽의 횃불, 즉 문명의 횃불은 우선 그리스에 의해서 들어올려졌고, 그리스는 그것을 이탈리아에 전하고, 이탈리아는 그것을 프랑스에 넘겼다. 빛을 높이 드는 신성한 민중들이여! '그들은 생명의 등불을 전한다'^(라틴어 류크레
티우스의 시구).

　민중의 시가 진보의 요소가 되는 점은 찬양해 마땅하리라. 문화의 양은 상상력의 양으로 측정할 수 있다. 하지만 문화의 보급인인 민중은 강건해야만 한다. 코린토스는 거기에 해당되지만 시바리스^(유약하기로 유명한
고대 그리스의 도시)는 그렇지 못하다. 유약한 자는 퇴화한다. 취미적이 되어서도 프로가 되어서도 안 된다. 다만 예술가여야 한다. 문명에 대해서는 세련을 위주로 해서는 안 되고, 순화시켜야 한다. 이런 조건 밑에서 이상의 모형이 인류에게 주어지는 것이다.

　근대의 이상은 그 양식이 예술에 있으며 그 방법은 과학에 있다. 시인들의 장엄한 환상, 즉 사회의 아름다움이 실현되는 것은 과학에 의해서이다. 사람은 A+B에 의해서만 에덴 동산을 재건할 것이다. 문명이 도달해 있는 현지점에서는, 정확이란 것은 휘황한 빛의 필요 요소이며, 예술적 감정은 과학적인 기능, 또는 조작에 의하여 도움을 받을 뿐 아니라 보충되고 채워진다. 꿈도 계산의 힘을 띠지 않으면 안된다. 예술은 정복자이지만, 그것은 과학이라는 보행자를 의지하지 않으면 안 된다. 중요한 것은 토대가 단단해야 한다는 것이다. 근대 정신은 인도의 천재를 마차로 여기는 그리스의 천재, 코끼리 위에 앉은 알렉산더인 것이다.

　독단적 신앙 속에서 굳어져 버리거나, 이득 때문에 타락한 종족은 문화를 선구할 자격이 없다. 우상이나 금전 앞에 무릎을 꿇는 것은, 걷기 위한 근육과 전진의 의지를 위축시킨다. 제사의 의식, 또는 상업에 전념하는 것은 민중의 빛을 약화시키고 그 수준을 낮추면서 그 시계(視界)를 낮추고, 보편적인 목적에 대한 인간적인 동시에 신적인 지혜를, 여러 국민을 전도사로 만드는 지혜를 빼앗아 간다. 바빌론은 이상이 없다. 카르타고는 이상을 갖지 않았다. 아테네와 로마는 수세기 동안의 암흑 시대를 거쳤는데도 아직도 문명의 후광을 지니고 그것을 보존하고 있다.

　프랑스는 그리스와 로마와 동질의 민중이다. 프랑스는 아름다운 점에서 아테네적이며, 위대한 점에서 로마적이다. 게다가 프랑스는 선량하다. 프랑스는 헌신적이다. 다른 민중보다도 더 자주 헌신과 희생적인 마음을 갖는다. 다만 그 마음은 프랑스를 사로잡다가 추락했다 한다. 바로 이런 점이 프랑스가 걸어가려고만 할 때 달리려는 사람들이나, 멈춰 서려 할 때 걸으려는 사람들에게는 커다란 위험인 것이다. 프랑스는 이따금 유물주의에 떨어진다. 어떤 순간에는 특정한 사상이 프랑스의 저 숭고한 두뇌를 막아 버리고, 프랑스의 위대함을 상기시키는 것이라곤 아무것도 없고 기껏해야 그 사상의 척도가 미주리 주나 남캐롤라이나 주 정도밖에 안 될 때가 있다. 무엇을 하겠다는 건가? 거인이 난쟁이의 역할을 하려는 것이다. 광대한 프랑스가 일시적인 재미로 왜소화하고 있는 것이다.

거기에 대해서는 할 말이 없다. 모든 국민들은 천체의 일식(日蝕)과도 같이 빛을 잃을 권리가 있다. 모든 것은 정당하다. 다만 빛이 되돌아오기만 하면, 그리고 일식이 밤으로 바뀌어 버리지만 않는다면 말이다. 여명과 재생은 같은 뜻의 낱말이다. 빛의 재현이란 자아의 영속과 같은 것이다.

이와 같은 사실을 냉정하게 인정하자. 바리케이드에서 목숨을 잃거나, 망명지에서 죽는 것은 시대에 따라 가끔 헌신으로 치하된다. 헌신의 참다운 이름은 공평 무사함이다. 버림받은 자는 버림받게 두라. 망명한 자는 망명해 있으라. 우리는 다만 위대한 모든 민중이 물러갈 때, 너무 멀리 물러나지 않기만을 바라자. 성으로 돌아올 수 있다는 것을 구실로 너무 깊이 내려가서는 안 된다.

물질은 존재하고, 순간도 존재하고, 이해관계도 존재하고 배(腹)도 존재한다. 그러나 배가 유일한 지혜여서는 안된다. 일시적인 생명에도 권리가 있음을 인정하나 영원한 생명도 권리를 가지고 있다. 그러나 아아! 높은 곳에 올라가 있다고 하여 떨어지지 않는다는 보장은 없다. 그 실례는 역사상으로 의외일 만큼 자주 볼 수 있다. 어느 국민이 탁월하다고 하자. 그래서 이상의 맛을 안다고 치자. 그러나 다음에는 진흙을 씹고 그 맛을 좋다고 한다. 그리고 어째서 소크라테스를 버리고 폴스태프를 취하게 되었는가 하고 물으면, 그 국민은 대답한다. "정치가가 좋기 때문이다"라고.

이야기를 혼전으로 돌리기 전에 한 마디 더 해두고 싶다.

지금 여기서 말하고 있는 것 같은 전투는 이상을 향해 나아가려는 하나의 경련에 불과하다. 속박된 진보는 병약하고, 곧잘 그와 같은 비극적인 발작을 일으킨다. 이 진보의 질병, 내란을, 우리는 도중에서 맞부딪쳐야만 했다. 이것은 사회적으로 단죄된 한 인간을 축으로 하고 '진보'를 참다운 표제로 하는 이 비극의 필연적인 단계, 막중이기도 하고 막간이기도 한 단계의 하나인 것이다.

"진보!"

우리가 흔히 지르는 이 외침이야말로 우리들의 모든 사상인 것이다. 그리고 여기까지 이른 이야기에 있어 진보가 내포하고 있는 이념이 아직도 많은 시련을 겪지 않으면 안된다. 혹 베일을 들어올리지 못한다 해도 적어도 그 섬광을 분명히 투시해 낼 것만은 아마 허용될 것이다.

독자가 지금 눈앞에 펴놓고 있는 책은 처음부터 끝까지 전체적으로나 세부적으로, 문제나 예외나 결함이 있다곤 해도, 모든 악에서 선으로, 부정에서 정의로, 허위에서 진실로, 밤에서 낮으로, 욕망에서 양심으로, 부패에서 생명으로, 야수성에서 의무로, 지옥에서 천국으로, 허무에서 신으로의 전진인 것이다. 출발점은 물질이며 도달점은 영혼이다. 휘드라로 시작하여 천사로 끝나는 것이다.

용감한 사람들

느닷없이 돌격의 북이 울렸다.

공격은 태풍과도 같았다. 전날 밤은 어둠에 섞여 뱀처럼 살그머니 바리케이드에 접근했었다. 그러나 지금 대낮에, 바리케이드 입구의 넓은 거리에서의 기습은 전혀 불가능했다. 게다가 강대한 무력은 정체를 드러내고 대포는 으르렁대기 시작했다. 군대는 정면에서 바리케이드로 돌진했다. 병사들의 미친 듯한 분노가 바야흐로 교묘하게 이용되고 있었다. 강력한 제일선 보병의 한 종대가 일정한 간격으로 국민군과 시민병이 섞여, 모습은 보이지 않으나 발소리가 들리는 대집단을 원군삼아, 달음박질로 거리 한복판에 진출하여 북을 치고 나팔을 불면서 총검을 들이대고, 공병들을 앞세우고 총알이 쏟아지는데 꿈쩍도 않고, 청동으로 만든 대들보가 덮치는 듯한 무게로 곧장 바리케이드로 다가왔다.

장벽은 단단히 견디어냈다.

폭도들은 맹렬히 발포했다. 적이 기어오르는 바리케이드는 번갯불의 갈기머리를 풀어헤친 것 같았다. 돌격이 너무도 치열한 나머지 바리케이드는 한때 공격군으로 파묻혔을 정도였다. 그러나 바리케이드는 사자가 개들을 흔들어 떨쳐버리듯 병사들을 떨쳐버리고, 마치 낭떠러지가 거품 이는 바닷물에 뒤덮이듯 공격군으로 눈깜짝할 사이에 뒤덮였으나 잠시 후 다시 가파르고 시커멓게 무시무시한 모습을 드러냈다.

물러날 도리밖에 없는 종대는 길 위에 밀집한 채 포화를 무릅쓰고 무서운 힘을 떨치며 맹렬한 일제 사격으로 각면보에 응전했다. 불꽃을 본 일이 있는 사람이라면 화약을 십자로 엮어서 만든 부케(꽃다발)라고 부르는, 제일 마지막에 쏘아 올리는 큰 조명탄을 기억할 것이다. 그 부케가 수직으로가 아니라 수평으로 발사되어 치솟아 오르는 각각의 불꽃 끝에 총탄이나 소총탄이나 산탄을 달아, 천둥 같은 소리와 함께 터지는 그 불꽃송이에서 죽음을 흩뿌리는 광경을 상상해 주기 바란다. 바리케이드는 그런 부케 아래 있었다.

양쪽의 결의는 똑같았다. 그 용기는 거의 야만적이었고 자기 희생에서 시작하여 차츰 강해지는 일종의 영웅적인 잔인성을 띠고 있었다. 국민병이 알제리아 보병처럼 용감하게 싸우는 시대였다. 군대는 일거에 적을 격멸하려 했고, 반란군측은 끝까지 싸우려 했다. 청춘과 건강이 한창인 때에, 죽음의 고통을 감수하는 그 대담성은 용감성을 열광으로 변형시킨다. 그러한 혼전 속에서 각자는 서로 다투어 그 최후를 위대하게 했다. 거리는 시체로 겹겹이 뒤덮였다.

바리케이드의 한 끝에는 앙졸라가, 다른 쪽 끝에는 마리우스가 있었다. 온 바리케이드를 그의 두뇌 속에 짊어지고 있는 앙졸라는 신중히 몸을 도사리고 숨어 있었다. 그가 있는 것을 깨닫지 못한 세 명의 병사가 차례차례 그의 총구멍 밑에서 쓰러져 갔다. 마리우스는 포탄을 무릅쓰고 싸우고 있었다. 그는 적의 목표가 되어 있었다. 각면보 꼭대기에서 상반신을 내놓고 있었다. 감정을 제멋대로 터뜨리는 수전노만큼 심한 낭비를 하는 사람은 없고, 몽상가만큼 실행에 있어 과격한 사람은 없다. 마리우스는 격렬하면서도 생각에 잠긴 듯했다. 그는 꿈속에 있는 듯한 마음으로 전투 속에 있었다. 마치 망령이 총을 쏘고 있는 듯했다.

방어군의 탄약은 바닥이 드러나고 있었다. 그러나 그들의 풍자는 끝나지 않았다. 그 무덤의 회오리 속에서도 그들은 웃고 있었다. 꾸르페락은 모자를 쓰고 있지 않았다.

"모자는 어쨌나?" 하고 보쒸에가 그에게 물었다.

돌격은 차례차례로 일어났다.

꾸르페락은 대답했다.
"놈들이 포탄으로 날려 버렸지."
또 그들은 큰소리로 외치고 있었다.
"어찌된 셈이야?" 하고 푀이는 씁쓰름하게 외쳤다
"저놈들은(그리고 그는 몇 사람의 이름을, 잘 알려진, 저명하기까지 한 이름을 들고, 옛 군대의 몇 사람인가 이름도 들었다) 우리 편에 끼겠다고 약속하고, 우리를 돕겠다고 맹세하고, 이미 명예를 걸기까지 하고, 더욱이 우리들의 장군이어야 할 사람들이 우리를 저버리다니!"
그러나 꽁브페르는 침착한 미소를 띠고 다만 이렇게 대답했다.
"세상에는 명예의 법칙을 별을 바라보듯 먼 곳에서 관측하는 놈들도 있으니까."
바리케이드의 내부는 마치 눈이라도 내린 듯 파열된 탄피가 수두룩히 흩어져 있었다.
공격군은 수적으로 우세했고, 폭도측은 지형적으로 우세했다. 폭도들은 장벽 위에서 사상자나 부상자에 걸려 가파른 경사면에 달라붙어 있는 병사들을 겨누어 쏘았다. 이 바리케이드는 만든 방법이라든가 지탱하는 힘이 매우 훌륭해서 한 줌의 인원으로 1군단을 막아내기에 충분한 여건을 갖춘 진지였다. 그러나 공격 부대는 비오듯 하는 총탄 밑에서 끊임없이 새로운 병력을 보강하면서 바야흐로 조금씩 한 걸음 한 걸음, 그러나 확실하게, 압축기를 죄는 나사처럼, 바리케이드를 죄어 갔다.
돌격은 차례차례로 일어났다. 위험은 더욱 심해 갔다.
그때 그 포석 위에서, 그 샹브르리 거리에서, 마치 트로이의 성벽에서와 흡사한 싸움이 터졌다. 수척하고 누더기를 걸치고 지친 그들, 24시간 동안 먹은 것이 없고, 자지 않고, 이제는 몇 발의 총알밖에 없고, 주머니를 뒤져도 탄약은 없고 거의 전원은 부상을 입었고, 머리며 팔을 더럽고 시커먼 헝겊으로 동여매고, 옷에는 구멍이 뚫려 피가 흐르고, 얼마 되지 않는 형편없는 총과 낡고 이가 빠진 군도로 무장한 그들은 타이탄족(그리스 신화의 거인족)처럼 거대하게 변한 것이다. 바리케이드는 적들이 열 번이나 접근해 습격하였고, 기어올라 왔지만 결코 점령되지는 않았다.
그 전투를 상상하려면, 무서운 용기의 더미에 불붙여진 타오르는 불길을

싸움이 아니라 도가니 속이었다.

바라본다고 생각하면 좋을 것이다. 그것은 싸움이 아니라 도가니 속이었다. 사람들의 입은 불길을 호흡하고 얼굴들은 해괴해졌고, 인간의 모습은 조금도 가지고 있지 않았을 만큼 전사들은 장렬하게 타오르고 있었다. 붉은 연기 속에 그러한 백병전의 살라만드라(전설 중의, 불에서 사는 큰 도마뱀)가 왔다갔다하는 것을 보기란 참으로 무서운 광경이었다. 그 장렬한 살육이 연이어 각처에서 일어나는 광경을 여기에 그리는 것은 삼가기로 하겠다. 서사시만이 하나의 전투를 가지고 1만2천 행의 시구를 채울 (호메로스의 서사시 《일리아스》를 가리킴) 권리가 있다.

 마치 저 17개의 나락 중에서도 가장 무서운,《베다》가운데 '칼의 숲'이라고 불리는 브라만교의 지옥과 같았다.

 그들은 적을 서로 육박해서 권총으로 군도로 혹은 주먹으로, 멀리서나 가까이에서, 위에서나 아래에서, 사면 팔방에서, 지붕에서, 주점 창문에서, 또 어떤 사람은 지하실 환기창에서 싸웠다. 일 대 육십의 싸움이었다.

 꼬랭뜨의 정면은 절반이나 파괴되어 보기에도 흉했다. 창문은 산탄을 맞아서 유리도 창틀도 없어지고, 이미 형태가 일그러진 구멍, 포석으로 엉망이 된 막힌 구멍에 지나지 않았다. 보쒸에가 죽었다. 푀이도 죽었다. 꾸르페락도 죽었다. 졸리도 죽었다. 꽁브페르는 부상한 한 병사를 끌어 일으키려는 순간, 세 자루의 총검으로 가슴을 찔려 하늘을 올려다보는가 싶더니 숨을 거두었다.

 마리우스는 여전히 싸우고 있었으나 온몸이 상처투성이가 되고, 특히 머리를 심하게 다쳐서 얼굴은 피로 보이지 않게 되어 마치 붉은 손수건으로 얼굴을 덮은 것처럼 보였다.

 앙졸라만이 아무 데도 상처를 입지 않았다. 무기를 잃은 그가 좌우로 손을 뻗치자 한 폭도가 그의 손에 칼 조각을 쥐어 주었다. 그는 네 자루의 칼을 다 동강내고 지금 한 자루의 부러진 동강이를 들고 있었다. 마리냥 싸움에서 프랑수아 1세는 세 자루의 칼을 사용했었다지만.

 호메로스는 말한다. "디오메드는 아리스바에서 살고 있던 튜트라니스의 아들 아크실스를 찔러 죽였다. 메시튜스의 아들 에우뤼알레스는 드레소스와 오펠티오스와 에세포스, 그리고 강의 신인 아바르바레아가 나무랄 데 없는 부콜리온과 눈이 맞아 낳은 페다소스를 베어 죽였다. 오딧세우스는 페르코즈의 피페다스를 쓰러뜨리고, 안티로코스는 아블레로스를, 폴리페테스는 아스튀알로스를, 폴뤼다마스는 퀼레네의 오토스를, 테우크로스는 아레타온을 쓰러뜨렸다. 메간티오스는 에우리필로스의 창을 맞고 죽었다. 영웅들의 왕인 아가멤논은 소리 높여 흐르는 사트노이스 강변에 높이 솟은 도시에서 태어난 엘라토스를 무찔렀다."

프랑스의 옛 무훈시 가운데서는 에스플란디안(스페인의 기사 이야기의 주인공)은 불을 붙인 두 갈래 창을 가지고 거인 스반티보르 후작을 공격하고, 후작은 탑을 뿌리째 뽑아서 기사에게 내던지면서 방어한다. 프랑스의 옛 벽화에는 브르따뉴 공과 부르봉 공이 무장하고, 문장을 달고, 투구 장식을 높게 달고, 싸움터에서 말에 올라 손도끼를 들고, 무쇠 면갑(面甲)과 무쇠 장화와 무쇠 장갑을 끼고, 한쪽은 담비 모피로 만든 마구를 달고, 또 한쪽은 하늘색 헝겊 마구를 달고 서로 접근하는 모습을 그리고 있다. 브르따뉴 공은 투구의 양쪽 뿔 사이에 사자의 표시를 달고, 부르봉 공은 챙에 커다란 백합꽃을 표시한 투구를 쓰고 있다. 그러나 위엄을 갖추기 위해서는 이봉처럼 공작의 투구를 쓰거나, 에스플란디안처럼 타오르는 불을 손에 쥐거나, 폴뤼다마스의 아버지 퓔레스처럼 인간의 왕 에우페테스가 선물한 훌륭한 투구와 갑옷을 에퓌레(코린토스의 옛이름)에서 가져올 필요는 없다. 다만 하나의 신념이라든가 충절을 위해서 목숨을 내던지는 것으로 충분한 것이다. 어제까지는 보스나리무쟁 근처의 농부였으나 오늘은 총검을 옆에 차고 뤽상부르 공원의 아이 보는 여자들의 주위를 거니는 저 소박하고 귀여운 병사, 해부체(解剖體)의 조각이나 책 위에 몸을 굽히고 또 수염을 가위로 다듬고 있는 저 핼쑥한 금발의 젊은 학생, 이런 두 사람을 데려다가 의무에 대한 관념을 불어 넣어 주어 부슈라네 십자로나 플랑슈 미브레의 막다른 골목에 마주 서게 하여, 한쪽은 군기를 위해서, 한쪽은 이상을 위해서 싸우고 있다고 생각하게 한다면, 그 싸움은 굉장한 것이 될 것이다. 그처럼 인류가 고투하고 있는 서사시적인 광야에서 서로 맞붙은 병사와 의학생이 던지는 그림자는 호랑이가 득실거리는 뤼시의 왕 메가뤼온과 신과 비등한 거대한 아이아스가 맞붙었다 떨어졌다 하면서 던지는 그림자와 비슷할 것이다.

한 걸음 한 걸음

살아남은 지도자로서 바리케이드 양끝에 서 있는 앙졸라와 마리우스만이 남게 됐을 때, 꾸르페락, 졸리, 보쒸에, 푀이, 꽁브페르 들이 그토록 오랫동안 버티어 오던 중심부는 그들의 죽음과 함께 약화되었다. 대포는 솜씨 있게 돌파구를 뚫지는 못했으나 각면보의 중앙을 초승달 모양으로 꽤 넓게 파괴했다. 그 장벽의 꼭대기는 포탄에 맞아서 날아가 버렸다. 그 자리는 허물어져 버려 파편은 안쪽에, 혹은 바깥쪽에 떨어져 수북히 장벽 양쪽, 즉 내부와 외부에 두 개의 경사면을 만들었다. 바깥쪽의 경사면은 돌입하기 쉬운 경사를 이루고 있었다.

 마지막 돌격이 그곳을 목표로 시도되었다. 그리고 그 돌격은 성공했다. 총검을 나무숲처럼 세워들고 발맞추어 달음박질로 돌진해온 집단은 불가항력적인 힘으로 밀려왔다. 공격종대의 밀집된 선두는 연기 속에서 장벽 위에 모습을 나타냈다. 이번에야말로 마지막이었다. 중심부를 지키고 있던 폭도의 무리는 일시에 후퇴했다.

 그때 생명에 대한 본능적인 애착이 몇몇 사람의 마음에서 눈을 떴다. 숲처럼 늘어선 소총에 저격당하면서 몇몇 사람들은 이미 죽음을 바라지 않았다. 그것은 자기 보존의 본능이 으르렁거리며, 동물적인 면이 인간 속으로 되돌아오는 순간이었다. 그들은 각면보의 배경을 이루는 7층 건물의 높은 집에까지 쫓기고 있었다. 그 집은 그들의 구제 장소가 될 수도 있었다. 그 집은 굳게 닫혀져 마치 위에서 아래까지 벽으로 막힌 것처럼 되어 있었다. 제일선 부대가 각면보의 내부에 들어올 때까지는 한 개의 문이 열렸다가 다시 닫힐 만한 정도의 여유밖에 없었다. 그러기 위해서는 번갯불이 번쩍 하는 정도의 시간으로 충분했다. 갑자기 조금 열렸다가 다시 닫힌 그 집 문은 이 절망한 사람들에게 생명과도 같은 것이었다. 그 집 뒤로는 거리가 있어서 달아날 수도 있었고 빈터도 있었다. 그들은 부르고 고함치고, 애원하고, 손을 모아 빌면서 그 문을 총의 개머리판이나 발로 두드렸다. 그러나 아무도 열어 주지 않았다. 4층의 문에서 죽은 사람의 머리만이 그들을 내려다볼 뿐이었다.

 그러나 앙졸라와 마리우스, 그리고 그들 주위에 모여 있던 7,8 명의 동지들이 달려와서 그들을 보호했다. 앙졸라는 병사들에게 외쳤다. "가까이 오지 마라!" 그러나 한 장교가 그 말을 듣지 않았기 때문에 앙졸라는 그 장교를 죽였다. 앙졸라는 이제 보루 안의 작은 안마당에서 꼬랭뜨 집을 등지고 한 손에는 칼을, 또 한 손에는 기병총을 들고 공격군을 막으면서 주점의 문

병사들은 들어가려 하고, 폭도들은 문을 닫으려고 했다.

을 활짝 열어놓고 있었다.
 그는 절망한 사람들에게 외쳤다.
 "열려 있는 문은 여기 하나뿐이다." 그리고 그들을 자기 몸으로 막으면서, 혼자서 1개 대대에 대항하면서, 사람들을 뒤로 지나가게 했다. 전원이 그곳으로 몰려들어갔다. 앙졸라는 기병총을 지팡이처럼 휘두르며—봉술가는 그 방법을 이른바 '잎에 숨은 장미'라고 부르는데—좌우와 앞에서 몰려드는 총검을 때려치고 제일 뒤에야 들어갔다. 무서운 순간이었다. 병사들은 들어가려 하고, 폭도들은 문을 닫으려고 했다. 그 문은 하도 거칠게 닫혔기 때문에, 문이 쾅 닫힐 때 가로대에 매달려 있던 한 병사의 다섯 손가락이 절단되어 그대로 가로대에 달라붙은 것이 보였다.
 마리우스는 밖에 남겨졌다. 한 발의 총알이 쇄골에 맞았던 것이다. 그는 자신이 정신을 잃고 쓰러져 가는 것을 느꼈다. 그 순간, 이미 눈을 감고 있던 그는 억센 손이 자기를 붙잡는 것을 느끼며 기절해서 의식을 잃어가면서도, 꼬제뜨에 대한 마지막 추억과 함께 희미하게 이렇게 생각했다. '나는 포로가 될 거다. 총살당할 거다.'
 앙졸라는 주점으로 피난해 온 사람들 속에 마리우스가 보이지 않았으므로 똑같은 생각을 했다. 그러나 그들은 지금 자신의 죽음을 생각할 여유밖에 없는 절박한 순간에 놓여 있었다. 앙졸라는 문의 빗장을 지르고 문고리를 걸고 자물쇠와 맹꽁이 자물쇠를 채워 이중으로 문을 잠갔다. 그 동안에도 밖에서는 병사들이 개머리판으로, 공병들은 도끼로 무섭게 문을 두드리고 있었다. 공격군은 그 문에 몰려 있었다. 바야흐로 주점에 대한 공격이 시작되려 하고 있었다.
 병사들의 온몸이 분노에 가득 차 있었다고 해도 과언이 아니었다.
 포병 상사의 죽음이 그들을 노하게 만든데다가, 더욱 나빴던 것은 공격에 앞선 몇 시간 동안에, 폭도들은 포로의 팔다리를 잘라냈다는 둥, 주점 안에는 머리가 없는 어떤 병사의 시체가 있다는 둥의 이야기가 그들 사이에 오갔던 것이다. 이런 종류의 불길한 소문은 어떤 내란에도 으레 따라다니게 마련이어서 나중에 트랑스노냉 거리의 참극의 원인이 된 것도 그러한 터무니없는 헛소문 때문이었다.
 문이 굳게 닫히자 앙졸라가 사람들에게 말했다.

"목숨을 비싸게 팔자."

그러고 나서 그는 마뵈프와 가브로슈가 누워 있는 탁자로 다가갔다. 검은 헝겊 밑에는 굳어 버린 두 개의 형태가, 하나는 크고 하나는 작은 두 개의 얼굴이 시체의 옷자락의 차가운 주름 밑에 어렴풋하게 떠올라 있었다. 팔 하나가 홑이불 밑에서 나와 땅 쪽으로 늘어져 있었다. 그것은 노인의 팔이었다.

앙졸라는 몸을 굽히고 어제 그 이마에 키스했듯이 그 고귀한 손에 키스했다. 그것은 그가 평생에 했던 단 두 번의 키스였다.

이야기를 간추리기로 한다. 바리케이드는 테바이의 시문(市門)처럼 싸우고 주점은 사라고스의 집처럼 싸웠다. 이러한 저항은 감당할 수가 없다. 쉴 만한 병영도 없었고 군사(軍使)를 보낼 곳도 없었다. 적을 죽이는 이상 자신들도 죽기를 원하고 있었다. 쉬셰가 "항복하라" 고 하자, 팔라폭스(1809년 쉬셰에게 저항해서 사라고스를 지킨 영웅)는 대답한다. "포격전 다음에는 칼 싸움이 있지." 위슐루 주점 습격에는 빠진 것이라곤 없었다. 창문이나 지붕에서 빗발처럼 쏟아져서 무시무시한 분쇄력으로 병사들을 격노하게 한 포석, 지하실이며 고미다락에서 날아오는 총알, 격렬한 공격, 맹렬한 방어, 그리고 마지막에 문이 부서졌을 때의 살기등등한 광기의 착란. 공격군들은 부서져서 마룻바닥에 던져진 문짝에 발이 걸려 비틀거리면서 주점 안으로 밀려들어왔으나, 그곳에는 한 사람의 적도 없었다. 나선형 계단은 도끼로 절단되어서 아래층 홀 중앙에 굴러 있고, 몇몇 부상자들은 이미 숨져 있었고 목숨을 건진 자들은 모두 2층에 올라가 있었다.

그곳, 계단 입구였던 천장 채광창 구멍에서 그때 무서운 폭발이 있었다. 그것은 마지막 탄약이었다. 그 탄약이 다 없어졌을 때, 그들 무서운 빈사상태에 있는 사람들에게 화약도 탄환도 다 없어졌을 때, 앞서 이야기했듯이 앙졸라가 미리 놓아 두었던 술병을 두 개씩 손에 들고, 그 부서지기 쉬운 곤봉으로 기어올라오는 적에 대항했다. 그것은 실은 초산 병이었다. 우리는 그 살육의 참혹했던 광경을 있는 그대로 말하고 있는 것이다. 포위된 자들은 닥치는 대로 무엇이든 무기로 삼는다. 그리스의 불길(그리스인이 적의 군함을 불태우기 위해서 사용한 발화물)을 사용한 것도 아르키메데스의 명예를 손상케 하지 않았고, 끓는 역청도 바야르(16세기 프랑스의 명장)의 명예를 욕되게 하지 않았다. 무릇 전쟁은 공포이고, 그곳에서 무기 선택의 여지는 용납되지 않는다.

공격군의 일제 사격은 자유롭지 못했고 아래에서 위로 올려 쏘아야 하는 불리함에도 결사적이었다. 많은 사상자를 냈다. 천장 구멍 가장자리에는 얼마 가지 않아 죽은 사람의 머리로 둘러싸이고, 그곳에서 김이 무럭무럭 나는 붉은 피가 기다란 실처럼 흘러나왔다. 혼란은 이루 말로 다 형언할 수 없을 정도였다. 자욱하게 들어찬 화약연기가 그 전투장 위를 거의 밤처럼 어둡게 했다. 이 정도까지 달한 공포는 표현하려 해도 적당한 말을 찾을 수 없다. 급기야는 지옥으로 화한 그 전투에는 이미 인간이란 없었다. 거인과 거수의 싸움도 아니었다. 호메로스보다는 밀턴이나 단떼와 흡사했다. 악마가 공격하고 유령이 저항하고 있었다.

그것은 괴물들의 용맹이었다.

굶주린 오레스트와 술취한 필라드

마침내 짧은 사다리를 만들고 계단의 뼈대를 이용해서 벽을 기어오르고 천장에 매달려서, 천장 뚜껑 언저리에서 저항하는 마지막 남은 사람들을 분쇄하면서 약 20명의 병사와 국민병과 시민병이 뒤섞이어 대부분은 필사적으로 기어오르는 동안에 얼굴에 상처를 입어 형태가 변하고 뿜어져 나오는 피로 눈도 보이지 않게 되어 미친 듯이 격노하여 야만인처럼 되어서 2층 홀로 돌입했다.

그곳에 서 있는 사람은 단 한 사람 앙졸라뿐이었다. 탄약도 칼도 없이, 그의 손에는 쳐들어오는 적의 머리를 후려치다 부러져 나간 기총의 총신이 있을 뿐이었다. 그는 당구대를 사이에 두고 공격군들과 대치했다. 홀 구석에 물러서서 눈에 자랑스러운 빛을 띠고 고개를 젖히고 무기의 잘라진 토막을 움켜쥐고 있는 그의 모습은, 그 주위에 널따란 공간이 생긴 것만큼이나 적에게 불안감을 주었다. 어떤 사람이 외쳤다.

"저놈이 우두머리다. 저놈이 포병을 쏘아 죽였어. 저기 서 있으니 잘 됐어. 그대로 놔둬. 곧 총살해 버리자."

"그래, 쏴라!"

앙졸라는 외쳤다. 그리고 기총의 총신 토막을 내던지고 팔짱을 끼고 자기 가슴을 내밀었다.

"저놈이 우두머리다. 저놈이 포병을 쏘아 죽였어. 저기 서 있으니 잘 됐어. 그대로 놔 둬. 저 자리에서 총살해 버리자."

용감하게 죽을 수 있는 대담성은 반드시 사람을 감동시킨다. 앙졸라가 팔짱을 끼고 최후를 감수하자 홀 안 전투 소음은 일시에 멎고, 그 혼란은 조용해져서 주위는 무덤 속처럼 괴괴해졌다.

무기를 버리고 꼼짝도 하지 않고 서 있는 앙졸라의 처절한 위풍은 소요를 무겁게 내리누르고, 침착한 눈길의 위엄만으로, 다만 혼자서만 상처를 입지 않고 숭고한 모습으로 피투성이가 된 아름다운 불사신처럼 태연한 그 청년을 에워싸는 험상궂은 무리들에게, 존경하는 마음으로 그를 죽일 것을 강조하는 듯했다. 그의 아름다움은 이때에 그의 긍지로 한층 뛰어나게 빛나고 있었다. 그리고 부상당하지 않은 것과 마찬가지로 피로도 잊은 듯 공포의 24시간을 겪은 뒤인데도 그의 얼굴은 혈색 좋은 장밋빛이었다. 뒷날 군법 회의에서 "아폴론이라고 불린 폭도가 한 사람 있었다"고 말한 증인은 아마도 그를 두고 한 말일 것이다. 앙졸라를 겨누고 있던 한 국민병은 총구를 내리면서 "꽃을 총살하는 것 같군" 하고 말했다.

12명의 병사가 앙졸라와 반대쪽 구석에 일렬로 서서 말없이 총을 장전했다. 한 상사가 외쳤다.

"겨누엇."

한 장교가 막았다. "기다려!"

그리고 앙졸라에게 말을 걸었다.

"눈을 가리기를 원하는가?"

"싫소!"

"포병 상사를 죽인 것은 확실히 그댄가?"

"그렇소!"

조금 전부터 그랑떼르는 깨어나 있었다.

그랑떼르는, 독자도 기억하겠지만 어제부터 꼬랭뜨의 위층 홀에서 의자에 앉은 채로 탁자에 엎드려 자고 있었다.

그는 '죽도록 취한다'는 예로부터의 비유를 말 그대로 실현에 옮겼던 것이다. 압쌩뜨 술이 그를 혼수상태로 떨어뜨렸던 것이다. 그가 엎드려 있는 탁자는 작아서 바리케이드를 만드는 데 도움이 되지 않았으므로 그를 위해서 남겨져 있었다. 그는 줄곧 같은 자세로 탁자에 엎드려 두 팔을 베고 컵이며 술잔이며 병들 속에 묻혀 있었다. 동면중인 곰이나 피를 빨아 잔뜩 부풀어오

총소리가 울렸다.

른 거머리처럼 잠에 곯아떨어져 있었다. 소총 사격도, 포탄도, 창문으로부터 날아들어오는 산탄도, 돌격의 요란한 고함 소리도, 아랑곳하지 않았다. 다만 그는 이따금 대포 소리에 코고는 소리로 답하곤 했다. 마치 한 발의 총알이 쉽게 눈을 뜨게 해주지나 않을까 하고 기다리고 있는 듯했다. 많은 시체가 그의 주위에 누워 있었다. 얼핏 보기에는 깊은 죽음의 잠에 떨어진 사람들과 하나도 다를 게 없었다.

소음은 술취한 사람을 깨어나게 하지 않지만 정적은 그를 눈뜨게 했다. 이런 신기한 일은 종종 볼 수 있다. 주위에서 무너지는 소리는 그랑떼르를 더욱 깊은 잠에 빠지게 했다. 붕괴가 그를 재우고 있었던 것이다. 그러나 앙졸라의 앞에서 소란이 일시에 멎은 것은 그 무거운 잠에 있어서는 하나의 충격이었다. 그것은 질주하던 마차가 갑자기 멈춰 선 것과 같은 결과였고 마차에서 졸던 사람을 단번에 흔들어 깨웠다. 그랑떼르는 깜짝 놀라 일으킨 뒤 기지개를 펴고 눈을 비비다 어리둥절 주위를 둘러보면서 하품을 하다가, 모든 사태를 깨달았다.

취기가 깬다는 것은 휘장이 찢어지는 것과 흡사하다. 사람은 취기가 감추었던 모든 것을 한꺼번에 보게 된다. 모든 기억이 갑자기 떠오른다. 그리고 24시간 동안에 어떤 일이 일어났는지 전혀 알지 못하는 주정뱅이도 눈을 미처 다 뜨기도 전에 사정을 알게 된다. 모든 관념은 대번에 명쾌하게 되살아온다. 취기의 몽롱함, 두뇌의 눈을 가렸던 일종의 안개는 맑게 개어가고, 밝고 분명한 현실의 정확성에 자리를 양보한다.

그랑떼르는 한쪽 구석에 처박혀 있었던데다가 마침 당구대의 그늘이 되어 있었기 때문에 앙졸라에게 시선을 준 병사들은 그를 알아보지 못했다. 상사가 "겨누엇" 하는 명령을 다시 내리려고 했을 때, 돌연 한 목소리가 그들 곁에서 고함쳤다.

"공화국 만세! 나도 그 중의 한 사람이다."

그랑떼르는 벌써 일어나 있었다.

때를 놓쳐서 끼지 못한 모든 전투의 찬연한 섬광이 지금 변모한 취한의 그 빛나는 눈길 속에 나타났다.

그는 "공화국 만세!"를 되풀이하고 확고한 걸음걸이로 홀을 가로질러 총부리 앞으로 가서 앙졸라의 곁에 섰다.

"둘 다 한꺼번에 해치워라" 하고 그가 말했다.
그리고 조용히 앙졸라에게 몸을 돌리면서 그에게 말했다.
"허락하겠나?"
앙졸라는 미소지으면서 그의 손을 움켜쥐었다. 그 미소가 채 끝나기도 전에 총소리가 울렸다. 앙졸라는 여덟 발의 관통상을 입고 마치 총알로 못박힌 듯 벽에 기댄 채로 서 있었다. 다만 머리만 늘어뜨렸다. 그랑떼르는 벼락에 맞은 것처럼 그 발치에 쓰러졌다.
잠시 후, 병사들은 집의 위층에 숨어 있는 나머지 폭도들을 소탕했다. 그들은 나무 문살 너머로 고미다락에 대고 난사했다. 전투는 고미다락 안에서 벌어졌다. 시체는 창 밖으로 내던져졌는데 그중 몇 사람은 아직 살아 있었다. 두 병사가 파괴된 승합 마차를 일으켜 세우려다가 고미다락에서 쏜 두 발의 기총을 맞고 쓰러졌다. 노동복을 입은 사나이는 배를 총검으로 찔리고 창문으로 내던져져 땅바닥에서 신음하고 있었다. 병사 한 명과 폭도 한 명이 함께 기왓장 위에서 굴렀는데 서로 상대를 놓으려 하지 않아 사나운 포옹을 한 채 떨어졌다. 지하실 속의 전투도 마찬가지였다. 아우성, 총질, 굉장한 발소리, 그 뒤에 침묵이 왔다.
바리케이드는 점령된 것이다.
병사들은 부근의 가택을 수색하고 도주한 자들을 추격하기 시작했다.

포로

마리우스는 실상 포로가 되어 있었다. 장 발장의 포로였다.
그가 쓰러지는 순간 뒤에서 받아 안은 팔, 의식을 잃으면서 그가 힘을 느낀 팔은 장 발장의 팔이었다.
장 발장은 그저 그곳에 몸을 내놓고 있을 뿐 전투에 끼어들지는 않았다. 그러나 그가 없었다면 죽음에 임박한 최후에 누구 한 사람 부상자에 대해서 마음을 써주지 않았을 것이다. 그의 덕택에—살육이 행해진 도처에 하늘이 섭리처럼 나타난 그의 덕분으로—쓰러진 사람들은 일으켜져서 아래층 홀로 운반되어 치료를 받았다. 그러는 틈틈이 그는 바리케이드를 수리했다. 그러나 자기 손으로 남에게 해를 입히거나 공격하거나 하는 행위는 물론, 자신의 방어조차도 하지 않았다.

그는 말없이 사람을 구하고 있었다. 그는 몇 군데 약간의 찰과상을 입었을 뿐이었다. 총알은 그에게 맞기를 원하지 않았다. 만약 자살이 이 묘지로 올 때 그가 품었던 몽상의 일부였다고 한다면, 그 점에서 그는 성공하지 못한 셈이다. 그러나 자살이라는 반 종교적 행위를 생각하고 있었는지의 여부에 대해서는 의심스럽다.

전투의 먹장 구름 속에서 장 발장은 마리우스를 보고 있는 것 같지 않았으나 사실은 줄곧 눈을 떼지 않고 있었다. 한 발의 탄환이 마리우스를 쓰러뜨렸을 때, 장 발장은 비호처럼 날쌔게 달려와서 먹이를 덮치듯 그에게 덤벼 데리고 가버렸다.

공격의 회오리는 마침 그때, 무서운 기세로 앙졸라와 주점 입구에 집중하고 있었기 때문에, 장 발장이 기절한 마리우스를 팔에 안고 바리케이드 안의 포석이 벗겨진 빈터를 가로질러서 꼬랭뜨의 모퉁이 저편으로 사라져 가는 것을 아무도 보지 못했다.

곶(串)처럼 거리로 쑥 내민 그 모퉁이를 독자들은 기억하고 있을 것이다. 수 평방 피트되는 그곳은 총탄이나 사람들의 시선을 가리고 있었다. 그처럼 때로는, 화재의 복판에도 타지 않은 방이 있기도 하고, 사나운 바다 속에서도 곶의 바로 앞이나 막다른 골목 같은 암초 안쪽으로 조그맣고 고요한 한구석이 있는 법이다. 에쁘닌느가 죽어 간 곳도 그러한 바리케이드 안의 네모진 한구석이었다.

그곳에서 장 발장은 걸음을 멈추고 마리우스를 가만히 땅바닥에 내려놓고 벽에 등을 대고 주위를 둘러보았다. 상황은 참으로 위태로웠다.

극히 짧은 동안은, 아마도 이삼 분 동안은 그 벽은 피난처로 삼을 수 있었다. 그러나 어떻게 이 학살 장소에서 빠져나갈 수 있을까? 그는 8년 전 뽈롱쏘 거리에서 고생했던 일을 상기하고, 그때 어떻게 해서 탈출에 성공했는가를 생각했다. 그러나 그 경우에는 어려운 일이었으나 이번에는 불가능한 일이다. 그의 앞에는 저 7층 건물의 고집스러운 귀먹은 듯한 집이 있었다. 그 창문에 걸쳐 있는 죽은 사람 외에는 아무도 없는 듯한 집이었다. 오른편에는 쁘띠뜨 트뤼앙드리를 막고 있는 꽤 낮은 바리케이드가 있었다. 그 장해물을 타고 넘는 것은 간단한 일이었으나, 장벽 위 저편으로 늘어선 총검 끝이 보이고 있었다. 그것은 바리케이드 저편에 배치되어서 대기하고 있는 제

시체처럼 힘없이 늘어져 있는 마리우스를 어깨에 둘러메고, 그 무거운 짐을…….

일선 보병 부대였다. 분명히 바리케이드를 넘는 것은 일제 사격을 일부러 받으러 가는 것과 같고 포석의 벽 위에서 조금이라도 머리를 내밀면 예순 발의 표적이 될 뿐이었다. 왼편은 전쟁터였다. 죽음이 등뒤 벽 모퉁이에 있었다.

어떻게 할 것인가? 다만 새만이 그곳에서 탈출할 수 있을 것이다.

더욱이 당장에 결단을 내려서 수단을 발견하고 결심을 굳혀야만 했다. 몇 걸음 떨어진 곳에서는 싸움이 벌어지고 있었다. 다행히 모두가 한곳에만, 즉 주점 입구로만 정신을 쏟고 있었다. 그러나 가령 단 한 병사라도 집을 돈다든가 또는 옆에서 집을 공격하려고 한다든가 하면 그것으로 만사는 끝나는 것이었다.

장 발장은 정면의 집을 보고, 옆에 있는 바리케이드를 보고, 그리고 쫓기는 자의 절박한, 괴로운 심정으로 눈으로 구멍이라도 뚫으려는 듯 땅바닥을 지켜보았다.

지켜보는 동안에 바라던 것을 만들어내는 힘이 그 눈길 속에 있었는지 그런 괴로움 속에서도 막연하게 희미한 것이 나타나 그의 발밑에 확실한 형태를 이루었다. 그는 몇 걸음 앞에, 무정하게도 외부에서 단단하게 빈틈없이 감시받고 있는 조그만 장벽 아래에, 허물어진 포석 더미 아래에, 일부분은 가려져 있기는 하지만, 하나의 쇠그물이 납작하게 땅과 수평으로 놓여 있는 것을 발견했다. 그 쇠그물은 튼튼한 가름대로 2평방 피트 가량 되었다. 그것은 받치고 있던 포석의 틀이 떨어져나가 마치 뜯긴 것처럼 되어 있었다. 가름대 사이로 난로의 굴뚝이나 물통의 관 같은 어두운 입구가 보였다.

장 발장은 뛰어갔다. 옛날의 탈주 지식이 번갯불처럼 머리에 떠올랐다. 위에 겹쳐 있는 포석을 치우고 쇠그물을 들어올리고, 시체처럼 힘없이 늘어진 마리우스를 어깨에 둘러메고, 그 무거운 짐을 진 채, 팔꿈치와 무릎을 의지해서 다행히 그다지 깊지 않은 우물 같은 구덩이 속으로 내려가 머리 위의 철뚜껑을 덮어 닫으면서 건들거리던 포석이 그 위에 다시 떨어져 내리는 것을 그대로 두고 대석(臺石)을 간 지하 3미터의 밑바닥에 발을 딛는 일을 마치 착란 속에서 행하듯 거인의 힘과 독수리 같은 날쌘 동작으로 해치웠다. 불과 몇 분이 걸렸을 뿐이다.

장 발장은 여전히 기절해 있는 마리우스와 함께 기다란 지하 복도 안으로 들어갔다. 그곳은 깊은 평화와 절대적인 침묵, 그리고 밤뿐이 있었다.

예전에 거리에서 수도원 안으로 뛰어내렸을 때 받았던 인상이 그의 머리 속에 떠올랐다. 다만 지금 메고 있는 것은 꼬제뜨가 아니라 마리우스였다.
 머리 위에서는 습격받고 있는 주점의 무서운 소란도 지금은 어렴풋한 중얼거림처럼 희미하게 들려올 뿐이었다.

제2편 레비아땅의 창자

바다 때문에 메마르는 땅

빠리는 매년 2500만 프랑을 물에 던져 넣고 있다. 이것은 비유해서 하는 이야기가 아니다. 어떻게 해서, 어떤 방법으로? 낮이나 밤이나 구별 없이 던져 넣고 있다. 어떤 목적으로? 아무런 목적도 없다. 무슨 생각으로? 아무 생각도 없다. 무엇 때문에? 이유도 없다. 그러면 어떤 기관으로? 빠리의 내장에 의해서. 내장이란 무엇인가? 지하수도로다.

2500만이라는 금액은 그 방면의 전문 과학이 산출한 견적 중에서 가장 작은 액수이다.

과학은 오랜 모색 끝에, 오늘날 비료 중에서 가장 유효한 것으로 가장 땅을 기름지게 하는 것은 사람에게서 나오는 비료임을 인정하고 있다. 부끄러운 이야기겠지만, 중국 사람이 우리 유럽인보다 먼저 그 사실을 알았다. 에께베르크의 이야기로는 중국 농부는 도시에 나가면 우리가 오물이라고 부르는 것을 두 통에 담아서 대나무 막대기 양쪽 끝에 매달고 돌아오지 않는 일이 없다고 한다. 이 인분 덕택으로 중국의 땅은 아브라함 시대와 다름없이 젊다. 중국에서는 밀 한 알로 120알의 수확을 거둔다. 어떠한 구아노(해조의 똥비료)도 그 생산량으로는 한 도시에서 나오는 배설물에 비할 바가 못된다. 대도시는 도둑갈매기(갈매기의 일종. 여기서는 비료를 만든다는 뜻) 중에서도 가장 강대한 것이다. 들판을 기름지게 하는 데 도시를 사용하면 반드시 성공할 것이다. 만약 우리들의 황금이 오물이라고 한다면, 반대로 우리들의 오물은 황금일 것이다.

그 황금 비료를 사람들은 어떻게 하고 있는가? 바다 속에 쓸어 넣어 버리고 있다.

바다제비나 펭귄의 똥을 남극까지 따라 가기 위해서 많은 선단(船團)이 엄청난 비용을 써서 남극 지방으로 파견된다. 그런데 사람들은 바로 가까이에 있는 엄청난 재화(財貨)의 요소를 바다로 버리고 있다. 세계가 헛되이 하고 있는 인간이나 동물의 비료를 몽땅 물에 버리지 않고 땅에 뿌려 준다면 그것은 충분히 세계를 먹여 살릴 수 있을 것이다.

경계석 주위에 쌓여 있는 쓰레기더미, 밤거리를 덜컹거리며 지나가는 흙투성이의 짐수레, 쓰레기 버리는 곳의 더러운 통, 포석 밑에 숨겨져 있는, 지하의 냄새나는 시궁창의 흐름, 그것이 무엇인가를 사람들은 알고 있을 것인가? 그것이야말로 꽃이 만발한 목장이고, 초록빛 초원이고, 사향초이고, 샐비어이고, 짐승이고, 가축이고, 저녁때 만족한 소리를 내는 커다란 소이고, 향기로운 사료이며 황금빛 밀이며, 식탁 위의 빵이며, 사람의 혈관을 흐르는 따뜻한 피이고, 건강이고, 기쁨이고, 생명이다. 지상에서는 여러 가지 형태로 바뀌고, 하늘에서는 여러 가지 모습으로 바뀌는 저 신비로운 창조의 힘이 그렇게 만든다.

그것을 커다란 단지 속에 넣어 보라. 인간의 넉넉한 밑천이 그곳에서 흘러 나리라. 기름진 평야는 인간을 먹여 살린다.

사람들이 이처럼 많은 재화를 버리든, 또 이런 말을 하는 내 생각을 비웃든, 그것은 자유다. 그러나 그것은, 아주 무지한 일이라고 할 수 있겠다.

통계에 따르면 프랑스 한 나라만으로도 매년 5억 프랑의 돈을 여러 하구에서 대서양으로 흘려보낸다고 한다. 다음과 같은 것을 명심해야겠다. 그 5억 프랑의 돈으로 국가 예산의 4분의 1을 충당할 수 있다는 점이다. 사람의 지혜는 그 5억 프랑을 그냥 시궁창에 버리는 편이 낫다고 여기고 있다. 그 돈은 바로 민중들의 자양분인데 그것을 처음에는 지하수도가 한 방울씩 강에 토하고 강은 한꺼번에 바다로 토해 낸다. 지하수도가 딸꾹질을 할 적마다 1000프랑씩 헛되이 치른다. 거기서 두 가지 결과가 생긴다. 즉 땅은 가난해지고 물은 더러워진다. 굶주림이 밭이나 들에서 생겨나고 질병이 강에서 생겨난다.

예를 들어서 현재 템즈 강이 런던을 해치고 있다는 것은 잘 알려진 사실이다. 빠리의 경우는 최근, 하수구의 대부분을 하류 맨 끝에 있는 다리 아래로 옮겨야만 했다.

밸브와 배수문으로 빨아들이고 내뱉는 구실을 동시에 하는 이중 토관 시설은 인간의 폐처럼 간단하고 기초적인 배수 방법으로, 영국에서는 이미 몇몇 시나 마을에서 훌륭하게 운영되고 있는데 그것을 이용하기만 하면 프랑스의 도시는 전원의 맑은 물을 끌어들이고, 들에는 도시의 기름진 물을 내보내어 가장 간단하고 편리한 교환으로 바다에 버리는 5억 프랑을 회수하는 셈이 될 것이다. 그러나 사람들은 전혀 다른 생각을 하고 있다.

현재의 방법이 유익한 줄은 아나 오히려 해를 끼치고 있다. 의도는 좋으나 결과가 무참하다. 도시를 깨끗이 한다는 게 실은 주민을 해치고 있다. 지하 수도로는 잘못 생각한 것이다. 단지 씻어내리기만 해서 땅을 메마르게 하는 지하수도로 대신 받아들인 것을 되돌려 보낸다는 이중의 배수법이 곳곳에 설비된다면 그때야말로 새로운 사회 경제의 성과와 어우러져 땅의 생산물은 열 배가 되고 빈곤의 문제는 현저히 줄어들 것이다. 거기에 덧붙여 기생충 없애기를 하면 문제는 완전히 해결될 것이다.

그러나 그렇게 되기 전에는 공공의 재화를 강으로 흘려 버리므로 낭비가 된다. '낭비'(원어 Coulage에는 '흘리는 것'이라는 뜻이 있다)란 말이 적절하다. 유럽은 이러한 피폐로 황폐해지는 것이다.

프랑스로 말하면 손실액은 지금 말한 숫자 그대로다. 그런데 빠리는 프랑스 총인구의 25분의 1을 차지하고, 빠리의 인분은 가장 기름지므로 빠리의 손실 액수가, 프랑스가 매년 잃어버리는 5억 프랑 가운데서 2500만 프랑에 달한다고 해도 지나친 말은 아니다. 이 2500만 프랑을 복지 사업이나 오락 시설에 사용한다면 빠리는 두 배 더 화려해질 것이다. 그런데 빠리 시는 그 돈을 지하수도로에 버리고 있다. 그러니 우리는 빠리의 엄청난 낭비, 놀라운 환락, 보종관(18세기의 대부호 니꼴라 보종의 저택 자리에 생겼던 환락장. 1824년에 없어짐)의 광란, 대주연(大酒宴), 돈을 물쓰듯 하는 낭비, 호사, 사치, 호기(豪氣), 그것이 바로 빠리의 지하수도로라고 말할 수 있다.

이렇게 잘못된 경제 정책의 무지 때문에, 만인의 행복은 물에 빠져 흘러내려가고 심연 속으로 사라진다. 공공의 재화를 위해서도 쌩 끌루의 그물(쎈느 강의 쌩 끌루 다리 아래에 쳐진 투신자 구조망)을 쳐야 할 것이다.

경제면에서 이 사실은 다음과 같이 요약할 수 있다. 즉 빠리는 구멍 뚫린 바구니라고.

빠리는 모범 도시이며 각 국민이 흉내를 내려고 하는 으뜸가는 도시이며, 이상이 숨쉬는 수도이며, 독창성과 추진력과 시련의 장엄한 조국이며, 모든 정신이 깃들인 중심지이며, 한 국가를 이루고 있는 도시이며, 미래를 기르는

장 발장이 마리우스를 업고 뛰어든 지하수도로

제2편 레비아땅의 창자　1669

보금자리이며, 바빌론과 코린토스를 합쳐놓은 놀라운 곳이지만 지금 위에서 지적한 것 같은 관점에서 본다면, 빠리는 복건성(중국의 남부)의 농부가 어깨를 으쓱해 보이게 할 것이다.

빠리를 흉내낸다는 것은 스스로 쇠퇴함을 뜻한다. 무엇보다도 아득한 옛날부터 내려오는 이 어이없는 낭비라는 점에서 빠리야말로 그 스스로가 모방하고 있는 것이다.

이 놀랄 만한 어리석음은 새로운 일이 아니다. 이것은 젊음에서 오는 어리석음이 아니다. 고대인도 현대인과 똑같이 해왔다.

"로마의 지하수도로는" 하고 리비히(19세기 독일의 유기 화학자로 쇠고기 진액 등의 발견자로서도 유명하다)는 말하고 있다. "로마 농민의 번영을 다 빨아 먹었다."

로마의 전원이 로마의 지하수도로에 의해서 황폐해졌을 때, 로마는 이탈리아를 쇠퇴하게 만들었다. 더욱이 이탈리아가 지하수도로에 버리자 시실리도, 다음엔 사르디니아도, 그 다음엔 아프리카도 지하수도로에 떠내려 가고 말았다. 로마의 지하수도로는 세계를 삼켜 버리고 말았다. 그 지하수도로는 도시와 세계를 향하여 입을 벌리고 있었다. 'Urbi et orbi'(라틴어 '市와 세계', 로마 교황의 축복의 말)다. 영원한 도시와 깊이를 알 수 없는 지하수도로.

이 점에서도 다른 점과 마찬가지로 로마가 좋은 예를 보이고 있다. 빠리는 그 예를 따르고 있는 것이다. 재치 있는 도시에 으레 따르게 마련인 어리석음으로.

이상 설명한 것 같은 사업을 완성하기 위해서 빠리는 지하에 또 하나의 빠리를 가지고 있다, 즉 지하수도로의 빠리를. 그 빠리에도 거리가 있고 네거리가 있고, 광장이 있고, 막다른 골목이 있고, 동맥이 있고, 구정물의 순환이 있되 다만 사람이 없을 뿐이다.

이런 말을 하는 것은 누구에게나, 위대한 민중에게라도 아부를 해서는 안 되기 때문이다. 무엇이나 다 갖추어져 있는 곳에는 고상한 것과 아울러 천박한 것이 있게 마련이다. 빠리에는 광명의 도시 아테네와, 힘의 도시 티르(고대 페니키아의 도시)와, 용기의 도시 스파르타와, 기적의 도시 니니브(고대 아시리아의 수도)가 있는 한편, 진흙의 도시 루테시아(빠리의 옛 이름)도 있다.

물론 그 힘 또한 거기 숨어 있어, 여러 가지 기념물 가운데서도 특히 빠리의 거대한 하수의 소굴은 마키아벨리나 베이컨이나 미라보와 같은 인물이 인류에 실현한 저 불가사의한 이상, 즉 천박한 장대함을 실현하고 있다.

빠리의 지하를 지상에서 투시할 수 있다면, 마치 거대한 석산호(石珊瑚)를 보는 것 같은 양상을 나타낼 것이다. 낡은 대도시가 있는 60리 사방의 땅에는 해면 동물의 뼈대에 뚫려 있는 아주 가늘고 작은 많은 구멍보다도 더 많은 통로며 수로가 뚫려 있다. 빠리에는 따로 하나의 커다란 지하 동굴을 만들고 있는 까따꼼바(지하 묘지)가 있는데, 그것은 내버려 두고라도, 얽히고 설킨 가스관과 또 시가지의 상수도로 통하고 있는 급수관의 거창한 조직은 그만두고라도, 지하수도로만으로도 세느 강의 양 기슭 밑에 놀라운 암흑의 그물을 둘러치고 있다. 그것은 그야말로 미궁이어서 다만 경사진 쪽으로 내려가는 이외에 어떤 푯말도 없다.

그곳의 축축한 안개 속에서 빠리가 낳은 새끼처럼 쥐가 나타난다.

오래된 지하수도로의 역사

뚜껑을 벗긴 것 같은 빠리를 상상해 보자. 하늘에서 내려다본 지하수도로의 그물코는 세느 강의 양 기슭에 접목한 커다란 나뭇가지와 같은 형태일 것이다. 오른쪽 강가의 환상(環狀) 지하수도로가 그 나무의 원줄기이며, 분맥이 작은 가지이고 끄트머리가 잔가지가 된다.

이 형상은 개략적이어서 절반 가량만 맞다고 하겠다. 이런 지하의 가지들은 보통 직각으로 갈려 있는데 식물의 가지는 직각으로 갈리는 일이 거의 없다.

그 이상한 기하학적 도형에 좀더 비슷한 모양을 상상하려면, 숲처럼 얽혀 있는 동방의 기묘한 문자를 캄캄한 배경에 대 본다고 상상하는 것이 좋다. 그 묘한 모양의 문자는 언뜻 보기에는 복잡하고 고르지 못한 것 같지만 모퉁이와 모퉁이에서 또는 끝과 끝에서 서로 연결되어 있다.

시궁창이나 지하수도로는 중세나 동로마 제국이나 고대 동방에서는 커다란 역할을 했다. 페스트가 거기서 생겨나고 전제 군주들은 거기서 죽었던 것이다. 민중은 그러한 부패의 잠자리, 무서운 죽음의 요람을 거의 종교적인 두려움의 대상으로 보았다. 베나레스(동부 인도의 힌두교의 성도)의 기생충이 들끓는 소굴은 바빌론의 사자 동굴만큼이나 사람들을 떨게 했다. 유대교의 율법서에 의하면 테글라트 팔라자르(고대 아시리아의 왕)는 니니브의 더러운 물이 괴어 있는 곳에 대고 맹세했다 한다. 레이덴의 요하네(16세기의 네덜란드의 재세례론자이자 신비가임. 시온의 왕 이라고 자칭하고 몬스터 시를 지배했으나 젊어서 사형됨)가 가짜 달을 내보인 것은 몬스터의 지하수도로에서였고, 동양에서 코라산(페르시아의 동북 지방)의 숨은 예언자 모카나가 가짜 태양을 나타나게 한 것도 케크셰브의 시궁창에 서였다.

인간의 역사는 시궁창의 역사에 반영되어 있다. 사형된 죄인의 시체를 내던진 곳은 로마의 역사를 말해 주고 있다. 빠리의 지하수도로는 굉장히 낡은 것이었다. 그것은 무덤이었고 은신처였다. 범죄, 지혜, 사회에 대한 항의, 신앙의 자유, 사상, 절도, 인간의 법률이 추구하는 것, 또는 추구한 것 모두가 그 구덩이 속에 숨어 있었다.

14세기의 마이오땡(1381년에 폭동을 일으킨 빠리의 시민들), 15세기의 외투 날치기들, 16세기의 위그노, 17세기의 모랭 환상파(모랭은 17세기 프랑스의 견신론자. 신의 아들로 자칭하여 화형을 받았다), 18세기의 불을 들이대는 강도(대혁명에서 집정 정부 시대에 출몰했던 강도의 한 패. 피해자의 발을 불로 지져 금품을 내게 했다)가 거기에 숨어 있었다. 100년 전에는 밤에 거기에서 단도가 나와 사람을 찌르기도 하고, 위태로워진 소매치기가 그곳에 기어들곤 했다. 숲에 동굴이 있듯이 빠리에는 지하수도로가 있었다. 고올어로 '피카르리아'라고 불리는 부랑자들은 지하수도로를 꾸르 데 미라끌(거지나 강도들의 집합 장소)의 또 하나의 집합장소로 삼고, 저녁때가 되면 빈정거리며 배짱좋은 모습으로 침실에라도 들어가듯 모뵈에 대지하수도로 밑으로 들어가는 것이었다.

비드 구쎄 막다른 골목(호주머니를 터는 막다 른 골목이라는 뜻임)이나, 꾸쁘 고르주 거리(자객의 거리 라는 뜻임)를 그날 그날의 일터로 삼는 자들이 슈맹베르 작은 다리나, 위르뿌아 다리 밑을 밤의 잠자리로 삼는 것은 아주 당연했다. 거기서 수많은 이야기가 생겨났다. 온갖 종류의 유령이 그곳의 길고 인적이 없는 거리 밑의 복도로 드나들고 있었다. 도처에 썩는 냄새와 독기가 차 있었다. 안에 있는 비옹(15세기의 대 시인. 도둑의 한패이 기도 해서 감옥 생활도 자주 했다)과 밖에 있는 라블레(16세기의 대 시인. 호탕 무쌍한 술꾼이기도 함)가 이야기를 주고받는 통기 구멍이 여기저기 있었다.

옛 빠리의 지하수도로는 모든 소모와 모든 노력이 만나게 되는 곳이었다. 경제 정책은 거기에서 하나의 부스러기를 보고, 사회 철학은 거기에서 하나의 씨꺼기를 본다.

지하수도로, 그것은 도심 속에 숨어 있는 양심이다. 모든 것이 이곳에 모이고 이곳에서 만난다. 창백한 이 장소에는 암흑은 있을지언정 비밀은 없다.

중세까지 거슬러 올라가는 빠리의 하수도에는 적나라한 도시역사의 수많은 전설이 숨어 있다.

사물 하나하나가 참다운 형태를 나타낸다. 적어도 마지막 형태를 나타낸다. 쓰레기더미는 사람을 속이지 않는다는 장점이 있다. 정직이 그곳에 도피해 있는 것이다. 바질(보마르셰의 희곡인 《세빌랴의 이발사》에 나오는 우스꽝스러운 위선자)의 가면이 그곳에 있지만 그 가면의 마분지며 실이 드러나 있어서 바깥쪽과 마찬가지로 안쪽도 알아볼 수 있어 정직한 진흙이 눈에 보인다. 그 옆에는 스까뺑(몰리에르의 희곡 《스까뺑의 간계》의 주인공. 흉계의 명수임)의 가짜 코가 있다. 문명의 온갖 나쁜 짓은 일단 할 일이 끝나면 어느 것이나 사회의 거대한 전락지의 종점인 이 진실의 구멍 속에 떨어져서 삼켜지기도 하지만, 또 거기서 참다운 모습을 나타내기도 한다.

그 혼잡은 하나의 고백이다. 거기에서는 거짓 꾸밈이라든가 겉치레도 없으며, 오물은 속옷을 벗어던지고, 환상도 신기루도 무너지고, 있는 그대로의 모습만이 있어, 다 끝난 자의 무서운 얼굴만이 있다. 현실과 소멸만이 있다. 거기서는 술병의 밑바닥이 주정뱅이를 고백하고, 바구니의 손잡이는 하인들의 생활을 이야기한다. 그곳에서는 문학적인 의견을 가진 사과 씨가 단순한 사과 씨로 변한다. 2수 짜리 동전의 초상은 완전히 녹이 슬고, 가야파(그리스도를 유죄라고 선고한 유대의 대사제)의 침은 폴스태프(헨리 5세의 외도 친구)가 토해낸 오물과 섞이고, 도박장에서 나오는 루이 금화는 자살자의 목맨 새끼줄 끝에 걸리는 못과 만나고, 새파랗게 질린 태아는 최근의 사육제 마지막날 오페라 극장에서 춤추던 번쩍거리는 의상에 말려 구르고, 사람들의 죄를 다스린 법관의 모자는 창녀의 치맛자락이었던 썩은 물건 옆에서 딩군다. 어느 것을 막론하고 모두 친구 이상의 다정한 사이다. 짙은 화장을 하고 멋을 냈던 것들도 형편없이 더러워진다. 마지막 베일도 벗겨진다. 지하수도로는 냉정하다. 지하수도로는 모든 것을 털어놓는다.

오물의 그러한 솔직성은 사람들을 기쁘게 하고 마음을 쉬게 해 준다. 국가의 시정 방침이니 서약, 정략, 인간의 정의, 직무상의 성실, 지위의 존엄, 결백한 법복, 이런 것들이 나타내는 엄숙한 모습을 지상에서 참을성 있게 줄곧 보아온 뒤에, 지하수도로에 내려가서 그것들에 어울리는 진흙탕을 보는 것은 마음의 위로가 된다.

그것은 동시에 가르쳐 주는 바가 있다. 앞에서도 말했듯이 역사는 지하수도로를 통과한다. 쌩 바르뗄르미의 대학살(1672년 8월)과 같은 일은 포석 틈에서 한 방울씩 지하수도로 속에 새어든다. 민중의 대학살, 정치적 종교적 살육은

이 문명의 지하도를 가로질러 거기에 시체를 밀어넣는다. 공상가의 눈으로 보면, 역사상의 온갖 살인자들이 그곳에 있다. 을씨년스럽고 컴컴한 속에 무릎을 꿇고 수의의 끊어진 자락을 앞치마로 삼고 불쌍하게도 자신이 저지른 죄를 씻어내려 하고 있다.

루이 11세가 트리스땅(15세기 루이 11세 시대
의 냉혹한 행정관임)과 나란히 있다. 프랑스와 1세는 뒤프라(16세기 프랑수와
1세 시대의 대법관)와 함께 있고, 샤를르 9세(쌩 바르뗄르미의 대학살이
있던 당시의 프랑스의 왕)는 그의 어머니(까뜨린느 드
메디시스)와 함께 있다. 리슐리외는 루이 13세와 함께 있고, 또 루부아, 르뗄리에, 에베르와 마이야르도 있다. 모두 손톱으로 돌을 긁으면서 자신이 한 행위의 흔적을 지우려 하고 있다. 지하의 둥근 천장 밑에서 망령들이 비질하는 소리가 들린다. 사회에서 일어난 큰 재해의 엄청난 악취가 풍긴다. 구석구석에 불그죽죽한 빛이 거울의 반사처럼 보인다. 거기에는 피투성이의 손을 씻은 끔찍한 물이 흐르고 있다.

사회 연구가는 그런 망령의 그림자 속에 들어가야 한다. 그곳은 그들 실험실의 일부이다. 철학은 사상의 현미경이다. 모든 것이 그곳에서 도망치려고 하지만 아무것도 그곳에서 도피할 수는 없다. 속여 보아도 소용없다. 속이는 자는 자기의 어떠한 일면을 보여주게 될까? 수치스러운 면을 보여주게 된다. 철학은 성실한 눈으로 악을 쫓고 악이 허무 속으로 도망치는 것을 용납하지 않는다. 사라지는 사물의 그 소멸 속에서도, 꺼져가는 사물의 소실 가운데서도 철학은 모든 것을 알아낸다.

누더기의 조각에서 붉은 옷(로마 추기
경의 옷)을 만들어내고, 장신구의 부스러기에서 여자를 되살아나게 한다. 시궁창에서 도시를 재생시키고 진창에서 풍속을 만들어 낸다. 깨진 사기 그릇의 파편을 근거로 병인지 항아리인지를 미루어 안다. 양피지 위의 손톱자국으로 유덴가쓰의 유대인 마을과 게토의 유대인 마을의 차이를 판별한다. 남아 있는 것 속에서 옛 모습을 본다. 선도, 악도, 허위도, 진실도, 궁전의 핏자국도, 동굴 속의 잉크의 얼룩도, 매음굴의 촛농 자국도, 참고 견디어 온 시련도, 반겨 맞았던 유혹도, 토해낸 대주연도, 약한 성격으로 몸을 망쳐 만들어낸 주름살도, 천한 영혼이 몸을 팔게 한 흔적도, 또한 로마 인부들의 조끼 위에 멧살리나(로마의 크로듀스 황제의 妃, 음란한 여자로서
로마의 모든 남성과 육체적 환락을 맛보았다고 함)가 찔러댄 팔꿈치 자국도 가려낸다.

브륀조

빠리의 지하수도로는 중세에는 유명했다. 16세기의 앙리 2세가 측량을 계획했지만 실패했다. 메르씨에(《빠리 연대사》 등의 저자: 1740~1814)가 증명하는 바이지만, 불과 100년 전만 해도 지하수도로는 그대로 방치되어 있었다.

그 무렵의 낡은 빠리는 그토록 논쟁과 우유부단과 모색에 내맡겨져 있었다. 빠리는 오랫동안 무척이나 어리석었다. 그 뒤, 89년(대혁명이 일어난 1789년임)은 정신이 어떻게 해서 도시에 깃들이는가를 보여 주었다. 그러나 옛 시대에는 수도(首都)는 전혀 두뇌를 쓰지 않았다. 정신적으로나 물질적으로나 자기의 일을 처리하지 못하고 잘못도 오물도 제거할 줄 몰랐다. 모든 것이 방해였고, 모든 것이 의문이었다. 지하수도로도 그와 같아서 걷잡을 수가 없었다. 시중에서 남과 이야기가 통하지 않듯이, 시궁창 속에서는 방향을 잡을 수가 없었다. 땅 위에서는 이해할 수가 없었고, 땅 밑에서는 길을 몰랐다. 언어의 뒤얽힌 혼란 밑에 여러 가지 동굴이 얽혀 있었다. 미궁이 바벨 탑 밑에 있었다.

이따금 빠리의 지하수도로는 마치 업신여기던 나일 강이 갑자기 분노하듯 범람하는 때가 있었다. 더러운 이야기지만 지하수도로의 범람이 종종 있었다. 이 문명의 위장은 이따금 소화불량이 되어 시궁창물이 도시의 목구멍으로 역류하여 빠리는 진창의 개운치 않은 뒷맛을 맛보았다. 이처럼 지하수도로가 후회와 비슷한 것은 유익한 일이었다. 그것은 경고가 되었다. 그런데 그 경고를 사람들은 잘못 알았다. 도시는 시궁창의 뻔뻔스러움에 분격하여 구정물이 다시 올라오지 못하게 했다. 좀더 철저하게 쫓아 버리자는 것이다.

1802년의 홍수는 지금 여든 살쯤 된 빠리 사람에게는 생생한 기억의 하나다. 구정물은 루이 14세의 동상이 있는 빅뜨와르 광장에서 사방으로 퍼지고, 샹 젤리제의 두 개 지하수도로에서 쌩 또노레 거리로, 쌩 플로랑땡의 하수구에서 쌩 플로랑땡 거리로, 쏜리 지하수도로에서 삐에르 아 쁘아송 거리로, 슈맹 베르의 지하수도로에서 뽀뺑꾸르 거리로, 라쁘 거리의 지하수도로에서 로께뜨 거리로 스며들었다.

물은 샹 젤리제 거리의 오른쪽 도랑을 35쌍띠 높이까지 덮어 버렸다. 또 남쪽에서는 세느 강으로 향한 큰 배수구에서 거꾸로 흘러서 마자린 거리, 에쇼데 거리, 마레 거리로 들어가서 109미터나 나가서, 정확히 라신이 살던 집 (당시의 레 마레 쌩 제르망 거리. 현재의 비스꽁띠 거리에 있다) 몇 걸음 앞에서 간신히 멈추었다. 17세기의 국왕(루이 14세)보다 시인(라신)에게 더 경의를 표했던 것 같다. 물은 쌩 삐에르 거리가 가장 깊어서 홈통 물이 떨어지는 받침돌 위 3피트까지 달했고, 가장 넓게 퍼진 곳은 쌩 싸뱅 거리로 238미터에 달했다.

금세기(19세기) 초의 빠리의 지하수도로는 역시 신비한 곳이었다. 흙탕물에 대한 비평 따위가 절대로 좋을 리는 없지만, 그때 그 악평은 거의 공포에 이를 만큼 높았다. 빠리는 발밑에 무서운 구덩이가 있다는 것을 막연하게나마 알고 있었다. 사람들은 마치 길이 15피트나 되는, 지네가 우글거리고 있고 베헤모트(성서에 나오는 괴물)가 미역을 감았을지도 모른다는 저 테바이의 무서운 진창의 늪에 대한 이야기를 하듯 지껄였다. 지하수도로를 청소하는 인부들의 장화도, 이미 한 번 갔던 일이 있는 몇몇 지점에서 더 앞으로는 절대로 나가려 하지 않았다. 그 시대는 아직 쌩뜨 푸아가 그 위에서 크레끼 후작(17세기의 프랑스의 장군)과 우의를 맺었다는, 쓰레기 인부의 수레가 지하수도로에다 그대로 쏟아 버리던 시대, 그 시대와 아주 가까웠다.

지하수도로를 치우는 것은 소나기에 맡겼다. 그러나 빗물은 청소해 주기보다 막아 버리는 일이 많았다. 로마는 그래도 지하수도로에 약간의 시정(詩情)을 곁들여서 제모니(탄식의 계단, 사형된 죄인의 시체를 내던진 곳)라고 불렀지만, 빠리는 시궁창을 멸시하여 트루 뿌네(구린내 나는 구멍)라고 불렀다. 과학도 미신도 모두 지하수도로를 싫어했다. '구린내 나는 구멍'은 전설뿐만 아니라 위생에 있어서도 미움을 받았다.

므완 부뤼('화를 잘 내는 신부'. 아이들에게 겁을 줄 때 말하는 귀신 이름)는 무프따르 지하수도로의 구린내 나는 둥근 천장 밑에 갇혀 있었다. 마르무제(18세기에 음모를 꾀하다가 실패한 청년 귀족의 일당)의 시체는 바리으리의 지하수도로에 던져졌다. 파공(루이 14세 시대의 의사, 식물학자)의 주장에 의하면, 1685년의 무서운 악성 열병은 마레의 지하수도로에 생긴 큰 틈 탓이라고 한다. 그 틈은 1833년까지 쌩 루이 거리의 '매싸제갈랑'(역마차의 사무실인지 선술집인지?)의 간판 거의 맞은편에 아가리를 떡 벌리고 있었다. 모르뗄르리 거리의 지하수도로 입구는 페스트가 발생하는 곳으로 유명했다. 그 지하수도로 입구는 사람의 치열에 흡사한, 끝이 뾰쪽한 쇠창살이 달려 있기 때문에 음산한 거리 속에서 마치 지옥의 입김을 불어 대는 용의 아가리 같았다.

민중의 공상은 빠리의 음침한 지하수도로에 무한하고 불길한 일들을 덧붙여 놓고 있었다. 지하수도로는 바닥이 없었다. 하수도, 그것은 바라트럼(아테네에서 사형수를 던진 못)이었다. 그러한 문둥병을 앓는 것 같은 지대를 뒤져 보겠다는 생각은 경찰조차도 감히 생각지 않았다. 그 미지를 조사하는 것, 그 어둠 속에 물의 깊이를 재는 측심연(測深鉛)을 던지는 것, 그 심연 속으로 탐험하러 가는 것을 누가 감히 할 수 있으랴? 소름끼칠 일이었다. 그러나 감히 나선 사람이 있었다. 지하수도로에도 크리스토퍼 콜럼버스가 나타났다.

1805년 어느 날, 퍽 드문 일이지만 황제가 빠리에 나타나던 날, 드크레스였는지 크레떼였는지 아무튼 그때의 내무대신이 알현을 청했다. (제정 시대에 드크레스라는 재상은 있었으나 그는 해군 대신이었다)

까루셀 광장에는 대공화국의 위대한 병사들이 군도를 끄는 소리가 들리고 있었다. 나뽈레옹의 거처 가까이에는 용사들로 빽빽이 들어차 있었다. 라인, 에스코, 아디즈, 그리고 나일 강의 역전의 용사들, 주베르, 드제, 마르쏘, 오슈, 끌레베르와 같은 전우들, 플뢰뤼스의 기구병(氣球兵), 마이앙스의 척탄병, 제노아의 가교병(架橋兵), 피라미드의 바로 밑을 지나온 경기병, 쥐노의 포탄에 진창을 뒤집어쓴 포병, 주이데르제에 정박중인 함대를 급습해서 사로잡은 흉갑병(胸甲兵), 보나빠르뜨를 따라서 로디 교(橋)를 건넜던 병사들, 뮈라와 더불어 망투의 참호 속에 있었던 병사들, 란느보다 앞서서 몽떼벨로의 고랑길을 전진했던 병사들이었다. 당시의 전군대가 그곳 뛸르리 궁전의 안마당에 분대나 소대를 대표로 보내어 휴식하는 나뽈레옹을 호위하고 있었다. 그것은 대육군이 앞서 마렝고의 승리를 알리는 보고를 보내고, 아우스떼를리쯔의 승리를 눈앞에 두고 있는 찬란한 시기였다.

"폐하, 소신은 어제 이 제국에서 가장 용맹한 자를 만났습니다." 내무대신은 나뽈레옹에게 말했다.

"어떤 사나이인가? 그래, 무엇을 했다는 말인가?" 황제는 무뚝뚝하게 말했다.

"어떠한 일을 하고자 하고 있습니다, 폐하."

"무엇을?"

"빠리의 지하수도로를 뒤져 보겠다 합니다."

실재 있었던 이 사람의 이름은 브뢴조라고 했다.

세상에 알려지지 않은 일

 탐험은 실현되었다. 위험한 싸움이었다. 페스트와 질식을 상대로 한 암흑 속의 투쟁이었다. 그것은 동시에 발견을 향한 항해이기도 했다. 이때 극히 젊고 영리한 노동자였던 그 탐험대의 생존자 하나가 지금부터 수년 전까지만 해도 이야깃거리로 삼았던 일인데, 브륀조가 공문서에 어울리지 않는다는 이유로 시경국장에게 내는 보고에서 빼버려야겠다고 한 몇 가지 매우 흥미있는 사실이 있었다. 당시는 소독 방법도 극히 유치했다. 브륀조가 지하의 그물눈 같은 길의 첫 번째 연결마디를 겨우 넘었을 때 20명 중 8명은 더 이상 앞으로 나갈 것을 거부했다.

 작업은 매우 복잡했다. 탐험과 함께 준설 작업도 같이하고 있었다. 그래서 진창을 치우는 한편 측량을 해야만 했다. 즉 물이 들어가는 입구를 조사하고, 쇠살문과 수문의 수를 세고, 지관을 세분하고, 분기점에서 물의 흐름을 가려내고, 여러 가지 웅덩이의 크기를 일일이 관측하고, 주된 수로와 통하고 있는 작은 수로를 조사하고, 각 수로의 아치형 꼭대기의 홍예석부터 벽 밑에 이르는 높이를 재고, 아치의 둥그렇게 구부러진 밑동과 토대의 높이로 수로의 폭을 재고, 마지막에 각 배수구와 직각으로 수위 좌표를 바닥과 도로의 양쪽에서 정하는 것이었다.

 사람들은 가까스로 앞으로 나갔다. 하강용 사다리가 3피트나 진창에 잠기는 일이 흔히 있었다. 등잔불은 가스에 싸여서 잘 타지 않았다. 이따금 기절한 인부가 밖으로 들려 나왔다. 군데군데에 절벽이 있었다. 지반은 허물어지고 돌 마루는 움푹 패여서 지하수도로는 낡은 우물처럼 되어 있었다. 이제는 단단한 디딜 자리 같은 것은 찾을 수 없었다. 갑자기 한 인부가 수렁에 빠졌다. 그를 구해내는 데 무척 힘이 들었다. 푸르크루아(18세기 말에서부터 19세기 초에에 걸쳐서 활약한 화학자, 정치가)의 충고에 따라 군데군데 충분히 소독한 장소에는 송진을 묻힌 삼베 부스러기를 가득 넣은 커다란 바구니를 놓고 불을 붙여 갔다. 벽 곳곳에는 종기 비슷한 묘한 버섯 같은 것이 뒤덮고 있었다. 숨도 쉴 수 없는 그 속에서는 돌조차 병들어 있는 것 같았다.

 브륀조는 그 탐험에서 상류에서 하류로 진로를 잡았다. 그랑 뙤를뢰르의 두 수로의 갈림길에서 튀어나온 돌 위에 써 있는 1550이라는 연호를 읽을 수가 있었다. 그 돌은 필리베르들로 드므가 앙리 2세의 명령으로 빠리의 지하수도로를 탐험했을 때, 마지막으로 도착했던 지점을 나타내고 있었다. 그 돌은 16세기가 지하수도로에 남긴 흔적이었다.

브륀조는 또한 1600년에서 1650년 사이에 둥근 천장을 해놓은 뽕쏘와 비에이유 뒤 땅쁠 거리의 수로에서 17세기의 인력(人力)의 흔적을 확인하고, 1740년에 파서 둥근 천장으로 만든 대 지하수도로의 서쪽 부분에서는 18세기의 인력을 확인했다. 그 두 둥근 천장, 특히 덜 오래된 1740년의 것은 환상(環狀) 지하수도로의 돌을 쌓아올린 곳보다도 더 금이 가고 더 많이 허물어져 있었다. 이 환상 지하수도로는 1412년에 만들어진 것으로, 그 당시 메닐몽땅의 맑은 물줄기가 빠리의 큰 지하수도로라는 요직으로 승진한 것이어서 이것은 농부가 국왕의 시종장이 된 듯한 출세였다. 그로 장이 르벨이 된 격이었다(그로 장, 즉 농부인 장이 왕이 되는 꿈을 쫓는다는 이야기는 퐁펜의 《젖짜는 여인과 젖병》에 나온다. 르벨은 필립 르벨 왕에 비유했다고 생각된다. 르벨은 미남이라는 뜻).

군데군데에, 그 중에서도 특히 재판소 밑에 지하수도로 속에는 옛날의 지하 감방 비슷한 데가 있었다. 끔찍스러운 'in pace'(평화롭게'라는 의미의 라틴어. 큰 죄인을 죽을 때까지 감금하는 지하 감옥을 말함). 그 감방 하나에는 무쇠 목고리가 매달려 있었다. 브륀조 일행은 그것들을 모두 막았다. 몇몇 괴상한 물건이 있었다. 그 중에서도 1800년에 식물원(동물원을 겸하고 있다)에서 사라진 오랑우탄의 해골이 나왔는데, 그것은 18세기 말에 베르나르댕 거리에 괴물이 나타났다는 유명하고도 확실한 이야기와 아마 관련이 있을 것이다. 그 짐승은 불쌍하게도 하수도 속에 빠져 죽은 것이다.

아르슈 마리옹 거리로 통하는 둥근 천장의 기다란 통로 밑에 넝마주이 등에 지는 바구니 하나가 조금도 상하지 않고 남아 있어 감식가들의 감탄을 불러 일으켰다. 사람들이 감연히 처리해 간 진흙 속엔 금붙이, 은붙이, 보석, 화폐와 같은 귀중품이 잔뜩 들어 있었다. 만약 어떤 거인이 그 수렁물을 체로 걸렀다면 수세기에 걸친 재물을 건졌을 것이다. 땅쁠 거리와 쌩따부아 거리 두 줄기가 갈리는 지점에서는 진기한 위그노파의 동메달이 나왔다. 그 일면에는 추기경의 모자를 쓴 돼지가 있고, 뒤에는 교황의 관을 쓴 늑대가 그려져 있었다.

가장 뜻하지 않았던 것에 부딪힌 것은 대하수도의 입구에서였다. 그 입구가 예전에는 쇠창살 문으로 닫혀 있었는데 이제는 돌쩌귀만 남아 있었다. 그 돌쩌귀 한쪽에 형태도 알아볼 수 없는 누더기같은 것이 걸려 있었다. 틀림없이 흘러가다가 거기에 걸린 채 어둠 속에 떠돌고, 그러다가 찢긴 것 같았다.

브뤼조는 등불을 가까이 대고 그 누더기를 조사했다.

브뤼조는 등불을 가까이 대고 그 누더기를 조사했다. 질이 아주 좋은 바띠스 뜨 대마지로 좀 덜 찢어진 한구석에 LAUBESP라는 일곱 글자와 그 위에 관(冠)의 문장을 수놓은 것을 알아볼 수 있었다. 관은 후작의 관이었다. 일곱 글자는 'Laubespine'(부인 이름)라는 뜻이었다. 사람들은 눈앞에 있는 그것이 마라(1793년에 암살된 대혁명 의 지도자의 한 사람)가 쓰던 염포의 한 조각임을 알았다. 마라는 젊은 시절에 여러 번 정사를 거듭했다. 그것은 그가 수의사로서 아르뚜아 백작 댁에 살던 때의 일이었다. 역사적으로 증명되는 한 귀부인과의 정사로 해서 그 침대의 홑이불이 그에게 남아 있었다. 우연히 남아 있었는지 아니면 기념으로 남겨 두었는지는 모르겠다. 그가 죽었을 때, 그의 집에서 다소 나은 천이라곤 그 것뿐이었기 때문에 시체를 그것으로 싼 것이다. 몇몇 늙은 부인들이 비극적인 이 '민중의 벗'(마라는 그가 발행하던 신문 이름으로 알려져 있었다)을 일찍이 환락과 인연이 있는 그 천에 싸서 저승에 보냈던 것이다.

브뤼조는 누더기를 그대로 남겨둔 채 앞으로 나갔다. 경멸에서였는지 아니면 경의에서였는지? 아무튼 마라는 그 두 가지를 받을 자격이 있었다. 게다가 숙명의 흔적이 너무도 뚜렷했기 때문에 감히 거기에 손대기를 주저했다. 무엇보다도 무덤에 있는 물건은 그것이 선택한 장소에 그대로 놓아두어야 하는 것이다. 요컨대 그 유물은 진기한 물건이었다. 한 후작부인이 그곳에 잠들어 있었고 마라가 그곳에서 썩었다. 그 유물은 빵떼옹(위대한 인물의 영혼들을 제 사하는 영묘. 마라도 그 곳 에 장사를 지냈다)을 지나서 하수도 쥐들이 사는 곳까지 이른 것이다. 옛날에 와또(18세기 초의 프 랑스의 화가. 《큐라로에의 출항》 그 밖에 왕조의 아름다 운 연회 풍속을 그리고 의상에 특수한 취미를 가졌다)는 그 헝겊의 주름까지도 즐겨 그려냈겠지만 지금은 단떼가 응시하기에 어울릴 만한 물건이 되어 버렸다.

빠리 지하의 하수도 전반에 걸친 조사는 1805년부터 1812년까지 7년이 걸렸다. 브뤼조는 진행하면서 갖가지 상당한 일을 계획하고 지휘하고 완수해 갔다. 1808년에 그는 뽕쏘의 토대를 낮추고 또 사방으로 새로운 수로를 만들어 1809년에는 쌩 드니 거리 밑을 이노쌍의 분수까지, 1810년에는 프루아망또 거리 밑과 살뻬트리에르 구호원 밑까지, 1811년에는 뇌브 데 프띠 뻬르 거리 밑과 르 마이유 거리 밑과 에샤르쁘 거리 밑과 르와얄 광장 밑에, 1812년에는 라 뻬 거리 밑과 라 쇼쎄 당땡(이름) 밑에 지하수도로를 확장했다. 동시에 그물 같은 하수도로를 소독해서 위생적으로 만들었다. 2년째부터 브뤼조는 사위 나르고를 조수로 삼았다.

이렇게 하여 19세기 초에 낡은 사회는 그 이중의 바닥을 청소하고 지하수도로의 화장을 끝냈다. 아무튼 그것만은 확실히 청결해졌다.
 구불구불하고 금이 가고 포석이 없어지고 터지고 물구덩이가 생기고 야릇한 모퉁이가 얽히고 제멋대로 높았다 얕아졌다 하고 악취를 풍기고 황폐하고, 손을 댈 수가 없게 되고 어둠 속에 잠기고, 포석에도 벽에도 상처 자리가 있고 사람을 오싹하게 하는 그러한 상태가, 빠리의 옛 지하수도로였다.
 사방으로 갈라진 지맥, 뒤얽힌 참호, 여러 수로의 집합점, 갱도 안에 있는 것 같은 균열, 맹장, 막다른 골목, 부식된 둥근 천장, 썩은 물웅덩이, 사방의 벽으로 퍼져 가는 얼룩, 천장에서 떨어지는 물, 암흑, 그것만큼 고름을 질질 흘리는 낡은 지하굴의 공포에 필적할 만한 것은 어느 것도 없다. 그것은 바빌론의 소화 기관이었고 동굴이었고 무덤 구덩이였다. 정신적인 눈에는 그 구멍의 어둠을 통해서 예전에는 화려했던 것들의 쓰레기 속에 과거라고 하는 저 눈먼 두더쥐가 방황한 듯해 보이는 것이다. 그것이, 거듭 말하지만 바로 '옛날'의 지하수도로였다.

현재의 진보

 오늘날 지하수도로는 청결하고 서늘하고 곧게 정리되어 있다. 영국에서 'respectable'(부끄럽지 않은)이라는 말로 표현하는 의미 이상의 것을 실현시키고 있다. 오늘날의 지하수도로는 정연하고 희미한 잿빛을 보이고 있다. 먹줄로 그은 것처럼 일직선이 되어 있어 마치 정성들여 맵시를 부린 것 같다. 한낱 상인이 국가의 고문관이 된 격이다. 안에서도 거의 밝게 보인다. 구정물도 점잖게 흐르고 있다. 언뜻 보면 옛날에 '민중이 왕을 사랑하던' 그 좋은 시절의 왕족들이 도망치기에 매우 편리한 곳이었다. 곳곳에 파졌던 지하도의 하나가 아닌가 생각될 정도로 오늘날의 지하수도로는 아름답고 올바른 양식으로 통일되어 있다. 직선으로 된 알렉상드르(12음절의 프랑스 대표적 시구 형식)의 고전미는 시(詩)에서 추방되어 건축 속으로 달아난 것처럼 보이고, 이 어두컴컴하고 뿌옇고 길고 둥근 천장의 돌 하나하나에 녹아들어 있는 듯하다. 배수구는 모두 아치형으로 되어 있다. 리볼리 거리는 지하수도로 속에서까지 일파를 이루고 있다 (리볼리 거리는 빠리의 격식이 뛰어난 거리). 게다가 질서정연한 선이 가장 잘 나타난 장소가 있다면 그것은 바로 대도시의 배설물 구덩이일 것이다. 그곳에는 모든 것이 되도록 짧은 거리로 되어 있다.

　오늘날 지하수도로는 어딘지 공적인 모습을 띠고 있다. 이따금 제출되는 지하수도로에 관한 지하 경찰 보고도, 이제는 소홀히 다루지 않는다. 지하수도로를 나타내는 공용어도 상당히 향상되고 의젓하다. 창자의 광이라고 불리던 것이 지금은 지하도라고 부르고 구멍이라고 부르던 것이 오늘날엔 맨홀이라고 부른다. 비용이 옛날에 잠자리로 삼던 곳을 찾는다 해도 좀처럼 발견할 수 없을 것이다. 이 지하굴의 그물눈에는 아직도 설치류(齧齒類)라는 옛적부터 살고 있는 주민이 있는데, 옛날보다 더 증가했을 정도이다. 이따금 늙은 쥐가 지하수도로 창문으로 머리를 내밀고 빠리 사람들을 살펴본다. 그러나 이 기생 동물도 자기네의 지하 궁전에 만족하여 온순해져 있다.

　지하수도로는 이미 초기의 거칠은 그림자를 찾아볼 수 없다. 옛날에는 지하수도로를 더럽히던 빗물도 지금은 지하수도로를 씻어준다. 그렇지만 마음을 놓아서는 안된다. 유독 가스는 아직도 그곳에 차 있다. 완전 무결하다기보다 빛좋은 개살구 같은 것이다. 경찰국과 위생 당국이 무척 애를 썼지만 허사였다. 온갖 청결법이 시도됐으나 마치 참회한 뒤의 따르뛰프(몰리에르 작 《따르뛰프》의 주인공으로 위선자의 전형)처럼 아직도 의심스러운 냄새를 무럭무럭 풍기고 있다.

　요약컨대, 문명에 대해 지하수도로가 해야 할 봉사가 청소며, 또 이런 관점에서 따르뛰프의 양심이 오지아스의 외양간(그리스 신화. 삼천 마리의 소를 먹이면서 삼십년간 한 번도 청소를 안했다는 외양간)보다는 한 걸음 진보했다는 의미에서, 빠리의 지하수도로가 개선된 것은 의심할 여지가 없다.

　아니, 그것은 진보 이상인 하나의 변형이다. 옛날 지하수도로와 지금의 지하수도로 사이에 혁명이 있다. 그 혁명을 누가 일으켰을까? 세상이 잊고 있는 사람, 여기에 그 이름을 밝힌 바 있는 바로 브륀조다.

장래의 진보

　빠리 지하수도로의 굴착은 결코 단순한 일이 아니었다. 거기에 허비된 10세기 동안의 노력이 빠리를 완성시킬 수 없었듯 지하수도로를 완성시킬 수 없었다. 지하수도로는 역시 빠리가 발전하는 데 따라서 그 영향을 받지 않을 수 없다. 그것은 수많은 촉각을 가지고 있는 어둠 속의 자포동물(刺胞動物)과 같아서 지상의 도시가 넓어짐에 따라 땅 속에서 커진다. 시가 길을 하나 만들 때마다 지하수도로는 팔을 하나 뻗친다. 옛 왕정은 2만 3000미터의 지하수도로밖에 만들지 않았다. 그것이 1806년 1월 1일 당시 빠리의 상태였다. 그때부터, 곧 이야기가 언급되겠지만 지하수도로 사업은 효과적이고 강력하게 재개되고 계속되었다.

나뽈레옹은 이상한 숫자이지만 4804미터를 만들었다. 루이 18세는 5700미터, 샤를르 10세는 1만 836미터, 루이 필립은 8만 9020미터, 1848년의 공화정부는 2만 3381미터, 현 정부는 7만 500미터를 건설했다. 현재에는 22만 6610미터, 실로 600리의 지하수도로가 이어져 있는 빠리의 거대한 창자다. 어둠 속에 길게 뻗어 있는 작은 나뭇가지, 그것은 언제나 일손을 멈추지 않는다. 아무도 눈치채지 못하는 거대한 건설인 것이다.

오늘날 빠리의 지하 미궁은 19세기 초의 10배 이상으로 확장되었다. 저 지하수도로를 현재처럼 비교적 완전한 상태로 이끌어가기 위해 치러야 했던 인내와 노력이 어느만큼 필요했는지 상상하기조차 어렵다. 옛 왕정시대의 관청과 18세기 말의 10년 동안의 혁명 정부 시청이 1806년 이전에 존재했던 50리의 지하수도로를 판 것도 가까스로 한 일이었다. 지질에서 오는 어려움이며 빠리의 노동 계급의 편견에서 오는 장애 등 온갖 종류의 장애가 그 작업을 방해했다.

빠리라는 도시는 곡괭이에도 괭이에도 시추기계에도 대항하는, 즉 온갖 인력에 완강하게 저항하는 지층 위에 세워져 있다. 빠리라는, 놀라운 역사적 형성물이 쌓아 포개져 있는 지질학적 형성물만큼 파기 힘들고 뚫기 어려운 것은 없다. 어떤 형태로든지 일을 시작해서, 충적층 속으로 진행시켜 나가면, 곧 지하의 저항에 차례차례 부딪치게 된다. 묽은 점토가 있기도 하고, 물이 솟기도 하고, 단단한 바위가 있기도 하고, 전문 과학이 개자(芥子)라고 부르는 부드럽고 깊은 진흙도 있다. 극히 얇은 점토막과 아담 이전의 바다에 살던 굴껍질을 흩뿌린 편암층이 다섯 층으로 되어 있는 석회암층 속을 곡괭이는 무진 애를 쓰면서 전진한다.

때로는 물이 흘러서 공사가 완성된 둥근 천장을 갑자기 무너뜨리고 인부들을 물에 빠지게 한다. 또는 진창물이 흐르기 시작하여 폭포수처럼 억세게 밀려와서 아무리 큰 받침나무도 유리를 깨듯 꺾어 버린다. 최근 비예뜨에서 쌩 마르땡의 운하를, 배의 왕래를 막지 않고 운하의 물을 뿜어내지도 않고 대지하수도로를 뚫어야 했을 때, 운하의 밑바닥에 균열이 생겨서 갑자기 지하의 공사장에 물이 넘쳐 흡수 펌프를 있는 대로 사용했으나 허사였다. 잠수부를 써서 균열을 찾았으나 큰 정박소 입구에 있는 균열을 막는 것 또한 보통 힘드는 일이 아니었다.

그밖에 세느 강 근처라든가 강에서 상당히 떨어져 있더라도, 이를테면 벨르빌이나 그랑드 뤼라든가 뤼니에르 골목에서는 사람의 발이 빠지면 그대로 가라앉아 버리는 밑없는 모래 수렁과 마주쳤다. 게다가 유독 가스에 의한 질식, 흙모래의 매몰로 인한 피해, 돌연한 붕괴가 있었다. 그 밖에도 질병이 있어서 노동자들은 장티푸스에 서서히 감염되어 갔다. 근래에도 우르크 강의 수도 본관을 세느 강에 넣기 위한 제방공사까지 함께 해서 끌리쉬의 지하도를 만들기 위해, 참호 속에 들어가서 깊이 10미터 되는 곳에서 흙모래가 무너져내리는 사이를 뚫고 호(壕)의 구멍—대부분은 썩어서 악취를 풍기는—이며, 붕괴를 막느라고 만들어 놓은 받침나무 등을 의지해서 오삐딸 큰 거리에서 세느 강까지 비에브르 강의 물을 끌어가는 지하수도로의 둥근 천장을 쌓는 일, 빠리를 몽마르트르의 급류에서 건져내고, 마르띠르 시문 옆에 괴어 있는 9헥타르의 진흙물의 배수로를 만들기 위한 일, 다시 말하면 블랑슈 시문에서 오베르빌리에의 도로까지 한 줄기 지하수도로를 넉 달동안 밤낮을 가리지 않고 11미터의 깊은 곳에서 만들어내는 일, 바르 뒤 베끄 거리에서는 참호 없이 땅 속에 들어가 지하 6미터의 지점에서 지하수도로를 완성하는, 그때까지 볼 수 없었던, 그러한 여러 가지 일을 한 뒤에 감독 모노는 죽었다.

또한 트라베르씨에르 쌩 땅뜨완느 거리에서 루르신 거리까지 시내의 각 지점을 연결하는 3000미터의 둥근 천장을 만드는 일, 아르발레뜨에서 지맥을 끌어서 쌍씨에 무프따르 네거리에 넘치는 빗물을 흐르게 하는 일, 모래사태 속에 돌과 콘크리트로 토대를 만들고 그 위에 쌩 졸츠 지하수도로를 뚫는 일, 노트르담 드 나자레의 지관의 토대를 낮추는 위험한 공사의 지휘 같은 여러 가지 일을 끝내고 기사 될로도 죽었다. 그러나 싸움터에서 벌어지는 어리석은 학살보다 유익한 그들의 용감한 행위에 대해서는 아무런 보고서도 없다.

1832년, 빠리의 지하수도로는 오늘날과 거리가 멀었다. 브뤼조는 일의 실

마리를 만들어 주었으나 그뒤에 한 광범한 개조를 단행시킨 것은 콜레라 덕분이었다. 놀라운 이야기지만, 1821년에는 대운하라고 불리었던 대지하수도로의 일부가 마치 베니스처럼 구르드 거리에서 뚜껑이 드러난 채 물이 괴어 있었다. 그 냄새 나는 것에 뚜껑을 하기 위해 필요한 207만 80프랑 6쌍띰을 빠리시가 조달할 수 있었던 것은 겨우 1823년의 일이다. 꽁바와 꾀네뜨와 쌩 망데 세 곳의 흡수 우물이 각각 배수구와 여러 가지 장치와 물을 괴게 하는 웅덩이와 정수용 분맥(分脈)을 갖추고 완성된 것은 겨우 1836년의 일이었다. 이리하여 빠리 뱃속의 도로는 최근 4반세기 이래 새로 개조되고, 이미 말한 대로 10배 이상의 길이가 된 것이다.

지금부터 30년 전, 즉 1832년 6월 5, 6일의 반란이 일어난 무렵의 지하수도로는 여러 군데가 옛날 상태 그대로였다. 대개 거리는 지금은 가운데가 높지만 그 무렵은 가운데가 움푹하였다. 도로나 네거리의 경사가 끝난 곳, 즉 경사가 시작되는 지점에서 흔히 커다란 네모난 쇠살문을 볼 수 있었다. 그 굵은 쇠창살 문은 군중들의 발길에 닦여서 빛나고 있어 마차는 미끄러지기 쉬웠고 말을 곧잘 구르게 했다.

토목 관계의 공용어는 그러한 경사의 기점이나 창살문에 'cassis'(거미줄)라는 의미심장한 이름을 붙였다. 1832년에는 에뜨왈르 거리, 쌩 루이 거리, 땅쁠 거리, 비에이유 뒤 땅쁠 거리, 노트르담 드 나자레 거리, 폴리 메리꾸르 거리, 플뢰르 강변, 쁘띠 뮈스끄 거리, 노르망디 거리, 뽕 또 비슈 거리, 마레 거리, 쌩 마르땡 교외, 노트르담 데 빅뜨와르 거리, 몽마르트르 교외, 그랑주 바뜰리에르 거리, 샹 젤리제, 자꼬브 거리, 뚜르농 거리 같은 많은 도로에 옛날 그대로의 고딕식 지하수도로가 아직도 주저하지 않고 아가리를 벌린 채 있었다. 별 게 아니다. 덮개가 달린 거대한 돌로 만들어진 구멍으로, 경계석으로 둘레를 두른 것도 있어 기념물의 뻔뻔스러움을 갖추고 있었다.

1806년 빠리의 지하수도로는 1663년 5월에 공인된 전장 5328뜨와즈와 같은 거리였다. 브륀조 이후 1832년 1월 1일에는 그것이 4만 300미터가 되어 있었다. 1806년부터 1831년까지 매년 평균 750미터를 만든 셈이었다. 그뒤 매년 8000미터에서 1만 미터에 이르는 지하도를 콘크리트의 토대 위에 수경성 석회반을 다져넣는 공사로 구축해 갔다. 1미터 당 200프랑으로 치고 현재의 빠리 지하수도로 600리는 4천 8백만 프랑이 든 셈이다.

빠리의 지하수도로라는 이 큰 문제에는 처음에 지적한 바 있는 경제적인 진보 외에 공중 위생상의 중대 문제가 결부되어 있다.

빠리는 물의 층과 공기의 층이라는 두 개의 넓은 층 사이에 있다. 물의 층은 지하에 상당히 깊이 가로놓여 있는데, 이미 두 번 굴착하여 다듬어서 석회질의 암석과 쥐라기 지층에 속하는 석회석 사이에 있는 녹색 사암층에서 나온다. 그 사암층은 반지름 250리의 원반으로 나타낼 수가 있다. 크고 작은 많은 개천물이 그 속에 스며들어 있다. 그래서 그르넬르 거리의 우물물 한 잔을 마시면, 세느 강, 마르느 강, 욘 강, 와즈 강, 엔 강, 셰르 강, 비엔 강과 르와르 강의 물을 마시는 것이 된다.

이 물의 층은 위생적이다. 그것은 처음에는 하늘에서 내리고, 다음에 땅에서 나온다. 그런데 공기의 층은 비위생적이어서 지하수도로에서 나온다. 지하수도로의 온갖 독기가 공기에 섞여 있다. 숨쉬기가 어려워지는 것은 그 때문이다. 퇴비 위에서 채취된 공기가 빠리에서 채취한 공기보다 깨끗하다는 것은 과학으로 확인되어 있다. 그러나 일정한 시일이 지나면 진보하는 데 따라서 여러 기관도 완성되고 좋은 착상도 떠올라 물의 층을 사용해서 공기의 층을 정화할 수 있게 될 것이다. 즉, 지하수도로를 세척할 수 있게 될 것이다. 지하수도로의 세척이라는 말이 여기에서는 진창을 대지로 돌려보내는 의미라는 것을 잘 알 것이다. 즉, 흙에, 다시 말해서 비료를 밭에 돌려보낸다는 것이다. 이 간단한 일 하나로 사회 전체의 빈곤이 감소되고 건강은 증진될 것이다. 현재 빠리에서 온갖 질병이 만연되는 것은, 루브르를 그 전염의 수레바퀴의 굴대라고 한다면, 500리 사방에 이르고 있다.

10세기 이후 시궁창은 빠리 질병의 근원이었다고 할 수 있다. 지하수도로는 도시의 혈액 속에 있는 독이다. 민중의 본능은 그것을 절대로 놓치지 않았다.

도살자의 직업은 누구나 싫어해서 오랫동안 사형 집행인에게만 맡겨 두었듯이 지하수도로 청소부의 일도 옛날에는 거의 그와 같은 정도로 위험해서 역시 민중의 혐오를 받았다. 그 구린내 나는 구덩이 속에 석공들을 들어가게 하려면 비싼 임금을 치러야 했고, 우물을 파는 인부의 사다리도 그곳에 내려가기를 주저했다. '지하수도로에 내려가는 것은 무덤 속에 들어가는 일이다'는 속담까지 사람들 입에 오르내렸다. 게다가 앞에서 말한 바와 같은 갖은 끔찍한 전설이 그 거대한 지하수도로를 공포로 뒤덮고 있었다.
 사람들이 두려워하는 그 지하 소굴은 인간의 혁명뿐 아니라 지구 혁명의 흔적까지도 남겨 두어 노아의 대홍수 때의 조개껍질부터 마라의 누더기 천에 이르기까지 온갖 대변동의 유물이 발견되는 것이다.

제3편 진창 속의 영혼

지하수도로와 생각지 못했던 선물

장 발장이 들어간 곳은 바로 빠리의 지하수도로였다.

또 하나의 빠리와 바다의 공통점이 이 곳에 있다. 거기에 빠진 자는 바닷속에서처럼 영영 사라져 버리고 만다.

상황의 변화는 이상할 정도였다. 시의 한복판에 있는데도 장 발장은 도시 밖에 있는 것이다. 눈깜짝할 사이에 한 개의 뚜껑을 열었다가 다시 닫는 순간 그는 대낮에서 캄캄한 암흑 속에, 정오에서 한밤중에, 소음에서 침묵으로, 소용돌이치는 우레 소리에서 무덤 속 같은 정적으로, 또 뽈롱쏘 거리에서 일어나는 급변보다 더 놀라운 급변으로 말미암아 가장 큰 위험에서 안전하기 이를 데 없는 상태로 들어간 것이다.

지하로 홀연히 떨어지는 것, 빠리의 지하 감옥 속으로 사라지는 것, 죽음이 지배하는 거리를 떠나서 생명이 있는 일종의 무덤에 옮기는 것, 그것은 신기한 순간이었다. 그는 그대로 한동안 망연해서 귀를 기울이고, 아찔한 채로 있었다. 구원의 함정이 그의 발밑에 갑자기 입을 벌린 것이다. 천상의 자애가 배신을 하여 그를 포로로 만든 것이다. 경탄할 만한 신의(神意)의 기다림이었다.

다만 떠멘 부상자는 꼼짝도 하지 않았다. 장 발장은 이 무덤 구덩이 속에서 자신이 짊어지고 있는 사나이가 과연 살아 있는지 죽어 있는지조차 몰랐다.

그가 최초로 감각한 것은 눈이 보이지 않는 것이었다. 돌연 아무것도 보이지 않았다. 또한 순간적으로 귀가 들리지 않는 것 같았다. 아무것도 들리지 않았다. 불과 수 피트 머리 위에서 불어젖히는 광적인 살인 폭풍은 이미 말했듯이 두터운 지면이 가로막혀서 지금은 깊은 곳의 울렁거리는 소음처럼 그의 귀에 둔하고 희미하게 전해올 뿐이었다. 발밑에 딱딱한 것이 느껴졌다.

장 발장이 들어간 곳은 바로 빠리의 지하수도로였다.

그뿐이었다. 그러나 그것만으로 충분했다. 한 팔을 뻗치고 다른 팔을 뻗치니 양쪽이 다 벽에 닿아 통로가 좁다는 것을 알았다. 발이 미끄러지기 때문에 돌바닥이 젖어 있는 것을 알았다. 구멍인지 물이 괸 곳인지 아니면 깊은 못인지, 두려워하면서 조심스레 한 발을 내디뎠다. 돌바닥이 죽 뻗어 있는 것이 확실했다. 구린내 나는 공기로 이곳이 어딘지 짐작할 수 있었다.

조금 지나자 희미하게 보이기 시작했다. 희미한 빛이 조금 전에 자신이 기어들어온 통풍 구멍으로 비치고 있었다. 눈도 땅 밑에서 조금 익숙해져 왔다. 무엇인지 분간할 수 있게 되었다. 두더쥐처럼 숨었다고밖에 표현할 수 없는 그 굴의 뒤편은 벽이었다. 그것은 전문 용어로 분지(分枝)라고 부르는 막다른 골목의 하나였다. 앞쪽에도 또 하나의 벽, 밤의 벽이 있었다. 통풍 구멍에서 비치는 빛은 장 발장이 있는 곳에서 열 걸음이나 열 두어 걸음까지밖에 미치지 못했고, 지하수도로의 축축한 벽을 겨우 10여 미터 희끄무레하게 비추고 있을 뿐이었다. 그 앞은 짙은 암흑이었다. 그곳으로 들어가는 것은 두려웠고, 들어가기만 하면 삼켜져 버리고 말 것 같았다. 그러나 그 안개 벽 속으로 들어갈 수 있을지도 모를 일이었고 또 그렇게 하지 않으면 안되었다. 그것도 서둘러야만 했다. 장 발장은 자신이 포석 밑에서 발견한 그 쇠창살문을 병사들도 발견할지 모르며, 모든 것은 우연에 달려 있다고 생각했다. 병사들도 이 지하수도로로 내려와서 그를 찾을지도 모르는 일이었다. 1분도 헛되게 할 수 없었다. 그는 마리우스를 땅에 내려놓았다가 다시 들어올렸다. 그리고 그를 어깨에 짊어지고 걷기 시작했다. 그는 대담하게 어둠 속으로 들어갔다.

사실로 말하자면 장 발장이 생각하고 있었던 만큼 안전하진 않았다. 종류가 다른, 그리고 큰 위험이 그들을 기다리고 있는지도 몰랐다. 전투의 거센 소용돌이가 지난 뒤, 이번에는 유독 가스와 함정의 동굴이었다. 혼란 뒤의 시궁창이었다. 장 발장은 하나의 지옥에서 다른 지옥으로 떨어진 것이다.

쉰 걸음쯤 들어간 곳에서 걸음을 멈추어야 했다. 문제가 생긴 것이다. 지하수도로는 또 하나의 관에 이어져 있고 그것과 엇비슷하게 만나는 곳에 두 개의 길이 나 있었다. 어느 쪽을 택해야 하나? 왼쪽으로 돌아야 할지, 오른쪽으로 돌아야 할지? 이 어두운 미궁 속에서 어떻게 방향을 잡아야 할 것인가? 이 미궁에는 우리가 주의해 두었듯이 하나의 실마리가 있다. 그 속의 경사이다. 경사를 따라 내려가면 강에 도달할 수 있다. 장 발장은 이내 그것을 알아차렸다.

그는 생각했다. 이곳은 틀림없이 시장의 지하수도로일 것이다. 그러니까 왼쪽으로 길을 택해서 경사를 따라가면 15분도 못되어 뽕 뇌프와 뽕 또 샹즈(둘 다 세느 강의 오른쪽 강변과 씨떼 가운데 섬을 연결하는 다리) 사이의 세느 강으로 나가는 출구 어딘가에 도착하게 될 것이다. 그러면 대낮에 빠리의 가장 번화한 지점에 모습을 드러내게 될 것이다. 아마도 네거리 땅바닥의 덮개에 도달하게 될 것이다. 피투성이의 두 사나이가 발밑의 땅바닥에서 나오는 것을 본다면 지나가던 사람들은 기겁을 할 것이다. 경관이 달려오고 근처의 헌병들이 무장을 하고 올 것이다. 밖으로 나가기도 전에 붙잡히고 말 것이다. 그러기보다는 이 미궁 속에 몸을 숨기고, 이 어둠을 의지해 출구로 나가는 것은 신의 뜻에 맡겨두는 편이 좋겠다. 그는 다시 경사를 더듬어 올라가 오른쪽으로 돌았다.

지하도의 모퉁이를 돌자, 통풍구에서 새어 들어오던 아득한 빛은 사라지고 어둠의 장막이 다시금 그의 위에 내려져 또다시 앞이 보이지 않게 되었다. 그래도 그는 발을 멈추지 않고 되도록 빨리 서둘렀다. 마리우스의 양팔은 그의 목을 감고 다리는 그의 등 뒤로 늘어져 있었다. 그는 그 두 팔을 한 손으로 누르고, 다른 쪽 손으로 벽을 더듬으며 걸었다. 마리우스의 뺨이 그의 뺨에 닿아서 피에 젖었기 때문에 끈적끈적하게 늘어붙었다. 마리우스의 몸에서 뜨뜻미지근한 피가 자신의 몸 위로 흘러 옷 속으로 스며드는 것을 느꼈다. 그러나 부상자의 입이 닿아 있는 귀 언저리에 축축한 온기가 느껴지는 것은 아직도 숨을 쉬고 있는, 즉 살아 있다는 증거였다.

장 발장이 지금 걸어가는 곳은 처음의 지하도보다 넓었다. 장 발장은 그곳을 상당히 고생하면서 걸어갔다. 어제의 빗물이 아직도 다 빠지지 않아서 아치의 토대를 이루는 양쪽 기슭 중앙에 조그마한 급류를 이루고 있었으므로 그는 벽에 달라붙어 발이 물에 빠지지 않도록 걸어야만 했다. 이렇게 해서 그는 어둠 속을 걸어갔다. 마치 보이지 않는 세계를 더듬으면서 지하 암흑의 물줄기 속으로 섞여 들어가는 밤의 생물 같았다.

그러나 차츰 멀리 있는 구멍에서 비쳐드는 희미한 빛이 어두운 안개 속에 떠올라 있는 건지, 아니면 그의 눈이 어둠 속에 익숙해졌는지 희미한 시력이 되살아와서 손으로 더듬고 있는 벽이며, 머리 위의 둥근 천장이 어렴풋하게 보이기 시작했다. 눈동자는 암흑 속에서도 확대되어 이윽고 그 속에서 빛을 발견하기에 이른다. 마치 영혼이 불행 속에서 팽창하여 거기에서 신을 발견하듯이.

방향을 잡는 것은 매우 곤란했다. 지하수도로의 길은 그 위에 있는 도로의 줄기를 반영한다고 해도 좋았다. 당시의 빠리에는 2200개의 거리가 있었다. 그 밑에 지하수도로라는 암흑의 분지가 잔뜩 뻗쳐 있는 숲을 상상해 보라. 그 무렵 존재했던 지하수도로 망은 끝과 끝을 연결하면 길이가 110리에 달했다. 앞서도 말했듯이, 현재의 그물눈은 최근 30년 동안의 활발한 공사 덕분에 600리를 넘고 있다.

장 발장은 처음에 착각을 했다. 그는 쌩 드니 거리 아래에 있는 줄로 알았으나 유감스럽게도 그렇지 않았다. 쌩 드니 거리 아래에는 루이 13세 시대부터 낡은 돌로 만든 지하수도로가 있어 대하수로라고 불리는 종합 하수로로 곧장 통해 있었다. 단 하나, 오른편에 옛날의 꾸르 데 미라끌(기적의 광장)의 언덕에 오른쪽 모퉁이를 내밀고, 또 그 한 줄기는 나뉘어서 쌩 마르땡 하수로로 네 개의 팔은 열십자로 교차되어 있다. 그러나 꼬랭뜨 주점 옆에 입구가 있는 쁘띠뜨 트뤼앙드리의 지맥은 쌩 드니 거리의 땅 밑을 통하는 것은 아니다. 그것은 몽마르트르 하수로에 통하고 있는데 장 발장은 그곳에 들어간 것이다.

그곳에서는 길을 잃을 위험이 컸다. 몽마르트르 지하수도로는 낡은 그물눈 중에서도 특히 미로의 하나이다. 다행스러운 것은 장 발장은 많은 돛대를 얽어놓은 것 같은 모양의 시장 하수로는 이미 지나 있었던 것이다. 그러나 그 앞에는 몇 가지 난관이 있었다. 수많은 거리의 모퉁이가—실제로 이곳은 도로였다—암흑 속에 의문부호처럼 놓여 있었다. 첫째로 왼쪽에는 퍼즐놀이와 같은 커다란 쁠라트리에르 대하수로가 우체국과 밀시장의 원형 건물 밑에서 T자형이나 Z자형으로 세느 강까지 얽힌 가지를 내밀어 그곳에서 Y자형을 이루고 있다. 둘째로 오른편에는 까드랑 거리의 구부러진 지하도가 세 개의 이빨과 같은 막다른 골목에 면해 있었다. 셋째로 왼편에는 마이유의 하수로 한 줄기가 거의 입구에서부터 포크 모양으로 얽혀 있어서 그것을 지 그재그로 더듬어가면 사면팔방으로 갈라진 토막을 만들고, 가지처럼 갈라져 있는 루브르의 대지하실의 배출구로 나가게 된다. 마지막으로 오른편에는

마리우스의 양팔은 그의 목을 감고 다리는 그의 등뒤로 늘어져 있었다.

조그마한 옆구멍이 곳곳에 있는 것은 그만두더라도, 환상 지하수도로로 나가기까지에는 죄뇌르 거리의 막다른 지하도가 있었다. 그리고 이 환상 지하수도로만이 먼 출구로 그를 안전하게 데려다 줄 수 있었다.

만약에 장 발장이 우리가 지적한 사실을 조금이라도 알았다면 벽을 만져보기만 하고도 쌩 드니 거리의 지하도에 있는 것이 아니라고 곧 깨달았을 것이다. 오래된 잘라낸 돌 대신에, 다시 말해서 화강암과 1뜨와즈에 800프랑이나 하는 순도 높은 석회 회벽으로 만든 양쪽 기슭의 토대와 도랑이 있고, 지하수도로조차 기품있게 지었던 옛 왕궁식 건축 대신에 근대의 값싸고 경제적인 방법으로 1미터 당 200프랑 하는 콘크리트 기초에 수경성(水硬性) 석회로 굳힌 돌덩어리, 이른바 '싼 재료'를 사용한 부르주아식 석공술을 손바닥에 느낄 수 있었을 것이다. 그러나 그는 전혀 아무것도 몰랐다.

장 발장은 불안감에 사로잡혀서, 그러나 침착하게 아무것도 보지 않고, 아무것도 모르고, 우연 속에 몸을 맡긴 채 신의 뜻에 따라 앞으로 걸어나갔다.

사실을 말하면, 장 발장은 차츰 어떤 공포에 사로잡혀 갔다. 그를 에워싸고 있는 어두운 그림자가 그의 정신 속에 스며들고 있었다. 그는 수수께끼 속을 걸어갔다. 이 하수로는 무섭다. 아찔할 만큼 복잡하게 얽혀 있다. 이 암흑의 빠리 속에 사로잡히는 것은 불길한 일이다. 장 발장은 보이지도 않는 길을 찾아 내어, 아니 거의 만들어 내다시피해서 가야 했다. 이 미지의 세계에서는 내딛는 한 발짝이 마지막 한 발짝이 될지도 모르는 일이었다. 어떻게 이곳에서 빠져나갈 수 있을까? 출구를 찾아낼 수 있겠는가? 그것도 적당한 시기에 발견할 수 있겠는가? 돌로 된 벌집과 같은 이 땅속의 거대한 해면(海綿)은 사람이 속으로 들어가거나 뚫고 나가는 것을 허락할까? 무언가 예기치 못했던 암흑의 매듭에 부딪치지 않을까? 빠져나갈 수 없는 곳에, 통과할 수 없는 곳에 빠지는 것은 아닐까? 이곳에서 마리우스는 피를 많이 흘렸기 때문에, 그리고 장 발장 자신은 굶주림 때문에 죽는 것은 아닐까? 둘 다 마지막에는 여기서 행방불명이 되어 이 밤의 한편 구석에서 두 개의 해골이 되어 버리는 것은 아닐까? 그는 알 수 없었다. 이와 같은 일들을 자기자신에게 물어보았지만, 대답할 수가 없었다. 빠리의 내장은 하나의 깊은 심연이었다. 옛 예언자처럼 그는 괴물의 뱃속에 있었다.

문득 장 발장은 깜짝 놀랐다. 여태까지 곧장 걸어나왔던 그는 순간 길이 이미 오름길이 아니라는 것을 깨달았다. 도랑의 물은 발끝에서 오지 않고 발뒤꿈치에서 부딪치고 있었다. 지하수도로는 이제 내리막길이었다. 어찌된 셈일까? 그렇다면 갑자기 세느 강에 도착한 것일까? 그것은 매우 위험한 일이었지만 되돌아간다는 것은 더욱 위험했다. 그는 그대로 전진했다.

그가 가는 길은 실은 세느 강을 향하고 있지 않았다. 세느 강 오른편 기슭인 빠리의 땅이 만들어내고 있는 움푹한 곳은 한쪽 물줄기를 세느 강으로, 다른 한쪽 물줄기를 대하수로로 흘려 보내고 있다. 물줄기가 갈라지는 지점인 그 오목한 곳은 몹시 고르지 못한 선(線)을 그리고 있다. 배수의 갈림길인 제일 꼭대기는, 쌩따브와 하수로에서는 미셸 르꽁뜨 거리 너머에 있고, 루브르의 하수로에서는 큰 거리 가까이에 있으며 몽마르트르 하수로에서는 시장 가까이에 있다. 장 발장이 닿은 곳은 바로 그 가장 꼭대기였다. 그는 환상 하수로 쪽을 향하고 있었던 셈이다. 길은 옳게 잡은 셈이다. 그러나 그는 그런 사실을 전혀 몰랐다.

분기점으로 나올 때마다 그는 모퉁이를 더듬어 보고 그 입구가 지금 자기가 서 있는 지하도보다도 좁은 것 같으면 구부러지지 않고 곧장 걸어나갔다. 좁은 길은 모두 막다른 골목에 닿게 마련이어서 목적지, 즉 출구에서 멀어질 뿐이라고 그럴 듯한 판단을 내렸기 때문이다. 그는 이렇게 해서 앞서 말했던 네 개의 미로에 의해 어둠 속에 펴진 네 개의 함정을 피할 수가 있었다.

그러다가 문득 그는 폭동이 화석처럼 만들어 버린 빠리, 바리케이드가 교통을 차단한 빠리 밑을 빠져나와 활기 넘치는, 평소와 같은 빠리 밑에 왔다는 것을 알았다.

갑자기 머리 위에서 천둥 소리 같은, 멀지만 죽 계속되는 소리를 들었다. 마차가 굴러가는 소리였다.

적어도 그의 계산으로는 30분 가량 걸었다. 쉬어야겠다는 생각은 없었다. 다만 마리우스를 받치고 있던 팔을 바꾸었을 뿐이다. 어둠은 점점 더 짙어졌지만, 짙은 그 어둠이 오히려 그의 마음을 가라앉혔다.

돌연 앞쪽에 자신의 그림자가 보였다. 그림자는 극히 희미하고 엷은 붉은 빛 위에 떠올라 있었는데, 그 붉은 빛은 발밑의 토대와 머리 위의 둥근 천장을 불그레하게 물들이고 지하도의 끈적끈적한 양쪽 벽 위에 미끄러지는 것처럼 좌우로 움직이고 있었다. 깜짝 놀라서 장 발장은 뒤를 돌아다보았다.

그의 등 뒤, 지금 막 지나온 지하도의 일부에, 거리는 훨씬 먼 것처럼 여겨졌으나 짙은 어둠을 뚫고 무서운 별 같은 것이, 불타듯 빛나며 그를 노려보고 있는 듯했다.

그것은 지하수도로 속에 뜨는 꺼림칙한 경찰의 별이었다. 그 별 뒤에는 검고 똑바르며 희미하고 무서운, 여남은 사람의 그림자가 겹쳐서 움직이고 있었다.

해석

6월 6일에, 지하수도로 수색 명령이 내렸다. 패배자들이 그곳을 피신처로 삼았을 우려가 있었기 때문이다. 뷔조 장군이 빠리의 표면을 소탕하고 있는 동안 지스께 총감은 빠리의 이면을 뒤져야만 했다. 서로 관련된 이중 작전—위에서는 군대, 밑에서는 경찰에 의해 대표되는 관헌의 양면 작전을 필요로 했던 것이다. 경관과 지하수도로 청소부로 이루어진 3분대가, 그 1분대는 세느 강 오른쪽 기슭에, 1분대는 왼쪽 기슭에, 나머지 1분대는 씨떼 섬으로 나뉘어서 빠리의 지하도를 뒤졌다. 경관들은 기총과 곤봉과 검과 단도로 무장하고 있었다.

지금 장 발장에게로 돌린 것은 오른쪽 기슭에 배치된 순찰대의 등불이었다. 그 순찰대는 까드랑 거리 밑에 있는 굽은 지하도와 세 군데의 막다른 골목을 돌아보고 오는 길이었다. 순찰대가 그 막다른 골목 깊숙이 제등(提燈) 불빛을 들이비치고 있는 동안에 장 발장은 바로 그 지하도 입구에 닿았으나 지금까지 걸어오던 수로보다 좁다고 판단하고 그곳에 들어가지 않았던 것이다. 그는 그곳을 지나쳐 버렸다. 경관들은 까드랑의 지하도에서 나올 때 환상 하수로 쪽에서 발소리가 난다고 여겼다. 그것은 장 발장의 발소리였다. 순찰 대장인 경관은 자신의 등불을 높이 쳐들고, 대원들은 발소리가 들려오는 쪽의 안개 속을 들여다보기 시작했다.

장 발장에게는 뭐라 형용할 수 없는 절박한 순간이었다.

다행히도 그에게는 등불이 잘 보이는데, 불빛 쪽에서는 그가 잘 보이지 않았다. 등불은 빛이었고 그는 그림자였다. 그는 훨씬 먼 곳에 있는데다가 주위의 어둠에 휩싸여 있었다. 장 발장은 벽에 바싹 기대어 가만히 서 있었다.

더욱이 자기 등 뒤에서 움직이고 있는 것이 무엇인지 알지 못했다. 잠도 못잔데다 굶주림 겹치는 흥분으로 그는 환각 상태에 빠져 들어갔다. 타오르는 불꽃과 그 불꽃 주위의 귀신들을 보았다. 저게 무얼까? 그는 알 수 없었다.

장 발장이 걸음을 멈추었기 때문에 발소리도 멎었다. 순찰대는 귀를 기울였으나 아무것도 들리지 않았다. 살펴보았으나 아무것도 보이지 않았다. 그들은 의논했다.

몽마르트르 지하수도로의 그 지점은, 큰 비가 올 때면 빗물이 폭포처럼 밀려와서 지하에 조그마한 호수를 만들기 때문에 허물어 버렸으나, 그 당시는 이른바 '통용로' 식으로 어디나 통하는 네거리였다. 순찰대는 그 네거리에 집결할 수 있었다.

장 발장은 그러한 도깨비들이 원을 그리고 모여 있는 것을 보았다. 그 도둑을 지키는 개들의 대가리는 한데 모여 수군거렸다.

개들은 의논한 결과, 자기들이 잘못 생각했고 소리는 나지 않았으며, 아무도 없었고 환상 하수로에 들어갈 필요도 없으며, 시간만 허비하게 되는 것이니, 그보다는 쌩 메리 쪽으로 서둘러 가는 게 낫다, 이제부터 해야 할 일과 '부쟁고'(1830년 혁명 뒤에 민주주의의 급진적인 정치 의식을 가진 빠리의 행동적인 청년들을 멸시하는 말)를 추격해야 한다면 그 방면으로 가야 한다는 것을 결정했다.

당파는 자신에 대한 낡은 모욕적 별명을 이따금 새로운 것으로 바꾸어 놓는다. 1832년에 '부쟁고'라는 말은 이미 닳아서 사라진 '자꼬뱅'이라는 말과, 이 당시 거의 쓰지 않았지만 나중에 많이 쓰게 된 '데마고그'라는 말 사이를 메워 과격민주당을 가리키고 있었다.

대장은 왼쪽으로 구부러져 세느 강의 언덕길을 내려가도록 명령했다. 만약 그들이 두 편으로 갈라져서 두 방향으로 가기로 했다면 장 발장은 붙잡혔을 것이다. 일은 거기에서 결정되었다. 아마도 전투가 벌어질 경우, 많은 폭도들과 싸워야 할 것을 예상했던 시경의 훈령이, 순찰대가 분산되는 것을 금했던 것이다. 순찰대는 장 발장을 뒤에 남겨두고 걸어가기 시작했다. 그 움직임에서 장 발장의 눈에 뜨인 것은 불빛이 갑자기 방향을 바꾸어서 사라진 것뿐이다.

그곳을 떠나기 전에 대장은 경찰관다운 조심성에서 그대로 방치해 두고 가는 방향에, 즉 장 발장이 있는 쪽으로 총을 한 발 쏘았다. 발사음은 지하도 속에 메아리를 일으켜서 마치 거인의 창자에서 요란한 소리가 나는 것 같았다. 회반죽한 벽조각이 하나 물 속에 떨어져서 장 발장에게서 몇 걸음 떨어진 곳에서 물소리가 났다. 그 소리를 듣고 그는 탄환이 머리 위의 둥근 천장에 맞았다는 것을 알았다.

규칙적이고 느릿느릿한 발소리가 한동안 돌바닥 위에 울리고, 거리가 멀어짐에 따라서 점점 약해지고, 검은 그림자의 무리가 어둠 속에 휘말리고, 희미한 불빛은 흔들리어 떠돌고, 그 빛이 둥근 천장에 던지는 불그스름한 아치형은 작아지다가 사라지고, 침묵은 깊어지고, 어둠이 모든 것을 감싸 아무것도 보이지도 들리지도 않게 되었다. 그러나 장 발장은 아직 움직이려고도 하지 않고, 오랫동안 벽에 등을 대고 귀를 기울인 채 눈동자를 크게 뜨고, 그 환영들의 일대가 사라져 버린 뒤를 가만히 응시하고 있었다.

미행당하는 사나이

당시의 경찰은 극히 중대한 공공의 위기에서 당황하지 않고 도로 행정과 경계의 임무를 다했다는 것을 인정해야 한다. 폭동은 경찰의 눈으로 보면 범죄자들을 방임하거나 또 정부가 위태롭다고 해서 사회를 아무렇게나 내버려두어도 좋다는 구실이 될 수는 없었다. 일상 임무는 비상근무 중에도 정확하게 수행되었고 흐지부지되는 일이 없었다. 앞을 예측할 수 없는 정치적인 사건 속에서 혁명이 될지도 모르는 절박한 때에도 폭동이나 바리케이드에만 정신을 팔지 않고 경찰은 도둑을 '미행'하고 있었다.

6월 6일 오후 세느 강변, 앵발리드 다리 오른쪽 기슭의 강둑에서 그와 같은 일이 일어나고 있었다.

그곳의 강둑은 지금은 없어졌다. 그 근처의 모습도 변했다.

그 강둑에서 지금 두 사나이가 일정한 간격을 두고 서로의 눈을 피하면서 서로 상대편을 주의하고 있다. 앞서 가는 쪽은 멀어지려고 애쓰고 뒤에서 따라가는 쪽은 더 다가가려 애쓰고 있었다.

마치, 멀리 떨어져서 장기를 두는 것 같았다. 그러면서도 둘 다 서두르는 기색 없이 일부러 천천히 걷는 듯했다. 너무 서두르다가 상대편의 걸음만 그만큼 빠르게 해주는 결과가 되지 않도록 양쪽이 모두 마음을 쓰고 있었다.

굶주린 짐승이 먹이를 뒤쫓으면서도 속내를 나타내지 않는 것과 같았다. 먹이 쪽도 억센 놈이어서 제 몸을 단단히 지키고 있었다.

쫓기는 족제비와 쫓는 개 사이에 적당한 균형이 지켜지고 있었다. 달아나는 사나이는 몸집이 작고 얼굴도 수척했다. 붙잡으려는 사나이는 몸집도 크고 힘도 억세 보였다. 우락부락한 표정이었으며 뚝심도 있을 것 같았다.

앞의 사나이는 자기가 약하다는 것을 알고 뒤의 사나이를 피하려 했다. 그러나 피한다고 해도 그 태도가 매우 초조해서 자세히 살펴보면, 그의 눈빛에는 도망치는 자의 어두운 적의와 두려움 속에 깃든 강박 관념을 엿볼 수 있었을 것이다.

강둑은 쓸쓸했다. 지나가는 사람도 없었다. 여기저기에 묶여 있는 작은 배에는 뱃사공도 인부도 없었다.

그들의 모습이 잘 보이는 곳은 맞은편 기슭뿐이었다. 그만한 사이를 두고 본다 해도 앞에 가는 사나이는 머리가 더부룩하고 옷도 너덜너덜한 게 수상해 보이고, 불안스럽게 찢어진 작업복 밑에서 떨고 있었고, 뒤따르는 사나이는 의젓한 관리 같은 사람으로 턱밑까지 단추를 끼운 프록코트 차림의 관복을 입은 것을 볼 수 있을 것이다. 좀더 가까이 다가가서 봤다면 그 두 사나이가 누구인지 독자는 알았을 것이다.

뒤의 사나이는 무엇이 목적이었을까? 아마도 앞에 선 사나이에게 좀더 따뜻한 옷을 입혀 주려는 것이었으리라.

국가의 관복을 입은 사나이가 누더기를 걸친 사나이를 뒤따르는 것은, 그 사나이에게 역시 국가의 관복을 입혀 주기 위해서였다. 다만 그 빛깔이 문제이다. 푸른 관복을 입는 것은 명예로운 일이지만 붉은 관복을 입는 것은 불쾌하다. '천한 붉은 빛'이라는 것도 있다 *(붉은 빛은 원래 고귀한 신분을 나타내는 빛이지만 붉은 관복은 죄수복이다)*. 앞의 사나이가 싫어하는 것은 아마도 그런 종류의 불쾌감이고 그런 붉은 빛이리라.

뒤따르는 사나이가 그러한 사나이를 앞세우고서도 아직 붙잡으려고 하지 않는 것은 누가 봐도 그가 어딘가 뚜렷한 장소, 좋은 포획물이 모여 있는 곳에 이르기를 기다리는 심산인 것 같았다. 그러한 미묘한 작전을 '미행'이라고 한다.

이 추측은 그대로 적중했다. 단추를 낀 사나이는 강변 거리를 빈 채로 지나가는 마차를 강둑에서 발견하고 마부에게 신호를 했다. 마부는 끄덕이고 볼일 있는 사람이 누구인가 깨달은 모양이었다. 방향을 바꾸어 강변 거리 위에서 두 사람 뒤를 보통걸음으로 따라가기 시작했다. 앞서 가는 수상한 누더기를 걸친 사나이는 그것을 알아차리지 못했다.

마차는 샹 젤리제의 가로수를 따라 굴러갔다. 채찍을 손에 든 마부의 상반신이 강변 거리의 난간 위를 움직이며 가는 것이 보였다.

경찰의 비밀 훈령 중에는 이런 항목이 있다. '불의의 사건인 경우에는 항상 마차를 가까이 확보해 둘 것.'

서로 빈틈없는 전략을 짜면서, 두 사나이는 강둑의 내리받이가 물가까지 닿아 있는 곳에 이르렀다. 그곳은 그 당시 빠씨에서 도착한 마차의 마부들이 말에게 물을 먹이기 위해 물가까지 갈 수 있도록 만들어 놓은 장소였다. 그 비탈은 그 뒤 주위의 균형을 잡기 위해서 허물어졌다. 덕분에 말은 몹시 목이 탔지만 보기에는 깨끗했다.

어쩐지 작업복을 입은 사나이는 그 비탈을 올라가서 샹 젤리제로 도망치려는 듯 싶었다. 샹 젤리제는 나무숲이 우거진 곳이지만 경관들이 오가고 있어 뒤따르는 사나이는 쉽게 도움을 얻을 수 있을 것이다.

강변 거리의 그 지점은 1824년에 브라크 대령이 모레 (모레쉴르 로완 폰티느 브로 가까운 작은 마을)에서 빠리로 옮긴 건물, 이른바 '프랑스와 1세의 집' (1572년 모레에 사냥할 때의 휴게실용으로 세워진 건물인데 '레 깃드 브루' 1955년판에 의하면 1826년에 빠리에 옮겨졌다. 현재도 빠리의 꾸르 알베르에 프르미에 있다)에서 조금밖에 떨어져 있지 않다. 파출소도 아주 가까운 곳에 있었다.

그러나 놀랍게도 쫓기는 사나이는 물먹이는 곳의 비탈 쪽으로 길을 잡지 않았다. 그는 그대로 강변을 따라 둑 위로 걸어갔다.

그의 위치는 눈에 띄게 위태로워졌다. 세느 강으로 뛰어드는 것이 아니라면 어떻게 하려는 것일까?

그보다 앞에는 강변 거리로 올라가는 길이 없다. 이제는 비탈도 계단도 없다. 게다가 바로 앞은 세느 강이 이에나 다리 쪽으로 구부러지는 지점이어서 그곳에서 둑은 차츰 좁아지고 끝내는 얇은 혓바닥처럼 되어 물 속으로 사라졌다. 그곳까지 가면 오른편은 절벽이, 왼편과 앞은 강이, 그리고 등 뒤에는 경관이 있어서 도저히 피할 수가 없었다.

사실 그 둑이 끝나는 곳에는 무엇인가가 허물어져서 생긴 흙무덤이 6, 7피트 가량 수북이 쌓여 있어 시야를 가로막고 있었다. 그러나 그 사나이는 한 바퀴 돌면 이 흙더미 그늘에 용케 숨을 수가 있다고 생각하는 것일까? 그런 방법은 어린아이를 속이는 거나 다를 바 없을 것이다. 그도 아마 그럴 생각은 아니었다. 도둑놈도 그렇게까지 단순하지는 않다.

흙더미는 둑에 언덕처럼 되어 있고 강가의 벽까지 곶처럼 길게 뻗쳐 있었다.

쫓기는 사나이는 그 작은 언덕에 당도하자 그곳을 돌았다. 쫓는 사나이에게서는 보이지 않게 되었다.

쫓는 사나이는 상대의 모습이 보이지 않게 되었으나 상대방에게도 자기 모습이 보이지 않았다. 그래서 그 틈을 타서 지금까지 억제하고 숨긴 것을 내던지고 걸음을 훨씬 빠르게 했다. 얼른 흙더미 있는 데까지 와서 그곳을 한 바퀴 빙 돌았다. 그러나 그는 그 자리에 멍하니 서 버렸다. 그가 쫓아온 사나이는 이미 그곳에 없었다. 작업복을 입은 사나이는 그림자도 보이지 않았다.

강둑은 흙더미에서 불과 서른 걸음도 되지 않고 부딪치는 강물 속에 잠겨 있었다. 도주자가 세느 강에 뛰어들었든가 강가로 기어올라갔든가 했다면 쫓는 자의 눈에 뜨이지 않았을 리가 없다. 그렇다면 그는 어떻게 된 것일까?

단추를 단정하게 끼운 프록코트 차림의 사나이는 강둑의 끝까지 가서 한참동안 깊이 생각에 잠기면서 두 주먹을 불끈 쥐고 눈을 부릅뜨고 움직이지 않았다. 갑자기 그는 이마를 탁 쳤다. 지면이 끝나고 물이 시작되는 곳에 두툼한 자물통과 세 개의 육중한 돌쩌귀가 달린 넓고 얕은 아치형의 철책이 있는 것을 보았기 때문이다. 그 철책은 강둑 밑에 뚫린 일종의 문인데 강과 강둑의 석축(石築)을 향해서 뚫려 있었다. 거무스름한 물이 그 밑을 흐르고 있었다. 그 물은 세느 강으로 흘러 나오고 있었다.

그 녹슨 무거운 창살 너머로 둥근 천장의 어두운 복도와 같은 것이 보였다.

사나이는 팔짱을 끼고, 힐책하는 듯한 눈초리로 철책을 노려보았다.

노려보는 것만으로 부족하여 그는 철책을 열려고 했다. 흔들어 보았으나 철책은 꿈쩍도 하지 않았다. 아무 소리도 나지 않다니 이처럼 녹슨 철책치고는 이상한 일이었지만, 그러나 방금 열렸다 다시 닫혔음에 틀림없다. 방금

이 문을 열고 다시 닫은 사나이는 갈고리가 아니라 열쇠를 가지고 있음이 분명했다.

이 명백한 사실이 힘껏 철책을 흔들어대던 사나이의 머리에 언뜻 번득였다. 그는 자신도 모르게 노여움이 섞인 탄성을 냈다.

"뻔뻔스러운 놈이군! 정부의 열쇠를 갖고 있다니!"

그리고 나서 곧 냉정하게 마음 속에 얽힌 모든 생각을 거의 조롱하는 듯한 말투로 단숨에 내뱉었다.

"그래? 그래? 그래? 그래?"

그렇게 말하고는 그 사나이가 다시 나오는 것을 지켜볼 생각인지, 아니면 다른 사나이가 들어가는 것을 지켜볼 작정인지, 아무튼 무언가를 기다리려는 듯 망을 보는 사냥개의 참을성 있는 자세로 흙더미 뒤에 숨어 감시를 했다.

한편, 그의 일거일동에 보조를 맞추어 온 마차는 그의 머리 위 난간 옆에 멈춰섰다. 마부는 오래 기다릴 것을 예상하고 말의 코를 밑바닥이 젖어 있는 귀리 부대 속에 넣어 주었다. 이 부대는 빠리 사람들의 눈에 익숙한 것인 바 덧붙여 말하면 정부가 빠리 사람들에게 이따금 그것을 내주는 일이 있다. 어쩌다 드물게 이에나 다리를 지나가는 통행인들은 다 지나가기 전에 고개를 돌려서 주위의 경치 속에서 움직이지 않고 둑 위에 있는 한 사나이와 강변 거리 위에 있는 마차를 흘끗 바라보곤 했다.

그도 십자가를 짊어지다

장 발장은 다시 걷기 시작하여 걸음을 멈추지 않았다.

걸음걸이는 차츰 고통스러워져 갔다. 둥근 천장의 높이는 고르지 않았다. 평균 높이는 5피트 6인치 가량이어서 사람의 키에 맞추어져 있었다. 장 발장은 마리우스가 천장에 부딪치지 않도록 몸을 구부리고 걸어야만 했다. 자주 몸을 굽히기도 하고 또 몸을 펴기도 하며, 끊임없이 벽을 더듬어야만 했다. 벽의 돌은 축축했고 바닥은 끈적끈적해서, 손과 다리의 든든한 받침이 되지 못했다. 장 발장은 끔찍스러운 도회의 오물 속에서 비틀거렸다. 통풍구멍으로 들어오는 반사광이 띄엄띄엄 보였으나 그것도 한참만에 나오는데다 아주 희미해서 햇빛인데도 달빛 같았다. 그 뒤는 안개와 독기와 불투명함과 암흑이었다. 장 발장은 허기와 갈증을 느꼈다. 특히 갈증이 심했다. 더욱이 이곳은 바다와 마찬가지여서 물이 가득 찬 곳인데도 한 방울도 마실 수가 없었다. 장 발장의 체력은 이미 알고 있듯이 훌륭하고 순결하고 검소한 생활을 해온 덕분에 나이에 의한 쇠퇴를 전혀 나타내지 않았지만, 지금은 차츰 약해지기 시작했다. 피로에 사로잡히고 힘이 빠져감에 따라 등에 진 짐도 점점 무거워졌다. 마리우스는 아마도 숨이 끊긴 모양이었다. 생명 없는 육체처럼 무겁게 덮쳐 왔다. 그러나 장 발장은 그 가슴을 압박하지 않도록, 되도록 숨쉬기에 편하도록 그를 걸머지고 있었다. 쥐가 다리 사이로 재빠르게 미끄러져 가는 것을 느낄 수 있었다. 그 중 한 마리는 당황한 나머지 그에게 덤벼 들어 다리를 물기도 했다. 이따금 지하수도로의 틈에서 신선한 공기가 불어들어와 그에게 기운을 불어넣어 주었다.

  오후 3시쯤 되었을까? 장 발장은 환상 지하수도로에 당도했다. 우선 갑자기 넓어진 데에 놀랐다. 두 팔을 뻗쳐도 양쪽 벽에 닿지 않고, 머리도 둥근 천장에 닿지 않는 지하도로 나온 것이다. 사실, 그 대지하수도로는 폭은 8피트, 높이는 7피트였다.

  몽마르트르 지하수도로가 대지하수도로와 연결되는 지점에는 따로 두 줄기의 지하도, 즉 프로방스 거리의 하수로와 라바뜨와르 거리(도살장 거리, 현재는 당께르프 거리)의 지하도가 만나서 네거리가 되어 있었다. 장 발장이 좀더 분별력이 없었더라면 그 네 갈래 길에서 어느 길을 택할 것인지 망설였을 것이다. 장 발장은 가장 넓은 길, 다시 말해서 환상 지하수도로를 택했다. 그러나 여기에서 또 문제가 생겼다. 내리막길을 택할 것인지, 아니면 오르막길을 택할 것인지? 장 발장은 사태가 절박한 것을 생각하고 아무리 위험하더라도 지금은 세느 강으로 나가야 한다고 생각했다. 다시 말하면 내리막길을 택하기로 한 것이다. 그는 왼편으로 돌았다.

  그 선택은 그를 위해 다행이었다. 왜냐하면 환상 지하수도로에는 베르시 쪽과 빠씨 쪽의 두 개의 출구가 있는 줄 알고, 환상이라는 이름이 가리키듯 세느 강 오른편 기슭의 빠리 지하 환상대라고 생각하면 잘못이다. 대하수로는 다름아닌 옛날 메닐몽땅의 더러운 물이 흐르는 강이었음을 상기해야겠다. 그것을 거슬러 올라가면 막다른 곳 즉 메닐몽땅 언덕 기슭에 이르는데, 이곳이 예전에 지하수도로의 출발점이었던, 강의 수원이 된다. 뽀뺑꾸르 지구로부터 빠리의 물이 합쳐져 아믈로 하수로를 지나 옛날의 루비에 섬 상류에서 세느 강으로 흘러들어가는 지관은 직접 연결되어 있지 않다. 대지하수도로의 보조 수로인 그 지관은 메닐몽땅 거리의 지하에서, 물을 상류와 하류로 나누는 지점을 나타내는 흙의 층으로 대지하수도로와 떨어져 있다. 만약 장 발장이 지하도를 거슬러 올라갔다면, 모든 정력을 다한 끝에 지치고 기진맥진하여 어둠 속에서 또 하나의 벽에 부딪쳤을 것이다. 그렇게 되면 그들은 마지막이었을 것이다.

좀더 엄밀히 말하자면, 그곳에서 약간 물러나와서 부슈라 십자로의 교차점에서 길을 잃지 않는다면 피유 뒤 깔베르의 지하도로 들어가서, 쎙 루이 지하도의 왼편으로 쎙 질르 하수관으로 들어간 뒤 오른편으로 돌아서 쎙 세바스띠앙 지하도를 피하면, 아믈로 지하수도로로 나갈 수가 있다. 그곳에서 다시 바스띠유 감옥 밑에 있는 F자형 길에서 길을 잃지만 않는다면 병기창 근처에서 세느 강으로 나가는 출구에 당도할 수 있다. 그러려면, 거대한 돌산호 같은 지하수도로를 빠짐없이, 모든 갈림길이나 구멍까지도 다 알고 있어야 했을 것이다. 그러나 장 발장은 지금 걸어가고 있는 그 무서운 길에 대해서는 아무것도 몰랐다는 것을 강조해야겠다. 누구든지 그에게 지금 어디에 있느냐고 묻는다면, 그는 밤의 어둠 속에 있다고 대답했을 것이다.

본능이 곧잘 장 발장을 도왔다. 내리막길을 택하는 것만으로도 탈출이 가능했다.

장 발장은 라피뜨 거리와 쎙 조르즈 거리 밑에서 독수리 발톱 모양으로 갈라져 있는 두 줄기 수로와, 쇼쎄 앙땡 밑의 두 줄기로 나뉘어 있는 긴 복도를 오른편으로 두고 지나갔다.

분명히 마들렌느의 지관이라고 생각되는 지류의 조금 앞에서 장 발장은 발을 멈추었다. 몹시 지쳐 있었다. 아마도 앙주 거리의 맨홀이었을 것이다. 꽤 큰 통풍 구멍이 있어 상당히 강한 빛이 들어오고 있었다. 장 발장은 상처입은 동생을 대하는 형과 같은 살뜰한 동작으로 마리우스를 지하수도로의 한쪽 축대 위에 내려놓았다.

피에 젖은 마리우스의 얼굴은 통풍 구멍에서 비치는 뿌연 광선 밑에서 마치 무덤 밑바닥에 있는 것처럼 보였다. 눈은 감겨 있었고, 머리카락은 붉은 물감에 젖었다가 말라버린 그림붓처럼 관자놀이에 말라붙고, 두 팔은 죽은

장 발장은 마리우스 위에 몸을 굽히고 표현하기 어려운 원망스러운 심정으로 그를 지켜보았다.

제3편 진창 속의 영혼 1707

듯 축 늘어지고, 손발은 차고, 피가 입술 한구석에 엉겨 있었다. 핏덩어리는 넥타이의 매듭에도 엉겨 있었다. 윗도리 자락이 맨살이 생생하게 드러나 있는 상처를 스쳤다. 장 발장은 손가락으로 옷을 헤치고 마리우스의 가슴 위에 손을 댔다. 심장은 아직 뛰고 있었다. 장 발장은 자신의 셔츠를 찢어서 상처를 되도록 잘 붙들어매어 출혈을 막았다. 그러고 나서 엷은 광선 속에서 여전히 의식 없이 다 죽어 가는 것처럼 가느다란 숨결을 내쉬는 마리우스 위에 몸을 굽혔다. 표현하기 어려운 원망스러운 심정으로 그를 지켜보았다.

장 발장은 마리우스의 옷을 헤칠 때 주머니 속에 들어 있는 두 가지 물건, 어제 넣은 채 먹지 않은 빵과 마리우스의 수첩을 발견했다. 장 발장은 그 빵을 먹고 수첩을 폈다. 첫 페이지에 마리우스가 쓴 네 줄의 글을 보았다. 기억하리라.

'내 이름은 마리우스 뽕메르씨다. 나의 시체는 마레 지구 피유 뒤 깔베르 거리 6번지에 사는 내 조부 질노르망 씨 댁으로 보낼 것.'

장 발장은 통풍 구멍에서 들어오는 빛으로 이 네 줄의 글을 읽고 한동안 생각에 잠긴 듯 가만히 앉아 있었다. 이윽고 그는 낮은 소리로 되풀이했다. "피유 뒤 깔베르 거리 6번지, 질노르망 씨."

그리고 수첩을 마리우스의 주머니에 도로 넣었다. 빵을 먹었더니 기운이 났다. 그는 마리우스를 다시 등에 업고 그 머리를 조심스럽게 자기 오른쪽 어깨로 다시 받치고는 지하수도로를 내려가기 시작했다.

메닐몽땅의 구불구불한 계곡을 따라 나 있는 지하수도로는 길이가 약 20리였다. 그 수로의 주요 부분에는 돌이 깔려 있었다.

장 발장의 지하 행진으로 빠리의 거리 이름을 독자를 위해서 횃불처럼 비추었다. 물론 장 발장은 그 횃불을 가지고 있지 않았다. 지금 빠리의 어디쯤을 지나고 있는지, 여태까지 어느 길을 더듬어 왔는지 도무지 알 수 없었다. 다만 이따금 만나는, 물이 괴어 있는 웅덩이 같은 것이 점점 흐릿해지는 것을 보고, 거리에는 이미 해가 기울어서 머지않아 저물어 가리라는 것을 짐작할 뿐이었다. 그리고 머리 위에서 마차 굴러가는 소리가 빈번했던 것이 띄엄띄엄해지더니 이내 사라져서, 이제는 빠리의 중심지에 있는 것이 아니라 시외의 큰 거리나 변두리의 강변 거리 근처가 아니면 어느 쓸쓸한 시골 마을 가까이 와 있다고 추측할 뿐이었다. 집이나 거리가 한적한 곳에는 지하수도로의 통풍 구멍도 적다. 어둠이 장 발장의 주위에서 점점 더 짙어져 가고 있었다. 그러나 그는 어둠 속을 손으로 더듬으면서 계속 걸어갔다.
그 어둠은 갑자기 무서운 것으로 바뀌었다.

모래에도 교묘한 불성실이 있다
장 발장은 자신이 물 속으로 들어가는 것을, 그리고 발 밑은 이미 돌바닥이 아니라 진창이라는 것을 느꼈다.
브르따뉴나 스코틀랜드의 어떤 해안에서는 여행자나 어부가 썰물 때 해안에서 멀리 떨어진 모래톱을 걸어가노라면, 몇 분 전부터 어쩐지 걷기가 힘드는 것을 문득 깨달을 때가 있다. 모래톱의 모래가 송진처럼 끈적거리고 발바닥에 들러붙는다. 그것은 이미 모래가 아니라 끈끈이가 된 것이다. 모래는 바싹 말랐는데도 한 걸음 디딜 적마다, 발을 떼면 발자국은 곧 물로 가득 괸다.
그래도 둘러보면 아무런 변화도 찾아볼 수 없다. 넓은 모래밭은 평평하고 고요하다. 모래는 어디나 다 똑같아서 단단한 땅과 그렇지 않은 땅을 분간할 수 없다.
조그마하고 날개달린 극성스런 벌레 떼가 지나가는 사람의 발 위에서 시끄럽게 소리내며 날아다닌다. 사람은 가던 걸음을 계속하고, 전진하고, 육지쪽을 향하여 기슭에 다가가려고 애쓴다. 불안하지는 않다. 무엇이 불안하단 말인가? 다만 한발 내디딜 때마다 무거워지는 것 같은 느낌이 들 뿐이다.
갑자기 그는 빠진다. 2, 3인치 가량 빠진다. 분명히 좋지 않은 길이다. 그는 방향을 잡으려고 걸음을 멈춘다. 문득 발밑을 내려다본다. 발은 감추어져 있다. 모래가 발을 덮고 있는 것이다. 그는 발을 모래에서 빼내고 뒤로 되돌아가려고 돌아다본다. 더욱 깊이 빠진다. 모래가 복사뼈까지 빠지기 때문에 잡아 뽑듯이 하여 왼쪽으로 내디디면 모래는 정강이까지 온다. 오른편으로 디디면 모래는 무릎까지 온다. 그때 자신이 모래 수렁에 빠진 것을, 사람이 걸을 수 없고, 물고기가 헤엄칠 수도 없다는 사실을 알고 말로 다 할 수 없는 공포에 사로잡힌다. 짐을 하나라도 가지고 있으면 던져 버리고 조난당한 배처럼 몸을 가볍게 하려 한다. 그러나 이미 늦었다. 모래가 무릎 위까지 찬 것이다.
도움을 청하고 모자나 손수건을 흔들어도 모래는 차츰 그를 삼킨다. 바닷가에 사람이 없다든가 육지가 너무 멀다든가, 그 모래 수렁이 몹시 평판이 나쁘다든가, 가까이에 용기 있는 사람이 없다면, 만사는 그만이다. 그는 생매장 형을 선고받은 것이다. 천천히, 착실하게 한 번 들러붙으면 떨어지지 않는, 늦출 수도 없는, 몇 시간이나 계속되는, 끝도 없는 무서운 생매장 형을 그는 선고받은 것이다. 사람을 선 채로, 자유롭고 건강한 채로 붙들어서, 발을 잡아당겨서, 사람이 버둥거리며 외칠 때마다 조금씩 밑으로 끌어내어, 인간의 저항을 벌하듯 점점 조이는 힘을 더해 가고, 인간의 지평선과 나무숲을, 푸른 들판과 평야 속의 마을에서 나는 연기를, 바다 위의 돛대를, 날아다니며 지저귀는 새들을, 태양을, 하늘을 바라다볼 여유를 충분히 주면서 천천히 인간을 땅 속으로 끌어들인다.

사람을 삼키는 모래, 그것은 땅밑에서 생명 있는 사람 쪽으로 조수처럼 밀려오는 무덤이다. 한순간 한순간이 무정하게 매장하고 있다. 불쌍한 사람은 앉으려 한다. 엎드리려 한다. 기려고 한다. 그러나 그가 어떠한 동작을 해도 그를 묻게 하는 데 도움이 될 뿐이다.

몸을 편다, 그러면 또 가라앉는다. 자신이 삼켜져 들어가는 것을 느낀다. 소리를 지르고, 한탄하고, 구름을 보고 외치고, 팔을 꼬고, 필사적으로 몸부림친다. 모래는 벌써 배까지 왔다. 가슴에 닿았다. 상반신이 남았을 뿐이다. 두 팔을 들고 미친 듯 비명을 지르고, 모래를 손톱으로 긁으면서 마치 재와 같은 것에 매어달리려 하고, 자신의 반신상이 앉아 있는 무른 대좌(臺座)에서 양 팔꿈치를 짚고 몸을 솟구치려고 하듯 격렬하게 울부짖는다. 점점 모래는 올라온다. 어깨에 닿고, 목에 닿는다. 이제는 얼굴만이 보인다. 입을 벌리고 외친다. 모래가 그 입에 가득 찬다. 이젠 소리를 지를 수도 없다. 눈은 아직 보인다. 모래가 그 눈을 가린다. 이젠 아무것도 안 보인다. 이마가 잠긴다. 약간의 머리카락이 모래 위에서 떨리고 있다. 손 하나만 나와서 모래의 표면을 파고, 움직이고, 푸들푸들 떤다. 그러다가 사라진다. 한 인간의 처참한 소멸이다.

말에 탄 사람이 말과 함께 생매장이 되는 일도 있다. 수레를 끌던 사람이 수레와 함께 생매장 되는 일도 있다. 모든 것이 모래 밑으로 가라앉는다. 그것은 물 밖에서 난파하는 것이다. 사람을 빠져 죽게 하는 땅이다. 땅에 바다가 침입해서 함정이 되어 있는 것이다. 평지처럼 보이면서 파도와 같이 입을 벌린다. 심연은 이렇게 해서 사람을 배반하는 수가 있다.

그런 처참한 사건은 어느 해안에서나 항상 일어날 위험이 있는데, 30년 전 빠리의 지하수도로 속에서도 역시 가능했다.

1833년에 시작된 대공사 이전에는 빠리의 지하도는 돌발적으로 사람을 매몰시키는 일이 자주 있었다.

하층의 지반 중에 특히 허물어지기 쉬운 곳은 물이 스며들기 때문에 옛 지하수도로의 돌로 된 바닥에 비록 새 지하도처럼 콘크리트와 수경 석회(水硬石灰)를 굳혀 놓는다 하더라도 이미 지반이 유실되어 무게를 이기지 못하는 것이다.

이런 종류의 바닥에 생기는 주름은 틈이 되어 버린다. 틈은 곧 붕괴다. 토대는 상당한 길이에 걸쳐서 허물어져 있었다. 진창이자 심연의 입구인 균열을 전문용어로는 '함몰 구덩이'라고 부른다. 함몰이란 무엇인가? 땅 속에서 느닷없이 만나게 되는 해변의 모래 수렁이다. 지하수도로 속에 있는 쌩 미셸 섬의 처형장(라 망슈 지방에 있는 프랑스의 명승지의 하나라고 하는 작은 섬. 그 수도원은 15세기에 국사범의 감옥으로 사용됨)이다. 흙은 물을 머금고 용해된 것처럼 되어 있다. 흙의 분자는 모두 부드러운 중간에 감돌고 있다. 그것은 흙도 아니고 물도 아니다. 때로는 상당한 깊이에 이른다. 그런 곳과 만나는 것만큼 무서운 일은 없다. 물이 많은 경우에는 죽음도 빠르다. 눈깜짝할 사이에 사람은 삼켜지고 만다. 흙이 많을 경우에는 죽음은 서서히 사람을 파묻는다.

그러한 죽음을 우리는 상상할 수 없으리라. 바닷가 모래밭에서도 무서운 생매장인데, 지하수도로 속에서는 어떻겠는가? 맑은 공기, 빛, 태양, 밝은 수평선, 넓은 천지의 소음, 생명의 비를 내려주는 자유로운 구름, 멀리 보이는 작은 배, 온갖 형태로 나타나는 희망, 사람이 지나갈지도 모른다고 생각하는 애타는 심정, 마지막 순간에 있을지도 모르는 구조—그러한 것은 일절 없고, 다만 침묵, 암흑, 어두운 둥근 천장, 이미 만들어진 무덤 속, 무거운 뚜껑 밑 진흙 속의 죽음. 오물이 천천히 숨을 막고, 돌상자 속에서 질식이 진창 속에 손톱을 벌리고, 사람의 목을 움켜쥔다. 죽음의 허덕이는 숨결에 악취가 섞인다. 모래밭 대신에 진창이, 태풍 대신에 황화수소가, 바다 대신에 배설물이 있다. 사람을 불러도, 이를 갈아도, 몸부림을 쳐도, 버둥거려도, 헐떡여도, 머리 위의 대도시는 아무것도 모른다.

이렇게 해서 죽어 가는 형용할 수 없는 공포! 죽음은 때로 일종의 처참한 위엄으로 그 잔학성을 보상하는 때가 있다. 화형이나 난파의 경우, 사람은 위대해질 수도 있다. 불꽃 속이나 흰 물결 속이라면 고상한 태도를 취할 수 있으리라. 거기서는 심연에 가라앉으면서 변신할 수가 있다. 그러나 이곳 지하수도로 속에서는 전혀 다르다. 지하수도로 속의 죽음은 불결하다. 거기서 죽는 것은 굴욕이다. 죽음의 눈앞에 보이는 것은 더러운 것뿐이다. 진창은 수치라는 말과 동의어이다. 그것은 천하고, 추하고, 더럽다. 클레런스처럼 달콤한 포도주 통 속에 빠져 죽는다면 괜찮다 (클레런스는 15세기 영국의 왕 에드워드 4세의 동생. 모반 죄로 사형될 때 향기 높은 포도주 통 속에 빠져 죽기를 원했다). 그러나 에스꾸블로처럼 개천 청소부의 무덤 구덩이 속에서 죽는 것은 끔찍한 일이다. 그 속에서 버둥거리는 것은 보기에도 흉하다. 죽음으로부터 벗어나기 위해 허덕이는 동시에 진창 속을 기어다니는 것이다. 지옥과 같은 어둠이 있고, 늪과 같은 진창이 있어서 죽어 가는 사람은 자신이 유령이 되는 것인지 아니면 두꺼비가 되는 것인지 모른다.

어디에서도 무덤은 불길하지만 지하수도로 속에서는 추악한 것이 된다.

함몰 구덩이의 깊이도, 그 길이나 밀도도 밑바닥 토질의 좋고 나쁨에 따라서 다르다. 때로는 깊이 3, 4피트에 이르는 함몰 구덩이도 있고, 8피트에서 10피트에 이르는 것도 있다. 바닥을 알 수 없는 것도 있다. 어떤 곳은 단단한가 하면 어떤 곳은 거의 액체 같다. 뤼니에르 함몰 구덩이에서는 사람 하나가 가라앉는 데 한나절이 걸렸지만, 펠리뽀 진창은 불과 5분 동안에 삼켰다. 진흙의 밀도 여하에 따라 지탱하는 힘도 단계가 있다. 어른이 가라앉은 곳이라도 어린아이라면 살아날 수가 있다. 살아나기 위한 첫째 조건은 짐을 모조리 내버리는 일이다. 연장 주머니며, 등에 지는 바구니며, 물통을 내버리는 일이다. 발밑의 지면이 누그러지는 것을 느끼는 순간 지하수도로 인부는 우선 반드시 그렇게 한다.

함몰구덩이가 생기는 원인은 지질이 무른 것, 사람의 손이 미치지 않는 깊은 곳에서 일어나는 흙사태, 여름의 줄기찬 소나기와 그칠 줄 모르게 내리는 겨울비, 또한 오랜 장마비 따위로 여러 가지다. 때로는 이회암질이나, 모래가 많은 땅에 잔뜩 세워진 부근의 집들의 무게가 지하도의 둥근 천장을 압박해서 일그러뜨리거나, 또는 덮쳐 오는 그 압력으로 토대가 갈라지고 금이 가는 수도 있다. 1세기 전에 빵떼옹이 내려앉아서 쌩뜨 즈느비에브 산에 있는 바지리카가 지하실 일부를 막아버린 일이 있다. 지하수도로가 집의 압력으로 허물어지면 그 혼란은 길 위의 도로 포석 사이가 톱니 모양의 균열이 되어 나타나는 경우가 있다. 그 균열은 금이 간 지하의 둥근 천장의 길이만큼 길게 구불구불 뻗쳐서 곧 눈에 띄기 때문에 수리는 금방 할 수 있다. 반대로 내부의 파손이 표면으로 조금도 흔적을 나타내지 않을 때도 있었다. 그때야말로 지하수도로 인부들의 재난이다. 밑이 빠진 지하수도로에 멋모르고 들어간 채 죽어 버리는 일이 종종 있었다.

옛날 기록에는 그렇게 해서 함몰 구덩이 속에 생매장된 지하수도로 인부들에 대해 기록되어 있다. 그 이름 가운데 블레즈 뿌트랭이라는 사람이 있었다. 그는 까렘 프르낭 거리의 덮개 밑 함몰 구덩이에 빠져 죽은 지하수도로 인부였다. 이 블레즈 뿌트랭은 니꼴라 뿌트랭의 형제로 니꼴라 쪽은 이노쌍(헤롯에게 살해된 무고한 아이들)의 납골당이라고 부른 묘지가 폐지되던 1785년에 그곳의 무덤을 판 마지막 인부였다.

또한 그 중에는 우리가 언급한 바 있는 저 젊고 멋진 에스꾸블로 자작도 있었다. 비단 양말을 신고 바이올린을 공격했던, 레리다 포위전(레리다는 스페인의 도시. 1810년에 프랑스의 쉬슈에게 공격되어 함락됐다) 때 한 용사였던 에스꾸블로는 어느 날 밤 사촌누이 수르디 공작 부인 집에서 정사 현장을 들켜, 공작의 검을 피해서 보트레이 지하수도로로 도망했는데, 그 냄새나는 진수렁에 빠져 죽고 말았다. 그의 죽음이 알려졌을 때 수르디 부인은 각성제 약병을 가져오게 해서 그 냄새를 많이 맡은 덕택으로 울기를 잊었다. 이렇게 되면 사랑도 끝나는 것이다. 시궁창이 사랑의 불꽃을 꺼버린 셈이다. 헤로는 레앙드르의 시체 씻기를 거부했다(헤로는 세스토스에서 웨느스를 시중 들던 여자 사제. 레앙드르는 그의 연인인데 익사했다). 티스베는 피람 앞에서 코를 잡고 말한다. "어머, 구려!"(오비디우스의 시에 나오는 바빌로니아의 연인들)

함몰
장 발장은 함몰 구덩이에 직면하고 있었다.

이런 종류의 흙사태는 그 무렵 샹 젤리제의 지하에서 빈번히 일어나고 있었는데, 유동성이 심해서 치수 공사가 어렵고 지하 시설을 유지하기가 곤란했다. 그 유동성은, 콘크리트 위를 돌로 굳혀서 간신히 막아 놓았던 쌩 조르즈 지구의 모래땅보다 불안정하였고, 마르띠르 지구의 가스에 오염된 점토

층보다 더욱 불안정하였다. 마르띠르의 지하도만은 주철관을 쓰지 않으면 통로를 만들 수 없을 만큼 물이 많았다. 지금 장 발장이 들어가 있는 돌로 된 낡은 지하수도로는 1836년에 개조하기 위해서 쌩 또노레 땅밑이 헐렸으나, 그때도 샹 젤리제에서 세느 강까지 바닥의 흙이 되어 있는 모래 수렁이 몹시 방해가 되어 공사가 6개월 가까이 계속되었기 때문에 근처에 사는 사람들, 그 가운데서도 특히 호텔이나 마차를 가지고 있는 사람들의 불평을 많이 샀다. 공사는 하기 힘든 것 이상으로 위험했다. 무엇보다도 넉 달 반이나 긴 장마가 계속되고 세느 강이 세 번이나 범람했던 것이다.

장 발장이 마주친 함몰 구덩이는 어제 내린 소나기가 원인이었다. 바닥의 모래가 간신히 받치고 있던 포석이 내려앉아서 빗물이 잔뜩 괸 것이다. 침수가 일어나고 거기에 이어서 사태가 일어났다. 토대는 밀려나서 진창 속에 가라앉았다. 함몰 구덩이가 얼마나 길게 걸쳐 있을까? 그건 알 수 없다. 그 일대는 다른 어느 곳보다도 어두웠다. 그곳은 밤의 동굴 속에 생긴 진창의 구덩이였다.

장 발장은 발밑의 포석이 미끄러져 떨어지는 것을 느꼈다. 그는 진창 속으로 들어갔다. 그곳의 표면은 물이었고 바닥은 진창이었다. 어떻게든 지나가야만 했다. 되돌아가기란 불가능했다. 마리우스는 숨을 거둘 것 같았고 장 발장은 기진맥진해 있었다. 그런데 어디로 가야 한단 말인가? 장 발장은 앞으로 나갔다. 진창은 처음 두서너 걸음을 걸을 동안은 그다지 깊지 않았다. 그러나 앞으로 나갈수록 그의 발은 깊이 빠졌다. 얼마 되지 않아 진창은 정강이까지, 물은 무릎 위까지 올라왔다. 그는 양팔로 되도록 물 위에서 높이 마리우스를 들어올리면서 앞으로 나갔다. 진창은 벌써 무릎까지 닿았고 물은 허리까지 차 있었다. 다시 되돌아갈 수는 도저히 없었다. 그는 차츰 가라앉기 시작했다. 그 진창은 한 사람의 무게라면 지탱할 수도 있을 만 했으나 두 사람을 받칠 수 없음이 분명했다. 마리우스와 장 발장이 한 사람씩 따로따로였다면 빠져나왔을지도 모른다. 그러나 장 발장은 죽어 가는 인간의 몸뚱이, 아마 시체일지도 모르는 것을 짊어진 채 전진을 계속했다.

물은 겨드랑이까지 찼다. 몸이 가라앉는 것을 느꼈다. 진창 속에서는 몸을 움직이는 것조차 힘들었다. 받쳐주는 진창의 밀도가 오히려 방해가 되었다. 그는 여전히 마리우스를 들어올리고 놀라운 힘을 내어 앞으로 나아갔다. 그러나 몸은 점점 가라앉아 갔다. 물 위로 나와 있는 것은 머리와 마리우스를 받쳐들고 있는 양 팔뿐이었다. 옛날 대홍수를 그린 그림에는 그렇게 자식을 들어 올리고 있는 어머니 모습이 그려져 있다.

그는 더욱 빠져들어갔다. 물을 피해서 숨을 쉬기 위해 얼굴을 젖혔다. 그 어둠 속에서 그를 본 사람이 있다면 그림자 위에 떠 있는 가면이라고 여겼을 것이다. 그는 머리 위에 마리우스의 축 늘어진 머리와 창백한 얼굴을 어렴풋이 보았다. 필사의 힘을 내어 한 발 앞으로 내디뎠다. 발에 무엇인지 모를 단단한 것이 부딪쳤다. 발판이었다. 정말 알맞은 때였다.

그는 몸을 비틀어 일으켜서 미친 듯이 그 발판 위에 올라섰다. 이것이 다시 한 번 생명으로 올라가는 첫계단이라고 생각했다.

위험한 순간에 진창 속에서 만난 그 발판은, 토대 저쪽 경사면의 끝이었다. 발판은 구부러지긴 했어도 무너지지 않고 판자처럼 단 한 장만이 물 밑으로 휘어 있었던 것이다. 잘 쌓은 석축은 둥글게 곡선을 이루고 이토록 견고하다. 그 밑바닥 부분은 절반이나 물에 잠겨 있지만 아직 튼튼하고 마치 비탈길처럼 되어 있어, 일단 그 비탈길 위에 올라서기만 하면 살아날 것이 틀림없다. 장 발장은 그 경사면을 올라가서 마침내 진수렁 저쪽에 이르렀다.

물에서 나올 때 그는 돌에 부딪쳐 넘어져서 무릎을 꿇고 말았다. 주저앉는 것이 당연하다고 생각한 그는 한동안 그대로 신에게 뭐라 해야 할지 모를 기도를 바쳤다.

그는 부르르 몸을 떨면서, 얼어붙고 악취를 풍기며, 빈사상태에 빠진 인간을 짊어지고 등을 굽힌 채 온몸에서 진창물을 뚝뚝 흘리면서도, 영혼은 이상한 광명으로 충만해서 벌떡 일어섰다.

상륙한다고 생각할 때 이따금 좌초한다

장 발장은 다시 걷기 시작했다.

그러나 함몰 구덩이 속에 목숨을 빼앗기지 않은 대신에 체력이 떨어진 것 같았다. 그러한 극도의 노력으로 그는 기진맥진해 있었다. 너무나 피로했기 때문에 서너 걸음 걷고는 숨을 쉬어야 했고 벽에 기대 쉬어야 했다. 한 번은 마리우스의 위치를 바꾸기 위해서 옆의 축대 위에 앉으려 했을 때, 다시는 움직일 수 없을 것만 같았다. 그러나 체력은 다했어도 기력은 다하지 않았다. 그는 다시 일어섰다.

그는 죽을 힘을 다해 거의 뛰다시피 하며 걸었다. 그런 상태로 백 걸음 가량 고개도 들지 않고 전혀 숨도 쉬지 않고 걸었다. 그리고 갑자기 벽에 부딪쳤다. 지하수도로의 모퉁이에 도달한 것인데 고개를 숙인 채 걸었기 때문에 벽에 부딪친 것이었다. 눈을 들자, 지하도 끝에, 저기 먼 앞쪽에, 멀리, 훨씬 멀리에 하나의 빛이 보였다. 이번에는 무서운 빛은 아니었다. 부드러운 흰빛이었다. 햇빛이었다. 장 발장은 출구를 보았다.

저주받고 떨어진 초열지옥의 한복판에서, 돌연 지옥의 출구를 발견한 영혼이 있다고 한다면, 장 발장이 이때 무엇을 느꼈는지 알 것이다. 그 영혼은 정신없이 타다 남은 날개를 벌리고 눈부신 빛의 문을 향하여 날아갈 것이다. 장 발장은 이제 피로도 느끼지 않았다. 마리우스의 무게도 전혀 느끼지 않았다. 자신의 다리를 다시금 강철처럼 느끼고, 걷는다기보다 뛰었다. 가까이 다가감에 따라서 출구가 차츰 분명하게 보였다. 출구는 아치형의 반원인데 점점 좁아져 가는 둥근 천장보다 더욱 낮고, 둥근 천장이 낮아짐에 따라 좁아지는 지하도보다 더 좁았다. 터널은 깔때기의 내부처럼 되어서 끝나 있었다. 그렇게 심술궂게 좁힌 모양은 감옥의 쪽문을 본뜬 것으로 감옥이라면 합리적이겠지만 지하수도로로는 불합리하기 때문에 나중에 개조되었다.

장 발장은 그 출구에 도달했다. 거기서 그는 걸음을 멈추었다. 출구임에는 분명했지만 나갈 수가 없었다.

아치형의 문은 튼튼한 철책으로 만들었는데, 철책은 아무리 보아도 녹슨 돌쩌귀 위를 회전하는 일이 좀처럼 없었던 모양으로, 돌로 된 문틀에 두툼한 자물쇠가 고정되어 있었고 그 자물쇠도 붉게 녹슬어서 커다란 벽돌 같았다. 열쇠 구멍이 보이고 튼튼한 빗장이 깊게 질려 있는 것도 보였다. 자물쇠는 틀림없이 이중으로 되어 있을 것이다. 옛 빠리가 즐겨 함부로 사용했던 감옥 자물쇠의 하나였다.

철책 너머에는 대기와 강과 햇빛과, 그리고 몹시 좁지만 지나가기에 충분한 석축의 둑과 그 저편의 강변, 쉽사리 숨어들어갈 수 있는 심연인 빠리, 넓은 지평선, 자유가 있었다. 오른편에는 하류 쪽으로 이에나 다리가, 왼편 상류 쪽으로는 앵발리드 다리가 보였다. 밤이 되기를 기다렸다가 도망치기에 가장 적합한 장소였다. 그곳은 빠리에서 가장 한적한 지점의 하나였다.

그로 까이유에 면한 둑이었다. 파리가 철책 창살 사이로 들락거리고 있었다.

오후 8시 반쯤 된 것 같았다. 해가 지려 하고 있었다.

장 발장은 마리우스를 토대의 마른 벽에 기대어 내려놓고 철책 앞으로 가서 두 손으로 창살을 잡았다. 미친 듯이 흔들었지만 꿈쩍도 하지 않았다. 철책은 요지부동이었다. 장 발장은 창살을 한 개씩 잡았다. 약한 창살을 하나 뽑아서 그것을 지렛대로 삼으면 문을 들어올리든가 자물쇠를 부술 수 있을지도 모르겠다고 여긴 것이다. 어떤 창살도 움직이지 않았다. 호랑이 이빨이라 할지라도 이처럼 단단히 박혀 있지는 않을 것이다. 지렛대가 될 물건은 없었다. 들어올릴게 아무 것도 없었다. 극복할 수 없는 장해였다. 문을 열 수단은 전혀 없었다.

그렇다면 여기서 끝나야만 한단 말인가? 어떻게 하나? 어떻게 할 것인가? 되돌아서 무서운 길을 또다시 헤쳐나갈 힘은 이제 없었다. 게다가 기적처럼 간신히 탈출할 수 있었던 그 함몰 구덩이를 어떻게 무슨 재주로 다시 건넌다는 말인가? 더욱이 함몰 구덩이 뒤에는, 절대로 다시 도망칠 수 없는 경찰의 순찰대가 있지 않은가? 게다가 또 어디로 가면 좋은가? 어느 방향을 택해야 하나? 경사로를 따라가서는 목적지에 갈 수가 없다. 다른 출구에 도달했다손 치더라도 그것도 맨홀 뚜껑이든가 철책으로 막혀 있을 것이다. 모든 출구는 그처럼 똑같이 닫혀 있을 게 틀림없다. 우연히 그가 들어온 구멍의 철책만은 헐거웠지만 분명 지하수도로의 다른 구멍은 어디나 다 닫혀 있을 게 확실했다.

감옥으로 도망쳐 들어오는 데 성공했을 뿐이다. 이제 모든 것은 끝났다. 장 발장이 한 일은 모두가 허사였다. 신은 거부한 것이다.

그들은 둘 다 어둡고 큰 죽음의 거미줄에 걸린 것이다. 장 발장은 어둠 속에서 떨고 있는 거미가 검은 거미줄 위에서 마구 달리는 것을 느꼈다.

그는 철책에 등을 돌리고 여전히 꿈쩍도 하지 않는 마리우스 곁의 돌바닥에 앉는다기보다는 쓰러지듯 털썩 주저앉아서 머리를 무릎 사이에 떨어뜨렸다. 출구는 없다. 그는 마지막으로 남은 불안에 가슴이 죄는 듯 했다.

그 깊은 낙담 속에서 누구를 생각하고 있었을까? 자신에 관한 일도 아니고 마리우스도 아니었다. 그는 꼬제뜨를 생각하고 있었다.

찢어진 옷자락

  그렇게 상심해서 앉아 있는 그의 어깨 위에 손 하나가 닿더니 어떤 낮은 목소리가 그에게 말을 걸었다.
  "같이 나누지."
  그 어둠 속에 어떤 사람이 있었단 말인가? 절망처럼 꿈과 비슷한 것은 없다. 장 발장은 꿈을 꾸는 것이라고 생각했다. 여태까지 발소리 하나 듣지 못했는데, 이런 일이 있을 수 있겠는가? 그는 눈을 들었다. 한 사나이가 눈앞에 서 있었다.
  그 사나이는 작업복을 입고 있었다. 구두를 왼손에 들고 맨발로 서 있었다. 발소리를 내지 않고 장 발장에 접근하기 위해서였다. 구두를 벗은 것은 분명, 발소리를 내지 않기 위해서였다.
  장 발장은 순간적으로 생각해 냈다. 참으로 예상하지 않았던 만남이었지만 그 사나이를 알고 있었다. 떼나르디에였다.
  비록 불시에 흔들려 깨어난 격이었지만 장 발장은 갑작스러운 일에는 익숙해 있었고, 대뜸 응하지 않으면 안 될 예기치 못한 타격에도 익숙했기 때문에 곧 자기 정신으로 돌아왔다. 게다가 위난(危難)도 어느 정도까지 되면 그 이상 커지지 않는 것이어서 사태가 현재보다 더 악화될 리는 없었다. 떼나르디에가 나타났다고 해서 이 암흑을 더 한층 짙게 할 수는 없었다.
  잠깐 동안 대기하였다.
  떼나르디에는 오른손을 이마에 갖다 대고 차양처럼 눈을 가리고, 눈을 가늘게 뜨면서 이맛살을 찌푸렸다. 이것은 입을 약간 내밀고 상대를 확인하려는 인간의 날카로운 주의를 나타내는 동작이다. 그러나 잘 되지 않았다. 장 발장은 아까도 말했듯이 빛을 등지고 있었다. 게다가 대낮에도 알아보기 어려울 정도로 얼굴 모습이 바뀌고 진흙과 피에 범벅이 되어 있었다. 반대로 철책에서 새어들어오는 빛을 정면으로 받는 떼나르디에는—설사 그 빛이 지하 굴속처럼 희미하다곤 하지만 그 희미한 속에 푸르스름하게 형체를 드러나게 하는 빛을 정면으로 받은 떼나르디에는—통속적인 비유로 사람들이 말하듯 대뜸 장 발장의 눈에 뛰어들어온 것이었다. 그런 조건의 차이는 이제 두 상황과, 두 사나이에게서 바야흐로 시작되려하는 이상한 대결에서 얼마간 장 발장을 유리하게 하기에 충분했다. 복면한 장 발장과 가면을 벗은 떼

누군가 그의 어깨에 손을 얹으며 말하였다.

나르디에가 우연히 만남으로써 싸움은 시작되었다.
 떼나르디에가 자기를 잘 못 알아보고 있는 것을 장 발장은 곧 알아차렸다.
 그들은 이 어두컴컴한 속에서 상대의 몸의 크기를 재듯 한동안 노려보았다. 떼나르디에가 먼저 침묵을 깨뜨렸다.
 "자넨 어떻게 나갈 작정이지?"
 장 발장은 대답하지 않았다. 떼나르디에는 계속했다.
 "문을 열 수가 없네. 그래도 자넨 여기서 나가야겠지."
 "그렇다네." 장 발장은 말했다.
 "그럼 절반씩 나누기로 해."
 "무슨 말이야?"
 "자넨 그 사나이를 죽였지, 그렇지? 나는 열쇠를 가지고 있단 말이야."
 떼나르디에는 마리우스를 손가락으로 가리켰다. 그는 계속했다.
 "나는 자넬 잘 몰라, 하지만 도와주겠다는 거야. 내 말 알아듣겠지."
 장 발장은 이해가 가기 시작했다. 떼나르디에는 그를 살인자로 생각하고 있는 것이다. 떼나르디에는 다시 말을 이었다.
 "자아, 들으라구, 친구. 자네는 그 사나이의 주머니 속을 노렸겠지. 내게 절반 내놓게. 그럼 문을 열어 주지."
 그러고는 구멍이 숭숭 뚫린 작업복 밑에서 커다란 열쇠를 절반쯤 내보이며 다시금 덧붙였다.
 "자유로운 몸이 되는 열쇠가 어떤 것인지 보고 싶겠지. 자아, 여기 있어."
 장 발장은 늙은 꼬르네이유의 말마따나 '아연실색했다'^(꼬르네이유 作 《신나》 제5막 제1장). 자신이 지금 보고 있는 것이 현실인가 눈이 의심스러울 뿐이었다. 그것은 소름끼치는 모습으로 나타난 하늘의 뜻이었으며, 떼나르디에의 모습을 빌려 땅에서 솟아난 선량한 천사였다.
 떼나르디에는 윗옷 밑의 큰 속주머니에 손을 들이밀고 동아줄을 꺼내어 장 발장에게 내밀었다.
 "자아, 이 밧줄을 덤으로 주지."
 "그 밧줄은 뭣해?"
 "돌도 필요하겠지만 그건 밖에도 있을 거야. 잡동사니가 가득 있으니까."
 "돌은 뭣에 쓰는 거지?"

"이런 어리석은 친구, 자넨 그 놈을 강에 던질 생각이겠지? 그러니까 돌과 밧줄이 필요하다는 거 아닌가? 그렇게 하지 않으면 물에 떠버릴 테니까 말야."

장 발장은 그 동아줄을 받았다. 누구라도 그렇게 무심코 물건을 받을 때가 있다.

떼나르디에는 문득 생각난 듯이 손가락을 튕겨 소리를 냈다.

"이봐 친구, 어떻게 저 구덩이를 지나왔나? 난 감히 할 수 없었는데, 아아! 그 냄새 고약하군."

잠시 후 그는 다시 덧붙였다.

"내가 여러 가지를 물었는데 아무 대답도 하지 않은 것은 알겠어. 그 지긋지긋한 예심 판사가 15분 동안 하는 심문의 연습이니까. 게다가 아무 말도 하지 않으면 큰 소리로 지껄여 댈 염려도 없어. 그러나 그건 쓸데없는 일이야. 내게는 자네 얼굴도 보이지 않고 이름도 모른다고 해서 자네가 어떤 인간인지, 무슨 짓을 할 작정인지 내가 전혀 모른다고 생각해선 잘못이야. 다 알고 있어. 그놈을 죽였기 때문에 이제부터 어디에 치워 버리려는 거겠지. 자네에겐 강이 필요하지. 강은 그런 뒤치다꺼리를 모두 감추어 버리니까. 난 처하거든 내가 도와주지. 고생하는 사람을 돕는 건 내 적성에 맞으니까."

장 발장이 잠자코 있는 것을 당연한 일이라고 하면서도, 분명히 말을 시키려 애쓰고 있었다. 그는 옆얼굴을 보려는 셈인지 상대의 어깨를 밀더니 역시 목소리를 억누른 채 외쳤다.

"구덩인데 말야, 자넨 용한 작자야. 왜 거기에 던져 버리지 않았어?"

장 발장은 침묵을 지켰다. 떼나르디에는 넥타이 대신 누더기 천을 목에 바짝 올려 매었다. 그것은 진지한 사나이의 동작이었다. 그리고는 말했다.

"딴은 현명한 생각이야. 인부들이 내일이라도 구멍을 막으러 오면 버린 시체를 발견할 게 뻔해. 그렇게 되면 차례차례로 연줄을 따라 꼬리가 잡혀서, 자네는 결국 잡히게 되지. 지하수도를 나간 놈이 있다. 누구냐? 어디로 나왔나? 나오는 것을 본 사람은 없는가? 경찰은 영리하거든. 지하수도로는 마음을 놓을 수가 없는 놈이어서 자네를 밀고하지. 시체라는 습득물은 희귀한 물건인데다가 사람의 주의를 끌게 마련이야. 지하수도로를 이용하는 놈은 드물어. 그러나 강은 누구에게나 편리하지. 강은 진짜 무덤이거든. 한 달쯤 지나서 쌩 끌루의 다리목에 친 그물에 시체가 걸렸다 해 봐, 허지만 그게 무슨 소용 있어? 다 썩어 버린 시체 하나, 그게 뭐 대수람! 누가 죽였느냐? 빠리가 죽였지. 그렇게 되면 경찰은 제대로 조사도 하지 않아. 자넨, 참 잘했어."

떼나르디에가 점점 더 지껄이면 지껄일수록 장 발장은 침묵을 지켰다. 떼나르디에는 또 그의 어깨를 흔들었다.

"자아, 결말을 내자구. 절반으로 나누세. 나는 열쇠를 보였으니까 자네도 돈을 보여주게."

떼나르디에는 무서운 형상을 하고, 야수처럼 보이고, 음험하고, 왠지 협박하는 듯 바싹 다가왔지만, 어딘가에 호의가 엿보였다.

이상한 것은 떼나르디에의 태도가 단순하지만은 않은 것이다. 전혀 아무렇지 않은 것 같지가 않았다. 뭔가 꺼리는 것 같지는 않은데, 목소리를 낮추는 것이다. 이따금 입에 손가락을 대고 쉿! 하고 중얼거렸다. 왜 그런지 까닭을 알 수 없다. 거기에는 그들 둘뿐이었다. 장 발장은 아마도 따로 악당들이 근처 구석에 숨어 있고 떼나르디에는 그들과 나누지 않으려는 것이라고 생각했다.

떼나르디에는 다시 말을 이었다.

"결말을 짓는 게 어때? 그놈은 호주머니에 얼마 갖고 있었어?"

장 발장은 자기 몸을 뒤졌다.

독자들도 기억하다시피 언제나 돈을 지니고 있는 것이 그의 습관이었다. 임기응변의 수를 쓰며 살아 가야만 하는, 어두운 생활을 숙명적으로 타고난 그는 그것을 철칙으로 했다. 그랬는데 이번에는 준비가 되어 있지 않았다. 어젯밤 국민군의 제복을 입을 때, 너무나 슬픈 생각에 마음을 뺏겼기 때문에 돈지갑 넣는 것을 잊어버렸던 것이다. 조끼 안주머니에 얼마간의 잔돈이 들어 있을 뿐이었다. 돈은 전부 30프랑 정도밖에 없었다. 그는 수렁물에 흠뻑 젖은 주머니를 뒤집어서 밑바닥 계단 위에 루이 금화 한 닢과 5프랑짜리 은화 두 닢, 그리고 2수짜리 동전 대여섯 닢을 늘어놓았다.

떼나르디에는 일부러 그러는 듯 목을 비틀면서 아랫입술을 내밀었다.

"싸게두 죽였군그래." 그는 말했다.

그는 장 발장의 주머니와 마리우스의 주머니를 사양하지 않고 뒤지기 시작했다. 장 발장은 빛을 등지는 데에만 신경쓰느라고 그가 하는 대로 내버려 두었다. 떼나르디에는 마리우스의 옷을 뒤집어 보는 사이에 요술쟁이 같은 교묘한 솜씨로 장 발장이 알아차리지 못하게 옷자락의 천을 뜯어서 자기 작업복 안에 넣었다. 아마도 그 헝겊조각이 머지않아 죽은 사나이와 죽인 사나이가 누구인가를 알아내는 데 도움이 될 거라고 생각한 모양이었다. 그러나 돈은 30프랑 이상 나오지 않았다.
"역시 그렇군. 두 사람 것을 모두 합쳐서 이것뿐이라."
그리고 "절반씩 나누자"고 했던 말은 어느새 잊어버리고 전부 혼자 차지했다.
2수짜리 동전까지도 집으려다가 그는 약간 주저했다. 그러나 생각하더니 중얼거리면서 그것도 집었다.
"하는 수 없지! 이렇게 싼 값으로는 수지가 안 맞아."
돈을 집어넣자 그는 작업복 밑에서 다시 열쇠를 꺼냈다.
"자, 자네는 나가야겠지? 여기는 시장 같아서 나가고 싶은 놈은 돈을 내야 해. 돈을 냈으니 나가게."
그렇게 말하고 웃기 시작했다.
떼나르디에가 그 열쇠를 보지도 못한 사나이에게 빌려주고, 자기 이외의 사람을 문 밖으로 내보내 준 것은 한 살인자를 구하려는 순수하고도 사심없는 의도에서였을까? 그 점에 대해서는 의심해도 좋을 것이다.
떼나르디에는 장 발장이 마리우스를 다시 어깨에 짊어지는 것을 거들어 주었다. 그러고 나서 장 발장에게 따라오라고 신호를 하면서 맨발 끝으로 철책에 다가가 밖의 동정을 살피고, 입에 손가락을 대고 잠시 동안 망설이고 있었다. 그러고는 밖의 낌새를 확인하고 나더니 열쇠를 자물쇠에 꽂았다. 빗장이 미끄러지며 문이 열렸다. 스치는 소리도, 삐걱거리는 소리도 나지 않았다. 참으로 조용히 열렸다. 분명히 그 철책과 돌쩌귀에는 조심스럽게 기름을 쳐놓아 생각했던 것보다 자주 열리곤 했던 모양이다. 그 부드러움은 오히려 섬뜩했다. 그곳에서는 은밀한 왕래, 밤의 사나이들의 소리 없는 출입, 살금살금 걷는 죄악의 발걸음을 느낄 수 있었다. 분명히 지하수도로는 어떤 비밀 패거리의 공범자였다. 소리 없는 철책은 범인의 은닉처였다.
떼나르디에는 문을 조금 열어 겨우 장 발장이 지날 수 있을 만한 틈을 내

주더니, 다시 철책을 닫고 열쇠로 자물쇠를 두 번 돌리고서는 숨소리 하나 내지 않고 다시 암흑 속으로 잠겨 버렸다. 호랑이의 발바닥인양 발소리가 전혀 나지 않았다. 하늘의 뜻이라고 받아들여야 할 이 혐오스런 사나이는 눈 깜짝할 사이에 보이지 않는 세계 속으로 들어가 버리고 말았다.

장 발장은 밖으로 나왔다.

누가 보아도 죽은 느낌을 주는 마리우스

장 발장은 마리우스를 둑의 석축 위에 내려놓았다.

그들은 밖으로 나온 것이다!

독기와 어둠과 공포는 물러갔다. 건강하고 깨끗하고 신선하고 즐거운, 자유롭게 숨 쉴 수 있는 공기가 넘치고 있었다. 주위는 고즈넉했지만 그 침묵은 푸른 하늘에 태양이 가라앉은 뒤의 아름다운 고요함이었다. 이미 황혼이 지고 있었다. 밤이 다가오고 있었다. 밤, 위대한 해방자—고난에서 빠져나오기 위해서 어두운 그림자의 망토를 입어야 하는 모든 영혼의 벗. 하늘은 끝없이 넓어서 마치 거대한 장막 같았다. 강물이 그의 발치에 키스하는 소리를 내며 흐르고 있었다. 샹 젤리제의 느릅나무 숲 속에서는 밤인사를 주고받는 둥지 속 새들의 대화가 들려 온다. 아직도 어렴풋이 푸른 하늘에, 꿈꾸는 사람의 눈에만 보이는 두서너 개의 별이 끝없이 먼 곳에 희미한 작은 점이 되어 반짝이고 있었다. 저녁이, 장 발장 머리 위에 무한한 것이 지니고 있는 온갖 고요함을 전개하고 있었다.

그것은 불분명하고도 미묘한 시간, 밤이라고 할 수도 없고 아니라고 할 수도 없는 애매한 시간이었다. 밤의 장막은 꽤 짙어서 조금 떨어지면 사람의 모습은 잘 보이지 않게 되나 그래도 아직 낮의 빛이 조금 남아 있어 가까이 다가서면 상대방 얼굴을 알아볼 수 있었다.

장 발장은 엄숙하고도 애무하는 듯한 그 정적에 한동안 몸을 맡기고 있었다. 사람에게는 그렇게 자기 자신을 잊는 순간이 있다. 그런 때의 고뇌는 불행한 인간을 괴롭히기를 멈춘다. 모든 것은 사념 속에 자취를 감춘다. 평화가 꿈꾸는 사람을 밤처럼 감싼다. 그리고 빛을 가져다주는 황혼 아래, 빛을 뿌리는 하늘처럼 사람의 영혼에도 별이 가득 찬다. 장 발장은 머리 위에 펼쳐진 광대한, 빛나는 그림자를 넋을 잃고 바라보았다. 그는 생각에 잠기어

영원한 하늘의 엄숙한 침묵 속에서 황혼과 기도에 잠겨 있었다. 그러다가 깜짝 놀라, 의무감에 눈뜬 듯 마리우스에게 몸을 굽혀 손으로 물을 떠서 그의 머리 위에 조용히 몇 방울 떨어뜨렸다. 마리우스는 눈을 뜨지 않았다. 그러나 조금 벌리고 있는 그 입은 숨을 쉬고 있었다.

장 발장은 다시 한 번 강물에 손을 넣으려 했다. 그러다 문득 그는 모습은 보이지 않지만 뒤에 누군가 서 있는 듯한, 어떤 불안을 느꼈다. 이미 다른 데서 말한 바와 같다.

그는 뒤를 돌아보았다.

과연 그가 느낀 그대로 누군가 뒤에 서 있었다.

긴 프록코트를 입고 팔짱을 끼고 오른손에는 맨 꼭대기에 납덩이가 달린 곤봉을 들고, 마리우스 위에 몸을 굽히고 있는 장 발장 뒤에서 대여섯 걸음 떨어진 곳에 키 큰 한 사나이가 서 있었다.

그 모습은 그림자 탓도 있었지만 어쩐지 유령 같았다. 단순한 인간이라면 저녁 어둠에 겁을 먹었을 것이다. 사려깊은 인간이라도 곤봉에 두려움을 느꼈을 것이다.

장 발장은 자베르라는 것을 알아차렸다.

독자는 이미 간파했을 테지만 떼나르디에를 미행했던 자는 자베르 바로 그 사람이었다. 자베르는 뜻하지 않게 바리케이드에서 나온 뒤, 시경으로 가서 잠시 국장을 만나 구두 보고를 마치자, 곧 자신의 임무로 되돌아왔는데 ─바리케이드에서 그의 호주머니에서 나온 종이쪽지를 상기해 주기 바란다─ 그 임무에는 얼마 전부터 경찰의 주의를 받고 있는 세느 강 오른편 둑에서 샹 젤리제 부근을 감시하는 일도 포함되어 있었다. 그곳에서 그는 떼나르디에를 발견하고 뒤를 밟아 왔던 것이다. 그 다음의 일은 이미 독자들이 아는 바와 같다.

이것으로 이해가 될 것이다. 철책을 장 발장에게 친절하게 열어준 것은, 사실은 떼나르디에의 교활한 계책이었던 것이다. 떼나르디에는 아직 그 근처에 자베르가 있다는 것을 알고 있었다. 감시받는 사람은 정확한 후각을 가지고 있는 법이다. 그래서 사냥개에게 뼈다귀를 하나 던져 줄 필요가 있었다. 거기에 마침 살인자가 나타나니 그야말로 절대로 놓쳐서는 안될 희생물이었다. 떼나르디에는 장 발장을 밖에 내보내 줌으로써 경찰에게 먹이를 주고, 자신에 대한 추적을 늦추고 더 큰 사건 속에 자신에 관한 일을 잊게 하고, 자베르에게는 기다린 만큼 가치있는 보수를 주고, 한편 자기는 30프랑을 벌어들이고, 그가 한눈을 파는 사이에 달아나 버리려는 생각이었다.

장 발장은 하나의 암초에서 또 다른 암초에 부딪친 것이다.

떼나르디에의 손아귀에서 자베르에게로 떨어지는 잇따른 두 재난은 참으로 가혹하였다.

장 발장은 이미 말했듯이 모습이 아주 달라져 있었기 때문에 자베르는 누군지 알아차리지 못했다. 그는 팔짱을 낀 채, 눈치채이지 않을 정도의 동작으로 손에 든 곤봉을 다시 고쳐 쥐자, 분명하고 조용한 목소리로 말했다.

"넌 누구냐?"

"나요."

"도대체 누구냐?"

"장 발장."

자베르는 곤봉을 입에 물고 무릎을 구부려서 몸을 기울이고, 힘준 두 손을 장 발장의 두 어깨에 놓고, 두 개의 물건을 고정시키는 기계처럼 단단히 붙잡고 유심히 들여다보고 나서야 비로소 상대가 누구인지 알아볼 수 있었다. 그들의 얼굴은 맞닿을 것 같았다. 자베르의 눈은 날카로왔다.

장 발장은 자베르에게 붙잡힌 채 마치 살쾡이의 발톱을 참고 있는 사자처럼 움직이지 않았다.

"자베르 경위, 당신은 나를 이렇게 붙잡았소. 게다가 나는 오늘 아침부터 이미 당신에게 붙잡힌 거나 다름없다고 생각했소. 당신에게서 달아날 생각이었다면 주소 같은 것은 가르쳐 주지도 않았을 거요. 나를 체포하시오. 다만 한 가지 일을 허락해 주기 바라오."

자베르는 듣고 있는 것 같지 않았다. 그는 장 발장을 똑바로 보고 있었다. 입술을 코 쪽으로 밀어올려서 턱에 주름이 잡혀 거친 몽상에 빠진 모습이었다. 드디어 장 발장을 놓고 벌떡 일어나서 곤봉을 다시 움켜쥐고 이렇게 물었다. 아니 그보다 꿈속에서 헤매듯 중얼거렸다.

"당신 여기서 무얼 하는 거요? 그리고 그 사나이는 누구요?"

그는 장 발장이라는 것을 알고도 '너'라고 부르지 않았다.

장 발장은 대답했다. 그 목소리를 듣고 자베르는 제 정신으로 돌아간 것

자베르는 유심히 들여다보고 나서야 비로소 상대가 누구인지 알아볼 수 있었다.

같았다.

"내가 당신에게 이야기하려고 한 것은 바로 이 사나이의 일이오. 내 몸은 당신 마음대로 하시오. 그러나 우선 이 사나이를 자기 집으로 데려다 주는 걸 도와주시오. 그걸 부탁할 뿐이오."

남들이 자신에게 무언가 양보해주길 기대하는 순간처럼, 자베르의 얼굴에는 팽팽한 긴장감이 돌았다. 그러나 그는 안된다고는 하지 않았다. 그는 다시 몸을 구부리고 자신의 주머니에서 손수건을 꺼내어 물에 적시어 피에 젖은 마리우스의 이마를 닦아 주었다.

"바리케이드에 있던 사나이로군." 그는 낮은 목소리로 혼자 중얼거렸다.

"마리우스라고 불리던 사나이야."

그야말로 일류 탐정인 그는, 당장에 죽게 될 것이라고 믿으면서도 모든 것을 관찰하고, 모든 것에 귀를 기울이고, 모든 것을 기억하고 있었다. 죽음의 괴로움 속에서도 망을 보고, 무덤 구덩이에 한 발을 들여놓으면서도 그는 기록을 하고 있었던 것이다.

그는 마리우스의 손을 잡고 맥을 짚었다.

"부상을 입었소." 장 발장은 말했다.

"죽었군." 자베르가 말했다.

장 발장은 대답했다.

"아니, 아직 죽지 않았소."

"그럼, 당신은 이 사나이를 바리케이드에서 여기까지 날랐군." 자베르가 말했다.

그는 무슨 일엔가 깊이 마음을 빼앗긴 것 같았다. 지하수도로를 지나온 이 까닭이 있는 인간의 구출에 대해서 그 이상 묻지 않고, 또 그의 질문에 대해서 장 발장이 아무 대답도 않는 것을 주의하지도 않은 채.

한편 장 발장은, 한 가지 일만을 골똘히 생각하고 있는 것 같았다. 그는 말했다.

"이 사나이는 마레 지구 피유 뒤 깔베르 거리에 살고 있소. 조부의 집인데, 조부의 이름은 기억하고 있지 않소."

장 발장은 마리우스의 윗도리를 뒤져 수첩을 꺼내 마리우스가 연필로 급히 쓴 페이지를 펼쳐 자베르에게 내밀었다.

하늘에는 아직 글씨를 읽을 수 있을 정도로 빛이 조금 남아 있었다. 게다가 자베르의 눈은 밤에 활동하는 새처럼 어둠 속에서도 볼 수 있는 어떤 빛을 내고 있었다. 그는 마리우스가 쓴 몇 줄의 글을 읽고 중얼거렸다.
"질노르망, 레 피유 뒤 깔베르 거리 6번지."
그리고 나서 그는 외쳤다.
"마부!"
마차가 만일에 대비해서 기다리고 있었다는 것은 독자들이 기억할 것이다.
자베르는 마리우스의 수첩을 자기 주머니에 집어넣었다.
즉각 마차가 물먹이는 곳의 비탈길을 내려와 둑의 석축에 오자 마리우스를 뒷자석에 놓고 자베르는 장 발장과 나란히 앞좌석에 앉았다.
문이 닫히고 마차는 재빨리 강변길과 멀어지면서 바스띠유 방면을 향해 올라갔다.
그들은 강변 거리를 벗어나서 한길로 들어갔다. 마부는 마부석 위에 검은 그림자를 보이며 여윈 말에 채찍질을 하고 있었다. 마차 속에는 얼음 같은 침묵이 있었다. 마리우스는 움직이지 않고 안쪽 한구석에 몸을 기대고 머리를 가슴에 힘없이 숙이고, 두 팔을 축 늘어뜨리고, 두 발은 굳어져서 이제는 관을 기다릴 수밖에 없는 모습이었다. 장 발장은 그림자로 만든 것 같았고, 자베르는 돌로 만든 것처럼 보였다. 그리고 마차 안은 캄캄한 어둠으로 채워져서, 그 내부는 가로등 앞을 지나갈 때마다 이따금 번쩍거리는 번갯불에 푸르스름하게 비쳤다. 시체와 유령과 조상(彫像). 비참한 이 세 부동체를 우연히 한데 모아놓고 음울하게 마주 보게 하는 것 같았다.

아들의 귀환

포장도로 위를 달리는 마차가 흔들릴 때마다 마리우스의 머리에서 피가 한 방울씩 떨어졌다. 마차가 뒤 깔베르 거리 6번지에 이르렀을 때는 벌써 한밤중이었다.
자베르가 앞장서서 마차에서 내려 대문 위의 번지를 확인하자 수염소와 사티로스(그리스 신화 중의 괴인)가 마주 보고 있는 고전식의 장식이 붙은 무거운 무쇠 노커를 들어올리고 세게 두드렸다. 한쪽 문이 열렸다. 자베르는 그것을 밀어 크게 열었다. 문지기가 하품을 하면서 자다 깬 멍한 눈으로 촛불을 들고 상반신을 내밀었다.

집안은 모두 잠들어 있었다. 마레의 사람들은 일찍 자는 편이고, 폭동이 있는 날은 더욱 그러했다. 옛날의 기풍을 지닌 이 거리는, 혁명이라는 말만 들어도 공포에 떨며 잠속으로 피난하는 것이다. 마치 아이들이 크로끄미뗀(어린 아이를 놀라게 할 때 에 말하는 도깨비 이름)이 온다고만 하면 얼른 머리에 이불을 뒤집어 쓰는 것과 같았다.

그 사이에 장 발장은 겨드랑이 밑을, 마부는 무릎을 받치고 마리우스를 마차에서 끌어 내렸다.

장 발장은 또다른 한쪽 손을 마리우스의 크게 찢어진 옷 밑으로 집어넣어 가슴을 만져보고 심장이 아직도 뛰고 있는 것을 확인했다. 심장은 전보다 약간 세게 뛰는 것 같았다. 마차의 흔들림이 생명을 얼마간 회복시킨 듯했다.

자베르는 폭도의 집 문지기에게 관리다운 어조로 물었다.

"질노르망이란 사람의 집인가?"

"맞습니다. 무슨 일이십니까?"

"질노르망의 아들을 데리고 왔네."

"아들요?" 문지기는 멍청하게 말했다.

"죽었어."

장 발장은 더러운 누더기 옷차림으로 자베르 뒤에 서 있었으므로 문지기가 무서운 듯이 그쪽을 바라보았다. 장 발장은 아직 죽지는 않았다는 뜻으로 문지기에게 머리를 흔들어 보였다. 문지기는 자베르의 말도 장 발장의 눈짓도 이해하지 못하는 모양이었다.

자베르는 말을 이었다.

"바리케이드에 있던 것을 데리고 온 거요."

"바리케이드에!"

문지기가 외쳤다.

"거기서 죽은 거야. 가서 이 자의 아버지를 깨워요."

문지기는 움직이지 않았다.

"가라고 하잖아!"

자베르가 고함을 쳤다.

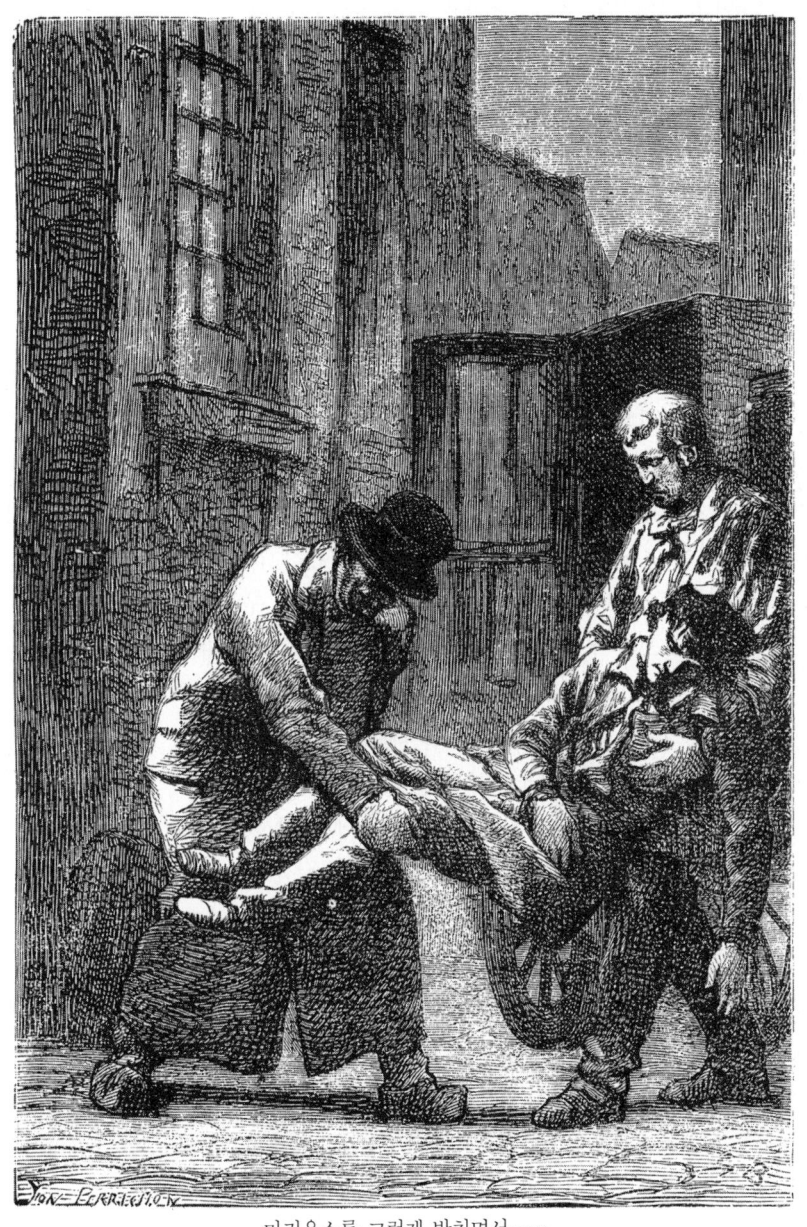

마리우스를 그렇게 받치면서……

그리고 덧붙였다.
"내일은 장례식을 치러야겠지."
자베르는 공무에서 일어나는 사건들을 종류별로 나누었다. 이렇게 하는 것은 경계와 감시의 기본이어서 사건 하나하나를 구분해 놓은 것이다. 일어날 듯한 사건은 모두 서랍 속에 넣어두어 그곳에서 때에 따라 필요한 만큼 나오는 것이었다. 거리에는 소요와 폭동, 유흥, 장례식이 있었다.
문지기는 바스끄만을 깨웠다. 바스끄는 니꼴레뜨를 깨웠다. 니꼴레뜨는 질노르망 이모를 깨웠다. 그러나 조부는 깨우지 않았다. 그에게는 되도록 늦게 알리는 편이 좋다고 생각한 것이다.
같은 건물의 다른 사람들에게 눈치 채이지 않게 마리우스는 2층으로 옮겨져 질노르망 씨의 다음 방인 객실 낡은 안락의자 위에 눕혀졌다. 한편 바스끄는 의사를 부르러 가고 니꼴레뜨가 붕대류가 든 옷장을 열 때, 장 발장은 자베르가 그의 어깨를 잡고 있는 것을 느꼈다. 그는 그 뜻을 깨닫고 자베르의 발소리를 뒤쪽에서 들으며 층계를 내려갔다.
문지기는 그들이 들어오는 것을 보았을 때처럼, 무서운 꿈이라도 꾸는 듯한 심정으로 그들이 나가는 것을 바라보았다. 그들은 다시 마차에 올랐다. 마부도 마부석으로 올랐다.
"자베르 경위! 한 가지 더 허락을 해 주시오."
"무엇을?" 자베르는 무뚝뚝하게 물었다.
"잠깐 집에 들르게 해주시오. 그런 다음에는 당신이 하고 싶은 대로 하시오."
자베르는 프록코트의 깃에 턱을 묻고 한동안 잠자코 있더니, 앞에 달려 있는 작은 유리창문을 내렸다.
"마부, 롬므 아르메 거리 7번지로." 그는 말했다.

절대자의 동요

그들은 장 발장의 집으로 가는 도중 한 번도 입을 열지 않았다.
장 발장은 무엇을 원하고 있는 걸까? 시작했던 일을 다 마치고 싶었던 것이다. 즉 꼬제뜨에게 모든 것을 이야기하고 마리우스가 있는 곳을 가르쳐주고, 그밖에 무언가 도움이 될 만한 말을 해주고, 가능하면 마지막 정리를 이것저것 해두자는 것이었다. 자신의 일, 자기 한 사람에 관한 일은 이미 끝장나 있었다. 그는 자베르에게 체포되어 저항하지 않았다. 장 발장이 아닌 보통 인간이 그러한 처지에 놓였더라면 아마도 떼나르디에가 주었던 밧줄과 이제부터 들어가게 될 감방의 창살문을 멍청하게 생각했을 것이다. 그러나 예전에 주교와 만난 이래 장 발장의 마음에는 어떤 폭행에 대해서도, 구태여 말한다면 설사 자기 자신이 당하는 폭행에 대해서도 깊은 종교적인 망설임이 솟는 것이었다.

자살은 미지의 세계를 향한 일종의 신비적인 위법 행위이며—그러한 행위에는 어느 정도 정신적인 죽음이 포함되는데—장 발장으로서는 실행할 수 없는 일이었다.

롬므 아르메 거리 입구에서 마차는 멈춰섰다. 그 거리는 마차가 들어가기에 너무 좁았다. 자베르와 장 발장은 마차에서 내렸다.

마부는 마차의 유트레히트제(製)의 비로드가 피살된 사람의 피와 살인자의 진흙으로 더럽혀졌다는 것을 '경위 나리'에게 정중하게 허리를 굽히면서 말했다. 그는 사건을 그렇게 생각하고 있던 것이다. 그리고 변상을 해주어야겠다고 덧붙여 말했다. 그러면서 주머니에서 수첩을 꺼내어 '무슨 증명이라도 한 구절' 거기에 써달라고 경위 나리에게 부탁했다.

"얼마면 되겠나, 기다린 삯하고 마차 요금을 합쳐서?"

"7시간하고 15분입니다. 게다가 버려진 비로드 좌석은 새것입니다. 80프랑 주십시오, 경위 나리."

자베르는 주머니에서 나뽈레옹 금화를 네 닢 꺼내 주고 마부를 돌려보냈다.

장 발장은 자베르가 자신을 바로 가까이에 있는 블랑 망또의 지서나 아르쉬브의 지서로 데리고 갈 작정이구나, 하고 생각했다. 그들은 거리로 나섰다. 거리는 여느때처럼 고요했다. 자베르는 장 발장을 앞서게 했다. 그들은 7번지에 이르렀다. 장 발장은 문을 두드렸다. 문이 열렸다.

"좋소. 들어가시오." 자베르는 말했다.

그리고 야릇한 표정으로, 마지못해 억지로 이야기하듯 덧붙여 말했다.

"난 여기서 기다리겠소."

장 발장은 자베르를 쳐다보았다. 여느 때의 자베르는 이런 행동을 절대로 하지 않았다. 그러나 지금 자베르가 자신을 크게 신임한다고 해도 별로 놀랄 일이 못 되었다. 그것은 자신의 손톱만한 자유를 쥐에게 주는 고양이의 신임이며, 또한 장 발장은 자신을 버리고 모든 결말을 지으려는 결심이 서 있었기 때문이다. 그는 문을 밀고 안으로 들어가서 벌써 잠들었다가 침대 속에 누워 문 여는 줄을 잡아당겨 준 문지기에게 "나야!" 하고 나서 계단을 올라갔다.

2층에 올라와서 그는 걸음을 멈추었다. 모든 슬픔의 길에서도 멈춰설 장소는 있는 것이다. 층계참에 들어올리는 창문이 열려 있었다. 낡은 집에서 흔히 볼 수 있는 그 계단은 바깥의 빛을 받을 수 있게 되어 있어서 거리가 내려다보였다. 가로등이 바로 맞은편에 서 있기 때문에 희미하게나마 불빛을 던져 주어 기름이 절약되었다.

장 발장은 숨을 돌리기 위해선지 아니면 무심코 그랬는지 창문으로 고개를 내밀었다. 그리고 길 위를 내려다보았다. 거리는 짧았고 가로등이 끝에서 끝까지 비치고 있었다. 장 발장은 깜짝 놀라 자신의 눈을 의심했다. 그곳에는 이미 아무도 없었다.

자베르는 가고 없었다.

조부

안락의자 위에서 꼼짝도 하지 않고 누워 있던 마리우스를 바스끄와 문지기는 객실로 옮겼다. 불러온 의사가 달려왔다. 질노르망 이모는 잠에서 깨어나왔다.

질노르망 이모는 몹시 놀라서 두 손을 맞잡은 채 몹시 당황하며 "아아, 이게 웬일이람!" 할 뿐 어찌할 바를 몰랐다. 이따금 이런 말도 덧붙였다. "모든 것이 피투성이가 되는구나!" 차츰 공포는 가라앉고, 그녀도 사정을 얼마간 알아차리게 되자, "으레 이렇게 되게 마련이지!" 하고 자신의 생각을 말했다. 그래도 이런 경우 "그러니까 내가 뭐라든가!" 하는 평소의 입버릇은 나오지 않았다.

의사의 지시로 간이침대가 안락의자 옆에 마련되었다. 의사는 마리우스를 진찰하고, 아직 맥이 뛰고 있으며 가슴에는 깊은 상처가 하나도 없고, 입술 구석에 엉긴 피가 콧구멍에서 나온 것임을 확인하자 환자를 침대 위에 똑바로 눕히고, 호흡을 편하게 하기 위해서 베개를 베이지 않고 머리를 몸과 똑같은 높이보다는, 오히려 약간 낮게 하고 옷을 벗겼다. 질노르망 양은 마리우스의 옷을 벗기는 것을 보고 방에서 나왔다. 그녀는 자기 방에서 기도를 드리기 시작했다.

몸 안에 상처를 입은 곳은 한군데도 없었다. 탄환 한 개가 수첩 때문에 힘이 꺾여 옆으로 빗나가 옆구리에 심한 파열상을 입혔지만, 깊은 상처는 아니고 따라서 생명에 위험은 없었다. 오랜 시간 지하수도로 속을 지나오는 동안에 부러진 쇄골이 완전히 자리가 움직여져서 중상이었다. 양팔에는 군도 자국이 있었다. 얼굴에는 아무런 상처도 없었지만 머리는 아주 엉망이었다. 그런 머리의 상처는 어떤 결과를 가져올까? 두피에만 한정된 상처인지? 뇌속까지 깊이 들어갔는지? 그점은 아직 뭐라고 말할 수 없었다. 중요한 것은 그 상처 때문에 기절했다는 것인데, 그런 경우에는 반드시 회복된다고 할 수 없었다. 더욱이 환자는 피를 많이 흘려 상태가 악화되어 있었다. 허리띠 밑의 부분은 바리케이드로 가려져 있던 덕분에 무사했다.

바스끄와 니꼴레뜨는 헝겊을 찢어서 붕대를 준비했다. 니꼴레뜨가 그것을 꿰매고 바스끄가 감았다. 가제가 없었기 때문에 의사는 응급 조치 때 쓰는 솜을 상처에 대고 출혈을 막았다. 침대 옆에는 외과 수술용 기구를 늘어놓은 테이블이 있고, 그 위에 초가 세 자루 타고 있었다. 의사는 마리우스의 얼굴과 머리카락을 찬물로 씻었다. 물통에 가득 찬 물이 단번에 시뻘개졌다. 문지기가 촛불을 들고 의사의 손 밑을 비추고 있었다.

의사는 비관적인 생각에 잠긴 듯했다. 이따금 고개를 가로젓고 있었는데, 그것은 마치 마음 속에서 스스로 질문하고 대답하는 것 같았다. 의사가 그렇게 남모르게 자문자답을 하는 것은 환자에게 좋지 않은 징조다.

의사가 마리우스의 얼굴을 닦고, 아직 감겨 있는 눈등에 가볍게 손끝을 대었을 때, 객실 안쪽 문이 열리고 창백하고 긴 얼굴이 나타났다. 조부였다. 이틀 동안의 폭동은 질노르망 씨를 몹시 자극하여 격분하게 하고 불안하게 했다. 어젯밤에는 잠을 이루지 못해서 오늘은 하루 종일 열이 올라 있었다. 밤이 되자, 문단속을 잘 하라고 이르고 피로가 몰려 와서 일찌감치 잠자리에 들어 가벼운 잠이 들어 있었다.

노인의 잠은 얕다. 이 노인의 방은 객실에 인접해 있었기 때문에, 모두가 매우 조심했어도 그는 소리를 듣고 깨어난 것이었다. 문 틈에서 불빛이 새어 들어오는 것을 보고 깜짝 놀라 침대에서 내려와 더듬더듬 나왔다.

질노르망은 문지방 위에 서서, 한 손을 반쯤 열린 문의 손잡이에 대고, 머리를 약간 디밀어 건들건들하며 몸은 수의처럼 희고 곧은 주름 없는 잠옷에 싸여서 퍽 놀란 표정이었다. 마치 무덤 속을 들여다보는 유령 같았다.

그는 침대를 보고, 이불 위에서 피투성이로 살빛은 납처럼 희고, 눈은 감고, 입은 벌리고, 입술은 새파랗고, 허리 위는 벗겨지고, 온몸이 시뻘건 상처투성이로 꼼짝도 않고 불빛을 받고 있는 청년을 보았다.

조부는, 머리에서 발끝까지 뼈가 앙상한 몸이 겨우 견딜 만큼 떨리고, 나이 때문에 각막이 노래진 두 눈은 유리처럼 번들거리는 빛에 덮여서 온 얼굴이 마치 해골 같은 흙빛을 띠며, 용수철이 끊어진 듯 두 팔을 축 늘어뜨리고, 부들부들 떨고 있는 늙은 두 손의 손가락 사이에까지 놀라움이 나타나고, 두 무릎은 앞으로 엉거주춤하게 굽고, 잠옷의 여민 틈으로 흰 털이 솟은 마른 정강이를 내보이면서 중얼거렸다.

"마리우스."

"나리, 도련님을 지금 어떤 사람이 떠메고 왔습니다. 바리케이드에 계시다가, 그러다가……." 바스끄가 말했다.

"죽었구나! 아아! 못된 놈!"

그때, 무덤 속에서도 그렇게 될까 싶을 정도로 100살이 가까운 노인은 청년처럼 벌떡 일어섰다.

"여보시오, 당신은 의사군요. 우선 한 가지만 내게 말해 주시오. 그놈은 죽었소, 그렇지요?"

의사는 너무 마음 아픈 나머지 침묵을 지켰다.

질노르망 씨는 처절한 웃음을 터뜨리면서 두 팔을 비틀었다.

"죽었어! 죽은 거야! 바리케이드에서 죽었어! 나를 원망해서! 내게 보복하느라고 이런 짓을 저질렀어! 아아! 흡혈귀 같으니! 이런 참혹한 꼴로 내게 돌아왔어! 아아, 매정하구나! 죽었어!"

그는 숨이 막히는지 창가로 가서 창문을 활짝 열어 젖히고 어둠 앞에 우뚝 서서 바깥 거리의 밤을 향해서 지껄이기 시작했다.

"찔리고, 잘리고, 목을 찔리우고, 얻어맞고, 찢기우고 만신창이가 되어 버

의사가 마리우스의 얼굴을 닦고, 감겨 있는 눈등에 가볍게 손끝을 대었을 때 창백한 얼굴이 나타났다.

렸어! 저것 좀 봐, 못된 녀석! 아무리 못된 놈이라도 내가 기다릴 것을 잘 알고 있었을 텐데. 제 방을 정돈해 놓고 어렸을 적 사진을 언제나 머리맡에 놓고 있는 것을 말이야! 잘 알고 있었을 거야, 돌아오기만 해도 좋다는 것을! 몇 해 전부터 내가 네놈의 이름을 계속 부른다는 것을, 저녁때가 되면 벽난로 구석에서 무릎 위에 팔짱을 낀 채 어쩔 줄 몰라하는 것을, 네놈 때문에 내가 넋이 빠져 버린 것을! 너는 잘 알고 있었을 거야. 돌아오기만 하면 그것으로 족해. 돌아와서 접니다 하고 한 마디만 하면 되는 거였어. 그것으로 네가 이 집의 주인이 될 것이었다. 나는 네가 하자는 대로 할 생각이었다. 너는 이 늙어빠진 어리석은 할아비를 제 마음대로 할 수 있다는 것을 잘 알고 있었을 것이다! 그런데 너는, '아니, 저건 왕당파야, 안 가겠어!' 라고 말했지. 그러더니 바리케이드에 가서 일부러 죽고 만 거야! 베리 공작에 대해서 내가 한 말에 대한 보복으로 말이다! 염치를 모르는 놈이 이런 놈이야! 하는 수 없지, 누워서 고요히 자거라! 아, 죽어 버리다니, 이제야 나도 눈을 떴구나."

　의사는 이번에는 양쪽이 다 걱정되기 시작하여 한동안 마리우스 곁을 떠나 질노르망 씨 곁에 가서 팔을 부축했다. 조부는 뒤를 돌아보고 커다랗게 핏발이 선 듯한 눈으로 의사를 바라보더니 조용히 말했다.

　"고맙소, 나는 아무렇지 않소. 나는 사나이오. 루이 16세의 죽음도 보았고 어떤 사변에도 꿈쩍하지 않았소. 다만 한 가지 두려운 것은 신문이 온갖 해를 끼친다는 것을 생각하는 일이오. 세상에 엉터리 기자, 능변가, 변호사, 연설가, 연단, 논쟁, 진보, 광명, 인권, 출판의 자유가 있는 한, 아이들은 모두 이런 꼴로 집에 실려 오게 되오! 아아! 마리우스! 끔찍한 일이다! 살해되고 말았구나! 나보다 먼저 죽다니! 바리케이드! 아아! 악당들! 의사 선생, 당신은 이 근처에 사시지요? 나는 당신을 잘 알고 있소. 당신의 마차가 지나는 것을 나는 창문에서 보았소. 당신에게 맹세하리다. 내가 지금 화가 났다고 생각하면 잘못이오. 죽은 사람을 상대해서 화를 낸들 뭣하겠소. 그건 어리석은 짓이오, 이 애는 내가 기른 자식이오. 이 애가 아직 어렸을 적에 나는 이미 늙어버렸소. 뛸르리 공원에서 이 애가 조그만 괭이와 조그만 의자를 가지고 놀고 있으면, 나는 공원지기에게 야단맞지 않도록 이 애가 괭이로 땅에 판 구멍을 하나하나 지팡이로 메웠소.

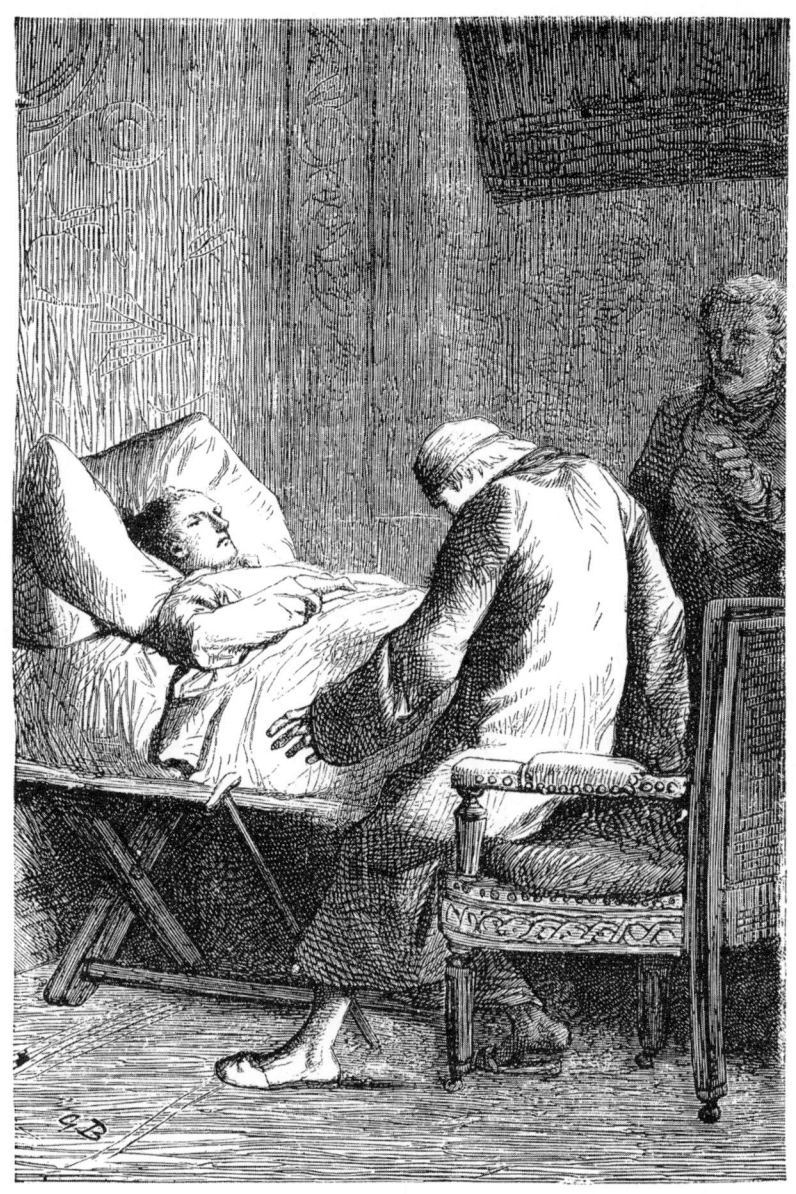

마리우스! 내 자식! ……그리고 질노르망은 그대로 정신을 잃고 쓰러졌다.

그 아이가 어느 날, 루이 18세를 타도한다고 외치며 나갔소. 내 죄가 아니오. 이 애는 정말로 장밋빛 얼굴에 머리는 금발이었소. 어머니는 벌써 돌아갔소. 당신도 아시죠? 어린아이들이 모두 금발 머리인 것은 어떤 까닭일까요? 이 애는 '르와르 강의 불한당'(나뽈레옹의 패전병)의 아들이오. 그러나 아버지의 죄는 아이에게 관계없소. 이 아이가 아직 겨우 요만했을 적 일이 생각나는군요. 아직 'd'를 발음하지 못할 때였소. 어찌나 이야기를 부드럽게 하는지 혀가 잘 돌지 않아서 마치 조그만 새 같았소. 어떤 때는 '헤라클레스 파르네제'(둘리리 공원에 있는 헤라클레스의 彫像) 앞에서 이 애에게 탄복한 사람들이 둥그렇게 둘러서서 칭찬했던 것을 기억하오만, 그토록 잘 생겼었소, 이 아이는! 마치 그림으로 그린 것 같았으니 말요. 나는 큰 소리를 낼 때도 있었고, 지팡이로 위협할 때도 있었지만 그것도 다 농담이라는 것을 이 애는 잘 알고 있었지요. 아침에 내 방으로 오면 나는 잔소리를 심하게 했지만, 마음 속으로는 태양이 들어온 것처럼 생각했소. 그런 꼬맹이한텐 무력한 거지요. 우리 마음을 사로잡고 우리를 포로로 만들고 다시는 놓지 않았지요. 정말 이 아이처럼 사랑스러운 것은 세상에 없었소. 그랬는데 지금 이 아이를 죽여 버리다니! 라파이예뜨파(대혁명 시대의 입헌 왕정파)니, 뱅자맹 꽁스땅파(소설 〈아돌프〉의 작가, 공화주의 정치가)니, 띠르귀르 드 꼬르셀르파(라파이에 뜨파의 흐름을 받아들인 왕정 복고기의 자유주의자)는 뭐라는 놈들이오! 이대로 놓아 둘 수는 없어."

의사는 실신한 채 아직 움직이지 않는 마리우스 쪽으로 되돌아왔다. 조부도 마리우스에게 다가가자, 또다시 양팔을 비틀기 시작했다. 노인의 흰 입술이 무심코 움직이고 임종 때 숨결처럼 거의 알아들을 수 없는 말을 했다. "아아! 매정한 놈! 혁명당! 무법자! 9월파(1792년 9월의 왕당파 대학살에 참가한 혁명 당원)!" 그것은 죽음에 허덕이는 사람이 시체를 향하여 낮은 목소리로 힐책하는 소리였다.

마음 속의 분화(噴火)는 말이 되어 나오지 않으면 그치지 않는다. 조금씩 말의 맥이 돌아왔으나 조부는 이미 말할 기력이 없는 것 같았다. 그의 목소리는 희미하고 약해서 마치 심연 저편에서 들리는 듯했다.

"이제 나는 아무래도 좋소, 나도 이제 죽소. 그런데 이 빠리 안에서 이 불쌍한 놈을 행복하게 해줄 여자가 하나도 없었다니! 바보 같은 놈이 인생을 재미있게 즐기려 하지도 않고 싸움터에 나가서 짐승처럼 맞아죽었단 말인가! 그것도 누구를 위해서, 무엇 때문에? 공화제를 위해서! 젊은이답게 쇼미에르에 춤추러 가면 좋을 텐데! 20살이라면 다시 없이 좋은 나이야. 천하에 도움이 안되는 빌어먹을 공화제, 세상 어머니들이 아무리 귀여운 사내아이를 자꾸자꾸 낳는다 해도 모두 앗아가 버려.

아, 이 아이는 죽었소. 그 때문에 네 것과 내 것의 두 장례가 이 집에서 떠나게 될 거야. 네가 이런 짓을 한 것도 라마르끄 장군의 눈에 들고 싶어서 였느냐! 도대체 그 장군이 네게 무엇을 해주었더란 말이냐! 멧돼지 같은 군인! 무모한 녀석! 죽은 사람을 위해서 죽다니! 이러고도 미치지 않을 수가 있겠는가! 생각해 봐. 겨우 20살로! 그것도 뒤에 남는 사람을 돌아보지도 않고! 선량한 늙은이는 비참하게 혼자 죽어야 한단 말인가! 오오, 단지 혼자서 죽으란 말인가! 흥, 좋다, 나도 그걸 바랐다. 이제는 깨끗하게 죽을 수 있어. 나는 너무 늙었어. 벌써 100살이야, 만만세야. 훨씬 옛날에 죽어야 했어. 이제 급소를 한 대 맞은 거야. 이것으로 끝이야. 오히려 다행이지. 이 애에게 암모니아 냄새를 맡게 한다든가, 약을 먹여서 무얼 하겠다는 거요? 헛수고요, 의사 선생! 보시오, 이 애는 죽었소, 아주 훌륭하게 죽어 있소. 나는 알아요. 나 자신도 죽은 사람이니까. 이 애는 무엇이든 하다가 마는 일이 없소.

그렇소, 세상은 더럽소. 더러워, 더러워. 시대도, 사상도, 주의도, 지도자도, 권위자도, 학자들도, 엉터리 문사도, 사이비 철학자도, 그리고 60년 동안 뛸르리 궁전의 까마귀 떼들을 놀라게 한 모든 혁명도, 모두 다 더럽단 말이오! 그리고 너도 이렇게 죽으면서 내 생각을 하지 않았으니까 나도 네 죽음을 슬퍼해 주지 않을 테다, 알겠느냐? 이 살인자 녀석아!"

바로 그때, 마리우스가 조용히 눈을 떴다. 그리고 아직도 혼수 상태의 놀라움에 싸여 흐릿한 눈길로 질노르망 씨를 바라보고 있었다.

"마리우스! 마리우스! 내 자식! 내 귀여운 마리우스! 눈을 떴느냐? 나를 보고 있구나, 살아 있구나, 고맙다!" 노인은 외쳤다.

그리고 질노르망은 그대로 정신을 잃고 쓰러졌다.

제4편 의무를 저버린 자베르

  자베르는 여유 있는 걸음으로 옴므 아르메 거리를 떠났다
  그는 생전 처음으로 고개를 숙이고 또 생전 처음으로 뒷짐을 지고 걸어갔다. 이날까지 자베르는 나뽈레옹의 두 가지 자세 가운데 과단성을 나타내는, 다시 말해 팔짱을 낀 자세만을 취했었다. 뒷짐을 진 망설임을 나타내는 자세는 여태까지 한 번도 없었다. 바야흐로 그에게 어떤 변화가 일어난 것이다. 몸 전체가 완만하고 침울한 기색을 보이면서 고뇌의 빛을 띠고 있었다.
  그는 쥐죽은 듯 조용한 거리를 찾아 들어갔다. 그래도 일정한 방향을 더듬고 있었다. 세느 강으로 가는 가장 가까운 지름길을 택하여 오르므 강가로 나와 그 강가를 따라서 그레브를 지나 샤뜰레 광장 초소에서 조금 떨어진, 노트르담 다리 모퉁이에서 걸음을 멈추었다. 세느 강은 거기서 한편으로는 노트르담 다리와 뽕또 샹즈 다리로, 다른 한편으로는 메지스리 강가와 플뢰르 강가에 끼어서 급류가 그 복판을 가로지르고 있는 네모진 호수 모양으로 되어 있었다.
  세느 강은 뱃사공들이 두려워하는 곳이었다. 여기의 급류는 다리의 물방아—지금은 허물어 버렸지만 그 무렵엔 아직 있었다.—의 말뚝 때문에 좁혀져서 물살이 거세어졌기 때문에 그곳만큼 위험한 곳은 없었다. 두 다리가 가까이 걸려 있어 위험은 더욱 컸다. 물살은 두 다리 밑에서는 세차게 솟구치고 있다.
  강물은 교각에 무시무시하게 넓은 주름을 둘둘 말고 있다. 강물이 이 교각에 계속 모이고 쌓인다. 이 세찬 물살은 흘러 움직이는 굵은 밧줄로 교각들을 잡아 뽑아낼 것처럼 드센 힘을 드러내고 있다.
  자베르는 난간에 두 팔꿈치를 짚고 턱을 두 손으로 받치고 무의식적으로 짙은 콧수염을 손가락 끝으로 만지작거리면서 깊은 생각에 잠겼다.
  어떤 새로운 일이, 어떤 혁명이, 어떤 비극적인 결말이 마음 밑바닥에 일

어난 것이다. 깊이 반성해야 할 일이 거기에 있었다. 자베르는 지금 무섭게 고민하고 있었다. 몇 시간 전부터 자베르는 단순한 인간으로 있을 수 없게 된 것이다. 그의 마음은 흐트러져 있었다. 그토록 완고하면서도 맑았던 두뇌는 지금 투명함을 잃고 있었다. 그 수정과 같은 투명함 속에는 지금 한조각 구름이 끼어 있었다. 자베르는 의무가 두 가지로 갈라지는 것을 마음 밑바닥에 느끼고, 그 사실에 대해 자신을 속일 수 없었다. 세느 강가에서 뜻밖에 장 발장을 만났을 때, 그의 마음속에는 놓쳤던 먹잇감을 다시 만난 늑대와 같은, 가까스로 주인을 찾아낸 개와 같은 그 무엇이 있었다.

 그는 자기 앞에 놓인 두 갈래의 길을, 어느 쪽도 똑같이 곧기는 했지만 분명히 두 갈래의 길을 보았다. 그 사실은, 태어나서 지금까지 단 하나의 직선 밖에 몰랐던 자베르에게는 무서운 일이었다. 더욱이 심하게 마음을 괴롭히는 것은, 그 두 갈래의 길이 서로 반대 방향이라는 것이었다. 두 갈래의 직선은 서로 멀리하고 있었다. 어느 것이 참다운 길인지? 그의 위치는 형용하기 어려운 것이었다.

 범죄자에게 목숨을 구제받고 그 부채를 인정하고 그 보답으로 본의 아니게 죄인과 똑같은 처지가 되어 은혜를 은혜로 보답하는 것, 자기에게 "가라"고 한 자에 대해 이쪽에서도 "자유의 몸이 되라"고 대답하는 것, 개인적인 동기에서 공적인 임무를 희생하고, 더욱이 그 개인적 동기 속에 동시에 무언가 공적인 것, 아마도 좀더 높은 것을 느끼고, 자신의 양심을 배반하지 않기 위해 사회를 배신하는 그러한 부조리가 모두 현실이 되어서 그에게 덮쳐왔다. 그는 어찌할 바를 몰랐다.

 장 발장은 자베르를 용서했다. 그 사실에 자베르는 몹시 당황했고, 또한 그 자신이 장 발장을 용서한 것에 스스로 망연자실했다.

 자신은 어떠한 위치에 있는가? 그는 자신을 찾으려고 애썼으나 이젠 찾을 수가 없었다.

 이제부터 어떻게 해야 할 것인가? 장 발장을 넘겨줄 것인가? 그것은 나쁜 일이었다. 그러면 장 발장을 자유롭게 놓아 둘 것인가? 그것도 나쁜 일이었다. 첫 번째 경우는 관리가 유형수 이하로 떨어지는 것이고, 두 번째 경우는 유형수가 법률보다 높이 올라가서 법률을 밟는 결과였다. 어느 쪽도 자베르에게는 불명예였다. 어느 쪽으로 마음을 정해도 그곳엔 추락이 있었다. 숙명에는 불가능 위에 수직으로 솟은 절벽이 있고, 그곳에서 보면 저쪽의 인생은 이미 하나의 심연에 지나지 않는다. 자베르는 그러한 절벽 끝에 와 있는 것이다.

그를 괴롭히는 고뇌의 하나는 생각하지 않으면 안 되게 된 일이었다. 서로 모순되는 감정의 격렬함이 그에게 생각하기를 강요하고 있었다. 생각하는 것, 그것은 그의 습관에는 없었던 일로 그를 몹시 괴롭혔다. 생각한다는 것에는 반드시 얼마간 내심의 배반이 포함되어 있기에, 그는 자신의 마음에, 그러한 반란을 가지고 있다는 것에 화가 났다.

자기 직무의 좁은 범위 밖에 있는 어떠한 문제이든 생각한다는 것은 그에게 언제나 필요없고, 지루한 일이었다. 그러나 지금, 지난 하루를 생각하면 피로웠다. 그래도 역시 이만큼의 동요 뒤에 자신의 마음에 눈을 돌리고 자신을 냉정하게 들여다보지 않을 수 없었다.

지금 막 자신이 행한 일을 생각하고 몸서리쳤다. 자베르는 경찰의 모든 규칙을 위반하고, 사회와 사법의 모든 조직을 배반하고, 모든 법전을 어기고 스스로 판단하여 범죄자를 놓아 주었다. 그것이 그 개인에게는 정당한 일이었다. 그러나 그는 공적인 일을 사적인 일로 바꾸어 놓은 것이다. 그것을 어떻게 설명할 것인가? 스스로 저지른, 명분이 서지 않는 그 행위에 정면으로 맞설 때마다 그는 머리 끝에서 발끝까지 떨었다. 어떻게 결심해야 한단 말인가? 남은 수단은 한 가지뿐이었다. 급히 옴므 아르메 거리로 돌아가서 장 발장을 투옥시키는 것, 그것이야말로 명백히 해야만 할 일이었다. 그러나 그는 할 수 없었다.

무엇인가가 그쪽으로 가는 길을 막고 있었다. 무엇이? 대체 무엇이? 법정과 집행 명령과 경찰과 권력 외에 세상에 또 무엇이 있단 말인가? 자베르는 어찌할 바를 몰랐다.

신성한 징역수! 단죄할 수 없는 죄수! 자베르에게는 그것이 바로 현실이었다.

벌을 주기 위한 자베르와 벌을 받기 위한 장 발장, 둘 다 법 안에 있으면서 법을 초월하기에 이른 것이다. 무서운 일이 아니겠는가!

도대체 어찌된 일인가! 이처럼 이상한 일이 생기다니, 그리고 아무도 벌을 받지 않는 일이 있을 수 있을까? 장 발장이 사회 조직 전체보다 강력하여, 자유의 몸이 되고, 자베르는 여전히 정부의 빵을 먹고 사는 그런 일이 있을 수 있을까?

그의 몽상은 점점 무서워져 갔다.

그런 몽상을 하는 동안에도 그는 뒤 깔베르 거리로 운반된 폭도에 대해 조금은 자신을 책망해야 했다. 그러나 그는 그 일은 염두에도 두지 않았다. 작은 과오는 커다란 과오 속에 묻혀져 버렸다. 게다가 그 폭도는 분명히 죽어 있었다. 법률상의 추적은 죽은 사람에게까지 적용되지는 않는다.

장 발장, 오직 그만이 그의 정신을 압박하는 무거운 짐이었다.

장 발장이 그를 난처하게 했다. 그의 평생 의지였던 모든 원칙이 그 사나이 앞에서 무너진 것이다. 자베르에 대한 장 발장의 관용은 그를 압도하고 말았다. 그밖의 여러 가지 사실을 상기해 보니 예전에는 허위라든가 어리석은 짓이라고 여겼던 여러 가지 사실들이 지금은 현실이 되어 역력히 되살아났다. 마들렌 씨가 장 발장 뒤에 나타나 두 사람의 모습이 겹쳐져서 지금은 존경해야 할 한 사람의 모습이 되었다. 자베르는 무언가 무서운 것이, 죄인에 대한 찬탄의 마음이 영혼 가운데 스며드는 것을 느꼈다. 징역수에 대한 존경, 이런 일이 있을 수 있을까?

그는 무섭고 소름이 끼쳐 몸을 가눌 수 없었다. 아무리 발버둥쳐도 양심을 심판하는 마당에서 그 악한의 숭고함을 자백하지 않을 수 없었다. 그것은 실로 견딜 수 없는 일이었다. 자선을 베푸는 악인, 동정심 많고, 다정하며, 남 돕기를 좋아하고, 마음이 관대하며, 악에 대해서는 선으로 보답하고, 증오에 대해서는 용서로 보답하고, 복수보다는 연민을 느끼고, 적을 멸망케 하기보다 차라리 스스로 멸망하는 길을 선택하고, 자신을 때린 자를 구하고, 높은 덕 위에서 무릎을 꿇고, 인간보다 천사에 가까운 징역수! 그러한 괴물이 세상에 있다는 것을 자베르는 결국 인정할 수밖에 없었다. 그것은 그대로 끝날 일이 아니었다.

좀 더 강조한다면 저 괴물에게, 저 비천한 천사에게, 저 혐오스러운 영웅에게, 그를 놀라게 하는 동시에 격노케 한 저 사나이에게, 아무 저항 없이 굴복한 것은 아니었다. 마차 속에서 장 발장과 마주 앉아 있는 동안, 법률인 호랑이가 그의 마음속에서 몇 번이나 으르렁대고 있었다. 장 발장에게 덤벼들어 물어뜯고, 다시 말해 그를 붙잡고 그를 체포하고 싶은 충동을 느꼈다.

사실, 그처럼 간단한 일이 또 있겠는가?

파출소 앞을 지날 때, "규칙을 어긴 죄인이 여기 있소!" 하고 외치고, 헌병을 불러서 "이 사나이를 인계하네" 하고 말한 뒤, 죄인을 그곳에 남겨두고 뒷일은 상관 않고 가버렸어야 했다. 장 발장은 영원히 법률의 포로가 되어 법률이 요구하는 대로 처리될 것이다. 이처럼 정당한 일이 어디 있겠는가? 자베르는 그런 것을 혼자 생각해 보았다. 과감하게 행동하여 직접 장 발장을 체포하려고 했다.

그런데 그때도, 그리고 지금도, 그것이 되지 않았다. 자신의 손을 경련을 일으키듯 장 발장의 목덜미를 향해 쳐들었지만 그때마다 저항할 수 없는 무게로 누르듯 힘없이 내려 버렸다. 마음 밑바닥에서 하나의 목소리, 야릇한 목소리가 외치는 것이 들려왔다! "좋다, 네 생명의 은인을 넘겨주어라. 그것이 끝나면 뽕스 필라뜨(그리스도를 십자가에/매단 유대의 총독)의 대야를 가져와서 네 손을 씻으면 된다."

다음 순간 그의 생각은 자기 자신에게 돌아와 위대해진 장 발장 옆에 추락한 자신의 모습을 보였다. 한 징역수가 자기의 은인이었던 것이다.

하지만 어째서 그는 자신을 살려두는 것을 그 남자에게 허락했던 것일까? 장 발장은 그 바리케이드 안에서 자베르를 죽일 권리를 갖고 있었다. 그는 그 권리를 행사했어야 했다. 그는 다른 폭도들을 불러 장 발장을 방해하고 억지로라도 총살당하는 편이 훨씬 나았을 것이다.

그의 가장 큰 고뇌는 확신이 사라져 버린 것이었다. 송두리째 없어진 듯한 느낌이었다. 법전도 이제는 나무토막이 되어 손에 남아 있을 뿐이었다. 그는 까닭을 알 수 없는 걱정과 씨름하지 않을 수 없었다. 여태까지 그의 둘도 없는 척도가 되어 왔던 법률 위에 편히 자리잡았던 사고방식과는 전혀 동떨어진 어떤 감정적인 계시가 그의 마음속에서 일어났다. 예전의 충실하고 공명정대한 생활 태도를 계속하는 데에 이미 만족할 수 없게 되었다. 뜻밖에 일련의 사태가 돌발하여 그를 굴복시켰다. 하나의 새로운 세계가 그의 영혼에 나타났다. 즉, 기꺼이 받고 다시 돌려 준 친절, 헌신, 자비, 관용, 연민에서 나온 준엄의 훼손, 개인성의 승인, 단호하게 사람을 벌하는 일도 죄를 짓게 할 수도 없다는 것, 법의 눈에도 눈물이 있을 수 있다는 것, 인간에게 의존하는 정의와는 반대방향을 택하는 일종의 신에 의존하는 정의. 그는 여태껏 알지 못했던 도덕의 태양이 암흑 속에서 무섭게 뜨는 아침을 보았다. 그 아침은 그를 겁나게 했다. 그는 아찔한 현기증을 느꼈다. 독수리의 눈을 가질 것을 강요당한 부엉이였다.

그는 마음속으로 말했다. 이것도 진실이며, 세상에는 예외가 있다. 그 방면의 권위도 동요할 때가 있다. 규칙도 어떤 사실 앞에서는 막힐 때가 있다. 모든 것이 법조문 안에 기록되어 있는 것은 아닐 것이다. 의외의 일에는 따르는 수밖에 없다. 징역수의 덕이 관리의 덕을 반성하게 하는 수도 있다. 괴물이 신성해질 수도 있다. 인생에는 이러한 복병도 있다. 그는 자신이 그러한 기습을 피하지 못한 것이라고 절망감과 함께 생각했다.

그는 선의가 실제로 존재한다는 것을 인정하지 않을 수 없었다. 그 죄수는 친절했다. 또한 그 자신도 예전엔 없었던 일이지만 얼마 전부터 친절한 행위를 해왔다. 그는 변한 것이다. 그는 자신이 비겁하다는 것을 인정했다. 그는 스스로 두려움을 느꼈다.

자베르에게 이상이란, 인간답게 되는 것도, 위대해지는 것도, 숭고해지는 것도 아니었다. 아무런 결점도 없는 사람이 되는 일이었다. 그런데 지금 그는 과오를 저지른 것이다.

어째서 이렇게 되었는지? 어째서 그런 일이 생겼는지? 그것은 자기 자신도 알 수 없다는 게 솔직한 심정이었다. 두 손으로 머리를 끌어안고 아무리 생각해도 도저히 설명할 수가 없었다.

장 발장을 법의 손에 넘겨 줄 것을 그는 분명히 생각했었다. 장 발장은 법률의 포로이며, 자베르는 법률의 노예였다. 장 발장을 붙잡고 있는 동안 그를 놓아 주어야겠다는 생각 같은 것은 한순간도 가져 본 적이 없었다. 어떤 의미에서는 자기도 모르는 사이에 그의 손이 벌어져서 장 발장을 놓아 버린 것이다.

수수께끼 같은 온갖 새로운 일들이 눈앞에 나타났다. 그는 이것저것 자문자답해 보았으나 자신의 대답에 두려움을 느꼈다. 그는 자신에게 물었다. "내가 박해라 할 만큼 집요하게 추적한 저 죄수, 저 절망에 빠진 남자는, 나를 짓밟고 복수할 수 있었다. 원한을 풀기 위해서도, 자신의 안전을 위해서도, 당연히 복수했어야 했을 텐데도 나를 살려 주고 나를 용서했다. 도대체 무엇 때문에? 사적인 의무일까? 아니다, 의무 이상의 무엇이다. 그리고 나도 그를 용서했다. 그것은 또 왜? 어째서였을까? 그것도 사적인 의무였을까? 아니다, 의무 이상의 무엇이다. 그렇다면 의무 이상의 것이 있단 말인가?" 여기서 그는 두려워졌다.

그의 저울은 어긋났다. 저울 접시의 한쪽은 심연 속으로 떨어지고, 다른 한쪽은 천상으로 올라갔다. 그리고 자베르는 높은 곳에 올라간 접시에도 낮은 곳에 떨어진 접시에도 두려움을 느꼈다. 그는 결코 볼떼르주의자라든가 철학자(특히 18세기 회의적인 철학자)라든가 불신자라고 불리는 인물은 전혀 아니었다. 오히려 확고한 가톨릭 교회를 본능적으로 존경하고 있었다. 그렇지만 다만 사회 전체의 엄숙한 단편이라고 생각하는 데 불과했다. 질서는 그의 교의였고 그것만 있으면 충분했다. 어른이 되어 지금의 직무를 맡은 이래 그는 경찰 속에 자신의 종교 거의 전부를 가져다 놓았다. 그리고 결코 비꼬는 게 아니라 매우 진지한 의미에서 전에 말했듯이, 남들이 사제 노릇을 하듯 탐정 노릇을 했다. 그에게는 지스께 씨라는 상관이 있었다. 오늘날까지 그는 다른 상관인 신에 대해서는 거의 생각해 보지 않았다.

신이라는 새로운 주인을 그는 뜻밖에도 느꼈고 그 때문에 마음이 산란해진 것이다.

그 뜻하지 않은 존재에 그는 당황했다. 아랫사람은 언제나 머리를 숙이고, 거역하거나 비난하거나 반박해서는 안 된다. 윗사람을 지나치게 못마땅하게 생각하는 아랫사람은 사표를 내는 수밖에 없다는 것을 모르지 않는 그도, 이 상관에 대해서는 어떻게 해야 할지 몰랐다. 첫째, 신에게 사표를 내려면 어떻게 하면 좋단 말인가?

어쨌든, 그의 생각이 언제나 되돌아오는 한 점, 그에게서 모든 것을 결정하고 있는 한 가지 사실은 그가 무서운 위법을 범했다는 것이었다. 그는 재범자가 포고를 위반한 것을 못 본 체했다. 한 죄수를 방면하여 법률에 속하는 한 남자를 법률한테 뺏아온 것이다. 그가 한 일은 바로 그것이었다. 이제는 자신도 자기를 알 수가 없었다. 과연 이것이 본래 자신인지 믿을 수가 없었다. 자기 행위의 이유조차도 포착하지 못하고 그저 헤맬 뿐이었다.

그는 그때까지 어두운 청렴의 모체인 그 맹목적인 신념에 의해서 살아 왔다. 지금 그 신념은 그를 버렸고, 또 청렴은 그에게서 사라졌다. 그가 믿어 왔던 모든 것은 사라졌다. 그가 원치 않는 진실이 가차없이 그를 괴롭혔다.

이제부터는 다른 사람이 되지 않으면 안 되었다. 갑자기 백내장 수술을 받은 양심의 통증에 그는 시달렸다. 보고 싶지 않은 것을 보았다. 자신이 텅 비어 버리고, 쓸모 없어지고, 과거의 생명에서 격리되어 파면당하고, 붕괴되었음을 그는 느꼈다. 공적인 권위는 그의 내부에서 죽었다. 이제는 존재 이유가 없었다. 뒤흔들리는 지위, 그것은 무서운 것이다!

화강암 같은 인간이 의혹을 알았다! 철두철미하게 법의 틀 속에서 만들어진 징벌의 모습이면서, 그 청동의 가슴 안에 심장과도 같은 부조리와 반항이 있다는 것을 문득 깨닫는다! 그날까지 악이라고 여겼던 것이 선이 되고, 그 선에 선으로 보답해야만 한다! 도둑을 지키는 개의 처지이면서 도둑의 손을 핥는다! 얼음이었던 몸이 녹아 간다! 못을 뽑는 장도리이어야 할 텐데 평범한 손이 된다! 손가락이 펴지는 것을 문득 느낀다! 붙잡은 사냥감을 놓는다. 무서운 일이다! 이미 나아갈 길을 잃고 후퇴하는 한 인간의 탄환!

왜 다음과 같은 일들을 자인하지 않으면 안 된단 말인가! 즉, 잘못이 없다고 생각하는 생활태도가 반드시 잘못이 없음은 아니라는 것, 교의에도 과오는 있을 수 있다는 것, 법전이 모든 것을 설명하는 건 아니라는 것, 사회는 완전하지 않다는 것, 공적인 권위도 흔들릴 때가 있다는 것, 굳건해야 할 것에 금이 가는 수도 있고, 재판관도 인간이고, 법률이 잘못되어 있거나, 법정도 잘못된 판결을 내릴 수 있다는 것, 하늘의 끝없이 넓은 유리에도 갈라질 틈이 있다는 것을!

자베르의 마음에 일어난 일, 그것은 직선적인 양심이 휘어지는 것이고, 영혼의 탈선이며, 저항할 수 없는 힘으로 똑바로 돌진하여 신에게 부딪쳐서 부서지는, 청렴의 붕괴였다. 분명히 그것은 이상한 일이었다. 질서의 화부(火夫)가, 권위의 기관차가, 눈이 먼 철마를 타고 궤도를 달리다가 광명의 일격을 받아 말에서 떨어지다니! 움직이지 않는 것, 똑바른 것, 정확한 것, 기하학적인 것, 수동적인 것, 완전한 것이 무너지다니! 기관차에도 '다마스커스로 가는 길'이 있다니! (어느 한순간 깨달음을 얻어 심기일전하는 것에 대한 비유)

신, 항상 인간의 내면에 있고, 참다운 양심으로 허위에 대항하는 신, 번쩍이는 빛을 지켜서 사라지지 못하게 하는, 한 줄기의 광선에 태양을 상기하라는 명령, 영혼에게 허위의 절대와 대립하고 있는 참다운 절대를 알라고 하는 훈령, 멸하는 일이 없는 인간성, 인간 불멸의 마음, 그 빛나는 현상, 우리

인간 내면의 가장 아름다운 불가사의, 그것을 자베르는 깨달은 것일까? 그
것을 통찰한 것일까? 그것을 이해한 것일까? 결코 그렇지는 않았다. 그러나
이해할 수는 없으나 의심할 수도 없는 것의 압력 아래 자신의 두뇌가 조금씩
열려 가는 것을 느꼈다.
 그는 그 기적에 의해서 변모했다기보다 그것의 희생물이 되었다. 그는 격
분하면서 그 기적을 받았다. 그의 눈에는 그 기적 속에 사는 것이 매우 어렵
다는 것만이 보였다. 이제부터 앞으로 영원토록 호흡이 곤란해질 것처럼 느
껴졌다. 머리 위에 미지의 것을 인다는 것, 그것에 익숙하지 않았던 것이다.
 여태까지 머리 위에 이고 왔던 것은 명백하고, 단순하고 깨끗한 표면처럼
보였다. 거기에는 미지도 없고 암흑도 없었다. 한정된 것, 정리된 것, 사슬
에 매어져 있는 것, 간결한 것, 정확한 것, 범위가 정해진 것, 한정된 것,
폐쇄된 것뿐이었다. 모든 것은 예견되어 있었다. 공적인 권위는 평탄했다.
어떠한 추락도 없고, 그 앞에서는 어떤 동요도 없었다. 자베르는 다만 아래
쪽에서만 미지인 것을 보아왔을 뿐이었다. 규칙에 어긋난 것이나 뜻하지 않
은 것이며 무질서의 난잡한 틈새며 언제 미끄러져 떨어질지 모르는 절벽은,
도적이며 악인이며 하찮은 사람들 속에, 즉 하층 지대에 있었다. 그런데 지
금 자베르는 벌렁 드러누워 이상한 괴물, 곧 머리 위 심연을 보고 갑자기 당
황했다. 이 무슨 일인가? 이것은 밑바닥에서부터 무너진 것이다! 완전히 균
형을 잃은 것이다. 무엇을 믿어야 하나, 확신하던 것이 무너져 버렸으니.
 어찌된 일인가! 사회를 감싸고 있던 갑옷 속 결함이 관대한 한 죄수에 의
해 발견되어도 좋다는 말인가! 결백하고 정직한 법의 공복(公僕)이 한 남자
를 석방하는 죄와 체포하는 죄, 이 두 죄 사이에 끼어 버릴 수 있단 말인
가! 국가가 공무원에게 내리는 훈령 중에도 확실치 않은 것이 있단 말인가!
의무 중에도 한계가 있단 말인가? 이게 모조리 현실인가! 일찍이 형벌 아래
무릎을 꿇었던 악당이, 벌떡 일어서서 결국은 정당한 것이 되는 것도 진실이
었던가? 이런 것을 믿을 수 있단 말인가? 그렇다면 모습을 바꾼 죄악 앞에
법률이 변명을 늘어놓으면서 물러서지 않으면 안 될 경우도 있다는 말인가?
 그렇다, 바로 그대로였다! 자베르는 그것을 보고 그것을 만졌다! 단순히
그것을 부정할 수 없었던 게 아니라, 자신이 그 소용돌이 속에 들어가 있었
던 것이다. 그것은 현실이었다. 현실이 이처럼 기형적인 모습이 될 수 있다

는 건 참으로 저주할 일이었다.

 사실이 본분을 지킨다면 사실은 법을 증명하는 일밖에 하지 않을 것이다. 사실이란 신이 만들어내는 것이니까. 그렇다면 지금 무정부주의까지 하늘에서 내려오려 한다는 말인가?

 이렇게 해서 점점 더 깊어 가는 고뇌 속에, 망연자실한 환각 속에, 그의 감명을 가로막고 정정해 주는 것이 모두 사라지고, 사회도, 인류도, 우주도, 그의 눈에는 한낱 단순하고 보기 흉한 모습으로 보였다. 형법, 판결, 법규에 기인한 힘, 최고 재판소의 판례, 사법관, 정부, 혐의와 억압, 공무상의 사려(思慮), 법률의 확실성, 법규의 원칙, 정치적 및 개인적 안녕의 근거가 되는 모든 신조, 정의, 법전에 기인한 이론, 사회의 절대권, 공공 진리, 이 모두가 지금은 쓰레기가 되고, 잡동사니가 되고, 혼돈스러운 것이 되고 말았다. 질서의 감시인이며, 경찰의 엄정한 종복이며, 사회를 지키는 개였던 자베르! 그는 패배하여 쓰러졌다. 그리고 그 폐허에 한 남자가 녹색 모자를 머리에 쓰고, 후광을 이마에 받고 서 있었다. 이것이 그가 빠진 혼란이오, 그가 영혼 속에 가졌던 무서운 환영은 바로 그런 것이었다.

 그것을 견뎌내는 방법은 없었다.

 혹독한 상황이 있다면 바로 그것이 혹독한 상황이었다. 이 상황에서 빠져나가는 방법은 두 가지뿐이었다. 하나는, 결연하게 장 발장에게 가서 그 죄수를 감옥으로 돌려보내는 것, 또 하나는……

 자베르는 난간을 떠나서 이번에는 머리를 들고, 확고한 걸음걸이로 샤뜰레 광장 한구석 각등이 켜져 있는 파출소 쪽으로 걸어갔다.

 거기까지 가서, 순경이 한 사람 있는 것을 유리창 너머로 보고 안으로 들어갔다. 파출소의 문을 여는 것만으로도 경찰관들은 상대가 동료인지 아닌지를 안다. 자베르는 자신의 이름을 밝히고, 신분증을 보여준 뒤 촛불이 켜져 있는 책상 앞에 앉았다. 책상 위에는 한 자루의 펜과 납으로 만든 잉크병과 종이가, 불시에 조서나 야간 순찰의 훈령을 쓰게 될 때를 위해 비치되어 있었다.

 언제나 짚의자가 하나 놓여 있는 그 책상은 어느 경찰 초소에서나 보게 되는 규정된 비품이었다. 그리고 판에 박은 듯 톱밥이 들어 있는 회양목접시와 붉은 봉랍이 가득 담긴 종이 상자가 그 위에 놓여 있었다. 관청으로서는 최하급이라고 할 만했다. 국가의 문학은 거의 그 책상에서 시작된다.

자베르는 펜과 종이를 한 장 집어서 쓰기 시작했다.

공무에 관한 의견서

1 시경국장 각하께서 친히 보아 주시기 바람.
2 예심을 마치고 돌아온 미결수들은 신체검사를 받기 위해 돌바닥 위에 오래 세워진다. 그래서 감방으로 돌아가면 기침을 하는 미결수들이 많다. 따라서 의무실 경비가 늘게 된다.
3 미행은 거리를 두고 경관을 세워 릴레이 식으로 하는 것은 좋으나, 중대한 경우에는 적어도 두 경관은 서로의 모습을 볼 수 있는 위치를 유지해야 할 것이다. 이렇게 하면 어떠한 이유로 한 경관이 임무를 게을리하는 일이 있어도 다른 한 사람이 감시할 수가 있다.
4 마들로네뜨 감옥에는 대금을 지불하더라도 의자를 갖는 것을 죄수들에게 금하는 특별 규정이 있는데 그 이유를 이해할 수 없다.
5 마들로네뜨에는 구내 식당의 창문에 창살이 두 개밖에 없다. 그래서 식당의 여종업원이 죄수들에게 손목을 잡히는 일이 있다.
6 다른 죄수를 면회실로 불러내는 일을 하는 죄수, 이른바 호출인에게 이름을 분명하게 불러 달라고 하기 위해 죄수들은 2수씩 돈을 주고 있다. 이것은 착취다.
7 직물 공장에서 노역하는 죄수는 실 한 가닥이 벗겨질 때마다 임금에서 10수씩 깎는다. 그러나 그것 때문에 직물의 품질이 나빠질 이유는 없으므로 이것은 청부업자의 폐단이다.
8 포르스 감옥을 찾는 사람들이 쌩뜨 마리 레집씨엔느 면회실에 가기 위해 꼬마들(수용된 부랑아들)의 안마당을 지나가지 않으면 안 된다는 건 유감스러운 일이다.
9 사법관의 형사 피고인에 대한 심문에 대해서, 헌병들이 시경 안마당에서 매일 이야기하는 것은 분명한 사실이다. 신성해야 할 헌병이 예심 공판정에서 들은 것을 입 밖에 낸다는 것은 중대한 질서 문란이다.
10 앙리 부인은 건실한 여성으로 그의 구내 식당은 매우 정결하다. 그러나

한 여자가 비밀 감방 입구를 독차지하는 것은 좋지 않은 일이다. 그것은 대문명국의 부속 감방으로서 수치스러운 일이다.

자베르는 천성적으로 타고난 침착하고 정확한 필적으로, 쉼표 하나 빠뜨리지 않고 종이 위에 힘찬 펜 소리를 내면서 이와 같이 썼다. 그리고 마지막 줄에 다음과 같은 서명을 했다.

일등 경위
자베르

샤뜰레 광장 파출소에서
1832년 6월 7일 오전 1시경

자베르는 종이 위의 잉크를 말리고 편지처럼 접어서 봉한 뒤, 뒷면에 '제도에 관한 메모'라 쓰고, 그것을 책상 위에 놓고 파출소를 나왔다. 창살 달린 유리문이 등 뒤에서 닫혔다.

그는 다시 샤뜰레 광장을 비스듬히 빠져서 강변 거리로 나오자, 기계처럼 정확하게 15분 전에 떠났던 그 자리로 되돌아왔다. 그는 난간에 팔꿈치를 짚고 아까 섰던 포석 위에 똑같은 자세로 섰다. 그 모습은 그곳을 전혀 떠나지 않았던 것처럼 보였다.

한점의 틈도 없는 어둠이었다. 12시가 지난 무덤과 같은 시간이었다. 구름이 별들을 가리고 있었고, 하늘은 음침하게 흐려 있었다. 씨떼의 집에는 이미 희미한 불빛도 없었다. 지나가는 사람도 없었다. 눈에 보이는 것은, 거리나 강변이나 완전히 적막에 싸여 있었다. 노트르담의 지붕과 재판소의 탑이 밤의 모형처럼 보였다. 가로등 하나가 강가를 붉게 비추고 있었다. 많은 다리의 그림자가 안개 속에 겹쳐져서 야릇한 형태로 보였다. 비가 와서 강물이 불어 있었다.

자베르가 팔꿈치를 괴고 서 있는 그 자리는 독자들도 기억하듯이 바로 세느 강 급류 위, 무한한 나선형처럼 풀렸다가는 다시 감기곤 하는 저 무서운 소용돌이 바로 위였다.

자베르는 머리를 기울여 아래를 굽어 보았다. 캄캄했다. 아무것도 보이지 않았다. 이따금 아찔할 정도로 깊은 물속에서 희미한 빛이 한 줄기 어렴풋하게 넘실거렸다. 물에는 그러한 힘이 있어서 아무리 캄캄한 밤일지라도 어디서인지 빛을 내어 그것을 뱀처럼 보이게 한다. 그 빛이 사라지고 나면 다시 모든 것은 암흑으로 되돌아간다. 그곳에는 광대무변한 것이 입을 벌리고 있는 것 같았다. 자기 밑에 있는 것, 그것은 물이 아니라 심연이었다. 강기슭의 가파른 안벽은 희미하게 안개에 녹아들어 갑자기 숨어 버리고 만다. 그것은 무궁한 것으로 가는 낭떠러지 같았다.

 아무것도 보이지 않았다. 물의 적의를 품은 차가움과 젖은 돌의 역겨운 냄새가 느껴졌다. 거친 숨결이 그 깊은 물에서 올라왔다. 눈에는 보이지 않지만 물이 불어난 것을 알 수 있는 강물의 흐름, 물결의 비장한 속삭임, 아치 모양 다리 기둥의 음울한 거대함, 그 어두운 허무의 공간으로 추락한다는 상상, 그러한 암흑 세계는 공포에 차 있었다.

 자베르는 암흑의 입구를 바라보며 움직이지 않고 서 있었다. 마음을 집중하여 가만히 눈길을 모으고 보이지 않는 것을 지켜보고 있었다. 물은 소리를 내며 흘러갔다. 불현듯 모자를 벗어 강둑 언저리에 놓았다. 잠깐 뒤, 밤이 이슥한 이때에 멀리 지나가는 사람이 있었다면 유령으로 보았을 키 큰 사람의 검은 그림자가, 난간 위에 올라 세느 강을 향해 몸을 굽히더니 다시 몸을 일으켰다가 어둠 속 강물로 똑바로 떨어졌다. 둔한 물소리가 났다. 물 속으로 사라진 그 검은 모습의 비밀은 어둠만이 알 뿐이었다.

불현듯 모자를 벗어 강둑 언저리에 놓았다.

검은 그림자가 어둠 속 강물로 떨어졌다.

제4편 의무를 저버린 자베르 1755

제5편 손자와 할아버지

생철을 댄 나무가 다시 나타나다

 전편에서 이야기한 사건이 있은 뒤 얼마쯤 지나 블라트뤼엘 씨의 마음을 몹시 동요하게 하는 일이 일어났다. 블라트뤼엘이란 이미 이 책의 어두운 장면에서 잠깐 모습을 보였던 저 몽페르메이유의 도로 수리공을 말한다.
 블라트뤼엘은 독자도 아마 기억하겠지만 여러 가지 수상한 일을 하는 사나이였다. 돌 깨는 일을 하는 한편 대로에서 여행객들의 소지품을 가로채기도 했다. 인부와 도둑을 겸업하고 있는 그에게는 꿈이 하나 있었다. 몽페르메이유 숲 속에 보물이 묻혀 있다고 믿고 있었던 것이다. 그래서 언젠가는 어느 나무뿌리의 땅 속에서 돈을 찾아내리라고 맘먹고 있었다. 그리고 우선 당장에는 통행인의 주머니 속에 있는 돈을 가로채는 것으로 만족하고 있었다.
 그런데 지금 그는 근신중이었다. 바로 얼마 전에 겨우 호랑이 아가리에서 벗어났기 때문이다. 아는 바와 같이 그는 종드레뜨의 움집에서 다른 불한당들과 함께 붙들렸다. 그러나 악덕한 짓도 때로는 쓸모 있는 때가 있는지 술에 잔뜩 취했던 덕분에 살아났다. 그가 범행 현장에 도둑으로 있었는지 아니면 피해자로 있었는지 끝내 밝혀지지 않았던 것이다. 매복했던 날 밤, 술에 취해 있었다는 확실한 증거로 해서 면소 판결이 내려져 석방되었다. 그는 다시 숲으로 도망쳐 왔다. 그리고 가니에서 라니로 가는 도로 공사로 돌아가 정부의 감시 아래 국가를 위한 도로 공사를 다시 시작했다. 그는 기운없는 안색에 심한 우울증에 빠져 하마터면 신세를 망칠 뻔한 도둑질에 대해서는 거의 열이 식어 있었다. 그러나 술에 대해서는 자신을 구해 주었다는 이유로 한층 더 빠져들게 되었다.
 도로 수리공의 오막살이, 풀을 이은 지붕 밑으로 돌아온 지 얼마 되지 않아서 그가 몹시 동요했던 일은 다음과 같은 것이었다.

어느 날 아침, 아직 해뜨기 조금 전 블라트뤼엘은 여느 때와 마찬가지로 일하러, 또한 매복도 하러 나가다가, 나뭇가지 사이로 한 남자를 발견했다. 뒷모습밖에 보이지 않았지만 먼 발치에서 어스름 속에 본 그는 몸집이 낯익다고 생각했다. 블라트뤼엘은 술꾼이긴 했지만 정확하고 명석한 기억력을 가지고 있었다. 그것은 법의 질서와 조금이라도 대립하고 있는 자에게는 빼놓을 수 없는 호신용 무기였다.

"어디서 본 것 같은데 어디서였을까?"

블라트뤼엘은 자신에게 물었다.

그러나 마음속에 흐릿한 모습으로 남아 있는 누군가와 그 남자가 닮았다는 것 외에는 아무런 해답도 나오지 않았다. 그래서 블라트뤼엘은 분명히 누구라고 알아내지는 못하면서도 이것저것 생각을 맞추어 보며 추측했다. 저자는 이 지방 사람은 아니야. 딴 고장에서 왔을거야. 그것도 틀림없이 걸어서 왔어. 승합마차는 이런 시간에는 한 대도 몽페르메이유를 지나가지 않거든. 저 사람은 밤새껏 걸어온 게 분명해. 그렇다면 어디서 왔을까? 배낭도 보따리도 들고 있지 않은 걸 보면 멀리서 온 것은 아니야. 틀림없이 빠리에서 왔을 걸. 그렇다면 왜 이 숲에 왔을까? 어째서 이런 시각에 왔을까? 무엇 하러 왔을까?

블라트뤼엘은 보물을 생각해 냈다. 그래서 기억을 더듬어 보니까, 지금부터 몇 년 전 역시 한 남자 때문에 지금과 같이 마음을 썼던 일을 어렴풋이 생각해 내고, 아무래도 그때 그 사람 같다는 생각이 들었다.

생각에 잠기면서 그는 잘 살피기 위해서 머리를 숙이고 있었다. 그것은 당연한 일이라고 할지라도 그다지 영리한 일은 아니었다. 그가 머리를 쳐들었을 때에는 이미 아무도 없었다. 남자는 숲과 어둠 속으로 사라졌다.

"제기랄" 하고 블라트뤼엘은 말했다. "다시 찾아내고야 말 테다. 어디 사는 어느 놈인지 알아내고야 말겠어. 이런 새벽부터 어정거리는 놈에겐 곡절이 있을 게 뻔해. 그것을 알아내야지. 내 숲 속에 비밀을 가지고 들어온 이상 내가 모르고 지낼 수는 없어."

그는 매우 날카롭고 뾰족한 곡괭이를 들었다.

"자아" 하고 그는 중얼거렸다. "이걸로 땅도 인간도 파헤쳐 줄 테다."

그리고 실과 실을 이어가듯 남자가 지나갔으리라고 짐작되는 길에서 될 수 있는 대로 벗어나지 않도록 나무 숲 사이를 걷기 시작했다.

큰 걸음으로 백 보 가량 갔을 때, 밝아오는 아침해가 그를 도왔다. 모래땅 여기저기 나 있는 발자국, 짓밟힌 풀, 갈라헤쳐진 관목, 잠에서 깨어날 때 기지개를 켜는 미녀의 팔처럼 부드럽게 천천히 우거진 덤불 속에서 일어나고 있는 구부러진 어린 나뭇가지, 그러한 것들이 남자가 지나간 길을 그에게 가르쳐 주었다. 그는 그 길을 따라갔으나 얼마 가지 않아 잃어버리고 말았다. 시간은 흘러갔다. 그는 더욱 깊이 숲 속으로 들어가 나지막한 언덕에 이르렀다. 마침 저 쪽에서 한 사냥꾼이 기으리의 노래를 휘파람으로 불면서 먼 오솔길을 가는 것을 보고, 그는 나무 위로 올라가 보아야겠다는 생각이 들었다. 나이는 먹었어도 몸은 민첩했다. 마침 거기에 티티르에게도 블라트뤼엘에게도 적합한 너도밤나무 한 그루가 서 있었다. 블라트뤼엘은 너도밤나무에 될 수 있는 대로 높이 올라갔다.

그것은 좋은 생각이었다. 숲이 우거진 적막한 저편을 둘러보다가 블라트뤼엘은 뜻밖에 남자의 모습을 발견했다.

그러나 발견했다고 생각한 순간, 남자는 또다시 사라져버렸다.

남자는 꽤 먼 곳의, 여러 그루의 높은 나무 숲으로 된 빈터로 미끄러지듯이 들어갔다. 블라트뤼엘은 예전에 그곳의 절굿돌이 높이 쌓인 옆에 아연판이 나무껍질에 못질되어 죽어 가는 밤나무 한 그루가 서 있는 것을 본 적이 있었기 때문에 그 빈터를 잘 알고 있었다. 그곳은 옛날에 블라뤼의 터라고 불리던 자리다. 돌무더기는 무엇에 쓰이는지 모르나 30년 전까지만 해도 거기에 남아 있었다. 아마 지금도 남아 있을 것이다. 나무담장도 오래간다 하지만 돌을 쌓아놓은 것만 하랴. 그런데 그곳에는 일시적인 것으로도 충분한데 그렇게 오래 지탱하도록 해야 할 이유가 있었을까?

블라트뤼엘은 기쁜 마음에 기운이 나서 나무에서 급히 내려왔다. 아니, 미끄러져 내려왔다. 함정을 찾았다. 이제는 짐승을 잡기만 하면 되었다. 꿈에 본 그 기막힌 보물은 틀림없이 그곳에 있을 것이다.

그 빈터까지 가는 것은 그리 쉬운 일이 아니었다. 사람이 평소에 지나다니는 오솔길은 심술궂게 꾸불꾸불해서 족히 15분은 걸렸다. 똑바로 가면 그 근처는 특히 덤불이 깊고 가시투성이여서 아무리 빨리 가도 30분 남짓은 걸렸다. 이것을 몰랐던 게 블라트뤼엘의 오산이었다. 그는 일직선으로 가는 편

"도둑놈!"

이 좋다고 믿었다. 일직선이라는 것은 동경할 만한 가치가 있는 환상이긴 해도, 사람들을 종종 실패로 인도한다. 덤불이 아무리 깊더라도 블라트뤼엘은 그쪽이 최선의 길이라고 생각했다.

"늑대가 지나가는 리볼리 거리로 가자."

그는 말했다.

블라트뤼엘은 평소에는 비스듬한 길을 가는 버릇이 있었는데 이번만은 똑바로 가는 길을 택한 것이 잘못이었다.

그는 뒤얽힌 덤불 속으로 단호하게 뛰어들어갔다. 그러나, 호랑가시나무, 가시 돋친 풀, 당산사나무, 들장미, 엉경퀴, 또는 성질 급한 가시덤불과 싸워야 했다. 가는 도중 내내 긁히었다. 물이 괴어 있는 웅덩이는 뛰어넘어야 했다.

결국 그는 거의 40분이나 걸려서 땀에 폭 젖어서 온 몸이 긁힌 상처로 처참한 꼴이 되어 간신히 블라뤼의 빈터에 다다랐다.

빈터에는 아무도 없었다. 블라트뤼엘은 돌 무더기 옆으로 달려갔다. 그것은 옛날 그대로였다. 움직여진 흔적도 없었다.

사나이는 숲 속으로 사라져 버렸다. 달아나 버린 것이다. 어디로? 어느 방향으로? 어느 덤불 속으로? 전혀 추측할 수 없었다.

더구나 안타까운 것은 돌무더기 뒤, 아연판을 박아놓은 나무 앞에 방금 파헤쳐진 새로운 흙이 있고, 잊어버린 건지 내버린 건지 한 자루의 곡괭이와 구덩이 하나가 있었다.

구덩이는 텅 비어 있었다.

"도둑놈!"

블라트뤼엘은 지평선을 향해 두 주먹을 휘두르면서 외쳤다.

내란에서 벗어난 마리우스는 집안 싸움에 대비하다

마리우스는 오랫동안 거의 죽은 것이나 다름없는 상태에 있었다. 몇주 동안 의식불명인 채 열이 계속되었고 또한 상처 자체보다는 머리에 상처를 입었을 때의 충격이 원인이 되어 뇌에 상당히 위험한 증세를 나타냈다.

그는 처음 몇 밤 동안 고열로 인하여 헛소리를 많이 하였고 죽어 가는 사람의 안타까운 심정으로 꼬제뜨의 이름을 되풀이해 불렀다. 몇 군데 큰 상처

자리 또한 지극히 위험했다. 큰 상처의 고름은 항상 체내로 흡수되기 쉬운 것이어서, 그 결과 대기의 영향 여하에 따라 환자를 죽게 하는 수가 있다. 그래서 날씨가 변할 때마다, 대수롭지 않은 비나 바람에도 의사는 주의를 기울였다.

"특히 환자를 흥분하게 하지 않도록," 하라고 의사는 거듭거듭 말했다. 거즈나 붕대를 반창고로 고정시키는 방법은 그 무렵 아직 없었으므로 치료는 매우 복잡하고 힘이 들었다. 니꼴레뜨는 홑이불을 하나 올을 풀어서 상처에 박아넣을 심지를 만들었다. 그녀의 말을 빌면 '천장만큼이나 큰 것'이었다. 염화 세척제와 초산을 썩은 부분 구석구석까지 스며들게 하는 것도 쉬운 일이 아니었다. 마리우스가 사경을 헤매는 동안, 질노르망 씨는 손자의 머리맡에 정신나간 사람처럼 붙어 앉아 있었지만 마리우스와 마찬가지로 거의 죽어 가는 상태였다.

매일, 때로 하루에 두 번, 문지기가 말하는 바에 의하면 머리가 하얀 차림새가 매우 훌륭한 신사가 환자의 용태를 물으러 와서는, 치료하는 데 쓰라고 하면서 큰 가제 꾸러미를 놓고 갔다.

간신히 9월 7일이 되어서야, 즉 죽게 된 마리우스가 조부의 집에 운반된 비참한 밤으로부터 꼭 4달 뒤에, 의사는 환자의 생명을 보증한다고 선언했다.

마침내 회복기가 왔다. 마리우스는 그래도 아직 2달 이상 쇄골이 으스러진 데서 오는 증세 때문에 긴 의자 위에 누워 있어야 했다. 어떤 경우에도 이렇듯 마지막 상처가 좀처럼 아물지 않아, 그것이 치료를 오래 끌고 환자를 몹시 지치게 만든다.

그러나 이 오랜 병과 회복기가 그를 쫓는 관헌의 추적에서 구해냈다. 프랑스에는 6달이 지나면 어떠한 분노도, 공적인 노여움도 존재하지 않는다. 게다가 지금의 사회상태로는 폭동은 누구나 저지를 수 있는 과실이므로 다소는 너그럽게 보아줄 필요가 있었던 것이다.

더욱이 부상자를 고발하도록 의사에게 명령한다는 지스께의 무모한 명령은 일반 여론을 아니, 여론뿐 아니라 누구보다 먼저 국왕을 격노케 하여 부상자들은 그 분노 때문에 더욱 숨겨지고 보호되었다. 그리고 전투현장에서 체포된 자들을 제외하고는 군법 회의는 아무도 찾아내려 하지 않았다.

그래서 마리우스도 그대로 있을 수 있었다.
 질노르망 씨는 처음에는 온갖 불안을 겪었고, 다음에는 온갖 기쁨을 맛보았다. 그가 매일 밤을 환자 곁에서 지내는 것을 만류하는 것은 여간 힘든 일이 아니었다. 그는 마리우스의 침대 곁에 자신의 큰 팔걸이의자를 가져다 놓게 했다. 딸에게는 집에 있는 것 중에서 가장 좋은 것으로 가즈며 붕대를 만들게 했다. 질노르망 양은 나이 든, 경험 많고 생각 깊은 여자였으므로 노인의 말대로 따르는 척하면서도 좋은 헝겊은 쓰지 않았다. 거즈를 만드는 데는 바띠스뜨 마직보다는 거친 그로쓰 면이 좋고, 새 헝겊보다도 낡은 헝겊이 더 좋다고 설명해도 질노르망 씨는 알아듣지 못했다.
 치료를 할 때에는 질노르망 양은 자리를 떴지만 질노르망 씨는 언제나 환자 곁에 붙어 있었다. 썩은 살을 가위로 잘라낼 때 그는 "아야, 아야" 하고 신음했다. 질노르망 씨가 늙은 몸을 떨면서 환자에게 탕약 사발을 내미는 것을 볼 때만큼 눈물겨운 것은 없었다. 그는 의사에게 여러 질문을 했으나, 언제나 똑같은 질문만을 되풀이하고 있다는 것을 깨닫지 못하고 있었다.
 마리우스는 이제 위험한 고비를 벗어났다고 의사가 말하던 날, 노인은 거의 이성을 잃을 정도였다. 그는 문지기에게 루이 금화 세 닢을 보너스로 주었다. 밤이 되자 자기 방으로 돌아가서 엄지손가락과 집게손가락으로 캐스터네츠를 울리면서 가보뜨 춤을 추며 이런 노래를 불렀다.

> 잔느가 태어난 푸제르는
> 양치는 처녀의 좋은 잠자리,
> 나는 좋더라 그 장난스러운
> 허리의 스커트.
>
> 아모르여, 너는 정말 태평스럽게
> 그녀의 품안에 파묻혀서
> 그녀의 눈속에 화살통을 감추네,
> 이 못된 녀석이여!
>
> 나는 노래하리 그녀에게 반해서,

가보뜨 춤을 추며 이런 노래를 불렀다.

다이아나보다도 사랑스런 잔느,
브르따뉴 태생의 저 팽팽한 젖가슴.

그러고 나서 그는 의자 위에 무릎을 꿇었다. 반쯤 열린 문 뒤에서 그를 염려하며 엿보고 있던 바스끄는 아마 기도를 드리는 거라고 생각했다.

그때까지 그는 신을 믿고 있지 않았다.

환자의 병세가 엷은 종이를 벗겨 가듯 좋아져 감에 따라 조부는 엉뚱한 짓을 점점 더 많이 했다. 기쁨이 넘치는 무의식적인 행동을 했다. 이유도 없이 계단을 오르락내리락했다. 이웃에 사는 한 아름다운 부인은 어느 날 아침 커다란 꽃다발을 받고 어리둥절했다. 보낸 사람은 질노르망 씨였다. 부인의 남편이 그 일로 몹시 질투를 한다는 말도 있었다. 질노르망 씨는 니꼴레뜨를 무릎 위에 안아올리려 했다. 마리우스를 남작이라고 불렀고, "공화국 만세!" 하고 외치기도 했다.

그는 쉴새없이 의사에게 물었다. "이젠 위험하지 않겠죠?" 그는 할머니와 같은 눈길로 손자를 바라보았다. 마리우스가 식사하는 동안에도 잠시도 눈을 떼지 않았다. 질노르망 씨는 이제 자신을 잊고 자신의 일은 아무래도 상관 없었다. 지금은 마리우스가 이 집안의 주인이 되어 있었다. 기쁜 나머지 자신의 지위를 양보하고 손자에 대하여 그 자신이 손자가 되어 있었다.

그 환희 속에서 질노르망 씨는 세상에서도 가장 귀한 어린아이가 되어 있었다. 회복기의 환자를 피곤하게 하거나 귀찮게 하는 건 아닌가 싶어 마음을 써서 미소를 지을 때도 뒤로 돌아서서 웃었다. 만족스러웠고, 즐거웠고, 열중했고, 사랑스러웠고, 매우 젊어졌다. 백발도 얼굴에 띤 기쁨의 빛으로 부드러운 위엄을 띠고 있었다. 다정함이 얼굴의 주름살에 섞여들 때 그것은 참으로 숭배할 만한 것이 된다. 꽃피는 노년에는 뭔가 알 수 없는 여명의 빛이 있다.

한편 마리우스는 치료를 받고 간호를 받으면서 꼬제뜨라는 하나의 고정된 관념을 안고 있었다. 고열과 의식불명 상태가 사라진 뒤에는 다시는 그 이름을 입 밖에 내지 않고 전혀 생각도 하지 않는 것처럼 보였다. 그러나 그가 잠자코 있는 것은 그의 영혼이 바로 그곳에 가 있기 때문이었다.

그는 꼬제뜨가 어떻게 되었는지 전혀 몰랐다. 샹브르리 거리의 사건도 지금은 기억 속 한 조각 구름처럼 되어 있었다. 에뽀닌느, 가브로슈, 마뵈프, 떼나르디에 일가, 바리케이드의 연기 속에 처참하게 휩쓸려 들어간 모든 친구들, 그 모든 것이 거의 알아볼 수 없는 그림자가 되어 그의 머리속에 떠돌고 있었다. 그 유혈 사건 속에 포슐르방 씨의 이상한 등장은 폭풍 속 하나의 수수께끼처럼 느껴졌다. 자신이 살아 있는 데 대해서는 전혀 이해가 가지 않았다. 어떻게 누구의 도움으로 살아났는지 알지 못했고 주위 사람들 아무도 몰랐다. 그가 대답할 수 있었던 말은 밤중에 한 대의 마차에 실려서 뒤 깔베르 거리로 운반되어 온 일뿐이었다. 과거, 현재, 미래, 모든 것은 그에게 하나의 막연한 관념의 안개에 지나지 않았다. 그러나 그 안개 속에 움직이지 않는 한 점이, 뚜렷하게 고정된 하나의 윤곽이, 화강암으로 만들어진 듯한 무언가가, 하나의 결의가, 하나의 의지가 있었다. 다시 말해 꼬제뜨와 다시 만나겠다는 것이었다. 그에게 있어서 생명의 관념과 꼬제뜨의 관념은 같은 것이었다. 그는 마음속으로 그 어느 한 가지만을 받아들이지는 않겠다고 결심했다. 누구든 자기에게 억지로 살 것을 강요하는 자에게는, 그것이 조부이든, 운명이든, 지옥이든, 사라진 그의 에덴 동산을 되돌려 달라고 요구하리라 굳게 결심하고 있었다.

여러 장해가 있으리라는 건 스스로도 인정하고 있었다.

여기서 한 가지 강조하고 싶은 것이 있다. 그것은 조부의 어떠한 염려나 애정도 그의 마음을 사로잡지 못하고 전혀 감동시키지 못했다는 점이다. 첫째 그는 사태를 잘 모르고 있었다. 게다가 아직 열에 들뜬 병상의 몽상 속에서 그는 조부의 다정한 태도를 자신을 교묘하게 회유하려는 새로운 방법이라 여기고 믿지 않았다.

그는 여전히 냉담했다. 조부는 그 가련하고 늙은 미소를 헛되이 뿌렸던 것이다. 마리우스의 생각은 이러했다. 자기 자신 잠자코 시키는 대로 말없이 따라하는 동안에는 조부도 잘 대해 줄 것이다. 그러나 일단 꼬제뜨에 관한 일이 문제되기만 하면 조부는 얼굴빛을 바꾸어 진정한 모습이 가면을 벗고 나타날 것이다. 그때야말로 복잡한 일이 일어날 것이다. 가정 문제의 재연, 신분의 차이, 한꺼번에 쏟아져 나올 온갖 조롱과 반대, 포슐르방이나 꾸뻘르방, 재산, 가난, 궁핍, 불명예, 장래 또 거기에 대한 격렬한 반항과 종국적인 거부. 이렇게 생각한 마리우스는 미리 마음을 굳히고 있었다.

게다가 생명이 소생됨에 따라 옛날의 불만이 되살아나서 마음의 옛 상처가 다시 입을 벌렸다. 과거를 돌이켜보면 질노르망 씨와 마리우스 자신 사이에는 여전히 뽕메르씨 대령이 버티고 서 있었다. 그는 자기 아버지에 대해 그토록 무정하고 야박했던 사람한테서 진정한 호의 같은 것은 절대로 기대할 수 없다고 생각했다. 그리고 건강과 함께 조부에 대한 일종의 완고함도 되살아났다. 조부는 안타깝고 가슴이 아팠다.

질노르망 씨는 겉으로 드러내지는 않았지만, 마리우스가 집으로 실려오고 의식을 회복한 지금까지 단 한번도 자신을 아버지라 부른 적이 없음을 마음에 두고 있었다. 그렇다고 마리우스가 남들처럼 깍듯한 경칭으로 부른 것도 아니었지만 아버지나 경칭을 피하는 교묘한 말투를 사용했다. 위기는 확실히 다가오고 있었다.

이런 경우 흔히 하는 것처럼 마리우스는 시험삼아 전쟁을 벌이기 전에 조그만 트집을 부려보기도 했다. 탐색전인 셈이다. 어느 날 아침 질노르망 씨는 우연히 손에 들고 있던 신문을 보다가 국민의회를 화제에 올리며 당똥이나 쌩 쥐스뜨나 로베스삐에르에 대해 왕당파답게 빈정대었다. 그러자, "93년에 일한 사람들은 하나같이 큰 인물들이었습니다" 하고 마리우스가 엄숙한 어조로 말했다. 노인은 입을 다물어 버렸고 그날 하루 종일 아무 말도 하지 않았다.

마리우스는 옛날의 완고한 조부가 언제나 머릿속에 있었기 때문에 그 침묵을 깊이 뿌리 박힌 노여움이라고 생각하고 심한 논쟁이 벌어질 것을 예상하며 마음속으로 전투 준비를 서둘렀다.

만일 거절당하면 붕대를 찢어 버리고 쇄골을 빼고, 남아 있는 상처를 생생하게 드러내 놓고, 음식물을 모조리 밀어내리라 결심했다. 상처가 그의 무기였다. 꼬제뜨를 얻든가 아니면 죽든가였다.

그는 환자의 교활한 인내로 좋은 기회를 기다렸다. 그 기회는 왔다.

마리우스 공세에 나서다

어느 날, 질노르망 씨는 딸이 조그만 병과 찻잔을 벽장의 대리석 판 위에 정리하고 있을 때, 마리우스에게 몸을 굽혀 되도록 다정한 어조로 말했다.

"마리우스야, 내가 너라면 이제는 생선보다 고기를 먹겠다. 넙치 튀김도

회복기에는 좋은 음식이지만 환자가 일어나게 되려면 좋은 커틀릿을 먹어야지."

마리우스는 거의 체력을 회복하고 있었으나 힘을 집중해서 자리 위에 일어나 불끈 쥔 두 주먹을 시트 위에 짚고, 조부의 얼굴을 똑바로 바라보며 무서운 태도로 말했다.

"그렇게 말씀하시니 한 마디 말씀드리고 싶은 일이 있습니다."
"무어냐?"
"결혼하고 싶습니다."
"예측한 대로구나."
조부가 말했다. 그리고 웃음을 터뜨렸다.
"네? 알고 계셨다구요."
"그렇고말고, 알고 있었다. 데려오너라, 네 착한 처녀를 말이다."
마리우스는 그 한 마디에 어안이 벙벙해 당황하며 몸을 떨었다.
질노르망 씨는 말을 이었다.

"그래, 네 귀여운 처녀를 데려오너라. 그 처녀는 매일, 노인을 대신 보내 네 용태를 물으러 온단다. 네가 다친 뒤로는 줄곧 울면서 거즈만 만들고 있다. 난 잘 알고 있지. 옴므 아르메 거리 7번지에 살지. 그렇지, 바로 알아맞혔지? 그래! 너는 그 처녀를 차지하고 싶단 말이구나, 좋다, 그렇게도 좋으면 데려오렴. 그녀가 너를 사로잡았으니까 말이다. 너는 쓸데없는 계략을 세우고 이렇게 생각했겠지.

'저 늙은이에게, 저 섭정 시대와 집정 정부시대를 지낸 미라에게, 저 옛날의 멋쟁이에게, 저 제롱뜨가 된 도랑뜨에게, 분명하게 말해야겠다. 그도 옛날엔 경술한 짓을 하기도 하고 정사도 하고 들뜬 여자의 꽁무니도 쫓아다니고, 꼬제뜨와 같은 여러 정부를 갖고 있겠지. 멋을 부리고 활개를 치며 봄의 빵을 먹었단 말이다. 자기가 한 짓을 생각나게 해줘야지. 두고 보자. 이제부터 전쟁이다.' 너는 풍뎅이의 뿔을 잡은 거야. 좋아, 내가 커틀릿을 먹으라고 권하니까 실은 결혼을 하고 싶은데요, 하고 대답했어. 그게 바로 이야기를 슬쩍 바꾸는 거지! 너는 좀 다퉈볼 작정이었지? 넌 내가 능구렁이라는 것을 몰랐어. 어떠냐, 약이 오르냐? 이 늙은이를 바보 취급하려 들지만 그건 잘못된 생각이야. 내게 말다툼을 걸면 네가 손해야. 변호사 양반, 화가 나는 모양이지. 자아 자, 화낼 것 없어. 네가 원하는 대로 해주면 아무 불만 없겠지. 이 바보야, 들어 보렴. 나는 다 알아 봤지. 이래뵈도 나는 엉큼하니까.
 참 귀여운 처녀더구나. 영리해. 창기병 이야기도 거짓말이더라. 거즈를 무더기로 만들어 주었단다. 훌륭해. 너를 아주 사랑하고 있더구나. 만약 네가 죽었다면 죽은 사람이 세 사람이나 될 뻔했어. 처녀의 관이 내 관 뒤에 따라 올 뻔했으니까. 나도 네가 회복되고부터는 아예 아가씨를 네 머리맡에 데려다 놓을까 생각했지만 부상당한 미남자의 침대 곁에 젊은 처녀를 느닷없이 데려온다는 건 소설에서나 있을 법한 이야기라서 그럴 수가 없었지. 그렇게 했더라면 네 이모가 뭐라고 했겠니? 넌 발가벗고 있을 때가 많았으니까. 여자가 옆에 있을 수 있었겠나 어쨌겠나를 니꼴레뜨에게 물어 보렴. 그앤 한시도 네 곁을 떠나지 않았으니까. 게다가 의사는 뭐라고 했는지 아니? 아름다운 아가씨가 열을 내리게 하는 약은 아니라고 하더라.
 어쨌든 이 정도로 하자, 이야기는 끝났어. 이젠 됐다. 그 처녀를 맞도록 해라. 늙은이의 심술은 이제 그만 부리마. 알겠느냐? 난 네가 나를 사랑해 주지 않는 것을 알고 이렇게 생각했지. '이놈이 나를 좋아하게 하려면 어떻게 하면 좋을까?' 나는 또 생각했지. '그렇다. 내게는 꼬제뜨라는 비방이 있지. 그걸 주자. 그러면 조금은 나를 좋아해줄지도 모른다. 설사 좋아하진 않더라도 좋아하지 않는 이유를 말해 줄 거다.' 그런데 너는 이 늙은이가 호통을 치고 호들갑을 떨며, 반대하고 저 여명과도 같은 아가씨에게 단장을 휘두를 거라고 생각했겠지. 그래서야 되겠느냐? 꼬제뜨도 좋고, 사랑도 좋다. 나는 그것으로 만족한다. 그러니 어서 결혼하여라. 행복해 주기 바란다. 내 귀여운 자식."
 그렇게 말하고 노인은 훌쩍거렸다.
 노인은 마리우스의 머리를 끌어안고 두 팔로 늙은 가슴에 포옹했다. 둘 다 울기 시작했다. 운다는 것은 더없는 행복의 한 형상이다.
 "아버지!"
 마리우스는 외쳤다.
 "아아! 그럼 나를 좋아해 주는 거냐?"
 노인은 말했다.
 그것은 무어라 말할 수 없는 순간이었다. 그들은 가슴이 벅차서 말도 할

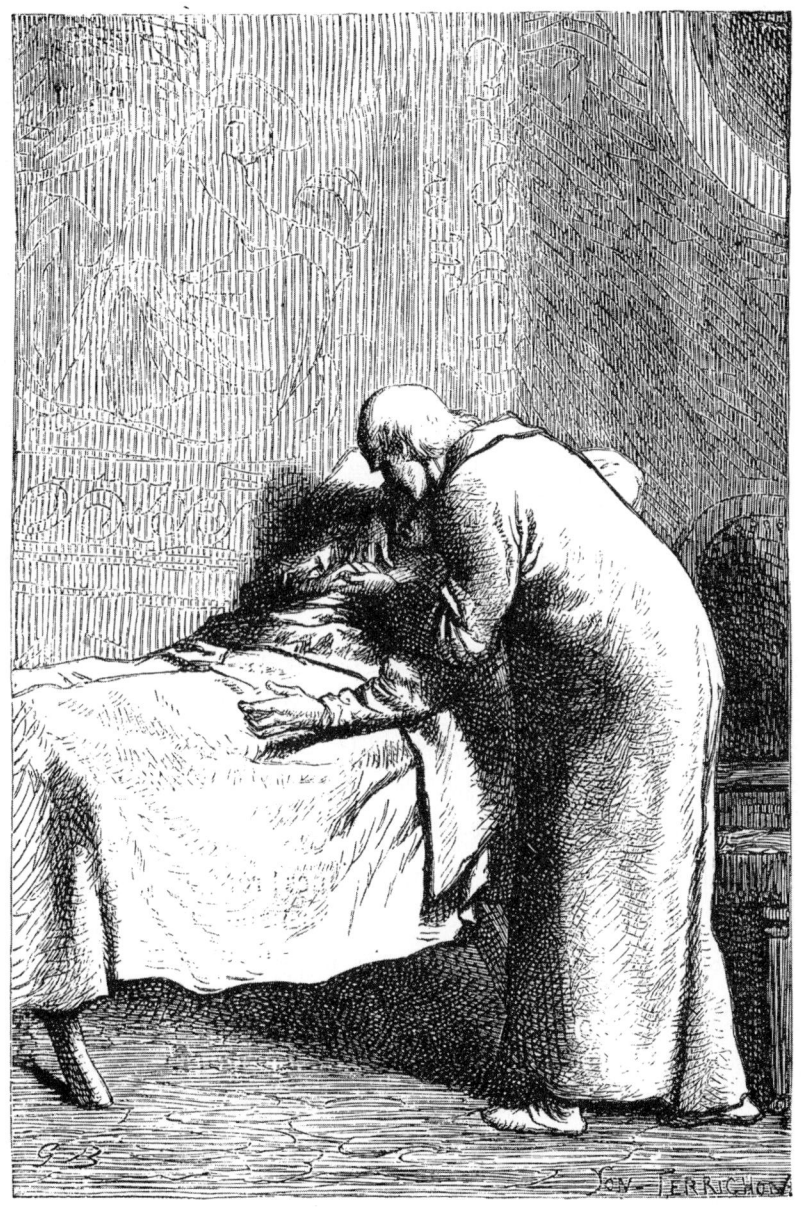

노인은 마리우스의 머리를 끌어안고…….

수 없었다.

이윽고 노인이 중얼거렸다.

"자아! 이젠 됐다. 나를 아버지라고 불렀으니."

마리우스는 조부의 팔에서 머리를 떼고 조용히 말했다.

"하지만 아버지, 이젠 저도 다 나았으니까 그녀를 만나도 괜찮을 것 같습니다."

"그것도 안다, 내일 만나렴."

"아버지!"

"왜?"

"어째서 오늘은 안 됩니까?"

"그럼 오늘, 오늘로 하자꾸나. 네가 세 번 '아버지'라고 한 데 대한 사례다. 내가 주선해 주마. 네 곁에 데려오도록 하자. 이렇게 될 줄 알았어. 시구에도 그렇게 되어 있으니까. 앙드레 셰니에의 《병든 젊은이》라는 비가(悲歌)의 끝 구절이다. 93년의 악……(악당들이라고 하려다가) 아니, 큰 인물들에게 목을 베인 앙드레 셰니에의 말이다."

질노르망 씨는 마리우스의 눈썹이 살짝 찌푸려진 것을 본 듯했다. 그러나 사실 마리우스는 황홀 속에 잠겨 있어 1793년에 관한 일보다 꼬제뜨만 생각하느라고 노인의 말에 귀를 기울이고 있지 않았다. 그러나 조부는 적당치 못한 때에 앙드레 셰니에를 끌어댄 데 대해 스스로 놀라 얼른 변명을 늘어놓았다.

"목을 베었다고 하면 안 되겠구나. 사실 말이지, 혁명의 위인들은 분명히 악인이 아니었어. 사실 영웅이었지. 영웅이었지만, 앙드레 셰니에가 좀 거추장스럽다고 생각해서 그를 단두……. 결국 그 위인들은 열월(熱月) 7일에 공공의 안녕을 목적으로 앙드레 셰니에에게 부탁해서……."

질노르망 씨는 자신의 말이 목에 걸려서 그 뒤를 이을 수 없었다. 말을 마칠 수도 고칠 수도 없어서, 딸이 마리우스 뒤에서 베개를 고치고 있는 동안 격정에 휩싸여 어쩔 줄 몰라하며, 늙은 다리가 허락하는 한의 속도로 침실에서 뛰어나가 뒤로 문을 닫고, 시뻘개진 얼굴로 숨을 헐떡이며 숨이 막히고, 입에 거품을 물고 눈을 부릅뜨고 있다가, 마침 옆방에서 구두를 닦고 있던 정직한 바스끄와 딱 마주쳤다. 그는 바스끄의 멱살을 움켜쥐고 그 얼굴에 대고 미친 듯이 소리쳤다.

"에잇, 빌어먹을, 그 악당놈들이 죽였단 말이야!"
"누구를 말씀입니까?"
"앙드레 셰니에 말이야!"
"그렇습니다, 나리."
바스끄는 놀라서 말했다.

포슐르방 씨가 겨드랑이에 무언가 끼고 들어온 것을 질노르망 양도 나쁘게 생각하지 않다

꼬제뜨와 마리우스는 다시 만났다. 그 재회가 어떠했는지 그것을 이야기하는 것을 그만두기로 하자. 묘사해서는 안 되는 것도 있다. 이를테면 태양이 그 한 가지 예이다.

꼬제뜨가 들어왔을 때, 마리우스의 방에는 바스끄며 니꼴레뜨까지 온 집안 사람들이 다 모여 있었다. 그녀는, 문 앞에 모습을 나타냈다. 마치 후광이 비치는 듯한 모습이었다. 마침 그때 조부는 코를 풀려 하고 있었다. 그는 갑자기 그 손을 멈추고 코를 손수건으로 누른 채, 그 위로 꼬제뜨를 보았다.

"훌륭한 처녀로군!"

그는 외쳤다.

그런 다음 그는 요란스럽게 코를 풀었다.

꼬제뜨는 정신없이 황홀하고 겁이 나서 하늘에라도 올라간 것 같은 심정이었다. 행복에 사로잡힌 만큼 공포를 느끼고 있었다. 떠듬거리고 새파래지는가 하면 새빨개져서 마리우스의 품안에 뛰어들고 싶었지만 그럴 용기가 나지 않았다. 거기에 있는 사람들 앞에서 사랑을 하는 자신이 부끄러웠다. 사람들은 행복한 연인들에 대해서는 무자비하다. 연인들이 단둘이 되기를 간절히 바라는 데도 그 자리에 버티고 있다. 그러나 둘은 타인을 전혀 필요로 하지 않는다.

꼬제뜨와 함께 뒤에서 한 백발 노인이 들어왔다. 노인은 장중한 얼굴이었으나 미소를 띠고 있었다. 그러나 그것은 희미한, 고통스러운 미소였다. 그 노인은 '포슐르방 씨', 장 발장이었다.

그는 문지기가 말했듯이 검은 양복에 흰 넥타이를 맨 '아주 훌륭한 차림'을 하고 있었다.

이 점잖은 부르주아, 마치 공증인 같은 이 사람이 저 6월 7일 밤, 누더기 차림으로 더럽고 추하고 사나운 모습으로 피와 진흙으로 뒤범벅이 된 얼굴로 기절한 마리우스를 안고 문 앞에 불쑥 나타났던, 그 무서운 시체 운반인이라고는 문지기도 생각지 못했다. 그러나 문지기인 만큼 직감력은 있었다. 포슐르방 씨가 꼬제뜨와 함께 왔을 때, 문지기는 아내의 귀에 대고 이렇게 소곤대지 않을 수 없었다. "아무래도 전에 본 적이 있는 얼굴 같은데, 글쎄?"

포슐르방 씨는 마리우스의 방으로 들어오자 비켜서듯 문 옆에 서 있었다. 겨드랑이에는 8절판 책 같은 것을 종이에 싼 꾸러미를 끼고 있었다. 포장지는 녹색이 도는 빛깔로 곰팡이가 슨 듯했다.

"저분은 언제나 책을 끼고 계시나 봐?"

책을 좋아하지 않는 질노르망 양은 목소리를 낮춰 니꼴레뜨에게 물었다.

"그렇고말고" 하고 그 목소리를 들은 질노르망 씨가 역시 낮은 목소리로 대답했다. "저분은 학자다. 그렇지만 그게 어쨌다는 거냐? 내가 잘 아는 블라르 씨는 역시 늘 책을 갖고 거닐고 언제나 저렇게 헌 책을 한 권 가슴에 안고 다녔었지."

그리고 인사를 하면서 목소리를 높여 말했다.

"트랑슐르방 씨……"

질노르망 씨는 일부러 그렇게 부른 것은 아니었다. 남의 이름에 신경쓰지 않는 게 그에게는 하나의 귀족적인 버릇이었다.

"트랑슐르방 씨, 나는 내 손자 마리우스 뽕메르씨 남작을 위해, 댁의 따님에게 결혼을 청하는 것을 명예롭게 생각합니다."

트랑슐르방 씨는 가볍게 고개를 숙였다.

"이것으로 결정났다."

조부가 말했다.

그리고 마리우스와 꼬제뜨 쪽을 바라보며 두 팔을 벌려 축복하면서 외쳤다.

"서로 사랑하는 것을 허락한다."

이 연인들은 그 말을 두 번 되풀이하게 하지 않았다. 말하기가 무섭게 그들은 곧 즐겁게 이야기하기 시작했다. 마리우스는 안락의자 위에 팔꿈치를 짚고, 꼬제뜨는 곁에 서서 낮은 목소리로 이야기했다.

마리우스는 안락의자 위에 팔꿈치를 짚고 꼬제뜨는 곁에서 낮은 목소리로 이야기했다.

"아아! 기뻐요!" 하고 꼬제뜨는 소곤거렸다.
"이렇게 다시 만나다니 아, 마리우스! 당신은 전쟁에 나가 버렸죠! 왜 그랬어요? 무서웠어요. 넉 달 동안 전 죽을 것만 같았어요. 전쟁터엘 가시다니 어쩌면 그렇게 심술궂지요? 내가 당신에게 뭘 잘못했나요? 이번만은 용서해 드릴 테니 다시는 그러시면 안 돼요. 아까 우리에게 오라는 전갈이 왔을 때, 나는 또 죽는 게 아닌가 생각했는데 기쁜 일이었군요. 그땐 정말 슬펐어요! 옷을 갈아 입을 겨를도 없었어요. 꼴이 우습지요? 주름살투성이의 깃장식을 보고 댁의 어른들은 뭐라고 하실까요? 자아, 당신도 말씀해 주세요! 저에게만 이야기하게 하시는군요. 우리는 줄곧 옴므 아르메 거리에 있었어요. 당신 어깨 상처가 무척 심했던 모양이에요. 손이 들어갈 정도의 상처였대요. 게다가 살을 가위로 잘라내셨다고요. 끔찍해요. 난 너무 울기만 해서 눈을 버렸어요. 왜 그렇게 괴로워했던지, 생각하면 우스워요. 할아버지는 무척 좋으신 분 같아요! 움직이지 마세요. 팔꿈치를 짚으시면 안 돼요. 조심하지 않으면 해로워요. 아아! 참 행복해요! 불행은 이제 다 가버렸으니까요! 난 참 바보예요. 할 이야기가 잔뜩 있었는데 하나도 생각나지 않아요. 지금도 나를 사랑하시나요? 우리는 옴므 아므레 거리에 살고 있어요. 정원은 없어요. 난 언제나 거즈를 만들고 있었죠. 보세요, 이것 보세요. 당신 탓이에요. 손가락에 못이 박였죠?"
"천사여!"
마리우스가 말했다.
천사라는 말만은 아무리 써도 낡지 않는 말이다. 그 밖의 모든 말들은, 연인들이 함부로 남발한다면 견디지 못할 것이다.
그리고 나서 주위에 사람들이 있다는 걸 깨닫고 그들은 입을 다물고 아무 말 없이 그저 다정하게 손을 잡고 있을 뿐이었다. 질노르망 씨는 방안에 있는 사람들을 향해 외쳤다.
"자아, 큰소리로 이야기해. 무대 뒤에 있는 사람들은 떠드는 거야. 자아, 좀 더 떠들어 대라니까! 이 아이들 둘이 마음놓고 이야기할 수 있게 말야."
그리고 마리우스와 꼬제뜨에게 다가가 나직이 말했다.
"다정하게 이야기하렴. 사양할 것 없다."
질노르망 이모는 퇴색한 가정에 느닷없이 뛰어든 그 빛을 멍청하게 지켜보고 있었다. 그 놀라움은 조금도 가시가 돋혀 있지 않았다. 그것은 결코 두 마리의 산비둘기에 대해 부엉이의 지푸린 눈살처럼 질투하는 눈초리가 아니었다. 그것은 57살 죄 없는 늙은 여인의 어리벙벙한 눈이었다. 사랑이라는 승리를 지켜보는 덧없는 생명이었다.

"어때?" 하고 아버지는 그녀에게 말했다. "이런 일이 일어날 거라고 벌써 말했었지."

그는 잠시 입을 다물었다가 이윽고 다시 덧붙였다.

"남의 행복도 보아 두어라."

그러고 나서 그는 꼬제뜨 쪽을 향했다.

"정말 예쁘다! 참으로 예뻐! 그뢰즈의 그림 같구나. 너는 이제부터 이 아가씨를 독차지하겠구나. 이녀석! 나하고 경쟁하지 않아도 되었으니 행복한 줄 알아라. 만약에 내가 15년만 더 젊었다면 칼에 걸고 너하고 경쟁을 벌였을 거다. 정말이야! 아가씨, 나는 아가씨한테 반했어. 당연한 일이야. 그것이 아가씨의 권리니까, 아아! 이제는 아름답고, 사랑스럽고, 즐겁고, 귀여운 결혼식을 할 수 있겠다! 여기 교구는 쌩 드니 뒤 쌩 싸크르망이지만 쌩 뽈에서 결혼할 수 있도록 특별 허가를 받아야겠다. 그 교회당이 좋아. 제주이트파가 세운 거거든. 그쪽이 더 아름답다. 비라그 추기경의 분수와 마주서 있지. 제주이트 파 건축의 걸작은 나뮈르 시에 있어. 쌩 루라고 하지. 너희들 결혼하면 꼭 그곳에 가 보아라. 여행할 만한 가치가 있다. 아가씨, 나는 전적으로 아가씨 편이오. 처녀들이 결혼하는 건 좋은 일이야. 그러기 위해서 태어났으니까. 성 카타리나같이 언제나 그 머리를 빗은 여자를 보고 싶은 생각도 있지만 말야 (25살까지 미혼인 것을 '성 카타리나의 머리를 빗는다'라고 한다).

처녀로 있는 것도 좋지만 썰렁한 이야기야. 성서에도 씌어 있어. 많이 낳으라고 말야. 민중을 구하는 데는 잔다르끄가 필요하지만 민중을 만드는 데는 지고뉴 아주머니면 돼. 그러니까 모름지기 미인들은 결혼하지 않으면 안 돼. 정말 처녀로 있어서 어쩌겠다는 건지 나는 모르겠어. 그야 교회에 특별 예배소를 가지고 있으면서 성모회 사람들 이야기만 하는 사람이 있다는 건 알고 있어. 그러나 훌륭하고 성실하고 정직한 남편을 맞이하여 1년 뒤에는 포동포동한 금발 머리의 애기를 낳고, 그놈이 기운차게 젖을 빠는 동안 넓적다리는 살이 쪄서 잘록하게 주름이 잡히고, 먼동이 트는 양 웃으면서 장미꽃 같은 조그만 손 가득히 젖을 움켜쥐는 이러한 것이 밤 기도에 촛불을 들고 '투르리스 에부르네아'를 노래하는 것보다 훨씬 낫다."

조부는 90살의 발뒤꿈치로 빙글 한 바퀴 돌더니, 용수철이 튀듯 다시 지껄이기 시작했다.

알시쁘여, 그것이 진정인가? 흐르는 꿈을 막아 버리고
머지않아 네가 결혼한다니.

"그건 그렇고!"
"뭡니까, 아버지?"
"네게 친한 친구가 있느냐?"
"네, 꾸르페락입니다."
"그 사람은 어찌되었냐?"
"죽었습니다."
"그렇다면 좋아."

그는 두 사람 옆에 앉아서, 꼬제뜨도 앉게 하여 그들의 네 손을 늙어서 주름잡힌 자기 손으로 잡았다.

"정말 이 훌륭한 아가씨는 걸작이야. 이 꼬제뜨는 말이다, 아직 어린 처녀인데도 벌써 어엿한 귀부인이구나. 남작부인으로는 아까워. 선천적인 후작부인감이야. 눈썹도 아름답구나! 잘 들어, 너희들은 진실하게 살고 있다는 것을 잘 명심해 두어라. 서로 사랑하여라, 바보가 될 정도로 말이다. 사랑이란 인간의 어리석은 짓이며 신의 지혜인 것이다. 깊이 사랑하여라. 다만 말이다."

그는 갑자기 얼굴빛이 흐려지면서 덧붙였다.

"아, 한 가지 슬픈 일이 있다! 내 재산의 절반 이상은 종신 연금으로 되어 있다. 내가 살아 있는 동안은 괜찮지만 내가 죽으면, 20년만 지나면 가엾게도 너희들은 무일푼이 되어버린다. 남작 부인의 아름다운 흰 손도 살기 위해 거칠어지겠구나."

그때 육중하고 조용한 음성이 들려 왔다.

"외프라지 포슐르방 양은 60만 프랑을 갖고 있습니다."

그것은 장 발장의 목소리였다.

그는 그때까지 아무 말도 하지 않았기 때문에 아무도 그가 그곳에 있는 것조차 모르는 것 같았다. 그러나 그는 행복한 사람들 뒤에 가만히 서 있었다.

"그 외프라지 양이란 누구 말이오?"

조부는 깜짝 놀라서 물었다.

"저예요."

꼬제뜨가 대답했다.

"60만 프랑!"

질노르망 씨는 말했다.

"아마 만 4,5천 프랑은 거기서 모자랄지도 모르겠습니다."

장 발장은 말했다.

그리고 그는 테이블 위에 질노르망 이모가 책이라고 여겼던 꾸러미를 내려놓았다. 장 발장은 제 손으로 꾸러미를 풀었다. 그것은 한다발의 지폐였다. 사람들은 그것을 펴서 계산해 보았다. 천 프랑짜리가 5백 장, 5백 프랑짜리가 168장이 있었다. 모두 58만 4천 프랑이었다.

"이것 정말 좋은 책이로군."

질노르망 씨는 말했다.

"58만 4천 프랑!"

이모는 중얼거렸다.

"이제 모든 것이 다 갖추어졌군, 그렇지, 질노르망 양" 하고 조부는 말했다.

"마리우스 녀석, 재력가의 딸을 낚아채다니 재주도 좋구나! 이쯤 되면 너도 젊은애들의 사랑에 밤 놔라 대추 놔라 간섭 못 하겠지? 남학생이 60만 프랑짜리 여학생을 찾아냈으니, 미소년이 로스차일드(18세기 후반부터 19세기 유럽 금융 시장을 석권한 유대계 집안)보다 더 활약한 셈이지."

"58만 4천 프랑!" 질노르망 양은 소리도 나오지 않아 입 속에서 웅얼거렸다. "58만 4천 프랑! 60만 프랑이나 다름없어."

마리우스와 꼬제뜨는 그 사이 줄곧 서로 바라보고 있었다. 그들은 그런 것에는 거의 관심도 없었다.

돈은 공증인보다 숲에 맡기는 것이 좋다

여기에 길게 설명할 것도 없이 독자는 아마도 이미 알았을 것이다. 장 발장은 샹마띠외 사건 이후 처음 며칠 동안 도망칠 수 있었던 덕분에 빠리에 와서, 몽트뢰이유 쉬르 메르에서 마들렌느 씨 이름으로 번 돈을 라피뜨 은행에서 적당한 때 찾아낼 수 있었다. 그리고 다시 체포될 것을 염려해서—실제로 곧 체포됐지만 몽페르메이유의 숲 속 블라뤼의 빈터라고 불리는 장소에 그 돈을 묻어 두었다. 금액은 63만 프랑으로 전부 은행 지폐였기 때문에 부피가 크지 않아서, 상자 하나에 다 들어갔다. 다만 상자를 습기로부터 보호하기 위해 다시 떡갈나무 상자에 밤나무 부스러기를 채워서 그 속에 넣어 두었다. 그 상자에는 또 하나의 보물인 신부의 촛대도 넣었다. 독자도 기억하다시피 그 촛대는 몽트뢰이유 쉬르 메르에서 도주할 때 가지고 갔던 것이다. 어느 날 저녁 블라트뤼엘이 발견했던 남자는 장 발장이었다. 그 뒤 장 발장은 돈이 필요할 때마다 블라뤼의 빈터를 찾아 왔다. 이미 말했듯 그가 종종 집을 비운 것은 그 때문이었다. 그는 덤불 속에 자기만 알고 있는 장소에 곡괭이를 숨겨 두었다. 마리우스가 회복되는 것을 알았을 때, 그 돈이 소용될 시기가 가까워진 것을 느낀 그는 그것을 가지러 갔다. 블라트뤼엘이 숲속에서, 이번에는 저녁이 아니라 새벽에 발견했던 남자도 역시 장 발장이었다. 블라트뤼엘은 곡괭이만 차지했다.

실제로 남은 금액은 58만 4천 5백 프랑이었다. 장 발장은 그 중 자기를 위해서 5백 프랑을 떼놓았다. '그 뒤는 어떻게 되겠지' 하고 그는 생각했다.

이 남아 있는 돈과 라피뜨 은행에서 찾은 63만 프랑과의 차액이 1823년부터 1833년까지 10년 간의 지출인 셈이다. 수도원에 있었던 5년 동안은 5천 프랑밖에 들지 않았다.

장 발장은 두 개의 은촛대를 벽난로 위에 놓았다. 그 훌륭함에 뚜쌩은 감탄했다.

더욱이 장 발장은 자신이 자베르한테서 해방된 것을 알고 있었다. 그의 앞에서 사람들이 이야기하는 것을 듣고, '모니뙤르' 기관지에서 사실을 확인해 보았다. 그 기사에 의하면 자베르라는 한 경위가 뽕 또 샹즈 다리와 뽕 뇌프 다리 사이의 세탁선 밑에서 익사체로 발견되었다는 것이다. 그는 상관의 신임도 극히 두터웠던 나무랄데없는 사람으로, 그가 남기고 간 글을 보면 정신

착란의 발작으로 자살한 것 같다는 것이었다.

'분명히,' 하고 장 발장은 생각했다. '나를 체포하고서도 놓아준 것을 보면 그때부터 좀 이상했는지도 모르지.'

두 노인은 저마다 나름대로 꼬제뜨의 행복을 위해 최선을 다하다

결혼 준비는 완전히 끝났다. 의사는 2월에는 결혼해도 좋다고 했다. 지금은 12월이었다. 완전한 행복의 즐거운 몇 주일이 흘러갔다.

조부도 그녀 못지않게 행복했다. 그는 곧잘 한 시간 동안이나 꼬제뜨 앞에 앉아서 그녀를 바라보곤 했다.

"기막히게 예쁜 아가씨야!" 하고 그는 소리치는 것이었다. "게다가 다정하고 친절하기까지 하니! '사랑스런 아가씨 내 마음이여!'만으로는 부족해. 내가 이제껏 본 일이 없는 가장 아름다운 처녀야. 머지않아 제비꽃처럼 향기로운 부덕도 갖추게 될 거다. 정말 우아하기 이를 데 없군! 이런 부인과 함께라면 고상하게 살지 않을 수 없을거야. 안 그러냐? 마리우스, 너는 남작이고 부자다. 이젠 변호사 같은 건 그만두렴, 부탁이니."

꼬제뜨와 마리우스는 무덤에서 갑자기 낙원으로 옮겨 온 것 같았다. 너무 갑작스러운 변화여서 두 사람 모두 눈이 멀 지경까지는 아니었으나 눈앞이 어지러웠다.

"어찌된 일인지 알아?"

마리우스는 꼬제뜨에게 물었다.

"몰라요." 꼬제뜨는 대답했다. "다만 하느님께서 우리를 지켜봐 주시는 것 같아요."

장 발장은 모든 준비를 갖추고, 모든 장해를 제거하고, 모든 것을 타협 짓고 모든 것을 용이하게 했다. 그는 꼬제뜨 자신과 마찬가지로 열심히, 겉으로 보기에 기쁜 듯이 꼬제뜨의 행복을 서둘러 준비했다.

그는 시장을 지낸 일이 있는 만큼, 꼬제뜨의 신분이라는, 그만이 알고 있는 비밀의 미묘한 문제까지 해결할 수 있었다. 그녀의 신원을 노골적으로 말했다면 어떻게 되었을까? 틀어졌을지도 몰랐다. 그는 모든 장해에서 꼬제뜨를 구했다. 그녀를 위해 죽어 있던 가계(家系)를 만들어 주었다. 이것은 어떤 이의도 있을 수 없는 안전한 방법이었다. 꼬제뜨는 죽어 없어진 한 집안의 하나밖에 남지 않은 후손이 되었다. 다시 말해 꼬제뜨는 그의 딸이 아니라 다른 또 하나의 포슐르방의 딸이 된 것이다. 포슐르방이라는 두 형제가 쁘띠 뻭쀠스 수도원에서 정원사로 지냈던 적이 있었다. 그 수도원에 가서 알아보았고, 그곳에서 존중할 만한 증명을 많이 얻을 수 있었다. 선량한 수녀들은 신원 문제 따위는 잘 알지도 못하고 관심도 없었으며, 하물며 거기에 부정한 일이 있다고는 생각지도 않았으므로, 어린 꼬제뜨가 두 포슐르방 가운데 어느 쪽의 딸인지 아무도 확실하게 알지 못했다. 그녀들은 원하는 대로 답변을 해주었고 더욱이 열심히 이야기해 주었다. 신분 증명서는 곧 만들어졌다. 꼬제뜨는 법률상으로 외프라지 포슐르방이 되었다. 그녀는 부모 없는 고아로 신고되었고, 장 발장은 포슐르방이라는 이름으로 꼬제뜨의 후견인으로 지정되었으며, 질노르망 씨는 후견 감독인으로 지정되었다.

58만 4천 프랑에 대해서는, 이름을 밝히기를 원하지 않는 어떤 고인(故人)이 꼬제뜨에게 물려준 유산인 것으로 했다. 맨 처음 유산은 59만 4천 프랑이었으나 그중 1만 프랑은 수도원에 지불된 5천 프랑까지 포함해서 외프라지 양의 교육비로 사용되었다. 그 유산은 제삼자의 손에 맡겨져서 꼬제뜨가 성년이 되든가 또는 결혼할 때 돌려주기로 되어 있었다. 이런 일은 누가 보아도, 특히 50만 프랑 이상의 돈인 만큼, 지극히 당연했다. 물론 몇 가지 이상한 점도 있었지만 아무도 그것을 깨닫지 못했다. 이해 관계가 있는 사람 중 한 사람은 사랑에, 다른 사람들은 60만 프랑에 저마다 눈이 멀어져 있었다.

꼬제뜨는 자기가, 오랫동안 아버지라고 불렀던 그 노인의 딸이 아니라는 말을 들었다. 노인은 그저 친척에 지나지 않았다. 또 한 사람의 포슐르방이 그녀의 친아버지였다. 다른 경우였다면 이런 사실은 그녀를 비탄에 잠기게 했을 것이다. 그러나 말할 수 없이 행복한 상태에 있는 지금, 그것은 극히 조그마한 그림자, 일시적인 구름에 불과했다. 너무 기쁨에 젖어 그 구름도 얼마 가지 않아 개어 버렸다. 그녀에게는 마리우스라는 존재가 있었다. 청년이 오고, 노인은 자취를 감추었다. 그것이 인생이다.

게다가 꼬제뜨는 여러 해 동안, 주위에서 벌어지는 수수께끼 같은 일을 예사로 보아왔다. 이상한 유년기를 보낸 사람은 누구나 항상 어떤 종류의 체념을 하기 쉽다. 그래도 그녀는 장 발장을 '아버지'라고 부르기를 그만두지 않

질노르망 씨는 꼬제뜨가 마음에 들었다.

았다.
 꼬제뜨는 기쁨에 넘쳐 마음이 들떠 있었지만, 질노르망 노인에게도 감격하고 있었다. 사실 노인은 그녀에게 줄곧 좋은 말과 선물을 쏟아부었다. 장발장이 꼬제뜨를 위해 사회적인 정당한 지위와, 어엿한 신분을 만들어주고 있는 동안, 질노르망 씨는 결혼 선물에 매달려 있었다. 장려한 것만큼 그를 즐겁게 하는 일은 없었다. 그는 자기 조모로부터 전해 내려온 뱅슈 제(製) 레이스로 만든 드레스까지 꼬제뜨에게 주었다.
 "이런 유행도 다시 살아날 거야" 하고 그는 말했다. "옛날 것이 크게 유행해서 내 만년의 젊은 처녀들이 내가 어렸을 때와 같은 옷을 입는 거지."
 그는 이미 오랫동안 열지 않았던 장롱도 열었다. 꼬로망델 산 옻칠을 하고 가운데가 불룩한 훌륭한 장롱이었다. "이 미망인들의 참회를 들어보기로 할까?" 하고 그는 말했다. "뱃속에 무엇을 넣어두고 있는지 어디 보자." 그리고 자신의 여러 아내와 정부, 조모들의 멋진 물건들로 가득찬 서랍을 요란스럽게 뒤적거렸다. 북경 비단, 다마스크 산의 꽃무늬 비단, 므와레, 뚜르제의 불꽃 모양의 비단 드레스, 빨면 때 잘 지는 금실로 수놓은 인도제 손수건, 앞뒤가 없는 꽃무늬 천, 제노아와 알랑송제 레이스, 오래된 금은 세공의 장신구, 섬세한 전쟁 그림으로 장식된 상아 과자함, 부속 장식품, 리본, 그는 무엇이나 다 아낌없이 꼬제뜨에게 주었다. 감탄한 꼬제뜨는 마리우스에 대한 사랑에 취하고 질노르망 씨에 대한 감사의 마음으로 어찌할 바를 모르면서, 비단과 비로드를 몸에 감은 끝없는 행복을 꿈꾸고 있었다. 결혼 선물을 천사들이 받들고 오는 듯한 기분이었다. 그녀의 영혼은 말린느제 레이스의 날개를 펴고 푸른 하늘로 날아올랐다.
 연인들의 황홀한 마음에 못지 않은 것은 이미 말했듯이 조부의 황홀감이었다. 뒤 깔베르 거리는 마치 악대의 음악이 울려 퍼지고 있는 듯했다.
 매일 아침 조부는 어떤 골동품이든 반드시 꼬제뜨에게 보냈다. 온갖 장신구가 그녀의 주위에 찬란하게 꽃을 피워 갔다.
 행복에 젖으면서도 즐겨 진지한 이야기를 하던 마리우스는 어느 날 어떤 이야기 끝에 이렇게 말했다.
 "혁명가들은 정말 위대합니다. 까똥이나 포씨옹처럼 여러 세기에 미치는 위력을 갖추고 있어서 한 사람 한 사람이 고대의 기념물 같습니다."

"고대의 비단! (마리우스의 말을 일부러 잘못 들음.)" 하고 노인은 외쳤다. "고맙다, 마리우스. 바로 내가 찾고 있던 거야."

그리고 다음 날, 갈색의 고대 비단으로 만든 훌륭한 드레스가 꼬제뜨의 결혼 선물에 보태졌다. 조부는 그 의상들에서 하나의 교훈을 끄집어냈다.

"연애는 좋은 거지. 그러나 거기에는 소품이 필요해. 행복에는 쓸데없는 것이 필요하다. 행복 그 자체는 필수품에 지나지 않아. 그러니 전혀 소용없는 것들로 맛을 내는 거지. 궁전과 마음. 마음과 루부르 미술관. 마음과 베르사이유의 대분수. 양치는 여자와 결혼하면 공작부인으로 만들도록 애써야 해. 꽃을 꽂은 필리스를 차지했으면 10만 프랑의 연금을 붙여 줘야 하고, 대리석 복도 아래 한없이 넓은 전원 풍경을 전개시켜야 해. 목가 풍경도 좋고 대리석과 황금의 꿈 같은 경치도 좋아. 메마른 행복은 메마른 빵과 같은 거야. 먹을 수는 있되 맛있는 음식은 못 되지. 필요 이상의 것, 소용없는 것, 하찮은 것, 너무 많은 것, 아무 짝에도 쓸 수 없는 것, 난 그런 게 좋다. 나는 스트라스부르그 대성당에서 4층 건물만큼 높은 큰 시계를 본 적이 있다. 그 시계는 친절하게도 시간을 알려 주었지만, 그것만을 위해서 만들어졌다고는 생각되지 않았어. 그 시계는 정오나 자정, 태양의 시간인 정오나, 사랑의 시간인 자정이나, 그밖의 어떤 시간에도 종을 울린 뒤 여러 가지 것을 내보였어. 달과 별, 육지와 바다, 새와 물고기, 페부스와 페베, 게다가 벽이 움푹 파인 곳에서 나오는 많은 것들, 열두 사도, 황제 샤를르 5세, 에뽀닌느와 사비누스, 거기에다 나팔을 부는 금빛 꼬마들까지 많이 나왔어. 또 그때마다 왠지 공중에 퍼지는 종소리는 황홀하기 이를 데 없었지. 다만 시간을 가르쳐 줄 뿐인 헐벗고 하찮은 시계가 그것과 비교될 수 있을까? 나는 스트라스부르그의 큰 시계 편이야. 포레 느와르의 뻐꾸기 울음 소리를 내는 자명종보다 그게 훨씬 좋아."

질노르망 씨는 특히 결혼식에 대해서 당치도 않은 말을 하며 18세기의 풍속을 들어 열광적으로 찬미했다.

"너희들은 의식을 거행할 줄 몰라. 요즘 사람들은 기쁨의 날을 어떻게 보내야 하는지 모르는 게 분명해" 하고 그가 외쳤다. "너희들의 19세기는 너무 연약해. 도대체 과분이란 걸 몰라. 부자도 몰라보고 귀족도 몰라보는 그저 철부지에 불과해. 이른바 너희들이 말하는 제3계급이란 맛도 색깔도 냄새도 형태도 없는 거지. 중류 시민계급들이 가정을 꾸미려는 몽상은 스스로도 인정하듯 새 자단(紫檀)이나 화려한 문양으로 장식된 천으로 꾸민 그리 넓지 않은 화장실 정도에 불과해. 자, 나란히 서십시오. 검약 군과 절약 양이 결혼하겠습니다, 하는 상황이지. 그러한 사치와 화려함이라면 루이 금화를 양초에 한 닢 갖다붙이는 것과 별 차이가 없어. 19세기란 그런 시대야. 나는 발트해 너머로 달아나고 싶은 기분이다. 이미 1787년부터 모든 게 허망해질거라고 예언하지 않았니? 모든 게 끝난 거라고 말야. 로앙 공작이나 레옹 대공, 샤보 공작, 몽바종 공작, 수비즈 후작, 프랑스의 대귀족 뚜아르 자작이 낡은 마차를 타고 롱샹 경마장으로 가는 것을 본 날에 말야! 그 예언대로 된 거지.

　금세기에는 누구나가 장사를 하고, 투기를 하고, 돈을 벌고, 그리고 인색하게 굴면서 겉만은 조심해서 번지르르하게 가꾼다. 정성껏 멋을 부리고, 씻고, 비누질을 하고, 때를 벗겨내고, 수염을 깎고, 머리를 빗고, 구두를 번쩍거리게 닦아 솔질을 하여, 겉만 깨끗하게 하고, 손톱만큼의 허술한 곳도 없이, 조약돌처럼 반들반들하고 조심성 있고, 깨끗하지만, 한꺼풀 벗기면, 쳇! 손으로 코를 푸는 마부조차도 뒷걸음질칠 것 같은 거름 구덩이나 수채 구멍을 마음속에 갖고 있단 말야. 나는 이 시대에 더러운 청결이라는 표어를 붙여 주고 싶어. 마리우스, 화내지 마라, 조금만 더 이야기하게 해주렴. 민중을 헐뜯으려는 게 아냐. 네 민중에게는 충심으로 경의를 품고 있지만, 중류 계급의 시민을 약간 두드려 주는 것은 나쁘지 않아. 나도 중류 계급이다. 진실로 사랑하는 자는 곧잘 매질을 한다.

　그래서 나는 분명하게 말하지만, 오늘날의 사람들은 결혼을 하지만 결혼하는 방법을 몰라. 정말 옛날 풍습이 그립구나. 모든 것이 그립다. 그 우아함, 기사도다운 행동, 정중하고 다정한 태도, 누구나가 지녔던 그 즐거운 호사, 혼례에는 음악이 꼭 있었다. 교향곡으로부터 북치기에 이르기까지, 그리고 무도회가 있었지. 테이블에 앉은 즐거운 얼굴들, 말할 수 없이 달콤한 사랑의 노래, 가요, 불꽃, 꾸밈없는 웃음, 농담, 커다랗게 묶은 리본, 그리고 신부의 양말대님까지 그립다. 신부의 양말대님은 비너스의 허리띠와 사촌이야.

　트로이 전쟁이 왜 일어났지? 그래, 헬레네의 양말대님으로부터 시작되었어. 어째서 그들은 싸웠을까? 어째서 신과도 같은 디오메데스는 메리오네가 머리에 쓴 10개의 뿔이 달린 커다란 청동투구를 때려부쉈을까? 어째서 아킬레우스와 헥토르는 창으로 서로 찔렀을까? 다른 게 아니야, 헬레네의 양말대님에 파리스가 손을 댔기 때문이지. 꼬제뜨의 양말대님을 소재로 호메로스는 《일리어드》를 쓴 거다. 시 속에 같은 수다쟁이 늙은이를 넣어서, 그것을 네스토르라고 이름 붙인 거야.

옛날엔, 그 사랑스러운 옛날에는 사람들은 현명한 방법으로 결혼했지. 멋지게 계약한 다음 어마어마한 잔치를 베풀었어. 퀴자스가 나가자 곧 가마슈가 들어왔지. 그런 거야! 위란 놈은 유쾌한 놈이라 자기 몫을 요구하고 자기도 혼례에 참견하고 싶어한단 말야. 모두들 잘 먹고, 테이블에서는 가슴장식을 떼버리고 적당히 깃을 벌린 미인과 나란히 앉았었지. 아아! 모든 사람들이 입을 크게 벌리고 웃던 그 시대는 무척 쾌활했었다!

청춘은 꽃다발이었어. 젊은 사나이들은 모두 하나의 라일락 가지, 한 다발의 장미꽃이 되었지. 군인들까지 양치는 목동이었어. 설사 용기병 대장일지라도 사람들이 플로리앙이라고 부르는 솜씨를 가지고 있었다. 모두 옷차림을 존중했어. 수놓은 것이라든가 빨간 비단으로 차려 입었지. 부르주아는 꽃같았고, 후작은 보석 같은 거였어. 구두 밑으로 돌려 매는 끈을 쓰거나, 장화를 신거나 하지는 않았어. 화려하고 광택이 나는 비단이나 금갈색 옷을 입고, 경쾌하고 정갈하고 요염하고, 그러면서 허리에는 칼을 차고 있었다. 벌새가 부리와 발톱을 갖고 있듯이 말이다. '우아한 남빛' 시대였다. 18세기의 일면은 섬세하고 일면은 장대했다. 그리고, 그야말로 즐겁게 놀았단다.

지금은 모두가 너무 점잖아. 부르주아는 인색한 데다 가면을 쓰고 있어. 너희들의 세기는 불행해. 목언저리를 너무 내놓았다고 해서 미의 세 여신까지 쫓아내려 하고 있어. 추악한 것과 함께 아름다움까지도 숨기고 있어. 혁명 뒤에는, 누구나 다 바지를 입고 있다. 춤추는 계집애들까지도 말야. 여자 광대도 점잖고, 리고동 춤도 거드름을 피우고 있어. 위엄 있는 체 해야만 한다. 레이스 깃 속에 턱을 묻고 있지 않으면 언짢아해. 결혼하는 20살 난 젊은 애송이의 이상은, 르와이에 꼴라르 씨가 되는 것이다.

한데 그러한 위엄이 도달하는 곳이 어딘지 아느냐? 쩨쩨한 사람이 될 뿐이야. 잘 알아두어라. 쾌락이란 그저 즐거운 것만이 아니다. 그것은 위대한 거야. 그러니까 사랑도 즐겁게 하라는 거다! 결혼을 하는 데는 행복의 열정과 맹목과 법석과 요란함을 동원해서 떠들썩하게 해야 한다! 교회에서 점잖을 빼는 건 좋아. 그러나 미사가 끝난 뒤에는, 신부 주위에 꿈의 소용돌이를 일으켜 주어야 해.

결혼은 무게 있고 침착하면서도 꿈이 있어야 해. 랭스의 대성당에서 샹뜰루 탑까지 의식의 행렬을 해야 한단 말이다. 넋빠진 결혼 같은 건 생각하기도 싫다. 제기랄! 적어도 그날만은 올림포스 산에 올라간 기분이어야 해. 모든 신들이 되는 거야. 아아! 모두 공기의 정(精)이나 기쁨의 신이나 웃음의 신이나 알렉산드르 대왕의 은으로 만든 정병이 되는 거야. 애야, 갓 결혼한 사람은 모두 알도브란디니 대공 같아야 한단다. 평생에 단 한 번뿐인 그 때를 놓치지 말고, 백조나 독수리와 함께 가장 높은 천상계로 날아가거라. 이튿날 다시 개구리들이 사는 부르주아 사회로 돌아오면 되는 거니까. 결혼을 검소하게 하여 결혼의 찬란한 빛을 깎아서는 안 된다. 아름다운 날에 인색하지 말아라. 결혼은 살림살이가 아니다. 아아! 내 꿈대로 할 수 있다면 아름다운 것이 될 텐데. 숲 속에서 바이올린 소리를 들려 주는 거야. 내 계획은 하늘의 푸른빛과 은빛이다. 의식에는 전원의 신들도 한자리에 넣어 주고, 숲의 요정이나 바다의 요정도 부르는 거다. 암피트리테의 혼례, 장밋빛 구름, 머리를 곱게 빗은 발가벗은 님프들, 여신들에게 4행시를 바치는 아카데미 회원, 바다의 괴물들이 끄는 마차.

  트리똥이 앞장서서 소라고동 부는
  황홀한 그 소리에 모두 넋을 잃었네.

이것이 의식의 절차다. 의식 절차의 하나야. 이게 아니라면 나는 아무것도 몰라, 단연코!"

조부가 서정적인 기분에 들떠 스스로의 말에 넋을 잃고 귀기울이고 있는 사이, 꼬제뜨와 마리우스는 마음껏 얼굴을 서로 마주 보며 도취감에 빠져 있었다.

질노르망 이모는 이들 광경을 평소 당황하지 않는 평온한 태도로 바라보고 있었다. 그녀는 최근 5, 6개월 사이에 다소의 감동을 느꼈다. 마리우스가 돌아온 것, 마리우스가 피투성이의 모습으로 실려온 것, 마리우스가 바리케이드에서 운반되어 온 것, 죽어 가던 마리우스가 다시 살아난 것, 조부와 화해한 것, 약혼, 가난한 처녀와 결혼한다는 것, 큰 부자의 딸과 결혼한다는 것, 그리고 60만 프랑이 그녀에게 결정적인 놀라움을 주었다. 그러고 나서는 다시 최초의 성체 배수를 하던 때와 같은 무관심으로 돌아왔다. 그녀는 규칙적으로 어김없이 교회 예식에 참례하고 묵주를 굴리고, 기도서를 읽고, 집안 한구석에서는 '당신을 사랑하오'를 속삭이는 동안 다른 한구석에서 '아베 마리아'를 속삭이며, 어렴풋이 마리우스와 꼬제뜨를 두 그림자처럼 보고 있었다. 사실 그림자는 그녀였다.

 타성적인 금욕 생활이 어떤 상태에 도달하면 영혼은 마비되고 중화가 되어, 흔히들 세상살이라고 하는 것에 무관심해지며, 지진이나 큰 재해가 없는 한, 인간다운 감동은, 즐거운 감동이거나 슬픈 감동이거나 아무것도 받지 않게 된다. "그런 신앙심은," 하고 질노르망 노인은 딸에게 말하곤 했다. "코감기나 마찬가지다. 너는 인생의 냄새를 조금도 못 맡는다. 나쁜 냄새도 그렇거니와 좋은 냄새도 못 맡아."

 더욱이 60만 프랑이라는 돈이 노처녀의 마음에 아무래도 상관없다는 생각을 굳혀 주었다. 아버지는 그녀에게 거의 관심을 두지 않았기 때문에 마리우스의 결혼 승낙에 관해서도 그녀와는 의논하지 않았다. 그는 여느 때와 마찬가지로 성급하게 행동해서 노예가 된 전제 군주처럼, 다만 한 가지, 마리우스를 만족시키려는 것밖에는 생각하지 않았다. 마리우스가 이모에 대해서는, 이모가 존재하고 있는지 이모에게도 무슨 의견이 있는지조차 생각도 하지 않는 것 같아서, 지극히 온순한 그녀도 화가 나 있었다. 마음속에서 조금 반항하면서도 겉으로는 태연하게 그녀는 스스로에게 말했다. "아버지는 나를 젖혀놓고 결혼 문제를 결정했으니, 나도 혼자서 상속 문제를 결정해야겠다." 사실, 그녀에게는 재산이 있었으나 아버지에게는 없었다.

 그래서 그녀는 그 점에 자신의 결심을 남겨두었다. 만약 신혼부부가 가난하다면 가난한 대로 내버려 두자. 조카에게는 안된 일이지만! 가난한 처녀와 결혼하면 자기도 가난해지는 게 당연하다. 그러나 꼬제뜨가 가지고 있는 100만 프랑의 반이 넘는 돈은 이모의 마음에 들었고, 이 한 쌍의 연인에 대한 그녀의 심정을 바꾸어 놓았다. 60만 프랑이라면 놀랄 만한 돈이었다. 젊은 그들에게 돈 걱정이 없어진 이상, 자기의 재산을 그들에게 남겨줄 수밖에 없다는 건 자명한 일이었다.

 신혼부부는 조부의 집에서 살게 되었다. 질노르망 씨는 집에서 가장 아름다운 자기의 방을 그들에게 주겠다고 고집을 부렸다. "그렇게 하면 나도 젊어진다"고 그는 말했다. "그전부터 그럴 작정이었어. 난 언제나 내 방에서 결혼식을 올리고 싶었지." 그는 그 방을 세련되고 매력 있는 갖가지 골동품으로 장식했다. 천장이나 벽에는 진기한 직물을 붙였다. 한 필을 몽땅 가지고 있는데 그대로의 직물로 유트레히트 산이라고 믿고 있는, 미나리아재비빛 사땡 바탕에 앵초색 비로드 같은 꽃무늬가 있었다. 그는 말했다.

 "이것하고 똑같은 직물이 로슈 기용에 있는 앙빌르 공작부인의 침대 휘장으로 되어 있었지."

 벽난로 위에는 발가벗은 배 위에 머프를 안고 있는 색소니 인형을 놓았다.

 질노르망 씨의 서재는 마리우스가 갖고 싶어하던 변호사 사무실이 되었다. 아시는 바와 같이 변호사를 하려면 사무실을 하나 가질 것을 조합 평의회로부터 요구되었기에 마리우스에게도 필요했던 것이다.

행복 속에 떠오르는 망상

 연인들은 매일 만났다. 꼬제뜨는 포슐르방 씨와 함께 오곤 했다. "이건 완전히 거꾸로군 그래" 하고 질노르망 양은 말했다. "이렇게 신부 쪽에서 달콤한 소리를 들으려고 남자집으로 오다니." 그러나 그것은 마리우스 회복기부터의 습관이었고 또 피유 뒤 깔베르 거리의 안락의자가 옴므 아르메 거리의 짚의자보다 마주 앉기에 적당했기 때문에 습관이 돼버린 것뿐이었다. 마리우스는 포슐르방 씨와도 대면했지만 말을 주고받지는 않았다. 마치 저절로 그런 묵계라도 이루어진 것 같았다. 처녀란 곁에 붙어 있는 사람이 필요하다. 꼬제뜨는 포슐르방 씨 없이는 오지 못했을 것이다. 마리우스에게는 꼬제뜨가 있어서 포슐르방 씨도 있는 것이다. 하여간에 마리우스는 매번 포슐르방을 반겨 맞았다. 이러한 만남이 되풀이 되면서 그들은 세상사람들의 보편적인 운명의 개선이란 차원에서 정치적인 이야기를 나누기도 했다. 물론 세세한 부분까지 언급하진 않고 막연하게 화제로 삼으면서 "네"라든가 "아니오" 하는 말보다는 좀 더 많은 말을 주고받을 때도 있었다.

한 번은 교육에 관한 이야기가 나와서, 마리우스가 무료로 의무교육제를 실시하여 그것을 여러 가지 형식 아래 확충하고 공기나 태양처럼 아낌없이 만인에게 고루 주어, 한 마디로 말해 민중 전체가 흡수할 수 있도록 해야 한다는 평소 지론을 얘기하자, 두 사람은 의견이 맞아서 아주 친밀한 사이처럼 이야기를 하게 되었다. 마리우스는 그때 포슐르방 씨가 말을 잘하고, 어느 정도 고상한 말을 쓴다는 것을 알았다. 그러나 그에게는 어딘지 모르게 부족한 데가 있었다. 포슐르방 씨는 보통 사람에 비해 무언가가 모자라는 반면 무언가 너무 많은 것이 있었다.

마리우스는 마음 속으로, 생각 속에서, 자기에 대해 그저 친절하기만 하고 냉랭한 이 포슐르방이라는 사람에게, 온갖 종류의 남모르는 의문을 품고 있었다. 때로는 자기 자신의 기억에 의문이 솟는 일도 있었다. 그의 기억에는 하나의 구멍이, 하나의 어두운 자리가, 4달 동안의 죽음의 괴로움에 의하여 패어진 하나의 심연이 있었다. 많은 일들이 그 속으로 사라져 갔다. 그래서 마리우스는 포슐르방 씨를, 이토록 근엄하고 침착한 사람을, 바리케이드 속에서 과연 똑똑히 보았는지 어떤지 의심스러워지는 것이었다.

게다가 나타났다가는 사라지는 과거의 그림자가 그의 뇌리에 남겨 놓고 간 혼미는 그것뿐이 아니었다. 행복하고 모든 것이 만족스러운 때에도 문득 우수에 사로잡혀서 지난날을 되돌아보지 않고는 있을 수가 없는 때가 있다. 그토록 기억에 달라붙는 그 고뇌로부터 그가 해방되어 있었다고 믿어서는 안 될 것이다. 사라진 지평선 쪽을 되돌아볼 줄 모르는 머리에는 사상도 없고 사랑도 없다. 이따금 마리우스는 얼굴을 두 손으로 싸안을 때가 있었다. 그러면 어지럽고 어슴푸레한 과거가 머릿속의 희미한 빛 속을 지나가는 것이었다. 눈에는 마뵈프가 쓰러지는 것이 다시 보이고, 귀에는 가브로슈가 산탄 밑에서 노래하는 소리가 들리고, 입술에는 에쁘닌느의 이마의 차가움이 느껴졌다. 앙졸라, 꾸르페락, 장 프루베르, 꽁브페르, 보쒸에, 그랑떼르, 친구들은 모두 그의 앞에 나타났다가는 사라져 갔다. 그립고, 슬프고, 용감하고, 아름다운, 또는 비극적인 사람들, 그들은 모두 꿈이었던 것일까? 현실에 존재했던 것일까? 폭동이 모든 것을 포연 속에 몰아 넣어 버린 것이다. 그러한 커다란 열광은 커다란 망상을 내포하고 있다. 그는 스스로에게 물었다. 자신의 마음을 살폈다. 사라져 간 모든 현실들에 현기증을 느꼈다. 도대체 그들은 어디에 있는 것일까? 모두가 죽었다는 게 정말일까? 자기 하나만을 남겨놓고 모두가 암흑속으로 추락해버리고 말았다. 모든 것이 마치 연극 무대의 막 뒤로 사라져버린 것처럼 생각되었다. 인생에는 이렇게 막이 내려질 때가 있다. 신은 다음 장면으로 사라져간다.

그리고 마리우스 자신은 분명 같은 인간이었을까? 그는 가난했는데 부유해졌다. 고독했는데 가정을 갖게 되었다. 절망했는데 꼬제뜨와 결혼하게 되었다. 마치 무덤 속을 지나온 것 같았다. 무덤 속에 검은 모습으로 들어가서 순백한 모습으로 나온 것처럼 생각되었다. 그리고 그 무덤에 다른 사람들은 남겨진 것이다. 어떤 때에는, 그들 과거의 사람들이 모두 유령이 되어 나타나 그를 둘러싸고 그를 우울하게 만들었다. 그런 때 마리우스는 꼬제뜨를 생각하고 밝은 마음을 되찾는 것이었다. 그 더없는 행복만이 그 파국의 자리를 지우는 힘을 가지고 있었다.

포슐르방 씨는 사라진 사람들 중 한 사람이라고 해도 과언이 아니었다. 바리케이드에 있던 그 포슐르방이 지금 뼈와 살이 있는 모습으로 꼬제뜨 옆에 점잖게 앉아 있는 이 포슐르방이라고는 도저히 믿어지지 않았다. 앞의 사람은 아마 몇 시간 동안 정신착란을 일으켰던 사이에 나타났다가 사라진 그 악몽 중 하나였을 것이다. 게다가 두 사람 다 완고하고 남과 어울리지 않는 성격이었기 때문에 마리우스가 포슐르방 씨에게 무언가를 물을 수는 없었다. 물으려고 생각도 하지 않았다. 두 사람 사이의 그런 묘한 입장에 대해서는 이미 말했다.

두 인간이 하나의 공통된 비밀을 갖고 있으면서 일종의 묵계에 의해 그 문제에 관해서는 한 마디도 말을 주고받지 않는 이러한 일은, 세상에 그리 드문 일이 아니다. 단 한 번 마리우스는 은근히 눈치를 떠보았다. 그는 이야기 속에 샹브르리 거리에 관한 것을 끄집어 내면서 포슐르방 씨를 향해 몸을 돌렸다.

"당신은 그 거리를 잘 알고 계시지요?"

"어느 거리요?"

"샹브르리 거리 말입니다."

"그런 이름에 대해서는 아무것도 생각나는 게 없소."

포슐르방 씨는 아주 자연스러운 태도로 대답했다.

이 대답은 거리의 이름에 관해서였지 거리 그 자체에 관한 것은 아니었으나, 그래도 마리우스는 잘 이해한 것 같은 느낌이 들었다.

그는 생각했다.

"나는 꿈을 꾸었던 것이다. 착각이었던 거야. 누군가 몹시 비슷한 사람이 있었던 게지. 포슐르방 씨는 그곳에 있지 않았어."

사라진 두 남자

기쁨은 참으로 컸지만, 마리우스의 마음 한구석을 괴롭히는 다른 근심을 씻어 주지는 못했다. 결혼 준비가 진행되는 동안 정해진 날을 기다리면서도 그는 사람을 써서 과거의 사실을 알아내는 어렵고도 세심한 일을 시켰다.

그는 많은 사람한테서 은혜를 입고 있었다. 아버지로 인해서도 은혜를 입었고 자기 자신으로 인해서도 은혜를 입었다. 우선 떼나르디에가 있었다. 그리고 마리우스를 질노르망 씨의 집에 실어다 준 미지의 남자가 있었다. 마리우스는 결혼하고 행복해지더라도 그 두 사람을 잊지 않을 작정이었고, 이 의무의 빚을 갚지 않고는 앞으로 찬란하게 빛날 자신의 생활 위에 그늘이 생길 것을 두려워해서 무슨 일이 있더라도 그들을 찾아 내고야 말겠다고 굳게 맹세했다. 그는 그 빚을 그대로 모른 체하고 지나쳐 버릴 수는 없었으므로 미래를 향하여 즐겁게 나가기 전에 과거를 청산해야겠다고 생각했다.

비록 떼나르디에는 악인일지라도, 그는 뽕메르씨 대령을 구했다. 그러나 그 사실만으로 악인이라는 것이 탕감되는 것은 아니었다. 떼나르디에가 세상 사람들에게는 악한이었지만 마리우스에게는 그렇지 않았다. 그리고 마리우스는 워털루 전투의 실제 상황을 몰랐기 때문에 자기 아버지가 떼나르디에에 대해 생명의 은인이긴 하나 감사할 필요는 없다는 야릇한 입장에 놓여 있는 그 전말도 알지 못했다.

마리우스는 여러 모로 손을 썼지만 아무도 떼나르디에의 행방을 알아내지 못했다. 그는 완전히 소식이 묘연해진 것 같았다. 떼나르디에의 아내는 예심 중에 감옥에서 죽었다. 떼나르디에와 딸인 아젤마만이 그 집안에서 살아 남은 식구였는데 그 두 사람도 그림자 속에 잠기고 없었다. 사회의 미지의 심연이 소리없이 그들의 앞길을 가로막았다. 심연은 너무도 고요하여 무엇이 가라앉은 흔적이나, 추를 내릴 수 있는 장소를 알 만한 완만한 흐름이나 아주 희미한 수면의 파문조차 볼 수 없었다.

떼나르디에의 아내는 죽고, 블라트뤼엘은 불기소 처분되었고, 끌라끄수는 자취를 감추어 버렸고, 주요한 피고들은 탈옥했기 때문에, 고르보 저택 잠복 사건의 재판은 흐지부지하게 중단된 상태였다. 중죄 재판소는 2명의 공범자를 처벌하게 된 것으로 만족해야만 했다. 즉 빵쇼, 일명 프랭따니에 또는 비그르나이유오로 불리는 범인과 드미 리아르, 일명 드 밀리아르라고 하는 이 둘은 심리(審理)에서 징역 10년 형에 처해졌다. 탈주한 공범들에 대해서는 결석 재판으로 종신 징역의 판결이 내려졌다. 두목이며 주모자인 떼나르디에는 역시 결석 재판에 의해서 사형이 선고되었다. 이 판결이 떼나르디에에 관해서 남은 유일한 것이 되었는데 마치 관 옆에 켜놓은 촛불처럼, 이 매장된 이름 위에 불길한 빛을 던지고 있었다. 이 판결은 다시 체포될 공포 때문에 떼나르디에를 심연의 바닥 깊숙이 몰아넣어, 그를 에워싼 어둠을 한층 더 짙게 했다.

또 한 사람, 마리우스를 구한 미지의 남자에 관해서는 처음엔 다소 탐색한 성과가 나타났으나, 얼마 가지 않아 딱 막혀 버렸다. 6월 6일 밤, 마리우스를 피유 뒤 깔베르 거리에 실어준 역마차를 찾아낼 수는 있었다. 마부의 이야기로는 6월 6일, 샹 젤리제의 강둑 대하수도의 출구 위에서, 한 경관의 명령으로 오후 3시부터 밤까지 '마차를 세워 두었다'한다. 밤 9시경, 강가에 면한 지하수도로 창살문이 열렸다. 그곳에서 한 남자가 나왔는데, 이미 죽은 것처럼 보이는 한 남자를 어깨에 짊어지고 있었다. 그곳을 감시하고 있던 경관은 죽은 자를 짊어진 남자를 체포했다. 경관의 명령으로 마부는 '그 사람들'을 마차에 태웠다.

우선 피유 뒤 깔베르 거리에 갔다. 그곳에서 죽은 남자를 내렸다. 그때 죽은 남자란 즉 마리우스를 말하는데 사실은 살아 있었던 것이다. 마부는 그를 똑똑히 기억하고 있었다. 그리고 나서 남은 사람은 다시 마차에 탔다. 그는 말에 채찍질을 하며 달렸는데 아르쉬브 입구 몇 걸음 앞에서 서라는 소리에 마차를 세운 뒤 그는 돈을 받고 돌아갔고 경관은 그 남자를 어디론가 끌고 갔다. 그 뒤의 일은 아무것도 모른다. 그날 밤은 무척 캄캄했다.

이미 말했듯이 마리우스는 아무 기억도 나지 않았다. 다만 바리케이드 안에서 뒤로 벌렁 넘어질 뻔했을 때, 누군가의 억센 손에 붙잡힌 것이 생각날

뿐이었다. 그 다음 기억은 전혀 없었다. 의식을 회복한 것은 질노르망 씨의 집에서였다.

　그는 골똘히 생각했다. 마부가 말한 남자가 자기라는 것은 의심의 여지가 없었다. 그러나 샹브르리 거리에서 쓰러진 사람이 앵발리드 다리 가까운 세느 강 둑에서 경관에게 발견되다니 이게 어떻게 된 노릇일까? 누군가가 그를 중앙 시장에서 샹 젤리제로 운반한 것이다. 그렇다면 어떻게 해서? 지하 수도로를 통해서? 그렇다면 놀랍도록 헌신적인 행위다! 누구일까? 도대체 누구였을까?

　마리우스는 바로 그 사람을 찾고 있었다. 생명의 은인인 그 사람에 대해서는 아무것도 몰랐다. 아무 흔적도 없고 조금도 단서를 잡을 수가 없었다.

　마리우스는 그 방면으로는 극히 삼가야 할 몸이면서도, 탐색의 손길을 시경까지 뻗쳤다. 그러나 거기 역시 다른 곳 이상의 진전은 없었다. 두 서너 가지 알아보았지만 아무런 단서도 되지 않았다. 시경은 역마차 마부보다도 사건에 대해 잘 알지 못했다. 6월 6일에 대하수도의 창살문에서 누군가를 체포한 적이 있다는 것을 아는 사람은 없었다. 그 사건에 관해서는 경관의 보고가 없었기 때문에 시경에서는 사건을 지어낸 이야기라고 생각하고 있었다. 그 말을 지어낸 사람은 마부라고 했다. 마부란 돈이 생각나면 무슨 짓이라도 해낼 뿐 아니라 없는 말도 지어낸다. 그러나 사건이 있었던 것만은 너무나도 확실해 보였다. 마리우스는 그것을 의심할 수 없었다. 적어도 지금 말한 대로 마부가 이야기한 남자가 자기라는 것은 의심의 여지가 없었다. 이 괴상한 수수께끼 속에서는 모든 것이 불가해했다.

　그 남자, 기절한 마리우스를 어깨에 메고 대하수도의 창살문으로 나오는 것을 마부가 보았고, 감시중인 경관이 폭도를 구출한 현행범으로 체포했다는 그 이상한 남자, 그 남자는 어떻게 되었을까? 경관은 어떻게 되었을까? 어째서 그 경관은 침묵을 지키고 있는 것일까? 남자는 교묘하게 도주해버린 것일까? 아니면 경관을 매수한 것일까? 마리우스에게 온갖 은혜를 베풀어 준 그 남자는 어째서 살아 있다는 증거를 주지 않는 것일까? 그 사심없는 행위는 그 헌신적인 행위 못지 않게 놀라운 일이다. 왜 그 사람은 두 번 다시 나타나지 않는 것일까? 아마 그는 아무리 큰 보수를 받아도 모자랄 것이다. 그러나 누구든, 감사하는 마음을 보고 부족하다고 여길 사람은 없을 것이다. 죽었을까? 어떤 사람일까? 어떻게 생겼을까? 아무도 그것을 말하지 못했다. "그날 밤은 무척 캄캄했습니다"라고 마부는 대답했다. 바스끄와 니꼴레뜨는 너무 놀라서, 피투성이가 된 젊은 주인에게만 신경을 썼다. 다만 마리우스의 처참한 귀향을 촛불로 비추었던 문지기만은 문제의 남자를 보았지만, 막상 그가 그려 보이는 인상이란 이것뿐이었다. "그 사람은 정말 끔찍한 모습을 하고 있었습니다."

 탐색을 하는 데 도움이 될지도 모른다 싶어 마리우스는 할아버지 집에 운반되어 왔을 때 입었던 피투성이 옷을 그대로 간직해 두게 했다. 윗도리를 살펴보니 옷자락이 한 군데 묘하게 찢어져 한 조각은 없어져 있었다.

 어느 날 밤, 마리우스는 꼬제뜨와 장 발장을 앞에 놓고, 그 이상한 사건과 지금까지 해온 무수한 조사와 헛되이 끝난 노력에 대한 이야기를 했다. 그런데 '포슐르방 씨'의 냉담한 표정이 그를 화나게 했다. 그는 거의 분노에 떨리는 격한 목소리로 외쳤다.

 "그렇습니다. 그 사람은 어떤 사람이었든간에, 그땐 숭고한 사람이었습니다. 그가 어떤 일을 했는지 아십니까? 그는 천사처럼 전투 속에 뛰어들어왔습니다. 전투가 한창 벌어진 그 속으로 뛰어들어 지하수도로 뚜껑을 열고 그 속으로 나를 끌어넣어 나를 매고 가야 했습니다! 무서운 지하의 통로를, 머리를 숙이고, 허리를 구부리고 어둠 속을, 진창 속을, 시오리 이상이나 시체를 등에 지고 걸어야 했단 말입니다. 그것도 어떤 목적으로? 그 시체를 구한다는, 다만 그 목적만으로였습니다. 그리고 그 시체가 나였습니다. 그 사람은 이렇게 생각한 겁니다. '아직 틀림없이 생명의 빛이 남아 있다. 이 불쌍한 생명의 불을 위해 나는 내 존재를 걸자!' 그리고 그 사람의 존재는 한 번뿐이 아니라 스무 번이나 위험에 부닥쳤던 겁니다! 한 발짝마다 위험이 도사리고 있었습니다. 그 증거로 지하수도로에서 나온 순간에 그는 체포되었습니다. 그 사람이 그만한 일을 했다는 것을 어떻게 생각하십니까? 더욱이 아무런 보수도 바라지 않았습니다. 내가 도대체 무엇이었습니까? 한낱 폭도에 지나지 않았습니다. 정말 무엇이었겠습니까? 한낱 패배자에 지나지 않았습니다. 아아! 만약 꼬제뜨의 60만 프랑이 내것이라면……."

 "그건 자네 것이네."

 장 발장이 중간에 참견을 했다.

"그렇다면," 하고 마리우스는 말했다. "그 사람을 찾아 내기 위해 그 돈을 다 쓴다해도 아깝지 않겠어요!"
 장 발장은 잠자코 있었다.

제6편 잠 못 이루는 밤

1833년 2월 16일

 1833년 2월 16일부터 17일에 걸친 밤은 축복받은 밤이었다. 그 밤의 어둠 위에는 열린 하늘이 있었다. 마리우스와 꼬제뜨가 결혼하는 밤이었다.
 그날은 멋진 하루였다.
 그것은 할아버지가 꿈꾸던 그런 파란 축전(祝典)도 아니고, 신랑 신부 두 사람의 머리 위를 천사 케루빔이나 사랑의 큐핏이 나는 환상극도 아니었고, 문 위에 장식을 두를 만한 결혼도 아니었지만, 즐거운 미소가 넘치는 하루였다.
 1833년 당시의 결혼식 모습은 오늘날 같지는 않았다. 신랑이 신부를 뺏듯이 하여 교회를 나서자마자 달아나고, 자신의 행복을 부끄럽게 생각해서 몸을 숨기고, 파산자(破産者)와 같은 태도와 솔로몬의 '찬가'의 황홀함을 아울러 갖는다는 그 고상하고 우아한 멋을 프랑스는 아직 영국에서 배우지 못했다. 그 낙원을 역마차의 흔들거림에 맡기고, 자신들의 신비로움을 비걱대는 마차소리로 꿰뚫고, 여인숙에 신방을 차리고, 평생 가장 신성한 추억을 마부와 여관집 하녀들의 떠들썩함과 뒤섞은 채, 그 하룻밤을 평범한 침상에 남겨두고 오는 그러한 풍습에, 정숙하고 순결하며 근실한 무언가가 있다는 사실을 프랑스 사람들은 아직 이해하지 못했다.
 19세기 후반에 들어선 현대에서는 시장(市長)과 그 장식띠, 사제와 그 법의, 법률과 신, 그런 것만으로는 이미 부족하게 되었다. 거기에는 '롱쥐모의 마부'(한 마부가 결혼 전에 오페라 배우가 되어 돌아다닌다는 극중 인물)가 또 있어야 한다. 붉은 선을 두르고 방울 단추가 달린 푸른 저고리, 금박 완장, 초록빛 가죽 반바지, 꼬리를 잡아맨 노르망디 말을 모는 목소리, 가짜 금몰, 초를 먹인 모자, 분을 바른 이상한 머리, 커다란 채찍, 그리고 튼튼한 장화. 그러나 프랑스에서는 아직 영국의 귀족 사회가 하는 것처럼 신랑 신부의 역마차 위에 닳아빠진 슬리퍼나 헌 구두를 마구 던질 만큼 우아한 풍습이 발달하지 못했다. 이 풍습은 결혼 당일 백모(伯母)

의 노여움을 사서 낡은 구두로 얻어 맞은 게 오히려 행운이 되었다고 하는, 뒷날 말보르그 또는 말브루크 공(公)으로 불리는 처칠(18세기 초의 영국 장군, 악살스런 노래의 주인공으로 전설적인 인물이 되었다)에게서 유래되었다. 헌 구두나 슬리퍼는 아직 프랑스의 결혼식에는 도입되어 있지 않았다. 그러나 좀더 기다리자. 좋은 취미는 자꾸자꾸 퍼져 가는 법이니까, 이제 곧 그러한 시대가 될 것이다. 1833년에는, 또 100년 전에는 마구 달리는 마차를 타고 결혼하러 가는 사람도 없었다.

당시 사람들은, 좀 우스운 이야기지만 결혼은 극히 허물없는 공공의 축제이며, 순박한 잔치는 가정의 존엄성을 손상케 하는 것이 아니므로 좀 지나치게 흥청거리더라도 난장판만 되지 않으면 절대로 행복을 해치지 않는다고 생각했다. 그리고 머지않아 한 집안을 이룩할 두 사람의 운명의 결합이 우선 집안에서 시작되므로, 부부가 결혼한 후 내내 결혼한 방을 증거로 갖는다는 것은 지극히 존중할 만한 좋은 일이라고 생각했다. 그리하여 부끄러워하는 일 없이 자기 집에서 결혼했다.

마리우스와 꼬제뜨의 결혼 잔치도 지금은 없어진 그 풍습에 따라 질노르망 씨의 집에서 열렸다.

결혼의 절차로서 극히 당연하고 흔히 있는 일이기는 하지만 교회에 결혼 예고를 게시하고, 정식 계약서를 작성하고, 구청이나 교회에 드나들어야 한다는 것은 어느 때를 막론하고 다소 번거로운 일이다. 그래서 2월 16일 이전에 준비를 끝낼 수 없었다.

그런데—작자는 다만 정확을 기하기 위해서 이런 사소한 일에까지 주의를 하는데—16일은 마침 마르디 그라(사육제의 마지막 날 화요일)에 해당했다. 그래서 사람들은 여러 가지로 망설이기도 하고 걱정도 했으며, 특히 질노르망 이모의 걱정은 컸다.

"마르디 그라란 말이지!" 하고 할아버지는 외쳤다. "그렇다면 더 잘됐어, 이런 속담이 있잖나. '마르디 그라 때 결혼을 하면 불효 자식은 낳지 않는다.' 괜찮아, 16일이 좋아! 마리우스, 넌 늦추고 싶으냐?"

"아뇨, 조금도!" 하고 사랑에 빠진 청년이 대답했다.

"그렇다면 그날 결혼하는 거야."

이리하여 16일, 세상 사람들의 떠들썩한 마르디 그라 축제에도 아랑곳하지 않고 결혼식을 올렸다. 그날은 비가 왔지만, 그러한 날씨에도 하늘에는 행복을 위한 맑게 갠 한 구석이 있게 마련이어서, 다른 사람들이 우산을 받고 있을 때에도 연인들은 맑게 갠 하늘 한 구석을 올려다보는 법이다.

그 전날, 장 발장은 질노르망 씨 입회 아래 마리우스에게 58만 4천 프랑을 건네주었다. 결혼은 부부 재산 공유법에 의해 이루어지므로 계약서는 간단했다.

뚜쌩은 앞으로 장 발장에게는 필요없으므로 꼬제뜨가 물려받기로 하고 몸종으로 승격시켰다. 장 발장에 대해서는 질노르망 씨네 집의 아름다운 방 하나가 그를 위해 특별히 마련되었고, 꼬제뜨가 "아버지, 부디 소원이에요" 하고 간곡히 말했기 때문에 그도 하는 수 없이 그 방에서 살겠다는 약속을 하지 않을 수 없었다.

결혼 며칠 전, 장 발장에게 조그만 사고가 생겼다. 오른손 엄지손가락을 조금 다쳤던 것이다. 대수로운 상처는 아니었다. 그리고 그는 누구도, 꼬제뜨마저도, 그것을 걱정하거나, 치료를 하거나, 상처를 보지 못하게 했다. 그러나 오른손을 헝겊으로 싸매고 팔을 어깨에 매달아야 했기 때문에 도저히 서명을 할 수 없었다. 질노르망 씨가 꼬제뜨의 후견 감독인으로서 장 발장을 대리했다.

작자는 독자를 구청이나 교회까지 모시지는 않기로 하겠다. 그곳까지 두 연인을 따라갈 구경꾼은 우선 없고, 신랑의 꽃다발이 단추구멍에 꽂히면 사람들은 곧 나와 버리게 마련이었다. 그러므로 여기서는 한 가지 사건만을 적기로 하겠다. 그 사건은 결혼식에 참석한 사람들은 눈치채지 못했지만, 피유 뒤 깔베르 거리에서 쌩 뽈 성당까지 가는 도중에 일어났다.

그 무렵, 쌩 루이 거리의 북쪽 변두리에는 포석을 다시 까는 중이어서 빠르끄 르와얄 거리에서부터 통행이 금지되어 있었다. 그래서 혼례 마차는 곧장 쌩 뽈 성당으로 갈 수 없었다. 길을 바꿀 수밖에 도리가 없었는데 큰 거리로 돌아가는 것이 가장 간단했다. 그러자 초대 손님 중 한 사람이 오늘은 마르디 그라니까 한길은 마차로 혼잡을 이루고 있을 거라고 주의를 주었다.

"어째서?"

질노르망 씨가 물었다.

"가장 행렬이 있기 때문입니다."

"그것 참 재미있겠다" 하고 할아버지는 말했다. "그리로 지나가세. 이 젊은이들은 결혼해서, 이제부터 인생의 참다운 길로 들어가려 하는 거네. 가장 행렬을 좀 보아두는 것도 공부가 될 거야."

 일행은 큰 거리로 길을 잡았다. 혼례 마차의 맨 앞에는 꼬제뜨와 질노르망 이모, 질노르망 씨, 그리고 장 발장이 타고 있었다. 마리우스는 풍습대로 신부와 떨어져서 다음 마차로 따라왔다. 혼례 행렬은 피유 뒤 깔베르 거리를 나서자 곧 마들렌느에서 바스띠유로, 바스띠유에서 마들렌느로 끝없이 이어진 긴 마차 행렬 속에 끼어들었다.

 한길은 가장한 사람들로 꽉 차 있었다. 이따금 비가 뿌렸지만 빠이야쓰나 빵딸롱이나 질르 같은 광대들은 끄떡도 하지 않았다. 이 1833년 겨울의 유쾌한 분위기 속에서 빠리는 베니스로 가장하고 있었다. 오늘날에는 그러한 마르디 그라는 더 볼 수 없다. 오늘날 있는 것이라고는 모두 넓은 의미의 사육제뿐이고 진짜 사육제는 없어졌다.

 거리에는 사람들이 넘칠 듯했고 창문마다 호기심 많은 사람들로 가득했다. 극장 복도 위의 테라스에도 구경꾼들이 늘어서 있었다. 가장 행렬 외에도 롱샹 경마장처럼 마르디 그라에서는 으레 있게 마련인 온갖 종류의 마차 행렬도 볼 만한 것이었다. 역마차, 삯마차, 유람 승합 마차, 포장마차, 말 한 마리가 끄는 이륜 마차가 경찰의 규칙에 따라 서로 일정한 간격을 유지하고, 마치 레일을 타고 있는 것처럼 질서정연하게 앞으로 나아갔다. 그 마차에 타고 있는 한 사람 한 사람이 구경꾼인 동시에 남의 구경거리가 되었다. 순경들은 반대 방향으로 움직이는 그 끝없는 두 줄의 평행선을 한길 양쪽으로 가르고, 그 두 겹의 흐름이 막히지 않도록 두 줄기 마차의 흐름을 하나는 상류인 앙땡 쪽으로, 하나는 하류인 생 땅뜨완느 쪽으로 교통정리를 하고 있었다. 귀족원 의원과 각국 대사의 문장이 있는 마차는 찻길 중앙을 차지하여 자유로이 왕래하고 있었다. 몇몇의 화려하고 유쾌한 행렬, 그 중에서도 특히 아름답게 꾸민 소의 행렬도 같은 특권을 누렸다. 이 빠리의 흥겨운 법석 속에서 영국은 그 채찍을 울리고 있었다. 즉, 민중들이 세이머 경이라고 별명을 붙인 역마차가 요란한 소리를 내며 지나가고 있었던 것이다.

 두 줄의 행렬을 따라서 헌병들이 양을 모는 개처럼 말을 타고 달리고 있었는데, 그 행렬 속에는 할머니 할아버지들이 잔뜩 타고 있는 조촐한 가족 마차도 섞여 있었고, 그 문에 일곱 살짜리 뻬에로니 여섯 살짜리 뻬에레뜨니 하는 가장한 아이들이 얼굴을 내밀고 있었다. 그 유쾌한 아이들은 자신들이 정식으로 민중들의 기쁨 속에 참가하고 있는 것을 느끼면서 자신들의 광대놀이의 품위에 자신을 갖고 관리들처럼 점잔을 빼고 있었다.

이따금 마차 행렬의 어딘가에 혼란이 일어나서 양쪽 줄 어느 쪽인가가 얽힌 것이 풀릴 때까지 멈추는 일이 있었다. 한 대의 마차가 고장을 일으키면 그것만으로 행렬 전체가 그 자리에 서게 되는 것이었다. 그러나 행진은 곧 다시 시작되었다.

혼례 마차는 바스띠유 쪽을 향해서 큰 거리의 오른쪽으로 가는 행렬 속에 끼어 있었다. 그런데 뽕 또 슈 거리의 높은 지점에서 잠시 행렬이 멈추었다. 거의 동시에 저쪽에서 마들렌느 쪽으로 가는 행렬도 똑같이 정지했다. 그 행렬 바로 근처에 한 대의 가장행렬 마차가 있었다.

그러한 가장행렬 마차, 아니 가장행렬 짐마차는 빠리 사람들에게는 매우 낯익었다. 그러한 마차가 마르디 그라나 까렘므(산순제의 중간 날)에 나타나지 않으면 사람들은 무언가 언짢은 일이 있는 거라고 생각하고 이런 말을 한다. "무슨 곡절이 있는 모양이군. 아마 내각이라도 바뀌는가 보지." 사람들의 머리 위에서 흔들거리고 있는 까쌍드르며 아를르깽이며 꼴롱빈느(모두 어릿광대들의 이름) 등의 무리, 터키 인으로부터 야만인에 이르기까지, 온갖 광대들, 후작부인을 떠메고 있는 헤라클레스들, 아리스토파네스의 눈을 감게 한 바커스의 무녀들처럼 라블레로 하여금 귀를 막게 할 만큼 더러운 말을 지껄이는 여자들, 엉클어진 가발, 장밋빛 속옷, 멋쟁이의 모자, 사팔뜨기의 안경, 나비에게 희롱당하는 자노의 고깔모자, 보행자들을 향하여 질러대는 고함 소리, 허리에 대고 있는 주먹, 아슬아슬한 자세, 드러낸 어깨, 가면 쓴 얼굴, 주위를 아랑곳하지 않는 추태, 그리고 꽃모자를 쓴 마부가 내뱉으며 가는 욕지거리, 그런 것이 이 가장 행렬의 광경이었다.

그리스에는 테스피스(비극시의 창시자인 그리스의 시인)의 사륜 마차가 필요했지만 프랑스에는 바데(통속시의 창시자인 프랑스의 시인)의 역마차가 필요한 것이다.

어떤 것이라도 풍자가 가능하다. 풍자 자체도 또 다시 풍자될 수 있다. 고대의 중후한 아름다움을 자랑하는 사투르누스 축제도 점점 열기를 더해가더니 결국 마르디 그라(사육제의 전야제)로 변했다. 또 예전에는 포도 덩굴을 관(冠)으로 쓰고 햇볕 아래서 성스러운 반나체로 대리석 같은 젖가슴을 보여주던 바쿠스 제(祭)가 오늘날에는 북방의 축축하게 젖은 누더기 아래 가장행렬이라고 불릴 만큼 퇴락해 버렸다.

가장 마차의 전통은 아주 오래된 왕정 시대로 거슬러 올라간다. 루이 11세의 회계 기록에는 궁정 집사에게 '가장 마차 세 대를 위해 뚜르 은화 20수'의 지출을 인정하고 있다. 오늘날에는 그러한 소란스러운 가장의 무리는 관례에 따라 구식 역마차 꼭대기까지 가득 실려서 가거나, 포장을 내린 시영 마차에 벌떼처럼 시끄럽게 타고 있다. 6인승 마차 한 대에 20명이나 타고 있다. 마부석에도, 접어 넣은 걸상에도, 포장 옆에도, 마차채 위에도 올라타고 있다. 심지어는 마차의 초롱에까지 걸터앉아 있다. 서기도 하고, 눕기도 하고, 앉기도 하고, 다리를 꼬기도 하고, 다리를 마차 밖으로 내놓기도 한다. 여자들은 남자들의 무릎 위에 앉아 있다. 멀리서 보면 사람들의 머리가 우글우글하게 모여서 묘하게도 피라밋 형태를 이루고 있다. 그 마차에 탄 사람들은 혼잡 속에 환희의 산처럼 우뚝 솟아 있다. 꼴레나 빠나르나 삐롱(모두 해학과 풍자에 능한 18세기 시인)의 시에 은어가 보태어져 그곳에서 흘러나온다. 그 위에서 군중들을 향해 상스러운 말이 튀어나온다. 사람들을 끝도 없이 마구 실은 그 마차는 마치 전리품 같다. 앞에서는 떠들썩하고 뒤에서는 왁자지껄한다. 떠드는 사람, 노래하는 사람, 고함을 지르는 사람, 까르르 웃어대는 사람, 들떠서 몸을 뒤트는 사람, 농담이 오가고, 야유가 일고, 들뜬 기분이 도도하게 퍼져 간다. 두 마리의 깡마른 말이 마지막 막을 활짝 연 광대극을 신을 향해 끌고 간다. 그 마차는 웃음 신(神)의 개선 마차이다.

그 웃음은 노골적이라고 하기에는 너무 냉소적이다. 실제로 그 웃음에는 수상한 느낌이 있다. 그것은 하나의 사명을 띠고 있다. 빠리 사람들에게 사육제란 어떤 것인가를 보여주는 임무를 맡고 있는 것이다.

그들의 야비하고 품위 없는 마차에는 무언지 모르게 암흑이 느껴져서 철학자의 몽상을 유발한다. 그 속에는 정치가 숨어 있다. 관리와 공창(公娼) 사이의 은밀한 화합이 역력히 느껴진다.

갖가지 추행이 쌓여서 들뜬 분위기를 조성하는 것, 파렴치와 비천함을 쌓아 올려 민중을 취하게 하는 것, 기밀조직이 매춘의 지주가 되어 민중을 모욕하면서도 즐겁게 만드는 것, 그 살아 있는 기괴한 짐이, 찬란한 누더기가, 더러움과 광명의 뒤섞임이, 짖어 대고 노래하면서 역마차의 네 수레바퀴 위에 실려가는 것을 군중들이 좋아라고 구경하는 것, 가지각색의 오욕으로 이루어진 그 영광에 사람들이 갈채를 보내는 것, 대중에게는 경찰이 스무 개의 머리를 가진 쾌락의 히드라를 자기들 속으로 끌고 다녀 주는 것 말고는 재미있는 일도 신나는 일도 없다는 것, 그것은 분명 슬픈 일이다. 그러나 그것을 어떻게 하면 좋단 말인가? 리본이나 꽃으로 꾸며진 더럽고 추한 그 가장 마차들을, 민중의 웃음은 조롱하면서도 용서하고 있는 것이다.

만인의 웃음은 보편적인 타락을 구제한다. 어떤 종류의 불건전한 축제는 민중을 분산시키고 대중을 만들어낸다. 그리고 대중에게는 전제 군주와 마찬가지로 해학이 필요한 것이다. 국왕에겐 로끌로르(루이 14세 때 해학으로 유명했던 장군)가 있고 민중들에겐 빠이야쓰(빈속한 희극에 등장하는 한 광대)가 있다. 빠리는 장엄한 대도시가 아닐 때에는 반드시 광란의 대도시이다. 여기서 사육제는 정치의 일부분이다. 까놓고 얘기하면 빠리는 스스로 파렴치한 희극을 원하고 있다. 만약 주인이 있다면 그 주인은 한 가지밖에 청하지 않았다. 즉 '나를 진흙으로 칠해다오' 라고. 로마도 같은 기질을 가지고 있었다. 로마는 네로를 사랑했다. 그런데 네로는 진흙을 칠한 거인이었다.

방금 말했듯이 혼례 행렬이 한길 오른쪽에 멈추려 했을 때, 마침 가면을 쓴 남녀를 포도송이처럼 잔뜩 싣고 돌아다니던 대형 사륜마차 한 대가 거리 왼쪽에 멈춰 섰다. 한길을 사이에 두고 가면을 쓴 사람들이 탄 마차는 신부가 타고 있는 마차를 정면으로 바라보았다.

"야!" 가면을 쓴 한 사람이 말했다. "혼례 마차잖아?"

"가짜 혼례야." 다른 한 사람이 말했다. "진짜는 우리다."

그러나 혼례의 일행에게 말을 걸기에는 너무 멀었고, 순경에게 야단을 맞을 일도 두려웠기 때문에 그 두 사람의 가면은 딴 데를 바라보았다.

가장 마차의 사람들은 곧 바빠지기 시작했다. 군중들이 그들을 놀리기 시작한 것이다. 이것은 가장한 자들에 대한 군중의 애무이다. 그래서 방금 이야기한 두 가면도 동료 둘과 함께 군중에 대항하지 않으면 안 되었다. 그들은 광대의 모든 무기를 가지고 있었으나 군중의 압도적인 야유 앞에 다른 것을 돌아볼 여유가 없었다. 가장한 무리와 군중 사이에 심한 야유가 오고갔다.

그러는 동안 같은 마차를 타고 있는 다른 두 사람, 늙은이처럼 가장하고 어마어마하게 큰 검은 수염을 달고 있는 큰 코의 스페인 사람과, 검은 비로

드 가면을 쓴 매우 젊고 깡마르고 천해 보이는 여자가 혼례 마차를 보며, 동료들과 통행인들이 야유를 주고받는 동안 낮은 목소리로 이야기를 하고 있었다.

그들의 쑤군대는 밀담은 소음에 덮여서 옆사람에게도 들리지 않았다. 이따금 지나가는 비로 열어젖힌 마차 안은 젖어 있었다. 2월의 바람은 아직 차가웠다. 스페인 사람에게 대답을 하면서 목덜미를 드러내 놓은 천한 여자는, 몸을 떨기도 하고 웃기도 하면서 기침을 하고 있었다.

그것은 이런 대화였다.

"애야."

"뭐예요, 아빠?"

"저 늙은이 보이니?"

"어느 늙은이요?"

"저기, 혼례 마차의 맨 앞에 타고 있는 이쪽편 말이다."

"검은 천으로 팔을 매단 남자요?"

"그래."

"저 사람이 왜요?"

"분명히 내가 본 기억이 있는 사람이야."

"그래요?"

"Je veux qu'on me fauche le colabre et n'avoir de ma vioc dit vousaille, tonorgue ni mézig, si je ne colombe pas ce pantinois là. (나는 저 빠리인을 알고 있어. 아니라면 목이 잘려서 한평생 아무 말을 하지 못해도 좋다.)"

"오늘 빠리는 빵땡(빵땡이란 작은 꼭두각시로 가면을 쓴 광대를 가리키지만 또 하층민의 속어에서는 빠리 사람을 가리키기도 한다)인걸요."

"너, 몸을 구부리면 신부가 보이지?"

"안 보이는데요."

"그럼 신랑은?"

"저 마차에 신랑은 타지 않았어요."

"그래?"

"옆에 있는 늙은이가 신랑이 아니라면 말예요."

"그럼 좀더 구부리고 신부를 봐라."

"안 보인다니까요."

"어쨌든 저 팔을 달아맨 늙은이는 분명히 본 기억이 있어."
"본 기억이 있다고 한들 그게 무슨 상관이에요?"
"그야 알 수 없지, 하지만 때론 소용이 있지!"
"나는 늙은이한테는 별로 관심없어요."
"난 저놈을 알고 있어!"
"마음대로 알고 계세요, 그럼."
"어떻게 해서 혼례 행렬에 끼어 있을까?"
"알게 뭐예요."
"저 혼례 마차는 어디서 왔을까?"
"내가 어떻게 알아요?"
"내 말좀 들어 봐라."
"뭔데요?"
"한 가지 네가 해줄 일이 있다."
"뭘요?"
"마차에서 내려서 저 혼례 마차 뒤를 밟는 거야."
"뭐하러요?"
"어디로 가는지, 누구의 혼례인지 알고 싶어서 그래. 얼른 내려서 뛰어가, 넌 젊으니까."
"여기서 내릴 순 없어요."
"어째서?"
"나는 고용되어 왔는걸요."
"젠장!"
"천한 여자 노릇을 하기로 하고 시경에서 일당을 받고 있잖아요."
"그건 그래."
"만약 마차에서 내렸다가 경찰에게 들켜 보세요. 곧 잡히고 말 거예요. 잘 아시잖아요?"
"그래, 알고 있어."
"오늘 난 당국에 팔려 있는 몸이에요."
"그렇지만 아무래도 저 늙은이가 마음에 걸려서 그래."
"늙은이 따위가 마음에 걸린다는 거예요? 젊은 처녀도 아니고?"

그들의 쑥군대는 밀담은 소음에 덮여서 곁의 사람에게도 들리지 않았다.

"저놈은 맨 앞의 마차에 타고 있어."
"그래서요?"
"신부 마차에 타고 있단 말이야."
"그래서요?"
"신부의 아버지란 말이다."
"그게 어쨌다는 거에요?"
"신부의 아버지라니까."
"물론이죠. 그 사람이 아버지겠죠."
"글쎄, 잠자코 들어 봐."
"뭘 말예요?"
"나는 가면 없이는 절대로 나다니지 못해. 여기는 얼굴이 가려져 있으니까 아무도 나를 모르지만. 그러나 내일이면 가면은 없어지게 되거든. 내일은 재(灰)의 화요일(사순절 첫째날)이다. 자칫 잘못하면 나는 잡히고 말아. 다시 구멍으로 돌아가야 해. 그러나 너는 자유롭지 않니?"
"그렇게 자유로운 것도 없어요."
"나보다야 훨씬 낫지."
"그래서 어쨌다는 거예요?"
"저 혼례 행렬이 어디로 가는지, 네가 알아봐 줄 수 없겠니?"
"어디로 가는지?"
"그래."
"그거라면 알아요."
"뭐? 어디로 가는데?"
"까드랑 블뢰겠죠, 뭐."
"아니야, 그런 데가 아닐걸."
"흥! 그렇다면 라뻬일 거예요."
"다른 데로 갈지도 몰라."
"그건 저쪽 마음이죠. 혼례 행렬이 어디로 가건 그건 자유란 말예요."
"내가 말하는 건 그게 아니야. 저 혼례는 누구의 혼례고 저 늙은이는 어떤 관계이며, 저 신혼 부부는 어디에 사는지 그것을 알아봐 달란 말이다."
"안 돼요! 그런 쓸데없는 일은. 마르디 그라 날에 빠리를 지나간 혼례 행렬의 행방을 일 주일이나 지난 뒤에 알아낸다는 건 쉬운 일이 아니예요. 건초더미 속에 떨어진 핀 찾기 같은 거라구요! 그게 가능할 거라고 생각하세요?"

"하지만, 어쨌든 해보아야 해. 알겠니, 아젤마?"

두 줄의 행렬이 한길 양쪽에서 다시 서로 반대 방향으로 움직이기 시작하자 신부가 탄 마차는 가장행렬 마차의 시야에서 사라지고 말았다.

장 발장은 여전히 팔을 달아매고 있다

꿈을 실현하는 것, 그것은 누구에게 허용된 일인가? 그것 때문에 하늘에서는 선거가 실시된다. 우리는 모두 알지 못하는 사이 그 후보자가 된다. 그리고 천사들이 투표를 한다. 꼬제뜨와 마리우스는 그렇게 해서 당선되었다.

꼬제뜨는 시청에서도 성당에서도 환하게 빛나서 사람들을 감동시켰다. 그녀의 옷차림은 뚜쌩이 맡았고, 니꼴레뜨가 그것을 도왔다.

꼬제뜨는 흰 태프터 천의 속치마 위에 빈쥐 산(產)의 비치는 레이스 드레스를 입고, 영국식 수가 놓인 베일을 썼으며, 고급 진주 목걸이를 하고, 오렌지꽃 화관을 쓰고 있었다. 모두 흰빛 일색이었는데 그 흰빛 속에서도 그녀는 빛을 발하고 있었다. 그것은 미묘한 순결이 퍼져서 광명 속에 변신하려는 모습이었다. 처녀가 여신이 되려 하고 있다고 해도 좋을 듯했다.

마리우스의 아름다운 머리는 윤이 나고 향기로웠다. 숱많은 고수머리 밑에는 바리케이드에서 받은 상처 자국이 푸르스름한 줄이 되어 군데군데 엿보였다.

조부는 당당하게 머리를 쳐들고 몸단장에도 태도에도 바라스(혁명내각 시대의 화려하고 호탕한 인물) 시대의 온갖 우아함을 여느때보다 더 과시하며 꼬제뜨를 인도했다. 장 발장은 팔을 달아매고 있기 때문에 신부를 부축할 수가 없어서 조부가 대리 노릇을 하고 있었다.

장 발장은 검은 옷차림으로 뒤에 따라가면서 미소짓고 있었다.

"포슐르방 씨" 하고 조부는 그에게 말했다. "참으로 좋은 날입니다. 이것으로 슬픔이라든가 고민 같은 것은 사라졌으면 좋겠군요. 이제 앞으로는 아무데도 슬픈 일이 일어나서는 안 되겠어요. 정말입니다! 나는 기쁨을 사람들에게 명령합니다! 악이란 존재할 권리를 갖지 않습니다. 세상에 불행한 사람들이 있다니, 사실 푸른 하늘에 대해 부끄러운 일입니다. 악은 원래 선량한 사람에게서 오는 것이 아닙니다. 인간의 비참함의 수도는, 또 그 정부는 아마도 지옥일 것입니다. 다시 말해 악마의 뛸르리 궁전 말입니다. 어이쿠, 나도 이제는 과격파 같은 말을 하게 되었군그래! 하지만 나는 정치에 대해서는 아무 의견도 갖고 있지 않습니다. 모든 사람이 유복하게, 다시 말해 즐겁게 사는 것, 그것만이 내 소원입니다."

모든 의식을 완성시키기 위해 두 사람은 시장과 사제 앞에서 대답할 수 있는 만큼 대답하고, 시청과 성전에서 장부에 서명하고 반지를 교환한 뒤, 흰 비단 휘장 아래 피어오르는 향로의 연기 속에서 나란히 무릎을 꿇고 손을 맞잡아야 했다. 그리고 모든 사람들의 찬탄과 선망을 받으면서 마리우스는 검은 옷, 꼬제뜨는 흰 옷으로 단장하고, 대령 견장을 달고 큰 도끼로 바닥을 두드리며 소리를 내는 안내인을 따라, 감탄하는 참석자들이 두 줄로 늘어선 사이를 걸어나가 좌우로 활짝 열린 성당 정문 아래까지 가서 다시 마차에 올라탐으로써 모든 것이 끝났을 때, 꼬제뜨는 아직도 이것이 현실이라는 걸 믿을 수가 없었다. 그녀는 마리우스를 바라보고, 군중들을 보고, 하늘을 보았다. 마치 꿈에서 깨어나기를 두려워하는 듯한 모습이었다. 그 놀란 듯한 불안한 모습은 무어라 형용할 수 없는 매력을 그녀에게 더해주고 있었다.

집으로 돌아가기 위해 그들은 함께 마차에 탔다. 마리우스는 꼬제뜨 곁에, 질노르망 씨와 장 발장은 그들의 맞은 편에 자리잡았다. 질노르망 부인은 다음 마차를 탔다.

"너희들" 하고 조부가 말했다. "이것으로 너희들은 3만 프랑의 연금을 가진 남작 각하와 남작 부인이 된 거다."

그러자 꼬제뜨는 마리우스에게 바싹 몸을 붙이고 천사 같은 속삭임으로 그의 귀를 애무했다.

"그럼, 정말이군요. 나도 마리우스라고 불리는 거죠? 당신의 아내이고요."

그들은 빛났다. 그들은 다시 불러올 수도, 다시 찾아낼 수도 없는 순간에, 모든 청춘과 온갖 기쁨의 눈부신 교차점에 있는 것이었다. 장 프루베르의 시구를 실현하고 있는 것이었다. 두 사람의 나이를 합쳐도 마흔 살도 되지 않았다. 그것은 승화된 결혼이었고 젊은 두 사람은 두 송이의 백합꽃이었다.

그들은 서로를 보지 않고도 서로 황홀해하고 있었다. 꼬제뜨는 마리우스를 영광 속에 바라보고 마리우스는 꼬제뜨를 제단 위로 우러러보고 있었다. 그리고 그 제단 위에, 그 영광 속에 신이 되어 결합한 두 사람은 그 깊숙한 속에서, 꼬제뜨에게는 안개 저쪽에, 마리우스에게는 불꽃 속에서, 하나의 이상이, 현실이, 입맞춤과 꿈의 만남이, 원앙침이 보이는 것이었다.

이제까지 두 사람이 맛본 모든 고뇌는 지금 도취가 되어 그들의 마음으로 돌아왔다. 고통도, 불면도, 눈물도, 번뇌도, 두려움도, 절망도 모두 애무가 되고 빛이 되어, 다가오는 아름다운 시간을 한층 더 아름답게 하는 것처럼 생각되었고, 또 그러한 과거의 온갖 슬픔은 현재의 기쁨을 장식해 주는 들러리처럼 생각되는 것이었다. 고생했던 것이 참으로 다행한 일이었다. 과거의 불행은 지금의 행복에 빛을 더해주고 있었다. 그들 사랑의 오랜 고뇌는 마침내 승천의 기쁨을 누리고 있는 것이다.

그들의 영혼은 하나의 환희를 나누어 가졌는데, 마리우스의 영혼은 그것을 쾌락의 빛으로 물들이고, 꼬제뜨의 영혼은 정절이란 빛으로 물들였다. 그들은 나직나직 이야기를 나누었다.

"다시 쁠뤼메 거리의 우리의 작은 정원을 보러 가요."

꼬제뜨가 입은 드레스의 주름이 마리우스 위에 놓여 있었다.

이런 하루야말로 어렴풋한 꿈과 확실한 현실이 형언할 수 없게 뒤섞이는 날이다. 사람은 소유하고 그리고 상상한다. 이것저것 상상할 만한 시간 여유가 아직 남아 있는 것이다. 대낮에 한밤중의 일을 생각한다는 것은 참으로 형용할 수 없는 감동이다. 두 사람의 마음의 환희는 다른 사람들에게까지 번져서 길가는 사람들에게도 즐거움을 나누어 주고 있었다. 쌩 땅뜨완느 거리의 쌩 뽈 성당 앞에서 사람들은 걸음을 멈추고 마차 유리창 너머로 꼬제뜨의 머리에 꽂힌 오렌지 꽃이 한들한들 떨리는 것을 바라보고 있었다.

이윽고 모두들 피유 뒤 깔베르 거리에 있는 집으로 돌아왔다. 마리우스는 꼬제뜨와 어깨를 나란히 하고 자랑스러움에 찬연히 빛을 내면서, 전에 빈사지경의 몸으로 끌려 올라갔던 그 계단을 올라갔다. 가난한 사람들이 문 앞에 떼를 지어 서서 얻은 돈을 서로 나누면서 두 사람을 축복했다. 가는 곳마다 꽃으로 가득했다. 집도 성당과 마찬가지로 향기로웠다. 향수 냄새와 장미꽃 향기가 났다. 그들은 무궁 속에서 노랫소리를 듣는 것 같았고, 마음에 신을 품고 있었으며, 운명은 별을 새긴 천장처럼 생각되었고, 머리 위에는 아침 햇살이 엿보이는 듯했다. 갑자기 큰 시계가 울렸다. 마리우스는 꼬제뜨의 드러난 사랑스러운 팔과 열린 앞가슴의 레이스를 통해 어렴풋이 보이는 장밋빛을 바라보았다. 그리고 꼬제뜨는 마리우스의 눈길을 느끼고 눈 속까지 붉어졌다.

질노르망 집안의 옛 친구들이 객실에 초대되어 꼬제뜨의 주위를 에워쌌다. 모두 앞다투어 그녀를 남작 부인이라고 불렀다.

지금은 대위가 되어 있는 떼오뒬르 질노르망 장교도 사촌 뽕메르씨의 결혼식에 참석하기 위해 주둔지인 샤르트르에서 와 있었다. 꼬제뜨는 그의 얼굴을 잊고 있었다.

떼오뒬르도 여성들에게서 미남이라는 말을 듣는데 익숙했기 때문에 이젠 꼬제뜨를 특별히 기억하고 있지도 않았다.

"이 창기병의 말을 내가 곧이 듣지 않기를 잘했지!"

질노르망 노인은 혼자 중얼거렸다.

꼬제뜨는 지금까지보다 더욱 다정하게 장 발장을 대했다. 그녀는 또 질노르망 노인과도 잘 맞았다. 노인이 경구나 격언으로 기쁨을 나타내고 있는 동안 그녀는 애정과 호의를 향기처럼 내뿜고 있었다. 행복은 만인이 행복하기를 바라는 법이다.

장 발장에게 이야기를 하는 꼬제뜨는 소녀 시절의 목소리로 되돌아가 있었다. 그녀는 미소로써 그에게 응석을 부리고 있었다.

식당에 축하 잔치 자리가 마련되었다. 대낮이 무색할 정도로 휘황한 조명은 커다란 기쁨엔 빠뜨릴 수 없는 풍취다. 행복한 사람들은 안개나 어두컴컴한 것을 허용하지 않는다. 그들은 자신들이 검은 그림자가 되기를 좋아하지 않았다. 밤은 좋지만 암흑은 안된다. 해가 나오지 않을 때는 해를 만들어야 한다.

식당은 눈을 즐겁게 하는 화려한 것들로 가득했다. 중앙에는 희게 빛나는 테이블 바로 위에 나뭇가지처럼 꾸며진 베니스 제 큰 촛대가 놓여 있고, 파랑, 보라, 빨강, 초록 등 색색의 새가 촛불에 에워싸여 앉아 있었다. 그 커다란 촛대 주위를 다시 여러 개의 작은 촛대가 둘러싸고 벽에는 세 갈래나 다섯 갈래로 갈라진 반사경이 걸려 있었다. 거울, 수정 세공품, 유리 세공품, 큰 접시, 자기, 도기, 토기, 금은 세공품, 은그릇, 모든 것이 번쩍거리고 흥겨워하고 있었다. 그 가지 달린 화려한 촛대와 촛대 사이는 모두 꽃으로 메워져서 어디든지 불빛이 아니면 꽃투성이였다. 객실에서는 세 개의 바이올린과 하나의 플루트가 소리를 줄이는 장치를 달고 하이든의 사중주를 은은하게 연주하고 있었다.

장 발장은 처음에 객실 문 뒤에 있는 의자에 앉아 있었기 때문에 문이 열리면 거의 문 뒤에 가려졌다. 식탁에 앉기 조금 전에 꼬제뜨는 장 발장에게 와서 두 손으로 웨딩드레스 자락을 살짝 펼치며 깊은 존경과 사랑을 표시한 뒤 상냥하고도 장난스러운 눈으로 그에게 물었다.

"아버지, 만족하세요?"

"아암" 하고 장 발장은 말했다. "만족하고 말고."

"그러세요? 그럼 웃어 주세요."

장 발장은 웃어 보였다.

잠시 후 바스끄가 만찬의 시작을 알렸다.

손님들은 꼬제뜨의 손을 잡은 질노르망 씨의 안내로 모두 식당에 들어가서 정해진 자리에 따라 테이블 주위에 늘어섰다.

신부의 좌우에 두 개의 커다란 팔걸이의자가 있었는데, 하나는 질노르망 씨의 자리이고 또 하나는 장 발장의 자리였다. 질노르망 씨는 첫 번째 자리에 앉았다. 두 번째 자리의 팔걸이의자가 비어 있었다.

사람들은 눈으로 '포슐르방 씨'를 찾았다. 그는 이미 없었다. 질노르망 씨는 바스끄에게 물었다.

"포슐르방 씨가 어디 계시는지 아느냐?"

"네." 바스끄는 대답했다. "잘 알고 있습니다. 포슐르방 님께선 손의 상처가 아프셔서 남작 내외분과 함께 식사를 할 수 없다고 하시면서 그렇게 나리께 말씀드려 달라는 분부였습니다. 부디 용서해 주십사는 말씀이었습니다. 내일 아침에 오겠다고 하시며 지금 막 돌아가셨습니다."

그 빈 의자는 잠시 혼례의 잔치 기분을 깨뜨렸다. 그러나 포슐르방 씨는 없어도 질노르망 씨가 있었으므로, 이 조부가 두 사람 몫을 도맡아 자리의 흥을 돋우고 있었다. 그는 "포슐르방 씨께서 다친 데가 아프면 빨리 자리에 눕는 게 좋겠지만, 대수롭지 않은 '아야야'에 불과해" 하고 말했다.

이 말만으로 충분했다. 그리고 이처럼 큰 기쁨에 잠겨 있을 때, 한쪽 구석이 조금 어두운들 어떠랴? 꼬제뜨와 마리우스는 행복을 느끼는 것 말고는 모든 능력을 잃어버리는 저 이기적인 축복의 순간에 있었던 것이다. 게다가 질노르망 씨가 묘안을 생각해 냈다.

"그렇군. 이 팔걸이의자가 비어 있으니, 마리우스 네가 앉거라. 권리로 말하자면 이모님이 위지만 네게 양보할 거다. 그 팔걸이의자는 네 자리다. 그건 예의에도 합당하고 또 즐거운 일이야. '행복한 여자' 옆에 '행복한 남자'가 앉는 것이니 말이다."

모여 앉은 사람들이 모두 손뼉을 쳤다. 마리우스는 꼬제뜨 옆의 장 발장의 자리에 앉았다. 이것으로 모든 것이 제자리를 잡았기 때문에 처음에 장 발장이 없는 것을 슬퍼하던 꼬제뜨도 결국 만족하게 되었다. 마리우스가 장 발장을 대신한 순간부터 꼬제뜨는 이미 신을 원망하지 않았다. 그녀는 흰 사땡으로 만든 실내화를 신은 조그마한 발 하나를 마리우스의 한쪽 발 위에 올려놓았다.

팔걸이의자는 채워지고 포슐르방 씨의 존재는 사라졌다. 이것으로 부족한 것은 아무것도 없었다. 그리고 5분 뒤에는 참석자 전원이 모든 것을 잊어버린 채 유쾌한 기분으로 벙글벙글 웃고 있었다.

식사 후 질노르망 씨가 일어서서 92살 난 몸이 떨려서 엎지르는 일이 없도록 절반만 따르게 한 샴페인 잔을 들고 신혼 부부의 건강을 축복했다.

"너희들은 두 가지 설교를 면할 수 없을 거다" 하고 그는 외쳤다. "아침에는 주임 사제의 설교를 들었지만 저녁에는 할아비의 설교를 들을 차례야. 그래, 내 말을 잘 들어라. 나는 너희들에게 한 가지 조언을 할까 한다. 그것은 서로 깊이 사랑하라는 거다. 나는 장황하게 말을 늘어놓지 않고 바로 결론으로 가겠다. 행복해지라고 말이다. 생명 있는 것 가운데 현명한 것은 꿩과 비둘기뿐이다.

철학자들은 말한다. 그대들의 기쁨을 아끼라고. 그러나 나는 너희들의 기쁨의 고삐를 늦추라고 말하겠다. 끝까지 서로 반해라. 서로에게 미친 사람처럼 되거라. 철학자들은 잠꼬대를 하고 있는 거다. 그들의 철학 따위는 그들의 목구멍 속으로 도로 밀어 넣어주고 싶을 지경이다. 향기가 너무 짙고, 장미꽃이 너무 많이 피고, 밤 꾀꼬리가 너무 많이 노래하고, 푸른 나뭇잎이 너

질노르망 씨가 일어서서 샴페인 잔을 들고 신혼 부부의 건강을 축복했다.

무 많고, 인생에 서광이 너무 많이 비친다고 하는 일이 있을 수 있을까? 사람은 지나칠 정도로 서로 사랑할 수 있을까? 지나칠 만큼 서로 마음에 드는 수가 있을까? '조심해라, 에스텔, 너는 너무 예뻐!' '정신 차려, 네모랭, 너는 너무 아름답다!' 이 얼마나 얼빠진 말이냐? 서로의 마음을 황홀하게 하고, 기쁘게 하고, 넋을 잃게 하는 데 지나치다는 일이 있겠느냐 말이다. 너무 싱싱하다는 말이 있겠는가? 너무 행복하다는 말이 있겠는가? 너희들의 기쁨을 아끼라니, 무슨 말을 하는거지? 철학자들을 타도하라! 지혜란 향락을 뜻하는 것이야. 향락하라, 향락하라. 우리는 착한 사람이니까 행복한 건가, 아니면 행복하니까 착한 건가. 쌍씨의 다이아몬드는 아를레 드 쌍씨가 가지고 있었기 때문에 쌍씨라고 불리는지, 아니면 106(cent six는 쌍씨로 발음된다) 캐럿이라 쌍씨라고 불리는지 나는 모른다. 인생은 그런 문제로 가득 차 있다.

그러나 중요한 것은 쌍씨의 다이아몬드를 갖는 일이다. 행복을 갖는 일이야. 잔소리 말고 행복해지거라. 태양에게 맹종하자. 태양이란 뭐냐? 그것은 사랑이다. 사랑이란 여자를 두고 하는 말이다. 아니! 그것은 전능이다. 그것은 여자란 말이다. 이 마리우스라는 과격 민주정치파에게 물어보아라. 그도 이 꼬제뜨라는 조그마한 전제 군주의 노예가 아니냐고 말이다. 더욱이 기꺼이 노예가 되어 있거든, 이 비겁자는! 정말 여자가 아니고는 못하는 노릇이지! 로베스삐에르 같은 자도 오래 배겨날 리가 없어, 항상 여자가 군림하니까. 나는 아직 왕당파지만 지금은 여자의 왕권을 받드는 왕당일 따름이다. 아담은 무엇인가? 바로 이브의 왕국이다. 이브에게는 89년 같은 일은 일어나지 않는다.

백합꽃을 새긴 국왕의 홀도 있었고, 지구 모양을 새긴 황제의 홀도 있었고, 무쇠로 만든 샤를르마뉴 대제의 홀도 있었고, 황금으로 만든 루이 대왕의 홀도 있었지만, 혁명은 엄지손가락과 집게손가락으로 그것들을 몇 푼 되지 않는 지푸라기처럼 비틀어 버리고 말았다. 그것으로 끝장이 난 거다. 꺾이고 땅바닥에 내팽개쳐져서 이제는 홀의 그림자도 없다. 그러나 말이다, 향수 냄새를 풍기는 수놓은 이 조그마한 손수건을 상대로 혁명을 할 수 있다면 해보여 주기 바란다! 보고 싶군그래. 해보아라. 상대가 힘에 벅찬 건 어째선가? 헝겊이기 때문이다. 아! 자네들은 19세기란 말이지? 흥, 그러니까 어쨌단 말인가? 우리는 18세기의 인간이었다! 그리고 우리도 자네들과 마찬가지로 바보였어.

　그러나 자네들은 사흘 만에 죽어 버리는 괴상한 병을 콜레라 부르게 되고, 부레 춤을 카추샤 춤이라고 부르게 되었다고 해서 자신이 세상을 일변시켰다고 생각하면 안돼. 결국은 역시 여자를 사랑할 수밖에 없는 거야. 아무도 이 숙명에서 벗어날 순 없어. 그렇게 어떻게도 할 수 없는 여자란 것이 우리들의 천사란 말이다. 그렇다, 사랑, 여자, 키스, 이러한 세계에서 아무도 빠져 나갈 수 없는 거야. 아니, 나는 그 속에 뛰어들고 싶을 지경이야. 여러분 중에 누가 이런 것을 보신 분은 없으신지요? 이 세상 모든 것을 굴복시킨 비너스의 별이, 하늘의 위대한 바람둥이 여신이, 대양의 셀리멘느가 넘실대는 파도에도 눈 하나 깜짝않고 하늘 높이 아득히 날아가던 것을?

　대양, 그것은 근엄한 알세스뜨이다. 그러나 그가 아무리 못마땅한 얼굴을 하고 있다가도 비너스가 모습을 나타내면 어쩔 수 없이 벙글거리고 만다. 그 거칠고 난폭한 짐승도 굴복하고 마는 것이다. 우리들도 다 마찬가지야. 분노, 폭풍, 천둥, 천장까지 치솟는 파도. 그러나 한 여자가 무대에 등장하면, 별 하나가 하늘에 돋으면, 사나이는 그만 납작하게 엎드리고 마는 거야! 마리우스는 6개월 전에는 싸우고 있었다. 그런데 오늘은 결혼을 한다. 그러면 된 거야. 아무렴. 마리우스, 잘한 일이지. 꼬제뜨, 너희들은 옳은 일을 하고 있어. 서로를 위해서 마음껏 살아가거라. 마음껏 애무해라. 흉내낼 수 없을 정도로, 우리가 괘씸하게 여길 정도로, 열렬하게 사랑해라. 너희들의 부리로 지상에 있는 온갖 행복의 지푸라기들을 물어다가 그것으로 인생을 위한 보금자리를 만들어라. 참으로 사랑하고 사랑받는다는 것은 젊은 시절의 아름다운 기적이니까 말이다!

　그러나 그걸 너희들이 발명한 거라고 생각해선 안 된다. 나도 역시 꿈을 꾸었고, 생각도 했고, 사랑하기도 했다. 나 역시 달처럼 빛나는 영혼을 가진 적이 있었다. 연애는 6000살의 어린아이다. 사랑은 길고 하얀 수염을 길렀다 해도 상관없다. 므두셀라도 큐핏에 비하면 코흘리개에 지나지 않는다. 60세기 전부터 남자와 여자는 서로 사랑하면서 용케 어려움을 헤쳐 나왔다. 교활한 악마는 인간을 미워하기 시작했지만 사람은 그보다 더 교활하기 때문에 여자를 사랑하기 시작했지. 그래서 인간은 악마로부터 받은 재난보다 훨씬 큰 행복을 얻었다. 이 묘한 술책은 지상의 낙원이 시작될 때부터 생각되어 왔어.

　이것은 오래된 발명이지만 지금도 새롭다. 그것을 유익하게 쓰도록 해라. 필레몬과 보시스가 되기 전에 먼저 다프니스와 콜로에가 되어라(전자는 근대 오페라 속의 두 연인, 후자는 그리스 이야기 속의 두 연인). 둘이 함께 있기만 하면 아무런 부족함이 없을 것이다. 꼬제뜨는 마리우스의 태양이고, 마리우스는 꼬제뜨의 모든 세계인 거다. 그렇게 되도록 해라. 꼬제뜨, 태양이 빛나는 하늘은 네 남편의 미소인 줄 알아라. 마리우스, 비는 네 아내의 눈물인 줄 알아라. 그리고 너희들의 가정에는 절대로 비 같은 것은 오지 않도록 해라. 너희들은 연애 결혼이라는 좋은 제비를 뽑은 거다. 큰 상품을 차지했으니 소중하게 간직하고, 자물쇠를 단단히 채워 헛되이 하지 말며, 서로 깊이 사랑하고 그밖의 일은 상관하지 말아라. 내가 하는 말을 믿어라. 이것은 양식이다. 양식은 절대로 사람을 그르치지 않는다. 서로가 신앙의 목표가 되거라.

　신을 숭배하는 방법은 사람에 따라 저마다 다르다. 그러나 신을 숭배하는 가장 좋은 방법은 자기 아내를 사랑하는 것이다. 나는 너를 사랑한다! 이것이 나의 교리니까. 사랑하는 사람은 모두가 정통 신앙자이다. 앙리 4세가 곧잘 쓰던 욕설은, 취기와 성찬 사이에 신성이라는 것을 끼워넣는 식이지. 즉 '술주정꾼의 신성한 배[腹]'('이런 빌어먹을!' 또는 '쳇! 제기랄'과 의미는 같으나 어감은 더욱 강함)처럼!

　그러나 나는 그런 종파는 아니다. 이래서는 여자라는 걸 잊고 있는 게 된다. 이것이 앙리 4세의 욕설이라니 나로서는 뜻밖이다. 자, 여러분, 여성 만세! 나를 노인이라고들 하지만 그러나 이제부터 놀랄 만큼 나는 젊어질 것 같소. 오보에 소리를 들으러 숲에라도 가고 싶을 지경이오. 여기 있는 이 아이들이 아름답게, 그리고 충실하게 살아갈 길을 발견했다는 그 사실이 나를 취하게 하오. 원하는 분이 계시다면 나도 멋지게 결혼해 보이고 싶소. 죽도록 사랑하고, 달콤한 말을 주고받고, 멋을 부리고, 비둘기가 되고, 수탉이 되어 아침부터 밤까지 사랑을 쪼아 먹고, 귀여운 아내를 거울 삼아 자신의 모습을 비춰 보고 의기양양해서 뽐내고, 으스대겠소. 신이 우리들을 그 이외의 목적으로 만들어냈다고는 생각할 수 없소. 결국 이것이 인생의 목적인 것이오. 이것이 결국 그, 실례를 무릅쓰고 말씀드리면 우리들 노인이 젊었을 시절에 생각했던 바로 그것이란 말이요.

　에이, 제기랄! 그 시절엔 요염한 여자가, 사랑스러운 얼굴이, 새싹 같은 싱싱한 소녀가 무척 많았었지! 나는 그 속을 마구 헤치고 다녔어. 그러니까 너희들도 서로 사랑해라. 사람이 서로 사랑하지 않을 바에야 도대체 육체가 무슨 소용인지 난 모르겠거든. 그럴 바엔 차라리 하느님께 부탁드려서 하느님이 우리에게 보여주시는 아름다운 것을 죄다 치워 버리고 빼앗아 버려 꽃도, 새도, 예쁜 처녀들도 하느님의 상자 속에 도로 넣어 줬으면 싶을 정도야. 자, 애들아, 할아비의 축복을 받아 다오."

이 하룻밤의 향연은 떠들썩하고 쾌활하고 즐거웠다. 조부의 더없이 좋은 기분이 축하연 전체의 분위기를 압도하여, 누구나가 이 100세가 다 된 노인의 격의없는 태도에 동조했다. 사람들은 춤도 조금 추면서 많이 웃고 많이 얘기했다. 경사스러운 혼례였다. '자디스 영감'을 그곳에 초대해도 좋았음직했다. 아니, 자디스 영감은 질노르망 노인의 마음 속에 함께 살고 있었다.

이리하여 한바탕 잔치가 끝난 뒤에는 정적이 찾아왔다. 신혼부부는 자리를 떴다. 자정 조금 전에 질노르망 집안은 절간처럼 고요해졌다.

여기서 작자는 펜을 멈추리라. 결혼한 날 밤 문 앞에는 한 천사가 서서 입에 손가락을 대고 미소짓고 있다. 사랑의 의식이 벌어지는 그 더없이 성스러운 자리를 앞에 놓고 영혼은 묵상에 들어간다.

그런 집 위에는 광채가 머물고 있을 것이다. 그런 집이 간직하고 있는 기쁨은 틀림없이 빛이 되어 벽을 뚫고 새어 나가 희미하게 어둠을 비추고 있을 것이다. 그 신성하고도 운명적인 경사는 필연코 천국의 광명을 무궁 속에 보내고야 말 것이다. 사랑, 그것은 남녀의 융합이 이루어지는 숭고한 도가니다. 인간의 삼위일체—일체, 삼체, 극체(極體)—가 거기서 생겨난다. 두 영혼에 의한 한 영혼의 탄생은 어둠까지도 감동시킬 것이다. 사랑하는 남자는 사제이고, 환희하는 처녀는 오직 두려움에 떨 뿐이다. 그 기쁨의 얼마는 신에게까지 이른다. 참다운 결혼이 이루어지는 곳에는, 바꾸어 말해 사랑이 있는 곳엔 이상이 섞여 있는 것이다.

결혼의 잠자리는 암흑 속에 여명의 한 모서리를 만든다. 사람의 눈이 천상계의 무섭고도 매혹에 찬 형상들을 볼 수 있다면, 밤의 형상이, 날개 달린 미지의 것들이, 육안으로 볼 수 없는 세계를 지나가는 파란 것들이, 빛을 띤 집 주위에 어두운 머리를 맞대고 앉아 기뻐하고, 축복하고, 남의 아내가 된 처녀를 가리키고 놀라면서, 또 만족하여 축복하면서, 그들의 성스러운 얼굴에 인간의 최고 행복이 반영되고 있음을 볼 것이다. 만약 그 최상의 순간에 쾌락에 현혹된 신혼부부가 자기들뿐이라고 믿으면서도 귀를 기울였다면 남모르게 은밀히 파닥거리는 날갯짓 소리가 방안에 들렸을 것이다. 완전한 행복은 천사들도 초대하는 것이다. 그 어둡고 작은 침실은 하늘을 천장으로 삼고 있다. 두 개의 입술이 사랑으로 정화되어 창조를 위해 서로 접근할 때 그 말로 다할 수 없는 입맞춤 위에는 별들의 광대한 신비 속에 하나의 전율이 일어난다.

그러한 행복이야말로 참다운 행복이다. 그러한 기쁨 외에 참다운 기쁨이란 없다. 사랑, 거기에는 오직 하나뿐인 황홀이라는 기쁨이 있다. 그밖의 모든 것은 눈물이다.

사랑한다, 사랑했다. 그것이 전부이다, 더 이상 무엇을 바랄 것인가? 인생의 어두운 주름 속에서 찾아낼 수 있는 건 오직 사랑뿐이다. 사랑하는 것은 성취하는 것이다.

가방 속의 물건

장 발장은 어떻게 되었을까?

꼬제뜨의 다정한 명령에 따라 웃어 보이고 나자, 곧 아무도 그에게 주의하지 않는 틈을 타서 장 발장은 조용히 일어나 객실로 나왔다. 여덟 달 전, 진흙과 피와 먼지로 새까매진 그가 조부에게 그 손자를 업고 들어간 바로 그때의 그 방이었다. 그때 낡은 벽의 판자는 지금 나뭇잎과 꽃으로 꾸며져 있었다. 그때 마리우스를 뉘었던 긴의자에는 악사들이 앉아 있었다. 검은 윗도리에 짧은 바지를 입고 흰 양말과 흰 장갑을 낀 바스끄가 이제부터 차려 내갈 요리접시 둘레에 일일이 장미꽃을 곁들이고 있었다. 장 발장은 어깨에 걸어맨 팔을 그에게 보이고 도중에 자리를 뜨는 까닭을 전해 달라고 부탁한 뒤 밖으로 나갔다.

식당의 유리 창문은 거리 쪽으로 나 있었다. 장 발장은 환하게 비치는 창문 아래의 어둠 속에 오래도록 가만히 서 있었다. 그는 귀를 기울였다. 연회의 혼잡한 소음이 그가 있는 곳까지 새어나왔다. 질노르망 씨의 위엄있는 높은 말소리, 바이올린의 음조, 접시며 유리잔이 부딪치는 소리, 터져나오는 웃음소리 등이 들렸다. 그리고 그 흥겨운 소음 속에서 그의 귀는 꼬제뜨의 즐겁고 상냥한 목소리를 들을 수 있었다.
 장 발장은 피유 뒤 깔베르 거리를 떠나 옴므 아르메 거리로 돌아갔다.
 그는 돌아가는 길로 쌩 루이 거리와 뀔뛰르 쌩뜨 까뜨린느 거리, 그리고 블랑 망또 성당의 길을 택했다. 약간 돌아가는 길이었지만, 석 달 동안 비에 이유 뒤 땅쁠 거리의 혼잡과 진창길을 피해 옴므 아르메 거리에서 피유 뒤 깔베르 거리로 매일 꼬제뜨를 데리고 익히 걸어다녔던 길이었다. 꼬제뜨와 다닌 이 길을 두고 다른 길을 택한다는 것은 생각조차 할 수 없었다.
 장 발장은 집으로 돌아왔다. 촛불을 켜들고 계단을 올라갔다. 집은 텅 비어 있었다. 뚜쌩도 이미 없었다. 장 발장의 발소리는 여느 때보다 훨씬 높게 방방에 울렸다. 창문은 모두 활짝 열려 있었다. 그는 꼬제뜨의 방으로 들어갔다. 침대에는 시트도 없었다. 비단 베개는 베갯잇도 레이스 장식도 벗겨져서 짚요의 발치께에 개어놓은 담요 위에 놓여 있고, 짚으로 된 요도 벗겨져서 이제는 거기서 잘 사람도 없었다. 꼬제뜨는 소중히 간직했던 자질구레한 여자용 소지품을 모조리 가지고 갔다. 남아 있는 것이라곤 커다란 가구와 사면의 벽뿐이었다. 뚜쌩의 침대도 역시 벗겨진 채였다. 다만 한 침대만 정돈되어 누군가를 기다리고 있는 듯했다. 장 발장의 침대였다.
 장 발장은 벽을 둘러보고 열려 있는 벽장 문을 닫은 뒤 이 방에서 저 방으로 왔다갔다했다. 그런 다음 자기방으로 돌아와서 촛불을 테이블 위에 놓았다.
 그는 팔을 달아맨 띠를 풀고 별로 아프지도 않은 것처럼 오른손을 쓰고 있었다.
 그는 자기의 침대로 다가갔다. 그리고 우연이었을까? 아니면 보려고 해서였을까? 그의 눈길은 꼬제뜨가 늘 궁금해하던 그 물건, 절대로 그의 곁에서 떠난 일이 없는 그 작은 가방 위에 머물렀다. 6월 4일 옴므 아르메 거리에 도착했을 때 그는 그것을 베갯머리의 둥근 탁자 위에 놓아 두었다. 그는 화닥닥 재빠른 걸음걸이로 그 둥근 탁자 옆으로 가서 주머니에서 열쇠를 꺼내 가방을 열었다.
 장 발장은 그 속에서 10년 전 꼬제뜨가 몽페르메이유를 떠날 때 입었던 옷을 천천히 꺼냈다. 맨 먼저 조그맣고 까만 드레스, 그 다음에 까만 목도리, 그 다음에 발이 작은 꼬제뜨가 지금도 신을 수 있을 것 같은 튼튼하고 조잡한 어린이 구두, 그리고 매우 두터운 비로드로 만든 소매달린 짧은 윗옷, 그리고 메리야스로 된 속치마, 또 주머니가 달린 앞치마, 털실 양말 등등. 조그마한 정강이의 형태가 아직도 귀엽게 남아 있는 그 긴양말은 거의 장 발장의 손바닥 길이 정도밖에 되지 않았다. 모두가 검은 색 일색이었다. 꼬제뜨를 위해서 몽페르메이유까지 그 옷들을 가지고 갔던 것은 그였다. 그는 지금 그것들을 가방 속에서 끄집어내어 침대 위에 늘어놓았다.

장 발장은 생각하고 있었다. 회상하고 있었다. 그것은 겨울이었다. 몹시 추운 12월에 그녀는 누더기 옷을 걸치고 거의 헐벗은 몸으로 떨고 있었다. 가련하고 조그마한 발이 나막신 속에서 새빨개져 있었다. 장 발장은 누더기 옷을 벗기고 이 상복을 입혀 주었다. 그녀의 어머니는 딸이 자기를 위해 상복을 입는 것을 보고, 아니, 무엇보다도 따뜻한 옷을 입는 것을 보고 무덤 속에서 기뻐했을 것이다. 장 발장은 또 몽페르메이유의 숲을 생각했다. 둘이서 그 숲을 지났었다. 꼬제뜨와 둘이서. 그때의 날씨며, 낙엽진 나무들이며, 새들이 떠나버린 나무들, 햇빛이 비치지 않는 하늘을 그는 생각했다. 그래도 그때는 즐거웠다. 그런 생각을 하면서 장 발장은 조그만 옷가지들을 침대 위에 늘어놓았다. 목도리를 속치마 옆에, 긴 양말을 구두 옆에, 소매 달린 짧은 윗옷을 긴옷 옆에, 그리고 그것들을 하나씩 눈여겨 바라보았다. 그때의 그녀는 이것들과 똑같이 조그마했다. 커다란 인형을 팔에 안고 루이 금화를 이 앞치마 주머니에 넣고 웃고 있었다. 두 사람은 나란히 서서 손을 잡고 걸었다. 그녀에게는 이 세상에 그밖에 아무도 없었다.

그렇게 생각했을 때 그의 숭엄한 백발 머리가 맥없이 침대 위로 떨어지고, 그 불요불굴의 늙은 가슴은 날카롭게 찢어지고 얼굴은 꼬제뜨의 옷 속에 파묻히고 말았다. 만약 그때 계단을 지나가는 사람이 있었다면 무섭게 흐느껴 우는 소리를 들었으리라.

죽지 않는 마음

우리가 이미 수많은 국면을 보아 왔던 오랜 투쟁이 다시 시작되었다.

야곱이 천사와 싸운 것은 단 하룻밤뿐이었다. 그러나 아아! 우리는 몇 번이나 장 발장이 암흑 속에서 스스로 자기 양심과 맞붙어서 미친 듯이 싸우는 것을 보았던가!

실로 무어라 할 수 없는 괴로운 투쟁이었다! 때로는 발이 미끄러지고, 때

마리우스와 꼬제뜨가 혼인한 뒤 흐느껴 우는 장 발장

로는 땅이 꺼졌다. 몇 번이나 선(善)으로 나아가려는 그의 양심이 그를 조르고 그를 짓눌러 버렸던가! 한치의 양보도 없는 진리가 가차없이 그의 가슴 위에 덮친 적은 또 몇 번이었던가! 그가 광명 앞에 엎드려서 자비를 호소했던 것도 몇 번이었던가! 저 엄격한 빛, 신부의 손으로 그의 마음과 머리 위에 켜진 그 빛은 맹목이기를 원하는 그의 눈을 몇 번이나 가차없이 어지럽혔던가! 몇 번이나 그는 싸우다가 다시 일어나 바위에 매달리고 궤변을 방패로 삼아 먼지 속을 뒹굴며, 어떤 때는 양심을 발 아래 뒤집어 엎고 어떤 때는 양심에 발이 걸려 넘어졌던가! 몇 번이나 모호한 논리를 내세운 뒤, 이기심의 얼핏 그럴듯해 보이는 교활한 논법을 사용한 뒤, 분노한 양심이 귀 밑에서 "간사한 놈아! 비참한 놈아!" 하고 외치는 것을 들었던가! 몇 번이나 그의 마음은 분명한 의무 아래에서 반항하려고 경련하며 허덕였던가! 신에 대한 저항, 검은 땅, 수많은 비밀의 상처, 그 혼자만이 느끼는 많은 출혈. 그의 고통스러운 삶이 받은 수많은 상처, 몇 번이나 피투성이가 되고 상처입고 기진맥진하면서 빛을 받고, 마음에는 절망을 품고 영혼에 맑은 바람을 느끼며 다시 일어났던가! 패하면서도 그는 자신을 승자라고 느꼈다. 그리고 그의 양심은 그를 때려눕히고, 괴롭히고, 굴복시킨 뒤에 그의 머리 위에 벌떡 일어나 무시무시한 몰골로 빛을 발하면서 그에게 조용히 말하는 것이었다.

"자, 이제 평화로운 마음으로 걸으라!"

그런데 그토록 어두운 투쟁에서 빠져나온 뒤에 오는 이것은, 아아, 얼마나 슬픈 마음의 평화란 말인가!

그러나 오늘 밤, 장 발장은 자신이 마지막 싸움을 하고 있다는 것을 느꼈다. 하나의 비통한 문제가 그의 앞에 가로놓여 있었다.

숙명이 늘 곧기만 한 것은 아니다. 사람들 앞에 놓인 저마다의 숙명이 언제나 곧고 넓게 뻗어 있지는 않다. 거기에는 막바지도 있고, 막다른 골목도 있으며, 어두운 모퉁이도 있고, 여러 갈래로 갈라지는 불안한 십자로가 있다. 지금 장 발장은 가장 위태로운 그러한 기로에 부딪쳐서 걸음을 멈추고 있는 것이다.

그는 선악의 마지막 갈림길에 도달해 있었다. 그는 그 캄캄한 분기점을 눈앞에 보고 있었다. 몇 번의 괴로운 전환이 있을 때마다 그랬듯이 이번에도 그의 앞에 두 갈래의 길이 있었다. 하나는 그를 유혹했고, 또 하나는 그에게 두려움을 주었다. 어느 것을 택하여야 하나?

그를 두렵게 하는 길은, 인간이 어둠을 똑똑하게 확인하려 할 때마다 언뜻 보이는, 저 신비로운 집게손가락이 가리키고 있다.

장 발장은 이번에도 다시 무서운 항구와 미소짓는 함정 중 하나를 선택해야 했다. 영혼은 회복할 수 있지만 숙명은 되돌릴 수 없다는 것은 과연 진실일까? 불치의 숙명! 무서운 일이다.

지금 그의 앞에 나타난 문제는 다음과 같은 것이다.

장 발장은 꼬제뜨와 마리우스의 행복에 대해 앞으로 어떤 태도를 취할 것인가? 그 행복을 바란 것은 그였고, 만들어 준 것도 그였다. 그는 자기 가슴 속 깊이 차곡차곡 접어두었던 그 행복을 지금 다시 끄집어내어 들여다보았다. 자기 가슴에서 피를 뿜으며 뽑아낸 단도 위에서 자신의 이름을 읽어내는 대장장이처럼, 그도 일종의 만족감을 느낄 수 있었다.

지금 꼬제뜨에게는 마리우스가 있고, 마리우스에게는 꼬제뜨가 있다. 그들은 모든 것을, 재산까지 가지고 있다. 그리고 그것은 그의 작품이었던 것이다.

그 행복이 실현된 지금, 그 행복이 존재하는 지금, 장 발장은 장차 어찌할 작정인가. 그 행복을 나눠 가져도 좋을까? 그것을 자신의 것처럼 다뤄도 좋을까? 물론 꼬제뜨는 남의 사람이 되었다. 그래도 꼬제뜨에게서 되찾을 수 있는 만큼 다시 찾아와도 괜찮은 것인가? 막연하지만 존경받아 오던 아버지의 위치에 종전대로 머물러 있어도 좋을까? 아무렇지도 않게 꼬제뜨의 집에 눌러 앉아도 되는 것일까? 한 마디 말도 없이 자신의 과거를 꼬제뜨의 미래 속에 가지고 들어갈 수 있단 말인가? 그런 권리가 있는 양 그곳에 얼굴을 내밀고, 비밀을 지닌 채 저 밝은 가정에 머물러 앉으려는 것인가? 미소를 지으면서 그의 비참한 두 손으로 그들의 때묻지 않은 순결한 손을 잡아도 되는 것인가? 질노르망 씨 집 응접실의 평화로운 벽난로가에, 법률의 부끄러운 그림자를 끌고 다니는 자신의 발을 올려놓아도 좋은가? 꼬제뜨와 마리우스와 함께 행운의 몫을 나눠 가져도 좋은가? 자신의 이마 위 그림자와, 그들 이마 위 구름을 더욱 짙게 해도 좋은가? 그들 두 사람의 행복에, 제삼자인 그의 파국을 얹어 줘도 괜찮은가? 언제까지나 비밀을 감추고 있어도 되는가? 한 마디로 말해 저 행복한 두 사람 옆에서 운명의 불길한 묵시자로서 살아도 좋은가?

사람은 항상 숙명과 그 타격에 익숙하여, 어떤 종류의 의문이 무섭도록 적나라한 모습으로 나타났을 때, 눈을 들어 그것을 응시할 수 있지 않으면 안 된다. 선과 악은 그 준엄한 의문 뒤에 숨어 있다. 어쩔 작정이냐? 하고 스핑크스는 묻고 있다.

그러한 시련에 장 발장은 익숙했다. 그는 스핑크스를 똑바로 바라보았다. 그리고 그 잔인한 문제를 모든 면에서 고찰했다.

꼬제뜨, 저 사랑스러운 생명은 표류자에게는 하나의 뗏목이었다. 그런데 지금은 어찌하면 좋은가? 거기에 매달려야 하나? 아니면 손을 놓아야 하나? 만일 매달려 있는다면, 그는 파멸에서 빠져나와 태양으로 올라가서 옷과 머리카락에서 짠 물을 씻어 버리고, 구출되어 살아갈 수 있다. 그런데 손을 놓는다면? 그때는 심연이 있을 뿐이다.

이리하여 그는 자신의 생각과 괴로운 문답을 주고받았다. 아니 좀더 정확히 말하면 그는 싸우고 있었다. 마음 속에서 어떤 때는 욕망을 향하여, 또 어떤 때에는 신념을 향해 미친 듯이 달려들었다.

울 수 있었던 것은 장 발장에게는 다행한 일이었다. 아마도 그것이 그의 마음을 씻어 주었으리라. 그러나 처음 한동안은 처절했다. 폭풍이, 일찍이 그를 아라스로 몰아갔던 때보다도 훨씬 세찬 폭풍이 그의 마음에 휘몰아쳤다. 과거가 현재 앞에 다시 나타났다. 그는 그 둘을 비교하며 흐느껴 울었다. 눈물이 한 번 둑을 무너뜨리자 절망한 그는 몸부림쳤다.

장 발장은 길이 막혀 버렸음을 느꼈다.

아아, 저 이기심과 의무와의 끝없는 다툼 속에서 길을 잃고, 격분하고, 기를 쓰고 항복을 거부하며, 완강히 저항하면서, 달아날 길이 없다 하고 출구를 찾으면서, 한 걸음 한 걸음 도도한 이상 앞에서 물러날 때, 등 뒤를 가로막는 벽의 뿌리는 얼마나 처절한 저항을 할 것인가! 앞을 가로막는 신성한 그림자를 느끼는 마음! 눈에 보이지 않는 혹독한 존재, 그것은 얼마나 집요하게 따라다닐 것인가!

양심과의 대결은 언제까지고 끝나지 않는다. 체념하라, 브루투스여. 체념하라, 카토여. 양심은 신이고, 따라서 바닥이 없다. 사람은 그 우물 속에 일

그는 침대 위에 몸을 구부리고 거대한 운명 아래 엎드려서…….

생을 던져 넣고, 행복을 던져 넣고, 재산을 던져 넣고, 성공을 던져 넣고, 자유며 조국을 던져 넣고, 안락을 던져 넣고, 휴식을 던져 넣고, 기쁨을 던져 넣는다. 좀더! 더욱더! 집어넣어라! 단지를 비워라! 병을 비워라! 마침내는 자신의 마음까지도 던져 넣어야 한다. 그 옛날의 지옥의 안개 속 어딘가에 그런 큰 통이 있다.

그것을 거절하는 것이 사람에게는 허용되지 않는단 말인가? 끝없는 추구는 그럴 권리를 가지고 있을까? 한없는 쇠사슬은 사람의 힘을 넘지 못하는 것이 아닐까? 시지프스나 장 발장이 "이제 제발 그만!" 하는 것을 누가 탓할 수 있겠는가? 물질의 복종에는 마모 때문에 일정한 한도가 있는데 영혼의 복종에는 그런 한도가 없단 말인가? 영원한 운동은 불가능하다고 하는데 영원한 헌신을 요구해도 좋단 말인가?

첫걸음은 아무것도 아니다. 어려운 것은 마지막 한 걸음이다. 꼬제뜨의 결혼과 그것이 가져온 결과에 비하면 샹마띠외 사건이 대체 뭐란 말인가? 허무 속으로 들어가는 것에 비하면 감옥으로 돌아가는 것쯤이야 무엇이겠는가?

오, 내리막길의 첫계단이여, 그대는 어찌 이다지도 어둡단 말이냐! 오, 두 번째 계단이여, 그대는 어쩌면 그렇게 암흑이란 말인가! 여기까지 와서 어떻게 얼굴을 돌리지 않을 수 있단 말인가?

순교는 하나의 승화다. 침식에 의한 정화다. 사람을 신성케 하는 가책이다. 처음 한동안은 감수할 수가 있다. 벌겋게 단 무쇠 왕좌에도 앉을 수 있고, 벌겋게 단 무쇠 관도 쓸 수 있으며, 벌겋게 단 무쇠 공도 받을 수 있고, 벌겋게 단 무쇠 홀도 잡을 수 있다. 그러나 그 위에 다시 불꽃 망토를 입어야 한다. 그때 비참한 육체가 그 심한 형벌에 반항하고 항거하지 않을 수가 있을까?

드디어 장 발장은 기진맥진하여 평정 상태에 들어갔다. 그는 생각하고, 몽상하며, 빛과 어둠의 신비로운 저울이 올라갔다 내려왔다 하는 것을 지켜보았다. 저 눈부시게 빛나는 두 젊은이에게 자신의 형벌을 지워 줄 것인가, 아니면 자신의 구제할 길 없는 소멸을 자기 혼자로만 그칠 것인가. 한쪽 길은 꼬제뜨를 희생함이요, 다른 쪽 길은 자신을 희생함이다.

그는 어떤 해결을 마음 속에 품었을까? 어떤 결의를 했을까? 숙명의 엄숙한 심문에, 마음 속으로 정한 최후의 확답은 무엇이었을까? 어떤 문을 열려고 결심했을까? 생활의 어느 쪽 문을 닫고, 어느 쪽을 막아 버릴 결의를 했을까? 그를 에워싼 측량할 수 없는 낭떠러지 중에서 어느 것을 골랐는가? 어느 종극(終極)을 달게 받아들였는가? 그 심연 중 어느 것을 향하여 고개를 끄덕였을까?

장 발장의 혼미한 몽상은 밤새도록 계속되었다.

그는 날이 샐 때까지 똑같은 자세로, 침대 위에 몸을 구부리고 거대한 운명 아래 엎드려, 만신창이가 되어, 십자가에 매달려 있다가 땅 위로 내동댕이쳐진 사람처럼 주먹을 불끈쥐고, 두 팔을 열십자로 벌리고 있었다. 12시간, 긴긴 겨울 밤의 12시간 동안 얼어붙은 듯 머리도 들지 않고, 말 한 마디 하지 않았다. 상념이 어느 때에는 히드라처럼 땅바닥을 기어다니고, 어느 때는 독수리처럼 하늘을 날아다니는 동안, 몸은 줄곧 송장처럼 움직이지 않았다. 그 모습은 마치 죽은 사람 같았다. 마침내 그는 경련하듯 몸을 부르르 떨고, 그의 입은 꼬제뜨의 옷에 달라붙어 거기에 키스했다. 그것이 그가 아직 살아 있는 인간이라는 것을 보여주는 유일한 것이었다.

그것을 보고 있던 자는 누구인가? 누구였는가? 장 발장은 혼자뿐이었고, 그곳에는 아무도 없지 않았는가?

아니다. 암흑 속에 언제나 있는 '누군가'가 본 것이다.

제7편 고배의 마지막 한 모금

지옥의 제7옥과 천국의 제8천

결혼식 이튿날은 어쩐지 쓸쓸하다. 사람들은 행복한 두 사람의 평화를 가만히 지켜준다. 그리고 또한 그들의 늦잠에도 조금은 경의를 표한다. 방문과 축하 손님으로 붐비는 것은 좀더 뒤에야 시작된다. 2월 17일 정오를 조금 지났을 때, 바스끄가 걸레와 깃털비를 들고 '객실을 청소'하고 있자니까 문을 가볍게 두드리는 소리가 들렸다. 초인종은 울리지 않았지만 이런 날에는 그것은 좀 실례가 된다고 할 것이다. 바스끄가 문을 열고 보니 포슐르방 씨였다. 바스끄는 그를 응접실로 안내했다. 그곳은 아직도 뒤죽박죽 흐트러진 채로 전날 밤 향연의 흔적을 남기고 있었다.

"이것 참, 나리" 하고 바스끄는 말했다. "저희들이 일어나는 게 늦었습니다."

"주인께선 일어나셨을까?"

장 발장이 물었다.

"팔은 좀 어떠십니까?"

바스끄가 되물었다.

"좋아졌네. 주인께선 일어나셨나?"

"어느 주인 말씀입니까? 큰 나리입니까, 젊은 나리 말씀입니까?"

"뽕메르씨 말일세."

"남작님 말씀이군요?"

바스끄는 몸을 똑바로 하면서 말했다.

남작이란 특히 하인들에게는 존경스러운 것이다. 그들은 그것에서 무엇인가를 얻는 수가 있다. 다시 말해 그들은 철학자가 칭호의 찌꺼기라고나 부를 만한 것을 얻어 가지고 의기양양해한다. 말이 났으니 말이지만 공화주의자의 투사요 그것을 행동으로 증명해 보인 마리우스는, 지금은 본의는 아니지만 남작이 되어 있었다. 이 칭호로 하여 집안에 약간의 혁명이 일어났다. 그 칭호를 소중하게 여기는 것은 지금은 질노르망 씨이고, 마리우스는 이제 그것을 아무렇지도 않게 여기고 있었다. 뽕메르씨 대령이 '나의 아들은 내 칭호를 사용하라'고 유언으로 남겨 놓았기 때문에 마리우스는 그것에 따르고 있을 뿐이었다. 게다가 여자다운 본능이 싹트기 시작한 꼬제뜨는 남작 부인이 된 것을 무척 기뻐하고 있었다.

"남작님 말씀이군요." 하고 바스끄는 거듭 말했다. "보고 오겠습니다. 포슐르방 님께서 오셨다고 말씀드리지요."

"아니, 나라고 하진 말게. 누가 면담을 바라고 있다고만 말씀드리고 이름은 밝히지 말아 주게."

"예에?"

"놀라게 해주고 싶다네."

"아, 예에!" 하고 바스끄는 처음의 "예에?"를 자신에게 설명하는 것처럼 되풀이했다.

그리고 그는 나갔다. 장 발장은 혼자 남았다.

응접실은 아까도 말했듯이 몹시 어수선했다. 귀를 기울이면 혼례 때 걷잡을 수 없이 법석대던 소리가 아직도 들리는 것만 같았다. 방바닥에는 화환이며 화관에서 떨어진 온갖 꽃들이 흩어져 있었다. 밑동까지 타버린 초는 촛대의 투명유리에 촛농을 만들어 놓았다. 제자리에 놓여 있는 가구는 하나도 없었다. 방 구석구석에는 팔걸이의자가 서너 개씩 둥그렇게 모여 있어 아직도 이야기를 계속하고 있는 것 같았다. 온 방안이 웃고 있었다. 잔치가 끝난 뒤에도 그 어떤 풍취가 남아 있는 것이다. 그것은 참으로 행복한 일이었다. 흩어진 의자 위에서 시들어 가는 이 꽃들 사이에서, 꺼진 촛불 밑에서, 사람들은 환희를 그린 것이다. 이제 태양이 샹들리에의 뒤를 이어 응접실 안을 밝게 비추고 있었다.

몇 분이 지났다. 장 발장은 바스끄가 나갈 때 서 있던 그 자리에 가만히 서 있었다. 얼굴빛이 몹시 창백했다. 잠을 자지 못했기 때문에 눈이 움푹 꺼져서 거의 안공 속에 숨어버릴 정도로 들어가 있었다. 밤새도록 입고 있던 검은 옷은 구김이 가 있었고, 팔꿈치께는 시트에 문질렀을 때 일어난 털로 뿌옇게 되어 있었다. 장 발장은 발 밑의 마룻바닥에 햇빛이 떨어뜨리고 있는 창 그림자를 바라보고 있었다.
 문에서 소리가 났다. 그는 눈을 들었다. 마리우스가 들어왔다. 고개를 쳐들고, 입가에는 미소를 머금고, 얼굴에 형용할 길 없는 빛을 띠고, 이마는 환하게 빛나고, 눈은 자랑으로 가득했다. 그 또한 자지 못한 것 같았다.
 "아버님이셨군요!" 하고 그는 장 발장을 보고 소리쳤다. "바스끄란 놈, 어떤지 까닭이 있는 듯하더군요! 퍽 일찍 오셨군요. 아직 12시 반밖에 안 되었는데. 꼬제뜨는 아직 자고 있어요."
 마리우스가 포슐르방에게 '아버님'이라고 말한 것은 더없는 행복을 의미했다. 아는 바와 같이 이 두 사람 사이에는 언제나 냉랭함과 거북스러움의 벽이 있었고, 때려부수거나 녹여 버리지 않으면 안 될 얼음이 가로놓여 있었다. 그러나 지금 마리우스는 도취경에 빠져 그 벽을 허물고 그 얼음을 녹였고, 포슐르방 씨는 꼬제뜨에게와 마찬가지로 그에게도 아버지가 된 것이다. 마리우스는 말을 계속했다. 이러한 신성한 기쁨의 발작에 으레 있듯이 말이 넘쳐나오는 것이었다.
 "뵙게 되어 정말 기쁩니다! 어제 아버님이 안 계셔서 얼마나 섭섭했는지 모릅니다! 정말 잘 오셨어요. 아버님, 손은 좀 어떠십니까? 좋아졌겠지요?"
 그리고 좋아졌다고 만족스럽게 혼자 끄덕이면서 마리우스는 말을 이었다.
 "저희들은 아버님 이야기를 무척 많이 했습니다. 꼬제뜨는 아버님을 말할 수 없이 사랑합니다! 여기에 아버님의 방이 마련돼 있다는 걸 잊으시면 안 됩니다. 우리에겐 이제 옴므 아르메 거리는 필요 없습니다. 정말 필요 없습니다. 어떻게 그런 데로 이사를 하셨습니까. 비위생적이고 시끄럽고 지저분한 데다, 한 구석에 나무 울타리가 있고, 몸이 오싹해져서 들어갈 수 없는 거리 아닙니까? 이리 오셔서 함께 사시도록 하세요, 오늘 당장에. 그렇지 않으면 꼬제뜨가 화낼 겁니다. 꼬제뜨가 아버님과 저를 자기 마음대로 휘두를 작정이라는 걸 미리 말씀드려 둡니다. 아버님 방은 보셨겠지요? 저희들 방 바로 옆방인데 정원을 향하고 있지요. 자물쇠도 다 손봐 놨고 침대도 정돈해 놓았습니다. 모든 준비가 다 돼 있으니까 그저 오시기만 하면 됩니다. 꼬제뜨가 아버님 침대 옆에 유트레히트 산 비로드로 만든 커다랗고 오래된 팔걸이의자를 갖다놓고 그걸 바라보면서 말했답니다. '우리 아버지를 포옹

감싸 달라'고. 매년 봄이 되면 창문 맞은편의 아카시아 숲속에 꾀꼬리가 날아옵니다. 두 달 동안 있지요. 그 꾀꼬리 둥지가 방 왼쪽에 있어서 저희들에겐 보금자리가 오른쪽에 있는 셈이지요. 밤엔 꾀꼬리가 노래하고 낮엔 꼬제뜨가 지저귑니다. 그 방은 또 아주 양지바르지요. 꼬제뜨가 아버님의 책도 정리해 드릴 겁니다. 《쿡 선장의 여행기》며 《밴쿠버 여행기》 등 필요한 것은 뭐든 다 갖추어 놓을 겁니다. 소중히 다루시는 조그마한 여행 가방도 있으시죠? 그걸 놓아둘 적당한 자리를 마련해 놓았습니다. 아버님은 저희 조부님의 마음을 빼앗아 버리셨습니다. 서로 죽이 잘 맞으실 겁니다. 모두 함께 사세요. 트럼프를 아시는지요? 만일 할 줄 아신다면 조부께서 무척 좋아하실 겁니다. 제가 재판소에 나가는 날엔 꼬제뜨와 산책을 하십시오. 옛날 뤽상부르 공원에서 하셨듯이 그녀의 팔을 잡으시고. 우리는 행복하게 살아가자고 굳게 결심했답니다. 거기엔 아버님의 행복도 끼어야 합니다. 아시겠습니까? 아, 그렇군요. 오늘 저희들과 점심 식사 함께 하실 수 있겠지요?"

"사실은" 하고 장 발장은 말했다. "한 가지 해야 할 이야기가 있소. 난 전과자요."

무릇 소리의 예리함이란 청각과 마찬가지로 정신에서도 지각의 한도를 벗어나는 수가 있다. '나는 전과자요'라는 말이 포슐르방 씨의 입에서 나와서 분명히 마리우스의 귀에 들어왔지만 지각의 한도를 넘고 있었다. 마리우스는 그 의미를 이해하지 못했다. 무언가 자기에게 말한 것 같았지만, 그게 어떤 것인지는 알지 못했다. 그는 어리둥절해 있었다.

그때 마리우스는 상대방이 무서운 얼굴을 하고 있는 것을 깨달았다. 자신의 기쁨에 도취해 있었기 때문에 상대편 안색이 무섭도록 창백한 것을 알아차리지 못했던 것이다.

장 발장은 오른팔을 매고 있던 검은 띠를 벗기고, 손에 감았던 붕대를 풀어 엄지손가락을 마리우스에게 내보였다.

"손은 아무렇지도 않았소."

그는 말했다.

마리우스는 그 엄지손가락을 바라보았다.

"처음부터 아무렇지 않았소."

장 발장은 다시 말했다.

사실 상처는 아무데도 없었다. 장 발장은 말을 이었다.

"나는 그대들의 결혼식에 빠지고 싶었소. 어떻게든지 빠지려고 했소. 내가 손가락을 다쳤다고 한 것은 위증을 하지 않기 위해서, 결혼 계약서가 무효가 되지 않도록 하기 위해서, 서명하지 않아도 되게 하기 위해서였소."

마리우스는 떠듬거리면서 말했다.

"그건 무슨 의미입니까?"

"다시 말해" 장 발장은 대답했다. "나는 감옥에 들어갔던 일이 있는 사람이라는 말이오."

"그럴 리가!"

마리우스는 공포에 사로잡혀서 외쳤다.

"뽕메르씨 군," 하고 장 발장은 말했다. "나는 19년 동안 감옥살이를 했소. 절도죄였소. 그 뒤에는 무기 징역을 받았지, 절도죄로. 재범이었소. 현재는 탈주범의 몸이오."

마리우스는 현실 앞에서 뒷걸음치고, 사실을 부정하며, 명백한 증거에 항거하려 했지만 굴복하는 수밖에 없었다. 그는 사정을 깨닫기 시작하고, 이런 경우에 흔히 그러하듯이, 밝혀진 내용 이상의 것도 이해했다. 그는 마음속에 번쩍이는 가공할 번갯불에 전율을 느꼈다. 하나의 관념이 그를 떨게 하고 하나의 생각이 그의 머리를 스쳤다. 그는 미래 속에 어른거리는, 자신에게 주어진 끔찍한 운명을 보았다.

"모든 걸 말씀해 주십시오, 전부 다!" 하고 마리우스는 외쳤다. "당신은 꼬제뜨의 아버지입니다!"

그리고 말할 수 없는 공포에 사로잡혀 두어 걸음 뒤로 물러섰다.

장 발장은 천장까지 닿을 만큼 엄숙한 태도로 똑바로 몸을 폈다.

"그대는 지금부터 내 말을 믿어 주어야 하오. 나 같은 사람의 맹세는 법정에서 받아들여지지 않지만……."

여기서 장 발장은 잠깐 말을 끊었다가, 곧 숭고한 무덤과도 같은 위엄을 담고, 한 마디 한 마디 천천히 힘주어 발음하면서 계속했다.

"내 말을 믿어 주시오. 내가 꼬제뜨의 아버지라고! 하느님 앞에 맹세코 그렇지 않소. 뽕메르씨 남작, 나는 파브롤의 시골 사람이오. 나무의 가지치기를 하며 살아왔소. 나는 포슐르방이 아니라 장 발장이오. 꼬제뜨와는 아무

마리우스는 그 엄지손가락을 바라보았다.

런 연고도 없소. 안심하시오."

마리우스가 중얼거렸다.

"누가 그걸 증명합니까?"

"나요. 내가 그렇게 말하는 이상."

마리우스는 그를 조용히 쳐다보았다. 그는 침울했고 냉정했다. 이처럼 평정한 사람의 입에서 거짓말이 나올 리가 없었다. 얼음처럼 냉랭한 것은 진실한 것이다. 그 무덤과 같은 차가움 속에는 진실이 느껴졌다.

"당신의 말씀을 믿겠습니다."

마리우스는 말했다.

장 발장은 고개를 끄덕이고 다시 말을 이었다.

"나는 꼬제뜨와 아무 관계도 없소. 그저 지나가는 사람에 불과하오. 10년 전에는 그녀가 이 세상에 있다는 사실조차도 몰랐소. 그애를 사랑한다는 것만은 진실이오. 나이를 먹고 보면 어린 소녀를 귀여워하게 되지. 나이가 들면 어느 아이에게나 할아버지와 같은 마음이 드는 법이오. 나 같은 사람도 진정한 마음을 얼마쯤은 가지고 있다는 것을 알아 주실 줄 믿소. 그애는 고아였소. 아버지도 어머니도 없었소. 그래서 나 같은 사람이 필요했고, 그런 이유로 나는 그애를 사랑하기 시작했던 거요. 어린애란 연약하여서 어떤 사람이든, 심지어 나 같은 인간이라도 보호자가 될 수 있소. 나는 꼬제뜨에 대해 보호자로서의 의무를 다해 왔소. 이런 대수롭잖은 일을 선한 행위라고 할수는 없겠지만, 만약 그게 선한 행위라면 내가 그 일을 했다는 걸 생각해 주시오. 이러한 정상을 참작해 달라는 뜻이오. 지금 꼬제뜨는 내 슬하에서 떠났고 우리가 가는 길은 서로 달라졌소. 이제부터 나는 그애에 대해서 아무것도 아니오. 그애는 뽕메르씨 부인이고, 그애의 보호자는 바뀌었소. 그리고 꼬제뜨에게는 그것이 더 행복한 일이오. 모든 것은 잘 되었소. 60만 프랑의 돈에 대해서는 당신은 아무 말도 하지 않고 있지만, 내가 먼저 말한다면 그것은 위탁받은 돈이오. 그 위탁금이 어떻게 내 수중에 있었는가? 그건 아무런들 어떻소? 나는 위탁금을 돌려줄 뿐이오. 그 이상 내게 요구할 것은 없을 거요. 나는 내 본명을 밝힘으로써 원래의 나로 돌아갔소. 그것은 나 개인에 관한 문제요. 내가 어떤 사람인지 그대가 알아주기를 바라는 거요."

그렇게 말하고 장 발장은 마리우스를 똑바로 바라보았다.

마리우스가 느끼고 있는 것은 다만 혼란된, 걷잡을 수 없는 감정뿐이었다. 불어젖히는 어떤 운명의 바람은 인간의 영혼 속에 그처럼 물결을 일으킨다.

사람은 누구나 자신의 내부에서 모든 것이 흩어져 버리는 난처한 순간을 경험한다. 그때 사람은 당치도 않은 말을 함부로 지껄이게 된다. 세상에는 뜻밖의 일이 갑자기 일어나는 수도 있어, 사람은 그것을 견디지 못하고 독한 술을 마신 것처럼 비틀거리는 수가 있다. 마리우스는 자기에게 부딪쳐 온 새로운 상황에 몹시 놀라서 마치 상대가 그런 고백을 한 것을 원망이라도 하는 것처럼 말했다.

"그러나" 하고 그는 외쳤다. "어른께선 어째서 그런 말씀을 내게 하시는 겁니까? 누가 그렇게 하라고 강요했습니까? 혼자서 비밀을 지킬 수도 있지 않습니까. 어른께선 고발을 당한 것도, 수사를 받는 것도, 추적을 당한 것도 아니지 않습니까? 자진해서 일부러 그런 비밀을 털어놓는 데에는 어떤 이유가 있을 겁니다. 말씀하십시오, 그 이유를. 어째서 그걸 고백하시는 겁니까? 어떤 동기에서?"

"어떤 동기에서?" 하고 되물은 장 발장의 목소리는 마리우스에게보다는 자신에게 묻는 것 같았다. 그는 나직한 목소리로 말했다.

"하긴 그래. 어떤 동기로 이 죄수가 '나는 죄수요' 하고 말하러 왔는가, 그거로군. 그렇소! 좀 색다른 동기요. 정직한 마음에서요. 불행하게도 내 마음 속에는 나를 붙들어매고 있는 밧줄이 한 가닥 있소.

나이가 들수록 그 밧줄은 점점 더 질겨지오. 주위의 생활이 전부 허물어져 가는 데도 그 밧줄만은 저항하고 있소. 만약 내가 그 줄을 뽑아내거나 끊어 버리거나, 매듭을 풀거나 자르거나 하고서 멀리 가버릴 수 있었다면 나는 구제되었을 거요. 떠나기만 하면 되었을 거요. 불르와 거리엔 역마차도 있소. 그렇게 되면 그대들은 행복하고 나는 떠나는 거요. 나는 그 줄을 끊으려 했고 뽑아내려 했지만, 줄은 끊어지지 않고 내 마음까지 함께 뽑혀나갈 지경이 되었소.

그때 나는 생각했소. '나는 이곳 외에서는 살 수 없다. 나는 이곳에 머물러 있어야 한다.' 그렇소, 그러나 그대가 말한 것도 옳소. 나는 어리석은 사람이오. 왜 이대로 모르는 척하고 있어선 안 되는가? 그대는 방 하나를 나에게 제공해 주었고 뽕메르씨 부인은 나를 사랑해서 팔걸이의자에게까지 '아버지를 꼭 끌어안아 다오' 했으며, 그대의 조부님은 내가 와 있는 것을 만족해하시고 내가 마음에 든 것 같으니, 모두 함께 살며, 같이 식사도 하고, 꼬제뜨를…… 아니 뽕메르씨 부인이오, 실례했소, 그만 입버릇이 되어서…… 나는 뽕메르씨 부인의 손을 잡아주고, 모두 한지붕 밑에서 한 테이블을 에워싸고, 겨울엔 벽난로가에 둘러앉아 같은 불을 쬐며, 여름에 모두 함께 산책을 하고. 그것은 즐거운 일이오. 그것은 행복이오. 그 이상 무엇이 있겠소. 우리는 한식구로 함께 생활하는거요, 가족처럼!"

이 말을 했을 때 장 발장은 광포해졌다. 그는 팔짱을 끼고 마치 구멍이라도 파려는 듯 뚫어지게 발밑을 노려보았고, 목소리는 갑자기 격렬해졌다.

"한가족처럼! 아니오. 나는 가정을 가지고 있지 않소. 나는 그대의 집안식구가 아니오. 나는 세상 어느 집안의 식구도 못 되오. 사람들이 집이라고 부르는 그 어디서도 나는 환영받지 못하오. 세상에는 많은 가정이 있지만, 내가 들어갈 가정은 없소. 나는 불행한 사람이오. 사회에서 버림받은 사람이오. 나에게 부모가 있었는지조차 의심스러울 정도요.

내가 그 아이를 결혼시킨 날, 모든 것은 끝났소. 그녀가 행복해진 것을 보고, 사랑하는 사람과 함께 있고, 훌륭한 노인이 계시고, 두 천사의 가정이 태어나서 이 댁에 기쁨이 넘치고, 만사가 잘되어 가는 것을 보고, 나는 자신에게 말했소. 너는 저 속에 들어가지 말라고. 하기야 나는 거짓말을 하고 그대들을 모두 속이고 포슐르방 씨로 그냥 지낼 수도 있었소. 그것이 그녀를 위한 것이었을 동안은 거짓말을 할 수도 있었소. 그러나 이번은 나 자신을 위한 것일 테니 거짓말을 할 수가 없소. 하긴 내가 잠자코 있기만 하면 모든 것은 전과 다를 바 없겠지.

누가 나에게 고백할 것을 강요했느냐고 그대는 물었소. 하찮은 것이지만 그건 내 양심이오. 사실 잠자코 있는 건 정말 쉬운 일이었소. 나는 스스로를 설득하려고 밤새껏 애썼소. 당신은 모든 것을 고백하라고 했소. 내가 그대한테 이야기한 것은 정말 이상한 일이어서, 그대가 그렇게 말하는 것도 무리가 아니오. 나는 밤새껏 이것저것 구실을 만들어 보았소. 그럴 듯한 교묘한 구실을 생각해 내고 할 수 있는 데까지 다했소.

그러나 도저히 내 힘으로 어쩌지 못하는 것이 두 가지 있었소. 내 마음을 여기에 붙들어매고 있는 줄을 끊는 것과, 홀로 있을 때 소곤소곤 말을 걸어오는 것을 잠재우는 일이오. 내가 오늘 아침 그대한테 모든 것을 고백하러 온 것도 그 때문이오. 모든 것을, 거의 전부를 말요. 나 혼자에게만 관계되는 것, 말할 필요가 없는 것은 내 가슴 속에 접어 두겠소. 중요한 것은 이미 그대가 아는 바 대로요. 이제 나는 내 비밀의 밑바닥까지 그대한테 내주었소. 그리고 내 비밀을 그대의 눈앞에서 파헤쳐 보였소.

이것은 쉬운 결심이 아니었소. 밤새껏 나는 몸부림쳤소. 설마 하고 생각할지도 모르지만 나는 이런 생각까지 했소. 이것은 샹마띠외의 사건과는 다르다, 내 이름을 감춘다고 해서 누구에게 누를 끼칠 것도 아니다. 포슐르방이라는 이름은 내가 어떤 일을 해준 데 대한 감사의 표시로 포슐르방 자신이 내게 준 거요. 그것을 내 이름으로 쓰면 어떠냐, 게다가 그대가 제공해 준 그 방에 들어가면 나는 행복해질 수 있다, 누구에게도 방해 될 것 없다, 그저 한 구석에 틀어박혀 있으면 된다, 그리고 그대가 꼬제뜨와 있는 동안 나는 그녀와 한 집에 있다는 생각을 하자고 말이오. 그것으로 제각기 자신에게 어울리는 행복을 누리는 셈이지. 포슐르방 씨로 지내기만 하면, 그것으로 만사가 잘되는 거요. 물론 내 영혼을 제외한다면. 내 주위에는 기쁨이 넘치지만 내 영혼의 밑바닥은 역시 암흑 속에 있을 것이오.

사람은 행복만으로는 충분하지 않소. 만족스러워야 하오. 이대로라면 나는 포슐르방 씨로 있으면서 자신의 진짜 얼굴을 감추고 그대의 기쁨 앞에서 나는 비밀을 갖고, 그대의 환한 빛 속에서 캄캄한 암흑을 품게 되오. 그리고 아무런 경고도 없이 정직한 체하면서 그대의 가정에 감옥을 끌어들이고, 만약 그대에게 정체가 알려지면 쫓겨나리라는 생각을 늘 하면서 그대의 식탁에 마주 앉고, 알려지게 되면 틀림없이 '아유, 무서워라!' 할 하인들의 시중을 받는 거요.

그대가 응당 싫어할 팔꿈치를 그대에게 맞대고, 그대의 악수를 속임수로 가로채는 거요! 그대의 집에서는 존경스러운 백발과 욕된 백발 사이에 존경을 나누어 갖게 되오. 더할 나위 없이 정다운 대화를 나눌 때, 모두가 서로의 흉금을 터놓고 있는 줄 알 때, 조부님과 그대 내외와 나, 넷이 같이 있을 때, 그곳에 한 낯선 사람이 있는 거요! 나는 그대들의 생활 속에 뛰어들어 자신의 무서운 우물의 뚜껑을 절대로 열지 않으려는 데에만 신경을 쓰겠지.

그래서 이미 죽어 있는 내가 살아 있는 그대들에게 짐이 될 것이오. 그 집은 영원히 벗을 수 없소. 그대와 꼬제뜨와 나, 세 사람 모두 녹색 죄수모를 쓰게 되오! 소름끼치지 않소? 나는 지금 세상에서 가장 짓밟힌 사람이오만, 그렇게 되면 가장 무서운 사람이 될 것 아니오? 그리고 그 죄를 날마다 저지르게 될 거요. 거짓말을 매일 해야 하니까요! 밤의 가면을 매일 얼굴에 쓰고 있는 게 되오! 나의 굴욕을 매일 그대들에게 나누어 주는 게 되오! 매일 그것도 내가 사랑하는 그대들에게, 나의 아이들인 그대들에게, 결백한 그대들에게 말이오!

잠자코 있는 게 아무것도 아닌 일일까. 침묵을 지키는 게 간단한 일이겠소? 아니오, 간단하지 않소. 침묵이 거짓말이 되는 수도 있소. 그리고 나의 거짓말을, 허위를, 비열함을, 비겁함을, 배신을, 죄를, 나는 한 방울 한 방울 마시고 토해냈다가, 다시 삼키고, 한밤중에 끝냈다가는 한낮에 다시 시작할 것이고, 또 나의 아침 인사도 거짓말이 되고, 밤 인사도 거짓말이 되어, 나는 그 거짓말 위에서 자고 그 거짓말을 빵에 발라먹고, 그리고 꼬제뜨와 얼굴을 맞대고, 천사의 미소에 지옥에 떨어진 자의 미소로 대답하는, 가증스러운 사기꾼이 되는 거요! 어떻게 그런 짓을 할 수 있겠소? 행복해지려면 어떻게 해야 할까? 아, 이런 내가 행복해지려면! 도대체 나에게 행복해질 권리 같은 것이 있겠소? 나는 인생에서 소외된 사람이오."

장 발장은 말을 끊었다. 마리우스는 귀를 기울이고 있었다. 이토록 일관된 사상과 고뇌의 목소리를 막을 수는 없었다. 장 발장은 다시 목소리를 낮추어 말하기 시작했지만 그것은 이미 희미하고 무딘 목소리가 아니라 처참한 목소리였다.

"왜 고백을 하느냐고 그대는 물었소. 고발을 당한 것도, 수색을 당하는 것도, 추적을 당하고 있는 것도 아닌데 하고 말이오. 아니오! 나는 고발되어 있소! 그렇고말고! 수사도 받고 있소! 추적도 당하고 있소! 누구에게? 바로 나한테서요. 나의 도망가는 길을 가로막는 것은 바로 나 자신이오. 나는 스스로를 끌어내고, 스스로를 경찰에 끌고 가고, 스스로를 체포하고, 스스로를 처형하는 거요. 더욱이 자기가 자신을 붙잡을 때는 용케도 잘 잡히는 법이오."

그리고 장 발장은 자신의 윗도리를 꽉 움켜쥐고 그것을 마리우스 쪽으로 잡아당기면서 "이 주먹을 보시오" 하고 그는 말을 이었다.

"목덜미를 움켜쥐고 놓지 않으려는 것 같지 않소? 어떻소! 그런데 이런 주먹이 또 하나 있소. 그것이 양심이오! 행복해지기를 원하는 사람은 결코 의무라는 것에 깊이 빠져서는 안 되오. 왜냐하면 일단 의무에 깊이 빠져들면 의무는 집요하게 사람을 공격하기 때문이오. 마치 의무에 깊이 들어간 것을 벌하는 것처럼 말이오. 그러나 사실은 그렇지 않소. 의무는 그것을 깊이 깨달은 사람에게 보답을 하오. 왜냐하면 의무는 사람을 지옥으로 떨어뜨리지만, 사람은 거기서 자기 옆에 신이 있음을 느끼기 때문이오. 사람은 자신의 창자를 찢는 동시에 자기 자신과 화해할 수가 있는 것이오."

그리고 비통한 어조로 덧붙였다.

"뽕메르씨 씨, 이렇게 말하면 상식에 어긋나는 것 같지만 나는 정직한 사람이오. 나는 그대에게 멸시당함으로써 스스로를 높이는 것이오. 이런 일은 전에도 한 번 있었지만, 이번처럼 괴롭지는 않았소, 그건 아무것도 아니었소. 그렇소, 나는 정직한 사람이오. 그러나 만일 내가 잘못한 탓으로 그대가 나를 계속 존중한다면 나는 정직하다고 할 수 없을 거요. 그런데 지금 그대는 나를 경멸하고 있으니까 나는 정직하다고 할 수 있소. 나는 남의 존경을 훔치지 않고는 존경을 얻을 수 없소. 그러나 그런 경의는 오히려 나를 부끄럽게 하고, 마음을 괴롭히오. 그리고 스스로를 존경하기 위해서는 남에게 경멸당할 필요가 있소. 이것이 내가 짊어지고 있는 숙명이오. 이래야만 비로소 나는 똑바로 설 수가 있소.

나는 자신의 양심에 복종하는 죄수요. 이런 사람은 다시 또 없으리라는 것을 잘 알고 있소. 그러나 어떻게 하겠소? 이것이 사실인걸. 나는 나 자신에게 약속했소. 그리고 그것을 지키고 있소. 사람은 자신을 속박하는 것에 부딪치기도 하고 우연히 의무 속에 끌려 들어가는 경우도 있소. 그렇소, 뽕메르씨, 내 일생에는 여러 가지 일들이 있었소."

장 발장은 다시 입을 다물고 자기가 한 말의 뒷맛이 씁쓸하기라도 한 듯 괴롭게 침을 삼킨 뒤 다시 말을 이었다.

"이런 혐오스러운 것을 짊어지고 있는 인간이 그것을 다른 사람들에게 남몰래 나누어 줄 수는 없소. 자신의 괴질을 남에게 전염시킬 권리는 없소. 알지 못하는 사이에 남을 자신의 파멸로 끌어들일 권리는 없소. 자신의 피문은 외투를 남에게까지 입힐 권리는 없소. 자신의 비참으로 엉큼하게 남의 행복을 방해할 권리는 없소. 건강한 사람들에게 접근해서, 눈에 보이지 않는 자기 이름을 슬그머니 문질러 댄다는 건 끔찍한 일이오.
 포슐르방이 나에게 자기 이름을 빌려주었지만 나는 그것을 이용할 권리가 없소. 그가 나에게 이름을 준 것은 좋지만, 나는 그것을 가질 수가 없소. 하나의 이름은 하나의 자아요, 아시겠지요? 나는 시골 사람이지만 조금은 생각도 하고 책도 좀 읽었소. 그리고 사리분별도 할 줄 아오. 이렇게 자기의 생각도 표현하오. 나는 스스로 자기 교육을 한 것이오. 그렇소, 남의 이름을 훔쳐다가 그 아래 숨는 것은 정직하지 못한 짓이오. 단순히 알파벳이라는 글자에 불과하다면 지갑이나 시계처럼 속여서 뺏을 수 있소.
 그러나 순전히 가짜 이름이 되고, 살아 있는 가짜 열쇠가 되어 자물쇠를 비틀어 열고, 정직한 사람들의 집에 들어가며, 결코 똑바로 보지 못하고, 언제나 곁눈질만 하고 자신의 마음속에 오욕을 품어서는 안 되오! 안 되오! 절대로 안 되오. 그러느니보다는 차라리 괴로워하고, 피를 흘리고, 손톱으로 살 가죽을 뜯어내고, 밤마다 고뇌에 몸부림치며, 몸도 마음도 여위어 버리는 편이 낫소. 그렇기 때문에 나는 그대에게 모든 것을 고백하러 온 거요. 그대 말대로 자진해서 말이오."
 장 발장은 괴로운 듯이 숨을 쉬고, 그리고 마지막 말을 토했다.
 "살기 위해서 옛날에 나는 빵 한 조각을 훔쳤소. 그러나 오늘은 살기 위해서 당신에게 그 이름을 훔치고 싶지 않소."
 "살기 위해서" 하고 마리우스는 말을 가로막고 말했다. "어른께서 살기 위해서 이름이 필요한 건 아니겠죠."
 "아아! 그 말은 나도 알겠소." 하고 장 발장은 대여섯 번 계속 천천히 머리를 끄덕이면서 대답했다.
 침묵이 흘렀다. 둘 다 입을 다물고 각자 깊은 상념에 잠겼다. 마리우스는 테이블 옆에 앉아서 구부러진 한 손가락 위에 입술을 누르고 있었다. 장 발장은 응접실을 거닐고 있었다. 그는 거울 앞에서 걸음을 멈추더니 한동안 움직이지 않았다. 이윽고 거울 속에 비친 자신의 모습은 보지 않고 거울만을 지켜보면서, 마치 마음속 추리에 대답이라도 하는 듯 말했다.
 "그러나 이제 나는 마음을 쉴 수 있게 되었소!"
 그는 다시 걷기 시작하여 응접실 저편 끝까지 갔다. 그리고 뒤로 돌아서다 마리우스가 자신의 걸음걸이를 눈여겨보고 있다는 것을 깨달았다. 그러자 그는 뭐라 표현하기 어려운 어조로 마리우스에게 말했다.

"나는 다리를 약간 저오. 그 까닭은 이미 아시겠지."

그러고 나서 그는 마리우스 쪽으로 똑바로 마주섰다.

"그런데 이런 일을 상상해 보시오. 내가 아무 말도 하지 않고 여전히 포슐르방 씨로 있으면서 이 집에 들어와서 한 식구가 되고, 마련된 내 방에 들어가서 아침이면 편안히 식사하러 나오고, 저녁에는 셋이서 나란히 연극 구경을 가고, 뽕메르씨 부인을 따라 뛸르리 궁전이나 르와얄 광장에 나가고, 모두 함께 생활하면서 똑같은 인간으로 대접받고 있다 합시다. 그런데 어느 날 내가 그대들과 함께 이야기도 하고 웃고 있을 때 갑자기 장 발장! 하고 내 이름을 크게 부르는 소리가 나고, 저 무시무시한 경찰의 손이 그늘에서 튀어나와 내 가면을 잡아벗긴다면!"

장 발장은 또 말을 끊었다. 마리우스는 부르르 떨며 일어섰다. 장 발장은 말을 이었다.

"그렇게 되면 어떻게 하시겠소?"

마리우스는 침묵으로 대답했다.

장 발장은 계속했다.

"결국 내가 비밀을 감추어 두지 않은 것이 옳은 일이라는 걸 잘 아셨소? 자, 부디 행복하게 천국에서 천사를 지키는 천사가 되어, 햇빛 속에 만족하며 사시오. 그리고 한 가련한 지옥의 사람이 자신의 가슴을 열고 의무를 다하기 위해 어떤 수단을 취하든, 염려하지 말아 주시오. 지금 그대 앞에 있는 자는 가련한 한 인간이오."

마리우스는 천천히 응접실을 가로질러 장 발장의 곁으로 오더니 손을 내밀었다. 그러나 상대가 손을 내밀지 않았으므로 마리우스가 그의 손을 잡아야 했다. 장 발장은 하는 대로 내버려 두었다. 마리우스는 대리석 손을 쥔 것처럼 느껴졌다.

"내 조부에겐 많은 친구분이 계십니다" 하고 마리우스는 말했다. "어른께서 사면을 받으실 수 있도록 노력해보겠습니다."

"소용없는 일이오" 하고 장 발장은 대답했다. "나는 죽은 걸로 돼 있소. 그것으로 족하오. 죽은 사람까지 감시하지는 않으니까. 조용히 썩어 가는 걸로 되어 있소. 죽음은 사면과 같은 것이오."

그리고 마리우스에게 잡힌 손을 빼면서 일종의 범접할 수 없는 위엄을 갖추어 덧붙였다.

"게다가 의무를 다한다는 것은 의지할 수 있는 친구를 얻는 것과 같은 것이오. 또한 내게는 단 한 가지 사면밖에 필요하지 않소. 그것은 내 양심의 사면이오."

그때 응접실 저쪽 문이 살그머니 열리더니, 그 틈으로 꼬제뜨의 머리가 보였다. 이쪽에서는 그 상냥한 얼굴밖에 보이지 않았다. 머리는 아름답게 풀어헤쳐지고, 눈꺼풀은 아직도 졸린 듯이 봉긋했다. 꼬제뜨는 새둥지에서 머리를 내미는 작은 새 같은 몸짓으로 먼저 남편을 바라보고 나서 장 발장을 본 뒤, 웃으면서 그들에게 소리쳤다. 마치 장미꽃 속에 있는 미소를 보는 것 같았다.

"틀림없이 정치 이야기겠죠! 정말 너무해요. 나를 따돌려 놓고!"

장 발장의 몸이 꿈틀했다.

"꼬제뜨!"

마리우스는 중얼거렸다.

그리고 그는 말이 막혔다. 두 사람은 흡사 죄인 같았다.

꼬제뜨는 명랑한 표정으로 두 사람을 번갈아 바라보고 있었다. 그녀의 눈 속에는 낙원에서 쏟아져 나오는 빛이 반짝이고 있었다.

"두 분은 현장을 들켰는걸요." 하고 꼬제뜨는 말했다. "난 문 너머로 포슐르방 아버님이, '양심이니 의무니' 하고 말씀하시는 걸 들었어요. 그건 정치 이야기겠죠. 난 싫어요. 바로 결혼 이튿날부터 정치 이야기 따위를 하시다니, 안돼요."

"그렇지 않아, 꼬제뜨." 하고 마리우스는 대답했다. "우린 지금 의논을 하는 중이야, 당신의 60만 프랑을 어디에 맡기는 것이 가장 좋을까 하고······."

"그런 게 아니에요." 하고 꼬제뜨는 말을 가로막았다. "나 그리로 들어갈 테에요. 들어가도 괜찮죠?"

그리고 선뜻 문을 지나 객실로 들어왔다. 그녀는 목에서부터 발등까지 닿는, 소매가 넓고 마구 구겨진, 헐렁한 흰 화장옷을 입고 있었다. 낡은 고딕 그림에는 천사가 입는 것 같은 매혹적인 긴 드레스가 황금빛 하늘에 그려져

그때 응접실 저쪽 문이 조금 열리고 그 틈으로 꼬제뜨의 머리가 보였다.

있다.
 그녀는 커다란 거울에 자신의 모습을 머리에서 발끝까지 비추어 보고 나서 말할 수 없는 기쁨에 넘쳐 외쳤다.
 "옛날에 한 임금님과 여왕님이 있었다는 옛이야기 같군요. 아아! 난 얼마나 기쁜지 모르겠어요!"
 그렇게 말하고 그녀는 마리우스와 장 발장에게 살짝 무릎을 굽혀 인사를 했다.
 "자" 하고 그녀는 말했다. "나도 바로 옆 팔걸이의자에 앉겠어요. 이제 30분 후면 점심이에요. 무엇이든 좋아하는 이야기를 하세요. 남자분들은 이야기를 하셔야 한다는 걸 잘 알고 있어요. 전 얌전하게 앉아 있을게요."
 마리우스는 그녀의 팔을 잡고 정답게 말했다.
 "우리는 의논할 게 있어."
 "아, 참!" 하고 꼬제뜨가 대답했다. "아까 창문을 열어보니 뜰에 삐에로들이 많이 와 있더군요. 가장행렬 이야기가 아니라 새 말예요. 오늘은 재〔灰〕의 수요일이죠. 하지만 새들에겐 그런 날이 없나 보죠?"
 "우리는 할 이야기가 있으니까. 자, 꼬제뜨. 잠깐만 둘이 있게 해줘. 숫자에 관한 이야기야. 틀림없이 당신은 지루할 거야."
 "오늘 아침 당신 넥타이 참 멋있는데요, 마리우스. 정말 멋있어요. 괜찮아요. 전 숫자도 지루하지 않아요."
 "지루할 게 뻔해."
 "아뇨. 당신 이야긴걸요. 잘 모를지도 모르지만 귀담아 듣겠어요. 사랑하는 사람의 목소리를 들을 때는 그 뜻은 몰라도 괜찮아요. 그저 여기 함께 있고 싶을 뿐이에요. 여기 있어도 괜찮죠? 당신 옆에 말예요, 네?"
 "사랑하는 꼬제뜨! 그렇지만 안 돼."
 "안 된다고요?"
 "응."
 "좋아요" 하고 꼬제뜨는 말했다. "할 이야기가 많았는데. 할아버지께선 아직도 주무시고, 이모님은 미사에 가셨고, 꼴레뜨는 포슐르방 아버지의 방 벽난로에서 연기가 나서 굴뚝 청소부를 부르러 갔고, 뚜쌩하고 니꼴레뜨는 벌써 말다툼을 했어요. 니꼴레뜨가 뚜쌩이 말을 더듬는다고 놀렸거든요. 하지만 당신한테는 아무것도 얘기해 드리지 않을 테니까요. 어쩌면! 안 된다고요? 그럼 나도 '안 돼요' 하고 쏘아 드릴 테니까요. 누가 항복하게 될까요? 그러니까 부탁이에요, 마리우스. 나도 같이 있게 해주세요."

"정말 꼭 둘만 있어야 할 필요가 있어."

"그래요? 나는 남이란 말인가요?"

장 발장은 한 마디도 하지 않고 있었다. 꼬제뜨는 그를 돌아보았다.

"그럼 아버지, 제게 키스해 주세요. 내 편이 되어 주시지 않고 아무 말씀도 않으시니, 도대체 어떻게 된 거예요? 그런 아버지가 어딨어요? 보시다시피, 나는 집에서 매우 불행하답니다. 남편이 구박하는걸요. 자, 얼른 제게 키스해 주세요."

장 발장은 다가갔다. 꼬제뜨는 마리우스를 돌아보았다.

"당신 미워요."

그리고 나서 그녀는 장 발장에게 이마를 내밀었다. 장 발장은 한 발 다가갔다. 꼬제뜨는 뒤로 물러섰다.

"아버지, 안색이 나쁘시군요. 손이 아프신가요?"

"손은 다 나았다."

장 발장이 말했다.

"잘 주무시질 못하셨나요?"

"아니."

"슬픈 일이 있으신가요?"

"아니."

"그럼 키스해 주세요. 아무 탈도 없고 잠도 잘 주무셨고, 만족하시다면 전 아무 잔소리도 하지 않겠어요."

그리고 그녀는 다시 이마를 내밀었다. 장 발장은 천국이 비치고 있는 그 이마에 키스했다.

"웃어 주세요."

장 발장은 그렇게 했다. 그러나 그것은 유령의 미소 같았다.

"자, 제 편이 되어 주세요."

"꼬제뜨!"

마리우스는 말했다.

"야단쳐 주세요, 아버지. 내가 없으면 안 된다고 해주세요. 내가 있더라도 이야기는 할 수 있잖아요. 나를 무척 바보라고 생각하시는군요. 의논이니, 돈을 은행에 맡긴다느니, 그것 참 굉장한 이야기군요. 남자들은 하찮은 것을 비밀로 하는가봐요. 난 비켜 드리지 않겠어요. 나 오늘 아침 무척 예쁘지요. 나 좀 봐주세요, 마리우스."

그리고 어깨를 귀엽게 으쓱하고 약간 삐친 듯한, 더없이 사랑스런 표정으로 그녀는 마리우스를 바라보았다. 그들 사이에 번갯불이 지나갔다. 누가 있다는 것쯤은 조금도 문제되지 않았다.

"사랑해!"

마리우스가 말했다.

"당신이 제일 좋아요!"

꼬제뜨가 말했다.

그리고 그들은 도저히 참을 수가 없어서 꼭 껴안았다.

"이제," 꼬제뜨는 화장옷의 주름을 고치면서 의기양양하게 입을 내밀고 말했다. "전 여기에 있을 테에요."

"그건 안돼."

마리우스는 애원하는 듯한 어조로 말했다. "우린 이제부터 결론을 내려야 해."

"또 안돼요?"

마리우스는 엄숙한 목소리로 말했다.

"정말이야, 꼬제뜨. 안 된다니까."

"어머나, 화난 목소리로군요. 좋아요, 갈게요. 아버지, 아버지도 역성들어 주시지 않았죠. 남편도 아버지도 두 분 다 폭군이에요. 할아버지께 그렇게 말씀 드리겠어요. 내가 금방 돌아와서 아양이라도 떨 줄 생각하신다면 착각이에요. 저도 자존심이 있으니까요. 이번에는 내가 버틸 거예요. 이제 알 거예요, 내가 없으면 지루해지는 건 두 분이라는 걸. 어쨌든 가버릴 테에요."

그렇게 말하고 그녀는 나갔다.

그러나 잠시 후 문이 다시 열렸다. 그녀는 홍조 띤 얼굴로 다시 문 틈으로 들여다보며 발랄하게 두 사람에게 외쳤다.

"정말 화났어요."

장 발장은 천국이 비치고 있는 그 이마에 키스했다.

문은 다시 닫히고 어둠이 다시 방안에 가득했다. 그녀가 나타난 것은 마치, 햇빛이 길을 잃고 저도 모르게 느닷없이 밤 속을 가로지른 것 같았다. 마리우스는 문이 잘 닫혀 있는지 확인했다.

"가엾은 꼬제뜨!" 하고 그는 중얼거렸다. "이제 머지않아 알게 된다면……."

이 말에 장 발장은 온 몸을 부르르 떨었다. 그는 혼미한 눈으로 마리우스를 응시했다.

"꼬제뜨! 아아, 그렇군. 그대는 꼬제뜨에게 그 이야기를 할 작정이군. 당연하지, 나는 미처 그것을 생각지 못했소. 어떤 일에 대해서는 굳센 자라도 다른 일에는 무력한 경우가 있소. 제발 부탁이오. 이렇게 빌겠소. 맹세해 주오. 저 아이한테는 말하지 말아 주오. 그대가, 그대 혼자만 알고 있는 것으로 족하지 않소? 나는 남에게 강요받지 않고 자진해서 그 사실을 말했소. 온 세상 모든 사람에게 이야기할 수 있소. 그런 것은 상관 없소. 그러나 저 애는 사정을 알지 못하오. 알면 몹시 놀랄 거요. 죄수라니, 그게 무슨 말인가도 설명해 줘야 할 거요. 감옥살이하던 사람이라고 얘기해 줘야 할 거요. 저 애는 쇠사슬에 묶인 죄수들이 지나가는 것을 본 일이 있소. 아아!"

그는 팔걸이의자에 쓰러져 두 손으로 얼굴을 가렸다. 소리는 들리지 않았으나 어깨가 떨리는 것으로 보아 울고 있다는 것을 알 수 있었다. 소리 없는 눈물, 무서운 눈물이었다.

흐느낄 때는 숨이 막힐 때가 있다. 경련에 사로잡힌 그는 숨을 쉬기 위해서인지 의자 등받이에 몸을 젖히고 양팔을 축 늘어뜨린 채 눈물에 젖은 얼굴을 마리우스에게 드러내 보였다. 그리고 마리우스는 끝없이 깊은 곳에서 울리는 낮은 목소리로 그가 중얼거리는 것을 들었다.

"아아! 죽어 버렸으면!"

"안심하십시오" 하고 마리우스는 말했다. "어른의 비밀은 저 혼자만의 가슴 속에 넣어두겠습니다."

마리우스는 아마 독자 여러분이 상상하는 만큼의 감동은 느끼지 않았으나 한 시간 전부터의 뜻하지 않았던 무서운 일에 익숙해졌고, 눈앞의 포슐르방 씨의 모습에 한 죄수의 모습이 겹쳐지는 것을 느끼며 차츰 그 비통한 현실에 사로잡혀, 그런 경우의 자연스러운 과정에서 상대와 자신 사이에 생긴 간격

그는 팔걸이의자에 쓰러져 두 손으로 얼굴을 가렸다.

을 인정하지 않을 수 없어 이렇게 말을 이었다.
 "어른께서 그토록 성실하고 정직하게 돌려 주신 위탁금에 대해 한 마디 말씀을 안 드릴 수 없습니다. 그것은 성실한 행위입니다. 어른께서는 당연히 그 보상을 받아야 합니다. 자신께서 금액을 정하십시오. 그만큼 지불해 드리겠습니다. 아무 염려 마시고 얼마든지 금액을 말씀하십시오."
 "고맙소."
 장 발장은 조용하게 대답했다.
 그는 한동안 생각에 잠겨 집게손가락으로 엄지손가락의 손톱을 기계적으로 문지르다가 이윽고 입을 열었다.
 "이제 모든 일이 거의 끝난 것 같소. 마지막으로 한 가지만 더……."
 "뭡니까?"
 장 발장은 마지막 말을 꺼내기를 망설이는 양 목소리도 숨소리도 거의 내지 않고 말을 한다기보다 차라리 중얼거렸다.
 "모든 비밀을 안 지금 남편인 그대로서는 내가 다시는 꼬제뜨를 만나선 안 된다고 생각하겠지요?"
 "그편이 좋다고 생각합니다."
 마리우스는 싸늘하게 대답했다.
 "그렇다면 다시 만나지 않기로 하리다."
 장 발장은 중얼거렸다.
 그리고 그는 문 쪽으로 다가갔다. 손잡이에 손이 닿고, 문고리가 벗겨지고 문이 조금 열렸다. 장 발장은 나갈 수 있을 만큼 문을 열고, 잠시 움직이지 않고 서 있다가 문을 다시 닫고 마리우스 쪽을 보았다.
 그의 얼굴은 이제 창백한 정도가 아니라 납빛이었다. 눈에는 이미 눈물도 사라지고 비통한 불꽃 같은 것이 타오르고 있었다. 목소리는 이상하리만큼 침착해져 있었다.
 "그러나 말이오," 하고 장 발장은 말했다. "만약 허락해 준다면 그녀를 만나러 오고 싶소. 진심으로 그렇게 해주기를 바라오. 꼬제뜨를 만나지 않아도 좋았다면, 그런 고백을 그대에게 하지도 않고 어디로든 가버렸을 거요. 그러나 꼬제뜨가 있는 곳에 머물러 있으면서 계속 만나고 싶었기 때문에 정직하게 그대한테 털어놓아야 했던 거요.

무슨 뜻인지 아시겠소? 누구라도 알 수 있을거요. 그렇소, 나는 9년 이상 그녀와 함께 있었소. 처음에 우리는 큰 거리의 오두막집에서 살았고, 그 다음엔 수도원에서 살았고, 또 그 다음엔 뤽상부르 공원 가까이에서 살았소. 거기서 그대는 처음 그녀를 만났던 거요. 그녀의 푸른 비로드 모자를 기억하오?
 우리는 그뒤 앵발리드 구역의 철문과 뜰이 있는 집으로 옮겼소. 쁠뤼메 거리요. 나는 조그만 뒤뜰의 별채에 살면서 그녀의 피아노 소리를 들었소. 그것이 내 생명이었소. 우리는 한 번도 떨어진 적이 없었소. 그것은 9년 몇 개월이나 계속되었소. 나는 아버지와 같았고 그녀는 내 딸 같았소. 그대에게 이런 심정이 이해되겠소?
 뽕메르씨 씨, 이제 이곳을 떠나 다시는 그녀를 만나지도 못하고 이야기도 할 수 없으며 모든 것을 잃어버린다는 건 참으로 고통스러운 일이오. 당신에게 그다지 나쁘지만 않다면 나는 이따금 꼬제뜨를 만나러 오고 싶소. 귀찮도록 찾아오지는 않겠소. 오래 있지도 않겠소. 아래층 조그만 방에서 만나도록 해주면 족하오.
 하인들이 출입하는 뒷문으로 드나들어도 좋소만, 그렇게 되면 남들이 보고 놀라겠지요. 그러니까 역시 정문으로 들어오는 게 좋겠소. 제발 부탁이오. 앞으로 얼마 동안만 꼬제뜨를 만나고 싶소. 아주 이따금이라도 좋소. 내 처지가 되어 봐 주오. 나에게는 이제 아무것도 없소. 게다가 물론 조심도 해야겠지요. 내가 전혀 오지 않게 되면 도리어 남들이 이상하게 생각할 것 아니겠소. 우선은 나로서는 저녁때, 해 저물녘에 찾아오는 것이 좋을 것 같소."
 "매일 저녁 오셔도 좋습니다" 하고 마리우스는 말했다. "꼬제뜨가 기다릴 겁니다."
 "정말 고맙소." 하고 장 발장은 말했다.
 마리우스는 장 발장에게 인사했고, 행복은 절망을 문까지 배웅했으며, 그리고 두 사람은 헤어졌다.

고백 속에 숨겨진 어두운 그림자
 마리우스는 마음이 어지러웠다.

꼬제뜨의 곁에 있던 익히 보아온 그 남자에게 자신이 늘 어떤 거리감을 느꼈던 까닭을 이제야 이해할 수 있었다. 그 인물에게는 어쩐지 수수께끼 같은 데가 있다는 것을, 본능이 그에게 가르쳐 주었던 것이다. 그 수수께끼란 수치 가운데서도 가장 증오할 수치, 감옥이었고, 포슐르방 씨는 죄수 장 발장이었던 것이다.

행복의 한복판에 느닷없이 그런 비밀을 안다는 것은 비둘기 둥지 속에서 전갈을 발견하는 것과 흡사하다. 마리우스와 꼬제뜨의 행복은 앞으로 그런 사람과 함께 하도록 운명지워졌단 말인가? 그것은 이미 움직일 수 없는 기정사실인가? 그 사람을 받아들이는 것이 결혼의 성립 조건이었던가? 이제는 어쩔 도리가 없는 것인가? 결혼으로 말미암아 마리우스는 죄수까지도 짊어져야 하나!

설사 광명과 환희의 관을 쓰고, 인생의 황금기를 즐기고, 행복한 사랑을 맛본다 하더라도, 황홀경에 잠긴 대천사나 영광에 둘러싸인 반신인(半神人)이라 할지라도 이런 타격에는 전율을 느끼지 않을 수 없을 것이다.

그러한 사태의 변화에 으레 그렇듯 마리우스는 자신에게 비난할 만한 점은 없는가 하고 스스로에게 물어보았다. 통찰력이 없었던 것일까? 생각이 모자랐던 것은 아닐까? 자기도 모르게 경솔한 짓을 저지른 것일까? 그런 점이 다소 있을지도 모른다. 꼬제뜨와의 결혼으로 끝맺은 그 연애 사건이 시작될 때 주위를 둘러볼 만한 신중함이 모자랐던 것은 아닐까? 인생에서 인간이 차츰 개선되어가는 것은 이러한 인간의 연속적인 자기 검증 때문이다. 마리우스는 자신의 성격 속에 공상적이고 몽상가다운 일면이 있음을 인정했다. 그것은 많은 사람들이 가지고 있는, 마음 속의 구름같은 것으로, 그 구름은 정열이나 고통이 막바지에 달하면 부풀어오르고 영혼의 온도 변화에 따라 변화하며, 그 사람 전체를 침범하여 그 본심을 안개로 덮어 버린다.

이미 여러 번 지적했듯이, 마리우스의 개성에는 그러한 독특한 요소가 있었다. 그러고 보니 그 쁠뤼메 거리에서 황홀한 사랑에 취해 있던 6, 7주 동안 저 고르보 집에서의 수수께끼 같은 사건에 대해, 피해자가 싸우는 동안 이상하리만큼 잠자코 있다가 나중에 도망가 버린 그 사건에 대해서 꼬제뜨에게 이야기조차 하지 않았다는 것이 생각났다. 그 사건을 전혀 꼬제뜨에게 말하지 않았다니 웬일인가! 그것도 최근의 그토록 무서운 사건이었는데!

그녀에게 떼나르디에라는 이름을, 더구나 에쁘닌느를 만난 일조차 얘기하지 않았음은 웬일일까? 이제 돌이켜 생각하니 당시 자신의 침묵은 스스로도 이해할 수 없을 정도였다.

그러나 이유를 갖다붙일 수는 있었다. 생각컨대 당시의 자신이 멍청했으며, 꼬제뜨에게 정신없이 반해서 완전히 사랑의 포로가 되어 서로 상대를 이상의 저편으로 끌어 올렸었다. 또한 영혼의 상태가 그토록 격렬하고 매혹에 충만해 있으면서도 약간의 이성이 숨쉬고 있어, 그 막연하고 은밀한 본능이 접촉을 경계한 탓에 어떠한 역할도 맡고 싶어하지 않고 줄곧 피하기만 한 그 무서운 사건, 이야깃거리로 삼거나 증인이 되거나 하면 자신이 고소인이 되어 버릴 게 뻔한 그 사건에 대해서 다만 자기의 기억 속에 넣어두고 없었던 일로 생각하려고 한 것이었다. 게다가 그 몇 주일 동안은 번갯불 같았다. 그저 서로 사랑하는 것 말고는 아무것도 할 겨를이 없었다. 그리고 모든 것을 숙고하고, 모든 이면을 파헤치고 조사해서 고르보 집의 매복 사건을 꼬제뜨에게 이야기하고 떼나르디에 집안의 이름을 그녀에게 말했다 한들, 설사 장 발장이 죄수라는 것을 알았다 해도 그것으로 마리우스의 마음이 변했을까? 꼬제뜨의 마음이 변했을까? 그렇다고 해서 물러났을까? 그녀에 대한 사랑이 식었을까? 그녀와 결혼하지 않았을까? 천만에. 그것 때문에 뭔가 지금과 달라진 것이 있었을까? 그럴 리가 없다. 그렇다면 후회하고 자책할 필요가 없지 않은가? 모든 것이 잘 된 것이다. 연인이라고 불리는 취한에게는 하나의 신이 있다. 눈이 멀어 버렸으면서도 마리우스는 눈이 밝을 때 택했을 것과 똑같은 길을 택했다. 사랑은 그의 눈을 가렸다. 그를 어디로 데려가기 위해서였을까? 낙원으로 인도하기 위해서였다.

그러나 그 낙원은 이제부터 지옥을 동반하게 되었다.

그 사람에게, 장 발장이 된 그 포슐르방에게 마리우스가 전부터 느껴 왔던 꺼림칙한 마음에는 이제 혐오가 섞이게 되었다. 그러나 그 혐오에는 어떤 연민의 정이, 그 어떤 뜻밖의 놀라움이 포함되어 있었다.

그 도둑은, 그 재범자는 위탁금을 고스란히 돌려 주었다. 그것도 60만 프랑이라는 엄청난 돈을. 그만이 위탁금에 얽힌 비밀을 알고 있었다. 그는 그것을 고스란히 자기가 차지해 버릴 수도 있었다. 그런데도 그는 그것을 몽땅 돌려준 것이다.

더욱이 그는 스스로 자신의 정체를 밝혔다. 누구에게 강요당한 것도 아니었다. 그의 정체를 밝힌 것은 그 스스로였다. 그 고백은 굴욕을 감수하는 것 이상의 위험을 무릅쓴 것이었다. 죄수에게 가면은 단순한 가면이 아니라 하나의 은신처다. 그는 그 은신처를 버린 것이다. 거짓이름은 신분을 보호하는 수단이다. 그는 거짓이름을 팽개쳐 버렸다. 죄수라 할지라도 견실한 가정 속에 영원히 은신할 수도 있었다. 그러나 그는 그 유혹에 저항했다. 그것도 어떤 동기에서였을까? 양심의 불안에 의해서다. 그것을 그는 진실이 깃든 엄숙한 어조로 설명했다. 요컨대 장 발장이 어떤 인간이든 그는 양심을 자각하고 있음에 틀림없다. 거기에는 그 어떤 신비한 재생이 싹트고 있었다. 그리고 모든 점으로 보아, 이미 오랫동안 양심에 의해 지배되어 온 것이다. 그와 같은 정의와 선의 태동은 비천한 성격을 가진 자한테는 있을 수 없는 일이다. 양심의 각성, 그것은 영혼의 위대함을 나타낸다.

장 발장은 성실했다. 그 성실은 눈에도 보였고 손으로 만질 수도 있었다. 부정할 수 없는 것이며, 그것으로 인해 그가 받은 고통으로도 분명히 알 수 있는 것이어서 사실의 진위를 가릴 필요조차 없이 그 사람이 말하는 모든 것에 권위를 부여하고 있었다. 이런 점이 마리우스의 마음을 기묘하게 바꿔놓았다. 포슐르방의 입에서 나오는 것은 모두 불성실이며 장 발장의 입에서 나오는 것은 모두 모두 성실이었다.

마리우스는 깊이 생각하다가 장 발장에 관한 이상한 대차대조표를 만들어 더하거나 빼야 할 점을 계산한 뒤 평균점을 얻고자 하였다. 그러나 모든 것은 폭풍 속에 있는 것 같았다. 마리우스는 그 사나이에 관해서 뚜렷한 관념을 얻으려고 애쓰면서, 말하자면 장 발장을 깊은 사념 속에 추구하려 했으나 그의 모습은 어쩔 수 없는 안개 속에서 곧잘 사라지곤 했다.

위탁금을 정직하게 돌려준 것, 성실하게 고백한 것, 모두가 좋은 일이었다. 그것은 구름 사이로 엿보이는 푸른 하늘 같았다. 그러나 다음 순간 구름이 다시 시커멓게 덮어 버리는 것이었다. 마리우스의 기억은 몹시 혼란했지만 거기에서 어떤 그림자가 되살아왔다.

종드레뜨의 고미다락방에서의 그 사건은 과연 무엇이었던가? 경관이 왔을 때 어째서 그 사람은 호소하지 않고 달아났던가? 이 점에 관해서는 마리우스도 대답을 얻어낼 수 있었다. 즉 그 사람은 탈옥한 전과자였던 것이다.

의문은 아직 있었다. 그 사람은 어째서 바리케이드에 왔을까? 마리우스가 그런 의문을 떠올린 것은, 그때의 기억이 현재의 감동 속에서, 마치 불에 쬐면 글씨가 나타나는 잉크처럼 재현되는 것이 역력히 보였기 때문이다. 그 사람은 바리케이드에 왔었다. 그러나 싸우지는 않았다. 그렇다면 대체 무엇을 하러 왔었는가? 이 의문 앞에 한 그림자가 나타나서 거기에 대답했다. 자베르였다. 이제야 마리우스는, 장 발장이 묶여 있는 자베르를 바리케이드 밖으로 끌고가는 처참한 광경을 떠올렸다. 몽데뚜르 골목 모퉁이 뒤에서 들렸던 무시무시한 총 소리가 지금도 귀에 쟁쟁했다.

틀림없이 그 밀정과 죄수는 서로 증오했을 것이다. 아마 서로가 방해자였으리라. 장 발장은 복수하기 위해 바리케이드에 갔던 것이다. 그의 도착은 너무 늦어 있었다. 아마도 자베르가 그들의 포로가 된 것을 알았을 것이다. 코르시카의 벤데따(코르시카 족별 간에 벌어지는 처열한 복수)는 어떤 하층 사회에 침투해서 법률 같은 힘을 갖고 있다. 그것은 참으로 간단하게 행해지기 때문에 착하게 지내려던 사람들조차도 그것을 당연하게 여겼다. 그들은 도둑질은 삼가지만 복수는 전혀 주저하지 않는다. 장 발장은 자베르를 죽인 것이다. 적어도 그 점만은 확실하다고 생각되었다.

마지막에 또 하나의 의문이 있었다. 그러나 이 의문에는 답을 얻지 못했다. 마리우스에게는 그 의문이 자신을 꼼짝달싹 못하게 하는 집게처럼 느껴졌다. 즉 장 발장이 그토록 오래 꼬제뜨와 함께 생활해 온 것은 어째서일까? 어린 소녀와 그 남자를 만나게 한 하늘은 무슨 의도로 그리도 처절한 운명의 장난을 쳤단 말인가? 천상에도 이중의 쇠사슬이 있어 천사와 악마를 한데 매어두고 신은 기뻐하는 것일까? 비참하고 신비로운 감옥에서 죄악과 순결이 한방에 있을 수도 있을까? 인간의 숙명이라고 불리는 그런 죄수들의 행렬 속에서 두 개의 이마, 순진한 이마와 사나운 이마, 새벽의 숭엄한 서광에 젖어 있는 이마와 끊임없는 번개 불빛에 영원히 창백한 이마가 만나는 일도 있을까? 이 설명할 수 없는 부조화를 도대체 누가 정했단 말인가? 어떻게 해서 어떤 기적으로 그 천국의 소녀와 저 지옥의 노인 사이에 공동 생활이 이루어졌을까? 누가 새끼양을 이리에게 붙들어 매었으며, 더욱 이해하기 어려운 것은 어떻게 이리가 새끼양에게 애착을 느낄 수 있었는가 하는 것이다.

왜냐하면 이리는 새끼 양을 사랑했고, 흉포한 자가 연약한 자를 사랑했으며, 9년 동안 천사가 괴물을 의지하고 살아 왔으니까. 꼬제뜨의 어린 시절과 청춘, 세상으로의 등장, 생명과 광명을 향한 처녀의 성장, 그것들은 저 기괴한 헌신에 의해서 보호받아 왔던 것이다. 여기에서 의문은 말하자면 수없는 수수께끼로 갈라지고 심연 아래 다시 심연이 열려서 마리우스는 현기증을 느끼지 않고는 장 발장의 속을 들여다볼 수 없었다.

저 심연 같은 남자는 도대체 누구란 말인가?

창세기의 오래된 비유는 불멸이다. 현재와 같은 인간 사회에는 머지않아 좀더 위대한 빛으로 변화되지 않는 한 늘 두 종류의 인간, 높은 곳에 있는 인간과 낮은 곳에 있는 인간이 존재한다. 하나는 선을 따르는 자, 즉 아벨이요, 다른 하나는 악을 좇는 자, 즉 카인이다. 그러면 저 착한 카인은 어떤 사람인가? 한 처녀를 경건한 마음으로 숭배하고, 감시하고, 키우고, 지키고, 위하고, 자신은 욕된 몸이면서도 순결로써 그녀를 감싼 그 도둑은 도대체 어떤 사람인가? 순결한 자를 숭배하며 거기에 한 점의 오점도 용납하지 않았던 그 시궁창 같은 자는 도대체 어떤 사람인가? 꼬제뜨를 교육한 이 장 발장은 원래 어떤 사람이었는가? 하나의 별을 떠오르게 하기 위해 온갖 그림자와 온갖 구름으로부터 지키는 것만을 일념으로 마음을 쓴, 저 암흑의 남자는 원래 어떤 사람이었나?

거기에 장 발장의 비밀이 있었다. 거기에 신의 비밀이 있었다.

그 이중의 비밀 앞에서 마리우스는 뒷걸음질쳤다. 그 비밀의 하나는 어떤 의미에서 다른 하나에 대한 그의 불안을 가라앉혀 주었다. 이 사건 속에는 장 발장과 함께 신의 모습도 보였다. 신에게는 신의 도구가 있다. 신은 마음에 드는 도구를 사용한다. 신은 자기가 만들어낸 인간에 대해 책임지지 않는다. 신의 행위를 인간이 알 수 있겠는가? 장 발장은 꼬제뜨에게 정성을 들였다. 그는 그녀의 영혼을 어느 정도 만들어낸 것이다. 그것은 부인할 수 없는 사실이다. 그런데, 그 일을 한 사람은 무서운 남자였다. 그러나 그의 작품은 훌륭했다. 신은 마음내키는 대로 기적을 낳는다. 신은 저 아름다운 꼬제뜨를 만들고, 그 도구로써 장 발장을 사용했다. 이 이상한 협력자를 택하는 것이 신의 마음에 들었던 것이다. 그 까닭을 신에게 물을 수 있을까? 퇴비가 봄을 도와서 장미꽃을 피게 하는 것이 그토록 신기한 일일까?

마리우스는 그렇게 결론을 내리고 스스로 만족했다. 지금 지적한 모든 점에 대해서 그는 억지로 장 발장을 추궁하려 들지 않았다. 또 감히 추궁할 용기가 없는 자신을 깨닫지도 못했다. 그는 꼬제뜨를 깊이 사랑하고 있었고, 꼬제뜨를 차지하고 있었으며, 꼬제뜨는 눈부시도록 순결했다. 그것만으로 그는 만족했다. 그 이상 어떤 해명이 필요하겠는가? 꼬제뜨는 빛이었다. 광채를 더욱 더 밝게 할 필요가 뭐 있겠는가? 그는 모든 것을 가지고 있었다. 그 이상 무엇을 바라겠는가? 모든 것이면 충분하지 않은가? 장 발장의 일신상의 문제는 그와는 아무 상관도 없었다. 마리우스는 그 남자의 숙명의 그림자를 들여다보면서, 그 비참한 남자의 엄숙한 선언에 매달려 있었다.

"나는 꼬제뜨와는 아무것도 아니오. 10년 전에는 그녀가 세상에 존재한다는 사실조차 몰랐소."

장 발장은 그저 지나가던 사람에 불과했다. 스스로 그렇게 말하지 않았던가? 그렇다면 그냥 지나가 버리면 되는 거다. 그가 어떤 사람이든지 그의 할 일은 이미 끝났다. 이제 꼬제뜨 곁에서 보호자 역할을 해줄 마리우스라는 사람이 있다. 꼬제뜨는 푸른 하늘 속에 자기와 동등한 사람을, 연인을, 남편을, 천국의 남성을 찾은 것이다. 날아오를 때 날개를 달고 변신한 꼬제뜨는, 땅 위에 자신의 허물인 장 발장을 흉한 모습 그대로 남겨놓고 온 것이다.

이처럼 마리우스는 이리저리 생각을 굴려 보았으나 결국은 언제나 장 발장에 대한 어떤 두려움에 다시 빠져들곤 했다. 그것은 아마도 신성한 공포이리라. 왜냐하면 이미 지적했듯 마리우스는 그 사람한테서 '신성한 무언가'를 느끼고 있었기 때문이다. 그러나 아무래도, 아무리 정상을 참작하려 해도 결국 그 사람은 죄수라고 하는 결론에 도달할 수밖에 없었다.

죄수란 사회 계층의 가장 아래 계층보다 더 밑에 있어서 사회에는 몸 둘 곳조차 없는 인간이다. 가장 최하위의 인간 다음이 죄수다. 죄수는 말하자면 살아 있는 인간 축에 들지 않는다. 법률이 한 인간에게서 뺏을 수 있는 모든 인간성을 빼앗아 버린 것이다. 마리우스는 민주주의자였지만 형법상의 문제에 대해서는 아직도 엄격한 사회 제도를 지지하고 있어서, 법률의 응징을 받는 자에 대해서는 법률과 똑같은 정신으로 대하고 있었다. 그도 아직 모든 점에서 진보를 이룩했다고는 할 수 없었다. 인간의 손으로 씌어진 것과 신의 손으로 씌어진 것을, 다시 말해 법률과 인권을 분간할 수 있는 데까지는 아직 도달하지 못했다. 인간의 힘으로 회복할 수 없는 것, 보상할 수 없는 것을 처리할 권리가 인간에게 있는가 하는 것을 그는 아직 고찰해 보거나 연구해 보지 않았다. '형벌'이라는 말을 별로 불쾌하게 생각하지 않았다. 성문률(成文律)을 어길 때 받게 되는 처벌은 당연한 일이라고 생각하고, 사회적 처벌을 문명의 방편으로 받아들이고 있었다. 그는 천성이 선량하고, 근본적으로 마음 속에 진보성을 갖추고 있으므로 머지않아 더 진보적인생각을 가질 것이 틀림없지만, 아직은 이 정도에 머물러 있었다.

그러한 사고방식으로 보면 그에게는 장 발장이 밉고 불쾌하게 생각되었다. 장 발장은 신께 버림받은 사람이었다. 한낱 죄수였다. 이 말은 그에게는 마지막 심판의 나팔 소리처럼 들리는 것이었다. 그리고 오랫동안 장 발장을 관찰한 뒤에 취한 그의 마지막 태도는 얼굴을 돌리는 것이었다. '물러가라 _(사탄이여) _(물러가라)'.

여기서 분명하게 확인하고, 또 강조해 두어야 할 일이 있다. 즉 마리우스는 장 발장에게 이것저것 물었기 때문에 "당신은 나에게 모든 것을 고백하라고 하는군요."라는 소리까지 들었을 정도였지만, 정작 마리우스도 두서너 가지 결정적인 질문은 하지 못했다. 그런 질문을 생각지 못한 것은 아니었지만 입 밖에 내기가 무서웠던 것이다. 종드레뜨의 고미다락방에 관한 일은? 바리케이드에서의 일은? 자베르에 대한 것은? 만약 그런 것들을 묻게 되면 얼마나 깊은 비밀이 밝혀질지 상상도 할 수 없었다.

장 발장은 말을 꺼내기 시작하면 주저할 사람 같지 않았으므로, 마리우스가 그에게 고백을 강요한 뒤에 오히려 그의 입을 틀어막고 싶어질지 알 수 없는 일이었다. 어떤 절박한 경우에 결정적인 질문을 하고 대답을 듣지 않으려고 귀를 막는 건 흔히 있는 일이다. 그것은 특히 사랑을 하고 있는 사람이 곧잘 하게 마련인 겁먹은 행동이다. 불길한 사정을 지나치게 묻는 것은 현명하지 않다. 자신의 생명에서 떼어낼 수 없는 면이 숙명적으로 관련되어 있는 경우에는 더욱 그렇다. 장 발장이 모든 걸 설명하기 시작하면 얼마나 무서운 빛이 거기서 나올지 몰랐고, 그렇게 되면 그 가증스러운 빛이 꼬제뜨에게까지 반사되지 않는다고 누가 장담할 수 있겠는가? 그 결과 천사의 이마에도 지옥의 불빛이 조금이라도 남을지 몰랐다. 번갯불의 파편이라 해도 번개는 역시 번개니까. 인간의 숙명에는 연대성이 있어서, 자신이 아무리 결백하다

해도 주변으로 스며드는 빛의 반사라는 서글픈 법칙 때문에 죄악의 낙인이 찍히게 되는 경우가 있다.

가장 순결한 것일지라도 무서운 사람과 이웃하여 얻은 반사광이 영원히 머물러 있을 수가 있다. 옳고 그른 것은 고사하고 마리우스는 두려웠다. 그는 이미 너무 많은 사실을 알고 있었다. 그 이상 밝히려 애쓰기보다는 차라리 덮어 버리고 싶었다. 그는 정신이 멍해져 장 발장에 대해서는 애써 외면하고서 허겁지겁 꼬제뜨를 품에 안았다.

그 남자는 어두운 밤이었다. 살아 있는 무서운 어둠이었다. 어떻게 감히 어둠의 바닥을 뒤져보겠는가? 어둠에게 묻는 것은 두려운 일이다. 도대체 무어라고 대답할지 누가 알겠는가? 그 때문에 새벽마저 영원히 더럽혀질지도 모르잖는가?

앞으로도 그 남자가 꼬제뜨와 어떤 접촉을 가질 거라고 생각하니 마리우스는 그야말로 가슴을 도려내듯 곤혹스러웠다. 입 밖에 내기를 망설인 그 무서운 질문, 가차없이 결정적인 결론을 끌어낼 수 있었을지도 모르는 질문들을 끄집어내지 못한 것이 후회됐다. 그는 자신이 너무 선량하고, 너무 부드럽고, 또한 너무 약하다는 것을 깨달았다. 그 약한 마음이 그를 섣불리 양보하게 만들었다. 허점을 이용당한 것이다. 그것은 잘못이었다. 장 발장을 단호하고 간단하게 거절했어야 했다. 장 발장을 희생시켰어야만 했다. 그러니까 자기 집이 화재로부터 벗어나게끔, 불씨 같은 그 남자를 내보냈어야 했다. 마리우스는 자신이 원망스러웠다. 그의 귀를 막고 눈을 막고 그를 휩쓸어 버린 그 격정의 소용돌이가 원망스러웠다. 자기 자신이 한심스러웠다.

이제 와서 어떻게 하면 좋을까? 장 발장이 찾아온다는 건 정말 싫었다. 그 사람을 내 집에 불러들일 필요가 있는가? 그럼 어떡하면 좋은가? 여기까지 생각했을 때, 마리우스는 망연해졌다. 더 이상 깊이 파고들고 싶지 않았다. 깊이 생각하고 싶지 않았다. 자기의 마음을 더 뒤지고 싶지 않았다. 이미 약속해 버렸다. 얼떨결에 약속해 버리고 만 것이다. 장 발장은 그의 약속을 믿고 있다. 상대가 죄수이건 아니건, 오히려 죄수이기 때문에 더욱 약속을 지켜야 하는 것이다. 그러나 마리우스는 누구보다도 우선 꼬제뜨에 대해 의무를 짊어지고 있었다. 요컨대 혐오감이 모든 것을 지배하고 그를 초조하게 하는 것이었다.

마리우스는 그러한 관념 전체를 들뜬 마음으로 머릿속에서 어수선하게 생각하며, 차례로 생각을 굴리고 있었다. 그 때문에 깊은 혼란에 빠져버렸다. 그 혼란을 꼬제뜨에게 감추기란 쉬운 일이 아니었지만 사랑은 일종의 재능이어서 마리우스는 결국 그것을 감출 수 있었다.

마리우스는 또 비둘기처럼 새하얗고 결백하며 천진난만한 꼬제뜨에게 지나가는 말처럼 이것저것 물어보았다. 그녀의 어린 시절이며 소녀 시절에 관한 것을 화제에 올렸다. 그리하여 인간으로서 더할 나위 없는 선량함과 부성애의 숭고함을 그 죄수가 꼬제뜨에게 주었다는 것을 차츰 뚜렷하게 깨달았다.

마리우스가 짐작하고 상상했던 것은 모두 사실이었다. 그 불길한 쐐기풀은 이 백합꽃을 사랑하고 또한 보호하고 있었던 것이다.

제8편 황혼의 희미한 빛

아래층 방

 이튿날 저물녘, 장 발장은 질노르망 씨 댁 정문을 두드렸다. 그를 맞이한 것은 바스끄였다. 바스끄는 미리 분부라도 받은 듯 때마침 안뜰에 나와 있었다. "아무개 씨가 오실 테니 기다려라." 하고 하인에게 말해 두는 일이 때로는 있다.
 바스끄는 장 발장이 채 다가가기도 전에 그에게 말했다.
 "2층으로 올라가시겠는지, 아니면 아래층에 계시겠는지 여쭈어 보라고 남작님께서 분부하셨습니다."
 "아래층에 있겠네."
 장 발장이 대답하자 바스끄는 극히 공손한 태도로 아래층 방문을 열어 주며 말했다.
 "곧 아씨 마님께 아뢰겠습니다."
 장 발장이 들어간 방은 둥근 천장에 붉은 벽돌이 깔린 습기찬 방으로 술 창고로도 쓰이며, 거리 쪽을 향해 있고, 쇠창살이 달린 창문이 하나뿐이어서 어두컴컴했다.
 그것은 깃털이며 먼지떨이며 바닥비로 성가시게 시달리는 그런 방은 아니었다. 먼지가 조용히 쌓여 있었다. 거미를 잡은 흔적 같은 것도 보이지 않았다. 당당하고도 커다랗게 펼쳐진, 이미 완전히 시꺼메진 거미줄이 하나 죽은 파리들로 장식되어 유리창 위에 걸려 있었다. 방은 좁고 천장도 낮았으며 한쪽 구석에는 빈 병이 수북이 쌓여 있었다. 황토로 칠해져 있는 벽은 군데군데 커다랗게 벗겨져서 떨어져 있었다. 안쪽에는 좁은 선반이 달린 검게 칠한 목재 벽난로가 있었다. 거기에는 불이 타오르고 있었다. 그러고 보니 장 발장이 "아래층에 있겠소" 하고 대답할 것을 미리 알고 있었던 것 같았다.
 안락의자가 두 개 벽난로 양쪽 끝에 놓여 있었다. 의자 사이에는 카펫 대신 털보다 실이 훨씬 더 두드러져 보이는 낡은 침대 깔개가 펼쳐져 있었다. 방안은 벽난로 불빛과 창문으로 비치는 황혼 빛만으로 밝혀져 있었다.

장 발장은 피곤했다. 며칠 동안 먹지도 자지도 못했던 것이다. 그는 팔걸이의자에 쓰러지듯 몸을 던졌다. 바스끄가 들어와서 켜진 촛불 한 자루를 벽난로 위에 세워 놓고 나갔다. 장 발장은 고개를 숙이고 턱을 가슴에 대고 있었기 때문에 바스끄도 촛불도 깨닫지 못했다.

문득 그는 퉁겨나듯 몸을 일으켰다. 꼬제뜨가 그의 뒤에 서 있었다. 장 발장은 그녀가 들어오는 것은 보지 못했으나 인기척을 느꼈던 것이다. 그는 몸을 돌려 가만히 그녀를 바라보았다. 그녀는 놀랄 만큼 아름다웠다. 그러나 장 발장이 지금 깊은 눈길로 지그시 바라보고 있는 것은 그녀의 아름다움이 아니라 영혼이었다.

"어머나" 하고 꼬제뜨는 외쳤다. "정말 이상하기도 하셔라. 아버지가 조금 색다른 분이라는 건 알고 있지만, 설마 이러실 줄은 몰랐어요. 마리우스는 아버지께서 여기서 만나고 싶다고 하셨다더군요."

"그래, 내가 그랬다."

"그렇게 말씀하실 줄 알았어요. 좋아요, 앙갚음을 해드릴 테니까. 어쨌든 인사부터 하기로 해요. 자, 키스해 주세요, 아버지."

그렇게 말하고 꼬제뜨는 뺨을 내밀었다. 장 발장은 가만히 서 있었다.

"꼼짝도 않으시는군요. 알겠어요, 꼭 죄인 같아요. 하지만 좋아요. 용서해 드리겠어요. 그리스도께서 말씀하셨어요. '또 다른 뺨도 돌려대라고요.' 그럼 이쪽 뺨을."

그리고 그녀는 다른 쪽 뺨을 내밀었다. 장 발장은 그래도 꼼짝도 하지 않았다. 마치 발이 방바닥에 박혀 있는 것 같았다.

"정말 큰일이군요. 제가 뭘 어쨌다고 그러세요, 토라진 것처럼. 그렇다면 화해해야겠는데요. 저희하고 함께 식사하시도록 하세요."

"벌써 끝내고 왔다."

"거짓말 마세요. 질노르망 할아버님께 말씀드려서 꾸중하시라고 할 테에요. 할아버지라면 아버지를 꾸짖을 수 있을테니까요. 자, 저와 함께 응접실로 가세요. 얼른요."

"안돼."

장 발장은 피곤했다. 그는 팔걸이의자에 쓰러지듯 몸을 던졌다.

제8편 황혼의 희미한 빛 1863

꼬제뜨는 약간 기세가 꺾였다. 그녀는 명령투의 말을 그만두고 묻기 시작했다.

"왜 그러세요? 저를 만나시는데 집에서 제일 누추한 방을 고르시다니, 여기는 정말 끔찍해요."

"너도 알다시피……"

장 발장은 말을 고쳤다.

"아시다시피 부인, 나는 좀 괴상한 사람이오. 여러 가지 이상한 버릇이 있지요."

꼬제뜨는 조그마한 손으로 손뼉을 쳤다.

"부인? 아시다시피? ……또 이상한 말씀을! 그건 무슨 뜻이죠?"

장 발장은 이따금 절박할 때 띠는 그 비통한 미소를 그녀에게 보냈다.

"당신은 부인이 되기를 바랐소. 그리고 지금은 부인이오."

"하지만 아버지께 대해서는 그렇지 않아요."

"이제부터는 나를 아버지라고 불러선 안 되오."

"뭐라구요?"

"장 씨라고 불러줘요. 아니면 그저 장이라고만 하든지."

"이제는 아버지가 아니라고요? 그럼 저는 이제는 꼬제뜨가 아닌가요? 장 씨라고요? 그게 무슨 말씀이죠? 마치 혁명 같군요! 도대체 무슨 일이 생겼나요? 제 얼굴을 좀 보세요. 우리하고 함께 살고 싶지 않다니! 제 방에도 들어오려 하지 않으시고! 제가 무슨 잘못을 했나요? 뭘 잘못했다는 거예요, 무슨 곡절이 있군요?"

"아니 아무것도."

"그럼 왜 그러세요?"

"모든 것이 여느 때와 다름없소."

"어째서 이름을 바꾸셨나요?"

"당신도 이름이 바뀌지 않았소?"

그는 또 그 미소를 지으며 덧붙였다.

"당신이 뽕메르씨 부인인 이상 나도 장 씨가 되어도 상관없지."

"뭐가 뭔지 영문을 모르겠군요. 이상한 일뿐이에요. 아버지를 장 씨로 불러도 좋은지 어떤지 남편에게 물어보겠어요. 틀림없이 안 된다고 할 거예요.

아버지는 저를 속상하게 하시는군요. 궤변도 좋지만 귀여운 꼬제뜨를 슬프게 하셔선 안돼요. 나빠요. 착하신 분이 공연히 심술궂게 그러시지 마세요."
 장 발장은 대답하지 않았다. 그녀는 재빨리 그의 두 손을 잡고 뿌리칠 겨를도 없이 그것을 자기 얼굴로 들어올려 턱 아래 목에 갖다 댔다. 이것은 깊은 애정을 나타내는 몸짓이었다.
 "제발, 좀더 친절하게 대해주세요!"
 그리고 꼬제뜨는 말을 이었다.
 "친절이란 이런 거예요. 고집부리지 마시고 여기에 와서 사시고 또 저와 즐거운 산책을 하세요. 여기에도 쁠뤼메 거리처럼 새들이 많아요. 롬므 아르메 거리의 쓰러져 가는 집은 그만 버리고, 우리와 함께 지내시고, 우리에게 수수께끼 같은 말씀을 던지지 마시고, 누구나와 똑같이 우리와 함께 점심식사를 드시고, 우리와 함께 저녁식사도 드시고, 제 아버지로 계셔 달라는 거예요."
 장 발장은 잡혀 있던 손을 풀었다.
 "당신에겐 이젠 아버지는 필요없어. 당신에겐 남편이 있으니까."
 꼬제뜨는 발끈 화가 났다.
 "이제는 아버지가 필요없다고요? 그런 당치도 않은 말씀. 정말 뭐라 해야 할지 모르겠네요!"
 "여기에 뚜쎙이 있었다면" 하고 장 발장은 의지할 것을 찾아 지푸라기에라도 매달리는 사람처럼 말을 이었다. "내가 언제나 내가 생각한 방법대로 해왔다는 것을 제일 먼저 알아 주었을 텐데. 별로 새로 변한 것은 없어. 나는 언제나 나의 어두운 구석이 좋았으니까."
 "하지만 여기는 추워요. 그리고 어두워서 잘 보이지도 않고 정말 싫어요. 장 씨가 되고 싶다니. 그리고 아버지한테 '당신'이라는 말은 듣고 싶지 않아요."
 "아까 여기 오는 도중" 하고 장 발장은 꼬제뜨의 말에는 대답하지 않고 말했다. "쌩 루이 거리에서 가구가 하나 눈에 띄더군. 어느 가구점에 있었지. 내가 만약 예쁜 여자라면 그 가구를 샀을 거야. 아주 좋은 화장대였어. 모양도 새로웠고. 당신이 장미 나무로 만들었다고 하던 그런 것 같았어. 상감(象嵌)도 잘 되어 있더군. 거울도 무척 크고 서랍도 몇 개 달려 있고, 아주 예쁘던데."
"어머, 너무하세요!"
꼬제뜨는 대꾸했다.
 그리고 더할 나위 없이 다정한 동작으로 이를 악물고 입술을 벌려 장 발장에게 입김을 불었다. 마치 미의 여신이 암코양이의 흉내를 내고 있는 것 같았다.
 "전 몹시 화났어요" 하고 그녀는 말했다. "어제부터 모두가 저를 화나게 하는 걸요. 정말 속상해요. 영문 모를 일뿐이에요. 아버지는 마리우스가 뭐라고 해도 저를 두둔해 주시지 않고, 마리우스는 저를 도와서 아버지의 이야기 상대가 되어 드리지도 않고, 저는 아무도 도와줄 사람이 없는 외톨이예요. 방을 깨끗하게 꾸며놓았는데도, 만약 신께서 들어와 주시겠다면 기꺼이 맞아들이고 싶을 정도예요. 전 빈 방에서 혼자 쩔쩔매고 있어요. 빌리는 사람이 없으면 아마 파산할 거예요. 제가 니꼴레뜨에게 맛있는 음식을 장만하라고 했더니 모두들 제가 시킨 음식은 싫다고 한대요. 게다가 포슐르방 아버지는 장 씨라고 불러 달라고 하시질 않나, 무섭고 낡고 더럽고 축축한 벽이 수염을 기른 광 속에서, 투명한 유리 대신 빈 병이 쌓여 있고 커튼 대신 거미줄이 쳐 있는 방에서 저를 만나고 싶다고 하시질 않나! 아버지가 좀 이상한 분이신 건 알아요. 그건 아버지 성격이니까요. 하지만 지금 갓 결혼한 사람에게는 좀 쉽게 해주셔야죠. 나중에 다시 이상한 짓을 하셔도 되잖아요? 아버지는 저 롬므 아르메 거리의 그 기막힌 집이 정말 맘에 드신다는 건가요? 전 아주 싫었어요! 저의 어디가 못마땅하신가요? 정말 아버지가 걱정돼요. 정말로!"
 그리고 갑자기 정색을 하고 그녀는 장 발장을 물끄러미 바라보다가 덧붙였다.
 "그럼 제가 행복해진 것을 언짢게 여기시나요?"
 천진난만도 이따금 자기도 모르는 사이에 사람의 마음을 꿰뚫을 때가 있다. 그 질문은 꼬제뜨는 아무 생각없이 한 말이었으나 장 발장에게는 심각한 것이었다. 꼬제뜨는 살짝 할퀼 작정으로 한 것이 깊은 상처를 주고 만 것이다.
 장 발장은 창백해졌다. 한동안 말없이 있다가 이윽고 뭐라 형용할 수 없는

그리고 그녀는 그의 목에 매달렸다.

어조로 혼잣말처럼 중얼거렸다.
 "너의 행복, 그것은 내 평생의 목적이었다. 지금 신은 나에게 나아갈 바를 가리키신 것이다. 꼬제뜨, 너는 행복해졌고 내 생애는 끝났다."
 "어머나! 저를 '너'라고 하셨군요!" 하고 꼬제뜨는 외쳤다.
 그리고 그녀는 장 발장의 목에 매달렸다. 장 발장은 정신없이 그리고 망연하게 그녀를 가슴에 끌어 안았다. 거의 그녀를 되찾은 듯한 느낌이었다.
 "고마워요, 아버지!" 하고 꼬제뜨는 말했다.
 꼬제뜨에게 끌리는 마음이 장 발장의 가슴에 통렬하게 치밀어 오를 것 같았다. 그는 조용히 꼬제뜨의 팔에서 몸을 빼고 모자를 집어들었다.
 "왜요?"
 꼬제뜨가 물었다.
 장 발장은 대답했다.
 "가겠소, 부인. 가족들이 기다리실 거요."
 그리고 문턱에서 덧붙였다.
 "난 당신에게 너라고 했소. 앞으론 그러지 않겠다고 남편께 말씀드려 주오. 실례했소."
 장 발장은 그 수수께끼 같은 작별 인사에 어리둥절해 있는 꼬제뜨를 뒤에 남겨둔 채 나갔다.

다시 몇 걸음 물러서다

 이튿날 같은 시각에 장 발장은 또 찾아왔다.
 꼬제뜨는 아무것도 묻지 않고, 놀라는 빛도 보이지 않고, 춥다는 말도 하지 않고, 응접실 이야기도 하지 않았다. 그리고 아버지라고도, 장 씨라고도 말하기를 피했다. 그리고 당신이라고 부르는 대로 내버려두었다. 부인이라고 부르는 대로 가만히 있었다. 다만 기쁜 기색은 다소 줄어 있었다. 만약 그녀에게도 슬픔이 있다면 그녀는 슬퍼하고 있었으리라.
 사랑을 받는 남자는 말하고 싶은 것만을 말하고, 아무것도 설명하지 않고도 사랑받고 있는 여자를 만족시키는 법인데 아마도 그녀는 마리우스와 그런 대화를 주고받았을 것이다. 사랑하는 사람들의 호기심은 자기들의 사랑 이상으로 먼 곳까지 미치지는 않는다.

아래층 방은 조금 치워져 있었다. 바스끄가 빈 병을 내가고 니꼴레뜨가 거미줄을 거둔 것이다.

다음날도 그 다음날도 장 발장은 같은 시각에 나타났다. 그로서는 마리우스의 말을 문자 그대로 받아들일 수밖에 없었다. 매일 찾아오는 것이었다. 마리우스는 장 발장이 오는 시각에는 언제나 집에 있지 않도록 했다. 집 사람들도 포슐르방 씨의 기이한 버릇에 익숙해졌다. 뚜쌩의 말도 도움이 되었다. "나리는 언제나 저러셨어요" 하고 그녀는 되풀이해서 말했다. 조부는 이렇게 단정했다. "그 사람은 괴짜야." 이 한 마디로 모든 것이 결정되었다. 게다가 아흔 살이나 되고 보면 이제는 다른 사람들과 어울릴 수도 없다. 그저 한자리에 같이 있을 뿐이다. 새 사람이 끼는 것이 귀찮다. 이젠 그런 자리는 없다. 모든 것이 습관이 돼버렸다. 포슐르방 씨인지 트랑슐르방인지 '그 사람'을 끼어주지 않아도 된다면 그보다 더 좋은 일은 없다고 질노르망 노인은 생각했다. 그는 이렇게도 말했다. "아아, 그런 괴짜만큼 겉으로는 그럴듯해 보이면서 속은 아무것도 아닌 건 없어. 온갖 이상한 짓을 하지만 동기 같은 건 전혀 없어. 까나쁠 후작은 더 심했지. 굉장한 저택을 사고서도 자기는 일부러 헛간에서 살았거든. 그렇게 그들은 변덕을 부려 보이는 거야."

그 기막힌 이면은 아무도 짐작하지 못했다. 누가 그 같은 것을 꿰뚫어볼 수 있었겠는가? 인도에는 그와 같은 늪이 곳곳에 있다. 이상야릇한 물이 괴어 있는데, 바람도 불지 않는데 물결이 일고 잔잔해야 할 곳이 흔들린다. 사람은 그 수면에 까닭 모르게 이는 거품을 바라보면서도 그 물 밑에서 몸부림치는 히드라는 알아보지 못한다.

대부분의 사람들이 그런 비밀의 괴물을, 마음에 깃들인 근심을, 몸을 물어뜯는 용(龍)을, 내부의 암흑 속에 사는 절망을 갖고 있다. 그런 사람도 다른 사람과 변함없이 그날그날을 살아가고 있다. 그 마음 속에는 무수한 이빨을 가진 무서운 고뇌가 기생하며, 그것이 그 비참한 인간의 속에서 살며 그의 생명을 앗아가는 것을 아는 사람은 없다. 그가 바로 하나의 심연임을 아는 사람은 없다. 그 물은 괴어 있기는 하나 깊은 못이다. 이따금 까닭을 알 수 없는 물결이 수면에 나타난다. 야릇한 잔물결이 일었다가 곧 사라지고는 다시 나타난다. 한 방울의 거품이 솟아올라왔다가 터진다. 아무것도 아닌 것 같지만 실로 무서운 것이다. 그것은 사람이 알지 못하는 짐승의 숨결이다.

어떤 종류의 이상한 버릇, 이를테면 다른 사람들이 떠나갈 무렵에 찾아온 다거나, 다른 사람들이 자연스럽게 행동하는 동안 한구석에 처박혀 있다거나, 특별한 때에만 입어야 하는 옷을 아무 때나 입고 나선다거나, 한적한 오솔길을 찾거나 인기척 없는 거리를 좋아하거나, 절대로 대화 속에 끼어들지 않는다거나, 군중이나 축제를 피한다거나, 태평한 듯 보이면서 가난한 살림을 한다거나, 부자이면서도 주머니에 열쇠를 항상 넣고 초를 문지기에게 맡긴다거나, 샛문으로 드나들고 비밀 사다리로 오르내리는 이러한 하찮고 유별난 행동은 모두 수면에 나타난 잔물결이고 기포이며 잠깐 사이의 주름에 지나지 않지만, 사실은 수면 밑에서 솟아오르는 무서운 것일 때가 많다.

몇 주일이 그렇게 지나갔다. 새로운 생활이 조금씩 꼬제뜨의 마음을 사로잡아 갔다. 결혼으로 인해 생긴 교제, 방문, 집안일, 즐거움 등등의 사건들이 일어났다. 꼬제뜨의 즐거움은 돈이 들지 않는 일이었다. 그것은 마리우스와 함께 있다는 단 한 마디로 끝났다. 그와 함께 외출하고 그와 함께 집에 있는 것이야말로 그녀의 가장 중요한 일이었다. 서로 팔짱을 끼고 대낮의 거리를 아무 거리낌없이 숱한 사람들의 눈앞에서 단둘이 걷는다는 것, 그것은 그들에게 항상 새로운 기쁨이었다.

꼬제뜨의 가슴을 아프게 한 일이 한 가지 있었다. 두 노처녀들의 화합은 도저히 불가능한 것이어서 뚜쌩은 니꼴레뜨와 맞지 않아 끝내 나가 버렸다. 그러나 질노르망 씨는 건강했고, 마리우스는 종종 법정에서 변호를 했으며, 질노르망 이모는 신혼부부 곁에서 만족스러운 생활을 조용히 보내고 있었다. 장 발장은 매일 찾아왔다.

너라고 부르는 말투는 사라지고 당신이라든가 부인이라든가, 장 씨라든가 하는 말로 바뀐 것이 꼬제뜨에게는 그를 딴 사람처럼 느끼게 했다. 장 발장이 자진해서 그녀를 자기에게서 떼어놓으려 한 그 노력은 성공했다. 꼬제뜨는 차츰 명랑해지고 그리고 차츰 다정함을 잃어 갔다. 그러나 그녀는 지금도 장 발장을 몹시 사랑하고 있었고 그도 그것을 느끼고 있었다.

어느 날 꼬제뜨는 느닷없이 말했다.

"당신은 제 아버지였는데 지금은 아버지가 아니고, 예전엔 저의 아저씨였는데 지금은 아저씨도 아니에요. 전엔 포슐르방 씨였는데 지금은 장 씨예요. 대체 당신은 어떤 분인가요? 전 이런 건 좋아하지 않아요. 당신이 정말 좋은 분이라는 걸 알지 못했다면 전 당신이 무서워졌을 거예요."

장 발장은 아직도 롬므 아르메 거리에 살고 있었다. 꼬제뜨가 사는 곳 근처에서 멀어질 결심은 도저히 할 수가 없었던 것이다.

장 발장은 처음 얼마 동안은 몇 분 동안밖에 꼬제뜨의 곁에 머물러 있지 않았다. 그것이 차츰 오래 머물러 있게 됐다. 해가 길어지는 것을 이용하는 듯했다. 그는 예전보다 조금 일찍 와서 늦게 돌아가곤 했다.

어느 날 꼬제뜨는 무심결에 "아버지" 하고 불렀다. 순간 기쁜 빛이 장 발장의 어두운 얼굴에 스쳤다. 그러나 그는 얼른 꼬제뜨를 나무랐다.

"장이라고 불러 주오."

"아아! 그랬었지요" 하고 꼬제뜨는 웃음을 터뜨리면서 말했다.

"장 씨."

"이제 됐소."

장 발장은 말했다.

그리고 그녀에게 들키지 않도록 얼굴을 돌려 눈물을 닦았다.

그들은 쁠뤼메 거리의 정원을 회상한다

그것이 마지막이었다. 그 이후 마지막의 반짝임은 완전히 꺼져 버렸다. 이제 친밀함도 없어지고 키스와 함께 인사를 주고받는 일도 없어졌으며 "아버지!" 하는 상냥함이 깃들인 말도 들을 수 없었다. 장 발장은 스스로 원했고 자진하여 자신의 모든 행복으로부터 자신을 멀어지게 했던 것이다. 그리고 하루 사이 꼬제뜨를 송두리째 잃어버린 뒤, 거기에 이어 다시 조금씩 그녀를 잃어버리는 비참함을 맛보게 되었다.

지하실에 들어가면 눈은 곧 어둠에 익숙해진다. 결국, 매일 꼬제뜨의 모습을 볼 수 있다는 것, 그것만으로 그는 충분했다. 그의 모든 생활은 오직 그것에 집중되어 있었다. 장 발장은 그녀 옆에 앉아서 말없이 그녀를 바라보거나 또는 옛날의 일들을, 그녀의 어린 시절이며 수도원 일이며 그 때의 어린 동무들에 대한 이야기를 그녀에게 들려주는 것이었다.

어느 날 오후, 그것은 4월 초순이었다. 이미 날씨는 따뜻해졌으나 그래도 바람은 서늘했고, 햇빛은 화창했으며, 마리우스와 꼬제뜨의 창 주변의 정원은 봄의 재생이 약동하여 아가위나무가 싹트기 시작했고, 자란초(紫蘭草)의 보석 장식은 낡은 담장 위에 전개되고, 장밋빛 금어초(金魚草)는 돌 틈에서 하품을 하고, 풀숲에는 실국화와 금봉화 꽃이 가련하게 피기 시작하고, 흰 나비들이 첫선을 보이고 영원한 혼례의 악사인 봄바람은 옛 시민들이 소생하는 봄이라고 불렀던 저 여명의 대교향악의 첫 음률을 수목 속에서 연주하고 있었다. 그런 날 오후 마리우스는 꼬제뜨에게 말했다.

"쁠뤼메 거리의 우리만의 뜰을 다시 한 번 보러 가자고 언젠가 이야기했지? 지금 갑시다. 은혜를 잊어서는 안돼."

그래서 그들은 한 쌍의 제비처럼 봄을 향하여 날아올랐다. 그 쁠뤼메 거리의 정원은 그들에게 새벽빛처럼 느껴졌다. 그들은 과거 속에 사랑의 봄 같은 무언가를 숨겨 놓고 있었다. 쁠뤼메 거리의 집은 아직 계약 기간이 끝나지 않아서 꼬제뜨의 것이었다. 그들은 그 정원으로 해서 그 집으로 갔다. 거기서 두 사람은 옛날로 돌아가서 현재를 잊었다. 저녁때 여느 때와 같은 시각에 장 발장은 피유 뒤 깔베르 거리를 찾아왔다.

"아씨마님께서는 나리님과 함께 외출하셔서 아직 돌아오시지 않았습니다" 하고 바스끄가 그에게 말했다.

장 발장은 잠자코 앉아서 한 시간쯤 기다렸다. 꼬제뜨는 좀처럼 돌아오지 않았다. 그는 고개를 깊이 떨구고 돌아갔다.

꼬제뜨는 '자기들만의 정원'을 산책한 것에 완전히 도취되어 '하루 종일 과거 속에서 보낸' 기쁨에 이튿날에도 그 이야기만을 했다. 그녀는 그날 장 발장을 만나지 않았던 것은 염두에도 두지 않았다.

"어떻게 거길 갔소?"

장 발장은 꼬제뜨에게 물었다.

"걸어서 갔죠."

"그럼 돌아올 때는?"

"마차를 탔어요."

얼마 전부터 장 발장은 젊은 부부가 절약하는 생활을 하고 있는 것을 깨닫고 있었다. 그는 그것이 마음에 걸렸다. 마리우스의 절약은 엄격해서 예전에 그가 장 발장에게 한 이야기는 절대적인 의미를 지니고 있었다. 장 발장은 단호하게 이렇게 물었다.

"어째서 당신들은 마차를 갖지 않소? 아담한 마차라면 한 달에 500프랑밖에 들지 않을 거요. 당신은 돈도 있소."

"어째선지 모르겠어요."

꼬제뜨는 대답했다.

"뚜쌩만 하더라도 그렇소." 하고 장 발장은 말을 이었다. "그 사람이 나갔는데도 당신들은 아무도 두지 않소. 어째서요?"

"니꼴레뜨만으로도 충분한 걸요."

"그러나 당신에겐 하녀가 있어야 할 텐데."

"마리우스가 있잖아요?"

"당신들은 자기 집을 지니고, 자기 하인들을 거느리고, 마차를 마련하고, 극장에 특별석도 갖는 게 당연하오. 당신들은 무엇을 차지한다해도 분에 넘치지 않소. 어째서 부자답게 지내지 않소? 재물은 행복에 꽃을 곁들여 주는 거요."

꼬제뜨는 대답하지 않았다.

장 발장의 방문 시간은 조금도 단축되지 않았다. 그뿐 아니라 오히려 길어졌다. 마음이 미끄러져 갈 때에는 비탈길 위에서 멈추지 못하는 법이다.

장 발장은 오래 있고자 꼬제뜨에게 시간가는 것을 잊게 하고 싶을 때에는 마리우스에 대한 칭찬을 늘어놓았다. 마리우스는 잘생겼고, 고상하고, 용감하고, 재주가 뛰어나고, 말재주도 있고, 친절하다고 했다. 꼬제뜨는 그 이상으로 말했다. 장 발장은 똑같은 것을 되풀이했다. 이야기는 그칠 줄을 몰랐다. 마리우스, 이 말은 아무리 길어 내어도 마르지 않는 샘이었다. 그 글자 속에는 몇 권인지도 모를 책이 들어 있었다. 그렇게 해서 장 발장은 오래 앉아 있을 수가 있었다. 꼬제뜨를 바라보며 그녀의 옆에서 모든 것을 잊는 일은 장 발장에게는 정말 즐거운 일이었다! 그것은 그의 상처를 동여매 주는 붕대였다. 바스끄가 "질노르망 님께서 아씨 마님께 식사 준비가 다 되었다고 말씀드리라는 분부십니다" 하고 두 번씩이나 말할 때가 종종 있었다.

그럴 때면 장 발장은 깊은 생각에 잠겨서 자기 집으로 돌아갔다.

언젠가 마리우스가 문득 생각했던 그 누에고치라는 비유에는 과연 진실이 들어 있었을까? 장 발장은 실제로 하나의 누에고치, 끈질기게 남아서 자기에게서 날아간 나비를 찾아오는 저 누에고치란 말인가?

어느 날, 장 발장은 여느 때보다 오래 머물러 있었다. 그런데 이튿날 그는 벽난로에 불이 지펴져 있지 않은 것을 알았다. '이런!' 하고 그는 생각했다. '불이 없구나.' 그리고 장 발장은 마음속으로 이렇게 이유를 설명했다. '당연한 이야기지. 벌써 4월인걸. 추위는 끝났어.'

"어머나! 여기가 왜 이렇게 춥죠?"

꼬제뜨는 들어오자마자 소리쳤다.

"춥지 않소."

장 발장이 말했다.

"그럼 당신께서 바스끄에게 불을 피우지 말라고 하셨나요?"

"그렇소, 곧 5월인걸요."

"하지만 6월까지는 불을 피워야 해요. 게다가 이런 지하굴에서는 일 년 내내 불이 필요해요."

"이제 불은 소용없다고 생각했소."

"정말 당신다운 생각이군요!"

꼬제뜨는 말했다.

그 이튿날에는 불이 피워져 있었다. 그 대신 두 개의 팔걸이의자가 문 앞 가까운 끝쪽에 나란히 놓여 있었다.

'이건 무슨 뜻일까?' 장 발장은 생각했다.

그는 그 팔걸이의자를 가져다가 벽난로 가까운 여느 때의 장소에 놓았다. 그래도 다시 불이 피워져 있다는 것이 그에게 용기를 불어 넣어 주었다. 그는 평소보다 오래 이야기했다. 막 돌아가려고 일어서려 했을 때 꼬제뜨가 그에게 말했다.

"마리우스가 어제 제게 이상한 말을 하더군요."

"어떤 이야기요?"

"이러더군요. '꼬제뜨, 우리에겐 3만 프랑의 연금이 있어. 2만 7천 프랑은 당신 것이고 3천 프랑은 할아버지께서 내게 주시는 거야.' 그래서 전 대답했어요. '그럼 3만 프랑이 되는군요.' 그러자 그이는 '당신 3천 프랑으로 생활할 용기가 있겠소?' 라고 묻는 거예요. 전 '네, 한 푼도 없어도 상관없어요. 당신과 함께라면' 하고 대답했어요. 그러고 나서 '어째서 그런 걸 물으시죠?' 하고 물었죠. 그이는 '그냥 물었을 뿐이야' 하고 대답할 뿐이었어요."

장 발장은 대꾸할 말이 없었다. 꼬제뜨는 아마도 그에게서 어떤 설명을 기대했던 모양이었다. 그러나 장 발장은 침울하게 입을 다문 채 귀를 기울이고 있었다. 그는 롬므 아르메 거리로 돌아갔다. 너무 골똘히 생각에 잠겨 있었기 때문에 입구를 잘못 알고 자기 집으로 들어가지 않고 옆집으로 들어갔다. 거의 3층까지 올라가서야 잘못 온 것을 깨닫고 계단을 되돌아 나왔다.

장 발장의 마음은 여러 가지 억측으로 시달리고 있었다. 마리우스가 그 60만 프랑의 출처에 대해 의심을 품고 무언가 깨끗하지 못한 곳에서 나온 돈이 아닌가 하고 두려워하고 있음이 분명했다. 마리우스는 어쩌면 그 돈이 장 발장 자신에게서 나왔다는 것을 알아차렸는지도 모른다. 그 의심스러운 재산 앞에서 망설이며 그것을 자기 재산으로 하기를 싫어하고 수상쩍은 재물로 부자가 되기보다는 차라리 꼬제뜨와 둘이서 가난하게 사는 편이 좋다고 마음먹었는지도 모른다.

게다가 장 발장은 자신이 경원당하고 있지나 않나 하고 막연하게 느끼기 시작했다.

다음날 아래층 방으로 들어가던 장 발장은 호되게 한 대 얻어맞은 듯한 느낌이 들었다. 팔걸이의자가 하나도 없었던 것이다. 걸상조차도 놓여 있지 않았다.

"어머나, 어떻게 된 걸까요?" 하고 꼬제뜨가 들어오면서 소리쳤다. "의자가 없군요! 의자가 어디 있을까?"

"이젠 없소."

장 발장이 대답했다.

"너무하군요!"

장 발장은 더듬거렸다.

"내가 바스끄에게 가져가라고 했소."

"어째서요?"

"오늘은 잠깐만 있을 테니까요."

"잠깐 동안밖에 계시지 않는다고 해서 서 있어야 할 이유는 없어요."

"바스끄는 응접실에 팔걸이의자가 필요하다고 했던 것 같소."

"그건 왜요?"

"아마 오늘밤 손님이 오나 보지요."

"아뇨, 아무도 안 와요."

장 발장은 그 이상 한 마디도 할 수 없었다.

꼬제뜨는 어깨를 으쓱했다.

"팔걸이의자를 가져가게 하시다니! 요전에는 불을 끄게 하시고, 정말 이상하시군요!"

"잘 있어요."

장 발장은 중얼거렸다.

그는 "잘 있어요, 꼬제뜨"라고는 하지 않았다. 그렇다고 해서 "잘 있어요, 부인" 하고 말할 힘도 없었다.

그는 맥이 빠져서 나갔다. 이번에야말로 확실하게 알게 되었다. 이튿날 그는 오지 않았다. 꼬제뜨는 밤이 되어서야 비로소 그것을 깨달았다.

"어머" 하고 그녀는 말했다. "장 씨가 오늘은 안 오셨구나."

그녀는 약간 서글펐지만 그것도 곧 마리우스의 키스로 거의 잊어버리고 말았다.

그 다음날도 그는 오지 않았다. 꼬제뜨는 별로 염두에 두지 않고 평소와 다름없이 초저녁을 보내고 밤이 되어 잠을 자고 아침에 눈을 뜨고서야 비로소 그 사실을 깨달았다. 그녀는 그토록 행복했던 것이다! 그녀는 곧 니꼴레뜨를 장 씨의 집으로 보내어 병이 나셨는지, 어째서 어제는 오시지 못했는지를 알아오게 했다. 니꼴레뜨는 장 씨의 대답을 듣고 왔다. 그는 앓고 있지 않았다. 바빴던 것이다. 며칠 안으로 오시게 될 거다, 되도록 빠른 시일 안에. 더욱이 그는 잠깐 여행을 하려고 한다. 가끔 여행하는 습관이 있는 것은 부인도 잘 알 것이다. 걱정할 건 조금도 없다. 제발 자기 걱정은 하지 말도록 하라는 대답이었다.

니꼴레뜨는 장 씨 집에 가서 부인의 말을 그대로 전했다. "부인께서 '장 씨께서 어제 왜 안 오셨는지' 여쭤 보라고 해서 왔습니다."

"내가 안 간 건 벌써 이틀째요."

장 발장은 조용히 말했다.

그러나 그의 괴로운 심정에 니꼴레뜨는 주의하지 않았다. 그 말을 꼬제뜨에게는 전혀 하지 않았다.

그곳까지 가면 노인은 발걸음을 늦추고 머리를 앞으로 내밀고……

인력(引力)과 소멸

 1833년 늦봄부터 초여름까지 몇 달 동안 르 마레 구역을 이따금 지나는 행인이며 상점 주인이며 문 앞에 나와 있는 한가한 사람들은, 단정하게 검은 옷을 입은 한 노인이 매일 같은 시간에, 그것도 해질 무렵에 롬므 아르메 거리에서 쌩뜨 크르와 드 라 브로똔느리 거리 쪽으로 나와서 블랑 망또 성당 앞을 지나 뀔뛰르 쌩뜨 까뜨린느 거리로 접어든 뒤 에샤르쁘 거리에 이르러서 왼쪽으로 돌아 쌩 루이 거리로 들어가는 것을 보았다.

 그곳까지 가면 노인은 걸음을 늦추고, 머리를 앞으로 내밀고, 아무것도 보지도 듣지도 않은 채, 눈은 언제나 똑같은 한 점에 박혀 있었다. 그에게 있어 별이라도 빛나고 있는 듯이 생각되는 그 한 점은 피유 뒤 깔베르 거리 모퉁이 바로 그곳이었다. 그 거리 모퉁이로 가까이 다가감에 따라 그의 눈은 점점 빛을 더해 갔다. 일종의 환희가 마음속의 서광처럼 눈을 빛내며, 매혹되고 감동에 잠긴 듯한 표정으로 입술은 보이지 않는 누구에겐가 이야기하는 양 가늘게 떨리고, 희미하게 미소를 지으며, 되도록 천천히 걸음을 옮겼다. 마치 그곳에 가기를 갈망하면서도 접근하는 그 순간을 두려워하는 듯하였다. 그와 그를 끌어당기는 듯한 그 거리에서, 이제 집들이 몇 채 남지 않은 곳에 이르면, 그의 걸음은 매우 느려져서 때로는 걷고 있지 않는 것처럼 생각될 정도였다. 그의 머리가 흔들리는 것과 고정된 눈동자는 마치 극(極)을 찾는 자침을 연상시켰다. 그러나 아무리 속도를 늦추어도 결국은 도착하지 않을 수 없었다. 그리하여 피유 뒤 깔베르 거리에 닿았다. 그러면 그는 걸음을 멈추고 몸을 부르르 떨며, 맨 끝의 집 모퉁이에서 우울하고 겁먹은 태도로 고개를 내밀어 그 거리를 바라보는 것이었다.

 그 비통한 눈길에는 불가능한 것이 주는 현혹과 닫혀진 낙원에서 오는 반영과 비슷한 무언가가 깃들어 있었다. 이윽고 한 방울의 눈물이 눈시울 한구석에 괴어서 떨어질 만큼 커져 뺨 위로 미끄러지고 때로는 입가에서 멎었다. 노인은 그 쓴맛을 맛보았다. 그는 그렇게 한참 동안 돌처럼 서 있었다. 그런 뒤에 같은 길을 같은 걸음으로 돌아갔다. 그리고 멀어져 감에 따라 그의 눈은 빛을 잃어 갔다.

 차츰 그 노인은 피유 뒤 깔베르 거리 모퉁이까지 가지 않게 되었다. 쌩 루이 거리의 중간쯤에서 걸음을 멈추게 된 것이다. 때로는 그보다 조금 더 갈 때도 있지만 또한 그보다 앞에서 멈출 때도 있었다. 어느 날은 꿜뛰르 쌩뜨 까뜨린느 거리 모퉁이에 서서 멀리 피유 뒤 깔베르 거리를 바라보았다. 그러고 나서 무언가를 거절하기라도 하듯 말없이 고개를 흔들고는 왔던 길을 되돌아갔다.

얼마 가지 않아 그는 쌩 루이 거리까지도 가지 않게 되었다. 빠베 거리까지 와서는 고개를 저으며 되돌아갔다. 이윽고 이번에는 트르와 빠비용 거리 이상은 가지 않게 되었다. 그 다음에는 블랑 망또 성당 앞을 지나는 일도 없어졌다. 그것은 마치 태엽을 감지 않은 시계추가 차츰 진동의 폭을 좁혀 가다가 마침내 멈춰 버리는 그런 상태와 흡사했다.

매일 그는 같은 시각에 집을 나와서 같은 길을 택했지만 이제는 저편에 도착하는 일이 없었다. 더욱이 자기도 깨닫지 못하는 사이에 거리를 끊임없이 좁히고 있었다. 그의 얼굴 전체에는 "그게 무슨 소용인가?" 하는 오직 하나의 생각만이 떠올라 있었다. 눈동자는 빛을 잃어 이제는 빛을 볼 수 없었다. 눈물도 말라 버려서 눈시울 끝에 괴지도 않았다. 그 생각에 잠긴 눈은 메말라 있었다. 노인의 머리는 아직도 앞으로 나와 있었다. 이따금 턱이 떨렸다. 여윈 목덜미의 주름살은 보기에도 가슴 아팠다. 이따금 날씨가 나쁘면 그는 우산을 옆구리에 끼고 있었으나 그것을 펴는 일은 없었다.

이웃에 사는 아낙네들은 말했다.

"정신이 좀 이상한 사람이야."

아이들은 웃으면서 뒤를 따라다녔다.

제9편 마지막 어둠, 마지막 새벽

불행한 사람들에게 자비를, 행복한 사람들에게 관용을

행복하다는 것은 무서운 일이다! 그들은 행복한 것에 얼마나 만족하고 있는가! 얼마나 그것으로 충분하다고 생각하는가! 인생의 그릇된 목적인 행복을 소유함으로써 참다운 목적인 의무를 얼마나 잊고 있는지!
 그러나 말해 두지만 마리우스를 비난하는 건 당치 않다.
 마리우스는 이미 설명한 것처럼 결혼 전에도 포슐르방 씨에게 이것저것 질문하는 일이 없었듯이 결혼 후에도 장 발장에게 질문하기를 두려워했다. 그는 무심코 그런 약속을 해버린 것을 후회했다. 그 절망적인 인간에게 그런 양보를 한 것은 잘못이었다고 몇 번이나 마음속으로 생각했다. 그리하여 조금씩 장 발장을 집에서 멀리하고, 꼬제뜨의 마음에서 될 수 있는 대로 그를 지워 버릴 수밖에 없다고 마음먹었다. 마리우스는 꼬제뜨와 장 발장 사이에 언제나 자기를 끼워 놓았다. 그렇게 하면 꼬제뜨도 장 발장을 걱정하지 않고 생각하지도 않을 것이다. 그것은 지워 버린다기보다는 차라리 보이지 않게 하는 것이었다.
 마리우스는 필요하고 정당하다고 판단한 일을 실천했을 뿐이었다. 냉혹한 방법을 쓰지 않고, 더욱이 약한 태도를 보이지 않고 장 발장을 멀리하는 데는 독자가 이미 본 바와 같은 중대한 이유가 있었고, 또한 다음에 보게 될 다른 이유도 있다고 그는 생각하고 있었다.
 마리우스는 자기가 변호를 담당한 어떤 소송 사건에서 라피뜨 집안(은행가)의 옛날 고용인을 우연히 만나게 되어, 그가 일부러 알리고 한 것은 아니었으나 수수께끼 같은 이야기를 들었다. 그러나 그는 비밀을 지키겠다고 약속한 바도 있었고, 또한 장 발장의 위험한 입장을 생각해서 그 이야기를 깊이 캐묻지 않았다. 그러나 마리우스는 어떤 중대한 의무를 다하지 않으면 안 되겠다고 생각했다. 그것은 그 60만 프랑을 돌려주어야 하는 것으로, 그는 될 수 있는 대로 신중히 그 상대를 찾고 있었고 그 돈에 손대기를 삼가고 있었다.

꼬제뜨로 말하면 그 비밀을 전혀 알지 못했다. 그러나 그 일로 그녀를 비난하는 것 또한 가혹한 일이다. 마리우스로부터 그녀에게 어떤 절대적인 자력이 흐르고 있어서 그것이 그녀로 하여금 본능적으로, 거의 무의식적으로 마리우스가 원하는 대로 하게 했다. '장 씨'에 대해서 그녀는 마리우스의 뜻을 알아차리고 거기에 따르고 있었다. 남편은 그녀에게 아무 말도 할 필요가 없었다. 그녀는 남편의 무언의 의도에서 막연하기는 했지만 분명한 압력을 받고 거기에 맹목적으로 복종했다. 여기서의 복종은 다만, 마리우스가 잊어버리고 있는 것을 들추어내지 않는 것이었다. 그러기 위해서는 아무런 노력도 필요하지 않았다. 자기 자신도 왜 그런지 알지 못한 채 또한 그녀에 대해 아무런 탓할 점도 없는 채 그녀의 영혼은 남편의 영혼이 되어 버렸기 때문에, 마리우스의 생각 속에서 그림자로 가려진 부분은 그대로 그녀의 생각 속에서도 어둡게 흐려져 있었다.

그러나 너무 말을 많이 하지 않기로 해야겠다. 장 발장에 관한 한, 그 망각과 소멸은 다만 피상적인 것에 불과하다. 그녀는 잊어버리기를 잘한다기보다는 무심해져 있었던 것이다. 사실 그토록 오랫동안 아버지라고 불러 왔던 그 사람을 그녀는 무척 사랑하고 있었다. 그러나 그보다 남편을 더 사랑했다. 그렇기 때문에 그녀의 마음은 약간 균형을 잃고 한쪽으로 기울어졌던 것이다.

때때로 꼬제뜨는 장 발장에 대한 이야기를 하면서 이상하게 여길 때도 있었다. 그런 때 마리우스는 그녀의 마음을 가라앉혀 주는 것이었다.

"그분은 집에 안 계신 모양이지. 여행 떠나신다고 하지 않았소?"

"그랬어요" 하고 꼬제뜨는 대답했다. "그분에겐 이렇게 훌쩍 사라지는 버릇이 있었어요. 하지만 이렇게 오래 걸리는 일은 없었는데."

두서너 번 그녀는 니꼴레뜨를 롬므 아르메 거리에 보내어 장 씨가 여행에서 돌아오셨는지 어떤지 물어보게 했다. 그때마다 장 발장은 아직 돌아오지 않았다고 대답하게 했다.

꼬제뜨는 더 이상 묻지 않았다. 이 세상에서 필요한 것은 오직 마리우스뿐이었기 때문에. 게다가 또 마리우스와 꼬제뜨 편에서도 집을 비웠던 일을 말해 두어야겠다. 그들은 베르농에 갔다. 마리우스가 꼬제뜨를 아버지 묘소에 데리고 간 것이다.

마리우스는 꼬제뜨를 조금씩 장 발장에게서 떼어놓았다. 꼬제뜨는 그렇게 되는 대로 가만히 있었다.

게다가 또 어떤 경우에는, 아이들이 은혜를 망각한다고 너무 가혹하게 말하는 것도, 항상 사람들이 생각하는 것만큼 비난할 일만은 아니다. 그것은 자연스러운 것이다. 자연은 다른 데서 말했듯이 '앞날을 바라보는' 것이다. 자연은 살아 있는 사람들을 오는 사람과 가는 사람으로 구분한다. 가는 사람은 그림자 쪽을 보고, 오는 사람은 빛 쪽을 보고 있다. 거기에서 노인에게는 숙명적인, 젊은이에게는 본의 아닌 어떤 괴리감이 생긴다. 그 괴리감은 처음에는 느껴지지 않을 정도였던 것이 차츰 나뭇가지가 뻗듯이 커져 간다. 작은 가지는 줄기에서 떨어지지 않은 채 멀어져 간다. 작은 가지가 나쁜 게 아니다. 청춘은 기쁨이 있는 곳을, 축제를, 발랄한 빛을, 사랑을 향해서 가는 법이다. 노년은 종말을 향하여 간다. 서로의 모습을 알아보지 못하지는 않지만, 이제 서로를 포옹하는 일은 없다. 젊은이들은 인생의 싸늘함을 느끼고, 노인들은 무덤의 싸늘함을 느낀다. 그러므로 이러한 젊은이들을 탓하지 말기로 하자.

기름이 다떨어진 램프의 마지막 흔들림

어느 날 장 발장은 집 계단을 내려와서 거리로 두서너 걸음 내딛다가 한 경곗돌 위에 걸터앉았다. 그것은 가브로슈가 6월 5일에서 6일에 걸친 밤에, 깊은 생각에 잠겨 있는 장 발장을 발견했던 바로 그 경곗돌이었다. 그는 그곳에 한참 동안 가만히 있더니 이윽고 집안으로 들어갔다. 그것이 시계추의 마지막 진동이었다. 이튿날 그는 집에서 나오지 않았다. 그 다음날은 침대에서도 나오지 않았다.

문지기의 마누라는 양배추라든가 감자에 베이컨을 조금 섞어서 장 발장에게 형편없는 음식을 만들어 주곤 했는데, 그의 갈색 질그릇 접시를 보고 외쳤다.

"아니, 어제도 아무것도 안 잡수셨군요!"

"그렇지 않소" 하고 장 발장은 대답했다.

"접시는 그대로인데요?"

"물병을 보시오. 비어 있지 않소?"

"그건 물을 마신 증거는 되지만 잡수신 건 되지 않아요."

"하지만, 물밖에는 다른 것은 먹고 싶지 않았소."

"그건 갈증이라는 거예요. 물하고 함께 식사를 드시지 않으면 열이 있는 거예요."

"내일은 먹겠소."

"아니면 '언젠가는'이겠죠. 어째서 오늘 안 잡수시는 거죠? '내일은 먹겠소'라니 그런 말씀이 어디 있어요! 제가 만든 요리에 손도 안 대시다니! 이 감자는 아주 좋은 거였어요!"

장 발장은 노파의 손을 잡았다.

"꼭 먹겠소" 하고 그는 호의가 깃든 목소리로 말했다.

"참 알 수 없는 분이군요." 문지기 마누라는 대답했다.

장 발장은 이 노파 외에는 거의 아무도 만나지 않았다. 빠리에는 아무도 지나다니지 않는 거리가 있고, 아무도 찾아오지 않는 집도 있다. 그는 그러한 거리 그런 집에 살고 있었다.

아직 밖으로 나다니던 무렵 그는 어떤 철물점에서 조그마한 구리 십자가를 몇 수에 사서, 그것을 침대 맞은편 못에 걸어 두었다. 그 처형대는 언제 보아도 좋은 것이다.

장 발장이 방안을 한 발짝도 걷지 않은 그러한 상태가 1주일이나 계속되었다. 그는 줄곧 누워만 있었다. 문지기의 마누라는 남편에게 말했다.

"뒷방 할아버지는 아예 일어나지도 않고 먹지도 않는데, 오래 갈 것 같지 않군요. 무슨 근심이 있는가 봐요. 아무래도 딸이 시집을 잘못 간 모양이에요."

문지기는 남편의 위엄을 갖춘 말투로 대답했다.

"부자라면 의사를 부르는 게 좋겠지. 돈이 없다면 의사를 못 부르는 거고, 의사를 못 부르면 죽을 뿐이지."

"그럼, 의사를 부르면?"

"그래도 죽겠지."

노파는 스스로 나의 포석(鋪石)이라고 부르는 곳에 나 있는 풀을 낡은 칼로 긁기 시작했다. 그녀는 풀을 뽑으면서 이렇게 중얼거렸다.
"가엾기도 해라. 그렇게 깔끔한 노인이었는데! 병아리 깃털처럼 새하얀 분이었건만."
노파는 문득 근처에 사는 의사가 거리 저쪽으로 지나가는 것을 보았다. 그녀는 자기 혼자 마음대로 그 의사에게 와달라고 부탁했다.
"3층이에요. 들어오세요. 노인은 이제 침대에서 꼼짝도 할 수 없어서 열쇠는 언제나 문에 매달려 있어요."
의사는 장 발장을 만나서 말을 걸어 보았다. 의사가 아래로 내려오자 문지기의 마누라가 물었다.
"어떤가요, 선생님?"
"몹시 좋지 않아요."
"어디가 나쁜가요?"
"온통 나빠서 어디가 나쁘다고 할 수도 없소. 보아하니 소중한 사람을 잃은 것 같더군요. 그 때문에 죽는 수도 있어요."
"환자는 뭐라고 하던가요?"
"자신은 아무 이상 없다고 하더군요."
"또 와주시겠어요, 선생님?"
"그러죠. 그러나 내가 아닌 다른 사람이 와야 할 거요."

포슐르방의 짐수레를 들어올린 팔이 지금은 펜대 한 자루도 무겁다

어느 날 저녁 장 발장은 팔꿈치를 짚고 몸을 일으키는 데 고통을 느꼈다. 손목을 잡아 보니 맥을 느낄 수가 없었다. 호흡은 짧았고, 이따금 끊어졌다. 그는 자기가 어느 때보다도 약해진 것을 알았다. 그때 무언가 마음에 걸리는 마지막 생각에 사로잡혔는지 그는 애써 일어나 옷을 입었다. 그는 낡은 노동복을 꺼내 입었다. 이제는 외출하는 일도 없었으므로 넣어 두었던 노동복인데, 그 옷이 마음에 들기도 했다. 그 옷을 입으면서도 그는 몇 번이나 쉬지 않으면 안되었다. 윗도리의 소매에 팔을 집어넣는 것만으로도 이마에서 땀이 흘렀다.

그는 혼자 있게 된 뒤부터 되도록 적적한 거실에는 있고 싶지 않았기 때문에 침대를 응접실로 옮겨 놓았다. 그는 가방을 열고 꼬제뜨가 어릴 때 입던

한 걸음 한 걸음이 힘이 들어서 주저앉아야 했다.

제9편 마지막 어둠, 마지막 새벽 1885

옷을 끄집어냈다. 그리고 그것을 침대 위에 펼쳐 놓았다.
주교의 촛대는 난로 위 항상 있던 자리에 놓여 있었다.
그는 서랍에서 초를 두 자루 꺼내 촛대에 꽂았다. 그런 다음 여름이라 아직도 훤했지만 그 초에 불을 붙였다. 죽은 사람이 있는 방에 이처럼 대낮부터 촛불이 켜 있는 것을 이따금 볼 때가 있다.
그는 가구에서 가구로 돌아다니는 한 걸음 한 걸음이 힘이 들어서 주저앉아야 했다. 그것은 소모한 만큼 힘이 다시 회복되는 그런 보통 피로가 아니었다. 간신히 쥐어짜내는 운동의 나머지였다. 두 번 다시 되풀이할 수 없는 힘겨운 노력 속에 방울방울 떨어져 가는, 다 시들어 빠진 생명이었다.
그가 털썩 쓰러진 의자 하나는 바로 거울 앞에, 그에게는 숙명적이고 마리우스에게는 하늘의 섭리였던 그 거울 앞에 놓여 있었다. 거기에 비친 압지 위에서 그는 거꾸로 된 꼬제뜨의 글씨를 읽었던 것이다. 그 거울을 들여다보았으나 거기에 비친 얼굴이 자기라고는 생각되지 않았다. 80살이나 된 듯한 얼굴이었다. 마리우스가 결혼하기 전에는 50살이 될까말까해 보였는데, 그 후의 1년은 30년이나 해당되는 것 같았다. 지금 그의 이마에 새겨진 주름은 이미 늙은이의 주름이 아니라 신비로운 죽음의 각인이었다. 거기에서는 가차없는 손톱자국이 느껴졌다. 뺨은 늘어져 있었고 얼굴의 살갗은 이미 흙으로 덮여 있는 듯한 빛이었다. 입 언저리는 옛 사람들이 무덤에 조각했던 얼굴처럼 밑으로 처져 있었다. 그는 원망하는 듯 허공을 지켜보았다. 마치 누구인가 탓하지 않을 수 없는 저 비극적인 위대한 인물의 한 사람과 같은 모습이었다.
그는 슬픔의 마지막 단계에, 이미 비애의 흐름도 말라버린 상태에 빠져 있었다. 슬픔도 말하자면 응결되어 버린 것이다. 인간의 영혼에도 절망이 엉긴 덩어리와 같은 게 있다.
벌써 밤이 되었다. 그는 몹시 힘들여 테이블과 낡은 안락의자를 벽난로 옆으로 당겨서 테이블 위에 펜과 잉크와 종이를 놓았다.
그렇게 하고 나자 정신이 아득해졌다. 의식을 되찾았을 때 그는 목이 타는 것을 느꼈다. 물병을 들어올릴 힘도 없어 가까스로 그것을 입으로 기울여 한 모금 마셨다.
그런 뒤에 침대 쪽으로 몸을 돌려 서 있을 수가 없기 때문에, 앉은 채 조

그는 다음과 같은 몇 줄을 천천히 써 나갔다.

그마하고 검은 옷이며 소중한 물건들을 바라보았다. 그러한 응시는 몇 시간이나 계속되었지만 그에게는 극히 짧은 순간처럼 느껴졌다. 갑자기 그는 오한이 스며드는 것을 느끼고 부르르 몸을 떨었다. 그는 주교의 촛대를 놓은 테이블에 팔꿈치를 짚고 펜을 들었다.

오랫동안 펜도 잉크도 쓴 일이 없었으므로 펜촉은 구부러지고 잉크는 바싹 말라 있었다. 그는 일어서서 잉크 속에 물을 몇 방울 떨어뜨려야만 했다. 그 일을 하는 데도 두서너 번 손을 멈추고 앉아야 했다. 더욱이 펜은 펜등으로 쓸 수밖에 없었다. 그는 이따금 이마를 닦았다.

손이 떨리고 있었다. 그는 다음과 같이 몇 줄을 천천히 써 나갔다.

꼬제뜨, 나는 너를 축복한다. 나는 너에게 조금 설명하고 싶은게 있다. 네 남편이 나에게 떠나야 한다고 깨닫게 해준 건 옳았다. 그러나 그가 믿고 있는 것 속에는 약간의 착오가 있다. 그러나 그로서는 당연하다. 그는 훌륭한 사람이다. 내가 죽은 뒤에도 언제까지나 그를 힘껏 사랑하여라. 뽕메르씨, 나의 사랑하는 아이를 언제까지나 사랑해 주오. 꼬제뜨, 이 종이에 써놓겠다. 여기에 너에게 말하고 싶은 것을 써놓겠다. 만약 아직 내게 기억력이 남아 있다면 숫자도 쓰겠지만, 잘 들어라. 그 돈은 분명히 너의 것이다. 그 사유는 이렇다. 흰 구슬은 노르웨이에서 오고, 검은 구슬은 영국에서 오고, 검은 유리 구슬은 독일에서 온다. 진짜 검은 구슬은 가볍고 귀중해서 값도 비싸다. 독일에서 그 모조품을 만들듯이 프랑스에서도 만들어내고 있다. 2인치 평방의 조그만 모루와 초를 녹이는 알코올 램프가 있어야 한다. 예전에는 수지(樹脂)와 그을음으로 그 초를 만들었는데 1파운드에 4프랑이었다. 나는 그것을 고무 락과 테레빈 유로 만드는 법을 발명해냈다. 비용은 불과 30수이고 더욱이 훨씬 품질이 좋다. 팔찌는 보랏빛 유리를 지금 말한 초로 조그맣고 검은 쇠고리에 붙여서 만든다. 유리는 쇠 세공품에는 보랏빛이어야 하고, 금 세공품에는 검은 빛이어야 한다. 스페인에서 가장 많이 사간다. 스페인은 검은 구슬의 나라로……

여기서 그는 쓰던 손을 멈추었고, 펜은 손가락에서 떨어졌으며, 때때로 마음 밑바닥에서 치밀어오르는 절망의 흐느낌이 이 불쌍한 남자를 사로잡아 그는 두 손으로 머리를 싸안고 깊은 생각에 잠겼다.

'아아!' 하고 그는 마음속에서 외쳤다(그 비통한 외침을 듣고 있는 것은 신뿐이었다). '모든 것은 끝났다. 이제는 그 아이도 만날 수 없겠구나. 그 아이는 나를 스쳐간 하나의 미소였다. 두 번 다시 그 아이를 만나지 못하고 어둠 속으로 들어가려는 건가. 아아! 1분만이라도, 한순간이라도 좋다. 그 목소리를 듣고, 저 옷을 만져보고, 그 천사 같은 모습을 바라보고 죽을 수가 있다면! 죽는 것은 아무것도 아니다. 두려운 것은 그 아이를 만나지 못하고 죽는 일이다. 그 아이가 나에게 미소를 보여주고 말을 걸어주면 얼마나 좋을까? 그런다고 누구에게 괴로움을 끼치게 된단 말인가? 아니, 이제는 끝났다. 영원히. 나는 이렇게 혼자뿐이다. 아! 이제는 그 아이를 만나지 못하겠구나.'

그때 누군가가 문을 두드렸다.

하얗게 만드는 것에 불과한 잉크병

같은 날, 좀더 분명히 말하면 같은 날 저녁때, 마리우스가 식탁에서 물러나와 소송 서류를 조사할 일이 있어 사무실에 들어가서 얼마 되지 않았을 때, 바스끄가 한 통의 편지를 들고 와서 말했다.

"이 편지를 가지고 온 사람이 객실에서 기다리고 있습니다."

꼬제뜨는 조부의 팔을 잡고 정원을 한 바퀴 돌고 있었다.

편지도 사람과 마찬가지로 기분나쁜 것이 있다. 조잡한 종이, 거친 구김살이 드러나 보이는 편지는 한눈에 보기만 해도 불쾌감을 준다. 바스끄가 가지고 온 편지는 그런 종류의 것이었다.

마리우스는 편지를 받아들었다. 담배 냄새가 났다. 냄새만큼 기억을 불러일으키는 것은 없다. 마리우스는 그 담배 냄새를 기억하고 있었다. 그는 겉봉을 보았다. '뽕메르씨 남작 각하.' 기억 나는 담배 냄새는 그의 필적마저 떠올리게 했다. 놀라움은 번갯불처럼 사람을 덮친다고 할 수 있으리라. 마리우스는 그러한 번갯불에 비쳐진 것 같았다.

후각의 저 신비스러운 비망록은 그의 마음 속에 하나의 세계를 되살아나게 했다. 종이, 접은 모양, 뿌연 잉크빛, 필적, 그 중에서도 특히 담배 냄새. 종드레뜨의 고미다락방이 눈앞에 떠올랐다.

어쩌면 이렇게도 신기한 일이 우연처럼 일어나는지! 그가 그토록 찾았던 두 발자취 중의 하나, 요즈음도 비상한 노력을 기울였지만 찾아내지 못해 이제는 영원히 놓쳐 버렸다고 여겼던 것이 지금 저절로 그 앞에 나타났던 것이다.
그는 재빨리 겉봉을 뜯고 읽었다.

남작 각하

만약 주님께서 소생에게 재능을 부여하셨다면, 저는 학사원(과학 아카데미) 회원 떼나르 남작(당시의 실재 인물)이 될 수 있었을 겁니다만, 실은 남작과 다른 사람입니다. 저는 다만 남작과 성이 같은 데 지나지 않습니다만, 만약 그것 때문에 각하의 호의를 받을 수가 있다면 다행하게 생각합니다. 각하가 저에게 베풀어 주시는 은혜는 머지않아 보답을 받으실 겁니다. 저는 어떤 인물에 관계된 비밀을 쥐고 있기 때문입니다. 그 인물은 각하와도 관계가 있습니다. 저는 각하의 도움이 될 영광을 바라고 있기 때문에 그 비밀을 각하께 알려드립니다. 남작부인과 각하는 고귀한 집안의 태생입니다. 문제의 인물은 명예 있는 가정과 맺어질 권리가 없는 자이므로 그를 댁에서 추방할 간단한 방법을 가르쳐 드리겠습니다. 유덕하고 신성한 곳도 이 이상 오래 죄악과 함께 어울리면 그 품위를 잃을 거라고 생각합니다.
응접실에서 남작 각하의 명령을 기다리고 있겠습니다.

삼가 아룁니다.

편지에는 '떼나르'라고 서명되어 있었다.
그 서명이 허위는 아니었다. 다만 떼나르디에를 약간 줄였을 뿐이다.
더욱이 모호한 문장과 맞춤법이 편지 주인의 정체를 완전히 드러내 주고 있었다. 신원증명은 완벽했다. 의심할 여지가 없었다.
마리우스의 감격은 깊었다. 놀라움의 충동에 뒤이어 이번에는 기쁨의 충동이 일어났다. 이제는 찾고 있는 나머지 사람, 즉 마리우스를 구해 준 사람만 찾아내면 그는 아무것도 바랄 게 없는 것이다.
그는 사무용 책상 서랍 속에서 몇 장의 지폐를 꺼내 주머니에 넣고 초인종을 울렸다. 바스끄가 문을 살며시 열었다.
"들어오라고 해" 하고 마리우스는 말했다.
바스끄는 손님을 안내했다.
"떼나르 씨입니다."
한 남자가 들어왔다. 마리우스는 또다시 놀랐다. 들어온 사람은 전혀 본 적이 없는 사람이었다.

그 남자는 이미 늙은이였는데, 코가 크고, 턱을 넥타이 속에 파묻고 있었으며, 눈에는 녹색 태프터로 양쪽에 차양을 단 녹색 안경을 쓰고, 머리는 영국 상류사회의 마부가 쓰는 가발처럼 눈썹까지 내려오도록 이마 위에 반질반질하게 빗어 붙이고 있었다. 머리카락은 반백이었다. 그는 머리에서 발끝까지 검은 옷으로 차려입었는데 그 검은 옷은 닳기는 했어도 깨끗했다. 윗옷 안주머니에서 장식줄이 나와 거기에 시계가 들어 있다는 걸 보여주고 있었다. 손에는 낡은 모자를 들고 있었다. 사나이는 허리를 굽히고 걸었다. 등이 굽었기 때문에 그의 인사는 한결 공손해 보였다.

가장 먼저 눈길을 끈 것은 그 남자의 윗도리로, 단정하게 단추를 채웠는데도 너무 커서 맞추어 입은 옷이 아닌 것 같았다.

여기서 약간 이야기가 옆길로 벗어나야겠다. 빠리에는 당시, 라르스날 도서관에서 가까운 보트레이 거리의 한 낡은 수상한 집에, 부랑자를 건실한 신사로 변장시켜 주는 일을 업으로 하는 한 재주 있는 유대인이 살고 있었다. 시간이 오래 걸리는 것은 부랑자들에게 좋지 않다. 그런데 거기에 가면 그다지 시간을 들이지 않고 끝낼 수 있었다. 하루나 이틀의 변장이라면 순식간에 되었다. 하루에 30수씩만 내면 온갖 종류의 신사 옷차림으로, 되도록 근사하게 변장시켜 주었다. 옷을 빌려주는 사람은 '교환인'이라고 불렸다. 빠리 소매치기들이 그 이름을 붙였는데, 그 패들에겐 그 이름으로밖에는 알려져 있지 않았다.

그는 꽤 완비된 의상실을 가지고 있었다. 변장하는 데 쓰는 의상은 거의 갖출 만큼 갖추었다. 그는 여러 가지로 분류된 특수한 품목을 갖추고 있었다. 의상실 벽에 박은 못 하나하나에 온갖 사회적 신분이, 입어서 낡은 허름한 모습으로 걸려 있었다. 이쪽에 법관복이 있는가 하면, 저쪽에는 사제복이 있고, 한 군데에는 은행가의 옷이 있으며, 한 구석에는 퇴역군인의 옷이 있고, 맞은쪽에는 문인의 옷이, 그 저쪽에는 정치가의 옷이 있었다.

그 남자는 사기꾼들이 빠리에서 공연하는 큰 연극의 분장사였고, 그의 허름한 집은 절도나 협잡꾼들이 출입하는 분장실이었다. 누더기를 걸친 부랑자가 그 옷집에 와서 30수를 내고 그날 출연하려는 배역에 따라 근사하게 맞는 옷을 골라입고, 다시 계단을 내려갈 때는 이미 그럴싸한 인물로 바뀌어 있는 것이다. 이튿날이면 옷가지는 정직하게 돌아와서 도둑놈들을 신용하고 있는 교환인은 한번도 도둑을 당해 본 적이 없었다.

다만 그 옷들에는 한 가지 불편한 점이 있었다. 즉 '잘 맞지 않는'다는 것이다. 입는 사람 몸에 맞추어서 만든 것이 아니기 때문에 어떤 사람에게는 거북하고 또 어떤 사람에게는 헐렁헐렁해서 누구에게도 꼭 맞지 않았다. 소매치기란 모두 보통 사람보다 크거나 작거나 하기 때문에 교환인의 옷은 아무래도 잘 맞지 않았다. 너무 뚱뚱해도 안 되고 너무 말라도 안 되었다. 교환인은 보통 사람밖에 예상하지 않았다. 그는 한 부랑자에게 맞추어서 치수를 쟀는데 그는 뚱뚱하지도 마르지도 않았고, 몸집이 크지도 작지도 않았다. 그래서 때로는 옷을 입기 곤란한 때도 있었지만 교환인의 단골 손님들은 적당히 잘 해나가고 있었다. 유별난 체격의 소유자에게는 매우 딱한 일이었다! 이를테면 정치가의 옷은 위에서 아래까지 검은 색이어서 적절하지만, 피트에게는 너무 크고 까스뗄씨깔라에게는 너무 작다는 그런 식이었다.

'정치가'의 복장은 교환인의 목록 속에 다음과 같이 지정되어 있었다. 그것을 옮겨 보기로 하겠다.

'검은 나사 윗도리, 검은 캐시미어 바지, 비단 조끼, 장화, 셔츠' 그리고 난외(欄外)에 '전(前) 대사'라고 적혀 있고 주(註)가 붙어 있었다. 그것도 역시 옮겨 보면 다른 상자에 적당한 고수머리의 가발, 녹색 안경, 시계줄, 솜에 싼 길이 1인치의 조그마한 새의 깃대 둘, 그것 만으로 대사를 지낸 정치가가 되는 것이었다. 그 옷들은 모두 낡아 있었다. 솔기는 허옇게 바랬고, 팔꿈치 한쪽은 단추 구멍만한 크기로 뚫어지는 중이었다. 게다가 윗도리 가슴의 단추가 하나 떨어져 있었다.

그러나 그것은 대수로운 일이 아니었다. 정치가는 손을 언제나 윗도리 속에 집어넣고 가슴을 누르고 있어야 하는 것이므로 떨어진 단추를 감추는 구실도 하는 셈이었다.

바스크는 손님을 안내하면서 "떼나르 씨입니다" 하고 말했다.

마리우스가 만일 빠리의 그러한 비밀스러운 기관에 대해 알고 있었다면, 지금 바스끄가 안내한 손님이 입고 있는 옷이 교환인의 의상실에서 빌려 입은 정치가의 윗도리라는 것을 대뜸 알았을 것이다.

기대한 것과는 다른 사나이가 들어오는 것을 본 마리우스의 실망은 곧 새로운 손님에 대한 혐오감으로 변했다. 손님이 지나치게 정중하게 허리를 굽히고 있는 동안, 그는 그 머리에서 발끝까지 자세히 살펴보며 퉁명스럽게 물었다.

"무슨 일이오?"

사내는 악어가 아양을 떠는 듯한 웃음이라고나 할까, 이를 드러내면서 붙임성있게 말했다.

"남작 각하와는 이미 사교계에서 만나 뵌 영광을 가졌던 것으로 기억합니다. 특히 수년 전에는 바그라씨용 공작부인의 저택과, 귀족원 의원인 당브레 자작 각하의 살롱에서 만나뵈었다고 생각합니다."

생면부지의 사람에게 어디선가 만난 적이 있는 척하는 것은 부랑자들의 교묘한 수단이다. 마리우스는 그 사내가 말하는 모습에 주의하고 있었다. 말투며 몸짓을 자세히 관찰했다. 그러나 실망은 점점 커질 뿐이었다. 그것은 기대했던 날카롭고 카랑카랑한 목소리와 딴판으로, 콧소리였다. 그는 이제 거의 추리를 포기할 지경이었다.

"나는 바그라씨용 부인도 당브레 씨도 모르오. 생전에 누구네 댁에 간 일이 없소." 하고 그는 말했다.

짜증스러운 대답이었다. 사내는 그래도 넉살좋게 말을 이었다.

"그럼 샤또브리앙 씨 댁이었나 봅니다! 저는 샤또브리앙을 잘 압니다. 정말 싹싹하지요. 이따금 저에게 떼나르…… 나하고 한 잔 하지 않을 텐가? 할 때가 있었지요."

마리우스의 이마는 점점 준엄해졌다.

"나는 샤또브리앙 씨 댁에 간 적도 없소. 요점을 말하시오. 무슨 용무요?"

엄격해진 그 목소리 앞에 사내는 점점 낮게 고개를 숙였다.

"남작 각하, 제발 들어 주십시오. 아메리카의 파나마 쪽 지방에 조야라는 마을이 있습니다. 마을이라고는 해도 집이 한 채밖에 없습지요. 단단한 벽돌로 지은 커다란 4층 건물인데 사방의 길이가 각각 500피트, 각층은 아래층보다 12피트가 들어가 있어서 그것이 건물을 뻥 둘러서 테라스를 이루고 있습니다. 중앙에는 식료품이며 무기를 저장해 두는 안뜰이 있습니다. 창문은 없고 모두 구멍으로 되어 있으며, 문이 없고 사닥다리로 드나들도록 되어 있지요. 즉 땅바닥에서 2층 테라스로, 3층에서 4층 테라스로 올라가는 사다리가 있습니다. 안뜰로 내려갈 때도 사다리를 사용합니다. 방에는 문이 없고 모두 들어올리는 뚜껑 문이 있으며, 계단이 없고 사다리가 있습니다. 밤에는 들어올리는 뚜껑 문을 닫고, 사다리를 끌어올린 뒤 나팔총이며 기총을 배치합니다. 안으로 들어 갈 길은 없습니다. 대낮에는 보통 집이고, 밤에는 요새가 되는데, 800명의 주민이 살고 있다는 것이 대략 그 마을의 모습이지요. 어째서 그렇게 경계를 하는가? 그 지방은 위험하기 때문입니다. 식인종들이 우글우글하기 때문이죠. 왜 그곳에 사느냐 하면 그 지방은 정말 기막힌 곳이기 때문입니다. 황금이 나오거든요."

"그래서 어쨌다는 거요?" 하고 실망하다 못해 이제 화가 난 마리우스가 말을 가로챘다.

"말하자면 남작 각하, 저는 이미 지쳐 버린 왕년의 외교관입니다. 낡은 문명은 저를 녹초로 만들어버렸습니다. 저는 야만스런 일을 해보고 싶습니다."

"그래서?"

"남작 각하, 이기주의는 세상의 법칙입니다. 날품팔이하는 가난한 농사꾼 여자는 마차가 지나가면 돌아보지만 자기 소유의 밭에서 일하는 여자는 돌아보지 않습니다. 가난뱅이의 개는 부자를 보고 짖어 대고, 부잣집 개는 가난뱅이를 보고 짖어 댑니다. 각각 자기 밖에는 생각지 않는다는 말씀이죠. 이익, 이것이야말로 인간의 목적입니다. 돈, 그것이야말로 자석입니다."

"그래서? 결론을 말하시오."

"저는 조야에 가서 살고 싶습니다. 가족은 셋입니다. 집사람과 딸이 하나 있죠. 썩 예쁜 딸이에요. 여행이 길기 때문에 돈도 많이 듭니다. 저는 돈이 좀 필요합니다."

"그게 나하고 무슨 상관이 있소?" 하고 마리우스는 물었다.

낯선 사내는 독수리에 어울릴 것 같은 몸짓으로 넥타이에서 목을 빼고 더욱 웃으면서 말했다.

"남작 각하께선 제 편지를 안 읽으셨나요?"

그것은 거의 맞는 말이었다. 사실 편지 내용은 마리우스의 마음을 슬쩍 지나쳤을 뿐이었다. 그는 편지를 읽었다고 하기보다는 필적을 보았던 것이다. 내용은 거의 생각나지 않았다. 그러나 바로 지금 새로운 실마리가 나타났다. 그는 '집사람과 딸'이라는 한 마디에 주의했던 것이다. 그는 파고드는 듯한 눈길로 낯선 사내를 쏘아보았다. 예심 판사라도 그 이상 날카롭게 사람을 쏘아보지는 않으리라. 마치 겨냥하고 있는 것 같았다. 그러나 그는 이렇게만 대답했다.

"요점을 말하시오."

사내는 두 손을 바지 주머니에 집어넣고, 여전히 등을 구부린 채 머리만 쳐들고, 이번에는 마리우스를 녹색 안경 너머로 살피듯이 보았다.

"좋습니다, 남작 각하. 분명하게 말씀드리지요. 저는 각하께 팔고 싶은 비밀을 쥐고 있습니다."

"비밀을!"

"예, 비밀입니다."

"나하고 관계 있는?"

"조금 그렇습니다."

"그 비밀이란 게 무어요?"

마리우스는 상대편 말에 귀를 기울이면서 더욱 깊이 그를 살폈다.

"우선 보수가 필요없는 이야기부터 시작하겠습니다" 하고 낯선 사나이는 말했다. "이제 곧 제가 재미있는 사람이라는 걸 아시게 될 겁니다."

"이야기하시오."

"남작 각하, 당신께선 집안에 강도와 살인자를 두고 계십니다."

마리우스는 등골이 오싹했다.

"내 집에? 천만에" 하고 그는 말했다.

사내는 침착하게 모자의 먼지를 팔꿈치로 털며 말을 이었다.

"살인범이고 강도입니다. 잘 들어주세요, 남작 각하. 저는 여기서 오래된, 케케묵어 효력이 없어진 사실을 말씀드리는 것이 아닙니다. 법률로 시효도 소멸되고 신께 회개하는 것으로 지워지는 그런 사실을 말하는 게 아닙니다. 최근의 사실을, 현실의 사실을, 지금도 아직 사법 당국에서 모르는 사실을 말씀드리려는 것입니다. 그 자는 가명을 써서 교묘하게 당신의 신용을 얻고, 가족의 한 사람처럼 되었습니다. 그 자의 진짜 이름을 가르쳐 드리겠습니다."

"들어 봅시다."

"그 자는 장 발장이라고 합니다."

"알고 있소."

"또 하나, 이것도 역시 거저 가르쳐 드리겠습니다. 그가 어떤 인물인가를."

"말하시오."

"그는 전과자입니다."

"알고 있소."

"그건 제가 가르쳐 드렸기 때문에 아셨겠지요?"

"아니오. 전부터 알고 있었소."

마리우스의 냉랭한 어조와 두 번 되풀이된 '알고 있소'라는 대답이며, 이야기를 도중에서 꺾어 버리는 듯한 간단명료한 말투는 사내에게 어떤 분노를 일으키게 했다.

그는 격분한 눈초리로 마리우스를 흘끗 훔쳐 보았으나 그 눈빛은 이내 사라졌다. 그것은 실로 재빠르게 나타났지만 한 번 보면 잊을 수 없는 눈초리였다. 마리우스는 그것을 놓치지 않았다. 어떤 종류의 불꽃은, 어떤 종류의 영혼에서밖에는 불붙지 않는다. 마음의 창문인 눈은 그 불꽃으로 타오른다. 안경도 그것을 감추지 못한다. 지옥의 불길을 유리로 가리려는 것과 다를 게 없다.

사내는 엷은 웃음을 띠면서 말했다.

"남작 각하의 말씀에 반박할 생각은 없습니다. 그러나 어쨌든 제가 비밀을 쥐고 있는 것은 아셔야겠습니다. 그런데 지금부터 가르쳐 드리려는 것은 저 한 사람밖에 모르는 일입니다. 그것은 남작부인의 재산에도 관계가 있습니다. 돈을 받고 팔 만한 굉장한 비밀입니다. 그것을 우선 각하께 제공하려는 겁니다. 싸게 말씀드리죠. 2만 프랑으로."

"나는 그 비밀과 다른 것도 알고 있소" 하고 마리우스는 말했다.

사내는 약간 값을 내려야겠다고 생각했다.

"남작 각하, 만 프랑만 주십시오. 그러면 말씀드리겠습니다."

"거듭 말하지만 당신은 내게 아무것도 가르쳐 줄 게 없소. 당신이 말하고자 하는 것을 나는 전부 알고 있소."

사내의 눈에 다시 새로운 빛이 반짝였다. 그는 부르짖었다.

"그렇게 말씀하시지만 저는 오늘 먹을 것을 얻지 않으면 안됩니다. 정말 굉장한 비밀입니다. 남작 각하, 말씀드리겠습니다. 30프랑만 주십시오."

마리우스는 사내를 똑바로 쳐다보았다.

"나는 당신의 굉장한 비밀을 알고 있소. 장 발장의 이름을 알고 있듯이 당신의 이름도 알고 있소."

"제 이름을?"

"그렇소."

"그건 조금도 어렵지 않죠, 남작 각하. 편지에도 썼고, 말씀도 드렸으니까요. 떼나르라고."

"디에."

"네?"

"떼나르디에."

"그건 누구입니까?"

위험에 부딪치면 호저(고슴도치와 비슷한 동물)는 털을 곤두세우고 풍뎅이는 죽은 체하고, 옛날의 근위병은 네모나게 진을 치지만, 이 사내는 웃기 시작했다. 그러고 나서 그는 윗도리 소매를 손가락 끝으로 퉁겨 먼지를 털었다. 마리우스는 계속 말했다.

"당신은 그밖에도 노동자 종드레뜨이고, 배우 파방뚜이고, 시인 장플로이고, 스페인 사람 돈 알바레즈이고, 발리자르의 부인이기도 하지."

"무슨 부인이라고요?"

"그리고 또 몽페르메이유에서 싸구려 음식점을 했고."

"싸구려 음식점을! 천만에 말씀입니다."

"그리고 당신은 떼나르디에란 말이오."

"그렇지 않습니다."

"그리고 당신은 악당이야. 자, 여깄네."

그렇게 말하고 마리우스는 주머니에서 지폐 한 장을 꺼내 사내의 얼굴에 던졌다.

"고맙습니다! 죄송합니다! 500프랑이군요! 남작 각하!"

사내는 허둥지둥 굽신거리면서 지폐를 움켜쥐자 그것을 들여다보았다.

"500프랑!" 하고 그는 눈을 휘둥그레 뜨고 거듭 말했다. 그리고 목소리를 낮추어서 중얼거렸다. "진짜 지폐야!"

그러다 느닷없이 외쳤다.

"네, 이만하면 됐습니다. 이제 터놓고 얘기합시다."

그리고 원숭이처럼 민첩하게 머리칼을 뒤로 쓸어올리고, 안경을 벗고, 두 개의 새 깃털을—그것은 조금 전에도 이야기했지만, 독자는 이 책의 다른 페이지에서도 이미 그것을 보았을 것이다—코에서 뽑아내자, 마치 모자라도 벗듯이 탈을 벗어버렸다.

그 눈은 번들번들 타올랐다. 군데군데 울퉁불퉁하고, 위쪽에 흉하게 주름이 잡힌 이상한 이마가 드러났다. 코는 새의 부리처럼 뾰족했다. 육식조류처럼 잔인하고 교활한 옆얼굴이 나타났다.

"남작 각하께선 바로 보셨습니다" 하고 그는 이제는 조금도 코가 막히지 않은 분명한 목소리로 말했다. "전 떼나르디에입니다."

그리고 그는 구부렸던 등을 꼿꼿이 했다.

떼나르디에—틀림없는 그였다—는 몹시 놀랐다. 그도 당황하는 일이 있다면 틀림없이 당황했을 것이다. 상대를 놀라게 해줄 작정으로 왔는데 반대로 자기가 놀란 것이다. 그 굴욕의 대가로서 500프랑을 주어서 그는 그것을 받기로 했다. 그러나 어쨌든 몹시 놀랐다.

그는 이 뽕메르씨 남작과 초면이었다. 그가 변장을 했지만 뽕메르씨 남작은 그의 정체를 간파했던 것이다. 더욱이 속속들이 간파했다. 게다가 이 남작은 떼나르디에에 대해 알고 있을 뿐 아니라, 장 발장에 대해서도 알고 있는 듯했다. 아직 풋내기로밖에 보이지 않는데 이처럼 냉철하고 호기 있는 이 청년은 대체 어떤 사람이란 말인가? 남의 이름을 잘 알고 있고, 그들의 이름도 모조리 알고 있고, 재판관처럼 사기꾼을 골탕먹이는가 하면 속임수에 넘어간 어리석은 사람처럼 지갑을 열어 돈을 내주다니!

떼나르디에는 기억하는 바와 같이 예전에 마리우스의 옆방에서 살았지만 한 번도 그를 본 일이 없었다. 그런 일은 빠리에서는 흔히 있는 일이다. 그는 일찍이 자기의 딸들이 같은 집에 사는 마리우스라는 극히 가난한 청년에 대해서 이야기하는 것을 어렴풋이 들은 일이 있었다. 누군지도 모르고 그에게 편지를 써보낸 일도 있었다. 그러나 그의 마음속에서 마리우스와 뽕메르씨 남작 각하를 결부시키는 건 도저히 불가능했다.

뽕메르씨라는 이름에 대해서는 아시는 바와 같이, 워털루의 싸움터에서 그 마지막 두 마디(메르씨는 곧 고맙다는 뜻)만을 알아듣고 그저 감사하다는 말인 줄로만 알고 관심을 두지 않았던 것은 당연한 일이었다.

그러다가 딸 아젤마를 시켜서 2월 16일 신랑 신부의 뒤를 밟게 하고 또한 자신도 이것저것 탐색해 본 결과 많은 것을 알게 되었다. 자기는 안개 속에서 정체를 드러내지 않으면서도 몇가닥 비밀의 실마리를 갖게 된 셈이었다. 그리고 언젠가 대하수도 속에서 만난 남자가 어떤 사람인지 교활한 재치로 알아냈다. 또는 적어도 여러 구체적인 사실로부터 일반적인 원리를 끌어내어 짐작했다. 그 남자의 이름도 어렵지 않게 알아냈고, 뽕메르씨 남작부인이 꼬제뜨라는 것도 알았다. 그러나 그쪽에 대해서는 신중을 기할 작정이었다.

도대체 꼬제뜨란 누군가? 그 자신도 분명하게 알지 못했다. 어떤 사람의 사생아라는 소리는 언뜻 들었지만, 팡띤느의 이야기는 아무래도 모호하게 생각되었다. 게다가 그 이야기를 끌어내어 무얼하겠는가? 입막음하는 돈을 받아낼까? 그러나 그에게는 팔 만한 좀더 좋은 게 있었다. 또는 있다고 믿고 있었다. 게다가 아무런 증거도 없는데 '당신의 부인은 사생아입니다' 하고 뽕메르씨 남작에게 폭로한들, 기껏해야 남편의 구둣발에 허리나 걷어차일 게 고작일 것이다.

떼나르디에의 생각으로는 마리우스와 담판하는 것은 아직 시작도 되지 않았다. 물론 한 걸음 후퇴하여 전술을 수정하고, 진을 버리고 전선을 바꾸어야 했다. 그러나 본질적인 것은 아직 아무것도 입밖에 내지 않았고, 500프랑은 호주머니에 챙겨두고 있었다. 게다가 결정적인 것은 말하지 않고 덮어두었기 때문에, 그처럼 정보에 통하고 무장을 갖추고 있는 뽕메르씨 남작에 대해서 그는 아직 자기 쪽이 강하다고 느끼고 있었다. 떼나르디에와 같은 인간에게는 사람과 하는 대화는 모두가 전투다. 그런데 이제부터 전개되려는 싸움에서 그의 입장은 어떠한가? 그는 자기가 누구를 상대로 이야기하고 있는가는 몰랐지만 무슨 문제에 대해서 이야기하고 있는가는 알고 있었다. 그는 재빨리 머릿속으로 자신의 무기를 점검하고, "저는 떼나르디에입니다" 한 뒤에 상대가 어떻게 나오는가를 기다렸다.

　마리우스는 생각에 잠겨 있었다. 이제야 드디어 떼나르디에를 찾은 것이다. 그토록 만나고 싶었던 그 사내가 지금 여기에 서 있는 것이다. 이제야 아버지 뽕메르씨 대령의 부탁도 수행할 수 있게 됐다. 마리우스는 그 영웅이 이런 불한당에게 다소 은혜를 입은 것과, 무덤 속에서 아버지가 마리우스에게 끊어준 수표가 오늘까지 지불되지 않고 있는 것이 부끄러웠다. 그러면서도 떼나르디에에 대한 그의 복잡한 심정은 이 파렴치한에게 구원받은 불행에 대해 대령의 복수를 해도 좋다고 생각했다. 그것은 어떻든, 그는 기뻤다. 이제야 간신히 이 괘씸한 채권자로부터 대령의 그림자를 놓아 줄 수가 있는 것이다. 그리고 부채의 감옥에서 아버지의 기억을 끌어내 줄 때가 온 것 같았다.

　그 의무 외에 그에게는 또 하나의 의무가 있었다. 가능하면 꼬제뜨의 재산 출처를 밝히는 일이었다. 이제야말로 그 기회가 온 것같이 생각되었다. 떼나르디에는 틀림없이 뭔가 알고 있을 것이다. 이 사내의 뱃속을 들여다보는 것도 쓸데없는 일은 아니리라. 그는 거기서부터 시작했다.

　떼나르디에는 '진짜 지폐'를 안주머니에 집어넣자, 상냥할 만큼 공손한 얼굴로 마리우스를 보았다. 마리우스는 침묵을 깨뜨렸다.

　"떼나르디에, 나는 당신 이름을 말했소. 이번에는 당신의 그 비밀이라는 걸, 당신이 나에게 알려 주려고 온 비밀을 말해 주겠소? 나도 여러 가지를 알고 있소. 내가 당신보다 더 자세히 알고 있다는 것을 이제 곧 알 거요. 장발장은 당신이 말했듯이 살인범이고 강도요. 유복한 공장 주인 마들렌느 씨를 파산시키고 그 재산을 훔쳤기 때문이오. 살인범이라는 건 경위 자베르를 살해했기 때문이고."

　"무슨 말씀인지 잘 모르겠습니다만, 남작 각하" 하고 떼나르디에는 말했다.

　"그럼 알게 해주리다. 들어 보시오, 1822년경 빠 드 깔레 군(郡)에 한 남자가 있었소. 그는 옛날에 유죄 판결을 받은 일이 있었는데 마들렌느라는 이름으로 다시 원상태로 돌아가 명예를 회복했소. 그 사람은 말 그대로 올바른 사람이 되어 있었소. 어떤 공업으로, 다시 말해서 새로운 검은 유리 구슬의 제조 발명으로 그는 도시 전체를 번영시켰소. 자기의 개인 재산도 만들었지만 그것은 부차적인 것이어서 말하자면 우연히 생긴 데 불과하오. 그는 가난한 사람들을 부양하는 어버이가 되었소. 자선 병원을 짓고, 학교를 만들고, 병자를 돌보고, 결혼하는 처녀에게는 지참금을 주고, 미망인을 돕고, 고아를 맡아 길렀소. 그 지방의 보호자였소. 그는 훈장을 거절했지만 사람들은 그를 시장에 임명했소. 한 전과자가 그 사람이 옛날에 받았던 형벌의 비밀을 알고 있었소. 전과자는 그를 고발하여 체포케 하고, 그가 잡혀간 틈을 타서 빠리에 와서 라피뜨 은행에서—이 사실은 은행 출납계원한테서 직접 들은 얘긴데—가짜 서명을 사용해서 마들렌느 씨가 소유한 50만 프랑 이상의 금액을 빼냈소. 마들렌느 씨의 돈을 훔친 죄수, 그가 바로 장 발장이오. 또 한 가지 사실에 대해서도 당신은 나에게 가르쳐줄 것이 없소. 장 발장은 자베르 경위를 죽였소. 권총 한 발로 죽인 거요. 나 자신이 그 현장에 있었소."

떼나르디에는 멸시하는 듯한 눈길을 흘끔 마리우스에게 던졌다. 그것은 일단 얻어맞아서 뻗었다가 다시 승리에 손이 닿아서 잃어버린 처지를 순식간에 회복한 인간의 눈이었다. 그러나 다시 곧 미소가 떠올랐다. 패자는 승자에 대해 승리를 획득해도 더욱 아첨을 해야 하기 때문에 떼나르디에는 마리우스에게 이렇게만 말했다.

"남작 각하, 아무래도 이야기가 이상한 것 같습니다."

그는 시계줄을 의미심장하게 빙빙 돌리며 말에 힘을 주었다.

"뭐라구요! 아니란 말이오? 이것은 모두 사실이오." 마리우스는 말했다.

"터무니없는 말씀입니다. 남작 각하께서 털어놓고 말씀하시니 저도 말씀드리지 않을 수 없습니다. 무엇보다도 진실과 정의가 제 일입니다. 저는 남이 무고한 죄를 뒤집어 쓰는 건 보고 싶지 않습니다. 남작 각하, 장 발장은 결코 마들렌느 씨의 돈을 훔치지 않았습니다. 장 발장은 자베르를 죽이지 않았습니다."

"무슨 소릴! 어째서 그렇단 말요?"

"두 가지 이유가 있습니다."

"어떤 이유요? 말해 보시오."

"첫 번째 이유는 이렇습니다. 그는 마들렌느 씨의 돈을 훔치지 않았습니다. 왜냐하면 마들렌느 씨는 바로 장 발장 자신이니까요."

"그게 무슨 말이오?"

"그리고 두 번째로 그는 자베르를 죽이지 않았습니다. 왜냐하면 자베르를 죽인 사람은 자베르 자신이니까요."

"그건 무슨 뜻이오?"

"자베르는 자살했습니다."

"증명해보시오! 증거가 있소?"

마리우스는 자기도 모르게 소리를 질렀다.

떼나르디에는 마치 알렉상드르의 시구라도 읊듯이 한 마디 한 마디 끊으면서 발음했다.

"경위, 자, 베, 르는, 뽕, 또, 샹즈, 다리 밑, 에서, 익사체로, 발견되었습니다."

"글쎄, 증명해보란 말이오!"

떼나르디에는 주머니에서 커다란 회색 종이 봉투를 꺼냈다. 거기에는 여러 가지 크기로 접은 종이쪽지가 들어 있는 것 같았다.

"여기 기록이 있습니다" 하고 그는 침착하게 말했다.

그러고 나서 그는 덧붙였다.

"남작 각하, 저는 당신을 위해 장 발장을 바닥 구석구석까지 파헤쳐보려고 했습니다. 저는 장 발장과 마들렌느는 같은 인물이라고 말씀드렸고, 자베르는 그 자신 외에 살해자가 없다고 말씀드렸습니다. 저의 이야기는 증거가 있어서 드리는 말씀입니다. 그것도 손으로 쓴 증거가 아닙니다. 손으로 쓴 것은 모호합니다. 그런 것은 적당히 처리될 수도 있으니까요. 그러나 제가 가지고 있는 것은 인쇄한 증거입니다."

이야기하면서 떼나르디에는 봉투 속에서 누렇게 절어 있고 담배 냄새가 물씬 풍기는 두 장의 신문지를 꺼냈다. 그 두 장 중의 한 장은 접은 데가 모조리 찢어져서 네모난 조각으로 나뉘어져 있었고 다른 한 장보다 훨씬 오래돼 보였다.

"두 가지 사실에 두 가지 증거물" 하고 떼나르디에는 말했다. 그리고 두 장의 신문지를 펴서 마리우스에게 내밀었다.

그 두 장의 신문은 독자들도 아는 것이다. 한 장은, 다시 말해서 오래된 것은 1823년 7월 25일자의 〈드라뽀 블랑〉지인데, 그 기사는 이 책의 제2부

제2편에서 보았듯이 마들렌느 씨가 장 발장과 같은 인물이라는 것을 입증하고 있다. 또 한 장은 1832년 6월 15일자 〈모니뙤르〉지인데, 자베르의 자살을 확증하는 동시에 다음과 같은 것을, 즉 자베르의 시경국장에 대한 구두 보고를 덧붙이고 있었다. 그 보고에 의하면 그는 샹브르리 거리의 바리케이드에서 포로가 되었는데, 한 폭도가 그를 피스톨 앞에 세웠으면서도 자기의 머리를 쏘지 않고 하늘을 향하여 발사한 덕택에 목숨을 건졌다는 것이다.

마리우스는 읽었다. 그 속에는 증명이 있고, 분명한 날짜가 적혀 있고, 부정할 수 없는 증거가 있었다. 그 두 장의 신문은 떼나르디에가 자기가 한 말을 증명하기 위해 특별히 인쇄하게 한 것은 아니었다. 〈모니뙤르〉지에 나와 있는 기사는 시경이 공식으로 발표한 것이었다. 마리우스는 의심할 수가 없었다. 은행 출납계원의 정보는 잘못된 것이었다. 마리우스 자신이 잘못 알고 있던 것이다. 장 발장의 모습이 갑자기 커져서 구름 속에서 나타났다. 마리우스는 기쁨의 환성을 억제할 수가 없었다.

"아, 그 불행한 사람은 훌륭한 사람이었구나! 그 재산은 모두 정말로 그의 것이었구나! 그 사람이 한 지방의 보호자, 바로 마들렌느였어! 영웅이다! 성인이다!"

"아닙니다. 그 자는 성인도 영웅도 아닙니다. 살인범이고 강도입니다" 하고 떼나르디에가 말했다.

그리고 그는 어떠한 권위가 자기에게 있는 것을 느끼기 시작한 사람 같은 어조로 덧붙였다.

"자, 침착하게 이야기합시다."

도둑놈, 살인범. 사라져 버렸다고 생각했던 그 말들이 다시 돌아와서 차디찬 소나기처럼 마리우스에게 쏟아져 내렸다.

"그래도!" 하고 그는 말했다.

"역시 그렇습니다" 하고 떼나르디에는 말했다. "장 발장은 마들렌느의 돈을 훔치지는 않았지만 그래도 역시 도둑놈입니다. 자베르를 죽이지는 않았지만 역시 살인범입니다."

"당신이 말하고 싶은 것은 저 40년 전의 보잘것없는 도둑질 말이오? 그거라면 그 신문에서 보더라도 회개와 극기와 덕으로 일평생 보상되었소" 하고 마리우스는 말했다.

"저는 살인과 도둑질이라고 말씀드리는 겁니다, 남작 각하. 그리고 거듭 말씀드립니다만 저는 현재의 사실을 이야기하는 겁니다. 이제부터 각하께 밝히는 것은 전혀 알려져 있지 않습니다. 드러나지 않은 겁니다. 그리고 아마도 장 발장이 교묘하게 남작부인에게 물려준 재산의 출처도 그것으로 아셨을 겁니다. 교묘하게라는 것은, 그런 종류의 재산 증여로 명예 있는 가정에 들어가서 그 안락함을 같이하고, 그와 동시에 자신의 죄를 감추고, 훔친 물건을 향락하고, 본명을 숨기고, 자기 가정을 이룩한다는 것은 그렇게 서툰 방법은 아니니까요."

"그 점에 대해서는 나도 할 말이 있소. 하지만 그대로 계속해 보시오" 하고 마리우스는 말했다.

"남작 각하, 보수에 대해서는 각하의 관대한 마음에 맡기고 모든 걸 말씀드리겠습니다. 이 비밀은 금덩이 같은 가치가 있는 겁니다. 그렇다면 왜 장 발장에게 말하지 않느냐고 하시겠지요. 이유는 극히 간단합니다. 저는 그가 재산을 모두 포기했다는 것을, 그것도 각하를 위해 포기했다는 것을 알고 있습니다. 매우 영리한 방법이었다고 생각합니다. 어쨌든 그는 이미 1수도 갖고 있지 않은 셈이니 제가 가더라도 빈 손만 내보일 겁니다. 더욱이 저는 조야로 가는 데 약간의 돈이 필요하기 때문에 무일푼인 그보다 무엇이나 다 가지고 계시는 각하를 택한 거지요. 좀 피곤한데 의자에 앉는 것을 허락해 주십시오."

마리우스는 앉으면서 그에게도 앉도록 눈짓했다.

떼나르디에는 가죽의자에 앉아 두 장의 신문을 집어 봉투에 넣으며 〈드라 뽀 블랑〉지를 손톱으로 톡톡 퉁기면서 혼자 중얼거렸다. "이걸 얻느라고 고생깨나 했지." 그러고 나서 한쪽 무릎을 다른 무릎에 포개놓고 의자에 등을 기댔다. 자기가 말하려는 것에 대해서 확신 있는 인간 특유의 자세였다. 그러고 나서 그는 무게 있게 말에 힘을 주면서 본론으로 들어갔다.

"남작 각하, 1832년 6월 6일, 지금부터 약 1년 전, 그 폭동이 있던 날, 한 남자가 빠리의 대하수도 속, 앵발리드 다리와 이예나 다리 사이에서 세느 강으로 흘러들어가는 곳에 있었습니다."

마리우스는 갑자기 자기 의자를 떼나르디에의 걸상 가까이로 당겼다. 떼나르디에는 그 동작을 눈여겨보고, 상대방이 자기 말에 사로잡혀 가슴을 두

근거리며 듣고 있음을 느끼는 연설가처럼 천천히 말을 이었다.
"그 자는 정치와 관계 없는 이유로 몸을 숨길 필요가 있었기 때문에 지하수도로를 집으로 삼고 그 열쇠를 가지고 있었습니다. 거듭 말씀드립니다만 6월 6일입니다. 저녁 8시경이나 되었을까요? 남자는 지하수도로 속에서 무슨 소리가 나는 것을 들었습니다. 깜짝 놀란 그는 몸을 웅크리고 사방을 살폈습니다. 그것은 사람의 발자국 소리였습니다. 누군가가 어둠 속을 걸어서 그가 있는 쪽으로 다가오고 있었습니다. 이상하게도 지하수도로 속에 그 외의 다른 사람이 있었던 것입니다. 지하수도로 출구의 철책은 거기서 멀지 않았습니다. 거기서 스며드는 희미한 빛에 비추어 보니, 그 새로운 사나이가 낯익은 자라는 걸 알았고, 또 그 사나이가 등에 무언가를 짊어지고 있는 것도 알았습니다.
몸을 구부리고 걷고 있는 그 사나이는 전과자였고 어깨에 메고 있는 것은 시체였습니다. 틀림없는 살인 현행범이지요. 도둑질로 말하면 뻔한 것입니다. 그냥 사람을 죽일 리는 없거든요. 그 죄수는 그 시체를 강에 던지려고 했던 겁니다. 한 가지 주의할 일은 출구의 철책에 다다르기 전에 지하수도로 속을 먼 데서부터 애써 온 그는, 무시무시한 진창 구덩이 하나쯤은 만났을 게 틀림없었을 것이므로 거기에 시체를 버리고 올 수도 있었을 겁니다.
그러나 그 이튿날이라도 지하수도로 인부가 진창 구덩이를 청소하러 왔다가 살해된 사람을 발견하지 않는다고 장담할 수도 없었습니다. 그래서 죽인 사나이도 그렇게는 하지 않았습니다. 그보다는 아예 진창 구덩이 속을 무거운 짐을 짊어진 채 넘는 편이 좋다고 생각했던 겁니다. 그의 노력은 필사적이었을 겁니다. 그보다 더 위험천만한 일은 없을 테니까요. 죽지 않고 어떻게 그곳을 빠져 나왔는지 영 알 수 없는 노릇입니다."
마리우스의 의자는 더욱 당겨졌다. 떼나르디에는 그 틈을 타서 길게 숨을 내쉬었다. 그리고 그는 계속했다.
"남작 각하, 그 지하수도로는 연병장과 다릅니다. 거기에는 전혀 몸둘 곳이 없습니다. 두 사람이 거기에 있으면 영락없이 마주치게 마련입니다. 역시 만났지요. 거기서 살던 사나이와 지나가려던 사나이는 둘 다 꺼림칙해하면서도 어쩔 수 없이 인사를 교환해야만 했습니다. 지나가려던 사나이는 그곳에 사는 사나이에게 말했습니다. '너는 내가 뭘 짊어지고 있는가 보았겠지.

나가야겠는데, 넌 열쇠를 갖고 있을 테니 그걸 빌려주게.' 그 죄수는 굉장히 힘이 센 사나이였습니다. 거절할 수가 없었습니다. 그 와중에도 열쇠를 가지고 있는 쪽은 이것저것 담판을 했습니다. 시간을 끌기 위해서였죠. 그리고 그 죽은 사람을 관찰했습니다만, 단지 젊은 청년이었고, 옷차림이 좋고, 부자인 듯했으며 그리고 피범벅이 되어서 얼굴을 알아볼 수 없었다는 것 외에는 아무것도 알 수 없었습니다. 그는 말을 하면서도 살인범이 눈치채지 않도록 가만히 뒤에서 살해된 남자의 윗옷 한 조각을 잘라냈습니다. 아시겠지요. 증거물로 하기 위해서입니다. 사건을 탐색하여 범죄자에게 증거를 들이대기 위해서였습니다. 그는 증거물을 주머니에 집어넣었습니다. 그러고 나서 철책을 열어 사나이를 등에 진 귀찮은 물건과 함께 밖으로 내보내고 철책을 다시 닫고 도망쳐 버렸습니다. 그 이상 그 사건에 관련될 생각이 없었고, 특히 살인범이 피해자를 강물에 던져 넣을 때 그 현장에 있고 싶지 않았기 때문입니다. 이제는 다 아셨을 겁니다. 시체를 짊어지고 있었던 사나이, 그게 바로 장 발장입니다. 열쇠를 가지고 있었던 사나이, 그건 지금 각하께 말씀드리고 있는 바로 접니다. 윗옷을 잘라낸 조각은……"

떼나르디에는 말을 끊고 온통 얼룩이 지고 찢어진 검은 나사 양복 한 조각을 주머니에서 끄집어내어 양 손의 엄지손가락과 집게손가락으로 집어서 눈높이로 들어올렸다.

마리우스는 새파랗게 질려 숨도 제대로 쉬지 못한 채 검은 나사조각을 응시하며 일어섰다. 한 마디도 못하고 그 누더기 헝겊에서 눈도 떼지 않고 벽쪽으로 물러가 뒤로 뻗은 오른손으로 벽 위를 더듬어 벽난로 옆의 벽장 자물쇠에 달려 있는 열쇠를 찾았다. 그 열쇠로 벽장문을 열고 떼나르디에가 들고 있는 헝겊에서 놀란 눈을 떼지 않은 채, 한 팔을 벽장 속에 밀어 넣었다.

그 사이에도 떼나르디에는 계속 지껄이고 있었다.

"남작 각하, 저는 그 살해된 청년이 장 발장의 함정에 빠진 어느 외국의 부호이며, 거액의 돈을 가지고 있었다는 극히 유력한 근거를 갖고 있습니다."

"그 청년은 바로 나였어, 여기 그 윗도리가 있어!" 마리우스는 그렇게 외치며 마룻바닥에 피투성이인 낡고 검은 옷을 던졌다.

그러고 나서 그는 헝겊을 떼나르디에의 손에서 빼앗아, 윗도리 위에 몸을 구부리고 앉아서 찢어진 옷자락에 맞춰 보았다. 찢어진 자리는 꼭 들어맞았고 그 헝겊 조각으로 윗옷은 완전한 것이 되었다. 떼나르디에는 아연실색했다. 그는 생각했다. '이거 톡톡히 당했구나.'

마리우스는 부들부들 떨며 절망에 빠진 얼굴로 벌떡 일어났다. 그는 주머니 속을 뒤져 성난 표정으로 떼나르디에 쪽으로 걸어가서 500프랑과 천 프랑 짜리 지폐를 하나 가득 움켜 쥔 주먹을 거의 얼굴에 들이댔다.

"당신은 파렴치한이야! 거짓말쟁이고, 중상자고, 악당이야. 당신은 그분을 고소하려다가 거꾸로 그분의 무죄를 증명했어. 그분을 파멸시키려 했지만 그분에게 명예를 줄 수밖에 없게 되었어. 당신이야말로 진짜 도둑이야! 살인범은 바로 당신이야! 떼나르디에 종드레뜨, 나는 당신을 저 오삐딸 큰 거리의 쓰러져가는 집에서 보았어. 그럴 생각만 있다면 당신을 감옥으로, 아니 좀더 먼곳으로 보내기에 충분할 만큼 당신에 관한 증거를 갖고 있지. 자, 악당임에는 틀림없지만 천 프랑을 줄 테니 받으시오!"

그렇게 말하고 그는 천 프랑짜리 한 장을 떼나르디에에게 던졌다.

"이봐! 종드레뜨 떼나르디에, 비열한 악당! 이제는 조금이라도 깨닫도록 하시오. 비밀을 거래하고 어둠 속을 뒤지고 다니는 불쌍한 사람! 500프랑짜리도 여기 있소. 어서 가지고 나가시오! 워털루 덕분인 줄 아시오."

"워털루!" 떼나르디에는 아까의 천 프랑과 함께 그 500프랑을 주머니에 집어 넣으면서 중얼거렸다.

"그렇소, 살인자! 당신은 거기서 한 대령을 구했어……."

"장군이었지요" 하고 떼나르디에는 머리를 들면서 말했다.

"대령이오!" 마리우스는 화가 불끈 치밀어서 말했다. "장군이었다면 단 1리아르도 주지 않았을 거요. 당신은 염치없는 짓을 하려고 여기 왔소! 말해 두겠는데 당신은 이미 여러 가지 죄악을 범했소. 자, 나가시오! 다만 편하게 사시기를. 그것만이 내가 바라는 바요. 아아! 불쌍한 인간! 여기 3천 프랑 더 주겠소. 받아 두시오. 당장 내일이라도 딸과 함께 미국으로 떠나시오. 당신 아내는 이미 죽었지. 괘씸한 거짓말쟁이 같으니! 내가 당신이 떠나는 것을 확인할 테니까, 알겠소? 그리고 그때 2만 프랑을 더 주겠소. 어디라도 좋으니 목을 매달러 가란 말요!"

"남작 각하." 떼나르디에는 머리가 땅에 닿도록 절을 하면서 대답했다.

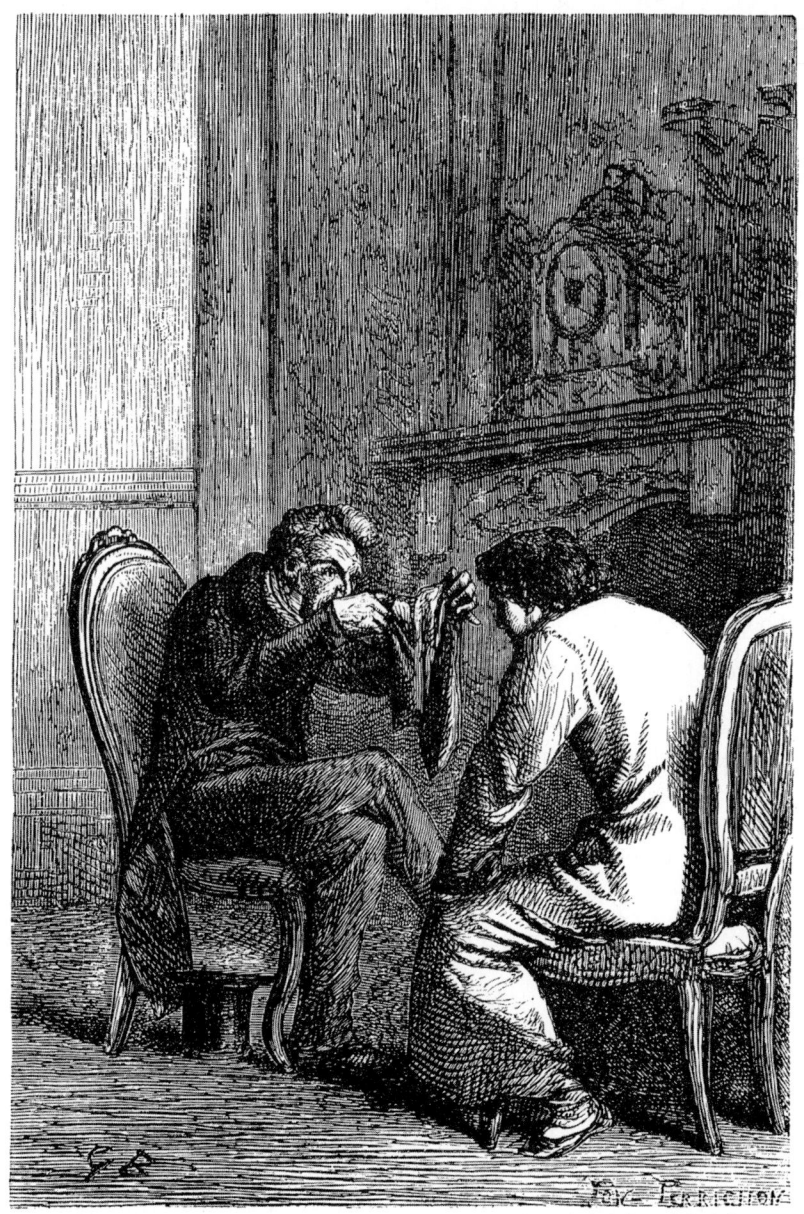

떼나르디에는 찢어진 검은 나사양복 조각을 주머니에서 끄집어내어 들어올렸다.

"은혜는 죽는 날까지 잊지 않겠습니다."

그리고 떼나르디에는 도무지 영문도 모르는 채, 황금 주머니가 기분좋게 내리누르는 무게와 지폐가 머리 위에서 폭발하는 벼락 소리에, 몹시 놀라면서도 크게 기뻐하며 그곳을 나갔다.

분명히 그는 벼락을 맞았지만 동시에 기쁘기 한이 없었다. 만약 그 벼락에 피뢰침이 있었더라면 얼마나 유감스러웠을까!

여기서 당장 이 사나이는 정리해 버리기로 하자. 지금 이야기한 사건이 있고 나서 이틀 뒤, 그는 마리우스의 주선으로 이름을 바꾸어 딸 아젤마를 데리고 뉴욕에서 바꾸게 될 2만 프랑의 어음을 가지고 미국으로 출발했다. 이 타락한 시민 떼나르디에의 정신은 이제 더이상 구제할 수 없었다. 그는 미국에서도 유럽에 있을 때나 마찬가지였다. 악인이 손을 대면 때로는 선행도 썩어서 거기서 악행이 빚어지는 수가 있다. 마리우스가 준 돈으로 떼나르디에는 노예 매매꾼이 되었다.

떼나르디에가 나가자마자 마리우스는 꼬제뜨가 아직도 산책하고 있는 정원으로 달려나갔다.

"꼬제뜨! 꼬제뜨!" 하고 그는 외쳤다. "이리 와. 빨리 와. 자, 출발합시다. 바스끄, 역마차를 잡아라! 꼬제뜨, 서둘러요. 아, 이럴 수가! 내 목숨을 구해준 것은 그분이었어. 단 1분이라도 지체할 수 없소! 어서 숄을 둘러요."

꼬제뜨는 남편이 정신이라도 돌았나 싶었지만 하라는 대로 했다.

그는 숨도 쉬지 못하고 두근거리는 가슴을 가라앉히기 위해 가슴에 손을 대고 있었다. 그리고 성큼성큼 왔다갔다하는가 하면 느닷없이 꼬제뜨를 끌어안는 것이었다.

"아아, 꼬제뜨. 나는 어리석은 놈이었어!"

마리우스는 거의 미친 사람처럼 되어 있었다. 저 장 발장 속에 뭐라 말할 수 없는 높고 어슴프레한 모습이 희미하게 나타나기 시작한 것이다. 예전에 없었던 덕의 화신이 숭엄하고 온화하고 광대한 가운데 겸손한 모습으로 눈앞에 나타난 것이다. 죄수의 모습은 그리스도의 모습으로 변했다. 마리우스는 그 기적에 눈이 아찔했다. 그는 자신이 지금 보고 있는 것이 그저 위대하다는 것밖에 아무것도 확실하게는 알지 못했다.

얼마 안 있어 마차 한 대가 문 앞에 섰다.
마리우스는 꼬제뜨를 마차에 태우고 이어 자기도 뛰어올랐다.
"마부!" 하고 그는 말했다. "롬므 아르메 거리 7번지로."
마차는 달리기 시작했다.
"아이, 좋아라" 하고 꼬제뜨는 말했다. "롬므 아르메 거리로 가는군요. 전 당신께 그 말씀을 드릴 용기가 없었어요. 장 씨를 만나러 가는거죠?"
"당신의 아버지요, 꼬제뜨! 이제야말로 진짜 당신의 아버지란 말요. 꼬제뜨, 나는 알았어. 당신은 내가 가브로슈에게 주어 보낸 편지를 받지 않았다고 했지. 그건 그분에게 전해진 거요. 꼬제뜨, 그래서 그분은 나를 구하시려고 바리케이드에 오셨던 거야. 천사가 되는 것이 그분의 바람이었으니까. 그러면서 다른 사람들까지 구해 주셨소. 자베르도 구했지. 그분은 나를 당신에게 주기 위해 그 구렁텅이 속에서 나를 끌어내 주었소. 나를 짊어지고 그 무서운 지하수도 속을 지나왔소. 아아, 나는 정말 지독히도 배은망덕한 놈이오. 꼬제뜨, 그분은 당신의 보호자가 된 뒤에 내 보호자도 되어 주신 거요. 상상해 보구려, 무시무시한 진창 구덩이가 있었단 말이오, 그 속에 빠져 죽을 것 같은, 진창 속에 빠져 버릴 것 같은 수렁이 있었던 거요. 꼬제뜨! 그분은 그런 곳을 나를 메고 건너셨소. 나는 기절해 있었소. 아무것도 보이지도 들리지도 않았소. 내가 어떤 지경에 있었는지 알지 못했소. 우리 그분을 모셔 옵시다. 함께 모셔 옵시다. 그분이 뭐라 하든 이제 두 번 다시 헤어지지 않도록 합시다. 그저 집에 계셔만 주신다면! 만나뵐 수 있기만 하면! 나는 남은 평생을 그분을 존경하며 살겠소. 그렇고말고, 마땅히 그래야 하는 거요. 알겠소, 꼬제뜨? 가브로슈는 내 편지를 그분에게 드렸던 거요. 그것으로 모든 것이 설명되었어. 당신도 이제 모든 것을 알았겠지."
꼬제뜨는 한 마디도 알아 들을 수 없었다. 그러나 "그래요, 당신 말씀이 옳아요" 하고 그녀는 말했다.
그 동안에도 마차는 쉬지 않고 달리고 있었다.

밤, 그 너머에는 여명이 있다

누군가가 문을 두드리는 소리에 장 발장은 돌아보았다.
"들어오시오" 하고 그는 힘없이 말했다.

문이 열렸다. 꼬제뜨와 마리우스가 나타났다. 꼬제뜨는 방안으로 뛰어들어갔다. 마리우스는 문설주에 기댄 채, 문지방 위에 서 있었다.

"꼬제뜨!" 장 발장은 말했다. 그리고 의자 위에서 일어나 떨리는 두 팔을 벌렸다. 눈에는 핏발이 서고 얼굴은 창백하여 처참한 모습이었으나 두 눈은 무한한 기쁨의 빛으로 넘치고 있었다.

꼬제뜨는 감동에 헐떡이며 장 발장의 가슴에 달려들었다.

"아버지!"

장 발장은 울음 섞인 목소리로 더듬거리며 말했다.

"꼬제뜨, 이 애가! 당신이, 남작부인께서! 너로구나, 아아!"

그리고 꼬제뜨의 팔에 안기면서 그는 외쳤다.

"오, 너로구나! 네가 와 주었어. 그럼 나를 용서해 주는 거구나!"

마리우스는 흐르는 눈물을 참으려고 눈을 감으면서, 흐느낌을 누르려고 부들부들 떨리는 입술 사이로 중얼거렸다.

"아버지!"

"당신도 나를 용서해 주겠소?" 하고 장 발장은 말했다.

마리우스는 뭐라고 해야 할지 몰랐다. 장 발장이 덧붙였다.

"고맙소."

꼬제뜨는 숄을 벗고 모자를 침대 위에 던졌다.

"이것들은 귀찮아" 하고 그녀는 말했다.

그리고 노인의 무릎 위에 앉으면서 귀여운 몸짓으로 그 백발을 쓸어올리고 이마에 키스했다. 장 발장은 당황해서 꼬제뜨가 하는 대로 가만히 있었다.

꼬제뜨는 극히 어렴풋하게밖에는 사정을 알지 못했지만 마치 마리우스의 부채를 갚으려는 양 한껏 정성스럽게 애정을 퍼붓는 것이었다. 장 발장은 말을 더듬거렸다.

"인간은 참 어리석은 것이오! 나는 두 번 다시 이 아이를 만나지 못할 줄 알았소. 생각해 보오, 뽕메르씨. 당신들이 들어왔을 때, 나는 이렇게 마음 속으로 말했소. 이미 모든 것은 끝났다, 저기에 그 애의 조그만 옷이 있구나, 나는 가련한 인간이다, 이제는 꼬제뜨를 만날 수 없겠구나 하고. 당신이 계단을 올라오고 있을 때 나는 그런 생각을 하고 있었소. 나는 정말 바보였

꼬제뜨는 방안으로 뛰어들어갔다.

소! 인간이란 그토록 어리석은 거라오. 그러나 그것은 신을 잊고 있기 때문이오. 신께선 이렇게 말씀하십니다. '너는 사람들이 너를 저버렸다고 생각하는 모양이구나. 어리석은 놈! 그러나 그렇지 않다'고 말이오. 그런데 여기에 천사를 필요로 하는 한 불쌍한 노인이 있소. 그때 천사가 옵니다. 그리고 노인은 꼬제뜨와 재회하게 되지요. 귀여운 꼬제뜨를 다시 만나는 겁니다. 아아, 나는 정말 불행했소!"

장 발장은 한동안 말을 잇지 못하더니 이윽고 다시 말을 이었다.

"나는 이따금, 잠깐씩이라도 꼬제뜨를 만나고 싶었소. 사람의 마음이란 추억이라고 하는, 오래오래 빨고 있을 뼈를 하나 갖고 싶어하죠. 그렇지만 나는 나 자신이 쓸데없는 자라고 충분히 느끼고 있었소. 나는 나 자신에게 말했소. 그 사람들에게 너는 필요없어. 너는 네 구석에 틀어박혀 있거라. 아무도 항상 같이 있을 수 없는 거라고. 아아, 고맙게도 나는 다시 이 아이를 만났소! 아느냐, 꼬제뜨. 네 남편은 아주 훌륭한 사람이라는 걸? 아, 너는 예쁘게 수놓은 깃을 달고 있구나. 그 무늬가 참 좋구나. 남편이 골라 준 거겠지. 너에겐 캐시미어도 어울릴 테니 그것도 사달라고 하렴. 뽕메르씨, 내게 이 아이를 너라고 부르게 해 주오. 잠깐 동안일 테니까."

그러자 꼬제뜨가 입을 열었다.

"우리를 그렇게 내버려두시다니 참 심술궂으시군요! 도대체 어디 갔다 오셨나요? 어째서 그렇게 오래 걸리셨나요? 예전엔 여행을 하시더라도 겨우 사나흘 정도였는데, 제가 니꼴레뜨를 보내도 언제나 안 계시더라는 대답뿐이었어요. 언제 돌아오셨어요? 어째서 우리에게 알려 주지 않으셨어요, 네? 아버진 참 많이 변하셨어요. 아아! 아버지, 미워요. 그런 걸 감추시다니! 편찮으셨는데도 저희는 몰랐던 거예요! 보세요, 마리우스. 아버지 손을 만져 보세요, 아주 싸늘해요!"

"이렇게 당신도 와 주었구려! 뽕메르씨, 당신은 나를 용서해 주는 거군요!" 하고 장 발장은 거듭 말했다.

장 발장이 다시 그렇게 말하는 것을 듣자, 마리우스의 마음 속에 가득 넘치고 있던 것이 한꺼번에 둑을 무너뜨리고 쏟아지는 듯 말이 입에서 나왔다.

"꼬제뜨, 들었소? 이 어른은 언제나 이렇소! 더욱이 이 어른은 나에게 용서를 빌고 있소. 내 목숨을 구해 주신 건 이분인데. 더욱이 그 이상의 것

장 발장은 당황해서 꼬제뜨가 하는 대로 가만히 있었다.

도 해주셨소. 당신을 내게 주셨으니까. 그리고 나를 구해 주시고, 당신을 나에게 주신 뒤에 이 어른은 스스로 자신을 어떻게 했다고 생각하오? 자신을 희생하신 거요. 정말 훌륭한 분이오. 더욱이 은혜를 모르는 나에게, 잊어버리기 잘하는 나에게, 인정없는 나에게, 죄인인 나에게 고맙다고 하시는 거요! 꼬제뜨, 내 일생을 이 어른의 발 밑에 내던져도 모자랄 거요. 저 바리케이드, 저 지하수도로, 저 열화 속, 저 더러운 물구덩이, 그 모든 것을 이 어른은 나를 위해, 당신을 위해 뚫고 나오신 거요. 꼬제뜨! 내게 덮쳐오는 죽음을 멀리 물리치고, 자신의 생명을 위험에 던지시고, 그 너머로 나를 구출해 주신 거요. 온갖 용기와 덕성과 온갖 용맹과 고결함, 그것들을 모조리 가지고 계시오. 꼬제뜨, 이 어른이야말로 성인이오!"

"아니, 무슨!" 하고 장 발장은 극히 낮은 목소리로 말했다. "어째서 그런 말을 하시오?"

"그러나 어른께서야말로" 하고 마리우스는 존경심에 가득찬 흥분된 어조로 부르짖었다. "어째서 어른께선 그 말씀을 안하셨습니까? 어른께서도 나쁘십니다. 생명을 구해 주셨는데도 그것을 감추려 하시다니. 그뿐만이 아닙니다. 가면을 벗어 보이겠다는 구실로 어른께선 자신을 중상하셨습니다. 너무 심하십니다."

"나는 진실을 말했소" 하고 장 발장은 말했다.

"아닙니다" 하고 마리우스는 말했다. "진실이란 모든 진실이라는 뜻입니다. 어른께선 모든 진실을 말씀하지 않았습니다. 어른께서는 마들렌느 씨였는데, 왜 그 말씀을 하시지 않았습니까? 어른께서는 자베르를 구하셨는데 어째서 그것을 말씀하시지 않았습니까? 어른께서는 저를 구해주셨는데 왜 아무 말씀도 안하셨습니까?"

"나도 당신과 같은 생각을 했기 때문이오. 당신이 말한 것은 옳다고 생각했소. 나는 떠나버려야 했소. 만약 그 지하수도로에 관한 것을 알았다면, 당신은 나를 붙잡았을 거요. 그러니까 나는 잠자코 있지 않으면 안되었소. 만약 내가 말해 버리면 정말 곤란하게 되었을 거요."

"무엇이 곤란하단 말인가요? 누가 곤란하단 말인가요?" 하고 마리우스는 말했다. "어른께서는 여기 줄곧 계실 작정이십니까? 저희들이 어른을 모시고 가겠습니다. 죄송합니다, 정말입니다! 그런 것을 우연히 알게 된 것을 생각하면 정말 송구합니다! 저희들이 어른을 모시고 가겠습니다. 어른께서는 저희들의 일부이십니다. 이 사람의 아버지이시고, 또한 저의 아버지이십니다. 이제는 하루도 이 누추한 집에서 사셔서는 안됩니다. 내일도 여기에 계실 거라고 생각하시면 안됩니다."

"난" 하고 장 발장은 말했다. "나는 여기 없을 거요. 그러나 당신 집에도 없을 거요."

"무슨 말씀이신가요?" 하고 마리우스는 물었다. "아닙니다. 이제는 여행도 못 가시게 하겠습니다. 이제는 저희에게서 떠나실 수 없습니다. 어른께서는 저희들 겁니다. 저희들은 다시는 어른을 놓지 않겠습니다."

"이번엔 꼭이에요" 하고 꼬제뜨도 말을 거들었다. "아래에 마차를 기다리게 했어요. 전 아버지를 모시고 가겠어요. 힘으로라도 그렇게 할 테니까요."

그러고는 그녀는 웃으면서 노인을 두 팔로 들어올리는 몸짓을 했다.

"저희들 집에는 지금도 아버지 방이 그대로 있어요" 하고 꼬제뜨는 말을 이었다.

"요즘 정원이 얼마나 아름다운지! 진달래가 아주 예쁘게 피어 있어요. 오솔길에는 시내의 모래를 깔았답니다. 조그마한 제비꽃 빛깔의 조개껍질이 모래에 섞여 있어요. 아버지께 딸기를 대접하겠어요. 제가 언제나 물을 주거든요. 그리고 이제는 부인도 장 씨도 다 없애버리고 모두 공화 체제가 되어 서로 '너'라고 부르기로 해요. 그렇죠, 마리우스? 프로그램은 바뀌었어요. 아, 참! 아버지, 아주 슬픈 일이 있었어요. 울새 한 마리가 벽의 구멍 속에 집을 짓고 있었는데 무서운 고양이가 그것을 먹어 버렸지 뭐예요. 얼마나 불쌍하던지. 언제나 둥지에서 머리를 내밀고 저를 지켜보던 예쁜 새였는데, 전 울었어요. 고양이를 죽여 버리고 싶을 정도였어요! 하지만 이제부터는 울지 않기로 했어요. 모두 웃고, 모두 행복해지기예요. 아버지는 저희들과 함께 사셔야 해요. 할아버지께서도 무척 좋아하실 거예요! 아버지는 정원에 땅을 조금 가꾸세요. 아버지 딸기가 제 딸기만큼 훌륭한가 어떤가 솜씨를 보여주세요. 그리고 전 아버지께서 원하시는 건 무엇이라도 하겠어요. 그리고 아버지도 제가 말씀드리는 걸 들어 주셔야 해요."

장 발장은 아무 생각 없이 귀를 기울이고 있었다. 그녀의 말보다는 오히려 그 목소리의 음악을 듣고 있었다. 영혼의 흐린 진주인 커다란 눈물 한 방울이 그의 눈 속에 천천히 고이고 있었다. 그는 중얼거렸다.
"하느님께서 친절하신 증거로 그 아이가 지금 여기에 와 있구나."
"아버지!" 하고 꼬제뜨는 불렀다.
장 발장이 말을 계속했다.
"분명히 함께 사는 것은 즐거운 거다. 새가 나무 숲에 차 있고, 나는 꼬제뜨를 데리고 산책한다. 매일 아침 인사를 주고받고, 정원에서 불러내는 활기찬 사람들 속에 들어가는 것은 유쾌한 일이야. 모두 아침부터 얼굴을 마주 보고, 서로 정원 한 구석을 가꾸겠지. 저 아이는 제 딸기를 나에게 먹여주고 나는 내 장미꽃을 저 아이에게 꺾어 줄 것이다. 얼마나 즐거운 일이겠는가. 다만······."
그는 말을 끊었다가 온화하게 다시 말했다.
"유감스러운 일이구나."
눈물은 떨어지지 않고 삼켜졌다. 장 발장은 그 대신 빙긋이 웃었다. 꼬제뜨는 노인의 두 손을 자기 두 손으로 감싸쥐었다.
"어머!" 하고 그녀는 말했다. "아버지 손이 아까보다 더 싸늘해졌어요. 편찮으신가요? 괴로우신가요?"
"나 말이냐? 아니다" 하고 장 발장은 대답했다. "난 기분이 무척 좋다. 다만······."
그는 입을 다물었다.
"다만 뭐죠?"
"난 이제 곧 죽는다."
꼬제뜨와 마리우스는 소스라쳤다.
"돌아가시다뇨!" 하고 마리우스는 외쳤다.
"그렇소, 그러나 그것은 아무것도 아니오" 하고 장 발장은 말했다. 그는 한숨을 짓고는 빙긋이 웃은 뒤 다시 말했다.
"꼬제뜨, 너는 나에게 이야기를 해주었지. 계속하렴, 좀더 이야기하렴. 네 귀여운 울새가 죽었다고? 자, 이야기해라, 내게 네 목소리를 들려 주렴!"
마리우스는 굳어 버린 돌처럼 가만히 노인을 바라보고 있었다. 꼬제뜨는 가슴이 터질 듯이 소리를 질렀다.
"아버지, 저의 아버님! 살아 계셔야 해요. 오래 살아 계셔야 해요. 제겐 아버지가 살아 계셔야 해요, 아시겠어요?"

장 발장은 몹시 사랑스러운 듯 그녀 쪽으로 머리를 들었다.

"아아, 그래. 나를 죽지 않게 지켜다오. 죽다니, 아마도 네가 말한 대로 될지도 모르지. 너희들이 여기에 왔을 때 나는 죽어가고 있었는데 너희들의 얼굴을 보니 죽지 않게 되었다. 어쩐지 다시 살아난 것 같았지."

"어른께선 아직 힘과 생명이 넘치고 있습니다" 하고 마리우스는 외쳤다. "그런 정도로 사람이 죽는다고 생각하십니까? 괴로움이 너무나 많으셨습니다만, 이제 앞으로는 없을 겁니다. 용서를 구해야 할 사람은 접니다. 무릎을 꿇고 말입니다! 어른께서는 살아나실 수 있습니다. 저희들과 함께 오래도록 살아 계셔야 합니다. 저희들은 어른을 다시 모시러 왔습니다. 저희들 둘은 여기 있습니다. 앞으로 단 한 가지, 어른의 행복만을 생각하는 저희들이 여기 있습니다!"

"아시겠어요?" 하고 꼬제뜨는 눈물에 젖어 말했다. "아버지는 돌아가시지 않는다고 마리우스가 말하고 있어요."

장 발장은 계속 빙긋이 웃고 있었다.

"당신이 나를 다시 맞아 주었다고 해서 내가 지금과 다른 인간이 될 수 있겠소, 뽕메르씨 군? 아니오, 신께선 당신이나 내가 생각한 것과 똑같이 생각하셨소. 신께선 의견을 바꾸거나 하시지 않소. 내가 떠나는 것은 도움되는 일이오. 죽음은 좋은 처방이오. 우리가 어떻게 해야 할 것인가는 우리보다 신께서 더 잘 알고 계시오. 당신들이 행복해지는 것, 뽕메르씨가 꼬제뜨를 맞이하는 것, 청춘이 아침과 짝을 짓고, 당신들 주위에 라일락 꽃이 피고, 꾀꼬리가 노래하는 것, 당신들 인생이 햇빛 쏟아지는 아름다운 잔디와 같다는 것, 하늘의 온갖 환희가 당신들의 영혼을 가득히 채우는 것, 그리고 지금 아무 쓸모없었던 내가 죽어 가는 것, 이와 같은 일들은 모두 옳은 일임에 틀림없소. 아시겠소? 두 사람 다 잘 들으시오. 이제는 아무것도 할 수가 없소. 나는 모든 게 끝났다고 분명히 느끼고 있소. 한 시간 전쯤에 나는 정신을 잃었었소. 그리고 또 오늘 저녁에 나는 거기에 있는 물병의 물을 다 마셔 버렸소. 꼬제뜨, 네 남편은 더할 나위 없이 친절한 분이다! 너는 나하고 함께 있었던 때보다 훨씬 행복해."

문소리가 들렸다. 들어온 사람은 의사였다.

"어서 오시오. 하지만 곧 이별이오, 선생" 하고 장 발장은 말했다. "이 아이들이 내 자식들이오."

마리우스는 의사에게 다가갔다. 그는 한 마디 "선생님……?" 이라고 말했다. 그 어조에는 모든 질문이 담겨 있었다. 의사는 의미 심장하게 눈을 깜빡여 그 물음에 답했다.

"만사가 뜻대로 되지 않는다고 해서 신에 대해 부당한 마음을 가져서는 안되오" 하고 장 발장이 말했다.

침묵이 흘렀다. 모든 사람들의 가슴은 짓눌려 있었다. 장 발장은 꼬제뜨 쪽을 돌아보았다. 그는 그녀를 영원히 잃지 않으려는 듯 조용히 바라보기 시작했다. 그는 이미 어둠에 싸여 있었지만 꼬제뜨를 지켜볼 때는 여전히 황홀감에 잠길 수 있었다. 그녀의 다정한 얼굴빛이 그의 창백한 얼굴에 반사되고 있었다. 무덤도 빛을 받아 눈이 부시는 때가 있다.

의사는 그의 맥을 짚었다.

"아, 이분에게 필요했던 것은 당신들이었습니다!"

의사는 꼬제뜨와 마리우스를 바라보면서 중얼거렸다.

그리고 마리우스의 귀밑으로 몸을 굽히고 낮은 목소리로 중얼거리듯 덧붙였다.

"이미 늦었습니다."

장 발장은 좀처럼 꼬제뜨에게서 눈을 떼지 않은 채 밝은 얼굴로 마리우스와 의사를 보았다. 그의 입에서 다음과 같은 알아듣기 어려운 말이 새어 나왔다.

"죽는 것은 아무것도 아니야. 무서운 것은 진정으로 살지 못한 것이야."

갑자기 그는 일어섰다. 그처럼 갑자기 힘이 회복되는 것은 때때로 죽음이 다가선 고통의 표시이다. 그는 확고한 걸음으로 벽 앞으로 걸어가서 부축하려는 마리우스와 의사의 손을 뿌리치고 벽에 걸려 있는 작은 구리 십자고상(十字苦像)을 벗기더니, 완전히 건강한 사람처럼 자유로운 동작으로 되돌아와서 자리에 앉았다. 그리고 십자고상을 테이블 위에 놓으면서 큰 소리로 말했다.

"이분이야말로 위대한 순교자야."

그러고 나자 그의 가슴이 푹 꺼지더니, 머리는 죽음에 사로잡힌 것처럼 떨리고, 무릎에 놓인 두 손은 손톱으로 바지 천을 긁기 시작했다.
 꼬제뜨는 그의 어깨를 붙들고 흐느껴 울면서 말을 걸려고 애썼지만 아무 말도 하지 못했다. 다만 가련하게도 눈물과 침으로 범벅이 되어 띄엄띄엄 하는 말 속에서 다음과 같은 말을 들을 수 있었다.
 "아버지, 우리를 버리지 말아 주세요. 겨우 다시 만나뵈었는데, 이렇게 금방 헤어지다니 어떻게 그럴 수가 있어요?"
 죽음의 고통은 굴절되며 진행된다고 할 수 있다. 그것은 왔다가 물러가며, 무덤 쪽으로 나가는가 하면 다시 생명 쪽으로 되돌아오기도 한다. 죽음을 향해 가는 것은 어둠 속을 손으로 더듬는 것과 비슷한 데가 있다.
 장 발장은 그런 반 가사 상태 뒤에 다시 기력을 회복하여 어둠을 떨쳐버리 듯 머리를 흔들더니 거의 완전히 제정신으로 돌아왔다. 그리고 꼬제뜨의 소맷자락을 움켜쥐고 거기에 키스했다.
 "좋아졌습니다. 선생님, 회복되었어요!"
 마리우스가 외쳤다.
 "당신들은 둘 다 친절하오" 하고 장 발장은 말했다. "무엇이 나를 괴롭혀 왔는지 그것을 당신들에게 말해 두고 싶소. 나를 괴롭힌 것은, 뽕메르씨 군. 당신이 그 돈을 쓰려고 하지 않았던 일이오. 그 돈은 틀림없는 당신 아내의 것이오. 그 내막을 두 사람에게 설명하리다. 내가 당신들을 만나서 기뻐하는 것도, 첫째는 그 때문이오. 검은 구슬은 영국에서 오고, 흰 구슬은 노르웨이에서 오는데, 그런 건 모두 여기 있는 종이에 써 놓았으니까 나중에 읽도록 하시오. 팔찌에 용접한 고리 대신 그저 끼우기만 하면 되는 고리를 나는 생각해 냈소. 그렇게 하면 깨끗하게 만들어질 뿐 아니라 품질이 좋고 싸게 먹히지. 그러니 얼마나 돈이 벌리는 사업인지 알겠지요. 그런 내막이므로 꼬제뜨의 재산은 분명히 그 아이의 것이오. 나는 당신의 마음을 편하게 해줄까 하여 이런 상세한 말을 하는 거요."
 문지기의 마누라가 계단을 올라와서 빠끔히 열린 문으로 안을 들여다보았다. 의사가 아래로 내려가라고 했다. 그러나 남을 돌보기 좋아하는 노파가 내려가면서 죽어 가는 사람에게 이렇게 말하는 것을 막을 수는 없었다.
 "신부님을 부를까요?"
 "신부님은 한 분 계시오." 하고 장 발장은 대답했다.

그리고 그는 손가락으로 머리 위의 한 곳을 가리키는 시늉을 했다. 마치 거기에서 누군가의 모습을 보고 있는 듯했다. 아마 미리엘 주교가 그의 임종을 지켜보고 있었으리라.

꼬제뜨는 가만히 그의 허리 밑에 베개를 괴어 주었다. 장 발장은 말을 계속했다.

"뽕메르씨 군, 염려하지 마시오. 부탁이오. 그 60만 프랑은 분명히 꼬제뜨의 것이니까. 만약 당신이 그 돈을 쓰지 않는다면 내 인생은 무의미한 것이 되고 말 거요! 우리는 그 유리 구슬을 만드는 데 성공했소. 베를린의 보석이라는 것과 경쟁했지. 독일의 검은 유리 구슬에는 아무도 당하지 못하오. 아주 잘 만들어진 구슬을 1200개 넣은 1그로쓰(12다스)가 단돈 3프랑밖에 들지 않으니까."

소중한 사람이 죽으려 할 때 사람들은 애원하는 듯한, 붙잡고 싶은 듯한 눈길로 그 사람을 지켜보는 법이다. 두 사람 다 너무나 불안해서 입을 꾹 다문 채, 죽음에 대해 무어라고 해야 할지조차 모르고 그저 절망하여 몸을 떨면서 그의 앞에 서 있었다. 꼬제뜨는 마리우스에게 손을 잡힌 채.

시시각각으로 장 발장은 쇠잔해 갔다. 그는 점점 가라앉아 갔다. 어두운 지평선으로 다가갔다. 호흡은 자주 끊기고 조그만 허덕임에도 숨이 막혔다. 팔을 움직이는 것조차 힘들어지고, 두 다리는 전혀 꼼짝도 하지 못했다. 그러나 팔다리의 비참함과 육체의 쇠약이 심해짐과 동시에 영혼의 장엄성은 높아져 점차 이마 위로 퍼져갔다. 미지의 세계의 빛이 이미 그 눈동자 속에 나타나고 있었다.

얼굴은 차차 창백해지면서 동시에 웃음을 띠고 있었다. 이미 거기에는 생명은 없었고 다른 무언가가 깃들고 있었다. 호흡은 약해지고 눈동자는 커졌다. 그것은 날개를 느끼게 하는 하나의 주검이었다.

그는 꼬제뜨에게, 그리고 마리우스에게 가까이 오라고 눈짓을 했다. 분명히 마지막 순간이 온 것이었다. 그리고 그는 멀리서 들려 오는 듯한, 또는 두 사람과 그 사이에 벽이 만들어진 것처럼 가녀린 목소리로 두 사람에게 이야기하기 시작했다.

"이리 오너라, 둘 다 가까이 오렴. 나는 너희들을 깊이 사랑한다. 아아! 이렇게 죽어가는 것은 좋다! 꼬제뜨, 너도 나를 사랑해 주었구나. 네가 언제나 이 늙은이에게 애정을 가져주었다는 것을 나는 잘 알고 있었다. 내 허리 밑에 이 베개를 괴어 준 것은 참 고마운 마음씨야! 내가 죽는걸 조금은 슬퍼해 주겠지. 하지만 너무 울면 못쓴다. 나는 네가 정말 슬퍼하기를 바라지 않는다. 너희들은 마음껏 즐거워해야 하니까 말이다.

말하는 것을 잊었구나, 그 잠그는 고리가 없는 팔찌는 다른 어떤 것보다도 벌이가 좋았단다. 1그로쓰에, 다시 말해 12다스에 실제로는 10프랑이지만 60프랑에 팔렸어. 좋은 장사였지. 그러니까 그 60만 프랑에 대해 놀랄 필요는 없단다. 뽕메르씨 군, 그건 부끄럽지 않은 돈이야. 당신들은 아무 거리낌없이 부자가 될 수 있어요. 마차를 사고, 이따금 연극의 특별 좌석을 사고, 무도회의 아름다운 의상도 지어야 해, 꼬제뜨. 그리고 친구들에게 좋은 음식을 대접하고, 마음껏 행복하게 살아야 한다.

나는 바로 조금 전에 꼬제뜨에게 편지를 썼다. 나중에 찾아 보아라. 벽난로 위에 있는 두 개의 촛대를 꼬제뜨, 너에게 물려주겠다. 은으로 만든 것이지만 내게는 금으로 만든 것과 같고, 다이아몬드로 만든 것과 같다. 초를 꽂으면 그것은 성당의 큰 촛불로 변하게 하는 힘이 있다. 내게 그것을 주신 분이 지금 하늘에서 나를 보고 만족해하시는지 어떤지는 모르겠다. 다만 나는 나로서 할 수 있는 데까지 일을 해왔다.

너희들, 너희들은 내가 가난한 사람이라는 것을 잊어버리지 말고, 어디라도 좋으니까 한쪽 구석에 장소를 표시할 만한 돌 밑에다 나를 묻어 다오. 이건 내 뜻이다. 돌에는 이름을 새기지 말도록 해라. 만약 꼬제뜨가 이따금이라도 와 주기만 한다면 난 그것만으로도 기쁘겠다. 당신도 와 주오, 뽕메르씨 군. 내가 늘 당신을 사랑했던 것만은 아니었다고 고백해야겠소. 제발 그 점을 용서해 주시오.

그러나 지금은 이 아이와 당신, 두 사람이 내게는 한 사람이오. 나는 당신에게 깊이 감사하고 있소. 당신이 꼬제뜨를 행복하게 해주리라는 것을 나는 알고 있소. 아시겠소, 뽕메르씨 군. 이 아이의 아름다운 장밋빛 뺨은 내 기쁨이었소. 조금이라도 안색이 나쁘면 나는 슬퍼지곤 했소. 벽장 속에 500프랑짜리 지폐가 한 장 있을 거요. 나는 그것을 쓰지 않고 두었소. 그것은 가난한 사람들을 위한 것이오.

꼬제뜨, 거기 그 침대 위에 네 조그마한 드레스가 있지? 그걸 기억하겠니? 그로부터 겨우 10년밖에 안됐다. 세월이 흐르는 건 참 빠르구나. 우리는 참으로 행복했다. 그러나 이미 끝난 일이다. 자, 둘 다 울지 마라, 나는 그렇게 멀리 가는 게 아니니까. 거기서 너희들을 보고 있겠다. 밤이 되거든 하늘을 올려다보렴, 틀림없이 내가 빙긋이 웃는 것이 보일 테니까.

꼬제뜨, 너는 몽페르메이유에서 있던 일을 기억하느냐? 너는 숲 속에서 무척 무서워했지. 생각나니? 내가 물통 손잡이를 들어 주던 일 말이다. 내가 네 조그마한 손을 만진 것은 그때가 처음이었다. 그 손은 말할 수 없이 차가웠지! 아아, 아가씨, 당신의 손은 그때 새빨갰는데, 지금은 정말 뽀얗군요. 그리고 커다란 인형! 기억나니? 너는 그 인형에게 까뜨린느라고 이름을 지어주었지. 그것을 수도원에 가져가지 않은 것을 네가 얼마나 분해했는지!

너는 또 얼마나 나를 웃게 해 주었는지 모른다. 내 다정한 천사! 비가 개었을 때, 너는 냇물에 지푸라기를 띄우고 그것이 흘러가는 것을 보고 있었다. 언젠가 나는 너에게 버드나무 가지로 만든 라켓하고 노랑과 파랑과 초록빛 깃털이 달린 공을 사준 일이 있었어. 이젠 잊었겠지, 너는. 너는 어렸을 때 무척 장난꾸러기였어. 매일 다쳤지, 제 귀에 버찌를 집어 넣기도 했어.

그러나 이도저도 이젠 다 지나간 일이다. 아이를 데리고 지나간 숲, 산책을 하던 숲, 몸을 숨겼던 수도원, 여러 가지 장난과 동심으로 돌아갔던 웃음, 그것들도 지금은 어두운 그림자가 되어 있다. 나는 그것들이 모두 내 것인 줄 알았구나. 그것이 내가 어리석은 점이었다. 저 떼나르디에 집안은 모두 나쁜 사람들이었다. 그러나 그들을 용서해 주어야 한다.

꼬제뜨, 이제야 겨우 너에게 네 어머니의 이름을 일러 줄 때가 왔구나. 네 어머니는 팡띤느라고 했다. 그 이름을 단단히 외어 두거라, 팡띤느란다. 그 이름을 부를 때마다 무릎을 꿇어라. 너의 어머니는 무척 고생했단다. 너를 무척 사랑했지. 지금 네가 행복한 가운데서 가지고 있는 모든 것을 네 어머니는 불행 속에서 가지고 있었다. 그것이 하느님의 섭리라는 거다. 하느님께선 높은 곳에서 우리들을 모두 보고 계신다. 그리고 커다란 별들 사이에서 자신이 하시는 일을 알고 계신다.

자, 너희들, 나는 이제 가련다. 언제까지나 서로 깊이 사랑해라. 서로 사랑한다는 것, 이 세상에 그 외의 것은 별로 중요하지 않단다. 너희들은 여기

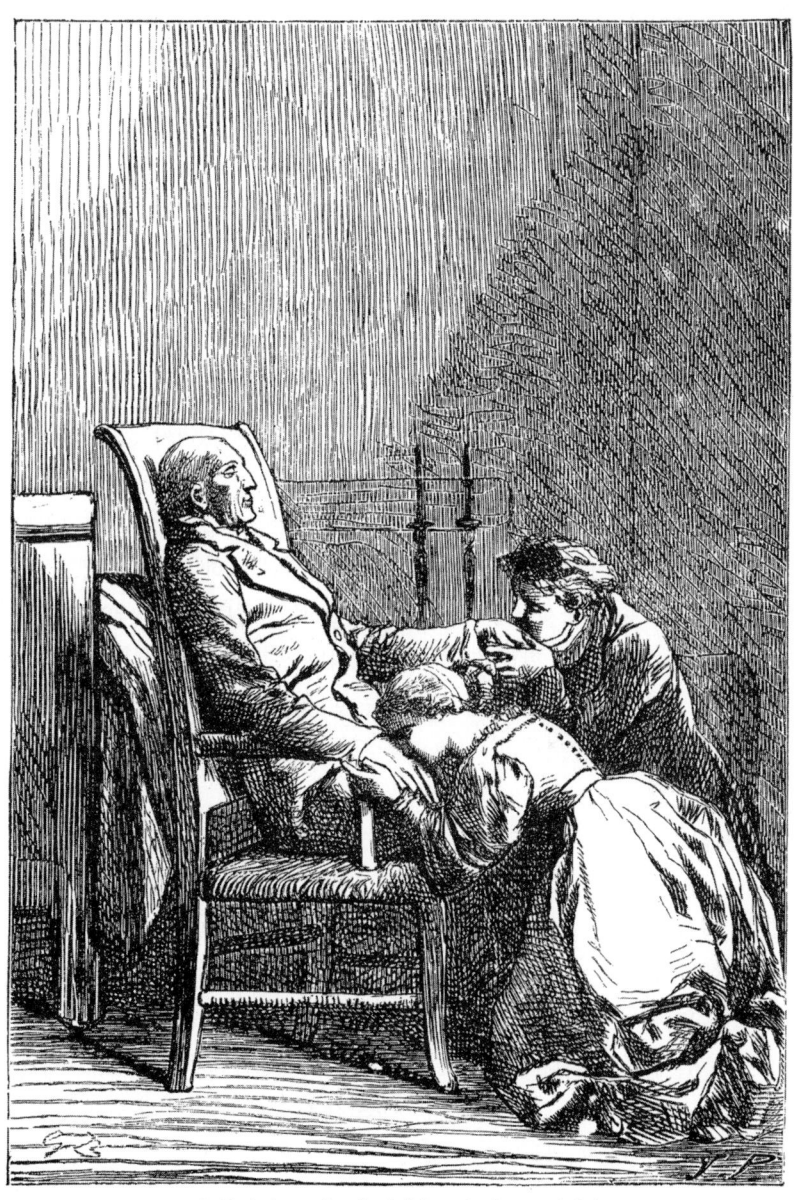

그의 두 손은 꼬제뜨와 마리우스의 키스로 덮였다.

서 죽은 불쌍한 노인도 가끔은 생각해 다오. 아아, 꼬제뜨! 요즈음 쭉 너를 만나지 못했지만, 그건 내가 나빠서가 아니야. 그 때문에 나는 가슴이 터질 것처럼 슬펐단다. 나는 네가 사는 거리 모퉁이까지 곧잘 가곤 했단다. 내가 지나다니는 것을 본 사람들은 매우 이상하게 생각했을 거다. 나는 미친 사람 같았다. 한 번은 모자도 쓰지 않고 밖에 나간 일도 있었어.

내 자식들아, 이제 눈이 잘 보이지 않는구나. 아직도 더 할 말이 있는데, 그러나 그것도 이젠 상관없다. 다만 가끔 나를 생각해 다오. 너희들은 축복 받은 사람들이다. 아아, 나는 어떻게 될까, 나도 모르겠다. 다만 빛이 보이는구나. 좀더 가까이 오너라. 나는 행복하게 죽어 간다. 너희들의 사랑스러운 머리를 이리로 내밀어 주렴, 내 손을 그 위에 얹게 해 다오."

꼬제뜨와 마리우스는 망연자실하여 눈물에 젖은 채 저마다 장 발장의 손에 매달리면서 쓰러질 듯이 무릎을 꿇었다.

그 엄숙한 손은 이미 움직이지 않았다. 그는 반듯이 쓰러졌고, 두 촛대의 희미한 빛이 그 모습을 비추고 있었다. 그 흰 얼굴은 하늘을 올려다보고 있었다. 그의 두 손은 꼬제뜨와 마리우스의 키스로 덮였다. 그는 죽어 있었다.

밤 하늘은 별도 없고 한없이 어두웠다. 아마도 그 어두운 암흑 속에는 어떤 거대한 천사가 두 날개를 펴고 흠없는 한 영혼을 기다리며 서 있었을 것이다.

풀은 감추고, 비는 지운다

뻬르 라셰즈 묘지를 찾으면, 묘석이 아름다운 도시처럼 늘어선 지역에서 멀리, 영원 앞에 죽음의 추한 모습을 늘어놓고 있는 갖가지 환상이 깃들인 무덤들에서 멀리, 공동묘지 가까운 쓸쓸한 한 구석에, 낡은 담벽을 따라 갯보리와 이끼에 섞여서 메꽃덩굴이 기어올라간 커다랗고 늘푸른 바늘잎 나무 한 그루 밑에 돌이 하나 있다. 그 돌도 다른 돌과 마찬가지로, 오랜 세월의 산화 작용과, 곰팡이, 이끼, 그리고 새똥 같은 것을 면하지 못하고 있었다. 물은 그 돌을 푸르게 만들었고, 공기는 그것을 검은 빛을 띠게 만들었다. 그 곳은 어느 오솔길에서도 가깝지 않고, 주위에는 풀이 높이 우거져 있어서, 금세 발이 젖기 때문에 아무도 거기까지 들어가 보려고 하지 않았다. 엷은 햇빛이 비칠 때는 도마뱀이 그곳에 찾아든다. 주위에 가득히 야생 귀리가 바

기구한 운명에도 견디어 온 그가 여기 잠들었네.

제9편 마지막 어둠, 마지막 새벽 1927

람에 흔들리고 있다. 봄에는 멧새가 늘푸른 바늘잎 나무에서 노래한다.

그 돌에는 아무런 장식도 없다. 다만 묘석으로 쓸 생각으로 자른 것이어서, 겨우 사람 하나를 덮을 만한 길이와 폭이 되도록 한 것 외에는 아무런 배려의 자취도 보이지 않았다.

이름도 적혀 있지 않았다.

다만 수년 전에, 누군가가 다음과 같은 4행 시구를 연필로 적어두었는데, 그것도 비와 먼지 때문에 점점 알아보기 어려워져서, 아마 지금은 지워져 흔적조차 없어졌을 것이다.

그가 잠들었네. 운명은 그에게 몹시 가혹했어도
그는 살았네. 천사를 잃어버리자 그는 죽었네.
올 일은 찾아오는 것
낮이 가면 밤이 오듯이.

빅또르 위고의 생애와 사상

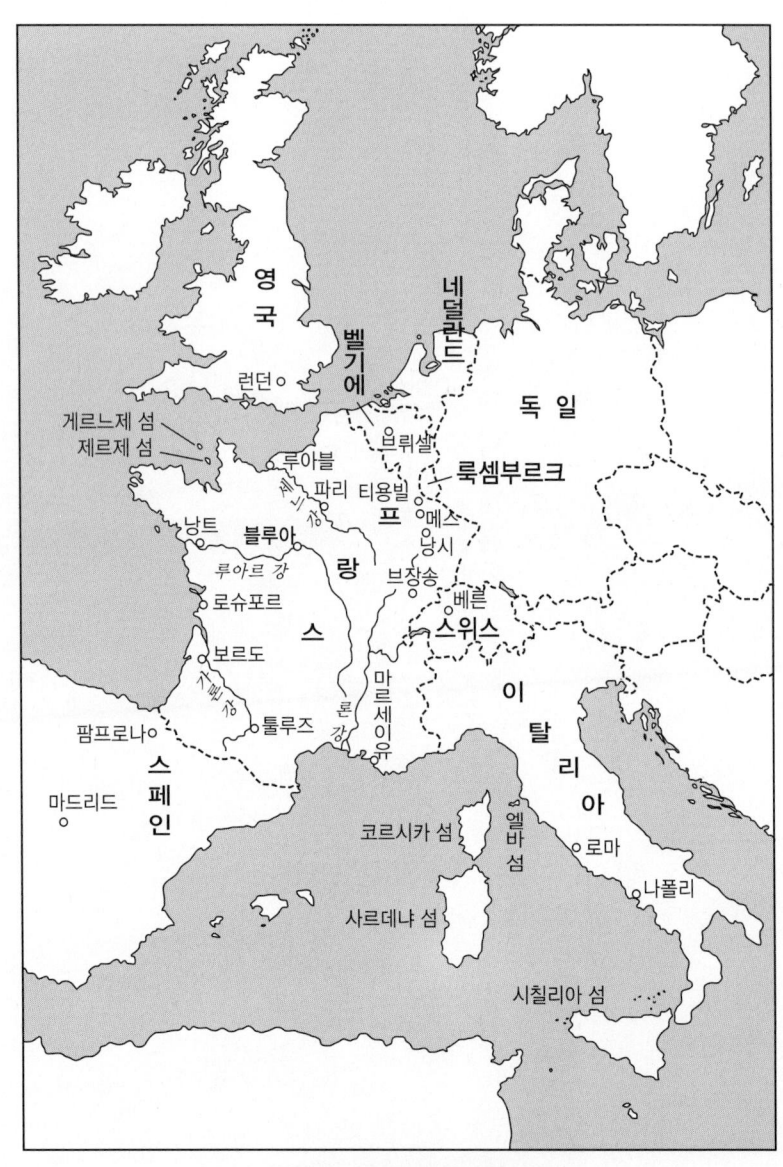

빅또르 위고 관계 지도

빅또르 위고의 생애
앙드레 모르아/이희영 옮김

벌거벗은 사나이

1770년 무렵 낭시 모세유에 산림 벌채권과 토지를 좀 가진 조제쁘 위고라는 목수가 있었다. 위고라는 성은 로렌 지방 어디에서나 흔히 들을 수 있는 본디 독일인의 것이었다. 한편 16세기 왕실 근위대 대위로 있다가 작위를 받은 조르쥬 위고, 에스띠발 수도원장을 거쳐 삐똘레메 추기경이 된 루이 위고라는 인물이 있었다.

낭시의 목수 조제쁘 위고와 삐똘레메 추기경 루이 위고 사이에 어떤 혈연관계가 있는 것은 아닐까?

그 정확한 내용은 아무도 모른다. 그러나 조제쁘 위고의 아들들은 삐똘레메 추기경과 한 핏줄임을 내세우기 좋아했다. 이들은 삐똘레메 추기경과 아무 혈연관계가 없다면 그라삐니의 프랑수아 위고 백작이 목수인 자기 아버지를 왜 "형제"라고 불렀겠느냐며 되물었다. 프랑수아 백작이 조제쁘 위고에게 보내 온 편지도 몇십 통에 이르렀다.

조제쁘 위고는 첫부인 디똥네 베슈, 둘째 부인 잔느 마르그리트 미쇼 사이에 12남매(5남 7녀)를 두었다. 아들들은 모두 나뽈레옹 보나빠르뜨의 혁명군에 가담했다. 그 가운데 둘은 위센부루 전투에서 숨지고 나머지 셋은 장교가 되었다.

셋째 아들 레오뽈 시기베르 위고는 1773년 11월 15일 낭시에서 태어났다. 그는 머리숱이 많고 앞이마는 좁으며 들창코에 육감적인 두툼한 입술을 가졌으며 눈은 부리부리했다. 언뜻 보기에 매우 거친 인상을 주었다. 하지만 그 눈빛은 이지적이었으며, 미소지을 때는 얼굴 가득 매력이 넘쳤다. 레오뽈은 낭시 종교학교에 입학했으나, 15살 때 나뽈레옹군을 따라 나서는 바람에 학업을 그만두었다.

아버지 레오뽈 위고(우측에서 두 번째)와 그의 형제들

    1792년 그는 라인 연대 청년 장교로서 클레베르 연대장, 드세 소위, 조제핀(나뽈레옹 1세의 첫부인)의 전남편 알렉쌍드르 드 보아르네 장군과 가까운 사이가 되었다. 전투에서 여러 차례 부상을 입었으며, 그가 탄 말들이 적탄에 맞아 쓰러졌다. 1793년 레오뽈은 방데 지방 반란 진압작전 뒤 소령으로 진급했다.

    레오뽈은 자신의 모든 것을 혁명에 바쳤다. 혁명과 나뽈레옹에 대한 그의 열정은 편지 끝마다 반드시 "벌거벗은 사나이, 브루투스 위고"라는 서명을 써넣을 정도로 뜨거웠다. '샤레트의 산적들'도 레오뽈 위고 소령의 뜨거운 심장만은 인정했다. 프티오베르네의 라르노디에르 장원(莊園) 여주인 소피 트레뷔셰는 자신이 나뽈레옹군에 적대하는 왕당파임에도 불구하고 레오뽈의 인간미에 감탄한 나머지 그를 위해 특별 연회까지 베풀었다.

    정열에 찬 좀 오만한 듯한 인상에 크고 아름다운 갈색 눈동자를 가진 젊은 여주인 소피 트레뷔셰는 한때 노예상을 했던 선장의 딸이자 낭뜨 수비대 검찰관 르노르망 뒤뷔숑의 외손녀다. 일찍 부모를 여윈 소피는 왕당파이자 볼떼르(프랑스의 대표적 계몽사상가)주의자인 숙모 슬하에서 자란다. 그녀는 자연스레 숙모에게 사

1932 빅또르 위고의 생애와 사상

상적으로 영향을 받는다.

 그러나 이 같은 사상적 차이가 레오뽈과 소피 사이를 가로막지는 못했다. 레오뽈은 그녀를 실망시키지 않으려 여러 모로 노력했다. 전쟁이라는 북새통 속에서도 그는 라르노디에르 장원의 부녀자들을 구해 냈다. 소피 또한 그와 함께 보카즈의 오솔길을 걸으면 뭔지 모를 즐거움과 푸근함을 느꼈다. 소피는 레오뽈과 함께 있을 때마다 반왕정 혁명전쟁의 불경스러움을 주장했다. 소피의 왕정옹호에 대해 레오뽈은 공화파의 행동이 왜 정당하며 왕정의 부패가 어느 정도에 이르렀는지를 이야기했다. 어떻든 그는 이 젊고 매력적인 여성의 강인한 성격에 감탄을 금치 못했다.

어머니 소피 트레뷔셰

 라인 연대 제8대대가 빠리로 재배치되어 이 불협화음의 전원 교향곡은 막을 내렸다. 그러나 레오뽈은 빠리로 돌아온 뒤에도 그의 '작은 샤또브리앙' 소피를 잊지 못해 편지를 거듭 보냈다. 많은 편지가 오고 간 끝에 레오뽈은 그녀에게 구혼하기에 이르렀다.

 소피 트레뷔셰는 한 살 위인 오빠 말고는 의지할 데가 없었다. 누군가의 보살핌이 필요했던 그녀는 오빠와 함께 빠리로 올라와 레오뽈 위고를 찾았다. 레오뽈이 들뜬 기분에 쉴새없는 찬사에 소피는 현기증을 느낄 정도였다. 드디어 그들은 1797년 11월 15일 피델리떼 8가 시민홀에서 결혼식을 올렸다.

 위고 부부는 결혼 뒤 빠리에서 2년 동안 신혼생활을 보냈다. 소피에 대한 레오뽈의 사랑은 참으로 극진했다. 소피와 마주앉으면 그의 입은 다물어질 줄 몰랐으며, 떠들썩한 웃음 소리와 농담이 끊이지 않았다. 그러나 레오뽈의 수다와 농담은 때로 소피에게 말 못할 피로감과 곤혹스러움을 안겨 주었다. 그녀는 이 황소 같은 사나이의 끝임없는 정력에 거의 기진맥진한 상태였다. 그러면서도 남편에게 지지 않으려는 그녀의 억센 기질과 혼자만의 세계를 유지하려는 태도에는 변함이 없었다.

소피와 세 아들

1798년 레오뽈 위고 부부는 첫아들 아벨을 얻었다. 다음해 레오뽈은 아내 곁을 떠나 부대로 되돌아갔다. 이 무렵 소피는 결혼생활에 지친 데다 남편 이상으로 열렬한 사랑을 호소해 오던 한 사나이와 사랑하는 사이가 되었다.

소피는 남편에게 편지를 보내 임신중인 둘째 아이는 고향 브르타뉴에서 낳고 싶다고 했다. 고향으로 돌아가겠다는 이야기였다. 따뜻하고 다정하던 아내의 편지가 하루아침에 얼음장같이 차갑게 변한 것을 보고 레오뽈은 자신의 머리칼을 쥐어뜯었다. 그러나 둘째 아들 으젠느가 태어나자, 소피는 레오뽈 위고 부대가 주둔해 있던 뤼네빌르로 가 남편과 재회했다. 위고 소령은 이 고장 행정관에 임명되어 있었다.

1802년 2월 26일 위고가 태어난 브장송의 옛집

1801년 뤼네빌르에서 브장송으로 가는 길에 위고 부부는 산 속으로 산책을 나간 일을 계기로 위고 집안의 세 번째 아이를 얻게 되었다. 이 셋째 아들은 1802년 2월 26일 브장송에 있는 17세기에 지어진 오래된 저택에서 태어났다. 빅또르 라오리 장군과 브장송 수비대 사령관 자끄 드르레의 부인 마리가 이 아이의 대부와 대모가 되었다. 세례명도 빅또르 마리로 지었다. 의사는 아이가 너무 허약하여 곧 숨을 거두지나 않을까 염려했다.

빅또르가 태어난 지 6주일 뒤 위고 소령은 마르세유 연대의 대대장으로 부임하라는 명령을 받았다. 마르세유 연대는 산토도밍고에 투입될 부대였다. 레오뿔은 자기 앞에 큰 위험이 다가오고 있음을 느꼈다. 어쩌면 자신이 희생양이 될지도 모른다고 생각했다. 그래서 그는 아내를 빠리로 보내 조제쁘 보나빠르뜨(나뿔레옹 1세의 형으로 나중에 나뿔리와 스뻬인의 왕이 됨)와 클라르크 장군과 라오리 장군에게 명령을 취소해 주도록 호소해 보려고 결심했다.

적의 소굴에서 벗어나려면 무슨 수를 써서라도 마르세유 연대에 가는 것을 피해야만 했다. 소피는 세 아이를 남겨두고 혼자 빠리로 가야 한다는 생각에 잠시 망설였지만 결국 남편의 뜻을 받아들였다.

레오뿔은 '빅또르가 생후 16개월째가 되던 1803년 6월 엄마를 찾으며 몹시 울었다'고 말한다. 빅또르는 몸에 비해 머리가 너무 커 기형아나 난쟁이 같았다. 그리고 뚜렷한 이유가 없는데도 혼자 방에 들어박혀 소리없이 울곤 했다. 어쩌면 삼형제의 막내로 태어나 어머니 없이 자라는 슬픔이 이 어린아이의 가슴에 깃들여 있었는지도 모른다. 일생을 통해 내면에서 샘솟는 줄기찬 활력에도 어찌할 수 없었던 빅또르 위고의 감상주의적인 성격은 이때부터 형성된 것이라고 말하는 사람들도 있다.

1803년 레오뿔의 부대는 엘바로 떠났다. 엘바의 포르토페라조에서 소피는 가족과 재회했으나 겨우 4달을 지낸 뒤 1803년 11월 아이들을 데리고 빠리로 가버렸다. 빠리에서 라오리 장군이 그녀를 기다리고 있었다. 그녀는 엘바에서 지내면서 자신이 진정으로 원하는 게 무엇인지 깨닫게 된 것이다.

샤또브리앙이 되고 싶은 소년

빅또르 위고가 유년시절의 추억 가운데 가장 까마득한 일로 기억해 내는 것은 빠리 클리시의 집에 대해서다. 그는 어머니가 자신을 몽블랑의 학교로 보낸 일, 아침마다 이 학교 교장의 딸 로즈의 방으로 끌려가 그 소녀가 자리에서 일어나 스타킹을 신는 모습을 멍하니 바라봤던 일들을 어른이 된 뒤에도 떠올리곤 했다.

한편 이때 빅또르의 아버지 레오뿔은 이탈리아에 가 있었다. 유명한 동생 때문에 전쟁터로 내몰린 조제쁘 보나빠르뜨는 나뽈리 왕국을 정복하라는 명령을 받고 있었다. 레오뿔은 조제쁘 보나빠르뜨 휘하에서 복무했는데 그에 대한 조제쁘의 배려는 각별했다. 소피는 다달이 남편에게 돈을 요구하면서도 남편의 일에는 아무 관심도 기울이지 않았다. 이미 남편은 없는 것이나 다름없었다. 레오뽈 위고는 월급의 반을 그녀에게 보내고 있었다. 이윽고 레오뽈에게 출세의 기회가 찾아왔다.

조제쁘가 그를 근위대 대령으로 승진시켜 아벨리노의 지방관에 임명한 것이었다.

그러나 이 무렵(1807) 라오리 장군의 처지는 악화일로였다. 정적 페세에게 쫓겨 빠리에 얼씬도 할 수 없었던 것이다. 이렇게 되자 소피는 자녀 양육 문제 때문에 남편에게 돌아가기로 결심했다. 오직 필요에 따른 결정이었다. 1807년 10월 그녀는 라오리 장군에게 한 마디 말도 없이 세 아들을 데리고 남편이 있는 이탈리아로 떠났다.

이때 빅또르는 5살 난 어린아이면서도 매우 예민하고 관찰력이 뛰어났다. 그는 프랑스 국경을 넘는 마차여행을 결코 잊지 못했다.

아버지 곁으로 온 세 아들은 '요정의 나라'에서 살게 되었다. 그중에서도 특히 빅또르 위고가 첫해를 보낸 요정의 나라는 더욱 멋졌다. 이들 삼형제는 깊은 골짜기를 끼고 개암나무 그늘로 가려진 오래된 대리석 궁전에서 살았다. 더 이상 학교에 다닐 필요가 없는 완전한 자유였다. 나날이 공휴일 같았다. 빅또르는 이 시절의 추억을 가장 좋아했다. 자주 만날 수 없었지만 아버지 레오뽈 위고는 가끔 대검 묘기를 보여 주면서 아들들과 놀아 주었다. 번쩍거리는 투구를 쓴 기수를 데리고 궁전 안 대회의장에 참석해 있는 아버지의 모습은 더욱 멋있었다. 이것이 나뽈레옹 1세 황제의 형 나폴리 왕이 사랑하던 아버지, 어린 빅또르의 이름을 근위대의 점호 명부에 올려 주었던 아버지였다. 이때부터 빅또르는 군인으로 자처했다.

레오뽈과 아내 소피 사이는 여전히 냉랭했다. 도무지 화해가 이루어지지 않았다. 아이들도 그 싸움이 무슨 까닭에서인지 막연하게나마 알고 있었다. 어쨌든 세 아들은 아버지를 자랑스럽게 여겼으며, 또 아버지가 어머니에게 몹시 화가 나 있는 것도 알았다.

그들은 나폴리에 오래 머물 수 없었다. 소피가 아이들을 데리고 나폴리로 간 뒤, 스페인 왕으로 내정된 조제쁘 보나빠르뜨가 레오뽈을 마드리드로 보낸 것이다. 그는 비록 아이들을 양육하지 못하게 되더라도 아내와 재결합할 생각은 없었다.

1809년 2월 4000프랑의 연금을 받게 된 소피는 루이 16세의 왕비 앙투와

네뜨가 건립한 오래된 수도원이 있던 페이앙틴에 어마어마한 규모의 저택을 세웠다. 빅또르는 그 저택의 드넓은 정원에서 형들과 함께 웃고 뛰놀며 유년 시절을 보냈다. 그는 이때 일을 떠올리기만 해도 다시 한 번 철모르던 그 어린 시절로 돌아가는 것만 같다고 회고하곤 했다.

빅또르의 아버지 레오뽈 위고는 장군으로 승진하여 조제쁘 보나빠르뜨 스페인 왕의 총독이 되었다. 스페인 왕은 그에게 스페인 귀족 작위 및 온갖 영예와 하사금을 내려 주었다.

1811년 봄, 소피는 남편으로부터 호위병을 보내니 바이옹으로 와서 합류하라는 기별을 받았다. 그녀는 여행에 싫증이 나 있었다. 그러나 이 소식은 아이들을 흥분시키기에 충분했다. 그들은 마차를 타고 여행하는 게 너무도 즐거웠다. 특히 빅또르의 관찰력은 아주 날카로워 20년이 지난 뒤에도 그때 마차 밖으로 단 한 번 슬쩍 보았던 앙굴렘 대성당 뾰족탑의 모습을 선명하게 그려냈다. 그리고 또 호위병들을 기다리며 한 달 동안 머물렀던 바이옹 거리의 모습을 마치 눈앞에서 보듯 기억해 내곤 했다.

빅또르는 스페인에 닿자 곧 이 나라가 좋아졌다. 스페인은 프랑스와 전혀 달랐다. 별이 수놓아진 침대, 백조의 목 모양을 한 안락의자, 스핑크스를 본 뜬 벽난로 장작 받침쇠, 여러 가지 황금색 장식품들에 익숙해진 그의 눈이 스페인의 우중충한 침대, 무겁고 정교한 은쟁반, 빅또르는 격자 창살 창문에 달라붙어 떨어질 줄 몰랐다. 스페인에서 보고 듣는 모든 것은 그에게 일종의 공포감을 안겨 주었다. 그러나 이 공포감은 무서우면서도 달콤한 것이었다.

여행 첫날부터 어린 빅또르는 에르나니, 돈 뤼 고메즈, 돈 살루떼, 뤼 블라스 등 갖가지 이름을 가지고 나타나는 스페인 요정의 추적을 받게 된다. 이 이름들은 한결같이 피와 황금의 냄새를 풍겼다. 빅또르가 처음 만난 요정은 큰 눈, 흑단 같은 머리칼, 붉은 입술, 복숭아빛 뺨, 황갈색 피부를 가진 14살 스페인 소녀 안달루시안 뻬빠이였다.

아벨과 으젠느와 빅또르 삼형제는 모두 시를 썼다. 빅또르의 연습장은 늘 습작시들로 가득차 있었다. 그의 사상은 자연히 시 형식에서도 고전적 운율을 띠게 했다. 소피는 언제나 아이들 마음을 사로잡고 있었다. 그녀는 아들들에게 존경심과 복종을 요구했고, 또 그것을 얻어냈다.

1813년 레오뽈 위고는 조제쁘 보나빠르뜨의 패배와 더불어 프랑스로 돌아

위고의 소년 시절 초상화　　　　　　집 앞 정원에 책을 읽고 있는 위고(1813)

왔다. 프랑스에 돌아온 레오뽈은 소피가 또마 부인 또는 살카노 공녀(公女)라고 부르던 까뜨린느 또마라는 여인과 장남 아벨을 데리고 포에 칩거했다. 그는 스페인에서는 장군이었지만 프랑스에서는 한낱 대대장에 불과했던 것이다. 소피에게 보내던 연금도 끊어졌다.

　레오뽈은 현역 복무를 요청하여 1814년 1월 9일 티옹빌 수비대 대장으로 발령받았다. 그는 티옹빌 수비에 최선을 다하여 나뽈레옹 1세의 폐위 소식이 전해진 뒤에야 비로소 적에게 항복했다. 아벨은 빠리의 어머니에게로 돌아갔고, 소피는 어깨가 넓은 미남 청년이 된 아들을 자랑스러워했다.

　레오뽈은 1814년 5월까지 티옹빌의 수비대 대장으로 복무했다. 이때 소피가 아들 아벨을 데리고 연금문제로 티옹빌을 찾아왔다. 그 뒤 이 부부 사이의 불화는 증오로 변하여 마침내 레오뽈은 '이 가증스러운 여자'로부터 자신의 아들들을 구해내기로 작정했다. 그해 9월 빠리로 오자마자 빅또르와 으젠느를 아버지의 권한으로 꼬르디에 기숙학교에 넣었다.

　1815년 레오뽈은 수비대 대장이 되어 티옹빌로 되돌아갔다. 이때 그는 두 아들을 기숙사에서 나오게 하여 미망인인 심술궂은 누이에게 맡겼다. 아이들은 도저히 고모와 친해질 수 없었다. 어떤 때는 반감을 공공연히 드러내며 "마담"이라고 부르기도 했다. 그들은 어머니 생각만 했다. 페이앙틴과 꼬르디에 기숙학교라는 낙원을 경험한 그들에게 고모와의 생활은 암울하고 황량한 고행자의 생활과도 같았다.

빅또르와 으젠느가 쓴 시에는 어머니에 대한 끝없는 그리움이 나타나 있다. 아들들과 함께 살 수 없게 된 소피는 학교로 그들을 만나러 오곤 했다. 이들의 문학 습작장에는 몇천 편의 시, 완벽한 형태의 희곡, 오페라, 멜로 드라마, 5막으로 된 비극시 초고, 렘브란트를 연상케 하는 섬세한 선의 삽화를 곁들인 서사시 등 수많은 작품이 실려 있었다. 이렇게 습작을 하는 한편 빅또르는 종합기술 시험을 준비하고 있었고 과학 과목의 점수도 좋았다.

위고의 둘째 형 으젠느

1816년 말부터 빅또르는 두 살 위인 작은 형 으젠느와 함께 루이 르 그랑 대학에서 공부했다. 수강 시간이 아침 8시에서 오후 5시까지였기 때문에 시를 쓰려면 밤시간을 이용해야 했다. 빅또르는 다락방에서 촛불을 켜놓고 시를 썼다. 이 다락방은 6월에는 화덕 같고 12월에는 얼음상자 같았다. 그는 이 다락방 창문을 통해 쌩 쒈뻬스 탑 위의 까치 신호기를 바라보곤 했다. 시 습작에 너무나 몰두하여 여러 주일 밤마다 침대 속에 엎드려 글을 썼기 때문에 무릎이 까지기도 했다.

빅또르는 솔직하고 자세한 기록을 남겨 놓았다. 14살이 되던 1816년 7월 10일 일기에서 그는 "샤또브리앙(1768~1848, 프랑스 낭만파 문학의 선구자. 후에 외교계에도 진출함)처럼 되고 싶다. 그렇게 되지 못한다면 어느 누구도 닮고 싶지 않다"라고 쓰고 있다.

그가 이처럼 샤또브리앙을 좋아하게 된 데에는 충분한 이유가 있다. 로마 수사학에 심취해 있던 프랑스는 1789년 이후 장중미와 위대함을 추구하고 있었다. 이 점에서 빅또르는 처음으로 어머니와 견해를 달리하게 되었다. 빅또르가 《아딸라(Atala, 샤또브리앙의 1801년 작품)》를 칭찬한 데 비해 18세기 여자인 그의 어머니는 '아! 라라' 같은 바보스러운 풍자 문학을 즐겨 읽었다.

1818년 2월 3일 중요한 사건이 일어났다. 빅또르의 부모가 법적으로 이혼한 것이다. 그해 8월 빅또르와 으젠느는 꼬르디에를 떠나 쁘띠오귀스땐느 거리의 어머니와 함께 살게 되었다.

자식의 재능에 대한 어머니의 신뢰감만큼 자녀에게 좋은 것은 없다. 소피는 아들들에게 법학공부를 강요하는 것과 같은 어리석은 짓은 하지 않았다. 자식들을 훌륭한 관리로 키우겠다는 남편과의 약속은 종이조각에 불과했다. 사실 으젠느와 빅또르는 2년 동안 대학에 등록하고 있었으나 거의 한 번도 강의실에 가지 않았고, 시험도 치르지 않았다. 자식들의 재능에 큰 기대를 갖고 있던 소피는 아들들이 변호사나 관리보다 위대한 작가가 되기를 더 바랐다. 매일 저녁 그들은 삐에르 푸셰 가족이 살고 있는 셰르슈미디 거리까지 산책을 나갔다.

사자의 용기를 준 사랑

셰르슈미디 거리의 뚤루즈 호텔에는 젊고 아름다우며 신앙심 깊은 푸셰 부인과 스페인형 미인인 그녀의 딸 아델이 머물고 있었다. 아델은 위고 형제들과 어린 시절 소꿉 친구였다. 그러나 그들은 10년 전 페이앙틴에서 이 사랑스러운 소녀에게 그네와 손수레를 태워 주며 함께 놀았다는 사실을 믿을 수가 없었다.

어느 날 아델과 빅또르가 큰 밤나무 아래에 함께 앉아 있을 때, 아델이 빅또르에게 물었다.

"빅또르, 너 비밀이 있지? 다른 무엇보다도 큰 비밀 말이야."

빅또르는 아델의 물음에 그렇다고 대답했다. 그러자 그녀가 다시 말했다.

"잘 들어 봐, 빅또르! 그 비밀을 나에게 말해 줘. 그러면 내 비밀도 말해 줄게."

"내 비밀은 너를 사랑한다는 거야."

"내 비밀도 바로 그거야."

빅또르의 고백에 아델도 사랑을 털어놓았다. 1819년 4월 26일의 일이었다. 그러나 그들은 둘 다 수줍은 편이었고 몸가짐이 단정했다. 빅또르는 열렬했으며 진지했고, 아델은 신앙심이 깊었다. 이 때문에 두 사람 사이는 매우 순수했다. 빅또르는 뒷날 이런 말을 했다.

아델 푸셰(19세 때) 　　청년 시절의 위고

"아델로부터 사랑의 고백을 들은 뒤 사자와 같은 용기를 느꼈다."

자식들에 대한 소피의 모성애는 거의 소유욕에 가까운 것이었다. 그녀는 빅또르를 질투하고 자랑스러워했다. 그녀는 빅또르에게 눈부신 미래가 운명지워져 있다고 굳게 믿었다. 빅또르는 레오뽈 위고 백작의 아들이기도 했다. 그가 인생의 파멸을 기꺼이 받아들일 만한 일이, 18살 나이에 아델과 결혼하려 했다 한들, 과연 가능했을까? 그러나 어머니를 불안에 떨게 할 이 같은 일이 그에게는 일어나지 않았다. 빅또르는 그의 어머니가 주관이 뚜렷하고 냉혹하며 사랑에 뜨거운 이상으로 증오에도 뜨겁다는 사실을 잘 알고 있었다.

이리하여 사랑은 그를 피해 갔고, 그는 일 속에서 위안을 얻으려 했다. 아벨은 위고 집안 삼형제의 독자적인 잡지 발행을 결심했다. 그들의 스승 샤또브리앙이 〈보수주의자(*Conservateur*)〉라는 잡지를 발행하고 있었는데, 이 이름을 본따 자기들 잡지에는 〈문학 수호자(*Conservateur littéraire*)〉라는 이름을 붙였다.

이 잡지는 1819년 12월부터 1821년 3월까지 발행되었는데, 주로 빅또르가 편집하고 글을 썼다. 〈문학 수호자〉를 읽어 보면 지금도 그 10대 소년의 박식과 지성에 놀라움을 금할 수 없다. 빅또르는 문학과 연극 비평과 그리고 특히 라틴 및 그리스 문학에 대해 풍부한 고증을 갖고 모든 점을 말하고 있다. 그의 문학적 깊이가 어떤 수준에 이르렀는지 알 수 있다.

그는 또 열정적인 연애소설 《아이슬란드의 한(Han d'Islande)》을 써서 자신의 사랑을 노래했다.

이 소설에서 빅또르는 자신은 오르드네르로, 아델은 에텔로 묘사하고 있다. 이 미완성 작품 《아이슬란드의 한》은 〈문학 수호자〉의 발행이 중단되는 바람에 여기에 게재되지는 않았다. 〈문학 수호자〉는 발행이 중단되었다기보다 〈문학과 예술의 연대기(Les Annales de la Littérature et des Arts)〉에 통합되었다는 것이 좀 더 정확한 표현일 것이다. 한 잡지가 다른 잡지에 통합된다는 건 명예스러운 후퇴를 말했다. 〈문학 수호자〉는 빅또르에게 매우 귀중한 경험을 주었다. 이 뛰어난 청년의 내부에는 모든 일에 극적인 집중력을 부여할 수 있는 위대한 언론인의 재능과 함께 그 이상의 무엇이 들끓고 있었다.

뜰 하나 없는 3층 아파트 생활에 싫증난 어머니 소피는 1821년 1월 아벨이 마련해 준 메지에르 거리 10번지의 아파트 1층으로 옮겨갔다. 아벨, 으젠느, 빅또르 삼형제는 어머니가 이사간 새 아파트를 수리하느라 몇 날 며칠 일했다. 페인트를 새로 칠하고 실내 장식을 바꾸고 아파트 앞 정원의 흙을 파 나무를 새로 심는 등 분주했다. 소피는 이사 뒤의 피로가 겹쳐 감기에 걸렸다. 그것이 끝내 급성 폐렴으로 악화되어 자식들의 극진한 간호도 보람없이 그해 6월 27일 아침 아들들의 품에 안겨 숨을 거두었다.

아델의 어머니 푸셰 부인이 메지에르 거리로 문상왔다가 빅또르에게 빠리를 떠날 것을 권유했다. 빠리는 생활비가 너무 많이 드는 데다 위고 형제들의 가난한 생활이 보기에 딱했던 것이다. 빅또르는 어머니의 죽음을 아버지에게 알렸다.

푸셰 집안 사람들은 여느 해처럼 빠리 교외에 여름 별장을 세내어 그곳으로 빅또르를 초대했다. 빅또르는 처음 한동안 망설였으나 결국 푸셰 부인의 초대를 받아들이기로 결정했다.

푸셰네 가족은 7월 15일 마차 편으로 빠리를 떠났고, 빅또르는 바로 다음 날 이들 뒤를 따랐다. 그러나 삐에르 푸셰는 아직 빅또르를 자신의 집에 받

쟌테이의 푸셰 집안 저택(1821)　　《오드와 그외 시》 속표지

아들이려 하지 않았으며, 아델과의 약혼도 발표하지 않았다. 하는 수 없이 빅또르와 아델 두 사람은 편지를 주고받는 것으로 만족해야 했다.

　1822년 3월 8일 빅또르는 드디어 아버지에게 아델과의 결혼을 승낙해 달라는 편지를 보내기로 작정했다. 그는 편지에서 아델이 천사같이 아름답고 마음씨가 곱다는 점을 누누이 강조했다. 아델도 빅또르가 편지를 쓰고 있는 것을 옆에서 지켜보았고 회답을 기다리며 불안한 나날을 보냈다.

　두 사람은 만일 빅또르의 아버지가 반대한다면 함께 외국으로 달아나 결혼하기로 약속했다. 사랑의 도피행이란 셰르슈미디 거리의 양갓집 딸로서는 엄청난 모험이었다. 그러나 이 같은 모험은 할 필요가 없어졌다. 위고 장군이 몇 가지 조건을 붙여 이들의 결혼을 승낙한다는 내용의 편지를 보내 왔던 것이다.

"네 소원을 내가 들어주지 않은 적이 없지 않느냐. 그러니 네 소원이 이뤄질 것으로 기대해도 좋다. 그러나 결혼에 앞서 가족을 먹여 살릴 만한 생계수단을 가져야 한다. 네 재능이 뛰어나다고들 하더라만 나는 문학이라는 것을 하나의 직업으로 보지 않는다. 아무튼 일자리를 구해 보도록 하거라."

빅또르는 《오드 (*Odes*, 장중하고 열정적이며 서정시 상적인 데가 있는 긴 서정시)》 제1권의 출판을 서두르게 된다. 형 아벨이 인쇄와 판매를 맡아주었다. 녹색으로 장정한 《오드》 제1권이 빨레르와얄 거리 펠리시에 서점에 모습을 나타낸 것은 6월이었다. 출판된 책은 1500부였는데, 그는 한 부당 50상팀(상팀은 100분의 1프랑), 총 750프랑을 받았다. 저자는 책 서문에 "나의 사랑, 나의 천사 아델에게 이 책을 바친다. 그녀에게 영광과 행복이 깃들기를"이라고 쓰고 있다.

이 책의 본디 제목은 《오드와 그외 시 (*Odes et poésies diverses*)》였다. 특히 서문에는 저자의 정치적 열망이 그대로 나타나 있었다. 이 때문에 왕당파 신문은 그의 책을 거들떠보지 않았고 신문 지상의 신간 서평도 거의 없었다. 그즈음 신문에는 문학 비평에 할애된 지면이 아주 적었다. 또 빅또르 위고 자신도 '기자쟁이'들에 빌붙어 명성을 구걸하는 식의 행동은 자존심있는 사람이라면 할 짓이 아니라고 생각하고 있었다. 기자들이 마음에 들어 호의적으로 써주면 좋지만 동냥하듯 그들의 입에 발린 칭찬의 말은 바라지 않는다는 게 그의 태도였다. 다행히 판매 실적은 아주 좋았고, 그 덕택에 결혼식도 훨씬 앞당겨졌다.

이 무렵 아델은 혼자 빠리에 있는 약혼자 집을 드나들 정도로 대담해져 있었다. '주위 사람들이 무슨 말을 해도 귀에 들어오지 않았다. 아버지의 마지막 결혼 승낙만으로 행복에 빠져 있던 때였다'라고 빅또르는 뒷날 회고했다. 그러나 그들은 결혼 전에 서로의 몸을 섞는 행동은 하지 않았다. 빅또르가 아델을 껴안으려고 하면, 아델은 "이제 석 달만 있으면 영원히 당신 곁에 있게 돼요. 우리가 남부끄러운 행동을 하지 않았다는 것은 결혼 뒤에도 아름다운 추억거리가 될 거예요"라고 하면서 그의 품 안을 빠져나갔다.

이어지는 불행

빅또르 위고와 아델 푸셰는 1822년 10월 쌩 쒤삐스에서 결혼식을 올렸다. 신랑측 들러리는 알프레드 드 비니(1797~1863, 수많은 낭만파 시인 중 유일한 철학 시인)와 꼬르디에 학교시절 은

빠리의 쌩 쒵뻬스 성당 위고와 아델이 이 곳에서 결혼식을 올렸다.

사 페리스 비스카라였고, 신부측 들러리는 그녀의 숙부 장 밥띠스띠 아슬린느와 마르키 위비달 드 몽필리에였다. 아버지 레오뽈은 결혼식에 참석하지 않았다.

 신부집에서의 피로연에 이어 군사위원회 건물 대연회장에서 무도회가 열렸다. 그날 저녁 곰보 얼굴의 청년 교장 비스카라는 빅또르의 작은형 으젠느가 이상스러울 정도로 흥분해 있는 것을 보았다. 으젠느는 쉴새없이 횡설수설 떠들어대고 있는 게 거의 제정신이 아니었다.

 비스카라는 다른 사람의 눈길을 피해 큰형 아벨에게 이 사실을 알렸다. 그리고 두 사람이 이 불행한 청년을 무도회장 밖으로 데리고 나갔다. 그날 밤 내내 으젠느는 미친 사람같이 울고 웃으며 떠들어댔다. 사실 그는 오래 전부터 혼자 아델을 사랑해 왔던 것이다. 동생에 대한 질투심과 자책감 그리고 우울이 동생 부부의 행복한 모습을 보고 더 이상 참을 수 없어 한꺼번에 광

빅또르 위고의 생애 1945

위고의 아내 아델 푸셰

기로 터져 나온 것이다.

다행히 빅또르 부부는 이날 저녁의 비극을 알지 못했다. 빅또르는 자기 눈에 아름다움의 화신으로 비친 소녀를 드디어 소유하게 된 데 정신을 잃고 있었다. 그즈음 그는 도덕적으로 순결했고 매우 열정적이었기 때문에 행복과 도취감은 한층 더했다. 모든 어려움은 결국 극복되고야 만다는 어머니의 가르침이 실현된 셈이었다.

그 한 해 동안 빅또르는 참으로 먼 여행을 했다. 20살밖에 안 된 그가 유명인의 길로 들어섰다. 그의 책은 나이많은 이로부터 청년 지식인들에 이르기까지 널리 읽혔다. 정부에서 연금이 나왔고 다른 시인들로부터 존경을 받았다. 그는 자신이 선택한 여자를 차지했으며 아버지의 사랑도 되찾았다. 그리고 사람들은 그가 택한 직업을 부러워했다. 그것은 마치 사랑과 신비로움으로 가득찬 행복한 꿈 같았으며, 온갖 불운을 겪은 한 소년이 모든 소망을 이루어 주는 마법사의 지팡이를 얻은 것과 같았다. 그러나 여기에서는 빅또르 위고 자신이 마법사였다.

사실 빅또르의 행복감은 대단했다. 아델이 에덴 동산의 이브와 같은 존재로 변한 뒷날에도 빅또르는 이때의 행복감을 잊지 못했다. 아델은 예술적 감각을 지니기는 했지만, 다른 소녀와 똑같은 평범한 여자였다. 따라서 시에도 그리 관심이 없었다. 그런데도 그녀가 한 위대한 시인 탄생에 상당한 영향을 미쳤음은 사실이다.

이튿날 아침 빅또르의 스승 비스카라는 뒤숭숭한 마음으로 신혼 부부의 침실문을 두드렸다. 으젠느의 병세가 아주 위중했기 때문이다. 이 소식을 전해 들은 아버지가 서둘러 블루아에서 빠리로 왔다. 그는 행복에는 참석하지 않았으나 슬픔만은 함께 나누고자 했던 것이다. 빅또르와 아델은 그들의 결혼을 승낙해 준 이 친절한 아버지를 열렬히 환영했다. 그리고 이 위대한 사나이의 사랑 앞에 아들의 슬픔은 아침이슬처럼 사라졌다. 그러나 아버지는 코르시카와 이탈리아에서 금빛 머리카락을 날리며 홍조띤 얼굴로 뛰놀고, 마드리드의 학교에서는 빛나는 재능을 발휘한 둘째 아들이 거의 발광 상태에 빠져 있는 모습을 보고 마음의 고통을 억누를 길 없었다.

으젠느의 비참한 운명은 빅또르의 가슴에도 깊은 슬픔과 자책감을 남겼다. 빅또르는 평생 이 때문에 괴로워했다. 시에서나 사랑에서나 모두 형을 앞질렀다는 것이 그를 이같은 절망 속으로 몰아넣은 것일까. 그에게는 아무 잘못도 없었지만 형제 사이의 불화가 계속 마음을 무겁

빅또르 위고 모란 그림

게 짓눌렀던 것은 사실이다. 그래서인지 빅또르의 연극과 시와 소설 등에는 형제끼리 싸우고 불행해지는 주제가 자주 등장한다.

이 같은 불길한 내적 어두움에도 불구하고 표면적으로는 아무 일도 일어나지 않았다. 결혼초 몇 달 동안 빅또르의 행동거지와 걸음걸이는 마치 우쭐대는 기병대 장교와도 같았다. 또 아직 나이가 어린데도 남편과 아버지 역할을 함께 하려 했다. 자연히 그에게는 얼마쯤 건방진 듯한 가부장적인 태도가 생겨났다. 결혼 뒤 9개월째인 1823년 7월 16일 그의 첫아들 레오뽈 위고 2세가 태어나 그는 두 부양가족을 갖게 되었다.

빅또르는 세르슈미디 거리 큰 밤나무 아래서 밤낮으로 일했다. 신작《오드》가 씌어졌다.《오드》에 이어《아이슬란드의 한》을 탈고하여 출판업자인 페르상 후작에게 보냈다. 페르상 후작은《오드》재판과《아이슬란드의 한》의 출판 계약을 맺었는데,《아이슬란드의 한》의 초판 부수는 1000부였다. 위고는《오드》재판과《아이슬란드의 한》초판 인세로 500프랑을 받기로 했다. 그러나 그 뒤 페르상은 파산하여 약속한 인세를 지불할 수 없게 되자 오히려 위고를 모함하며 돌아다녔다.

이 무렵 위고는 생활에 쪼들린 나머지 아버지에게 손을 내미는 한편《아이

슬란드의 한》 4권에 저자 이름을 넣지 않은 채 싸구려 장정으로 출판했다. 종이도 형편없었다. 페르상은 이 책이 시로 빛나는 성공을 거둔 한 청년 작가의 작품집으로 생각된다면서 저자 이름이 없어도 알 만한 사람은 알 것이라고 떠들어댔다. 이 소설은 살인자와 괴물, 교수대, 사형집행인과 경찰의 고문장면 등 으스스한 광경과 함께 익살과 해학이 넘쳐 특별한 주목을 끌었다. 공포소설에서 새로운 분야를 개척한 작품이었다.

레오뽈과 빅또르 부자 사이는 더욱 가까워졌다. 빅또르는 으젠느를 가슴 아파하는 아버지의 마음을 그 어느 때보다 더 깊이 이해할 수 있었다. 또한 레오뽈은 나름대로 많은 사람들로부터 사랑과 존경을 받는 아들 빅또르가 자랑스러웠고, 자신의 둘째 부인 까뜨린느 또마를 어머니로 받아들여주기를 바랐다.

난산 끝에 첫아들을 낳은 뒤 아델의 건강이 나빠지자, 아버지와 새어머니는 아들 부부를 그들이 새로 산 블루아의 대저택으로 불러들였다. 아델을 위해 간호사를 고용하는 등 아들 부부에게 정성을 기울였다. 그러나 빅또르는 또마 부인을 자신의 아들 레오뽈 위고 2세의 할머니라고만 불렀다. 하지만 아델은 시어머니를 위해 모자에 수를 놓기도 하며 다정하게 대했다. 10월 9일 갓태어난 레오뽈이 죽었다. 어머니와 형, 아들에게 닥친 이 같은 불행에도 불구하고 빅또르는 일과 사랑 그리고 바쁜 일상으로 슬퍼할 겨를조차 없었다. 아델이 다시 임신했다. 에밀 드샹의 말처럼 빅또르는 쉴새없이 서정시와 자식을 생산해 내고 있었다.

에밀 드샹이 그룹 결성과 잡지 발행을 제의해 왔다. 이것이 그즈음 청년 지식인과 시인 및 전통적인 왕당파로 구성된 '라 뮈즈 프랑세즈(*La Muse française*)' 그룹이다. 그들의 강령은 종교적으로는 그리스도교, 정치적으로는 입헌군주제, 사랑에서는 기사도적인 플라토닉주의였다. 종교문제에서 그들은 샤또브리앙의 태도를 찬양하고 황제의 우상 숭배를 반대했다.

〈라 뮈즈 프랑세즈〉 창간을 위해 에밀 드샹은 그룹 회원들에게 1000프랑씩 낼 것을 제의했다. 빅또르로서는 엄청난 돈이었다. 문단에서 물러나 조용한 시골신사의 생활을 택한 라마르띤(1790~1869, 프랑스의 낭만파 시인이자 정치가)이 그룹 참가를 거부하면서 위고의 몫을 자신이 내주겠다고 자청하고 나섰다. 아무튼 마음씨 좋은 노띠에(1780~1844, 프랑스 소설가, 한때 낭만주의자들 한가운데 있었음)가 곧바로 라 뮈즈 프랑세즈 그룹의 실질적인 지도

자가 되었다. 회원들은 모두 동지이며 친구였다. 에밀 드샹의 말처럼 우아한 위트의 세계는 고상한 품성을 가진 자의 가슴에만 깃드는 것이다. 그들은 서로를 칭찬하는 데 결코 인색하지 않았다. 라 뮈즈 프랑세즈에 돈을 낸 사람들은 낭만주의와 고전주 사이의 논쟁에 참가하기를 꺼렸다.

순결한 아델

1824년 3월 서적상 라드보카에 의해 《새 오드집 (*Nouvelles Odes*)》이 출판됐을 때만 해도 빅또르 위고는 여전히 낭만주의와 고전주의 중 어느 것도 선택하지 않고 있었다. 그는 이 책 서문에서, 문학혁명이 1789년 정치혁명의 표현이라는 견해에 반대하면서 문학혁명은 정치혁명의 표현이 아니라 그 결과라고 선언하고 있다.

군더더기 없는 글을 쓰는 것처럼 어려운 일은 없다. 그러나 빅또르는 이미 22살이라는 어린 나이에도 아주 쉽게 해냈다. 그는 낭만주의가 무엇인지도 모르는 채 낭만주의 작가가 되어 있었다. 〈토론 신문〉의 비평가들은 그가 추상적인 생각들을 육체적인 형상과 결부시키고 있다고 비난했다.

위고의 경제사정은 크게 호전되었다. 라드보카가 《새 오드집》의 인세 2000프랑을 준 데다 아버지도 매달 얼마쯤 생활보조비를 부쳐왔다. 두 곳으로부터 왕실연금을 받게 된 빅또르는 아버지에게 더 이상 생활보조비가 필요없다고 편지를 보냈다.

빅또르 부부는 1824년 보지라르 거리 90번지 가구점 위에 있는 작은 아파트로 이사할 수 있었다. 집세는 1년에 625프랑이었다. 같은 해 8월 28일 이 집에서 맏딸 레오뽈딘 위고가 태어났다. 아주 예쁜 아기로, 어머니와 할아버지를 닮았다. 새어머니 까뜨린느가 레오뽈딘의 대모가 되었다.

보지라르 거리 90번지는 청년 작가들의 집회장소가 되었다. 이들의 눈에 위고의 집은 이상적인 가정으로 비쳤다. 아델은 헌신적이고, 조용한 내면세계가 아름다움의 불꽃을 뿌리고 있었다. 이 '순결하고 외로운' 넋에 대한 찬미가 서정시가 되어 나타났다. 빅또르보다 훨씬 나이많은 귀족 라마르띤도 가끔 보지라르 거리 90번지에 들러 식사를 하곤 했다. 라마르띤은 아카데미 프랑세즈(프랑스 학사원을 구성하는 다섯 아카데미 가운데 하나)의 후보위원이었으며 이에 대한 자부심이 아주 강했다.

《오드》(1827) 제3판 속표지 및 권두 그림

으젠느의 병 때문에 아버지 레오뽈은 빠리에 오랫동안 머물렀다. 그의 빠리 체류는 부자 사이에 화해를 가져왔다. 이 화해는 혈연에 따른 것이라기보다 인간적인 것이었다. 전성시대에는 엄격함으로 아들들에게 적대감만 불러일으켰으나, 이제 유명해진 아들들에게 의지하려는 아버지의 늙고 연약한 모습은 효성심과 그의 과거 공적에 대한 새로운 존경심을 자극했다. 아델과 빅또르는 아버지의 지난날 이야기를 듣기 좋아했다.

빅또르는 좀 더 잘 이해하고 사랑하게 된 아버지를 통해 황제에 대해서도 과거보다 훨씬 가까워진 듯한 느낌을 가졌다. 생전의 나뽈레옹은 그의 어머니가 증오해 마지않던 폭군이었다. 그러나 세인트 헬레나의 비극 뒤로 그는 박해받는 영웅이 되었다. 빅또르는 프랑스 시인이라면 궁정 안의 음모와 사랑에 대한 시를 쓰기보다, 이 '혁명과 조국의 사나이'가 남기고 간 모든 것을 노래하는 일이 훨씬 더 값지다고 마음 속 깊이 생각했다.

위고는 1826년부터 1829년 사이 많은 것을 배우고 발견했으며 많은 일을 했다. 그즈음 그가 남긴 여러 발자취를 작품의 출판 날짜에 따라 살펴보는 것은 그리 의미가 없을지 모르나, 어떻든 《오드와 발라드(Odes et Ballades)》(발라드는 자유 형식의 짧은 서사시)가 1826년 말 출판되었고, 《크롬웰(Cromwell)》이 1827년, 《동방시집(Les Orientales)》이 1829년에 출판되었다. 탈고한 지 2, 3년 뒤에 발표되는 원고도 이따금 있었다. 《동방시집》에는 1826년에 씌어진 시들이 실리고, 《크롬웰》에 실린 유명한 〈광인(狂人)의 노래〉도 이미 《오드와 발라드》의 책 제목을 설명하는 글 속에 있다. 〈광인의 노래〉는 그 내용이 진보적이며 국제주의적 성격을 띠었다 해서 〈라 뮈즈 프랑세즈〉와 가톨릭계로부터 격렬한 비난을 받았다. 그러나 〈라 뮈즈 프랑세즈〉의 편집인이자 언론인이며 권위주의적인 다혈질 교수인 뽈 프랑수아 뒤브와는 '성 빅또르'의 신혼가정을 방문한 뒤 그에게 흠뻑 반해 버렸다고 고백하고 있다.

쌩뜨 뵈브와의 만남

보지라르 거리 90번지 '신성가족'을 기억하고 있던 뒤브와는 《오드와 발라드》가 출판되자, 그

《오드와 발라드》(1826) 속표지 및 권두 그림

가운데 한 권을 부르봉 대학에 몸담고 있었을 때의 제자이자 〈르 글로브(Le Globe)〉지 문예비평가로 일하고 있는 쌩뜨 뵈브에게 보냈다.

이 문예비평가는 빅또르보다 2살 아래였다. 그러나 그는 폭넓은 문화적 배경, 뛰어난 안목과 다른 사람의 마음 속을 파고드는 깊이있는 심성을 가진 남자였다. 맛에 대한 민감함과 판단의 정확함은 그의 천성적인 성품이었다. 쌩뜨 뵈브의 내면에는 그리스도교 신앙과 과학적인 학문 태도의 기초가 되는 현실적이며 회의주의적인 정신 사이에 치열한 투쟁이 벌어지고 있었다. 서정적이었던 그는 오로지 한 가지 행복, 곧 사랑의 행복만 열망했으나 자신에게는 사랑의 열정을 불러일으킬 만한 능력이 없음을 뼈저리게 느끼고 있었다.

쌩뜨 뵈브가 관심을 기울인 것은 문장의 아름다움보다 내적인 의미였다. 그는 일정한 조화를 유지하면서도 풍부한 상상력이 번뜩이는 빅또르의 문장 스타일에 감탄했다. 《오드와 발라드》에서 그가 특히 칭찬을 아끼지 않은 작품은 단순한 문장상의 기교를 뛰어넘어 사랑하는 아내를 위해 쓴 영혼 깊은 곳으로부터 짜낸 듯한 몇 편의 시였다.

1827년 1월 2일 〈르 글로브〉지에 《오드와 발라드》에 대한 작품평이 실렸다. 논조는 매우 우호적이어서 심지어 작가에게 존경의 뜻을 보낼 정도였다. 시평에 엄격하기로 유명한 〈르 글로브〉지로서는 이례적인 일이었다. 이날

시평을 읽어 본 괴테가 이렇게 말할 정도였다.

"빅또르 위고는 참으로 재능이 뛰어난 작가이다. 독일 문학이 그에게 얼마쯤 영향을 미쳤음이 틀림없다. 그는 한때 현학적인 고전주의자들 밑에서 문학 수업을 하는 바람에 스스로를 왜소하게 만든 불운을 겪기도 했으나, 이제는 〈르 글로브〉지가 그의 편이 되었다. 그가 승리한 것이다."

천재가 천재를 알아본 것이다.

〈르 글로브〉지의 시평은 S.B라는 서명이 든 익명의 기사였다. 빅또르는 뒤브와에게 편지를 보내 'S.B가 누구냐'고 물었다. 뒤브와는 "보지라르 거리 90번지 당신 집 바로 옆에 사는 사람"이라고 했다. 위고는 생뜨 뵈브의 집을 찾았으나, 마침 그는 외출하고 없었다. 다음날 생뜨 뵈브가 위고를 방문했다. 그는 긴 코에 머리칼이 붉고 몸에 비해 머리통이 지나칠 만큼 큰 사나이였다. 또 수줍음을 타는 듯했으며 말을 더듬었다.

야망의 나날

그 뒤 1년 동안 빅또르 위고는 희곡 《크롬웰》 집필에 매달렸다. 위고는 유년시절부터 연극에 설명할 수 없는 매력을 느꼈다. 그때까지 써놓은 희곡도 여러 편 되었다. 그는 올리버 크롬웰의 생애에 대해 구할 수 있는 모든 자료를 구했다. 거의 100여 권에 가까운 자료였다. 이 자료를 몽땅 읽은 뒤 1826년 《크롬웰》 집필에 들어갔다. 그는 귀족이자 코메디 프랑세즈(프랑스 국립극장) 회원인 비니의 친구로부터 왜 희곡은 쓰지 않느냐는 질문을 받자, 처음으로 집필 중이던 《크롬웰》에 대한 이야기를 꺼냈다. 그는 위고를 딸마(1763~1826, 비극에 뛰어난 프랑스 배우)와의 식사에 초대했다.

이 자리에서 빅또르 위고는 딸마에게 셰익스피어 비극이나 라신느 극에 대신할 새로운 연극을 시도하고 있다고 말했다. 그리고 이 새로운 극은 보편적인 호소력을 지녔고, 영웅적 요소와 희화적 요소를 동시에 갖추었으며, 한 가지 효과만을 위해 씌어진 웅변조의 연설과 대사를 없애 버린 지금까지와는 다른 형식의 연극이라고 설명했다. 딸마는 이 말이 끝나자 곧바로 《크롬웰》의 무대 공연을 결정했다. 더 이상 설명을 들을 필요가 없었던 것이다.

그러나 바로 그해 딸마가 죽는 바람에 《크롬웰》의 공연은 계속 지연되었다. 가까운 장래 무대에 올려질 전망조차 보이지 않는 듯했다. 빅또르 위고는 《크롬웰》을 친구들 앞에서 낭송하기로 마음먹었다. 그즈음에는 희곡 낭송이 유행하고 있었다.

《크롬웰》 낭송 다음날 생뜨 뵈브는 위고에게 매우 흥미롭고 중요한 의미를 지닌 편지를 보냈다. 두 사람의 기질의 차이가 가장 잘 드러나는 게 바로 이 편지다. 위고는 정상에 오르기를 끊임없이 추구하는 반면, 천성이 섬세하고 연약한 생뜨 뵈브는 '완만한 언덕' 위에서만 숨쉴 수 있었다. 낭만주의를 이해하는 데서도 생뜨 뵈브의 이 같은 기질이 그대로 나타나

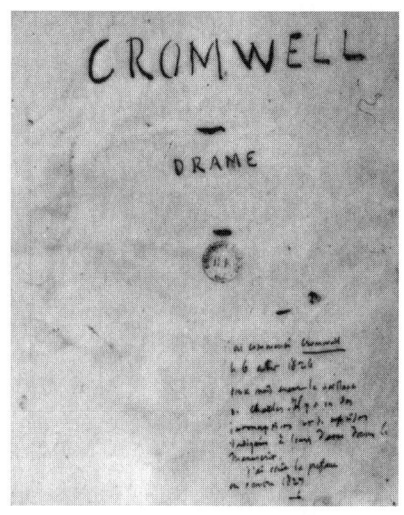

희곡《크롬웰》(1826) 초고 첫 페이지

있다. 그는 빅또르의 이 위대한 드라마가 미친 듯한 익살과 희극적 요소 때문에 아주 형편없이 되어버렸다고 생각했다. 시인으로 태어난 위고는 미켈란젤로가 대리석 조각이 제시하는 형식을 중시했듯 리듬이 제시하는 관념을 중시했다. 한편 산문 작가인 생뜨 뵈브는 각 개념 사이의 논리적 연결이 필요하다고 믿고 있었다.

그러나 다재다능한 빅또르 위고는 그가 하려고만 하면 산문적 요구에 머리를 숙이는 방법 또한 알고 있었다. 《크롬웰》 서문이 이를 그대로 말해 주고 있다. 이 서문은 《크롬웰》 상연 뒤 씌어진 것으로 특히 젊은 사람들이 열광적인 반응을 보였다. 이 글은 위고에게 하나의 중요한 전환점이 된다. 그는 드디어 낭만주의 진영의 지도자로 등장했다.

추종자들

위고는 1826년과 1827년을 행복하게 보냈다. 1826년 아들 샤를르의 출생으로 보지라르의 집이 비좁아져 노트르담 드 샹 거리 11번지 집 한 채를 얻어 이사했다. 큰길에서 멀리 떨어진 깊숙한 곳에 자리잡은 이 집은 시인의 안식처로 아주 알맞았다. 집 뒤에는 통나무 다리가 걸린 작은 연못과 정원도 있었다. 이제 위고와 떨어져 살 수 없게 된 생뜨 뵈브도 19번지로 이사왔다.

사람들은 모두 그 자신의 눈을 통해 자연을 바라본다. 위고는 소음과 노래, 부끄러움 없는 키스로 가득찬 보지라르 거리 서민적 풍경을 매우 사랑했다. 이와 반대로 세련된 교양미를 중시하는 생뜨 뵈브는 보지라르 거리 이야기만 나오면 눈살을 찌푸리며 그만큼 지저분한 곳도 드물 것이라고 말했다. 자연히 위고가 생뜨 뵈브를 찾는 일도 드물어졌다.

위고는 늘 추종자들에 둘러싸여 있었다. 거기에는 형 아벨과 아델의 오빠 뽈 푸셰를 비롯한 수많은 신진 예술가와 시인들이 포함되어 있었다. 그의 둘레에는 끊임없이 사람들이 찾아들었다. 위고는 문학이라는 재능 외에 젊은 사람을 끌어당기는 천부적인 소질을 갖고 있었다. 이미 명성을 날리고 있던 조각가 다비드 당제와도 알게 되었다. 그러자 화가들과 석판공들이 몰려들었다. 이들은 모두 잘생기고 자존심이 센 앞날이 유망한 청년 예술인들이었고 대부분 노트르담 드 샹 거리에 살고 있었다.

여름밤이면 이들 위고 그룹은 무리지어 거리를 쏘다녔다. 물랭 드 뵈르에서 파이를 베어 물고 때로 빠리 교외 숲 속 나무 의자에 둘러앉아 술잔을 기울이며 노래와 토론으로 밤을 새웠다.

예기치 못한 고통

때때로 빅또르는 《동방시집》의 시들을 소리높여 암송했다. 무엇 때문에 위고는 《동방시집》을 집필할 생각을 품게 되었을까. 그것은 유행 때문이었다. 그즈음 그리스는 독립전쟁을 벌이고 있었으며, 영국시인 바이런은 이 전쟁에 참전하여 목숨을 잃었다. 유럽 여러 나라 진보주의 지식인들은 모두 그리스 독립전쟁을 옹호했다. 위고의 예술 친구들은 진보파들이었다. 델 핀느 가이, 라마르띤, 카지미르 드라본느 등은 모두 그리스를 찬양하는 시들을 쓰고 있었다. 이런 분위기 속에서 위고는 《동방시집》을 통해 낭만주의 운동에 통일을 가져왔다.

위고의 창작 수첩에는 《마리옹 드 로름므(*Marion de Lorme*)》《뤼크레스 보르지아(*Lucrèce Borgia*)》와 같이 이미 다 썼거나 앞으로 쓸 희곡의 줄거리가 메모되어 있었다. 또 《루이 11세》《앙비앙 백작의 죽음》 줄거리도 구상되고 있었으나 작품이 되지는 못했다. 희곡 제목으로 가득 채워진 창작 수첩의 마지막 몇 줄에 다음과 같은 말이 씌어 있다.

"이 모든 게 작품이 되었을 때 내 두 눈으로 볼 수 있겠지, 위고와 같은 강인한 힘이야말로 무서운 자기 확신을 만들어낸다는 것을. 여기에 대해 아무 의문도 없다. 그의 천성은 왕족보다 더 당당하다. 그는 청년 보나빠르뜨처럼 출생 신분이나 왕권신수설에 의해서가 아니라 정복 의지와 그 자신의 재능으로 지배한다. '미래는, 미래는 나의 것이다!'가 그의 전쟁 구호다."

《동방시집》(1829) 원판 속표지

이때까지만 해도 빅또르 위고는 자기 인생의 한 부분으로 굳게 믿고 있는 젊은 아내와 자신의 창작 활동에 늘 많은 도움을 주는 친구 생뜨 뵈브가 안겨 줄 고통으로 그의 성격이 새로운 깊이를 더해 갈 줄은 상상조차 못했다. 그러나 위고가 승리감에 젖어 있는 그 순간 재앙은 이미 눈 앞에 다가와 있었던 것이다.

젊은 시절 고달팠던 많은 사람들이 그렇듯 27살의 젊은 위고도 이제 막 인생을 시작한 그즈음 행복의 갈망을 아직 다 채우지 못하고 있었다. 남다른 성공에 특별한 즐거움을 느꼈지만, 내부에서는 벌써 그 자신의 새로운 인생 드라마가 전개되고 있었는지 모른다.

자기 모독 없는 변절은 없다. 그리고 젊은 위고에게 그의 화가 친구들과 모델들로부터 유혹이 없을 리 없었다.

임신과 아이들 돌보는 일에 지친 아델은 이 술고래의 성욕을 감당하기에는 벅찬 형편이었다. 위고는 그 자신의 의사와 상관없이 가끔 다른 여자를 생각하고 있었음이 틀림없다.

1829년 발표된 시에서 사람들은 레오뽈 위고 장군의 미친 듯한 관능이 아들 대에 와서 재현되고 있음을 읽을 수 있었다. 고상하던 《오드》 작가의 대화 속에 음탕한 기운이 어리고 있었다. 《동방시집》속에서 《첫 번째 호흡》의 여신과 나란히 《아찔한 요정 둘》이, 나날이 더욱 아름답게 빛나고 있다.

위고는 출판업자 고슬랭으로부터 《동방시집》 초판 인세로 3600프랑, 4·6판으로 재판된 《동방시집》과 소설 《뷔그 자르갈(Bug-jargal)》《사형수의 마지막 날(Le dernier jour d'un condamné)》 그리고 미발표 소설 《빠리의 노트르담(Notre-Dame de Paris)》 인세로 7200프랑을 받았다.

조제쁘 들로름

언어의 음악가인 위고는 문장의 의미에는 충분한 주의를 기울이지 않았다. 생뜨 뵈브는 뛰어난 감수성에도 불구하고 시 형식이 서투르고 약해 성공을 거두지 못했다. 그는 익명으로 발표한 《조제쁘 들로름의 생애, 시, 사상(Vie, poésies et pensées de Joseph Delorme)》에서 자신의 모습을 아주 쓸쓸하게 그려내고 있다.

"조제쁘 들로름은 위대한 시인이 되고 싶었으나 그에게는 영감이 부족했다. 그의 젊은 동료들이 새로운 승리를 거둘 때마다 얼마나 고통스러운 전율에 떨어야만 했던가! 조제쁘 들로름은 스승도, 친구도, 종교도 없었다. 그의 영혼은 기묘한 상상세계의 혼돈 속을 헤매었다. 위대하나 제대로 표현되지 못한 사상, 광태(狂態)를 수반한 현명한 예지, 욕설로 일관된 종교적 충동이 절망감을 배경으로 무질서하게 나열되고 있을 뿐이었다."

그는 자신이 어느 누구로부터도 사랑받지 못하고 있다는 생각에 병들고 얼이 빠진 상태였다.

1828년말 생뜨 뵈브는 이 '버림받은 기록들'을 위고에게 보여 주고 출판할 만한 가치가 있겠느냐고 물었다. 그에 대한 위고의 대답은 매우 따뜻했다. 생뜨 뵈브에게는 행복한 하루였다. 잠깐 동안만이라도 자신이 위대한 시인이 된 듯한 기분이었다. 1829년 1월에 《동방시집》, 3월에 《조제쁘 들로름의 생애, 시, 사상》이 출판되었다. 하지만 《동방시집》이 더 많은 관심을 불러일으켰다. 위고는 《조제쁘 들로름의 생애, 시, 사상》을 면밀히 검토하여 그로부터 새로운 시 구상을 얻어냈던 것이다.

빅또르 위고의 성공은 생뜨 뵈브에게 시기심 이상의 자기 모멸감을 안겨 주었다. 그는 작품에서는 열렬한 낭만주의자였으나 실제로는 결코 낭만적이

희곡 《마리옹 드 로름므》
의 한 장면
이 작품은 상연이 금지되
었다.

지 못했다. 1829년은 위고가 그의 생애 가운데 가장 열심히 일한 해였다. 《빠리의 노트르담》을 집필하기 시작했고 수많은 시를 썼다. 거기에다 또 연극무대도 정복할 생각이었다.

《크롬웰》은 여전히 빛을 보지 못하고 있었다. 각도를 달리해 보기로 했다. 그 결과 나타난 것이 《마리옹 드 로름므》였다. 본디 제목이 '리슈리유아에서의 결투'인 이 작품은 루이 13세 시대를 배경으로 했으며, 한 창녀가 엄격한 도덕 의식과 경건한 신앙심을 가진 청년을 사랑함으로써 몸과 마음이 차츰 정화되어 간다는 통속 이야기다.

7월 14일 떼아뜨르 프랑세가 이를 격찬하고 나섰다. 사흘 뒤 비니가 여러 사람 앞에서 그의 《베니스의 죽음》을 낭송했다. 《베니스의 죽음》에 대한 사람들의 찬사는 결코 《마리옹 드 로름므》에 못지않았다. 그 무렵은 검열이 매우 철저했기 때문에 《베니스의 죽음》은 상연이 허용되고 《마리옹 드 로름므》는 금지되었다. 작가로서의 빅토르 위고는 늘 왕정에 우호적이었다. 이 점을 고려하여 정부는 몇 가지 특혜와 2000프랑의 연금 제공을 제의하는 등 상처 입은 그의 마음을 달래려 했다. 그러나 위고는 정중하게 이를 거부했다.

위고는 곧바로 또 하나의 희곡 《에르나니(Hernani)》 집필에 들어갔다. 《에

희곡 《에르나니》(1830)
가 초연된 코메디 프랑
세즈 극장
이 작품이 공연되자 고
전·낭만파 사이에 이른
바 '에르나니 싸움'이 일
어난다. 이 작품의 공연
성공으로 침몰 직전의 위
고 집안을 구출한다.

르나니》는 한 여자를 둘러싸고 세 남자가 싸움을 벌인다는 내용의 이야기로, 그 주제는 《마리옹 드 로름므》를 연상케 하는 것이었다. 첫 번째 남자 에르나니는 젊고 열렬한 성격의 무법자, 두 번째 남자 돈 뤼 고메즈는 잔인하고 인정머리없는 노인, 세 번째 남자는 돈 카를로스 스페인 왕이었다. 그가 이 이야기의 소재를 어디서 따왔는지는 분명하지 않지만, 스페인 서적 《로만세로(Romancero)》나 코르네유의 작품이나 스페인 비극들이 참고가 되었던 것 같다.

《에르나니》는 위고와 아델의 사랑이야기이기도 했다. 이 극본은 믿을 수 없을 만큼 빠른 시일에 완성되었다. 8월 29일에 시작하여 9월 25일에 탈고해 30일에 친구들 앞에 내놓았다. 10월 5일 떼아뜨르 프랑세에 발송하여 지난 번과 마찬가지로 격찬을 받았다. 검열 당국도 처음에는 이것저것 따지고 나섰지만 결국 공연 허가를 내주었다.

1829년 1년 내내 위고는 아침 일찍부터 밤 늦게까지 일했고 어떤 때는 밤을 새우기도 했다. 집필에 몰두하거나 극장과 출판사를 방문하는 외에 노트르담 언저리 옛 자취를 더듬거나 뤽상부르 공원을 산책하며 시를 지었다.

사랑과 미움

생뜨 뵈브는 매일 오후 노트르담 드 샹 거리 위고의 집을 방문했다. 하루 두 번씩 오는 때도 있었다. 빅또르의 집을 찾는 것이 그에게는 하나의 즐거운 습관처럼 되었다. 빅또르의 집을 들를 때마다 그는 위고 부인이 정원의 나무다리 위에 멍하니 홀로 앉아 있는 것을 발견하곤 했다. 그녀는 무언가 생각에 잠겨 있는 듯했다.

생뜨 뵈브는 위고 부인이 남편이 외출하고 없을 때 오히려 편안해 한다는 것을 알았다. 그녀가 눈물을 흘리는 까닭은 무엇일까. 세상 모든 여자들이 우니까 따라 울었을 것이고, 생뜨 뵈브의 동정이 서러워서 울었을 것이다. 또 재능있는 사나이와의 결혼이 때로는 부담스러웠고, 이 위대한 남편이 그녀에게는 너무 격정적이고 탐욕스러운 애인으로 비쳤을 것이다.

게다가 그녀는 이 해(1828)에 프랑수아 빅또르가 태어나 어느덧 네 아이의 어머니가 되어 있었고, 아이가 또 생기지 않을까 두려워하고 있었다. 그녀는 억눌린 마음에서 벗어나지 못하고 있었다. 생뜨 뵈브는 아델에게 하고 싶은 말이 많았지만, 그것을 억누르며 빅또르야말로 참으로 훌륭한 사람이라는 칭찬을 늘어놓았다. 그는 아델의 고통을 자신의 고통으로 느끼고 있다면서 조용히 그녀의 인도에 따라 '주님 앞으로' 나아가고 싶다고 말했다.

그러나 1830년 새해에 접어들자 이같이 '거룩한' 순간은 더 이상 되풀이되지 않았다. 1월부터 위고의 가정은 폭풍 속에 휘말려들었다. 코메디 프랑세즈가 《에르나니》의 리허설을 시작했다. 여기에 완전히 몰두해 있던 위고는 집에 있는 시간이 거의 없었다. 모범적인 남편이자 아버지로 자처하던 그였는데, 그에게는 이제 가족도 없는 듯했다. 몇 푼 모아둔 돈은 이미 바닥났다. 어떤 일이 있어도 《에르나니》가 성공을 거두어야 했다. 아델은 남편을 따를 수밖에 없었다. 그녀는 자신의 모든 것을 이 '구출 작전'에 던져 넣었다. 그러나 그녀의 지갑도 이 무렵에는 텅 비어 있었다.

일과처럼 된 습관에 따라 생뜨 뵈브가 여전히 위고의 집을 찾아오고 있었다면, 그는 아델이 극장의 좌석 배치 계획으로 떠들썩한 한 무리의 장발 청년들에게 둘러싸여 있는 걸 발견했을 것이다.

공연 첫날 저녁 생뜨 뵈브는 위고와 함께 막이 오르기 여덟 시간 전 극장에 닿아 아델을 기다리고 있었다. 이날 저녁 공연을 지휘한 청년 테오필 고

레오뽈딘(맏딸)　샤를르(아들)　프랑수아 빅또르(아들)　아델(딸)

◀초기 가정생활 앨범으로, 위는 아델과 아들 샤를르
그 아래 네 자녀 그림은 그림 솜씨가 뛰어나던 아델이 그린 초상화이다.

▶ 위고와 아들 프랑수아 빅또르 (1836)

▼ 맏딸 레오뽈딘의 소녀 시절 초상화
(빠리, 위고박물관 소장)

때에 (프랑스 시인·소설가, 1811~1872)는 소문난 그의 자주색 윗옷과 연회색 바지에 검정 비로드 칼라를 단 외투를 입고 있었다. 그가 이런 기묘한 복장을 한 것은 이른바 속물들을 조롱하기 위해서였다. 관객들은 수군대며 위고 패거리의 이상야릇한 헤어스타일을 바라보았다.

공연이 끝나자 관중석에서 환성과 갈채가 터져나왔다. 관중석에 앉아 있던 모든 사람은 아델에게로 고개를 돌렸다. 꿈꾸는 듯한 그녀의 얼굴은 날마다 계속된 흥분으로 창백해져 있었다. 《에르나니》의 작가가 거둔 승리는 그가 가장 사랑하는 한 여자의 얼굴에도 그대로 나타나 있었던 것이다.

공연 수입은 예상을 뛰어넘었다. 《에르나니》는 침몰 직전의 위고 집안을 건져올렸다. 지금까지 만져보기 힘들었던 1000프랑 지폐가 아델의 서랍에 쌓여갔다. 빅또르는 의기양양하여 개선장군처럼 거들먹거리며 존경과 찬양의 소리를 당연한 것처럼 받아들였다.

생뜨 뵈브는 위고가 5월에 장구종 거리의 새 아파트로 이사가게 되었다는 소식을 듣고 거의 미칠 듯한 심정이었다. 위고가 세들어 살던 노트르담 드 샹 거리의 집주인이 그 주위에 모여드는 장발의 보헤미안들에 놀라 집을 비워 달라고 요구해 온 것이다. 그때 모르트모르 백작이 얼마 전에 새로 지은 저택의 2층 전체를 위고에게 빌려 주겠다고 나섰다. 위고 가족은 이제 마음 놓고 빠리 최고 번화가인 샹 젤리제를 드나들 여유를 갖게 되었다. 아델은 이때 다섯째 아이를 임신하고 있었다.

위고는 생뜨 뵈브와 헤어지는 게 아무렇지도 않았다. 일과처럼 된 생뜨 뵈브의 방문도 끝이 났다. 조제쁘 들로름이 위고에게 느꼈던 것과 똑같은 사랑과 미움의 감정이 생뜨 뵈브의 마음을 쥐어뜯었다. 그는 아델에 대한 자신의 감정이 우정이 아닌 사랑임을 깨닫게 되었다. 이사하는 날 아델은 많이 울었다. 위고는 아내가 울고 있는 모습을 침통한 마음으로 바라볼 뿐이었다.

1830년 7월 25일 시민권을 제약한 폴리냐크(프랑스 정치가. 자유주의에 반대하며 구제도로 복귀할 것을 주장. 1780~1847) 칙령이 발표되었다. 이에 분개한 빠리 시민들이 민중 봉기를 일으켰다. 27일 바리케이드가 쳐졌고, 28일은 섭씨 33도를 오르내리는 무더운 날이었다. 이미 폐허가 되다시피 한 샹 젤리제 거리를 군인들이 뒤덮었다. 사람들은 대부분 교외로 피난했으며 아무 뉴스도 들을 수 없었다. 총탄이 가정집 마당까지 날아들었다.

자신을 유폐시키다

바로 전날 밤 아델은 뺨이 토실토실한 딸 아델을 낳았다. 멀리서 대포 소리가 들려왔다. 29일 삼색기가 뛸르리 궁 위에 날렸다. 공화정이 들어선 것이다. 라피트는 공화국의 대통령이 될 수도 있었으나, 국민들로부터의 인기보다도 앞으로 져야 할 책임을 두려워했다. 그는 공화국 깃발을 오를레앙 공작 손에 넘겨주었다. 이제 프랑스에 황제라는 이름은 사라졌다. 빅또르 위고는 새 정권을 곧 받아들였다. 《마리옹 드 로름므》의 공연금지 뒤로 사실상 왕정을 달가워하지 않으면서도, 한편으로는 프랑스가 공화정이 되기에는 아직 준비가 덜 되었다 여기고 있었다.

그의 《새 프랑스에 부치는 노래》는 문학적 관점에서 보아도 이전 왕당파적 시들보다 훨씬 뛰어났다. 이 시에는 그의 진실성이 그대로 담겨 있었다. 이 시를 진보파 신문인 〈르 글로브〉지에 발표하려 했다. 노르망디에서 돌아와 있던 생뜨 뵈브가 빅또르의 이 같은 방향 전환을 위해 힘써 주었다. 그는 신문사 인쇄소로 생뜨 뵈브를 찾아가 그에게 딸 아델의 대부가 되어 줄 것을 부탁했다.

생뜨 뵈브는 잠시 망설였으나, 위고의 아내이며 자신의 연인인 아델이 그것을 바란다는 이야기를 듣고는 받아들였다.

위고에게는 모든 게 순조로웠다. 그는 민방위위원과 규율위원회 서기로 임명되었다. 그가 이 일을 잘해 내자 혁명정부는 그의 충성심을 인정했다. 위고는 드디어 《빠리의 노트르담》을 집필할 시간적 여유를 얻었다. 《동방시집》을 발행한 출판업자 고슬랭과 이미 오래 전에 계약을 맺어 놓았으므로 서둘러야 했다.

위고는 잉크 한 병과 두터운 회색 모직으로 지은 자루같이 생긴 옷 한 벌을 산 뒤 방 안에 틀어박혔다. 사람들과 어울리고 싶은 유혹을 억누르기 위해 이 자루옷을 뒤집어쓰고 목에서 발 끝까지 꿰매버렸다. 자신을 자루옷 속에 유폐시켜 버린 셈이다.

완전한 배신

1831년 1월초 위고는 《빠리의 노트르담》을 완성했다. 펜을 든 지 6개월 만이었다. 그런데도 3년이라는 긴 세월에 걸쳐 모든 자료를 수집해 놓았는데 시간이 너무 오래 걸렸다고 고슬랭은 투덜댔다.

끌로드 프롤로 부주교는 괴물이고, 콰지모도는 위고의 상상력이 만들어낸 보기 흉한 난쟁이며, 에스메랄다는 한 여자라기보다 우아함과 아름다움의 상징이었다.

이 인물들은 모든 사람의 마음 속에 살아 있다. 그들은 서사시적 신화의 웅대함과 환상적 요소, 인간의 추하고 아름다운 모든 면을 갖추고 있다. 또 위고는 사람과 더불어 무생물도 사랑했으므로 성당의 종루, 단두대, 지방 소도시 풍경에 특별한 생명력을 불어넣고 있다. 그의 책은 프랑스 건축에 대한 인식에도 깊은 영향을 미쳤다. 그때까지 야만적인 것으로 여겨져 오던 르네상스 이전 시기의 건물들이 이제는 돌로 씌어진 성경이라도 되는 듯 존중되었다. 그것을 보호하기 위한 위원회가 생겨날 정도였다.

 1831년 위고의 기질에 커다란 변화가 일어났다. 많은 이들로부터 칭송받는 사람이라고 해서 반드시 사랑스러운 남편은 아니다. 어머니가 아이들에 매달려 있을 때 시인은 일에 매달려 있었다. 빅또르는 차츰 권위주의적이고 엄격하고 다른 사람을 억누르는 듯한 성격으로 변모해 갔다. 약혼 뒤부터 예견한 것이지만 아델은 그의 성격 속에 전제군주적인 요소가 도사리고 있음을 발견했다. 그녀는 겁많고 온순한 남자친구 생뜨 뵈브에게 그리움을 느꼈다. 이 무렵 그녀가 남모르게 생뜨 뵈브를 만나고 있었음은 확실한 것 같다. 그녀는 생뜨 뵈브를 만날 때마다 입에서 나오는 대로 남편의 말을 옮겼다. 그리고 거인 키클로페스(그리스 신화에 나오는 거인족)의 시야를 벗어나기만 하면 무자비하게 그를 비판했다. 위고에 대한 험담이 하나의 습관처럼 되었다. 남편에 대한 성실이 완전한 배신으로 옮아가는 데 몇 달도 걸리지 않았다.

 1831년 4월 아델은 위고와 생뜨 뵈브 사이의 화해를 주선했다. 아델이 이 일로 괴로워한다는 건 두 사람 모두에게 신경쓰이는 일이었다. 생뜨 뵈브는 위고에게 곧 한 번 만나 악수를 나누자는 내용의 편지를 썼고, 위고도 식사를 초대하자는 답장을 보냈다.

 생뜨 뵈브는 이미 《빠리의 노트르담》을 읽고 있었다. 사방에서 칭찬의 소리가 들려왔지만 그는 신간 서평을 쓸 정도로 훌륭한 책은 아니라고 생각했다. 위고도 그것을 잘 알고 있었다.

 식사초대도 흐지부지되었다. 생뜨 뵈브의 반응 또한 유쾌한 게 못 되었다. 두 사람 사이에 옛날과 같은 신뢰감이 사라진 지 이미 오래였다.

 빅또르 위고는 생뜨 뵈브와 자리를 함께 하게 됐을 때, 아내와 친구의 행동과 표정을 줄곧 지켜보았다. 그리고 생뜨 뵈브가 돌아간 뒤 위고는 커다란 소동을 벌였다. 아델은 처음에 좋은 말로 남편을 진정시키려 애썼다. 그러나 소란이 계속되자 그녀도 더 이상 참지 못하고 "당신이 나를 괴롭혀 온 것보다 내가 당신을 덜 사랑했다고 해서 모든 잘못이 나한테 있을까요?"라며 대들었다. 그러자 위고는 그녀의 발 아래 몸을 던지며 모든 게 내 잘못이니 용서해 달라고 말했다.

그 뒤 얼마 안 되어 생뜨 뵈브는 두 사람의 관계를 더욱 밀접하게 만드는 몇 편의 시를 아델에게 보냈다. 그는 아델에게 부친 이 사랑의 엘레지들이 자기 생애 최고의 작품이라고 생각했다. 아델도 곧 생뜨 뵈브에게 답장을 보냈다. 그녀는 여기서 생뜨 뵈브를 "사랑하는 나의 천사" "사랑하는 나의 보물"이라고 불렀다. 가련한 아델! 푸셰 가문의 작은 소녀, 꼼꼼하고 조심성많던 공무원의 딸 아델은 결코 로맨틱한 연극이나 코미디에 어울리는 인물이 못 되었다. 그녀는 사랑의 감정이

소설 《빠리의 노트르담》(1831) 제7편의 삽화

풍부하고 내성적인 한 여인에 불과했던 것이다. 이 같은 소동을 한바탕 치른 뒤에도 그녀는 여전히 평온한 감수성을 유지하고 있었다. 그녀는 남편과 친구 두 사람을 똑같이 순수한 감정으로 붙잡아 두려고 했다.

위고는 자신의 모든 존재를 아델과의 사랑에 걸었다. 그는 아델을 얻기 위해 3년 동안 싸웠으며 그녀야말로 자신의 종교적 헌신의 대상이라는 믿음 속에 8년이라는 긴 세월을 함께 지냈다. 그는 아델과의 관계가 때로는 육감적이고 때로는 순수하고 때로는 낭만적인 완전한 것으로 생각해 왔다. 일과 그 자신의 전투에 깊이 빠져 있을 때도 이 점을 의심해 본 일은 단 한 번도 없었다. 그러나 그것은 한낱 꿈이었다. 꿈에서 깨어난다는 것은 전율 그 자체였다. 꿈이 깨지는 고통을 그는 노래로 달랬다.

폐허를 비추는 새벽빛

1831년 11월 시집 《가을 나뭇잎 (Les Feuilles d'Automne)》이 간행되었다. 이 시집은 《오드와 발라드》며 《동방시집》보다 훨씬 뛰어났다. 생뜨 뵈브는 가난한 손님이자 좋은 선생이었다. 마법사의 호된 시련을 헤쳐 나감으로써 조제

시집 《가을 나뭇잎》(1831) 초판 표지

쁘 들로름의 시들은 그 본디의 평범함을 이룩했다.

그러나 그것들은 초가을 나뭇잎 같았다. 영혼은 살아 있으나 생활로 말미암아 변했다.

1832년 빅또르 위고는 30살에 불과했으나 그의 인생은 이미 슬픔과 투쟁의 시련에 시달렸다. 표정도 거칠어졌다. 18살 때의 순진함이며 결혼 초기의 패기는 더 이상 찾아볼 수 없었다. 그의 권위는 기사와 제왕의 권위보다 컸다. 빅또르는 언젠가 자신의 내부에는 저마다 다른 네 인물이 존재한다고 한 적이 있었다. 곧 서정시인으로서의 올랭피오와 애인으로서의 에르나니, 어릿광대인 마그리아, 전사인 이에로의 모습이다. 그는 투쟁을 즐겼지만, 다른 사람에게 의지하고 싶어하는 여린 성격을 가진 것 또한 사실이다. 그러나 그가 의지할 만한 친구는 거의 없었다.

생뜨 뵈브와는 특이한 경우였다. 문제가 전혀 없지 않았지만 문학적으로는 여전히 위고의 친구였다. 그러나 인간관계에서는 배반자처럼 행동했고 기회있을 때마다 위고를 헐뜯었다. 생뜨 뵈브는 위고를 더 이상 찾지 않았으나 가족에 대한 안부는 계속 물어왔다. 그리고 그는 여전히 비밀스럽게 아델을 만나고 있었다.

1832년 10월 빅또르 위고는 다시 집을 옮겼다. 이해 7월 그는 르와얄 6번지 케네 호텔 1층 아파트 하나를 세내었다.

이 케네 호텔은 1604년 무렵 정부가 건립한 맨션으로 녹음과 붉은 벽돌과 고상한 슬레이트 지붕의 집들이 들어서 있는 빠리에서 가장 아름다운 거리에 잇닿아 있었다.

르와얄 거리와 그곳 건물들은 모두 우아했지만, 위고 가족이 세든 아파트 언저리는 서민적인 곳이었다. 작가로서 성공에도 불구하고 그의 마음은 여

희곡 《왕은 즐긴다》의 표지 그림
이 작품의 상연은 인가받았지만, 상연 하루 만에 금지되었다.

전히 가난하고 고통받는 사람들에 대한 애정으로 가득차 있었다. 1828년과 1834년에 발행된 《사형수의 마지막 날》과 《클로드 괴(Claude Gueux)》의 주제도 불의와 고통에 대한 분노와 연민이었다. 그는 여기서 다시 부자와 권력자들만 살찌우는 법률 위에 서 있는 사회에 대해 맹렬한 공격을 퍼부었다.

위고가 살던 그즈음은 연극이 작가로서 성공을 거두는 지름길이었다. 이런 이유 말고도 그는 연극이야말로 도덕적·정치적 영향력을 가장 강력하게 행사할 수 있는 하나의 수단으로 여겼다. 연극은 토론의 광장이며 교단이었다. 그가 즐겨 연극에 올리는 주제도 여전히 억압자에 맞서 싸우는 버림받은 이들의 행동을 찬양하는 것이었다.

11월 22일 《왕은 즐긴다(Le Roi s'amuse)》가 상연되었다. 민중 선동가인 데오필르와 드베리아를 따르는 이른바 '청년 프랑스' 당원들이 자리를 가득 메웠으나, 막이 올라갈 때만 해도 바깥 날씨 때문에 장내는 좀 썰렁했다. 그러나 마지막 막이 내려지자 주연 배우 리지에가 작가의 이름을 발표할 수도 없을 만큼 흥분으로 들끓었다. 다음날 정부는 공공질서와 도덕성에 어긋난다는 이유로 이 연극 공연을 금지시켰다.

위고는 그런 일로 위축되지 않았다. 《왕은 즐긴다》의 공연 금지에도 불구

희곡 《뤼크레스 보르지아》 속표지

희곡 《마리 튀도르》 속표지

하고 그는 오히려 더 사기충천하여 곧바로 복수의 칼을 갈았다. 그는 마르샹지의 《골 포에티크》에 자극받아 3막극 《르 슈펠라 페레즈》를 이미 준비해 두고 있었다. 위고의 연극은 그의 서정시에 비해 훨씬 질이 떨어진다. 그러나 멜로드라마가 비극을 압도하던 그즈음 위고의 연극은 나름대로 심미적인 측면을 지니고 있었다. 《라 투르 드 네슬》을 공연한 바로 그 극장무대에 《뤼크레스 보르지아(Lucrèce Borgia)》를 올린 것은 매우 자연스러운 일이었는지도 모른다. 그즈음 최고의 명성을 날리던 여배우 조르쥬는 이 뽀르뜨 쌩 마르땡 극장 지배인 하렐의 정부였다. 빅또르 위고는 극장 온실에서 프레데릭 르메뜨르에게 《르 슈펠라 페레즈》의 대본을 읽어 주기 전에 먼저 조르쥬의 아파트를 찾아가 그녀에게 읽어 주었다. 위고가 극장 온실에서 르메토르와 만났을 때 그 자리에는 젊고 아름다운 여배우 쥘리에뜨 드루에도 있었다.

쥘리에뜨는 조연 니그로 공주 역을 기꺼이 맡겠다고 나섰다. 위고는 쥘리에뜨를 잘 알지 못했다. 위고가 쥘리에뜨를 처음 본 것은 1832년 5월 어느 날 밤 무도회에서였다. 값비싼 보석을 걸고 사람들 사이를 누비는 쥘리에뜨의 아름다운 모습에 거의 넋을 잃을 정도였다. 그녀는 빠리 최고 미인 가운데 한 사람이었다. 쥘리에뜨의 아름다움에 압도된 나머지 무도회에서는 그녀에게 말 한마디 건넬 용기조차 나지 않았다. 그런데 극장 온실에서의 《르 슈펠라 페레즈》 낭독을 통해 친밀해지기 시작하여 곧 서로에게 열중하는 사이가 되었다. 뒷날 위고는 쥘리에뜨의 노트에 다음과 같이 적고 있다.

"당신의 눈길이 처음 나에게 머물렀을 때, 새벽빛이 폐허를 비추듯 내 가슴 속까지 비치는 것 같았다오."

쥘리에뜨 드루에 초상화
아내 아델에게 모멸을 겪던 위고는 쥘리에뜨 드루에의 아름다운 모습에 빠져든다.

진실을 알지 못하면서 서로 진실을 말하는 것은 고통스러운 일임에 틀림없다.

1년이라는 모멸의 시기를 겪은 빅또르에게 이 사랑은 부활과도 같았다. 정부를 가진다는 것, 집 밖에서 잠잔다는 것은 가정을 소중히 여겨 온 시인에게 매우 충격적인 일이었다. 그러나 시간이 지남에 따라 야릇한 자부심마저 느끼기 시작했다. 그는 공공연히 자신을 조롱하는 생뜨 뵈브를 비롯한 모든 사람들에게 자신의 새로운 '정복'을 자랑하고 다녔다. 아델은 비교적 너그러운 편이었다. 아델의 관용은 어찌 보면 당연한지도 모른다. 아내로서의 책임을 다하지 못한 그녀가 관용을 베푸는 것 외에 무엇을 할 수 있으며, 남편에게 부부로서의 신의를 요구할 수 있었겠는가?

쥘리에뜨는 본디 허영심 때문에 데미도프 공작에게 매달려 있던 창녀 같은 여자였다. 남자들은 그녀를 냉소적이고 야만스럽게 다루었다. 그런 여자가 이제 매춘을 경멸하고 질투에 눈이 멀어 괴물같이 된 한 사나이와 사랑에 빠진 것이다. 위고는 어느 누구와도 그녀를 공유하려 하지 않았다. 그녀에 대한 위고의 사랑은 너무나 깊고 뜨거워 그는 쥘리에뜨가 아름다운 만큼 순수하기를 바랐다. 지칠 줄 모르는 사랑이었다.

위고는 그녀가 자신의 과거와 단절한다면 용서할 작정이었다. 쥘리에뜨 드루에는 드디어 그의 열정에 굴복했다. 그러나 그 순간부터 그녀는 경제적 곤란을 겪어야 했다.

아델을 짜증나게 했던 위고의 진지함과 엄숙함이 쥘리에뜨에게는 커다란 즐거움이 되었다. 위고는 진지하고 엄숙하면서도 때로 어린아이같이 쾌활하여 그녀의 즐거움은 한층 더했다. 쥘리에뜨에게 유일한 희망이 있다면 명배우로 성장하는 일이었다.

여러 차례 실랑이 끝에 위고는 뽀르뜨 쌩 마르땡 극장 지배인 하렐에게 새로운 연극을 써주기로 약속했다. 이 연극이 바로 《마리 튀도르(Marie Tudor)》이다. 그는 여기서 조르쥬와 쥘리에뜨에게 똑같은 비중의 배역을 주려고 했다. 리허설은 엉망이었다. 개막 전날 연출자가 쥘리에뜨는 도저히 희망이 없다면서 그녀 대신 알렉상드르 뒤마의 정부 이다를 쓰는 것이 낫겠다고 말했다. 그는 또 이다야말로 쥘리에뜨의 배역을 잘 이해하고 언제든지 맡을 준비가 되어 있다고 말했다.

그러나 연출자의 제의를 받아들이기에는 쥘리에뜨에 대한 빅또르 위고의 사랑이 너무 깊었다. 폭풍우를 몰고 올지 모를 분위기 속에서 첫공연이 시작되었다. 처음 2막은 순조롭게 진행되었다. 그러나 쥘리에뜨가 등장하는 3막이 되자 사정이 달라졌다. 관중석에서 야유와 휘파람이 터져 나온 것이다. 슬픈 일이었지만 쥘리에뜨에 대한 연출자와 동료들의 비판이 옳았다는 것이 증명되었다. 그 다음날 2회 공연 때 위고는 생뜨 뵈브와 아델, 《에르나니》의 옛 배역진들의 압력에 못 이겨 쥘리에뜨의 배역을 다른 사람에게 주는 데 동의할 수밖에 없었다. 이제 쥘리에뜨가 갈 곳은 잠자리뿐이었다. 관중들의 불친절한 반응이 그녀의 마지막 자질마저 완전히 파괴해 버린 것이다.

1834년 새해로 접어들자 위고와 생뜨 뵈브의 관계는 완전히 끊어졌다. 감정상의 이유보다 문학에 대한 견해 차이 때문이었다. 이 해는 위고와 쥘리에뜨 모두에게 혼돈의 한 해였다.

슬픔의 심연과 장엄함의 절정이 엇갈렸다. 변화하는 생활환경 속에서 유일하게 안정된 것이 있다면 육체와 마음을 다한 그들의 사랑뿐이었다. 쥘리에뜨는 이를 애처로운 말로 표현하고 있다.

"세월이 행복을 가져온다 해도 나의 생활은 이미 오래 전에 끝나 버렸다."

사람은 사랑과 지성만으로 살 수 없다. 쥘리에뜨는 빚더미를 짊어진 가련한 소녀였다. 8월이 되자 빚쟁이들은 그녀에게 한푼의 돈도 남아 있지 않은 걸 알고 큰소리로 짖어대기 시작했다. 그녀는 드디어 애인에게 자신이 빚을 얼마나 지고 있는지 고백했다. 2만 프랑에 이르는 거액이었다. 그런 큰돈을 벌어 보지 못한 레오뽈 위고 장군의 아들은 미친 듯이 화를 냈다. 빅또르 위고는 건강과 명성에 오점이 남는다 하더라도 그녀의 빚을 형편되는 대로 조금씩 갚아나갈 수밖에 없다고 선언했다. 이 같은 선언은 격렬한 비난을 불러일으켰다.

이때부터 한 여자로서 견디기 어려운 후회와 수도자 같은 체념의 생활이 시작되었다. 레이스와 보석에 파묻혀 어디를 가나 남자들이 줄줄 따르던 빠리 최고의 미녀 쥘리에뜨가, 이제는 위고만을 위해 살고 위고하고만 외출하며 모든 교태와 사치를 버리게 되었다. 그녀는 사랑의 힘에 의지하여 이 생활을 받아들였다.

쥘리에뜨는 한가할 때면 위고의 원고를 베껴 쓰거나 그의 옷을 수선했다. 이런 일들이 그녀에게는 큰 기쁨이었다. 다만 혼자 마음대로 돌아다닐 수 없는 게 고통스러웠다. 쥘리에뜨는 새장 속 새와 같이 푸른 하늘을 바라보며 새장 문이 열릴 날을 기다리고 있었다. 수없이 맛본 실망과 좌절에도 그녀는 여전히 연극에 대한 미련을 버리지 못했다. 독립된 생활을 바란 것도 여배우로서의 재기에 대한 희망 때문이었다. 빅또르 위고는 새 희곡 《앙젤로, 파두아의 폭군(Angelo, tyran de Padoue)》을 완성했다. 《앙젤로, 파두아의 폭군》은 《뤼크레스 보르지아》풍의 멜로드라마였다. 그러나 구성이 훨씬 좋아 코메디 프랑세즈는 이를 열광적으로 환영했다.

쥘리에뜨는 코메디 프랑세즈 회원이었으나, 새 연극의 배역이 그녀에게 주어질지 의문스러웠다. 그녀는 위고가 연극배우로서 재능이 없고 적들에 둘러싸여 있는 자기에게 배역을 주기를 꺼려 말조차 꺼내지 않을 거라고 생각했다.

결국 그녀는 무대에는 한 번도 서보지 못한 채 떼아뜨르 프랑세를 떠났다. 《앙젤로, 파두아의 폭군》 배역은 여배우 마르스와 도르발에게 돌아갔다. 쥘

위고와 쥘리에뜨가 여름을 보낸 집
세느 에 오와즈의 메스 마을, 1834.

리에뜨에게는 굴욕감을, 위고에게는 불안감을 안겨 줬다. 마르스와 도르발의 아찔한 교태와 매력은 익히 잘 알려진 사실이었다.

빅또르에 대한 쥘리에뜨의 무조건적인 봉사와 숭배의 감정은 이 시인으로 하여금 스스로를 신격화하게 만드는 불행한 결과를 낳았다. 낭만주의자들은 흔히 그들의 야망과 고통을 대신할 가공의 인물을 작품 속에서 만들어낸다. 그렇게 함으로써 속박받는 이 지상에서의 운명으로부터 벗어나려는 것이다. 낭만주의자들이 자신의 모습을 본따 작품 속에 등장시킨 인물들은 수없이 많다. 바이런의 차일드 해럴드, 비니의 스텔로, 뮈세의 포르투뇨와 판타시오, 조르쥬 샹드의 델리아, 생뜨 뵈브의 조제쁘 들로름, 샤또브리앙의 르네, 스땅달의 쥘리앙 소렐, 괴테의 빌헬름 마이스터, 벤자민 콩스탕의 아돌프가 바로 그런 인물들이다.

위고의 작품 속 분신은 올랭피오였다. 모리스 레벨랑은 고독하게 태어나 성장한 뒤 사랑과 자존심의 회오리바람에 휘말려든 반신반인의 이 올랭피오야말로 위고의 복사판이라고 말하고 있다. 이로부터 위고는 고통의 세월을 겪게 된다. 사람들은 그를 끊임없이 헐뜯고 혐오했다. 그 자신도 이를 잘 알고 있었는데, 하이네는 이렇게 쓰고 있다.

"위고의 옛친구들은 거의 모두 그를 떠났다. 사실대로 말하면 이 모든 것은 위고 자신의 잘못 때문이었다. 그의 이기심 때문에 많은 사람이 깊은 상처를 받았다."

행동은 형이상학적인 확실성을 요구하지 않는다. "금세기는 크고 강력하다. 고상한 본능만이 나를 이끌어 나갈 수 있다"는 것이 위고의 생각이었다. 위고는 국가를 만들어 가는 인물 속에 자신이 포함되기를 원했다. 그의 선배격인 샤또브리앙도 프랑스 귀족으로서 대사와 외무대신을 지냈다. 이것이 그가 앞으로 따라가고자 하는 길이었다.

루이 필립 시대에는 작가가 귀족 작위를 받으려면 먼저 아카데미 프랑세즈 회원이 되어야 했다. 정부 쥘리에뜨와 맏딸 레오뽈딘은 모두 회원들이 입는 초록코트에 적대적이었다. 이들은 허식을 싫어했으며 자신들의 생각을 조금도 굽히지 않았

위고의 맏딸 레오뽈딘
영리하고 매혹적으로 자란 맏딸을 그는 작은 애인이자 친구와 같이 사랑했다.

다. 특히 쥘리에뜨는 위고가 아카데미 프랑세즈의 후보로 나서 당선될 경우, 그에 따르는 사회적 의무로 인해 자기 곁을 떠나게 될 것을 두려워했다.

1836년 2월 선거일이 다가왔을 때 그녀는 기쁜 마음으로 위고의 낙선을 예측했다. 그리고 쥘리에뜨의 예측대로 위고는 떨어졌다. 낙선했으나 결코 실망하지 않은 이 후보는 다시 일상 생활로 돌아갔다. 그는 자식들에게 더욱 더 깊은 애착을 느꼈다. 영리하고 매혹적이며 감수성이 예민한 맏딸 레오뽈딘은 그의 애인이며 친구 같았다.

쥘리에뜨 쪽에서는 가난과 위고의 거친 생활에도 불구하고 사랑이 전부였다. 쥘리에뜨는 위고의 가족이 사는 르와얄 거리에서 얼마 안 떨어진 쌩 아나스타즈 거리 14번지에 살고 있었다. 그녀의 방 벽은 그녀가 우상처럼 받드는 위고의 초상화로 도배되어 있었다.

빅또르 위고는 남들로부터 숭배받는 데서 오는 만족감에 무감각하지 않았

위고의 초상화(1937)

다. 또 그것은 맹목적인 숭배도 아니었다. 쥘리에뜨는 그를 찾는 다른 여자들에 대한 맹렬한 증오와 질투에 시달렸다. 르와얄 거리의 위고 집에는 그의 서재로 곧장 통하는 비밀 계단이 있었다. 쥘리에뜨 자신도 자주 이용했던 이 계단으로 위고가 자기 아닌 다른 여자들을 끌어들이고 있음을 알게 되었던 것이다.

쥘리에뜨는 아마 위고와 함께 하는 여행의 기쁨이 없었다면 이 고통을 견뎌내지 못했을지 모른다. 위고는 해마다 여름이 되면 쥘리에뜨를 데리고 여행길에 올랐다. 이때만은 위고는 모두 그녀의 것이었으며 그들은 정상적인 부부 같았다. 아델이 네 아이와 함께 다른 지방에 가 있는 동안 위고와 쥘리에뜨는 대개 6주일 예정으로 그녀의 고향인 푸제르나 벨기에를 여행했다. 벨기에의 종루와 차임벨 소리, 고풍스러운 집들은 위고를 열광시켰다. 특히 위고와 함께 비에브르 근처 메츠의 옛집을 둘러보는 것은 쥘리에뜨에게 더할 나위 없는 큰 즐거움이었다. 두 사람은 처음 만난 뒤로 한동안은 늘 붙어 다녔다. 그러나 1837년 10월부터 위고는 혼자 비에브르를 찾기 시작했다.

올랭피오를 덮친 비극

달콤한 모험의 땅에서 방황과 묵상을 거듭하던 이 시절의 작품이 《올랭피오의 비극》이라는 시였다. 왜 기쁨 다음에는 슬픔이 오는 것일까? 낭만주의 작가들은 마음의 고통 없이 자연의 영원한 아름다움과 하루살이 같은 인간의 행복 사이에 가로놓인 부조화를 바라볼 수 없었기 때문이다.

1837년 오를레앙 공작이 멕클렌부르크의 헬렌 왕녀와 결혼했다. 빅또르 위고와 황태자 오를레앙 공작의 관계는 루이 필립 왕과의 관계보다 훨씬 좋았다.

루이 필립 왕이, 장남 오를레앙 공작의 결혼 뒤 베르사이유 궁에서 대대적인 결혼피로연을 열었을 때 위고도 초대되었다. 그는 오를레앙 공작과 한 테이블에 앉아 있었는데, 필립 왕은 그에게 최대의 찬사를 보냈다. 아름다운 둥근 얼굴에 지적으로 세련된 헬렌 왕녀는 위고를 만나게 되어 기쁘다면서 괴테 부인과 그에 대한 이야기를 자주 했었다고 말했다.

그녀는 또 "그것은 아치형 천장의 초라한 교회였다"로 시작되는 위고의 시를 다른 어느 시보다 좋아하며, 그의 시들을 가슴으로 이해하고 있다고 말했다. 헬렌 왕녀의 말은 모두 사실이었다. 위고는 프랑스 왕비의 시인이 된 것이다. 파빌롱 드 마르상에서 연회가 열릴 때면 반드시 위고가 나타났다. 그가 참석하지 않는 파빌롱 드 마르상의 연회는 생각조차 할 수 없을 정도였다.

오를레앙 공작이 위고에게 왜 최근에는 희곡을 쓰지 않느냐고 묻자, 그는 코메디 프랑세즈가 사형 선고를 받고 뽀르뜨 쌩 마르땡이 '짐승들의 손아귀로 넘어간' 뒤부터 프랑스에서는 극장이 사실 자취를 감추었다고 대답했다. 오를레앙 공작은 기조(프랑스 정치가·역사가, 1830년 7월 혁명 뒤부터 1848년 2월 혁명이 일어날 때까지 정권을 장악)를 통해 위고에게 극장을 새로 짓는다면 적극적으로 지원하겠다고 약속해 왔다. 알렉상드르 뒤마와 위고가 신문 편집인 졸리에게 털어놓았듯 새로운 문예부흥의 시기가 찾아온 것 같았다. 극장 개관과 함께 위고의 연극이 상연될 예정이었다.

개관 작품으로 그가 집필하기 시작한 희곡 《뤼 블라스(*Ruy Blas*)》의 주제는 어디서 나온 것일까? 사실 이 문제는 그리 중요하지 않다. 시와 익살, 환상과 정치의 혼합물인 이 연극이야말로 가장 그다운 것이었다.

3개월에 걸쳐 완성된 이 연극은 빅또르 위고가 그때까지 쓴 작품 가운데 가장 훌륭했다. 영웅시가 신인(神人)시대의 음악같이 울려 퍼졌다. 특히 제3막에서의 연설은 시와 역사로 엮어진 하나의 작품이었다. 프레데릭 르메뜨르가 《뤼 블라스》의 주연을 맡았다.

아카데미 프랑세즈 회원이 되고자 간절히 바라던 위고는 이미 자신이 원하는 건 모두 소유할 수 있다는 자신감에 넘쳐 있었다. 1841년 1월 7일 삼류극작가 앙켈로를 17대 15로 누르고 아카데미 프랑세즈 회원으로 선출되었다. 샤또브리앙, 라마르띤, 빌맹, 노디에, 쿠생, 미그네와 정치인인 티에르, 몰레, 살방디, 르와이에 콜라르가 위고에게 찬성표를 던졌다. 평소 위고 편이었던 기조는 늦게 도착하여 투표할 수 없었다. 쥘리에뜨는 지난 4차례에 걸쳐

위고의 아카데미 프랑세즈 취임식 (1841)

그랬던 것처럼 이번에도 적대감이라 할 정도의 거부 반응을 보였다.

아카데미 프랑세즈에 입장하는 위고의 모습은 위풍당당했다. 넓직한 앞이마를 드러내고 부드럽게 빗어넘긴 갈색 머리칼이 수놓은 초록색 칼라를 굽슬굽슬하게 덮고 있었다. 깊숙하게 자리잡은 그의 검은 두 눈은 행복감으로 빛나고 있었다. 위고는 지친 듯 창백한 얼굴로 자신을 바라보는 쥘리에뜨에게 미소지어 보였다. 장내에 들어온 뒤 처음 보인 미소였다.

위고와 쥘리에뜨의 육체적 관계는 예전보다 많이 약해져 있었다. 그러나 그녀는 여전히 위고의 모든 것이었다. 사실 쥘리에뜨는 아델이 갖지 못한 많은 장점을 지닌 여자였다. 그녀는 위고의 용감한 여행 동반자였고, 우수한 원고 정리원이었으며, 위고의 시를 아름다운 목소리로 낭랑하게 읊는 시의 화신이었다. 그가 감사의 노래를 바치는 대상도 여전히 쥘리에뜨였다.

쥘리에뜨는 1838년부터 1840년까지 세 차례에 걸쳐 위고를 따라 몽상가와 환상적인 골동품 수집가들이 몰려들던 라인 지방을 여행했다. 수많은 전설을 안고 있는 라인 강의 매력과 신비는 거의 마술이라 할 만했다. 페이앙틴에서 보낸 소년시절에 위고는 밤마다 침대 머리맡에 붙어 있는 옛 성의 그림을 바라보곤 했었다. 낮에도 눈을 감으면 황폐한 옛 성의 그림자가 망막에 떠올랐다. 위고는 친구 네르발이나 고띠에와 마찬가지로 독일 문학에 대한 지식이 거의 없었다. 그런데도 그는 호

기행문 《라인 강》(1843) 속표지

프만의 아름다운 이야기들을 즐겨 읽었다. 특히 그는 독일과 프랑스 사이에서 한 사람의 작가로서 해야 할 일이 무엇이며, 작가가 사회·국가적으로 공헌할 수 있는 일이 무엇인지를 알았다. 이리하여 그는 과거의 온갖 전설과 그림과 노래에 정치적 의미를 부여했다. 그 구체적 표현이 《라인 강(Le Rhin)》이었다.

위고는 지난날의 예술작품 속에서 역사문제에 대한 해답을 찾아내려 했다. 그는 파라틴느의 탑들이 갖는 단순성 속에서 과거의 비밀을 찾아내고 미래에의 장막을 들추어보려 했다.

위고의 눈에는 라인 지방이 그리스의 비극시인 에스킬러스의 시에 나오는 영웅적이며 서사시적인 곳으로 비쳤다. 그는 비극적이며 초자연적이고 격렬한 악몽과 같은 빛을 내며 붉게 타오르는 시상을 안고 여행에서 돌아왔다. 그러나 사실 이런 빛들은 라인 지방 그 자체보다 그 자신의 성격에서 우러나온 것이었다. 그는 두 가지 스타일을 사용했다. 하나는 생뜨 뵈브의 말처럼 여전히 그 본디의 허식과 오만함을 떨쳐 버리지 못하고 있으나, 다른 하나는

완벽한 보고자의 스타일이었다. 위고에게 엄격했던 발자크도 《라인 강》만은 걸작이라고 평했다.

1843년 1월 쥘리에뜨는 희망이 가득찬 새해가 왔는데도 그녀의 '작은 애인'이 우울한 기분에 사로잡혀 있는 모습을 보고 마음이 어지러웠다. 이 무렵 위고는 5년 만에 처음으로 신작 희곡 《성주들(Les Burgraves)》을 집필하고 있었다. 매력적인 청년 샤를르 바크리와 약혼한 맏딸 레오뽈딘의 결혼식이 2월에 거행될 예정이었으며, 3월에는 코메디 프랑세즈 무대에 《성주들》이 올려지게 되어 있었다. 또 여름에는 쥘리에뜨와 함께 스페인을 여행할 작정

희곡 《성주들》(1843)의 한 장면
위고는 이 작품이 실패한 후 희곡을 쓰지 않았다.

이었다. 이보다 더 즐거운 일이 있을까.

레오뽈딘의 결혼식은 1843년 2월 15일 양가 친척들만 참석한 가운데 조촐하게 치러졌다. 위고는 딸의 결혼식을 친구들에게조차 알리지 않았다. 쥘리에뜨는 자신의 처지 때문에 결혼식에 참석하지 못했으나 레오뽈딘에게 자주 편지 왕래를 하자고 말했다. 그 뒤 위고를 가장 사랑했던 이 두 여자 사이를 연결해 준 것은 편지였다.

위고는 매우 조숙하여 아버지를 깊이 이해했던 맏딸이 자신 곁을 떠나게 된 것을 매우 슬퍼했다. 쥘리에뜨는 그럴 때마다 "레오뽈딘을 걱정할 건 없어요. 아마 모든 여자들 중 가장 행복한 여자가 될 거예요"라고 위로했다. 사실 모든 점에서 쥘리에뜨의 말은 헛되지 않았다. 그렇다고 위고가 불안해 할 만한 이유가 없었던 것은 아니었다. 레오뽈딘은 빠리에서 마차로 이틀, 배로 하루를 가야 하는 르아브르에서 신혼살림을 차릴 예정이었다. 레오뽈딘으로부터 편지가 자주 왔는데, 모두 신혼살림의 행복감과 즐거운 일상 생

활을 전하는 내용이었다. 그러나 위고는 이상스럽고 불길한 예감을 떨쳐 버릴 수 없었다.

《성주들》의 리허설이 시작되어 빅또르 위고는 비로소 이 같은 불길한 예감에서 벗어날 수 있었다. 위고는 《성주들》에 큰 희망을 걸었다. 그는 이 작품에 서사시적인 면모를 부여하기 위해 엄청난 노력을 기울였다. 《성주들》은 황제에 대항하여 일어선 바르브루스(라인강 연저리의 성주들에게 큰 권위를 갖고 있었던 12세기의 무사)의 영웅적 투쟁을 그린 것으로, 비굴한 관리들과 독수리와 올빼미 같은 무리들과 라인 지방의 무자비한 귀족 등 많은 인물이 등장한다. 또 오랫동안 그를 괴롭혀 온 형제 사이의 갈등과 불화의 주제도 더하고 있다. 그는 이 작품을 쓰기 위해 라인 지방을 여행할 때, 밤낮으로 가시덤불 숲을 헤치며 폐허화된 옛 성터를 돌아다녔다. 코메디 프랑세즈는 《성주들》에 열광적인 반응을 보였다. 그러나 일반 관중들은 이미 로맨틱한 드라마에서 차츰 벗어나는 경향을 보이고 있었다. 지난 몇 달 동안 뛰어난 재능을 지닌 신인 여배우 라셸이 고전적 비극으로 인기를 끌고 있었던 것이다.

첫공연은 비교적 조용했다. 관중들 대부분은 위고의 성공을 바랐다. 재미있는 장면이 전혀 없지 않았지만, 대체로 지루하고 지나칠 정도로 엄숙했다. 5회 공연까지는 그럭저럭 되어 나갔으나 그 뒤부터는 엉망이 되었다. 위고는 애써 침착한 모습을 유지했지만, 수많은 성공 끝에 온 실패와 증오에 커다란 상처를 받았다. 33회 공연으로 막을 내렸으며, 코메디 프랑세즈를 위한 집필도 중단되었다. 1843년 3월 7일은 르봐이앙의 말대로 '로맨틱 드라마의 워털루 전투 패배'였다.

아델의 반대가 있었으나 쥘리에뜨 드루에는 해마다의 여름처럼 그녀의 '작고 애처로운 즐거움'을 다시 가질 수 있었다. 이번 여름의 여행지는 위고에게 어린 시절의 기억들을 되살려 줄 프랑스 남서부와 스페인이었다. 이 여행으로 위고는 2월 이후 그를 둘러싸고 있던 빠리에서의 우울한 분위기를 씻어 냈다. 임신 3개월의 레오뽈딘은 까닭없는 불안감으로 아버지의 여행을 반대했다. 7월 9일 화요일 위고는 노르망디에서 딸과 만났다. 딸과 헤어진 뒤 위고는 다음과 같이 쓰고 있다.

'내 딸아! 너는 아느냐, 너를 생각할 때마다 내 마음은 어린아이 같아진 다는 것을. 내 두 눈은 눈물에 젖어 있다. 어떻게 네 곁을 떠날 수 있었는지. 르아브르에서 보낸 며칠은 내마음 속으로 빛줄기가 스며드는 것 같았단다. 죽을 때까지 결코 잊을 수 없을 것이다.'

빅또르 위고는 언제나 그런 것처럼 여행에의 유혹을 뿌리칠 수 없었다. 그는 팜팔루까지 나아가 피리네, 오슈, 아겡, 페리쥬와 앙굴렘을 거쳐 돌아왔다. 9월 8일 오레롱 섬에 이르렀을 때 쥘리에뜨는 위고가 우울증에 걸려 있음을 눈치챘다. 이 섬을 떠난 뒤 돌아오는 길에 그들은 로슈페르에 닿았다. 위고는 딸과 사위를 다시 만나 보기 위해 르아브르로 가려고 했다. 수비즈 마을에서 쥘리에뜨는 카페에 들러 맥주를 마시며 지난 며칠 동안 읽지 못한 신문을 보자고 제안했다. 쥘리에뜨 드루에는 1843년 9월 9일 일기에 이렇게 쓰고 있다.

'우리 맞은편 테이블 아래 몇 가지 신문이 놓여 있었다. 빅또르는 되는 대로 아무 신문이나 집었고, 나는 〈르 샤리〉를 집었다. 신문의 머릿기사를 훑어보기도 전에 그이가 갑자기 내게 몸을 기대며 억눌린 목소리로 '아! 무서운 일이야' 하고 말하면서 쥐고 있던 신문을 건네주었다. 나는 그를 쳐다보았다. 그의 얼굴을 뒤덮고 있던, 무어라 말할 수 없는 그때의 그 절망감을 내 생전에 어떻게 잊을 수 있을까?'

그가 건네준 신문에는 9월 4일 일요일 빌키에서 일어난 놀라운 사건이 실려 있었다. 딸 레오뽈딘 부부는 빌키에서 주말을 보내기 위해 르아브르를 떠났다. 거기서 그들은 선장 출신 숙부 피에르 바크리와 사촌 아르우스를 만났다. 아르우스는 12살 된 소년이었다. 일요일 오후, 샤를르가 르아브르에서 보낸 경주용 소형 요트가 그곳에 도착했다. 이 요트는 그의 숙부가 해군 조선소에서 스스로 설계하여 만든 창작품이었다. 샤를르는 이 요트로 경주대회에서 우승을 거두기도 했다. 샤를르는 다음날 아침 이 배를 타고 코드벡으로 건너가 그의 변호사인 바지르를 만날 계획이었다. 월요일 아침 날씨는 아주 좋았다. 바람 한점 없고 파도도 일지 않았다, 수면에는 아침안개가 조금 끼어 있을 뿐이었다. 그리고 레오뽈딘과 숙부와 사촌이 모두 동행하기로 되어 있었다.

행복과 불행을 가릴 것 없이 일은 흔히 사람들의 생각과 반대방향으로 나아가게 마련이다. 그들이 탄 배가 뒤집히고 만 것이다. 뛰어난 수영 실력으로 유일하게 살아 남은 샤를르는 뒤집힌 배를 바로잡아 아내를 구하려 죽

위의 샤를르 바크리(왼쪽)와 레오뽈딘(오른쪽)의 초상화 1843년 어머니 아델이 그린 것이다. 젊은 두 사람이 1839년 결혼하고자 했을 때, 위고는 불길한 예감을 받은 바 있다. 두 사람이 익사했을 때 타고 있던 보트는 샤를르가 경주대회에서 일등상을 수상한 것이었다.

아래 그림은 빌키에 공동묘지 갓 결혼했던 레오뽈딘 부부가 같은 관에 누워 이곳에 묻혔다(1943).

을 힘을 다했다. 그러나 그녀는 이미 숨진 뒤였고 그의 모든 노력이 허사로 돌아갔다. 아내 레오뽈딘의 곁을 떠날 수 없었던 샤를르는 스스로 물 속으로 가라앉았다. 이렇게 하여 그들 부부는 영원히 함께 있게 되었다.

딸의 죽음에 위고의 마음은 산산조각이 났다. 12월 들어 위고는 심한 우울증에 사로잡혔으며, 육욕은 격렬해졌다. 극단적인 심적 혼란에 놓인 남자들이 격렬한 관능 속에서 괴로움을 잊으려는 것은 당연한 일일지 모른다. 1843년 슬픔이 거의 병적이게 된 위고 역시 관능 속에서 피난처를 구하려 했다.

쥘리에뜨와의 관계는 어떻게 되었을까? 육체적 관계는 이미 끝난 것이나 다름없었다. 쥘리에뜨는 위고의 욕구를 감당할 도리가 없었다. 10년 동안의 은둔 생활 끝에 이 가련한 소녀의 육체는 시들었던 것이다. 나이 서른에 그녀의 머리칼은 벌써 희끗희끗해지기 시작했지만, 여전히 맑은 눈동자와 우아하고 부드러운 몸가짐을 갖고 있었다. 그러나 화장하지 않고는 더 이상 아름답게 보일 수 없을 정도였다. 쥘리에뜨는 때로 위고를 우울하게 만들었다. 반짝이는 위트에도 불구하고 그녀가 위고에게 할 이야기는 많지 않았다. 해마다 한 번씩 하는 여행 때 말고는 그녀는 아무도 만날 수 없고, 아무것도 볼 수 없는 생활의 연속이었다. 그녀의 수많은 편지들도 자랑과 불만이 뒤섞인 긴 자기 독백에 지나지 않았다.

끝없이 괴롭히는 욕망

1844년 초 눈길을 아래로 내리까는 버릇이 있는 슬픈 눈동자의 금발 소녀가 위고의 새로운 정부가 되었다. 비둘기같이 수줍어하는 이 소녀는 그럴 때마다 재빨리 개구쟁이 같은 미소를 띠어 그 수줍음을 감추었다. 쥘리에뜨는 위고가 새로운 정부를 갖게 된 사실을 전혀 눈치채지 못했다. 이 소녀는 자신을 레오니 당뜨라고 불렀다. 그녀의 가족 배경은 알 수 없으나 순수한 귀족 출신임은 분명했다. 그녀는 사교계에서 성장한 여자였다. 일찍이 집을 나와 화가 프랑수아 테레즈 오귀스뜨 비아르와 함께 뱅돔 거리의 화실에 살림을 차렸다. 1840년 임신 6개월 된 몸으로 그녀는 이 화가와 정식으로 결혼식을 올렸다. 이 부부는 세느 강변에 있는 정원과 연못이 딸린 큰 집을 사들여 수많은 미술가들을 접대했다.

딸 레오뽈딘을 추억하며
사랑하는 딸의 죽음으로 위고는 엄청난 마음의 상처를 입고 우울증에 시달린다. 죽은 딸을 생각하며 위고가 그린 그림으로, 이미 불길한 예감을 감지한 바 있는 그의 심령주의가 암시되어 있다.

    1844년 '빌키에의 비극'으로 거의 정신이 나간 빅또르 위고는 끝없는 정신적 고통으로부터 헤어나기 위해 필사의 노력을 기울여야만 했다. 그는 격무와 분주한 사회생활과 새로운 정사(情事)에 자신의 모든 감정을 쏟으려 했다. 이 무렵 위고는 아카데미 프랑세즈와 재판소 일에 굉장한 열의를 보였다.
    1845년 위고의 적들은 그의 창작 능력이 바닥났다고 떠들어댔다. 그러나 이것은 그들이 잘못 안 것이었다. 위고는 죽은 딸을 그리워하는 시들과 레오니에 대한 연시들을 쓰고 있었다. 소설 《레 미제라블(*Les Misérables*)》을 쓰기 시작한 것도 바로 이때였다. 그러나 레오니와의 정사가 적들의 악의에 찬 희망을 부추겨 주었다. 아카데미 프랑세즈에서 그는 진지했으나 이마에 깊은 주름살이 잡혀 있었다. 가끔 반역의 모습이 되살아나기도 했지만 대체로 엄숙한 자세였다.
    빅또르 위고는 아카데미 프랑세즈의 초록 코트를 입게 되자 작위 획득을 꿈꾸기 시작했다. 쥘리에뜨는 그가 정치에 뛰어드는 것을 원하지 않았다. 아카데미 프랑세즈 회원이 되고 대신이 되는 일과, 신이 빅또르에게 부여한 문인으로서의 자질을 어떻게 비교할 수 있겠느냐는 것이 쥘리에뜨의 생각이었다. 그러나 비아르 부인 곧 레오니 당뜨는 위고의 야심을 자극하고 부채질했다. 위고는 왕의 비위를 맞추는 한편 비밀스럽게 헬렌 왕녀에게 손을 썼다. 이 오를레앙 공작 부인은 시아버지인 필립 왕을 졸라댔다. 위고는 아카데미 프랑세즈에서 여러 번 훌륭한 연설을 했다. 생뜨 뵈브의 말처럼 온갖 수단을 동원했다. 그의 이 같은 전술은 성공을 거두었다. 1845년 4월 13일 이윽고 빅또르 위고는 조례에 의해 자작이 되었다.

7월 5일 동틀 무렵, 경찰들이 법의 이름 아래 쌩 로세 거리 한 으슥한 아파트에 들이닥쳤다. 오귀스뜨 비아르의 고발에 따른 것이었다. 경찰이 물러간 뒤 이 일대는 위고와 그의 정부에 관한 '범죄적 이야기'로 떠들썩했다. 간통은 그즈음 매우 엄격하게 다뤄졌으며 레오니의 남편 오귀스뜨 비아르는 무자비했다. '비아르 부인' 레오니 당뜨는 체포되어 쌩 라자르 감옥에 수감되고, 빅또르 위고는 귀족 작위를 내세워 곧 풀려나왔다. 쌩 로세 거리의 이 사건은 위고의 경력에 치명적인 상처를 입히지는 못했다.

이 스캔들 뒤 위고는 침묵했다. 일을 멈춘 것은 아니었다. 그는 오래 전부터 구상해 온 《레 미제라블》을 다시 쓰기 시작했다. 작업중 그는 계속 렝두엘이며 고슬랭과 접촉했다. 레오니 당뜨의 강제적인 후퇴와 수감으로 가장 득을 많이 본 사람은 쥘리에뜨였다. 그녀는 여느 때보다 훨씬 많은 시간을 그녀의 애인이자 주인인 위고와 함께 보낼 수 있었다. 그러나 쥘리에뜨는 쌩 로세 거리의 사건을 전혀 모르고 있었다.

1846년 쥘리에뜨의 딸 클레르 프라디에가 죽자, 위고는 레오뽈딘의 죽음에서보다 더 큰 슬픔을 겪었다. 이 슬픔은 쥘리에뜨와 위고 사이를 더욱 가깝게 만들었다. 클레르 프라디에는 비공식적으로 빅또르 위고의 딸로 입적돼 있었으며, 양육비와 교육비를 모두 위고가 부담했다. 그는 온갖 선물을 안겨 줄 만큼 진정으로 이 소녀를 좋아했다. 그러나 이 애처로운 소녀는 나이가 들면서 스스로 죽음을 바랄 만큼 깊은 내적인 절망감에 사로잡혀 있었다. 클레르 프라디에가 생 망데 공동 묘지에 묻힐 때 위고 자작은 그녀의 생부와 함께 장례식에 참석했다.

비아르 사건 뒤 위고는 얼음같이 차가운 바람이 휘몰아쳐오는 느낌을 받

시집 《황혼의 노래》(1835) 시집 《마음의 소리》(1837) 시집 《빛과 그림자》(1840)

위고는 《가을 나뭇잎》(1831)을 비롯 《황혼의 노래》, 《마음의 소리》, 《빛과 그림자》에 이르기까지 프랑스 시문학의 최고 걸작 4권의 시집을 출간하였다.

았다. 따라서 그가 1845년 귀족원에서 한 연설도 미리 준비된 신중한 것이었다. 어려운 환경에 놓였을 때는 어리숙하게 보이는 것이 가장 좋다. 누가 문자의 세계에서 그를 능가할 수 있겠는가?

10년 동안 그는 《가을 나뭇잎》에서 《빛과 그림자(Les Rayons et les Ombres)》에 이르기까지 프랑스 시문학상 최고의 작품으로 손꼽히는 4권의 시집을 출간했고, 《레 미제라블》은 《빠리의 노트르담》 이상의 걸작이 될 것으로 이미 예상되고 있었다. 그는 또 대신 자리에 오를 가능성도 있었다. 그런데도 그는 여전히 행복하지 않았다. 그가 절망 속에서 추구한 것은 망각이었다. 그는 풋내기 여배우와 하녀와 창녀를 섭렵하는 일상생활을 되풀이하며 자신을 진흙탕 속에 내던졌다. 1847년에서 1850년까지 4년 동안 그는 우울증과 병적이라고까지 할 성욕으로 끊임없이 고통받았던 것 같다.

1848년 2월 23일 위고는 귀족원에서 집으로 돌아가는 길에 2월 혁명(부르주아 시민이 보통 선거와 노동 조건 개선 등을 요구하며 일어선 역사적 사건. 이 결과 루이 필립은 영국 망명) 소식을 들었다. 길거리는 "혁명 만세"와 "기조 타도"의 구호를 외쳐대는 병사와 노동자들로 가득했다. 병사들은 잡담하거나 서로 농담하는 등 들뜬 표정이었다. 인류에 대한 정열적인 관찰자이자 용기있는 사나이 위고는 콩코드 광장으로 달려가 그곳에 모인 군중들과 합류했다. 군대의 발포로 부상자가 꽤 많이 나왔다. 2월 25일 라마르띤은 임시정부가 빅또르 위고를 빠리 지구 혁명위원으로 임명했다고 전해 왔다. 4월에 총선이 실시됐을 때 위고는 후보 등록은 하지 않았지만, 그의 야심과 위엄이 교묘하게 잘 배어 있는 《유권자에게 보내는 편지》라는 것을 발표했다.

그는 선출되지 않았으나, 4월 23일 그에게 던진 지지표가 6만 표나 된 사실이 알려졌다. 《유권자에게 보내는 편지》와 함께 이 같은 지지표는 위고에게 하나의 자랑거리였다. 위고가 6월 보궐선거에서 보수파들의 지지를 얻게 된 것도 이에 힘입은 바 컸다.

빅또르 위고는 의원에 당선되었다. 어느 당 소속이었을까? 그는 자신이 강자에 대해 약자를, 무정부주의에 대해 질서를 옹호하고 있다는 사실을 알았을 뿐이었다. 그는 자신의 위치가 허약함을 느끼고 1848년 7월 신문 〈레벤느망(*L'Evénement*)〉의 창간을 결심했다. 여론에 영향을 미칠 독자적인 수단의 확보가 필요하다고 본 것이다. 그는 〈레벤느망〉을 이념 중심의 신문으로 키워 나갈 생각이었다. 그러나 첫 번째 사설에서부터 그에게는 '모두'였던 이념의 문제와 '아무것도 아닌' 현실문제가 갖는 영향력의 차이가 뚜렷이 드러나기 시작했다. 그는 이 '아무것도 아닌' 것들이 가장 완고한 사상가들에게도 큰 영향력을 미치고 있음을 잊고 있었다. 〈레벤느망〉은 늘 제호 바로 아래 '무정부에 대한 격렬한 증오, 민중에 대한 변함없는 사랑'이라는 구호를 싣고 있었다.

1848년 6월 있었던 보궐선거에서 위고와 함께 루이 나뽈레옹 보나빠르뜨가 의회에 진출했다. 올탕스(나뽈레옹 1세의 아내였던 조제핀이 전남편과의 사이에서 낳은 딸)와 독일 해군제독 사이에 태어난 이 사람의 혈관에 보나빠르뜨 가문의 피는 한 방울도 섞여 있지 않았다. 그런데도 그는 거리의 대중들에게 열렬한 환호성을 불러일으킬 이 마법의 이름을 자신의 이름으로 삼고 있었다. 위고가 보기에 루이 나뽈레옹은 우울하고 못생긴 얼굴에 몽유병 환자 같은 표정을 가진 인물이었다. 그러나 사실 그는 뛰어난 자질과 진지하고 부드러우며 신중한 성품의 소유자였다.

그해 10월 우연한 만남이 있을 때까지 위고의 신문은 이 사나이에게 냉랭한 반응을 보였다. 보나빠르뜨라는 이름에서 오는 명망이 굉장한 것을 알고 신문은 이 명망도 정확히 말하면 삼촌 보나빠르뜨의 것이지 조카의 것이 아님을 거듭 강조했다. 그러나 10월 28일부터 〈레벤느망〉의 태도가 달라졌다. 〈레벤느망〉은 긴 기사 속에서 루이 나뽈레옹을 프랑스의 운명이니 제국의 영광이니 하는 말로 부르기 시작했다.

위고가 의원으로 정치에 참여했던 상원 앞뜰

프와티예 거리에서의 의원 선서에도 불구하고 위고는 여전히 '레 미제라블(가난한 사람들)'의 사람이었다. 자기 눈으로 보지 않은 것은 어떤 것도 믿지 않는 천성에 따라 위고는 쌩 안토니 지구와 릴(Lille)의 빈민가를 방문하여 그곳의 빈곤을 직접 목격했다. 그는 빈곤에 관한 이야기를 전하려 했을 뿐만 아니라 그가 들은 갖가지 잔혹한 일들을 철저히 고발하려 했던 것이다. 하나의 큰 외침이 있었다.

"뭐라고! 계급 정당의 구성원 가운데 빈곤을 뿌리뽑을 수 있다고 장담할 수 있는 자가 있으면 앞으로 나와 봐라."

'사령관들'과의 관계는 이미 끝장나 있었고 엘리제 궁과의 관계도 파탄 직전이었다. 루이 나뽈레옹은 본디 이중적인 성격의 인물이었다. 그는 마지막 순간에 자신이 바라는 것은 '온건한 태도'라고 밝혔다.

이에 격노한 빅또르 위고는 그의 모든 계획들을 뒤엎어 버렸다. 하나는 그의 야심 때문이었고, 다른 하나는 그의 확신 때문이었다. 시인과 대통령 사이에 격렬한 말들이 오갔다고 전하는 사람들도 있다.

1850년과 1851년은 빅또르 위고에게 정치 투쟁과 감정적 격동의 시기였다. 정치적인 면에서 그는 엘리제 궁과의 관계가 끊겨 매우 불리한 입장에

빅또르 위고의 생애 1987

놓였다. 좌파는 그의 자유 옹호 연설에 환호와 박수 갈채를 보내면서도 그를 자신들의 일원으로 받아들이지 않았으며, 또한 우파는 우파대로 위고를 배반자로 몰아 조롱하고 경멸했다. 모욕과 비방, 중상의 진흙탕에 내던져진 기분이었다. 라마르띤이 이미 경험했듯 위고도 혹독한 대가를 치른 뒤에야 '인기란 가장 허물어지기 쉬운 것'임을 깨닫게 되었다.

그의 사생활이 덜 문란하고 다른 사람의 비판에 개방적이었다면 사회적 입지가 조금 나아졌을 것이다. 의무와 감사의 마음, 사랑과 욕망이 그를 지난날의 간통과 새로운 모험의 노예로 만들어 버렸다. 1848년 10월 라투르도베른느 거리 37번지 몽마르뜨 언덕에 자리한 위고의 집 주위에 아델, 쥘리에뜨, 레오니 세 여인이 하나의 작은 원을 그리며 살고 있었다. 위고는 세 여인들 사이를 오가며 얼마쯤의 시간을 그들과 함께 지냈다. 언제나 그렇듯 쥘리에뜨에게 열중하면서도 어떤 의무감에서 아델과 레오니를 만났다. 이 때문에 아델과 레오니는 쥘리에뜨에 대해 공동 전선을 펴곤 했다.

쥘리에뜨는 자신의 주인이자 군주인 빅또르 위고의 움직임을 따르며, 변함없이 권태와 허탈한 마음으로 살아가는 그늘진 막다른 골목집 방 한구석에 '그녀의 가련한 모습과 위대한 사랑'을 깊이 숨겨 놓았다. 가끔 위고와 함께 의사당이며 아카데미 프랑세즈에 가서 그의 연설을 듣거나, 드물게 찾아오는 위고를 기다리며 아침마다 먼 발치에서 그의 방 창문을 바라보는 게 그녀가 누릴 수 있는 즐거움의 모두였다.

1845년 위고는 드디어 쥘리에뜨에게 혼자 외출하도록 허락했지만, 걸어갈 수 있는 곳만으로 제한했다. 쥘리에뜨는 여전히 레오니 당뜨가 빅또르 위고의 인생에서 어떤 역할을 하고 있는가를 알지 못했다. 그녀는 다른 여자들을 의심했다. 그러나 그것은 잘못된 생각이었다. 위고는 몸을 바치겠다고 나서는 여자가 있으면 주저없이 받아들이는 상태에 이르러 있었다.

레오니 당뜨는 위고 때문에 자신이 인생을 망쳤다는 것, 이에 대해 위고는 그만한 대가를 치러야 하며 최소한 쥘리에뜨 정도라도 포기해야 한다는 것을 느끼기 시작했다. 그녀는 그를 만날 때마다 쥘리에뜨와 헤어지라고 졸라댔다. 그러나 한결같이 무뚝뚝한 거부의 대답뿐이었다. 1849년 비아르 부인 레오니 당뜨는 처음으로 그가 이런 식으로 계속 나온다면 지금까지의 모든 것을 쥘리에뜨에게 털어놓겠다고 위협했다. 그러나 위고는 그녀의 위협을 한 마디로 묵살했다.

레오니 당뜨는 2년 뒤 드디어 자신의 목적을 이룰 수 있었다. 1851년 6월 29일 한 묶음의 편지가 로디에르 20번지에 있는 쥘리에뜨의 집에 전해졌다. 빅또르 위고 스스로의 손으로 봉인한 편지 묶음에는 리본과 "이기주의자 위고"라는 메모가 달려 있었다. 쥘리에뜨가 그렇게도 사랑하고 존경하던 사나이가 직접 쓴 것이었다. 쥘리에뜨는 떨리는 손으로 편지 묶음을 풀고 하나하나 열심히 읽어 나갔다.

그녀는 위고가 1844년 이후 자기 외에도 다른 여자를 사랑했으며 그 여자에게 열정적인 편지를 쓰고 있었음을 알게 되었다. 더욱이 이 여자가 자기보다 더 아름답다는 것도 알았다. 지난 18년 동안의 행복과 자존심이 한순간 무너져 내렸다.

쥘리에뜨는 거의 미친 상태에서 눈물을 흘리며 하루 종일 빠리 시내를 돌아다녔다. 위고는 아무것도 부인하지 않고 그녀의 용서만 구했다. 그리고 그녀를 위해 그녀의 연적을 버리겠다고 말했다. 그러면서도 레오니의 아름다움과 학식과 그 동안의 희생에 대해 칭찬의 말을 늘어놓은 뒤, 아델이 그녀를 좋아하며 지금 헤어지면 그녀의 아이들이 불쌍하다는 뜻을 넌지시 비쳤다. 위고의 말은 쥘리에뜨의 마음에 더욱 큰 상처를 주었다. 그녀의 자존심에 이런 사랑은 도저히 받아들일 수 없었다.

그 뒤 이들은 누가 더 관대한지를 경쟁하듯 밀고 당겼다. 쥘리에뜨가 오랜 숙고 끝에 슬픔을 이겨내고 위고에게 헤어지자고 말하자, 위고는 같은 처지에 놓인 모든 남자들이 그렇듯 그녀의 동정심에 호소했다. 그와 그의 정부는 둘 다 여전히 낭만주의자였다. 위고는 자신의 기쁨을 신비한 형태로 나타내는 데 천재적인 소질을 갖고 있을 뿐 아니라, 마음만 먹으면 아무리 어려운 문제라도 얼렁뚱땅 넘기는 개구쟁이 같은 기질로 사랑스럽고 매력적인 사나이로 둔갑할 수 있었다. 쥘리에뜨는 여기에 또 한 번 넘어가, 그들 세 사람이 일정한 '시련기'를 가진 뒤 위고가 자신과 레오니 둘 가운데 한 사람을 선택하도록 하는 데 동의했다.

두 여자에게 사랑의 흔들다리를 건너가게 하는 이 '시련기'야말로 빅또르 위고에게는 아주 즐거운 시간이었다. 아침마다 위고와 쥘리에뜨는 저마다의 집에서 자기 일을 하고, 일이 끝나면 함께 노트르담 현관에서 만나 오후 산책을 했다. 쥘리에뜨의 일이란 다름아닌《장 발장(Jean Valjean)》원고를 정서하는 것이었다. 저녁식사는 가족과 함께하고 밤이 되면 레오니에게로 갔다. 그리고 다음날 아침이 되면 지난 밤의 일을 정열적이고 생생하게 쥘리에뜨에게 들려주어 그녀의 마음에 상처를 입혔다.

시련기로 잡은 4개월이라는 시간이 다 지나가고 결정을 내려야 할 때가 다가왔다. 그러나 결정은 예측지 못한 엉뚱한 곳에서 간접적인 방법으로 내려졌다. 위고는 어려운 시기를 묘하게 빠져 나왔다.

1851년 2월 이후 위고는 정부(政府)에 대해서뿐 아니라 루이 나뽈레옹 개인에 대해서도 반대하는 태도를 취해 왔다. 대통령을 둘러싼 지도자들은 쿠데타를 강력하게 지지하고 있었다. 루이 나뽈레옹도 이를 반대하지 않았다. 단지 그는 되도록 모든 안전 조치를 취해 놓기 전에는 그 같은 모험을 할 생각이 없었다. 정부는 이제 정의라고는 전혀 없게 된 법의 이름으로〈레벤느망〉의 발행인들을 기소했다. 아들 프랑수아 빅또르 위고와 폴 뫼리스에게 징역 9개월, 오귀스뜨 바크리에게 징역 6개월이 선고되었다. 샤를르 위고는 이미 감방 안에 있었다.

〈레벤느망〉은 발행 금지 처분을 받았으나〈인민의 출현(L'avènement du peuple) 〉이라는 이름으로 재발행되었다. 빅또르 위고는 빠리 재판소 부속 교도소에 갇힌 두 아들과 두 친구를 날마다 찾아가 그들과 함께 구내 매점에서 사온 값싼 포도주를 마셨다. 위고의 투옥도 시간문제임이 틀림없었다.

사생활에서도 단호한 조치가 필요했다. 사랑싸움은 쥘리에뜨에게 유리한 쪽으로 기울고 있었다.

1851년 12월 3일은 바리케이드의 날이었다. 보댕은 지금도 명언으로 남아 있는 "여러분은 25프랑 때문에 한 사나이가 죽을 수 있다는 것을 보고 있다'라는 말을 남기고 바리케이드 위에서 숨을 거두었다. 이날 하루 종일 위고 뒤를 따라다닌 쥘리에뜨가 바스티유 광장에 이르렀을 때, 위고는 한 무리의 군장교와 경찰들 앞에서 격렬한 연설을 하고 있었다. 쥘리에뜨는 위고에게로 달려가 '이러다간 저들이 당신을 쏘아 죽일 것'이라면서 그의 팔에 매달렸다.

결정적인 날은 12월 4일이었다. 대학살의 날이었다. 부르주아 자유주의자들에 대한 무자비한 탄압이 시작되었다. 빠리에서만도 최소한 400명 넘게

1851년 12월 2일. 쿠데타 뒤 바리케이드를 시찰하는 루이 나뽈레옹

살해되었다. 피가 낭자한 무질서 속에서 쥘리에뜨는 내내 위고 뒤를 따랐다. 흰머리가 나기 시작했지만 여전히 아름다운 얼굴로 남편과 죽음의 위협 사이에서 필요하다면 언제라도 남편이 달아날 수 있도록 몰래 남편의 뒤를 따르고 있는 이 여인의 가슴 속에는 애처롭고 숭고한 무언가가 있었다. 총탄이 우박처럼 쏟아지는 속에서 그녀는 위고의 모습을 잃어버렸다가 다시 찾아내곤 했다. 빅또르 위고는 뒷날 이렇게 썼다.

'쥘리에뜨 드루에는 나에게 모든 것을 바쳤다. 1851년 12월의 그 악몽 같은 날들 속에서 내가 살아남을 수 있었던 것은 오로지 그녀의 헌신 덕분이었다.'

망명

위고는 국외 탈출 길에 올랐다. 1851년 12월 11일 목요일, 그는 조네르 거리 4번지에 사는 작곡가 랑방자크 퓌르맹의 이름을 빌려 북쪽 역을 거쳐 빠리를 떠났다. "나이 48살, 키 170센티미터, 회색 머리칼, 갈색 눈썹, 갈색 눈동자, 회색 수염, 둥근 얼굴, 통통한 뺨"이라고 씌어진 현상수배 전단이 곳곳에 붙여졌다.

이 망명자는 노동자 모자를 쓰고 검은 코트를 입고 있었다. 그들이 위고의 변장을 벗기려 하지 않았든지, 위고가 그들의 눈길을 교묘하게 피했든지 아무튼 발각되지 않았다. 어떻게 무사히 빠리를 빠져 나갈 수 있었는지 자세한 내막은 아무도 모른다. 그들이 대소동 기간 중 그를 체포하려 했던 것은 확실하다. 딸 아델도 아버지에게 보낸 편지 속에서 '아버지를 잡으러 왔던 무서웠던 밤'에 대한 이야기를 하고 있다. 그러나 정부 쪽에서 보면 그의 망명은 그에게 어떤 조치를 취하는 것보다 덜 위험한 일이었다. 위고와 함께 브뤼셀에 머물게 된 쥘리에뜨로서는 호된 사랑의 시련 끝에 승리를 차지한 셈이었다.

지금까지 그가 살아온 생활에 비해 망명지에서의 생활은 충격적일 정도로 건전했다. 영광에 둘러싸인 프랑스 자작, 늙고 의심많던 필립 왕의 절친한 친구, 수많은 여성들로부터 경탄의 대상이 된 빅또르 위고가 이제 오갈 데 없는 외로운 신세가 되었다. 객관적인 사건들이 갑자기 그에게 새로운 기회를 부여했다.

위고로 하여금 그 자신의 역할을 완벽하게 해내도록 하기 위해서도 고상한 일상생활이 반드시 필요했다. 1851년 12월 12일 '퓌르맹'이 브뤼셀 역에 내렸을 때, 그의 브뤼셀 도착을 미리 연락받은 쥘리에뜨의 친구 로르 루테르는 처음에는 랭부르 호텔, 다음에는 라바이올렛 거리 13번지의 라포르토 베레 호텔 등 싸구려 호텔로만 안내했다. 12월 14일 마침내 쥘리에뜨가 도착했다. 빅또르 위고는 세관 차고 안에서 그녀를 만났다. 그녀는 위고의 원고들을 가져왔다. 망명지에서는 지켜야 할 에티켓이 있게 마련이다. 망명객이 버젓이 정부와 함께 지낼 수는 없는 일이었다. 쥘리에뜨는 가슴이 쓰렸지만 결국 체념하고 위고와 떨어져 살기로 했다. 그녀는 뒤 프랭스 거리에 있는 친구 루테르의 집으로 짐을 옮겼다.

망명생활 첫날부터 쥘리에뜨에게는 일거리가 쏟아졌다. 다름아닌 위고의 원고를 정리하는 일이었다. 불의에 대한 분노와 어떻게든 증언을 남겨 둬야 한다는 강렬한 욕망에 사로잡혀 있던 빅또르 위고로서는 출구가 필요했다. 프랑스의 강인한 양심이 되기 위해 '청동의 현(絃)' (위고가 "나의 리라에 청동의 현을 덧붙일 것"이라고 말한 것에서 인용)을

《꼬마 나쁠레옹》 속표지
이 작품은 쿠데타를 일으킨 루이 나쁠레옹을 고발하는 내용으로, 이 책의 발행으로 인해 망명지인 벨기에의 부담을 지우지 않기 위해 브뤼셀을 떠난다.

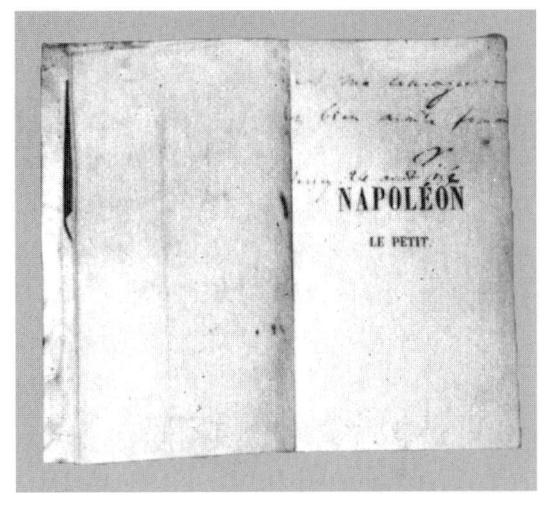

올리기로 결심했던 것이다. 무엇보다 먼저 그는 12월 2일 사태에 대한 이야기를 써야 했다(이 이야기에는 뒷날 《죄인의 역사 (Histoire d'uncrime)》라는 제목이 붙여졌음). 그는 브뤼셀에 도착한 다음날 아침 이 이야기의 집필에 착수했다.

한편 빠리에 있는 아델은 명예로운 망명자의 아내처럼 행동했다. 그녀는 남편의 문학적 명성보다 정치적 역할에 더 큰 자부심을 느끼고 있었으며, 쥘리에뜨의 존재에 안달하면서도 온순한 레오니 당뜨를 보호하고 후원했다.

위고는 브뤼셀에서 열정적으로 일했다. 그는 되도록 빠른 시일 안에 《꼬마 나쁠레옹(Napoléon-le-Petit)》을 발행키로 결심했다. 이 작품은 루이 나쁠레옹에 대한 기소장 같은 것으로, 그의 치솟는 분노의 감정을 그대로 담고 있었다. 불연속적이고 율동적인 이 시인의 글은 시적 아름다움과 함께 억제된 광기를 드러내고 있었다. 작품 전반 어조는 예언자적인 저주와 영국의 풍자작가 스위프트의 소름끼치는 유머를 연상시켰다.

《꼬마 나쁠레옹》이 출판되면 프랑스에 있는 위고의 가족과 재산에 위험이 닥칠 것은 뻔한 일이었다. 프랑스 정부는 해외에 있는 프랑스인이 정부를 비방, 중상할 경우 그들의 국내 재산을 몰수할 수 있다는 포고령을 발해 놓고 있었다. 따라서 위고는 벨기에 정부가 그에게 계속 망명처를 허용한다면 빠리의 가족들을 브뤼셀로 데려오든가, 그것이 안 되면 가족들을 도버 해협의 제르제 섬으로 보낼 작정이었다.

마침 아델이 라투르도베른느 거리의 집 세 채를 모두 팔고 장엄한 고딕풍 가구들과 골동품과 도서관은 공매 처분하는 게 어떻겠느냐고 제의해 왔다. 가족 재산을 공매 처분한다는 것은 가슴아픈 일일지 모른다. 그러나 빅또르에게는 하나의 축복 같았다. 자신을 희생하는 데서 오는 즐거움이 괴로움보다 앞섰다. 이윽고 결정이 내려졌다. 1852년 1월 25일 위고는 아내에게 곧바로 제르제의 생떼리에로 떠나도록 지시했다. 《꼬마 나뽈레옹》의 위험스러운 짐을 벨기에 정부에 지우지 않으려는 마음에서 위고 자신도 이듬해 8월 1일 샤를르와 함께 브뤼셀을 떠났다. 그렇지 않아도 벨기에 정부는 망명객의 국외 추방을 요구하는 '페이더법'을 입안 중이었다.

1853년 8월. 찌는 듯한 한여름 태양 아래 빅또르 위고의 아내와 딸 아델, 오귀스뜨 바크리 등 세 사람의 여행자가 제르제(저지 섬)에 상륙했다. 그들은 사우샘프턴을 거쳐 제르제에 닿기까지의 지루한 뱃길 여행에 몹시 지쳤다. 그들의 눈에는 거뭇거뭇 불에 탄 듯한 생떼리에의 모습이 마치 공포의 세인트 헬레나처럼 비쳤다. 이틀 뒤 위고와 샤를르가 폼므도로 호텔에서 그들과 만났다. 이미 제르제에 와 있던 수많은 프랑스 망명객들과 이 지방 인사들이 부두에 나와 위고의 도착을 환영했다. 제르제의 프랑스 망명객 중에서는 그가 가장 비중 높은 인물이었다.

위고는 바닷가에서 살기를 원했다. 베란다와 정원과 부엌이 딸린 해변가 집을 한 채 세내었다. 마린떼라스라고 불리는 아담하고 작은 별장이었다. 쥘리에뜨는 그 다음 배편으로 도착했다. 쥘리에뜨가 위고와 같은 배를 타지 않았던 것은 아델의 희망에 따른 것이기도 했지만, 다른 사람의 이목을 의식했기 때문이기도 했다. 그녀는 얼마 동안 여관에 머물다가 곧 작은 아파트를 구했다. 두 집 생계가 위고의 펜 하나에 달려 있었다. 뭐든 출판해야만 했다. 그러나 무엇을 출판하느냐가 문제였다. 분노의 시대에는 대중들의 기분에 맞는 책이 가장 좋을 것이므로 《꼬마 나뽈레옹》을 출판키로 결정했다. 값싼 종이에 인쇄된 《꼬마 나뽈레옹》의 단행본이 항목별로 나뉘어 프랑스 안으로 몰래 반입되었다. 옷 속에 감추기도 하고 때로는 나뽈레옹 3세의 흉상 안에 숨겨 나르기도 했다. 《꼬마 나뽈레옹》은 프랑스 국내에서 열광적인 반응을 불러일으켰다.

《징벌시집》(1853)에 실린 삽화
위고의 시구에 나오는, 번개(벼락) 맞은 독수리(황제의 상징)가 그려져 있다.

제르제 섬에서의 위고(1870)
위고는 이 섬에서 찍은 자신의 여러 사진을 두고 "아름답고도 기묘하다"라고 했다.

게르느제로 쏟아지는 찬양

12월 2일에 있었던 '범죄'를 고발하는 시집에 어떤 제목을 붙이느냐는 문제를 두고 빅또르 위고는 한참 고심했다. '복수자의 노래' '복수자들' '복수자의 시' 등이 처음 떠오른 제목이었으나, 최종적으로 《징벌(懲罰)시집(Les Châtiments)》이라는 제목을 붙이기로 결정했다. 《징벌시집》은 놀라울 정도로 다양한 음조를 갖고 있다. 그런데도 전편에 흐르는 강력한 감동과 격분의 음조가 하나의 통일성을 이루고 있다. 《징벌시집》은 오빈느의 비극, 메니푸스의 풍자시, 타키투스와 쥬브날의 시들에 견줄 만한 것이었다. 그러나 리듬의 강력함과 신선함, 언어의 아름다움, 풍자적인 효과와 특히 서사시다운 장중함은 《징벌시집》이 훨씬 뛰어났다.

1853년에서 1856년 사이 위고는 종교적인 색채를 띤 《정관(靜觀)시집(Les Contemplations)》을 비롯하여 방대한 분량의 종교철학시 《사탄의 최후(La Fin de Satan)》와 《신(Dieu)》을 썼다. 이 무렵 위고는 그 본디의 자신감을 되찾고 있었다. 그가 지닌 종교와 국가, 우주와 시간을 바라보는 시각의 광대함은 단테나 밀턴에 버금가는 것이었다. 《사탄의 최후》에서는 암흑의 나락으로 떨어지는 대천사의 모습을 그리면서 그리스도에 대한 사랑을 열렬히 노래하고 있다. 《신》은 수백 년 동안 운명과 그리스도교 교의 사이를 떠돌아다니는 마음의 행로를 나타낸 것이다.

정치 망명객의 생활이란 어렵기 마련이다. 위고도 망명지의 생활에 적응했다기보다 참고 견디는 편이었다. 영국의 외교 정책이 프랑스와의 화해를 필요로 할 경우, 위고는 언제든지 희생당할 처지에 놓여 있었다. 제르제 당국은 말많은 프랑스 망명인 집단과 아내와 정부 사이를 오락가락하는 시인을 결코 좋아하지 않았다. 특히 로버트 필 경은 1854년 이후 위고에게 끊임없이 적대감을 드러냈다. 1855년 상황은 한층 더 어려워졌다. 프랑스 황제와 영국 여왕은 반러시아 동맹을 통해 점차 우호적이 되어가고 있었다.

위고는 다시 도버 해협 한가운데의 작은 섬 게르느제(건지 섬)로 떠나야만 했다. 그들은 몇 개의 그룹으로 나뉘어 떠났다. 10월 31일 위고와 프랑수아 빅또르, 쥘리에뜨 드루에, 쥘리에뜨의 충실한 하녀 수잔이 맨 먼저 떠나고 그 이틀 뒤 샤를르 위고가 아버지 뒤를 따랐다. 추방령의 대상이 되지 않아 이사 준비 때문에 제르제에 남아 있던 아내와 아델 그리고 오귀스뜨 바크리는 35개나 되는 가방과 상자와 보따리를 둘러메고 이들보다 훨씬 늦게 게르느제에 도착했다. 이사 도중 《정관시집》과 《레 미제라블》《사탄의 최후》《신》《거리와 숲의 노래(Les Chansons des rues et des bois)》의 원고가 든 트렁크를 파도에 떠내려 보낼 뻔했다. 이 트렁크를 가까스로 배 안으로 건져 올리지 못했다면 이 불후의 명작들은 오늘날 남아 있지 못했을지도 모른다.

게르느제는 제르제보다 훨씬 작고 땅은 온통 울퉁불퉁하며 비탈져 있었다. 마치 바다 속에서 솟아난 바윗덩어리 같았다. 그즈음 빅또르 위고의 수입은 아주 적었다. 인세도 전혀 들어오지 않았다. 루이 나뽈레옹과의 투쟁을 위해 씌어진 《꼬마 나뽈레옹》과 《징벌시집》이 많이 팔렸으나 이익을 본 것은 서적상들이었다. 위고는 다시 일을 시작했다.

《정관시집》의 기적이 일어났다.

위고는 책상 서랍과 상자 속에 1만 1000행의 시를 넣어 두고 있었다. 그 가운데 일부는 행복했던 지난날에 쓴 것이고, 또 일부는 망명중에 쓴 회상과 묵상의 시들이었다. 평소 위고와 친분이 있었던 에첼이 이 시들의 출판을 맡

게르느제 섬의 오뜨빌하우스의 테라스
위고는 이 섬에서 엄청난 양의 작품을 쓰면서, 끓어오르는 분노를 시로서 달랬다. 여기에서 그는 맏딸 레오뿔딘을 추억하는 《정관시집》 같은 서정시를 풍요롭게 해 줄 다수의 시를 썼다.

겠다고 나섰다. 위고는 작품으로 적들을 때려눕히고 그들에게 뼈아픈 일격을 가하려 했다. 그는 자신의 시를 2권으로 묶어 낼 예정이었다.

《정관시집》의 성공은 예기치 못한 것이었기에 그 반향이 한층 더 대단했다. 어느 누구도 프랑스 제2제정의 반역자이며 망명객으로 국외를 떠돌아다니는 시인에게 이 같은 엄청난 환대가 주어질줄 몰랐던 것이다. 시를 사랑하는 사람들은 《정관시집》에 프랑스 최고의 시구들이 실려 있다는 데 의견을 같이했다.

《정관시집》은 1831~1843년까지의 전편과 1843~1856년까지의 후편으로 나뉘어 있다. 전후편의 분기점이 되는 것이 딸 레오뿔딘의 죽음이다. 전편은 밝고 즐거운 과거이고, 후편은 어둡고 우울한 현재로 대칭을 이루고 있다.

《정관시집》이 가져다 준 재정적 성공은 문학적 성공과 맞먹었다. 에첼이

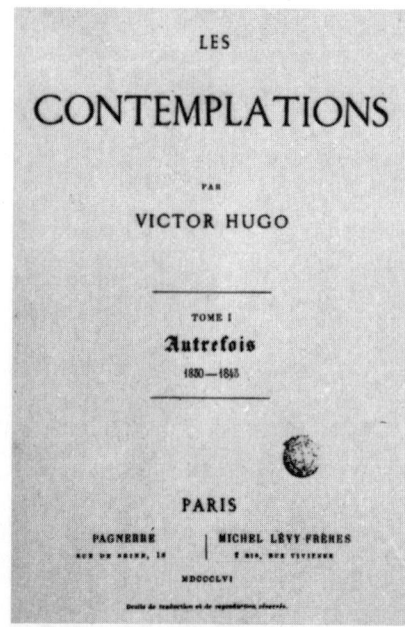

《정관시집》(1856) 전편 속표지

건네준 인세 2만 프랑으로 위고는 5월 10일 오뜨빌하우스를 샀다. 순전히 《정관시집》의 수입으로 산 것이다.

위고는 게르느제에 부동산을 소유하고 행정 당국에 주거세를 냈다. 그리하여 이 섬에서 추방될 위험은 사라졌다. 그러나 아내와 딸 아델에게 있어 이 섬에 뿌리를 내린다는 것은 생각만 해도 슬픈 일이었다. 위고는 자신의 정치적 망명을 현실로 받아들이고 이 섬에 영구히 정착하려는 듯 보였다.

그는 새벽이면 인근 요새에서 쏘아대는 대포 소리와 함께 일어나 뙤약볕 아래에서 한낮까지 일한 뒤, 얼음같이 차가운 물을 온몸에 끼얹으며 냉수마찰을 했다. 위고의 이 별난 습관을 알고 있는 이웃 사람들은 일부러 그의 집 문 앞에 멈춰서서 그것을 구경하곤 했다. 정오에는 점심식사를 하며 식탁에서 아들 샤를르와 이런저런 이야기를 나누었다. 아내 아델은 남편의 해박한 지식에 감탄을 금치 못했다. 식사가 끝나면 가족들은 저마다 맡은 일로 되돌아갔다.

쥘리에뜨의 생활은 여전히 고독했다. 그녀는 오뜨빌하우스 근처에 있는 라팔뤼란 이름의 작고 아담한 별장에 살고 있었다. 라팔뤼는 베란다 화장실에 앉아 있는 그녀의 '작은 신', 위고의 모습을 똑똑히 볼 수 있을 정도로 오뜨빌하우스와 가까운 거리에 있었다. 아침마다 그녀는 자신이 그토록 사랑하는 남자를 한 번이라도 더 보기 위해 창문 너머로 오뜨빌하우스의 베란다를 바라보곤 했다. 점심식사 뒤 빅또르 위고는 쥘리에뜨와 함께 산책했다. 산책할 때 이따금 그녀가 무슨 말만 하면 시끄럽다고 역정을 냈다. 그저 묵묵히 자기 곁을 따라오라는 식이었다. 이것이 그녀에게는 큰 불만이었다.

《정관시집》이 대성공을 거두자 빠리에서는 위고를 지지하는 사람들이 새로 생겨났다. 위고를 친양하는 소리가 게르느제로 쏟아져 들어왔다. 미슐레

(프랑스의 역사가.
1778~1874), 뒤마, 조르쥬 상드 등이 위고에 대한 경탄의 뜻을 전해 왔다.

에첼은 《정관시집》에 이어 종교철학 시 《신》과 《사탄의 최후》도 출판하게 해달라고 위고에게 간청했다. 그는 또 13세기에서 19세기까지 영웅들의 행위를 그린 연작 역사시 《작은 서사시(Les petites Epopées)》에 담긴 사상들을 좋아했다. 위고의 천성 자체가 서사시적이라는 것은 이들 시의 스케일과 웅대함 그리고 불가항력적인 운동으로 보아도 명백하다.

광야에서 외치는 위대한 목소리

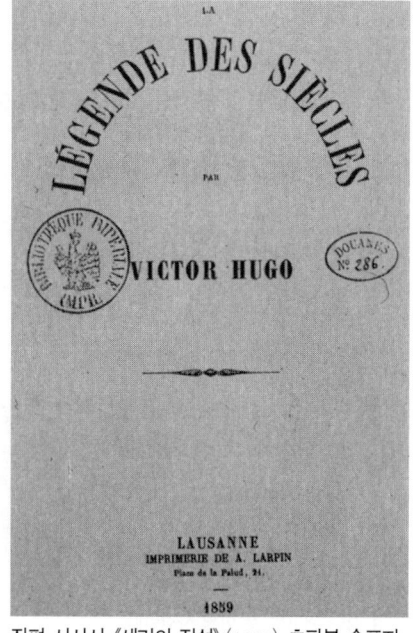

장편 서사시 《세기의 전설》(1859) 초판본 속표지

《세기의 전설(La Légende des siècles)》은 1857년과 1859년 사이에 씌어졌다. 이 작품은 대단한 통일성을 갖고 있고 곳곳에 작가의 영감이 번뜩인다. 역사의 전체적인 진행 과정을 추적하고 있을 뿐 아니라 세기마다의 장벽을 뛰어넘는 폭넓은 시야를 갖고 있다.

《세기의 전설》은 위고에게 가장 적대적인 독자들까지도 그의 독창적인 장엄함을 수긍하게 만드는 서사시로서의 아름다움으로 가득차 있다. "빅또르 위고가 입을 벌려 말한다면 다른 사람들은 입 속으로 중얼거릴 뿐이다"라고 르나르(프랑스 소설가·극작가. 1864~1910)는 말하고 있다.

1859년 프랑스 황제는 대사면령을 내렸다. 대사면령을 받아들인 망명객도 일부 있었으나 위고는 이를 거부했다. 광야에서 외치는 이 위대한 목소리는 자유 프랑스의 명성과 장엄함에 대한 사랑을 되찾기 위한 것이었다. 제2제정 아래에서 문학은 통속적인 신변잡기로 변해 가고 있었다.

인류 최고의 작품 레 미제라블

1860년부터 10여 년 넘게 빅또르 위고는 수많은 시와 소설, 에세이에 열중했다. 그는 오로지 일 속에서 행복을 찾았다. 그의 생활은 힘과 고독감과

1861년에 촬영된 위고의 사진
수염 기른 위고의 첫 번째 사진이다.

충만함으로 가득 채워져 있었다. 특히 그가 이 시기에 쓴 《레 미제라블》은 서사시와 소설 및 에세이적 요소를 모두 갖추고 있다.

그는 일과 자신의 힘을 통해 새로운 즐거움을 발견하면서도 가까운 사람들이 이같은 생활에 진저리 내고 있다는 사실은 눈치채지 못했다. 위고 부인이 게르느제를 떠나는 일이 점차 잦아졌다. 그녀는 게르느제에서의 생활에서 아무 즐거움도 느끼지 못했다. 게르느제를 떠나 프랑스나 영국 어디로든 가서 남편의 명성을 자랑하며 그의 대리인 역할을 하고자 했다. 변덕스럽고 기분파인 딸 아델도 아버지의 태도에 불만을 느끼며 끊임없는 백일몽에 빠져들었다. 1864년 말 아들 샤를르는 빠리에서 브뤼셀로 가 거주할 집을 마련했으며, 이듬해 10월 17일 쥘 시몽의 손녀 알리스와 결혼했다.

위고 부인은 아들과 함께 브뤼셀로 갔다. 이번에는 거의 2년 가까이 위고 곁을 떠나 있었다. 1865년 1월부터 1867년 1월까지 그녀는 오뜨빌하우스로 돌아오지 않았던 것이다. 이때부터 이 늙은 언어의 마술사는 거의 혼자 게르느제에서 외로운 세월을 보내야만 했다. 며느리가 가끔 집을 돌보기 위해 게르느제에 들를 정도였다. 아델의 여동생 쥘리 푸셰는 조각가와 결혼했으나 곧 사이가 나빠졌다. 그러나 쥘리에뜨 드루에만은 여전히 자신의 자리를 굳게 지키고 있었다. 가족들이 자기 곁을 떠날수록 위고가 기댈 곳은 그의 충실한 정부 쥘리에뜨뿐이었다.

30살 이후부터 위고는 장편 사회소설을 계획하고 그 작업에 착수했다. 재판의 불공정성, 고통받는 자의 모습, 죄인의 구원, 성자의 영향 같은 주제는 《사형수의 마지막 날》《클로드 괴》《빈자를 위한 시 (*Pour les Pauvres*)》와 같은 작품 속에서 이미 형상화되고 있었다. 1840년 그는 성자와 남자, 여자와 인

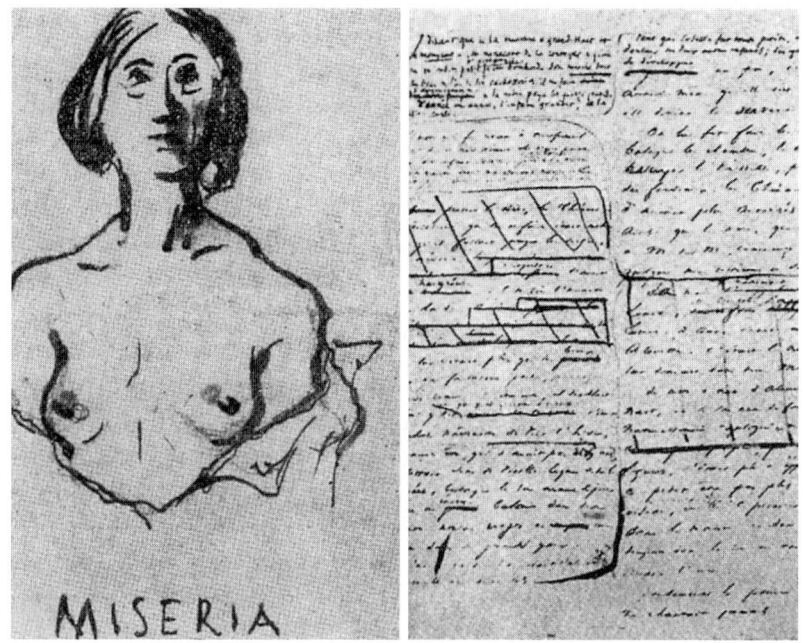

《레 미제라블》(1862) 속표지 그림 '미제리아', 빅또르 위고 그림(왼쪽). 오른쪽은 초고

형의 이야기인 《레 미제라블》의 기본 골격을 완성해 놓고 있었다. 이런 사회 소설은 그즈음의 유행이었다. 조르쥬 상드와 으젠느 쉬, 심지어 알렉상드르 뒤마와 프레데릭 슐리까지도 대중의 빈곤에 대한 소설을 쓰고 있었다.

이 지루하고 긴 작업 중 쥘리에뜨는 확고하고 변함없이 위고를 지지했다. 그녀는 《레 미제라블》 자체를 사랑했으며, 《레 미제라블》 원고를 정리하는 일은 그녀에게 큰 기쁨을 안겨 주었다.

드디어 책이 완성되었다. 빅또르 위고는 오귀스뜨 바크리에게 보내는 글에 이렇게 쓰고 있다.

'1861년 6월 30일 아침 8시 30분 창문 너머로 비쳐드는 아침 햇살을 받으며 나는 《레 미제라블》의 집필을 끝냈다네.'

그는 이 작품이 명작임과 동시에 수많은 사람들에게 읽히게 될 것을 알았다. 그래서 그는 가까운 사람들의 장래를 영원히 보장하는 데 이 작품을 최대한 활용할 작정이었다. 출판업자를 선택하는 일이 큰 문제였다. 에첼은 절친한 친구였고 또 그를 좋아했으나 판매 능력이 의문이었다. 벨기에의 청년 출판업자 알버트 라크루아가 《레 미제라블》의 출판을 제의해 왔다. 그는 위고와 12년 동안 독점 계약을 맺는 대신 30만 프랑의 인세 등 위고가 제시한 3가지 조건을 모두 받아들였다. 30만 프랑의 인세는 위고가 지금까지 받은 최고의 금액이었다.

《레 미제라블》은 예상대로 대성공을 거두었다. 라크루아는 1862년부터 1868년까지 6년 동안 《레 미제라블》 한 작품으로 51만 7000프랑의 순이익을 올렸다.

브뤼셀에서 《레 미제라블》 출판 기념회가 성대하게 열렸다. 그러나 비평가들의 반응은 일반 독자들에 비해 그리 뜨거운 편이 못되었다. 일시적인 것이라 하더라도 이 책의 정치적 열정이 사람들의 판단에 영향을 미쳤던 것이다.

그러나 시간이 지남에 따라 그 판단도 달라졌다. 어디에서든 《레 미제라블》은 인류 최고의 작품 가운데 하나로 받아들여졌다. 장 발장과 꼬제뜨는 인류 공통의 보편성을 지닌 명작 속에 등장하는 몇 안 되는 주인공들과 자리를 같이하게 되었다.

테오필 고띠에는 《레 미제라블》에 대해 "이 작품은 좋지도 나쁘지도 않다. 그것은 한 인간의 작품이라기보다 상황과 자연이 창조해 낸 작품이다"라고 말했다. 그의 이 같은 지적은 특히 《윌리엄 셰익스피어》를 비롯하여 망명기간 중 위고가 쓴 몇몇 작품에는 더욱 정확히 들어맞는 것이다. 서사시적 비평문학의 큰 바다라 할 《윌리엄 셰익스피어》는 스러지는 불꽃과 함께 차츰 자라나 하나의 거대한 조각상이 나타나는 용암 줄기와도 같은 것이었다.

위고가 셰익스피어에 관심을 갖게 된 데에는 세 가지 이유가 있었다. 첫째는 1864년이 셰익스피어 탄생 300주년이어서 어디를 가나 셰익스피어에 대한 이야기가 한창이었고, 둘째는 프랑수아 빅또르가 자신이 번역한 셰익스피어 작품집의 서문을 위고에게 의뢰해 왔으며, 셋째는 낭만주의 운동이 시작된 19세기에 한때 문학적 규범이 됐던 일종의 균형 감각으로 40년 전에 발표했던 《크롬웰》에서의 정치 선언을 대치해야 할 필요성을 느꼈기 때문이다. 천재와 천재들에 대한 이야기가 이 책의 진정한 주제였다. 이 책에서 호머, 욥, 아이스퀼러스, 이사야, 에스겔, 루크레티우스, 쥬브날, 타키투스, 세인트 존, 단테, 라블레, 세르반테스를 셰익스피어와 같은 수준에 올려놓고 있다. 프랑스인은 한 사람뿐이었다.

1864년에는 《윌리엄 셰익스피어》, 1865년에는 시집 《거리와 숲의 노래》가 출판되었다. 《거리와 숲의 노래》는 갑자기 심미적이고 쾌활한 위고를 보여주어 묵시록적이고 프로메테우스 같은 독창적인 비평가와 비방가들을 크게 놀라게 했다. 위고는 사람을 사랑하고 사랑을 노래부르는 데서 즐거움을 느끼는 인간으로 비쳐졌다.
　그것은 마치 가장 아름다운 언어들이 춤추며 노래하는 매혹적이고 질서정연한 하나의 발레와도 같았다. 거울 위에 아름다운 전원시가 씌어 있고 무대 위로 강물의 요정이 빨래하는 여인

시집 《거리와 숲의 노래》(1865) 속표지

의 뒤를 따르는 와토 쉐니에 데오그리투스의 작품과도 같았다. 그러나 이 온화한 발레 선생은 징소리가 울리면 바로 그 순간 아무 어려움 없이 전원시에서 서사시로 급속히 전환할 수도 있음을 독자들에게 보여주었다. 제2제정 아래 통속적인 독자들은 이 책을 하루아침에 베스트셀러로 만들었다. 이 책의 자유로운 문체와 달콤한 느낌이 사람들의 입맛에 맞았던 것이다. 그러나 《징벌시집》을 읽어본 평범한 독자들은 이 박학다식한 시에 별다른 흥미를 느끼지 못했다.
　1867년 쥘리에뜨에게 엄청난 하나의 사건이 일어났다. 위고 부인이 쥘리에뜨 드루에의 거처인 오뜨빌페리에를 방문한 것이다. 이때부터 쥘리에뜨는 위고 집안의 공식적인 일원이 되어 그 가족들과 서로 정을 나누는 즐거움을 누릴 수 있게 되었다.
　빅또르 위고의 아내가 쥘리에뜨를 방문한 다음 주 쥘리에뜨는 위고와 함께 브뤼셀로 가 석 달을 보냈다. 이때 쥘리에뜨는 바리카뜨가에 있는 집에도 들렀다. 쥘리에뜨는 또 빅또르 위고의 아들 샤를르의 초대를 받아 샤를르 부부와 그들의 4살짜리 아들 조르쥬, 갓태어난 딸 잔느와 함께 쇼펭텐느의 숲속에서 몇 주일을 보내기도 했다. 여기서 그녀는 눈병으로 고생하는 위고 부

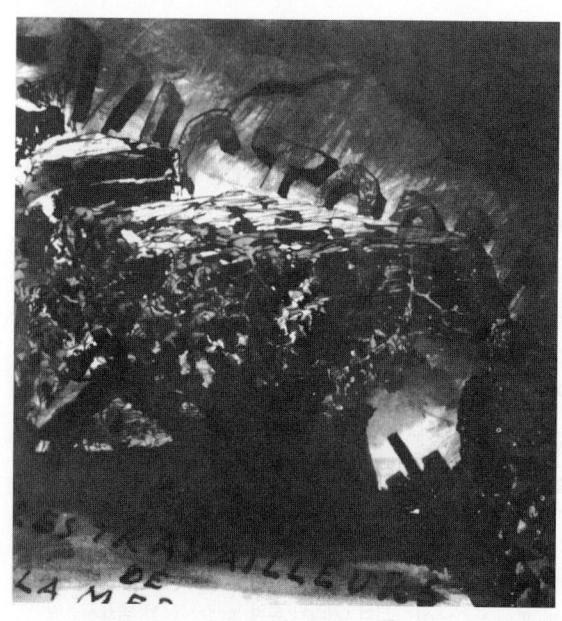

소설 《바다의 노동자》(1866)
속표지 그림
이 그림은 위고 자신이 그렸다. 바닷가 산책을 바탕으로 쓴 이 소설은 당시 《레 미제라블》을 능가할 정도로 많이 팔렸다.

인에게 책을 읽어 주곤 했다.

새로운 생활 리듬이 생겨났다. 위고 부인 아델은 아들 샤를르와 며느리와 손자의 문병을 받으면서 주로 빠리에서 살았다. 브뤼셀에서는 프랑수아 빅또르가 샤를르 부부와 함께 바리카뜨 거리의 위고 집안을 지켰다. 게르느제에서 쥘리에뜨는 다아델의 여동생 쥘리와 함께 위고를 뒷바라지했다. 이렇게 헤어져 살고 있다가 여름이면 모두 브뤼셀로 모여 재회의 기쁨을 나누었다.

이 기간 동안 위고의 창작 활동은 계속되었다. 1866년 그는 다시 대하 소설 《바다의 노동자들(Les Travailleurs de la mer)》을 출판했다. 대건축물에 늘 외경심을 품고 있던 그는 이 책이 운명이라는 대건축물을 이루는 하나의 작은 돌멩이가 되기를 바랐다. 1859년 쥘리에뜨와 샤를르를 데리고 서크 섬을 여행했을 때, 그는 뱃사람들이 절벽을 기어오르는 모습과 밀수꾼과 낙지가 절벽 가장자리에 파놓은 바위굴들을 구경했으며, 섬 전체를 날려보낼 듯한 태풍과 거친 파도에 강한 인상을 받았다. 이때의 인상들이 처음에는 《뱃사람 길리아뜨》라는 제목이 붙여졌던 이 책의 집필에 큰 영향을 미쳤다.

아들 프랑수아 빅또르 위고는 아버지에게 보낸 편지에 이렇게 쓰고 있다.

'아버님의 이번 성공은 대단합니다. 모든 사람이 아무 이의 없이 받아들이고 있어요. 저도 이 같은 일은 본 적이 없습니다. 《레 미제라블》의 승리를 능가하는 것 같아요. 이번에는 모든 사람이 아버님이야말로 참으로 존경받을 만한 인물이라는 것을 인정하고 있답니다. 작가가 대중들로부터 이해를 얻는다는 건 모든 것을 얻는 게 아니겠어요? 아버님의 이름이 날마다 신문지상과 서점 쇼윈도와 길거리 벽보를 메우고 사람들의 입에 오르내리고 있습니다.'

연작소설 《태양》도 재판을 거듭하며 판매부수가 2만 8000부에서 8만 부로 늘어났다. 신문들은 열광적인 반응을 보였다. 적어도 이 책만큼은 정치적 적대감을 불러일으키지 않았기 때문이다.

쿠데타 이후 프랑스 정부의 적이 된 빅또르 위고의 연극은 빠리에서 아예 공연되지 않았다. 그런데 1867년 세계박람회가 열렸다. 문제는 프랑스가 만들어 낸 최상의 것들이 무엇이며, 그 중 어떤 것들을 세계에 보여 줄 것인가였다. 라크루아는 위고가 서문을 쓴 《빠리 안내》를 발간했다. 코메디 프랑세즈는 이런 시기에 과연 위대한 작가의 작품을 끝내 거부해야 할 것인가를 놓고 고민을 거듭했다. 결국 빅또르 위고의 《에르나니》를 무대에 올리기로 결정했으나, 공연의 성공 여부에 불안을 느꼈다.

아델은 《에르나니》의 성공을 '입으로 다 말할 수 없을 정도'였다고 표현했다. 그리고 이렇게 말을 잇고 있다.

"모든 사람이 흥분상태에 빠져 있다. 사람들은 극장 앞 광장에서 서로 껴안으며 어쩔 줄 몰라한다. 요즈음 젊은이들은 1830년대의 젊은이보다 더 열정적이다. 《에르나니》는 정말 훌륭했다. 아주 행복하다. 하늘나라에 있는 것 같다."

뒤마, 고띠에, 방빌, 지라르댕, 쥘 시몽, 폴 뫼리스, 아돌프 크레미외, 오귀스뜨 바크리도 이날 관중석에 앉아 있었다. 극장 안은 국립 중고등학교의 학생들로 발디딜 틈이 없었다.

위고는 새 소설 《왕명에 의하여》를 쓰고 있었다. 샤를르는 형 프랑수아 빅또르에게 빠리에서의 생활이 그렇게 즐거울 수 없다며 빠리로 와서 자기와 함께 지내자고 계속 설득했다. 그러나 프랑수아 빅또르는 여전히 브뤼셀에서의 망명생활을 고집했다. 브뤼셀에서 가족들이 모두 모이는 1868년의 여름이 다가오고 있었다. 위고 부인은 남편을 다시 보게 되는 것을 무슨 큰 잔치처럼 생각했다.

"당신이 나의 남편인 이상 허락하든 안 하든 당신에게 매달릴 거예요. 그동안 내가 얼마나 당신을 사랑했으며 친절을 다했는가를 생각하면 당신이 내 곁을 떠날 생각은 하지 못하겠죠. 이제 저의 마지막 소원은 당신 팔에 안겨 눈감는 거랍니다."

이렇게 말한 아델은 점점 쇠약해지면서 한때 자신을 그토록 부담스럽게 했던 남편의 힘에 매달렸다.

위고 부인의 죽음

그녀의 소원은 이루어졌다. 1868년 8월 29일 아델은 남편과 함께 무개차를 타고 드라이브를 나갔다. 위고는 아주 자상했으며 그녀도 하루 종일 기쁜 빛을 감추지 못했다. 다음날 새벽 3시쯤 아델은 갑자기 뇌졸중으로 쓰러졌다. 경련과 부분 마비가 오고 호흡이 곤란해지기 시작했다. 빅또르 위고는 1868년 8월 30일의 일기에 이렇게 쓰고 있다.

'오늘 아침 6시 30분 그녀가 세상을 떠났다. 그녀의 두 눈을 감겨 주었다. 아! 하느님께서 이 아름답고 고상한 영혼을 그의 곁으로 불러 가셨다. 하느님께서 불러 가신다면 어쩔 수 없다. 신이여! 그녀를 축복해 주소서! 빌키에로 가 딸 레오뽈딘 옆에 묻히겠다던 그녀의 소망을 들어주어야겠다. 그녀의 관을 되도록 멀리까지 따라갈 작정이다.'

아델의 장례식 뒤 위고는 곧바로 오뜨빌하우스의 일상적인 집필생활로 되돌아갔다. 아침마다 이 섬의 가난한 어린이 40명과 함께 식사를 했다. 저녁에는 또 제2의 오뜨빌하우스에서의 만찬 모임이 열렸다.

새벽부터 저녁까지 쉬지 않고 그는 집필에 열중했다. 이 무렵 위고는 이미 60대에 이르렀는데도 여전히 소설을 발표했다. 《웃는 남자(*L'Homme qui rit*)》도 그 가운데 하나다. 《웃는 남자》는 그가 오랫동안 알맞은 제목을 찾던 작품이었다. 처음 그는 출판업자인 라크루아에게 이 소설의 제목을 '왕명에 의하여'로 하는 것이 어떻겠느냐고 물었다. 그러나 결국 라크루아의 충고에 따라 《웃는 남자》로 결정했다.

《웃는 남자》는 역사소설인 동시에 한편의 드라마이며 또한 역사 그 자체이기도 했다. 1699년에서 1705년까지는 매우 특수한 시기로 이즈음 영국 역사

딸 아델과 위고 부인
1868년 망명 생활 중 부뤼셀에서, 위고 부인은 전에 없이 남편 위고를 기다렸다. 마지막을 남편 팔 안에서 죽고 싶다던 그녀의 소원은 이루어졌다. 위고는 맏딸 레오뽈딘 옆에 묻히겠다던 그녀의 소원도 들어 주었다.

에는 여러 가지 예상 밖의 상황들이 전개되었다. 또한 이때의 영국사는 18세기 프랑스에서 일어나게 되는 여러 가지 사건들을 준비한 시기라고도 할 수 있다.

《웃는 남자》는 이전 작품들보다 덜 성공적이었다. 이 소설이 큰 인기를 얻지 못한 데에는 라크루아의 사업성 부족에도 원인이 있었지만, 더 큰 원인은 독자들이 사실주의와 자연주의 작가들이 그려내고 있는 일상생활 위주의 드라마에 눈길을 돌리기 시작했기 때문이었다.

1869년 국내외적으로 일어난 몇 가지 대사건으로 프랑스 왕정은 마지막을 고하게 되었다. 유럽에서의 외교적 패배와 멕시코전 패전으로 프랑스 국민들은 굴욕감을 느끼고 분노했다. 지치고 병든 나뽈레옹 3세는 영토 할양의 길로 나아가고 있었다. 〈레벤느망〉의 전(前) 편집자인 위고의 두 아들과 폴 뫼리스, 오귀스뜨 바크리는 프랑스 제2제정을 공격할 시기가 다가왔다고 보고 신문발행을 결심했다. 그들은 두 명의 유명한 논객 앙리 로슈페르와 에두아르 로크로이를 채용하여 편집진을 보강했다. 새로 발행한 신문 제호를 무엇으로 하느냐를 두고 한참 동안 논란이 일었다. 위고는 '인민에의 호소'가 어떻겠느냐고 제의했다. 그러나 최종적으로 결정된 제호는 〈르 라펠(소환, Le Rappel)〉이었다. 〈르 라펠〉은 1869년 5월 8일 간행과 함께 발행 부수가 5만 부로 늘어났다.

생생한 보도 기사와 거침없는 논조로 〈르 라펠〉은 큰 성공을 거두었다. 빅또르 위고는 게르느제에서 빠리의 투사들을 격려했다. 이해 9월 위고는 로잔느의 평화 회담에 초청받았다. 돌아오는 길에 그는 쥘리에뜨와 함께 스위스를 방문할 작정이었다. 그는 라인강 상류를 다시 한 번 보게 된 데 큰 기쁨을 느꼈다.

그는 여전히 엄격한 계획표에 따라 작업을 계속했다. 이제 얼마 남지 않은 생애의 마지막 날들을 아껴 쓰려는 생각이 일에의 정열로 나타나는 것 같았다. 누구든 죽음을 앞에 두고는 지금까지 자신이 해오던 일을 서둘러 마감하고 이 세상을 떠날 마음의 준비를 하는 법이다. 무엇인가 일어날 것만 같은 예감이 온 빠리를 휩쓸었다. 이 예감은 적중하여 제정의 기초가 무너지는 순간 자유가 찾아왔다. 1870년 5월 헌법 개정 국민투표가 실시되었다. 750만 명이 '자유 제정' 헌법에 찬성표를 던졌다. 새 정부의 기초는 한층 더 단단해졌다.

프랑스·프로이센 전쟁

유럽에서는 비스마르크가 전쟁을 벌이려 하고 있었다. 위고에게 전쟁은 양심상의 문제를 불러일으켰다. 전쟁에서 프랑스가 이기면 12월 2일 사태의 장본인인 황제의 위치가 강화될 것이고, 패배하면 국가적 수치이기 때문이다. 루이 나뽈레옹의 제정 정부 밑에서, 그가 겪은 갖가지 사실들을 모두 잊고, 민병대에 나아가 자랑스러운 프랑스 사나이로 싸움터에서 죽어야 할 것인가.

그는 짐을 챙겼다. 쥘리에뜨가 이것저것 거들었다. 어쨌든 브뤼셀로 갈 작정이었다. 8월 9일 전쟁이 대재앙으로 끝나고 말 거라는 조짐이 뚜렷해지기 시작했다. 프랑스군은 세 차례 전투에서 모두 패배했던 것이다.

8월 15일 위고는 쥘리에뜨, 샤를르, 알리스와 손자들, 간호사, 하인 셋을 데리고 배에 올랐다. 8월 18일 그들은 바리카뜨에 도착했다. 바리카뜨에 도

세단의 패배와 제국의 몰락을 그린 동시대의 프린트화 두 점
상단 그림은 프로이센군(독일군)에 의해 형무소로 호송되던 나뽈레옹 3세가 마차 안에서 엽궐련을 피우는 모습을 그린 것이다. 망명 생활을 끝낸 뒤 위고는 《독일인에게 보내는 호소문》에서 그들에게 '절도와 지혜를 실행하라'고 외쳤다.

빅또르 위고의 생애 2009

착한 다음날 빅또르 위고는 프랑스 대사관으로 가서 빠리로 돌아갈 비자 발급을 신청했다.

9월 3일 황제는 드디어 항복했고(1870년) 4일에 새 공화국이 선포되었으며, 5일 빅또르 위고는 브뤼셀역으로 달려가 빠리행 기차에 몸을 실었다. 감동으로 그의 얼굴은 상기되었으며 목소리는 떨렸다. 그는 중절모를 쓰고 작은 가죽가방 하나를 메고 있었다. 오랜 망명생활에 마침표가 찍히는 시간을 기억해 두기 위해 역 구내에 걸린 벽시계를 올려다보았다. 그는 상기된 얼굴로 자기 곁에 서 있던 청년 작가 쉴 사르티에에게 "19년 동안 이 순간을 기다려 왔다네"라고 말했다. 위고를 태운 열차가 빠리역에 도착한 것은 1870년 9월 5일 9시 35분이었다. 이미 역에는 거대한 환영 인파가 그를 기다리고 있었다. 환영은 말로 다 표현할 수 없을 정도였다.

테오필 고띠에의 딸 주디뜨도 나와 있었다. 위고는 이 아름다운 소녀의 팔에 이끌려 역 건너편에 있는 한 카페 안으로 들어갔다. 그는 카페 발코니와 빠리 시내로 들어가는 마차 위에서 4차례나 연설해야 했다. "빅또르 위고 만세!" 함성이 터지고 군중들은 《징벌시집》의 시구를 소리 높여 읊었다. 군중들은 그를 에워싸고 시청으로 행진했다. 그날 밤은 천둥이 치고 억수같은 소나기가 퍼부었다. 하늘도 프랑스의 격정에 참여하는 듯했다.

위고가 머무르던 프로소 거리 폴 뫼리스의 집으로 수많은 방문객이 몰려들었다. 그는 《독일인에게 보내는 호소문》을 발표했다. 빠리 교외에 주둔해 있는 독일(프로이센) 병사들을 보고 그는 분노했다. 수많은 극장에서 《징벌시집》 낭송회가 열리고 그 수입으로 빠리군을 위한 대포 구입을 시작했다. 이 낭송회는 성황을 이뤄 대포 3문을 구입할 정도였으며, 그 가운데 하나에는 빅또르 위고라는 이름을 붙였다.

배우들이 리허설을 위해 프로소 거리로 모여들었다. 빅또르 위고는 프레데릭 르메뜨르, 리아 펠리크스, 마리 로랑 등을 만났다. 너무나 활기차고 자극적이라 누구든 한 번 맛본 다음에는 결코 잊을 수 없는 연극계의 공기를 다시 맛보게 되어 그는 매우 행복했다.

거리에는 군인과 민병대와 저격수들의 대열이 지나가고 있었다. 이들 가운데 일부는 적의 총탄 아래서 주워 모은 채소들을 나르고 있었다. 작업복 차림의 노동자들이 "코뮌 만세!"를 외쳐댔다. 퇴각의 신호 소리가 들렸다.

▲빠리를 포위하고 있는 프로이센 군 진영에 대한 공격을 묘사한 프린트화.

▶프로이센군이 전진하여 빠리를 포위하자 빠리 시민들은 곧 굶주림을 겪게 된다. 포위 상태에서 식량 배급을 기다리는 시민들.

▼위고의 《징벌시집》 공개 낭독 수익금으로 대포 3대를 구입하여 수도 방위에 기여했다. 위고가 그린 대포.

빠리 시민들 대부분은 먹을 것을 구할 수 없었다. 빠리 시민들 사이에는 쥐고기로 파이를 만들고 있다느니, 쥐고기라도 있으니 다행이라는 등의 말이 떠돌았다. 위고는 동물원에서 보내 준 곰과 사슴과 양의 고기를 받기도 했다.

빠리 시내 여기저기에 포탄이 떨어졌다. 위고가 어린 시절을 보낸 페이앙띤 지구가 가장 심한 피해를 입었다. 위고가 결혼식을 올렸던 마리아 성당도 포탄 세례를 받았다. 코뮌 지지자들은 정부 전복 기도에 위고를 끌어들이려 했다. 위고도 임시정부를 싫어하고 있었다. 그러나 그는 아무리 무능력한 정부라 해도 적의 면전에서 정부를 뒤엎는 일은 현정부가 그대로 존속하는 것보다 프랑스에 더 위험한 결과를 가져올 거라고 생각했다.

빠리는 처음에는 용기있고 유쾌하게 적들의 포위에 대처했다. 그러나 이 같은 영웅적인 희극은 비극으로 바뀌기 시작했다. 기근이 휩쓸고 포탄이 날아가는 음산한 소리가 그치지 않았다. 쌩 끌루가 불탔다. 빠리 시민들은 패전을 지도자들의 무능력 탓으로 돌렸다. 눈이 내리는 1월 28일 밤 휴전이 성립되었다. 비스마르크는 "짐승이 죽었다"고 선언했다. 빠리 시민들은 다시 상점에서 고기를 구할 수 있게 되었으나, 동시에 독일 병사들의 투구를 보아야만 했다.

평화 달성을 위해 우선 의회를 구성해야 했다. 새 의회는 보르도에 들어설 예정이었다. 빅또르 위고는 센느 지구 후보로 출마했다. 그는 자신의 당선을 확신하고 보르도로 떠났다. 패전을 비준하게 될 새 의회의 의원이 되는 것은 결코 즐거운 일이 아니었지만 피할 수 없는 일이었다. 전국 곳곳에서 몰려든 의원들 때문에 보르도에서 집을 구하기란 아주 어려웠다. 특히 위고는 늘 가족을 데리고 다녔기에 집 구하는데 더 큰 어려움이 있었다.

샤를르와 그의 가족은 생모르 13거리에 작은 아파트를 하나 구했다. 알리스는 13이라는 숫자가 자기들을 따라다니고 있는 데 신경이 쓰였다. 그들이 빠리를 떠난 날도 2월 13일이었고, 타고 온 특별 객차의 승객 수도 13명이었다. 위고 역시 뭔가 불길한 일이 일어날 것만 같은 예감에 사로잡혔.

강베타, 루이 블랑, 브리송, 로크로이, 클레망소 등이 위고 주위에 모여들어 그를 일종의 좌파 지도자처럼 만들었다.

3월 8일 의회는 가리발디 사건을 토의했다. 이탈리아 출신 가리발디는 프랑스가 가장 암담한 시기에 프랑스를 위해 헌신적으로 노력했다. 그래서 공화국 선포와 함께 알제리 선거구에서 프랑스 대의원으로 선출되었다. 그런데 가리발디의 당선이 무효라는 주장이 제기된 것이다. 위고는 가리발디의 당선 무효 주장에 강력하게 항의했다. 찬반 주장의 고함 소리로 의사당 안은 대혼란에 빠졌다. 그러나 결국 다수파의 주장으로 당선 무효가 되고 말았다.

빅또르 위고는 이런 말을 남기고 의사당을 떠났다.

"3주 전 당신들은 가리발디의 말을 듣기조차 거부했다. 그리고 오늘은 내 말을 거부했다. 아무래도 좋다. 사퇴서를 내면 그만일 테니까."

샤를르의 죽음

빅또르 위고는 며칠 동안 계속 잠자리가 사나웠다. 1871년 3월 13일 다시 이사해야 했는데, 이 13이라는 숫자가 자꾸만 악마의 그림자처럼 그를 따라다녔다. 13일 그는 하루 종일 보르도 시내를 돌아다니다 갈레앙 궁을 방문했다.

저녁에 그는 랑타 레스토랑에서 알리스와 샤를르를 데리고 친구들과 함께 식사할 예정이었다. 약속 시간에 며느리 알리스와 다른 손님들은 모두 레스토랑에 도착했는데 샤를르만은 오지 않았다. 모두들 식사하지 않고 샤를르를 기다렸다.

샤를르는 랑타 레스토랑으로 가기 위해 택시를 탔다. 그런데 택시가 카페 드 보르도 앞에 닿아 운전수가 뒷좌석 문을 열었을 때, 그는 이미 코와 입으로 피를 쏟은 채 죽어 있었다. 뇌일혈로 쓰러져 차 안에서 숨을 거둔 것이다. 위고는 아들을 아버지 레오뽈 위고 장군이 묻혀 있는 페르라쉐즈 공동묘지에 매장하기로 결정했다. 그는 3월 17일 6시 30분 무거운 마음으로 보르도를 떠났다.

샤를르의 관을 실은 기차가 빠리역 구내로 들어섰을 때 빠리 시내에는 새로운 시민 폭동이 일어나고 있었다.

또다시 다가오는 슬픔

빠리 코뮌(1871년 3월 28일부터 5월 28일 사이에 빠리 시민과 노동자들의 봉기에 의해 세워진 혁명적 자치 정부)이 권력을 장악했다. 의회와 평화협정에 대한 분노로 애국자들과 혁명가들이 굳게 단결했다. 몽마르뜨에서 전

샤를르 위고의 장례식은 1871년 3월 18일에 치러졌다. 관을 실은 마차가 지나갈 때 빠리에서는 반란이 한창이었으므로 행렬이 통과하려면 바리케이드를 치워야 했다. 장례식 후 위고는 아들 샤를르가 살았던 브뤼셀로 떠난다.

투가 벌어져 장군 2명이 사살되었다는 식의 유언비어가 난무했다.

샤를르의 장례식에서 빅또르 위고의 오랜 친구 바크리가 영결사를 읽었으며, 관이 내려지기 전 위고는 무릎꿇고 아들의 관에 입을 맞추었다. 장례식이 끝나고 그가 장지를 벗어나자 군중들이 둘러쌌다. 낯선 사람들이 수없이 위고에게 악수를 청했다. "그들이 나를 사랑한 만큼 나도 그들을 사랑했다"고 그는 말했다.

위고는 샤를르의 장례식을 치른 뒤 곧바로 쥘리에뜨와 며느리 알리스, 손자들을 데리고 샤를르가 결혼 뒤 줄곧 살았던 브뤼셀로 떠났다.

위고는 브뤼셀에 머물면서 빠리에서 일어나고 있는 일들에 깊은 관심을 기울였다. 빠리에서의 일들은 개탄할 만한 것이었다. 적을 눈 앞에 두고 프

▲ 1871년 3월 21일 불길에 휩싸인 뛸르리 궁전

▼ 1871년 3월 평화 조항을 협의하기 위해 보르도의 그랑테아트르에서 열린 국민회의 (런던신문) 좌파의 우두머리 빅또르 위고는 메스와 스트라스부르를 포기하는 데 찬성하는 투표를 거부했다. 아버지가 1814년에 포위당했던 티옹빌의 수비 대장이었다는 사실을 잊지 못했다.

랑스인들은 날마다 서로 싸웠다. 그가 조국에 조금이라도 도움이 될 수 있다고 생각했다면, 가족에 대한 의무감도 뿌리치고 빠리로 돌아갔을지 모른다. 그러나 프랑스 안에서 벌어지고 있는 사태는 위고의 능력 밖이었다. 모든 사람들이 증오의 감정으로 들끓고 있었다. 그는 거의 날마다 친구들이 죽고 체포되었다는 소식을 들어야 했다. 코뮌의 희생자들이 벨기에로 흘러들어왔다. 위고는 집 안에 이 새로운 망명객들을 받아들였다. 그는 가족들에게 망명객에게 늘 문을 열어두자고 말했다. 망명객들은 대부분 무고하며 증거도 없이 죄인으로 몰려 쫓겨 다니고 있을 게 틀림없다는 말도 덧붙였다.

　망명의 권리를 옹호한 그의 주장은 《독립 벨기에》에 잘 나타나 있다. 그는 수많은 축하와 감사의 편지를 받았다. 그러던 어느 날 밤 위고는 "빅또르 위고를 죽여라! 도둑놈 죽여라. 교수형에 처하라!" 하는 고함소리에 잠을 깼다. 집 창문으로 돌이 날아들었다. 이날 밤의 사태는 그리 심각한 것은 아니었으나, 이 사건을 계기로 벨기에 정부는 그에게 곧 벨기에를 떠나라고 명령했다. 빅또르 위고의 나이 69살이었다.

　하원과 전국 곳곳에서 위고의 국외 추방에 항의하는 소리가 맹렬하게 일어났다. 프랑스로 돌아가는 것은 무의미한 폭력 속에 자신을 내맡기는 거나 다름없는 일이었다. 그는 룩셈부르크로 가기로 결정했다. 비안덴에서 그는 두 채의 집을 세내어 한 채는 자기가 거처하고, 다른 한 채는 가족에게 내주었다. 가족이 세든 집은 위고 집 건너편에 있었다. 위고가 살기로 한 집은 여러 조각들로 꾸며진 고풍스러운 집으로 창문 너머 멀리 아르강이 보였다. 이같이 아름다운 집에서 다시 시와 소설을 쓸 수 있게 된 것은 분명 즐거운 일이었다. 그러나 빠리에서 들려 오는 소식은 한결같이 우울한 것뿐이었다. 뫼르스는 체포되었고 바크리도 신변의 위협을 받고 있었다. 로슈페르는 국외 탈출 외에 선택의 여지가 없었다. '귀엽고 사나운 작은 아가씨' 루이 미셸은 전쟁위원회에서 "당신들이 겁쟁이가 아니라면 나를 죽여라!"고 외쳐댔다. 위고는 그녀를 찬양하는 시를 쓰고 야만적인 보복 조치에 강력히 항의했다. 너무도 분주한 두 달이었다.

　10월 1일 위고는 빠리에 도착했다. 쓸쓸한 귀국이었다. 그는 쥘리에뜨와 함께 빠리 시내로 가 폐허가 된 뛸르리 궁과 빠리 시청 주변을 둘러보았다. 로슈페르의 가족들과 친구들은 위고에게 로슈페르 구명 운동에 나서 주기를 간청했다. 오랜 노력 끝에 다시 발행 허가를 얻게 된 〈르 라펠〉의 초판에는 '편집자에게 보내는 편지'를 실었다. 이전에 이미 확보해 둔 독자가 있었기 때문에 〈르 라펠〉 발행은 순조로웠다. 독자들은 여전히 그의 기대를 저버리지 않았으며, 당국은 여전히 그를 미워했다.

1872년은 완전히 우울한 한 해였다. 그는 1월 선거에서 패배했는데, 코뮌 당원에 대한 그의 관용적인 태도가 유권자들을 놀라게 한 탓이었다.

오로지 일과 여자만이 환상 속에서 그를 구해 낼 수 있는 힘이었다. 나이 일흔에도 여자는 그의 인생에서 여전히 중요한 역할을 했다. 오데옹 무대에 올려진 《뤼 블라스》의 발표로 그는 다시 여배우들과 접촉하게 되었다. 쥘리 에뜨도 대본 낭독 시간에 같이 있었다. 위고는 1월 2일 일기에 'J.J.도 그 자리에 있었다. 지난날의 일들이 되살아난다'라고 쓰고 있다. 오래 전 쥘리에뜨가 위고의 아내로부터 빼앗았던 '여왕' 자리에 이번에는 늘씬한 몸매에 큰 눈동자와 달콤한 목소리를 가진 여배우 사라 베르나르가 들어앉았다. 그녀는 위고를 만난 순간부터 그에게 깊이 빠져들었다.

리허설 기간 중 위고와 사라는 서로 깊은 애정을 느꼈다. 그러나 위고에게 접근해 온 수많은 사교계 귀부인, 여배우, 문단 여성들 가운데 최후의 여왕은 주디뜨 고띠에였다. 위고는 일기장에 자기와 가까웠던 여자들의 사진을 꽃과 함께 끼워 두었다. 주디뜨 고띠에는 아름답고 검은 머리칼에 분홍빛이 살짝 도는 희디흰 피부와 스핑크스의 수수께끼를 품은 듯한 짙은 음영의 큰 눈동자를 가진 여자였다. 그는 그녀가 남편 카툴르 망데와 함께 브뤼셀로 자신을 만나러 왔을 때부터 그녀를 유혹했었다. 1872년 그녀는 위고와 자주 만났다. 그리고 그는 주디뜨를 오뜨빌하우스로 데려가려 했다.

《뤼 블라스》는 대성공을 거두었다. 빠리의 모든 극장 지배인들이 서로 앞다투어 빅또르 위고의 작품을 무대 위에 올리려 했다. 그러나 위고는 "이제 창작 활동을 할 수 있는 것도 4~5년밖에 남지 않았지. 마음 속에 있는 것을 모두 작품으로 드러내고 싶어. 리허설 때문에 다른 작품 집필이 방해받아서는 곤란해"라는 말로 이들의 요청을 거부했다. 대작 《무시무시한 해(*L'Année terrible*)》에 대한 반응은 그리 열광적이지 않았다. 위고는 1872년 8월 7일 게르느제로 떠났으며, 가는 길에 잠시 제르제에 머물렀다.

다시 오뜨빌하우스의 생활이 시작되었다. 춤추는 파도에 둘러싸여 뜨거운

◀위고가 그린 소묘
비안덴 아르 강 다리 옆에 세워진 그가 빌린 저택.

▼브뤼셀에서 머물렀던 집
1851년 12월에 살았던 그랑 플라스 일부.

비안덴에서 위고의 도착을 축하하는 환영회
벨기에 의회에서 위고의 추방 요구가 나오자, 위고는 브뤼셀을 떠나 룩셈부르크로 향한다.

햇볕 아래 일에 열중하는 생활로 되돌아간다는 것은 즐거운 일이었다. 위고는 게르느제에서의 삶을 등대지기의 생활이라고 부르곤 했다. 게르느제에 도착한 지 몇 달도 안 되어 그는 《세기의 전설》 속편과 걸작 중 하나인 소설 《93년(Quatre-vingt-treize)》의 초고를 완성했다. 1793년은 프랑스 공포 정치가 시작된 해다.

오뜨빌하우스는 며느리 알리스와 손자들 덕분에 늘 밝고 명랑한 분위기였다. 샤를르 위고의 아내 알리스는 상냥하고 마음씨 고운 여자였다. 그러나 이 젊은 미망인은 시아버지의 나이든 정부 밑에서 외로운 섬 생활을 하는 것이 차츰 견딜 수 없어졌다.

10월 1일 결핵을 앓고 있던 프랑수아 빅또르, 알리스와 손자 조르쥬와 잔느가 프랑스로 떠났다(1872년). 위고는 이날 일기에 이렇게 썼다.

"그들은 모두 마차에 올랐다. 나는 잔느에게 키스했다. 잔느는 무엇인가에 놀란 사람처럼 '할아버지도 함께 가요'라고 말했다. 나는 말없이 마차의 문을 닫아 주었다. 마차는 떠났다. 나는 마차가 산모롱이를 지나 내 눈에서 사라질 때까지 그들을 바라보았다. 가슴이 아팠다."

폴 뫼리스와 에두아르 로크로이는 위고에게 빠리로 돌아와 정치적 영향력

게르느제 섬 오뜨빌하우스의 위고

▲게르느제 섬 오뜨빌하우스의 맨 위층 크리스탈 룸

▼오뜨빌하우스의 서재

프랑수아 빅또르의 죽음
네 자녀 중 가장 재능이 뛰어났다. 그가 프랑스 어로 번역한 셰익스피어의 작품은, 과거 프랑스에서 간행된 번역본들 중 특히 뛰어나다는 평가를 받고 있다.

을 발휘해 줄 것을 거듭 부탁해 왔다. 그러나 그에게는 게르느제가 가장 좋은 곳이었다. "빠리에서 한 달 동안 해야 겨우 마칠 수 있는 일을 이곳에서는 1주일 안에 해치울 수 있소"라는 것이 그의 대답이었다. 일의 질도 양에 버금가는 것이었다.

그는 소설을 쓰면서 《93년》을 쓸 때 만큼 행복을 느낀 적이 없었다. 한 번 펜을 들면 끝까지 써 내려가는 것은 《빠리의 노트르담》 이후 지녀온 창작 습관이었다. 《빠리의 노트르담》을 쓸 때 그의 나이는 30살이었다. 그러나 일흔이 넘은 고령에도 정력이며 끊임없는 영감은 《빠리의 노트르담》을 쓰던 때 못지않았다. 《93년》은 그가 젊은 시절 겪었던 왕당파와 공화파 사이의 갈등과 투쟁의 기록이었다. 정신세계가 아니라 현실적 행동에서 일어나는 이 갈등과 투쟁은 《레 미제라블》의 등장인물 마리우스(빅또르 위고가 자신의 청년 시절 모습을 그린 인물)의 경우에서도 잘 나타나 있다. 왕당파들이 반란을 일으키게 된 동기와 정신적 배경은 그에게 친숙한 것이었다. 쥘리에뜨는 정성을 다해 《93년》의 원고를 정리했다.

1873년 1월 1일 쥘리에뜨는 오래 전에 위고가 지어 준 기도문을 수없이 되풀이해 외웠다.

"하느님, 우리 두 사람이 늘 함께 살도록 해주십시오. 저와 그에게 은혜를 베푸소서. 그가 하루라도 제 곁을 떠나는 일이 없도록 해주소서."

그러나 위고의 쾌락은 쥘리에뜨의 기도보다 더 큰 힘을 발휘했다.

《93년》을 탈고한 뒤 프랑수아 빅또르로부터 놀라운 소식이 들려왔다. 1873년 7월 31일 위고는 쥘리에뜨와 함께 프랑스로 돌아갔다. 막 마옹이 티에르의 뒤를 잇고 있었다. 군부는 승리감에 들떠 있었으며 사람들은 또다시 쿠데타가 일어나지 않을까 술렁댔다. 탄압은 한층 더 심해졌다.

위고는 죽음을 눈 앞에 둔 아들 프랑수아 빅또르가 살고 있는 시코모르 거리의 오테유로 달려갔다. 샤를르의 미망인 알리스가 프랑수아 빅또르를 간호하고 있었다.

멈출 줄 모르는 회전목마

의자에 앉아 있는 아들 프랑수아 빅또르의 모습은 처참하기 이를 데 없었다. 밀랍같이 창백한 얼굴에 바람만 불어도 쓰러질 것 같았다. 위고는 연극에 나오는 늙은 위그노교인처럼 아들의 의자 옆에 말없이 서 있었다. 1873년 12월 26일 프랑수아 빅또르가 세상을 떠났다.

빅또르 위고는 같은 날 일기에서 '고통. 너무나 마음이 아팠다. 이제 조르쥬와 잔느만 남았을 뿐이다'라고 쓰고 있다. 샤를르의 장례식과 마찬가지로 프랑수아의 장례식도 시민장으로 치러졌다.

1874년 1월 1일 새벽 2시 위고는 자리에서 일어나 '이제 무슨 할 일이 있겠는가. 죽음뿐이다'라는 한 줄의 글을 썼다. 그러나 그것이 사실이 아님은 그 자신도 잘 알고 있었다. 쉴새없이 찍어대는 운명의 도끼날에도 이 늙은 상수리나무는 여전히 꿋꿋이 서 있었다. 위고는 아들을 잃은 슬픔 속에서도 일을 계속했다. 그는 지칠 줄 모르며 예술 속에서 자신을 완성하고 승화시키고 있었다. '그의 생애 마지막 몇 년 동안에 씌어진 시만큼 강력한 힘을 가

클리시 거리에 있는 위고의 살롱
꽃잎이 흩뿌려지고 노란색 얼룩무늬가 그려진 분홍빛 비단으로 치장된 이 방의 여주인은, '노부인'이라 불리며 파리 사교계에서 활약하던 쥘리에뜨였다. 이곳에서 그녀는 시인에게 찬사를 바치려고 온 남녀들을 맞이했다. 위고를 '경애하는 노인'이라 불렀던 플로베르는 이 살롱의 단골손님이었다.

진 것은 드물다. 내적인 조직과 울림 및 완벽함에서도 마찬가지다'라고 폴리는 쓰고 있다.

1874년 4월 29일 위고는 클리시 거리 21번지로 이사했다. 위고는 그곳에서도 아파트 두 채를 얻었다. 하나는 자신과 알리스와 알리스의 아이들을 위한 것이고, 한 채는 쥘리에뜨의 거처와 응접실로 사용하기 위해서였다. 이 아파트는 3층과 4층에 있었는데 위고는 숨 한 번 헐떡이지 않고 계단을 오르내렸다. 그는 여전히 청년과 같은 눈빛을 가졌으며 태어나서 처음 치통을 앓게 되어 크게 놀란다.

쥘리에뜨는 그녀의 오랜 사랑을 지키기 위해 온갖 노력을 기울였다. 그러나 젊은 정부들을 갈아대는 위고의 회전목마 놀이는 여전히 계속되었다.

육욕의 무아경 때문에 아침 작업을 내팽개치는 일은 없었다. 이웃사람들은 새벽부터 일어나 붉은 재킷과 회색 코트 차림으로 책상에 꼿꼿이 앉아 글 쓰고 있는 그의 모습을 보곤 했다. 저녁이면 플로베르의 표현대로 마치 신처럼 친구와 추종자들에게 둘러싸여 있었다. 1875년 12월 27일 에드몽 드 공쿠르(동생 쥘과 함께 형제 소설가. 이들의 이름을 딴 유명한 문학상인 공쿠르상이 있음)가 클리시 거리를 방문했을 때도 빅또르 위고는 비로드 칼라가 달린 프록코트를 입고 목에 흰 스카프를 느슨하게 두른 채 의자에 기대앉아 문학과 정치에 관해 한창 신나게 이야기하고 있었다. 클리시

▶손자 조르쥬와 손녀 잔느를 안고 있는 만년의 위고

▼시집 《할아버지 노릇하는 법》(1877)의 삽화
두 아들을 잃고 난 뒤 위고는 손자 손녀들에게 온 정성을 기울인다. 이 시집에 조르쥬와 잔느가 조잘대던 이야기가 많이 나온다.

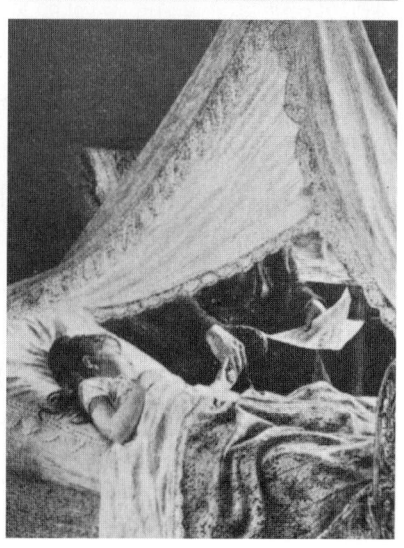

거리에는 문단 사람들 외에 루이 블랑, 강베타, 클레망소 같은 정치인들도 방문했다.

시간이 지남에 따라 사람들의 마음은 차츰 가라앉았다. 사람들은 이제 과거를 잊고 코뮌을 용서하는 방향으로 나아갔다. 이런 점에서 위고는 확실히 선각자였다. 쥘리에뜨는 위고가 다시 정계에 뛰어들기를 바랐다. 1876년 1월

클레망소의 제의에 따라 위고는 상원의원에 출마하여 차점으로 당선되었다.

1877년은 정치투쟁의 해였다. 상원의장 쥘 시몽은 막 마옹과 타협점을 찾기 위해 노력했으나 모두 헛수고로 끝나고 말았다. 막 마옹은 클리시 거리를 드나드는 강베타와 시몽 일파의 교권 반대 주장이며 불경스러운 태도에 굉장히 노여워했던 것이다. 빅또르 위고는 1877년 9월 19일 일기에 '막 마옹, 이 자는 프랑스에 도전하고 있다'라고 쓰고 있다. 그 며칠 전 아침 9시 프랑스를 방문중이던 돈 페드로 브라질 국왕이 갑자기 클리시 거리의 위고 집을 방문했다. 상식적으로 있을 수 없는 일이었다. 브라질 왕은 위고를 자신과 같은 신분으로 대한 것이다. 이 무렵 상원은 와글대고 있었다. 6월 21일 위고는 의회 해산에 반대하는 감동적인 긴 연설을 했다. 좌파는 위고에게 열광적인 박수 갈채를 보냈다.

다음날 아침 9살난 손녀 잔느가 위고 방으로 들어와 "할아버지, 상원은 잘돼 가요?" 하고 물었다. 상원은 참으로 잘돼 가고 있었다. 그러나 위고는 이제 자신과 같은 생각을 가진 사람들에게만 영향을 미칠 수 있을 뿐이었다.

결국 149대 130으로 의회 해산이 결정되었다. 그러나 다시 실시된 선거에서 공화파는 526개 의석 가운데 326석을 차지하는 압승을 거두었다. 막 마옹 원수의 위치가 흔들리기 시작했다. 강베타는 그에게 항복하든가 사임하라고 요구했다. 막 마옹은 항복하는 듯하더니 결국 사임했다. 좌파와 막 마옹과의 싸움에서, 빅또르 위고는 나이도 있고 또 그들과 좀 거리를 두고 있었으므로 그리 적극적으로 활동하지 않았다. 그러나 피에르 오디아의 말처럼 제3공화국에서 위고의 위치는 어느 누구도 넘볼 수 없는 확고한 것이었다.

1877년 위고는 시집 《할아버지 노릇하는 법(*L'Art d'être grandpère*)》을 발표했다. 그는 늘 어린이들을 사랑했다. 그는 어린이를 이해하고 그들의 순진성과 시적 자질에 큰 기쁨을 느꼈다. 두 아들과 딸을 잃고 난 뒤로 그는 손자들에게 온 마음을 기울였다. 조르쥬는 잘생기고 진지했으며, 잔느는 장난꾸러기며 명랑했다. 위고는 손자들과 함께 놀고 얼굴을 씻겨주었으며, 장 발장이 어린 꼬제뜨에게 한 것처럼 아침마다 신발을 신겨 주었다. 그는 또 손자들이 하는 이야기를 적어두었다. 《할아버지 노릇하는 법》에도 조르쥬와 잔느가 할아버지 앞에서 조잘댄 이야기가 많이 나온다. 단순하고 따뜻한 감정을 싫어하는 사람은 없으므로 《할아버지 노릇하는 법》은 처음부터 성공이 보장

▲ 1878년에 찍은 가족사진
쥘리에트(위고의 왼쪽), 손녀 잔느(위고에게 기대어 있다), 조르쥬(어머니에게 기대어 있다) 등.

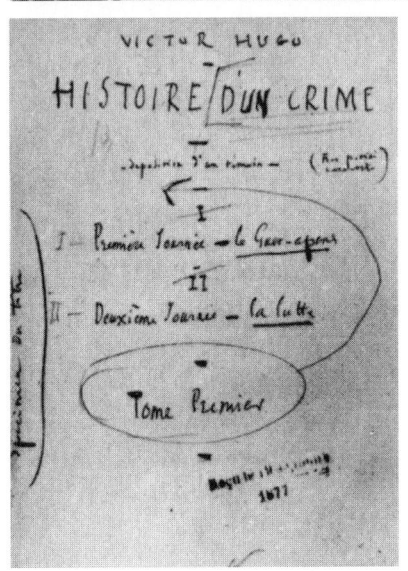

◀《어느 범죄 이야기》
《꼬마 나폴레옹》(증보판)의 표지에 적혀 있는 위고의 지시. 제1권은, 맥마흔 대통령이 쿠데타를 일으킬 가능성이 있었으므로 선거 4개월 전인 1877년 10월에 간행되었다. 그리고 이듬해에는 제2권이 나왔다. 이 책은 위고의 정치활동의 마지막 기간인 상원에서 그가 했던 발언과 관련되어 있다.

된 것이나 마찬가지였다. 초판은 나온 지 며칠 안 되어 매진되고 곧 재판이 나왔다. 조르쥬와 잔느는 전설 속 아이들처럼 되었다. 빠리 시민들은 런던 시민이 영국 왕실의 소공자와 소공녀를 사랑하는 것 이상으로 이들을 사랑했다.

그러나 할아버지의 자상함과 애정이 넘치는 이 같은 시 때문에 빅또르 위고의 늘그막에 대해 오해해서는 안 된다. 어린이들의 순진성에 경탄하면서도 그의 방종한 생활태도에는 변함이 없었다.

1877년 1월 11일 샤를르가 세상을 떠나고 6년 동안 홀로 지낸 알리스가 르낭(프랑스 사상가·언어학자, 1823~1892)의 비서였던 보세뒤론느 지구 출신 국회의원 에두아르 로크로이와의 재혼을 선언했다. 로크로이는 날카로운 문장으로 유명한 기자이기도 했다.

알리스의 재혼은 위고에게 보다 큰 행동의 자유를 가져다 주었다. 75살의 많은 나이에도 그는 여전히 젊은 여자들과의 정사에 깊이 빠져 있었다. 노인의 정사가 꼴사납다는 것을 그 자신도 모르지는 않았다. 그는 희극《필레몽 벨베르티》 집필을 끝냈다. 그는 여기서 자기 자신의 성격에 혹독한 비판을 가하고 있다. 작품 속에서 필레몽은 상냥한 보시스의 슬픔에는 아랑곳없이 젊은 에글레의 매력에 무릎 꿇고 만다.

그는 《어느 범죄 이야기 (L'Histoire d'un crime)》의 출판준비, 줄르 그레비의 선거운동, 볼떼르 서거 100주년 기념연설, 국제문학회 주재 등의 일에 쫓겨 젊은 여자와의 정사 유혹을 물리쳤다. 1878년 6월 28일은 무더운 날이었다. 이날 저녁 위고는 루이 블랑과 볼떼르 및 루소를 위한 기념식 개최 문제로 격렬한 논쟁을 한 뒤 잠자리에 들었다가 심장마비를 일으켰다. 그러나 증세는 가벼웠다. 보시스(쥘리에뜨)는 그에게 되도록 빨리 게르느제로 떠날 것을 애원했다. 7월 4일 그는 드디어 게르느제로 가는 데 동의했다.

게르느제에 도착하자 위고의 병세는 빠르게 회복되었다. 그러나 빠리의 굶주린 요정들은 그에게 계속 편지를 보내왔다. 위고는 우편집배원이 다녀가고 나면 쥘리에뜨가 보지 못하도록 편지를 주머니 속에 감추었다. 그러다가 때로 편지가 쥘리에뜨의 손에 먼저 들어가면 부루퉁한 얼굴로 쥘리에뜨를 기숙사 사감이라고 놀렸다. 10월 들어 쥘리에뜨는 위고를 따라 다시 빠리로 가야 할지 아니면 죽은 아델의 여동생 쥘리와 함께 외로움을 나누며 섬에 남아야 할지 결정하지 못하고 있었다. 그러나 결국 10월 9일 이 두 늙은 연인은 함께 다이애나호의 뱃전에 올랐다.

뫼리스가 이들을 위해 엘로 거리에 있는 작은 전원풍 주택을 한 채 비워주었다. 로크로이 부부가 조르쥬와 잔느를 데리고 옆집으로 이사왔다.

제자들의 노력으로 그의 새 시집들이 해마다 출판되었다.《지상의 연민

위고의 80회 생일 축하 행렬
1881년 2월 26일을 국경일로 정했으며 엘로 거리는 축하 행렬로 장관을 이루었다.

(*La pitié suprême*)》이 1879년에,《종교들과 종교(*Religions et Religion*)》와《당나귀(*L'Ane*)》가 1880년에, 희곡《토르크마다(*Torquemada*)》가 1882년에 출판되었다. 위고에게 반쯤 등돌리고 반쯤 존경의 마음을 갖고 있던 문단 인사들도 위고의 지칠 줄 모르는 창작활동에는 놀라움을 금치 못했다. 그러나 사실 이 모든 시들은 위고가 지난날 써둔 것들이었다.

빅또르 위고의 80회 생일인 1881년 2월 26일을 프랑스 정부는 국경일로 정했다. 이날 엘로 거리에는 개선 아치가 세워지고 수많은 빠리 시민들이 이 시인의 집 창문 아래 모여들었다. 지방 도시들은 축하 대표와 화환을 보냈다. 전날 밤 국회의장이 위고를 찾아와 그에게 존경의 뜻을 표했다. 전국의 초등학교와 중고등학교, 대학에서는 학생들에게 내린 모든 벌을 용서해 주었다. 빅또르 위고는 2월의 추운 날씨에도 조르쥬와 잔느의 손을 잡고 창문 앞에 서서 60만 명의 축하 행렬이 지나가는 모습을 바라보았다. 길거리에는 축하 화환이 산처럼 쌓였다. 그는 군중들의 환호에 손을 들어 감사의 뜻을 전했다.

7월 엘로 거리는 '빅또르 위고 거리'로 이름이 바뀌었다. 그의 친구들은 "빅또르 위고 거리의 빅또르 위고 씨에게"라는 축하편지를 보내왔다. 7월 14일에는 지방 밴드와 합창단이 빠리로 올라와 또 한 차례 축하 퍼레이드를 벌였다. 이들은 위고가 좋아하는《라 마르세유》를 수없이 연주했다. 성 빅또르의 날인 7월21일에 있었던 행사는 한층 더 요란했다.

1882년 8월 21일부터 9월 15일까지 쥘리에뜨는 폴 뫼리스의 집에서 빅또르 위고와 함께 지냈다. 그녀는 게르느제에서 돌아온 뒤부터 병상에 누워 있었다. 식도에 난 악성 종양으로 고통받고 있었던 것이다. 그녀의 늙고 야윈 얼굴에서 위고와 처음 만난 1830년의 아름다움은 더 이상 찾아볼 수 없었다. 다만 부드럽고 상냥한 눈동자와 아름다운 입매만이 옛날과 다름없었다.

《왕은 즐긴다》는 1832년 11월 22일 처음 공연되어 첫회 공연과 함께 공연금지 처분을 받았었다. 그 50주년이 되는 1882년 11월 22일 떼아뜨르 프랑세의 지배인 에밀 페렝은 50년 전의 그날을 기념하여《왕은 즐긴다》를 다시 무대 위에 올렸다.

이날 밤 쥘리에뜨는 빅또르 위고와 함께 지배인석에서 연극을 관람했다. 프랑스 공화국 대통령 쥘 그레비에게 배정된 좌석도 무대 옆 특별 관람석 정

병을 앓던 노년의 쥘리에트 드루에
시인이 클리시 거리에 살던 시절에 '노부인'이라 불리던 그녀에 관한 아름다운 기록이 조르쥬 위고의 추억 속에 남아 있다. "하얀 밴드를 두른 그녀의 창백한 얼굴―그 우아하고 아름다운 얼굴은 마치 나이 든 루이니의 마돈나 같았다." 그녀가 움직일 때에는 옅은 버베나 향기가 풍겼다. 그녀는 항상 비단 드레스를 입었는데, 치마와 소맷부리가 풍성한 낭만적인 옷차림을 고수했다. 보석류는 오직 하나만 사용했다. 그것은 시인의 죽은 아내가 그녀에게 유품으로 선물한, 아델의 초상이 새겨진 카메오였다.

도였다. 오랜 세월 위고의 연인으로 그늘에서만 살아온 쥘리에뜨에게는 최대의 영광이었다. 그러나 쥘리에뜨에게 남겨진 것은 조용히 죽음을 기다리는 일뿐이었다. 악성 종양의 악화로 더 이상 식사조차 할 수 없게 되었다.

쥘리에뜨는 죽음이 다가오고 있음을 잘 알았지만 되도록 자신의 병에 대한 이야기를 꺼내지 않았다. 식사를 하지 못한 채 야위어 가면서도 위고가 이를 눈치채지 못하도록 애썼다.

오, 검은 빛이 보인다

1883년 5월 11일 쥘리에뜨는 77살로 숨졌다. 빅또르 위고는 쥘리에뜨의 딸 클레르 프라디에가 묻혀 있는 쌩 망데 묘지에 그녀를 묻었다. 프라디에의 무덤 옆이었다. 그는 슬픔에 잠겨 쥘리에뜨가 숨을 거둔 방을 떠나지 않았다. 묘지에서의 장례식에도 참석하지 않았다.

위고 집안의 장례식을 도맡아 온 오귀스뜨 바크리가 쥘리에뜨의 장례식에서도 영결사를 읽었다. 그는 영결사에서 "우리들이 애도해 마지않는 이 부인이야말로 참으로 훌륭하고 용기있는 여인이었다"라고 말했다.

위고는 억압받는 사람과 유대인들 그리고 반역자들을 탄압과 박해로부터 보호하기 위해 사방으로 뛰어다녔다. 로맹 롤랑은 청년 시절 억압받는 사람들을 대신하여 시를 쓰고 목소리를 높였던 이 노(老)오르페우스의 초상화를 늘 지니고 다녔다. 빅또르 위고는 프랑스의 톨스토이였다. 그는 인류의 목자가 되기를 자청했다. 영혼불멸에 대한 그의 신앙은 변함없었다. 1881년 8월 31일 그는 자신의 유언장을 썼다.

신과 영혼, 책임감, 이 세 가지 사상만 있으면 충분하다. 적어도 나에게만은 충분했다. 그것이 진정한 종교이다. 나는 그 속에서 살아왔고 그 속에서 죽을 것이다. 진리와 광명, 정의, 양심, 그것은 신이다. 가난한 사람들 앞으로 4만 프랑의 돈을 남긴다. 극빈자들의 관(棺) 값으로 사용되기 바란다. 내 유언 집행자는 MM, 쥘 그레비, 레옹 세이, 레옹 강베타이다. 그들이 찬성한다면 이 가운데 누구를 택해도 상관없다. 나의 모든 원고는 언젠가 유럽 합중국의 도서관이 될 빠리국립도서관에 기증한다. 병든 딸 하나와 어린 손자 둘을 남겨두고 먼저 간다. 그들 모두에게 신의 은총이 있기를. 딸에게 돌아갈 8000프랑 외에 나의 전재산은 두 손자의 것이다. 또 이와 별도로 알리스와 쿠데타 당시 위험을 무릅쓰고 내 목숨을 구해 주었으며 그 뒤에는 내 원고가 든 트렁크를 건져 올린 용감한 여인 쥘리에뜨의 생활비로 1만 2000프랑을 남겨 둔다. 내 육신의 눈은 감길 것이나 영혼의 눈은 언제까지나 열려 있을 것이다. 교회의 기도를 거부한다. 바라는 것은 영혼으로부터 나오는 단 한 사람의 기도이다.

1883년 8월 2일 오귀스뜨 바크리에게 보낸 유언장에 덧붙이는 간단한 내용의 이 글에서 그는 같은 내용을 더욱 거친 태도로 말하고 있다.

'가난한 사람들에게 5만 프랑을 전한다. 그들의 관값으로 사용되기를 바란다. 교회의 추도식은 거부한다. 영혼으로부터의 기도를 요구한다. 신을 믿는다. 빅또르 위고.'

그는 손자들에게는 "사랑을 찾도록 하거라. 행복을 주고 행복을 가져라. 할 수 있는 만큼 많이 사랑하거라"고 말했다. 그러나 그는 자기 나이에는 쾌락도 명성도 죽음으로부터 도피시켜 줄 수 없음을 알았다. 그를 덮친 병은

▲ 왼쪽은 위고의 사진, 오른쪽은 오귀스트 로댕이 그린 위고의 초상(판화).

▶ 조르쥬 위고(손자)가 그린, 병상에 누워 있는 위고의 모습(1885년 5월 19일)
사흘 뒤인 5월 22일 조르쥬와 잔느가 지켜보는 가운데 숨을 거두었다. 그가 마지막 남긴 말은 "검은 빛이 보인다"였다.

위고의 장례식 때 개선문 주위에서 밤샘하는 사람들(왼쪽 페이지 위).
1885년 6월 1일 정오부터 저녁 6시 사이에 개선문에서 팡떼옹까지 끊임없는 장례 행렬이 이어졌다 (왼쪽 페이지 아래).
위의 그림은 로댕 작품으로 위고의 기념상. 로댕은 위고를 존경해 왔다.

폐렴이었다. 1885년 5월 18일 병석에 누웠다. 그는 이것이 마지막임을 예감하고 폴 뫼리스에게 스페인 말로 "죽음은 대환영"이라고 말했다. 그가 임종을 앞두고 '이곳은 낮과 밤의 전쟁터'라는 완벽한 문장을 다시 한 번 사람들에게 써보인 것은 참으로 놀라운 일이었다. 그것은 한 생명의 소우주인지도 모른다.

빅또르 위고는 1885년 5월 22일 조르쥬와 잔느가 지켜보는 가운데 숨을 거두었다. 그가 마지막으로 남긴 "검은 빛이 보인다"라는 말은 그의 유명한 시구 중 하나인 '어둠을 뿌리는 공포의 검은 태양'을 연상시키는 것이었다. 조르쥬 위고의 말을 빌면 그의 죽음이 몰고 온 소란은 파도에 밀리는 자갈 소리 같았다. 위고가 마지막 숨을 거두자, 빠리에는 '천둥과 우박을 동반한 태풍'이 불었다.

위고의 사망 소식이 전해지자 상·하원은 모두 애도의 표시로 회기를 중단했다. 빵떼옹은 문을 열고 본관 건물 앞에 "고마운 조국, 위대한 사람에게"라는 비명을 다시 새기기로 결정했다. 빅또르 위고의 유해를 실은 영구차는 개선문 아래 한참 머물렀다가 빵떼옹으로 옮겨져 프랑스가 낳은 위인들 옆에 묻혔다.

모든 빠리 시민이 위고의 장례식에 참석했다. 장례식의 푸른 등불이 질서 유지에 나서 횃불을 나르고 있는 기마병들의 놋쇠 가슴받이에 부딪쳐 한층 더 슬픈 빛을 발하는 가운데, 위고의 관은 밤의 어둠 속으로 하늘 높이 떠오르는 것 같았다. 거대한 인파가 영구차 뒤를 따랐다. 심지어 멀리 떨어진 콩코드로부터도 사람들이 몰려들었다. 200만 인파가 에트왈 광장에서 빵떼옹까지 관을 호송했다. 거리와 광장마다 《레 미제라블》《정관시집》《가을 나뭇잎》《93년》 등 빅또르 위고의 작품 이름을 적은 만장들이 펄럭였다.

인류 역사상 처음으로, 한 나라가 제왕과 지도자에게 보내던 경의의 뜻을 한 시인에게 보내고 있었던 것이다.

빅또르 위고의 문학

"말(mots)은 영혼을 지나가는 신비스러운 나그네"—위고
이규식(한남대 불문학과 교수)

　빅또르 위고는 자신의 출생, 부모, 태어난 무렵의 상황, 자신과 관련있는 사람들, 일에 대해 아름다운 시를 썼다.

　　지금의 세기가 2년 지났다. 로마가 스파르타를 대신했다.
　　나뽈레옹이 이미 보나빠르뜨 이름 아래 우뚝 일어섰다……
　　그때 브장송, 옛 스페인풍 도시에서
　　바람따라 날으는 씨앗처럼 던져져
　　로렌느와 브르따뉴 피를 더불어 받은
　　아이 하나가 핏기없이, 시선없이
　　소리없이 태어났다.
　　그토록 나약해서 괴물처럼 모두에게
　　버림받았네, 어머니만 빼고……

　그는 어머니에게 감동할 만한 격렬한 찬사를 보낸다. 그리고 나뽈레옹을 이야기하는데, 나뽈레옹의 영광은 위고의 어린시절을 지배하였다.

　　나는 어느날 어렴풋한 밤이 이야기 좋아하는
　　나의 늙음을 저녁이면 이야기하게 할 때,
　　이 드높은 영광과 두려움의 운명이,
　　황제의 발에 세상을 움직였고,
　　폭풍우 입김 속에 대기의 모든 바람이 무방비로 나를 휩쓸었던
　　그 운명이 내 어린시절을 부추겼다고 말할 수 있으리라……

위고의 영혼은 그를 둘러싼 세상의 소리를 포착하고 그것을 시로 바꾸어 보물로 간직하기 위하여 만들어졌다고 말할 수 있다.

> 모든 게 숨쉬고 순조롭거나 숙명적인 모든 빛이
> 크리스탈 같은 내 영혼을 빛나고 떨리게 한다.
> 내 흠숭하는 신이, 울리는 메아리처럼
> 모든 것 한복판에 천의 목소리로 놓아둔 나의 넋!

서로 대립되는 영향을 감내하고 모순된 길을 따라가야 하는 운명이었지만 "늙은 군인 아버지, 방데 출신 어머니가 내 혈관에 부어준 혈통에 마침내 충실해야만" 했다. 이와 같이 19세기 프랑스의 위대한 작가 빅또르 위고는 자신의 숙명을 받아들이면서도 이에 항거하는 이원성을 갖고 태어난 것이다.

요컨대 나뽈레옹의 영향과 고유한 분위기 아래 태어나 그의 어린시절은 나뽈레옹이 일구어 놓은 무훈과 영광의 지배를 받게 되었다. 위고의 어머니 소피 트레뷔셰는 자신의 고유한 특질에서 좋은 부분을 고스란히 물려받은 그를 매우 귀여워하였다. 어머니 소피 트레뷔셰는 그즈음 반혁명 왕당파에게 열정 비슷한 지지를 보냈지만 위고가 말한 대로 신앙과 상냥함이 부족한 사람이었다. 남편과의 관계는 늘 힘들었고 제정 전쟁 뒤 결국 이혼으로 끝맺는다. 위고는 그가 사랑했던 부모의 불화와 알력으로 크게 고통받을 수밖에 없었다.

위고의 아버지는 운좋은 군인으로 전쟁에서 무훈을 세우고 장군이 되었으나, 위고의 주장처럼 그리 품격있는 가문 출신은 아니다. 투박한 장색(匠色)의 아들일 따름이다.

아버지의 행로를 뒤따라 위고는 어려서부터 전쟁의 소용돌이에 휘말린 유럽 여러 곳을 여행한다. 1802년부터 1808년 사이에 코르시카와 이탈리아를 가고, 1811년에는 스페인 땅을 밟는다.

> 불안한 영혼으로 나는 전쟁 꿈을 꾸었네……
> 아이일 때, 내 요람은 불 위에 놓이고……
> 먼지쌓인 수레 사이, 번쩍이는 무기 틈에서,

야영지의 뮈즈가 나를 천막 아래로 데려갔다
무시무시한 대포의 포가(砲架) 위에서 잠자고
갈기를 날리는 도도한 준마들을 좋아했지
그리고 황량한 등자며 기분상하게 하는 박차도 좋아했다네……
굴복한 유럽에서 승리자인 우리 군대와 함께
나는 떠돌고, 삶 이전에 곳곳을 두루 다니며 구경했다
그리고 아직 어릴 때, 명상에 잠긴 노인들이
넋잃은 입으로 태어난 지 얼마 안 되지만
이미 가득찬 나의 지난날 이야기를 들려주었다!……

시의 힘은 모든 것을 바꾸어 버리는가. 아버지를 따라 코르시카, 이탈리아를 여행할 때만 해도 어린 위고의 재능은 아직 드러나지 않았다. 그러나 스페인에서 그의 재기는 크게 피어 오른다.

스페인이 나를 맞는다, 정복에 내맡긴 채로
나는 베르가르를 건넜다.
거기 폭풍우가 울부짖듯 소리내고 있었다.
　　　……
스페인이 내게 수도원과 감옥을 보여주었다.
그리고 그대 발라돌리드, 그대 가족의 궁전은
뜰 안에 사슬을 녹슬게 하여 자랑스럽구나……

이 때이른 여행과 짧은 유람에서 위고는 무엇을 얻었을까. 어떤 정확한 개념은 아닐 것이다. 다만 이미지가 잇따라 증식하며 팽창하여 무의식 속에 생생한 색채를 주면서 내면 풍경을 이루게 된다. 그는 겸손하게 표현한다.

나는 머나먼 여행에서 돌아오면서,
분명치 않은 섬광의 어렴풋한 다발인 듯 다시 본다……

이 섬광은 위고의 마음 속 빛이 된다. 이 빛은 《동방시집》에서 드러나며 작열하는 불길로 번져갈 것이다. 《에르나니》《뤼 블라스》《여러 세기의 전설》에서도 같은 불꽃으로 빛난다. 그리하여 독자는 흡사 그림처럼 강렬한 스페인을 볼 수 있었다.

시인 위고는 스페인 기억만큼, 아니 그 이상으로 빠리 페이앙띤 정원의 추억을 간직하였다. 아버지가 원정하는 동안 어머니는 페이앙띤의 오래된 수도원에 아이들과 함께 자리잡았다. 1808년부터 1811년까지, 1812년부터 1813년까지 페이앙띤 정원은 위고를 사로잡기에 충분했다.

> 정원은 크고 깊고 신비스러웠다.
> 호기심어린 눈길에 높은 담으로 막혀 있었고
> 눈꺼풀과 온통 붕붕거리며 모호한 소리에 가득차
> 돌 위를 달려가는 주홍빛 벌레처럼
> 꽃들이 여기저기 피어 있었다……

어느 날 한 교사가 아이의 앞날을 위하여 학교에서 규칙에 따른 생활을 하게 하도록 어머니에게 충고한다. 다행스럽게도 페이앙띤 정원은 어린 위고를 좋아했고, 어머니에게 다정하게 말을 건네며 아이 편을 들어 주는 듯하였다.

> 아이를 내버려 두세요, 당황하고 가련한 어머니! ……
> 우리들은 아이에게 좋은 생각만 줄 거예요……

어머니는 설득되었고 아이는 마음대로 뛰놀 수 있었다.

> 황금열매, 흐르거나 고여 있는 물,
> 활짝 핀 별과 빛나는 꽃을 바라보면서……

건전한 판단력과 엄격한 권위로 아버지 위고 장군은 온화하게 가르치는 자연에서 아이를 떼어내 꼬르디에 기숙학교에 입학시킨다. 이공과대학 입학 준비를 시킬 참이었다. 위고의 학문 소양은 알려진 것처럼 그리 깊지 않았지만 자신이 놓인 시대의 문제에 대한 감각과 취향을 길러 주기에는 충분하였다. 그러나 이공과대학보다 '문학 활동 무대'가 더 마음을 끌어당겼다. 남몰래 글을 썼다. 좋아하는 시인 버질의 작품을 옮기고 평범한 내용의 비극을 써보기도 했다. '연구의 행복'에 관한 시를 아카데미 프랑세즈에 보내 좋은 평점을 얻었다. 툴루즈 백일장에서는 《베르덩의 동정녀들과 앙리 4세 동상》으로 입상하기도 했다. 사춘기 소년이 백일장의 명인(名人)에 임명된다. 영광스럽고 화려한 문단에 처음 나온 위고는 조금 들떠 자신의 비밀수첩에 써 넣는다. "나는 샤또브리앙처럼 되고 싶다. 그렇지 못하면 아무것도 아니다!" 샤또브리앙도 실제로 그를 공손하게 대우했고 사람들이 이야기하듯 '숭고한 어린이'라고는 하지 않았어도 용기를 북돋우고 동료로 여겨주었다.

'숭고한 아이'는 빠리 이공과대학 진학을 포기하고 아버지의 불같은 노여움 속에서 두 형 아벨과 으젠느의 도움을 받아 17살 나이에 잡지 〈문학 수호자(Le Conservateur littéraire)〉를 창간한다. 2년 동안 간행된 이 잡지는 4분의 3 이상의 임무를 감당하는 편집장 주위에 엘리트 작가들을 끌어들인다. 이러한 시도는 늘어나는 어려움 속에서도 지속되었다. 부모의 별거는 급기야 법정 문제로까지 발전했고 아버지는 보조금 지급을 거부한다. 궁핍해진 어머니는 아무 도움도 줄 수 없었다. 아델 푸셰와 사랑하는 사이가 되었지만 생계가 안정되지 못한 시인의 처지 때문에 아델 집안의 반대가 심했다. 그때 위고는 난방조차 없는 지붕밑방에서 생활하여 곤궁을 체험한다. 그렇지만 그는 큰 꿈을 계속 품으며 소설 《뷔그 자르갈(Bug-Jargal)》, 《아이슬란드의 한(Han d'Islande)》을 쓰고 1822년 시집 《오드와 그밖의 시(Odes et Poesies diverses)》를 발간한다. 《오드와 그밖의 시》는 확실하고 급속하게 성공을 거둔다. 모든 여건이 바뀌었다. 왕이 은급을 내리고, 아델 푸셰와 결혼하게 되고, 아버지의 노여움도 누그러졌다. 얼마 전 세상떠난 어머니만이 함께 즐거워할 수 없었다.

몇 년 동안 위고는 스스로 자기 역량을 시험해 보고 자신이 나아갈 길을 추구한다. 아르스날의 살롱과 세나클에서는 젊은 시인들이 샤를르 노디에를 중심으로 모이고, 라마르띤·비니·데샹 곁에 모여들었는데, 여기서 위고가 지도자의 모습을 나타낸 것은 아니었다. 오히려 그의 명성은 문학 집단 밖에서 나날이 증가하였다.

《문학 예술 연보(Les Annales de la Littérature et des Arts)》며 《프랑스의 뮈즈(La Muse française)》 같은 잡지에 기고하면서 그는 고전주의자들의 비위를 맞추는 듯하고 대립되는 고전·낭만파 두 경향의 중재를 시도하는 듯하였다. 그러나 예민한 감수성을 타고난 위고는 젊은 세대의 동경과 욕구를 명료하게 꿰뚫어볼 수 있었다. 그는 다가오는 흐름, 모든 것을 감싸 버리게 될 경향을 느끼게 된다. 막 피어오르는 낭만주의의 힘을 꿰뚫어보았다. 잡지에 실린 다양한 기사들, 《만조니가 쇼베에게 보내는 편지(Lettre de Manjoni à Chauvet)》, 스탈 부인의 작품에 드러난 새 사상에 눈을 돌리며 이것들을 혼합하고 이미지를 부여하는가 하면 역설을 강조하는 사이 《크롬웰 서문(Préface de Cromwell)》을 쓴다. 이것은 새로운 유파의 헌장이자 선언문이었다.

1827년부터 위고는 낭만주의의 우두머리가 되었다. 나아갈 태도와 영혼을 제시하는 사이 그를 중심으로 제2의 세나클이 형성되고, 전투를 각오한 젊은 시인들이 모이면서 승리를 쟁취하려고 준비한다.

1830년 7월 혁명은 이 낭만주의의 승리를 확고하고 유리한 방향으로 이끌어 주었다. 젊은 작가들이 자유의 이름으로 일어섰다. 《에르나니》 투쟁이 승리한 1830년 2월 25일 저녁 뒤엉킨 싸움의 먼지와 소란스러운 외침 속에서 사람들은 샤를르 10세 왕정이 패자 쪽에 서게 됨을 예견할 수 있었다. 몇 달 뒤 샤를르 10세는 망명을 떠나고 그가 금지했던 연극 《마리옹 드 로름므(Marion de Lorme)》가 열광 속에 공연된다. 마침내 이뤄낸 성공이 위고의 창조력에 자극을 주듯 그뒤 12년 동안 놀라운 작품을 계속 써낸다. 《뤼 블라스(Ruy Blas)》, 《마리 뛰도르(Marie Tudor)》, 《왕은 즐긴다(Le Roi s'amuse)》, 《뤼크레스 보르지아(Lucrèce Borgia)》 같은 희곡 작품과 소설 《빠리의 노트르담(Notre-Dame de Paris)》을 이 기간에 썼다.

그러나 위고의 재능은 서정시에서 더 잘 드러난다. 《가을 나뭇잎(Les Feuilles d'Automne)》, 《내면의 목소리(Les Voix intérieures)》, 《황혼의 노래(Les Chants du Crépuscule)》 그리고 《빛과 그림자(Les Rayons et les Ombres)》 같은 시집은 서정시를 쓰는 위고의 재능이 이미 정상에 다다르고 있음을 입증한다. 위고는 1841년 아카데미 프랑세즈에 가입하고 이와 더불어 낭만주의의 승리를 다시 한 번 굳히게 되었다.

사람들은 이 시기의 위고가 행복한 줄 여겼다. 행복해 보였다. 문학활동을 하는 가운데 사랑스러운 아이들(2남 2녀)이 태어난 까닭에 충족된 삶으로 비칠 수 있었다. 그러나 어떤 틈새가 있었다. 친구 생뜨 뵈브가 끼어든 위고 부부 사이는 서로 멀어지게 된다. 아내에게 배신당한 위고는 같은 시기에 아내를 배반한다. 이때부터 쥘리에뜨 드루에와 관계를 갖기 시작하여 그녀가 죽는 날까지 지속되었다. 위고는 아내 아델에게 이 관계를 승인하도록 한다. 이 드라마에는 고통과 파란이 뒤따랐다. 문학활동에서 오는 고초도 상당했다. 위고는 적들의 중상모략보다 생뜨 뵈브의 가시돋친 폄하를 더 견딜 수 없었다. 1843년 《성주들(Les Burgraves)》이 실패하여 그때까지 승리만 구가하던 위고는 패배의 쓰라림에 스스로 놀라게 된다. 또 같은 해 사랑하는 딸 레오뿔딘이 세느 강 하류 빌키에서 남편 샤를르 바크리와 함께 익사하였다. 위고의 슬픔과 절망은 실로 엄청났다. 쌓여 가는 모든 고통이 시인을 동요케 했다. 어느 순간 스스로 의심품고 시를 버릴까 하는 생각도 들었다. 라마르띤처럼 정치로 길을 바꿀 마음도 가졌다.

민중을 가르쳐 일깨우려는 위고의 바람은 《빛과 그림자》의 첫시에서 시인에게 주어진 임무로 나타난다.

> 시인은 신앙없는 시대에
> 더 나은 시대를 예비하러 온다.
> 그는 이상향의 인간이다.
> 발은 이곳에, 두 눈은 다른 곳에
> 모든 머리 위에, 모든 시기에
> 예언자를 닮은 것은 바로 그이다.
> ……
> 흔들리는 횃불마냥
> 미래가 타오르게 하라!

위고는 또한 오를레앙 공작부인에게 관심을 두었다. 그는 오를레앙 공작부인의 아들인 젊은 왕과 왕비의 지지를 꿰뚫어보고 이 부인 주변에서 열정을 가진 개혁자로서 일하기를 갈망하였다. 이런 상황은 《뤼 블라스》에 묘사되었다. 궁정의 호감을 얻은 위고는 1845년 상원의원이 되었고, 1848년 2월 혁명이 일어났을 때에는 장관직을 예견하였다. 그러나 혁명은 그를 엄습하였다. 1820년 뒤로 강력하게 진보해 온 위고의 정치사상은 순수 민주주의와 자유 왕정제 사이에서 아직 떠돌고 있었다. 민중의 과도함이 두려워 보나빠르뜨 왕자 쪽으로 옮아 갔다. 그러나 루이 보나빠르뜨는 계몽에 의지하지 않고, 역사의 물결을 거스를 채비를 하였다. 위고는 이에 격렬하게 투쟁한다. 쿠데타가 일어나 루이 보나빠르뜨가 황제가 되고 위고는 요주의 인물이 되었다.

위고의 망설이는 태도에는 권위와 솔직함이 빠져 있었다. 그가 스스로 망명하였을 때 또는 그를 망명시켰을 때 위고는 확고하게 반대편에 선다. 뽈 베레(Paul Beret)의 표현처럼 "그의 실망한 야심은 격화되고, 그의 의식이 지닌 모든 정당한 분노로 고상해졌다"고 말할 수 있다. 브뤼셀로 건너간 뒤 제르제로, 그리고 마침내 1855년 이후 게르느제에서 왕위찬탈자와 결판내는 일에 몰두하였다. 산문으로 된 소논문집 《꼬마 나뽈레옹(*Napoléon-le-Petit*)》을 펴내고 운문으로 된 《징벌시집(*Les Châtiments*)》을 1853년 간행하는데, 이 책이 거대한 서사의 숨결로 버티고 있지 않았다면 욕설과 저주의 연속에 독자는 피곤했을지 모른다. 나뽈레옹 3세의 맞적수로 계속 남아 있었어도 위고의 재능은 그를 훨씬 더 보편되고 사람다운 시로 빠르게 이끌었다.

게르느제에서 위고가 살던 오트빌하우스. 프랑스가 까마득히 바라보일 듯한 바다를 마주 보며 외로운 창작을 지속한 방 룩 아웃은 이 시기 위고가 작품을 출산하는 산실이었다. 고독이 그의 구원이 된 셈이다. 고독했기 때문에 일상과 타협하지 않았고, 또 세상을 직면할 수 있었다. 자신은 우주와 이야기하고 있다는 감정을 느꼈고, 여러 세기와 대화한다고 생각하였다. 자신의 영혼을 팽창시키고 그 이전 어느 누구도 역사 안에서 채우지 못했던 독특한 사명에 적응하기 위하여 목소리를 높여 갔다. 폭군에 맞서는 정의의 말투로 앞날을 창조하는 표현을 일굴 수 있었다.

위고가 처음부터 이 역할을 생각하고 있었던 것은 아닌 듯하다. 1856년에 《정관시집(*Les Contemplations*)》을 펴내면서 그의 서정시집을 통하여 이를 실천에 옮기려 했을 따름이다. 그러나 차츰 그는 흥분되어 갔고 대양이 그에게 이야기를 나누고 그의 언어를 이해하게 되었다. 강신설(spiritisme)에 입문하여 그는 '호구리'라 부르는 테이블을 돌아가게 하였으며, 호머와 셰익스피어를 떠올리고, 탁월한 에스프리를 지닌 사람들 속에서 살아가게 된다. 분노마저도 거대한 꿈을 북돋는 데 사용하여 방대한 작품을 구상하였다. 이 작품은 모든 과거, 모든 미래를 포괄하고 이해할 수 있어야 했다. 또한 폭군의 잔혹함과 억압받는 사람의 고통 그리고 빛을 바라보며 완만하지만 확실하게 내닫는 민중의 진보, 구원을 향한 인간의 상승, 악의 종말, 선의 승리를 이 책에서 증거해야 했다. 이렇게 해서 《여러 세기의 전설(*La Légende des siècles*, 1859)》이 태어났다. 그렇지만 그의 서사소설 《레 미제라블(*Les Misérables*, 1862)》 《바다의 노동자들(*Les Travailleurs de la mer*, 1866)》, 그리고 비평서 《윌리엄 셰익스피어(*William Shakespeare*, 1864)》에서도 본질을 이루는 이 소재가 다시 형태를 갖추게 된다.

위고는 경박하고 속되며 장난기있는 《거리와 숲의 노래(*Les Chansons des rues et des bois*, 1865)》를 쓰면서 이 거창한 저작들의 궤도에서 벗어나게 되었다. 더불어 그는 이 작품들의 초고를 잡거나 집필하였으며, 출판은 망명 뒤에 이루어지고 위고 노년기에 늘 젊은 창작열의 후광을 부여해 준다. 1870년 나뽈레옹 3세가 몰락한 다음 프랑스로 돌아왔을 때 그는 낭만주의 시인에서 마술사가 되었다.

프로이센(독일)에 점령된 빠리에서 위고는 조국에 봉사하기 위해 시를 사용하는 한편 빠리 시민들의 용기를 지지하고 격려하였다. 그 뒤 빠리 코뮌이 민주 진보를 향한 그의 꿈에 처절한 반동을 제기하였어도 그는 자신의 이상에 충실할 수 있었다. 대중의 인기는 하락하고 다시 시작한 정치활동을 봉쇄당하여 게르느제 섬으로 되돌아간다. 2년 머물고 프랑스로 돌아온 뒤 위고의 삶은 전설 속으로 들어갔다. 《할아버지 노릇하는 법(*L'Art d'être grand-père*)》 《93년(*Quatre-vingt-treize*)》 그리고 《여러 세기의 전설》 2·3부와 《교황(*Le Pape*)》 《지상의 연민(*La pitié suprême*)》 《정신의 네 바람(*Les Quatre Vents de l'esprit*)》이 차례로 간행되고 결코 소멸되지 않는 시인의 경이로운 젊음을 나타내게 되었다.

1885년 위고가 세상떠났을 때 빠리 시민은 더할 나위 없는 예찬과 함께 성대한 장례의식을 치렀고, 개선문 아래 안치된 유해를 12명의 시인이 밤새워 지켰다. 광떼옹까지 운구할 때 애도하는 수많은 인파가 이어졌다. 그가 죽은 다음날부터 몇십 년동안 작품 출간이 잇따라 이루어졌다.

《오드와 그밖의 시(*Odes et Poésies diverses*, 1822)》
1822년 봄 위고에게 커다란 행복이 시작되었다. 지난해 여름 뒤 어린시절

친구였던 아델 푸셰와 약혼한 사이였는데, 3월 13일에 아버지가 결혼을 허락하였다. 이 청년 작가가 알맞은 생활 기반을 마련하면 곧 결혼식을 올릴 예정이었다.

위고는 이것을 시에서 얻어내기로 마음을 굳힌다. 《오드》의 여러 편은 이미 아카데미 데 죄 플로로(academie des Jeux Floraux)에서 시상하여 이를 책으로 펴내기로 결심하고 2개월간 8편을 덧붙였다.

시집은 6월 1일 출간되었다. 《오드와 그밖의 시》, 빅또르 위고 지음, 빠리 팔레 르와얄 광장, 펠리시에 출판사. 왕정복고 때였는데, 국왕 루이 18세는 "꽤나 날림으로 해냈군" 하며 시큰둥한 반응을 보였다. 그러나 곧 1,200프랑의 은급을 허락하였다.

23편의 오드와 3편의 시를 수록한 《오드》는 정치를 주제로 하고 종교며 매우 평범한 문학 주제를 다루었다. 몇몇 시편은 슬픈 노래 같으며 시인이 아델 푸셰에게 맹세한 사랑의 메아리를 담고 있어 감동을 준다. 이것은 2년 이래 그의 은밀한 힘을 형성해 오던 터였다.

이 책은 문학과 정치라는 두 의도로 출간하였다. 그러나 지은이는 정치 의도가 문학 의도의 결과라고 생각한다. 왜냐하면 인간의 역사란 군주제 사상과 신앙의 드높은 곳으로부터 판단되어 시를 만들어 내는 것일 따름이다…… 게다가 시의 영역은 무한하다.

현실세계 아래 이상세계가 있다. 시는 사상의 형식 속에 있는 것이 아니고 사상 자체 안에 있다. 시는 모든 것 속에 있는 은밀한 그 모두이다.

라마르띤이 감성 분야를 지배하는 듯하던 때에 젊은 시인 위고는 사상과 정치 영역을 주장하고 나섰다. 그는 같은 시대 사건의 한복판에서 내밀하고 이상에 가까운 측면을 비추기 위하여 자리잡는다. 1823년판 서문에서 더 명료하게 이를 드러내기도 하였다. "……미래사회에 교훈이 될 우리 시대의 중요한 기억 몇몇을 성대한 의식으로 축하하기로 하였다." 이것은 1815년 이후 프랑스 인들의 영혼에 깊은 감명을 준 카지미르 들라비뉴의 《메세니아 여인들(*Les Messéniennes*)》의 본보기를 따른 것이었다. 겉으로 보기에는 17, 18세기의 서정(말레르브·장 밥티스트·루소·르 브룅)으로 다시 돌아간 듯하였다. 그러나 이 서정을 방편으로 하여 위고는 창작의 명료함, 풍부한 리듬과 이미지, 이미 서사시에 적합한 거대한 상상력들을 드러내 보일 수 있었다. 이 모든 특질은 고전주의를 본뜨려는 문체를 통하여 그의 초기 작품 가운데서 구분된다. 젊은 시인 위고의 사상과 감성과 이미지는 샤또브리앙에게 종속돼 있었다. 위고는 샤또브리앙에게서 왕당파다운 신념의 열정과 아직 완전히 드러나지 않은 낭만주의의 솔직성의 영향을 받게 된다. 바야흐로 초기 낭만주의가 이미 형태를 드러내고 윤곽을 갖추게 된 것이다.

《오드와 발라드(Odes et Ballades, 1826, 1828)》

여러 가지 판본

1) 1824년 3월 무렵 젊은 낭만주의자들에게 인기있던 라드보카 출판사에서 《새 오드(Nouvelles Odes)》가 출간되었다. 정치적 영감에서 드러난 작품들과 회화적이고 보다 개성적인 작품들이 돋보였다. 화해조의 기나긴 서문에서 위고는 낭만주의 장르와 고전 장르의 대립을 검토하고 그것이 의미없다고 역설한다.

    오늘날 시인들은 빛으로서 민중 앞에서 걸어가며 민중에게 길을 보여주어야 한다. 시인은 질서와 윤리와 명예의 크나큰 원칙 아래 백성들을 데려와야 한다. 그리고 시인의 힘이 민중들에게 부드러우려면 인간 심정의 모든 감수성이 그의 손가락 아래에서 마치 리라줄처럼 울리게 할 필요가 있다. 시인은 신의 말이 아니라면 결코 어떤 소리의 메아리도 되어서는 안 될 것이다…….

2) 1825년 7월 라드보카 출판사에서는 3권으로 된 《오드》의 3판 간행을 알렸다. 첫권은 1825년 말에 나왔으며, 1826년 11월 《오드와 발라드》가 시판되기 시작했다. 이 책이 1825년판의 3권을 이룬다. 2권은 1827년 초 《오드》라는 제목으로 발간되었다. 3권 《오드와 발라드》는 미간행된 작품들로만 구성되었다. 즉 발라드 몇몇과 《오드》 중에서도 〈두 섬(Les Deux iles)〉, 〈알퐁스 드 L.에게(A M. Alphonse de L(amartine))〉, 〈몽포르-라모리 유적에게

⟨Aux ruines de Monfort-l'Amaury⟩〉, 〈네로의 축제 노래(Un Chant de fête de Néron)〉 같은 시를 수록하였다. 서문에서 위고는 장르의 혼합과 예술에 마땅히 있어야 하는 자유를 명료하게 밝혔고, 바로 이 해에 《크롬웰(Cromwell)》을 쓴다.

시인은 하나의 모델만 가져야 한다. 자연이 그것이다 : 단 하나의 길잡이는 진실이다. 시인은 이미 쓴 것을 가지고 써서는 안 되며 영혼과 심정으로 써야 할 것이다. 시인은 모든 책 가운데에서 호머와 성서, 이 2권만 연구해야 한다……"

3) 1828년 8월에 마침내 《오드와 발라드》 결정판이 나온다. 〈원주에 바치는 오드〉와 몇 편의 새로운 시가 추가된 4판 《오드와 발라드(빠리 샤를르 고슬랭-엑또르 보상쥬 출판사, 전2권)》라는 긴 제목의 서문에서 저자는 3권짜리 책과 2권짜리 책의 혼합에서 관찰한 '질서'를 설명한다. "첫권은 동시대 사건들과 인물들에게 연관된 모든 오드를 담고 있다." 시편들은 3권으로 나누었다가 '변덕스러운 주제의 작품들'을 2권으로 분배하여 〈발라드〉로 끝맺는다. 시각과 에스프리를 만족시키는 대칭 구조로 되었다고 볼 수 있다.

《크롬웰 서문(Préface de Cromwell, 1827)》
위고는 첫 희곡 《크롬웰》 발간을 서두르기로 결심했다. 주역을 맡기로 되었던 딸마(Talma)가 죽은 뒤 위고는 이 작품을 무대 공연으로는 알맞지 못한 드라마틱한 서사시로 끝맺었다. 1827년 9월 말 그는 짧은 머리글을 앞세운다. 10월이 되어 이 머리글은 진정한 선언문 형식을 갖게 되었다. 시인 위고는 분리된 팜플렛 형식으로 제시하려 했던, 연극의 혁신에 관한 자신의 견해에 초점을 맞추어 《크롬웰 서문》을 쓴 것이다.
낭만주의자라 일컫는 새로운 유파와 고전 전통을 수호하려는 그룹의 가장 격렬한 논쟁이 일어난 분야는 연극이었다. 이 대립은 여러 해 동안 지속되었는데 〈리세 프랑세(Lycée français)〉에 1820년 발표된 이탈리아 시인 만조니(Manzoni)의 《일치에 관한 편지(Lettre sur les unités)》, 1823년과 1825년에 새로운 판이 나온 스땅달의 《라신느와 셰익스피어(Racine et Shakespeare)》, 메리메의 《클라라 가쥘의 연극(Théâtre de Clara Gazul)》, 1825년(그 이전 1820년 《마리 스튀아르(Marie Stuart)》도 저항을 불러일으킨 바 있음) 피에르 르브룅의 《안달루시아의 시드(Le Cid d'Andalousie)》를 둘러싸고 일어난 논쟁이 중요한 대립이었다.

1827년 9월 빠리 오데옹 극장에서 영국 코미디 극단이 찰스 켐블과 미스 스미드슨을 중심으로 《오델로(Othello)》《햄릿(Hamlet)》《로미오와 줄리엣(Roméo et Juliette)》을 원어로 공연하여 갈채를 받자 이 논쟁은 한층 격렬해졌다. 고전 비극, 그 규칙과 관습이 바야흐로 단죄되는 듯했다. 이제 새 장르를 정의하고 열렬하게 그 의미를 고양시킬 필요가 한층 더 절실해졌다.

위고는 이 절실한 필요를 '서문'이 들어 있는 작품 《크롬웰》에서 뚜렷이 드러낼 수 있었다. 그때까지 신문과 팜플렛 여기저기에 실렸던 비평에 독자적인 형식을 부여하였다. 숭고함(le sublime)과 기괴함(le grotesque)의 결합을 주장하면서 새로운 드라마의 정의를 명확히 규정해 놓았다. 물론 위고 이전의 작가들로부터 많은 영향을 받은 것도 사실이다. 볼떼르 자신도 역사의 배경 속에 비극을 자리하게 하면서 그 조망을 확대하려 한 바 있고, 디드로는 눈물을 짜내는 희극과 부르주아 드라마를 만들어냈으며, 스탈 부인과 독일사람 쉴레겔의 시도 적지 않은 영향을 끼쳤다. 그러나 위고는 이 모든 것을 압축하고 요약하여 풍요로운 낭만주의 문학의 원리를 만들었다. "자연 속의 모든 것은 예술 안에 있다(Tout ce qui est dans la nature est dans l'art)"는 위고의 명제는 희곡을 해방시킨 결과가 되었다. 또 "희곡은 관습이다(Le Théâtre est unc convention)"는 표현에 따라 희곡을 예술의 한계 안에 고정시킬 수 있었다. 위고는 그의 몇몇 동시대 사람과 견주어 볼 때 혁신하는 힘이 미흡해 보일지 모른다. 특히 스땅달은 훨씬 앞서 나갔다. 위고는 자유를 선언하고 방종을 추방하면서 운문의 권리를 확립시키는가 하면, 멜로드라마가 깎아 내릴 수도 있던 극형식을 문학의 권위로 이끌어 올렸다. 이렇듯 《크롬웰 서문》은 낭만주의의 온전한 준칙으로 자리잡았다. 테오필 고띠에는 《크롬웰 서문》이 시나이 산의 모세 10계명 판(板)처럼 빛난다고 극찬하기도 했다. 이 서문은 극의 넓은 문을 대담하게 활짝 열어 놓았다. 이 문으로 새로운 작품들이 계속 들어왔으며 그 영향력은 19세기 모든 희곡 문학에 당당하게 그 힘을 미쳤다.

빅또르 위고는 먼저 포괄적인 윤곽으로 시의 역사를 개관한다. 그것은 세 시대로 구분된다. 각 시기에는 저마다 적합한 시의 형식이 부응하고 있다. 원시시대는 서정(lyriques)시대였다고 한다. 《오드》가 여기에 해당되고 〈창세기〉는 황홀과 찬양으로 이루어진 이 서정을 구현한다는 설명이다. 고대는 서사(épiques)로 이해된다. 역사를 엄숙하고 성대하게 장식하는 서사 장르는 호머라는 위대한 작가의 이름으로 요약된다고 한다. 근대는 그리스도교의 도래와 함께 시작되며 그리스도교는 인간에게 자신의 진정한 본성의 이원성을 드러내 보여준다. 이 이원성은 영혼과 육체로 이루어져 있다. 이 시대에 이르러 드라마가 어울린다고 위고는 주장한다. 또한 셰익스피어만이 이 진정한 본성을 이해하였고, 드라마가 인간 본성을 구성하는 두 가지 요소에 상응하는 흥미로운 두 형식을 결합하리라고 전망하였다. 그것은 비극과 희극이며 또한 숭고함과 기괴함의 연결을 뜻하는 것이다.

시는 그리스도교에서 태어났다. 그러나 오늘날의 시는 드라마이다. 드라마의 성격은 현실적인 데 있다. 현실적인 것이란 숭고함과 기괴함의 두 유형이 매우 자유롭게 결합하는 데서 성립한다. 숭고함과 기괴함은 삶과 우주 삼라만상에서 교차되듯 드라마에서도 서로 엇갈려 나타난다. 그 이유는 참된 시와 완벽한 시는 상반되는 것이 어우러지는 데 있기 때문이다. 그리고 좀 더 분명히 말하면 바로 이러한 점 때문에 여러 가지 예외들은 그것들을 통일시켜 주는 규칙을 찾을 수 있게 되고, 자연 속에 존재하는 모든 것은 예술 속에도 존재한다고 할 수 있게 된다.

《동방시집(Les Orientales, 1829)》

터키에 대한 그리스 인의 봉기가 시작되자(1821년) 작가, 시인, 예술가들은 여기에 뜻을 함께 했다. 특히 1822년부터 알프레드 드 비니의 〈엘레나(Héléna)〉, 알퐁스 드 라마르띤의 〈해롤드의 순례의 마지막 노래(Dernier chant du pilèrinage d'Harold)〉 같은 그리스 취향의 시들이 잇따라 발표된다. 위고 역시 그리스의 매력에 크게 이끌렸다. 그리스는 곧 그에게 모든 회교도 동방을 환기시키는 현장이 되었다. 위고는 여기에 아프리카를 덧붙였다. 자신의 미래 시집에 《알제리 여인들(Les Algériennes)》이라는 이름을 붙일 생각을 한 것도 이러한 연유에서다. 그러나 광대한 동방의 수많은 이미지, 이를테면 태양이 작열하는 색채와 열정은 폭발하는 힘과 농밀함을 주었고 이러한 것들은 위고 주위에서 고삐 풀린 듯 격렬한 이미지를 형성하였다. 동료시인들이 쓴 그리스 애호풍의 수많은 시편들도 이와 유사하였는데, 《동방시집》은 여러 해 동안 유행하던 이러한 장르의 작품 가운데 단연 영광과 예찬의 자리에 오르게 되었다.

위고의 상상력이 빛의 고장 그리스에 이끌리게 된 것은 여러 종류의 책을 읽은 영향 때문이었다. 포리엘(Fauriel)이 1824~1825년에 발표한 《근대 그리스 민중 노래 (Chants populaires de la Grèce moderne)》며 관습과 풍속에 관한 풍부한 자료를 곁들인 이 책의 서문, 형 아벨이 1822년 번역한 스페인 서적 《로만쎄로 (Romancero)》가 여기에 들어간다. 특히 평범한 공무원이지만 박학한 동방학자였던 친구 에르네스뜨 푸이네(Ernest Fouinet)가 권유한 아랍·페르시아 서적의 프랑스 어 번역판은 그때까지 알려지지 않았던 내용으로 매우 신선한 호기심을 불러일으켰다. 위고는 이 책에 대하여 자신의 저서 각주를 통하여 각별한 평가와 호의를 나타내기도 하였다. 이러한 책들과 함께 성서, 영국 시인 바이런의 시편들, 샤또브리앙의 《순교자들 (Les Martyrs)》 그리고 그리스·페르시아·스페인 여행기 등을 읽으면서 그리스에 대한 호의와 동정은 깊어갔다.

위고는 치밀한 시인으로서 어떠한 정보의 원천도 소홀히 하지 않았으므로 이러한 서적들은 위고에게 또한 몽상의 실마리가 될 수 있었다. 상상력이 크게 비약하면서 직관에 따라 마력을 지닌 도시들의 배경을 다시 세우기도 하였는데, 다음의 2행은 뛰어난 분위기 묘사를 보여준다.

테레빈 나무 사이로 앉은 언덕 위에
황금빛 돔이 있는 도시, 흰색의 나바랭

또한 터키인에 맞서 구축된 산악지방의 정경을 마치 정말로 가본 듯 생생하게 3행으로 묘사하고 있다.

클레프트는 모두에게 하늘의 공기, 우물의 물이 있어 부자이다.

연기에 그을려 갈색이 된 멋진 총 그리고
산 위의 자유

이렇듯 1827년과 1828년에 《동방시집》이 간행되고, 이미 《크롬웰》의 저자인 위고 주변에서 동아리를 이루고 있던 시인·예술가들 사이에서 곧 이름을 얻게 되었다. '빅또르 위고의 동방'이라는 거침없는 표현은 1820년 '라마르띤의 명상'이라는 표현이 유행하던 때를 상기시켰다. 이 시집은 세 가지 범주를 포괄하는데, 우선 그리스와 터키의 '동방'이 그러하며 여기에 가장 많은 작품이 속한다. 또한 아랍과 페르시아의 '동방'이 있고, 마지막으로 '스페인 동방'을 포함한다. 스페인과 그리스를 동방으로 규정하는 데는 사실 무리가 따른다. 시인의 에스프리에서는 지리가 그토록 불명확할 수밖에 없었는지도 모른다. 위고는 '동방'을 지중해 연안의 모든 지역, 빛과 색채가 강렬한 여러 지방까지 범위를 확대한 듯하다. 여기에 꿈의 영역을 추가한다. 이 경우 꿈, 몽상이란 현실과 역사에 바탕을 두면서 네 번째 '동방'을 형성하게 된다.

1827년 겨울과 1828년에는 노디에의 집, 마담 앙슬로의 살롱, 자신의 집에서 시편들을 낭독하기도 하였다. 힘차고 더러는 단조로운 목소리로 위고가 낭독을 마치면 잠시 침묵한 다음 청중들은 열광의 환호를 보내곤 했다. 그 뒤부터 때로 환상과 능란한 기교에 탄성을 지르기도 했고, 그럴 때면 위고가 묘사에 혼합시켰던 진지한 부분과 구분을 못하였다. 이 묘사의 힘을 독자들에게 보이기 위하여 우선 위고 자신이 사물을 제대로 보아야만 했다. 개인 관점의 원천을 어디에서 구하였을까. 바로 빠리였다. 그즈음 빠리 시내에 가설되었던 장벽 너머에는 시골풍의 온화한 풍광을 간직한 지역이 있었다. 이 지역은 보지라르(Vaugirard) 거리와 그르넬(Grenelle)로 지금은 빠리 중심부가 되어 있다. 1827~1828년에 위고는 거의 저녁마다 작업대를 떠나 선술집이며 자그마한 집들 그리고 포도밭 사이를 산책하곤 하였다. 루이 불랑제(Louis Boulanger), 다비드 당제(David d'Angers) 같은 젊은 시인, 예술가들과 함께 '상게 아주머니의 어렴풋한 바이올린'이 울리는 허름한 카바레에 발걸음을 멈추었다. 그리고 나서 '플레장스(Plaisance)의 작은 마을' 꼭대기까지 올라가 그르넬 정원 위로 황혼의 하늘을 바라보는 버릇이 생겼다. 이 불타오르는 풍경에서 위고는 그리스며 이집트며 터키를 보았던 것이다. 상상력의 힘으로 색채를 고르고 그것을 불붙게 하고 공간을 넓혀 갔다. 뮈세(Musset)는 이 산책을 야유하며 그가 환상의 동방을 그려냈다고 비난했지만 이 견해 역시 《동방시집》에 갈채를 보내는 데 인색하지 않았다. 그즈음 젊은 세대들을 부추겼던 '색채와 빛의 꿈'이 이 시집에서 놀라우리만치 생생하게 표현되었기 때문이었다.

1829년 1월 14일 《동방시집》이 출판되자 모든 사람이 위고의 능란한 창조력을 인정하였다. 풍부한 이미지, 다양한 리듬과 빛나는 문체로 《동방시집》은 하나의 계시가 되었다.

위고가 유희며 기분전환의 의미를 부여했던 《동방시집》은 테오필 고띠에의 '예술을 위한 예술' 이론에 영향을 주었고, 훨씬 뒤 고답파 시인 테오도르 드 방빌(Théodore de Banville)에게까지 모범이 되기도 했다. 고답파 이론에 위고가 늘 동의한 것은 아니었지만 설득력있는 시의 본보기와 그 빛나는 표현을 제공한 결과가 되었다. 고답파 시인들은 《동방시집》을 자신들의 기원으로 여겼고 르콩뜨 드 릴은 빅또르 위고가 죽은 뒤 그 자리를 승계하여 아카데미 프랑세즈에 입회할 때 연설하면서 증언하였다.

이 아름다운 시, 그토록 새롭고 그토록 빛나는 시는 다가오는 모든 세대에 참된 시의 계시가 되었습니다.

《에르나니(Hernani, 1830)》

어떤 경로를 통하여 1829년 8월 13일 검열당국이 《마리옹 드 로름므》에 내린 금지 조치를 알게 된 위고는 곧바로 전부터 구상해 온 《에르나니》의 주제를 결정해 버린다. 그는 이 새 작품을 1829년 8월 29일부터 9월 24일 사이에 집필하였다. 10월 5일 위고를 열렬히 맞이한 빠리 떼아뜨르 프랑세의 예술가들에게 이 작품의 독회를 열게 된다. 어려움은 연습이 시작되면서 가중되었다. 50대에 접어든 유명한 배우로 열렬하기보다 섬세한 재능이 돋보였던 마드모아젤 마르스(Mars)가 자신이 맡은 역할인 도냐 솔(doña Sol)에게 할당된 몇몇 대담한 표현을 이유로 망설였고, 남자 배우 피르맹(Firmin)은 나이가 어리고 서정성과 담대성이 좀 결여된 인물이었다. 더욱이 검열당국은 삭제와 수정을 요구했다.

드라마는 스페인에서 펼쳐진다. 이 작품에서 위고가 묘사한 것은 위대한 영혼의 혁명이었다. 이 주제를 중심으로 16세기의 온 유럽이 등장하는 역사의 거대한 장면들이 이어진다. 돈 카를로스는 오스트리아 대공이자 스페인 왕이며, 이 인물 앞에 에르나니라는 중심인물을 내세웠다. 에르나니는 임금에게 맞서는 산적으로 옛이름은 장 다라공이다. 왕과 에르나니 모두 도냐 솔을 사랑하게 되고 그들은 공동의 적인 늙은 공작 돈 뤼 고메즈에게 맞선다. 도냐 솔은 마음에도 없는 고메즈와 약혼한 사이다. '한 여인에게 세 남자'인 셈이다. 이것은 원고에 적힌 부제(副題)였으며, 초판에서는 '또는 까스띠야(스페인 지방 이름)의 명예'로 바뀐다. 명예에 대한 엄격한 기사도 관념이 세 남자를 지배하였다. 그러나 늙은 고메즈의 마음 속에서는 질투가 너그러움보다 더 강렬하여 에르나니와 도냐 솔이 왕의 허락으로 결합하여 신방에 들어가려는 순간 뿔피리를 분다. 이 뿔피리는 에르나니가 목숨을 구해 준 보답으로 고메즈가 준 것이었다. 도냐 솔의 애원에도 아랑곳하지 않고 독약이 내려져 도냐 솔이 반쯤 마시고 쓰러진다. 나머지를 에르나니가 마시고 숨을 거두고 고메즈도 절망 끝에 스스로 목숨을 끊고 만다. 질투가 낳은 비통하고 가차없는 결말이 충격을 준다.

이야기 구성이 감동을 주며 비장한 만큼 단순하기도 한데, 위고는 스페인의 희곡에서 영감을 얻어 오기도 했다. 실러(Schiller)의 《군도(*Brigands*)》 같은 작품을 꿈꾸기도 하면서 특유의 상상력으로 열정이 담긴 방대한 드라마의 줄거리를 엮어 나갔다. 번쩍이는 서정이 충만한 가운데 젊음의 정열에 가득찬 장광설이 대사에 넘친다. 상황 또한 정상을 벗어난 것일 수도 있다. 그러나 코르네유의 《르 시드(*Le Cid*)》나 《신나(*Cinna*)》는 사실 이보다 더 과장되었고 예외적이다.

첫 공연은 1830년 2월 25일 이른바 '에르나니 싸움(la Bataille d'Hernani)'과 함께 시작되었다. 거의 3주일 동안 이어진 이 해프닝은 첫 5~6일의 저녁에 더욱 격렬하였다. 위고는 세나클과 아틀리에의 동료들에게 공연을 강행할 수 있도록 모여 줄 것을 간청했다. 10개조로 나뉘어 테오필 고띠에, 페트뤼스 보렐(Pétrus Borel)의 지휘 아래 두 번째 관람석과 꽃밭에 진을 치고 앉았다. 고띠에는 뒷날 길고도 소란스러운 대기 상태가 오후 2시부터 7시까지 계속된 뒤에 고전주의자들을 향하여 환호와 고함으로 극의 공연을 계속하도록 부추겼던 추억을 술회한 바 있다. 고전파들은 휘파람마저도 자제했던 것이다. 첫 공연은 대체로 성공이었다. 두 번째 공연은 훨씬 더 소란스러웠으나 결국 이 작품은 뿌리내리게 되어 45차례나 상연되었다. 1867년 고띠에는 "우리 세대에 에르나니는 코르네유 시대 인물들에게 르 시드와 같았다"고 술회하였다. 그 결과 역사에서도 《에르나니》는 낭만주의자들의 《르 시드》로 남아 있게 되었다.

《빠리의 노트르담(Notre-Dame de Paris, 1831)》
 1828년이나 또는 그 전인 1827년 말에 위고는 역사소설을 써 보려는 생각을 처음 품었다. 이를테면 산문으로 된 서사시 같은 장르였다.
 위고는 이미 상상소설 분야에서 몇 걸음 내딛고 있었다. 1823년 《아이슬란드의 한》이라는 작품에서 그는 에텔(Ethel)과 오르드네르(Ordenner)라는 한 커플의 순수한 사랑을 그렸다. 노르웨이의 시정 넘치는 풍광 속에서 갖가지 에피소드에 평범하지 않은 급박한 운명을 엮어나가면서 기이함과 색채감과 감성에 충만한 작품을 썼다. 그즈음 크게 유행했던 엽기소설(roman noir)의 영향을 찾아볼 수 있을지도 모른다. 또한 1826년의 《뷔그 자르갈》은 1818년에 써서 1820년 《문학 수호자》라는 잡지에 처음 발표한 긴 분량의 소설을 변형한 작품이다. 1791년 프랑스 인에 맞선 쌩 도맹그(Saint Domingue) 섬 흑인들의 폭동에 관련된 에피소드 안에 신선한 사랑이야기를 담고 있다. 주인공 뷔그 자르갈은 놀라운 힘에 고상하고 청결한 영혼을 소유한 흑인으로 폭동의 주역이다. 그 주위에 위고는 기괴하고 우스꽝스러운 난쟁이 아비브라(Habibrah)를 그려냈는데, 이는 콰지모도(Quasimodo)와 트리불레(Triboulet)를 동시에 묘사하는 첫번째 경우가 된다. 1832년부터 1833년에 초기 작품들을 다시 손질하면서 위고는 거기서 드러나는 '서투름'에 대하여 매우 엄격한 입장을 지녔다. 그러나 이 작품들은 미래의 위대함을 계시하는 많은 징후와 가능성을 포함하고 있었던 것이 사실이다. 그 덕택에 그는 몇 달 만에 걸작 《빠리의 노트르담》을 널리 유포시키는 글쓰기의 능란함과 기법의 탁월함을 얻어내게 되었다.
 중세에 대한 위고의 호기심이 차츰 늘고 있을 때 프랑스에서는 역사소설이 큰 명성을 얻고 있었다. 영국 소설가 월터 스콧이 그 길을 보여준다. 위고는 스콧의 작품을 칭찬하면서 그의 소설에 감성과 시다운 요소를 첨가하여 완성도를 높이려는 계획을 아울러 품게 된다. 1823년 스콧에 대하여 위고는 다음과 같은 입장을 밝혔다. "회화성이 있지만 평범한 그의 소설을 보면 더 아름답고 더 완전한 소설을 창조해야 할 일이 남아 있음을 우리는 알게 된다. 나의 새로운 소설은 드라마이며 서사시이고, 회화성이 돋보이는가 하면 시적이고, 사실적이면서 이상적이고 진실되며, 호머 속에 월터 스콧을 끼워 넣을 위대한 작품이다." 친구 알프레드 드 비니는 비록 불완전하지만 1826년《쌩 마르스(Cinq Mars)》에서 이 구상을 실현하려 하였다. 그러나 위고는 더 방대한 풍경을 그려 낼 생각을 키워 간다. 보다 광범위하고 역사적이라는 측면에서《쌩 마르스》가 보여주는 '루이 13세 치하의 음모'라는 주제를 넘어서려 했다. 루이 11세라는 이름을 여러 드라마 속 무대 위에서 되살리려 했던 등장인물들 가운데 끼워 넣었다. 바야흐로 중세가 위고의 머리에서 떠나지 않게 되었다.

이 강박관념은 1828년 빠리의 성당을 자주 드나들게 되면서 비로소 떨칠 수 있게 된다. 그는 또한 성당의 특이한 구조와 조각물들을 연구하며, 종탑 꼭대기에서 노디에·다비드 당제·들라크루아(Delacroix) 등의 동료들과 함께 석양을 바라보고 비둘기떼와 작은 종루를 통하여 중세의 빠리 모습을 상상으로 그려보았다. 이 방문기간 동안 위고는 노트르담 성당 첫 보좌신부이며 왕비의 고해 담당인 어느 사제와 교류하게 되었다. 이 특이한 사제는 어떤 대담한 주장을 한 신비 사상 서적을 출간하여 교회를 떠나게 된다. 그는 철학적이며 종교적인 상징주의를 설명하였는데, 그에게 사물은 외면 모습과 다른 심오하고 명백한 의미를 지니고 있었다. 위고는 이 신부에게서 성당의 상징의미를 더 잘 이해하는 데 많은 도움을 받았고, 또 이 신부는 위고의 에스프리에 큰 영향을 끼쳤을 것으로 추정된다. 《빠리의 노트르담》에서 보여주는 강력한 상상력 언저리에서 클로드 프롤로(Claude Frollo) 부주교를 등장인물로 설정하게 된 것도 이와 관련있을 것이다.

그리고 15세기의 빠리를 좀더 잘 알기 위하여 한 손에 펜을 들고 또 다른 손에는 수많은 전문 기술서적을 들고 읽어 나갔다. 예를 들어 소발(H. Sauval)의《빠리 시의 옛 문명에 관한 역사와 탐구(*Histoire et recherches des antiquités de la ville de Paris*, 17세기 중반 저작)》, 뒤 브륄(du Breul)이 1612년에 펴낸 《빠리의 고대 극장(*Théâtre des antiquités de Paris*)》, 피에르 마띠외 (Pierre Mathieu)와 코뮌느(Communes)의 《연대기(*Chroniques*)》, 콜랭 드 플랑시(Colin de Plancy)의 《지옥 사전(*Dictionnaire infernal*)》 등으로 그의 오랜 자료 수집 작업 끝에 오늘날 원고에서 25쪽의 치밀한 주석이 전해지게 된다. 그 시대에 할 수 있었던 그 이상으로 이 역사소설 준비 작업은 정밀하고 빈틈이 없었다. 이를테면 그리 중요하지 않은 등장인물들에게 준 고유명사는 모두 그가 창작한 게 아니었다. 모두 살아 있는 사람들 이름 가운데에서 선택했다. 암시와 실감이 나는 의미를 주기 위해서였다.

1828년 중반 작품은 이제 종이 위에 줄거리를 엮어 나갈 만큼 작가의 머릿속에서 꽤 진척되었다. 11월 15일 위고는 격식을 갖춘 계약을 체결, 출판업자 고슬랭(Gosselin)에게 2권짜리 《빠리의 노트르담》 원고를 1829년 4월 15일에 넘겨 주기로 약속했다. 그러나 희곡 《에르나니》가 앞서 출판되었고, 이에 고슬랭은 계약 이행을 요구한다. 1830년 6월 5일자 새로운 계약에서는 위고가 12월 1일까지 소설을 탈고하도록 못박았다. 7월 25일 첫줄을 쓰기 시작했으나 7월 혁명으로 6쪽에서 멈추고 말았다. 소요의 위험에 너무 드러나 있는 장 구종(Jean-Goujon) 거리의 새 아파트를 떠나 셰르슈 미디(Cherche-Midi) 거리의 장인 집으로 피신한다. 이사를 서두르는 바람에 그는 "작품을 마치기 위해 없어서는 안 될" 주석이 담긴 노트를 잃어버렸다. 그 결과 두 달쯤 뒤늦게 작품을 마치게 되었다. 9월 1일 다시 쓰기 시작하여 "그는 잉크 한 병과 목부터 발까지 몸을 감싸줄 두꺼운 회색 털옷을 한 벌 샀고, 외출하고 싶은 유혹을 느끼지 않으려고 마치 감옥 속에서처럼 옷들을 자물쇠로 채웠으며 소설에 몰입했다. 위고는 무척 쓸쓸했다. 그때부터 식사와 잠자는 시간 말고는 책상을 떠나지 않았다. 첫장부터 그의 슬픔은 이미 떠나 버렸다. 창작 열기가 위고를 사로잡았고 피로도 겨울 추위도 느끼지 않았다. 12월 한겨울에도 창문을 열어 놓고 작업하였으며, 1831년 1월 15일 드디어 집필이 끝났다"고 《생애의 한 증인이 말하는 빅또르 위고(*Victor Hugo raconté par un témoin de sa vie*)》에서 당시의 정황을 꽤 소상히 기록하고 있다.

《빠리의 노트르담》 시중 판매는 1831년 3월 16일부터 시작되었다. 시판되자마자 모든 계층의 독자에게서 대체로 두 가지로 요약되는 찬탄과 호평을 받았다. 1833년 역사가 미슐레(Michelet)는 "빅또르 위고는 옛 성당 옆에 시(詩)의 성당을 세웠다. 본디 성당의 기초만큼 단단하고 그 종탑처럼 드높이"라고 평하였고, 테오필 고띠에는 1835년 "이 소설은 진정한 《일리아드(Iliade)》이다. 오늘부터 이 책은 고전이다"고 평했다.

《빠리의 노트르담》은 진정 낭만주의 시대의 역사소설 가운데 걸작으로 나타났다. 그것은 우선 15세기 말엽의 빠리를 놀랍도록 재현해 놓았으며 몇 가지 착오가 있었지만 정확하고 생기있는 참고 자료에 바탕하여 시인이 비범한 삶의 상상력으로 다시 쓴 것이라고 할 수 있다. 성당은 한결같이 작품 한복판에 우뚝 서 있으며, 비록 돌로 만든 조형물이지만 그 신비스러운 영혼이 등장인물들의 영혼에 섞여 있다. 이 등장인물들의 극적인 모험 속에서 흥미있고 고통스러운 운명의 급변이 가지를 친다. 무대와 마찬가지로 소설 속에서도 위고는 '숭고한 것과 기괴한 것'을 즐겨 뒤섞는다. 그리고 거기에 잔인한 운명의 유희를 더하였다. 곰곰이 살펴보면 1831년부터 위고 문학 독자들은 이 작품이 어떤 우월한 힘, 가차없이 보이지 않는 권능에 서로 짓눌려 있는 어두운 소설임을 알아차릴 수 있었다. 이러한 해석에서 벗어나려 하지 않고 위고는 짧은 서문에서 이렇게 지적하며 강조하고 있다.

몇 해 전 노트르담 성당을 방문하면서, 더 정확히 말해 샅샅이 뒤지면서 이 책의 지은이는 어느 탑의 어두운 구석에서 벽 위에 손으로 새긴 이 말을 발견하였다.

ΑΝΑΓΚΗ(숙명)

이 그리스어 대문자는 낡아서 어두워 보였고, 돌 속에 매우 깊게 새겨져 있었다. 중세 때 어떤 사람이 쓴 것인 듯 보이고 또 그 글씨에 어쩔 수 없는 숙명의 침통한 의미가 들어 있는 듯 새겨진 고딕체 글자가 저자에게 그토록 깊은 느낌을 주었는지도 모르겠다. 저자는 이 글씨를 쓴 사람이 오래된 성당 앞에 죄와 불행의 흔적을 남기지 않고는 이 세상을 떠날 수 없었던 고통에 찬 영혼일 것으로 예견하려 했고, 스스로 생각도 해보았다……이 단어를 써놓은 사람은 사라졌다. 여러 세기 전 세대들의 한가운데서 이 말은 이번에는 성당벽에서 제 차례가 되어 지워졌다. 성당도 이제 얼마 안 있어 이 세상에서 사라지리라. 이 책은 이 단어에 관하여 쓴 것이다.

위 서문 끝부분의 '이 단어'라는 표현은 색채감과 반짝임에 충만한 '이 책'을 신비스러운 그림자로 뒤덮고 있는 듯한 느낌을 준다. 이와 반대로 고통스러운 괴로움으로 가득찬 《레 미제라블》에는 하나의 빛이 감돌고 있다. 《레 미제라블》은 희망과 연민이라는 단어에 바탕하여 이루어진 까닭이다.

《가을 나뭇잎 (Les Feuilles d' Automne, 1831)》

《가을 나뭇잎》은 1831년 12월 1일 간행되었다. 12월 7일에 이미 제2판이 예고된다.

11월 20일자로 되어 있는 서문에서 위고는 '정치적 여건이 심각한' 계제에 펴내는 이 새 시집의 내밀한 성격을 강조하고 있다. "시는 인간에게 호소한다. 모든 인간 존재에게 말을 거는 것이다…… 혁명은 모든 것을 변모시키지만 인간의 심정만은 예외이다." 위고는 이 대목에서 인간 내면의 영속성에 주목한다.

……떨어진 잎새, 낙엽들, 가을의 모든 나뭇잎처럼 소란과 소음의 시가 아니다. 고요하고 평화스러운 시다. 모든 사람들이 만들고 꿈꾸는 시, 가족과 집안과 사생활의 시이다. 지금 그리고 과거에 그러했던 것에 여기저기 던지는 우울하고 체념하는 눈길이다. 그것은 또한 흔히 설명될 수 없는 사상의 메아리로, 우리 정신 속에서 우리 주변에서 고통받거나 쇠약해진 수많은 창조의 대상을 모호하게 일깨우고 있다. 요컨대 계획의 허무함, 희망의 허망, 20살의 사랑, 30살의 사랑, 행복 안의 슬픔, 우리 삶이 이루어내는 고통스러운 것—이 무한함에 대한 시이다. 삶을 흔들어 놓는 모든 틈으로 끊임없이 흘러가는 시인의 심정처럼 이 시는 슬픈 노래(élégies)이다.

길게 덧붙인 설명을 통하여 위고는 '정치라고 부르는, 그리고 역사적이라고 불러 주기를 바라는 이 시'의 성격에 맞게 완벽하고도 명료한 선언을 한 셈이다. 17번째 시의 앞부분에 달아 놓은 라틴어 세 단어를 제사(題辭)로 간주할 수 있는데(Flebile nescio quid), 그것은 '이름모를 한탄조의 악센트'를 토로해 낸다. 시인은 아직 인생의 가을에 이르지 않았다. 오히려 이제 막 빛나는 성숙기에 접어들었다.

그러나 한 인간의 운명을 예고하는 30대를 시작하는 즈음에 자신의 청춘이 끝나감을 깨닫고 거기에서 자연스러운 우울을 경험하게 된다. 은밀한 몇 가지 비애 곧 1828년 1월 아버지의 죽음, 1830년부터 가정에 드리운 불화의 그림자, 문학 투쟁에서 점점 늘어가는 어려움으로 위고는 모호한 슬픔의 비탈로 기울어진다. 한 가정의 젊은 아버지로서 그는 아이들이 노는 모습이며 그들의 웃음을 위안으로 삼는다. 15번째 작품 《이 모든 아이들이 거기에 있도록 내버려 두세요(Laissez, tous ces enfants sont bien là…)》와 19번째 《아이가 나타났을 때…(Lorsque l'enfant paraît)》가 이러한 위고의 심정을 진솔하게 보여준다. 이 비가시집을 아내, 생뜨 뵈브, 루이 불랑제, 다비드 당제와 같은 친구들에게 헌정하고 과거와 자연을 명상하며 그 속으로 몸을 숨긴다. 종교 감정을 성찰하고 맏딸 레오뽈딘을 위하여 〈모든 이를 위한 기도(Prière pour tous)〉 같은 진솔한 시에 리듬을 붙였다. 이 시에서 아이는 하늘과 땅의 중재자로 봉사하기 위하여 부름받고 있다.

네 아버지를 위하여 기도하여라! 내가 꿈 속에서 천사가 백조와 함께 날아 지나가는 것을 보기에 어울리도록, 내 영혼이 향로와 함께 불탈 수 있도록!
네 순진한 입김으로 내 죄를 지워 주렴, 내 마음이 저녁마다 닦는 제단의 길처럼 죄없고 빛나게 될 수 있도록! ……

우리 기도만을 청하시는 아버지, 삼촌, 조상들이 그들 무덤에서 서로 이름 부르는 것을 들으며 마음설렐 수 있도록 기도하렴.
세상에서 아직 기억하고 있음을 알도록 기도하렴. 그리고 밭고랑에 꽃피는 것을 느끼듯, 그들의 텅 빈 눈에서 눈물이 싹틈을 느끼도록 기도하렴!

《동방시집》에서 보여준 능란한 솜씨가 이번에는 비가 속에서 또 다른 재능을 드러냈다. 이러한 새로운 기법과 영감은 생뜨 뵈브에게도 낯설지 않았다. 1828년과 1829년부터 《조제프 들로름의 시와 생애(Poésies et pensées de Joseph Delorme)》에서 시가 어떻게 더욱 더 사상과 심정의 토로가 되는지를 지적한 뒤에 생뜨 뵈브는 차츰 변화되어 갔다. 그리고 동료 위고와 라마르띤도 여러 차례의 대담에서 더 심오한 영감, 훨씬 유연하고 단순한 기법 쪽으로 옮아가게 되었다. 생뜨 뵈브의 조언으로 위고는 16세기 시인들의 작품을 읽었고 18세기 앙드레 셰니에의 《비가(Elégies)》를 다시 보게 되었다. 이 작품은 이 시기의 내밀한 낭만주의 성향에 끼친 영향을 충분히 밝히지 못한 상태였다. 라마르띤이 조슬랭이라는 죽은 사제의 일기를 공표하는 형식으로 목가 같은 서사시 《조슬랭(Jocelyn)》을 쓰려고 한 것도 이즈음이었다.

1828년 중반부터 1831년 말까지 위고는 세월과 꿈과 감동이 더 직접 토로되는 시편들에 자신의 심정을 흘러가게 했다.

오늘날 《가을 나뭇잎》의 원고로 여겨지는 종이에 이렇게 써 놓기도 했다.

시를 창작하는 것은 기분이 풀리는 작업

3년 동안 다른 작품을 쓰는 가운데 틈틈이 쓴 40편의 시에서 몇 작품은 《가을 나뭇잎》이 갖는 비가의 범주와 음조를 뛰어넘는다. 특히 〈산 위에서 듣는 소리(Ce qu'on entend sur la montagne)〉나 〈목신(Pan)〉 같은 시는 그 주제의 폭에서 25년 뒤에 나오게 될 《정관시집》을 예고한다. 위고의 시가 보여주는 치밀하고 광대한 영감의 연계성이 다시금 돋보인다.

거룩하고 숭고하며 열광하는 시인들이여,
가시오, 그리고 산꼭대기 위에 그대 영혼을 퍼뜨리시오……

〈몽상의 경사(Pente de la Rêverie)〉에서는 이미 서사시 성향을 내비치는 과거에 대한 비전을 포함한다. 1859년 《여러 세기의 전설》에서 방대하게 구성될 위고의 서사 재능이 어느새 모습을 드러낸 것이다.

나는 기다렸다. 굉장한 소리가 일었다. 이 도시의 죽은 종족들이 슬픔에 싸여 문을 열어 왔다. 그리고 그들이 살아 있는 듯 걸어가는 것을 보았다. 그리고 바람에 먼지를 내던지는 것도 보았다. 탑, 수로, 피라미드, 기둥들 ─나는 오래된 바빌론의 내부를 보았다. 카르타고, 티르, 테베, 시온─끊임없이 거기서 세대들이 이어 나오고 있었다.

《오드》에서와 마찬가지로 마지막 작품은 1853년 간행될 《징벌시집》의 목소리를 미리 앞서 들려주고 있는 듯하다. 1831년 유럽의 정황을 추적하고 나서 시인은 외친다.

오! 뮈즈는 항변없이 민중에게 이바지해야 한다!
그러면 나는 사랑, 가족, 어린시절을 잊는다.
또한 부드러운 노래, 고요한 여가도,
그리하여 나는 내 리라에 청동의 끈을 덧붙인다!

미래의 위대한 시인 위고의 면모가 1830년대 첫시집에서 드러난다. 1830년 7월 혁명으로 왕조가 바뀌어 오를레앙가의 루이 필립이 왕이 되었다. 위고는 여기에 깊은 영향을 받은 결과 이제 직접 자신을 표현하기로 결심하였다. 이 성향은 아마도 《가을 나뭇잎》에 나타난 가장 강력한 특징의 하나로 여길 수 있을 것이다.

《황혼의 노래(Les Chants du Crépuscule, 1835)》

《가을 나뭇잎》의 마지막 작품은 정치시로 엮은 또 한 권의 시집을 약속하고 있는 듯한 느낌을 준다. 위고는 이러한 정치시집을 엮으려 했으나 1830년 7월 혁명 뒤의 여러 상황, 사건이 영감을 불러일으킨 《오드》 시편들을 포함시키려는 의도에서 정치시집은 뒤로 미루었다. 1834년 9월 무렵 책을 펴내려는 생각을 품고 정치 영감에 개인의 영감을 묶기로 결심한다. 이 두 가지가 같은 어조로 책 제목의 의도를 함축하고 있다. 황혼은 우선 애매함과 막연함의 때, 의심을 품는 시간이다. 그러나 어떠한 황혼일까. 혁명의 한가운데 있던 그즈음의 여건을 감안하고, 더욱이 위고 개인에게 불안과 고뇌가 엄습했던 때였음을 주목할 필요가 있다. 이 어슴푸레함 다음에 밤이 이어질 것인가, 새벽이 다가설 것인가.

이 같은 불확실함을 〈서시(Prélude)〉에서 서슴없이 털어놓고 있다.

어떤 이름으로 그대를 부를까, 우리가 이르른 혼란된 시간을.
이마는 온통 창백한 땀으로 젖어 있다.

하늘 드높이, 사람들 가슴 속에 어둠이 여기저기 빛과 함께 섞여 있다.
믿음, 열정, 절망, 희망,
대낮 속에 아무것도 없고 밤 속에 아무것도 없다.
그리고 겉모습만 떠도는 이 세상은,
모든 것이 빛나는 그림자에 반쯤 덮여 있다.

신이여! 꽃피는 것을 보는 건 진실로 새벽입니까?
오! 근심은 순간순간 커져갑니다.
이제 더 이상 보지 못합니까? 아직 보지 못할까요?
신이여, 이것이 종말입니까, 시작입니까?

영혼 속에, 이 지상에 무시무시한 황혼!
또 다른 우주에, 다가오고 물러서는 미지의 태양이
만들어지는 눈동자,
그 눈은 이미 닫혀졌습니까, 아직 열려 있습니까?

이러한 정신상태는 먼저 정치상황으로 설명된다. 위고는 7월 혁명 뒤 통치를 시작한 루이 필립이 그즈음 고상한 정신을 지닌 사람들에게 은연중 심어 주었던 비애와 적막감을 함께 나누고 있었다. 7월 혁명은 내부 혁명의 영향을 받게 되었다. 어디로 갈 것인가. 공화국인가 아니면 더욱 위험한 혁명을 향해서일까. 체제 뒤쪽에서 은밀하게 도덕의 원칙과 신앙 원리가 타격을 입은 듯 싶었다. 알프레드 드 비니는 그즈음의 정황을 시로 쓰고 있다.

하늘은 우리에게 검다. 그렇다면 미래를 위하여는
다른 곳에서, 다른 하늘이어야 할 터인데,
나는 모르겠다……

라마르띤은 《혁명(Les Révolutions)》, 라므네(Lamennais)는 《믿는 사람의 말(Paroles d'un croyant)》에서 미래의 신비한 믿음을 표현하였다. 어느 편이 옳을까 하고 위고는 그 시대의 불안에 스스로 젖어들었다.

그즈음 위고의 영혼은 매우 불안하였다. 1833년 이래 아내 아닌 여인과 새로운 사랑으로 번민하였고, 이전의 믿음은 이미 사라져 버렸다. 정신은 의심으로 충동질하는 형편이었다. 사랑의 시편은 열렬하지만 우수가 깔려 있었다. 쥘리에뜨 드루에게 바친 사랑의 시 외에 친구 루이스 베르탱에게 바치는 좀 우울한 철학 명상도 이때 썼다.

다음의 〈우리 안에서 의심하는 것(Que nous avons le doute en nous)〉을 보자.

> 내 안에서 나는 순간마다 갇힌 감각으로
> 더듬거리는 본능에 물어본다고 당신께 이야기하렵니다.
> 부정하고 싶은 욕망을 믿어야 하는 그 곁에
> 울고 있는 가슴 주변에서 비웃는 정신을!
> 또한 당신은 자주 나직하게 이야기하는 나를 바라봅니다.
> 그리고 닫힌 문 앞에 앉아
> 꿈꾸는 굶주린 입을 가진 거지처럼
> 열어 주지 않는 누군가를 내가 기다린다고 이야기하겠지요.

위고의 영혼은 걱정으로 가득했다. 그러나 그의 예술은 더없이 견고해졌는데 1830년부터 1832년까지 보나빠르뜨 애호 성향을 드러내는 〈원기둥에(A la Colonne)〉, 〈나뽈레옹 2세(Napoléon Ⅱ)〉 같은 시는 정치와 역사에 대한 서정 표현의 전형이 된다. 사랑의 시와 명상 시편들도 먼저 나온 《가을 나뭇잎》에 이어지는 열정과 깊이의 성숙함을 보여주고 있다. 《황혼의 노래》는 1835년 10월 27일 랑뒤엘 출판사에서 출간되었다.

《내면의 목소리(La Voix intérieure, 1837)》
랑뒤엘 출판사에서 1837년 6월 출간된 32편의 시는 1835년 뒤에 쓴 것이다. 위고는 서문에서 독자에게 말하고 있다.

셰익스피어 작품에 나오는 포샤(Porcia)는 모든 사람들이 내부에 간직한 이 음악에 대하여 말한다―그녀가 이야기하기를, 그 누군가에게는 들리지 않을까, 불행은! ―여러분들이 읽을 이 책은 그 어떤 것이다, 우리 밖에서 듣게 되는 노래에 대한 우리 내면에서 응답하는 노래의 메아리가 이 시집이다. 인간에게 목소리가 있고, 자연에게도 나름의 목소리가 있다면 상황 또한 그 소리가 있다…… 세 개의 빛(Tresradios).

상황, 사건은 이전의 시집보다 울리는 강도가 덜하다. 망명중 뜻하지 않은 죽음을 맞이한 샤를르 10세에 대한 명상이나 〈에투알 광장의 개선문(A l'Arc de Triomphe de l'Etoile)〉 같은 시에서 볼 수 있는 현란하지만 우수에 찬 오드는 외부 상황을 노래한 시편들이다. 특히 개선문은 7월 혁명 뒤 루이 필립 통치 기간 동안에 완성되었다. 제1제정의 영광을 드높이는 이 기념물에 찬탄하며 위고는 외친다.

나는 그대 숭고한 벽 앞에서
지금은 사라진 피디아스와 잊혀진 내 아버지만을 그리워한다.

시인의 아버지 레오뽈 위고 장군의 이름은 개선문 안쪽 벽면에 새겨져 있지 않았다. 이를 보상하기 위해서인지 위고는 이 책 첫쪽에 아버지 이름을 적는다.
다른 시편들에서는 내면의 소리, 심정의 목소리를 자유롭게 토로한다. 가정, 자주 거닐던 빠리 교외, 노르망디, 1836년 여름 동안 여행했던 보스(Beauce)에서 시인은 자신의 의심과 몽상이 토로하는 중얼거림을 듣는다. 아이들에게서, 아내에게서, 그즈음 새로 시작된 사랑에서 그는 영감을 얻었다. 버질을 스승으로 삼았고 버질의 작품 영향으로 사상과 기법을 부드럽게 가다듬게 되었다. 차츰 사려깊고 진지한 시인으로 성숙되어 간 것도 이 무렵이다. 이를테면 정관하는 사람(contemplateur)의 면모를 차츰 드러내기 시작했다.
이러한 자세는 《내면의 목소리》에서 처음 모습을 드러낸 '올랭피오(Olympio)'라는 인물로 상징하고 있다. 분신과 같은 이 '올랭피오'는 형제처럼 닮기도 하고 때로는 보이지 않게, 때로는 드러나게 끊임없이 위로하는 사람으로 시인의 내면세계를 함께 걸어 나가게 된다. 고독 속에서, 자만―자연―사랑이 뒤섞인 숨 안에서 태어난 '올랭피오'와 더불어 주위의 폄하와 중상은 더욱 거세졌다. 비평가들도 위고의 작품을 이해하지 못하고 비웃거나 악의에 찬 험담을 퍼부었다. 《뤼크레스 보르지아(*Lucrèce Borgia*)》《앙젤로(*Angelo*)》같은 희곡작품들을 '삶의 부정(否定), 그 자체'라고 선언하는가 하면, 시집 《황혼의 노래》는 '아름다운 재능의 급속한 쇠퇴'를 보여준다고 단언했다. 더러는 '위고의 문학에 다가올 문학 죽음'을 선고하기도 하였다. 그러나 모략에도 위고는 크게 개의치 않고 이상(理想)이 없는 그즈음 물질사회 한복판에서 도도한 무관심과 멸시로 무장하며 대처했다. 추방당한 타이탄(Titanen exil), 이해받지 못하는 올림포스 신(神)들의 아들이라고 자각하면서 올랭피오에게 자신의 형상을 끼워 맞추는 작업을 지속해 나갔다. 우선 다음과 같은 고통스러운 토로가 앞선다.

> 그대 삶을 헤치러 뛰어온 심술궂은 사람들이
> 자기 이빨 사이로 그대 삶을 삼켰다.
> 그리고 시기심에 겨운 사람들은 그 안을
> 들여다보려 몸을 숙였다……
> 분신이 여기에 대답한다.
> 나를 결코 위로 말라, 그리고 그대 슬퍼 말라.
> 나는 조용하고 평화롭나니
> 나는 이승세계는 전혀 바라보지 않는다,
> 그러나 볼 수 없는 세계는……

《내면의 목소리》가 간행된 지 몇 주일 지나 위고는 친구 퀴스띤(Custine)에게 써보냈다. "……당신이 옳았습니다. 올랭피오는 하나의 상징이지요. 중상 모략당하고 오해받는 고상한 본성은 거기서 그의 어떤 모습을 알아볼 수 있겠지요……"

이러한 사고의 흐름이 위고에게는 강박관념이 되어 1836년 어느 시기에는 《올랭피오의 정관(*Les Contemplations d'Olympio*)》이라는 시집을 쓰려는 계획을 품기도 했다. 서문을 써 놓기도 했다. 그것은 지금도 보존돼 있다.

생애에서 지평선이 끊임없이 확장되는 시기가 온다. 인간은 스스로 자신의 이름으로 이야기하기에는 너무 왜소함을 느낀다. 그럴 때 그는 시인, 철학자 또는 사상가, 그 안에 의인화되고 육화되는 하나의 형상을 창조하게 된다. 그것은 인간이다. 그것은 더 이상 자아가 아니다……

이와 같이 1856년 간행되는 위고 서사시의 걸작 《정관시집》은 이미 《내면의 목소리》에서 싹트기 시작했다.

《뤼 블라스(Ruy Blas, 1838)》

《에르나니》를 쓴 뒤 위고는 2편의 운문극과 3편의 산문극을 공연하였다. 알렉상드르 뒤마(Alexandre Dumas)와 더불어 위고는 낭만주의 희곡 분야에서 가장 널리 알려진 거장이 되었다. 그러나 비평은 가혹하였다. 시에 대한 폄하와 마찬가지로 희곡에서도 위고 작품은 진실하지 못하다는 점(invraisemblance)을 비난받는다. 그리고 역사적 색채감을 논박하고 문체에 야유를 퍼부었다. 또한 알프레드 드 비니는 자신의 철학극이 대중의 갈채를 받자 위고 작품이 에스프리를 희생시켜 눈과 상상력의 만족에 치중하고 있다고 비난한다. 위고는 《에르나니》 서문에서 밝힌 것처럼 형식을 쇄신·확대하는 드라마를 생각하게 되었다. 이는 성찰의 대상이 되기도 했다. 《뤼 블라스》를 위고 희곡의 걸작으로 꼽는 것도 그 까닭이다. 실로 느릿하게 시인의 머릿속에서 무르익어 갔고, 여러 책을(이즈음 위고는 아르스날 도서관에서 프랑스·스페인 책 14권을 대출받고 1840년까지 그 가운데 3권을 간직하였다) 읽은 뒤 준비한 작품의 집필 기간은 매우 짧았다. 1막 초고에는 1838년 7월 5일, 다음 막들의 앞머리에 7월 16일, 7월 23일, 8월 2일, 8월 8일 그리고 마지막 막의 끝에 1838년 8월 11일 오후 11시라는 날짜를 적었다.

《뤼 블라스》는 오를레앙 공작(Duc d'Orléans)의 지원으로 낭만문학 사상 앙테노르 졸리(Anténor Joly)라는 언론인이 세운 새로운 극장에서 공연될 것으로 여러 달 전부터 약속되어 있었다. 위고 스스로 새로운 무대의 이름을 찾아냈다. 르네상스 극장(Théâtre de la Renaissance)이 그것이다. 8월 29일 배우들이 작품을 읽었다. 멜로드라마 배우 프레데릭 르메트르(Frédéric Lemaître)는 《로베르 마케르(Robert Macaire)》라는 작품으로 대중에게 인기를 얻어 유명해졌으며 《뤼 블라스》의 주연을 맡았다. 11월 8일 첫공연이 있었고 더없는 성공을 거두었다. 4막에서는 비록 갈채가 약해졌지만 전체로 큰 호응을 얻었다. 위고는 1830년 이른바 '에르나니 싸움'을 승리로 이끌었던 열정이 가득한 젊은 지지자들의 협조를 기대했으나 뜻대로 되지 못하였다. 1838년에는 이미 '젊은' 낭만주의자들이 없었던 것이다. 1830년 투사들은 부르주아를 향해 보엠(bohéme)의 무대를 떠났고 긴 머리를 자른 뒤였다. 거기에는 광란의 고함과 갈채도 없었다. 《뤼 블라스》는 공연을 49회 계속하였다. 그러나 작품의 가치와 의미에 대한 논란 또한 격렬하였다. 낭만주의 연극 전체가 '사실 같지 않다'고 비난하는 비평가들은 이 작품을 평가절하하였다.

진실되어 보이지 않는 연극, 이것이 《뤼 블라스》의 주제일까. 얼핏 보면 그럴 수 있다. 종복, 더욱이 재능 있는 종복이 스페인 왕비를 사랑하고 궁정의 음모로 재상이 되는가 하면 죽음으로 행운의 끝을 맺는다는 내용 자체가 사실과 거리가 멀다. 그러나 역사를 통하여 많은 뜻밖의 사건과 상황이 신분 상승의 기회를 제공한 예를 볼 수 있다. 17세기 재상 마자랭(Mazarin)의 아버지는 하인이었다. 스페인을 지배했던 알베로니(Alberoni) 추기경도 정원사의 아들이었다. 페르난도 데 발렌수엘라(Fernando de Valenzuela)는 필립 4세 이후 스페인을 섭정으로 통치하였던 마리 안느 도트리슈(Marie-Anne d'Autriche)의 총애를 받아 재상과 후작이 되었다. 그뒤 불만을 품은 세력이 쫓아내어 필리핀으로 추방당한 그의 파란만장한 삶은 위고가 《뤼 블라스》 주제의 의도를 밝히는 데 도움되었을 것으로 추론할 수 있다. 위고는 처음에 《여왕은 지루하다(La Reine s'ennuie)》는 이름을 붙이려 했다.

1879년 위고는 친구에게 속마음을 털어놓았는데, 이 토로에 대해 비평가 오귀스트 비튀(Auguste Vitu)가 출간했다. 실제이면서 가공의 상황은 장 자크 루소(Jean Jacques Rousseau)의 젊은 시절의 정황에 암시받아 《뤼 블라스》를 썼다는 것이다. 가톨릭으로 개종하여 튀랭(Turin)의 수도원 숙박소를 나온 루소는 한동안 하인 생활을 하며 뛰어난 지성으로 주인을 자주 놀라게 했다. 위고는 루소의 《고백록(Les Confessions, 1부 3권)》에 각별한 감명을 받았다. 루소는 이 책에서 자신이 아름답고 고상한 마드모아젤 드 브레이유(Mlle de Breil)에게 어떻게 매혹되었는지 이야기한다. 루소는 그녀의 식탁 시중을 들고 있었다.

흥미를 더하기 위하여 뤼 블라스는 재상이 되어서도 그대로 하인으로 남아 있어야 했다. 그것은 이 잔인한 음모의 연출자인 돈 살뤼스트(Don Salluste)의 역할이 빚어낸 것으로, 그는 뤼 블라스를 진정한 신사이지만 폐인이 된 자기 조카 돈 세자르(Don César)와 바꿔치기한 것이다. 위고는 이러한 기본 주제에 희극의 요소를 더하였다. 돈 세자르의 재난은 이 드라마에서 중요한 부분이 된다. 1838년 무렵 위고는 부랑배 세계의 영웅이었던 세자르와 마글리아(Maglia) 등을 내세운 회화적인 희극을 쓸 계획을 품고 그것을 발전시켜 얼마 동안 다듬었다. 이 계획에서 《뤼 블라스》의 코믹한 요소를 만들어 내게 되었다. 바야흐로 위고는 '숭고함'과 '기괴함'을 결합한다. 나중에 많은 후계자를 낳는 '기괴함'의 미학이 4막에서는 미묘한 말솜씨로 개화된다. 테오도르 드 방빌의 작품, 에드몽 로스탕(Edmond Rostand)의 《시라노 드 베르쥐락(Cyrano de Bergerac)》이 그 예이다.

위고는 여러 경로에서 《뤼 블라스》 제재의 원천을 찾아낸다. 역사에서 차용한 분위기가 우선 그러하다. 그가 스스로 읽으려 했거나 적어도 훑어보려 했던 수많은 책 가운데 특별히 두 권에서 자료를 얻어낸다. 그중 하나는 베락(Vayrac) 신부가 1718년에 쓴 3권짜리 《스페인의 현 상태(Etat présent de l'Espagne)》로 이 책에서 위고는 스페인 귀족과 정무 기구, 정치, 경제분야에 관련된 정보를 손에 넣었다. 1690년 오누아(Aulnoy) 백작부인의 《스페인 궁정 회상록(Mémoires de la Cour d'Espagne, 2권)》에서는 궁중 풍경, 의식, 왕비들이 겪었던 권태 등을 얻었다. 이 회상록은 1733년에 간행되는 피에르 드 빌라르(Pierre de Villars) 대사의 회상록에 바탕해 썼는데, 오누아 백작부인은 자신이 참조한 기록을 꾸미고 미화하는 능력은 부족했지만 묘사의 정확성은 대체로 탁월했다. 샤를르 2세의 첫 배우자였던 마리-루이즈 도를레앙(Marie-Louise d'Orléans, 1682년 사망)의 측근들에 관한 묘사가 특히 정밀했으며, 둘째 왕비인 마리 드 뇌부르(Marie de Neubourg)의 경우 성격이 과격하였다. 그리하여 허약한 남편을 지배하였으며 자신의 이름으로 통치했음을 기록하고 있다. 위고는 2막에서 마리-루이즈 도를레앙의 개성을 마리 드 뇌부르에게 부여하여 무대에 등장시켰다.

《뤼 블라스》는 위고가 17세기 말 스페인 궁정에 관하여 인상깊은 묘사를 해 낸 점에 그 가치가 있다. 그 시대의 일반적인 정신에 충실하며 그 분위기를 탁월하게 재구성해 낸 것이다. 위고는 이에 대하여 명료한 의식과 사명감을 가지고 있었다. 서문 끝머리에서 귀족과 왕의 투쟁이 시대의 흐름에 따라 달라졌음을 밝히고 자신의 앞선 작품 《에르나니》와 비교하고 있다. 두 작품 배경의 2세기라는 시간 간격을 통하여 저마다 새로운 왕조가 탄생된 데 눈길을 돌리며, 이것이 자신에게는 시선이 머무는 아름답고도 우울한 광경이 되고 있다고 피력한다. 그리하여 여명의 빛남으로 《에르나니》를 채우고, 황혼의 어둠으로 《뤼 블라스》를 덮으려 하였음을 밝히고 있다.

대사는 유연하고 색채감에 넘친다. 다양함에서 《에르나니》를 능가한다. 위고의 희곡 문체의 절정을 이루고 있다고 말할 수 있다. 정결하면서도 코르네유다운 사랑으로 결합된 뤼 블라스와 왕비의 역할에서 열렬하고 감미로운 시정(詩情)이 발산된다. 앙드레 벨소르(André Bellessort)가 뤼 블라스 역(役)에 대하여 언급한 평가는 시사하는 바가 매우 크다.

위고가 자기 자신 이상의 것을, 오를레앙 공작부인에게 품는 정치적 야심과 기사의 충성심을 거기에 부여했음을 생각케 하는 감동의 절실함, 은밀한 열정.

위고 작품에 등장하는 낭만주의 영웅들은 하인이고 재상이기에 앞서 모름지기 시인의 면모를 보여주고 있다. 주인공들의 입을 빌려 위고는 자기 목소리를 불어넣었다. 궁정 복장인 긴 외투 아래 뤼 블라스는 이렇듯 올랭피오의 자취를 비치고 있다.

《빛과 그림자(Les Rayons et les Ombres, 1840)》

1840년 5월 16일에 펴낸 이 시집으로 위고는 서정시 연작을 끝내게 된다. 그리고 새 시리즈를 예고한다. 위고는 1830년부터 1840년 사이에 간행된 4권의 시집을 형제시집(les livers frères)으로 여기는 듯하였다. 1865년 무렵 위고는 밝혔다.

정신 속에는 계보(familles)가 있다. 사상이 그룹을 형성한다. 《가을 나뭇잎》, 《황혼의 노래》, 《내면의 목소리》 그리고 《빛과 그림자》는 서로 유착되어 있다……

《빛과 그림자》에서는 앞의 세 시집과 실제로 동일하고 보편된 영감을 찾아낼 수 있다. 가족, 정치, 사랑, 영상 그리고 철학적인 시편들로 이루어졌기 때문이다.

그러나 이러한 측면 이외에 새로운 두 가지 영감의 원천을 거기에 더한다. 〈지붕창 속에 던진 시선(Regard jeté dans une mansarde)〉과 〈만남(Rencontre)〉의 시에서 위고는 '사회시'로 접근한다. 물론 《가을 나뭇잎》 같은 시집의 〈가난한 이들을 위하여(Pour les Pauvres)〉에서 이러한 경향이 얼마쯤 엿보였는데 이제 사회를 향한 관심과 시선이 한층 깊고 넓어지게 되었다. 한편 〈검은 바다(Oceano nox)〉에서는 얼마 전 발견한 직접 위협하는 바다의 노호를 처음 들려준다.

이 과정을 거쳐 마침내 철학적 고뇌와 불안이 강조되고 증폭된다. 이 시기의 시에 담긴 온갖 고뇌가 은밀하게 《올랭피오의 비극》에 메아리치며 깊이 울린다. 위고가 쓴 다른 시들의 서곡이 되는 〈시인의 직분(Fonction du Poète)〉 같은 시를 읊게 한 것도 철학적 고뇌에서 비롯되었다.

〈시인의 직분〉은 하나의 원칙 천명이라는 의미가 있다. 낭만주의 유파의 모든 중요한 이념에 들어맞고 또한 이 무렵 더 높은 목소리로 내뱉기 시작하는 정치적 야심과도 일치하면서 위고는 의연하게 단순히 '내밀하고 (intimistes)' '화려한(pittoresqucs)' 시인들에게 맞서 확실한 태도를 취한다. 테오필 고띠에가 대표시인인 '순수예술' 또는 '예술을 위한 예술(l'art pour l'art)'을 신봉하는 그룹을 비난하며, 1835년 《마드모아젤 드 모팽(Mademoiselle de Maupin)》의 서문에서 이른바 예술지상주의의 이론을 밝혔다. 위고는 시인이라면 정관과 명상 속에 스스로를 가두지 말아야 한다고 주장한다. 그 정관은 대부분 메마르고 관념적이므로 도시의 삶, 인간이 부대끼는 마당으로 나와 거기에 동참해야 한다는 것이다. 다음의 시는 사회, 시인, 시, 민중, 도시, 신(神)과 같이 인간의 삶과 연관된 여러 요소들의 올바른 자리를 보여준다.

신이 그것을 원한다, 이 상반되는 시대에,
누구나 일하고 누구나 봉사한다.
나는 사막으로 되돌아간다!

형제들에게 이렇게 말하는 사람은 불행하리니
증오와 추문이 동요하는 백성들을 괴롭힐 때
샌들을 신은 사람은 불행하리니.
스스로 손발 자르고, 도시의 문을 지나, 쓸모없는 가수 같다!
떠나가는 사상가는 부끄러워하라.

시인은 신앙없는 시대에
더 나은 시대를 준비하러 온다.
그는 이상향의 인간이다,
발은 이곳에, 두 눈은 다른 곳에.
모든 머리 위에, 모든 시기에
예언자를 닮은 시인 그 사람은
모두가 붙들 수 있는 그의 손 안에서
사람들이 모욕하건 칭찬하건
움직이는 횃불처럼
미래가 불타오르도록 해야 한다!
……
시인은 빛을 낸다! 그는 자신의 불꽃을 내뿜는다.
영원한 진리 위에!
그는 경탄스러운 빛으로
영혼을 위하여 그 불꽃을 빛나게 한다!
그는 그의 빛으로
도시와 사막, 루브르와 초가,
평야와 고지를 가득 넘치게 한다.
높은 곳의 모든 것에 불꽃을 드러낸다.
시는 신, 왕, 목자에게 이르는 별이 되기 때문이다!

폭넓은 리듬과 사상의 활력에 충만한 이 아름다운 오드는 앞으로 나올 《정관시집》의 바탕을 위고의 시 창작이라는 지평선 위에 세워놓는다. 《정관시집》이 드러낼 서정의 절정을 향하여 그의 모든 작품들이 차츰 다가가듯 바야흐로 서정이 농밀하게 무르익고 있었다.

《성주들(Les Burgraves, 1843)》

1838년 뒤로 위고의 상상력은 마력에 이끌린 듯 라인(Rhin) 강 기슭에 집착하게 된다. 그해 8월 처음으로 라인 강을 찾아 떠났지만 겨우 샹파뉴 (Champagne) 지방을 건너가는 데 그쳤다. 《뤼 블라스》를 연극 배우들에게 읽어 주기 위하여 빠리로 급히 돌아와야 했던 것이다.

1839년에는 스트라스부르(Strasbourg)를 거쳐 샤푸즈(Schaffouse) 폭포까지 강을 거슬러 올라갔다. 중세 궁정의 장엄함에 싸인 라인 강, 포도밭과 갖가지 전설, 유적의 라인 강을 발견하는 일이 남아 있었다. 그것은 1840년 거의 두 달 동안 지속된 여행의 목적이기도 했다.

8월 29일 빠리를 떠난 위고는 피카르디(Picardie) 지방과 벨기에를 지나 엑스-라-샤펠(Aix-la-Chapelle), 이른바 '샤를르마뉴의 도시'에 9월 5일 도착했다. 《에르나니》에 등장시켰던 유명한 무덤에 찬탄하기도 했는데, 거기서 보게 된 역사 유적이 위고의 정신 속에 프레데릭 바르브루스(Frédéric Barberousse)를 떠올리게 했다. 12세기의 뛰어난 무사였던 그의 권위는 중세 독일 지방과 라인 강 연안의 '성주(城主)들'에게 실로 엄청난 것이었다고 전해진다. 9월 한 달 동안 줄곧 위고는 강 물줄기를 거슬러 올라가면서 한껏 환상에 젖곤 했다. 이 기슭 저 기슭에서 걸음을 멈추고 근처의 웅장한 유적들을 오랫동안 둘러보았다. 여유있게 소요하면서 쾰른(Cologne)에서 마인츠 (Mayence)까지 거의 모든 지역을 자주 도보로 탐사하였다. 10월에는 네카 (Neckar) 계곡을 변함없는 열정과 주의력으로 둘러보았고, 독일 서남부 삼림지대인 시바르츠발트(Forêt-Noire)를 지나 프랑크푸르트(Francfort), 하이델베르그(Heidelberg)를 거쳐 빠리로 돌아오는 여정을 끝냈다.

이렇게 세 번 여행하는 동안 특히 마지막 여행에서 위고는 거의 저녁마다 여정 기록을 아내 아델과 친구인 화가 루이 불랑제에게 짧은 글로 써보내곤 했다. 연필이나 잉크로 거친 환상의 모습으로 반쯤 무너진 유적과 폐허들을 그려 함께 보냈다. 거기서 그는 수많은 유령들의 목소리를 들을 수 있었다. 이 몇몇 그림을 아버지의 정이 듬뿍 담긴 편지와 함께 아이들에게 보냈는데, 이 편지 역시 위고의 작은 걸작이 될 만하다.

라인 강 여행에서 위고는 통틀어 한 권의 책과 희곡 한 편을 수확으로 거둔다. 책은 다 썼고 희곡은 구상이 끝난 상태였다. 그 뒤 2년 동안 위고는 이 작품들에 몰두한다.

《라인 강(Le Rhin)》은 1842년 1월 28일 두 권으로 간행된다. 1845년 4권으로 된 제2판에는 1839년부터 1840년까지의 여행담이 더해져 위고가 쾰른을 떠나 스위스까지 라인 강을 거슬러올라갔을 것으로 여겨지는 두 편의 여행담이 하나로 묶여졌다. 이것으로 결정판이 된 셈이다.

드라마는 '라인 강 남작들의 굉장한' 이야기를 담은 서사 형태로 중세 봉건 성주들의 무훈과 모험의 삶을 그렸다. 이에 위대한 황제 프레데릭 바르브루스가 그들을 순치시키는데, 등장인물들 모두 초인의 면모를 나타낸다. 배경은 라인 강 연안 벨미히(Velmich)와 라이헨베르크(Reichenberg)이고, 프레데릭 바르브루스의 전설에서 연대와 시기를 제공받았다. 바르브루스 전설에 따르면 황제는 십자군 원정에서 죽은 게 아니고 물에 빠졌다가 기적같이 구조되어 여러 해 더 살다가 카이저슬라우테른(Kaiserslautern) 동굴에 묻혀 있다고 한다. 이 인물을 일깨워 무대 위에 재구축된 중세 봉건 영지를 배경으로 한 그의 숙적이었던 영주들 사이로 다시 불러와 성주들을 순종하게 한다는 생각이 라인 강 여행에서 위고가 얻은 것이다. 그뒤 측근 뽈 뫼리스에게 이것을 설명하였고, 드라마의 다른 요소들은 이 개념을 중심으로 형성되었다. 이것이 《라인 강》의 창작 경위와 《성주들》의 착상 과정이다.

되살아난 바르브루스를 축으로 그가 살던 시대를 떠올려야만 했다. 이리하여 내재적 논리의 창조로 욥(Job) 같은 인물이 탄생된다. 여기에 대조되는 아토(Hatto)·고를루아(Gorlois) 등이 등장하고, 연대의 사다리를 이루는 네 계단인 성주들의 네 세대가 구상되었다. 이러한 서사 요소에 어두운 줄거리를 중첩시킨다. 욥과 프레데릭 바르브루스는 형제 사이다. 그들은 코르시카 출신인 지네브라(Ginevra)라는 한 여인을 사랑한다. 욥은 지하실에서 프레데릭을 찔러 죽이고 여인을 노예로 팔게 한다. 그러나 프레데릭은 죽지 않았다. 40년 전쟁을 이끈 황제가 바로 그였는데, 욥은 이를 알아차리지 못하였다. 지네브라도 80살이 되어 복수하러 되돌아온다. 그녀는 이 대목에서 마녀 노예의 모습으로 등장한다. 얽히고 설킨 끝에 결말에 이르러 프레데릭과 마녀로 나오는 지네브라는 욥을 용서하고 드라마는 관용과 너그러움의 승리로 막을 내린다.

《성주들》은 3부작으로 빠리 떼아뜨르-프랑세 극장에서 1843년 3월 7일 공연되었다. 그러나 여론은 이미 낭만극에 대하여 더이상 호의를 보이지 않았다.

첫 공연부터 《성주들》은 권태감을 안겨 주었고 몇몇 장면에서는 휘파람 야유를 받기도 했다. 그 뒤의 공연도 온통 소란법석이었다. 33회 공연에 이르러 공연을 중단할 수밖에 없었다. 1843년 3월 7일 저녁은 낭만주의 문학이 겪은 처절한 워털루 패전 바로 그것이었다. 테오필 고띠에만이 이 작품이 미켈란젤로와 아이스퀼로스(Eschyle)의 걸작 계보에 속한다고 평가하면서 새 작품의 가치를 인정하였다. 또한 위고가 "가장 위대한 재능, 모든 예술 가운데서 가장 희귀한 능력, 힘……"을 지녔다고 치켜세우기도 하였다. 그러나 관중의 환호 갈채는 4월 22일 오데옹 극장에서 공연된, 퐁사르에 의한 《뤼크레스》로 옮겨 가고 있었다. 《성주들》은 1902년에 이르러서야 그 동안의 폄하를 설욕하게 된다. 위고 탄생 100주년을 기념하기 위하여 떼아뜨르 프랑스에서 무대를 다시 열어 주었다. 열광하는 분위기 속에 공연된 이 작품은 아름다운 광채를 되찾게 되어 다시 낭만문학에 대한 갈채를 받기에 이르렀다.

1843년에는 관객과 비평가 모두 위고의 의도를 이해하지 못하였다. 그때 이미 관객들은 낭만극에 싫증을 느꼈고, 위고는 낭만극을 서사시 차원까지 끌어올려 쇄신시키려 한 정황이 서로 갈등을 일으킨 자연스러운 결과라고 보는 게 타당할 것이다. 《성주들》의 장대함은 이렇듯 《여러 세기의 전설》을 예고하게 되었다. 아쉽게도 극장은 서사적 환상의 거대한 규모를 무대로 옮겨 놓을 능력을 갖추지 못하였다. 이로 말미암아 위고는 이른바 '자유극(théâtre en liberté)' 이외의 작품은 쓰지 않았다. 물론 《토르크마다(Torquemada)》라든가 1934년에야 진가가 드러난 산문극 《보상금 1,000프랑(Mille francs de récompense)》, 그리고 《정신의 네 바람(Les Quatre Vents de l'esprit)》에 수록된 《갈뤼스의 새로운 고안들(Les Trouvailles de Gallus)》 같은 작품은 예외에 속한다. 위고의 상상력은 1881년 《정신의 네 바람》에 이르러, 특히 1885년 그가 죽은 뒤 새롭게 조명되어 놀라운 혁신이 재발견되고 찬탄을 이끌어 냈다. 문학사에서 흔히 이야기하듯 낭만주의 쇠락의 동기가 되었던 《성주들》의 실패는 그것이 다만 대중의 기호에 맞지 않았다는 요인에 비중을 둘 뿐 작품 자체의 완성도와 미학은 하나의 모델을 이루고 있음에 유의하고 이 점을 지나친 대부분의 문학사 책을 보완해야 할 것이다.

《징벌시집(Les Châtiments, 1853)》

1831년 11월부터 위고는 독자들에게 "나의 리라에 청동의 현(弦)을 덧붙일 것(ajouter à ma lyre une corde d'airain)"이라고 알렸다. 그러나 그 뒤 그는 그 현을 울리는 것을 피해 왔다. 《내면의 목소리》끝부분에서 그는 풍자하는 뮈즈에게 참을성을 권면하기도 했다.

오, 뮈즈여, 자제하시오! 청동 찬가의 뮈즈여!
공정한 율법과 최상의 권리를 지닌 뮈즈!
불길에 젖은 말로 충만한 입을 지닌 그대,
그대 영혼에서 나오는 불로 빛난다,
오! 아직 아무 말 말고 내버려 두오!
그대가 말할 시간이 오기를 기다리라……
기다리면서 태연하고 냉정하게 처신하라.
그대 옷의 그 어떤 자락도 진흙 속에 끌리지 않으리니
이 모든 악인들이 이제부터 별이 박힌 리라 위에
사자 발톱을 드리우고 놀라워하며
굴레 씌운 발치에 그대 드높은 분노를
보며 떨고 있으리니!

이 뮈즈의 노여움은 1851년 12월 2일 쿠데타와 함께 폭발한다. 이 정변은 위고의 정치 야심뿐 아니라 가정생활과 문학활동을 두루 동요시켜 결국 고통스러운 망명의 길로 오르게 하였다. 브뤼셀에 닿자 그는 《12월 2일의 역사(Histoire du Deux Décembre)》를 썼으며 1877년에 《죄인의 역사(Histoire d'un crime)》라는 제목으로 간행되었다. 그리고 잔인한 소책자 《꼬마 나폴레옹》(Napoléon-le-Petit)도 집필하여 1852년 8월 5일 간행한다. 8월에 제르제(Jersey)에 자리잡고 2권짜리 운문시집을 구상하며 둘쨋권은 정치시들로 채워졌다. 이러한 계획을 9월 7일 친구인 출판업자 에첼(Hetzel)에게 알렸다.

이즈음 내게는 순수시집을 펴내는 게 불가능하다고 생각되었습니다. 그것은 무장해제의 효과를 가져올 터이므로, 나는 그 어느때보다 더 무장하고 전투의 각오를 하고 있습니다. 《정관시집》은 두 권으로 이루어질 것입니다. 첫권은 순수시로 구성되는 〈예전(Autrefois)〉, 둘쨋권은 이 모든 우둔함과 지도자의 어리석음에 대한 태형(笞刑)이라고 할 수 있는 〈오늘(Aujourd'hui)〉랍니다…… 어떻게 생각하시는지요?

뒤이어 위고는 풍자에서 서정을 분리시키기로 결심한다. 10월에서 11월까지 '꼬마 나뽈레옹의 자연스럽고 꼭 필요한 짝을 이루게 될' 책에 수록하기 위하여 1,200여 행의 시를 썼다. 이것이 〈복수자(Les Vengeresse)〉로 약 1,600행쯤을 포괄하게 된다. 그해 말 원고를 거의 마치고 위고는 먼젓번 제목과 《복수자의 노래(Le Chant du Vengeur)》《복수의 시(Rimes vengeresses)》를 놓고 망설이게 된다. 1853년 1월 23일자 편지를 통하여 새로운 제목이 등장한다.

만장일치 의견에 따라 이 제목으로 정했다.
《징벌시집》…… 위협을 느끼게 하는 단순한 제목이다. 좋은 제목이다. 나는 빨리 끝내기 위하여 돛을 모조리 올린다……
이렇듯 격렬하고 위험한 책을 어느 출판사가 선뜻 펴내려 할 리 없었다. 프랑스는 물론 벨기에에서도 그러했다. 미리 대비해야 되었다. 새 법률에 따라 '민족 주권에 모욕으로 여겨지는 저작물을 징벌'하면서 창작의 자유를 제한하도록 하는 조치가 발효된 까닭이었다. 브뤼셀에서 인쇄업자를 찾으려고 에첼 쪽에서 백방으로 수소문하였지만 결코 쉬운 일이 아니었다. 에첼 자신도 망명한 처지이므로 여의치 못한 여러 사정을 다시 결집해야 했고 탐색과 협의로 몇 달이 지났다. 그 동안 업자들이 승낙하는가 하면 다시금 모습을 감추는 일이 다반사였다. 위고가 《징벌시집》의 원고를 브뤼셀에 닿게 한 것은 6월 14일에 이르러서였다. 그 동안 위고는 작업을 계속했다. 원고량은 어느새 6천 행을 넘었다.

이 시집은 프랑스 시 역사에 하나의 새로운 장르를 활짝 열어 놓게 된다. 16세기 말 롱사르(Ronsard)의 《이 시대 비참에 관한 담론(Discours sur les

Misères de ce temps)》, 아그리파도비녜(Agrippa d'Aubigné)의 《비극시집(*Les Tragiques*)》, 18세기 말 앙드레 셰니에(André Chénjer)의 《풍자시(*Iambes*)》, 그리고 1830년 바르비에(Barbier)의 《풍자시》에서 단편으로 풍자시라는 장르를 예고했을 따름이다. 그러나 위고는 풍부한 웅변, 격렬한 포효, 강렬한 이미지, 리듬의 다양성과 유연성에 힘입어 여러 선구자들을 능가하고 있다. 제2제정과 나뽈레옹 3세에 대한 사무친 증오와 저주가 충만한 가운데 모욕당한 자유, 빼앗긴 권리의 옹호자로서 독설을 퍼붓고 있다. 욕설은 다채롭기 그지없다. 아이러니에서 저주로, 노래에서 서사시로 종횡무진 비약하면서 제르제 섬의 외로운 시인을 둘러싸고 스며드는 바다의 거대한 호흡이 느껴진다. 몇몇 과제가 빈번히 엇갈린다.

우선 대조법이 그것이다. 위대한 제정과 왜소한 제정, 두 명의 나뽈레옹을 대비시키며 동시에 자연에 호소한다. 왕위찬탈자 나뽈레옹 3세와 그의 죄상이 자연의 평온함에 모욕을 주었다고 고발하며 여러 인물을 직접 공격한다. 마침내 증오가 변모된다. 복수가 이루어지는 미래의 비전 속에서 가라앉는 증오는 이제 서사시의 차원에 이른다. 역사가 가르치는 징벌을 통한 경멸 속에서 높게 승화할 수 있었던 것이다. 〈스텔라(Stella)〉의 다음 표현을 보자.

> 사색가·사상가·파수꾼들이여, 탑 위에 오르시오!
> 눈꺼풀이여 열려라! 눈동자여 빛을 내라!
> 지구여, 고랑을 움직여라. 삶이여, 외침을 깨우라.
> 일어나오, 잠자고 있는 그대! 나를 따르는 이,
> 맨 앞에 처음으로 내게 보낸 사람은,
> 자유의 천사, 빛의 거인인 까닭이다!

1870년이 지난 뒤까지 위고는 이 작품의 속편을 쓰려고 생각했다. 《새 징벌시집(*Nouveaux Châtiments*)》 또는 《징벌시집 2권(*Châtiments, tome II*)》이라는 명칭으로 불렸을 것이다. 이 저작을 출판할 의도로 1853년부터 1870년까지 써온 모든 풍자시편들을 모으기도 했다. 이 작품들은 이른바 국립 인쇄소판(édition de l'Imprimerie na-tionale) 《징벌시집》에 수록되는 데 그치고 만다. 대부분은 단장(斷章) 형태로 남아 있고, 더러 매우 탁월한 작품도 눈에 띈다. 이를테면 다음 시구에서 보여주는 정의에 대한 신뢰의 확인, 내재하는 정의를 향한 새로운 긍정을 살펴볼 수 있다.

이 대리석 집정관을 보자. 그는 폼페이우스라 불린다.
밑받침 위에 꼿꼿이, 그리고 칼을 찬 채로
황금빛 옷의 유령, 초인적 눈길의 유령,
그는 로마 원로원 어두운 문턱 위에서 꿈꾼다.
무엇을 기다리나? 오, 브루터스여! 결코 속지 말고 넘어지라!
이미 오래 전 시저가 폼페이우스를 꺾었다.
백성들은 마차 위의 승리자에 경배했다.
그러나 영원함 속에서 폼페이우스는 시저를 기다린다.

그리고 로마를 버티어주는 어두운 원로원과 슬픔 속에서,
동상은 시신에게 만날 약속을 하였다.

1870년 9월 제2제정이 몰락하고 위고가 빠리로 귀환한 며칠 뒤 에첼 출판사에서는 시집을 보완한 결정판을 펴낸다. 《4편의 새로운 시와 서시가 증보된 징벌시집(Les Châtiments, augmentés de quatre pièces nouvelles et d'un prélude)》이었다.

《정관시집(Les Contemplations, 1856)》

1835년 무렵 반쯤 서정적이고 반쯤 서사적인 인물 올랭피오를 구상하던 즈음에 위고는 이미 《정관시집》의 초기 사상을 싹틔우고 있었다. 시집 제목은 이미 시인의 마음 속을 드나들고 있었으며 1855년 그를 부추겼던 영감들이 서서히 모습을 드러냈다. 아울러 1835년부터 1840년 사이에 그것이 더 분명해지고 커져갔다. 올랭피오에서 마법사로 바뀌는 과정들을 《빛과 그림자》에서 보여주고 있다. 1830년대에 품었던 미래의 시집은 위고를 환영가, 투시자(visionnaire)의 태도로 이끌어 주었다. 이것이 그가 시도했던 삶의 문제를 지배했으며, 그 문제를 풀고 탐색하고 살펴보는 몫을 담당하였다. 오랜 역사를 통하여 시인들이 가졌던 비슷한 자세, 버질과 단테가 생각했던 관념

이 위고에 이르러 더 뚜렷한 실체를 갖추게 되었다.

더구나 1840년부터 1852년까지 위고의 삶을 채웠던 온갖 상황과 여건이 이 개념과 의도를 강화시켜 주었다. 특히 두 가지 사건이 위고의 영혼에 깊이 울려 씻기 어려운 상흔을 남긴다. 맏딸 레오뽈딘의 비극적인 죽음(1843년)과, 마침내 망명으로 마감되는 정치 야망의 좌절이 그것이다. 몇 해 전부터 위고가 희망을 걸었던 미래에 대한 기대로부터 환멸을 맛보았고, 또한 과거로부터 고립된 상황인 제르제 섬에서 보낸 죄수 같은 생활은 그에게 '무덤' 속 삶이라는 느낌을 주었으며, 거기서 비로소 영원한 신비며 그것을 이루는 요소들과 직면할 수 있었다. 바다, 죽음, 신, 인간의 운명처럼 그 이전에는 관념과 추상의 차원에 머물렀던 것들이 친근하고 더러는 잔인했던 추억들과 더불어 절실하게 다가온 것이다. 《징벌시집》에서 위고가 자신을 괴롭힌 증오에 대하여 자유로운 토로의 기회를 제공했다면 이제 남은 것은 무엇일까. 거기서 무엇을 꿈꾸고 명상하고 관조해야 했을까. 1852년부터 위고는 서정시편과 더불어 서사시편을 출간하려고 생각하였다. 이즈음에 이르러 지난날 위고가 구상했던 《복수자》라는 책이 《정관시집》으로 모습을 드러낸다.

1853년 삶과 죽음의 신비에 동요하던 위고의 영혼에 또 하나의 새로운 영향이 더해졌다. 지라르댕(Girardin) 부인이 몇 주일 예정으로 망명자들의 거처를 찾아와 강신술에 입문하게 된 것이다. 강신술은 척박한 환경에서 고뇌하며 살아가는 망명객들에게 별 다른 해를 끼치지 않을 뿐더러 위안마저 제공해 주었다. 그것은 '움직이는 테이블(tables tournantes)'의 중재로 인간의 에스프리를 말하도록 하는 영의 기술인데, 신령의 힘으로 테이블이 움직이며 그때 정신 깊은 곳의 속내 이야기로 대화를 나누는 것이다. 오늘날에는 여러 가지 설명과 논란이 따르지만 그즈음에는 거의 초자연의 현상으로 비쳤다. 탁월한 '영매'(médium)였던 아들 샤를르 덕택에 위고는 '테이블의 언어' 속에서 자신의 고유한 무의식의 울림을 찾아내게 된다. 그는 처음에 자기가 죽은 딸과 이야기를 나누는 거라고 생각했다. 그런 다음에는 인류 역사상 수많은 위대한 시인의 이야기라고 여기게 되었다. 이 시인들이 위고에게 들려준 철학적 시구나 표현들은 1923년 귀스타브 시몽(Gustave Simon)이 《제르제의 움직이는 테이블(Les Tables tournantes de Jersey)》이라는 책으로 묶었고, 1954년 모리스 르바이앙(Maurice Levaillant)의 《빅또르 위고의 신비한 위기(*La crise mystique de Victor Hugo*)》에서도 이 부분을 다루고 있다. 이 시구들은 그 형식에서 위고의 것과 매우 흡사하며, 에스프리가 드러낸 사상들은 1925년 이래 위고의 명상이 이끌어 낸 생각과 더러 일치하고 있다. 위고는 차츰 신비주의 철학에 익숙해져 갔던 것이다. 피타고라스 철학, 쌩 시몽 사상, 피에르 르루(Pierre Leroux)와의 대화, 이스라엘 철학자 알렉상드르 베이유(Alexandre Weil)가 위고에게 설명해 준 유대 철학서의 영향을 찾아볼 수 있다.

이러한 것들이 자연스럽게 몸에 배고 젖어들면서 위고는 특히 1854년 3월부터 1855년 10월까지 자신의 내부에서 가장 드높은 영감의 목소리가 치솟아 옴을 들을 수 있었다. 그 소리는 그가 느꼈던 가장 절실하고 고매한 것으로 투시자, 마법사, 예언가로 이끌어 주었다. 바야흐로 위고 서정시의 절창, 위대한 시인의 분방한 토로가 거침없이 이어진다. 1855년 봄, 1840년 이래 미뤄두었던 시편들과 이렇게 쓴 작품들을 합치게 되었다. 위고는 출판업자 에첼에게 편지를 보내 《정관시집》이 자신의 가장 완전한 시집이며 하나의 위대한 피라미드가 될 것이라고 단언했다. 11,000행을 헤아리는 시집은 처음 브뤼셀에서 인쇄되었고, 이 브뤼셀판에 위고가 수정을 더하여 출판업자 에첼과 성실한 친구 뽈 뫼리스가 정성을 기울인 빠리판이 빛을 보게 되었다. 첫판은 1855년 12월 초에 준비 완료되었고, 두번째판은 빠리에서 1856년 3월 23일에 모습을 드러냈다. 두 판을 동시에 발매하여 빠리판은 뽈 뫼리스의 표현처럼 '벼락치듯 무시무시한(foudroyant)' 성공을 거둔다.

곧이어 제2판이 인쇄되었으나 유포 속도가 좀 느렸다. 비평계에서는 이 시집의 '뛰어난 아름다움'에 만장일치로 동의하였고, 〈빌키에에서(A Villequier)〉같은 시편의 '감동을 주는 아름다움'에 주목한 나머지 위고에게 특히 친숙한 철학시에 대하여는 유보하는 입장을 표명하기도 했다. 《정관시집》의 기원과 구조에 대한 완벽한 이해로 시집 전체에 대한 합당한 평가와 인정은 20세기 초반에 와서야 이루어진다. 형식의 완성도와 사상의 걸출함으로 《정관시집》은 위고 서정시의 절정을 이루었다.

《정관시집》을 올바로 이해하려면 서문에 나타난 선언의 관점을 눈여겨보아야 한다. 위고는 이 책이 '한 영혼의 회상록(Mémoires d'une âme)'이 되기를 소망한다. 1855년 11월 뒤 이 관념에 대하여 에밀 데샤넬(Emile Deschanel)에게 보내는 편지에서 위고는 거듭 강조하였다. 이 편지는《정관시집》서문에 관한 귀중한 주석 자료로서 편지의 여러 표현이 책의 서문에 포함된다.

《정관시집》은 그것을 이해하기 위하여 통째로 모두 읽어야 하는 책이다. 1부(《예전》)만 읽는 사람은 이렇게 이야기한다, 온통 장밋빛이라고. 2부(《오늘》)만 읽으면 이렇게 말할 것이다, 온통 검다고.

《정관시집》은 한 영혼의 회상록이다. 요람의 새벽에 시작하여 무덤의 여명에서 끝나는 삶 자체이다. 젊음, 사랑, 일, 투쟁, 고통, 꿈, 희망을 가로질러 이 빛에서 저 빛으로 나아가고 무한의 가장자리에서 미친 듯 날뛰며 멈추는 에스프리이다. 그것은 웃음으로 시작하여 흐느낌으로 이어지다가 심연의 나팔소리로 끝난다. 첫줄은 마지막 줄을 읽은 뒤에야 완전한 의미를 갖는다. 이 시는 외면으로는 피라미드이고 안으로는 궁륭이다―사원의 피라미드, 무덤의 궁륭. 그런데 궁륭과 피라미드, 이러한 종류의 구조에서는 모든 돌들이 서로 연관을 맺고 있다.

작품 내부의 이러한 하모니를 위고는 구성의 외부의 조화미로 두드러지게 한다. 의미심장한 상징적 제목을 가진 각 3권을 포함하는 전 2부의 짜임새가 그것이다. 각 부분에는 십수년의 삶(1830~1843, 1843~1855년)이 요약되어 있다. "연대는 운명의 각 장(章)을 나타낸다"고 위고 자신은 설명하고 있다. 이 운명을 위고는 멀리 높은 곳에서 '정관(contempler)'한다. 거기에 연대의 중요성이 있다고 볼 수 있다. 거기에서 시인이 취한 명백한 자유로움이 비롯된다.

가장 중요한 것은 위고 시 창작의 놀라운 입김이 이 회상을 부추겼다는 점이다. 〈어둠의 입(Bouche d'Ombre)〉에서는 시인의 철학 사상에 활력을 주는 입김이 두드러지고, 위고 특유의 관대한 사상이 다음 몇 가지 개성으로 드러난다. 우선 물질에서 신에 이르는 항속적 진보로 우주를 보여준다. 그리고 보편적 영혼이 존재함을 확인하는가 하면 원자(原子)로부터 대천사와 중재 역할의 형태로 인간에 이르도록 뻗어 있는 거대한 사다리를 보여준다. 또한 기이한 변신 율법의 모럴이 주는 엄격한 법칙으로부터 우리에게 물질의 무거운 짐을 지우는 과오, 우리를 하늘에 가까이 해주는 미덕에서 벗어나게 한다. 이러한 철학의 맥락 덕택에 낭만주의 자연 개념은 '어둠의 입'의 등장으로 하나의 완성을 이루었다고 말할 수 있다.

모든 것은 말한다. 그리고 지금 인간이여, 그대는 아는가, 왜 모든 것이 말하는지를? 잘 들어라. 바람, 물결, 불길, 나무, 갈대, 바위, 모든 것이 살아 있다! 모든 것은 영혼으로 가득차 있다.

이 영혼이 시인의 넋에서 울린다. 《정관시집》은 그리하여 삶을 가로질러 가는 상승의 역사로 정의되고 있다.

《여러 세기의 전설(La Légende des siècles, 1859)》
위고는 1820~1830년대 시집에서 진정한 서사의 풍경을 묘사한 바 있다. 《동방시집》과 《황혼의 노래》 같은 작품집에서 볼 수 있는 〈하늘의 불(Feu du Ciel)〉 〈나뽈레옹 2세(Napoléon Ⅱ)〉가 특히 그러하다. 그러나 위고가 서사시의 뮈즈에 크게 이끌린 것은 1840년 이후부터였다. 나뽈레옹과 성주들—하나는 역사상의 영웅, 다른 쪽은 전설 속의 영웅들로 이들이 새로운 시 형식에 대한 열정으로 이끌어 간다. 1840년 말 위고는 자그마한 볼륨으로 10편의 시를 출간하였는데, 이 작품들은 세인트 헬레나에서 돌아온 '재의 귀환(retour des cendres)'이 그에게 강한 영감을 불어넣은 결과 〈황제의 귀환(Le retour de l'Empereur)〉과 같은 시로 나뽈레옹을 추억하고 있다. 서문은 편집자가 쓰고 서명한 것으로, 모든 작품의 결합이 "나뽈레옹 서사시의 하나로 대중에게 매우 가깝고 프랑스다운 영감으로 위대한 황제에게 바친 위대한 시인의 경의를 이루고 있음"을 확인한다. 몇 달 전 라인 강을 여행하면서 위고는 옛 성채의 폐허 사이에서 중세 독일의 환상이 솟아오르는 것을 보고 그것을 1843년 희곡 《성주들》에서 되살려 낸 일이 있었다. 그때 그는 가제본 책의 뒷장에 이미 집필했던 모든 작품들을 시대별·국가별로 분류하였다. 매우 드문 일이었다. 이렇듯 그는 일련의 역사적 벽화를 추적하는 데 여념이 없었으며, 특히 13세기부터 19세기에 관심이 집중되었다. 이것이 《여러 세기의 전설》의 첫 단계를 이루게 된다.

비슷한 시기에 대중 독자와 청소년을 위해 만든 무훈의 노래 번안이 중세 프랑스에 관련하여 위고의 관심을 끌었다. 〈에므리오(Aymerillot)〉와 〈롤랑의 결혼(Mariage de Roland)〉은 중세에 대한 위고의 흥미를 직접 드러내 주었다. 이 무렵 그리고 얼마 뒤 그는 서사이야기 시리즈를 쓸 계획을 세우고 《작은 서사시(Les petites Epopées)》라는 제목으로 작품들을 모으려 했다. 그 작품 간행 의도는 1853년 《징벌시집》 표지에서 공식 표명된다. 위고를 부추긴 에스프리는 1854년으로 추정되는 서문 초안에서 분명하게 정의되고 있다.

이 시집의 저자는 지금 세대에게 몇몇 영웅주의의 예를 제시하는 게 마땅한 일이라고 판단하였다. 현 인류의 위대함이 더 이상 과거 인류의 위대함일 수 없음을 숨기지 않고 이 책 저자는 속죄로든 미덕으로든 기억할 만한 것을 들춰내는 것은 늘 옳은 일이라고 생각하였다. 과거 질서의 말들은 전쟁, 증오, 권위 같은 것들이었고 미래는 이러할 것이다―평화, 사랑, 자유……

그러나 위고는 《정관시집》을 펴낸 뒤에야 《작은 서사시》로 되돌아간다. 이미 능란한 수완을 가진 친구이자 편집자인 에첼은 《신(Dieu)》《사탄의 최후(La Fin de Satan)》와 같이 예고된 작품에 대하여 이미 준비해 놓은 반박 기사로 기다리고 있을 적들을 실망시키는 게 어떠냐고 위고에게 충고하였다. 이를테면 《작은 서사시》류의 '예기치 못한 어떤 것(quelque chose d'imprévu)'으로 그들에게 맞서야 한다는 것이었다. 비난과 폄하 준비를 갖추고 일전불사를 노리는 논적들의 허를 찌르도록 권유했다. 위고 역시 될 대로 되라는 심정이었다. 1857년 10월부터 1859년 3월까지 그는 오로지 서사적 영감 탁마에 온 힘을 기울였다. 1859년 1월에 특히 열심히 노력한 결과로 풍요한 결실을 거둔다. 자신의 책에 철학적 의미를 뚜렷이 밝히고 여러 세기를 거쳐 온 인류 모럴의 상승 역사를 집대성해 보려고 결심한 것도 이 무렵이었다. 한순간 《어둠 속에서 상승(Ascension dans les ténèbres)》이라는 제목을 붙이려는 생각도 하였다. 그 뒤 두 가지 제목을 두고 한동안 저울질하였는데, 《인간의 전설(La Légende humaine)》과 《인류의 전설(La Légende de l'humanité)》이 그것이다. 4월 초 최종 제목을 정하고 《작은 서사시》로 부제를 달았다.

신화를 소재로 두 편의 시 〈사티로스(Le Satyre)〉와 〈가득한 바다 가득한 하늘〉을 이때 썼다. 이 시들에서는 《여러 세기의 전설》이라는 시집에 의미를 보태 주기에 충분할 시간·공간의 역동성이 두드러진다.

1859년 8월 12일자 서문에서는 이 시집이 '독자적으로 존재하지만 하나의 전체를 이루고 있고 또한 연대적으로 존재하며 전체의 한 부분을 이루고 있음'을 확인해 준다.

이 전체, 무엇이 될 것인가?

이들 연작 작품에서 인류를 표현하는 것. 계속적이며 동시에 그 모든 양상, 역사, 우화, 철학, 종교, 학문, 빛을 향한 상승의 거대하고도 단 하나의 움직임으로 요약되는 것 아래 인류를 묘사하는 것. 어둡고도 밝은 거울 속에 단 하나이고 여럿이며, 어둡고도 빛나며, 숙명적이면서도 성스러운 이 위대한 형상을 나타나게 하는 것. 그런데 시인이 꿈꾸는 차원에 이르기도 전에 지상 작업의 자연스러운 중단과 방해가 아마도 이 거울을 깨뜨릴 것이다. 인간. 어떤 생각으로, 어떤 야망으로 여기에 《여러 세기의 전설》이 나오게 되었다. (……)

이 시집에 수록한 시편들은 이 시대에서 저 시대로, 인류의 어머니 이브 이래 민중의 어머니 대혁명에 이르기까지 인류의 프로필을 지속해서 남긴 흔적일 뿐이다.

때로 야만에 대하여, 더러는 문명에 관하여 포착한 흔적이며 거의 늘 역사의 생명력에 연관되어 있다. 여러 세기의 생김새 위에 틀을 짜맞춘 흔적. (……)

역사가에게처럼 시인에게, 철학가에게처럼 고고학자에게 저마다 세기는 인류 형상을 변화시킨다. 이 책에서, 거듭 말하지만 지속되고 완전해질 인류 생김새의 몇몇 변모에 대한 반영을 찾게 될 것이다. (……)

이 책의 형상은 앞에서도 말했지만 인간(Homme)이다……

《여러 세기의 전설》은 하나의 총체 가운데 첫쨋권에 지나지 않는다. 거대한 서사시의 첫 노래처럼 다른 두 노래가 이를 보완할 것이지만 1859년 즈음에는 아직 끝맺는 게 요원해 보였다.

더 나중에 믿건대, 이 책의 다른 부분이 출간되었을 때 독자들은 저자의 구상 속에서《여러 세기의 전설》을 이 시점에서 거의 끝나가는 또 다른 두 편의 시—하나는 결말이고 하나는 시작인《사탄의 최후》《신》—에 연결되는 고리를 알아차리게 될 것이다.

앞서 언급한 것을 보완하기 위하여 저자는 지금부터 유일한 문제인 존재가 3중의 모습 아래 반사하는 어떠한 영역의 시를 외로움 속에서 써 내려갔음을 쉽게 보여준다. 그 3중의 양상이란 인류(Humanité), 악(Mal), 무한(Infini)이다. 진보(le progressif), 상대성(le relatif), 절대(l'absolu)이다. 세 개의 노래라고 부를 수 있는 그 노래는《여러 세기의 전설》《사탄의 최후》《신》이다.

철학적이면서 역사적인 이 구상은 실로 거창하다. 이 착상으로 위고는 낭만주의 초기 이래 공중에 떠돌고 있던 사상에 생명력을 주려고 시도하였다. 1821년 라마르띤은 세상 창조 이후 그때까지 전개된 방대한 서사시를 잠시 들여다본 적이 있다. 《조슬랭(Jocelyn)》과《천사의 타락(La Chute d'un Ange)》을 펴내면서 그는 이 저자들이 다만 부분들임을 밝혔다. 그뒤 1853년에《환영(Visions)》을 펴내지만 이 작품에 그 초점은 계속 맞추어지지 않았다. 1826년 알프레드 드 비니는《고금시집(Poèmes antiques et modernes)》을 시대·문명별로 분류하였다. 1852년 르콩트 드 릴은《고대시집(poèmes antiques)》에서 근대 사상으로 일부 고대 신화를 새롭게 조명하기도 했다. 머뭇거리며 초고와 단상 등으로 그친 다른 시인과 달리 위고만이 거대한 정경을 서사시 형태로 구성할 수 있었다. 그만이 도도한 영감의 영혼을 거기에 불어넣었다.

여러 세기에 걸친 인간의 개화, 어둠에서 이상으로 올라가는 인간, 지상 지옥에서 천국 같은 변모, 자유의 완만하지만 숭고한 개화, 이 삶을 위한 권리, 타인에 대한 책임. 내부에 깊은 믿음과 꼭대기에 드높은 기도를 지닌 1,000행에 걸친 신앙 찬가. 창조자의 형상으로 밝아지는 창조의 드라마
......

그리하여 인간 의식의 시는 성서의 에덴 동산에서 시작하여 위고의 직관

이 그려낸 '가득한 하늘(plein ciel)' 속에서 끝나는데 이 거대하고 고상한 인간 소묘 능력은 거듭 강조해도 지나치지 않다.

《여러 세기의 전설》에서는 역사의 위대한 시기를 그림처럼 형태를 갖추어 재구축해 놓는다. 때로는 인위적인 자료를 원용하기도 하지만 시인인 까닭에 학자의 정확함과 신중함을 갖추기가 어렵기도 하였을 것이다. 위고는 특유의 상상력에 힘입어 놀랄 만한 선견지명과 통찰력으로 배경이며 분위기며 그 시대의 고유한 영혼까지 완벽하게 다시 구성해 놓을 수 있었다.

《여러 세기의 전설》새 시리즈는 1877년 2월 26일 간행되어 몇 시기를 덧붙이면서 앞서 나온 책을 보완한다. 역사적 영감이 역사 환기를 지배하는 듯하고, 지구·행성·태양 및 몇몇 중요한 천체들이 연이어 이야기하도록 한 뒤 위고는 다음의 시행 한 글을 신에게 빌려 준다. (마지막 시 〈심연(Abîme)〉)

나는 단지 입김만 불어넣을걸, 그리고 모든 것은 어둠으로부터일 텐데……

전체를 볼 때 1877년판이 1859년 것에 비하여 더 어두운 영감을 나타내고 기법 역시 좀 덜 차분한 느낌을 준다. 1883년의 증보판에서도 이러한 인상은 강조되고 있다. 이 시기 뒤(아직 위고 생시)에 세 편의 시리즈가 하나의 연속 작품으로 합해진 결과 첫판의 조화로운 구성이 사라지게 된다. 또한 '새 시리즈'의 강인한 성격이 모습을 감춘다. 그러나 합쳐졌거나 따로 나뉘었거나 세 그룹의 《여러 세기의 전설》은 《조슬랭》《천사의 타락》과 더불어 '프랑스인은 서사적이 아니다'는 명제에 대한 명백한 반증이 되기에 충분할 것이다. 다시 말해서 서사시 장르가 대중적 성공을 거둔 희귀한 예로 여겨진다.

《레 미제라블(Les Misérables, 1862)》

《레 미제라블》은 사랑소설·탐정소설, 그리고 1832년 6월 빠리 봉기를 다룬 점에서 역사소설이 되기도 한다. 이러한 요소들을 동시에 갖추고 있으며 단순한 모험소설이라고도 할 수 없다. 위고의 표현대로 '사회적 서사시 (épopée sociale)'라는 정의가 오히려 어울릴 것이다. 《빠리의 노트르담》과 함께 가장 널리 알려진 위고의 소설이며, 이 작품으로 위고의 대중성이 확고하게 오늘날까지 이어지는 생명력을 얻게 되었다. 영화, 연극, 만화, 뮤지컬

등 다양한 장르로 옮겨지고 있는 이 소설에 흐르는 일관된 성격은 무엇보다도 고상하고 숭고한 감정이다. 이것은 산문시라고도 할 수 있는 이 작품의 영혼의 몫을 감당함으로써 보다 뚜렷해진다.

그 감정은 우선 연민(pitié)이다. 궁핍하고 타락하여 고통받는 사람들에게로 향하는 이 연민의 시선은 하나의 커다란 사상, 즉 윤리적 진보에 대한 믿음에 힘입어 넓어지고 깊어지게 되었다. 《여러 세기의 전설》에서 인류 역사를 통하여 연구된 이 진보 개념을 《레 미제라블》에서는 한 개인의 삶의 연대기로 증거하고 있다. 빛을 향하여 올라오는 인류의 도정이 《여러 세기의 전설》에서 온갖 역사와 인물과 상황의 엇갈림을 통하여 구체화되었다면, 《레 미제라블》은 그보다 복잡성이 덜하다. 한 영혼의 속죄 그리고 희생의 정점을 향하여 올라가는 드라마가 펼쳐지고 있다.

장 발장(Jean Valjean)이 그러한 주인공이다. 사회의 희생자인 도형수(徒刑囚) 장 발장은 태어날 때부터 결코 악한 인물이 아니었다. 빈곤으로 방황하던 중 조카들에게 주기 위하여 빵을 훔친 것이 삶을 바꾸어 놓은 계기가 되었다. 그는 5년 동안의 노역형, 네 번에 걸친 탈출 미수로 모두 19년의 감옥살이를 하지 않을 수 없었다. 그로 말미암아 성격이 비뚤어지고 증오와 탐욕에 가득찬 인물이 되었던 것이다. 어둠 속에서 썩어 가고 있는 도형수의 영혼이 어느 계기를 통하여 밝게 비추어지고 수많은 곡절과 운명의 급변 속에서 사람들의 경멸이며 사회의 부정과 싸워 가는 장 발장의 드라마는 우리에게 극기주의와 신성의 정점에 오르는 한 영혼의 숭고한 승리를 보여준다.

이 작품은 위고 문학을 통하여 가장 '대중적'이 되었고, 소설기법에서 매우 강력한 영향력을 행사할 수 있었다. 10권 분량으로 1862년 6월 30일 벨기에 출판사 라크루아-베르뵈코벤(Lacroix et Verboeckhoven)에서 간행된다. 놀라움과 찬탄이 뒤섞인 반응이 이어져 10권의 작품은 동시에 10권의 소설, 10권의 드라마, 10권의 신문소설, 10권의 시 그리고 10권의 서사시가 되기도 했다. 이 작품으로 위고는 《방황하는 유대인(Le Juif errant)》《빠리의 신비(Les mystères de Paris)》를 쓴 으젠느 쉬(Eugène Sue)를 비롯하여 발자크, 라마르띤, 조르쥬 상드와 겨루는 '소설가 위고'로서 재능을 과시할 수 있었다.

시인으로서 위고가 보인 힘과 정력과 야심과 무궁무진한 상상력은 많은 이들의 찬탄을 자아낸다. 《레 미제라블》의 경우 이 작품이 단순히 망명 시기의 문학작품이 아니라 위고 전 생애에서 손꼽히는 뛰어난 소설이라는 점에 각별한 의미가 있다. 한 작가의 불안하고 고통스러운 영혼 깊숙한 곳에서 긴 세월 잉태되어 온 작품이라고 말할 수 있다. 이 소설이 나오기까지 대략 세 단계의 시기로 분류하여 그 성숙 과정을 짚어 보자.

1) 1845년 이전 : 문학 데뷔 뒤 위고는 운명의 희생자, 더욱이 신분이 미천한 희생자를 주인공으로 하는 소설을 쓰려는 생각에 몰두한다. 1823년 친구 가스파르 드 퐁스(Gaspard de Pons)가 프랑스 남부도시 툴롱(Toulon)을 지나갈 때 자신에게 '도형수'의 삶에 관한 자료를 보내 줄 것을 요청하기도 했다. 그즈음 위고는 어느 도형수가 탈출하여 육군 대령까지 되었다가 1820년 빠리 한복판에서 체포된 실제 모험담에 관심을 가지고 있었던 듯하다. 1828년 전 도지사 미욜리스(Miollis)는 위고에게 자신의 형인 디뉴(Digne) 주교 몬시뇰 드 미욜리스의 생애에 관한 여러 세부사항을 제공하였다. 몬시뇰 드 미욜리스는 1806년부터 왕정복고 사이에 주교직을 수행한 인물이다. 1806년 어느 저녁 그는 석방된 도형수 피에르 모랭(Pierre Maurin)에게 호의를 베풀어 주었고, 이에 감명받은 도형수는 군 간호사로 일하다가 워털루 전투에서 전사하였다고 전해진다. 1829년 《사형수의 마지막 날(Dernier jour d'un conda-mné)》에서 위고는 자유의 몸이 된 도형수에 대한 사회의 적대감과 편견이 석방된 뒤 첫걸음부터 그로 하여금 어떻게 여기에 맞서게 하는가를 이야기하게 한다. 그때 이미 장 발장이 겪을 파란만장한 모험이 윤곽을 드러낸 것이다. 1830년 초 위고는 미래의 《레 미제라블》이 된 초고 상태의 소설 개요를 정해 놓았다. 서문의 앞부분까지도 적어 놓는 의욕을 보인다.

사람들이 이야기하듯 이 이야기가 성공했느냐고 우리에게 묻는 이들에게 그것은 그리 중요하지 않다고 대답하겠다. 이 책에 어떤 교훈이나 충고가 우연히 포함되어 있다면, 사건에 있어 감정에 있어 거기에 존재하는 사실이 들어 있다면 목표에 이르게 될 것이다⋯⋯ 중요한 것은 이야기가 사실이냐 아니냐가 아니라 그것이 진실인지 아닌지에 있다⋯⋯

1832년 3월 위고는 이 작품을 적어도 몇 장(章)쯤 쓰려고 마음먹었다. 그 때 이미 출판업자 고슬랭과 랑뒤엘에게 2권짜리 소설을 팔아 버린 상태였기 때문이다. 이 계약에는 제목에 대한 언급이 전혀 없었지만 '비참한 사람들 (Les Misères)'에 대한 명상에 관한 작품이라는 것은 의심의 여지가 없었다. 그리고 뒤에 맺은 계약에 의하면 첫부분은 '주교의 수사본(Le Manuscrit de l'évêque)'이라는 이름을 붙였을 것으로 추정된다.

이 무렵 위고는 소설에서 연극으로 선회한다. 그러나 이 작품은 그 시대의 관심사와 개인의 근심 그리고 경험을 보태면서 줄곧 위고의 머릿속에서 싹트고 발전해 나갔다. 그뒤 으젠느 쉬가 《빠리의 신비》로 크게 성공하자 여기에 자극받아 마침내 문학적 품위를 부여하고 미학 특징을 드러내 보일 대중소설의 완성을 위해 다시 계획을 세우게 된다.

2) 1845년 11월 17일 : 빠리에서 위고는 오랫동안 꿈꾸어 온 《장 트레장 (Jean Tréjean)》이라고 이름붙인 소설을 쓰기 시작하였다. 2년 뒤 이 작품에 사로잡히게 되고 제목도 《비참한 사람들(Les Misères)》로 바꾸었으며 '두 달 동안 저녁 9시에야 식사하고 작업 시간을 늘리려고' 마음먹는다. 1848년 2월 혁명으로 이 맹렬한 작업은 중단되어 1851년 8월에야 다시 손댈 수 있었다. 루이 나뽈레옹의 쿠데타로 다시 중단되고 브뤼셀에서 마지막 부분을 쓰게 된다. 그리하여 《비참한 사람들》은 1852년 말에 출간되었다. 이 첫 형식의 작품은 1927년 귀스타브 시몽(Gustave Simon)의 노력으로 간행되었으며, 뒤에 나온 《레 미제라블》보다 에피소드와 여담이 적은 4부로 구성되었다. 짜임새는 훨씬 간결명료하여 주요 등장인물들만 부각시킨 결과 장 트레장, 팡띤느(Fantine), 마리우스(Marius), 꼬제뜨(Cosette) 중심의 드라마를 엮고 있다. 운명 때문에 엉클어지는 모험도 《레 미제라블》보다는 덜 파란만장한 편이었다.

3) 《레 미제라블》에서는 서정성이 훨씬 풍부해지고 직접 드러난다. 1860, 1861년 사이 작품에 다시 손댔을 때 위고는 중요한 줄거리의 흐름에 의한 전개 방식을 도입하고 있다. 브뤼셀 여행중 워털루 전투의 서사적 묘사를 열정적으로 구상한 것은 1860년의 일이었다. 마리우스라는 등장인물에게 자신의 청년기 모습을 부여하면서 새로움을 더한다. 《적과 흑》의 쥘리앙 소렐에서 작가 스땅달 자신의 모습을 찾을 수 있듯 위고는 마리우스를 통하여 자신이 20살 때 되고 싶었던 모습으로 다시 삶을 살고 있다. 요컨대 《레 미제라블》에서는 게르느제 섬의 격렬하고 열정적이며 관대하면서도 민주 신념을

지닌 한 영혼의 모습을 그려내고 있다.

　방대한 분량과 때로 궤도를 벗어난 장황함에도 불구하고《레 미제라블》은 19세기 프랑스가 낳은 위대한 소설 가운데 하나임을 부인할 수 없다. 오늘날까지도 살아 숨쉬는 생명력을 지니고 있는 점 또한 그러하다. 이 소설에서 나타나는 리얼리즘은 힘차고 정밀하다. 장 발장, 팡띤느, 꼬제뜨, 가브로슈 그리고 경찰 자베르 같은 등장인물은 대중의 영혼에 의하여 실물이 되고 가장 전형이 될 만한 인간상이라는 영예에 이를 수 있었다. 위고의 꾸밈없고 자유로운 상상력은 줄거리에서 새로운 전개를 다양하게 펼치며 유감없이 발휘되고 있다. 도형수 장 발장과 자베르 경감의 기나긴 숙명적인 싸움, 결국 위대한 영혼을 지닌 장 발장이 자베르를 압도하는 순간까지 숨막히는 긴장과 반전으로 독자의 주의를 이끌고 있다.

　이렇듯 거대하고 다양한 소설 속에서도 곳곳에 시정(詩情)이 드러난다. 그것은 관대함에 가득찬 숨결로 싹트고, 소박하고 간결한 문체 곳곳에 반짝이듯 스며 있다. 그리하여 그림 같은 효과가 돋보이는 묘사 속에서 시다운 분위기로 더없이 커진다.

　위고는《레 미제라블》에 대하여 이렇게 이야기한다. "단테(Dante)가 시에서 지옥을 그려 냈다면 나는 현실로 지옥을 만들어 내려 했다." 그러나 이 지옥은 단테의 지옥과 정반대의 것이다. 지옥을 표상하는 '어두운 심연' 속에 갇히는 대신 위고는 창공을 향하여 올라간다. 거기에서 하늘의 전망, 하늘의 시선을 느끼며 보게 해준다.

《거리와 숲의 노래》(*Les Chansons des rues et des bois*, 1865)

　《여러 세기의 전설》을 쓰는 동안 위고는 굉장한 노력과 정성을 쏟아 부었다. 그뒤 얼마쯤 경쾌하고 대중적인 시 창작의 필요성을 느끼게 되었다. 이미 1847년 초《길의 시(*La Poésie de la rue*)》라고 이름 붙이려 했던 짧은 시편들을 쓰려는 생각을 품기도 했다. 1855~1856년의 노트에서 그는 자신의 계획을 구체화시키고 새로운 제목을 정한다. "《거리와 숲의 노래》로 제목을 붙인 시집 : 사회주의와 자연주의가 이 시집에 섞여 있다."

　1859년 1월 다시 손대어 5월 26일부터 6월 10일까지 아들들과 친구 몇몇과 서크(Serk)라는 작은 섬에 머물며 5편의 '노래(chansons)'를 썼다. 게르느제로 되돌아와 가을에 이르는 동안 작업에 몰두한 뒤 그대로 묻어 두었다. 1865년에 이르러 출간 몇 주 전에 쓴 9편의 시를 덧붙여 완성하고 10월 25일 브뤼셀에서 책이 나왔다. 비평가들은 기다렸다는 듯 이 시집에 대하여 격렬하고 신랄한 반박을 퍼부었다. 대부분 8음절 4행시로 1852년 고띠에의 《칠보와 조가비(Emaux et Camées)》 같은 형식으로 위고는 윤곽의 명료성을 염두에 두고 고띠에와 겨루려 했던 것으로 보인다. 노래의 형식으로 자연, 요약된 전원시, 환상의 비전에 연관된 정경을 차례로 보여주는 이 시집에서는 에스프리가 감정과 연결되어 있다. 때로 말장난과 횡설수설이 되기도 하는 재치가 돋보이는가 하면 일부 시편들은 대중시의 한계를 뛰어넘어 고급시의 차원으로 올라가고 있다. 서시 〈말(Le Cheval)〉과 끝시 〈말에게(Au Cheval)〉에서는 신화 속 동물인 페가수스(Pégase)가 환기되면서 이 이미지를 빌려 《여러 세기의 전설》 뒤에 안정된 듯싶었던 폭풍우의 포효가 시집 언저리에서 울려퍼지게 한다.

《무시무시한 해(L'Année terrible, 1872)》

《무시무시한 해》는 1870년 8월부터 1871년 7월까지 일어났던 정치적·군사적 사건들에 대한 서사체의 연대기라고 할 수 있다. 위고는 각각의 작품들을 그날그날 써내려갔다. 그리고 이 시들을 예언적 의미가 담긴 날짜 아래 묶어낸다. 《징벌시집》과 《여러 세기의 전설》에서 보여준 영감이 섞인 말솜씨와 진실성으로 프랑스·프로이센(보불)전쟁, 빠리 코뮌 동안 프랑스가 겪었던 고통스러웠지만 완강했던 감정을 표현하였다.

이 시집에서는 크게 두 부분을 구분해 볼 수 있다. 1870년 9월 5일부터 1871년 3월로, 그때 위고는 빠리에 있었다. 거기서 그는 점령하의 열정과 고뇌를 직접 체험하였고, 공격과 저항의 흥분과 함몰을 탁월하게 그려 낸다.

1840년 프러시아(프로이센)와의 우호를 극찬하고 독일 낭만주의를 애호했던 위고가 전투적이고 정복 야망에 불타는 독일의 '투구를 쓴' 모습 앞에 환멸을 맛보았다. 그리하여 저주를 퍼붓고 곤궁에 빠진 조국에 대한 불타는 사랑으로 독일과 결별하게 되었다. 〈프랑스에게(A la France)〉라는 시에서는 조국을 향한 사랑의 선언이 아름다운 음조로 드러나고 〈탈출(La Sortie)〉에서는 빠리 시민의 영웅성을 탁월하게 묘사한다. 〈떠오른 풍선에 띄운 편지

(La Lettre par ballon monté)》는 빠리 시민을 찬미하고 있다.

프러시아에 무력하게 패망한 정부군에 반발하여 봉기한 시민군의 항전, 이른바 빠리 코뮌 결성 초부터 그해 겨울이 시작되기까지 위고는 브뤼셀과 룩셈부르크에 머물렀다. 그곳에서 프랑스가 겪는 어려움을 직접적으로 체험하기는 어려웠다. 그는 빠리가 함락되면서 패배자가 된 코뮌 가담 시민들을 옹호하여 관대한 처리를 요구하면서 인간의 보편적인 감정을 영혼 깊숙한 곳에서부터 뒤흔드는 시를 썼다.

《무시무시한 해》는 1872년 4월 20일 출판되었다. 삽화를 곁들인 판본이 이 책을 곧 대중 속으로 파고들게 했다. 위고는 이 시집을 '민중들의 수도 빠리(A Paris, capitale des peuples)'에 바치고 있다. 《무시무시한 해》는 이 책이 다룬 시대 상황이 그러하듯 전체로 어둡고 무엇인가에 열광하는 색채가 짙다. 책이 나올 무렵 위고는 다음과 같이 짧은 서시를 덧붙였는데 이 부분이 바로 그러한 성격을 잘 나타내 준다.

나는 무서운 해에 대하여 이야기하려 한다,
그리고 책상에 팔꿈치를 괴고 이렇듯 망설인다.
더 나가야 할까? 계속해야만 하는 걸까?
프랑스여! 오, 슬픔이여! 하늘에서 작아지는 별을 보라!
나는 부끄러움에 비통해 하는 상승을 느낀다!
침울한 고뇌여! 재앙이 내려온다, 다른 재앙이 올라간다.
무슨 상관이랴! 계속하자. 역사는 그걸 필요로 한다.
이 세기는 법정에 서 있고 나는 그 증인인 것을.

《**할아버지 노릇하는 법**(L'Art d'être grand-père, 1877)》

망명의 마지막 몇 해 동안 위고는 친근했던 존재들이 차츰 자기 곁에서 하나 둘씩 멀어져 가는 것을 보았다. 딸 아델은 미쳐서 정신병 요양소에 수용되었고, 아내는 1868년 브뤼셀에서 세상을 떠났다. 아들 샤를르는 1865년 브뤼셀에서 결혼하였고, 다른 아들 프랑수아-빅또르는 그 젊은 부부와 함께 살았다. 위고는 해마다 브뤼셀에 가서 몇 주일 또는 몇 달 동안 가족과 함께 지내곤 했다. 그들은 1870년 게르느제의 위고 곁으로 왔다. 이 해 위고는 비망록에 이렇게 기록했다. "1870년 6월 7일. 샤를르가 오늘 두 아이를 데리고 왔다. 어린 조르쥬와 잔느…… 아이들은 숭배할 만하다."

조르쥬는 2살, 잔느는 9개월째였다. 위고의 집은 환하게 빛났다. 위고는 문득 할아버지임이 마냥 감미로워졌고, 자신이 젊은 아버지였을 때 이미 표현했던 느낌들이 더욱 감동을 주는 그윽함으로 다시 되살아나는 것을 느꼈다. 1870년 게르느제에서 여름을 보낸 뒤 빠리에서 가을을 맞이하는 위고는 조르쥬와 잔느에게 보내는 상당량의 작품을 쓴다. 그 뒤 1871년 3월에 샤를르, 1873년 12월에 프랑수아-빅또르가 죽어 그는 두 아들을 잃게 된다. '금발의 천사' 조르쥬와 잔느만이 유일한 가족으로 남게 되었다. 그 아이들은 빠리의 집과 게르느제의 오뜨빌하우스에 웃음이 감돌게 했다. 쓸쓸한 노년에 겪는 황홀이었다. 1877년 위고는 기쁜 마음에 그동안 어린 손자 손녀에게서 영감을 얻은 모든 작품들을 한데 묶기로 했다.

　　나는 웃으며 모여 있는 아이들의 무리를 좋아한다;
　　그들은 거의 금발인 것이 내 눈에 띄었다,
　　떠오르는 온화한 태양이 그들의 머리칼을 금빛으로 물들이는 듯하다.
　　　　……
　　애들아, 마음에 드는 찢어진 물건은 어떤 것이니?
　　피 흐르는 소의 살이요, 장 드 포가 대답했다.
　　책이요—레몽이 말하고, 롤랑이 말한다—깃발이에요.

《할아버지 노릇하는 법》은 5월 14일에 출간되었다. 모든 비평가들은 위고가 지닌 재능의 새로운 쇄신에 경의를 표하였다. 75살 된 시인이 보여준 뜻밖의 혁신. 그러나 그것은 《레 미제라블》에서 그린 꼬제뜨의 순수한 모습에서 이미 예감된 바 있었다. 이를테면 드높은 '떡갈나무 수풀(haute futaie de chêne)' 그림자에서 불쑥 솟아오른 '장미덤불(buisson de roses)'에 감동하지 않을 수 없었던 것이다.

아이들의 순수함을 그려내기 위하여 '어진 할아버지'의 시는 스스로 친근하고 천진난만해야 한다. 환상과 현실이 결합된 스케치를 그려내는가 하면 두 개의 서사시를 발전시키기도 한다. 그 하나는 아이들의 친구인 짐승들 앞에서 느끼는 감동을 표현하는 것이고, 다른 하나는 아이들을 위해 지어낸 아름다운 콩트인 〈사자의 서사시(L'Epopée du lion)〉이다. 왕의 아들을 데려간 사자가 떠돌이 기사와 은자(隱者)에게 차례로 맞서고, 군대를 궤멸시키고, 그런 다음 갑자기 요람 속 꼬마 여자아이의 연약함에 양보하는 이야기를 들려준다.

> 그러자 비단과 레이스로 수놓은 요람 곁에서
> 커다란 사자는 여자아이 곁에 오빠를 놓는다
> 어머니가 팔을 낮춰 내리는 듯 그렇게 한다,
> 그리고 말했다: 자 여기 있다! 화내지 마라!

그리고 세번째 범주의 시에서는 위고의 기량이 교묘하게 음악성과 리듬을 타고 발휘된다. 정교한 이미지를 환기시키려는 목적으로 아이들보다 어른들을 더 황홀경으로 이끈다는 평가를 받는다. 이러한 힘으로 위고는 이 시집의 간행시기(1877년)가 이미 낭만주의 특성에서 대부분 등돌린 뒤였음에도 여전히 낭만시인으로 남아 있을 수 있었다. 시와 삶 속에 존재하는 긴장력을 잃지 않고 그 틈으로 유년의 맥락을 접속시키려 한 위고의 비전. 그것은 삶 그 자체를 통제하고 지배하려던 낭만주의의 원천적 시도 속에서 드물게 실천적으로 삶을 살아가는 구체적인 방법을 터득하는 길이 될 수 있었다.

만년의 위고 문학

《행동과 말(Actes et Paroles)》 출간(1875~1876)과 상원의원으로 선출된 뒤 위고의 정치적 참여가 강화되었다. 사면(amnistie)을 위한 투쟁에 집중되는 위고의 활동은 왕정 쿠데타 기도에 맞서는 '피흘리지 않는 혁명'을 목표로 한다. 그뒤 모든 것이 이것을 축으로 조각되고 전개되어 《여러 세기의 전설》 두 번째 시리즈, 《할아버지 노릇하는 법》, 《어떤 범죄 이야기(L'Histoire d'un crime)》 《교황(Le Pape)》 등이 이 시기에 출간되었다.

1878년 뇌출혈로 창작 활동을 끝내고, 이 해 볼테르 서거 100주년을 기념하는 행사를 가졌다. 볼테르가 걸어온 길, 곧 상황인(homme-évènement)에서 세기의 인물(homme-siècle)로의 여정은 바로 위고 자신의 삶을 요약해

주었다.

1885년 죽기까지 정치활동과 사회활동을 계속 유지해 나간다. 아울러 이전에 쓴 작품들을 잇따라 출판하여 《지상의 연민(La Pitié suprême, 1879)》 《종교들과 종교(Religions et Religion, 1880)》《당나귀(L'Ane, 1880)》《정신의 네 바람》《토르크마다(1882)》《여러 세기의 전설》의 보완 시리즈(1883) 등 다채로운 면모로 시대를 대표하는 거인의 영광이 구체화되었다.

위고가 죽은 뒤에도 미간행 작품의 출간이 이어진다. 《자유로운 희곡(Théâtre en liberté, 1886~1888)》《사탄의 최후(1886)》《보았던 일들(Choses vues)》《모든 리라(Toute la lyre, 1888~1893)》《여행(Voyager, 1890~1892)》 《신(Dieu, 1891)》《불길한 해(Les Années funestes, 1898)》《마지막 다발(Dernière Gerbe)》이 그것이다. 위그와 테스타르(Hugues et Testard) 출판사 판에 이어 기념비적인 국립인쇄소판이 1904년부터 1952년까지 방대한 작업으로 위고의 작품을 새롭게 펴냈다. 그 뒤 마생(J. Massin)의 연대기 중심 전집에서는 2,000점에 이르는 위고의 그림을 집대성하여 문인으로서뿐만 아니라 위고를 19세기 위대한 예술가 가운데 재조명하였다.

대중매체의 발달에 의한 라디오, 텔레비전, 연극, 영화의 보급에 힘입어 위고는 시간과 공간을 초월하여 끊임없는 애호의 대상이 되어 왔다. 그리고 작품의 이데올로기적 조형성, 격렬함, 아이러니와 침착성의 절묘한 혼합, 광란의 환상과 형식적인 엄격함의 도도한 균형 등에 주목하면서 한 세기를 노래한 위고의 천부 역량을 새롭게 검증하고 있다. 그러나 우선 양적으로 엄청나게 방대한 위고 문학 작품에는 아직 적지 않은 주제와 메시지가 진지한 접근과 검증을 기다리고 있다. 위고 작품에서의 풍속의 사회성, 개인의 역사성, 성서적 신앙에 대한 예외적인 지성이 드러내 보이는 모럴 이해를 위한 연구 등이 그 예가 될 수 있다. 이제 위고 탄생 200주년에 즈음하여 이러한 작업은 기 로자(Guy Rosa) 교수 등이 주도하는 빠리 7대학의《그룹 위고(Groupe Hugo)》중심으로 한 학제간 연구로 활발히 전개되고 있다.

위고의 소설

낭만주의 초기에 새로운 형태의 소설이 꽃피어났다. 그것은 바로 역사소설이라는 장르였다. 그 시기 작가들은 문학 신념을 실체로 하기 위하여 과거로 거슬러올라가 중세에 맥락을 이어가며 낭만 문학의 역사 근거를 찾아낸다. 이렇듯 역사 감각의 각성을 제재로 과거의 재현이라는 새로운 분야를 열어 놓았다. 거기에는 《아이반호》 같은 역사물을 쓴 영국의 소설가 월터 스콧의 영향이 크게 작용하고 있다. 이와 같은 상황 아래 빅또르 위고도 역사소설을 내놓는다. 그의 소설 작품들은 마음과 상상력을 결합하여 재미있게 이야기를 전개시켜 매우 폭넓은 독자층을 끌어당겨 감동시키고, 단순하고 관대한 인도주의 사상을 펼치면서 위고를 일약 유명 작가 대열에 올려놓았다.

널리 알려진 바와 같이 위고는 1843년 《성주들》이라는 극작품의 실패와 맏딸 레오뽈딘의 죽음으로 큰 충격을 받고 문필생활을 중단, 정치에 가담하였다. 그는 자유와 민주주의를 적극 옹호하다가 루이 나뽈레옹의 쿠데타로 영국령 섬으로 망명하게 된다. 그의 망명생활은 1870년까지 계속되었다. 이 때 《레 미제라블(1862)》 같은 대작을 집필하였고, 《93년(1874)》 등의 역사소설을 구상하기도 하였다.

후기 작품인 《바다의 노동자들(1866)》에서 위고는 노동의 서사시와 대양과 싸우는 인간의 비극을 동시에 보여주고 있다. 《웃는 남자(1869)》는 바로크적인 천재의 저돌성을 드러내어 독자를 당황스럽게 만드는 작품이다. 만년의 《93년》은 방데 지방 반란의 일화에 관련하여 역사적이고 상징적인 소설 형식의 능란함을 보여준다.

위고는 역사소설 《빠리의 노트르담(1831)》과 혁명기 왕당파의 반란을 다룬 《93년》에서 특히 탁월한 역량이 드러난다. 사회소설로는 단연 《레 미제라블》을 꼽을 수 있다. 이 글에서는 위고의 여러 소설 작품 가운데 우리에게 잘 알려진 《빠리의 노트르담》과 《레 미제라블》을 몇 가지 방향으로 분석하여 위고의 소설 세계를 개관하기로 한다.

《빠리의 노트르담(Notre-Dame de Paris, 1831)》

위고는 자료며 문헌 조사와 특히 상상력을 자극하여 깊은 인상과 감동을 주는 역사적인 배경에 통속적인 줄거리를 적절히 사용할 줄 알았다. 그것은 불안한 분위기의 부랑자들이 모여 살던 '기적궁(Cour des Miracles)'과 신비롭고 환상적인 삶의 생기를 북돋워 주는 장중한 성당이 있고 부랑자들이 우글거리던 15세기 빠리의 모습 속에 전개된다. 어두운 숙명이 이 소설을 감싸안듯 지배한다. 이 소설은 특히 콰지모도 같은 인물에게 숭고함과 그로테스크한 면이 혼합되어 나타나기 때문에 빅또르 위고 고유의 문학관과 여러 희곡들의 밀접한 연계를 보여준다.

이 소설이 관심끄는 점은 루이 11세 치하의 15세기 빠리를 폭넓고 다채롭게 묘사하여 낭만주의 전성기 복고 취향에 힘입어 중세를 향한 동경을 한껏 끌어올린 데 있다. 이 작품에는 정통적 관점에서 볼 때 탈선과 여러 가지 이의가 제기될 담론이 많이 들어 있다. 이러한 구성법은 낭만주의 취향에서 비롯되고 있으며, 줄거리에서 보듯 주제는 진부하고 부자연스러운 면이 두드러진다. 16살의 한 집시 소녀가 미남 청년 근위 순찰대장을 사랑하면서 또한 음흉한 사제와 꼽추 남자로부터 한꺼번에 사랑받고 있다는 매우 상투적인 설정이다. 이렇듯 내용은 그리 대수롭지 않지만 작품 속의 삽화와 장면 묘사들은 퍽 흥미롭다. 이를테면 재미있고 환상적이고 무시무시한 장면들이 위고 특유의 기법인 대조의 효과를 통하여 인상깊게 전개되어 판화에 비교할 수 있다. 귀스타브 랑송의 표현처럼 등장인물들은 모두 그림자로 나타난다. 그것은 독자를 매혹시키는 회화의 정밀성으로 크게 부각된다. 이보다 더 생동감있게 나타나는 것은 군중과 거지와 부랑아들의 우글거림, 거기에서 싹트는 건강한 삶의 역동성이다. 어둠침침하고 더러 악취 풍기며 사람들이 배회하는 15세기 빠리의 정경 또한 생동감을 더해 준다. 이 도시를 노트르담 성당의 그림자가 지배하고 있다. 여기서 성당의 모습은 영혼을 지닌 개인으로 의인화되어 나타난다. 작품에 나오는 대수롭지 않은 갈등, 독자의 주목을 끄는 기묘한 장면, 특이하고 개성있는 기법, 15세기 빠리와 그 거대한 성당의 모습이 실감나게, 때로는 환상 속에서 특징적인 역사를 환기시켜 준다.

이 작품은 상징적인 구조가 돋보이는 소설이다. 멜로 드라마의 개성과 그 구조는 이 작품에서 형이상학과 서술적 기법이 되는 불가분의 관계를 나타낸다. 위고 작품 속에서는 이를테면 다른 사람들로부터 들어서 알게 되는 독서의 내용 같은, 작품의 주제를 벗어나는 부분은 하나도 없다. 그것은 극적이고 언어에 관한 상징 구조로 일관한다. 장소의 첫번째 구성은 종(鐘)들과 사람들로 이루어진다. 그리고 방황하는 시인의 대열이며 추상적이고 집단적인 인물들이 엮어진다. 파업, 죽음의 고통, 성당이 대목마다 크게 부각되며 뒤로 다시 되돌아가 이야기를 전개하고 인물들을 저마다 기능에 따라 대비시켜 소개한다. 1832년 추가판(Ⅳ 6장과 Ⅴ)은 작품의 중심이 되는 상징을 제시하고 있다. 이 작품 곳곳에 픽션에 대한 아이러니를 드러내는 환각작용이 느껴진다.

소설이자 시의 일면을 보이는 《빠리의 노트르담》이 지니는 힘은 결과적으로 개인보다는 집단적이고 추상적인 인물들에게 주도권을 부여해 준다. 이를테면 일반 민중에게 관심을 기울이는 소설이 본격적으로 시도된 것이다. 여기서 도시는 《레 미제라블》에 나오는 변두리 지역이 형성하는 인격체를 아직 부여받지 못하고 있지만, 대성당은 전형적인 의미에서 하나의 집단을 이룬다. 이 소설은 상징과 색채감각이 두드러지게 구성되어 인물들 사이에 대조적인 면모를 보여준다. 대성당은 어둡지만, 성당의 종들은 하나의 기호로서 태양과 연관을 가지고 있다. 중심인물들은 저마다 하나의 색채를 띠고 있다. 에스메랄다는 밝은 빛이다. 그녀는 '그 고유의 빛을 발산'(Ⅵ 1)한다. 그녀는 시로 표현하면 '환하게 빛난다'. 에스메랄다는 흰옷을 입고 있다. 페뷔스 역시 그의 이름이 갖는 의미와 그가 나타날 때 태양과의 지속적인 관계로 보아 태양과 같은 인물이다. 그는 밝은 빛을 내는 인물이다. 서로에게 끌린 이 두 인물과, 부주교며 빛을 향해 매달려 있는 콰지모도 같은 어두운 존재들은 대조를 이룬다. 클로드 프롤로는 '어두운 영혼의 소지자'(Ⅶ 8)이고 '엽기적인 인물'(Ⅺ 1)이다. 그를 비추는 태양은 렘브란트의 판화에 나오는 신비스러운 태양이다(Ⅶ 4). 괴상한 용모의 종치기는 밖에 있을 때는 다갈색이지만, 안에서는 검다. 그는 악 때문에 고통스러워한다. 그러나 외형의 추악함에 비하여 위고는 콰지모도의 내면의 순수와 숭고함을 극적으로 돋보이게 하였다. "어둡고 불행한 얼굴 둘레에 밝은 표정이 있다."(Ⅱ 3) 또한 이 작품은 중세 이후 프랑스 문학의 한 특징을 이룬 우의(寓意) 소설의 일면을 보여준다. 여기서 불쌍한 사람들은 여섯 번이나 임명된 부주교, 콰지모도, 은둔자, 시인 그랭구아르, 부랑자들이다. 에스메랄다는 불행한 여인이다. 이러한 비극에서 원초적인 투쟁의 상징인 개인의 숙명이 '인간 의식의 시'를 구성한다. 이 작품 속에는 밝음과 어둠의 근원적인 투쟁의 사상을 바라보는 위고의 철학이 직접 드러나고 있다. 계급제도, 통일성, 교의, 신화, 신(神)과 같은 무겁고 어두운 개성에 자유, 민중, 인간 같은 낭만주의 본연의 개념을 대비시키면서 특히 이 책 5권에서 위고의 사상은 강렬하게 발산

된다.

　노트르담 성당을 공격하는 부랑자들의 과격하고 웅장한 장면은 비극적인 오해에서 비롯되었다. 부랑자들은 동족애로써 콰지모도가 데리고 있다고 생각하는 에스메랄다를 구하려 한다. 그때 그녀는 이미 노트르담 성당에서 추악한 클로드 프롤로의 손아귀에 들어가 있었다. 그렇지만 사건이 일어나기까지 교회 종치기는 맹목적인 열정으로 자기가 가장 사랑하는 여인과 성당을 동시에 지키면서 반신반의할 뿐이다. 성당은 부랑자들에 의하여 엄청나게 위협받고 있었던 까닭이다.

　《빠리의 노트르담》에는 몇 가지 항속적 요인이 존재한다. 소리에 대한 관점에서 '공중으로 퍼지는 종소리'(Ⅲ 2), 카바레의 '시끌벅적한 창'(Ⅶ 7)이 있다. 콰지모도는 종소리를 눈으로 보는 능력을 가지고 있다. 다른 요인으로는 '반인반종(半人半鐘)인 이상한 켄타우르스'(Ⅵ 3) 같은 괴물이 있고, 또 다른 한 가지는 심연이다. 그것은 죽음이자 악을 형상하고 있다. '심연, 다시 말하면 교수대'(Ⅰ 2)이다. 이 소설은 그리하여 우의와 형이상학의 면을 강하게 노출하고 있다. 《사형수의 마지막 날》이 운율에 바탕을 둔 극의 구조라면, 《빠리의 노트르담》은 상징적인 극의 구조를 이룬다. 위고의 후기 소설들은 저마다 이와 같이 두 가지 구조 아래 펼쳐진다.

《레 미제라블》(Les Misérables, 1862)

　죽음의 고통에 대한 구두 변호인 《사형수의 마지막 날》, 1834년의 《클로드 괴(Claude Gueux)》와 함께 위고는 인간애와 사회의 진보를 전파하려는 의도를 분명히 하였다. 이러한 입장은 《레 미제라블》에서 더 구체화되었다. 위고는 1845년부터 먼저 《레 미제르》라고 제목을 정하고 이 대작을 구상하여 이 작품에 많은 시간을 바쳤다. 그가 이 작품의 절반 이상을 쓴 것은 7월 왕정이 쇠퇴하기 시작한 몇 년 동안이다. 1848년 2월 혁명으로 집필을 중단하였다. 이 작품과 더불어 그는 또 한 차례 정치적 전환을 시도하였다. 《레 미제라블》은 부분으로 기복이 심하고 가필이 두드러지지만 소설 본디의 이야깃거리를 갖추어 내용이 풍부하고 깊은 감동을 주는 방대한 소설로 인도주의 견해와 서사시다운 영감이 지배한다.

　《레 미제라블》은 많은 반향을 일으켰던 작품이다. 작가와 비평가들에게 그것은 비난의 소리로 드러났다. 플로베르는 이 작품의 '의도적으로 부정확하고 저속한 문체'를 비난하였고, 보들레르는 '추잡하고 하찮은 책', 공쿠르 형제는 '거짓투성이'라고 이야기하였다. 바르베 도르비이는 '그 시대의 가장 해로운 책'이라고 평가절하하였다. 라마르띤은 이 책에 관하여 《친근한 문학강의》에서 다섯 번의 대담을 할애할 정도로 중요하다고 판단하였다. 그 결과 "두 가지 방식으로 매우 위험한 책이다. 행복한 사람들을 너무 두렵게 하고 불행한 사람들에게 너무 희망을 품게 하기 때문이다"는 유명한 평결을 밝히기도 하였다.

이와 반대로 19세기 문학의 대중적인 성공의 대표 사례를 꼽는다면 단연 《레 미제라블》이다. 공장과 작업장의 노동자들은 돈을 갹출하여 이 책을 구입하였다고 한다. "주머니에 12프랑이 있으면 사람들은 이 책을 샀고, 제비를 뽑아 읽고 난 뒤 책 주인을 정하였다." 이 작품은 이렇듯 그즈음 가장 대중에게 인기있는 근대소설이었다.

《레 미제라블》은 낭만주의 사회소설의 대표 걸작으로 여러 가지 양식, 소재, 기법이 혼합된 하나의 '세계'와 같다. 이 작품은 워털루 전투와 왕정복고라는 정치상황이 불러일으킨 구조적 혼란과 소요 장면을 그린 역사소설의 측면도 있다. 위고는 편집자 라크루아에게 이야기하였다. "이 책은 비극과 결합된 역사이다. 무한한 삶의 어느 날 현장에서 붙잡힌 인간의 유형을 비추는 거대한 거울이다." 그리하여 워털루 전투를 통하여 역사와 개인 운명의 변증법을 보여주고 있다. 사회 침체의 문제는 1830년 혁명과 1832년 폭동이 준비되면서, 왕정복고가 봉쇄하였던 역사의 맥락과 뗄 수 없는 관계를 맺고 있다. 위고는 민중의 힘이 결집되지 않을 때 역사의 곤경에서 빠져 나올 수 없다는 것을 웅변으로 보여준 셈이다. 이 작품이 갖는 시학의 탁월함은 이 텍스트를 대중소설로, 사회소설로, 자아에 대한 상징체계로, 서사소설로, 여러 차원에서 읽을 수 있는 데에 있다. 이 소설의 어떤 부분, 특히 폭동 장면은 매우 서사적이지만, 거기에 연관된 인물들의 심리묘사가 불충분하고 그리 주목을 끌지 못한다는 게 결점으로 지적된다. 전체로는 사회의 질곡을 딛고 스스로 속죄하여 다시 태어나는 주인공의 소생, 빛을 향한 진보라는 위고의 철학이 스며 있고 저마다 다채로운 상징이 돋보이는 소설이 될 수 있었다. 소설 전체에 흐르고 있는 것은 18세기 철학자들의 생각과 달리 논리와 조직만으로는 인간이 행복할 수 없고 인정과 자비와 연민이 필요하다고 주장하며, 사회는 이와 같은 요소들을 무시한 법률의 기계적인 해석과 적용으로 많은 희생자를 내고 있음을 고발한다. 또한 혁명가 마리우스를 설정하여 작가 자신의 모습을 그려 내는 자화상적 서정소설의 측면과 민중의 영광을 염원하는 인도주의의 시이기도 하며, 저열하고 비속한 그즈음의 사회풍속을 가차없이 폭로한 사실주의 소설의 측면도 함께 보여준다. 《레 미제라블》의 줄거리는 다음과 같다.

미리엘 주교는 석방된 죄수 장 발장을 신앙과 자비로써 다시 착한 인간으로 돌아오게 한다. 마들렌느로 이름바꾼 장 발장은 영불해협 언저리 작은 도시에서 신분을 감추고 공장을 경영, 시민들의 신망을 얻어 시장이 된다. 그는 남성의 이기심에 희생된 가련한 팡띤느에게 각별한 관심을 갖는다. 자베르 형사는 집요한 의심으로 그림자처럼 그를 따라다닌다. 그러던 중 장 발장은 8년 전부터 수배중이던 전과자 장 발장이 최근에 잡혔다는 소식을 듣는다. 극심한 갈등이 그의 마음 속에 일고, 그런 끝에 그는 무고한 사람을 구하기 위하여 자수해 다시 징역형을 받는다. 시장 시절에 도와주었던, 전직 여직공으로 사생아의 양육을 위하여 창녀로 전락한 가엾은 여인 팡띤느를 위하여 그는 다시 탈주한다. 워털루 전쟁의 패잔병인 떼나르디에의 여관에서 노예처럼 혹사당하는 팡띤느의 딸 꼬제뜨를 구해 낸 장 발장은 빠리로 돌아온다. 곧바로 자베르가 나타난다. 그들은 가까스로 그의 눈을 피하여 어느 수도원에서 은신처를 찾아낸다. 정원사로 일하면서 꼬제뜨의 성장에 보람을 느끼는 동안 꼬제뜨는 아름답게 자라 훌륭한 신분임에도 민중 속에서 신념을 불태우는 마리우스의 사랑을 받는다. 그는 장 발장 몰래 꼬제뜨를 만난다. 빠리 시내가 온통 바리케이드로 뒤덮여 있던 어느 날 장 발장은 우연히 두 젊은이가 서로 사랑하고 있음을 알게 된다. 처음에는 괴로웠지만 꼬제뜨의 행복을 위하여 자기 사랑을 희생하기로 마음먹는다. 1832년 왕정에 항거하는 공화파의 대폭동에 가담한 마리우스가 비밀결사 동지들과 함께 싸우고 있는 바리케이드로 간 장 발장은 그 청년이 부상당하여 정신잃고 있는 것을 보고 어깨에 둘러메고 하수도를 통하여 구해낸다. 그때 폭도들에게 붙잡혀 처형을 기다리던 자베르를 보고 장 발장은 집행을 자원한다. 결국 장 발장은 그를 풀어 주고 공포한 발을 쏜다. 자베르의 신념이 흔들렸다. 그는 가치관의 전도와 내부의 모순을 감당할 길 없어 세느 강에 투신자살한다. 마리우스는 쾌유되고, 결혼식이 거행된다. 장 발장은 숨겨 두었던 60만 프랑을 꼬제뜨에게 준다. 그뒤 그는 마리우스에게 자기의 정체와 꼬제뜨가 친딸이 아님을 밝히고, 이제 따로 떨어져 살겠다고 결심한다. 그런 다음 유유히 성자의 모습으로 죽어 간다.

위고는 이 작품을 내놓은 뒤 1862년 6월 라마르띤에게 보낸 편지에서 이렇게 이야기했다.

비참함을 인정하는 사회, 지옥을 인정하는 종교, 전쟁을 인정하는 휴머니티는 나에게 내면의 사회, 내면의 종교, 내면의 휴머니티로 보이고, 그것은 장차 펼치려는 상위의 사회, 상위의 휴머니티, 상위의 종교, 곧 왕이 없는 사회, 국경이 없는 휴머니티, 책이 없는 종교를 지향하는 것이다.

위고 자신은 인간의 숙명을 파괴하고, 노예제도를 비난하고, 비참함을 추방하고, 무지를 일깨우고, 질병을 치료해 주고, 어둠을 밝히고, 증오를 미워한다. 이것이 자신이 존재하는 것이며, 그래서 이 작품을 쓴 것이다.
이 작품은 동시대의 어둠을 비추는 거대한 탐조등 같다. 위고는 라마르띤에게 "나는 어둠을 밝힌다"고 쓴 적이 있는데 어둠이 의미하는 비참은 결국 인간들과 연관되어 있는 것이다. 이 소설의 제목도 《비참》에서 《레 미제라블(불쌍한 사람들)》로 바뀌었다. 그것은 가장 연약한 사람들의 비참함, 선한 사람 마들렌느 씨의 모범 작업장에서조차도 착취당하는 노동자들의 열악함, 노인들의 궁핍, 굶주린 아이들의 달랠 수 없는 참상이다. 19세기 도시의 주거 환경이 여기에 더해지면서 비참의 문제는 시간과 공간을 떠나 인간이 늘 당면하는 근본문제로 제기된다. 《레 미제라블》의 특성은 단순히 불쌍한 사람들이 소설 속에 등장하는 것이 아니라 그들이 소설을 이야기하고 있는 것이다. 그들은 떼나르디에 같이 실패하여 낙오한 하급 프롤레타리아의 입을 통하여 이야기한다. 그들은 그들 고유의 은어를 사용한다. 그들은 연민의 대상이라기보다 제외의 대상으로 여겨졌던 것이다.
 장 발장, 꼬제뜨, 자베르 세 인물은 모두 연민을 모르는 기계화된 사회가 낳은 희생자들이다. 장 발장은 주교와 만난 때부터 무고한 한 인간이 희생되는 것을 막기 위하여 스스로 죽는 순간까지, 언제까지나 생생하고 진실함을 잃지 않는 아름다운 인물이다. 하지만 그는 지나치게 가혹한 처벌을 받고도 사회에서 끝까지 무시당해야 하는 인간을 표상하는 희생자의 전형이다. 꼬제뜨는 어머니가 사회의 희생자였다는 이유 때문에 박해를 받는 인물로 등장한다. 경찰 자베르는 떼나르디에와 장 발장을 계속 추적하다가 마침내 장 발장의 도움으로 생명을 건져 마지막 순간에 자신을 돌이켜 봐야 하는 심각한 고민에 빠진다. 그는 자신이 법의 집행자라는 사실과 동시에 자신도 사회 속의 일원으로서 인간애를 거부할 수 없는 존재라는 사실 때문에 격렬한 갈등을 느꼈다. 이것은 그의 독백에서 여실히 드러난다.

 범죄자에게 목숨을 구제받고 그 부채를 인정하고 그 보답으로 본의 아니게 죄인과 똑같은 처지가 되어 은혜를 은혜로 보답하는 것, 자기에게 "가라"고 한 자에 대해 이쪽에서도 "자유의 몸이 되라"고 대답하는 것, 개인적인 동기에서 공적인 임무를 희생하고, 더욱이 그 개인적 동기 속에 동시에 무언가 공적인 것, 아마도 좀더 높은 것을 느끼고, 자신의 양심을 배반하지 않기 위해 사회를 배신하는 그러한 부조리가 모두 현실이 되어서 그에게 덮쳐왔다. (……)
 이제부터 어떻게 해야 할 것인가? 장 발장을 넘겨줄 것인가? 그것은 나쁜 일이었다. 그러면 장 발장을 자유롭게 놓아 둘 것인가? 그것도 나쁜 일이었다. 첫번째 경우는 관리가 유형수 이하로 떨어지는 것이고, 두 번째 경우는 유형수가 법률보다 높이 올라가서 법률을 밟는 결과였다. 어느 쪽도 자베르에게는 불명예였다.
 (……) 대체 무엇이? 법정과 집행 명령과 경찰과 권력 외에 세상에 또 무엇이 있단 말인가? (……)
 장 발장, 오직 그만이 그의 정신을 압박하는 무거운 짐이었다. (……) 그 죄수는 친절했다. 또한 그 자신도 예전엔 없었던 일이지만 얼마 전부터 친절한 행위를 해왔다. 그는 변한 것이다. 그는 자신이 비겁하다는 것을 인정했다. 그는 스스로 두려움을 느꼈다.

자베르는 지켜야 할 법과 자신이 받은 인간애 때문에 장 발장과 마주해 고민하다가 결국 자살을 결심한다. 그는 맹목적으로 법과 책임감에 봉사하다가 마침내 양심의 가책으로 스스로 목숨을 끊은 것이다.

이렇듯 작품 속에 인물의 변신이 엿보인다. 두 인물 장 발장과 떼나르디에는 끊임없이 가명을 사용하면서 변신한다. 장 발장은 범죄자에서 새로운 인간으로 태어나기 위하여, 다시 말해 '살기 위하여', 선의를 베풀기 위하여 공간의 이동이 있을 때마다 이름을 바꾸었다. 그는 마들렌느(시장, 구슬 제조업), 위르뱅 파브르(자수-탈출 뒤 꼬제뜨 동반), 르블랑(뤽상브르 공원), 포슐르방(수도원)이라는 가명을 사용한다.

장 발장은 마리우스에게 자신이 전과자임을 고백하러 왔을 때 이렇게 말한다.

어떤 동기로 이 죄수가 '나는 죄수요' 하고 말하러 왔는가, 그거로군. 그렇소! 좀 색다른 동기요. 정직한 마음에서요. (……)
뽕메르씨 씨, 이렇게 말하면 상식에 어긋나는 것 같지만 나는 정직한 사람이오. (……)
나는 자신의 양심에 복종하는 죄수요. 이런 사람은 다시 또 없으리라는 것을 잘 알고 있소. 그러나 어떻게 하겠소? (……)
살기 위해서 옛날에 나는 빵 한 조각을 훔쳤소. 그러나 오늘은 살기 위해서 당신에게 그 이름을 훔치고 싶지 않소.

한편 떼나르디에는 악인으로 행동을 계속하려고 이름을 바꾸었다. 그는 종드레뜨, 파방투(배우), 장폴로(시인), 돈 알바레스(스페인계), 떼나르(마리우스에게 돈 요구), 거짓말쟁이, 중상자, 극악무도한 자, 돈을 구하는 데 수단과 방법을 가리지 않는 인물로 거듭 바뀐다. 그는 마리우스에게 장 발장을 비난하면서 돈을 요구한다. 그러나 그것은 오히려 장 발장의 무죄와, 마리우스에게 그를 구해 준 생명의 은인이 장 발장임을 확실하게 밝혀주게 되었다.

당신은 파렴치한이야! 거짓말쟁이고, 중상자고, 악당이야. 당신은 그분을 고소하려다가 거꾸로 그분의 무죄를 증명했어. 그분을 파멸시키려 했지만 그분에게 명예를 줄 수밖에 없게 되었어. 당신이야말로 진짜 도둑이야! 살인범은 바로 당신이야!

마리우스는 떼나르디에를 불쌍히 여겨 돈을 주어 몰아내고 꼬제뜨와 함께 장 발장을 찾아간다.

이 소설 속에는 두 가지 형태의 사랑이 존재한다. 그것은 바로 조건 없는 사랑과 이성끼리 하는 사랑이다. 조건 없는 사랑은 장 발장이 꼬제뜨, 부랑자들, 떼나르디에, 마리우스, 팡띤느에게 베풀었던 사랑이다. 그는 작품의 마지막 부분에서 꼬제뜨와 마리우스에게 말한다.

언제까지나 서로 깊이 사랑해라. 서로 사랑한다는 것, 이 세상에 그 외의 것은 별로 중요하지 않단다. 너희들은 여기서 죽은 불쌍한 노인도 가끔은 생각해 다오. (……)
(……) 아아, 나는 어떻게 될까, 나도 모르겠다. 다만 빛이 보이는구나. 좀더 가까이 오너라. 나는 행복하게 죽어 간다. 너희들의 사랑스러운 머리를 이리로 내밀어 주렴, 내 손을 그 위에 얹게 해 다오.

이 부분은 그가 미리엘 주교에게서 받은 사랑을 온갖 역경을 통하여 그대로 베풀며 행복하게 맞이하는 죽음을 감동할 만하게 보여주고 있다.

이성끼리 하는 사랑은 꼬제뜨와 마리우스의 사랑이 그 본보기가 된다. 위고는 마리우스가 꼬제뜨에게 보낸 편지를 통하여 사랑의 본질을 이렇게 정의하였다.

사랑은 영원의 일부분이다. 사랑은 영혼과 같은 성질을 가지고 있다. 사랑은 영혼처럼 신성한 불꽃이고 영혼처럼 불변이며 불가분하고 불멸이다. 그건 우리 안에 타는 한 점의 불꽃이라 죽지 않고 무한하며, 어떤 것도 막을 수 없고 무엇으로도 끌 수 없는 것이다. 사람들은 그 불꽃이 골수에까지 타드는 것을 느끼고 그 불꽃이 하늘 끝까지 빛나는 것을 본다.

사물과 인간의 역동 그 큰물결

빅또르 위고의 삶은 19세기 프랑스 역사를 그대로 반영하고 있다. 그의 생애 고비마다 의미가 깊었던 1827, 1843, 1852, 1870년과 같은 해는 바로 프랑스의 정치와 문학계에서 일어난 큰 사건과 연결되기 때문이다.

위고는 그 어떤 예술가보다 독특하게 '느낄 수 있었기' 때문에 그 시대 삶을 깊이 있게 체험하여 문학으로 구현하였다. 라마르띤의 귀족 특성을 드러내는 우울이나 뮈쎄 같은 세기인의 정열이 위고에게는 없다. 위고의 내면에는 민중과 세상 사물들의 영혼과 자신을 같은 것으로 여기는 놀라운 재능이 있었다. 그의 목소리는 시대를 울렸고 상상과 직관의 힘으로 우주 삼라만상 모든 것과 교류하여 참으로 다양한 감정을 드러냈다.

위고의 영혼이 군중과 섞여 있었다고 하지만 그는 재능의 도도함으로 인류에게 군림하려는 의식을 한순간도 소홀히 하지 않았다. 안내자, 지도자, 예언자 입장에서 평생 추구해 온 '인류의 진보, 상승' 이념을 실제로 제시하는 데 골몰했던 것이다. 남들이 자신을 '바라보고 있음'을 예민하게 느끼며 이에 만족하였고, 어느 기간에는 추방자·망명자로서 당당한 태도에 자부심을 지닐 수 있었다. 사실 이런 용기에는 허세가 들어 있었다.

순박한 자부심도 위고에게 큰 힘이 되어 주었다. 그것은 정치와 문학에서 적대관계에 있는 사람들을 향한 경멸이나 자신의 격렬한 분노를 설명해줄 수도 있었을 것이다. 그러나 이렇게 의연한 위고는 '상아탑' 속에 자신을 고립시키며 운둔했던 비니와 달랐다. 그와 반대로 자신에게 스스로 의무와 책임을 부여하면서 행동가, 사상가로서 다른 사람의 삶에 빛을 비추고 힘 있는 인간으로서 힘없는 사람들을 옹호하려는 신념을 가졌다.

이 과정을 통하여 위고의 인도주의 사상이 확립되고 가난한 사람들, 박해받는 사람들의 비참을 절실하고 깊게 공감하게 되었다. 위고가 문단에 진출할 무렵에는 라마르띤의 《명상시집》이 대단한 호응을 얻고 있었다. 이에 대하여 위고는 시가 개인에게 위안이나 심심풀이가 될 수 없다며 작가에게 두 가지 사명을 부여하는 문학관을 정립했다.

무엇보다도 살고 있는 시대에 목소리를 빌려 주는 '메아리'가 되어야 한다는 것이다. 감정은 인간성의 상당 부분을 포괄한다는 논리에서 개인의 감정을 시에 마땅히 포함해야 한다고 했다. 더 중요한 것은 위고의 노래 속에는 사람의 소리, 자연의 소리 그리고 시대 상황의 소리가 함께 들려온다는 사실이다. 이와 같은 세 목소리는 산문에서도 자유롭게 표현된다.《레 미제라블》은 이런 면에서 사회소설이며 역사소설, 서정소설, 서사소설의 요소를 모두 갖추고 있다.

소외받는 사람들에 대한 연민의 눈길, 등장인물들이 역사의 사건에 깊게 섞여 있다는 점에서 시대 상황이라는 거대한 자연, 커다란 벽화 속에 새겨진 인간의 드라마가 된 것이다.

이러한 의도가 잘 드러나서 독자에게 깊은 인상을 주고 공감하게 할 수 있었던 것은 그의 독특한 문체에 힘입은 바 크다. 인간의 보편된 감정과 현실에서 얻은 인상, 철학사상과 사회사상을 적절하고 다양한 어조로 변용시켰다. 위고는 프랑스문학의 오랜 전통을 이루었던 고상하고 귀족같은 문체, 우언법 따위를 배제하고 생생하고 실감나는 표현과 어휘를 썼다.

위고의 문학예술은 아주 개성이 있으면서도 매우 보편적이라 할 수 있다. 위고 특유한 재능인 상상력은 더없이 자유롭고 거침이 없었다. 사물의 무한함과 삶의 역동성, 인간의 지식과 감성의 움직임이 그의 방대한 작품에서 때로는 암시하고 때로는 큰 목소리로 물결치고 있다.

빅또르 위고의 연보
이희영 (빠리사회과학고등연구원박사과정)

1797	11월 15일 빠리에서 대위 조제쁘 레오뿔 시기베르 위고(1773년 11월 15일 낭시 출생), 소피 트레뷔셰(1772년 6월 19일 낭트 출생)와 결혼하다.
1798	11월 15일 두 사람 사이에서 빅또르 위고의 맏형 아벨 위고 빠리에서 태어나다.
1800	9월 16일 둘째 형 으젠느 위고 낭시에서 태어나다.
1802	2월 26일 빅또르 마리 위고 브장송에서 셋째 아들로 태어나다. 나뽈레옹군의 장교인 아버지가 집을 떠나 임지에서 근무하게 되자 어머니는 빅또르 라오리와 애인 관계가 되다.
1803(1세)	아버지 위고 소령, 가족과 함께 코르시카 섬의 바스티아, 이어서 엘바 섬의 뽈르뜨 펠라조에 머무르다.
1804(2세)	아이들과 어머니 소피, 빠리의 클리시 거리에서 살다.
1807(5세)	12월 말 소피와 아들들, 이탈리아 나폴리로 옮겨와 몇 달 동안 아버지와 살다.
1808(6세)	7월 아버지 레오뿔 대령, 조제쁘 보나빠르뜨를 따라 스페인으로 가다. 12월 남아 있던 가족 빠리로 출발하다.
1809(7세)	이 해 봄 위고 부인 세 아들과 함께 라오리 장군이 몸을 피하러 오게 될 빠리의 페이앙띤 거리에 살다. 아버지 레오뿔, 스페인에서 장군과 총독에 임명되다.
1810(8세)	12월 라오리, 페이앙띤 거리에서 체포되다.
1811(9세)	3월 15일 어머니, 세 아들을 데리고 남편 부임지 마드리드로 출발, 일 년 동안 머무르다. 아버지 레오뿔 이혼 요구, 형 으젠느와 빅또르를 마드리드의 귀

족학교에 입학시키다.
1812(10세) 3월 3일 어머니와 아이들만 빠리로 돌아와서 다시 페이앙띤에서 살다.
말레·기달·라오리의 음모가 실패, 12월 라오리 총살당하다.
1813(11세) 아버지, 귀국 뒤에도 어머니와 별거하다. 12월 31일 살던 곳을 떠나 현(現) 르 셰르쉬미디 거리 40번지로 옮기다.
1814(12세) 1월 아버지 티옹빌 지구 사령관이 되다. 위고 집안의 아들들, 루이 18세로부터 '백합의 기사' 칭호 받다.
아버지 레오뿔, 소피와 이혼 소송을 시작, 아들 으젠느와 빅또르를 꼬르디에 기숙학교에 넣다. 빅또르는 이곳에 4년 머무르며 마지막 2년은 루이르그랑 고등중학에 다니다.
1816(14세) 이공과 대학 수험 준비하다. 아버지 레오뿔, 블루와에서 반급(半級)을 받는 장교로 머무르다.
7월 10일 위고, 시첩(詩帖)에 쓰다 — '샤또브리앙이 되는 게 아니라면 아무것도 되고 싶지 않다.' 첫 작품 비극《이르타멘느》쓰다.
1817(15세) 빅또르 위고, 아카데미 프랑세즈 문학경시대회에서 수상하다.
1818(16세) 부모의 별거가 시작되다. 으젠느와 빅또르, 꼬르디에 기숙학교에서 나와 어머니와 살다.
1819(17세) 2월 툴루즈 문학경시대회에서 시 두 편이 입상, 5월 시 한 편 아카데미 프랑세즈 상 수상하다.
이 해 봄 어린 시절 친구 아델 푸셰에게 사랑을 고백하다.
12월 위고, 형제들과 함께〈문학 수호자(Conservateur littéraire)〉지를 창간하다(1821년 3월까지 월 2회 발행).
1820(18세) 3월 9일〈베리 공작의 죽음에 대한 오드〉로 루이 18세로부터 하사금을 받다. 중편소설《뷔그 자르갈》을〈문학 수호자〉지에 게재하다.
어머니의 반대로 빅또르 위고, 푸셰 집안과 관계를 끊다. 위고와 아델 비밀리에 편지를 주고 받다.
위고, 지식인 사회에 들어가다(라마르띤·샤또브리앙 등과 교유).

1821(19세) 6월 27일 어머니를 잃다. 7월 20일 아버지는 애인 카뜨린느 또마와 재혼하다. 7월 위고와 아델 푸셰 약혼하다. 10월 사촌 트레뷔셰와 함께 드라공 거리 30번지 다락방으로 옮기다.

1822(20세) 6월 8일 첫 시집 《오드와 기타 시》 간행하다. 7월, 국왕 루이 18세로부터 연금을 받다. 10월 12일 쌩 쒈삐스 성당에서 아델 푸셰(1803년 출생)와 결혼식 후 르 셰르쉬미디 거리에서 살다. 아델을 짝사랑하던 형 으젠느, 두 사람의 결혼에 충격받고 정신착란을 일으키다.

1823(21세) 2월 8일 소설 《아이슬란드의 한》 간행하다. 7월 〈라 뮤즈 프랑세즈〉지 창간(1년간)하다. 7월 16일 첫아들 레오뽈 태어나 10월 9일 죽다. 샤를르 노디에의 인정을 받아 대우를 받는다.

1824(22세) 3월 시집 《새 오드》 출판으로 생활에 여유가 생겨 6월 보지라르 거리 90번지로 옮기다. 8월 28일 맏딸 레오뽈딘 태어나다.
노디에의 집에서 '아르스날' 모임이 형성되다.

1825(23세) 4월 29일 라마르띤과 함께 레지옹 도뇌르 5등 훈장을 받다.
5월 29일 샤를르 노디에와 함께 랭스 대성당에서 있었던 샤를르 10세의 대관식에 초대받아 한 편의 송시를 짓다. 아버지 레오뽈 육군 중장이 되다. 여름, 노디에 가족과 빅또르 가족이 샤모니, 제네바로 여행하다.

1826(24세) 1월 말 《뷔그 자르갈(증보 제2판)》 간행하다. 11월 2일 아들 샤를르 태어나고, 같은 달 시집 《오드와 발라드》 간행하다.

1827(25세) 1월 12일 빅또르 부부, 비평가 생뜨 뵈브의 방문을 받고 그와 친구가 되다. 4월 노트르담 데샹 거리 11번지로 옮기다.
10월 자택에서 〈세나끌 로망띠끄〉의 회합을 가지다.
친구들에게 《크롬웰 서문》을 낭독하다. 12월 5일 희곡 《크롬웰》 간행 후 낭만주의 투쟁 시대에 들어가다(1831년까지).

1828(26세) 1월 28일 빠리에서 아버지 레오뽈 죽다. 10월 21일 아들 프랑수아 빅또르 태어나다.

1829(27세) 1월 《동방시집》 간행하다. 코메디 프랑세즈 극장 상연 예정인

《마리옹 드 로름므》 검열로 인해 8월 13일 금지령 내리다. 빅또르 위고, 보상으로 제공된 은급을 거절하다.

8월 29일부터 9월 24일까지 《에르나니》 쓰다. 10월 코메디 프랑세즈 극장 상연 예정되다.

아내 아델과 생뜨 뵈브, 사랑에 빠지다.

소설 《사형수의 마지막 날》 출간하다.

1830(28세) 2월 25일 《에르나니》 첫 상연되자 고전·낭만파 사이에 이른바 '에르나니 싸움'이 일어나다. 3월 13일 《에르나니》 간행하다. 4월 장 구종 거리의 새 아파트로 옮기다. 7월 28일 7월 혁명의 혼란 중 둘째 딸 아델 태어나고 생뜨 뵈브가 대부되다.

1831(29세) 3월 16일 소설 《빠리의 노트르담》 간행(작자명 없음. 2권)하다. 8월 11일 《마리옹 드 로름므》 뽀르뜨 쌩 마르땡 극장 첫 상연되다. 11월 30일 시집 《가을 나뭇잎》 간행하다. 아내 아델, 생뜨 뵈브와 헤어지다. 샤를르 콜레라에 걸리다.

1832(30세) 10월 르와얄 광장(현(現) 레 보쥬 광장) 6번지로 이사하다. 11월 22일 코메디 프랑세즈 극장에서 《왕은 즐긴다》 첫 상연되었으나 이튿날 상연 중지되다. 빅또르 위고 소송을 제기, 검열 폐지를 주장하다.

1833(31세) 2월 2일 뽀르뜨 쌩 마르땡 극장에서 《뤼크레스 보르지아》 첫 상연되다. 같은 달 19일 밤(루이 바르쯔 《시인의 사랑》에 의함) 위고와 여배우 쥘리에뜨 드루에, 애인 관계가 되다. 11월 6일 같은 극장에서 《마리 뛰도르》 첫 상연되다.

1834(32세) 1월 15일 《미라보 연구》, 3월 19일 《문학 철학논집》 간행하다. 8월 애인 쥘리에뜨와 브르따뉴 여행. 9월 6일 《끌로드 괴》 간행하다. 9월 초부터 10월 말까지 비에브르의 골짜기에 있는 레 로슈의 별장(《데바》지 주간 베르땡 소유)과 쥬이 앙 죠자스의 시골집(쥘리에뜨가 빌린 집) 사이를 걸어서 왕복하다.

1835(33세) 4월 28일 《앙젤로, 파두아의 폭군》 코메디 프랑세즈에서 상연되다. 쥘리에뜨와 노르망디 여행하다. 9월부터 10월 비에브르의 골짜기로 여행하다. 10월 27일 시집 《황혼의 노래》 간행하다. 위

고와 생뜨 뵈브, 결별하다.

1836(34세) 1월 31일 니자르의 혹평을 받다. 2월 18일 아카데미 프랑세즈 첫 번째 낙선하다. 6, 7월 쥘리에뜨와 노르망디·브르따뉴 여행하다. 11월 14일 위고의 대본에 의한 오페라 《라 에스메랄다》 상연되다. 12월 29일 아카데미 프랑세즈 두 번째 낙선하다.

1837(35세) 3월 5일 샤랑통 요양소에서 형 으젠느 죽다. 6월 26일 시집 《내면의 목소리》 간행하다. 7월 3일 레지옹 도뇌르 4등 훈장 받다. 오를레앙 공작의 친구가 되다. 8, 9월 쥘리에뜨와 함께 벨기에·네덜란드 여행하다(부인과 아이들은 오또이유로 피서감). 10월 15일 비에브르의 골짜기를 방황하고, 며칠 사이에 《올랭피오의 비극》을 쓰다.

1838(36세) 8월 샹빠뉴로 여행하다. 11월 8일 자신의 극장 '라 르네상스'에서 《뤼 블라스》 첫 상연되다. 자신의 집으로 오를레앙 공작 부부를 초대하다.

1839(37세) 8월 25일 극 《쌍둥이》를 중지하고 라인 지방으로 가다. 10월 말까지 알자스·스위스·알프스·프로방스·부르고뉴로 여행을 계속하다. 딸 레오뽈딘, 샤를르 바크리를 만나다. 아카데미 프랑세즈 입회에 다시 실패하다. 위고, 루이 필립으로부터 A. 바르베스의 사면을 받아내다.

1840(38세) 1월 문예가협회 회장 되다. 2월 20일 아카데미 프랑세즈 네 번째 낙선하다.
5월 16일 시집 《빛과 그림자》 간행하다. 여름부터 가을까지 쥘리에뜨와 함께 라인 지방을 여행하다. 시집 《황제의 귀환》 간행하다.

1841(39세) 1월 7일 라마르띤·샤또브리앙·노디에 등의 찬성에 힘입어 아카데미 프랑세즈 회원에 당선, 6월 3일 아카데미 입회식에서 연설하다.
아들 프랑수아 빅또르, 중병에 걸리다.

1842(40세) 1월 28일 전설과 그림, 노래 등에 정치적 의미를 부여한 《라인강, 어느 친구에게 보내는 편지(2권)》 간행하다.

1843(41세) 2월 15일 딸 레오뽈딘과 샤를르 바크리 결혼식을 올리다. 3월 7일 바르브루스라는 무사의 영웅적 투쟁을 그린《성주들》코메디 프랑세즈 극장에서 첫 상연되나 관객의 호응을 얻지 못하다. 7월 15일 쥘리에뜨와 함께 스페인 피레네 지방으로 여행하다. 9월 4일 딸 레오뽈딘과 그 남편 세느 강 빌키에에서 익사하다.
1844(42세) 9월 4일 빌키에 사건 1주년에 걸작 시집《빌키에에서》의 제1고 완성하다.
위고, 루이 필립의 측근이 되다. 레오니 비아르(화가 오귀스트 비아르의 아내)를 연인으로 삼다.
1845(43세) 4월 13일 루이 필립 왕으로부터 자작 작위를 받고 프랑스 귀족이 되다. 7월 5일 레오니 비아르 부인과의 간통 현장 들키다.
11월 17일《레 미제르》(뒤에《레 미제라블》) 집필 시작하다.
1846(44세) 3월 19일 귀족원에서 위고의 정치 연설〈폴란드를 위해서〉발표하다. 쥘리에뜨의 딸 클레르 프라디에 죽다.
처음으로 빌키에 여행하다.
1847(45세) 일 년 내내《레 미제르》집필 계속하다.
1848(46세) 2월 혁명 일어나다. 2월 라마르띤, 임시정부 주석이 되다. 같은 달 25일 라마르띤이 위고를 빠리 지구 혁명위원으로 임명하다.
4월 23일 헌법의회 의원 총선거에 낙선 6월 5일 보궐 선거에서 빠리 선출 의원 당선, 6월 20일 의회에서 첫 연설하다. 6월 24일~26일 바리케이드의 폭도들 빠리 제8지구(지구장 위고) 청사를 습격, 르와얄 광장의 위고 숙소도 침입하다. 7월 리슐리 거리로 옮기다. 같은 달 샤를르·프랑수아 두 아들과 함께〈레벤느망〉지를 창간하다. 8월 1일〈레벤느망〉지 제1호 루이 나뽈레옹 보나빠르뜨를 공화국 대통령 후보로 추천하다.
1849(47세) 5월 라투르도베른느 거리 37번지로 이사, 같은 달 13일 입법 의회의 빠리 선출 의원이 되다. 7월 9일 위고의〈빈곤에 대한 연설〉이 의회에서 물의를 일으키다. 10월 19일 온건파와 결별하다.
1850(48세) 1월 15일 교육의 자유에 대해 팔루법 반대의 의회 연설 발표하다.〈레벤느망〉이 발행금지되자,〈인민의 출현〉이란 이름으로

재발행하다.

6월 28일 쥘리에뜨, 위고와 비아르 부인과의 관계를 알다.

1851(49세) 위고, 노동자들이 어렵게 생활하는 릴(Lille) 빈민가를 방문하다. 7월 17일 루이 나뽈레옹의 야심을 공격하는 의회 연설 발표하다. 7월 30일 아들 샤를르, 콩셀쥘리 감옥에 수감되다. 11월 18일 아들 프랑수아 빅또르도 출판물 위반죄로 수감되다. 12월 2일~4일 루이 나뽈레옹의 쿠데타에 대한 민중저항운동 벌이다. 12월 9일 위고와 71명의 민중 대표에게 국외 추방령 내리다. 12월 11일 밤 노동자로 변장하고 쥘리에뜨와 함께 브뤼셀로 탈출하다.

1852(50세) 8월 1일 벨기에에서 영국령으로, 5일 제르제 섬 도착하다. 8월 5일 《꼬마 나뽈레옹》을 브뤼셀에서 몰래 출판하다. 8월 12일 가족과 함께 마린떼라스 별장에 숙소를 정하다.

1853(51세) 9월 지라르댕 부인이 제르제 섬을 방문, 회전탁자의 모임 가지다. 11월 21일 브뤼셀에서 나뽈레옹 3세를 공격하는 《징벌시집》을 은밀히 발행하다. 9월부터 약 2년 동안 강신술(spiritisme)에 열중하다.

1854(52세) 일년 내내 시작(詩作)에 열중하다.

1855(53세) 1월 7일 빠리에서 큰형 아벨 죽다. 10월 27일 제르제 섬에서 떠날 것을 명령받고 31일 게르느제 섬 도착하다.

1856(54세) 4월 23일 《정관시집(2권)》 간행하다. 5월 10일 오뜨빌하우스를 사들여 10월 5일 그곳에 정착하다.

1857(55세) 거의 완성된 시집 《신(神)》《사탄의 종말》을 출판사 에첼은 달갑게 생각지 않고 《레 미제라블》을 독촉하다. 《신》은 1891년, 《사탄의 종말》은 1886년 모두 지은이가 죽은 뒤 간행하다.

1858(56세) 1월 《지상(至上)의 자애》, 5월 《당나귀》를 완성하다. 6월 30일 악성 종기를 앓아 이때부터 3개월간 집필을 못하다. 아내와 딸 아델 빠리에 머무르고, 위고의 고독이 시작되다.

1859(57세) 8월 16일 나뽈레옹 3세가 내린 공화주의자 추방 해제령에 대하여 위고 귀국하기를 거부—'자유가 되돌아올 때 나는 돌아갈 것

이다(8월 18일).'

9월 28일 빠리에서 시집《여러 세기의 전설(제1부 2권)》간행하다. 샤를르·쥘리에뜨와 함께 서크 섬을 여행, 이때 받은 강한 인상이 뒤에 소설《바다의 노동자들》을 쓰는데 영향을 미치다.

1860(58세) 4월《레 미제라블》다시 착수하다.

1861(59세) 3월 17일 벨기에 여행하다. '6월 30일 워털루의 전쟁터였던 곳에서 워털루의 달에《레 미제라블》을 완성했다(수첩의 메모).'
9월 3일 게르느제 섬으로 돌아오다. 10월 4일 라크루아 출판사와《레 미제라블》계약하다(약 30만 프랑). 12월 25일 핀슨 중위(딸 아델의 애인) 오뜨빌하우스를 방문하다.

1862(60세) 4월 3일~6월 30일 빠리와 브뤼셀에서《레 미제라블(10권)》간행하다. 7월 말부터 9월 말까지 쥘리에뜨와 함께 벨기에, 룩셈부르크, 라인 강 기슭으로 여행하다.

1863(61세) 6월 18일 위고의 아내와 오귀스트 바크리가 쓴《생애의 한 증인이 말하는 빅또르 위고(2권)》간행하다. 이날 딸 아델은 애인 핀슨을 만나기 위해 캐나다로 떠나다.

1864(62세) 4월 14일 셰익스피어 탄생 300주년 기념 에세이《윌리엄 셰익스피어》간행하다. 이해 아들 프랑수아 빅또르《셰익스피어 전집(15권)》번역 완성하다. 위고, 쥘리에뜨·샤를르·프랑수아와 함께 벨기에·라인 강 기슭을 여행하다.

1865(63세) 1월 14일 프랑수아 빅또르의 약혼녀 에밀리 드 뷔뜨롱 죽다. 18일부터 위고 부인과 자식들은 오뜨빌하우스를 떠나 브뤼셀에 살다. 위고는 그곳에 정착할 것을 결정하지 못하다.
10월 17일 아들 샤를르, 알리스 르아느와 결혼하다. 같은 달 25일 시집《거리와 숲의 노래》간행하다.

1866(64세) 3월 12일 소설《바다의 노동자들》간행, 크게 성공하다.《보상금 1,000프랑》과 희극《조정》을 쓰다.
벨기에와 게르느제 섬 사이를 왕복하다. 이후 해마다 이를 계속하다.

1867(65세) 3월 31일 첫 손자 조르쥬가 브뤼셀에서 태어나다.《에르나니》

빠리에서 재공연, 호평 받다.

딸 아델, 미쳐서 바르바도스에 도착하고, 아내 아델은 병세가 악화되어 시력을 잃다.

시집 《게르느제의 목소리》를 출간하다.

1868(66세) 4월 14일 손자 조르쥬 죽다. 8월 16일 둘째 손자(역시 조르쥬라 이름지음) 태어나다. 8월 27일 아내 아델 브뤼셀에서 죽다.

1869(67세) 5월 소설 《웃는 남자》 완성하다. 5월 8일 샤를르와 프랑수아 빅또르, 〈르 라펠〉 창간하다. 9월 14일~18일 로잔느에서 평화회의 총재가 되다. 9월 29일 손녀 잔느(샤를르의 딸) 태어나다.

1870(68세) 8월 15일 프랑스·프로이센 전쟁의 형세로 제국이 몰락할 것을 짐작하고 브뤼셀로 가서 프랑스로 돌아갈 시기를 기다리다. 공화국 선언 이튿날 9월 5일 위고, 19년 간의 망명생활을 끝내고 대대적인 환영을 받으며 빠리로 돌아오다. 9일 《독일인에게 고한다》, 17일 《프랑스인에게 고한다》, 10월 2일 《빠리 시민에게 고한다》, 10월 20일 《징벌시집》 완본 나오다.

1871(69세) 2월 8일 국민의회 빠리 선출 의원에 당선(3월 8일 보르도의 의회에서 사직). 3월 13일 아들 샤를르, 보르도에서 갑자기 죽다. 3월 21일 빠리 꼬뮌의 난을 브뤼셀로 피하다. 6월 1일 꼬뮌 추방자를 숨겨주었다는 이유로 벨기에에서 추방되어 룩셈부르크 등지를 옮겨다니다가 9월 25일 빠리로 돌아오다.

1872(70세) 2월 딸 아델, 미친 상태로 캐나다에서 돌려보내져 정신병원에 수용되다(1915년 죽음). 4월 20일 시집 《무시무시한 해》 간행하다. 8월 7일 쥘리에뜨와 함께 게르느제 섬으로 떠나다. 12월 16일 소설 《93년》을 쓰기 시작하다. 여배우 사라 베르나르와 떼오필 고띠에의 딸 주디뜨와 가깝게 지내다.

1873(71세) 이 해 초 만년의 최대 걸작시 《떼오필 고띠에에게 바치는 조시(弔詩)》 발표하다. 4월 쥘리에뜨의 하녀 블랑슈, 위고의 정부가 되다. 7월 31일 빠리로 돌아오다. 12월 26일 아들 프랑수아 빅또르 죽다.

1874(72세) 2월 19일 소설 《93년(3권)》 간행하다.

4월 29일 위고 가족, 클리시 거리 21번지로 옮기다. 자택에서 살롱을 열다.

《내 아들들》 출간하다.

1875(73세) 6월 《행동과 말(제1권)》, 11월 《행동과 말(제2권)》 간행하다.

1876(74세) 1월 30일 상원 의원에 선출되다. 7월 《행동과 말(제3권)》 간행하다.

1877(75세) 대통령 막 마옹이 하원을 해산하자 그를 비난하다. 아들 샤를르의 미망인 알리스, 재혼하다.

2월 26일 시집 《여러 세기의 전설(제2부)》, 5월 12일 시집 《할아버지 노릇하는 법》, 10월 10일 풍자물 《어느 범죄 이야기(제1부)》 간행하다.

1878(76세) 3월 15일 《어느 범죄 이야기(제2부)》, 4월 29일 시 《교황》 간행하다. 6월 17일 국제문학회의 개회 인사 작성하다. 6월 28일 가벼운 심장마비를 일으키다. 7월 4일 게르느제 섬으로 떠나 그곳에서 쥘리에뜨와 함께 머물다가, 11월 10일 다시 빠리로 돌아와 엘로 큰거리 124번지에 마지막 주거지를 마련하다.

볼테르 서거 100주년 기념 연설하다. 《레 미제라블》을 극으로 각색, 초연하다.

1879(77세) 2월 시집 《지상의 연민》 간행하다.

연인 레오니 비아르 죽다. 처음으로 빌키에 있는 아내 아델의 묘지에 가다.

1880(78세) 10월 24일 시 《당나귀》 간행하다. 이해부터 에첼판(결정판) 전집 나오기 시작하다(48권은 1885년까지. 미발표 작품 16권은 1886~1902까지).

《종교들과 종교》 간행하다.

1881(79세) 2월 26일 시민들이 위고 80회 생일을 축하하여 그의 집 앞에서 행렬을 벌이다. 5월 31일 시집 《정신의 네 바람(2권)》 간행하다. 7월 엘로 거리가 빅또르 위고 거리가 되다. 8월 31일 위고의 모든 원고를 빠리국립도서관에 기증한다는 유언장을 쓰다.

1882(80세) 5월 말 희곡 《토르크마다(1869년 집필)》 간행하다.

	상원의원에 재선출되다.
	11월 22일 《왕은 즐긴다》 공연 50주년을 맞아 재상연되다.
1883 (81세)	5월 11일 식도 종양으로 고생하던 쥘리에뜨 드루에 죽다.
	6월 9일 시집 《여러 세기의 전설(제3부)》 간행.
	8월 12일 레만 호반인 빌르뇌브로 가다.
1884 (82세)	여름 손녀들과 스위스로 여행하다.
1885 (83세)	5월 18일 폐렴으로 병석에 누워 22일 오후 1시 27분에 숨을 거두다.
	5월 31일 국장으로 장례식을 치러 영구가 빠리 개선문 아래 놓이다. 200만 인파가 애도하는 가운데 가난한 시민들이 이끄는 영구차에 실려 빵떼옹에 묻히다.
2002	빅또르 위고 탄생 200주년(2월 26일)을 맞아 프랑스 교육부가 새해 첫 수업을 교과목 관계없이 위고의 작품을 읽는 것으로 시작해줄 것을 당부하자 전국 초·중·고교가 일제히 그의 작품으로 시작하다. 자크 랑 교육부 장관도 이날 빠리의 달랑베르초등학교를 방문, 서사시 《징벌시집》의 한 구절을 낭송하다.
	한국 최초 동서문화사 유그판 에밀 비야르 등의 그림 300장을 수록한 레 미제라블 완역 전6권(송면 옮김) 발간하다.

송면(宋勉)
강원도 고성군 통천면 장전에서 출생
메이지대학 문학부 불문과 졸업
와세다대학원 문학연구과 박사과정 졸업
와세다대학 문학박사 학위 취득
고려대학교·이화여자대학교·연세대학교 교수
한국불어불문학회 회장
논문 : 〈Bouvard et Pécuchet의 기원〉(1968) 등 다수
저서 : 《프랑스 문학사》《플로베르—그 문학사상과 소설미학》
《플로베르의 형이상학》《프랑스 사실주의문학론》
《소설미학》《프랑수아 비용—그 생애와 시 세계》
역서 : 《비용 시전집 유언집》《위고 레미제라블》

84

Victor Hugo
LES MISÉRABLES
레 미제라블 Ⅱ
빅또르 위고/송면 옮김
1판 1쇄 발행/1973년 10월 1일
2판 1쇄 발행/2002년 8월 8일
3판 1쇄 발행/2008년 11월 20일
3판 4쇄 발행/2013년 1월 20일
발행인 고정일/발행처 동서문화사
창업 1956. 12. 12. 등록 16-345(윤)
서울 강남구 도산대로 163(신사동)
☎ 546-0331~6 (FAX) 545-0331
www.dongsuhbook.com

＊잘못 만들어진 책은 바꾸어 드립니다.

＊

이 책의 출판권은 동서문화사(동판)가 소유합니다.
의장권 제호권 편집권은 저작권 법에 의해 보호를 받는 출판물이므로
무단전재와 무단복제를 금합니다.

편찬·필름·제작 일체「동판」자본으로 이루어짐에 따라
출판권 소유권자「동판」에서 제조출판판매 세무일체를 전담합니다.
사업자등록번호 211-87-75330
ISBN 978-89-497-0505-7 04080
ISBN 978-89-497-0382-4 (세트)